TRATADO DE

# DIREITO CIVIL

# IX

## DIREITO DAS OBRIGAÇÕES

ANTÓNIO MENEZES CORDEIRO
CATEDRÁTICO DA FACULDADE DE DIREITO DE LISBOA

TRATADO DE

# DIREITO CIVIL

# IX

## DIREITO DAS OBRIGAÇÕES

CUMPRIMENTO E NÃO-CUMPRIMENTO
TRANSMISSÃO
MODIFICAÇÃO E EXTINÇÃO

3.ª edição totalmente revista e aumentada

ALMEDINA
2017

TRATADO DE DIREITO CIVIL

AUTOR
ANTÓNIO MENEZES CORDEIRO

EDITOR
EDIÇÕES ALMEDINA, SA
Rua Fernandes Tomás n.os 76-80
3000-167 Coimbra
Tel.: 239 851 904
Fax: 239 851 901
www.almedina.net
editora@almedina.net

DESIGN DE CAPA
FBA

PRÉ-IMPRESSÃO
EDIÇÕES ALMEDINA, SA

IMPRESSÃO E ACABAMENTO

Fevereiro, 2017

DEPÓSITO LEGAL
/17



***Biblioteca Nacional de Portugal – Catalogação na Publicação***
CORDEIRO, António Meneses, 1953-
Tratado de direito civil IX: direito das obrigações:
cumprimento e não-cumprimento, transmissão,
modificação e extinção
3.ª ed., totalmente rev.
ISBN 978-972-40-6927-2
CDU 347

*Aos Professsores*
*Doutor António Pinto Monteiro*
*Doutor João Calvão da Silva*

## ADVERTÊNCIAS

O presente *Tratado de Direito civil*, IX volume, 3.ª ed., substitui a anterior 2.ª ed., publicada ainda incompleta por razões de oportunidade académica. Foi acrescentado um capítulo sobre a fixação contratual dos direitos do credor, incluindo as cláusulas limitativas de responsabilidade, a cláusula penal e o sinal. Além disso, toda a matéria da transmissão e da extinção das obrigações é inteiramente nova: §§ 66.º a 114.º.

Procedeu-se, igualmente, à atualização geral do texto. Foi tida em conta a reforma francesa do Direito dos contratos, em vigor a partir de 1 de outubro de 2016 e que modificou profundamente os quadros napoleónicos. Para o enquadramento geral dessa reforma, a incluir em próxima edição do VI volume, remete-se para o nosso escrito *A reforma francesa do Direito das obrigações*, na *Revista de Direito Civil*, 2017.

A presente obra está atualizada com referência a elementos publicados até dezembro de 2016. Apesar do cuidado posto na sua revisão, nem o autor nem a Editora se responsabilizam pela exatidão das indicações legais: os práticos são convidados a confrontar sempre, com o maior cuidado, os precisos textos em vigor.

Lisboa, 14 de janeiro de 2017.

# ÍNDICE DO NONO VOLUME



## I – O CUMPRIMENTO DAS OBRIGAÇÕES

## CAPÍTULO I – CONDIMENTOS SISTEMÁTICOS E CULTURAIS DO CUMPRIMENTO

### § 1.° O cumprimento e o sistema



### § 2.° O cumprimento na História



### § 3.° O cumprimento no Direito comparado



### § 4.° O sistema lusófono e o cumprimento

## CAPÍTULO II – A DOGMÁTICA DO CUMPRIMENTO

### § 5.º Terminologia, sede legal e princípios



### § 6.º Os princípios do cumprimento



### § 7.º O prazo da prestação



### § 8.º O lugar da prestação

§ 9.º **Legitimidade para cumprir**



§ 10.º **Legitimidade para receber a prestação**



§ 11.º **A imputação do cumprimento**



§ 12.º **A prova do cumprimento e a quitação**



§ 13.º **Os efeitos do cumprimento**



## CAPÍTULO III – CONSTRUÇÃO JURÍDICO-CIENTÍFICA DO CUMPRIMENTO

§ 14.º **A axiologia do cumprimento**

§ 15.º **A natureza do cumprimento**



## CAPÍTULO IV – A *CULPA POST PACTUM FINITUM*

§ 16.º **A pós-eficácia: problema e explicação geral**



§ 17.º **Explicações específicas para a pós-eficácia**



§ 18.º **Tipos de pós-eficácia**



§ 19.º **A pós-eficácia estrita**

## II – O NÃO-CUMPRIMENTO DAS OBRIGAÇÕES

### CAPÍTULO I – COORDENADAS HISTÓRICO-CULTURAIS DO NÃO-CUMPRIMENTO

#### § 20.º Enquadramento e modalidades do não-cumprimento



#### § 21.º O Direito da perturbação das prestações



### CAPÍTULO II – O CUMPRIMENTO RETARDADO

#### § 22.º A mora do devedor



#### § 23.º A mora do credor e o atraso imputável a terceiros



#### § 24.º A declaração de não-cumprimento

SECÇÃO III - A IMPOSSIBILIDADE IMPUTÁVEL

§ 35.º **A impossibilidade imputável ao devedor**



§ 36.º **A impossibilidade imputável ao credor**



§ 37.º **A impossibilidade imputável a um terceiro**



**CAPÍTULO V - O NÃO-CUMPRIMENTO FRONTAL**

§ 38.º **A não-execução culposa**



§ 39.º **Evolução da responsabilidade contratual por atos de terceiros**



§ 40.º **A responsabilidade por atos de representantes ou auxiliares**

## CAPÍTULO VI – A VIOLAÇÃO POSITIVA DO CONTRATO

### § 41.º Evolução histórico-dogmática da violação positiva do contrato



### § 42.º A situação atual da violação positiva do contrato



### § 43.º O cumprimento imperfeito



## CAPÍTULO VII – FIXAÇÃO CONTRATUAL DOS DIREITOS DO CREDOR

### SECÇÃO I – A LIMITAÇÃO CONTRATUAL

### § 44.º As cláusulas limitativas de responsabilidade



### SECÇÃO II – A CLÁUSULA PENAL

### § 45.º Evolução histórico-comparatística da cláusula penal

### § 46.º **A evolução lusófona da cláusula penal**



### § 47.º **Dogmática básica da pena convencional**



### § 48.º **O regime da cláusula penal**



## SECÇÃO III – O SINAL

### § 49.º **O sinal e o seu regime**



## CAPÍTULO VIII – A REALIZAÇÃO COATIVA DA PRESTAÇÃO

### § 50.º **A ação de cumprimento e a execução**

### § 51.º A sanção pecuniária compulsória



### § 52.º A cessão de bens aos credores



## III – A MODIFICAÇÃO DAS OBRIGAÇÕES E A ALTERAÇÃO DAS CIRCUNSTÂNCIAS

## CAPÍTULO I – A MODIFICAÇÃO DAS OBRIGAÇÕES

### § 53.º Modificações em geral



## CAPÍTULO II – A ALTERAÇÃO DAS CIRCUNSTÂNCIAS

### SECÇÃO I – ASPETOS GERAIS E DIMENSÕES HISTÓRICO-COMPARATÍSTICAS

### § 54.º Dimensões jurídico-científicas da alteração de circunstâncias



### § 55.º Evolução histórica: a *clausula rebus sis stantibus*

§ 56.º **Da pressuposição à base do negócio**



§ 57.º **A base do negócio**



§ 58.º **Da imprevisão à onerosidade excessiva**



§ 59.º **Dados evolutivos da alteração das circunstâncias**



SECÇÃO II – EXCURSO: O EQUILÍBRIO FINANCEIRO

§ 60.º **Excurso: o equilíbrio financeiro nos contratos públicos**



SECÇÃO III – A EXPERIÊNCIA LUSÓFONA

§ 61.º **A alteração das circunstâncias até 1966**

# IV – A TRANSMISSÃO DAS OBRIGAÇÕES

## CAPÍTULO I – DA TRANSMISSÃO DAS OBRIGAÇÕES

### § 66.º A transmissibilidade das obrigações



## CAPÍTULO II – A CESSÃO DE CRÉDITOS

### SECÇÃO I – DIMENSÕES HISTÓRICAS E COMPARATÍSTICAS

### § 67.º Evolução histórico-comparatística da cessão



### § 68.º A cessão nos Direitos uniforme e europeu



### § 69.º A cessão na experiência lusófona



### SECÇÃO II – O REGIME DA CESSÃO

### § 70.º O âmbito da cessão

§ 71.º **O objeto da cessão**



§ 72.º **O regime da cessão**



§ 73.º **A notificação ao devedor**



## CAPÍTULO III – A SUB-ROGAÇÃO

§ 74.º **A evolução da sub-rogação**



§ 75.º **O regime da sub-rogação**

## CAPÍTULO IV – A ASSUNÇÃO DE DÍVIDA

### § 76.° Origem e evolução histórica da assunção



### § 77.° A assunção de dívida na experiência lusófona



### § 78.° Sistema e objeto da assunção de dívida



### § 79.° O regime da assunção de dívida



### § 80.° As vicissitudes da assunção de dívida



### § 81.° A eficácia e a natureza da assunção de dívida

## CAPÍTULO V – A CESSÃO DA POSIÇÃO CONTRATUAL

### § 82.º Origem da cessão da posição contratual



### § 83.º Sistema e objeto da cessão da posição contratual



### § 84.º O regime e a natureza da cessão da posição contratual



## V – A EXTINÇÃO DAS OBRIGAÇÕES

### § 85.º Quadro geral da extinção das obrigações



## CAPÍTULO I – A SUPRESSÃO DA FONTE DA OBRIGAÇÃO

### § 86.º Generalidades; papel da resolução



## SECÇÃO I – DA RESOLUÇÃO

### § 87.º Aspetos históricos da resolução

§ 100.º **O regime e a natureza da dação em cumprimento**



SECÇÃO II – A CONSIGNAÇÃO EM DEPÓSITO

§ 101.º **Evolução histórico-comparatística da consignação em depósito**



§ 102.º **O regime e a natureza da consignação em depósito**



SECÇÃO III – A COMPENSAÇÃO

§ 103.º **Introdução e evolução histórica da compensação**



§ 104.º **Os grandes sistemas da compensação**



§ 105.º **A experiência lusófona da compensação**

### § 106.° **Os requisitos da compensação**



### § 107.° **O âmbito da compensação**



### § 108.° **A efetivação da compensação**



### § 109.° **A exclusão da compensação**



### § 110.° **Natureza da compensação; compensações contratuais e anómalas**



## SECÇÃO IV – A NOVAÇÃO

### § 111.° **Aspetos histórico-comparatísticos da novação**

§ 112.º **O regime da novação**



SECÇÃO V – A REMISSÃO

§ 113.º **A remissão**



SECÇÃO VI – A CONFUSÃO

§ 114.º **A confusão**

# I

# O CUMPRIMENTO DAS OBRIGAÇÕES

CAPÍTULO I

# CONDIMENTOS SISTEMÁTICOS E CULTURAIS DO CUMPRIMENTO

## § 1.º O CUMPRIMENTO E O SISTEMA

### 1. Temas básicos

I. Diz-se cumprimento de uma obrigação a efetivação da prestação nela prevista. Aparentemente clara, esta noção cobre problemas velhos de milénios, em torno dos quais se ergue o sistema atual do cumprimento. Assim, sem exaustividade, referimos:

(a) o termo cumprimento abriga realidades móveis; basta assinalar que ele não tem tradução perfeita nos diversos Direitos linguisticamente suportados: *solutio*[1] (latim); *Erfüllung*[2] (alemão); *pai-*

[1] Gaio, *Institutiones*, III, 168 = Ulrich Mante, *Die Institutionen des Gaius*, ed. bilingue latim/alemão (2004), 290-291:

> Tollitur obligation praecipue solutione eius quod debetur [A obrigação extingue-se pelo cumprimento (solutione) daquilo que especialmente era devido].

Nas *Institutiones* [I. 29, pr. = Okko Behrends/Rolf Knütel/Bethold Kupisch/Hans Hermann Seiler, *Corpus iuris civilis* I – *Die Institutionen/Text und Übersetzung* (1993), 197], surge um texto paralelo:

> Tollitur autem omnis obligatio solutione eius quod debetur (...) [Toda a obrigação se extingue através do cumprimento daquilo que era devido (...)].

[2] BGB, § 362/1 [Christian Grüneberg, no Palandt, *Bürgerliches Gesetzbuch/Kommentar*, 76.ª ed. (2017), § 362 (599)]:

> Das Schuldverhältnis erlischt, wenn die geschuldete Leistung an den Gläubiger bewirkt wirt [A relação obrigacional extingue-se, quando a prestação devida seja efetuada ao credor].

*ment*[3] (francês); *adempimento*[4] (italiano); *performance*[5] (inglês "europeu"); as diversas fontes, de resto, não arriscam definições, salvo o DCFR;

(b) pode figurar a conduta do devedor ou, antes, o resultado dessa conduta[6];

(c) delimita-se pela obtenção do resultado visado ou pelo concreto esforço exigível ao devedor[7]?

[3] Artigo 1235.º do Código Napoleão = *Code Civil des Français*, 1804, ed. *fac simile* de 2004, apr. Jean-Denis Bredin, 298,

> Tout paiement suppose une dette: ce qui a été payé sans être dû, est sujet à repetition [Todo o cumprimento pressupõe uma obrigação; o que tenha sido dado em cumprimento sem ser devido fica sujeito a repetição].

Este preceito corresponde, após a reforma de 2016, ao artigo 1302.º/1. Em francês técnico-jurídico, *paiement* não equivale ao pagamento da linguagem *d'oil* corrente, assim como *dette* não é dívida em dinheiro; *vide* François Terré/Philippe Simler/Yves Lequette, *Droit civil/Les obligations*, 11.ª ed. (2013), n.º 1315 (1367).

[4] Artigo 1176.º/1, do Código Civil de 1942 [Walter d'Avanzo em Mariano d'Amelio/ /Enrico Finzi, *Codice Civile/Libro delle Obbligazioni/Commentario* 1 (1948), 16]:

> Nell' adempiere l'obbligazione il debitore deve usar la diligenza del buon padre di famiglia [Ao cumprir a obrigação, o devedor deve usar da diligência do bom pai de família].

Anote-se que o vernáculo adimplir, correntemente usado no Brasil, é inteiramente correto e equivale a cumprir.

[5] Christian von Bar/Eric Clive/Hans Schulte-Nölke (ed.), *Draft Common of Reference (DCFR)* (2009), III-1:102:(2):

> Performance of an obligation is the doing by the debtor of what is to be done under the obligation or the not doing by the debtor of what is not to be done [O cumprimento de uma obrigação é a realização pelo devedor do que deva ser realizado por via da obrigação ou a abstenção, pelo devedor, do que não deva ser feito].

Trata-se do "inglês" adotado pelos instrumentos civis europeus; na *Common Law* britânica, a *performance* surge a propósito dos *damages* provocados pelo não-cumprimento; p. ex, Mindy Chen-Wishart, *Contract Law*, 2.ª ed. (2008), 522 ss..

[6] Contrapõe-se a prestação como conduta (*Leistungshandlung*) à obtenção do resultado da prestação (*Leistungserfolg*); a doutrina, como veremos, opta por este segundo termo [Karl Larenz, *Lehrbuch des Schuldrechts*, I, *Allgemeiner Teil*, 14.ª ed. (1987), § 18, I (235)]; mas ele não pode ser absolutizado; *vide infra*, 159 ss..

[7] Julia Rödl, *Die Spannung der Schuld/welches Maß an geistiger, körperlicher und wirtschaftlicher Kraft hat der Schuldner zur Erfüllung der Schuld nach geltendem Recht einzusetzen?* (2002), 146 pp., especialmente 86 ss.; esta questão não tem uma resposta uniforme; *vide infra*, 151 ss..

(d) está em causa uma noção analítica, aferida perante cada dever ou uma realidade compreensiva, reportada à obrigação complexa[8]?
(e) a extinção dele decorrente é plena ou ressalvam-se as prestações secundárias e os deveres acessórios[9]?
(f) o cumprimento é um contrato, um negócio unilateral, um ato *stricto sensu* ou um dado de facto e, em qualquer caso, que regime lhe aplicar[10]?
(g) em geral, qual o papel dos sucedâneos do cumprimento (dação, consignação, compensação, novação, remissão e confusão)[11]?

II. As flutuações ligadas à ideia de cumprimento decorrem do alargado uso comum associado a esse termo e, no plano jurídico, de múltiplas vicissitudes históricas, culturais e comparatísticas. Tudo isso deve ser minimamente desfibrado, para um bom conhecimento do regime prático em jogo.

Adiantamos que, dos temas acima referidos, muitos se mantêm em aberto, apesar de discussões milenárias. A tendência atual caminha no sentido de analisar o cumprimento em termos integrados: de modo a considerar as diversas questões conexas[12].

III. A doutrina sublinha a inexistência de um conceito unitário de cumprimento, extensivo a todo o Direito privado[13]. As obrigações podem assumir as mais diversas configurações: teoricamente, até ao infinito. Os cumprimentos respetivos acompanham essa realidade. Reduzir todas as hipóteses possíveis a uma fórmula unitária exige, da Ciência do Direito, um grau elevado de elasticidade e de abstração. A sua utilização prática

[8] Reinhold Weber, no BGB/RGRK, 12.ª ed. (1976), II, §§ 241-413, Vor § 362, Nr. 1, distinguindo um cumprimento *stricto sensu*, relativo a cada prestação e um cumprimento *lato sensu*, que atingiria a relação complexa; Dirk Olzen, no *Staudingers Kommentar zum BGB, §§ 362-396 (Erfüllung, Hinterlegung, Aufrechnung)* (2011), 558 pp., Einl zu §§ 362 ff., Nr. 3 (5-6); também aqui não há respostas únicas: depende de cada caso.

[9] *Idem*, Einl zu §§ 362 ff., Nr. 4 (6), com idêntica observação.

[10] Entre muitos: Gustav Boehmer, *Der Erfülungswille* (1910), V + 98 pp., 50-78; Horst Ehmann, *Ist die Erfüllung Realvertrag?*, NJW 1969, 1833-1837 (1837/I, o resumo).

[11] Dirk Olzen, *Das Erlöschen der Schuldverhältnisse*, no *Staudingers Kommentar zum BGB/Eckpfeiler des Zivilrechts* (2013), 1461 pp., 331-360.

[12] Gesa Kim Beckhaus, *Die Rechtsnatur der Erfüllung* (2013), XX + 421 pp.: a atual obra de referência.

[13] Dirk Olzen, no *Staudingers Kommentar* cit., Vorbem zu §§ 362 ff., Nr. 5 (32).

requer linhas concretizadoras cuja complexidade acompanha as infindas obrigações possíveis.

## 2. Obrigação e cumprimento

I. O cumprimento foi historicamente desenhado tendo em vista as obrigações contratuais. Mas vai além, o que provoca necessárias tensões, com vias de adaptação, no plano do regime das situações extracontratuais[14].

II. Na generalidade das situações (não sempre!), a obrigação constitui-se com vista ao seu cumprimento. Quando as partes confecionam o vínculo que as irá unir, elas têm em vista a execução do programa contratual e as vantagens que dele resultem. Podem, desse modo, usar termos próprios do cumprimento para caracterizar a obrigação constituenda ou podem, até, enformá-la reportando, apenas, o cumprimento. Paralelamente, quando se pretenda cumprir uma obrigação, tem-se, ante olhos e antes de mais, a imagem da obrigação em jogo.

III. Tanto basta para entender que a dicotomia obrigação/cumprimento é essencialmente linguística. A obrigação é apresentada como a prefiguração do cumprimento, enquanto este mais não é do que a sedimentação da obrigação. Ou, noutro ângulo: o cumprimento é o presente do indicativo do que a obrigação diga *in futurum*. Passando ao Direito: as regras relativas à obrigação são, na realidade, atinentes ao cumprimento, enquanto as adstritas ao cumprimento talham a própria obrigação.

IV. Há uma unidade substancial obrigação/cumprimento. As respetivas regras, aparentemente distintas, devem alguma da sua separação a sortilégios linguísticos e histórico-culturais. Mas elas interagem fortemente entre si. Os condicionalismos linguísticos e axiológicos daí resultantes são superados pela síntese final. O intérprete-aplicador – *maxime*, o juiz – confeciona um modelo de decisão onde intervêem, lado a lado, normas sobre a obrigação e sobre o cumprimento. Em criativas unidades finais, há que

[14] Como exemplo: Christoph Schäfer, *Die Erfüllung deliktsrechtlicher Pflichten/ /Durch Übertragen der Versicherungssicherung auf Dritte* (2006), 237 pp., 32 ss. e *passim*, com uma colocação própria dos temas.

separar a dualidade obrigação/cumprimento, tirando o partido ideal dessa contraposição formal e, daí, substantiva.

### 3. **Cumprimento e incumprimento**

I. As diversas codificações comportam, em separado, regras sobre o cumprimento e sobre o não-cumprimento das obrigações. Estas últimas, de resto, apresentam uma certa primazia histórico-cultural: veio-se a apurar o perfil do cumprimento justamente por ocorrerem situações de não-cumprimento ou de cumprimento defeituoso. O Código Civil de 1966 foi especialmente longe ao prever um capítulo unificado – o capítulo VII do título relativo às obrigações em geral (762.º a 836.º) – referente ao cumprimento e ao não-cumprimento das obrigações.

II. Em termos de lógica deôntica, uma mesma regra pode ser indiferentemente formulada como delimitando o cumprimento ou esconjurando o não-cumprimento. Assim, tanto dá (na aparência) dispor "a obrigação deve ser pontualmente cumprida" ou prever consequências desagradáveis para a mora. Paralelamente: ao dispor sobre o condicionalismo da mora (artigo 804.º/2), o legislador explicita os moldes do exigível cumprimento. De resto, deparamos com uma técnica comum, no Direito civil: a de fixar regimes recorrendo a delimitações positivas (as regras sobre o cumprimento) e a delimitações negativas (as do não-cumprimento).

III. De novo se impõe a imagem de uma aplicação integrada das regras em presença. Cumprimento e não-cumprimento são duas faces de uma mesma realidade, que toma corpo com o *ius dicere*. No modelo de decisão, jogam os dois corpos de normas. A interpretação dos preceitos respetivos, como repetidamente será verificado, deve fazer-se tendo em conta o sistema, no seu conjunto. Nesse sentido, a contraposição entre o cumprimento e o não-cumprimento é superada, no momento da decisão.

### 4. **Cumprimento e sucedâneos**

I. Na tradição romano-germânica, o cumprimento é agrupado, em rubrica própria, com diversos outros esquemas extintivos das obrigações. Paradigmático, o BGB alemão versa, numa secção relativa à extinção das obrigações, o cumprimento, onde inclui a dação em pagamento e a dação em função do pagamento (§§ 362 a 371), a consignação (§§ 372 a 386), a compensação (§§ 387 a 396) e a remissão (§ 397). Outras formas extintivas podem ser localizadas, no BGB e em leis avulsas. Todas elas têm em comum a extinção da obrigação com a satisfação, por uma ou por outra via, do interesse do credor. A doutrina fala, a seu propósito, em sucedâneos (*Surrogate*) do cumprimento[15].

II. As diversas formas de extinção das obrigações apresentam ângulos próprios de uma mesma realidade: a do funcionamento do vínculo obrigacional, até ao momento da concretização do seu escopo, com as vantagens que, estruturalmente, ele visa proporcionar ao credor. A dação, por exemplo, mais não é do que um modo de cumprir. O mesmo se dirá da consignação em depósito e da compensação. Todos estes institutos, talhados pela História e pelos seus sortilégios, acabam por confluir na confeção dos modelos de decisão inerentes à execução das obrigações, isto é, do cumprimento.

III. Temos, aqui, uma nova dimensão da interpretação e da aplicação integradas. Os denominados sucedâneos do cumprimento comportam, nos seus regimes, mais umas quantas peças úteis para reconstituir a grande casa-mãe da realização do escopo das obrigações. Pela positiva, complementando regras e pela negativa, delimitando regimes, eles devem estar sempre presentes.

[15] *Vide* o clássico de Joachim Gernhuber, *Die Erfüllung und ihre Surrogate, sowie das Erlöschen der Schuldverhältnisse aus anderen Gründen*, 2.ª ed. (1994), XXIV + 559 pp., 225 ss. e, como exemplo, Karlheinz Muscheler/Wolfgang E. Bloch, *Erfüllung und Erfüllungssurrogate*, JuS 2000, 729-740 (739-740).

## § 2.º O CUMPRIMENTO NA HISTÓRIA

### 5. A *solutio*

I. A *solutio* romana, *grosso modo* correspondente ao nosso cumprimento, tem uma história rica e complexa. Ela acompanha, durante mais de mil anos (antes da Lei das XII Tábuas, até à queda formal do Império do Ocidente, em 476 d.C.), a conturbada evolução das obrigações[16], evolução que, de resto, prosseguiu durante mais mil anos, no Oriente, até à perda de Constantinopla (1453).

II. A ideia mais antiga de obrigação, termo que só se documenta em Plauto (214 a. C.)[17], deriva de situações de responsabilidade e, depois, do *nexum*: um ato solene, celebrado *per aes et libram* e que colocava o devedor numa sujeição pessoal, relativamente ao credor. Daí decorreu, mais tarde, a *obligatio*: *ob + ligare* exprime, verbalmente, o ato e o efeito de ligar ou prender, física, moral e juridicamente. Para fazer cessar essa situação, não bastava o pagamento da dívida: era necessário um ato solene, em termos paralelos aos referidos para a instituição do *nexum*: a *nexi liberatio*

[16] Sobre a *solutio*, é incontornável a obra do saudoso Prof. Padre Sebastião Cruz, referida em todos os escritos especializados. Assim: *Carácter creditício da "solutio" na época clássica do Direito romano*, sep. do BFD 32 (1957), 99 pp., com recensão de Franco Casavola, Labeo 5 (1959), 254-255; *Da "solutio"/Terminologia, conceito e características, e análise de vários institutos afins* I – *Épocas arcaica e clássica* (1962), LXIII + 398 pp, com recensões de Jesús Burrillo, Iura 14 (1963), 245-249, de Emilio Betti, SDHI 29 (1963), 391-393, de Juan Miquel, SZRom 81 (1964), 451-453 e de Álvaro d'Ors, *"Solvere" e "satisfacere"*, Labeo 10 (1964), 451-455; *Da solutio* II/1 – *Época post-clássica ocidental/"solutio" e "Vulgarrecht"* (1974), XXVIII + 135 pp..

[17] *Tratado* VI, 2.ª ed. (2012), 35 ss. (40), com indicações.

ou *solutio per aes et libram*[18], pela qual o devedor recuperava a sua liberdade. *Solutio* significa o ato de libertar ou desamarrar[19].

III. No período clássico, a *solutio* desformalizou-se e viu alargar, paulatinamente, o seu âmbito[20]. Passou a traduzir não tanto a liberação mas, antes, o cumprimento[21] ou a execução propriamente dita da obrigação[22] e, subsequente, o objeto da prestação[23]. Cabe ainda sublinhar que, na *solutio*, estava em causa a execução de qualquer tipo de obrigação: entrega em dinheiro ou de outro objeto, concessão de um direito real menor, prestações de serviço, transferência da posse ou qualquer outro efeito[24].

[18] Gaio, *Institutiones*, 3, 173 = ed. Ulrich Manthe cit., 294-295; *vide*: Bernhard Kübler, *Kristische Bemerkungen zum Nexum*, SZRom 25 (1904), 254-281 (273); Paul Gustav Kretschmar, *Die Erfüllung* I – *Historische und Dogmatische Grundlagen* (1906), VII + 168 pp., 1 ss.; Siro Solazzi, *L'estinzione dell'obbligazione nel diritto romano* 1 (1931), 307 pp., 4; Sebastião Cruz, *Da "solutio"* cit., I, 35 ss.; Max Kaser, *Das römische Privatrecht* I – *Das altrömische, das vorklassische und klassische Recht*, 2.ª ed. (1971), § 45, II (172); Reinhard Zimmermann, *The Law of Obligations/Roman Foundations of the Civilian Tradition* (1996), LXIV + 1241 (748 ss., especialmente 754 ss.).

[19] A fórmula sacramental seria: *me a te solvo liberoque* [eu te desligo e liberto]; *vide* Gaio, *Institutiones*, 3, 174 = ed. Ulrich Manthe cit., 294-295.

[20] Sebastião Cruz, *Da "solutio"* cit., I, 57 ss..

[21] Christian Emunds, *Solvendo quisque pro alio liberat eum/Studien zur befreienden Drittleistung im klassischen römischen Recht* (2007), 472 pp., 50.

[22] Max Kaser, *Das römische Privatrecht* cit., I, 2.ª ed., § 149, I (635); Sebastião Cruz, *Da "solutio"* cit., I, 66 ss., propende para que, inicialmente, *solvere* se limitasse a *dare pecuniam* ou a pagar em dinheiro, só depois se alargando a outros *certa* ou prestações determinadas (*idem*, 132 ss.); Max Kaser, *Das römische Privatrecht* cit., I, 2.ª ed., 636, nota 6, critica-o, considerando essa leitura demasiado estreita, uma vez que, em seu entendimento, a *solutio* abrangeria o *incertum*, o *facere* e o *non facere*; provavelmente, ambos terão razão: Sebastião Cruz visava, dentro do classicismo (que abrangeu três séculos!) uma época mais antiga e Max Kaser, um período ulterior. De resto, em obra subsequente, mais precisamente, *Da "solutio"* cit., II, 1, 47 ss. e 73 ss., Sebastião Cruz explicitou o seu pensamento, explicando o alargamento da ideia de *solutio*, no pós-classicismo ocidental (230 a 395 d. C e 395 a 530 d. C.).

[23] Na definição de Ulpiano, D. 50.16.176 = ed. Theodor Mommsen/Paul Krüger (1908), 916:

> Solutionis verbo satisfactionem quoque omnem accipiendam placet. Solvere dicimus eum, qui fecit, quod facere promisit. [A palavra *solutio* significa a satisfação e também tudo o que se receba em pagamento]

[24] A enumeração é de Max Kaser, *Das römische Privatrecht* cit., I, 2.ª ed., § 149, I (636).

IV. Cumpre acrescentar que, em Direito romano clássico antigo, a *solutio* apresentava uma estrutura contratual. Os jurisprudentes não o afirmavam, de modo direto: nem isso seria necessário, dada a sua concretização prática. Não obstante, parece claro que, até pelas tradições de formalismo envolvidas, apenas um encontro de vontades permitiria o pretendido efeito extintivo ligado ao cumprimento. A subsequente desformalização da *solutio* pareceu acentuar uma sua visão unilateral.

Pergunta-se pela eventual necessidade de um *animus solvendi*, isto é, de uma específica intenção, por parte do devedor, de pretender cumprir a sua obrigação, liberando-se do vínculo[25]. O devedor agiria *solvendi animo dare*. Citemos Trifonino[26]:

> (...) si non pro se solvendi animo, sed pro Titio fecit, ut maxime eum liberet [agiu com intenção (ou animus) não de cumprir para si, mas a favor de Tício, para o exonerar plenamente]

A previsão da prestação efetuada por terceiro envolvia o *pro alio et alieno nomine solvere*[27]. Este depende do *animus solvendi*. Temos, aqui, um elemento que, até hoje, apresenta consequências fecundas.

## 6. **Vulgarização**

I. No período pós-clássico e sob o domínio do *Vulgarrecht*, os termos *solvere* e *solutio* vieram a assumir alguma polissemia. Todavia, a figura dominante do pagamento em dinheiro determinou uma certa "anquilose" (Sebastião Cruz) da noção de *solutio*, perante, precisamente, a execução de obrigações pecuniárias[28].

II. A vulgarização ou *Vulgarisierung* corresponde a uma fórmula lançada por Brunner[29] para retratar a evolução do Direito romano, na época

[25] Christian Emunds, *Solvendo quisque pro alio liberat eum* cit., 51.

[26] Trifonino, D 46.1.69 = ed. Theodor Mommsen/Paul Krüger cit., 793/I = Carl Otto/Bruno Schiling/Carl Sintenis, *Das corpus iuris civilis in Deutsche übersetz* (1832), 714 ss..

[27] Christian Emunds, *Solvendo quisque pro alio liberat eum* cit., 179.

[28] Sebastião Cruz, *Da "solutio"* cit., II/1, 113.

[29] Heinrich Brunner, *Zur Rechtsgeschichte der römischen und germanischen Urkunde* 1 (1880, reimp., 1961), 113.

da decadência que, depois, levaria à barbarização. Ela foi divulgada por Levy[30], por Stühff[31], por Kaser[32], por Sebastião Cruz[33], por Hausmaninger[34] e, em notável escrito póstumo, por Franz Wieacker[35].

Recordamos que a vulgarização, em sentido técnico, traduz um fenómeno sócio-cultural caracterizado, *grosso modo* e com algumas variantes:

(a) pelo predomínio de grupos ou de organizações de intervenientes leigos ou menos cultos que, por circunstâncias diversas, assumem a liderança;
(b) pela perseguição, direta ou encapotada, às elites;
(c) por um simplificar dos problemas, reconduzidos a dicotomias que admitem, apenas, uma resposta correta;
(d) por uma perda de referências literárias e científicas, acompanhada ou antecedida, em certos casos, por supressões de áreas completas do conhecimento: perda do domínio do grego, no ocidente bárbaro, do latim, na quebra do século XX ou do próprio alemão, na do XXI;
(e) por um acentuar dos denominados "pendores práticos", como justificação para as amputações feitas e como modo de preencher o vazio comunicativo.

Temos usado a ideia de vulgarização para caracterizar as quebras no nível universitário verificadas na Revolução de 1974-1976 e, atualmente, no rescaldo de Bolonha.

[30] Ernst Levy, *Weströmisches Vulgarrecht/Das Obligationenrecht* (1956), XX + + 384 pp., §§ 5 (11 ss.) e 41 (122 ss.) e *Westöstliches Vulgarrecht und Justinian*, SZRom 76 (1959), 1-36.

[31] Gudrun Stühff, *Vulgarrecht im Kaiserrecht/unter besonderer Berücksichtigung der Gesetzgebung Konstantins der Großen* (1966), XII + 139 pp. (1 ss. e 26 ss.).

[32] Max Kaser, *Vulgarrecht*, PWRE 18/II (1967), 1283-1304 e *Das römische Privatrecht*, II - *Die nachklassischen Entwicklungen*, 2.ª ed. (1975), XXX + 680 pp., § 193 (17-31).

[33] Sebastião Cruz, *Da "solutio"* cit., II/1, 17 ss..

[34] Herbert Hausmaninger/Walter Selb, *Römisches Privatrecht*, 9.ª ed. (2001), XV + + 407 pp., 47 ss..

[35] Franz Wieacker, publ. Joseph Georg Wolf, *Römische Rechtsgeschichte*, II - *Die Jurisprudenz vom frühen Prinzipat bis zum Ausgang der Antike im weströmischen Reich und die oströmische Rechtswissenschaft bis zur justinianischen Gesetzgebung: ein Fragment* (2006), XVII + 474 pp., § 66 (207-218).

III. A vulgarização da *solutio* foi dobrada, particularmente no Ocidente, pela decadência das estruturas jurídicas romanas. A contratação e o cumprimento assumiram feições empíricas, designadamente pela sua simultaneidade: numa feira ou numa operação de troca direta, as partes "obrigam-se" executando de imediato os débitos respetivos. Todavia, na evolução subsequente, o Direito romano manteve uma vitalidade decisiva, através das sucessivas receções: até hoje.

## 7. O período intermédio

I. A queda do Império Romano do Ocidente e o acentuado refluxo cultural que daí resultou puseram em crise a conclusão formal dos contratos. O Direito germânico mais antigo, tal como o Direito romano mil anos antes, veio dar primazia às obrigações delituais[36]. Os acordos entre privados deviam ser reforçados por garantias, de modo a assumir uma dimensão jurídica executável[37]: a mera palavra não adstringia ao cumprimento[38].

II. Um reforço adveio da ideia de *Treue* (lealdade, *fides*). A palavra solene, acompanhada pelo juramento, era vinculante[39]. O desrespeito envolvia a perda da paz (*Friedlosigkeit*), com sujeição a sanções privadas e, depois, à justiça do Rei[40]. A regra era a da condenação em dinheiro, apenas por exceção surgindo a obrigatoriedade do próprio cumprimento devido[41]. Esta linha explica que, ainda hoje, o Código Napoleão, no seu

[36] Guido Astuti, *Contratto (diritto intermedio)*, ED IX (1961), 759-781 (766).

[37] Karl von Amira, *Grundriss des germanischen Rechts*, 2.ª ed. (1897), § 68 (132 ss.).

[38] Otto Stobbe, *Über Klagbarkeit, Form, Verstärkung und Beweis der Verträge*, em *Zur Geschichte des deutschen Vertragsrechts/Drei Abhandlungen* (1855), 1-111.

[39] *Vide* Norbert Tosch, *Entwicklung und Auflösung der Lehre vom Vertrag* (1980), 13 ss.; Klaus-Peter Nanz, *Die Entstehung des allgemeinen Vertragsbegriffs im 16. bis 18. Jahrhundert* (1985), 25 ss..

[40] Tilman Repgen, no *Historischer-kritischer Kommentar zum BGB*, II – *Schuldrecht: Allgemeiner Teil*, §§ 241-432 (2007), §§ 362-371, Nr. 7 (2127-2128).

[41] Hermann Dilcher, *Geldkondemnation und Sachkondemnation in der mittelalterlichen Rechtstheorie*, SZRom 78 (1961), 277-307; Karin Nehlsen-von Stryk, *Grenzen des Rechtszwangs; Zur Geschichte der Naturalvollstreckung*, AcP 193 (1993), 529-555 (533-534); Tilman Repgen, *Vertragstreue und Erfüllungszwang in der mittelalterlichen Rechtswissenschaft* (1994), 387 pp., onde a matéria pode ser seguida nos glosadores (51

artigo 1142.º, apenas faculte uma indemnização, no caso do não-cumprimento de obrigações de *facere*; o próprio BGB dá, ao credor insatisfeito, o direito de optar por uma indemnização em dinheiro, em vez da reintegração específica (§ 249/II)[42].

III. O Direito canónico introduziu uma dimensão ética no cumprimento. S. Tomás de Aquino (1224-1274) explicava que as promessas feitas deviam ser cumpridas, uma vez que a mentira era proscrita[43]. Esta valoração dava força à promessa unilateral; e fortalecia, ainda, a necessidade do cumprimento, tal como resultante da obrigação assumida.

IV. Os glosadores e os comentadores insistiam na necessidade de pactos formais, para se originarem efetivas pretensões de cumprimento: nesse sentido depõem Acúrsio (1185-1260) e Baldo (1327-1400)[44]. A contratação na Idade Média, com o reflexo inevitável na doutrina do cumprimento, não se manteve estática[45]. Se o Direito canónico amparava uma desformalização, a nova receção do Direito romano, encabeçada pelos humanistas da primeira sistemática, veio reforçar a linha da glosa: o cumprimento era diretamente exigível perante contratos formalizados[46]. Bártolo diferenciava as obrigações de *dare* e algumas de *facere* (legais ou testamentárias) que deviam ser rigorosamente cumpridas e outras, também de *facere*, que podiam ser saldadas em dinheiro[47].

ss.), nos comentadores anteriores a Bártolo (134 ss.), em Bártolo (190 ss.) e em Baldo (215 ss.) e nos comentadores tardios (238 ss.).

[42] Arndt Teichmann, no Jauernig, *BGB/Kommentar*, 15.ª ed. (2014), § 249 (240).

[43] S. Tomás, *Summa Theologica*, II, 2, *Quaestio* CX, Art. 3, n. 5 = *Opera omnia*, ed. Leão XIII, tomo 9 (1897), 424/II. Outros elementos: *Tratado* VII, 69.

[44] *Vide* os textos respetivos em Lothar Seuffert, *Zur Geschichte der obligatorischen Verträge/Dogmengeschichte Untersuchung* (1881), 39 ss. (42), em Theo Mayer-Maly, *Vertrag und Einigung*, FS Nipperdey I (1965), 509-522 (510-511) e em Norbert Tosch, *Entwicklung und Auflösung der Lehre vom Vertrag* (1980), 14.

[45] Hermann Dilcher, *Der Typenzwang im mittelalterlichen Vertragsrecht*, SZRom 77 (1960), 270-303, expondo a evolução do contrato na Idade Média.

[46] Giuseppe Branca, *Adempimento (diritto romano e intermedio)*, ED I (1958), 548--553 (552/I); *vide* Hermann Dilcher, *Der Typenzwang im mittelalterlichen Vertragsrecht* cit., 277 ss.; Tilman Repgen, *Vertragstreue und Erfüllungszwang* cit., 51 ss. [*vide* a rec. de Martin Josef Schermaier, SZRom 115 (1998), 646-647] e HKK/BGB cit., II/2, §§ 362-371, Nr. 8 (2128).

[47] Bártolo, *Commentaria in secundam Digesti novi partem zu D. 45.1.71 n. 35-40*,

V. Nos séculos XVI e XVII surgem monografias relevantes sobre o cumprimento, com relevo para a de Barnabas Brissonius ou Barnabé Brisson (1531-1591)[48] e a de Ilius Cesar Glusianus ou Giulio Cesare Glissani (séc. XVI-XVII)[49], criador do termo "dação em pagamento". Os humanistas elegantes retomaram o tema.

Alciatus, que conserva um tratamento assaz disperso para a *solutio*, sublinha a sua eficácia extintiva[50]:

> Solutio enim obligationem ipso iure extinguit.

Os jurisprudentes elegantes mantiveram textos clássicos. Em Cuiacius (Jacques Cujas, 1520-1590), o cumprimento[51],

> est obligationis tolendae summa ratio (...) id est, datio vel numeratio, vel praestatio ejus, quod debetur (...)

Além disso, ela deve operar em espécie: *solutio est naturalis datio*[52]. Donellus (Hugues Doneau, 1527-1591) apresenta noções claras quanto ao cumprimento, à prestação e à sua eficácia extintiva[53].

VI. Os jurisprudentes franceses da pré-codificação deparam, fundamentalmente, com problemas de sistematização. No seu especial esforço de (re)ordenar os *digesta*, Pothier (1699-1772), a propósito do título III do seu livro XLVIV, abre distinguindo a *solutio stricto sensu*, que exprime a prestação real do que é devido, da *solutio largo sensu*, que exprime qualquer modo de liberação do devedor[54]. Por seu turno, Jean Domat (1625-1696),

ed. Veneza (1602), 27-28, *apud* Tilman Repgen, *Vertragstreue und Erfüllungszwang* cit., 331-349, acompanhado pela trad. alemã.

[48] Barnabas Brissonius, *Der solutionibus et liberationibus libri tres*, em *Selectarum ex iure civile antiquitatem libri* IV (1558) (105-319 ou 207-315).

[49] Ilius Cesar Glusianus, *Tractatus de bonis insolutum dandis et de bonis ad hastam vendendis* (ed. de Milão, 1620).

[50] *D. Andrea Alciati Mediolanenfis, Iure confulti clarifs lucubrationum in Ius civile/* III (ed. Basileia, 1558), 407, lin. 17.

[51] A. B. Iacobi Cviacii ic. *Totolosatis Opera*, IX (ed. Mutinae, 1781), col. 1208, A-B.

[52] *Idem*, I (ed. Veneza, 1758), col. 209, A.

[53] Hugonis Donelli, *Opera omnia*, IV (ed. Macerata, 1830), col. 731-732.

[54] Robert-Joseph Pothier, *Pandectae Justinianeae, in novum ordinem digesta* III (1752), 334, col. I. Mais tarde, Pothier usaria o francês, particularmente em *Traité des*

tendo em conta essa pluralidade, usa "pagamentos" (*payemens*, em ortografia do século XVII). No francês da época[55]:

> Tout ce qui anéantit la dette ou la diminue tient lieu de payement, foi que le débiteur donne au créancier de l'argent, ou d'autres chofes qu'il peut lui devoir, ou qu'il s'acquitte, le fatisfaifant par quelque autre voye, fuivant les regles qui feront expliquées (...)

*obligations*, trad. para português por José Homem Correia Telles, *Tratado das obrigações pessoaes e reciprocas nos pactos, contractos, convenções, & c.* II (1835), 1 ss..

[55] Jean Domat, *Les Loix Civiles dans leur ordre naturel; le Droit Public et Legum Delectus* I (1756), 282, col. I.

## § 3.º O CUMPRIMENTO NO DIREITO COMPARADO

### 8. Sistema napoleónico

I. Com os elementos apontados, o cumprimento foi inserido, no Código Civil francês de 1804, num capítulo sobre a extinção das obrigações. Mais precisamente: no capítulo V, do título III (dos contratos ou obrigações convencionais) do livro III (formas de adquirir a propriedade). O referido capítulo V preenche os artigos 1234.º a 1314.º, versando, sucessivamente e em sete secções[56]:

I – Do cumprimento (1235.º a 1270.º);
II – Da novação (1271.º a 1281.º);
III – Da remissão de dívida (1282.º a 1288.º);
IV – Da compensação (1289.º a 1299.º);
V – Da confusão (1300.º e 1301.º);
VI – Da perda da coisa devida (1302.º e 1303.º);
VII – Da ação de nulidade ou da rescisão das convenções (1304.º a 1314.º).

II. A secção referente ao cumprimento ordena-se, por seu turno, em cinco parágrafos[57]:

§ 1.º Do cumprimento em geral (1235.º a 1248.º);
§ 2.º Do cumprimento com sub-rogação (1249.º a 1252.º);
§ 3.º Da imputação do cumprimento (1253.º a 1256.º);

[56] Entre os comentadores mais antigos: Claude Etienne Delvincourt, *Cours de Code Civil* II (1824), 161 ss.; o pagamento real contrapõe-se ao "fictício", como o decorrente da compensação; Alexandre Duranton, *Cours de Droit Civil, suivant le code français* VII, 4.ª ed. (1841), 1 ss.. Após a reforma de 2016, a matéria foi reformulada, sem grandes alterações quanto ao fundo, constando dos atuais artigos 1342.º a 1351.º-1.

[57] Entre os tratadistas clássicos, Marcel Planiol/Georges Ripert, *Traité pratique de Droit civil français*, 2.ª ed., tomo VII – *Obligations*, col. Paul Esmein/Jean Radrouant/ /Gabriel Gabolde (1954), n.º 1149 ss. (551 ss.). Hoje, valem os artigos 1342.º a 1346.º-2.

§ 4.º Das ofertas de cumprimento e da consignação (1257.º a 1264.º);
§ 5.º Da cessão de bens (1265.º a 1270.º).

Verifica-se que o cumprimento preenche boa parte do capítulo relativo à extinção das obrigações. Temos em vista a redação inicial do Code, que pesou no Direito lusófono.

III. Os preceitos gerais relativos ao cumprimento, comportam as soluções apuradas há dois mil anos: a obrigação pode ser cumprida por qualquer terceiro interessado (1236.º), salvo se, sendo de *facere*, o credor tenha interesse em que seja o devedor a cumpri-la (1237.º). Apenas o proprietário da coisa, com capacidade para a alienar, pode cumprir, com ela, validamente (1238.º); o cumprimento só pode ser feito ao credor ou a alguém autorizado (1239.º); o cumprimento feito de boa-fé a quem esteja na posse do crédito é válido ainda que o possuidor seja, posteriormente, desapossado (1240.º). Não é válido o cumprimento feito ao credor incapaz de o receber, salvo se ele lhe aproveitar (1241.º); também não é válido o cumprimento feito com prejuízo de uma penhora ou de uma oposição (1242.º). O credor não pode ser obrigado a receber coisa diferente da que lhe seja devida, ainda que o valor dela seja igual ou superior (1243.º), nem a aceitar parte do pagamento da dívida, mesmo divisível (1244.º). O devedor de coisa certa libera-se pela entrega da coisa tal como estava, aquando do cumprimento, salvo se provocou deteriorações (1245.º). Sendo a obrigação genérica, o devedor não tem de entregar o melhor, nem pode entregar o pior (1246.º). O cumprimento deve ser feito no local designado pela convenção; na sua falta, no local onde estava a coisa, quando se constituiu a obrigação; nos casos restantes, no domicílio do devedor (1247.º). Os custos do pagamento cabem ao devedor (1248.º).

IV. Na doutrina francesa[58], o tema do cumprimento suscita algum interesse pela discussão havida em torno da sua natureza.

## 9. Sistema romano-germânico

I. No domínio daquele que seria o Direito alemão, o debate travado tinha a ver com a concretização jurídica do cumprimento: este devia ser executado de acordo com a obrigação respetiva, caindo-se, havendo ina-

[58] Na dogmática atual, mas anterior a 2016, sublinhamos: Jean Carbonnier, *Droit civil/Les obligations* (ed. 2004), n.º 243 (2471 ss.); François Terré/Philippe Simler/Yves Lequette, *Droit civil/Les obligations*, 11.ª ed. (2013), n.º 1315 ss. (1367 ss.).

dimplemento, na execução específica ou caberia antes lugar a mera indemnização[59]? Destacando-se dos jurisprudentes elegantes do *mos gallicus*, Thomasius (1655-1728) considera não-racional a liberação por sucedâneo em dinheiro[60]. Leibniz fez opção inversa[61].

II. O pandectismo aceitou a ideia do cumprimento basicamente equivalente ao previsto na obrigação: assim depuseram Arndts (1803-1878)[62], Wächter (1797-1880)[63] e Windscheid (1817-1892)[64].

III. Os conceitos de base são dados pelo Direito romano atual, isto é, o Direito romano interpretado e aplicado à luz de diretrizes dogmáticas modernas. A pandectística releva, sobretudo, pelos seus aspetos sistemáticos. Torna-se significativo assinalar que autores como Sintenis (1804-1868)[65], Arndts[66] ou Brinz (1820-1887)[67], tratavam o cumprimento em separado, relativamente aos modos de extinguir as obrigações. Por seu turno, Dernburg (1829-1907) já contrapunha o cumprimento aos seus sucedâneos[68].

IV. O BGB de 1896/1900 insere o cumprimento no título 1.º (§§ 362-371) da secção 4 (extinção das relações obrigacionais, §§ 362 a 397) do livro II, relativo às relações obrigacionais (§§ 241-853)[69].

[59] Com elementos, Tilman Repgen, HKK/BGB cit., II/2, §§ 362-371, Nr. 10 (2130-2131).

[60] Christian Thomasius, *An promissor facti liberatur praestando id, quod interest?* (1721), 40 pp., § XXXII ss. (27 ss.).

[61] *Vide* Klaus Luig, *Leibniz als Dogmatiker des Privatrechts*, FS Franz Wieacker 75 (1985), 213-255 (226-227).

[62] Karl Ludwig Arndts (Ritter von Arnesberg), *Lehrbuch der Pandekten*, 9.ª ed. (1877), § 219 (373 ss.) (a primeira ed. é de 1852).

[63] Carl Georg von Wächter, *Pandekten* II (1881), § 181 (327).

[64] Bernhard Windscheid/Theodor Kipp, *Lehrbuch des Pandektenrechts* II, 9.ª ed. (1906), § 342, 1 (417) e *passim*.

[65] Carl Friedrich Ferdinand Sintenis, *Das Praktische gemeine Civilrecht*, II – *Das Obligationenrecht*, 2.ª ed. (1861), 394 ss..

[66] Ludwig Arndts, *Lehrbuch der Pandekten* cit., 9.ª ed., § 219 (373 ss.).

[67] Alois Brinz, *Lehrbuch der Pandekten*, 2.ª ed. (1879), § 290 (439 ss.).

[68] Heinrich Dernburg/Joahnnes Biermann, *Pandekten* 2, 7.ª ed. (1903), §§ 55 ss. (151 ss.) e §§ 58 ss. (163 ss.).

[69] Na justificação de motivos – *Motive zu dem Entwurfe eines Bürgelichen Gesetzbuches für das Deutsche Reich*/Band II – *Recht der Schuldverhältnisse*, Amtliche Ausgabe,

Vamos reter, de modo esquemático, o teor dessa secção:

1 – cumprimento (§§ 362 a 371);
2 – consignação em depósito (§§ 372 a 386);
3 – compensação (§§ 387 a 396);
4 – remissão (§ 397).

Temos um esforço de síntese. O BGB não autonomiza, nem a dação em cumprimento, nem a dação em função do cumprimento: refere-as como modalidades de cumprimento (§§ 364 e 365). Quanto à novação[70] e à confusão[71]: elas são doutrinariamente reconhecidas.

Mau grado o sentido profundo do cumprimento, o BGB cedeu à manifestação mais visível: a extinção da obrigação.

A publicação do BGB originou uma série de monografias sobre o cumprimento, num interesse que se manteria até à II Guerra Mundial. Assim e para a presente edição, foram confrontados os escritos de Alexander[72], de Bauer[73], de Ihrcke[74], de Klein[75], de Kretschmar[76], de Poser[77], de Boehmer[78], de Fromm[79], de Davidsohn[80], de Ballauf[81], de Mühleneisen[82], de Heetfeld[83], de Ettingshausen[84] e de Döring[85].

2.ª ed. inalt. (1896), 895 pp., 81 – explica-se que a plena realização extingue, *ipso iure*, a obrigação.

[70] Joachim Gernhuber, *Die Erfüllung und ihre Surrogate/sowie das Erlöschen der Schuldverhältnisse aus anderen Gründen*, 2.ª ed. (1994), XXIV + 559 ss., § 18 (402-415).

[71] *Idem*, § 19 (416-428).

[72] Erich Alexander, *Die rechtliche Natur der Erfüllung* (1902), 70 pp..

[73] Hermann Bauer, *Die rechtliche Natur der Erfüllung* (1903), 91 pp..

[74] Ernst Ihrcke, *Ist die Erfüllung Rechtsgeschäft?/Nach gemeinem Recht und Bürgerlichem Gesetzbuch* (1903), 69 pp..

[75] Peter Klein, *Die Natur der causa solvendi/ein Beitrag zur Causa- und Kondiktionen-Lehre* (1903), VII + 67 pp..

[76] Paul Kretschmar, *Die Erfüllung* (1906), 168 pp..

[77] Friedrich Poser, *Zur Lehre von der Erfüllung* (1910), 59 pp..

[78] Gustav Boehmer, *Der Erfüllungswille* (1910), 98 pp..

[79] Erich Fromm, *Die Frage nach der Vertragsnatur der Erfüllung* (1912), VII + 36 pp..

[80] Ludwig Davidsohn, *Heilung von Formmängeln durch Erfüllung* (1914), 62 pp..

[81] Gustav Ballauf, *Der Rechtscharakter der Erfüllung* (1915), VI + 47 pp..

[82] Ewald Mühleneisen, *Erfüllung durch Eingehen einer Verbindlichkeit* (1930), 54 pp., num escrito que tem também a ver com a dação em cumprimento e com a novação.

[83] Hans Heetfeld, *Zur Rechtsnatur der Erfüllung* (1934), XII + 77 pp..

[84] Hans Georg Ettingshausen, *Die rechtliche Natur der Erfüllung* (1935), VIII + 36 pp..

[85] Martin Döring, *Die Rechtnatur der Erfüllung* (1949), VI + 44 pp.. (polic.).

Além disso, há que contar com múltiplos artigos e comentários. Voltaremos a encontrar estes Autores a propósito das questões que suscitam.

## 10. **Codificações tardias**

I. O Código Civil italiano de 1865 fixou, no seu artigo 1218.º, a regra do exato cumprimento da obrigação pelo devedor[86]. Com isso, explica a doutrina, eram afastadas algumas exceções do Direito comum, com raiz romana: (a) o *beneficium competentiae*, que permitia, em certas condições, reduzir a prestação às forças do devedor; (b) o *in solutum dare*, pelo qual o devedor impotente podia liberar-se cedendo os seus imóveis aos credores; (c) o *modicus tempus*, por via do qual o juiz podia conceder, ao devedor, uma "moderada dilação"[87].

Esta assertividade era, de certo modo, contraditada pela inclusão do cumprimento entre as causas de extinção das obrigações ainda que, aí, em primeiro lugar.

II. As regras subsequentes, algo estabilizadas, sobreviveram no Código vigente de 1942. Desta feita, o legislador colocou o cumprimento num local distinto da da extinção das obrigações. Passa a usar *adempimento* (adimplemento) em vez de pagamento[88]. Porventura mais importante e denotadora de todo um aprofundamento jurídico-científico antecedente, foi a imersão do cumprimento no conjunto dos princípios básicos da ordem civil. Vamos reter, todos do Código italiano de 1942[89]:

[86] Ferrarotti Teonesto, *Commentario teorico pratico comparato al codice civile italiano* VIII (1874), 232 ss.; Luigi Borsari, *Commentario del codice civile italiano* III (1877), 537 ss..

[87] Giorgio Giorgi, *Teoria della obbligazioni nel diritto moderno italiano* II, 4.ª ed. (1895), n.º 2 (3); Vittorio Polacco, *Le obbligazioni nel diritto civile italiano* I, 2.ª ed. (1915), n.º 56 ss. (260 ss.); Michele Giorgianni, *Pagamento*, NDI IX (1939), 412-425 (412/I).

[88] Michele Giorgianni, *Pagamento*, NssDI XII (1965), 321-332 (321/II).

[89] Walter d'Avanzo, em Mariano d'Amelio/Enrico Finzi, *Codice civile/Libro delle obbligazioni/Commentario* I (1948), 15 ss.; Maria Bruna Chito, em Pietro Rescigno, *Codice civile* I, 7.ª ed. (2008), 2039 ss..

1175.º (Comportamento segundo a correção). O devedor e o credor devem comportar-se segundo as regras da correção[90].

1176.º (Diligência no adimplemento). No adimplemento da obrigação o devedor deve usar a diligência de um bom pai de família.

No cumprimento de uma obrigação inerente ao exercício de uma atividade profissional, a diligência deve valorar-se de acordo com a natureza da atividade exercida.

Trata-se de preceitos básicos que remetem (embora sem a referir de modo expresso) para a boa-fé e para o sistema a tarefa de concretizar o cumprimento das obrigações. A boa-fé surge, de resto, no artigo 1375.º, a propósito da execução do contrato. Todos estes pontos são significativos e jogaram no nosso Código de 1966.

III. O Código Civil holandês, de 1992, entra na temática do cumprimento das obrigações (*Nakoming van verbintenissen*) diretamente a propósito das obrigações de *dare* (artigo 6:27)[91]. A matéria percorre, depois, os vários meandros do *ius romanum* atual.

IV. No Código Suíço das obrigações (1907), a matéria surge como "execução das obrigações", num título relativo à eficácia das obrigações (68.º a 96.º). Segue-se um capítulo sobre os efeitos da inexecução das obrigações (97.º a 113.º) e um título sobre a extinção das obrigações (114.º a 142.º), onde não consta o cumprimento[92].

V. O Código Civil espanhol (1889) enumera, no seu artigo 1156.º, as diversas formas de extinção das obrigações. À cabeça, coloca o cumpri-

[90] A versão inicial acrescentava: "relativamente aos princípios da solidariedade corporativa".

[91] Na ed. bilingue holandês/alemão de F. Nieper/A. S. Westerdijk, *Niederländisches Bürgerliches Gesetzbuch* (1995), 21 ss..

[92] Urs Len, em Heinrich Honsell/Nediem Peter Vogt/Wolfgang Wiegand, *Basler Kommentar*, *Obligationenrecht*, Art. 1-529 OR, 5.ª ed. (2011), Art. 68-90 (523-567); Martin Bernet, *idem*, Art. 91-96 (567-588); Wolfgang Wiegand, *idem*, Art. 97-109 (588-670); Corinne Zellweger-Gutknecht, *idem*, Art. 110 (671-682); Christoph M. Pestalozzi, *idem*, Art. 111 (683-697); Rainer Gonzenbach/Corinne Zellweger-Gutknecht, *idem*, Art. 112-113 (697-708); Rainer Gonzenbach/Debora Gabriel-Tanner, *idem*, Art. 114-118 (709-734); Wolfgang Wiegand, *idem*, Art. 119 (734-741); Wolfgang Peter, *idem*, Art. 120-126 (741-769); Robert K. Däppen, *idem*, Art. 127-142 (769-834).

mento (*pago*)[93]. Dedica, ao *pago*, 24 artigos, entre os quais inclui a consignação em depósito. A matéria é devidamente desenvolvida e atualizada pela doutrina[94].

## 11. *Common Law*

I. O Direito inglês comporta uma construção muito peculiar de contrato. Mercê das particularidades históricas que originaram a *Common Law*[95], o Direito inglês não concebe, tradicionalmente, o contrato como uma fonte de deveres executáveis, pelo Direito, em caso de inadimplemento[96].

II. Assumido um compromisso contratual teríamos, subjacente, uma promessa. Esta, a não se concretizar, daria lugar a uma indemnização. No Direito tradicional, cada um seria livre de não-cumprir, desde que indemnizasse os danos[97]. Esta solução adveio da *action of assumpsit*, a qual era concedida ao queixoso, perante um inadimplemento[98]. Coube aos juízos de *equity*, em certos casos, decretar a execução específica[99].

III. Hoje, os juízos de *equity* foram absorvidos. Todavia, conserva-se a ideia de que a execução específica tem um sentido excecional. A regra, perante o não-cumprimento de obrigações, é a da indemnização[100].

[93] *Código Civil*, Civitas, 38.ª ed. (2015), 327.

[94] Assim: Ángel Acedo Penco, *Teoría general de las obligaciones*, 2.ª ed. (2011), 246 pp., 109 ss.; Carlos Martínez de Aguirre Aldas (coord.), *Curso de Derecho Civil*, II – *Derecho de obligaciones* (2014), 990 pp., 149 ss..

[95] *Vide*, com indicações, A. Barreto Menezes Cordeiro, *Do* trust *no Direito civil* (2014), 1313 pp., 65 ss..

[96] Max Rheinsteinm *Die Struktur des vertraglichen Schuldverhältnisses im anglo-amerikanischen Recht* (1932), 256 pp., 122 ss.; Reinhard Zimmermann, *The Law of Obligations* cit., 776-777.

[97] Oliver Wendell Holmes, *The Common Law*, 1.ª ed. (1881), XVI + 422 pp., 301-302.

[98] Konrad Zweigert/Hein Kötz, *Einführung in die Rechtsvergleichung*, 3.ª ed. (1996), 477 ss..

[99] A. Barreto Menezes Cordeiro, *Do* trust cit., 219.

[100] Reinhard Zimmermann, *The Law of Obligations* cit., 781.

De acordo com a jurisprudência[101], a execução específica tem lugar se surgir como justiça mais perfeita e completa do que uma condenação em indemnização. Ela impõe-se, ainda, perante uma quebra do contrato de *deliberate and cynical nature*[102].

## 12. **Direito europeu**

I. O Direito europeu das obrigações tem um sentido limitado[103]. Não há, propriamente, um "Direito europeu", no sentido comum do termo, isto é, de um conjunto de normas e princípios positivados, capaz de uma ordenação em sistema. Temos, simplesmente, alguns projetos os quais, provenientes de comissões, de institutos ou de associações de prestígio, representam um esforço teórico de unificação[104].

II. Como documento muito especialmente interessante, vale o DCFR (*Draft Common Frame of Reference*), fruto de uma iniciativa conjunta do *Study Group on a European Civil Code* (Osnabrück) e do *Research Group on EC Private Law* (Acquis Group), de 2009[105].

III. No tocante ao cumprimento, cabe referir, no livro III (obrigações e direitos correspondentes, capítulo I (generalidades), artigo 102, uma série de definições, entre as quais, mantendo o original inglês[106]:

(2) Performance of an obligation is the doing by the debtor of what is to be done under the obligation or the not doing by the debt or of what is not to be done.

(3) Non-performance of an obligation is any failure to perform the obligation, whether or not excused, and includes delayed performance and

[101] High Court of Australia, 21-mar.-1967, *Coulls v Bagot's Executor and Trustee Co Ltd*, 199 CLR 460, confrontável na Net.

[102] Mindy Chen-Wishart, *Contract Law* cit., 2.ª ed., 588.

[103] Com indicações: *Tratado* VI, 2.ª ed., 235 ss..

[104] *Idem*, 246 ss..

[105] *Vide* a introdução de Christian von Bar/Hugh Beale/Eric Clive/Hans Schulke-Nölke, *DCFR* (2009), 1-99.

[106] Christian von Bar e outros, *DCFR* cit., 229; na *Full Edition*, *vide* I (2009), XXII + 1010 pp., 672.

any other performance which is not in accordance with the terms regulating the obligation.

IV. Surge, no referido livro III, um capítulo 2, sobre o cumprimento. Vamos dar conta do seu conteúdo[107]:

101: local do cumprimento;
102: prazo do cumprimento;
103: cumprimento antecipado;
104: ordenação do cumprimento;
105: obrigações alternativas ou métodos de pagamento;
106: cumprimento confiado a outrem;
107: cumprimento por terceiro;
108: método de pagamento;
109: moeda de pagamento;
110: imputação do cumprimento;
111: transmissão de propriedade não aceite;
112: dinheiro não aceite;
113: custos e formalidades do cumprimento;
114: efeito extintivo do cumprimento.

Estamos perante uma regulação de tipo continental, próxima do Direito alemão e bastante completa. Sublinhe-se a diferença entre o cumprimento em geral (*performance*) e o pagamento, quando estejam em causa meios monetários (*payment*).

V. Nos demais instrumentos "europeus", deve dizer-se que o tema do cumprimento não é dos que suscitem mais controvérsia. As grandes balizas estão traçadas, não havendo clivagens marcadas. Ranieri salienta o tema da responsabilidade contratual, entre as ideias de culpa e de garantia[108]; no Código Europeu dos Contratos do grupo de Pavia, a execução do contrato surge separada da das restantes formas de extinção das obrigações (75.º e seguintes), articulando-se as regras tradicionais[109]; nos PECL (*Principles of European Contract Law*), o capítulo sobre o cumprimento aborda, em

[107] *DCFR* cit., 233-238 e *Full Edition*, 720-771; *vide* Tilman Repgen, HKK/BGB cit., II/2, §§ 362-371 (2165-2166).

[108] Filippo Ranieri, *Europäisches Obligationenrecht/Ein Handbuch mit Texten und Materialien*, 3.ª ed. (2009), XXVIII + 2044 pp., 551 ss..

[109] Giuseppe Gandolfi, *Code European des Contrats* (2001), LVIII + 576 pp., 34 ss..

doze preceitos (7:101 a 7:112), o lugar do cumprimento, o tempo do cumprimento, o cumprimento antecipado, a ordem das prestações, a obrigação alternativa, o cumprimento por terceiro, a forma do pagamento, a moeda do pagamento, a imputação dos pagamentos, a recusa de receber a prestação, a recusa de aceitar uma soma de dinheiro e o custo do adimplemento[110].

Como temos dito de modo repetido: este movimento "europeu" não é favorável ao Direito lusófono, que não pesa nos preparatórios e que perde, fatalmente, em relevo, caso o movimento unificador do Direito privado, economicamente desnecessário, prossiga nos termos atuais. O Direito lusófono, pelo menos na Europa, irá perder, sem vantagem, a sua autonomia científica e sócio-cultural. Mas assim sendo – e até por isso – o Direito europeu deve ser cuidadosamente acompanhado.

[110] Ole Lando/Hugh Beale (ed.), *Principles of European Contract Law* (2000), XLVIII + 561 pp., 328 ss.; na versão italiana de Carlos Castronovo, *Principi di diritto europeo dei contrati* (2001), LII + 597 pp., 369-402.

## § 4.º O SISTEMA LUSÓFONO E O CUMPRIMENTO

### 13. **Ordenações e pré-codificação**

I. Não temos, nas Ordenações do Reino, um sistema completo e coerente sobre a matéria do cumprimento. Todavia, verificam-se pontos interessantes, que cumpre sublinhar.

Lembramos uma Lei de D. Dinis, de 18 de maio de 1352: os contratos e os "prometimentos" devem ser cumpridos, aplicando-se, quando tal não sucedesse, as penas que cabem aos que "britam a boa-fé"[111]. Para além disso, surgem diversas regras atinentes ao cumprimento de certas obrigações: quanto à compra e venda[112], às obrigações pecuniárias[113], à mora do foreiro[114] e ao empréstimo[115], como exemplos.

II. Na pré-codificação civil, ocorrem elementos relevantes. Pascoal de Melo, na linha de Thomasius (que cita) defendia o princípio do cumprimento específico[116].

Um avanço importante, em termos sistemáticos, foi dado pelo Código Comercial de 1833 (Ferreira Borges). Surge, nele, um título com uma epígrafe expressiva: *dos modos, por que se dissolvem e extinguem as obrigações commerciais em geral* (866.º a 893.º)[117]. O conhecimento desta matéria não se deve perder. No proémio, avulta o artigo 867.º, que explicita:

[111] *Ordenações Afonsinas*, Liv. IV, tit. V = *Collecção de legislação antiga e moderna do reino de Portugal*, Ord. Aff., 4, 63-65; *vide* o texto do troço relevante no *Tratado* VII, 89.

[112] *Ordenações Filipinas*, Liv. IV, tit. I = ed. Gulbenkian, IV e V, 779 ss..

[113] *Idem*, Liv. IV, tit. XXI e XXII = ed. Gulbenkian, IV e V, 802-803.

[114] *Idem*, Liv. IV, tit. XXXIX = ed. Gulbenkian, IV e V, 819-820.

[115] *Idem*, Liv. IV, tit. L = ed. Gulbenkian, IV e V, 842-843.

[116] Pascoal José de Melo Freire, *Institutiones Juris Civilis Lusitani cum publici tum privati*, IV – *De obligationibus et actionibus* (1815, reimp. 1845), tit. II, § V (8-9).

[117] Na ed. *Codigo Commercial Portuguez* (1856), 159-164.

O pagamento, a quitação, a novação, a prescripção, a remissão voluntária, o mutuo dissenso dos contrahentes, a confusão de direitos, a compensação, o concurso de duas causas lucrativas sobre a mesma cousa e pessoa, a perda da cousa, acontecida antes da mora contrahida pelo devedor, a nullidade, a offerta da divida, o deposito, e outras, extinguem *ipso jure* a obrigação.

Seguem-se regras clássicas: o devedor de espécie só se liberta pagando a espécie (872.º); o pagamento faz-se no domicílio do devedor (873.º); a novação tem força de pagamento (884.º).

III. Correia Telles versa a matéria no seu *Digesto*, em título próprio. Usa a seguinte e curiosa fórmula[118]:

Todo o cumprimento de uma obrigação que livra o devedor, é pagamento.

Desenvolve, depois, o tema, apoiando-se nos clássicos.

Coelho da Rocha distingue o pagamento (*solutio*) como cumprimento em geral e o pagamento estrito, relativo a quantias em dinheiro[119]. Ocupa-se de: quem pode pagar?; a quem?; como?; lugar e tempo; prova e presunção do pagamento; imputação do pagamento[120].

## 14. O Código de Seabra

I. O Código de Seabra (1867) deu, ao cumprimento, um tratamento muito interessante e mais avançado do que o das codificações da época. Desde logo, a matéria surge no título I (*dos contratos e obrigações* em geral) do livro II (dos direitos que se adquirem por facto e vontade propria e de outrem conjuntamente), em capítulo próprio: o IX (dos effeitos e cumprimento dos contratos). Não é, pois, uma forma, entre outras, de extinção de obrigações, mas antes a realização do programa contratual.

[118] J. H. Correia Telles, *Digesto Portuguez*, 3.ª ed. (1845), n.º 1044 (1, 134).

[119] Manuel António Coelho da Rocha, *Instituições de Direito civil portuguez* 1, 3.ª ed. (1846), § 143 (85).

[120] *Idem*, §§ 144-149 (85-88).

II. Além disso, a matéria do cumprimento, repartida por treze secções, apresenta um desenvolvimento considerável. Assim:

I – Disposições gerais (702.º a 710.º);
II – Da prestação de factos (711.º a 713.º);
III – Da prestação de cousas (714.º a 732.º);
IV – Da prestação em alternativa (733.º a 738.º);
V – Do logar e do tempo da prestação (739.º a 746.º);
VI – Das pessoas que podem fazer a prestação, e das pessoas a quem deve ser feita (747.º a 758.º);
VII – Da proposta de pagamento e da consignação em depósito (759.º a 764.º);
VIII – Da compensação (765.º a 777.º);
IX – Da subrogação (778.º a 784.º);
X – Da cessão (785.º a 795.º);
XI – Da confusão de direitos e de obrigações (796.º a 801.º);
XII – Da novação (802.º a 814.º);
XIII – Do perdão e da denuncia (815.º a 817.º).

III. Seabra lidou com uma ideia ampla de cumprimento: de tal modo que inseriu, na competente secção, os sucedâneos: consignação, compensação, confusão, novação e perdão. Foi ainda levado a versar a sub-rogação, a cessão e a denúncia, que hoje integram a transmissão, quanto às duas primeiras e a extinção da fonte, quanto à segunda.

IV. Ao abrigo do Código de Seabra surgiu alguma literatura relevante. Desde logo, as anotações de Dias Ferreira[121].

O avanço científico básico adveio de Guilherme Moreira[122]. Este Autor inseriu o tema num capítulo relativo à extinção das obrigações, separado da proposta de pagamento e consignação em depósito, da compensação, da dação em pagamento, da novação, da confusão e do perdão e da renúncia[123]. Guilherme Moreira parte do precursor, Coelho da Rocha

[121] José Dias Ferreira, *Codigo Civil Portuguez annotado* II, 1.ª ed. (1871), 214-287 e II, 2.ª ed. (1895), 43-112.

[122] Guilherme Alves Moreira, *Instituições do Direito civil português*, II – *Das obrigações* (1911), § 15 (241-248); na pré-edição de 1903, *vide* § 73, 68 ss.; as obras aí referidas eram as de Dias Ferreira, Coelho da Rocha, Giorgi, Chironi e Mazzoni.

[123] Guilherme Alves Moreira, *Instituições* cit., II, §§ 16 a 21 (248 a 314).

e utiliza autores italianos germanizados, como Giorgi[124] e o incontornável Windscheid, em tradução italiana.

Alargado e pouco aproveitado é, nesta fase, o comentário de Cunha Gonçalves[125]: iremos reencontrá-lo ao longo do desenvolvimento da matéria. Finalmente, cumpre referir as lições incontornáveis de Paulo Cunha[126], de Inocêncio Galvão Telles[127] e de Manuel de Andrade[128].

## 15. Os preparatórios de Vaz Serra

I. No âmbito da preparação do atual Código Civil, Vaz Serra dedicou, ao tema, um substancial estudo: *Do cumprimento como modo de extinção das obrigações*[129].

O escrito de Vaz Serra sobre o cumprimento, publicado em janeiro de 1953, foi dos mais antigos da longa série que conduziria ao projeto de Código Civil[130]. O ilustre Autor iria, nos estudos ulteriores, aperfeiçoar a sua técnica. Assim, denotamos obras básicas, como as de Enneccerus/Lehmann e de von Tuhr, citadas em traduções castelhanas, bem como uma relativa escassez bibliográfica[131]. A obra de referência foi o manual de Enneccerus/ /Lehmann[132] o qual, completo e bem organizado, permitiu colocar Vaz Serra no coração da doutrina de Além-Reno.

[124] Ou seja e feito o confronto: Giorgio Giorgi, *Teoria delle obbligazioni nel diritto moderno italiano* 7, 3.ª ed. (1892), n.º 8-10 e 68-155 (9-12 e 86-174).

[125] Luiz da Cunha Gonçalves, *Tratado de Direito civil* IV (1931), 482 ss..

[126] Paulo Cunha, *Direito das obrigações*, por Margarida Pimentel Saraiva/Orlando García-Blanco Courrége (1938-1939), 232 ss..

[127] Inocêncio Galvão Telles, *Manual de Direito das obrigações* 1, 2.ª ed. (1965), 115-172.

[128] Manuel de Andrade, *Teoria das obrigações*, col. por Rui de Alarcão, 3.ª ed. (1966), XI + 447 pp., 277-321.

[129] Adriano Vaz Serra, *Do cumprimento como modo de extinção das obrigações*, BMJ 34 (1953), 5-212.

[130] *Vide* a sua enumeração no *Tratado* VI, 2.ª ed., 190-197.

[131] Assim, escritos de Klein, Endemann, von Tuhr, Brütt, Kress, Rosenberg, Stamp, Manigk, Lehmann, Kretschmar, Boehmer, Oertmann, Heck e Leonhard são citados *apud* Enneccerus/Lehmann, Vaz Serra, *Do cumprimento* cit., 12, nota 10.

[132] Mais precisamente Ludwig Enneccerus/Heinrich Lehmann, *Derecho de obligaciones*, trad. cast. de Blas Pérez González/José Alguer I (1944), § 60 (§ 283), pp. 298-305; a matéria pode hoje ser seguida em Ludwig Enneccerus/Heinrich Lehmann, *Recht der Schuldverhältnisse/Ein Lehrbuch*, 15.ª ed. (1958), §§ 60 ss. (249 ss.).

Podemos, pelo nível das citações e pelas soluções que foi adotando, considerar que a grande fonte inspiradora de Vaz Serra foi, de facto, o Direito alemão, através do texto de Enneccerus/Lehmann e, em menor grau, do de von Tuhr[133], à luz do Direito suíço.

O então jovem Código Civil italiano de 1942 foi tido em conta, bem como os desenvolvimentos de Guilherme Moreira, já radicados na nossa cultura jurídica.

Ao contrário do que faria em inúmeros estudos ulteriores, Vaz Serra dedica apenas um pequeno núcleo do seu estudo a uma consideração comparatística e de política legislativa ao cumprimento[134]; passa, depois, a propor um articulado, no qual cada preceito vem acompanhado por latas justificações[135].

II. O articulado de Vaz Serra é extenso, diluindo-se no seu escrito. Havia que preparar um anteprojeto mais sintético, o que foi levado a cabo por esse mesmo Autor[136]. Nele, algumas regras sobre o cumprimento surgem logo no título I (Eficácia e conteúdo das obrigações. Fixação do prazo)[137]. E num título V, relativo à extinção das obrigações, temos um capítulo I, sobre o cumprimento[138]. Embora mais sintético do que resultaria do anteprojeto desenvolvido, o capítulo sobre o cumprimento ainda se alargava por 26 artigos (423.º a 448.º), com sete secções, assim arrumadas:

I – Regras gerais (423.º e 424.º);
II – Quem pode fazer a prestação (425.º a 427.º);
III – A quem deve ser feita a prestação (428.º a 431.º);
IV – Imputação do cumprimento (432.º a 437.º);
V – Prova do cumprimento (438.º a 445.º);
VI – Direito à restituição do título ou menção do cumprimento (446.º e 447.º);
VII – Direito à libertação de vínculos (448.º).

[133] Andreas von Tuhr, *Tratado de las obligaciones*, trad. W. Roces, tomo II (1934), 361 pp., 1 ss.; temos disponível, de Andreas von Tuhr/Alfred Siegwart, *Allgemeiner Teil des Schweizerischen Obligationenrechts* II (1944), X + 437 – 884 pp., 482 ss., quanto ao cumprimento.

[134] Adriano Vaz Serra, *Do cumprimento* cit., 5-36.

[135] *Idem*, 36-212.

[136] Adriano Vaz Serra, *Direito das obrigações (com excepção dos contratos em especial)*, sep. BMJ 1960, 653 pp..

[137] *Idem*, 5-37.

[138] *Idem*, 358-413 ; 358-378, quanto ao cumprimento.

III. De acordo com o sistema de Vaz Serra, o não-cumprimento das obrigações e o seu cumprimento estavam claramente separados. Vamos recordar esse sistema, relativo às obrigações em geral:

Título I – Eficácia e conteúdo das obrigações. Fixação do prazo (1.º a 48.º);
Título II – Não-cumprimento das obrigações (49.º a 114.º);
Título III – Transmissão do crédito ou da dívida e figuras afins (115.º a 161.º);
Título IV – Garantia dos direitos de crédito (162.º a 422.º);
Título V – Extinção das obrigações (423.º a 495.º);
Título VI – Algumas modalidades das obrigações (496.º a 607.º);
Título VII – Fontes das obrigações (608.º a 784.º).

Em suma: enquanto o não-cumprimento se seguia à eficácia e ao conteúdo das obrigações, o cumprimento surgia como uma forma, entre outras, de extinção dos vínculos obrigacionais. A Ciência jurídica ficou dotada de um texto atualizado, que consagrava os avanços nas primeiras décadas do século XX.

## 16. Revisões ministeriais e o Código de 1966

I. O sistema geral proposto por Vaz Serra foi profundamente revisto por Antunes Varela, na primeira revisão ministerial. Damos nota do esquema do título I (Das obrigações em geral) do Livro II (Direito das obrigações) do competente anteprojeto[139]:

Capítulo I – Regras preliminares (357.º a 371.º);
Capítulo II – Fontes das obrigações (372.º a 490.º);
Capítulo III – Modalidades das obrigações (491.º a 567.º);
Capítulo IV – Transmissão do crédito ou da dívida e figuras afins (568.º a 593.º);
Capítulo V – Garantia dos direitos de crédito (594.º a 757.º);
Capítulo VI – Cumprimento e não-cumprimento das obrigações (758.º a 813.º);
Capítulo VII – Outras causas de extinção das obrigações (814.º a 847.º).

[139] *Código Civil/1.ª Revisão ministerial*, BMJ 119 (1962), 27-219.

II. Como especial novidade, no que agora está em causa, temos a reunião, num mesmo capítulo, do cumprimento e do não-cumprimento das obrigações. Há alguma inspiração italiana, já que o *codice* de 1942 comporta, nas obrigações em geral, um capítulo II, sobre o cumprimento, seguido pelo capítulo III, quanto ao inadimplemento (1176.º a 1217.º e 1218.º a 1229.º, respetivamente)[140]. Também a ideia italiana de um capítulo IV, sobre "modos de extinção das obrigações diversos do adimplemento" (1230.º a 1259.º)[141] pesou sobre a opção de Antunes Varela, no que toca ao paralelo capítulo VII do anteprojeto, versão da 1.ª revisão ministerial.

III. O esquema da referida 1.ª revisão ministerial passou ao projeto[142] e ao Código Civil, finalmente promulgado[143]. Houve algumas alterações, a seu tempo estudadas, mas o sistema estava fixado. O cumprimento ficou definitivamente ligado ao não-cumprimento, ainda que em secções distintas do capítulo VII do livro II: cumprimento e não-cumprimento das obrigações.

Passando ao cumprimento, assinalamos sete subsecções:

I – Disposições gerais (762.º a 766.º);
II – Quem pode fazer e a quem pode ser feita a prestação (767.º a 771.º);
III – Lugar da prestação (772.º a 776.º);
IV – Prazo da prestação (777.º a 782.º);
V – Imputação do cumprimento (783.º a 785.º);
VI – Prova do cumprimento (786.º a 787.º);
VII – Direito à constituição do título ou à menção do cumprimento (788.º e 789.º).

IV. A justaposição do cumprimento ao não-cumprimento, de sabor italiano e quebrando a tradição romano-germânica de posicionar o cumprimento como uma forma de extinção das obrigações, lado a lado com outras, acaba por ter virtualidades dogmáticas. Assim:

– o cumprimento tem um papel na lógica das obrigações, uma vez que traduz a concretização da vantagem que cada vínculo concreto

[140] *Vide*: Maria Bruner Chito, em Pietro Rescigno, *Codice civile* cit., 7.ª ed., 2053-2081; Giampiero Borracchia, *idem*, 2081-2137; Andrea Barenghi, *idem*, 2138-2165.
[141] *Vide* Andrea Barenghi, em Pietro Rescigno, *Codice civile* cit., 7.ª ed., 2165-2188.
[142] *Projecto de Código Civil*/Ministério da Justiça (1966), LIV + 710 pp., 222-254.
[143] DG I, n.º 274, de 25-nov.-1966, 1951-1960.

acarreta para o credor[144]; não se trata, com efeito, de uma simples forma de extinção das obrigações, entre outras;

– o cumprimento e o não-cumprimento acabam por ficar indissoluvelmente interligados: as normas respetivas são complementares permitindo, em conjunto, traçar o grande perfil da realização das obrigações.

## 17. Os códigos civis brasileiros

I. O Código Civil brasileiro de 1916 insere o pagamento no capítulo 2.º do título intitulado *dos effeitos das obrigações*. Aí trata, sucessivamente[145]:

Secção I – De quem deve pagar (930.º a 933.º);
Secção II – Daquelles a quem se deve pagar (934.º a 938.º);
Secção III – Do objecto do pagamento e sua prova (939.º a 949.º);
Secção IV – Do logar do pagamento (950.º e 951.º);
Secção V – Do tempo do pagamento (952.º a 954.º);
Secção VI – Da mora (955.º a 963.º);
Secção VII – Do pagamento indevido (964.º a 971.º).

A matéria estava bem sistematizada. Além disso, salientamos que o pagamento resulta da obrigação: não é uma simples forma de a extinguir. O tratamento da mora, logo após o tempo do pagamento, merece, também, ser retido.

II. Este esquema conservou-se no Código Civil de 2002 (304.º a 333.º)[146]. Apenas foram retiradas as secções relativas à mora e ao pagamento indevido.

[144] Salientando este aspeto : João Antunes Varela, *Das obrigações em geral* II (1997, reimp.), 9.

[145] Manuel Paulo Merêa, *Codigo Civil Brasileiro anotado* (1917), 316-327.

[146] José Miguel Garcia Medina/Fábio Caldas de Araújo, *Código Civil Comentado* (2014), 322-341.

CAPÍTULO II

# A DOGMÁTICA DO CUMPRIMENTO

## § 5.º TERMINOLOGIA, SEDE LEGAL E PRINCÍPIOS

### 18. Aspetos terminológicos

I. Como vimos, o cumprimento apresenta, nos vários idiomas, diversas fórmulas linguísticas, com flutuações que não são, em absoluto, inóquas. Vamos ver a terminologia em língua portuguesa[147]. À partida, temos as locuções cumprimento, adimplemento, liquidação, cobrança e amortização. Ocorre, ainda, o termo solver. Vamos verificar.

II. A expressão "cumprimento" advém de cumprir, latim *complere* (encher, completar). Traduz, por excelência, a realização do fim da obrigação.

Adimplemento provém de adimplir, latim *adimplere* (encher, preencher): é sinónimo de cumprimento.

Pagamento, de pagar, latim *pacare* (pacificar, de *pax*, paz[148]), exprime, igualmente, a efetivação da prestação. No Direito, tem um sentido mais amplo do que o comum, onde equivale a um cumprimento pecuniário. Todavia, sublinha-se que o cumprimento é expontâneo e livre, enquanto o pagamento pode ser forçado. Além disso, está em regra associado a cumprimentos em dinheiro

Liquidação, de líquido, latim *liquidus* (líquido, fluído) é usada, na linguagem comercial, em sinonímia com o cumprimento. Em sentido técnico

[147] Em geral, Fernando Pessoa Jorge, *Lições de Direito das obrigações* cit., 1, 260 ss.; há que acrescentar a dimensão etimológica.

[148] Giovanni Elio Longo, *Pagamento (diritto romano)*, NssDI XII (1965), 316-321 (317/I).

traduz, no Direito civil, o conjunto de operações necessárias para determinar o montante de uma prestação. No Direito das sociedades e no da insolvência, liquidação abrange a atividade destinada à realização do ativo de um património, para satisfazer o seu passivo.

Cobrança, de cobrar ou recobrar, latim *recuperare* (*re* + *capere*, retomar, recuperar a posse de algo), equivale ao cumprimento, mas pelo prisma do credor ou daquele que recebe a prestação (o *accipiens*); põe, em geral, a tónica em débitos pecuniários.

Amortização, de morte[149], enfoca o cumprimento do capital em dívidas que vençam juros periódicos.

Solver, do latim *solvere*, significa cumprir, em linguagem mais erudita.

III. Ocorrem, ainda, expressões como execução, liberação e satisfação que, consoante o contexto, podem exprimir o cumprimento ou alguma das realidades que, com ele, estejam aparentadas. A execução liga-se à prestação; a liberação, ao devedor; e a satisfação, ao credor.

Por fim, o devedor diz-se *solvens* (o que solve ou o que cumpre), enquanto o credor é o *accipiens* (o que recebe).

## 19. Sede legal

I. Como vimos, a matéria relativa ao cumprimento ocupa a secção I do capítulo VII do livro II do Código Civil (762.° a 789.°), ordenando-se em sete subsecções[150].

Além disso, há que lidar com a secção II, sobre o não-cumprimento (790.° a 816.°) e com a secção III, relativa à realização coativa da prestação (817.° a 836.°). Apesar da inevitável separação formal, os diversos preceitos devem ser interpretados e integrados por forma unitária.

[149] No Direito antigo, denominavam-se bens "de mão-morta" aqueles que, pertencendo ao clero, não pagavam impostos. Desde os primeiros Reis, foram estabelecidas regras que visavam limitar a aquisição de bens pelos conventos e por outras instituições eclesiásticas, promovendo a sua "amortização". Esta matéria pode ser confrontada em *Tratado* IV, 4.ª ed., 674 ss..

[150] *Supra*, 63.

II. O Código Civil, disseminadas pelos seus cinco livros, contém cerca de duas centenas de referências a "cumprimento"[151]. As ligações linguísticas envolvem significativas conexões materiais, que devem ser verificadas e ponderadas caso a caso.

III. Também relevante é a matéria atinente ao processo de execução, constante dos artigos 712.º a 877.º do Código de Processo Civil. Avulta, aí, uma secção relativa ao pagamento (795.º a 841.º). Far-se-ão as competentes remissões, quando necessário.

## 20. **Dimensão funcional**

I. A obrigação moderna reduz-se a um vínculo abstrato, que une o devedor ao credor. O Direito atribui, a este, um valor representado por uma conduta futura do primeiro. A expectativa de que tal conduta tenha lugar representa, só por si, um valor real, que circula na sociedade, traduzindo um vetor de riqueza. Nessa medida, o vínculo perde em abstração e ganha substância. Não obstante, tudo opera com vista a uma materialização que surgirá, apenas, no momento do cumprimento.

Nas disciplinas que, como a dos direitos reais e a dos direitos de personalidade, atribuem ao sujeito o imediato aproveitamento de um bem, há uma certa autossuficiência. Nas obrigações, surge uma diferença de raiz: o credor vive, nessa qualidade, em função de algo que só no futuro irá receber: a prestação.

II. Aquando das codificações, a omnipresença do cumprimento levou, para efeitos de manuseabilidade prática, ao seu acantonar na área da extinção das obrigações. Ainda hoje esta orientação transparece na melhor doutrina[152]. Trata-se de uma sistematização não inteiramente rigorosa. O cumprimento é, paradoxalmente, menos e mais do que um modo de extinção de obrigações.

[151] *Vide* José Dias Marques, *Índice dos vocábulos do Código Civil português*, BFD XXVII (1986), 327-390 (372-373).

[152] Entre nós, Adriano Vaz Serra, *Do cumprimento como modo de extinção das obrigações*, BMJ 34 (1953), 5-212 (5 ss.) e Luís Menezes Leitão, *Direito das obrigações*, 2, 9.ª ed. (2014), 137 ss..

O cumprimento é, em termos analíticos, apenas a realização da prestação principal. A obrigação pode subsistir, amparada nos deveres acessórios: temos a *culpa post pactum finitum*. Não há, rigorosamente, extinção da obrigação. Além disso, cabe ter presente a importante categoria das obrigações duradouras. Aí, o cumprimento não só não implica a extinção da obrigação como, pelo contrário, antes a reforça.

O cumprimento surge, no fundamental, como o escopo final da obrigação[153]. Ele afeiçoa, à prefiguração do momento em que se vai concretizar, toda uma teia de prestações secundárias e de deveres acessórios que – sabemos hoje – conferem o essencial da consistência às obrigações.

O cumprimento dá corpo ao programa de realização do interesse do credor. Não é um evento pontual, que ponha termo a uma obrigação: antes um roteiro complexo que, desde o início, interfere na configuração do vínculo.

III. A ordenação funcional do cumprimento deve ser balanceada entre os dois extremos. Nas obrigações mais simples, ele é vivido como o termo do processo obrigacional. Noutros casos, ele projeta uma geografia complexa tendente à realização do fim da obrigação. Noutras, finalmente, ele dá corpo à própria obrigação, verificando-se em contínuo (obrigações duradouras).

Verdadeiramente: a precisa função do cumprimento varia consoante o concreto tipo de obrigação em jogo. Apenas num plano de abstração elevado poderemos lidar com o fenómeno, no seu conjunto.

Tudo visto: consideramo-lo, hoje, como um espaço problemático autónomo ou, se se quiser, como um instituto capaz de sofrer concretizações distintas.

[153] Walter Zeiss, *Leistung, Zuwendungszweck und Erfüllung*, JZ 1963, 7-10; Horst Ehmann, *Die Funktion der Zweckvereinbarung bei der Erfüllung/Ein Beitrag zur causa solvendi*, JZ 1968, 540-556; Volker Beuthien, *Zweckerreichung und Zweckstörung im Schuldverhältnis* (1969), XXIV + 331 pp. (281 ss.). Por isso, a realização da prestação fora da perspetiva do cumprimento pode originar enriquecimento sem causa.

## § 6.º OS PRINCÍPIOS DO CUMPRIMENTO

### 21. Utilidade e enunciado

I. O cumprimento das obrigações depende, pela natureza das coisas, do concreto vínculo que esteja em causa. Perante a lógica do Código Civil, os diversos contratos têm as regras próprias de execução: compra e venda, doação, locação e assim por diante, até à transação. Essas regras, no que não tenham de específico, deixam margem à aplicação dos preceitos das obrigações em geral: artigos 762.º a 789.º.

Ainda no plano geral, verifica-se que os diversos preceitos podem ser usados para construir os princípios gerais do cumprimento. A sua utilidade é dupla: facultam a ordenação jurídico-científica da matéria e constituem úteis auxiliares na realização do Direito (interpretação e aplicação)[154].

II. O facto de se elaborarem princípios específicos do cumprimento não deve levar a esquecer os princípios gerais das obrigações: a relatividade, a tutela do devedor, a irrenunciabilidade antecipada aos direitos e a causalidade[155]. Todos eles devem estar sempre presentes, aquando da confeção dos modelos de decisão. Adiante referiremos aspetos relativos à articulação dos vários princípios. Além disso, valem também os institutos gerais do Direito civil: personalidade, autonomia privada, boa-fé, imputação de danos e propriedade e sua transmissibilidade[156].

[154] *Direito das obrigações* 2, 185 ss.; Luís Menezes Leitão, *Direito das obrigações* cit., 2, 9.ª ed., 137 ss.; Nuno Manuel Pinto Oliveira, *Princípios de Direito dos contratos* (2011), 1035 pp., 335 ss..

[155] *Tratado* VI, 2.ª ed., 57 ss..

[156] *Tratado* I, 4.ª ed., 923 ss..

III. No campo do cumprimento, podemos enunciar os princípios seguintes[157]:

- o princípio da boa-fé;
- o princípio da tutela da propriedade;
- o princípio da correspondência;
- o princípio da integralidade;
- o princípio da concretização.

IV. Mau grado esta enumeração, cabe reter que o cumprimento é um fenómeno tipicamente obrigacional. Daí que lhe sejam aplicáveis, com generalidade, os institutos gerais do Direito civil. Mas dentro deles, importa fazer rápida seleção: o cumprimento, como efetivação de uma conduta devida, escapa, naturalmente, à autonomia privada. Esta não deixa de estar presente: simplesmente, se as partes fizerem uso da sua autonomia, saímos do campo do cumprimento para entrar no das vicissitudes das obrigações, diferentes dele, que, por definição, é devido. Por outro lado, o cumprimento, como tal, é alheio à tutela da personalidade e à responsabilidade civil: não pressupõe violações que impliquem a aplicação de normas sancionatórias. Mas o não-cumprimento já reflete esses institutos.

Ficam-nos, assim, a boa-fé e a propriedade privada, que, no cumprimento revestem-se de importância primordial.

O cumprimento é fundamentalmente, concretização da ideia de Direito: por isso comina, a lei, a ambas, o dever genérico de atuar de boa-fé: artigo 762.º/2, do Código Civil.

É à luz da boa-fé que o comportamento devido deve ser delimitado[158]; nessa base, sabemos que o cumprimento compreende não só a própria atividade retratada na prestação, mas ainda todos os comportamentos acessórios necessários à efetiva prossecução dos interesses do credor[159].

[157] Esta enumeração remonta ao nosso *Direito das obrigações* 2, 186; *vide*, na 1.ª ed. deste volume do *Tratado*, 31. Com pequenas flutuações, Luís Menezes Leitão, *Direito das obrigações* cit., 2, 9.ª ed., 137-141 e José Carlos Brandão Proença, *Lições de cumprimento e de não cumprimento das obrigações* (2011), 434 pp., 55 ss..

[158] *Vide* Rosario Nicolò, *Adempimento* cit., 558 e João Antunes Varela, *Das obrigações em geral* cit., 2, 7.ª ed., 10 ss.. Relacionada com esta temática, *vide* a utilização que, da boa-fé, faz Mario Bessone, *Adempimento e rischio contrattuale* (1975, reimp.), *maxime* 325 ss..

[159] *Tratado* VI, 2.ª ed., 498 ss..

A partir da boa-fé podemos, também, conhecer a medida de esforço que, ao devedor, vai ser exigida no desempenho do seu papel[160].

## 22. A boa-fé

I. A boa-fé, enquanto norma de conduta (ou boa-fé objetiva, equivalente ao alemão *Treu und Glauben*), exprime, em cada situação concreta, os valores fundamentais do ordenamento. Ela atua, por vezes, com recurso a princípios mediantes: a tutela da confiança e a primazia da materialidade subjacente[161].

Ao longo da História, a boa-fé tem tido um papel fundamental no alargamento do sistema. Questões exteriores são, num primeiro tempo, acolhidas e juridificadas através da boa-fé. Subsequentemente, elas institucionalizam-se, ganhando um tratamento explícito. A boa-fé prossegue, em novas áreas, a sua função de alargar o Direito e a sua Ciência.

II. Recordamos que a *bona fides* foi usada pelo pretor para, no séc. II a. C., criar os (ainda hoje) grandes tipos contratuais: compra e venda, locação (incluindo a futura empreitada e o futuro contrato de trabalho), o mandato, a sociedade e a fidúcia. Completado esse papel, ela permitiu tutelar os possuidores corretos ("de boa-fé"): na posse, na usucapião e na acessão. Ao longo da Idade Média, ela deu corpo às aspirações germânicas de tutela da aparência e às valorações canónicas do sentido ético da culpa e da liberdade na conclusão dos contratos. Apesar das nuvens do "politicamente correto", cumpre recordar que a civilização ocidental, mesmo nas suas dimensões laicas, é de inspiração cristã. No pandectismo e na terceira sistemática, a boa-fé deu corpo à *culpa in contrahendo*, à complexidade intraobrigacional, à alteração das circunstâncias e à integração de lacunas. Vencidas essas etapas, a boa-fé talha novos territórios, particularmente na defesa dos consumidores, dos aderentes a cláusulas contratuais e dos administrados.

[160] *Tratado* VI, 2.ª ed., 481 ss.. Quanto a esse relevante tema: Julia Rödl, *Die Spannung der Schuld/welches Mass an geistiger, körperliche und wirtschaftlicher Kraft hat der Schuldner zur Erfüllung der Schuld nach geltendem Recht einzusetzen?* (2002), 146 pp.; *vide infra*, 157.

[161] *Tratado* I, 4.ª ed., 966 ss..

III. No campo do cumprimento, a boa-fé está sempre presente. O artigo 762.º/2, em importante aportação de Antunes Varela, na segunda revisão ministerial[162], vem dispor:

> No cumprimento da obrigação, assim como no exercício do direito correspondente, devem as partes proceder de boa-fé.

Este preceito é visto, fundamentalmente, como base jurídico-positiva para os deveres acessórios. Todavia, afigura-se-nos que a boa-fé tem, na área do cumprimento, um papel mais alargado[163]. Distinguimos quatro funções da boa-fé[164]:

(1) na determinação da prestação principal;
(2) na fixação dos deveres acessórios;
(3) na delimitação do esforço exigível ao devedor;
(4) na integração da relação obrigacional.

IV. A prestação principal tem a configuração que resulta da sua fonte. Ao contrário do § 157 do BGB, o Código Civil não reporta a boa-fé, a propósito da interpretação negocial. Trata-se, todavia, de uma realidade sempre presente e muito necessária[165]. De acordo com as circunstâncias, assim a tutela da confiança e a primazia da materialidade subjacente irão ditar a precisa configuração da prestação principal. Esse papel é extensivo aos deveres secundários, isto é, aos deveres pactuados pelas partes, com uma função instrumental, de modo a melhor precisar os valores que queiram incrementar ou defender.

V. Os deveres acessórios protegem as partes (deveres de segurança e certos deveres de lealdade) e asseguram a efetiva consecução da prestação principal e das prestações secundárias (outros deveres de lealdade e

[162] Jacinto Rodrigues Bastos, *Das obrigações em geral* V (1973), 185. Veja-se, todavia, o desenvolvimento de Vaz Serra, *Do cumprimento como modo de extinção das obrigações* cit., 22 ss..

[163] Por último, neste momento, e como obra de referência, Dirk Looschelders/Dirk Olzen, no *Staudingers Kommentar, Einleitung zum Schuldrecht, §§ 241-243, Treu und Glauben* (2015), § 242 (339-735).

[164] *Idem*, § 242, Nr. 571 ss. (517 ss.), com outra sistematização e muitos elementos.

[165] *Tratado* II, 4.ª ed., 715.

deveres de informação)[166]. Eles têm um regime específico: pela fonte (a lei), pela função (tutela dos valores do sistema), pelas vicissitudes (podem anteceder a prestação principal, como ocorre na *culpa in contrahendo* ou podem-lhe sobreviver, como sucede na nulidade da obrigação ou após o seu cumprimento, através da *culpa post pactum finitum*). A sua concretização pode ser decisiva para a realização do vínculo obrigacional.

VI. O devedor, mesmo nas denominadas obrigações de resultado, está adstrito a um *quantum* de esforço. Ditado pelo paradigma do *bonus pater familias*, esse *quantum* depende de diversas circunstâncias, com a confiança criada e a realidade subjacente. No limite, teremos figuras como a impossibilidade económica, a inexigibilidade, e a alteração das circunstâncias ou, até, o abuso do direito: todas elas modeladas pela boa-fé.

VII. Aquando do cumprimento, pode haver espaços por preencher. Quando isso suceda, as regras da integração dos negócios (239.º) remetem-nos para a boa-fé[167]. O próprio credor é chamado a colaborar, em nova exigência da *bona fides*. Em suma: o cumprimento integra-se num *continuum* no qual, de novo, a boa-fé pontifica.

## 23. **A tutela da apropriação privada**

I. A Constituição de 1976 não protege, de modo expresso, o princípio da autonomia privada, nem a regra do respeito pelos contratos. Neste ponto é, de resto, acompanhada pela generalidade das constituições dos nossos dias. A explicação é política: desde os inícios, nunca ninguém contestou a regra básica do respeito pelos contratos e, daí, pelas obrigações derivadas da autonomia privada. As constituições são levadas, naturalmente, a proteger os pontos questionáveis, considerados "conquistas", ao tempo em que sejam consignados[168].

[166] *Tratado* VI, 2.ª ed., 505 ss..
[167] *Tratado* II, 4.ª ed., 776-777.
[168] *Tratado* VII, 179.

II. Isto dito, não haverá dúvidas de que os créditos patrimoniais se inserem no conceito amplo de propriedade privada, tutelado pelo artigo 62.º da Constituição[169]. Além disso, o respeito pelas obrigações aflora em diversos preceitos constitucionais.

- as convenções internacionais vigoram na ordem interna (8.º/2);
- o direito de contratação coletiva é garantido, nos termos da lei (56.º/3);
- o Estado incentiva a atividade empresarial (86.º/1);
- a política comercial visa, entre outros aspetos, a concorrência salutar [99.º, *a*)];
- os órgãos e agentes administrativos devem atuar com respeito pelos princípios da igualdade, da proporcionalidade, da justiça, da imparcialidade e da boa-fé (266.º/2, todos da Constituição).

III. O legislador ordinário deve respeitar os contratos pré-celebrados e os créditos preexistentes. Tão-pouco pode atingir, arbitrariamente, a garantia geral das obrigações: por exemplo, alocando certos créditos, sem uma especial justificação material, a entidades que se saiba, de antemão, serem insolventes. Esses vetores são extensivos à interpretação dos diversos diplomas: há que firmar as saídas mais conformes com os valores protegidos pela Constituição.

Mas esta contém outros valores relevantes. Assim a tutela da dignidade humana (24.º) e da integridade física e moral das pessoas (25.º) levam a que o devedor deva ser respeitado. Não há que o humilhar nem que o atingir mais do que o estritamente legítimo e necessário. O Direito das obrigações, com especiais projeções nos domínios do cumprimento e do não-cumprimento é, desde sempre, um Direito humanista, que protege os pobres.

[169] *Vide* os nossos *A constituição patrimonial privada*, em *Estudos sobre a Constituição*, publ. Jorge Miranda, 3 (1979), *Direito das obrigações* 1, 81 ss. e *A Lei dos direitos dos utentes das auto-estradas e a Constituição (Lei n.º 24/2007, de 18 de Julho)*, ROA 2007, 551-572 (566 ss.). No mesmo sentido, também Jorge Miranda/Rui Medeiros, *Constituição Portuguesa Anotada* I (2005), Art. 62.º, Nr. III (627) e Gomes Canotilho/ /Vital Moreira, *Constituição da República Portuguesa Anotada* 1, 4.ª ed. (2007), Art. 62.º, Nr. II (800).

## 24. A correspondência

I. Chamaremos princípio da correspondência à proposição segundo a qual o cumprimento deve reproduzir, qualitativamente, o figurino abstrato de conduta humana pré-visualizado pelo vínculo obrigacional. A correspondência permite, desde logo, duas dimensões:

- identificar uma conduta como correspondendo à execução de determinada obrigação;
- formular, a seu respeito, um juízo valorativo positivo.

Na falta de correspondência ou, de todo, não há cumprimento ou há, pelo menos, cumprimento defeituoso: operam normas de sanção.

II. A obrigação pode ser pormenorizada quanto às prestações que preveja. Nessa altura, a correspondência opera em toda a sua plenitude. Todavia, em certos casos, ela surge indeterminada: não prescreve condutas precisas. Assim sucede, por exemplo, com:

- a determinação da prestação, quando confiada a uma ou outra das partes ou a terceiro; em qualquer caso, ela deve ser feita segundo juízos de equidade, se outros critérios não tiverem sido estipulados (400.º/1);
- a obrigação de dar preferência, que só se concretiza com o contrato preferível e com a feição que este assumir (414.º);
- as obrigações genéricas (539.º) e alternativas (543.º/2) cuja concentração cabe ao devedor, observando-se, ainda, diversas regras;
- a obrigação pecuniária em moeda sem curso legal, que tem uma faculdade alternativa: a de pagar com moeda com curso legal, segundo o câmbio do dia e do local do cumprimento (558.º/1);
- a obrigação de indemnização, que pode ser fixada equitativamente (566.º/3);
- a obrigação de pagar o preço cujo montante, não sendo determinado pelas partes, vai advir de diversas regras e, no limite, de juízos de equidade (883.º/1);
- a retribuição do mandatário, que não sendo ajustada, é objeto de certas regras e, no limite, da equidade (1158.º/1).

III. O princípio da correspondência pode manifestar-se em moldes estritos, perante obrigações de prestação determinada. Mas redundará em valorações ou em aspetos funcionais, noutras situações e, designadamente, quando o conteúdo da obrigação, inicialmente indeterminado, seja apenas determinável aquando do próprio cumprimento.

IV. Também determináveis *a posteriori* são, em geral, os deveres acessórios. Dependem de valorações a efetuar no terreno e, ainda, de dados axiológicos provenientes das obrigações que os comportem. De novo sobrelevam dados funcionais, que a boa-fé permite reconduzir aos valores do sistema.

## 25. A integralidade

I. O princípio da integralidade diz-nos que a prestação não deve ser efetuada por partes (artigo 763.º/1), exceto se outra solução resultar de convenção, da lei ou dos usos. Por outras palavras, a atuação concreta em que redunda o cumprimento deve reproduzir, também quantitativamente, o esquema teórico indicado pela obrigação. A integralidade distinguir-se-ia, assim, da correspondência por ter um alcance quantitativo, contraposto à dimensão qualitativa da segunda.

II. Também o princípio da integralidade comporta flexões. Assim, admite-se que o credor possa exigir apenas parte da sua prestação (artigo 763.º/2), o que se compreende: quem pode o mais, pode o menos, havendo, apenas, uma renúncia temporária a uma parcela do seu direito. Ao devedor cabe, contudo, oferecer a prestação por inteiro (artigo 763.º/2, *in fine*).

III. Pode ainda suceder que o *quantum* exato da prestação só possa ser determinado no momento do cumprimento. Nessa eventualidade, a integralidade implica o recurso a dimensões funcionais e teleológicas.

## 26. A concretização

I. Finalmente, o princípio da concretização reúne o conjunto dos parâmetros necessários para transmutar o teórico comportamento devido, previsto na obrigação, numa atitude concreta, real e efetiva. Entre esses parâmetros, sobressaem, naturalmente, pela ordem em que vêm tratados no Código Civil:

– quem pode fazer a prestação (legitimidade ativa);
– a quem pode a prestação ser feita (legitimidade passiva);
– o lugar da prestação;
– o prazo da prestação;
– a imputação do cumprimento.

II. Os parâmetros integradores da concretização revestem um máximo de interesse, uma vez que os restantes princípios já foram tratados, seja no campo das generalidades, seja no tocante à problemática do conteúdo das obrigações. Vamos passar ao seu estudo; alteramos, no entanto, a ordem legal por que surgem esses elementos, uma vez que, na sequência destinada ao cumprimento, há que determinar, primeiro, o tempo em que a prestação deve ser efetuada e depois, sucessivamente o local, quem a pode realizar e quem a pode receber e, finalmente, a imputação do cumprimento.

## § 7.º O PRAZO DA PRESTAÇÃO

### 27. Aspetos gerais e evolução

I. A prestação deve concretizar-se em função de coordenadas temporais[170]. Assim sucede, desde logo, para defesa do devedor: a obrigação tem a vantagem, sobre o direito real, de não se constituir de imediato: permite ao *solvens* beneficiar do *statu quo ante* dando-lhe tempo para se preparar, tendo em vista o cumprimento. Mas o prazo pode, ainda, aproveitar ao credor, ao qual só interessará, por hipótese, dispor da prestação em momento ulterior. Finalmente: pode a obrigação ter uma configuração tal que o seu cumprimento só seja possível com a intervenção de ambas as partes, altura em que se exigirá um prazo predeterminado.

II. No Direito romano, o prazo para a *solutio* derivava, primacialmente, da fonte – contrato ou testamento – ou, em certos casos, da natureza da obrigação em jogo: por exemplo, na próxima colheita[171]. Na hipótese de nada se ter combinado – portanto: na chamada obrigação pura – qualquer das partes poderia, a todo o tempo, seja cumprir, seja forçar ao cumprimento[172]. Segundo Pompónio[173]:

> In omnibus obligationibus, in quibus dies non ponitur, praesenti die debetur [todas as obrigações nas quais não tenha sido aposto um prazo, são devidas no momento presente][174].

[170] Karl Nastelski, *Die Zeit als Bestandteil der Leistung*, JuS 1962, 289-298 (289 ss.); Joachim Gernhuber, *Die Erfüllung und ihre Surrogate* cit., 2.ª ed., § 3, I, 1 (49).

[171] Max Kaser, *Das römische Privatrecht* cit., I, 2.ª ed., § 149, IV (638).

[172] António Vieira Cura, *O vencimento das obrigações puras no Direito romano clássico*, BFD LXXXI (2005), 73-144.

[173] *Idem*, 83 ss., com indicações.

[174] Pompónio, D. 50.17.14 = ed. Theodor Mommsen I (1902), 868/II.

O esquema do Direito romano atravessou os séculos. Vamos encontrá-lo, quer na tradição napoleónica[175], quer na pandectística, com relevo para Savigny[176] e para Windscheid[177]. O § 271 do BGB, recolhendo a elaboração anterior[178], dispõe (tempo da prestação):

(1) Quando o prazo para a prestação não esteja clausulado e não resulte das circunstâncias, pode o credor exigir imediatamente a prestação e o devedor pode efetuá-la desde logo.
(2) Quando se acorde um prazo, deve aceitar-se, na dúvida, que o credor não a possa exigir antes dele, podendo todavia o devedor efetuá-la antecipadamente.

III. Cabe ainda reter o dispositivo do DCFR: de certo modo, ele traduz a bissetriz possível, entre os vários sistemas europeus[179]:

III. – 2:102: Time of performance
(1) If the time at which, or a period of time within which, an obligation is to be performed cannot otherwise be determined from the terms regulating the obligation it must be performed within a reasonable time after it arises.
(2) If a period of time within which the obligation is to be performed can be determined from the terms regulating the obligation, the obligation may be performed at any time within that period chosen by the debtor unless the circumstances of the case indicate that the creditor is to choose the time.
(3) Unless the parties have agreed otherwise, a business must perform the obligations incurred under a contract concluded at a distance for the supply of goods, other assets or services to a consumer no later than 30 days after the contract was concluded.

[175] O Código Napoleão não era inteiramente explícito; o regime inferia-se dos seus artigos 1139.º e 1185.º ss.; *vide* Terré/Simler/Lequette, *Droit civil/Les obligations* cit., 11.ª ed., n.º 1343 (1395). A reforma de 2016 clarificou a matéria: artigos 1344.º e seguintes.

[176] Friedrich Carl von Savigny, *Das Obligationenrecht als Theil des heutigen Römischen Rechts* 1 (1852), § 50 (516-520).

[177] Bernhard Windscheid/Theodor Kipp, *Lehrbuch des Pandektenrechts* cit., 2, 9.ª ed., § 273 (125).

[178] Peter Gröschler, no *Historisch-kritischer Kommentar zum BGB* II/1 (2007), §§ 269-272, Nr. 21-28 (822-826).

[179] Christian von Bar e outros, *DCFR* cit., 234.

(4) If a business has an obligation to reimburse money received from a consumer for goods, other assets or services supplied, the reimbursement must be made as soon as possible and in any case no later than 30 days after the obligation arose.

## 28. Sistema lusófono

I. O Código de Seabra tratava o "tempo da prestação" em conjunto com o "logar" (artigos 739.° a 746.°)[180]. Os preceitos eram elegantes, mas surgiam um pouco confusos: uma situação remediada pela doutrina[181]. Distinguia, esta, as obrigações puras das obrigações a termo. Quanto às primeiras, o credor poderia exigir o cumprimento quando quisesse, salvo o lapso de tempo resultante da natureza do contrato (743.°). Outras especificações eram feitas.

II. No âmbito da preparação do Código Civil, coube a Vaz Serra elaborar o mais completo estudo ainda hoje existente sobre a matéria[182]. Após percorrer as soluções dos diversos códigos, Vaz Serra propõe um longo articulado: dezanove artigos extensos, onde percorre matéria como a do cômputo do prazo, além dos diversos e possíveis prazos[183]. O articulado foi simplificado pelo próprio Vaz Serra, no anteprojeto sobre o Direito das obrigações (artigos 33.° a 48.°)[184]. Deve notar-se que o tema do prazo surgia ligado à prestação e não ao cumprimento: uma opção que se manteve na 1.ª revisão ministerial, que procedeu a novas condensações (367.° a 373.°)[185]. Apenas com a 2.ª revisão ministerial, esta rubrica encontrou o lugar definitivo no sistema do Código[186]: uma inspiração italiana a que Antunes Varela foi sensível[187].

[180] José Dias Ferreira, *Codigo Civil Portuguez annotado* cit., II, 1.ª ed., 243-252 e II, 2.ª ed., 67-74; Luiz da Cunha Gonçalves, *Tratado de Direito civil* cit., IV, 671-711.

[181] Guilherme Moreira, *Instituições* cit., 2, 103 ss. (n.° 34).

[182] Adriano Vaz Serra, *Tempo da prestação. Denúncia*, BMJ 50 (1955), 49-211.

[183] *Idem*, 198-211.

[184] Adriano Vaz Serra, *Direito das obrigações* cit., 25-37.

[185] *Código Civil/Livro II – Direito das obrigações* cit., 31-33.

[186] Jacinto Rodrigues Bastos, *Das obrigações em geral* cit., 5, 227 ss..

[187] Artigos 1183.° e seguintes do *codice*; *vide* Walter d'Avanzo em Mariano d'Amelio/Enrico Finzi, *Codice Civile/Libro delle Obbligazioni/Commentario* 1 (1948), 32

III. Com isso temos, hoje seis preceitos dedicados ao prazo da prestação, inseridos na secção relativa ao cumprimento. São eles:

777.º: determinação do prazo;
778.º: prazo dependente da possibilidade e do arbítrio do devedor;
779.º: beneficiário do prazo;
780.º: perda do benefício do prazo;
781.º: dívida liquidável em prestações;
782.º: perda do benefício do prazo em relação aos co-obrigados e terceiros.

O texto é claro e as questões clássicas foram (bem) resolvidas.

IV. No Código Civil brasileiro de 1916, o "tempo do pagamento" obteve três preceitos, que não devem ser esquecidos[188]:

> Art. 952. Salvo disposição especial deste Código e não tendo sido ajustada época para o pagamento, o credor pode exigi-lo imediatamente.
>
> Art. 953. As obrigações condicionais cumprem-se na data do implemento da condição, incumbida ao credor a prova de que deste houve ciência o devedor.
>
> Art. 954. Ao credor assistirá o direito de cobrar a dívida antes de vencido o prazo estipulado no contrato ou marcado neste Código: (...)

Estes preceitos transitaram para os artigos 331.º a 333.º, do Código Civil de 2002[189].

## 29. A fixação: prévia ou subsequente

I. Em termos estritos, o prazo da prestação indica o momento em que esta deva ser efetuada. Quando ocorra, a obrigação respetiva diz-se

ss. e Maria Bruna Chito, em Pietro Rescigno, *Codice civile* 1, 7.ª ed. (2008), 2071 ss., como exemplos de comentários subsequentes ao Código e mais atuais, respetivamente.

[188] Paulo Merêa, *Codigo Civil Brasileiro anotado* cit., 321.

[189] Ricardo Finzi (org.), *Novo Codigo Civil Comentado* (2003), 308 ss..

vencida[190]. Se o cumprimento não se concretizar nesse momento, podem seguir-se diversas consequências, com relevo para a mora[191].

A expressão "vencimento" tem, todavia, vários sentidos e isso ao ponto de alguma doutrina a considerar de "escasso valor"[192]. Vamos ultrapassar as dúvidas usando, na lição do Prof. Pessoa Jorge, a ideia de exigibilidade: a obrigação diz-se vencida a partir do momento em que o credor possa exigir a execução da prestação principal que dela decorra.

II. A partir daqui, há que introduzir diversas distinções básicas. A primeira contrapõe as obrigações cujo prazo esteja prefixado, isto é, se encontre determinado logo no momento da sua constituição, àquelas cuja determinação apenas ocorra em momento posterior. Assim, aquando da constituição do vínculo obrigacional, o prazo pode resultar:

- da vontade das partes, mormente por o título da obrigação (um contrato) explicitar, logo, o momento do cumprimento; fala-se, então, em prazo *ex persona*;
- da natureza das coisas: a obrigação pode visar realidades exteriores, adaptando-se a elas; por exemplo, uma encomenda para o dia do casamento ou para o primeiro dia das vindimas; embora não se saiba a data, esta surgirá automaticamente; o prazo é *ex re* ou *ex natura*;
- da lei: normalmente em obrigações típicas de vencimento periódico, pode o legislador fixar o momento do seu cumprimento; assim sucede com o vencimento dos salários e com o do direito a férias: o prazo é *ex lege*; nesta eventualidade, pode ainda a lei em causa ser imperativa ou supletiva, altura em que as partes podem dispor diversamente.

Em qualquer destes casos, o prazo pode ser fixado num momento mais ou menos preciso (por exemplo: dia tal às tantas horas) ou numa certa margem temporariamente definida (por exemplo: de dia 10 a dia 20).

[190] Werner Rother, *Die Bedeutung der Rechnung für das Schuldverhältnis*, AcP 164 (1964), 97-121; Christian Fahl, *Zur Zulässigkeit der einseitigen kalendarmässigen Bestimmung der Verzugszeitpunktes*, JZ 1995, 341-345.

[191] Claudia Bitter, no *Staudinger, §§ 255-304* (2014) cit., § 271, Nr. 28 (210-211).

[192] Joachim Gernhuber, *Die Erfüllung und ihre Surrogate* cit., 2.ª ed., § 3, I, 4 (52-53), relativamente à *Fälligkeit*.

Por disposição da lei, por vontade das partes ou, até, pela natureza das coisas, o prazo pode ser certo quanto ao momento da verificação e à própria verificação em si (por exemplo: no dia tal), incerto quanto ao momento mas certo quanto à verificação (por exemplo: nas próximas eleições) ou incerto quando a ambos esses elementos (por exemplo: quando a equipa tal ganhar o campeonato). Cabe ter presente o conjunto das regras sobre o termo[193].

III. Não havendo prazo prefixado, há que fazer intervir diversas regras: a fixação terá de se fazer *a posteriori*, sob pena de tornar a obrigação inaproveitável. Nessa altura, o momento do vencimento poderá advir de decisão:

- do tribunal;
- de terceiro;
- do credor e do devedor, por acordo;
- do credor;
- do devedor.

O tribunal fixa um prazo em duas situações primordiais:

- quando o prazo seja necessário pela natureza das coisas, pelo condicionalismo que ditou a prestação ou pelos usos e as partes não acordarem na sua determinação (artigo 777.º/2[194]); nessa eventualidade, explica a jurisprudência que o pedido, dirigido ao juiz, é simples, não sendo necessário fazer a prova do seu fundamento[195], nem cabendo examinar outras questões, como as da validade do vínculo[196];
- quando caiba ao credor fixar o prazo, este não o faça e o devedor o requeira (artigo 777.º/3; *vide*, aliás, o artigo 411.º).

[193] *Tratado* V, 2.ª ed., 159 ss..

[194] STJ 29-fev.-2000 (Francisco Lourenço), CJ/Supremo VIII (2000) 1, 119-122 (quanto a suprimentos); RLx 23-mar.-2000 (Marcos dos Santos Rita), BMJ 495 (2000), 353-354 (reintegração de trabalhador).

[195] STJ 11-abr.-2000 (Fernando Pinto Monteiro), BMJ 496 (2000), 227-234 (232-233).

[196] RCb 2-out.-2007 (Silva Freitas), Proc. 2134/04.

A fixação judicial de prazo consta dos artigos 1026.º e 1027.º do Código de Processo Civil. O esquema é muito simples, cabendo retê-lo:

1026.º Requerimento

Quando incumba ao tribunal a fixação do prazo para o exercício de um direito ou o cumprimento de um dever, o requerente, depois de justificar o pedido de fixação, indica o prazo que repute adequado.

1027.º Termos posteriores

1. A parte contrária é citada para responder.

2. Na falta de resposta, é fixado o prazo proposto pelo requerente ou aquele que o juiz considere razoável; havendo resposta, o juiz decide, depois de efetuadas as diligências probatórias necessárias.

IV. O prazo pode advir de decisão de terceiro[197] sempre que, não havendo qualquer prazo nem forma de o determinar, o terceiro em causa se apresenta a cumprir, nos termos do artigo 767.º/1. Veremos a matéria de seguida, a propósito das obrigações puras.

Naturalmente, o prazo pode ser determinado por acordo das partes sempre que a tal não se oponha uma disposição injuntiva, em qualquer momento: é a lei da autonomia privada.

## 30. **Exigibilidades fraca e forte; a interpelação**

I. Nas hipóteses em que o momento da execução da prestação esteja previamente fixado, *ex contractu*, *ex natura* ou *ex lege*, o devedor pode preparar-se convenientemente para executar o que dele se espera. E em paralelo: o credor toma – ou deve tomar – as medidas porventura necessárias, para acolher a prestação. Na falta de prefixação e cabendo recorrer a algum dos meios acima indicados para suprir a lacuna, impõe-se, em regra, um diferimento entre a determinação do prazo e a execução da prestação.

II. Cabe distinguir, nessa sequência, entre a exigibilidade fraca e a exigibilidade forte[198]. Nestes termos:

[197] Para além das hipóteses de assim resultar da lei, de convenção ou da natureza das coisas, altura em que, em rigor, o prazo é, *ab initio*, determinável, pelo prisma das partes.

[198] Fernando Pessoa Jorge, *Lições de Direito das obrigações* cit., 1, 284.

- há exigibilidade fraca a partir do momento em que possa ser fixado um prazo para a prestação;
- há exigibilidade forte quando, fixado esse prazo, *ab initio* ou em momento subsequente e tendo o mesmo expirado, a prestação deva ser executada.

A passagem da exigibilidade fraca à forte pode derivar de algum dos fatores acima referidos: tribunal, terceiro, credor e devedor (por acordo), credor e devedor. Pelo princípio do dispositivo, o tribunal só intervém quando alguém, com direito bastante, lho solicite: em regra, o credor ou o devedor. O terceiro pode agir quando o contrato lho remeta. Ficam, pois, frente a frente, o credor e o devedor. Um deles – ou ambos – deterá o direito potestativo de, fixando um prazo, provocar o vencimento da obrigação.

Ocorre, aqui, a figura da interpelação, referida no artigo 805.º/1 e 2, do Código Civil. Diz-se interpelação[199] a declaração recipienda (224.º/1), feita pelo credor ao devedor, a fixar o prazo para o cumprimento[200]. A interpelação assenta nos requisitos seguintes:

- o poder de interpelar, isto é, o direito de, unilateralmente, fixar o prazo para o vencimento da obrigação considerada;
- a possibilidade temporal de o exercer, isto é: a exigibilidade fraca da obrigação;
- uma comunicação clara e completa, dirigida ao devedor e da qual conste a vontade efetiva de provocar o vencimento (forte) de uma obrigação, devidamente identificada[201];
- a efetiva receção, pelo devedor, dessa comunicação.

[199] No Brasil usa-se "notificação"; em francês, *mise en demeure* [François Terré/ /Philippe Simler/Yves Lequette, *Droit civil/Les obligations* cit., 11.ª ed., n.º 1079 (1129- -1130)]; em alemão, *Mahnung* [Manfred Löwisch/Cornelia Feldmann, no *Staudinger Kommentar §§ 255-304* (2014) cit., § 286, Nr. 29-63 (874-883)].

[200] Quanto à bibliografia específica sobre a interpelação, foram confrontadas, entre outras, as obras seguintes: H. Bettmann, *Die Mahnung* (1896), 72 pp.; Konrad Bensberg, *Die Mahnung nach gemeinem Recht und bürgerlichem Gesetzbuch* (1905), 92 pp.; Emil Stenglein, *Die Mahnung nach dem bürgerlichen Gesetzbuch* (1911), 53 pp.; Wilhelm Weimar, *Mahnung und Forderungseinzug/Handbuch für die Durchführung des formlosen und gerichtlichen Mahnverfahrens sowie die Zwangsbeitreibung* (1959), 260 pp.; Günther Späth, *Mahnung, Zahlungsbefehl, Vollstreckung* (1970), 52 pp..

[201] BGH 10-mar.-1998, NJW 1998, 2132-2134 (2133/I).

A interpelação pode ser judicial ou extrajudicial, consoante seja efetuada através do Tribunal[202] ou, diretamente, pelo interpelante ao interpelado. A interpelação judicial é necessária quando se pretende interromper a prescrição (323.º); não sendo esse o caso, qualquer forma é boa, embora se recomende a forma escrita: salvo quando a lei ou o contrato exijam maior solenidade (p. ex., carta registada com aviso de receção).

A partir do momento em que a interpelação produza efeitos, o prazo nela indicado torna-se efetivo, desde que dentro da lógica da obrigação e do poder de interpelar.

III. Da interpelação (simples) distingue-se a interpelação admonitória. Esta reporta-se a obrigações já exigíveis (em sentido forte) e visa dar ao devedor uma última hipótese para cumprir, antes de se passar às medidas próprias do incumprimento definitivo e, designadamente, à fase executiva (808.º/1)[203].

IV. A interpelação usa-se, em regra, como declaração a efetuar pelo credor. Mas nada impede a hipótese inversa: interpelação pelo devedor, sempre que, a este, caiba fixar o prazo. Nessa eventualidade aplicam-se, com as necessárias adaptações, as regras da interpelação pelo credor.

V. Quanto à sua natureza jurídica, já muito discutida[204]: a interpelação é um ato jurídico *stricto sensu*[205]. Castro Mendes propendeu para a sua natureza negocial[206]. No fundo, estamos dependentes do critério escolhido para distinguir o negócio do ato *stricto sensu*. Pela nossa parte, não haverá dificuldades: há liberdade de celebração, mas falta a liberdade de estipulação. Nesse sentido, como anunciado, a interpelação não é negociável.

### 31. **Obrigações puras, *cum potuerit* e *cum voluerit***

I. Diz-se, tradicionalmente, obrigação pura aquela que não comporte qualquer prazo para o cumprimento: contratual ou legal. Nessa altura,

[202] Normalmente por notificação avulsa: artigo 256.º do Código de Processo Civil.

[203] *Vide infra*, 268-269.

[204] *Supra*, nota 198.

[205] Manuel de Andrade, *Teoria geral das obrigações* cit., 381 ss..

[206] João de Castro Mendes, *Natureza jurídica da interpelação*, DJ II (1981-1986), 5-22.

pode o credor, a todo o tempo, exigir o cumprimento, assim como pode o devedor, também a todo o tempo, apresentar-se a cumprir (777.º/1). Não ter de cumprir em qualquer momento é, em regra, uma vantagem para o devedor: donde o brocardo *quod sine die debetur statim debetur*[207]: o que é devido sem prazo é devido imediatamente. O "devido imediatamente" implica sempre, todavia, uma interpelação (805.º/1). Por via desta, acabará por haver um prazo, pelo que, no Direito lusófono, não há verdadeiras obrigações "puras", no sentido de privadas de coordenadas temporais.

II. Diz-se *cum potuerit*[208] (quando puder) a obrigação cujo prazo dependa da possibilidade do devedor (778.º/1). Nessa eventualidade, haverá que determinar a superveniência dessa "possibilidade", altura em que a obrigação se torna exigível (em sentido fraco). Falecendo o devedor, a prestação é sempre exigível aos seus herdeiros, independentemente da prova da "possibilidade" caber ao credor (342.º/1)[209]. A validade da cláusula *cum potuerit* depende da validade do próprio contrato: sendo este formalmente nulo, a obrigação cai no regime geral do artigo 777.º/1[210]. As sociedades não "morrem": por isso, já se levantou a dúvida de saber se a cláusula *cum potuerit* lhes é aplicável. A resposta é afirmativa: desde logo, porque elas podem vir a ter condições para cumprir[211]; de seguida, porque podem extinguir-se, sendo o crédito feito valer no processo de liquidação, por interpretação extensiva da fórmula "exigível aos seus herdeiros".

III. *Cum voluerit*[212] (quando quiser) é a obrigação cujo prazo tenha sido deixado "ao arbítrio", isto é, na livre disponibilidade do devedor (778.º/2). Nessa hipótese, o credor só pode exigir a prestação aos herdeiros do devedor[213]. Também aqui já se suscitou o problema da aplicabilidade

[207] Michele Giorgianni, *Pagamento (diritto civile)*, NssDI XII (1965), 321-332 (326); a regra consta do artigo 1183.º/1, do Código Civil italiano.

[208] *Potuerit* é "acentuado" no "u"; o "e" é breve.

[209] STJ 13-out.-1999 (Dinis Nunes), BMJ 490 (1999), 144-147 (146/II): uma entidade patronal compromete-se a pagar uma compensação ao ex-trabalhador quando a situação financeira da sociedade o permitir; STJ 25-mar.-2003 (Silva Salazar), CJ/Supremo XI (2003) 1, 137-138: a sociedade paga um preço quando puder.

[210] *Vide* RCb 26-out.-2010(Jorge Arcanjo), Proc. 1482/08; casos deste tipo devem ser sindicados à luz do abuso do direito, na vertente das inalegabilidades formais.

[211] *Vide* os casos citados na penúltima nota de rodapé.

[212] *Voluerit* é "acentuado" no "u"; o "e" é breve.

[213] RLx 21-fev.-1991 (Mesquita e Mota), CJ XVI (1991) 1, 158-159.

da cláusula *cum voluerit* às sociedades. Há respostas negativas[214]. Dependendo dos casos concretos, tal cláusula pode ser válida, entendendo-se que a obrigação seria feita valer (apenas) na liquidação da sociedade devedora.

## 32. Moratórias e antecipações; benefício do prazo

I. Dada a natureza essencialmente dinâmica de que se reveste a fenomenologia obrigacional, qualquer prazo, uma vez estabelecido por algum dos processos atrás referenciados, pode ser alterado. Interessa focar as duas hipóteses lineares mais características:

- o prolongamento do prazo;
- a antecipação do prazo.

O prolongamento do prazo redunda numa moratória[215]; podemos distinguir moratórias contratuais, legais e judiciais, consoante advenham da vontade das partes, da lei ou de decisão do tribunal. Chamamos a atenção para o facto de as moratórias legais serem, normalmente, decididas pelo legislador, para certas categorias de devedores, atingidos por ocorrências especialmente desfavoráveis. As moratórias judiciais são viáveis no âmbito das modificações de obrigações por alteração das circunstâncias (437.°), no domínio da revitalização das empresas judicialmente decidida (17.°-E do CIRE), no dos planos de insolvência [196.°/1, *c*), do CIRE] ou no do SIREVE (reestruturação e recuperação de empresas, aprovado pelo Decreto-Lei n.° 178/2002, de 3 de agosto, alterado e republicado pelo Decreto-Lei n.° 26/2015, de 6 de fevereiro).

II. Para averiguar das possibilidades de antecipação do prazo, para além da hipótese, sempre possível, de tal se verificar por expressa injunção legal ou por acordo das partes, há que atender a favor de quem é o prazo estabelecido, isto é, quem tem o benefício do prazo.

Nos termos do artigo 779.° do Código Civil, o prazo pode ser estabelecido[216]:

[214] RLx 9-abr.-1991 (João Dinis Nunes), BMJ 406 (1991), 707.

[215] Fernando Pessoa Jorge, *Lições de Direito das obrigações* cit., 1, 304 ss..

[216] A determinação de quem seja o beneficiário do prazo é questão-de-direito, assente, contudo, nos factos que as partes levem ao juiz. *Vide*, em termos não totalmente exatos (a nosso ver), STJ 19-Out.-1978 (Alberto Alves Pinto), BMJ 280 (1978), 290-298.

– em benefício do devedor;
– em benefício do credor;
– em benefício de ambos.

O mesmo preceito determina que, quando outra coisa não se mostre, o prazo se tenha por estabelecido a favor do devedor. Trata-se de uma regra romana, presente nos *digesta*: *diei adiectio pro reo est non pro stipulatore*[217] e, daí, nas codificações modernas, com relevo para o § 271/II, do BGB[218]. O artigo 1187.º do Código Napoleão fizera idêntica opção:

> Le terme est toujours presume stipulé en faveur du débiteur, à moins qu'il ne résulte de la stipulation, ou des circonstances, qu'il a été aussi convenu en faveur du créancier.

Este preceito reaparece no artigo 740.º do Código de Seabra[219].

III. Quando o prazo seja estabelecido a favor do devedor, o credor não pode antecipar o prazo; o devedor pode, porém fazê-lo, sendo a prestação havida como cumprimento efetivo (440.º e 476.º/3, implicitamente). Nos termos deste último artigo verifica-se que o cumprimento antecipado pelo devedor, mesmo que feito por erro desculpável, não pode ser desfeito; apenas permite a este a repetição daquilo com que o credor se tenha enriquecido, por força da antecipação.

IV. A regra geral do artigo 779.º, que atribui ao devedor o benefício do prazo, é afastada nalguns tipos contratuais. Assim, no mútuo oneroso, o prazo presume-se estipulado a favor de ambas as partes (1147.º): o devedor aproveita por não ter de restituir (logo) o capital e o credor por fazer seus os juros. No depósito, o prazo tem-se por estabelecido a favor do credor (o depositante, artigo 1194.º)[220]. Além disso, todas estas regras são supletivas: podem as partes estipular outras soluções.

[217] Ulpiano, D. 45.1.41.1 = ed. Carl Ed. Otto e outros, IV, 614.

[218] Claudia Bittner, no *Staudingers Kommentar* cit., *§§ 255-304*, § 271, Nr. 33 (212), com indicações.

[219] José Dias Ferreira, *Codigo civil annotado* cit., II, 1.ª ed., 245 e II, 2.ª ed., 68-69.

[220] João Antunes Varela, *Das obrigações em geral* cit., 2, 44; Mário Júlio de Almeida Costa, *Direito das obrigações* cit., 12.ª ed., 1013-1014.

V. Sendo o prazo estabelecido a favor do credor, este pode provocar o vencimento antecipado da obrigação, ao contrário do devedor; se o for a benefício de ambos, a antecipação só é viável por acordo, salvo exceção legal (por exemplo, artigo 1147.º).

VI. Finalmente, a declaração de insolvência determina o vencimento de todas as obrigações do insolvente não subordinadas a uma condição suspensiva (91.º do CIRE). Todavia, os credores só podem exercer os seus direitos nos termos do próprio CIRE (90.º)[221]

## 33. A perda do benefício do prazo do devedor

I. Quando o prazo funcione em favor do devedor, como vimos ser regra, este pode perder esse benefício. Diz-se, então, que caduca o prazo ou, melhor, que caduca a inerente cláusula. O artigo 780.º/1 prevê que isso suceda em duas hipóteses:

- a de o devedor se tornar insolvente;
- a de, por causa imputável ao devedor, diminuírem as garantias do crédito ou não forem prestadas as garantias prometidas.

Trata-se da solução já estabelecida no Código de Seabra, na base do Direito comum e do então artigo 1188.º do Código Napoleão. Dispunha Seabra, em texto que não pode perder-se (artigo 741.º)[222]:

> O cumprimento da obrigação, ainda que tenha o praso estabelecido, torna-se exigível fallindo o devedor, ou se, por facto d'elle, diminuirem as seguranças, que no contracto haviam sido estipuladas a favor do credor.

A reforma do Código de Seabra adotada pelo Decreto n.º 19 126, de 16 de dezembro de 1930, acrescentou, depois de "fallindo o devedor", "havendo justo receito de insolvência dele"[223]. O justo receio de insolvência tornou-se, assim, num terceiro motivo para a perda do benefício do prazo: uma solução que terá pretendido aproximar o dispositivo civil do regime

[221] Luís Menezes Leitão, *Código da Insolvência e da Recuperação de Empresas*, 8.ª ed. (2015), 146.

[222] José Dias Ferreira, *Codigo civil annotado* cit., II, 1.ª ed., 245 e II, 2.ª ed., 69.

[223] DG I, n.º 292, de 16-dez.-1930, 2431/I.

processual do arresto[224]. Ponderando o tema *de iure condendo*, Vaz Serra entendeu que tal fundamento não seria de manter. Introduzia uma série de dúvidas e não teria correspondência em nenhuma lei estrangeira[225]. Bem.

Finalmente, assinale-se que a perda do benefício do prazo por insolvência do devedor não surge no BGB: ela decorre, nos moldes gerais, da *Insolvenzordnung* ou Código da Insolvência[226].

II. A insolvência do devedor pode ter um duplo sentido: material e formal. Em sentido material, o devedor fica insolvente quando, por falta de meios próprios ou de crédito, não possa cumprir as suas obrigações vencidas[227]. Em sentido formal, há insolvência quando decretada pelo tribunal, no âmbito do competente processo – 36.º do mesmo CIRE.

O artigo 780.º/1, prevenindo dúvidas surgidas no tempo de Seabra, por via da menção *fallindo o devedor*[228], explicita que a perda do benefício perante a insolvência do devedor opera "ainda que a insolvência não tenha sido judicialmente declarada". A doutrina[229] e a jurisprudência[230] insistem nessa orientação que tem, de resto, o apoio direto da lei.

III. O segundo caso de perda do benefício do prazo, previsto no 780.º/1, é o de, por causa imputável ao devedor, diminuírem as garantias do crédito ou não serem prestadas as garantias prometidas. Esta regra, de aplicação difícil, assenta nos pressupostos seguintes:

– diminuírem as garantias do crédito: mantendo a severa orientação de Seabra, não se exige que a garantia se torne insuficiente; mas aumentando a severidade, não se requer, agora, que se trate de garantias estipuladas no contrato: podem ser quaisquer umas;

[224] Adriano Vaz Serra, *Tempo da prestação. Denúncia* cit., 121 ss..

[225] *Idem*, 131 ss..

[226] P. ex., Harald Kroth, no Eberhard Braun, *Insolvenzordnung Kommentar*, 4.ª ed. (2010), § 103 (743 ss.); Wolfgang Marotzke, no Gerhart Kreft, *Insolvenzordnung Kommentar*, 6.ª ed. (2011), § 103 (865 ss.).

[227] *Vide* o artigo 3.º do CIRE; Luís Menezes Leitão, *Código da Insolvência e da Recuperação de Empresas*, 4.ª ed. (2008), 54; Luís M. Martins, *Processo de insolvência*, 3.ª ed. (2014), 69; Nuno Manuel Pinto Oliveira, *Princípios de Direito dos contratos* cit., 387 ss..

[228] E que Manuel de Andrade, *Teoria geral das obrigações* cit., 307, resolvia dizendo tratar-se de sentido comum de "falido" e não do sentido técnico-jurídico.

[229] João Antunes Varela, *Das obrigações em geral* cit., 2, 7.ª ed., 47.

[230] STJ 1-mar.-1979 (Aníbal Aquilino Ribeiro), BMJ 285 (1979), 347-350 = RLJ 112 (1980), 281-283, anot. Vaz Serra, *idem*, 283-285.

– por causa imputável ao devedor: subentenda-se, imputável com dolo ou negligência, já que não vemos como abdicar do nível axiológico do instituto;
– ou não sejam prestadas as garantias prometidas.

Este preceito levanta uma série de problemas: aparentemente, o legislador devia ter seguido o bom exemplo do Código alemão, remetendo preceitos deste tipo para o capítulo das garantias.

IV. Em primeiro lugar, pergunta-se que tipo de garantia está em causa: especiais ou, também, a própria garantia geral? A origem do preceito[231], o uso do plural e a ligação que se pressupõe entre a garantia atingida e o concreto benefício do prazo inculcam a ideia de que se trata de garantias especiais. Além disso, se se tratasse da garantia geral, confundiríamos com a hipótese da insolvência, prevista na primeira parte do preceito: se bastasse a diminuição da garantia geral para provocar um vencimento antecipado, para que prever a hipótese da insolvência?

Estando em causa garantias especiais, temos de conjugar o artigo 780.º/1, *in fine*, com os regimes respetivos que prevejam, também, vencimentos antecipados. Em jogo estão, fundamentalmente, os artigos 633.º e 701.º, relativos, respetivamente, à fiança e à hipoteca.

V. O artigo 633.º ocupa-se da hipótese de o devedor estar obrigado a dar fiador: o credor não é forçado a aceitar quem não tenha capacidade para se obrigar ou quem não tenha bens suficientes para garantir a obrigação (n.º 1). Posto o que[232]:

– se o fiador nomeado mudar de fortuna, de modo que haja risco de insolvência, tem o credor a faculdade de exigir o reforço da fiança (n.º 2);
– se o devedor não reforçar a fiança ou não oferecer outra garantia idónea dentro do prazo fixado pelo tribunal, o credor tem o direito de exigir o imediato cumprimento da obrigação (n.º 3).

[231] *Vide* o desenvolvimento de Adriano Vaz Serra, *Tempo da prestação. Denúncia* cit., 205; propunha-se, aí, "... diminuir as seguranças, que tinha dado, ou não deu as que tinha prometido".

[232] *Vide* o *Tratado* X, 475 ss..

Donde se inferem os seguintes campos de aplicação[233]:

- o artigo 780.º/1, *in fine*: (a) é *lex generalis*; (b) aplica-se perante qualquer fiança (mesmo que não exista obrigação de a prestar); (c) exige uma (mera) diminuição do seu valor; (d) diminuição essa que derive de culpa (dolo ou negligência) do devedor; (e) permite, ao credor, ou exigir o reforço, ou interpelar o devedor para cumprimento (780.º/"');
- o artigo 633.º/2 e 3: (a) é *lex specialis*; (b) pressupõe um dever prévio de "nomear fiador" adequado, aceite pelo credor; (c) requer uma diminuição que origine risco de insolvência; (d) dispensa a imputação ao devedor, podendo advir de caso fortuito ou da ação de terceiros; (e) (apenas) faculta ao credor a possibilidade de, por via judicial, fixar um prazo para o reforço da fiança ou a prestação de outra garantia idónea, sem o que poderá (só então) exigir o "imediato cumprimento" da obrigação; admitimos que o prazo fixado pelo tribunal dê azo a uma exigibilidade forte, não sendo necessária mais nenhuma interpelação.

Afigura-se-nos que, nos casos que integrem ambas as previsões – a do artigo 780.º/1 e a do 633.º/1 – o credor pode optar pelo esquema que mais lhe convenha.

VI. O artigo 701.º versa a substituição ou o reforço da hipoteca[234]. O seu campo de aplicação pode ser definido pelos parâmetros seguintes[235]: (a) é *lex specialis*; (b) pressupõe uma hipoteca já constituída e, portanto, acordada por ambas as partes; (c) postula que, seja pelo que for, a coisa hipotecada pereça ou a hipoteca se torne insuficiente para a garantia; (d) dispensa a imputação ao devedor, podendo advir de caso fortuito ou da ação de terceiro; (e) (apenas) faculta ao devedor a possibilidade de, por via judicial, obter a substituição ou o reforço da hipoteca, sem o que poderá (só então) exigir o "imediato cumprimento" da obrigação ou, sendo esta futura, registar hipoteca sobre outros bens do devedor. Também aqui, havendo prazo fixado pelo tribunal, temos exigibilidade forte, sendo dispensáveis

[233] *Vide* o esforço harmonizador de João Antunes Varela, *Das obrigações em geral* cit., 2, 7.ª ed., 51-52.

[234] *Vide* o *Tratado* X, 771 ss..

[235] *Vide* Pires de Lima/Antunes Varela, *Código Civil Anotado* I, 4.ª ed. (1987), 723 ss..

interpelações. Estamos perante um esquema similar ao da fiança, embora adaptado à natureza real da hipoteca.

Resta recordar que este esquema é aplicável ao penhor (678.º) e à consignação de rendimentos (665.º).

VII. Temos, ainda, situações de possível perda do prazo nas situações seguintes:

- 702.º/2: o devedor compromete-se a segurar a coisa hipotecada e não o faz no prazo devido ou deixa rescindir o contrato de seguro por falta de pagamento do respetivo prémio; o credor hipotecário pode, "reclamar", em vez do seguro, o "imediato cumprimento" da obrigação;
- 725.º: o credor hipotecário pode, antes do vencimento do prazo, exercer o seu direito contra o adquirente da coisa ou do direito hipotecado se, por culpa deste, diminuir a segurança do crédito (725.º).

Por seu turno, o artigo 780.º projeta-se no regime da renda perpétua: segundo o artigo 1235.º[236], verificado algum dos casos nele previstos, pode o beneficiário da renda perpétua resolver o contrato: um regime aplicável à renda vitalícia, *ex vi* 1242.º.

VIII. A perda do benefício do prazo, estabelecido a favor do devedor, torna a obrigação atingida exigível em sentido fraco. A antecipação depende, sempre, de interpelação do credor. No fundo, a perda do benefício do prazo redunda na atribuição, ao credor, de um direito potestativo: o de provocar a exigibilidade forte. Caso lhe convenha e caso assim o entenda.

IX. O esquema do artigo 780.º, fortemente pro-credor, pode representar, para um devedor em dificuldades mas ainda capaz de recuperar, uma ameaça fatal. Quer Vaz Serra[237] quer Antunes Varela[238], autores responsáveis pelo regime vigente, tiveram disso consciência. Por isso, ambos apelaram para a boa-fé, como meio de moderar o exercício, pelo credor, dos direitos exorbitantes que a lei lhe atribui. Fizeram bem.

236 Pires de Lima/Antunes Varela, *Código Civil Anotado* cit., I, 4.ª ed., 916-917.

237 Adriano Vaz Serra, *Tempo da prestação. Denúncia* cit., 141-142.

238 João Antunes Varela, *Das obrigações em geral* cit., 2, 7.ª ed., 51, que refere "sempre, como é evidente, com o travão da boa fé à perna".

## 34. Dívida liquidável em prestações

I. Hipótese importante de perda do benefício do prazo, pelo devedor, é a das dívidas liquidáveis em prestações. Segundo o artigo 742.º do Código de Seabra:

> Nas dividas que teem de ser pagas em prestações, a falta de pagamento de uma d'estas dá ao credor o direito de exigir o pagamento de todas as que ainda se devem.

A doutrina da época fazia leituras diferentes da *ratio* deste preceito. Dias Ferreira entendia que, numa dívida a prestações, o não-pagamento de uma delas revelaria má-fé do devedor ou induziria suspeitas de insolvabilidade: donde a solução legal[239]. Guilherme Moreira discordava: o devedor que não pague uma prestação está, em regra, com dificuldades: fazer vencer a totalidade do capital em dívida só vem complicar essa situação; além disso, há outros meios jurídicos para o credor se precaver contra a sua possível insolvência. O fim do legislador, segundo Guilherme Moreira, seria antes o de evitar que o credor tivesse de proceder judicialmente contra o devedor, pelo pagamento de cada uma das prestações que se forem vencendo[240].

II. Cunha Gonçalves[241] e Vaz Serra[242] inclinam-se para a justificação de Dias Ferreira. Explica Vaz Serra, em texto preparatório do Código Civil, que ao deixar de pagar uma das prestações, o devedor faz surgir o receio de que deixaria, também, de pagar, pelo menos pontualmente, as demais. O credor pode reclamar o pagamento de todas as prestações, para esconjurar o risco do não-pagamento das restantes[243].

Todavia, já Cunha Gonçalves, influenciando Vaz Serra, entendia que essa solução era muito enérgica, contra o devedor. E assim, haveria que temperá-la, no campo do regime, o que se faria em dois pontos:

[239] José Dias Ferreira, *Codigo Civil Annotado* cir., 2, 1.ª ed., 248 e 2, 2.ª ed., 72.

[240] Guilherme Moreira, *Instituições* cit., 2, 112-113 (n.º 34).

[241] Luiz da Cunha Gonçalves, *Tratado* cit., 4, 698-699.

[242] Adriano Vaz Serra, *Tempo da prestação. Denúncia* cit., 172-173, sem referir nem Dias Ferreira, nem Cunha Gonçalves.

[243] *Idem*, 173.

(1) o regime de exigência de prestações vincendas não se aplicaria nem às rendas mensais nem aos salários[244]: ele só se justifica quando haja uma única dívida, pagável em prestações e não dívidas distintas[245];

(2) seria de ponderar um esquema pelo qual o credor fixasse ou, via tribunal, fizesse fixar um prazo razoável para a efetuação da prestação vencida, sob pena de reclamar todas as demais[246].

O Código Civil italiano, no seu artigo 1819.º aplicável ao mútuo, prevê que se o mutuário não cumprir o dever de pagar uma prestação (...) o mutuante possa requerer, segundo as circunstâncias, a imediata restituição do conjunto. Este preceito pode ser tomado como herdeiro do velho *beneficium compententiae*: o devedor só pagaria a totalidade da dívida imediatamente, após ponderação da sua situação concreta[247]. Esta solução, muito vaga, não teve o apoio de Vaz Serra[248].

III. No seu anteprojeto, Vaz Serra manteve a regra do artigo 742.º do Código de Seabra, mas com uma série de atenuantes para o devedor. Assim, no artigo 43.º do anteprojeto simplificado, propôs[249]:

1. No caso de se determinar que uma dívida, que deveria, em princípio, ser satisfeita de uma vez, será paga em prestações, a falta de pagamento de uma destas dá ao credor o direito de exigir imediatamente o pagamento de todas as que ainda se devem.

2. O credor, que pretenda fazer valer este direito, deve fixar, ou fazer fixar, judicialmente, um prazo razoável ao devedor para que efectue a prestação ou prestações vencidas, com a advertência de que, não o fazendo ele assim, reclamará o pagamento de todas as que ainda se devem. Ressalvam-se a hipótese de a falta da prestação em questão ser de tal modo significativa que, mesmo que o devedor viesse a fazê-la no prazo a fixar, não desapareceria a situação de perigo no que respeita à realização pontual das prestações futuras, ou as demais hipóteses em que, segundo o regime geral da mora do devedor, se dispensa aquela fixação de prazo.

244 Luiz da Cunha Gonçalves, *Tratado* cit., 4, 699.

245 Adriano Vaz Serra, *Tempo da prestação. Denúncia* cit., 174.

246 *Idem*, 175.

247 Francesco Alessandro Magni, em Pietro Rescigno, *Codice Civile* cit., 2, 7.ª ed., 3280, com indicações.

248 Adriano Vaz Serra, *Tempo da prestação. Denúncia* cit., 176.

249 Adriano Vaz Serra, *Direito das obrigações* cit., 33.

Na 1.ª revisão ministerial, Antunes Varela alterou totalmente o sentido do preceito, abandonando as defesas reclamadas, pela doutrina anterior, para os devedores em dificuldades. Assim, propôs simplesmente, no artigo 371.º (dívida pagável em prestações)[250]:

> Se a dívida puder ser liquidada em duas ou mais prestações, a falta de pagamento de uma delas confere ao credor o direito de exigir o imediato pagamento de todas.

Na 2.ª revisão ministerial, Antunes Varela optou por uma saída próxima, mas menos radical (781.º)[251]:

> Se a obrigação puder ser liquidada em duas ou mais prestações, a falta de pagamento de uma delas importa o vencimento de todas.

No projeto (781.º), substituiu-se "cumprimento" por "realização"[252], numa saída que passaria à versão final.

IV. As oscilações preparatórias não deram azo a uma fórmula feliz. Na verdade, o "vencimento de todas" , reforçado pelas opções ministeriais, deveria ser interpretado como vencimento automático[253], com a consequência prática de o devedor entrar logo em mora quanto à totalidade da dívida, mal falhe uma prestação. A doutrina teve de acudir: desde logo, o próprio Antunes Varela veio à liça explicar que, afinal, "vencimento imediato significa, neste caso, exigibilidade imediata"[254]; seria um benefício que a lei concede ao credor mas que não decreta, ela própria[255]. Não se trataria de um verdadeiro vencimento antecipado, mas da exigibilidade (fraca), numa posição tomada, logo após a publicação do Código Civil, pelo Prof. Pessoa Jorge[256], sufragada por Almeida Costa[257] e por Vasco

[250] *Código Civil/Livro II – Direito das obrigações*, BMJ 119 (1962), 33.
[251] Jacinto Rodrigues Bastos, *Das obrigações em geral* cit., 5, 245.
[252] *Projecto de Código Civil* cit., 228.
[253] Inocêncio Galvão Telles, *Direito das obrigações*, 7.ª ed. (1997), 271-272.
[254] Pires de Lima/Antunes Varela, *Código Civil Anotado* cit., II, 4.ª ed., 31.
[255] João Antunes Varela, *Das obrigações em geral*, II, 7.ª ed. (1997), 54.
[256] Fernando Pessoa Jorge, *Lições de Direito das obrigações* cit., 1, 317.
[257] Mário Júlio de Almeida Costa, *Direito das obrigações*, 12.ª ed. (2009), 1017-1018.

Lobo Xavier[258]. Esta aventura legislativa resultou de, na época, não estar clara a contraposição entre "exigibilidade fraca" e "forte", usando-se, sem critério, o termo "vencimento". De facto, a previsão do artigo 781.°, a ocorrer, apenas permite, ao credor, proceder à interpelação do devedor, fixando um prazo mais curto, mas razoável.

V. Um segundo fator interpretativo, que permite temperar a rudeza do artigo 781.°, tem a ver com o tipo de obrigação visada. No seu anteprojeto, Vaz Serra, recolhendo a doutrina anterior, referia "uma dívida, que deveria, em princípio, ser satisfeita de uma só vez". Com isso, visava afastar do regime do vencimento antecipado no caso de não-pagamento de uma prestação, os casos de obrigações duradouras, que postulam deveres de pagamento continuados, como rendas, no arrendamento e os salários, no trabalho. Todavia, disso só ficaria a fórmula do 781.°: se a obrigação puder ser liquidada em duas ou mais prestações: nessa eventualidade, ficaria quebrada a confiança no pagamento atempado das prestações subsequentes[259].

VI. Finalmente, no caso paradigmático das vendas a prestações – um regime aplicável aos diversos contratos onerosos, por via do artigo 939.°. Assim, segundo o artigo 934.° e na parte agora em causa[260]:

(a) vendida uma coisa a prestações; e
(b) feita a sua entrega ao comprador;
(c) a falta de pagamento de uma só prestação,
(d) que não exceda a oitava parte do preço,

não importa a perda do benefício do prazo, relativamente às prestações seguintes. A jurisprudência considera este preceito imperativo: o (inestético) "sem embargo de convenção em contrário" significa "não obstante cláusula em contrário"[261].

[258] Vasco Lobo Xavier, *Venda a prestações: algumas notas sobre os artigos 934.° e 935 do Código Civil*, RDES XXI (1974), 71 ss.. *Vide*, ainda, Pinto Oliveira, *Princípios de Direito dos contratos* cit., 391-392.

[259] João Antunes Varela, *Das obrigações em geral* cit., 2, 7.ª ed., 53, retomando Manuel de Andrade, *Teoria geral das obrigações* cit., 319.

[260] António Pinto Monteiro, *Sobre o não pagamento na venda a prestações (algumas questões)*, O Direito 122 (1990), 555-569; Teresa Anselmo Vaz, *Algumas questões do contrato de compra e venda a prestações e contratos análogos* (1995), 104 pp..

[261] STJ 2-out.-1986 (Tinoco de Almeida), BMJ 360 (1986), 566-569 (569); STJ 5-fev.-1991 (Mário Cura Mariano), BMJ 404 (1991), 460-464 (463); STJ 29-set.-1993

VII. O artigo 781.º relativo às dívidas pagáveis em prestações, tem dado azo a muita casuística. Vamos fixar algumas proposições úteis, retiradas da prática dos nossos tribunais:

- a falta de cumprimento de uma prestação periódica não gera a imediata exigibilidade de prestações futuras; apenas se pode pedir a condenação do devedor no pagamento das prestações vencidas e, por uma questão de economia processual, no das vincendas[262];
- "vencimento imediato" significa "exigibilidade imediata"[263];
- o "vencimento imediato" não envolve a resolução[264];
- a obrigação abrangida pelo vencimento imediato torna-se pura[265];
- as rendas devidas pela locação de um estabelecimento não são "obrigação única", para efeitos do artigo 781.º, o qual não se lhes aplica[266]; *idem* quanto às rendas devidas pela utilização de um espaço publicitário[267];
- para aproveitar o regime do artigo 781.º, o credor deve interpelar o devedor[268], não se vencendo, antes disso, juros moratórios[269];
- a falta de pagamento de juros não implica o vencimento imediato do dever de pagar o capital: trata-se de obrigações distintas[270];
- o 781.º só abrange a dívida de capital e não os juros remuneratórios que integram cada uma das prestações convencionadas[271].

(Raúl Mateus), CJ/Supremo I (1993) 3, 38-40 (39/I); REv 4-mai.-2000 (Mário Manuel Pereira), BMJ 497 (2000), 456/I e II; STJ 9-jan.-2003 (Nascimento Costa), Proc. 02B3961.

[262] STJ 17-abr.-1996 (Loureiro Pipa), BMJ 456 (1996), 403-411 (409).

[263] STJ 1-out.-1996 (Herculano Lima), BMJ 460 (1996), 702-705 (705) ; contra: RLx 5-mai.-1998 (Pereira da Silva), CJ XXIII (1998) 3, 77-81 (79/II), por influência de Inocêncio Galvão Telles.

[264] RLx 15-dez.-1999 (Salvador Nunes da Costa), BMJ 492 (2000), 483/II.

[265] RLx 10-fev.-2000 (Proença Fouto), CJ XXV (2000) 1, 108-110 (109).

[266] STJ 29-fev.-2000 (Dionísio Correia), CJ/Supremo VIII (2000) 1, 122-124 (124/I).

[267] RLx 31-mai.-2007 (Fernanda Isabel Pereira), Proc. 10881/2005-6.

[268] RLx 21-jan.-2003 (Rosa Ribeiro Coelho), CJ XXVII (2003) 1, 70-73 (72/I); STJ 15-mar.-2005 (Moitinho de Almeida), Proc. 05B282; STJ 21-nov.-2006 (Borges Soeiro), CJ/Supremo XIV (2006) 3, 129-132 (130/II); RLx 22-mai.-2007 (Carlos Moreira), Proc. 1645/2007; RLx 20-out.-2009 (Rosa Ribeiro Coelho), Proc. 1535/09; RLx 17-nov.-2011 (Fátima Galante), Proc. 4009/07.5.

[269] STJ 13-jan.-2005 (Ferreira Girão), CJ/Supremo XIII (2005) 1, 35-37 (37/I).

[270] RLx 27-set.-2005 (Ana Grácio), CJ XXX (2005) 4, 106-109 (108).

[271] STJ 27-mar.-2007 (Moreira Alves), CJ/Supremo XV (2007) 1, 153-155 (155); STJ 24-mai.-2007 (Silva Salazar), Proc. 07A930.

VIII. Ainda com referência ao artigo 781.º, temos a assinalar um acórdão uniformizador de jurisprudência: STJ (P) n.º 7/2009, de 25-mar.-2009, assim tirado[272]:

> No contrato de mútuo oneroso liquidável em prestações, o vencimento imediato destas ao abrigo de cláusula de redacção conforme ao art. 781.º do CC não implica a obrigação de pagamento dos juros remuneratórios neles incorporados.

## 35. O *interusurium*

I. No Direito romano as *usurae* correspondiam aos juros: a retribuição pelo uso de capital alheio[273]. Quando houvesse *usurae* combinadas para um certo período de tempo e o capital fosse antecipadamente reembolsado, tínhamos o *interusurium*, isto é, os juros correspondentes ao período do reembolso[274].

O *interusurium* coloca problemas quer quanto ao cálculo do seu montante, quer quanto à sua atribuição. O tema do cálculo deu lugar a um pequeno escrito de Leibnitz (1648-1716), de 1683[275], com um determinado método. O tema foi retomado por Hoffmann/Beitler, em 1767[276], com um método diverso, tendo suscitado polémica, nos finais do séc. XVIII, início

[272] STJ (P) n.º 7/2009 (António Cardoso de Albuquerque), de 25-mar.-2009, DR 1.ª série, n.º 86, 2530-2538, de 5-mai.-2009, ret. n.º 28/2009, de 11 de maio, DR 1.ª série, n.º 90, de 11-mai.-2009, 2813.

[273] Max Kaser, *Römisches Privatrecht* cit., 1, 2.ª ed., § 116, III (496).

[274] Ulpiano D. 15.1.9.8 = Okko Behrends e outros, *Corpus Iuris Civilis/Text und Übersetzung* III – *Digesten 11-20* (1999), 259 (*... quam ab initio deduci, ut medii temporis interusurium magis creditor consequatur*); Paulo D. 31.82.pr = Rolf Knütel e outros, *Corpus Iuris Civilis* cit., V, *Digesten* 28-34 (2012), 391 (*... alioquim secundum illam sententiam si interusurium tantum est in legato, quid dicemus, si fundus legatus sit ex die debitus*). *Vide* Antonio de Dominicis, *"Interusurium"*, NssDI VIII (1962), 938-940.

[275] Gottfried Wilhelm Leibnitz, *Mediatio juridico-mathematica de interusurium* (1683), 11 pp. = *Opera omnia* III (1768), 151-157; este escrito é, ainda, confrontável nos *Mathematische Schriften* VII (1863, reimp. 1962), 125-132 e nos *Sämtliche Schriften und Briefe*, ed. Academias das Ciências Brandeburguesa de Berlim e de Göttingen (2001), 627-638; há trad. alemã de R. Huka, de 1934.

[276] Gottfried Daniel Hoffmann/Wilhelm Beitler, *Iurisconsultum mathematicum et in specie analistam circa antichresin et interusurium* (1767), 48 pp..

do séc. XIX[277]. A matéria torna-se especialmente interessante porque ela pode corresponder a uma necessidade: a de calcular, no presente, o valor que um crédito, a cumprir no futuro, tenha. Esse valor é inferior ao montante nominal do crédito, como é óbvio. No seu cálculo intervêm, todavia, diversos fatores.

A pandectística do início do séc. XIX ocupou-se do *interusurium*, ainda que em trechos breves: Thibaut[278], Valett[279], Haimberger[280] e Puchta[281]. O tema foi retomado nalguns artigos, como o de Oettinger[282], surgindo ainda na pandectística tardia[283].

II. A doutrina lusófona do tempo de Seabra refere o *interusurium*. Guilherme Moreira explica que, quando o devedor cumpra voluntariamente a obrigação, não tem o direito de exigir que lhe sejam descontados no pagamento os juros que o objeto da prestação produziria, se estivesse em seu poder[284]. Cunha Gonçalves distingue, conforme a obrigação produza ou não juros: neste último caso, ao contrário do primeiro, o credor não é obrigado a descontar no capital o juro correspondente à antecipação do prazo[285]. Vaz Serra analisou longamente o problema[286], referindo o

[277] Assim: E. A. Lieben, *Gedanken über d. Frh Leibnitz und Hoffmanns verschiedes calculos interusuriis* (1788); Eduard Schraeder, *Das Interusurium ist nach Gottmannischem, nicht nach Leibnitzishem Grundsätzen zu berechnen* (1816); Dann, *Ueber das Interusurium, oder den gegenwärtigen baaren Werth einer erst künftig zahbaren Summe* (1823), 1 pp.; Ferdinand Zachariae, *Ueber die richtige Berechnungsart des Interusurii nach Grundsätzen des Rechts* (1831), VI + 65 pp.; com muitos elementos, P. K. Keil, *Das Interusurium* (1854), VIII + 216 pp. (há reimp. de 2010).

[278] Anton Friedrich Justus Thibaut, *System des Pandekten-Rechts* 1 (1805), § 268 (187-188).

[279] Carl Joachim Valett, *Ausführliches Lehrbuch des praktischen Pandecten-Rechts* II (1826), § 490 (89).

[280] Anton Haimberger, *Reines Römisches Privat-Recht* III (1835), § 478 (49-50).

[281] Georg Friedrich Puchta, *Lehrbuch der Pandekten* (1836), § 216 (236).

[282] L. Oettinger, *Ueber die nichtige Berechnungsweise des Interusuriums und über das im Großherzogthum Baden nach § 938 der Prozessordnung bestehende Gesetz*, AcP 29 (1846), 33-110.

[283] Assim: Bernhard Windscheid/Theodor Kipp, *Lehrbuch des Pandekten-Rechts* cit., 2, § 274 (127-129).

[284] Guilherme Moreira, *Instituições* cit., 2, 107.

[285] Luiz da Cunha Gonçalves, *Tratado* cit., 4, 694-695.

[286] Adriano Vaz Serra, *Tempo do pagamento. Denúncia* cit., 154-164.

desenvolvimento que lhe foi dado por Enneccerus/Lehmann[287], acabando por propor um preceito (18.º) desenvolvido sobre a dedução de juros[288]. Esse preceito ainda surgia no anteprojeto geral (46.º)[289], mas desapareceu com as revisões ministeriais.

III. O Código Civil não dispõe, de modo geral, sobre o *interusurium*. Todavia, no seu artigo 1147.º e no caso do mútuo oneroso, atribui-o ao credor, nos termos seguintes:

> No mútuo oneroso o prazo presume-se estipulado a favor de ambas as partes, mas o mutuário pode antecipar o pagamento, desde que satisfaça os juros por inteiro.

Infere-se, daqui, a regra básica: o *interusurium* não aproveita a quem tenha antecipado o prazo, salvo cláusula em contrário. Além da lógica geral[290], pode-se referir o transcrito artigo 1147.º e, ainda, o artigo 476.º/3: quando haja pagamento antecipado sem ser por erro desculpável, não tem o devedor direito a qualquer restituição.

IV. Quando o credor possa antecipar o cumprimento, nos casos em que a lei lho permita, o *interusurium* compete, logicamente, ao devedor: mal ficaria ir cobrar juros por um capital que está já em seu poder. Estas regras, apuradas quanto a juros, operam em face de quaisquer outros frutos.

Em conclusão: o *interusurium* não cabe, em princípio, a quem tenha provocado o vencimento antecipado[291].

[287] Ludwig Enneccerus/Heinrich Lehmann, *Recht der Schuldverhältnisse* cit., 15.ª ed., § 24, III (109-110).

[288] Adriano Vaz Serra, *Tempo do pagamento. Denúncia* cit., 209.

[289] Adriano Vaz Serra, *Direito das obrigações* cit., 34-35.

[290] Fernando Pessoa Jorge, *Lições de Direito das obrigações* cit., 1, 319 ss..

[291] *Vide* o nosso *Direito das obrigações*, 2, 193 ss. e Mário Júlio de Almeida Costa, *Direito das obrigações* cit., 12.ª ed., 1014, em nota.

## § 8.º O LUGAR DA PRESTAÇÃO

### 36. Evolução geral

I. A concretização da prestação, tendo em vista o cumprimento da obrigação respetiva, deve obedecer, para além das coordenadas temporais já analisadas, também as coordenadas geográficas. O devedor não pode cumprir executando a prestação seja onde for e, sobretudo: sem que, de antemão, o credor e os próprios terceiros saibam onde isso vai suceder. Terá de haver regras que, *ab initio*, definam o lugar da prestação. Assinale-se, ainda, que o lugar da prestação tem consequências jurídicas que transcendem a mera execução física da prestação: dele pode depender a determinação do tribunal competente (p. ex., 71.º/1, do CPC) ou, até, da lei aplicável (4.º/4 de Roma I, quando a mais estreita ligação ao Direito de um dos Estados em presença derive do local do cumprimento)[292].

II. No Direito romano, a determinação do local da prestação advinha do que as partes tivessem combinado ou das circunstâncias próprias de cada obrigação[293]. As circunstâncias eram particularmente relevantes perante *operae* (obras), uma vez que elas teriam utilidade no lugar resultante do interesse do credor[294]. Para além disso, as fontes romanas deixam-nos algumas indicações, sempre atuais. Assim:

– as prestações genéricas efetuavam-se em qualquer local onde pudessem ser peticionadas, normalmente no domicílio do devedor[295];

[292] Joachim Gernhuber, *Die Erfüllung und ihre Surrogate* cit., 2.ª ed., § 2, I, 1 (8).

[293] Max Kaser, *Römisches Privatrecht* cit.,1, 2.ª ed., § 149, IV, 2 (638).

[294] Javoleno, D. 38.1.21 = ed. Carl Ed. Otto (1831), III, 914.

[295] Licínio Rufo, D. 5.1.38 = Okko Behrends e outros, *Corpus Iuris Civilis* II (1995), 479: *quod pondere aut numero aut mensura continetur, ibi dari debet ubi petitur* [o que deva ser pesado, contado ou medido deve ser entregue onde seja pedido].

– as entregas específicas cumpriam-se no local onde as coisas se encontrassem: *ibi dari debet, ubi est* [devem ser dadas onde estejam][296], desde que o devedor não as tivesse, maliciosamente, mudado[297];
– como vetor geral, a competência do tribunal coincidia com o lugar da *solutio*[298];
– caso o devedor fosse demandado num tribunal que não o do local do cumprimento, o pretor concedia uma ação especial ao devedor: *de eo quod certo loco dari oportet*[299]; por ela, o devedor seria condenado no mesmo valor que a coisa devida teria no local do cumprimento, em regra muito menor do que no local da execução, dadas as dificuldades de transporte então existentes.

II. Os romanos já haviam, como se viu, fixado uma regra empírica importante: o lugar do cumprimento deve estar associado ao lugar onde o devedor possa ser demandado; esse raciocínio leva-nos para o domicílio do próprio devedor: uma regra que, ditada pela eficácia, acaba por confluir com um certo *favor debitoris*.

Nos casos de entrega da coisa, quando as partes nada estipulassem, operava uma regra derivada de Ulpiano[300]: nada é tão natural como a extinção de uma obrigação no lugar onde foi contratada. Estas considerações foram trabalhadas no Direito comum. Coube a Savigny[301] reformular o raciocínio: a coisa pode encontrar-se num determinado lugar por puro acaso; antes há que relevar o local onde ela se encontre no momento da

[296] *Idem*, loc. cit..

[297] Pompónio, D. 30.26.1 = Rolf Knütel e outros, *Corpus Iuris Civilis* V (2012), 264.

[298] Max Kaser, rec. a Siro Solazzi, *L'estinzione dell'obbligazione nel diritto romano*, SZRom 56 (1936), 345-349 (347).

[299] Ulpiano, D. 13.4.2 = ed. Okko Behrends e outros, III, 145-146. *Vide* Otto Gradenwitz, *Altere und neuere formula arbitraria*, SZ 24 (1903), 238-251 (240 ss.) e Gerhard Beseler, *Edictum de eo quod certo loco* (1907), TS 8 (1928), 326-335.

[300] Ulpiano, D. 50.17.35 = ed. Carl Ed. Otto e outros cit., IV, 1268. *Vide* Francesco Amarelli, *Locus solutionis/Contributo alla teoria del luogo dell' adempimento in diritto romano* (1984), 132 pp., 16.

[301] Carl Friedrich von Savigny, *System des heutigen römischen Rechts* 8 (1849), § 370 (205-233, especialmente 207-208) e *Obligationenrecht* cit., § 49 (508 ss.).

contratação[302]: um ponto retomado até aos nossos dias, tendo sido conjugado com a busca de soluções mais favoráveis ao devedor[303].

III. O tema foi estudado desde o início do séc. XIX, com uma especial conexão entre o local do cumprimento e a competência jurisdicional[304]. A monografia clássica sobre o lugar do cumprimento é a de Reatz, de 1862[305], cabendo referir os pequenos estudos de von Schulin (1879)[306] e de Melchior (1892)[307], para além, naturalmente, dos desenvolvimentos constantes das obras gerais que prepararam a vinda do BGB[308]. A publicação do BGB originou uma série de dissertações sobre o local do cumprimento: retemos as de Felbier[309], de Kerssenboom[310] e de Zanoff[311], a que podemos acrescentar a monografia de Leonhard[312] e escritos sobre pontos mais especializados, como os do cumprimento da fiança (Niger[313] e Vater[314]) e o das

302 Francesco Amarillo, *Locus solutionis* cit., 20. Quanto ao papel de Savigny, como exemplos: Franz Leonhard, *Erfüllungsort und Schuldort* (1907), V + 216 pp., 9, 17 e 131 e Haimo Shack, *Der Erfüllungsort im deutschen, ausländischen und internationalen Privat- und Zivilrecht* (1985), 298 pp., 85, com citações a pp. 107 e 129.

303 Com muitas indicações: Peter Gröschler, no HKK/BGB cit., II/1, §§ 269-272, Nr. 3-5 (809-811).

304 J. T. B. Linde, *Ueber den Gerichtsstand vertragsmäßig eingegangener Verbindlichkeiten*, AcP 7 (1824), 59-79; Christian Friedrich Mühlenbruch, *Ueber das forum contractus*, AcP 19 (1836), 337-384.

305 Carl Ferdinand Reatz, *Die Lehre vom Erfüllungsort/eine civilistische Abhandlung* (1862), VIII + 135 pp..

306 Friedrich von Schulin, Frh. Schulin, *Zur Lehre vom Erfüllungsort und vom Gerichtsstand der Obligationen nach römischem Recht* (1879, reimp. 2012), 36 pp..

307 Georg Melchior, *Ueber den Erfüllungsort bei Obligationsverhältnisse insbesondere bei Distanceverkäufen* (1892), VI + 66 pp..

308 Assim, como exemplos: Ludwig Arnds, *Lehrbuch der Pandekten* cit., 9.ª ed., § 221 (377-378); Bernhard Windscheid/Theodor Kipp, *Lehrbuch der Pandektenrechts* cit., 2, 9.ª ed., § 282 (157-162).

309 Josef Felbier, *Der Leistungsort nach gemeinem Rechte und dem Rechte des Bürgerlichen Gesetzbuchs für das Deutsche Reich* (1901), 58 pp..

310 Eduard Kerssenboom, *Der Leistungsort nach dem deutschen bürgerlichen Gesetzbuch* (1904), 108 pp..

311 Assen A. Zanoff, *Der Erfüllungsort nach dem deutschen Bürgerlichen Gesetzbuch* (1911), 65 pp..

312 Franz Leonhard, *Erfüllungsort und Schuldort*, já citada.

313 Karl Niger, *Der Leistungsort des Bürgen* (1907), 50 pp..

314 Georg Vater, *Der Leistungsort für Bürgschaftsverbindlichkeiten* (1911), VIII + + 36 pp..

prestações a executar em simultâneo com as contraprestações (*Zug um Zug*: Jerns[315]).

No período entre as duas guerras, surgem estudos mais envolventes sobre o lugar do cumprimento ( Neumann[316]) e a sua evolução (Weispfenning[317]). Ocorrem novos aprofundamentos sobre temas específicos ligados ao lugar do cumprimento: havendo mudança (Jeske[318]), havendo remessa (Hofemann[319] e Klapper[320]) ou tratando-se da construção de navios (Himmelbach[321]), como exemplos.

Mais recentemente, temos monografias sobre temas específicos, como a execução nos contratos de trabalho (Gaul[322]) ou a liquidação dos contratos (Döhmel[323]). A literatura atual sobre o lugar do cumprimento é animada pelo Regulamento relativo à competência internacional dos tribunais, particularmente quanto à concessão comercial (Rauscher[324]), às perspetivas de reforma (Ignatova[325]) ou ao regime geral (Lynker[326]), bem como quanto à Convenção de Viena sobre a compra e venda (Hackenberg[327]). Ocorrem,

315 Ludwig Jerns, *Der Leistungsort bei Zug- um Zugleistung* (1911), 85 pp..

316 Fritz Neumann, *Der Erfüllungsort im geltenden Recht: eine kritische Betrachtung* (1928), 64 pp..

317 Fritz G. Weispfenning, *Erfüllungsort, Leistungsort und Schuldort: unter Berücksichtigung der Gesetzbestimmung des 19. Jh. seit Savigny und der Weiterem Entwicklung seit 1900* (1934), X + 63 pp..

318 Walter Jeske, *"Der" Leistungsort bei der Wandlung* (1931), 51 pp..

319 Fritz Hofemann, *Der Versendungskauf* (1933), 33 pp..

320 Wilhelm Klapper, *Der Leistungsort beim Versendungskauf* (1933), 70 pp..

321 Hans Himmelbach, *Der Leistungsort und Schulort bei Seeschiffbauverträgen* (1937), 47 pp..

322 Dieter Gaul, *Leistungs- und Erfüllungsort im Arbeitsverhältnis* (1965), 65 pp..

323 Doris Döhmel, *Der Leistungsort bei Rückabwicklung vom Verträgen* (1997), 223 pp..

324 Thomas Rauscher, *Verpflichtung und Erfüllungsort in Art. 5 Nr. 1 EUGVÜ: unter besonderer Berücksichtigung des Vertragshändkervertrages* (1984), IV + 238 pp..

325 Ruja Ignatova, *Art. 5 Nr. 1 EuGVO – Chancen und Perspektiven der Reform des Gerichtsstands am Erfüllungsort* (2005), 363 pp..

326 Thomas Lynker, *Der besondere Gerichtsstand am Erfüllungsort in der Brüssel – I – Verordnung (Art. 5 Nr. 1 EuGVVO)* (2006), X + 194 pp..

327 Ulf Hackenberg, *Der Erfüllungsort von Leistungpflicht unter Berücksichtigung des Wirkungsortes von Erklärung in UN-Kaufrecht und der Gerichtsstand des Erfüllungsortes im deutschen und europäischen Zivilprozessrecht* (2000), LV + 279 pp..

ainda, escritos de ordem geral sobre o local do cumprimento e o Direito processual europeu e internacional (Schack[328] e Dubiel[329]).

A tudo isto haverá que acrescentar dezenas de manuais, de comentários e de artigos especializados. E se a literatura alemã é, seguramente, dominante, pela extensão e pela profundidade, outras existem, sempre relevantes. No Direito civil, mesmo pontos aparentemente delimitados, como o do lugar do cumprimento, suscitam, quando aprofundados, questões inabarcáveis. O estudo e a humildade são indispensáveis.

## 37. **As codificações**

I. O Código Napoleão sintetizou, de modo elegante, as regras atinentes ao local do cumprimento, no seu antigo artigo 1247.º[330]:

> O pagamento deve ser executado no local designado pela convenção. Se o local não for, aí, designado, o pagamento, quando se trate de um objeto certo e determinado, deve ser feito no local onde estava, ao tempo da obrigação, a coisa que constitua o seu objeto.
>
> Fora desses dois casos, o pagamento deve ser feito no domicílio do devedor.

Estas regras sofreram algumas adaptações, nos mais de dois séculos de vigência do Código francês: mas no essencial, mantêm-se em vigor[331]. No Direito francês relativo ao lugar do cumprimento, era corrente a distinção entre as dívidas *quérables* (de *quérir*, cobrar) e *portables* (de *porter*, levar): as primeiras são pagas no domicílio do devedor, cabendo ao credor ir lá cobrá-las; as segundas são adimplidas no domicílio do credor, assistindo ao devedor levar, lá, o produto do cumprimento[332].

[328] Haimo Schack, *Der Erfüllungsort im deutschen, ausländischen und internationalen Privat- und Zivilrecht*, já cit..

[329] Martin Dubiel, *Der Erfüllungsortbegriff des Vertragsgerichtsstands im deutschen, europäischen und internationalen Zivilprozessrecht* (2010), 289 pp..

[330] Ed. fac simile (1804) *Code Civil des Français*, ed. *fac simile* cit., 301. Após a reforma de 2016, vide os artigos 1342.º e 1343.º-4.

[331] Jean Carbonnier, *Droit civil/Les obligations* cit., 2474-2475; François Terré/ /Philippe Simler/Yves Lequette, *Droit civil/Les obligations* cit., 11.ª ed., n.º 1344 (1395- -1396).

[332] Uma dívida pode tornar-se *quérable*, em função das suas vicissitudes; *vide* Marcel Planiol, *Traité de Droit civil* 2, 3.ª ed. (1903), n.º 430 (148).

II. O BGB distingue o local da prestação em geral (§ 269, *Leistungsort*) do local do pagamento (§ 270, *Zahlungsort*)[333]. O primeiro tem a ver com o cumprimento em geral[334], enquanto o segundo visa as obrigações pecuniárias[335]. Quanto ao cumprimento em geral, o local corresponde ao acordado ou ao que resulte das circunstâncias e, em especial, da natureza da obrigação; na falta desses elementos, vale o domicílio do devedor, aquando do surgimento da obrigação (§ 269/I). Já nas obrigações em dinheiro, vale o domicílio do credor (§ 270/1)[336]. Operam, em diversas situações, regras especiais.

III. Particularmente claro, o artigo 1182.º do Código italiano prescreve, como regra básica, que o lugar da prestação seja determinado pelo contrato, pelos usos, pela natureza da prestação ou por outras circunstâncias (n.º 1). Quando tais regras não operem: a obrigação de entrega de coisa certa cumpre-se no lugar onde ela estava quando se formou a obrigação (n.º 2); a obrigação pecuniária adimple-se no local do domicílio do credor, aquando do vencimento (n.º 3); nos outros casos, vale o lugar do domicílio do devedor, no vencimento (n.º 4)[337].

IV. O Código Civil espanhol ocupa-se do local de *pago* no seu artigo 1171.º[338]. Refere, simples e sucessivamente: (1) o lugar escolhido pela obrigação; (2) na sua falta e tratando-se de entregar uma coisa determinada, vale o sítio onde ela estava no momento da constituição da obrigação; (3) em qualquer outro lugar, o cumprimento efetua-se no domicílio do devedor.

[333] *Vide* Astrid Stadler, no Jauernig, *BGB/Kommentar*, 15.ª ed. (2014), §§ 269 e 270 (264-269).

[334] Joachim Gernhuber, *Die Erfüllung und ihre Surrogate* cit., § 2, I, 4 (10 ss.).

[335] *Idem*, § 2, VII (41 ss.); *vide* Ernst von Caemmerer, *Zahlungsort*, FS F. A. Mann (1977), 3-19 (2 ss.).

[336] Wolfgang Schön, *Prinzipien des bargeldlosen Zahungsverkehrs*, AcP 198 (1998), 401-456 (404 e *passim*); Martin Schwab, *Geldschulden als Bringschulden?*, NJW 2011, 2833-2838.

[337] Com elementos jurisprudenciais: Francesco Caringela/Giuseppe de Marzo, *Manuale di diritto civile* II – *Le obbligazioni* (2007), 282-284; em geral, Enrico Moscati, *La disciplina generale delle obbligazioni* (2012), 213-215.

[338] Íñigo A. Navarro Mendizábal, *Derecho de obligaciones y contratos*, 2.ª ed. (2013), 132 ss..

V. Referimos, por fim, o "Direito europeu". Tomando como significativo os *Principles* do *Draft Common Frame of Reference*, temos[339]:

> *III – 2:101: Place of performance*
> (1) If the place of performance of an obligation cannot be otherwise determined from the terms regulating the obligation it is:
> (a) in the case of a monetary obligation, the creditor's place of business;
> (b) in the case of any other obligation, the debtor's place of business.
> (2) For the purposes of the preceding paragraph:
> (a) if a party has more than one place of business, the place of business is that which has the closest relationship to the obligation; and
> (b) if a party does not have a place of business, or the obligation does not relate to a business matter, the habitual residence is substituted.
> (3) If, in a case to which paragraph (1) applies, a party causes any increase in the expenses incidental to performance by a change in place of business or habitual residence subsequent to the time when the obligation was incurred, that party is obliged to bear the increase.

## 38. **Sistema lusófono**

I. O Código de Seabra, assente na pré-codificação[340], veio dispor sobre o lugar do cumprimento em dois preceitos: os artigos 739.º e 744.º. Não se devem perder[341]:

> Artigo 739.º A prestação será feita no logar e no tempo designados no contrato, excepto nos casos em que a lei expressamente permittir outra cousa.
>
> Artigo 744.º Se o logar da prestação se não achar designado, e a dita prestação consistir em objecto movel determinado, deverá ser feita no logar onde esse objecto existir ao tempo do contracto. Em qualquer outro caso será feita no logar do domicilio do devedor.

[339] Christian von Bar/Eric Clive/Hans Schulte-Nölke, *DCFR* cit., 233; na *Full Edition*, I, 720-725, com muitas indicações comparatísticas.

[340] Pascoal de Melo, *Institutiones iuris civilis lusitani* cit., tit. V, § III (60-61); Correia Telles, *Digesto portuguez* cit., 1, artigos 370-374 (49-50); Coelho da Rocha, *Instituições de Direito civil* cit., § 147 (1, 87).

[341] José Dias Ferreira, *Codigo Civil Annotado* cit., II, 1.ª ed., 243-245 e 248 e II, 2.ª ed., 67-68 e 72-73.

> § unico. Se, depois do contrato, o devedor mudar de domicilio, deve-se indemnisar o credor das despezas que fizer de mais por causa d'essa mudança.

A primazia do combinado era confirmada[342] por outros preceitos de Seabra[343]: artigos 1529.° (mútuo), 1572.° e 1583.° (compra e venda) e 1660.° (enfiteuse). A lei previa a hipótese de, devendo o pagamento ter lugar no domicílio do devedor, este mudar (744.° e § único): altura em que o devedor deveria indemnizar o credor das mais despesas. Mas nada dizia se, tratando-se do domicílio do credor como local do cumprimento, este mudasse. Guilherme Moreira bilateralizava a regra: as maiores despesas daí resultantes caberiam ao credor[344].

II. A preparação do Código Civil originou um estudo cuidado de Vaz Serra[345]. Com adequadas considerações de Direito comparado, onde avultou a utilização das obras de Enneccerus/Lehmann[346] e de von Tuhr[347], Vaz Serra chegou a um anteprojeto de articulado extenso. Versava, sucessivamente[348]:

- regra geral supletiva – determinação pelas partes;
- lugar do domicílio do devedor;
- dívida de dinheiro;
- impossibilidade da prestação no lugar fixado para o cumprimento;
- obrigação de enviar.

Estes preceitos surgiam no anteprojeto global (28.° a 32.°)[349].

342 Guilherme Moreira, *Instituições* cit., 2, 114.

343 Luiz da Cunha Gonçalves, *Tratado* cit., IV, 701-702.

344 Guilherme Moreira, *Instituições* cit., 2, 115.

345 Adriano Vaz Serra, *Lugar da prestação*, BMJ 50 (1955), 5-48.

346 Ludwig Enneccerus/Heinrich Lehmann, *Recht des Schuldverhältnisse* cit., 15.ª ed., § 23 (100-105); na trad. cast. usada por Vaz Serra, *vide Derecho de obligaciones* cit., 1, § 24 (§ 248), 128 ss..

347 Andreas von Tuhr/Alfred Siegwert, *Allgemeiner Teil des Schweizerischen Obligationenrechts* cit., II, § 61 (476 ss.); na trad. cast. usada por Vaz Serra, *Tratado de las obligaciones* cit., § 60 (34 ss.).

348 Adriano Vaz Serra, *Lugar da prestação* cit., 44-48.

349 Adriano Vaz Serra, *Direito das obrigações* cit., 21-24.

III. Na 1.ª revisão ministerial, o tema do lugar da prestação inseria-se nas regras preliminares sobre prestações (364.º a 366.º)[350] e não na secção sobre o cumprimento (758.º e seguintes). Limitava-se à regra geral (364.º), às dívidas pecuniárias (365.º) e à impossibilidade da prestação no lugar estipulado (366.º). Na 2.ª revisão alargou-se a matéria, dando-lhe a feição que manteria no projeto[351] e no Código finalmente promulgado. Este dedicou, ao "lugar da prestação", cinco preceitos:

772.º princípio geral;
773.º entrega de coisa móvel;
774.º obrigações pecuniárias;
775.º mudança do domicílio do credor;
776.º impossibilidade da prestação no lugar fixado.

IV. No Código Civil brasileiro de 1916, o lugar do pagamento obteve dois preceitos[352]:

> Art. 950.º Effectuar-se-á o pagamento no domicilio do devedor, salvo se as partes convencionarem diversamente, ou se o contrario dispuzerem as circumstancias, a natureza da obrigação ou a lei.
> Paragrapho único. Designados vários logares, cabe ao credor entre elles a escolha.
>
> Art. 951.º Se o pagamento consistir na tradição de um immovel, ou em prestações relativas a immovel, far-se-á no logar onde este se acha.

Tais preceitos foram conservados nos artigos 327.º e 328.º do Código brasileiro de 2002. Este diploma acrescentou mais duas regras[353]:

> Art. 329.º Ocorrendo motivo grave para que se não efetue o pagamento no lugar determinado, poderá o devedor fazê-lo em outro, sem prejuízo para o credor.
>
> Art. 330.º O pagamento reiteradamente feito em outro local faz presumir renúncia do credor relativamente ao previsto no contrato.

[350] *Código Civil/Livro II – Direito das obrigações*, BMJ 119 (1962), 30-31.
[351] *Projecto de Código Civil* cit., 225-226.
[352] Paulo Merêa, *Código civil brasileiro anotado* cit., 320.
[353] José Miguel Garcia Medina/Fábio Caldas de Araújo, *Código Civil Comentado* cit., 337-338.

## 39. Regras básicas

I. O primeiro fator de determinação do lugar do cumprimento é a existência de uma estipulação a tanto destinada (772.º/1, início). De acordo com a tradição românica, podemos aqui albergar:

- uma cláusula expressa: as partes indicam, no contrato, o lugar do cumprimento da prestação ou das diversas prestações; recomenda-se vivamente o recurso a este meio, sempre que estejam em causa negócios complexos e, naturalmente, nos casos em que as soluções supletivas não se mostrem adequadas; a cláusula em causa deve seguir a forma legal prescrita para o contrato, particularmente quando afaste as regras legais supletivas (221.º);
- uma opção tácita: resulta de factos relativos à fonte da obrigação considerada que, com toda a probabilidade, revelem a intenção comum de dispor quanto ao lugar do cumprimento (217.º/1);
- as circunstâncias gerais envolvidas: destas pode, independentemente de estipulações expressas ou tácitas, resultar o local do cumprimento: por exemplo, o serviço de *catering* para uma arbitragem deve ser prestado no local em que a mesma tenha lugar;
- a natureza da prestação: desta feita, a própria prestação em si tem o selo do lugar da sua execução; a reparação de uma ponte executa-se no ponto geográfico onde ela se encontre.

II. A doutrina sublinha o papel da boa-fé, na determinação do lugar do cumprimento[354]. Esta pode intervir, em especial, na interpretação ou na integração do contrato, de modo a precisar ou a colmatar as opções das partes. Além disso, ela acompanha a vigência da obrigação (762.º/2), assegurando que ela produz um máximo de utilidade para o credor, sem prejudicar desproporcionadamente o devedor. No limite, a boa-fé pode "corrigir" estipulações das partes, em nome da harmonia do contrato no seu todo ou da sua confluência com o sistema, sob pena de abuso do direito.

III. O artigo 772.º/1, 1.ª parte, prevê depois a existência de uma disposição especial da lei. Com efeito, sublinhamos, no Código Civil, para além dos artigos 773.º a 776.º, os preceitos seguintes, com relevo para o lugar do cumprimento:

[354] P. ex., Eduard Kerssenboom, *Der Leistungsort* cit., 68 e Haimo Schack, *Der Erfüllungsort* cit., 27, 56 e 69.

885.º/1: o preço deve ser pago no momento e no lugar da entrega da coisa vendida; esta, sendo móvel, é cedida no lugar onde ela se encontrava, ao tempo da conclusão do negócio (773.º/1);

885.º/2: todavia, se por estipulação das partes ou pelos usos, o preço não tiver de ser pago no momento da entrega, o pagamento será efetuado no domicílio que o credor tiver ao tempo do cumprimento;

939.º: as normas da compra e venda são aplicáveis a outros contratos onerosos pelos quais se alienem bens ou se estabeleçam encargos sobre eles, na medida em que sejam conformes com a sua natureza e não estejam em contradição com as disposições legais respetivas;

984.º, *a*): a entrada em sociedade que consista na transferência ou constituição de um direito real rege-se pelas normas da compra e venda;

1039.º/1: o pagamento da renda ou aluguer deve ser efetuado no domicílio do locatário à data do vencimento, se as partes ou os usos não fixarem outro regime;

1039.º/2: não se efetuando o pagamento, presume-se que o locador não veio nem mandou receber a prestação no dia do vencimento;

1195.º: no silêncio das partes, o depositário deve restituir a coisa móvel no lugar onde, segundo o contrato, tiver de a guardar;

1673.º: fixa a residência da família; aí devem ser cumpridos múltiplos deveres de coabitação, de cooperação e de assistência;

2270.º: o legado deve ser entregue no lugar onde a coisa legada se encontrava ao tempo da morte do testador.

Deve, ainda, contar-se com legislação especial. Cumpre dar relevo ao artigo 22.º/1, *n*), da Lei sobre Cláusulas Contratuais Gerais, que proíbe, nas relações com consumidores finais e consoante o quadro negocial padronizado, as cláusulas que:

> Fixem locais, horários ou modos de cumprimento despropositados ou inconvenientes.

IV. Não operando nenhum dos apontados fatores, manda o artigo 772.º/1, 2.ª parte, que a prestação seja efetuada no lugar do domicílio do devedor[355]. Como vimos, esta regra, historicamente apurada, visa, por um lado, facilitar a vida do devedor e, por outro, a do credor, no caso de lití-

[355] STJ 26-nov.-1985 (João Solano Vieira), BMJ 351 (1985), 415-419 (419).

gio: o tribunal competente tenderá a ser, precisamente, o do domicílio do devedor.

As regras sobre o domicílio constam dos artigos 82.º e seguintes[356]. *Quid iuris* se o devedor tiver, como a lei permite, mais de um domicílio? Nessa eventualidade, observa-se o seguinte:

(1) a interpretação do contrato, as circunstâncias que o rodeiem e, no limite, a boa-fé, podem permitir eleger o domicílio relevante, para efeitos de cumprimento da obrigação considerada; por exemplo, residindo as partes em Lisboa, local da contratação, não é crível que a prestação possa ser exigida nas Ilhas, onde o devedor tenha um segundo domicílio;
(2) na falta de solução, cabe ao devedor indicar o domicílio relevante para efeitos do cumprimento: é o que resulta da interpretação extensiva do artigo 543.º/2, dobrada pelo princípio do *favor debitoris*, ínsito no artigo 772.º/1, 2.ª parte;
(3) caso o devedor não escolha, cabe ao credor fazê-lo, por via da interpretação extensiva do artigo 548.º[357].

V. Celebrado um contrato, pode o devedor mudar de domicílio. Nessa eventualidade, o credor ficará surpreendido: contratou pensando que o lugar do cumprimento seria um e, no momento de o realizar, apercebe-se de que ele é outro. Desde logo, mudando de domicílio, cabe ao devedor prevenir o credor (762.º/2), para prevenir ofertas infrutíferas de cumprimento, que agravem a sua posição.

Isto dito, mantém-se a regra: a prestação deve ser efetuada (agora) no novo domicílio do devedor (772.º/2, 1.ª parte). Mas se essa mudança acarretar prejuízo para o credor, vale o lugar do domicílio primitivo (772.º/2, 2.ª parte). Melhor seria a solução de Seabra: a prestação é efetuada no domicílio atual do devedor, sendo o credor indemnizado, se houver prejuízo. Com efeito, a lei atual abre dois problemas:

[356] *Tratado* IV, 3.ª ed., 431 ss..

[357] Pires de Lima/Antunes Varela, *Código Civil Anotado* cit., II, 4.ª ed., 22, aparentemente com o apoio de Almeida Costa, *Direito das obrigações* cit., 12.ª ed., 1004, notas 1 e 2, resolvem o problema apelando para a residência do devedor; todavia, isso pressupõe que, tendo dois ou mais domicílios, o devedor resida (apenas), nalgum deles com um mínimo de permanência, para poder ser (re)conhecida pelo credor. Teríamos uma fonte suplementar de complicações; por isso, é preferível a opção do texto: está cumprida a lei; o credor que decida.

(1) qual o *quantum* do prejuízo que justifica a prestação no domicílio inicial do devedor?
(2) tendo o devedor abandonado esse domicílio, como fazer, no seu "lugar", o pagamento: na soleira da porta? no passeio?[358].

Tudo isto terá de ser respondido de acordo com as circunstâncias do caso concreto e à luz da boa-fé.

## 40. **Móveis e dinheiro**

I. O artigo 773.º/1, relativo ao cumprimento de obrigações de entrega de móveis acolhe a doutrina de Savigny: ele deve ter lugar no local onde a coisa se encontre, aquando da conclusão do negócio. Essa regra é extensiva às obrigações genéricas – vale o local onde estava o conjunto, aquando da contratação – e às coisas que devam ser produzidas – domina o sítio onde, no momento da conclusão do negócio, isso devesse suceder: tudo por determinação do artigo 773.º/2.

II. O artigo 773.º permite resolver o problema do risco e a questão das perspetivas para o cumprimento. Assim:

– entregue a coisa móvel no local onde se encontrava, os danos que lhe sobrevenham no transporte ulterior são do risco do adquirente[359];
– a obrigação da entrega de touros deve ser feita onde se encontravam; sendo animais bravios, deviam ter sido apartados antes do credor os mandar buscar; não o estando e tendo fugido uns quantos, há incumprimento do devedor[360].

III. A obrigação pecuniária tem, tradicionalmente, regras próprias de cumprimento. Anote-se que ela não deixa de ser pecuniária, pelo facto de o pagamento ser feito por cheque, transferência bancária ou multibanco[361].

[358] O credor deve, com efeito, "procurar" a prestação, indo ou mandando "buscá-la" no domicílio do devedor: RPt 7-out.-1993 (Cesário de Matos), BMJ 430 (1993), 516-517 (516).

[359] RPt 6-out.-1977 (Fernando Pinto Gomes), CJ II (1977) 5, 1170-1173 (1171/I).

[360] RLx 20-fev.-1990 (Calixto Pires), CJ XV (1990) 1, 176-177 (177).

[361] RPt 9-fev.-2010 (Ana Lucinda Cabral), Proc. 1331/09.

Segundo o artigo 774.º, a obrigação que tenha por objeto a entrega de certa quantia em dinheiro deve ser cumprida no lugar do domicílio do credor, ao tempo do cumprimento. Assim formulada, esta regra parece absoluta; mas ela deve ser temperada pela aplicação do artigo 775.º, atinente à mudança do domicílio do credor.

A lei refere, claramente, "ao tempo do cumprimento" e não ao do "vencimento". Tendo o credor vários domicílios, aplica-se, *mutatis mutandis*, a doutrina acima defendida, quando haja pluralidade de residências do *solvens*.

A regra do artigo 774.º pode ser penalizante para o devedor, sempre que o credor, na pendência da obrigação, mude para um local que encareça o cumprimento. Não obstante, as facilidades hoje permitidas para as transações bancárias anulam, praticamente, essa desvantagem. Todavia: mudando de domicílio, tem o credor o encargo de, disso, notificar prévia e oportunamente o devedor. De outro modo, este poderá atrasar, sem culpa, o cumprimento: não haverá mora, nos termos do artigo 798.º.

IV. O STJ 11-out.-1979 decidiu sobre os factos seguintes. Fora celebrado um mútuo, em Moçambique, onde viviam, antes da Independência, o mutuante e o mutuário. A obrigação vencia-se em agosto de 1974. Entretanto, o devedor mudou a sua residência para Portugal, antes da Independência, tendo o credor feito o mesmo, após o vencimento da obrigação.

O Supremo entendeu que a obrigação deveria ser cumprida em Moçambique e na moeda local[362]. Pois bem: se, aquando do cumprimento, o credor residia em Portugal, é nesta residência que se deveria ter cumprido. Quanto muito, poderia haver lugar à indemnização prevista no artigo 775.º[363]. O texto do acórdão não refere o artigo 774.º: deixamos em aberto o ter havido alguma estipulação que não conheçamos.

## 41. Mudança do credor e impossibilidade no lugar fixado

I. O artigo 775.º prevê a mudança do domicílio do credor: se o cumprimento, *ex contractu* ou *ex lege* se dever efetuar no domicílio do credor e este mudar de domicílio após a constituição da obrigação, a prestação pode

[362] STJ 11-out.-1979 (Daniel Ferreira), BMJ 290 (1979), 370-373 = RLJ 113 (1980), 113-115, anot. Vaz Serra, *idem*, 115-117.

[363] Nesse sentido, Vaz Serra, anot. cit., 116/II.

ser efetuada no domicílio do devedor, salvo se aquele se comprometer a indemnizar este do prejuízo que sofrer com a mudança. Aparentemente simples, o preceito suscita uma série de dúvidas. Assim:

- ele neutraliza boa parte do artigo 774.º, que remete o pagamento de obrigações pecuniárias para o domicílio do credor ao tempo do cumprimento; afinal, há que começar por atender, também nesse tipo de obrigações, ao domicílio do credor aquando da constituição da obrigação;
- ele pressupõe que a mudança de domicílio (e, portanto e eventualmente, o cumprimento do artigo 774.º) acarrete "prejuízo" para o devedor; não se diz o *quantum*, parecendo claro, *ex bona fide*, que deva ser razoável, em função do valor da prestação;
- ele confere, ao devedor, o direito potestativo de cumprir no seu próprio domicílio;
- ele atribui, ao credor, o contradireito de manter o seu (novo) domicílio como local de cumprimento, desde que se "comprometa" a indemnizar o devedor do prejuízo que sofra com a mudança.

II. O funcionamento de semelhante esquema implica deveres conjugados de informação (762.º/2): (a) do credor, que deve avisar da mudança do domicílio; (b) do devedor, a quem cabe prevenir do prejuízo que vai sofrer, demonstrando-o minimamente; (c) ainda do devedor, a quem compete anunciar que pretende cumprir no seu próprio domicílio; (d) do credor que, querendo, irá "comprometer-se" a indemnizar o prejuízo, mantendo como eficaz para efeitos do cumprimento, o seu próprio domicílio.

A validade do "compromisso" do credor implica a sua determinação; posto o que o devedor pode compensar a indemnização envolvida no montante que irá pagar (847.º), fazendo a competente declaração (848.º).

O esquema é complicado, devendo ser sindicado pela boa-fé[364].

III. Finalmente, o artigo 776.º dispõe para a hipótese da impossibilidade da prestação no lugar fixado: quando tal ocorra, *ab initio* ou supervenientemente e a obrigação não for nula ou não se extinguir, são aplicáveis as regras supletivas dos artigos 772.º a 774.º.

[364] *Vide* Adriano Vaz Serra, anot. a STJ 3-set.-1967 (Teixeira de Andrade), RLJ 101 (1968), 218-219, *idem*, 219-221 (221, em nota).

Este dispositivo visa o lugar fixado pelas partes: de outro modo, não faria sentido apelar às regras legais supletivas. A cláusula relativa a um local que impossibilite, logo no início, a prestação, é nula por via do artigo 280.º/1. Essa nulidade atinge todo o contrato, salvo sendo possível a redução *ex* 292.º: a obrigação fica, nessa altura, sem cláusula relativa ao lugar do cumprimento, caindo-se, como quer o artigo 776.º, nas regras supletivas.

Por seu turno, a impossibilidade superveniente no local acordado pelas partes pode ser, em termos de obrigação, apenas parcial: vale a interpretação extensiva do artigo 793.º, desde que a prestação mantenha interesse para o credor[365]. A lacuna daí resultante será igualmente colmatada pelas regras supletivas.

A solução proposta por Vaz Serra[366], apoiado em von Tuhr[367] o qual, por seu turno, se inspirara em Dernburg[368], era a de, perante a impossibilidade de prestar no local acordado, escolher aquele que melhor se ajustasse à intenção das partes, segundo a boa-fé: no fundo, uma normal operação de integração, à luz do atual artigo 239.º. Todavia, Antunes Varela preferiu a solução inserta no artigo 776.º, por razões de segurança[369]. Só que, com isso, abriu a lacuna de seguida referida.

IV. Ficou, todavia, uma questão em aberto: *quid iuris* se o lugar que se inviabilize for, precisamente, o que resulte das normas supletivas compreendidas nos artigos 772.º a 774.º? Se as partes não acordarem num local e, ainda então, não for de considerar a obrigação como nula ou como extinta, queda recorrer ao tribunal, por aplicação analógica do artigo 777.º/2: uma solução que propusemos em tempos[370] e que mantemos.

365 Com efeito, a inviabilidade do local aprazado para o cumprimento pode fazer perder, ao credor, o interesse pela obrigação, a qual se extinguirá, então, *in totum*; o artigo 776.º ressalva, expressamente, essa eventualidade.

366 Adriano Vaz Serra, *Lugar da prestação* cit., n.º 8 (33-34).

367 Andreas von Tuhr/Alfred Siegwert, *Allgemeiner Teil des Schweizerischen Obligationenrechts* cit., II, § 61, II (477).

368 Heinrich Dernburg, *Pandekten*, 5.ª ed. (1897), 4 33, II (96): usamos, aqui, uma edição anterior à citada por von Tuhr.

369 Pires de Lima/Antunes Varela, *Código Civil Anotado* cit., II, 4.ª ed., 23.

370 *Direito das obrigações*, II, 196.

## 42. Prestações conectadas, prestações secundárias e deveres acessórios

I. O Código Civil, de acordo com a técnica legislativa continental, trata situações jurídicas abstratas e isoladas. Cada previsão corresponde a um hereotipo, que não tem consistência na vida real. Na realidade, qualquer situação surge acompanhada por muitas outras, de modo a seguir a realidade económica e social. Significa isso que o regime efetivamente aplicável aos casos concretos deve ser sempre construído pelo intérprete-aplicador, na base dos dados legais e da Ciência do Direito.

II. Os artigos 772.º a 776.º regem a realização de prestações isoladas, no ponto sensível do local do cumprimento. Todavia, prestações distintas associam-se, muitas vezes, entre si. Nessa eventualidade, poderá ser necessário conexionar os respetivos lugares de execução. A própria lei dá o exemplo: no caso da compra e venda, o preço deve ser pago no momento e no lugar da entrega da coisa vendida (885.º/1). Em suma: perante contratos complexos, contratos mistos ou, até, simples coligações de contratos, há que proceder a uma ponderação conjunta dos valores e dos interesses envolvidos, de modo a construir modelos coerentes de decisão.

III. As prestações secundárias[371] podem ser acordadas pelas partes, de modo a melhor compor as vias de prossecução dos interesses respetivos. Em princípio, elas vão ser executadas no local das prestações principais. Aplicam-se, pois, as regras gerais. Todavia, esse aspeto deve, sempre, ser verificado ponto por ponto. Por exemplo, uma obrigação de reparação, complementada por uma obrigação de envio, terão, logicamente, planos diversos de execução.

IV. Os deveres acessórios são criados e direcionados pela boa-fé (762.º/2). Eles visam, no fundamental, assegurar a primazia da materialidade subjacente e a tutela da confiança. Assim, eles vão ter locais próprios de execução, que podem não coincidir com os das prestações principais e acessórias. Por exemplo, os deveres de informação destinam-se a atingir o devedor onde quer que ele esteja, sob pena de perderem qualquer utilidade. A lealdade tem um cumprimento difuso, como qualquer abstenção. Também aqui, usando as peças legais, há que compor modelos de decisão, em cada situação concreta.

[371] Quanto às categorias das prestações secundárias e dos deveres acessórios, *vide* o *Tratado* VI, 2.ª ed., 489 ss. e 498 ss..

## § 9.º LEGITIMIDADE PARA CUMPRIR

### 43. Legitimidade em geral

I. No Direito civil, a legitimidade exprime uma qualidade do sujeito e, mais precisamente: a qualidade que o habilita a agir, no âmbito e ao abrigo de uma determinada posição jurídica[372]. Com efeito, o exercício jurídico passa por diversos níveis de controlo. Assim e com exemplo num direito subjetivo, o interessado em agir deve apresentar:

- personalidade jurídica;
- capacidade de gozo;
- capacidade de exercício;
- titularidade do direito;
- inexistência de limites legais.

Tudo isso pode exprimir-se, comodamente, através do termo "legitimidade". Esta deve, depois, ser desfibrada, pois postula diversas massas jurídico-normativas.

II. A legitimidade pode ser complementada pela legitimação. Desta feita, temos o ato e o efeito de tornar legítima uma atuação que, à partida, não o seria, por falta de alguns dos seus elementos constituintes. A legitimação é um conceito-quadro[373] que agrupa figuras como a autorização, a ratificação, a aprovação, a validação, a *reductio*, a confirmação, a convalescença, o perdão e a extinção do direito de invocar a ilegitimidade[374].

III. Estas noções e os quadros jurídico-científicos em que elas assentam podem, com vantagens, ser usadas na dogmática do cumprimento.

[372] Esta matéria vem versada no *Tratado* V, 2.ª ed., 27 ss..

[373] *Idem*, 63 ss..

[374] *Idem*, 56 ss..

Com efeito, este postula atuações ou exercícios, seja do *solvens*, seja do *accipiens*. E para agirem nessas qualidades, ambos deverão apresentar legitimidade para o fazer. Podemos, desde já, distinguir os dois planos: a legitimidade para cumprir e a legitimidade para receber o cumprimento. Vamos começar pela primeira.

## 44. Evolução

I. O Direito romano reconhecia, naturalmente, ao devedor, a legitimidade para cumprir. Além disso, admitia que a prestação não estreitamente ligada à pessoa do devedor pudesse ser realizada por um terceiro: mesmo contra a vontade do devedor[375]. Diz Gaio[376]:

> Solvendo quisque pro alio licet invito et ignorante liberat eum; [qualquer um que cumpra por outro, mesmo contra a vontade deste, libera-o;].

A prestação por terceiro exigia, da parte deste, a intenção de solver a obrigação alheia: ele agiria *solvendi animo dare* [377] e, mais precisamente, segundo um já referido fragmento de Trifonino[378]:

> si non pro se solvendi animo, sed pro Titio fecit, ut maxime eum liberet [não com a intenção de solver para si, mas de o fazer a favor de Tício, para especialmente o liberar].

A previsão de uma prestação por terceiro requeria, pois, o *pro alio und alieno nomine solvere*. O pagamento de dívida alheia, feito por erro, não era, *ipso iure*, liberante[379].

[375] Paul Gustav Kretschmar, *Miszellen/Zu D. 46, 8, 91 (Labeo libro sexton pithanon a Paulo epitometorum)*, SZRom 38 (1917), 317-325; Max Kaser, *Römisches Privatrecht* cit., I, 2.ª ed., § 149, II (636).

[376] Gaio, D. 3.5.38 = Okko Behrends e outros, *Corpus Iuris Civilis* cit., II, 333.

[377] Christian Emunds, *Solvendo quisque pro alio liberat eum/Studien zur befreienden Drittleistung im klassischen römischen Recht* (2007, já cit.), 51 ss..

[378] *Idem*, 179.

[379] Georg H. Maier, *Regress wegen Zahlung fremder Schulden, wenn nicht nomine debitoris gezahlt ist?*, SZRom 50 (1930), 486-500 (487 e *passim*).

II. Ao longo das sucessivas receções do Direito romano, a ideia da prestação efetuada por um terceiro foi acolhida: afinal, o interesse do credor era satisfeito sem que, com isso, piorasse a situação do devedor. Este, quando muito, teria depois de satisfazer o terceiro *solvens*, nos mesmos termos em que o deveria fazer inicialmente.

A legitimidade para agir como *solvens* ficou ampliada. Havia, todavia, um fator de limitação: no cumprimento, o *solvens* só pode usar coisas de que possa dispor e caso tenha capacidade para o fazer[380].

III. O Código Napoleão, recolhendo a tradição românica, consagrou as duas regras: (1) a obrigação pode ser cumprida por qualquer interessado, mesmo contra a vontade do devedor (1236.º/1), salvo se este tiver interesse no cumprimento pelo devedor (1237.º) (após 2016, vale o artigo 1342.º-2); (2) para cumprir validamente, é necessário ser proprietário da coisa dada em pagamento e ter capacidade para alienar (1238.º/1)[381].

A disponibilidade do objeto usado no pagamento tem a ver com as regras gerais; assim, o BGB concentrou-se na possibilidade da prestação por terceiro: o acordo do credor é dispensado (§ 267/1)[382].

## 45. A experiência lusófona

I. O Código de Seabra dedicava ao tema da legitimidade *solvendi* um extenso preceito: o artigo 747.º[383]. Dispunha:

> A prestação póde ser feita pelo proprio devedor e pelos seus representantes, ou por qualquer outra pessoa interessada ou não interessada n'ella. Mas, n'este ultimo caso, sendo feita sem o consentimento do devedor, não fica este obrigado a cousa alguma para com a pessoa, que por elle tiver feito

380 Friedrich Poser, *Zur Lehre von der Erfüllung* cit., 28 ss. e 23 ss..

381 *Vide* Jean Carbonnier, *Droit civil/Les obligations* cit., n.º 1244 (2473) e François Terré/Philippe Simler/Yves Lequette, *Droit civil/Les obligations* cit., 11.ª ed., n.º 1317 (1368-1370) e n.º 1318 (1370-1371).

382 Astrid Stadler, no *Jauernig Kommentar* cit., 15.ª ed., § 267 (262-263); muitos elementos podem ser confrontados em Joachim Gernhuber, *Die Erfüllung und ihre Surrogate* cit., 2.ª ed., § 20 (429 ss.) e em Claudia Bittner, no *Staudingers Kommentar* cit., § 267 (133-153).

383 José Dias Ferreira, *Codigo Civil Annotado* cit., II, 1.ª ed., 252 e II, 2.ª ed., 75.

a prestação, excepto achando-se ausente, e se receber com isso manifesto proveito.

§ único. O credor não póde, comtudo, ser constrangido a receber de terceiro a prestação, havendo no contracto declaração expressa em contrario, ou se com isso for prejudicado.

A doutrina explicava que a obrigação efetuada pelo terceiro não deixava de ser pontualmente cumprida[384]. Além disso, salientava o sentido estrito em que era usado o termo "interessado" já que o terceiro *solvens*, necessariamente consciente, teria sempre um interesse qualquer, ainda que moral, em agir dessa forma[385]. Finalmente e pelas regras gerais, o pagamento ou prestação de coisa, sendo um ato translativo de propriedade, sempre exigiria capacidade e disponibilidade[386].

II. Na preparação do novo Código, Vaz Serra recolheu a tradição de Seabra e as diversas experiências dos países juridicamente mais próximos[387]. Propôs um preceito – o 4.º – algo extenso e que contemplava, também, a responsabilidade por atos de auxiliares[388], seguido por outros dois (5.º e 6.º), sobre o "direito de satisfação" e a situação do terceiro, respetivamente.

A matéria passou ao anteprojeto global de Vaz Serra, ordenada em três artigos: 425.º (quem pode fazer a prestação), 426.º (direito de satisfação) e 427.º (situação do terceiro)[389].

Na 1.ª revisão ministerial, esse tema, diversamente arrumado, conservou três preceitos: 761.º (quem pode fazer a prestação), 762.º (recusa da prestação pelo credor) e 763.º (direito de satisfação)[390]. Este último preceito caiu, na 2.ª revisão ministerial, que manteve, apenas, os dois primeiros, agora como 767.º e 768.º[391]. Com poucas alterações formais, a matéria passou ao projeto[392] e, daí, ao Código.

384 Guilherme Moreira, *Instituições* cit., 2, 84.

385 Luiz da Cunha Gonçalves, *Tratado* cit., IV, 713.

386 *Idem*, 4, 719 ss..

387 Adriano Vaz Serra, *Do cumprimento como modo de extinção das obrigações*, BMJ 34 (1953), 5-212 (44-49).

388 *Idem*, 195.

389 Adriano Vaz Serra, *Direito das obrigações* cit., 360-361.

390 *Código Civil – II – Direito das obrigações*, BMJ 119 (1962), 189.

391 Jacinto Rodrigues Bastos, *Das obrigações em geral* cit., 5, 201 e 204.

392 *Projecto de Código Civil* cit., 224.

III. O Código Civil brasileiro de 1916 conservou, no seu artigo 930.°, a regra básica[393]:

> Qualquer interessado na extincção da divida pode pagal-a, usando, se o credor se oppuzer, dos meios conducentes á exoneração do devedor.

A regra transitou para o artigo 304.° do Código de 2002[394].

## 46. Cumprimento pelo devedor

I. O artigo 767.°/1 dispõe que a prestação pode ser feita tanto pelo devedor como por terceiro, interessado ou não no cumprimento da obrigação. Complementa o n.° 2 desse preceito que o credor não pode ser constrangido à prestação pelo terceiro quando se tenha acordado expressamente que ela deva ser feita pelo devedor ou quando a substituição o prejudique. Estes dois números devem ser interpretados em conjunto. Vamos ver.

II. A prestação pode ser feita tanto pelo devedor como por terceiro. Na realidade, a prestação deve ser feita pelo devedor. A referência a "pode" visa, apenas, introduzir a referência ao terceiro. A prestação considera-se efetivada pelo devedor:

- quando feita pelo próprio;
- quando feita pelo seu representante, legal ou voluntário, nessa qualidade (*contemplatio domini*) e com poderes de representação;
- quando feita nessa qualidade, mas sem poderes, desde que haja ratificação ulterior.

III. Quanto à capacidade do devedor[395], cumpre distinguir (764.°/1, 1.ª parte):

- se a prestação consistir num facto, positivo ou negativo, o devedor não carece de capacidade de exercício, salvo violação da ordem pública ou dos bons costumes (280.°/1); podemos considerar que

[393] Paulo Merêa, *Código civil brasileiro anotado* cit., 316-317.

[394] José Miguel Garcia Medina/Fábio Caldas de Araújo, *Código Civil Comentado* cit., 322-324.

[395] Brandão Proença, *Lições de cumprimento* cit., 61 ss.; *vide* Pietro Rescigno, *Incapacità naturale e adempimento* (1950), VII + 260 pp. (192 ss.).

certos serviços não devem ser feitos por menores não assistidos ou não autorizados;

- se a prestação se traduzir numa simples entrega de coisa, *maxime* de uma restituição de algo que já cabia ao credor, tão-pouco se exigirá capacidade de exercício, mas sempre com a reserva de ordem pública de respeito pelos bons costumes;
- se a prestação implicar um ato de disposição – p. ex., a execução de um contrato-promessa – o devedor deve ser capaz.

IV. O artigo 764.º/1 deve ser interpretado latamente, de modo a abranger as situações duvidosas ou litigiosas. Quando uma obrigação possa ser razoavelmente contestada, na validade da sua constituição ou na solidez da sua subsistência, uma decisão de cumprimento envolve, logicamente, um ato de disposição. Ao cumprir, o devedor está a reconhecer a existência da obrigação, renunciando às defesas que poderia opor ao credor. Mesmo quando essas defesas pudessem ser usadas *ex post*, a situação do *solvens* fica precarizada. Além disso, o menor ou o incapaz, pela sua inexperiência, pode ser levado a crer na solidez de uma obrigação sem, para isso, haver razões suficientes.

Em suma: para efeitos de preencher a exigência da capacidade do devedor, aquando do cumprimento, há que considerar a execução de uma obrigação razoavelmente duvidosa ou litigiosa como um ato de disposição.

V. O regime de invalidade de atos praticados por incapaz equivale a uma anulabilidade especial, regulada nos artigos 125.º e 126.º[396]. O objetivo da lei é o de proteger o incapaz. Por isso ela admite, por diversas vias, o aproveitamento dos atos e o prolongamento da sua invalidade. Assim:

- a anulabilidade pode ser invocada, pelo representante legal no prazo de um ano a contar do conhecimento que tenha do negócio, mas nunca depois de (sendo o caso) o menor atingir a maioridade ou ser emancipado, altura em que ao próprio cabe agir, salvo estando pendente ação de interdição – 125.º/1, *a*);
- pode ser alegada pelo próprio menor, no prazo de um ano a contar da maioridade ou da emancipação – 125.º/1, *b*) – ou por qualquer herdeiro do menor, no prazo de um ano a contar da morte deste,

[396] *Tratado* IV, 4.ª ed., 484-486.

desde que ocorrida antes de expirado o prazo para o próprio menor a poder invocar – 125.º/1, *c*);
- mas não quando o menor tenha usado de dolo para se fazer passar por maior ou emancipado – 126.º;
- a invalidade pode ser sanada por confirmação efetuada pelo menor, quando atingida a maioridade ou pelo representante legal que tivesse podido praticar o ato inválido – 125.º/2.

Tudo isto joga quando esteja em causa o cumprimento inválido por falta de capacidade de exercício.

IV. O *solvens* deve poder dispor da coisa[397] que vá entregar ao credor, a título de cumprimento (765.º/1). A venda de bens alheios é nula, sempre que o vendedor careça de legitimidade para a realizar (892.º/1.ª parte): uma regra aplicável aos diversos contratos onerosos (939.º) e aos próprios atos não-negociais (295.º, por interpretação extensiva). Todavia:

- o credor que, de boa-fé (ou seja, desconhecendo, sem culpa, a ilegitimidade), receber a prestação de coisa que o devedor não possa alienar, pode impugnar o cumprimento, acrescendo ainda os danos sofridos (765.º/1);
- o devedor, de boa ou de má-fé, que preste coisa de que não possa dispor, não pode impugnar o cumprimento, a não ser que ofereça nova prestação.

Estas regras que traduzem, de certo modo, o regime da venda de bens alheios (892.º, 2.ª parte) constituem uma invalidade *sui generis*, própria do cumprimento.

## 47. **Cumprimento por terceiro**

I. A prestação pode ser feita por terceiro, interessado ou não no cumprimento da obrigação (767.º/1). O terceiro tem um "interesse" em prestar quando, desse seu ato, derive uma situação jurídica tutelada pelo Direito[398]. Assim sucede, designadamente, quando tenha garantido o cum-

[397] Friedrich Poser, *Zur Lehre von der Erfüllung* cit., 28 ss..

[398] *Tratado* VI, 2.ª ed., 307 ss. (311-312).

primento ou quando, deste, resulte uma conjunção favorável que o Direito reconheça[399]. Todavia, o artigo 767.º/1 não exige, sequer, esse "interesse": pode não haver nenhum[400]. O terceiro pode, à partida, cumprir sempre: daí não deriva nenhuma desvantagem nem para o credor, nem para o devedor.

II. O cumprimento por terceiro tem os requisitos mínimos seguintes:

- implica a realização adequada da prestação;
- efetuada pelo terceiro, nessa qualidade;
- com a intenção de cumprir obrigação alheia.

No fundo, reencontramos os requisitos romanos para a realização da *solutio* por terceiro[401]. Além disso, o terceiro deve ser inteiramente capaz e com o poder de dispor da coisa entregue: o ato não é devido, pelo que não se aplicam as atenuações do artigo 764.º/1[402].

III. Oferecida a prestação pelo terceiro, o credor não pode recusá-la, sob pena de entrar em mora (768.º/1). Todavia, essa recusa é possível em diversas circunstâncias, dispersas pelos artigos 767.º/2 e 768.º/2. Assim, pode o credor não aceitar a *solutio* pelo terceiro quando:

(a) tenha sido acordado expressamente que só o devedor possa cumprir (767.º/2, 1.ª parte);
(b) a substituição seja prejudicial para o credor (767.º/2, 2.ª parte);
(c) o devedor se oponha ao cumprimento e o terceiro não possa ficar sub-rogado, nos termos do artigo 592.º; a oposição não obsta a que o credor aceite validamente a prestação (768.º/2).

O acordo excludente da prestação por terceiro deve ser "expresso". Tomada à letra, isso contrapor-se-ia a um acordo tácito. Todavia, não se vislumbra porque não poderiam as partes, tacitamente e nos termos gerais (217.º), afastar esse tipo de prestação. Expressamente deve ser interpretado

[399] *Vide* o artigo 592.º/1 e *infra*, 818.

[400] Por isso, o § 267 do BGB não faz qualquer referência a interesses ou à falta deles.

[401] *Supra*, 41.

[402] João Calvão da Silva, *Cumprimento e sanção pecuniária compulsória* (1987), 109.

no sentido de exigir que o acordo em causa seja um *plus*, relativamente ao clausulado comum.

A prestação feita por terceiro é prejudicial para o credor sempre que não seja fungível. Estão em causa prestações especialmente ligadas à pessoa do devedor (577.º/1, *in fine*), por razões científicas, artísticas ou sociais. Entendemos que o prejuízo moral releva: assim sucede quando o cumprimento pelo terceiro seja chicaneiro ou vexatório para o credor: recorde-se que, pelo Direito lusófono, a remissão é contratual (863.º/1 e 385.º do Código brasileiro). O critério da fungibilidade, a retirar do artigo 207.º[403], residirá, justamente, da intermutabilidade do *solvens*, sem prejuízo para o credor.

A oposição do devedor ao pagamento pelo terceiro é admissível quando não seja possível a sub-rogação legal (592.º); ainda então ela apenas permite, ao credor, recusar a *solutio* pelo terceiro: não o obriga à recusa. A ideia do legislador terá sido a de respeitar a natureza contratual da remissão: *invito non datur beneficium*, citam Pires de Lima e Antunes Varela[404], reforçando com o § 267 do BGB[405] e o artigo 1180.º do Código italiano[406]. Simplesmente, nenhum desses preceitos apoia a exigência complementar de que o terceiro não possa ficar sub-rogado. Houve excesso de zelo, em 1966: se nem o devedor nem o credor querem o cumprimento pelo terceiro, por que "obrigar" este a aceitar, não havendo, na esfera do terceiro, um especial "direito" de cumprir, tendo em vista a tal sub-rogação legal? Como corrigir? Através do artigo 767.º/2, *in fine*: se o devedor se opõe, o credor pode considerar-se moralmente prejudicado ao aceitar uma prestação do terceiro: vai vexar ou contrariar o devedor, sem necessidade alguma.

IV. Quando a obrigação seja cumprida por terceiro[407], *quid iuris*? Temos várias hipóteses; assim:

1.º O terceiro pode ter cumprido nos termos de um contrato celebrado entre ele e o devedor (por exemplo, um mandato); nessa

403 *Tratado* III, 3.ª ed., 207 ss e VI, 2.ª ed., 542 ss..

404 Pires de Lima/Antunes Varela, *Código Civil Anotado* cit., II, 4.ª ed., 14-15.

405 Claudia Bittner, no *Staudingers Kommentar*, *§§ 255-304* cit., § 267, Nr. 48-50 (152-153).

406 Maria Bruna Chito, em Pietro Rescigno, *Codice civile* cit., 2, 7.ª ed., 2061 ss..

407 A obrigação não é, tecnicamente, cumprida por terceiro se este agir em representação do devedor.

altura, aplicam-se à situação subsequente as regras próprias do contrato celebrado;

2.º O terceiro pode ter agido como gestor de negócios; a situação regula-se, então, pelas regras respetivas, havendo, nomeadamente, que atender à existência, ou não, de aprovação da gestão pelo *dominus* e ao respeito, por parte do terceiro-gestor, pelos interesses objetivo e subjetivo do devedor;

3.º Podem ter aplicação as regras do enriquecimento sem causa, quando o terceiro tenha cumprido na convicção errada de estar obrigado, em face do devedor, a cumprir e o credor não tenha conhecimento do erro; o enriquecimento corre contra o devedor (478.º);

4.º Pode verificar-se a hipótese da repetição do indevido, quando o terceiro tenha cumprido na convicção de que ele era o obrigado (477.º/1) e não se verifique nenhuma das ocorrências previstas na segunda parte desse preceito, e ainda quando o cumprimento se tenha verificado por o terceiro pensar que estava obrigado ao cumprimento, em face do devedor, e tendo o credor conhecimento do erro (478.º, *in fine*);

5.º Pode ser caso de sub-rogação, isto é: o cumprimento por terceiro pode mais não ter do que uma forma de, para este, transmitir o crédito, bastando para tanto que o terceiro em causa tenha qualquer interesse direto na realização da prestação – sub-rogação legal, artigo 592.º/2 – ou tenha sido expressamente sub-rogado, pelo credor ou pelo devedor – artigos 589.º e 590.º;

6.º Pode, finalmente, haver uma doação do terceiro ao devedor, quando ele tenha atuado com *animus donandi* e haja aceitação do beneficiado.

V. A hipótese rara de se verificar um cumprimento por terceiro sem que se aplique nenhum dos seis esquemas acima autonomizados deve ser equacionada. Repare-se que, para tanto, seria nomeadamente necessário que não houvesse qualquer acordo prévio entre o devedor e o terceiro, que não houvesse qualquer erro, que o terceiro não prosseguisse o interesse do devedor[408], nem o próprio, diretamente e que não existisse doação. Ainda

[408] Para afastar a hipótese de gestão. A hipótese é de difícil verificação prática, uma vez que é sempre do interesse do devedor ver solvidas as suas dívidas. Vejam-se os exemplos de Pessoa Jorge, *Lições de Direito das obrigações* cit., 1, 353.

assim seria necessário que nem o credor, nem o devedor viessem sub-rogar o terceiro, supervenientemente.

Pessoa Jorge parece, em tal eventualidade, pronunciar-se pela inexistência de qualquer ação quer contra o devedor, quer contra o credor, exceto se o devedor recorresse à consignação em depósito, ou cumprisse, também, altura em que haveria ação contra o credor[409].

A situação de ausência de qualquer ação repugna. Por isso, havendo um cumprimento por terceiro e sendo impossível reconduzi-lo a algum dos esquemas atrás autonomizadas há, seguramente, uma deslocação patrimonial: o terceiro poderá, pois, agir nos termos da ação de enriquecimento sem causa, contra o credor ou contra o devedor consoante aquele que tiver enriquecido com a operação[410].

A única hipótese de ausência de ação seria a de o terceiro ter cumprido uma obrigação natural do devedor; nessa altura, resolveríamos a questão aplicando as regras da gestão de negócios, considerando, no entanto, como naturais as obrigações que daí adviessem entre o terceiro e o devedor.

[409] *Idem*, loc. cit..

[410] Assim, e nomeadamente, contra o credor quando a obrigação não existisse ou quando este recebesse nova prestação do devedor; contra o devedor quando a obrigação existisse e ele não a cumprisse.

## § 10.° LEGITIMIDADE PARA RECEBER A PRESTAÇÃO

### 48. Prestação ao credor

I. O artigo 769.° contém a regra nuclear de todo o sistema: a prestação deve ser feita ao credor ou ao seu representante. Assim se alcança o objetivo último de qualquer obrigação.

O funcionamento do artigo 769.° pressupõe a determinação prévia de quem seja o credor. Para tanto, haverá que trabalhar com as competentes regras, designadamente no caso de complexidade subjetiva ativa[411].

II. O credor deve ter capacidade para receber a prestação (764.°/2, 1.ª parte)[412]. Esta regra visa proteger os incapazes: entregar a um menor uma quantia em dinheiro ou uma coisa valiosa pode ser prejudicial para ele; além de ser facilmente enganável, ele pode dissipar o seu valor, contra o próprio interesse. Repare-se que o cumprimento vai extinguir a prestação. As regras sobre a incapacidade são mais úteis quanto ao credor do que quanto ao devedor.

Esta lógica transparece na 2.ª parte do artigo 764.°/2: o devedor que tenha cumprido perante um incapaz pode opor-se à anulação do cumprimento e ao pedido de nova realização da prestação:

- se a prestação chegar ao poder do representante e na medida em que chegue;
- se o incapaz enriquecer e na medida, também, em que isso suceda.

[411] *Tratado* VI, 2.ª ed., 777 ss..

[412] Karl Larenz, *Lehrbuch des Schuldrechts* cit., 1, 14.ª ed., § 18, I (240); Joachim Gernhuber, *Die Erfüllung und ihre Surrogate* cit., 2.ª ed., § 23, 3 (491-492); Dirk Olzen, no *Staudingers Kommentar, §§ 362-396* cit., § 362, Nr. 37 (76); tema foi desenvolvido na monografia de Hans-Martin Müller-Laube, *Die Empfangszuständigkeit im Zivilrecht: Entfaltung eines Grundlagenbegriffs zur gewillkürten Annahmekompetenz bei der Durchführung privatrechtsbezogener Güterbewegungen*(1978), 223 pp.; *vide*, aí, 17 ss..

Em qualquer dessas hipóteses, fica assegurado o interesse do incapaz: donde a solução legal.

III. A prestação pode ainda ser feita ao representante do credor. A representação deve ter poderes bastantes para receber a prestação e para permitir a emissão da quitação. Para além disso, funcionam as regras da procuração ou, sendo o caso, do mandato judiciário, que envolve a representação. A jurisprudência permite fazer as precisões seguintes:

- é liberatório o pagamento feito ao mandatário do credor, mesmo que haja sido revogado o mandato, se o mandante-credor não tiver dado, ao devedor, conhecimento dessa revogação[413];
- o advogado dotado de poderes especiais para receber a quantia depositada não pode insurgir-se contra o facto de a mesma ser entregue diretamente ao credor; a procuração com poderes para receber abre apenas duas opções: ou paga ao credor ou ao seu representante[414].

IV. Sendo a prestação feita a um representante sem poderes opera como cumprimento se houver ratificação, nos termos gerais do artigo 268.°. O tema é retomado no artigo 770.°, abaixo examinado.

Além disso, há que atentar no artigo 771.°: o devedor não é obrigado a satisfazer a prestação ao representante voluntário do devedor se não houver convenção nesse sentido. Com efeito, o pagamento ao representante pode envolver um suplemento de esforço, de despesa e de risco: o devedor não tem de assumir tudo isso, se não estiver voluntariamente obrigado. Tratando-se, todavia, de uma representação legal ou de uma representação orgânica, o devedor já não pode opor-se. Não há alternativa.

## 49. **Prestação a terceiro**

I. A prestação feita a um terceiro[415] – excluindo-se, naturalmente, que este seja representante e, como tal, atue enquanto *accipiens* não extingue a obrigação[416]. O devedor que a haja efetuado continuará adstrito perante

[413] RCb 13-jan.-1987 (Ataíde das Neves), BMJ 363 (1987), 611.

[414] RLx 16-mar.-2010 (Abrantes Geraldes), CJ XXXV (2010) 2, 90-91.

[415] Peter Bülow, *Grundfragen der Erfüllung* cit., 537/I.

[416] Joachim Gernhuber, *Die Erfüllung und ihre Surrogate* cit., 2.ª ed., 493.

o credor, devendo efetuar de novo mas, agora, com adequação, a mesma prestação perante o credor.

II. Todavia, a prestação pode ser feita a um terceiro, com consequências liberatórias, nos termos do artigo 770.º. Tal sucede, segundo esse preceito, quando:

- assim se tenha estipulado; por exemplo, pagamento feito a um depositário – alínea *a*);
- o credor o tenha consentido ou tenha ratificado tal cumprimento – alíneas *a*) e *b*)[417];
- tenha havido posteriormente uma transmissão do crédito a favor do terceiro *accipiens* – alínea *c*);
- o credor se venha a aproveitar do cumprimento e tenha interesse fundado em não o considerar como feito a ele próprio – alínea *d*);
- o credor seja herdeiro de quem recebeu e deva responder pelos débitos deste – alínea *e*);
- quando a lei o determine – alínea *f*)[418].

III. Fora dos casos previstos no referido artigo 770.º do Código Civil, a prestação feita a terceiro não extingue a obrigação – artigo citado – e pode ser repetida pelo devedor (476.º/2). Consequentemente, não consubstancia qualquer cumprimento.

## 50. **Oposição à indicação feita pelo devedor**

I. O artigo 771.º, epigrafado "oposição à indicação feita pelo credor", dispõe:

> O devedor não é obrigado a satisfazer a prestação ao representante voluntário do credor nem à pessoa por este autorizada a recebê-la, se não houver convenção nesse sentido

[417] STJ 20-mai.-1998 (Sousa Lamas), CJ/Supremo VI (1998) 2, 282-283 (283/I).

[418] Nesta hipótese, vejam-se os exemplos dados por Pessoa Jorge nas *Lições de Direito das obrigações* cit., I, 357.

II. Esta regra tem suscitado críticas[419] e interpretações restritivas[420]. Todavia, ainda que temperada pelo abuso do direito, ela contempla valores jurídico-privados consistentes. Assim:

- os negócios (incluindo a procuração) celebrados pelo credor com terceiros ou visando terceiros são inoponíveis *inter partes*; por maioria de razão, sê-lo-ão, também, contratos como o mandato ou a prestação de serviço de cobrança;
- o Direito português não admite, em geral, a procuração aparente; ora não se pode fazer correr, pelo devedor, o risco de invalidades da procuração ou de falsificações do documento em que ela esteja exarada;
- o pagamento a um representante, suscetível de ter sido seletivamente escolhido para incomodar o devedor, pode traduzir danos morais e, até, patrimoniais.

Nesta como noutras latitudes, mantém-se a relatividade como característica tendencial das obrigações.

[419] Luís Menezes Leitão, *O enriquecimento sem causa no Direito civil* (2005), 479 e nota 1397 e *Direito das obrigações* cit., 2, 7.ª ed., 156-157.

[420] Pires de Lima/Antunes Varela, *Código Civil Anotado*, 2, 4.ª ed. (1997), 18 e Jorge Ribeiro de Faria, *Direito das obrigações*, 2 (1981), 282-283, excluindo a hipótese de o devedor se poder recusar a cumprir perante um simples núncio ou encarregado de cobrança.

## § 11.º A IMPUTAÇÃO DO CUMPRIMENTO

### 51. Evolução geral

I. O problema da imputação do cumprimento coloca-se quando, havendo um credor de várias prestações devidas por um mesmo devedor, por via de distintas obrigações do mesmo tipo – normalmente: pecuniárias – este faça uma prestação insuficiente para as solver a todas, sem que, à partida, se saiba por conta de qual (ou quais) ela foi realizada.

Como resolver? Há que imputar o cumprimento realizado a alguma – ou algumas – das obrigações em jogo.

II. Essa questão já havia sido equacionada pelos romanos, ainda que de modo não inteiramente sistematizado[421]. Na eventualidade descrita, caberia primeiro ao devedor[422] e, depois, ao credor[423], fazer a imputação. Não sendo feita por nenhum deles, prevaleceria a dívida vencida sobre a não vencida[424]; havendo várias vencidas, a mais dispendiosa para o devedor[425]; sendo igualmente dispendiosas, far-se-ia o rateio[426].

[421] Max Kaser, *Römisches Privatrecht* cit.,1, 2.ª ed., § 149, III, 3 (637-638); *vide* Siro Solazzi, *L'estinzione dell'obbligazione nel diritto romano* cit., 118 ss.; Heinrich Siber, *Zahlungs anrechnung*, SZRom 45 (1925), 174-187.

[422] Ulpiano, D. 46.3.1 = ed. Carl Ed. Otto, IV (1832), 727 e Paulo, D. 46.3.101.1 = = ed. Carl Ed. Otto cit., 773.

[423] Papiniano, D. 46.3.97 = ed. Carl Ed. Otto cit., IV, 769.

[424] Ulpiano, D. 46.3.1 = ed. Carl Ed. Otto cit., IV, 727.

[425] Ulpiano, D. 46.3.5. pr. = ed. Carl Ed. Otto cit., IV, 728 e Papiniano, D. 46.3.97 = ed. Carl Ed. Otto cit., IV, 769.

[426] Paulo, D. 46.3.8 = ed. Carl Ed. Otto cit., IV, 730.

III. As regras romanas atravessaram os séculos[427]. Elas constavam, ainda que com maiores desenvolvimentos, dos artigos 1253.º a 1256.º do Código Napoleão[428]. O BGB acolheu-as nos seus §§ 366 e 367, sintéticos mas pormenorizados[429]. No Código italiano, sempre presente nas revisões ministeriais, reencontramos o velho regime romano, no artigo 1193.º[430].

IV. O Código de Seabra consagrou a matéria nos seus artigos 728.º a 730.º[431]. Insistimos em que os respetivos e clássicos textos não devem ser esquecidos. Dispunham:

> Art. 728.º Se o devedor, por diversas dividas ao mesmo credor, se propozer pagar algumas d'essas dividas, fica á escolha d'elle devedor designar a qual d'ellas deve referir-se o pagamento.
>
> Art. 729.º Se o devedor não declarar qual é a sua intenção, entender-se-há que o pagamento é por conta da mais onerosa; em igualdade de circunstancias, que é por conta da mais antiga; e, sendo todas da mesma data, que é por conta de todas ellas rateadamente.
>
> Art. 730.º Não se entenderá, que as quantias, prestadas por conta de divida de juros, são pagas á conta do capital, enquanto houver juros caídos.

[427] *Vide* Paul Christian Henrici, *Ueber die Frage: auf welche von meheren Forderungen eine geleistete Zahlung abzurechnen ist?*, JhJb XIV (1875), 428-494; Johannes Struckmann, *Beitrag zur Lehre von der Zahlung*, JhJb XV (1877), 251-267; Karl Adolph Vangerow, *Lehrbuch der Pandekten* cit., 3, 7.ª ed., § 589 (201 ss.).

[428] Na literatura pré-reforma: François Terré/Philippe Simler/Yves Lequette, *Droit civil/Les obligations* cit., 11.ª ed., n.º 1357-1360 (1404-1408); hoje vale, entre outros, o artigo 1343.º-10.

[429] Também na literatura atual: Paul Witthöft, *Zur Reihenfolge der Verrechnung nehrerer gleich artiger Leistungen aus mehrerer Schuldverhältnissen nach §§ 366, 367 BGB*, JZ 1955, 374-375; Martin Averanius, *Die Anrechnung von Teilleistungen auf mehrere Forderungen bei Fehlen einer Tilgungsbestimmung – § 366 Abs. 2 BGB im Spannungsfeld zwischen Schuldnerinteressen und Rechtssicherheit*, AcP 203 (2003), 511-538; Rolf Stürner, em Jauernig, *BGB Kommentar* cit., 15.ª ed., §§ 366-367 (523-526); Dirk Olzen, no *Staudingers Kommentar, §§ 362-396* cit., §§ 366-367 (116-142), com muitas indicações.

[430] Alessandra Belleli, *L' imputazione volontaria del pagamento* (1989), 201 pp., 59 ss., com muitas indicações; Maria Bruna Chito, em Pietro Rescigno, *Codice civile* cit., 1, 7.ª ed., 2092 ss..

[431] José Dias Ferreira, *Codigo Civil Annotado* cit., II, 1.ª ed., 237-238 e II, 2.ª ed., 62-63.

Ao tempo de Seabra, os preceitos transcritos eram explicados, sem dúvidas de maior[432].

V. No âmbito da preparação do Código Civil de 1966, Vaz Serra procedeu a breves considerações comparatísticas[433]. Propôs que a imputação do cumprimento se fizesse por esta ordem: dívida vencida; entre as vencidas, a que ofereça menores garantias para o credor; entre as igualmente garantidas, a mais onerosa para o devedor; entre as igualmente onerosas, a primeira que se venceu; por fim, proporcionalmente[434]. Outros problemas foram considerados, de modo que apresentou um articulado extenso (11.º a 17.º)[435]. A matéria passou ao anteprojeto geral (432.º a 437.º)[436].

A 1.ª revisão ministerial levou Antunes Varela a sintetizar o articulado dedicado à imputação do cumprimento (767.º a 769.º)[437]. Com algumas alterações formais na 2.ª revisão ministerial[438], as regras em jogo transitaram para o Projeto[439] e para o Código.

## 52. A imputação pelo devedor

I. No cenário clássico em que um mesmo devedor, por várias dívidas homogéneas e a idêntico credor, realize uma prestação insuficiente para adimplir todas elas, cabe ao próprio devedor designar os débitos a que o cumprimento se refere: tal a solução romana, hoje presente no artigo 783.º/1[440].

[432] Guilherme Moreira, *Instituições* cit., 2, n.º 71 (245-246); Luiz da Cunha Gonçalves, *Tratado* cit., IV, n.º 579 (604-608); Paulo Cunha, *Direito das obrigações* cit., 2, n.º 97 (229-232); Manuel de Andrade, *Teoria geral das obrigações* cit., 3.ª ed., 290-295.

[433] Adriano Vaz Serra, *Do cumprimento como modo de extinção das obrigações* cit., n.º 34 a 36 (99-116).

[434] *Idem*, 101.

[435] *Idem*, 113-116.

[436] Adriano Vaz Serra, *Direito das obrigações* cit., 366-368.

[437] *Código Civil, Livro II – Direito das obrigações*, BMJ 119 (1962), 191-192.

[438] Jacinto Rodrigues Bastos, *Das obrigações em geral* cit., 5, 251-252, 255 e 259.

[439] *Projecto de Código Civil* cit., 228-229.

[440] Fernando Pessoa Jorge, *Lições de Direito das obrigações* cit., 1, 336 ss.; Menezes Cordeiro, *Direito das obrigações* 2, 201-203; Inocêncio Galvão Telles, *Direito das obrigações* cit., 7.ª ed., 225-229; João Antunes Varela, *Das obrigações em geral* cit., 2, 7.ª ed., 56-59; Mário Júlio de Almeida Costa, *Direito das obrigações* cit., 12.ª ed., 1021-1024.

Esta regra tem sido aplicada, pelos nossos tribunais, em diversas circunstâncias. Assim:

- as regras atinentes à imputação de cumprimento pressupõem o cumprimento espontâneo do devedor, num quadro de débito plural; não opera se já houve um acordo relativo ao cumprimento[441];
- a escolha do devedor opera perante dívidas homogéneas, isto é, relativas a coisas do mesmo género, da mesma parte devedora, no confronto com a mesma parte credora, independentemente da sua origem; assim, funciona em face de uma sucessão de dívidas oriundas do mesmo contrato[442];
- na falta de acordo entre as partes quanto à imputação do cumprimento, prevalece a vontade do devedor, atendendo-se à imputação por ele feita[443].

II. A imputação, pelo devedor, do cumprimento realizado deve respeitar as demais balizas do cumprimento (quando fixadas a favor do credor). Assim, segundo o artigo 783.º/2[444]. Deste modo, o devedor não pode, contra a vontade do credor:

- designar uma dívida ainda não vencida, quando o prazo tenha sido estabelecido a favor do credor;
- designar uma dívida de montante superior ao da prestação efetuada, sempre que o credor tenha o direito de recusar uma prestação parcial.

Com efeito, ninguém pode dispor do direito alheio, sem o acordo do visado.

## 53. **As regras supletivas**

I. Quando o devedor não use a faculdade que lhe é conferida de fazer a imputação, funcionam as regras supletivas do artigo 784.º:

[441] STJ 25-nov.-2004 (Salvador da Costa), Proc. 04B3806.

[442] RLx 12-jul.-2007 (Manuela Gomes), Proc. 9175/2006-6.

[443] RLx 15-dez.-2009 (Luís Espírito Santo), Proc. 37/06.

[444] Pires de Lima/Antunes Varela, *Código Civil Anotado* cit., II, 4.ª ed., 34.

- o cumprimento deve imputar-se na dívida vencida;
- sendo várias as dívidas vencidas, na que oferecer menor garantia para o credor;
- havendo várias dívidas igualmente garantidas, na mais onerosa para o devedor;
- entre várias dívidas igualmente onerosas, na que primeiro se tenha vencido;
- vencidas as dívidas ao mesmo tempo, na mais antiga na data da constituição.

II. Se nenhuma dessas regras puder decidir a questão, o cumprimento presume-se feito por conta de todas, rateadamente, com prejuízo do artigo 763.º, que permite ao credor recusar, salvo exceções, cumprimentos parciais (784.º/2). A lei fala em presunção; parece, assim, que é possível afastar tal solução, demonstrando que outra seria a vontade do devedor.

III. O artigo 785.º estabelece regras específicas de imputação de cumprimento, ao determinar que, estando o devedor adstrito a pagar, além do débito, despesas ou juros ou indemnizações por mora – atraso no cumprimento – se presuma o cumprimento feito, sucessivamente, por conta das despesas, da indemnização, dos juros e do capital (785.º/1). Tal presunção pode ser afastada no tocante aos diversos elementos referidos, exceto quanto ao capital: salvo acordo do credor, a imputação neste deve ser feita em último lugar (785.º/2).

IV. O Código Civil não abordou expressamente a questão que se pode levantar quando a necessidade de encontrar regras de imputação de cumprimento derive do facto de o devedor ser, simultaneamente, representante de outro devedor e de a prestação insuficiente ser feita em face de um credor comum, ou de o devedor se encontrar adstrito em face do credor e em face de outra pessoa, de que o credor seja representante.

Em tal eventualidade, entende Pessoa Jorge que devem ser analogicamente aplicadas as regras atrás autonomizadas[445]. Assim é.

[445] Fernando Pessoa Jorge, *Lições de Direito das obrigações* cit., I, 340.

## § 12.º A PROVA DO CUMPRIMENTO E A QUITAÇÃO

### 54. Regras gerais

I. Efetuado o cumprimento de uma obrigação, tem o seu autor – normalmente o devedor – o máximo interesse em poder provar a ocorrência, isto é, em demonstrar, efetivamente, a sua realização.

No tocante às obrigações, o ónus da prova funciona da forma seguinte: ao credor compete demonstrar o seu direito, provando o seu facto constitutivo (342.º/1). Mas feita tal demonstração, caso tenha havido cumprimento, ao devedor cabe demonstrá-lo, dada a sua eficácia extintiva (342.º/2). Quando, por qualquer razão, não possa produzir tal demonstração, ver-se-á na contingência de ter de cumprir novamente.

II. O cumprimento não está sujeito a nenhum esquema probatório restritivo. O *solvens* pode, pois, demonstrá-lo usando qualquer meio de prova permitido em Direito[446]. Compreende-se, todavia, que tendo o devedor suportado o esforço do cumprimento, o Direito lhe faculte esquemas facilitados de provar a sua ocorrência. Surge, a tal propósito, o direito à quitação, de seguida abordado.

III. No domínio do Código de Seabra, a prova do cumprimento suscitava algumas dúvidas. Guilherme Moreira explicava que, quando a lei exigisse, para prova da obrigação, documento escrito ou o devedor o tivesse passado, este teria de exigir, para sua segurança, recibo. Acrescentava, todavia, que não o exigindo a lei, o pagamento admitiria qualquer tipo de prova[447].

[446] STJ 29-mai.-2007 (João Camilo), Proc. 07A1291. *Vide* Pires de Lima/Antunes Varela, *Código Civil Anotado* cit., II, 4.ª ed., 37.

[447] Guilherme Moreira, *Instituições* cit., 2, n.º 72 (246).

A ideia de que, constando a obrigação de um escrito ou de outra prova formal, o cumprimento exigiria, para se provar, um documento, fez carreira no Direito francês[448]. Apenas em 6-jul.-2004, uma decisão do Tribunal de Cassação decidiu que a prova do pagamento, que é um facto jurídico, pode ser produzida por todos os meios[449]. Mas o tema mantém-se controverso.

## 55. **Nota histórica sobre a quitação**

I. A quitação é um documento, emitido pelo credor, que exara o ter sido cumprida uma determinada obrigação. A prova do cumprimento, particularmente no comércio, tem grande relevância prática. Assim, desde a invenção da escrita, fundamentalmente motivada por razões contabilísticas[450], surgiram textos afiançando o cumprimento de obrigações[451]. No Direito grego, por influência oriental, surge a figura da ἀποχή (*apoche*): o documento que atesta o cumprimento[452].

No Direito romano, a prova da *solutio* resultava das solenidades que, na época mais antiga, a acompanhavam. Com a sua desformalização clássica e pós-clássica, o cumprimento não dava azo a nenhum especial meio de prova. Todavia, a influência grega levou à divulgação das *apochae*[453], que não dispensavam a sua livre apreciação, enquanto elemento de prova[454]. Já se pretendeu ver, na *acceptilatio*, uma espécie de quitação[455], numa leitura controversa[456].

[448] Com elementos: François Terré/Philippe Simler/Yves Lequette, *Droit civil/Les obligations* cit., 11.ª ed., n.º 1355 (1401-1402), com indicações; o tema não era unívoco.

[449] CssFr 6-jul.-2004, D 2004, 2498-2499 (2499/I), anot. Céline Rondey, *idem*, 2499.

[450] *Vide* o nosso *Introdução ao Direito da prestação de contas* (2008), 15 ss..

[451] Hans-Albert Rupprecht, *Studien zur Quittung im Recht der Graeco-Ägytischen Papyri* (1971), 127 pp., reportando quitações antigas no campo do mútuo (3 ss.), da locação (27 ss.), dos salários (38 ss.), das separações (43 ss.) e outros (51 ss.).

[452] *Vide* Ricahrd Behrend, *Zur Geschichte der Quittung* (1896), 42 pp.

[453] Max Kaser, *Römisches Privatrecht* cit.,1, 2.ª ed., § 149, I (638) e *Römisches Privatrecht* cit., 2, 2.ª ed., 373 ss..

[454] Ulpiano, D. 46.3.31 = ed. Carl Ed. Otto cit., IV, 736.

[455] Max Kaser, *Römisches Privatrecht* cit.,1, 2.ª ed., 173 e 641.

[456] Mariagrazia Bianchini, *Quietanza (storia)*, ED XXXVIII (1987), 155-161 (155/ /II).

II. O Direito comum deu lugar a uma certa reformalização. O ponto sensível residia no seguinte: resultando a obrigação de uma fórmula solene, particularmente de uma carta notarial, como contradizê-la, senão com um instrumento de força equivalente? Surgem estudos sobre a *apocha*, verbo απίχω, latim *recipio*[457]. Em frâncico ocorre a expressão *Akquit*, base do francês *acquit* e *quittance*, do italiano *quietanza*, do alemão *Quittung* e do português *quitação*. Na origem estará o latim *quietum*: *quietum se vocare*. Por seu turno, a *recipio* latina deu lugar ao *receipt* inglês. A linguística e a semântica são, sempre, úteis auxiliares do Direito.

A noção de *Quittung* e o seu papel no campo da prova do cumprimento estavam claros na Ciência Jurídica alemã do séc. XIX[458]. No final desse século, multiplicaram-se as dissertações sobre o tema: relevamos as de Schultz[459], de Dilloo[460], de Behrend[461], de Dryander[462] e de Collatz[463]. O BGB, como abaixo será referido, consignou, de modo expresso, a *Quittung*, o que originou nova onda de interesse pela figura, com, entre outros, escritos de Möller-Holtkamp[464], de Auernheimer[465] e de Ahlers[466]. Temos,

[457] Johann Christoph Hartung, *De Apocha, vulgo Quittung* (1688), 24 pp.; Caspar Heinrich Horn/Johann Gottlieb Dedekind, *Disp. de antapocha, von der Gegen-Quittung*, 2.ª ed. (1726), 40 pp..

[458] *Vide* Julius Weiske, *Quittung*, no *Rechtslexikon für Juristen aller deutschen Staaten* VIII (1854), 865-867; os pandectistas referem-na; assim Bernhard Windscheid/ /Theodor Kipp, *Lehrbuch des Pandektenrechts* cit., II, 9.ª ed., § 344 (438-440); anteriormente, Franz Christian Gesterding, *Kann der Schuldner eine Quittung fordern?*, AcP 4 (1821), 16-18.

[459] Julius Schultz, *Die verschiedenen Bedeutungen der Quittung* (1894), 29 pp..

[460] Wilhelm Dilloo, *Die Quittung im Recht und im Verkeher: unter besonderer Berücksichtigung der deutschen und ausländischen Gesetzgebungen* (1895), 114 pp..

[461] Richard Behrend, *Zur Geschichte der Quittung* (1896), 42 pp., já citado.

[462] Gottfried Ernst Hermann von Dryander, *Die rechtliche Bedeutung der Quittung* (1899), 65 pp..

[463] Wilhelm Collatz, *Zum Recht des B.G.B./I – Zur Lehre vom Schulversprechen, Schuldanerkenntmis und von der Quittung*, JhJb 40 (1899), 127-150 (147 ss..).

[464] Walter Möller-Holtkamp, *Die Quittung nach Bürgerlichem Gesetzbuche* (1904), 82 pp..

[465] Fritz Auernheimer, *Zur Lehre von der Quittung* (1912), 59 pp..

[466] Richard Ahlers, *Die rechtliche Natur der Quittung nach geltendem Recht* (1913), VII + 120 pp..

ainda, artigos motivantes de Heidemann[467], de Bülow[468], de Lachmann[469], de Klein[470] e de Kluckhohn[471]. O relevo da quitação conservou-se até à II Guerra Mundial: apontamos os trabalhos de Ehlerding[472] e de Weber[473].

III. A tradição de tutela da aparência, própria do Direito germânico, por oposição ao consensualismo francês, levou a que o BGB fosse mais longe do que o Código Napoleão, no tocante à quitação.

Assim[474]: o § 368 consagrou o dever do credor de emitir uma declaração escrita de receção do cumprimento, a qual pode assumir outra forma, quando for do interesse do devedor; o § 369 imputa ao devedor os custos da quitação; o § 370 confere ao portador de uma quitação o poder de receber a prestação, desde que as circunstâncias conhecidas pelo prestador não se oponham a tal legitimação; o § 371 permite ao devedor, além da quitação, exigir a restituição do título da dívida, quando exista. No Código Civil italiano, a quitação ocorre no artigo 1199.º: bastante mais simples[475].

À sombra destes preceitos desenvolveu-se uma prática importante e ocorreram diversas teorias sobre a natureza da quitação. Eles influenciaram o Código italiano e foram decisivos na opção de Vaz Serra de introduzir a matéria no que seria o Código Civil de 1966.

[467] Justus Wilhelm Heidemann, *Das Recht auf Rückgabe eines Schuldscheins*, JhJb 48 (1903), 63-100.

[468] Oskar Bülow, *Zur Lehre von der Rechtliche Natur der Quittung*, JhJb 59 (1911), 1-19.

[469] W. Lachmann, *Die rechtliche Bedeutung der Quittung*, AbürgR 31 (1908), 47-83.

[470] Peter Klein, *Zurücknahme von "Vorstellungsmitteilungen"*, AbürgR 34 (1910), 323-349.

[471] Wilhelm Kluckhohn, *Die Bedeutung des Rechtes des Schuldners auf Aushändigung von Quittung, Wechsel und ähnlichen Urkunden im zivilprozessualen Verfahren*, AbürgR 43 (1919), 380-405.

[472] Wilhelm Ehlerding, *Die Quittung* (1932), 62 pp..

[473] Friedrich Weber, *Die Quittung des Bürgerlichen Gesetzbuchs* (1936), 36 pp..

[474] Sobre toda esta matéria, entre muitos: Karl Larenz, *Lehrbuch des Schuldrechts* cit., 1, 14.ª ed., § 18, III (246-247); Joachim Gernhuber, *Die Erfüllung und ihre Surrogate* cit., 2.ª ed., § 26 (523-531); Dirk Olzen, no *Staudingers Kommentar §§ 362-396* cit., §§ 368-371 (142-160), com muitas indicações.

[475] Raffaello Cecchetti, *Quietanza (diritto privato)*, ED XXXVIII (1987), 161-170; Gianpiero Borraccia, em Pietro Rescigno, *Codice civile* cit., 1, 7.ª ed., 2103 ss..

## 56. Sistema lusófono

I. Na tradição napoleónica, o Código de Seabra não referia, de modo expresso, o direito à quitação. Mencionava-o, indiretamente, a propósito da consignação em depósito. Segundo o seu artigo 759.º[476]:

> O devedor póde livrar-se, fazendo depositar judicialmente, com citação do credor, a cousa devida nos casos seguintes: (...)
> 3.º Se o credor não quizer dar quitação;
> (...)

II. A divulgação jurídico-científica da quitação foi feita por Vaz Serra, no âmbito da preparação do Código Civil[477], trabalhando particularmente com base nos manuais de Enneccerus/Lehmann[478] e de von Tuhr[479]. Esteve atento aos Direitos alemão, acima referido e ao suíço: o artigo 88.º do Código das Obrigações atribui ao devedor o direito à quitação[480]. Também jogou o artigo 1199.º do Código Civil italiano que, por influência alemã, consagra esse mesmo direito (*quietanza*)[481]. Vaz Serra percorre os diversos meandros da quitação: desde os seus requisitos à força probatória que assuma. Também o direito à restituição do título da obrigação, na linha do § 371 do BGB, é ponderado[482].

[476] José Dias Ferreira, *Codigo Civil Annotado* cit., II, 1.ª ed., 261 e II, 2.ª ed., 83; *vide* a referência simples à quitação, feita em Luiz da Cunha Gonçalves, *Tratado* cit., IV, 761.

[477] Adriano Vaz Serra, *Do cumprimento como modo de extinção das obrigações* cit., n.º 43-49 (162-193).

[478] Ludwig Enneccerus/Heinrich Lehmann, *Recht des Schuldverhältnisse* cit., 15.ª ed., § 74, III (297-298); na trad. cast. usada por Vaz Serra, *vide* o *Derecho de obligaciones* cit., 1, § 64 (§ 287), 312 ss..

[479] Andreas von Tuhr/Alfred Siegwert, *Allgemeiner Teil des Schweizerischen Obligationenrechts* cit., II, § 60 (468 ss.); na trad, cast. usada por Vaz Serra, *vide* o *Tratado de las obligaciones* cit., 2, § 59 (26 ss.).

[480] Urs Leu, no *Basler Kommentar/Obligationenrecht* cit., I, art. 88.º (562-564).

[481] Gianpiero Borraccia, em Pietro Rescigno, *Codice civile* cit., 1, 7.ª ed., 2103 ss.; Piero Locatelli, *Quietanza (atto di)*, NssDI XIV (1967), 705-706.

[482] Adriano Vaz Serra, *Do cumprimento como modo de extinção das obrigações* cit., n.º 48 (179-191).

Tudo visto, Vaz Serra propôs um largo articulado sobre a prova do cumprimento: artigos 18.º a 29.º[483], matéria que reaparece no projeto global (438.º a 447.º)[484].

III. Como se impunha, o tema da prova do cumprimento, dobrado pelo do direito à restituição do título, foram simplificados na 1.ª revisão ministerial (770.º a 773.º)[485]. Com alterações inseridas na 2.ª revisão[486], e no projeto[487], a matéria integra, hoje, os artigos 786.º a 789.º do Código Civil.

IV. O Código Civil brasileiro de 1916, mercê da sua filiação romano-germânica, foi precursor, no que tange à consagração da quitação: artigos 939.º a 946.º[488]. Surge, aí, um regime cuidado e pormenorizado, que o Código de 2002 teve o cuidado de preservar: artigos 319.º a 325.º[489].

## 57. **Presunções de cumprimento**

I. O Código Civil, curiosamente, começa por predispor presunções retiradas da quitação (786.º), para só depois se ocupar do próprio direito à quitação (787.º). Começando pelas primeiras[490]: facilitando o sistema de provas em sede de cumprimento, estabelece o Código Vaz Serra várias presunções, no seu artigo 786.º; assim:

- a quitação, sem reserva, do capital leva a presumir o cumprimento dos juros ou das prestações acessórias – n.º 1;
- a quitação de juros ou de outras prestações periódicas leva a presumir o cumprimento dos juros e prestações anteriores – n.º 2;

[483] *Idem*, 203-211.

[484] Adriano Vaz Serra, *Direito das obrigações* cit., 368-377.

[485] *Código Civil/Livro II – Direito das obrigações*, BMJ 119 (1962), 192-194.

[486] Jacinto Rodrigues Bastos, *Das obrigações em geral* cit., 5, 263-264 e 6 (1973), 9, 13 e 19.

[487] *Projecto de Código Civil* cit., 229-230.

[488] Paulo Merêa, *Código Civil brasileiro anotado* cit., 318-319.

[489] José Miguel Garcia Medina/Fábio Caldas de Araújo, *Código Civil Anotado* cit., 335-336.

[490] Mário Júlio de Almeida Costa, *Direito das obrigações* cit., 12.ª ed., 1026; Luís Menezes Leitão, *Direito das obrigações* II, 9.ª ed. (2014), 167-168.

– a entrega voluntária do título dos créditos, feita pelo credor ao devedor faz presumir a liberação do devedor, dos condevedores e dos devedores acessórios – n.º 3.

Todas estas presunções podem, nos termos gerais (350.º/2), ser ilididas por prova em contrário, cabendo ao credor a sua produção.

II. O legislador reconhece ter-se inspirado no artigo 89.º do Código suíço das obrigações[491], preceito que, aliás, tem uma arrumação ligeiramente diferente[492]. A sua lógica radica em regras específicas, atinentes ao cumprimento. Assim:

– uma prestação presume-se feita por conta, sucessivamente, das despesas, das indemnizações, dos juros e do capital (785.º/1); logo havendo quitação do capital sem reserva de juros e outras prestações acessórias – as quais incluirão, portanto, as despesas e as indemnizações – presume-se que estão pagos (786.º/1); repare-se que qualquer outra solução exigiria o acordo do credor (785.º/2), o que resulta não haver, justamente pela quitação do capital sem reserva[493];

– a presunção do pagamento de prestações anteriores (786.º/2), perante a quitação de uma delas sem reserva, constitui uma facilidade burocrática e corresponde à normalidade do tráfego; pode referir-se o artigo 1041.º/3 que, no domínio da locação, permite ao locador recusar o pagamento de rendas ou alugueres subsequentes, enquanto não estiverem pagos os anteriores;

[491] Pires de Lima/Antunes Varela, *Código Civil Anotado* cit., II, 4.ª ed., 37; *vide* Adriano Vaz Serra, *Do cumprimento como modo de extinção das obrigações* cit., 149-161.

[492] Dispõe [*vide* Urs Leu, no *Basler Kommentar/Obligationenrecht* cit., I, art. 89.º (564-565)]:

> Quando se devam juros ou outras prestações periódicas, a quitação sem reseva relativa a uma prestação ulterior presume o pagamento das anteriores.
>
> Quando seja emitida uma quitação relativa ao capital, presume-se que foram pagos os juros.
>
> A restituição, ao devedor, do título de uma obrigação faz presumir a extinção da dívida.

[493] Andreas von Tuhr/Alfred Siegwert, *Allgemeiner Teil des Schweizerischen Obligationenrechts* cit., II, § 60, V, 2 (475) e, na trad. cast., *Tratado de las obligaciones* cit., 2, § 59, V, 2 (33-34).

– as presunções derivadas da entrega do título original do crédito (786.º/3) pressupõem que ela seja voluntária: não opera se o devedor a roubou, a furtou, a achou ou se apoderou dela em abuso de confiança[494].

## 58. O direito à quitação

I. Toda esta matéria tem, subjacente, o direito do *solvens* de exigir a quitação daquele a quem a prestação seja feita (787.º/1, 1.ª parte). Noutros termos:

– o direito à quitação assiste seja ao devedor seja ao terceiro que efetue a prestação;
– o dever de dar quitação compete seja ao credor seja ao terceiro que receba a prestação.

O *solvens* pode recusar a prestação enquanto a quitação não for dada (787.º/2, 1.ª parte). Efetuada a prestação, mantém o direito de a exigir (787.º/2, 2.ª parte).

Quanto à forma: a lei não a prescreve, sendo – até pelas razões fiscais abaixo referidas – de observar a forma escrita. Todavia, ela deve constar de documento autêntico ou autenticado ou ser provida de reconhecimento notarial, se o *solvens* tiver nisso interesse legítimo (787.º/1, 2.ª parte), isto é: se daí derivar uma situação tutelada pelo Direito. As despesas ocasionadas pela quitação cabem ao devedor, como se infere do artigo 878.º: o comprador deve o preço. A regra aplica-se a todos os contratos onerosos: 939.º[495]. Nesse mesmo sentido dispõe o artigo 789.º, *a contrario*.

II. Muitas vezes, o credor remete ao devedor a quitação, mesmo antes do cumprimento. Trata-se de uma manifestação de confiança que facilita as relações de negócio: segue a fatura logo com o "recibo", de modo a evitar duplos envios. *Quid iuris* se o pagamento não tiver lugar?

[494] Adriano Vaz Serra, *Do cumprimento como modo de extinção das obrigações* cit., 156, em troço retomado por Pires de Lima/Antunes Varela, *Código Civil Anotado* cit., II, 4.ª ed., 37.

[495] No BGB, essa solução resulta, diretamente, do § 369 (custos da quitação). *Vide* Rolf Stürner, no *Jauernig Kommentar* cit., 15.ª ed., § 369, Nr. 4 (527).

O Direito justinianeu previa que as quitações só fizessem prova da *solutio* passados trinta dias sobre a sua emissão[496], de modo a permitir a contraprova, no caso de não-cumprimento. Essa regra manteve-se no Direito comum. O artigo 324.°, § único, do Código Civil brasileiro dispõe que a quitação operada pela entrega do título fica sem efeito se o credor provar, em sessenta dias, a falta de pagamento.

O Código Civil de 1966 não contém regras especiais, neste domínio. Resta concluir que, emitida e entregue uma quitação, fica provado o cumprimento. Todavia, nada impede que, supervenientemente, o *accipiens* possa vir demonstrar que a quitação é nula ou anulável – por erro, por coação ou por qualquer outra causa – ou que, de facto, ela antecipou um cumprimento que não ocorreu. Noutros termos: compete ao devedor a prova do pagamento e, ao credor, a da irrelevância da declaração de quitação[497].

III. A emissão de uma fatura ou documento equivalente é, hoje, obrigatória, nos termos do artigo 28.°/1, *b*), do Código do IVA, para efeitos de liquidação desse imposto indireto. A evolução da fiscalidade tem-se processado no sentido de essa obrigação ser cada vez mais envolvente, mesmo para pequenas transações.

IV. Alguma jurisprudência dá conta dos problemas práticos ventilados a propósito da quitação. Assim:

- no pagamento feito por letra de câmbio, a quitação consiste na entrega do título; não tendo sido dada a quitação impedindo-se, com isso, o devedor de registar definitivamente o veículo que comprara, responde o credor pelos prejuízos causados[498];
- o extravio culposo de uma letra de câmbio pela instituição do crédito à qual a mesma havia sido endossada para desconto, não confere automaticamente, ao endossante, o direito a ser indemnizado

[496] Por todos, Bernhard Windscheid/Theodor Kipp, *Lehrbuch der Pandektenrechts* cit., 2, 9.ª ed., § 344 (438-439) e Mariagrazia Bianchini, *Quietanza (storia)* cit., 158-159.

[497] STJ 15-nov.-1995 (Cardona Ferreira), BMJ 451 (1995), 378-386 (385); STJ 16-out.-2008 (João Bernardo), Proc. 08B2668.

[498] RCb 3-fev.-1998 (Hélder Roque), CJ XXIII (1998) 1, 28-32 (29/II e 31) = BMJ 474 (1998), 558.

pelo valor nela titulado, salvo se, daí, resultar a impossibilidade de obter o pagamento do próprio aceitante[499];
- é legítima a recusa de emitir quitações que possam ser interpretadas como reportadas a valores superiores do que os devidos, no entendimento do credor[500];
- o dispositivo do artigo 787.º/1 não impede a prova testemunhal prevista no artigo 393.º/1[501];
- a declaração "nada mais reclamará do Estado Português quanto a depósitos efetuados naquele Consulado, a partir da data em que lhe for entregue o montante acima referido" vale como efetiva quitação[502].

## 59. **Restituição do título e menção ao cumprimento**

I. O artigo 788.º/1, 1.ª parte, confere ao devedor, extinta a dívida, o direito de exigir a restituição do título da obrigação: subentenda-se, quando o haja. E se o cumprimento for parcial ou o título conferir outros direitos ao credor ou, ainda, se este tiver, por outro motivo, interesse legítimo na sua conservação, pode o devedor exigir que o credor mencione, nele, o cumprimento efetuado (788.º/1, 2.ª parte).

Esse mesmo direito assiste ao terceiro que cumprir a obrigação, se ficar sub-rogado nos direitos do credor (788.º/2).

Em qualquer dos casos, o *solvens* pode recusar o cumprimento, enquanto não for restituído o título ou exarada a menção a que haja lugar (788.º/3).

II. O esquema do artigo 788.º proveio do § 371 do BGB[503], passando pelos artigos 88.º do Código suíço[504] e 424.º do Código grego[505]. Assim

[499] STJ 6-dez.-2001 (Dionísio Alves Correia), CJ/Supremo IX (2001) 3, 137-138; vencido: Nascimento Costa, *idem*, 138-140.

[500] RCb 9-abr.-2002 (Artur Dias), CJ XXVII (2002) 2, 19-21 (20/I).

[501] STJ 29-mai.-2007 (João Camilo), Proc. 07A1291.

[502] STJ 2-fev.-2011 (Sérgio Poças), Proc. 5227/09.

[503] Justus Wilhelm Heidemann, *Das Recht auf Rückgabe eines Schuldscheins* cit., 68 ss.; Dirk Olzen, no *Staudingers Kommentar* cit., § 371 (155-160).

[504] Urs Leu, no *Basler Kommentar/Obligationenrecht* cit., art. 88.º, 562 ss..

[505] *Code Civil Hellénique*, trad. Pierre Mamopoulos (1956), 68.

resulta dos preparatórios de Vaz Serra[506] e de confissão do próprio Antunes Varela[507]. Trata-se de um preceito especialmente útil em ordenamentos que deem relevância ao título de dívida (*Schuldschein*), o que não sucede entre nós. Mas tem utilidade, tanto mais que funciona perante títulos de crédito.

III. O título deve ser restituído ao *solvens*, mesmo quando seja nulo: basta que o pagamento tenha sido efetuado e o devedor tenha um interesse legítimo nessa restituição[508], o que será de regra, *ex rerum natura*.

Já foi decidido que, sendo o pagamento por cheque uma mera *datio pro solvendo*, ele não origina cumprimento, só por si: por isso, não pode o devedor exigir a restituição da letra que titulava a obrigação em jogo[509].

IV. Se o credor invocar a impossibilidade de restituir o título ou de, nele, exarar o cumprimento, o devedor pode exigir quitação passada em documento autêntico ou com reconhecimento notarial: só que, nessa altura, com os custos pelo credor. Tal o disposto no artigo 789.º.

## 60. **A natureza da quitação**

I. A quitação conheceu várias teorias explicativas[510]. Numa primeira orientação, a quitação teria natureza negocial: unilateral ou bilateral. Ela traduziria uma remissão da dívida ou um reconhecimento negativo da dívida[511]. Tal esquema, como explica Gernhuber, deixaria por explicar a hipótese da prestação feita pelo terceiro, que também tem direito à qui-

[506] Adriano Vaz Serra, *Do cumprimento como modo de extinção das obrigações* cit., 179-180, que indica, ainda, outras leis.

[507] Pires de Lima/Antunes Varela, *Código Civil Anotado* cit., II, 40.

[508] STJ 14-nov.-1969 (Adriano de Campos Carvalho), RLJ 103 (1971), 569-571 (571/I), anot. Vaz Serra, *idem*, 571-573 (572-573).

[509] STJ 14-mar.-2006 (Ribeiro de Almeida), CJ/Supremo XIV (2006) 1, 135-138 (137/II).

[510] Na literatura atual: Joachim Gernhuber, *Die Erfüllung und ihre Surrogate* cit., 2.ª ed., § 28, 2 (525-526); Dirk Olzen, no *Staudingers* cit., § 368, Nr. 4-9 (144-146). Entre nós, Adriano Vaz Serra, *Do cumprimento como modo de extinção das obrigações* cit., 169-171, apoiado em Ludwig Enneccerus/Heinrich Lehmann, *Recht des Schuldverhältnisse* cit., 15.ª ed., § 74, III (297-298).

[511] Wilhelm Collatz, *Zum Recht des B.G.B.* cit., 127 ss.; W. Lachmann, *Über die rechtliche Bedeutung der Quittung* cit., 45 ss..

tação[512]. Quedava ainda a hipótese de se tratar de um ato semelhante a um negócio[513]: negada por a lei não atribuir, à quitação, qualquer eficácia jurídica material[514].

II. A doutrina aceita uma eficácia puramente probatória da quitação. Seria um "contrato probatório"? Semelhante contrato assentaria na ideia, em si inaceitável, de que as partes podem estipular sobre o conteúdo da prova.

A quitação é hoje admitida como um meio de prova de tipo documental, sujeito ao princípio da livre apreciação pelo juiz[515]. Tem essa natureza.

III. Quanto ao direito à quitação: estruturalmente, é um direito potestativo, concedido pela lei ao *solvens* e que lhe permite, através de uma manifestação de vontade, fazer surgir o dever, na esfera do *accipiens*, de emitir um documento com um específico sentido probatório. Esse dever, a não ser acatado, permite ao *solvens* reter a prestação.

[512] Joachim Gernhuber, *Die Erfüllung und ihre Surrogate* cit., 2.ª ed., 526.

[513] Viktor Stötter, *Die Bedeutung der Quittung bei Einschränkung der Geschäftsfähigkeit des Quittierenden*, MDR 1978, 632-633 (632/II)

[514] Dirk Olzen, no *Staudingers* cit., § 368, Nr. 5 (145).

[515] Joachim Gernhuber, *Die Erfüllung und ihre Surrogate* cit., 2.ª ed., 526-527; o seu peso probatório depende do cuidado posto pelo credor na sua emissão; Dirk Olzen, no *Staudingers* cit., § 368, Nr. 7-8 (145-146).

## § 13.º OS EFEITOS DO CUMPRIMENTO

### 61. A liberação do devedor

I. Normalmente, o cumprimento é realizado pelo devedor, perante o credor. O seu efeito primordial típico é, nessa eventualidade, a extinção da obrigação[516] a qual implica, por seu turno, outros efeitos:

- a extinção do direito do credor;
- a liberação do devedor.

II. Do cumprimento nem sempre resulta a extinção das obrigações; é o que sucede quando seja, nomeadamente, realizado por terceiro. Sem querermos suscitar, agora, a questão de saber se o cumprimento realizado pelo não devedor é autêntico cumprimento, resta-nos reconhecer que, para além do seu efeito típico, o cumprimento pode ter outros efeitos, como sejam, nomeadamente, a transmissão do crédito, pela sub-rogação. Esse fator não impede de considerar o cumprimento como um fenómeno fundamentalmente extintivo das obrigações. A natureza dinâmica e maleável das realidades obrigacionais leva, muitas vezes, a um preterir de construções rígidas a favor de esquemas tendenciais. Por exemplo, a alteração das circunstâncias é, em princípio, um facto modificativo das obrigações, que

[516] Contra, Fernando Pessoa Jorge, *Lições de Direito das obrigações* cit., I, 380, que afirma não ser a extinção da obrigação um efeito típico ou formal do cumprimento. Isto por a extinção poder resultar de outros factos e por o cumprimento não acarretar sempre a extinção (v.g. quando realizado por terceiro). Permitimo-nos discordar: pelo facto de existirem vários factos extintivos, não quer dizer que o cumprimento não possa ser um deles; por outro lado, se do cumprimento nem sempre resulta a extinção das obrigações, nem por isso deixa de ser, a extinção em causa, o efeito fundamental no cumprimento realizado pelo devedor em face do credor. *Vide*, ainda, Fernando Cunha de Sá, *Direito ao cumprimento e direito a cumprir*, separata da RDES, 1973, 150.

pode, também, surgir como facto extintivo. Também o cumprimento se reveste, normalmente, de eficácia extintiva, podendo, no entanto funcionar com eficácia transmissiva, entre outras.

## 62. **Outros efeitos**

I. Para além do resultado primordial atrás apontado, o cumprimento produz efeitos acessórios. Assim:

- opera como facto constitutivo do dever, por parte do credor, de passar quitação ou de restituir o título de crédito;
- acarreta a extinção das garantias reais ou pessoais conexionadas com o crédito;
- obriga a contraparte em contrato com prestações recíprocas a efetuar, ela própria, a prestação devida, não mais se podendo opor em nome da exceção do contrato não cumprido;
- origina obrigações fiscais, com relevo para o IVA.

II. Alguma doutrina alemã refere, ainda, um efeito sanador de vícios formais: o contrato formalmente inválido seria validado quando sobreviesse o cumprimento[517]. Essa orientação assenta em particularidades do Direito alemão. Como exemplos: a venda do imóvel deve ser feita notarialmente; todavia, se isso não suceder e houver inscrição no registo (a qual exige novo acordo e é constitutiva), o vício tem-se por sanado, segundo o § 311 b/1, 2; o mútuo ao consumo deve ser feito por escrito; no entanto, o contrato consolida-se se o mutuário receber o valor. No Direito português, não existem tais preceitos. Assim, o cumprimento só poderá ter um papel convalidante se operarem os pressupostos das inalegabilidades formais[518]. Além disso, recuperar um cumprimento para, depois, ter de entregar novamente a mesma quantia, a título de restituição, pode envolver abuso do direito, na fórmula *dolo agit qui petit quod statim redditurus est*[519].

[517] Ludwig Davidsohn, *Heilung von Formmängeln durch Erfüllung* (1914), 62 pp., 48 ss.; Petra Pohlmann, *Die Heilung formmichtiger Verpflichtungsgeschäfte durch Erfüllung* (1992), 229 pp., 56 ss., 86 ss. e 95 ss.; Dirk Olzen, no *Staudingers Kommentar* cit., Vorbem zu §§ 362 ff., Nr. 2 (32).

[518] *Tratado* V, 2.ª ed., 339 ss..

[519] *Tratado* V, 2.ª ed., 375 ss..

III. O cumprimento consolida, finalmente, as obrigações naturais. Caso tal cumprimento ocorra, a prestação não mais pode ser repetida (403.º/1). Neste ponto, temos uma eficácia consolidativa do cumprimento.

## 63. **Obrigações duradouras e deveres acessórios**

I. A afirmação paradigmática da natureza extintiva do cumprimento cede em duas situações de relevo:

- as obrigações duradouras;
- os deveres acessórios.

Quanto às obrigações duradouras, é pacífico que o cumprimento não conduz à sua extinção. Pelo contrário: antes as reforça. Este aspeto esteve, de resto, na origem da autonomização dogmática das obrigações duradouras[520].

II. Os deveres acessórios podem subsistir ao cumprimento. *Summo rigore*, o efeito extintivo manifesta-se, apenas, relativamente à prestação principal e às prestações secundárias que venham a ser executadas. Este fenómeno está no coração da *culpa post pactum finitum*, que iremos considerar em rubrica posterior.

520 *Tratado* VI, 2.ª ed., 523 ss..

CAPÍTULO III

# CONSTRUÇÃO JURÍDICO-CIENTÍFICA DO CUMPRIMENTO

## § 14.º A AXIOLOGIA DO CUMPRIMENTO

### 64. A execução material: conduta ou resultado?

I. O cumprimento requer a execução (material) de uma prestação. O tipo de conduta necessário para esse objetivo varia, em função da natureza da obrigação em jogo. Coloca-se, todavia, a questão: releva a conduta em si (*Leistungshandlung*) ou o resultado dessa conduta (*Leistungserfolg*)? A questão tem sido colocada no campo das obrigações, distinguindo-se as de meios das de resultado[521].

A contraposição entre obrigações de meios e obrigações de resultado, embora com antecedentes alemães, teve um êxito especial na doutrina francesa[522]. Visou delimitar a responsabilidade contratual: nalguns casos, ela ocorreria se o resultado previsto pelas partes não ocorresse (por exemplo, a entrega de uma coisa); noutros, apenas haveria responsabilidade se se provasse falta de diligência (por exemplo, a prestação de serviço médico).

[521] René Demogue, *Traité des obligations en général* V (1925), n.º 1237 (536 ss.) e VI (1931), n.º 599 (644-645). Outra bibliografia pode ser consultada no presente *Tratado* VI, 2.ª ed., 477-478.

[522] Murad Ferid, *Das Französische Zivilrecht* 1 (1971), 408 ss..

II. No domínio do cumprimento, a doutrina, mormente na sequência de Wieacker[523], sufragado por Larenz[524], por Weber[525] e pelos autores subsequentes[526], não tem dúvidas em proclamar a primazia do resultado: apenas este interessa ao credor. A jurisprudência confirma essa orientação: considera cumpridas as obrigações apenas perante o "resultado" da prestação[527].

Esta solução é de reter. A distinção entre "meios" e "resultado" é linguística[528]. Assim, a típica obrigação de meios, que é a de prestação de serviço médico, pode facilmente ser convolada para o resultado verdadeiramente em jogo: o de aplicar, ao paciente, as regras da Ciência Médica, consoante as possibilidades existentes e o estado dos conhecimentos disponíveis. Quando muito poderemos, pela interpretação, inferir, dos termos usados pelas partes, um particular resultado ou uma especial exigência de esforço.

III. A recondução do cumprimento a um determinado resultado tem relevância prática no domínio da diligência devida e no da impossibilidade.

O relevo dado ao resultado permite, ainda, reforçar as construções funcionais e finalistas do cumprimento. A atenção do Direito e dos seus agentes concentra-se na teologia estruturante do vínculo obrigacional: em detrimento de formalismos de percurso.

[523] Franz Wieacker, *Leistungshandlung und Leistungserfolg im bürgerlichen Schuldrecht*, FS Hans Carl Nipperdey I (1965), 783-813 (812 e *passim*).

[524] Karl Larenz, *Lehrbuch des Schuldrechts* cit., 1, 14.ª ed., 18, I (235).

[525] Reinhold Weber, BGB/RGRK, II, 12.ª ed. (1976), Vor § 362, Nr. 13 (8).

[526] Por exemplo: Roland Dubischar, *Alternativkommentar zum BGB*, 2 – *Allgemeines Schuldrecht*, XXII + 582 pp., Vorm §§ 362 ff. (474 ss.); Dirk Olzen, no *Staudingers Kommentar, §§ 362-396* cit., Einl zu §§ 362 ff., Nr. 2 (5); Rolf Stürner, em Jauernig, *Kommentar zum BGB* cit., 15.ª ed., § 362, Nr. 1 (518).

[527] BGH 6-fev.-1954, BGHZ 12 (1954), 267-270 (268), referindo, todavia, que o BGB, em certos preceitos, se reporta às obrigações visando a conduta; assim, no caso do § 242, relativo à boa-fé; BGH 7-out.-1965, BGHZ 44 (1966), 178-183 (179-180); BGH 25-mar.-1983, BGHZ 87 (1983), 162-166 (162), referindo jurisprudência anterior; BGH 17-fev.-1994, NJW 1994, 1403-1405 (1404/I); BGH 17-jun.-1994, NJW 1994, 2947-2950 (2948/I).

[528] O presente *Tratado* VI, 2.ª ed., 479 ss..

## 65. A medida do esforço do *solvens*

I. Como vimos, a doutrina assenta em que, no cumprimento, é requerido um resultado e não – ou não apenas – uma conduta do devedor. O Direito é realista e atenta nos interesses efetivos das pessoas. Não obstante, permanece a questão: o devedor fica adstrito a tudo e a mais alguma coisa, só se exonerando se, de facto, for alcançado o resultado pré-visualizado pela obrigação em causa?

II. Na resposta a esse problema surgiu, no princípio do século XX, a denominada teoria da adstrição de esforço (*Kraftanstregungslehre*). Num primeiro momento, ela ocorre com estudiosos da impossibilidade, à luz do então recém-surgido BGB, com Kleineidam[529] e Brecht[530]. O tema foi sendo precisado por institutos de fronteira, como os diversos tipos de impossibilidade e a alteração de circunstâncias, ainda que com focagens diversas[531]. Finalmente, ele merece uma atenção integrada[532].

III. A medida do esforço exigível varia em cada caso concreto. O vínculo que requeira um "esforço absoluto", no sentido de responsabilizar o devedor pela não-obtenção de um determinado resultado equivale à assunção total, pelo devedor, do risco de incumprimento. Esta consideração dá-nos, já, a chave para o problema da medida do esforço: esta é facetada por uma série de institutos limítrofes que delimitam as ideias de justificação e de incumprimento. Vamos antecipar alguns pontos.

## 66. Justificação e incumprimento

I. O esforço exigível ao devedor é delimitado por institutos que, historicamente, não se colocam a propósito do cumprimento.

Quando não realize a prestação, o devedor só é responsável se não ilidir a presunção de culpa que sobre ele impende (799.º). Essa regra, ligada

[529] F. Kleineidam, *Einige Streitfragen aus Unmöglichkeitslehre des B.G.B.*, JhJb 43 (1901), 105-140 (110 ss.).

[530] Arnold Brecht, *System der Vertragsshaftung (Unmöglichkeit der Leistung, positive Vertragsverletzung und Verzung)*, JhJb 53 (1908), 213-320 (217 ss.).

[531] Ernst Wolf, *Ein Wort zum Unmöglichkeitsproblem*, NJW 1955, 11-12.

[532] Julia Rödl, *Die Spannung der Schuld* cit., *passim*. Entre nós, *vide* o escrito fundamental de João António Pinto Monteiro, *Esforços e sacrifícios exigíveis no cumprimento contratual* (2015, dissertação de doutoramento ainda não discutida).

ainda a uma presunção de ilicitude, é forte mas não absoluta: o devedor pode sempre justificar a falta do cumprimento. Fazendo-o, isso significa que a conduta inerente, afinal, não era devida.

II. A medida de culpa é dada pela diligência requerida ao *bonus pater familias*, nos termos gerais do artigo 487.º/2[533]. Além disso, o devedor não pode ser responsabilizado quando, com êxito, invoque uma causa de justificação: legítima defesa, estado de necessidade, ação direta, consentimento do credor ou colisão de deveres[534]. Finalmente, uma prestação pode tornar-se inviável por impossibilidade superveniente[535] ou por alteração das circunstâncias[536]. A civilística do século XXI tem, nestes domínios, aportações importantes[537].

III. A axiologia inerente ao cumprimento é delimitada pelas regras que justifiquem o não-cumprimento e por aquelas que o consubstanciem. A hipótese de obrigações que as transcendam equivale às que garantam um resultado. O devedor assume o risco de todas as eventualidades. Caberá ponderar, em cada caso, se isso é possível fora da lógica do contrato de seguro.

[533] Sobre toda esta matéria, remete-se para o *Tratado* VI, 2.ª ed., 481 ss..

[534] *Tratado* V, 2.ª ed., 440 ss. e 411 ss..

[535] *Infra*, 336 ss..

[536] *Infra*, 684 ss..

[537] Nesse sentido, é significativa a obra de Julia Rödl, *Die Spannung der Schuld*, já referida.

## § 15.º A NATUREZA DO CUMPRIMENTO

### 67. As teorias

I. A natureza do cumprimento presta-se a controvérsia, desde o Direito romano[538]. A discussão recente preencheu os três primeiros quartos do século XX, tendo sido intensa após a publicação e a entrada em vigor do BGB[539]. Cada autor tem as suas subtilezas, sendo difícil reter e ordenar todas as matizes existentes. Seguindo doutrina consagrada, vamos ordenar as teorias existentes em cinco grupos[540]:

- teorias do contrato;
- teoria do negócio unilateral;
- teoria da realização efetiva da prestação;
- teoria da realização final da prestação;
- teoria do acordo do escopo.

[538] Sobre o tema a atual obra de referência é a de Gesa Kim Beckaus, *Die Rechtsnatur der Erfüllung/Eine kritische Betrachtung der Erfüllungstheorien unter besonderer Berücksichtigung der Schuldrechtsmodernisierung (Studien zum Privatrecht)* (2013), XX + 421 pp..

[539] Fritz Alexander, *Die rechtliche Natur der Erfüllung* (1902), 70 pp.; Ernst Ihrcke, *Ist die Erfüllung Rechtsgeschäft?/Nach gemeinem Recht und Bürgerlichen Gesetzbuch* (1903), 69 pp.; Hermann Bauer, *Die rechtliche Natur der Erfüllung* (1903), 91 pp.; Peter Klein, *Die Natur der causa solvendi/ein Beitrag zur Causa- und Kondiktionen-Lehre* (1903), VII + 67 pp.; Paul Kretschmar, *Die Erfüllung* (1906), 168 pp.; Gustav Boehmer, *Der Erfüllungswille* (1910), 98 pp.; Erich Fromm, *Die Frage nach der Vertragsnatur der Erfüllung* (1912), VII + 36 pp..

[540] Karl Larenz, *Lehrbuch des Schuldrechts* cit., 1, 14.ª ed., § 18, I (237); Dirk Olzen, no *Staudingers Kommentar* cit., Vorbem zu §§ 362 ff., Nr. 9-12 (33-34); Joachim Wenzel, no *Münchener Kommentar zum BGB* II, 7.ª ed. (2016), § 362, Nr. 6 ss. (2571 ss.), num desenvolvimento que já não figura na 6.ª ed.; Gesa Kim Beckaus, *Die Rechtsnatur der Erfüllung* cit., 6 ss., com muitas indicações.

Vamos ver.

II. As teorias do contrato têm várias versões. A primeira, dita teoria geral do contrato, foi defendida, no século XX, por autores como Klein[541], como von Tuhr[542] e como Lent[543]. Estes autores viam, no cumprimento, um acordo bilateral de vontades. Trata-se de uma orientação comum na pandectística anterior[544], com raízes no Direito comum e que tem a seu favor uma descrição típica do cumprimento. Nela, o devedor ou *solvens* apresenta-se perante o credor ou *accipiens*, propondo a prestação; o credor, verificando a identidade do devedor e a qualidade do que lhe é apresentado, aceita-a, assim se consumando o cumprimento.

A teoria geral do contrato recuou, após Lehmann ter teorizado o dever de abstenção[545]: na verdade, torna-se, no cumprimento de tal dever, inviável apurar a presença de um "contrato": não há nem oferta, nem aceitação.

III. Conservou-se uma teoria limitada do contrato, defendida por Lehmann e por Fikentscher[546]. Em certos casos, o cumprimento exige uma atuação jurídica. Assim ocorre, no Direito alemão da compra e venda, na qual a transferência da propriedade exige seja a tradição, seja uma transcrição registal, necessariamente aceites e realizadas pelo credor e pelo devedor. Podemos complementar com o cumprimento do contrato-promessa, que requer, no cumprimento, a conclusão do contrato definitivo. Noutras situações, como na prestação de serviço e nas obrigações de *non facere*, não é exigido qualquer contrato, para o cumprimento.

[541] Peter Klein, *Die Natur der Causa solvendi (Ein Beitrag zur Causa- und Kondiktionen-Lehre)* (1903), 45 ss.. A doutrina de Klein vem circunstanciadamente analisada em Gesa Kim Beckaus, *Die Rechtsnatur der Erfüllung* cit., 6-9.

[542] Andreas von Tuhr, *Zur Lehre von der Anweisung*, JhJb 48 (1904), 1-62 (5-6) e *Allgemeiner Teil des Deutschen Bürgerlichen Rechts*, II/2 (1918), § 72 (83), referindo um acordo sobre a "causa".

[543] Friedrich Lent, *Die Anweisung als Vollmacht und im Konkurse* (1907), VI + 198 pp., 7 ss..

[544] Bernhard Windscheid/Theodor Kipp, *Lehrbuch des Pandektenrechts* 2, 9.ª ed. (1906), § 342 (418-419).

[545] Heinrich Lehmann, *Die Unterlassungspflicht im Bürgerlichen Recht* (1906), 204 ss.; Ludwig Enneccerus/Heinrich Lehmann, *Recht der Schuldverhältnisse/Ein Lehrbuch* cit., 15.ª ed., § 60, II 2 e 3 (252-254).

[546] Wolfgang Fikentscher, *Schuldrecht*, 9.ª ed. (1997), Nr. 269 (192). Outras indicações constam de Gesa Kim Beckaus, *Die Rechtsnatur der Erfüllung* cit., 15 ss..

IV. A teoria do negócio unilateral, patente em Manigk[547] e em Rosenberg[548], apurava, na atuação do *solvens*, uma conduta humana livre e conformadora de consequências jurídicas. Múltiplas regras atinentes ao negócio teriam aplicação. E como a vontade relevante seria, apenas, a do *solvens*, o cumprimento abre no domínio dos negócios unilaterais.

V. A teoria da realização efetiva da prestação (*reale Leistungsbewirkung*) remonta a autores como Boehmer[549] e Krestschmar[550]. Explicam que, no cumprimento, basta a realização material da conduta devida, sendo dispensáveis elementos subjetivos. O simples facto de o *solvens* executar, perante o *accipiens* ou por conta dele, a prestação devida, integraria o cumprimento, extinguindo a obrigação. Nalguns casos, assim será. Esta constatação leva a que boa parte da doutrina a considere, na maioria das situações (Larenz)[551], como válida[552]. Também a jurisprudência do *Bundesgerichtshof* lhe tem dado apoio[553]. Todavia, esta teoria não explica como reconduzir uma conduta liberatória a certa obrigação. Também deixa na sombra as ocorrências em que a *solutio* tenha um necessário conteúdo jurídico.

[547] Alfred Manigk, *Das Anwendungsgebiet der Vorschriften über Rechtsgeschäfte/ /Ein Beitrag zur Lehre vom Rechtsgeschäft* (1901), XIII + 404, 44-45, explicando a necessidade do *Erfolgsabsicht*.

[548] Leo Rosenberg, *Der Verzug des Gläubigers*, JhJb 43, 141-298 (211-212); para mais elementos: Gesa Kim Beckaus, *Die Rechtsnatur der Erfüllung* cit., 41 ss..

[549] Paul Gustav Krestschmar, *Die Erfüllung* (1906), VII + 168 pp., 82 ss. e *Beiträge zur Erfüllungslehre*, JhJb 85 (1935), 184-261 e 86 (1936/1937), 145-209.

[550] Gustav Boehmer, *Die Erfüllungswille* (1910), V + 98 pp., 34 e *passim*.

[551] Karl Larenz, *Lehrbuch des Schuldrechts* cit., 1, 14.ª ed., § 18, I, 5 (238); *vide* também Gesa Kim Beckaus, *Die Rechtsnatur der Erfüllung* cit., 30 ss., com outras indicações.

[552] Assim: Paul Oertmann, *Kommentar zum BGB*, 2 – *Recht der Schuldverhältnisse*, 3.ª/4.ª ed. (1910), § 362, Nr. 5 (257): não seria necessária uma vontade negocial; Philipp Heck, *Grundriß des Schuldrechts* (1929, 2.ª reimp., 1974), 160 ss., 169 ss.; Rhona Fetzer, no *Münchener Kommentar zum BGB*, II, 7.ª ed. (2016), § 362, Nr. 8 (2548). *Vide* Rolf Stürner, no Jauernig, *BGB/Kommentar*, 15.ª ed. (2014), § 362, Nr. 2 (518).

[553] BGH 3-dez.-1990, NJW 1991, 1294-1297 (1295) e BGH 17-jul.-2007, NJW 2007, 3489-3491 (3489/II), anot. Stephan Lorenz, *idem*, 3491.

VI. A teoria da realização final da prestação (*finale Leistungsbewirkung*) assenta nas cuidadas reflexões de Gernhuber[554] e de Beuthien[555], sendo retomada por Seibert[556], por Bülow[557], por Muscheler/Bloch[558] e por Wieling[559], entre outros[560]. Desta feita, sublinha-se que o cumprimento não é identificável enquanto tal, se não se tiver em conta o seu sentido final ou a sua função.

VII. Por fim e de acordo com a enumeração proposta, temos a teoria do acordo de escopo (*Zweckvereinbarungstheorie*), apresentada por Ehmann[561], por Rother[562] e por Weitnauer[563], também entre outros[564]. Na formulação do primeiro dos citados autores, o cumprimento não é um contrato, mas antes um acordo negocial das partes, relativo ao escopo da prestação[565].

[554] Joachim Gernhuber, *Die Erfüllung und ihre Surrogate* cit., 2.ª ed., 103 ss.; a 1.ª ed. é de 1983.

[555] Volker Beuthien, *Zuwendender und Leistender*, JZ 1968, 323-327 (323/I) e *Zweckerreichung und Zweckstörung im Schuldverhältnis* (1969), XXIV + 331 pp., 6 ss., 282 ss..

[556] Ulrich Seibert, *Erfüllung durch finale Leistungsbewirkung* (1982), XXI + 147 pp., 40 ss. e *passim* e 147 (conclusão).

[557] Peter Bülow, *Grundfragen der Erfüllung und ihrer Surrogate*, JuS 1991, 529-536 (531/I): a vontade exteriorizada do devedor é necessária para se saber o que ele pretendeu e a que obrigação imputar a sua atuação.

[558] Karlheinz Muscheler/Wolfgang E. Bloch, *Erfüllung und Erfüllungssurrogate*, JuS 2000, 729-740 (731-732).

[559] Hans Wieling, *Empfängerhorizont: Auslegung der Zweckbestimmung und Eigentumserwerb*, JZ 1977, 291-296 (291).

[560] Gesa Kim Beckaus, *Die Rechtsnatur der Erfüllung* cit., 51 ss., com indicações.

[561] Horst Ehmann, *Die Funktion der Zweckvereinbarung bei der Erfüllung/Ein Beitrag zur causa solvendi*, JZ 1968, 549-556 (553 ss.) e *Ist die Erfüllung Realvertrag?*, NJW 1969, 1833-1837 (1836/II).

[562] Werner Rother, *Die Erfüllung durch abstraktes Rechtsgeschäft*, AcP 169 (1969), 1-33 (32-33).

[563] Hermann Weitnauer, *Die Leistung*, FS Ernst von Caemmerer (1978), 255-293 (259), sublinhando que esta orientação já surgia nos grandes romanistas do séc. XIX.

[564] Gesa Kim Beckaus, *Die Rechtsnatur der Erfüllung* cit., 23 ss., com indicações.

[565] Horst Ehmann, *Ist die Erfüllung Realvertrag?* cit., 1836/II.

O retomar desta orientação teve como *occasio* imediata a decisão do BGH de 27-fev.-1967, onde se discutia o seguinte[566]: um comprador que devia ao vendedor diversas quantias por múltiplos fornecimentos de mercadorias, fez um pagamento insuficiente para liquidar todas as dúvidas; verificou-se, ainda, que estavam em causa outros fornecedores, que beneficiavam de reserva de propriedade; não havendo indicações, o BGH optou pela aplicação do § 366 do BGB, relativa à imputação do cumprimento, funcionando perante vários devedores.

VIII. Nas literaturas latinas, a discussão em torno da natureza do cumprimento seguiu vias paralelas, ainda que menos analíticas[567].

Uma primeira tendência, considerada tradicional[568], entendia o cumprimento como um negócio de tipo contratual. Para tanto, fazia-se resultar o cumprimento de uma atuação do *solvens*, recebida pelo *accipiens*: desenhar-se-ia, claramente, o nexo contratual. Tal orientação não vingaria: o cumprimento entendido como negócio contratual não abarcava as hipóteses de adimplemento que se traduzissem em meras atuações materiais, nem os tipos de cumprimentos que não requeressem qualquer atuação do credor[569].

O cumprimento viu, assim, negada a sua natureza contratual, sendo apresentado como um negócio unilateral e, depois, como um ato unilateral. Esta última opinião tem recebido, por exemplo, os sufrágios de Nicolò[570] e de Giorgianni[571]; de um modo geral, a doutrina é sensível ao argumento de que o acto-cumprimento careceria de liberdade normativa.

Não têm, contudo, faltado orientações que defendem o cumprimento como simples facto jurídico e doutrinas ecléticas.

566 BGH 27-fev.-1967, BGHZ 47 (1967), 168-172 (171) = JZ 1967, 363-364 = = NJW 1967, 1223 (1223/II) = WM 1967, 395-397 (395/II) = DB 1967, 632-633 = BB 1967, 432-433.

567 Adriano Vaz Serra, *Do cumprimento como modo de extinção das obrigações* cit., 10 ss., com largas transcrições de Enneccerus/Lehmann e de Heck. *Vide* Carmelo Scuto, *Sulla natura giuridica del pagamento*, RDComm XIII (1915) 1, 353-373 (355 ss.).

568 Michele Giorgianni, *Pagamento* cit., 329; Nicolò, *L'adempimento* cit., 556; Ludovico Barassi, *La teoria generale delle obbligazioni*, III (1964), 35.

569 Pense-se nas obrigações de *non facere*.

570 Rosario Nicolò, *Adempimento* cit., 558.

571 Michele Giorgianni, *Pagamento* cit., 330; Alberto Mussatti, *Note sul concetto di adempimento*, RDComm XIII (1915) 1, 677-680 (679), para quem o cumprimento só secundariamente seria um contrato.

## 68. Funcionalidade, diferenciação e conceito-quadro

I. A doutrina alemã mais recente parece aderir à teoria da realização efetiva da prestação[572], tomada, por Beckaus, como um negócio unilateral de cumprimento[573]. Digamos que ela constitui um máximo denominador comum de todos os tipos de cumprimento. E assim sendo, podemos recuperar a ideia defendida na 1.ª edição do presente IX volume do *Tratado*: o cumprimento é um ato devido[574]. Hoje pensamos poder ir mais longe.

II. O cumprimento tem um sentido finalístico: ele visa ou integra o escopo da própria obrigação[575]. De certo modo, confunde-se com ela. Por isso o cumprimento afeiçoa, à prefiguração do momento em que se vai concretizar, toda uma teia de prestações secundárias e de deveres acessórios que – sabemos hoje – conferem o essencial da consistência às obrigações.

O cumprimento dá corpo ao programa de realização do interesse do credor. Não é um evento pontual, que ponha termo a uma obrigação: antes um roteiro complexo que, desde o início, interfere na configuração do vínculo.

III. A ordenação funcional[576] do cumprimento deve ser balanceada entre os dois extremos. Nas obrigações mais simples, ele é vivido como o termo do processo obrigacional. Noutros casos, ele projeta uma geografia complexa tendente à realização do fim da obrigação. Noutras, finalmente, ele dá corpo à própria obrigação, verificando-se em contínuo (obrigações duradouras).

[572] Assim: Rhona Fetzer, no *Münchener Kommentar* cit., II, 7.ª ed., § 362, Nr. 7 (2571); Rolf Stürner, em Jauernig, *Kommentar* cit., 15.ª ed., § 362, Nr. 2 (518); recordamos que, por detrás, está o nome prestigioso de Karl Larenz, *Lehrbuch des Schuldrechts* cit., 1, 14.ª ed., 238 ss..

[573] Gesa Kim Beckaus, *Die Rechtsnatur der Erfüllung* cit., *maxime* 395-396; *vide*, aí, 369 ss. e 386 ss..

[574] *Tratado* IX, 1.ª ed., 28.

[575] Walter Zeiss, *Leistung, Zuwendungszweck und Erfüllung*, JZ 1963, 7-10; Horst Ehmann, *Die Funktion der Zweckvereinbarung bei der Erfüllung/Ein Beitrag zur causa solvendi*, JZ 1968, 540-556; Volker Beuthien, *Zweckerreichung und Zweckstörung im Schuldverhältnis* (1969), XXIV + 331 pp. (281 ss.). Por isso, a realização da prestação fora da perspetiva do cumprimento pode originar enriquecimento sem causa.

[576] *Vide*, além da literatura citada, Sascha Beck, *Die Zuordnungsbestimmung im Rahmen der Leistung* (2008), 134 ss..

Verdadeiramente: a precisa função do cumprimento varia consoante o concreto tipo de obrigação em jogo. Apenas num plano de abstração elevado poderemos lidar com o fenómeno, no seu conjunto.

Tudo visto: consideramo-lo, hoje, como um espaço problemático autónomo ou, se se quiser, como um instituto capaz de sofrer concretizações distintas.

IV. As diversas teorias historicamente surgidas para explicar o cumprimento são úteis: facultam ângulos diversos da realidade em jogo. E *prima facie*, todas detêm uma parcela de verdade. Com efeito:

- alguns cumprimentos exigem um acordo posterior específico entre as partes: pense-se no contrato-promessa; o mesmo sucede, ainda que de modo menos assumido, quando esteja em causa o cumprimento de obrigações complexas, que exija ajustes entre as partes: empreitadas, consórcios, situações de distribuição, sociedades e múltiplas hipóteses comerciais;
- noutros, o devedor tem uma margem de decisão, que exerce por negócio unilateral: assim sucede com a concentração nas obrigações genéricas (539.º), com a escolha nas alternativas (543.º/2) e com a faculdade alternativa de pagar usando moeda com curso legal (558.º/1), entre outras situações;
- a prestação pode ser determinada em cada momento pelo credor (prestação de serviço subordinado, tipo trabalho) ou, inversamente, pelo próprio devedor (serviço com autonomia técnica);
- normalmente e nos casos mais simples, a mera realização da prestação integra o cumprimento;
- a prestação tem, sempre, uma dimensão finalística: tanto maior quanto mais complexas forem as operações envolvidas no cumprimento;
- num cumprimento, designadamente complexo, as partes têm de se entender quanto ao escopo das operações que realizem: no sentido de elas visarem um determinado cumprimento.

V. Este enunciado deixa entender que uma teoria unitária do cumprimento não pode esquecer as diferenciações em jogo. Podemos distinguir, *grosso modo*:

- obrigações materiais diretas: o cumprimento contenta-se com a realização da prestação; ficam envolvidas obrigações de *dare* simples, de *facere* que dispensem atuações do *accipiens* e de *non facere*;

- obrigações de conduta jurídica: a sua execução envolve os atos previstos, com ou sem margem de decisões, por parte do devedor;
- obrigações que envolvem uma margem de decisão do *solvens*: há negócio, dada a liberdade de estipulação;
- obrigações mistas: combinam os elementos indicados.

VI. No termo deste périplo, resta considerar o cumprimento como um conceito-quadro. Ele exprime as condutas devidas por via da obrigação de cujo cumprimento se trate, condutas essas que podem variar, na sua natureza, *ad infinitum*, em função do que esteja em jogo.

## 69. Integração sistemática

I. O longo episódio do debate sobre a natureza do cumprimento recorda o *continuum* do ordenamento. Para efeitos de análise, é possível isolar o cumprimento, separando-o da obrigação a que respeite e abstraindo das concretas operações que envolva. Nessa base, porém, não se consegue alcançar um resultado fecundo.

II. De acordo com a técnica das codificações continentais, o Código Civil dá-nos elementos incompletos, tecidos pela História e pelos sortilégios culturais. Esses elementos, em conjunto com os diversos dados do ordenamento, permitem, ao intérprete-aplicador, apontar os modelos de decisão que se imponham.

CAPÍTULO IV

# A *CULPA POST PACTUM FINITUM*

## § 16.º A PÓS-EFICÁCIA: PROBLEMA E EXPLICAÇÃO GERAL

### 70. **Generalidades; as exigências práticas**

I. De acordo com a conhecida descoberta de Jhering, antes de concluído um contrato, poderia haver deveres a observar pelas partes, sob pena de responsabilidade: temos a *culpa in contrahendo*. Desta feita, verificar-se-ia uma sua projeção simétrica: depois de extinta a relação obrigacional e tendo, nesse sentido nuclear, cessado o contrato, ainda se manteriam determinados deveres, para as partes. São os deveres pós-eficazes, podendo o inerente instituto ser globalmente denominado *culpa post factum finitum*[577]. O tema é conhecido, como abaixo melhor será explicado; todavia, na literatura atual, ele mantém referências breves, ainda que elucidativas[578].

II. À semelhança do que sucedeu com as manifestações de paracontratualidade já estudadas[579], a pós-eficácia ou *culpa post factum finitum* não deriva de uma criação racional e voluntarística do Direito. Antes se verificou que determinados problemas práticos, após algumas hesitações,

[577] Sobre o tema *vide* os nossos *A pós-eficácia das obrigações* (1981, publ. 1984) = *Estudos de Direito civil* 1 (1994, 2.ª reimp.), 143-197 e *Da boa-fé*, 625-631. A *culpa post pactum finitum* é, muitas vezes, referida pelas suas iniciais: cppf.

[578] P. ex.: Roland Schwarze, no *Staudingers Kommentar, §§ 255-304 (Leistungsstörungsrecht* 1) (2014), § 280, C 19 (496) e C 63 (512); Dirk Olzen, *Staudingers Kommentar §§ 362-396 (Erfüllung, Hinterlegung, Aufrechnung)* (2011), § 362, Nr. 3 (64-65).

[579] *Tratado* VII, 645 ss..

obtinham saídas equilibradas à luz do que depois se convencionou ser um instituto autónomo. Recordemos algumas decisões emblemáticas.

*RG 5-out.-1939*: a autora comprara ao réu um terreno para construção; nos preliminares, fora assegurado que não haveria novas construções na vizinhança, designadamente para não estragar uma bela vista sobre um monte; nessa base, a autora constrói uma moradia dispendiosa, no local adquirido; todavia, uma vez consumada a situação, o réu adquire o espaço mediante, obtém a alteração do plano de urbanização e procede a edificações que prejudicam as vistas da autora sobre o apetecível monte; o contrato de compra e venda era omisso quanto a quaisquer deveres de preservar as vistas; a autora, sentindo-se prejudicada, demanda o réu em indemnização condigna; o *Reichsgericht*, decidindo contra as instâncias, dá-lhe razão[580].

*BGH 14-dez.-1954*: a autora dedica-se ao comércio, por grosso, de casacos de pele, de modelo expressamente concebido pelos réus, na base de um desenho encomendado; os réus cumprem; do contrato concluído, não resultava nenhuma cláusula de exclusivo ou de não-concorrência; posteriormente, os réus propõem e fornecem, sem o consentimento da autora, a uma entidade concorrente, o mesmo modelo de casaco; a autora demanda os réus, alegando prejuízos sofridos com a concorrência: ganha na 1.ª instância, perde na apelação e ganha na revista[581].

*BGH 14-out.-1958*: o réu tem a seu cargo a exploração de um hotel; para colocar nas respetivas salas adquire, à autora, alcatifa; esta é colocada por uma entidade terceira; passados dias, surgem manchas, por falhas técnicas na operação de colagem; o réu retém o preço; demandado pela autora, obtém ganho de causa no tribunal de revista, isto é no *Bundesgerichtshof*[582].

Estas situações podem ser corretamente resolvidas com base em diversos institutos. Para o caso, retemos o entendimento básico: apesar de os respetivos contratos terem cessado e de, pelo cumprimento, terem desaparecido as prestações principais, ocorrem certos deveres, de tipo obrigacional, que se mantiveram e que devem ser cumpridos.

[580] RG 5-out.-1939, RGZ 161 (1939), 330-341 = DR 1940, 246-248, anot. Karl Larenz, *idem*, 249 (curiosamente) desfavorável.

[581] BGH 14-dez.-1954, BGHZ 16 (1955), 4-12 (4-5).

[582] BGH 14-out.-1958, DB 1958, 1324.

## 71. A doutrina e a sua evolução

I. Feita a apresentação prática da *culpa post pactum finitum*, cabe estudar a doutrina surgida em torno das suas manifestações.

Na origem, encontramos decisões dos anos 20 do século passado. Anteriormente, os tribunais já haviam sido confrontados, com a eventual existência desse fenómeno. Rejeitaram-na, porém. Em 1910 decidiu-se que, findo um contrato de locação, o antigo locador não está obrigado a tolerar a presença de um letreiro indicativo do novo consultório do inquilino, na ocorrência um médico[583]. Em 1912 decidiu-se que, terminado um contrato de prestação de serviço, o empregador não fica contratualmente obrigado a fornecer indicações sobre o antigo empregado; tão-pouco se admitiu a existência, nesse sentido, de um uso[584]. Mas, em 26-set.-1925,

[583] *Kammergericht* 11-jan.-1910, DJZ 1910, 1412. A fundamentação aí mencionada refere apenas que, depois de consultadas as autoridades competentes, se apurou a inexistência de um uso, em Berlim, nesse sentido. Porém, a decisão no caso das vistas cita o dever de tolerar o letreiro indicativo da mudança de residência do antigo inquilino como exemplo de pós-eficácia (RGZ 161, 338): isso transformou o caso em exemplo de escola, em numerosos comentários e manuais. No LG Altona 10-mar.-1933, LZ 1933, 873, admite-se a existência do dever em causa, com base nos usos do tráfego. Sobre a evolução jurisprudencial na matéria: Karl-Wilhelm Christensen, *Verschulden nach Vertragsende (Culpa post pactum finitum)* (1958), 51-53.

[584] RG 18-nov.-1912, JW 1913, 195. Segundo Christensen, ob. cit., 43, foi esta a primeira vez que o RG foi confrontado com a cppf. A decisão negativa aí encontrada foi criticada por Titze, referido em Karl-Wilhelm Christensen, cit., 8. A orientação então definida pelo RG foi mantida pelo depois criado *Reichsarbeitsgericht* (RAG) ou Tribunal (Supremo) do Trabalho do *Reich*: em RAG 13-jun.-1928, ARS (1928), 61-65, decidiu-se, também, pela inexistência do dever em causa (ob. cit., 62), numa posição corroborada por RAG 21-mar.-1936, ARS (1936), 256-259, onde se diz, nomeadamente: "Tais pós-efeitos do contrato que, sem referência a um acordo especial, nasceriam com a conclusão do contrato, não podem ser reconhecidos" (ob. cit., 258). Esta sentença mereceu uma anotação crítica de Hueck – ARS (1936), 262-265 – segundo a qual a existência de pós-efeitos seria "inteiramente possível" (ob. cit., 262). A jurisprudência do RAG só foi revista em RAG 13-mai.-1940, ARS (1941), 145-151, mas em termos curiosos; resolveu-se aí que, no Direito anterior a 1934, não haveria pós-eficácia: a essa luz decidiu o litígio aí em causa; pelo contrário, para o período posterior a 1934, a sentença do RAG deixa em aberto a possibilidade da cppf (ob. cit., 149). Em anotação de Hueck – ARS (1941), 151-152 – aplaude-se essa alteração, embora se defenda que já antes de 1934 a pós-eficácia devia ser reconhecida. O dever de informação debatido em toda esta jurisprudência não deve confundir-se com a obrigação, a cargo do empregador, de passar um certificado, finda a relação de serviço, e que expressamente vem consagrada no § 630 BGB.

ao decidir que, depois de consumada uma cessão de créditos, o cedente continua obrigado a não tolher a posição do cessionário, o *Reichsgericht* dá base à nova doutrina[585], reforçando-a, a 3-fev.-1926, com nova decisão pela qual, expirado um contrato de edição, o titular do direito de publicação fica obrigado a não fazer concorrência ao editor, procedendo à feitura de novas edições, antes de esgotadas as anteriores[586].

II. Apesar destes êxitos iniciais, não pode falar-se, com justeza, numa consagração jurisprudencial firme da cppf. Por um lado, sempre lhe faltou um apoio doutrinário sério, minimamente semelhante ao concedido a outras criações jurisprudenciais da época como, por exemplo, o de Jhering e o de Leonhart, à *culpa in contrahendo*, o de Nipperdey e o de Oertmann, à alteração das circunstâncias ou o de Staub e o de Stoll, à violação positiva do contrato. Por outro, os tribunais foram relativamente pouco solicitados sobre esse problema[587]. Manteve-se, aliás, uma certa contradição de julgados: em

[585] RG 26-set.-1925, RGZ 111 (1926), 298-305 = JW 1926, 981-983. Disse então o RG: "Da particularidade de um contrato (negócio causal) dirigido à venda de um crédito (ou de outro direito) deriva uma obrigação do vendedor pela qual, para além do cumprimento imediato – através da execução da cessão efetuada – ele ainda também permanece contratualmente responsável, no âmbito do prosseguimento de uma pretensão de cedência" (RGZ 111, 302). Em anotação, Paul Oertmann, JW 1926, 982, n.° 1, pronuncia-se, neste ponto, favoravelmente, embora sem isolar o fenómeno da pós-eficácia: para Oertmann não teria havido um cumprimento integral, subsistindo, ainda, deveres acessórios contratuais por cumprir. RG 26-jan.-1926, RGZ 112 (1926), 373-378, um tanto na linha da acima referida, considera, também numa cessão de créditos, que os deveres contratuais do cedente não podem, de antemão, ser limitados a uma mera transferência do direito. Não se menciona, aí, expressamente, a cppf. A eventualidade de pós-eficácia na cessão é discutida ainda hoje.

[586] RG 3-fev.-1926, RGZ 113 (1926), 70-78. O litígio aí decidido opôs os herdeiros de Flaubert a uma editora, tendo por causa a publicação das obras do poeta e escritor francês, em língua alemã. Decidiu-se, nomeadamente "Este contrato foi cumprido de ambos os lados (...). Só que também depois do cumprimento, segundo o dever de lealdade derivado dos usos do tráfico dominado pela boa-fé e da própria essência do contrato de prestação de serviços podem continuar a existir vinculações, A elas pertence (...) no contrato de publicação, a vinculação do titular do direito de não fazer concorrência ao editor" (RGZ 113, 72). Nesta decisão parece citar-se, em apoio, autores anteriores: Dernburg e von Gierke. Mas não: Dernburg, *Die Schuldverhältnisse nach dem Rechte des Deutschen Reichs und Preussens*, 2, 4.ª ed. (1915), § 306, II (480-481), explica apenas que da relação de serviço ou de trabalho emerge um dever de lealdade e Otto von Gierke, *Deutsches Privatrecht/ /Schuldrecht* (1917), § 199, IV, 3 (610), faz outro tanto.

[587] Haverá, a nível de RG e BGH, pouco mais de duas dezenas de decisões que envolvam, ainda que implicitamente, a cppf, em mais de setenta anos de existência prática da doutrina, o que é considerado insignificante, no panorama da jurisprudência alemã.

1931, o RG pronunciava-se contra a admissão de pós-efeitos do contrato de compra e venda[588], numa posição só revista dois anos depois[589]. Outro sintoma de fraqueza menos relevante, na prática, mas não menos significativo, numa perspetiva científica, está na não utilização, por parte das decisões que admitem fenómenos de pós-eficácia, de uma linguagem claramente remissiva para a cppf, como doutrina ou como princípio. Sirvam de exemplo os três casos escolhidos para a apresentação: apenas no mais antigo – o das vistas – se refere, expressamente, a ocorrência de pós-eficácia; nos outros dois, sem prejuízo da solução de fundo, recorre-se a outros lugares de argumentação[590]. Esta ausência de uma fundamentação nítida é uma constante de quase todas as decisões citadas na doutrina em abono da cppf, até hoje[591].

III. As dificuldades congénitas da cppf confirmam-se a nível da doutrina. Os escritos debruçaram-se sobre ela, inicialmente, a propósito de deci-

[588] RG 16-mai.-1931, JW 1931, 2904-2906; *vide infra*, nota 594.

[589] RG 5-jan.-1933, Seufferts Archiv 87 (1933), Nr. 127, 239-243. Decidiu-se aí: "(...) é de considerar que também os deveres contratuais do vendedor de um prédio não se esgotam na tradição e na transmissão da propriedade. O vendedor tem igualmente uma vinculação acessória baseada nos §§ 157 e 242 BGB de deixar uma posse não perturbada" (ob. cit., 241).

[590] Diz Mohnen, *Nachwirkungen des Arbeitsverhältnisses*, RdA 1957, 367, a propósito da eficácia continuada do dever de assistência no Direito do trabalho – um dos mais fortes bastiões da cppf – "a jurisprudência não se tem esforçado por encontrar uma bitola, apenas esclarecendo *ex cathedra* que determinado dever singular é uma manifestação de pós-eficácia". Resta acrescentar que, na jurisprudência civil, normalmente, as sentenças limitam-se a admitir um certo efeito que os comentadores, em face das circunstâncias do caso, constatam ser de pós-eficácia.

[591] P. ex., para além da jurisprudência já referida: BGH 11-fev.-1960, NJW 1960, 718-720 = MDR 1960, 377 (mais resumida) = BB 1960, 305 (só um tópico) (proibição pós-eficaz de concorrência); BGH 6-nov.-1963, NJW 1964, 351-352 = MDR 1964, 115 = = BB 1964, 15-16 (proibição, também, de concorrência pós-eficaz); AG München 6-mai.-1970, NJW 1970, 1852-1853 = BB 1971, 62 (obrigação pós-eficaz de fornecimento de peças sobressalentes); LG Lindburg 17-jan.-1979, NJW 1979, 607-608 (dever pós-eficaz do médico em fornecer certa documentação); noutros casos, as decisões judiciais referem expressamente o fenómeno como sendo de pós-eficácia, não o reconduzindo, contudo, a qualquer princípio geral de cppf; assim: BGH 13-jun.-1956, BB 1956, 853 (apenas o sumário) (dever pós-eficaz de reintegração de trabalhador despedido por suspeita grave, depois afastada); BGH 27-fev.-1975, VersR 1975, 612-614 (pós-eficácia da relação de serviço); BGH 20-mai.-1975, NJW 1975, 1655-1657 (dever pós-eficaz do advogado de dar certas indicações ao ex-constituinte).

sões judiciais[592]. Titze critica a decisão de 18-nov.-1912 que negou o dever contratual do empregador dar informações genuínas sobre o antigo servidor, depois de terminado o contrato de serviços[593]; Oertmann aplaude a pós-eficácia judicialmente reconhecida em relação à cessação de créditos[594]. Matthiessen critica o não reconhecimento da pós-eficácia na relação de compra e venda[595]. Os anotadores estão de acordo quanto à conclusão final defendida: reconhecem a necessidade jurídica de aceitação de uma qualquer cppf. Mas falta, patentemente, uma fundamentação teórica coerente e unitária. Sob o signo da dispersão, as referências a casos de pós-eficácia foram surgindo em comentários e obras gerais, a propósito de disposições legais que, de alguma forma, a pressupõem. Muitas vezes não há, porém, qualquer referência expressa[596].

IV. A doutrina somente transcendeu, no tocante à cppf, o mero comentário jurisprudencial, na década de trinta do séc. XX. Em 1935, Herschel refere, com generalidade, a pós-eficácia e procura fundamentá-la no que

[592] Foi, porém, possível localizar no pequeno escrito de Paul Krückmann, *Etwas aus der Praxis und für die Praxis*, JW 1917, 576-577, uma referência anterior. Krückmann defende aí a existência de um dever geral de informação, a cargo de cada uma das partes no contrato, respeitante a tudo o que, sendo significativo, a outra parte não soubesse. Afirma, de seguida, a pós-eficácia desse dever, apoiando-se nas regras legalmente prescritas para o mandato e para a procuração (ob. cit., 577/II).

[593] JW 1913, 195. *Vide supra* nota 584. A crítica de Titze, já referida, e citada por Christensen.

[594] JW 1926, 982: anotação a RG 26-set.-1925; *vide supra* nota 585.

[595] JW 1931, 2905: anotação a RG 16-mai.-1931, citado *supra* nota 588, segundo a qual "o vendedor que cumpriu a vinculação, fundada no contrato, de proporcionar ao comprador a posse e a propriedade, através da entrega de conhecimentos a ele endossados, não tem mais nenhum dever contratual a cumprir". Diz Matthiessen, depois de citar RGZ 111, 303: "O vendedor não devia, por seu turno, apesar de ter entregue os conhecimentos, impedir o fornecimento definitivo da mercadoria. Isso vai de encontro ao sentido e escopo do contrato e surge como violação positiva do contrato".

[596] Faltam, por exemplo, referências expressas à cppf em: Kress, *Schuldrecht* (1929); Leonhard, *Schuldrecht* (1929); Heck, *Schuldrecht* (1929); Fülster, *Schuldrecht*, 1, 3.ª ed. (1930); Titze, *Schuldrecht*, 4.ª ed. (1932); Siber, *Schuldrecht*, (1931); Höhn, *Schuldrecht* (1934). Mesmo posteriormente, faltam referências em Hedemann, *Schuldrecht*, 3.ª ed. (1949), Schmidt, *Schuldrecht-Grundzüge*, 2.ª ed. (1953) e Molitor, *Schuldrecht*, 8.ª ed. (1965), ao passo que em Enneccerus/Lehmann, *Recht der Schuldverhältnisse* cit., 15.ª ed., § 55, I, 1 (234), surge uma brevíssima e incidental referência, a propósito da violação positiva do contrato.

chama de "vitória do pensamento comunitário no Direito"[597]. No ano seguinte, Elger procede ao primeiro levantamento geral das disposições legais que, no Código Civil alemão, consagrariam referências à cppf[598]. Seguir-se-lhe-ia, pela pena de Heil, uma ponderação global do fenómeno, no Direito do trabalho[599]. No período da guerra e ainda pelo prisma laboral, o assunto foi retomado por Kalberlah[600]. Estes estudos não podem, contudo, ser interpretados como uma consagração doutrinária do instituto: Herschel, Heil e Kalberlah situam-se, praticamente, no âmbito do Direito do trabalho e estão presos a uma conceção do Direito bastante limitativa[601]. Elger, por seu turno, chega a resultados muito modestos: para além de alinhar disposições legais, este autor não tenta, sequer, um reagrupamento ou classificação das situações encontradas; tão-pouco ensaia a descoberta de princípios ou regras comuns que, em conjunto, dessem corpo a uma doutrina da cppf. E quando surgiu RG 5-out.-1939 – o caso das vistas – que, ainda hoje, é o marco judicial mais claro da pós-eficácia, incorreu logo em anotação desfavorável de Larenz, precisamente no aspeto atinente à cppf, como justificação[602].

V. A década de cinquenta do século XX foi, nas devidas proporções, o período áureo da cppf. Surgem então as teses de Kull[603], Knorr[604], Chris-

[597] Wilhelm Herschel, *Verschulden nach Vertragslösung/Zugleich ein Beitrag zur Frage des für die Kündigungsbeurteilung messgeblichen Zeitpunktes*, ArbeitsR und Volkstum 17 (1935), col. 1-9.

[598] Herman Elger, *Nachwirkungen nach Ende des Rechtsverhältnisses im BGB* (1936), 29 pp..

[599] Willi Heil, *Die Nachwirkungen der Treupflicht der Arbeitsverhältnis* (1937), 55 pp., com a bibliografia.

[600] Kurt Kalberlah, *Das Fortwirken der Fürsorgepflicht des Unternehmers über das Ende des Beschäftigungsverhältnisses hinaus*, DAR 1941, 59-61 e *Das Fortwirken der Treuepflicht des Gefolgsmannes über das Ende der Beschäftigungsverhältnis hinaus*, DAR 1942, 112-113.

[601] A conceção comunitário-pessoal, abaixo referida.

[602] DR 1940, 249.

[603] Bruno Kull, *Die Grundlagen, Grenzen und Nachwirkungen der arbeitsrechtlichen Treu- und Fürsorgepflicht*, s/d, 105 pp., com bibliografia. A análise da doutrina e da jurisprudência aí citadas permitem fixar a data de 1953 como provável.

[604] Johannes Knorr, *Die Nachwirkungen der Fürsorgepflicht des Arbeitgebers* (1953).

tensen[605], Kreyenberg[606] e Käuffer[607] e os artigos de Greulich[608], Mohnen[609] e Mavridis[610] a que se deve acrescentar, mais tardiamente, a tese de Ernst[611] e os artigos de Moos[612] e Monjau[613]. Estes estudos tiveram, porém, repercussão escassa e são pouco citados, mesmo no seu país de origem. Acresce ainda que Kull, Knorr, Käuffer, Mohnen, Mavridis, Ernst, Moos e Monjau tocam a questão, primordialmente apenas, no âmbito do Direito do trabalho[614].

Posteriormente, há a registar as teses de Ramm[615] Schwarze[616] e Emmermann[617] e os artigos de Molitor/Söllner/Meyer[618], Zöllner[619], Strätz[620] e von Bar[621]. Destes autores, os três que não se cingem ao Direito do trabalho – Ramm, Stritz e von Bar – tomam significativamente, embora

[605] Karl-Wilhelm Christensen, *Verschulden nach Vertragsende* cit..

[606] Joachim Peter Kreyenberg, *Nachwirkungen von Verträgen* (1958), 135 pp..

[607] Josef Käuffer, *Die Vor- und Nachwirkungen des Arbeitsverhältnisses* (1959), 107 pp..

[608] H. Greulich, *Nachwirkungen bei Lieferverträgen*, BB 1955, 208-211.

[609] Heinz Mohnen, *Nachwirkungen des Arbeitsverhältnisses*, RdA 1957, 361-368 e 405-411.

[610] Vassili Mavridis, *Vor- und Nachwirkungen der Fürsorgepflicht im Arbeitsrecht*, AuR 1957, 225-230.

[611] Bernd Ernst, *Der Schutz des Betriebsgeheimnisses nach Vetragsende* (1961), 98 pp..

[612] Peter Moos, *Nachwirkende Vertragspflichten der Arbeitsverhältnissen*, RdA 1962, 301-307.

[613] H. Monjau, *Nachwirkende Treuepflichten*, BB 1962, 1439-1442.

[614] É de notar que as teses de Kull e de Kreyenberg não foram publicadas mas, apenas, datilografadas, sendo de consulta difícil; a de Christensen existe somente em exemplares stencilados, também de difícil localização. Ainda hoje, contudo, estas três obras são, reconhecidamente, o que de mais completo existe sobre a cppf.

[615] Peter Ramm, *Fortwirkung von Verträgen insbesondere von Lieferverträgen* (1965), 117 pp..

[616] Klaus Schwarze, *Inwieweit sind Nachwirkungen eines privaten Arbeitsverhältnisses anzuerkennen?* (1966), 105 pp..

[617] Axel Emmermann, *Die Nachwirkungen des Arbeitwerhältnisses* (1973), 135 pp..

[618] Erich Molitor/Alfred Söllner/Jürgen A. E. Meyer, *Nachwirkung des Arbeitsvertrages*, ArbRB1, D. Arbeitsvertrag-Arbeitsverhältnis X (1969).

[619] Wolfgang Zöllner, *Die vorvertragliche und die nachwirkende Treue- und Fürsorgepflicht im Arbeitsverhältnis*, em Theodor Tomandl (pub.), *Treue- und Fürsorgepflicht im Arbeitsrecht* (1975), 91-106.

[620] Hans-Wolfgang Strätz, *Über sog. Nachwirkungen des Schuldverhältnisses*, FS Friedrich Bosch (1976), 999-1013.

[621] Christian von Bar, *"Nachwirkende" Vertragspflichten*, AcP 179 (1979), 452-474.

em medida diferente, posições críticas face a eventuais fenómenos de pós--eficácia. A cppf vive hoje acantonada em breves referências feitas em obras gerais de Direito das obrigações e de Direito do trabalho. É, também, lugar comum quase obrigatório nos comentários legislativos[622].

VI. A dispersão dos estudos voltados para a cppf e das decisões judiciais que a consagram não permite uma periodização do seu desenvolvimento. Fica apenas uma linha geral: fundada pela jurisprudência, a doutrina da pós-eficácia concitou um certo número de estudos monográficos pouco divulgados; logrou, contudo, um lugar modesto em comentários legislativos e nalgumas obras gerais de Direito das obrigações e de Direito do trabalho. Outro sintoma de fraqueza está em que a cppf mal conseguiu passar as fronteiras da Alemanha[623]. Deve-se este estado de coisas ao infundado de tal doutrina, à insuficiência do desenvolvimento por ela alcançado ou à sua desnecessidade, por ser, com vantagem, substituível por outros institutos? Vamos ver.

## 72. **Fundamentação inicial; o recurso à lei**

I. O panorama geral da evolução da cppf deixa adivinhar dificuldades na ordenação, em tendências, das fundamentações esparsas que a doutrina e a jurisprudência lhe vêm apontando. Com essa prevenção, tem-se procurado basear a pós-eficácia:

- na consagração legal e na analogia;
- na natureza específica de certas relações jurídicas;
- na boa-fé e nas suas concretizações.

Estas fundamentações não são, rigorosamente, incompatíveis entre si. Surgem, ainda, quer insuficientemente caracterizadas, quer mescladas em formulações que dificultam um diagnóstico claro. Por isso, torna-se com frequência necessário dar, delas próprias, uma noção mais clara, antes de as submeter às luzes da Ciência do Direito atual. Vamos ver a primeira

[622] Por último, como exemplo: Dirk Olzen, no *Staudingers* II (2009), cit., § 241, Nr. 47 (144) e Hans Jörg Otto, no *Staudingers* II (2009) cit., § 280, Nr. 15 (448).

[623] Carlos Mota Pinto, *Cessão da posição contratual* (1970), 354-355 e notas, que dá conta do escasso desenvolvimento alcançado pela cppf em Itália e em França.

teoria; as duas outras são mais técnicas e justificam uma sistematização própria.

II. A via mais simples para a fundamentação da cppf é a da defesa da sua consagração legal[624]. Assim sucede na procuração. A procuração extingue-se por renúncia do procurador, por extinção da relação de base ou por revogação – artigos 265.°/1 e 2; neste último caso, porém, a extinção não pode ser oposta a terceiro quando não se prove que este dela tinha conhecimento, aquando da celebração do negócio – artigo 266.°/1 – e, nos dois primeiros, ao terceiro que, sem culpa, a ignore – artigo 266.°/2. Não estando em dúvida a efetiva eficácia extintiva dos factos seriados no artigo 265.°/1 e 2, resta concluir que, por lei, há pós-eficácia da procuração. Outro exemplo é o da obrigação, a cargo do cedente, de entrega de documentos ao cessionário – artigo 586.°: caso este dever não tenha sido acatado no momento da execução do contrato-base da cessão, sobrevive-lhe, naturalmente, até que venha a ser cumprido ou se venha a extinguir, por qualquer outra causa. A compra e venda é chamada, também, à colação: o vendedor está adstrito a avisar o comprador dos vícios que existam na coisa vendida e de que tenha conhecimento, depois de consumada e cumprida a compra e venda. Tal encargo resulta dos artigos 913.° e seguintes. Caducando o mandato por morte, interdição ou incapacidade natural do mandatário, podem ainda resultar dele, para os herdeiros ou, no caso da incapacidade, também para as pessoas que com o mandatário convivam, obrigações de avisar o mandante e de tomar providências adequadas, até que este possa atuar – artigo 1176.°. Não sendo questionável a efetiva extinção do mandato por caducidade há, aqui, pós-eficácia legalmente consagrada[625]. Muito focada é a situação emergente do contrato de casamento: extinto, por divórcio, o casamento, pode subsistir ainda, para os ex-cônjuges, uma série de efeitos, que vão desde o direito ao uso do nome da outra parte até aos alimentos. Perante a eficácia extintiva segura do divórcio (artigo 1788.°), resta con-

[624] Os argumentos a seguir ponderados fundamentavam-se, originalmente, nos correspondentes §§ do Código alemão. A sua convolação para a lei portuguesa não oferece, em regra, dificuldades: recorde-se que o Direito das obrigações é, por excelência, o domínio do raciocínio jurídico, surgindo, nessa medida, como particularmente uniformizado, no âmbito das diversas ordens jurídicas de inspiração romano-germânica.

[625] O quadro legal do BGB é diferente, permitindo, no campo do mandato, mais exemplos de pós-éficácia. O Código português é, no entanto, suficientemente ilustrativo.

cluir pela pós-eficácia do casamento. Outra fonte de pós-eficácia, muito referida, reside no contrato de trabalho[626].

III. Cada um destes exemplos – e outros que poderiam ser aqui trazidos – coloca questões próprias e, por vezes, muito distantes. A procuração pós-eficaz é um caso clássico de tutela da confiança, com base na aparência[627]; o dever do vendedor avisar o comprador da existência de vícios na coisa vendida, a existir, tem de ser derivado de regras gerais, através de processo idóneo de concretização, uma vez que não consta, expressamente, da lei; o dever do cedente entregar certos documentos ao cessionário releva da própria cessão, como efeito normal; a pós-eficácia do mandato é o produto de norma específica destinada a regular uma situação particular; o casamento é um contrato institucional com regras próprias; o contrato de trabalho dispõe de regulação especial destinada a enfrentar uma situação sem paralelo total no Direito das obrigações. Nuns casos, portanto, ocorre um afloramento de princípios gerais, como a tutela da confiança, ao passo que noutros surgem normas claramente excecionais – o mandato; tudo isto se desenrola longe do cenário próprio do Direito da família ou do trabalho. Tanto basta para considerar que as chamadas manifestações legais da cppf não são suscetíveis de reunificação por via da constatação puramente empírica da pós-eficácia, antes devendo ser repartidas e reagrupadas em torno de princípios distintos e, por vezes, bem distantes.

IV. A via do recurso a disposições legais específicas apenas franqueia a porta à indagação singular de casos específicos de pós-eficácia. E ainda aí com dificuldades: havendo disposição legal, expressa e específica, a cominar certos deveres subsequentes à extinção de contrato ou situação similar, a pós-eficácia de situação passada é eficácia (atual) da nova situação presente. Teria, pois de, da cppf, defender-se um sentido meramente descritivo da conexão existente entre a situação posterior à extinção e os seus antecedentes. O interesse doutrinal de tal metodologia é escasso, uma vez que

[626] As diversas leis de trabalho consagram, depois da cessação do vínculo laboral, deveres específicos a cargo das antigas partes.

[627] Claus-Vilhelm Canaris, *Die Vertrauenshaftung im deutschen Privatrecht* (1971), § 5, 1 (32 ss.). Outras tentativas que não invocam a pós-eficácia, podem ser compulsadas em Frank Peters, *Zur Geltungsgrundlage der Anscheinsvollmacht*, AcP 179 (1979), 214-244.

o regime da conexão, irredutível a denominadores comuns, é o emergente, caso a caso, da disposição legal, expressa e específica, que esteja em causa.

## 73. O recurso à analogia

I. A consagração jurídica da cppf através da analogia pode ser tentada por duas vias. Numa delas, parte-se das chamadas consagrações legais específicas da pós-eficácia e ensaia-se a elaboração de um princípio geral: com base nesse princípio, a solução pós-contratual seria aplicável a casos análogos[628]. Na outra, passa-se, diretamente, da *culpa in contrahendo* (cic) para a cppf: tal como existem deveres pré-contratuais, também os haveria depois de extinto o contrato[629].

II. Estas justificações são pouco convincentes. De facto, a consagração legal da pós-eficácia é esparsa e não redutível a um único princípio geral, condição necessária para a *analogia iuris* que daria, à cppf, um sentido generalizador. Por seu turno, a analogia direta a partir da cic – uma enorme passagem de princípio a princípio – tem peso retórico a nível de linguagem: não há analogia, há simetria. As dificuldades técnicas de semelhante passagem, sem mediações complexas, são intransponíveis: é diferente, por essência, a situação de pessoas que se encontram para contratar – e que, nessa medida, têm todas as possibilidades de se prejudicarem e, logo, o dever de não o fazer – da de pessoas que, tendo executado e extinguido contratos antes celebrados, seguem os seus rumos no espaço jurídico[630].

[628] Christian von Bar, *"Nachwirkende" Vertragspflichten* cit., 456.

[629] Já em 1936, Hueck, criticando RAG 21-mar.-1936 que negara a pós-eficácia do dever de informação do empregador, salientou o paralelo com a cic, em abono da sua discordância; cf. ARS, 1936, 262. Trata-se de uma ocorrência comum, quando se refere o tema.

[630] A diversidade de situações entre a cic e a cppf não deixa de ser acentuada pela doutrina mais atenta; p. ex., Christian von Bar, *"Nachwirkende" Vertragspflichten* cit., 453-454. Pode, contudo, ser feita uma aproximação entre a cppf e a cic, em termos substancialmente diferentes, com recurso ao chamado "dever unitário de proteção".

III. Está vedado o caminho fácil de fundar na lei ou em princípios já reconhecidos, diretamente ou por analogia, toda a doutrina da cppf. Esta, a confirmar-se, terá de ser procurada, constitutivamente, noutras latitudes[631].

[631] Sem prejuízo de algumas figuras, suscetíveis de inclusão na cppf em sentido amplo, colherem apoio diretamente em previsões legais – *vide infra* 194 ss.. Fora isso, a cppf ganha uma dimensão normativa, no sentido de possibilitar soluções novas, não se limitando a uma tarefa de requalificação de fenómenos já conhecidos.

## § 17.º EXPLICAÇÕES ESPECÍFICAS PARA A PÓS-EFICÁCIA

### 74. A natureza intrínseca de certas relações jurídicas; a relação laboral

I. Desenvolveu-se com especial vigor, a partir da década de trinta do século XX, uma orientação tendente a justificar a cppf com base na natureza intrínseca de certas relações jurídicas: existiriam situações que, por natureza, produziriam efeitos depois da sua extinção. Por paradigmático, merece menção especial o desenvolvimento de Heil, ocorrido no Direito do trabalho. Havendo relação de trabalho não caberia, como pretendiam os liberais, uma mera permuta entre o trabalho e o salário; pelo contrário, na situação laboral, nasceria uma comunidade empregador-trabalhador que daria corpo a uma relação de tipo pessoal entre ambos, por oposição a uma relação meramente obrigacional (económica)[632]. Ora essa situação de comunidade envolve, por natureza, uma situação mútua de lealdade, com deveres conexos. Os deveres de lealdade não podem, por essência, extinguir-se com a relação de trabalho, antes continuando para além dela. Fundados no que se apresenta como uma realidade mais profunda do que a emergente de mero contrato – a tal comunidade laboral – os deveres de lealdade não estão dependentes do ato formal de extinção do contrato de trabalho, nem da eventual constituição de vínculo concorrente, através da celebração de novo contrato entre o trabalhador e uma entidade empregadora diferente.

II. Apesar do influxo especial no Direito do trabalho, este pensamento não deixou de ser generalizado. Explica Herschel[633] que a "vitória da renovação do Direito alemão" se operara sob o signo do pensamento comunitário, indutor de menor rigidez no pensamento jurídico. O próprio contrato

[632] Menezes Cordeiro, *Da situação jurídica laboral; perspectivas dogmáticas do Direito do Trabalho*, ROA 1982, 97 ss. = separata, 13 ss., com indicações.

[633] Herschel, *Verschulden nach Vertragslösung* cit., 1.

promoveria o aparecimento de uma comunidade entre as partes, que o Direito não poderia ignorar. Essa dinâmica já teria conduzido à consagração da cic: "ela é uma vitória do pensamento comunitário orgânico positivo no Direito, uma vitória sobre o logicismo formalizador, atomizador e padronizador"[634]. A comunidade contratual não pode acabar abruptamente: ela mantém-se depois do encerramento do contrato. A Ordem Jurídica deve ter isso em conta: é a pós-eficácia[635]. Com menos desenvolvimento, não é outro, também, o pensamento de Kalberlah[636].

III. Esta construção radica, claramente, numa orientação jurídica mais vasta. A ideia da existência de relações jurídicas comunitárias e pessoais, intrinsecamente imersas em lealdade mútua, foi desenvolvida por autores germanistas, procurando fundamentá-la no Direito germânico medieval[637]. Durante a década de 20 do século XX, ela filtrar-se-ia no Direito do trabalho, tendo sido aí acolhida como meio idóneo para facultar, a nível de situação jurídica singular, uma clara diversificação perante o Direito das obrigações. Mas outras áreas foram atingidas: o Direito da família é apontado como comunitário-pessoal por excelência e, no seio das próprias relações pacificamente obrigacionais, todo o sector das situações "duradouras" gozaria, em menor ou maior grau, da faculdade de ultrapassar o seu próprio fim. Em construções extremas, como a de Herschel, acima sumariada, todo o fenómeno contratual é implicado.

O regime nacional-socialista aproveitou esta conceção. O *Arbeitsordnungsgesetz* (Lei do Regime do Trabalho) de 20-jan.-1934 ergueu o dever de lealdade à categoria de peça fundamental da relação de trabalho[638]. Ape-

[634] *Idem*, 1-2.

[635] *Idem*, 2.

[636] Kurt Kalberlah, *Das Fortwirken der Fürsorgepflicht des Unternehmers über das Ende des Beschäftigungsverhältnisses hinaus* cit., 59.

[637] É clássico o estudo de Otto von Gierke, *Die Wurzeln des Dienstvertrages*, FS Brunner (1914), 37-68.

[638] Por exemplo, diz Wolfgang Siebert, *Das Arbeitsverhältnis in der Ordnung der nationalen Arbeit* (1935), 100: "Da essência da relação de trabalho como uma relação de participação pessoal dentro da comunidade da empresa resulta que os efeitos da relação de trabalho baseiam-se na relação de lealdade entre as partes. Os efeitos da relação de trabalho consistem, por isso, assim 'apenas' num dever de lealdade mútuo", O autor deriva o direito ao salário desse dever de lealdade (101). Da mesma forma, exprime-se Rolf Dietz, *Die Pflicht der ehemaligen Beschäftigten zur Verschwiegenheit über Betriebsgeheimnisse*, FS Hedemann (1938), 330-350 (330-331): "A relação de trabalho é uma relação de comu-

sar da preversão praticada, deve reconhecer-se que o princípio das relações comunitário-pessoais e da lealdade delas proveniente tinha, à partida, características que facilitaram essa utilização: seria genuinamente alemã, permitiria o repúdio da conceção "logicista" liberal anterior, segundo a qual, na situação laboral, haveria mera permuta de trabalho pelo salário, abriria as portas, pela introdução de elementos fortemente afetivos no raciocínio jurídico, a soluções consideradas elásticas pelo então poder político e facilitaria, também a este nível, uma "pacificação" no quadro da empresa.

A queda do nacional-socialismo não comprometeu esta orientação, embora coarctasse os seus excessos de linguagem. Pode apontar-se uma conferência proferida em 6-nov.-1946, por Hueck, em Munique, como a consagração democrática do dever de lealdade[639] que, como consequência de uma relação comunitário-pessoal, seria de manter[640]. E manter-se-ia: é lugar comum em quase todas as obras gerais de Direito do trabalho, ao longo do século XX, a afirmação da natureza comunitário-pessoal[641] do vínculo laboral, fonte de alegados deveres de lealdade e assistência[642] os quais, por natureza, seriam pós-eficazes[643].

## 75. Crítica; alternativas

I. A elucidação do que possa ser a alegada relação "comunitário-pessoal", mormente na situação jurídica do trabalho, e a ponderação das tentativas feitas para a superar, exigem um desenvolvimento que transcende o tema da cppf. Fique aqui apenas registado que a doutrina laboral numa

nidade entre empresário e empregados. É exclusivamente determinada através da lealdade mútua. O dever de lealdade é, na realidade, o dever primário. Todos os outros deveres derivam dele, contêm-se já, verdadeiramente, nele e são formas de manifestação do dever de lealdade". Na nota (6), Dietz esclarece que quer o dever de pagamento do salário, quer o de prestação de trabalho surgem como concretizações, embora específicas, do dever de lealdade, no quadro da relação de trabalho. Em geral, *vide* o nosso *Da situação jurídica laboral*, 100 ss..

[639] *Der Treuegedanke im modernen Privatrecht* (1947). Muito influenciado por este escrito, no âmbito da pós-eficácia, seria Kull, ob. cit., 43 ss..

[640] Ob. cit., 13.

[641] *Manual de Direito do trabalho*, 93, com indicações.

[642] O "dever de assistência" é a formulação assumida pelo dever de lealdade, a cargo do empregador. Quer o dever de lealdade, quer o de assistência têm, também, sido derivados, direta ou indiretamente, da boa-fé.

[643] Para além das ob. cit., de Herschel, de Heil e de Kalberlah, *vide* Käuffer, ob. cit., 34 e Schwarze, ob. cit., 18.

aproximação ao Direito das obrigações, veio, a partir da década de setenta do século XX, combater, por vários ângulos, o que surgia como dado definitivamente assente na dogmática do Direito do trabalho[644]. A solução desta problemática laboral, seja ela qual for, não é decisiva para a questão posta pela eventual existência da pós-eficácia: por um lado, poder-se-ia, com maior verosimilhança, apontar a presença de relações "comunitário-pessoais", noutras áreas jurídicas – como na do Direito da família – e, assim, derivar aí fenómenos de pós-eficácia[645]; por outro, a defesa da capacidade intrinsecamente geradora de pós-eficácia de certas relações jurídicas tem sido feita a partir de qualidades diferentes das exclusivamente assacadas à situação laboral. Nesta última afirmação, é de englobar o lugar comum da associação de cppf à existência de relações duradouras.

II. A questão deve ser colocada noutros termos. As proposições correntes de que uma relação "comunitário-pessoal", promotora de "íntima ligação" para as partes, e de que a relação duradoura, base de "associação permanente" entre os contraentes, não pode desaparecer abruptamente, antes produzindo efeitos depois da extinção, a apresentar-se – como se apresenta – desta forma, retira, de mera conjunção afetiva, o seu poder convincente. A explicação de tal fenomenologia tem de ser mais rigorosa. Perante ela, o observador fica obrigado a, antes de proclamar a descoberta de cppf, interrogar-se sobre a efetiva projeção das qualidades específicas apontadas nas situações jurídicas em estudo. À partida, só é lícito afirmar que a natureza comunitário-pessoal ou similar de certas relações pode constituir um móbil de política-legislativa suscetível de concitar o Direito a soluções particulares. Como possíveis projeções jurídicas de relações "comunitário-pessoais" entre sujeitos, no que toca à sua eventual pós-eficácia, há a considerar quatro modalidades:

- a constituição de um *status* jurídico permanente não afetado, no seu todo, pela extinção;
- a formação de relações de conteúdo complexo, o qual seria, apenas em parte, atingido pelo fenómeno extintivo;

[644] P. ex., com numerosos antecedentes, *vide* Gilbert Kempf, *"Treuepflicht" und Kündigungsschutz*, DB 1979, 780 ss., *maxime* 793. Com outras indicações, o nosso *Da situação jurídica laboral* cit., 111 ss..

[645] A aproximação, por este prisma, entre a relação de trabalho e o casamento não deixa, aliás, de ser expressamente tentada; assim Heil, ob. cit., 23.

- a existência de previsões normativas específicas que associem, ao cumprimento da relação anterior, novos efeitos;
- o acionar, pela relação, do princípio da boa-fé, em termos bastantes para provocar a apregoada pós-eficácia.

III. A primeira modalidade é clara no Direito da família. Extinto o casamento pelo divórcio – artigo 1788.° – manifestam-se ainda efeitos, nomeadamente, o tocante ao direito ao nome do ex-cônjuge – artigo 1677.°-B/1 – ou à prestação de alimentos – artigo 2016.°. A avaliação conjunta do dispositivo implicado no casamento, pelas suas consequências, permite afirmar a existência de um *status* jurídico de casado. Esse *status* não é totalmente desfeito pelo divórcio; sem prejuízo da efetiva eficácia extintiva do divórcio, o *status* divorciado é diferente do de solteiro. Os pós-efeitos do casamento são efeitos (atuais) do divórcio. E dão-se porque, em abstrato, o Direito conferiu determinado perfil à dissolução de casamento, com independência de cada vínculo conjugal concreto ter, efetivamente, assumido a particular característica "comunitário-pessoal".

A segunda modalidade é clássica nas relações duradouras. Existindo nestas, a nível de conteúdo, vários deveres para as partes, bem pode acontecer que as suas potencialidades pós-eficazes derivem da ilusão ótica de uma extinção global, quando apenas o dever principal foi cumprido, subsistindo os demais até à sua realização.

As terceira e quarta modalidades põem questões conexas com fundamentações já ponderadas ou a ponderar: a pós-eficácia cominada por disposição legal expressa – p. ex., o direito de reocupação, atribuído ao ex-inquilino nas condições do artigo 1103.°/6, *in fine* – e a cppf adveniente da boa-fé e suas concretizações.

IV. A manutenção de *status*[646] jurídicos atuais produtores de efeitos, depois da extinção do facto constitutivo e a deteção de cumprimentos parciais não permitem, sem mais, infirmar, aí, a pós-eficácia: é patente que os efeitos do divórcio e os deveres que sobrevivam ao termo da prestação principal são, de alguma forma, o produto de algo que se extinguiu. E não apenas descritivamente; eles ficam, em permanência, configurados pelo perfil dos factos seus antecessores. Nesta ligação, ainda que ténue, bem poderá estar a essência do que se tem chamado de cppf.

[646] *Status* pertence à quarta declinação: faz o plural em *status*.

Também a pós-eficácia expressamente associada por lei a determinada extinção e aquela que se pretenda derivar da boa-fé e suas concretizações não foram, ainda, em definitivo, decididas.

Certas conclusões são porém imediatas: a existência de *status* cominada por lei não tem a ver, forçosamente, com prévias relações "comunitário-pessoais" (p. ex. o *status* militar); o âmbito do cumprimento em relações complexas mal se liga a situações duradouras; a ocorrência de efeitos associados a situações anteriores pode ser apontada nas mais diversas áreas; a boa-fé é um princípio geral de todo o Direito civil. Em nenhum destes casos se consegue uma projeção jurídica satisfatória da natureza íntima de certas relações, a nível de pós-eficácia. Em todos eles acaba por se encontrar uma problemática própria das obrigações, independentemente da sua natureza.

O desfecho do problema não é incutido pela natureza íntima das relações jurídicas.

## 76. **A boa-fé e as suas concretizações; apreciação**

I. A utilização da boa-fé como forma de justificar a cppf, isoladamente ou em conjunto com outros fundamentos, é lugar comum na maioria das decisões judiciais[647], dos comentários e das obras gerais. Também as monografias lhe são sensíveis.

II. Esta uniformidade exterior esconde, por vezes, variações consideráveis no método e, também, na própria fundamentação subjacente ao

[647] P. ex., as decisões já referidas do RG: 25-set.-1925, RGZ 111 (1926), 298–305 (303) = JW 1926, 981-983 (982); 3-fev.-1926, RGZ 113 (1926) 70-78 (72); 5-jan.-1933, Seufferts Archiv 1933, 239-244 (241); 5-out.-1939, RGZ 161, 330-341 (338) = DR 1940, 246-248 (248); e do BGH: 13-jun.-1956, BB 1956, 853; 14-out.-1958, DB 1958, 1324; 11-fev.-1960, NJW 1960, 718-720 (718) = MDR 1960, 377 = BB 1960, 305; e ainda 28-mai.-1952, NJW 1952, 867 (só o sumário) = JZ 1952, 664 (esta sentença tem a particularidade interessante de afirmar expressamente que o BGH adere à jurisprudência do antigo RG, no tocante à pós-eficácia) e 25-jun.-1973, BGHZ 61 (1974) 176-180 (179) = JZ 1973, 698-699 (698) = MDR 1973, 1000-1001 (1001) = NJW 1973, 1923-1924 (1924) (esta sentença afirmou o dever pós-eficaz de um banco fornecer informações ao beneficiário de um cheque. *Vide*, também, as decisões do OLG Hamburg 29-mar.-1940, DR 1940, 1628-1629 (1628) (pós-eficácia da prestação de serviços, em termos de prestação de informações pelo empregador) e do AG München 6-mai.-1970, NJW 1970, 1852-1853 (1852), já referida.

recurso formal à boa-fé. Deve evitar-se, primeiramente, em nome do rigor jurídico, a menção puramente retórica, a nível de linguagem, da boa-fé: no discurso tendente à justificação da cppf, a boa-fé não deve ser citada apenas como mero arrimo verbal dos passos efetuados ou como simples meio de justificar, a nível de plausibilidade, uma solução baseada noutras latitudes.

A nível dos próprios conceitos, há a considerar:

- a boa-fé como fonte direta de cppf;
- a boa-fé como base de elemento mediador donde deriva a pós-eficácia.

No primeiro entendimento, o âmbito da cláusula geral das obrigações, consagrado, por exemplo, no artigo 762.°/2, permitiria considerar que as partes, também depois da extinção dos contratos, continuariam obrigadas a, por ação ou omissão, velar pela não frustração do escopo prosseguido pelo contrato, com a concomitante não provocação de danos na esfera do outro ex-contraente. Caso contrário, estariam a atentar contra a boa-fé e logo contra as disposições legais que a consagram. No entanto, a querer recorrer-se à boa-fé como elemento jurídico material e não apenas como apoio linguístico, deve reconhecer-se que ela carece, para ser aplicada, de concretização.

III. Na busca de fórmulas concretizadoras está a outra via de fundamentação da cppf, através da boa-fé. Como elementos mediadores, têm sido apontados:

- o princípio da confiança;
- o princípio da lealdade;
- o princípio da proteção.

Por força do contrato estabelece-se, entre as partes, uma relação de confiança. Essa relação de confiança, derivada da boa-fé, constitui as partes em deveres mútuos, nomeadamente tendentes a não permitir defraudar a crença pacífica do parceiro contratual num decurso, sem incidentes, da relação negocial. Findo o contrato, a relação de confiança pode subsistir, arrastando a manutenção de determinados deveres[648].

[648] Quanto à jurisprudência, refiram-se as já sumariadas decisões do BGH 20-mai.-1975, NJW 1975, 1655 e do LG Lindburg 17-jan.-1979, NJW 1979, 607.

Paralelamente à confiança, é frequente a referência ao princípio da lealdade. Da boa-fé resulta deverem as partes lealdade à convenção livremente celebrada; isso ocorreria com tanto mais força quanto maior fosse a vigência do contrato e quanto mais estreitas as relações entre as partes. A lealdade em causa traduzir-se-ia, nomeadamente, na necessidade jurídica de, para além da realização formal da prestação, providenciar a efetiva obtenção e manutenção do escopo contratual. Essa ideia de salvaguarda do escopo contratual mantém-se, naturalmente, para além da extinção do contrato em si. Há pós-eficácia.

Finalmente, e no que se pode entender também como evolução concretizadora da própria ideia de confiança, defende-se, na base da cppf, o princípio da proteção: entre pessoas que se encontrem no espaço jurídico, não na qualidade de meros estranhos, existem, para além do dever genérico de respeito, obrigações específicas de não atentar contra os bens jurídicos umas das outras. Findo o contrato, as antigas partes não ficam logo, entre si, na situação de meros estranhos. Caem na alçada do princípio, com a consequente formação de deveres de proteção; esses deveres são pós-eficazes em função do contrato.

IV. A boa-fé, através das suas fórmulas de concretização, assume potencialidades suficientes para tornar convincente o que se tem chamado cppf. A medida em que isso seja possível, o saber se todas as manifestações apontadas como de pós-eficácia têm essa mesma cobertura e o apurar se este procedimento, que se adivinha complicado, apresenta efetiva utilidade, requerem uma análise mais cabal do problema. A que se vai proceder.

## 77. **Teses negativistas**

I. A falta de reconhecimento, por omissão, da cppf não é, em rigor, negativismo; este requer antes a negação expressa do fenómeno. De negativismo vai assim falar-se, apenas, para traduzir orientações que, depois do surgir da doutrina da pós-eficácia, a combateram.

As primeiras decisões judiciais a consagrar na prática a cppf mereceram o apoio doutrinário, não como manifestações expressas de pós-eficácia, mas antes como composições equilibradas, conformes à instrumentação jurídica então em voga. Porém, em RGZ 161, 330 – o caso das vistas – veio, expressamente, mencionar-se a existência de pós-efeitos da relação contratual. Tanto bastou para haver discordância: em anotação, Larenz, sem deixar de aplaudir a solução de fundo encontrada para o litígio, considera que o dever de proteção assumido pela parte garante da manutenção das vistas continua, para além da conclusão das prestações contratuais propriamente ditas. Não haveria – sempre segundo Larenz – que falar em "pós-eficácia" mas tão-só na continuação de uma relação contratual baseada no negócio[649].

II. Vinte e cinco anos volvidos, a ideia de Larenz foi retomada e desenvolvida, sistematicamente, por Peter Ramm[650]. Ramm propôs-se demonstrar três pontos, todos contrários à doutrina comum:

- os chamados efeitos posteriores ao contrato derivam não da boa-fé e do § 242 BGB, mas do próprio contrato;
- a existência de tais deveres é independente do tipo contratual que esteja em causa, podendo, concretamente, ser mais forte em contratos de fornecimento de mercadorias do que no contrato de trabalho;
- os chamados deveres pós-eficazes seriam deveres continuados.

III. Deixando de parte a segunda tese, considerada correta, apreciem-se, com brevidade, os passos dados por Ramm. Partindo das primeiras manifestações jurisprudenciais da cppf, Ramm estranha que, para explicar o dever do cedente de omitir tudo quanto, *a posteriori*, possa deteriorar ou destruir a posição do cessionário, seja necessário ir buscar o princípio da boa-fé. Afinal, se foi celebrado um contrato de cessão, o cedente fica, *ex contractu*, obrigado à prossecução do escopo contratual. Essa obrigação mantém-se, uma vez que não interessa o cumprimento como cumprimento, mas antes o cumprimento como forma de prossecução de certo objetivo[651]. Esta ilação, evidente perante deveres de omissão necessários à subsistência do escopo principal do contrato, aplica-se, também, em relação aos escopos acessórios: assim no caso das vistas, se o escopo principal foi, naturalmente, a transferência onerosa do domínio, visou-se também, com o contrato, a obtenção de um escopo acessório: a casa de morada *com vistas*. O vendedor fica obrigado, pelo contrato, a omitir tudo quanto possa pôr tal escopo em perigo[652]. Para além destes deveres continuados de omissão, principais e secundários, Ramm descobre ainda deveres de atuação. Estes, porém, são sempre secundários, uma vez que sem a extinção, normalmente pelo cum-

[649] DR 1940, 249.
[650] Peter Ramm, *Fortwirkung von Verträgen* cit., *passim*.
[651] *Idem*, 4-5.
[652] *Idem*, 9.

primento, do dever de atuação principal, não se põe sequer uma problemática de deveres continuados. Tais deveres secundários, podem não ter um cumprimento simultâneo ao do principal: quando isso suceda, subsistem, de modo natural, para além dele. A sua fundamentação está no contrato e não na boa-fé ou na confiança. São deveres continuados e não pós-eficazes[653]. Nesta categoria estão, por exemplo, os pretensos deveres pós-eficazes da relação laboral. O dever, a cargo do empregador, de recomendar o trabalhador, depois de finda a relação de trabalho, é um dever que se inscreve no conteúdo do contrato; por definição, porém, só pode ser cumprido depois da extinção da relação principal.

IV. A referência a uma eficácia continuada não é novidade. Desde os anos 30 do século XX assiste-se a uma flutuação terminológica entre "pós-eficácia" e "eficácia continuada"[654]. De uma fase de confusão, passar-se-ia a utilizar essas expressões com sentidos mais precisos e diferentes; no período de maior consagração da cppf, a contraposição entre deveres pós-eficazes e continuados atingiu um afinamento técnico notável. Os primeiros surgiriam quando, com base embora na manutenção de um dever genérico continuado – na falta do qual seria impossível identificar certo dever como pós-eficaz em relação a contrato determinado – derivassem de previsão posterior ao contrato; pelo contrário, quando os deveres em causa se fundassem no próprio contrato, ocorreriam deveres continuados. A distinção teria a maior relevância prática: os deveres continuados não suscitam problemas específicos, havendo apenas que averiguá-los através da interpretação contratual; pelo contrário, os deveres pós-eficazes, por terem apenas uma ténue ligação ao vínculo pactício, suscitam questões delicadas que, essas sim, requerem instrumentação própria. Na formulação de Käuffer, haveria uma eficácia continuada baseada na boa-fé, com manifestações de dois tipos: no primeiro, estão sediados os deveres emergentes da proibição de *venire contra factum proprium* e, ainda, os que visam a proteção do escopo do contrato; no segundo, os deveres próprios do princípio da proteção da vida, saúde e património da outra parte. E ambos os grupos seriam de eficácia continuada por compreenderem deveres já existentes na vigência do contrato. Pelo contrário, a ocorrência de efeitos novos, depois da extinção do vínculo contratual, seria manifestação de pós-eficácia, típica, sobretudo, nas relações duradouras.

[653] *Idem*, 15-16 e 22-23.

[654] *Nachwirkung* e *Fortwirkung*.

A novidade de Ramm, com os antecedentes apontados, está na tentativa de estender a eficácia continuada a todo o âmbito da cppf, acabando, assim, por negá-la.

V. Hans-Wolfgang Strätz, no que interessa, estabelece também uma repartição dos chamados deveres pós-eficazes. Descobre três grupos[655]:

- o dos deveres de prestação acessória pós-eficazes: seriam deveres fundados no próprio contrato e que, por não terem sido cumpridos no momento da execução da prestação principal, sobrevivem a esta;
- outros deveres de comportamento independentes do dever de prestação contratual – os chamados deveres de proteção;
- outros deveres de comportamento relacionados com o dever de prestação.

Os primeiros só por equívoco poderiam ser considerados como manifestações de cppf; seriam, na realidade, deveres continuados[656]; os segundos e os terceiros[657], de natureza, na realidade, legal, poderiam ser aproximados da teoria unitária dos deveres acessórios assinada, em 1965, por Canaris[658].

Declaradamente negativista quanto ao primeiro grupo de deveres, Strätz é-o também perante os restantes: desde o momento em que os chamados deveres pós-eficazes possam ser reconduzidos a uma categoria unitária e preexistente de "outros deveres de comportamento", perdem qualquer identidade conceptual[659].

Esta orientação pode ser considerada como representativa do pensamento jurídico que, na atualidade, procurando transcender meras referências pontuais à pós-eficácia, investiga o problema com um mínimo de

655 Hans-Wolfgang Strätz, *Über sog. Nachwirkungen* cit., 1005 ss..

656 *Idem*, 1006.

657 *Idem*, 1008-1009, 1111 e 1112.

658 *Tratado* VII, 668 ss..

659 Em rigor, seriam deveres continuados, embora Strätz não chegue a fazer essa aproximação.

profundidade[660]. Comprova-o o facto de ela ter sido hoje defendida por Larenz[661] e, com grande nitidez, por von Bar[662].

VI. Estas asserções são interessantes, representam progressos nítidos, mas não são satisfatórias nem definitivas. Ramm procede a uma unificação indevida ao considerar que todos os deveres fundados no contrato são continuados. A noção de continuidade, pelo menos na sua aceção normal, deve excluir os deveres que, embora derivados do contrato, só se manifestem depois da sua extinção. Ramm não teve, também, em conta que, pelo menos na opinião dominante, que não rebate, estão em causa, para além de deveres contratuais, deveres legais. Não obstante as duas críticas formuladas, Ramm teve o mérito de sublinhar a categoria da eficácia continuada, que não pode ser esquecida.

Strätz e von Bar anunciam, finalmente, o tratamento científico da cppf. Mas a pura e simples negação de pós-eficácia no campo dos deveres de prestação acessórios unifica, simplisticamente, situações diferentes, enquanto que a recondução dos "outros deveres de comportamento" (Strätz) ou dos "deveres acessórios" (von Bar) à relação unitária, firmada por Canaris, é discutível e exige a valoração prévia desta. A que se irá proceder.

[660] Há que excetuar, a nível de literatura ulterior, Emmermann. Este autor, apesar de escrever em 1973, não teve em conta a evolução então já registada no Direito das obrigações, nem no tocante às fórmulas de concretização da boa-fé, nem no que respeita à doutrina dos deveres acessórios. O que aproxima o seu trabalho das investigações efetuadas na década de cinquenta do século XX.

[661] Karl Larenz, *Lehrbuch des Schuldrechts* cit., 1, 14.ª ed., 141-142.

[662] Christian von Bar, *"Nachwirkende" Vertragspflichten* cit., 464 ss. (deveres acessórios de prestação contratuais), 467 ss., (deveres acessórios) e 474 (conclusão).

## § 18.º TIPOS DE PÓS-EFICÁCIA

### 78. Aspetos gerais; a pós-eficácia ampla

I. Conhecida a evolução geral da cppf e referenciadas as teses que, em sua fundamentação, têm surgido, cabe indagar a existência, o âmbito e a base jurídica da figura. Torna-se, também, necessário quer transcender a casuística porque, inevitavelmente, a cppf, como criação jurisprudencial, se manifesta, quer ultrapassar generalizações apressadamente elaboradas pela doutrina, através da determinação dos grandes grupos integrantes da pós-eficácia.

A afirmação de pós-eficácia num fenómeno, a ter um mínimo de cabimento, exige seguramente, pelo menos, que ele ocorra ou se manifeste em conexão com algo que, a qualquer título, se considere extinto. Com este sentido pode falar-se em cppf ou pós-eficácia em sentido amplo. A esta noção, puramente descritiva, obrigam-se realidades diversas que, a não serem deslindadas, retiram interesse e utilidade à doutrina da cppf.

II. O âmbito da problemática prende-se com a questão terminológica da sua designação. O recurso à fórmula *culpa post pactum finitum* que, pelo seu paralelo com a *culpa in contrahendo*, permite uma designação sugestiva não é, rigorosamente, correta. Falta uma razão convincente para limitar a contratos ou a obrigações de origem contratual a eventual existência de fenomenologia pós-eficaz. A questão deve ser generalizada a todas as obrigações[663], independentemente das fontes respetivas. E a comprová-lo, bastam os reparos seguintes. Como se viu, há quem procure fundamentar na lei a cppf: um dos exemplos mais claros apontados nessa via – a pós-eficácia da procuração – refere, precisamente, uma obrigação fundada em

[663] Pode-se ir ainda mais longe e estender a problemática a todas as situações jurídicas. Mas aqui vai tratar-se, apenas, das obrigações.

ato unilateral e não em contrato[664]. Tenta-se, também, a via da analogia: a *ratio decidenti* de muitos casos tem a ver, não com a sua génese, mas com a situação objetiva criada pelas partes, depois do cumprimento. Recorre-se, com frequência, à boa-fé e suas concretizações: a boa-fé é, hoje em dia – e o Código Civil é claro no artigo 762.º/2 – uma cláusula geral de, pelo menos, todas as obrigações e não apenas dos contratos. Defende-se, finalmente, a existência de obrigações capazes de, por natureza, gerar situações pós-eficazes: entre elas inclui-se, expressamente, a relação laboral de facto que, por definição, deriva de mero facto jurídico. Isto é: admitindo-se a existência de cppf, seja qual for a fundamentação eleita, aceita-se, automaticamente, a inclusão de manifestações do fenómeno em áreas extracontratuais. Ficaria apenas em situação peculiar a hipótese de uma "analogia" direta entre a cic e a cppf; mas aí, das duas uma: ou se encara a clivagem existente entre as duas figuras como bastante para justificar âmbitos diversos – na cic, por definição, há preliminares contratuais o que não tem de suceder na cppf – ou se constata que, afinal, não há, na cic, ainda, qualquer contrato presente, podendo este faltar mesmo de todo, no futuro. Por outro lado, a referência à *culpa*, põe a tónica do fenómeno no momento patológico da sua violação. Se há *culpa* houve, seguramente, um dever prévio que não foi acatado. Trata-se de indagar esse dever.

A cppf estende-se a todas as obrigações e não deve ser tratada, apenas, como violação. A designação cientificamente correta desse fenómeno é pós-eficácia das obrigações. Mantemos *culpa post pactum finitum*, como fórmula sugestiva e tradicional.

III. Como foi frisado, a base mínima da pós-eficácia, em sentido amplo, implica a associação de efeitos a algo já desaparecido; no caso das obrigações, requer-se, previamente, a extinção destas, seguida da sobrevivência de deveres que, a qualquer título, ainda se lhes possam ligar. Esta afirmação, entendida linearmente, é paradoxal: se houve extinção, não há efeitos; se há efeitos, não houve extinção.

Tal quadro indica plurivalência em torno das fórmulas "obrigação", "extinção" e "conexão de efeitos"; a clarificação requer a consideração analítica dos conceitos em jogo.

[664] A natureza unilateral da procuração não oferece dúvidas. Como se infere do artigo 262.º do Código Civil e é do conhecimento geral, a procuração não carece de qualquer aceitação para produzir efeitos.

Há que partir do conteúdo da obrigação. O vínculo creditício compreende – ou pode compreender – a prestação principal, prestações secundárias e deveres acessórios: a primeira relaciona-se com a atividade dominante exigida ao devedor; as segundas redundam em atuações, legais ou convencionais, que, funcionalmente, servem a prestação principal e que, noutras circunstâncias, poderiam integrar prestações autónomas; os terceiros derivam, direta ou indiretamente, da boa-fé e integram as adstrições necessárias à boa realização da prestação e à proteção das partes.

Tendo estes dados por pano de fundo, pode-se proceder à distinção de realidades diversas, dentro da pós-eficácia ampla.

## 79. A pós-eficácia aparente

I. O reduto mais seguro da pós-eficácia deveria provir de disposições legais expressas e específicas que associem efeitos à extinção de obrigações. Como foi referido[665], o Direito pode ligar ao desaparecimento de certas obrigações a constituição de deveres a cargo de qualquer das partes. Além das hipóteses referidas, recorde-se o dever de dar quitação, de restituir documentos, deveres tributários ... O fenómeno amplia-se em áreas que, por socialmente sensíveis, são objeto de forte intervenção legislativa: a caducidade do arrendamento, o divórcio e o despedimento.

II. A pura e simples extinção da prestação principal, por impossibilidade superveniente imputável ao devedor, dá lugar ao dever de indemnizar. Em todos estes casos, a extinção do dever principal de prestar é total, atingindo os diversos elementos do seu conteúdo. Os efeitos que se manifestam são cominados, expressa e especificamente, por norma jurídica que tem o facto extintivo por previsão. A conexão existente entre eles e a obrigação extinta é a conexão comum postulada por qualquer estatuição jurídica, em face da previsão normativa respetiva. Não há, rigorosamente, pós-eficácia mas, tão-só, eficácia (atual) do próprio facto extintivo que, afinal, se vem a afirmar como constitutivo de situações novas. Nada disto tira, porém, evidência ao facto de os deveres "pós-eficazes", expressa e especificamente determinados por lei, se produzirem depois da extinção de uma obrigação e, de alguma forma, permanecerem ligados a ela: uma quitação reporta-se à

[665] *Supra*, 176.

obrigação cumprida; as consequências de um divórcio relacionam-se com o anterior contrato de casamento.

III. Ponderadas estas razões, à eficácia que a lei, expressa e especificamente, associe à extinção de certas obrigações passa a chamar-se pós-eficácia aparente, numa expressão que indica já a irrelevância relativa do seu regime para a doutrina da cppf.

## 80. A pós-eficácia virtual

I. Situação diversa é a de obrigações complexas em cujo conteúdo se inscreva, desde o início, a existência de determinados deveres que, por natureza, só possam ser executados no momento imediatamente posterior ao da extinção. O locatário, o parceiro pensador, o comodatário e o depositário devem, por exemplo, restituir a coisa, no termo dos respetivos contratos. A ocorrência é diferente da pós-eficácia aparente: os deveres aqui em causa não têm, como facto constitutivo, a extinção de obrigação anterior, mas antes a própria fonte da obrigação complexa, em cujo conteúdo se integram como prestações secundárias. A sua eficácia, porém, está interrompida pela vigência da obrigação surgindo, por natureza, na extinção desta. A extinção em causa não é, aliás, a extinção integral da obrigação mas, apenas, a da prestação principal.

II. Estas asserções podem ser confirmadas, por exemplo, através do contrato de locação. Nos termos do artigo 1038.º, *i*), do Código Civil, a posição do locatário implica, à partida, o dever de restituição. A fonte deste é, indiscutivelmente, o contrato de locação o qual pode, inclusive, ser utilizado como causa de pedir, em caso de atuação judicial. Mas – logicamente – tal dever só obriga no fim do contrato.

Por tudo isto, à eficácia de certa fonte que, pelo seu escopo, se manifeste apenas na extinção da obrigação principal, passa a chamar-se pós-eficácia virtual.

## 81. A eficácia continuada

I. Diferente, quer da pós-eficácia aparente, quer da pós-eficácia virtual, é a eficácia continuada. Desta feita, não ocorre a constituição, por disposição legal expressa e específica, de novos deveres associados ao desaparecimento de uma obrigação, nem uma manifestação, também nova, de deveres até então interrompidos. Acontece apenas que, numa obrigação de conteúdo complexo, se extingue o dever de prestar principal, continuando todos os demais elementos, que já se manifestavam, até ao seu cumprimento integral. O fenómeno ocorre mais facilmente nas obrigações duradouras.

II. A colocação, nestes termos, da eficácia continuada põe o problema do âmbito exato da regra da extinção das obrigações pelo cumprimento. O reconhecimento do conteúdo muitas vezes complexo da obrigação não invalida a regra; apenas conduz a uma aplicação analítica. Logo na sequência da entrada em vigor do BGB, a doutrina foi levada a distinguir a "relação obrigacional em sentido amplo" da "obrigação restrita": a primeira traduz a obrigação propriamente dita, em toda a plenitude do seu conteúdo; a segunda implica apenas o dever de prestar singularmente considerado. A regra do § 362 BGB – ou a norma similar que, tacitamente, o Código Civil português também compreende – aplica-se, apenas, à obrigação em sentido restrito: cada dever de prestar extingue-se à medida que a prestação respetiva seja realizada. Outra forma de equacionar o problema é considerar que, em rigor, a obrigação extingue-se, apenas, pela obtenção do seu fim: a realização do interesse do credor. A integração desse fim só se concretiza com a execução de todos os deveres postulados pela obrigação.

III. Nenhuma destas duas explicações é plenamente satisfatória. A distinção de obrigações "amplas" e "restritas" anda paredes meias com a tentativa de transformar a temática do conteúdo das obrigações numa questão de conceito: a obrigação (ampla) seria um conjunto de vários vínculos (restritos). O Direito trata a obrigação como um todo e, na busca dos deveres que a integrem, há que partir do conjunto para as partes. Não o contrário. Acresce que a consagração da tese das "obrigações estritas" obrigaria a admitir tantos cumprimentos quantos os vínculos. De cumprimento há que ter uma noção unitária. Tão-pouco se deve aplaudir a introdução do interesse do credor – ou do escopo da obrigação – neste debate. E uma complicação inútil, não postulada pelo Direito[666].

[666] Esta questão prende-se com o alegado conceito de "causa" dos contratos: *Tratado* VII, 610 ss..

Mas são explicações sugestivas. Fique a ideia de que a eficácia continuada não é contraditada pela regra da extinção das obrigações pelo cumprimento, nem, tão-pouco, invalida esta última: o cumprimento integral extingue a obrigação; até lá, a ocorrência de atos de cumprimento referentes aos aspetos mais sugestivos da obrigação – à prestação principal – fazem surgir, à saciedade, em relação aos demais elementos que perduram, a ideia de eficácia continuada.

É correto integrar a eficácia continuada na pós-eficácia em sentido amplo: executada a prestação principal – e sem prejuízo da unidade da obrigação – algo muda[667]. E os elementos que continuam são, de alguma forma, posteriores à parte já realizada. Fora isso, a eficácia continuada não é pós-eficácia em sentido próprio.

[667] Por exemplo, realizada a prestação principal genérica, opera logo a concentração, com a inversão de risco conexa: sem prejuízo, porém, da eventual continuação de deveres secundários.

## § 19.º A PÓS-EFICÁCIA ESTRITA

### 82. Os deveres acessórios

I. Pela negativa, começa a desenhar-se o contorno da pós-eficácia em sentido estrito. Positivamente, o seu cerne é constituído pelos deveres acessórios. Recorde-se que estes são associados pela Ordem Jurídica – nomeadamente pela boa-fé ou suas concretizações – à existência de qualquer prestação[668]. Caso tais deveres se mantenham depois de extintas as prestações, principal e secundárias – fica excluída a hipótese de pós-eficácia aparente e a de pós-eficácia virtual: se fossem prescritos por disposição legal expressa e específica, não eram, seguramente, deveres acessórios, reconduzindo-se, por outro lado, a prestações secundárias, se constassem diretamente da fonte da obrigação-mãe, para vigorarem depois da extinção da prestação principal. Ficam dois problemas em aberto: o de saber se os deveres acessórios podem sobreviver ao dever de prestar e o de indagar se não haveria, então, apenas mais uma manifestação de eficácia continuada.

II. Existe uma obrigação; por força do artigo 762.º/2, o devedor fica investido em deveres de proteção, de informação e de lealdade, por forma a evitar danos ao credor e a garantir a salvaguarda da vantagem representada pelo crédito. Deveres semelhantes assistem, também, ao credor com a adaptação natural de, em vez de garantirem o crédito, não lhe permitirem agravar indevidamente a posição do devedor. Estes deveres – há que frisar – não estão na disponibilidade das partes nem são expressamente cominados por qualquer fonte. São deveres de base legal, que acompanham os deveres de prestar propriamente ditos. Por isso se dizem acessórios. Extinta a obrigação, estes deveres desaparecem? A Ordem Jurídica prescreve-os para obviar a que, sob um formalismo aparentemente conforme com o Direito, o sentido das obrigações seja desvirtuado por cumprimentos

[668] *Tratado* VI, 2.ª ed., 498 ss..

vazios ou outras fórmulas chicaneiras ou a que, a coberto da obrigação, sejam inflingidos danos às partes. Se, depois da extinção das obrigações, mas mercê das circunstâncias por elas criadas, se mantiverem ou surgirem condições que, na sua vigência, podem motivar a constituição de deveres acessórios, eles mantêm-se. As razões de busca de saídas jurídicas materiais que levam, independentemente da vontade das partes, a admitir deveres acessórios, durante a vigência da obrigação, são sobejamente fortes para os impor, depois da extinção. Assim, o devedor de coisa certa está adstrito, pelo artigo 762.º/2, a avisar o credor de uma possível qualidade perigosa da coisa de que tenha conhecimento; tudo leva a afirmar – e nada contradiz – que essa obrigação existe se, depois do cumprimento, por qualquer razão, o ex-credor não tivesse ainda sido avisado, seja por só então se manifestar a conjuntura perigosa, seja por o devedor não ter, ele próprio, conhecimento anterior da ocorrência ou seja, ainda, por, a qualquer título, o devedor não se ter previamente desempenhado.

Atualmente, o exemplo economicamente mais relevante de pós-eficácia estrita está no dever de fornecimento de sobresselentes[669]: vendida uma aparelhagem dispendiosa, o produtor fica automaticamente adstrito, independentemente de quaisquer convenções ou normas legais específicas, a assistir o comprador com os sobresselentes necessários[670].

III. Chegando a este ponto, poderia tentar distinguir-se, no seio de deveres acessórios existentes depois de extinta a obrigação propriamente dita, ocorrências de eficácia continuada e de pós-eficácia, consoante os deveres em causa se tivessem, ou não, manifestado na constância da obrigação. Mas isso seria desvirtuar a natureza do fenómeno. Na vigência das obrigações, os deveres acessórios inscrevem-se no seu conteúdo, sem autonomia própria. Ora se concretizam num sentido, ora no outro, conforme o desenrolar dos acontecimentos. A sua violação leva ao mau cumprimento do dever de prestar. A manifestação de deveres acessórios sem o dever de prestar propriamente dito, confere-lhes uma natureza diferente: tornam-

[669] *Vide* Greulich, ob. cit., 210; Ramm, ob. cit., 66 ss.; Hans-Georg Rodig, *Verpflichtung des Herstellers zur Bereithaltung von Ersatzteilen für langlebige Wirtschaftsgüter und ausgelaufene Serien*, BB 1971, 854-855, a propósito de AG München 6-mai.-1970, NJW 1970, 1852-1853.

[670] Peter Finger, *Die Verpflichtung des Herstellers zur Lieferung von Ersatzteilen*, NJW 1970, 2049 ss.. Como este autor bem faz notar, esta adstrição do comprador deriva do § 242 (princípio da boa-fé). Assim sendo, não pode, porém, contra esse autor, tratar-se de um dever de prestação secundário: é um dever acessório.

-se verdadeiras obrigações legais independentes. Acresce que os deveres acessórios posteriores ao cumprimento, que sejam inteiramente novos, não deixam, de alguma forma, de ser já postulados pela obrigação. Na autonomia, que surge apenas depois da extinção da obrigação propriamente dita, e não no momento da sua manifestação, está o traço distintivo dos deveres pós-eficazes em sentido próprio.

IV. Esta orientação defronta-se com a existência da tese unitária dos deveres acessórios – ou deveres de proteção – que se manteriam intocados na sua essência e regime, desde as negociações preliminares até à sua extinção. Se estes deveres, assim entendidos, sobrevivessem à obrigação, haveria, novamente, eficácia continuada e não pós-eficácia restrita. A apreciação comprovada do problema exige a ponderação dos regimes aplicáveis.

## 83. **Regime das modalidades não-autênticas de pós-eficácia**

I. A análise dos regimes aplicáveis às diversas modalidades de pós-eficácia em sentido amplo constitui a contraprova das conclusões já alcançadas.

II. O regime da pós-eficácia aparente é o que resulta das disposições legais que, expressa e especificamente, a consagrem. Assim, o conhecimento das obrigações subsequentes a um divórcio tem a ver com a interpretação dos artigos competentes do Código Civil e com o sentido da decisão que o haja decretado. A utilidade da doutrina da cppf é, neste caso, mínima: como foi explanado, não existe unidade sistemática direta entre as várias hipóteses de pós-eficácia aparente. A autonomização de uma pós-eficácia aparente tem, no entanto, o mérito de permitir a sua articulação no âmbito da cppf em sentido amplo, evitando miscegenações indesejáveis com as outras modalidades.

III. O regime da pós-eficácia virtual desprende-se da fonte da obrigação prévia que preveja a ocorrência de certos efeitos, aquando da conclusão de prestação principal. Na hipótese paradigmática de se tratar de um contrato, a interpretação deste, feita à luz dos artigos 236.° a 238.° ou, disso sendo caso, a sua integração, nos termos do artigo 239.°, conjuntamente com a valoração da normas – supletivas ou injuntivas – que ao caso se apliquem, permitem indagar da ocorrência do fenómeno e da sua tramitação subsequente.

IV. Método semelhante deve ser observado na eficácia continuada: a determinação da existência de deveres de prestação secundários, que coexistam com a prestação principal e lhe sobrevivam, depende da interpretação da fonte comum. Essa mesma fonte, ao determinar que eles acompanhem a referida prestação principal, permite a sua distinção da eficácia virtual. Os regimes são claros e distintos. A contraprova é positiva.

## 84. **Regime de pós-eficácia estrita**

I. Ficou em aberto o regime da pós-eficácia estrita que, como bem se adivinha, coloca outras dimensões problemáticas. A sua origem – os deveres acessórios – liga-a, claramente, à boa-fé e às suas concretizações; o seu regime depende, em última análise, da via encontrada para essas incógnitas. O primeiro problema da pós-eficácia em sentido estrito é o da sua determinação, uma vez que ela não resulta nem da lei nem, constitutivamente, da fonte da obrigação a que suceda.

II. Merece referência, até por ser das únicas tentativas sérias nesse sentido, a tese de Mohnen. Mohnen defende a aplicabilidade, ao caso, das regras da base do negócio, da forma que segue.

Partindo do pressuposto que a base do negócio deve ser reconhecível, por ambas as partes, no seu significado fundamental, Mohnen apura a seguinte fórmula de pós-eficácia: teria a pessoa que aciona a contraparte, para cumprimento de um dever pós-eficaz singular, elevado esse ponto particular a condição do contrato se, na sua conclusão, tivesse conhecido a situação no fim ocorrida e, além disso, teria, em tal eventualidade, a contraparte, de aceitar tal vinculação? O que fariam as partes se, desde o princípio, conhecessem o problema[671]?

Surpreende que a base do negócio seja chamada à colação, em problema tão distante como o da pós-eficácia; mais surpreende que, por esta via, se encontre uma formulação não descabida. A surpresa cessa com uma consideração mais profunda do problema: na base do negócio como nos deveres acessórios existe, pelo menos, o denominador comum da boa-fé. Uma permutabilidade de certas soluções não é impossível.

[671] Mohnen, ob. cit., 367/II.

A construção de Mohnen é criticada por Ramm: na base do negócio há que alterar, por ocorrências supervenientes, deveres assumidos pelas partes; na pós-eficácia – eficácia continuada para Ramm – há que indagar de deveres que não foram claramente adotados pelos contraentes[672]. A crítica não é justa: antes de formular o seu princípio, Mohnen teve o cuidado de precisar a diversidade intrínseca existente entre os dois institutos[673]. A crítica a Mohnen é outra: ele utiliza uma linguagem tipicamente remissiva para o dogma da vontade, quando hoje ninguém discute a natureza legal dos deveres acessórios. Não há que perguntar se as partes "teriam constituído o dever pós-eficaz, se houvessem previsto a situação" – até porque se deve logo acrescentar "se elas agissem honestamente": interessa antes apurar se, à luz de critérios de moralidade e colaboração, na consideração da situação das partes, o dever se impõe ou não, depois da extinção do dever principal e tendo em conta o tipo de contrato em causa. Ou, se se preferir a manutenção da referência às partes, deve indagar-se qual a atuação do *bonus pater familias* – noção normativa – se este, sendo sujeito da obrigação, conhecesse, à partida, o problema. Segue-se, pois, o rumo da concretização da boa-fé que leva aos próprios deveres acessórios, com as adaptações exigidas pela extinção de princípio da obrigação.

III. Os deveres acessórios[674] – suscetíveis de várias tipificações – devem ser repartidos em dois grupos distintos. Por um lado, existem deveres dirigidos a precisar, proteger e assegurar as prestações obrigacionais em si, principal e secundárias. Por outro, há deveres destinados a proteger não a própria obrigação, mas antes outros bens – patrimoniais ou não – das partes. Estes últimos integram-se no dever de proteção. Por suscitarem uma problemática específica, só se consideram, agora, os primeiros.

Determinada a existência de um dever pós-eficaz em sentido estrito, com a restrição acima apontada, deve aplicar-se-lhe o regime das obrigações, com as especificidades que ao caso caibam, em função do conteúdo concreto que assumam. No tocante ao aspeto primordial da prova da sua existência: o credor interessado deve demonstrar a ocorrência de pós-eficácia – artigo 342.°/1; feita tal demonstração, cabe ao devedor provar a sua extinção, nomeadamente pelo cumprimento – artigo 342.°/2 – ou, se ele violar o direito, que não o fez com culpa – artigo 797.°/1.

672 Ramm, ob. cit., 28-29.

673 Ob. cit., 367/I e II.

674 Para um maior desenvolvimento: *Tratado* VI, 2.ª ed., 498 ss..

O regime da pós-eficácia estrita não tem a ver, direta ou indiretamente, com normas legais expressas e específicas, com a interpretação das fontes das obrigações ou com as normas, supletivas ou injuntivas que, a estas últimas, tenham aplicação; tão-pouco está na disponibilidade das partes. E um regime próprio. Logo, a pós-eficácia estrita existe.

## 85. E o dever de prestar principal?

I. Fica por resolver a questão marginal da possível pós-eficácia do próprio dever de prestar principal. É comum a afirmação da impossibilidade de semelhante pós-eficácia[675]: o ponto de partida da cppf pressupõe, pelo menos, a extinção definitiva da prestação principal. Contra essa afirmação manifestam-se, porém, três objeções:

- a manutenção de deveres principais não cumpridos[676];
- a alteração das circunstâncias, depois de extinto o contrato[677];
- a pretensão de reintegração do trabalhador indevidamente despedido[678].

O primeiro aspeto joga com a situação dúbia da relação duradoura não cumprida no seu termo. Assim, o contrato de trabalho não se extingue pelo cumprimento mas, por exemplo, pelo decurso do prazo. Se, alcançado esse prazo, houver, por hipótese, salários em atraso, a obrigação de os pagar mantém-se, para além do termo. Mas essa obrigação, sendo principal, não é pós-eficaz pela razão simples de que o contrato se conserva, para a parte faltosa, como fonte da obrigação incumprida. Não basta, para haver extinção de relação duradoura, a atuação de denúncia, de caducidade ou de qualquer causa resolutiva: requer-se, também, o cumprimento das obrigações principais implicadas, pelo menos enquanto for possível.

[675] Mohnen, ob. cit., 405; Mavridis, ob. cit., 228; Ramm, ob. cit., 23-24.

[676] Esta afirmação aparece em Zöllner, *Die vorvertragliche und die nachwirkende Treue- und Fürsorgepflicht* cit., 95 e 106. Vide, porém, já Molitor em anotação a BAG 24-nov.-1956, ArbRBl, D X, 1.ª decisão, n.º 1.

[677] BGH 14-jul.-1953, NJW 1933, 1585-1586 (1585).

[678] BGH 13-jun.-1956, BB 1956, 853 (só sumário); podem ser confrontadas outras decisões p. ex., em Mohnen, ob. cit., e Emmermann, ob. cit., 116 ss..

II. O segundo – a alteração das circunstâncias – tão-pouco pode entender-se como manifestação de pós-eficácia, seja da prestação principal, seja de quaisquer outros elementos. A ser admissível a doutrina da base do negócio, depois de extinto um determinado contrato, os efeitos que então se manifestem devem ser imputados ao que se queira, nessa eventualidade, apelidar "alteração das circunstâncias" e não ao contrato extinto.

III. O terceiro – o despedimento indevido – é, quando muito, uma hipótese de pós-eficácia aparente. A admitir-se a eficácia de semelhante despedimento – a solução no Direito positivo português é diversa – resta concluir que, pela sua irregularidade, o Direito associa à extinção assim ocasionada uma obrigação de celebração de novo contrato. A especificidade, em face do Direito alemão, reside em que, na falta de disposições legais expressas, só através de princípios gerais seja possível atingir essa solução. É bom lembrar que a pós-eficácia aparente, por definição, reporta-se a uma obrigação nova e não à continuação da prestação principal. As pretensões de salário ou de prestação de trabalho são, aliás, inconfundíveis com uma pretensão de reintegração: esta, sendo dotada de pós-eficácia aparente, não é principal.

Fica assente que o dever de prestação principal não pode ser pós-eficaz. O que corresponde, afinal, a uma regra mínima sem a qual a pós-eficácia perde em precisão e utilidade.

## 86. O "dever de proteção unitário"; superação

I. A existência de um dever de proteção na fase das negociações preliminares impôs-se, judicialmente, desde o princípio do século[679], não

[679] RG 7-dez. 1911, RGZ 78 (1912), 239-241 – o universalmente conhecido caso do linóleo: a A., depois de realizar várias compras no estabelecimento do R., dirigiu-se ao sector dos linóleos, pretendendo escolher um; por negligência do empregado do R., veio a ser colhida, conjuntamente com a sua criança, por dois rolos que caíram. O tribunal decidiu que, durante a atividade preparatória do contrato, existia já, entre as partes, uma relação de tipo semelhante ao contratual, pela qual as partes ficaram investidas em deveres de cuidado. Esse dever foi violado, sendo o R. responsável (240).

obstante algumas hesitações[680] e críticas[681]. Firmou-se assim a doutrina de que o simples facto de as partes entrarem em contacto com o fito de, eventualmente, virem a celebrar um contrato, investia-as, reciprocamente, em deveres de tomar as medidas necessárias para que o parceiro nas negociações não viesse a sofrer danos na sua integridade física, saúde ou património. A fundamentação deste dever, pacificamente aceite e reconhecido, foi variando: tentou-se baseá-lo no próprio contrato[682], numa relação de confiança estabelecida entre as partes[683], em "contactos sociais"[684], acabando, finalmente, perante a evidência da repetição de julgados favoráveis durante setenta anos, por falar-se em Direito consuetudinário. Depois da reforma de 2000/2001, ele está formalizado no BGB. Seja qual for a decisão definitiva que se tome quanto à fundamentação deste dever, pode assentar-se que ele tem natureza legal, por oposição a contratual, sendo de reconhecer em situações que nunca cheguem a desembocar em qualquer contrato válido[685]. Foi este o rumo seguido pela doutrina atual da culpa na formação dos contratos[686].

[680] RG 14-jun.-1910, RGZ 74 (1911), 124-126; o tribunal considerou não procedente uma ação de indemnização contratual posta contra comerciante e baseada no facto de este não ter o estabelecimento suficientemente iluminado vindo, em consequência disso, a cliente-autora a cair pela escada. O tribunal considerou que o dever de proteção, a existir, teria de ser um dever geral reconduzindo-se, a sua violação, à comum responsabilidade extracontratual; do contrato de compra e venda celebrado não resultariam deveres específicos de proteção que pudessem dar consistência a uma violação de obrigações. É curioso notar que esta decisão é sempre apontada como exemplo de recusa da cic, quando afinal, a autora já havia celebrado o contrato de compra e venda de uma garrafa de cerveja e de uma *Wurst*, tendo caído pela escada quando abandonava o estabelecimento. Em rigor, o que o tribunal recusou foi uma hipótese de violação positiva do contrato ou, mais precisamente, de pós-eficácia.

[681] P. ex., Wilhelm Steinberg, *Die Haftung für culpa in contrahendo* (1930), 48 ss.. A decisão estaria, no pensamento deste autor, falha de justificação (51).

[682] Franz Leonhard, *Verschulden beim Vertragsschlusse* (1910).

[683] Kurt Ballerstedt, *Zur Haftung für culpa in contrahendo bei Geschaftsabschluss durch Stellvertreter*, AcP 151 (1950-51), 501 ss..

[684] Karl Larenz, *Culpa in contrahendo, Verkehrsicherungspflicht und "sozialer Kontakt"*, MDR 1954, 515 ss..

[685] *Idem*, 101 ss.. O tema é tratado por Larenz sob o título sugestivo de "relação obrigacional legal sem dever de prestação principal".

[686] *Tratado* II, 4.ª ed., 277 ss..

II. Enquanto estas ideias eram agitadas no sector da cic havia também novidade por banda da violação positiva do contrato (vpc)[687]. Celebrando o que considera ser a sua despedida[688], Stoll veio, na realidade, dar uma achega fundamental para o esclarecimento das realidades jurídicas que se obrigam a essa designação[689]. Integrado nas correntes metodológicas do seu tempo, Stoll constata que, num contrato, para além do interesse à prestação existe, também, um interesse de proteção, traduzido na manutenção da integridade das pessoas intervenientes e dos seus patrimónios[690]. Do ponto de vista da obrigação, deriva daqui a aplicação da boa-fé a dois aspetos distintos: ao objetivo positivo, por forma a precisar o dever de prestar e ao objetivo negativo, de modo a evitar a produção de danos na esfera da contraparte[691]. Este último aspeto permitiria a autonomização de deveres de proteção, independentes do dever de prestar, e que acompanhariam toda a vigência do contrato[692].

Estes deveres de proteção, conectados com a boa-fé, requerem a existência do contrato, têm natureza contratual e, quando violados, integram a vpc.

III. O desenvolvimento autónomo dos deveres de proteção na cic e na vpc levaria a um abismo doutrinário entre ambos: no primeiro caso teriam natureza legal e, no segundo, contratual. A prossecução de uma evolução separada, para além da desconexão doutrinária, levaria a situações inconvenientes.

[687] Descoberta por Hermann Staub em 1902 – Fest. 26. DJT, e depois, *Die positiven Vertragsverletzungen*, 1.ª ed. (1904) e 2.ª ed. (1913) (esta última edição foi acrescentada por Eberhard Müller) – a doutrina da violação positiva do contrato constata que, para além da mora e da impossibilitação da prestação – que postulam atuações negativas do devedor – existe uma terceira forma de violação das obrigações, através de comportamentos positivos, que não consta expressamente da lei. Sobre toda esta matéria, *vide* o *Tratado* VII, 663 ss. e *infra*, 409 ss.. A vpc abrange, nomeadamente, hipóteses de inobservância de deveres acessórios e a má realização da prestação principal. Será abaixo, retomada.

[688] Por carecer de unidade intrínseca, a vpc não poderia ser considerada, como queria Staub, uma terceira forma de violação de obrigações.

[689] Heinrich Stoll, *Abschied von der Lehre von der positiven Vertragsverletzung*, AcP 136 (1932), 257-320.

[690] *Idem*, 298.

[691] *Idem*, 288.

[692] *Idem*, 289. *Vide* o *Tratado* VI, 2.ª ed., 512 ss. e 517 ss..

Pôs-se na cic o problema da responsabilidade do representante ou do auxiliar. Pelas regras gerais, a atividade jurídica desenvolvida pelo representante repercute-se na esfera jurídica do representado. Da mesma forma, nas obrigações, o dono do negócio responde pelos seus auxiliares[693]. A aplicação linear destes princípios à cic, como bem se adivinha, pode conduzir a soluções concretas pouco consentâneas com a ideia de Direito. A jurisprudência foi, por isso, levada a admitir que, havendo negociações contratuais conduzidas por representante ou ocorrendo aí a intervenção de auxiliar, exista uma responsabilidade própria destes por cic, sempre que eles tivessem um interesse pessoal no negócio em vista[694]. A vpc, integrada no universo contratual, não facultou aos tribunais o alcance imediato das soluções elásticas obtidas na cic e de que é exemplo a responsabilidade autónoma de representantes e auxiliares acima referida[695]. Resulta daí que violações de deveres de proteção materialmente idênticos conduzam a soluções diferentes consoante ocorram antes ou depois da celebração do contrato.

IV. O problema foi resolvido por Canaris através de uma teoria que, uma vez formulada, parece evidente[696]: existe um dever de proteção unitário, de natureza legal, fundado positivamente na boa-fé, que nasce nas negociações preliminares e continua na vigência do contrato. Esse dever de proteção unitário é, também, constatável na hipótese de haver contrato

[693] *Vide* o artigo 800.º/1.

[694] P. ex., Ulrich Müller, *Die Haftung des Stellvertreters bei culpa in contrahendo und positiver Forderungsverletzung*, NJW 1969, 2169 e Georg Crezelius, *Culpa in contrahendo des Vertreters ohne Vertretungsmacht*, JuS 1977, 797. Vide a consagração em Larenz, *Lehrbuch des Schuldrechts* cit., 1, 13.ª ed., 109-110. A fundamentação desta responsabilidade provocou, a partir da década de cinquenta, um aprofundamento notável na doutrina da cic; a sua análise transcende o âmbito deste estudo, tendo a referência a esta problemática objetivos meramente ilustrativos.

[695] Assim, o BGH 10-jun.-1964, NJW 1964, 2009 = VersR 1964, 977, recusou a responsabilidade do representante auxiliar interessado no negócio, por violação do dever de informação, argumentando que, na constância do contrato, não têm aplicação as regras da cic, mas antes as da violação contratual. Esta solução, como bem fez notar Canaris, *Haftung Dritter aus positiver Forderungsverletzung*, VersR 1965, 114-118 (115), é arbitrária: afinal, se a *mesma* violação tivesse ocorrido *in contrahendo*, já haveria responsabilidade. Também Müller, ob. cit., 2173-2174 aponta um exemplo em que o divórcio cic/vpc leva a saídas desconexas.

[696] Claus-Wilhelm Canaris, *Ansprüche wegen "positiver Vertragsverletzung" und "Schutzwirkung für Dritte" bei nichtigen Verträgen*, JZ 1965, 475-482.

nulo – ainda aí as partes estão especificamente obrigadas a não provocar danos na esfera jurídica dos parceiros – e no "contrato com efeito protetor a terceiro" – i. é, no contrato que postula deveres de proteção, também, a favor de certos terceiros, que tenham conexão com as partes.

A existência de um dever de proteção unitário, como fórmula doutrinária que, coroando toda uma evolução científica, veio responder à problemática prática acima descrita, teve, de um modo geral, bom acolhimento na literatura[697], embora, na altura, tivesse levantado dúvidas[698].

V. A teoria unitária de Canaris, tem um influxo imediato na cppf. Desde o momento em que, depois da realização do comportamento devido, se reunissem as condições necessárias[699], surgiria, para as ex-partes, um dever de proteção pós-eficaz, de natureza legal. Esse dever de proteção seria precisamente o mesmo que ocorre na cic, na vpc, no contrato nulo e no contrato com proteção de terceiros: teria a mesma fundamentação uma concretização da boa-fé – e, a ser inacatado, conduziria a consequências idênticas[700]. Esta ideia está na base do pensamento de Strätz e, em certa medida, de von Bar, acima referidas.

A ser assim, a pós-eficácia estrita seria, quando muito, eficácia continuada: pelo menos na área da proteção.

VI. De facto, a tese de Canaris, não abrange a totalidade dos deveres acessórios. Destes, apenas parte visa a proteção do património, da inte-

[697] Além da ob. cit., de Müller, veja-se Wolfgang Thiele, *Leistungsstörung und Schützpflichwerletzung – Zur Einordnung der Schutzpflichtverletzungen*, JZ 1967, 649-657 (654), Walter Gerhardt, *Der Haftungsmassstab im gesetzlichen Schutzverhältnis (Positive Vertragsverletung, culpa in contrahendo)*, JuS 1970, 597-603 (598) e Larenz, *Lehrbuch des Schuldrechts* cit., 1, 13.ª ed., § 9 (100 ss.).

[698] Manfred Löwisch, no Staudinger, 12.ª ed. (1979), prenot. aos §§ 275-288, 22; defendia, aí, que a ideia do dever unitário de proteção legal não era constatável no caso de nulidade do contrato; seria, porém, desnecessária onde exista uma relação obrigacional. *Vide* também Franziska-Sophie Evans von Krbek, *Nichterfüllungsregeln auch bei weiteren Verhaltens- oder Sorgfaltspflichtverletzungen?*, AcP 179 (1979), 85 ss.. Após a reforma de 2001/2002, a matéria deriva diretamente da lei.

[699] A relação de confiança, a situação de contacto social, etc., consoante a base encontrada para a cic e outras manifestações do dever de proteção.

[700] A afirmação da pós-eficácia do dever unitário de proteção aparece incidentalmente no próprio Canaris, *Ansprüche* cit., 478 (2.ª col.) e também em Gerhard, ob. cit., 598 (2.ª col.).

gridade e da saúde das partes; subsiste, porém, todo um sector que, por se ligar ao próprio bem-prestação, não pode atravessar incólume a cic – onde ainda não há dever de prestar – a v.pc. – que pressupõe esse dever em toda a sua pujança – e a cppf – na qual a prestação já foi realizada[701]. Pelo menos neste círculo existe um reduto seguríssimo para a pós-eficácia estrita.

VII. Hoje, modificando posições anteriores, acolhemos a existência do dever unitário de proteção. Como vimos, revela-se, por tal via, uma eficácia continuada. Mas mesmo aí, tem interesse sublinhar o seu funcionamento pós-contratual: as medidas a cargo das ex-partes para conservar a segurança dos seus parceiros variam, no período subsequente ao contrato. Caso a caso haverá que conferi-lo.

## 87. **Síntese**

I. A *culpa post pactum finitum* nasceu em decisões judiciais no primeiro pós-guerra, sendo acolhida favoravelmente pela doutrina. Não obstante, ela mal lograria ultrapassar os limites de curtas referências em comentários legislativos e em obras gerais de Direito das obrigações e de Direito do trabalho: as monografias que lhe têm sido dedicadas não são conhecidas e tiveram influência escassa a nível geral.

II. Não é possível fazer assentar uma doutrina global da cppf em disposições singulares sortidas, em *analogia iuris* ou em analogia direta com a *culpa in contrahendo*. Tão-pouco é viável derivar tal doutrina de qualidades específicas de certas relações jurídicas, mormente de uma afirmada natureza comunitário-pessoal da situação jurídica-laboral ou de alegadas virtudes das relações duradouras. A boa-fé oferece potencialidades bastantes para fundamentar a c.p.pf. desde que, precedendo certas precisões, se recorra a um processo de concretização. A negação radical da sua existência, por unificar indevidamente problemas distintos, não é produtiva.

III. A ocorrência de feitos jurídicos depois da extinção do dever de prestar é possível por vias distintas; o fenómeno sucede independente-

[701] Recorda-se, em abono, a observação crítica de Larenz, *Lehrbuch des Schuldrechts* cit., 1, 14.ª ed., 10.

mente da natureza das obrigações em causa. Nessa medida, pode falar-se em pós-eficácia das obrigações em sentido amplo. Essa expressão dá abrigo a realidades jurídicas diversas: à pós-eficácia aparente, quando os efeitos sejam imputados, por disposição legal expressa e específica, à extinção de certas obrigações, à pós-eficácia virtual sempre que a fonte da obrigação tida por extinta postule deveres secundários eficazes apenas depois da execução da prestação principal, à eficácia continuada correspondente à manutenção, para lá do cumprimento, da prestação principal, de deveres secundários já anteriormente manifestados e à pós-eficácia estrita, limitada à sobrevivência, em face da obrigação, de deveres acessórios. Cada uma destas fórmulas tem um regime jurídico próprio e distinto. Com exceção da pós-eficácia estrita, os regimes aplicáveis já haviam sido alcançados por outros instrumentos técnicos; a consideração da pós-eficácia ampla e suas modalidades oferece, contudo, um novo ângulo de estudo e possibilita a clarificação global do fenómeno.

IV. Não existe pós-eficácia do dever de prestar principal. A pós-eficácia estrita não é, nem parcialmente, contraditada pela teoria do dever de proteção unitário. Mantêm-se os deveres de informação e de lealdade, enquanto a própria segurança, quando pós-eficaz, pode ter um conteúdo diverso.

V. A *culpa post pactum finitum* tem um papel, na moderna dogmática obrigacionista. Não só ela congrega problemas distintos que, de outro modo, passariam despercebidos, como ainda ela comporta um núcleo duro, portador de um regime autónomo. Podemos referi-la como mais um pólo de crescimento da Ciência Civil, que oferece novas luzes na dogmática do cumprimento.

## 88. Aplicações práticas

I. A cppf, ditada embora por razões de ordem prática, fez a sua aparição no palco lusófono por via doutrinária. A sua aptidão para solucionar pontos concretos que, num primeiro momento, surgiam fora do sistema jurídico ou, pelo menos, para enquadrar e reforçar soluções alcançáveis na base de outros institutos explica que ela conste, já, de mais de uma dezena de acórdãos publicados: uma situação impensável, há alguns anos.

II. As áreas mais sensíveis à cppf são as que implicam prestações de serviço que, pela sua própria natureza, gerem situações de confiança que persistam após a conclusão do contrato: a prestação de serviços médicos, o contrato de trabalho, os financiamentos, os seguros e a agência. A cppf também surge referida no campo da venda de imóveis e no dos contratos públicos. Cumpre salientar que ela nem sempre é aplicada, por falta da competente matéria de facto. Mas surge reconhecida: um ponto decisivo para confirmar que esta rubrica, inicialmente experimental, integra hoje a cultura jurídico-científica lusófona. De resto, a cppf teve, também, um amplo reconhecimento no Brasil[702].

III. Vamos confirmar as considerações feitas à luz da experiência portuguesa. Assim:

(a) serviço médico:

*RPt 24-nov.-2005*: no domínio da falta de assistência pós-operatória, há cppf quando sejam infligidos danos contrários à boa-fé[703];

(b) contrato de trabalho:

*RPt 2-jun.-2008*: o empregador pode encabelar deveres pós-contratuais atinentes à atividade instrumental para a candidatura, do ex-trabalhador, ao subsídio de desemprego[704];

*RGm 30-mai.-2013*: o dever de lealdade pós-eficaz assente na confiança não impede o ex-trabalhador de procurar outra colocação[705];

*STJ 30-abr.-2014*: pondera um pacto de não-concorrência e a concorrência pós-laboral[706];

(c) financiamento:

*STJ 12-out.-2005*: no âmbito de documentos subsequentes, afirma que o trato negocial abrange o antes e o depois do contrato, citando, em nota, a cppf[707];

[702] A afirmação pode ser comprovada procurando *culpa post pactum finitum*, na Net.
[703] RPt 24-nov.-2005 (Telles de Menezes), Proc. 053540.
[704] RPt 2-jun.-2008 (Maria Fernanda Soares), Proc. 0810909.
[705] RGm 30-mai.-2013 (Helena Melo), Proc. 4/05.
[706] STJ 30-abr.-2014 (Mário Belo Morgado), Proc. 2525/11.
[707] STJ 12-out.-2005 (Neves Ribeiro), Proc. 05B687.

(d) seguros:

*RLx 26-jun.-2012*: a propósito de um seguro de grupo refere, de passagem, a cppf[708];

*RPt 8-jul.-2015*: também num seguro, faz uma exposição desenvolvida sobre a pós-eficácia, apresentada como a manutenção *post pactum finitum* de deveres de lealdade que assegurem a vantagem contratual[709];

(e) agência:

*RPt 9-dez.-2004*: após o termo de um contrato, poderá haver que prestar assistência aos clientes; será a cppf[710];

(f) venda de imóveis:

*STJ 28-mai.-2015*: refere (ainda que recusando) um dever pós-contratual, do vendedor, de velar pela conservação das partes comuns dos imóveis[711];

(g) contratos públicos:

*TCA Norte 24-abr.-2015*: refere, no campo dos contratos públicos, a cppf, embora não a aplique[712].

IV. Cabe sublinhar que, para além do seu papel na obtenção direta de soluções mais justas, a cppf apresenta, ainda, uma capacidade sistematizadora de problemas. Permitindo, nos diversos ramos, aproximar questões similares, ela opera como mais um instrumento ao serviço da realização da Ciência do Direito. Curiosamente: a área onde, histórica e dogmaticamente a cppf teria mais relevo tem obtido, apenas, ocasionais referências,

[708] RLx 26-jun.-2012 (Pimentel Marcos), Proc. 1269/09.
[709] RPt 8-jul.-2015 (Reis Moreira), Proc. 487/11.
[710] RPt 9-dez.-2004 (Pimenta de Almeida), Proc. 0430673.
[711] STJ 28-mai.-2015 (Lopes do Rego), Proc. 1340/08.
[712] TCA Norte 24-abr.-2015 (Luís Miguéis Garcia), Proc. 01122/12.

entre nós[713]. E o único estudo a ela dedicado é, dogmaticamente, muito elementar[714].

[713] Maria do Rosário Palma Ramalho, *Tratado de Direito do trabalho* II, 6.ª ed. (2016), 964-969; em boa verdade, a doutrina juslaboralista alemã atual limita as referências à pós-eficácia ao campo do Direito coletivo; p. ex., Jürgen Treber, em Günter Schaub/ /Ulrich Koch e outros, *Arbeitsrecht-Handbuch*, 16.ª ed. (2015), § 208, II, 2, 2236-2238 e Thomas Dietrich/Peter Hanan/Günter Schaub (org.), *Erfurter Kommentar zum Arbeitsrecht*, 15.ª ed. (2015), *passim*.

[714] Sofia Silva e Sousa, *Obrigação de não concorrência com efeitos post contractum finitum* (2012), 156 pp..

# II

# O NÃO-CUMPRIMENTO DAS OBRIGAÇÕES

CAPÍTULO I

# COORDENADAS HISTÓRICO-CULTURAIS DO NÃO-CUMPRIMENTO

## § 20.º ENQUADRAMENTO E MODALIDADES DO NÃO-CUMPRIMENTO

### 89. **Noção geral; as origens periféricas**

I. Temos não-cumprimento, também dito incumprimento ou inadimplemento, sempre que o devedor não realize, de acordo com as regras aplicáveis, a prestação devida. Podemos distinguir:

- o incumprimento *stricto sensu*, relativo à não-execução da prestação principal;
- o incumprimento *lato sensu*, que reporta a inobservância de quaisquer elementos atinentes à posição do devedor ou do próprio credor; especialmente em causa estarão os deveres acessórios.

II. A não-execução da prestação principal ocorre pelas mais diversas razões. Assim, ela pode derivar:

- de uma omissão pura e simples do devedor;
- de uma sua ação, acaso a prestação fosse negativa;
- da impossibilidade da prestação, seja por obra do devedor, seja pela do credor, seja de terceiros;
- de uma execução retardada;
- de uma execução defeituosa e, aí, pela inobservância de alguma (ou de várias) das muitas coordenadas aplicáveis.

De certo modo, podemos dizer que, de novo, todo o regime das obrigações é chamado a depor.

III. As múltiplas hipóteses do não-cumprimento das obrigações não foram fixadas por um legislador racional. Elas surgiram, na periferia, através de um esforço milenário de resolução dos problemas concretos[715]. Além disso, os "não-cumprimentos" tão-pouco foram dogmatizados num espaço teórico de "obrigações em geral". Antes surgiram, de modo desencontrado, a propósito dos diversos tipos de negócios.

As codificações permitiram fixar regras gerais: mas não ao ponto de suprimir regimes especializados, enquadrados em cada contrato em especial.

IV. Em suma: a disciplina geral do não-cumprimento das obrigações assenta em figuras concretas, elaboradas ao longo de uma demorada evolução histórico-cultural. Daí resultam tensões ainda hoje observáveis, em vários aspetos das regras em presença. Este estado de coisas habitual no Código Civil, torna a matéria particularmente estimulante.

## 90. **O sistema da lei**

I. A preparação do Código Civil, na área relativa ao não-cumprimento das obrigações, foi atormentada.

O Prof. Vaz Serra, ainda que em escritos de grande profundidade, estudou separadamente os temas do cumprimento[716], da impossibilidade não imputável ao devedor[717], da impossibilidade imputável ao devedor e do cumprimento imperfeito[718], da prova relacionada com esses eventos[719],

[715] Ainda hoje, como referência, Hermann Dilcher, *Die Theorie der Leistungsstörungen bei Glossatoren, Kommentatoren und Kanonisten* (1960), 330 pp., estudando, entre outros pontos, o *casus* (90 ss.), a perturbação não imputável (185 ss.) e a perturbação inicial (219 ss.).

[716] Adriano Vaz Serra, *Do cumprimento como modo de extinção das obrigações*, BMJ 34 (1953), 5-212.

[717] Adriano Vaz Serra, *Impossibilidade superveniente por causa não imputável ao devedor e desaparecimento do interesse do credor*, BMJ 46 (1955), 5-152.

[718] Adriano Vaz Serra, *Impossibilidade superveniente e cumprimento imperfeito imputáveis ao devedor*, BMJ 47 (1955), 5-97.

[719] Adriano Vaz Serra, *Encargo da prova em matéria de impossibilidade ou de cumprimento imperfeito e da sua imputabilidade a uma das partes*, BMJ 47 (1955), 98-126.

da mora do devedor[720], da exceção do contrato não cumprido[721], da pena convencional[722], da culpa do devedor ou do agente[723], da resolução do contrato[724], da responsabilidade do devedor por factos dos auxiliares, dos representantes legais ou dos substitutos[725], da realização coativa da prestação[726] e da responsabilidade contratual[727]. Outros estudos poderiam, igualmente, ser referidos.

Daqui resultou um total de muitas centenas de páginas que, ainda hoje, está por absorver pela doutrina portuguesa. Todavia, o Código acabou por se ressentir, aparentando pouca unidade, neste domínio.

II. O não-cumprimento das obrigações surge numa secção II, após a relativa ao cumprimento (790.º a 812.º). Tem a seguinte ordenação:

*Subsecção I* – Impossibilidade do cumprimento e mora não imputáveis ao devedor (790.º a 797.º);
*Subsecção II* – Falta de cumprimento e mora imputáveis ao devedor:
Divisão I – Princípios gerais /798.º a 800.º);
Divisão II – Impossibilidade de cumprimento (801.º a 803.º);
Divisão III – Mora do devedor (804.º a 808.º);
Divisão IV – Fixação contratual dos direitos do credor (809.º a 812.º).
*Subsecção III* – Mora do credor (813.º a 816.º).

Deve-se, ainda, ter em conta a secção III – realização coativa da prestação. Abrange:

*Subsecção I* – Ação de cumprimento e execução (817.º a 826.º);
*Subsecção II* – Execução específica (827.º a 830.º).

[720] Adriano Vaz Serra, *Mora do devedor*, BMJ 48 (1955), 5-317.

[721] Adriano Vaz Serra, *Excepção de contrato não cumprido*, BMJ 67 (1957), 17-183.

[722] Adriano Vaz Serra, *Pena convencional*, BMJ 67 (1957), 185-243.

[723] Adriano Vaz Serra, *Culpa do devedor ou do agente*, BMJ 68 (1957), 13-151.

[724] Adriano Vaz Serra, *Resolução do contrato*, BMJ 68 (1957), 153-291.

[725] Adriano Vaz Serra, *Responsabilidade do devedor pelos factos dos auxiliares, dos representantes legais ou dos substitutos*, BMJ 72 (1958), 259-305.

[726] Adriano Vaz Serra, *Realização coactiva da prestação (Execução) (Regime civil)*, BMJ 73 (1958), 31-394.

[727] Adriano Vaz Serra, *Responsabilidade contratual e responsabilidade extracontratual*, BMJ 85 (1959), 115-241.

Torna-se difícil encontrar um fio condutor jurídico-científico. Impõem-se ordenações doutrinárias[728], sendo de sublinhar que toda esta matéria atravessa uma fase de reformulação[729]. Sublinhe-se, ainda, que o BGB alemão, cuja influência no Código Civil de 1966 é conhecida, também não tinha, antes da reforma de 2000/2001, um conceito unitário de violação do contrato[730].

## 91. Delimitações conceituais

I. Definimos o incumprimento como a não realização, pelo devedor, da prestação devida. Mas com esse enunciado apenas conseguimos uma noção meramente descritiva. Interessa-nos uma noção normativa.

O dizer-se que surge incumprimento quando não haja realização da prestação induz-nos em espaço suscetível de integrar as mais diversas hipóteses. Assim, o devedor não cumpre, por exemplo, por haver transmitido a outro o seu débito, por ter havido novação, confusão ou outra forma de extinção, diferente do cumprimento ou, ainda, por outrem haver cumprido por ele. Não é oportuno unificar tudo isso, a pretexto de estudar o incumprimento.

II. Limitamos o incumprimento à não realização, pelo devedor, da prestação devida, enquanto essa não realização corresponda à violação da norma que lhe era especificamente dirigida e lhe cominava o dever de prestar. Isto é: o incumprimento é a não realização da prestação devida, enquanto devida.

Desta forma, ficam especialmente excluídas do incumprimento:

[728] Há várias ordenações possíveis; assim, além de *Direito das obrigações*, 2, 433 ss.: Fernando Pessoa Jorge, *Lições de Direito das obrigações* cit., 1, 463 ss.; Mário Júlio de Almeida Costa, *Direito das obrigações* cit., 12.ª ed., 1033 ss.; João Antunes Varela, *Das obrigações em geral* cit., 2, 7.ª ed., 60 ss.; Jorge Ribeiro de Faria, *Direito das obrigações* cit., 2, 335 ss.; Luís Menezes Leitão, *Direito das obrigações* cit., 2, 9.ª ed., 219 ss..

[729] Além das obras abaixo indicadas, cabe desde já referir o importante escrito de Nuno Manuel Pinto Oliveira, *Estudos sobre o não cumprimento das obrigações*, 2.ª ed. (2009), 153 pp..

[730] Konrad Zweigert/Hein Kötz, *Einführung in die Rechtsvergleichung* cit., 3.ª ed., § 36, II (486).

- a não realização da prestação devida quando, por qualquer razão, tenha pré-operado a extinção da obrigação de que se trate;
- a não realização da prestação por terceiro; embora, normalmente, um terceiro possa cumprir, ele não está obrigado a fazê-lo.

Reside, aqui, uma contraprova de que o incumprimento não pode ser considerado como simples ausência do cumprimento.

III. Do incumprimento em sentido estrito pode-se separar a impossibilidade da prestação. A prestação é a conduta humana; consequentemente, não pode haver prestação devida quando esta implique um comportamento que não seja possível. Caso o comportamento integrador de determinada prestação venha, supervenientemente, a tomar-se impossível, extingue-se a prestação principal. O dever de prestar principal extinto não pode dar lugar a um incumprimento uma vez que, nessa eventualidade, já não existe qualquer norma que, ao devedor, comine a atitude impossível.

A confusão advém de que a prestação principal pode tornar-se impossível por força de uma violação. Qualquer pessoa pode lesar o bem reservado, pelo ordenamento, ao credor, tornando inviável a execução da atividade devida. Com isso consegue-se o "não-cumprimento" naturalístico da prestação principal, mas não o incumprimento normativo.

O problema atinge o auge se tivermos em conta que a destruição do bem-prestação, através da impossibilidade, pode ser provocada pelo devedor, que está, pela natureza das coisas, numa situação especialmente favorável para conseguir esse efeito. A situação aproxima-se do incumprimento estrito, ao ponto de o Código Civil proceder a uma equiparação de regimes; manda o artigo 801.º/1:

> Tornando-se impossível a prestação por causa imputável ao devedor, é este responsável como se faltasse culposamente ao cumprimento da obrigação.

Simplesmente, a própria expressão "como se" indicia claramente a equiparação de regimes e não de figuras: a "impossibilidade imputável ao devedor" pode ser integrada no conceito mais amplo de impossibilidade e não no de incumprimento. A impossibilidade, seja ela qual for, provoca sempre a extinção da prestação atingida e a consequente não aplicabilidade das normas dirigidas ao seu cumprimento.

IV. Mas se as consequências do incumprimento e da impossibilidade da prestação imputável ao devedor são idênticas, como operar, na prática, a distinção entre ambas as figuras? A resposta a esta pergunta prende-se com a questão de saber em que medida continua o devedor obrigado à prestação quando tenha havido incumprimento. Teremos ocasião de examinar esse ponto. Para já, podemos lançar mão de um critério extremamente simples e que serve para cindir claramente as duas figuras:

- quando, no momento do cumprimento, a prestação seja possível mas não tenha sido acatada pelo devedor, temos incumprimento;
- quando, pelo contrário, nesse mesmo momento, a prestação já não seja possível, ainda que por obra do devedor, não há incumprimento, mas impossibilidade.

V. No entanto, é fácil constatar, até pelo critério de separação entre incumprimento e impossibilidade da prestação imputável ao devedor que, no momento da prestação, esta pode ser possível e, no entanto, não ter lugar:

- por ato de terceiro;
- por ato do credor;
- por qualquer outro facto não voluntário.

Teríamos, assim, abertas as portas a incumprimentos imputáveis, a terceiro, ao credor ou a caso fortuito? Pensamos, no rigor dos princípios, que em tal eventualidade não há que falar em incumprimento. Se no momento da prestação, esta não for executada por interferência de algum dos fatores acima apontados, ela não é devida, pelo devedor, nessa precisa altura; é, na realidade, ainda de impossibilidade da prestação que se trata.

Como, porém, pelo menos no caso dos "incumprimentos" imputáveis ao credor ou a terceiro, há, inquestionavelmente, violações de normas obrigacionais, verificam-se situações patológicas que podemos, comodamente, tratar nesta rubrica, sob o título inóquo de "não-cumprimento", imputável ao credor ou a terceiro.

## 92. Modalidades de incumprimento

I. O reconhecimento exato de uma situação de incumprimento pressupõe a prévia determinação do cumprimento não realizado.

Remetemos, neste campo, para as regras próprias do cumprimento[731], nas suas diversas dimensões e, nomeadamente, para a boa-fé, medida do esforço exigível ao devedor[732].

A consideração dessas regras permite proceder à destrinça de várias modalidades de incumprimento, em função das regras que, da atividade devida, não tenham sido observadas.

Assim, consoante se trate da inobservância da atividade devida ou dos ditames da boa-fé que a devam circundar, podemos distinguir:

- incumprimento da prestação principal ou incumprimento estrito; podemos aqui integrar o incumprimento de prestações secundárias;
- incumprimento de deveres acessórios[733], reconduzível à violação positiva do contrato ou ao incumprimento imperfeito.

Estando em causa aspetos qualitativos e quantitativos do cumprimento, podemos operar a distinção entre:

- cumprimento defeituoso;
- cumprimento parcial.

As regras sobre o prazo da prestação, conjugadas com a sua possibilidade, permitem distinguir:

- o incumprimento definitivo;
- o incumprimento temporário ou mora.

II. Outras distinções têm sido propostas; umas porém, de relevo secundário, enquanto outras podem conduzir a asserções inexatas. Neste último caso, está por exemplo a distinção entre:

- incumprimento subjetivo;
- incumprimento objetivo,

traduzindo, o primeiro, a não concretização do interesse do credor e o segundo a não realização da atividade devida. Só neste último caso cabe, porém, falar em cumprimento; a não concretização do interesse do credor é

[731] *Supra*, 69 ss..

[732] *Tratado* VI, 2.ª ed., 481 ss..

[733] Michele Giorgianni, *L'inadempimento*, 3.ª ed. (1975), 32.

fórmula ampla e puramente descritiva, que engloba, por exemplo, a impossibilidade superveniente da prestação.

III. Colhendo a lição de vária doutrina[734], podemos unificar o incumprimento de prestações acessórias, o cumprimento defeituoso e o cumprimento parcial no conceito geral do cumprimento inexato ou imperfeito ou, ainda, violação positiva do contrato. Consideraremos sucessivamente:

- o cumprimento inexato;
- o cumprimento retardado;
- o incumprimento definitivo.

Para além destas modalidades, seria possível aplicar, ao incumprimento, todas as classificações do próprio cumprimento, sendo certo que, este último, é, por seu turno, suscetível de distinções consoante a natureza das prestações respetivas. Teríamos, assim, incumprimentos positivos e negativos, jurídicos e materiais, etc.. O interesse desta metodologia seria meramente descritivo.

[734] Michele Giorgianni, *L'inadempimento* cit., 3.ª ed., 36.

## § 21.º O DIREITO DA PERTURBAÇÃO DAS PRESTAÇÕES

### 93. A ideia de "perturbação das prestações" e a reforma de 2001/2002

I. O Direito do não-cumprimento é, ainda, referido como o Direito da perturbação das prestações. Cumpre ver, tanto mais que se trata da grande matéria jurídico-científica visada pela reforma do BGB de 2001/2002[735]. A expressão "Direito da perturbação das prestações" é uma tradução literal de *Recht der Leistungsstörungen*. Ficariam abrangidas as hipóteses de incumprimento definitivo, de mora e de cumprimento defeituoso[736]; todavia, não podemos verter o termo para o vernáculo "incumprimento em sentido amplo", uma vez que ela pode abarcar ainda, além de impossibilidade, a *culpa in contrahendo*, a alteração das circunstâncias e outros institutos. Na atual fase de divulgação, a "perturbação das prestações" parece adequada para exprimir, com fidelidade, as realidades jurídico-científicas subjacentes.

A "perturbação das prestações" constitui fórmula doutrinária conhecida pelos obrigacionistas e que remonta à clássica monografia de Stoll[737-738]. Posteriormente, foi adotada pela literatura da especialidade

[735] *Vide* os nossos *Da modernização do Direito civil* 1 (2004), 69 ss. e *Tratado* VI, 2.ª ed., 74 ss.; um apanhado da reforma pode ser aí confrontado, além da bibliografia referida nesses títulos ou abaixo citada, em Gregor Wagner, *Schadensersatz wegen Verzögerung der Leistung im deutschen und niederländischen Schuldrecht/zugleich ein Beitrag zur Systematik des neuen deutschen Leistungsstörungsrechts* (2004), XVIII + 175 pp., 73 ss..

[736] Quanto ao Direito da perturbação das prestações temos, como atual obra de referência, os dois monumentais volumes integrados no *Staudingers Kommentar/Leistungsstörungsrecht* I, §§ 255-304 (2014), XIV + 1143 pp. e II, 315-326 (2015), XIV + 673 pp.: vários autores, no total de 1844 páginas maciças.

[737] Heinrich Stoll, *Die Lehre von den Leistungsstörungen* (1936), 145 pp..

[738] Heinrich Stoll (1891-1937) foi professor em Tübingen; em conjunto com Max Rümelin (1861-1931) e com Philipp Heck (1858-1943), integrou a escola de Tübingen da jurisprudência dos interesses tendo, tal como este, maculado desnecessariamente os seus

como espaço cómodo para abranger diversas eventualidades que impliquem a falta (no todo ou em parte) de cumprimento. No período anterior à reforma de 2001/2002, poderíamos apontar para *Leistungsstörungen*:

- um sentido estrito, que abrange a impossibilidade, a mora e a violação positiva do contrato[739];
- um sentido amplo, que inclui, além dos três institutos mencionados, a *culpa in contrahendo*, a alteração das circunstâncias e os contratos com efeito protetor de terceiros[740].

II. A reforma de 2001/2002 adotou uma conceção ampla de perturbação das prestações. Fê-lo, porém, sem sequer designar a figura: antes consignando ou alterando as respetivas manifestações. Apenas doutrinariamente se mantém esta categoria[741], a entender, de resto, de modo pragmático: envolvendo institutos dogmaticamente distintos. A expressão nem é conceitualmente rigorosa, uma vez que abrange, por exemplo, a violação de meros deveres de proteção e de outros deveres acessórios; melhor ficaria "perturbação da relação obrigacional". Trata-se, porém, de locução

escritos com afirmações de circunstância de tipo nacional-socialista: sem deslustro para o nível científico da sua obra.

Heinrich Stoll ficou conhecido, entre outros aspetos, pela crítica que dirigiu à doutrina da violação positiva do contrato, lançada anos antes por Hermann Staub, *Die positiven Vertragsverletzungen*, 26. DJT (1902), 31-56, com 2.ª ed. completada por Eberhard Müller (1913): temos em mente, de H. Stoll, o artigo *Abschiede von der Lehre von der positiven Vertragsverletzung*, AcP 136 (1932), 257-320. Quanto ao seu livro *Die Lehre von der Leistungsstörungen*: trata-se de um escrito destinado a amparar uma reforma do Direito civil que, na época, se pensou levar a cabo, na Alemanha; compreende, assim, um articulado – *Leistungsstörungen* cit., 58 ss.. Este articulado dava relevo a uma relação de confiança, de base legal, numa ideia que teria largo futuro.

Entre nós, as primeiras referências a Stoll devem-se a Vaz Serra; *vide*, p. ex., *Impossibilidade superveniente e cumprimento imperfeito imputáveis ao devedor*, BMJ 47 (1955), 5-97 (68, nota 127).

[739] Assim, Wolfgang Fikentscher, *Schuldrecht*, 9.ª ed. (1997), 213-215.

[740] Volker Emmerich, *Das Recht der Leistungsstörungen*, 5.ª ed. (2003), 3. Karl Larenz, *Lehrbuch des Schuldrechts* cit. I, 14.ª ed., 275 ss., previa uma categoria alargada de "violações de deveres" e "impedimentos da prestação" (*Leistungshindernisse*).

[741] Dieter Medicus, *Leistungsrecht*, em Haas e outros, *Das neue Schuldrecht* (2003), 79-132 (83).

tradicional consagrada, particularmente saudada como manifestação do superar da dispersão das figuras, na versão original do BGB[742].

III. Em termos práticos, a reforma do Direito da perturbação das prestações de 2001/2002 envolveu modificações[743]:

- na impossibilidade;
- na resolução;
- na codificação de institutos "não escritos": a *culpa in contrahendo*, a alteração das circunstâncias ("base do negócio"), a violação positiva do contrato e o contrato com proteção de terceiros;
- no âmbito de aplicação do seu regime.

Ficam envolvidos, do novo BGB:

- os §§ 275 e seguintes, relativos a diversas situações de incumprimento (incluindo a impossibilidade e a violação positiva do contrato);
- os §§ 320 a 326, enquanto portadores de diversas especialidades para os contratos bilaterais;
- os §§ 346 a 354, referentes à resolução;
- o § 241/2, quanto a deveres acessórios;
- o § 311/2, reportado à *culpa in contrahendo*;
- o § 311/3, sobre a proteção de terceiros;
- o § 313, consagrando, na lei, a alteração das circunstâncias;
- o § 314, regulando a denúncia.

Trata-se de modificações muito significativas, só por si[744]. Mas além disso, elas assumem repercussões em toda a lógica da aplicação do sistema.

IV. Temos, aqui, o cerne da modernização do Direito das obrigações. Ao contrário do que sucede no domínio de uma comum (ainda que importante) reforma no Direito do trabalho, no Direito fiscal, no Direito comercial, ou mesmo nas áreas da prescrição, da transposição de diretrizes ou de certos contratos, não se trata, aqui, de adotar novos e supostos melhores

[742] Roland Schwarze, no *Staudingers Kommentar* cit., Vorbem zu §§ 280-285, Nr. B 1 – B 2 (436).

[743] Peter Huber, em Peter Huber/Florian Faust, *Schuldrechtsmodernisierung/Einführung in das neue Recht* (2003), 7-8.

[744] Martin Schwab, *Das neue Schuldrecht im Überblick*, JuS 2002, 1-8 (2/II).

regimes. O reformador não pretendeu (diretamente) modificar soluções: antes operou uma codificação de doutrinas e soluções já conhecidas. Pretendeu-se um "direito mais facilmente e seguramente manuseável"[745]. As conexões tornam-se mais claras e seguras[746].

A reforma assume-se, deste modo e essencialmente, como científica. A lei consigna institutos de base prudencial, assentes nas universidades e nos tribunais, sem outra legitimidade que não a da Ciência do Direito. A fecundidade do pensamento continental, sistemático e codificador, em plena maré anglo-saxónica, é reafirmada.

A reforma do Direito da perturbação das prestações justifica que, de *modernização*, se possa falar.

## 94. **Base analítica: a violação do dever**

I. A modernização do Direito das obrigações assumiu uma feição analítica: usa conceitos precisos, de base racional, em detrimento de fórmulas dotadas de cargas histórico-culturais[747]. No campo do Direito da perturbação das prestações – noção compreensiva – esse aspeto denota-se pelo recurso nuclear à ideia de "violação de um dever"[748]: categoria central no novo Direito[749], seja qual for a sua natureza[750].

O § 241 do BGB, versão velha, que abre o livro II dedicado ao Direito das obrigações, dispunha[751]:

[745] Barbara Dauner-Lieb, em *Das Leistungsstörungsrecht im Überblick* em Barbara Dauner-Lieb e outros, *Das neue Schuldrecht* cit., 67.

[746] *Vide* a *Begründung der Bundesregierung* publicada em Claus-Wilhelm Canaris, *Schuldrechtsmodernisierung 2002* (2002), 579.

[747] O conceito analítico é racional e preciso – p. ex., o dever ou o poder – enquanto o compreensivo surge histórico-cultural e, nessa medida, com um alcance flutuante e valorações que transcendem a sua expressão linguística – p. ex., a obrigação ou o direito subjetivo.

[748] Walter Rolland, *Einführung*, em Haas e outros, *Das neue Schuldrecht* cit., 4.

[749] Christian Grüneberg, no Palandt, 76.ª ed. (2017), § 280, Nr. 2 (381).

[750] Roland Schwarze, no *Staudingers Kommentar* cit., Vorbem zu §§ 280-285, Nr. B-12 (439); a hipótese de se adotar uma ideia geral de não-cumprimento, ventilada nos preparatórios, foi abandonada.

[751] Na tradução de preceitos alemães procurámos a equivalência científica, em detrimento de fórmulas literais ou da própria elegância da frase.

> Por força da relação obrigacional, o credor tem o direito de exigir uma prestação ao devedor. A prestação pode também consistir numa omissão.

Este preceito não foi alterado. Mas passou a n.º 1, sendo aditado o seguinte[752]:

> (2) A relação obrigacional pode obrigar, conforme o seu conteúdo, qualquer parte com referência aos direitos, aos bens jurídicos e aos interesses da outra.

A noção de obrigação é compreensiva; o seu conteúdo é agora reconduzido a deveres, a determinar caso a caso, de base analítica. O todo é capeado pela epígrafe do § 241, acrescentado pela reforma[753]: "deveres provenientes da relação obrigacional".

II. As diversas hipóteses de "perturbação das prestações" são, deste modo, reconduzidas a "violações de deveres"[754]. Há muito se ensinava nesta base: fica agora claro; veremos com que significado.

O § 280, que na versão velha se reportava à impossibilidade, prende-se, agora, com a violação de deveres:

> (1) Quando o devedor viole um dever proveniente de uma relação jurídica, pode o credor exigir a indemnização do dano daí resultante. Esta regra não se aplica quando a violação do dever não seja imputável ao devedor.

A imputabilidade pode ser dolosa ou negligente – § 276 da lei velha, equivalente, com alterações, ao § 276 (1) da lei nova.

III. Todo o sistema da "perturbação das prestações" fica unificado em torno desta regra nuclear[755]. Uma nova gramática[756]: sem dúvida[757].

[752] Christian Grüneberg, no *Kommentar zum BGB* cit., 75.ª ed., § 241, Nr. 6 (261). *Vide* o *Tratado* VI, 2.ª ed., 27-28.

[753] Recordamos que os diversos §§ do BGB alemão, na sua versão original, não tinha epígrafes; estas foram introduzidas pela reforma de 2001-2002.

[754] Em especial, Peter von Wilmowsky, *Pflichtverletzungen im Schuldverhältnis – Die Anspruchs- und Rechtsgrundlagen des neuen Schuldrechts*, JuS BH 1/2002, 3 ss..

[755] Daniela Mattheus, *Schuldrechtsmodernisierung 2001/2002* cit., 210/I.

[756] Barbara Dauner-Lieb, *Das Leistungsstörungsrecht im Überblick* cit., 67-68.

[757] Com elementos para a discussão do tema: Michael Schulz, *Leistungsstörungsrecht*, em Harm-Peter Westermann, *Das Schuldrecht 2002/Sistematische Darstellung der Schuldrechtsreform* (2002), 17-104 (20 ss.).

Mas um reafirmar da capacidade centralizadora e ordenadora da Ciência do Direito.

## 95. Base significativo-ideológica e ética: a culpa

I. Perante o influxo racionalista da reforma, poder-se-ia perguntar se, dando corpo às exigências da globalização, a entender como hegemonia anglo-saxónica, não estaremos perante uma demonstração de neo-liberalismo[758]. A resposta é negativa. O BGB foi reformado em função de pontos de vista comunitários de tutela do consumidor[759]. Trata-se de uma preocupação que reaparece frequentemente, surgindo em institutos específicos a tanto destinados e nos mais diversos deveres de informação[760]. A essa luz, a reforma é limitadora da livre iniciativa. De resto, aquando da sua preparação, ela foi criticada pelas confederações empresariais, acabando por ser aprovada por uma maioria SPD/Verdes.

II. Essa preocupação protetora foi dobrada, em termos de direta relevância ética, pelo reforço do princípio da culpa[761]. A exigência desta, como categoria distinta da ilicitude, era requisito especialmente enfatizado por Canaris[762], como base de imputação delitual e defesa da liberdade de atuação. Encontramos, agora, reflexos desse pensamento na reforma.

III. Toda esta matéria deve ser entendida em termos integrados. Justamente na reforma de 2001/2002, transparecem as diversas virtudes de qualquer codificação. Os institutos são aplicados à luz da Ciência do Direito que manuseia o código que os contém. O conhecimento e a apreciação da reforma do BGB passa pela valorização dos vetores profundos

[758] Recordamos a interrogativa de Mathias Siems, *Der Neoliberalismus als Modell für die Gesetzgebung?*, ZRP 2002, 170-174.

[759] Gerhard Ring, *Der Verbraucherschutz*, em Barbara Dauner-Lieb/Thomas Heidel/ /Manfred Lepa/Gerhard Ring, *Das neue Schuldrecht* (2002), XVIII + 538 pp., 346-347 e *passim*.

[760] André Pohlmann, *Die Haftung wegen Verletzung von Aufklärungspflichten* cit., p. ex., 200, apreciando positivamente a reforma de 2002.

[761] Volker Emmerich, *Das Recht der Leistungsstörungen* cit., 6.ª ed., (2015), XXI + + 475 pp., 146 ss.; Georg Caspers, no *Staudingers Kommentar* cit., § 276, Nr. 3 (328).

[762] Karl Larenz/Claus-Wilhelm Canaris, *Lehrbuch des Schuldrechts*, II, 2, *Besonderer Teil*, 13.ª ed. (1994), 351.

que, ao cinzelamento dogmático agora operado, dão uma base de realização. Queda acrescentar que apesar de, nalguns pontos, a reforma do BGB integrar um tecnicismo elevado, ela assenta em certos pressupostos claros, que exercem já a sua influência na Ciência jurídica europeia[763].

## 96. A violação positiva do contrato

I. A violação positiva do contrato constituía um *tertium genus* no universo do incumprimento em sentido lato, ao lado da impossibilidade imputável ao devedor e da pura e simples omissão da prestação devida. Agrupava:

- violação de deveres acessórios;
- má execução da prestação principal;
- declaração eficaz de não pretender cumprir.

A doutrina fora obrigada a construir a categoria da violação positiva do contrato, perante o silêncio da lei[764]. Apesar de uma jurisprudência muito rica que, ao longo do século XX, foi preenchendo os diversos meandros em aberto, as dúvidas eram inevitáveis.

II. A reforma do BGB de 2001/2002 cobriu o problema da violação positiva do contrato[765], ainda que sem o nomear[766]. Assim:

- o § 280/1 comete ao devedor que viole um dever proveniente de uma relação obrigacional (qualquer que ele seja) o dever de indemnizar;
- o § 324 permite, perante a violação de um dever proveniente de relação obrigacional (e seja, ele, também, qualquer um) a resolução do contrato pelo credor.

[763] Anika Mitzkait, *Leistungsstörung und Haftungsbefreiung/Ein Vergleich der Grundregeln des Europäischen Vertragsrechts mit dem reformierten deutschen Recht* (2008), XVI + 289 pp..

[764] Volker Emmerich, *Das Recht der Leistungsstörungen* cit., 5.ª ed., 20-21.

[765] *Vide* a génese do instituto em *Da boa fé*, 586 ss..

[766] Roland Schwarze, no *Staudingers Kommentar* cit., Vorbem zu §§ 280-285, Nr. B 2 (436).

Outros preceitos têm aplicação, assim se consignando o sistema da violação positiva do contrato.

III. A técnica analítica adotada pelo reformador de 2001/2002 permitiu encontrar uma solução ágil e natural para o problema. Tem ainda interesse referenciar que a remissão para a violação de um dever, "no sentido do § 241/2 da lei nova" permite dar corpo à tese da doutrina unitária dos deveres de proteção (e outros), propugnada por Canaris desde a década de 60 do século XX: as consequências legais serão, ainda, as mesmas, operando-se qualquer necessária diferenciação no momento da realização do Direito.

CAPÍTULO II

# O CUMPRIMENTO RETARDADO

## § 22.º A MORA DO DEVEDOR

### 97. Nota histórica

I. A eventualidade de, no prazo fixado para a realização da prestação, o devedor não cumprir, fazendo-o apenas mais tarde, era tratada no Direito romano, com muito pormenor[767] e em moldes que, praticamente, correspondem aos hoje em vigor, nos diversos Direitos continentais.

II. A *mora debitoris* ou *mora solvendi* pressupunha uma obrigação exigível (acionável)[768] e vencida, cuja prestação, ainda possível, fosse omitida pelo devedor e isso em circunstâncias a este imputáveis.

[767] Max Kaser, *Das römische Privatrecht* cit., 1, 2.ª ed., § 119, II (515). Desse mesmo Autor: *Mora*, PWRE XXXI (1933), 251-277, com indicações.

[768] Scaevola, D. 45.1.127 = ed. Carl Ed. Otto cit., IV, 655. Como escrito de referência: Jan Dirk Harke, Mora debitoris *und* mora creditoris *im klassischen römischen Recht* (2005), 116 pp., 48 ss.. Como escritos antigos, mas sempre úteis: Carl Otto von Madai, *Die Lehre von der Mora. Dargestellt nach Grundsätzen des Römischen Rechts* (1837), XXXII + 518 pp. e Heinrich Siber, *Interpellatio und Mora*, SZRom 29 (1908), 47-113; incontornáveis: Alberto Montel, *La mora del debitore/Requisiti nel diritto romano e nel diritto italiano* (1930), 318 pp., com rec. de H. Kreller, AcP 136 (1932), 242-245; *idem*, *Mora (diritto romano)*, NssDI X (1964), 900-901; Wilhelm Felgentraeger, SZRom 51 (1931), 523-527; Salvatore Riccobono Jr., *Profilo storico della dottrina della mora del diritto privato (sino all'età degli Antonini)* (1964), XXI + 366 pp., rec. Pasquale Voci, IVRA XVI (1965) 2, 210-214; Carlo Augusto Cannata, *Mora (storia)*, ED XXVI (1976), 921-933.

III. Havendo *mora*, opera a *perpetuatio obligationis*: o devedor mantém-se adstrito ainda que a prestação se torne casualmente impossível[769]. Em face de obrigações pecuniárias, vencem juros[770], discutindo-se qual o seu montante.

A mora cessa com a realização da prestação. As expressões *emendari moram* ou *purgari moram* parecem pós-clássicas[771].

IV. A noção de culpa, no sentido de estado eticamente censurável, não era clara, no Direito romano: haveria que aguardar mais de mil anos, pela influência do canonismo. Todavia, a questão já foi colocada, em moldes paralelos[772].

## 98. Noção geral de mora do devedor

I. Falamos, hoje, em cumprimento retardado quando, no momento da prestação, esta não seja efetuada. Sendo o atraso imputável ao devedor, este entra em mora. Necessário é que a obrigação subsista, não obstante o precalço; nessa altura, mantém-se o dever de prestar, de tal forma que, quando sobrevenha o cumprimento, este surja retardado[773].

Põe-se a questão prévia de saber se, na ausência de cumprimento no prazo devido, ocorre a subsistência da obrigação ou a sua extinção[774]. Temos, aí, de indagar:

[769] Paulo, D. 24.3.25.2 = ed. Rolf Knütel e outros, 288; *vide* Emil Seckel/Ernst Levy, *Die Gefahrtragung beim Kauf im klassischen römischen Recht*, SZRom 47 (1927), 117-263 (257 ss.). Jan Dirk Harke, *Mora debitoris* cit., 11 ss..

[770] Marciano, D. 22.1.32.2 = ed. Rolf Knütel e outros, 100. Jan Dirk Harke, *Mora debitoris* cit., 38 ss..

[771] Erich-Hans Kaden, *Ein Beitrag zur Lehre der bedingten Novation*, SZRom 44 (1924), 164-210 (197-198, nota 2).

[772] Jean-François Gerkens, *La* mora debitoris *est-elle une faute?*, Mélanges Fritz Sturm 1 (1999), LXXXIV + 970 pp., 139-149; Eva Lein, *Die Verzögerung der Leistung im europäischen Vertragsrecht* (2015), XXVII + 543 pp., 260 ss.. Em Itália: Alberto Ravazzoni, *Mora del debitore*, NssDI X (1964), 904-911; Andrea Maggazù, *Mora del debitore*, ED XXVI (1976), 934-947.

[773] Com indicações: Karl Larenz, *Lehrbuch des Schuldrechts* cit., 1, 14.ª ed., 344 ss; à luz da reforma de 2001/2002, Manfred Löwisch/Cornelia Feldmann, no *Staudingers Kommentar* cit., prenot. §§ 286-292, Nr. 32 (856).

[774] No geral, Fernando Pessoa Jorge, *Lições de Direito das obrigações* cit., I, 476 ss.. Em rigor, podíamos distinguir, também, o incumprimento definitivo.

– da possibilidade da prestação;
– do interesse do credor.

II. Pode suceder que uma determinada prestação só possa ser cumprida no momento aprazado, tornando-se impossível depois disso. Em tal hipótese, verifica-se, com o incumprimento, a extinção da obrigação (melhor: do dever de prestar principal), por impossibilidade.

Haverá responsabilidade quando essa situação tenha sido ilicitamente provocada, em termos de causar danos ao credor. Para que se verifique a aludida extinção, é necessário que a impossibilidade seja absoluta e definitiva. Interessa-nos relevar a impossibilidade temporária, que não conduz, só por si, à extinção da obrigação.

III. O interesse do credor é determinante na manutenção da obrigação cujo cumprimento seja retardado. Quando o credor, pelo atraso, perca o interesse que tinha na prestação, considera-se esta como impossibilitada – artigo 792.º/2 – seguindo-se o regime do incumprimento definitivo – artigo 808.º/1[775].

O interesse do credor deve ser apreciado objetivamente – artigo 808.º/2 – isto é, deve ser tomado como a aptidão que tenha a prestação para satisfazer as necessidades do credor.

Verifica-se, desta forma, como é necessário conjugar as ideias da possibilidade da prestação e do interesse do credor, para alcançar a ideia de cumprimento retardado.

## 99. **Os requisitos do atraso**

I. Para além da questão prévia, acima elucidada, da necessidade da subsistência da obrigação, para que de cumprimento retardado se possa falar, apresentam-se, ainda, como requisitos do verdadeiro atraso[776]:

– a exigibilidade da prestação;
– a sua certeza;
– a sua liquidez.

[775] Esta norma surge em sede de mora do devedor; pensamos não dever oferecer dúvidas a sua generalização. Chamamos também a atenção para o facto de a equiparação de regimes que aqui se verifica não obrigar a uma identificação das figuras.

[776] Michele Giorgianni, *L'inadempimento* cit., 111 ss..

A exigibilidade da prestação, aqui entendida em sentido forte, é requisito essencial da mora: esta, por definição, só sobrevém depois de alcançado o prazo em que a prestação devia ser efetivada.

A certeza da prestação prende-se com a ausência de dúvidas sobre a própria existência da obrigação. A doutrina tem recusado semelhante requisito: a obrigação subjetivamente controversa mantém o seu prazo e, ultrapassado este, dá-se o retardamento[777]. A certeza teria, quando muito, a ver com a culpa.

A liquidez – a que poderíamos acrescentar mais latamente a determinação da prestação – advém, como requisito, do considerando de que não seria exequível a prestação ilíquida[778], isto é: de conteúdo não determinado ou não conhecido.

II. O atraso no cumprimento advém de fatores diversos; assim, ele pode advir:

- de ato do devedor;
- de ato do credor;
- de ato de terceiro;
- de caso fortuito.

Mais do que a mera descrição destes fatores, interessa-nos considerar a hipótese do atraso ter, na sua génese, um ato ilícito ou não. Se se verificar tal ilicitude, estamos no campo da responsabilidade, havendo que estabelecer as competentes regras de imputação de danos e demais sanções que ao caso caibam. Quando o atraso não tenha sido ilicitamente provocado, segue-se o regime geral do risco no Direito das obrigações.

III. Ao atraso ilicitamente provocado pelo devedor chama-se mora do devedor, *mora debitoris* ou *mora solvendi*[779]; quando o seja pelo credor, há mora do credor, *mora creditoris* ou *mora accipiendi*. O atraso causado

[777] Francesco Benatti, *La costituzione in mora del debitore* (1968), 229 pp. (88 ss.).

[778] Para efeitos de mora do devedor, o Código equipara, no entanto, a liquidez do débito à falta de liquidez imputável ao devedor; *vide* o artigo 805.º/3.

Quanto à liquidez, *vide* as considerações críticas de Alberto Ravazzoni, *Mora del debitore* cit., 906.

[779] Quanto à distinção entre mora e atraso *vide*: Francesco Benatti, *La costituzione in mora del debitore* cit., 15 ss.; Andrea Magazzù, *Mora del debitore* cit., 935. O sentido da distinção que figura no texto é, no entanto, diverso.

ilicitamente por terceiro não tem sido considerado neste capítulo; poderemos, simplesmente, chamar-lhe atraso ilicitamente causado por terceiro.

Verifica-se, em conclusão, que a mora em si é um atraso ilícito no cumprimento, isto é, um retardamento objeto de valoração jurídica negativa.

## 100. **Mora *ex persona* e *ex re*; a ilicitude**

I. Há mora do devedor sempre que, por ato ilícito e culposo deste, se verifique um cumprimento retardado.

Os requisitos da mora do devedor resultam da conjugação do condicionalismo do cumprimento retardado, atrás analisado, com os elementos integradores de um ilícito, a tanto dirigido. Chamamos a atenção para o facto de, muitas vezes, quer em livros de doutrina, quer na própria lei, se tratarem, a propósito da *mora debitoris*, requisitos que devem ser assacados a qualquer tipo de retardamento da prestação, seja ele imputável ao devedor ou não. É o que se passa, nomeadamente, com a certeza, a liquidez e a exigibilidade[780]. Não deve, no entanto, esquecer-se o requisito da não extinção da obrigação atingida.

II. Especialmente focado, a propósito da mora do devedor, é o requisito geral da exigibilidade da prestação, que teria uma projeção dupla:

- permitiria identificar a própria existência da mora;
- determinando o momento em que ela se verificaria.

A exigibilidade cabe, aqui, o entendimento forte, traduzindo, muito precisamente, o momento em que, devendo a prestação ser cumprida, pode, o credor, reclamar juridicamente a sua execução imediata[781].

O artigo 805.º do Código Civil trata esta matéria precisamente a propósito do momento da constituição em mora. Esse momento coincide, em princípio, com o do prazo da prestação.

De acordo com os princípios já estabelecidos[782], todas as obrigações têm o seu prazo, sem prejuízo da sua origem – *maxime*, a livre fixação por qualquer das partes, nos termos do artigo 777.º/1.

[780] João Antunes Varela, *Das obrigações em geral* cit., 2, 7.ª ed., 115.

[781] Recordamos que a exigibilidade fraca é, simplesmente, a *possibilidade de interpelação* do devedor, pelo credor.

[782] *Supra*, 76 ss..

III. De acordo com o fundamento do prazo da prestação, para efeitos de mora, é tradicional a distinção entre[783]:

– *mora ex persona*;
– *mora ex re*.

A *mora ex persona* é aquela que implica a fixação do prazo da prestação através da interpelação – artigo 805.º/1. A *mora ex re* pressupõe um vencimento com qualquer outra origem – artigo 805.º/2, *a*) e *b*). A hipótese de o devedor ter impedido a interpelação – considerando-se, então, esta efetuada na data em que, normalmente, se teria verificado, nos termos do artigo 805.º/2, *c*), do Código Civil – integra ainda, ao que pensamos, um caso de *mora ex persona*.

Insistimos, no entanto, em que esta matéria não tem ligação específica com a problemática da *mora debitoris*: trata-se de um requisito evidente de qualquer retardamento da prestação, devendo ser estudado a propósito do cumprimento, no campo do prazo da prestação.

IV. Importante na *mora debitoris* é o ilícito culposo por parte do devedor. O ilícito em causa é, dogmaticamente, um "delito obrigacional", isto é, uma violação voluntária de certa norma jurídica, por parte do devedor. Nessa medida, podemos descobrir nele a ação final destinada a inobservância dos preceitos que cominam a execução tempestiva da prestação ou a inobservância dos deveres de cuidado destinados a impedir que, por descuido ou desatenção, o devedor deixe passar o momento da prestação, sem a executar.

Em ambos os casos sobrevém o juízo de ilicitude, a título de dolo, no primeiro caso, e de negligência, no segundo. A lei une os dois juízos através de uma ideia ampla de culpa, semelhante à *faute* napoleónica.

Recordamos que, nos termos gerais da responsabilidade obrigacional aqui em causa, qualquer retardamento na efetuação da prestação é, por presunção, atribuído à culpa do devedor – artigo 799.º/1. Esta disposição, baseada na evidente facilidade que o devedor tem na violação da obrigação, apresenta como efeito prático importante, a necessidade que este tem

[783] Francesco Benatti, *La costituzione in mora del debitore* cit., 150; Ravazzoni, *Mora del debitore* cit., 905: com aspetos históricos; Carlo Augusto Cannata, *Mora (storia)* cit., 925.

de provar a ocorrência de qualquer outro tipo de retardamento, se não se verificar a *mora debitoris*.

## 101. **A responsabilidade obrigacional**

I. Segundo o artigo 804.º/1,

> A simples mora constitui o devedor na obrigação de reparar os danos causados ao credor.

"Simples mora" visa contrapor o preceito à hipótese de incumprimento definitivo, isto é, às situações nas quais ou não haja já interesse do credor na realização da prestação em falta ou não seja, de todo, possível realizar a prestação principal[784].

II. A mora envolve a manutenção do dever de prestar principal[785]. Mas como implica danos para o credor, ela obriga o devedor inadimplente a indemnizar. Estamos perante uma manifestação de responsabilidade obrigacional: perante o simples facto de, no momento do cumprimento, este não ter lugar, presume-se a ilicitude e a culpa do devedor (a culpa/*faute*), por via do artigo 799.º/1. Todos os danos resultantes devem ser ressarcidos, incluindo os danos morais.

III. Nas obrigações pecuniárias, a lei entende que há sempre danos. Fixa, por facilidade, o seu montante no equivalente aos juros legais (806.º/1)[786]. O mesmo preceito prevê três delimitações (806.º/2 e 3):

- os juros legais cedem quando, antes da mora, fosse devido um juro mais elevado;
- *idem*, quando as partes houvessem estipulado um juro moratório diferente do legal;
- podendo ainda o credor, na responsabilidade por factos ilícitos ou pelo risco, provar que a mora lhe provocou danos superiores aos juros devidos.

[784] RPt 9-out.-1995 (Guimarães Dias), BMJ 450 (1995), 562.

[785] STJ 28-abr.-1998 (Ribeiro Coelho), CJ/Supremo VI (1998) 2, 64-66.

[786] Seria, segundo João Antunes Varela, *Das obrigações em geral* cit., 2, 7.ª ed., uma presunção *iuris et de iure*.

Esta última hipótese, aditada pelo Decreto-Lei n.º 262/83, de 26 de junho, visou enfrentar os desmesurados atrasos verificados nas indemnizações que podem desencadear danos em cascata, que terão de ser indemnizados. Aí já não funcionaria a presunção de "culpa": caberá ao lesado fazer a competente prova.

## 102. A *perpetuatio obligationis*

I. A situação de mora do devedor tem, além da responsabilidade, o efeito de fazer correr por este o risco da impossibilidade superveniente da prestação. A velha solução romana chega, assim, aos nossos dias.

Em princípio, o risco pela impossibilidade superveniente da prestação atinge o credor. Em situação de mora, no entanto, esse risco inverte-se: o devedor responde pelos danos que, independentemente de atuação sua, possam advir – artigo 807.º/1. Ao falar em "perda" ou "deterioração", este artigo parece limitar a inversão do risco às obrigações de *dare*; entendemos, contudo, que essa disposição visa toda a prestação que seja suscetível de ser impossibilitada, total ou parcialmente.

II. Na situação de mora, o devedor – para além da responsabilidade pelos prejuízos derivados diretamente do atraso – responde ainda:

- a título "delitual", por quaisquer outros danos que lhe sejam imputáveis[787];
- a título de risco:
  - por danos causados por terceiro;
  - por danos fortuitos.

Quando, ao terceiro, sejam totalmente imputáveis os danos, a título delitual, a responsabilidade é solidária entre este e o devedor, na medida em que ambos originaram os danos – artigo 497.º/1. O devedor em mora goza, de qualquer forma, de direito de regresso.

Descritivamente, podemos considerar que, na mora, a obrigação nunca se extingue uma vez que, caso ocorra uma impossibilidade, o obri-

[787] O próprio artigo 807.º/1, admite a possibilidade de a perda ou deterioração daquilo que deveria ser entregue, ocorrer por facto imputável ao devedor.

gado constitui-se devedor da indemnização. Donde o falar-se em *perpetuatio obligationis*: *mora debitoris obligatio perpetua fit*[788].

A lei consagra, no entanto, em favor do devedor, um caso de relevância negativa da imputação virtual – artigo 807.º/2.

## 103. *Purgatio morae* e incumprimento definitivo

I. A situação de mora do devedor, como modalidade de retardamento da prestação que é, apenas se verifica a título transitório. Assim ela cessa:

- com o cumprimento, acompanhado pelas indemnizações a que haja lugar (*purgatio morae*);
- com o incumprimento definitivo.

II. O incumprimento definitivo, por seu turno, verifica-se, nos termos do artigo 808.º/1:

- quando, objetivamente, o credor perca o interesse na prestação;
- quando o devedor, não cumpra num prazo razoavelmente fixado pelo credor: a chamada interpelação admonitória ou cominatória.

Em qualquer dos casos, o incumprimento definitivo provoca a extinção do dever de prestar principal, com várias consequências que examinaremos.

Além do incumprimento definitivo propriamente dito, a mora cessa, ainda, quando, por qualquer outra causa, a prestação retardada se impossibilite. A obrigação de indemnizar que, então, se constitua – artigo 807.º/1 – é diversa da primeira. Recordamos que a *perpetuatio obligationis* é, tão-só, uma fórmula descritiva, sem rigor científico.

## 104. A diretriz "atrasos nos pagamentos"

I. Apesar de, tecnicamente, ser matéria comercial, cumpre fazer referência ao Direito europeu relativo aos atrasos nos pagamentos.

[788] Alberto Ravazzoni, *Mora del debitore* cit., 908; Andrea Magazzù, *Mora del debitore* cit., 944 ss.; Antunes Varela, *Das obrigações em geral* cit., 2, 7.ª ed., 123.

Nos países da União, particularmente nos do Sul, grassa um atraso generalizado no cumprimento das obrigações, designadamente quando o devedor seja uma empresa de crédito ou de grande porte.

De acordo com números de 2004, mas ainda esclarecedores, nos países escandinavos os credores são pagos entre 27 e 34 dias; já nos países do Sul, essas cifras sobem para entre 74 e 94 dias. Na Finlândia os credores são pagos em 29 dias, contra 91 em Portugal.

Estima-se que, mercê destas moras generalizadas, ocorra cerca de um quarto das insolvências europeias. Perdiam-se, por ano, 23,6 biliões de euros, com uma quebra de 450.000 postos de trabalho[789].

Em 2014, a situação parece ter piorado. Embora os atrasos tenham diminuído (68 dias para Portugal, contra 28 dias de média, na Europa), as empresas nacionais perderam 9.200 milhões de euros por via das moras: impensáveis 4% do PIB! No plano europeu, 8 milhões de empresas poderiam ter contratado mais um trabalhador[790].

Ora se alguns atrasos são explicáveis por dificuldades das entidades devedoras, muitos derivam de um puro *Diktat* de grandes empresas ou (sobretudo) do Estado, relativamente a pequenos e médios fornecedores ou construtores. Com isso, realizam imensos benefícios, à custa da economia e dos mais fracos.

II. Perante este estado de coisas, as instâncias comunitárias decidiram intervir[791]. A Comissão Europeia, através da sua recomendação n.º 95/198, de 12 de maio[792], relativa aos prazos de pagamento nas transações comerciais, convidou os Estados-membros (artigo 1.º):

> (...) a tomar as medidas jurídicas e práticas necessárias para fazer respeitar os prazos de pagamento contratuais nas transações comerciais e para assegurar prazos de pagamento melhores nos contratos públicos.

[789] *Vide* Ana Catarina Rocha, *A cláusula de reserva de propriedade na Directiva 2000/35/CE do Parlamento Europeu e do Conselho sobre as medidas de luta contra os atrasos de pagamento*, RFDUP 2005, 9-78 (9 ss.), onde podem ser confrontadas as fontes.

[790] Cifras confrontáveis no *Relatório sobre Pagamentos* (2015), na Net.

[791] Quanto a elementos comunitários: M. Alessandro Livi, *La direttiva 2000/35/CE sui ritardi di pagamento nelle transazioni commerciali e la sua attuazione*, em Vincenzo Cuffaro (org.), *La disciplina dei pagamenti commerciali* (2006), 1-39 (1 ss.).

[792] JOCE N. L 127, de 10-jun.-1995, 19-22.

Ocorriam outras indicações, nomeadamente – 3.º, *b*) – a fixação, a título subsidiário, de taxas de juro suficientemente altas para serem dissuasivas para os maus pagadores.

Seguiu-se a Diretriz n.º 2000/35, de 29 de junho, que estabelece medidas de luta contra os atrasos de pagamento nas transações comerciais[793].

Em síntese, tem o seguinte conteúdo:

Artigo 1.º Âmbito de aplicação;
Artigo 2.º Definições;
Artigo 3.º Juros em caso de atraso de pagamento;
Artigo 4.º Reserva de propriedade;
Artigo 5.º Procedimentos de cobrança de dívidas não impugnadas;
Artigo 6.º Transposição;
Artigo 7.º Entrada em vigor;
Artigo 8.º Destinatário.

As "definições" são importantes, precisando o âmbito de aplicação do diploma. Elas enfrentam um problema tipicamente comunitário: dada a diversidade existente entre as Ciências jurídicas nacionais, não bastaria apelar para os conceitos habituais.

Entre as definições adotadas conta-se a de "transação comercial": qualquer transação entre empresas ou entre empresas e entidades públicas que dê origem ao fornecimento de mercadorias ou à prestação de serviços contra uma remuneração (2.º/1, 1.ª parte)[794]. A matéria tem, pois, a ver com o Direito comercial, embora faça sentido referi-la, aqui.

III. A Diretriz n.º 2000/35 foi transposta pelo Decreto-Lei n.º 32/2003, de 17 de fevereiro: não totalmente, uma vez que várias das regras inseridas naquela Diretriz já vigoravam no nosso Direito. Visada foi, em especial, a temática do atraso nos pagamentos[795].

E as medidas tomadas foram, no essencial, as seguintes:

[793] JOCE N. L 200, de 8-ago.-2000, 35-38.

[794] Giuseppe Chinè, *I confini oggettivi e soggettivi di applicazione della disciplina sui pagamenti nelle transazioni commerciali*, em Vincenzo Coffaro (org.), *La disciplina dei pagamenti commerciali* (2006), 55-114 (65 ss.).

[795] Para uma análise das medidas introduzidas pela Diretriz: Ana Catarina Rocha, *A cláusula de reserva de propriedade na Directiva 2000/35* cit., 15 ss..; quanto à transposição alemã, *vide* Martin Schmidt-Kessel, *Die Zahlungsverzugsrichtlinie und ihre Umsetzung*, NJW 2001, 97-103.

- sempre que do contrato não constem prazos, são devidos juros, automaticamente, 30 dias após a data de receção da fatura ou da receção dos bens (4.º/2);
- são nulos os prazos excessivos contratualmente fixados para o pagamento (5.º/1), podendo, quando assentes em cláusulas contratuais gerais, ser objeto de ação inibitória (5.º/5);
- o artigo 102.º do Código Comercial recebeu uma redação que permite a fixação de juros moratórios mais elevados (6.º)[796];
- o atraso nos pagamentos permite o recurso ao regime da injunção (7.º).

O problema enfrentado pela lei exige uma efetiva mutação nas mentalidades e na praxe comercial. A melhor defesa dos devedores é, sempre, o exato e correto cumprimento do que tenham assumido.

IV. O Decreto-Lei n.º 32/2003 foi alterado pelo Decreto-Lei n.º 107/2005, de 1 de julho (artigo 7.º) e pela Lei n.º 3/2010, de 27 de abril (artigo 4.º).

Entretanto e no plano europeu, a falta de resultados derivados da Diretriz 2000/35 levou a uma nova e mais enérgica intervenção: levada a cabo pela Diretriz 2011/7, de 16-fev.-2011[797]. O diploma aplica-se a transações comerciais, isto é, entre empresas ou entre empresas e entidades públicas (2.º, 1). Toma uma série de medidas tendentes a incentivar o pagamento pontual dos montantes devidos[798] e, designadamente:

- quando haja prazo estipulado e este seja ultrapassado, vencem juros de mora independentemente de interpelação;
- não se tendo estipulado prazo, após 30 dias sobre a emissão da fatura.

[796] Matéria não aplicável aos consumidores, por via do artigo 2.º/2, *a*), do diploma; *vide* RCb 19-out.-2010 (José Eusébio Almeida), Proc. 286652/08 e RPt 3-nov.-2011 (Maria Amália Santos), Proc. 1407/10.

[797] JOUE Nr. L-48, de 23-fev.-2011, 1-8.

[798] Manfred Löwisch/Cornelia Feldmann, no *Staudingers Kommentar* cit., Vorbem zu §§ 286-292, Nr. 6-15 (849-852), com indicações.

No mínimo e independentemente de interpelação, o credor receberá € 40,00, a que acresce uma indemnização razoável pelos custos acrescidos que o credor tenha de suportar (6.º).

V. A Diretriz 2011/7 foi transposta pelo Decreto-Lei n.º 62/2013, de 10 de maio. Este diploma inseriu, quase à letra, o dispositivo comunitário, na nossa ordem interna. Foi revogado o anterior Decreto-Lei n.º 32/2003.

## § 23.º A MORA DO CREDOR E O ATRASO IMPUTÁVEL A TERCEIROS

### 105. Noção geral; o problema da sua admissibilidade

I. Há mora do credor quando, ilicitamente, este provoque o atraso do cumprimento[799]. Também se fala em mora do credor para traduzir o atraso causado por ele, independentemente da existência de um juízo de licitude. De facto, como veremos, os efeitos são praticamente idênticos, nos dois casos. A mora do credor já levantou dúvidas quanto às suas existência e consequências. A questão foi esclarecida no princípio do século XX[800],

[799] João Baptista Machado, *Risco contratual e mora do credor* (1985), em *Obra dispersa* I (1991), 257-343; Rita Lynce de Faria, *A mora do credor* (2000), 83 pp.; Irene de Seiça Girão, *Dever de cooperação e mora do credor* (2014, diss. doutoramento ainda não discutida).

[800] Na origem recente do tema, encontramos o escrito de Josef Kohler, *Annahme und Annahmeverzug/Eine civilistische Abhandluug*, JhJb 17 (1879), 261-424 (263, 265 e 400 ss.), que foi uma peça importante na consagração da mora do credor no BGB e, daí, no Código português e que, firmando a existência da necessidade de colaboração do credor, que não considera, porém, como dever, e a não essencialidade da culpa para a sua responsabilização, alinhou os traços gerais do instituto; do mesmo Josef Kohler, *Zwölf Studien zum Bürgerlichen Gesetzbuch* III, *Der Gläubigerverzug*, AbürgR 13 (1897), 149-225 (149, 150 e 196). O tema foi retomado, depois da publicação e entrada em vigor do BGB, em termos de generalização crescente. Recorde-se Leo Rosenberg, *Der Verzug des Gläubigers. Voraussetzung und Wirkung nach dem BGB unter Berücksichtigung des gemeinen Rechts*, JhJb 43 (1901), 141-298 (141, 142, 196 ss., 203 e 209 ss.), que menciona a necessidade de colaboração do credor e analisa os efeitos da mora dele, Friederich Boer, *Leistungsunmöglichkeit und Annahmeverzug (Zur Frage des Zusammenstreffens beider Tatbestande)*, Gruchot 54 (1910), 493-530, que versa a questão, em voga na época, da destrinça entre a mora e a impossibilidade, Karl Adler, *Der Annahmeverzug des Käufers beim Handelskauf*, ZHR 71(1912), 449-551 (463), segundo o qual a não aceitação, pelo comprador, da mercadoria, integraria a violação de um dever de colaboração, Paul Trautmann, *Unmöglichkeit der Leistung und Annahmverzug beim Arbeitsvertrage*, Gruchot 59 (1915), 434-464, que se move nesse mesmo espaço e Ernst Schenker, *Erfüllungsbereitschaft und Erfüllungsangebot/ /Zur Lehre vom Gläubigerverzug*, JhJb 79 (1928-29), 141-196 (142 ss., 151), que sublinha, de novo, a solicitação de um colaborar por parte do credor. Para a evolução do instituto,

registando-se, a partir dos anos setenta desse século, novos desenvolvimentos[801]. A mora do credor foi introduzida no Código Civil francês pela reforma de 2016: artigos 1345.º a 1345.º-3.

II. No Direito romano, a *mora creditoris* ou *mora accipiendi* era conhecida[802]. Ela pressupunha que o devedor oferecesse, ao credor, a prestação e que este a não aceitasse[803]. O credor não tinha qualquer dever de aceitar: assim, ele não era responsabilizado. A obrigação mantinha-se: mas a posição do devedor surgia amenizada. Ele só respondia por dolo, ficando liberado quando, nessa condição, sobreviesse uma impossibilidade. Admitia-se que pudesse depositar a quantia em dívida. Embora o ponto seja controverso, admitia-se que não mais se vencessem juros[804].

III. A simples existência da figura da mora do credor parte do pressuposto, aliás de fácil comprovação, de que, no cumprimento é, muitas

com outros elementos, Uwe Hüffer, *Leistungsstörungen durch Gläubigershandeln* (1976), 7 ss.. Quanto ao acolhimento em Itália: Alberto Ravazzoni, *Mora del creditore* X (1964), 901-904; Giovanni Giacobbe, *Mora del creditore (diritto civile)*, ED XXVI (1976), 947-976.

[801] Em datas mais recentes, o problema da mora do credor não se desenvolve já em torno dos seus requisitos, na prática pacíficos – Volker Beuthien, *Zweckerreichung und Zweckstörung im Schuldverhältnis* (1969), 230 ss. (237) – nem, muito menos, em redor da admissibilidade da figura; debatem-se temas como a pertença de factos a certas esferas, em ordem a determinar a impossibilidade ou a mora do credor – Beuthien, *Zweckerreichung*, loc. cit., e 239 ss. – o que se conexiona com a aplicação à impossibilidade, de certas regras reportadas à mora do credor — Edgar Klees, *La demeure/Eine rechtsvergleichende Studie zum Verzugsrecht* (1968), 245 ss. – como as perturbações, em geral, da prestação, causadas pelo credor – Uwe Hüffer, *Leistungsstörungen durch Gläubigerhandeln*, ob. cit. – ou como certas consequências da sua previsão, com exemplo na repartição do risco – Günther Hönn, *Zur Dogmatik der Risikotragung im Gläubigerverzug bei Gattungsschulden*, AcP 177 (1977), 385-417 (388 ss). Outras indicações: Karl Larenz, *Lehrbuch des Schuldrechts* cit., 1, 14.ª ed., 387-388; Cornelia Feldmann, *Staudingers Kommentar* cit., § 293 (984 ss.).

[802] Max Kaser, *Das römische Privatrecht* cit., I, 2.ª ed., § 119, III (517), com indicações; Jan Dirk Harke, Mora debitoris *und* mora creditoris *im klassischen römischen Recht* cit., 74 ss., também com indicações.

[803] Africano, D. 17.1.37 = Okko Behrends e outros cit., III, 387: (...) *aut per creditorem, quo minus acciperet* [(...) ou pelo credor que não aceite]; Celso, D. 19.1.38.1 = Okko Behrends e outros cit., III, 543: *Si per emptorem steterit, quo minus ei mancipium traderetur, pro cibaris per arbitrium indemnitatem posse servari* (...) [se o vendedor demonstrar que por causa do comprador não pôde entregar o escravo, deve ser indemnizado razoavelmente pelos alimentos (...)].

[804] Max Kaser, *Das römische Privatrecht* cit., I, 2.ª ed., § 119, III (517-518), indicando, ainda, outras consequências da *mora creditoris*.

vezes necessária a colaboração do credor[805]. A carência dessa colaboração pode impedir, temporariamente, o cumprimento. Dá-se, então, a situação de mora do credor[806].

Como pressupostos deste tipo de mora apresentam-se, naturalmente, todos os requisitos comuns às diversas formas de atraso do cumprimento, com as apreciações críticas oportunamente feitas: a exigibilidade[807], a liquidez, a certeza, etc.. Necessário é, ainda, que a falta de colaboração do credor não provoque, no caso concreto, a extinção da obrigação, por impossibilidade[808]. A recusa do credor em receber uma prestação parcial é justificada: não há *mora accipiendi* mas, sim, *mora solvendi*[809].

IV. A falta de colaboração do credor traduz-se, concretamente, em diversas ocorrências. Assim, o credor pode, pura e simplesmente, ter recusado a prestação. A recusa, aliás, é suscetível de derivar de simples passividade; tal sucede, por exemplo, na dívida que, ao credor, competia cobrar, quando ele o não faça.

O credor pode, ainda, não praticar determinados atos necessários à efetivação da prestação. Esses atos são materiais ou jurídicos: tanto provoca atraso no cumprimento, por exemplo, o credor que não abre a porta ao canalizador, obrigado a determinada prestação, como o credor que recusa a quitação a que o devedor tem direito.

## 106. **Efeitos**

I. Havendo mora do credor, a situação jurídica atingida mantém-se. Nascem, contudo, diversas obrigações e altera-se a preexistente[810].

Assim, nos termos do artigo 816.°, o credor em mora deve indemnizar o devedor:

[805] Giovanni Giacobbe, *Mora del creditore (diritto civile)*, ED XXVI (1976), 947--976 (952).

[806] STJ 2-jun.-2009 (Alves Velho), Proc. 1583/1999.

[807] Se o credor recusar a prestação antes do momento em que ela deva ser efetivada, não há mora.

[808] Giovanni Stella, *Impossibilita della prestazione per fatto imputabile al creditore* (1995), 351 pp., 35 ss.; Raffaele Picaro, *L'impossibilità sopravvenuta della prestazione per fatto del creditore* (2012), 351 pp., 189 ss..

[809] STJ 9-jun.-2009 (Urbano Dias), Proc. 1984/06.

[810] Alberto Ravazzoni, *Mora del credirore* cit., 903.

– das maiores despesas que este seja obrigado a fazer com o oferecimento infrutífero da prestação;
– das despesas que sejam feitas por causa da guarda suplementar da coisa.

Para além disso, quando o credor tenha procedido ilicitamente, entendemos que deve indemnizar o devedor por quaisquer outros danos causados ao devedor, incluindo os morais. A recusa, *ad nutum*, de aceitar uma prestação pode ser vexatória, atingindo a dignidade do *solvens*.

II. A obrigação preexistente altera-se, da forma seguinte:

– enfraquecendo-se o direito do credor;
– intensificando-se o risco que corre contra ele.

O direito do credor enfraquece porquanto:

– o devedor apenas procede ilicitamente quando atue com dolo – artigo 814.º/1;
– o devedor apenas deve dar conta, ao credor, dos frutos efetivamente percebidos – artigo 814.º/1 – e não dos frutos que seriam obtidos por um proprietário diligente – artigo 1271.º – como sucederia se não houvesse mora do credor;
– o credor perde o direito a quaisquer juros, legais ou convencionados, vencidos depois da mora – artigo 814.º/2.

Concomitantemente, intensifica-se o risco que, contra o credor, normalmente já corria:

– qualquer impossibilidade superveniente da prestação vai ser suportada pelo credor, incluindo a impossibilidade devida a negligência do devedor;
– em obrigações recíprocas, a impossibilidade da prestação do credor em mora não o exonera do dever de prestar, sem prejuízo do disposto no final do artigo 815.º/2.

III. Existe, ainda, um efeito, derivado da mora do credor, e importante: possibilita-se, ao devedor, a extinção da obrigação, através da consignação em depósito – artigo 841.º/1, *b*). Como, porém, a consignação só é possível nas obrigações de *dare* e, ainda aí, facultativamente, e não é admissível que, nas de *facere*, o devedor fique eternamente obrigado, por culpa do credor, supomos que não oferece dúvidas a justeza da solução proposta por Cunha de Sá[811]: o devedor pode fixar ao credor um prazo razoável para este cooperar no cumprimento; ultrapassado esse prazo, a obrigação extingue-se. Funciona, por aplicação analógica, o artigo 803.°/1.

## 107. **Natureza**

I. Temos pressuposto que a mora do credor é, implicitamente, uma situação patológica gerada por ato ilícito do credor. Trata-se, no entanto, de matéria especialmente controvertida. Merecem menção especial, quatro teorias[812]:

1.ª o credor seria inteiramente livre de colaborar ou não no cumprimento;
2.ª o credor teria o encargo, em sentido técnico, de aceitar o cumprimento, para evitar determinados embaraços;
3.ª o credor teria o dever de colaborar com o devedor no cumprimento;
4.ª o credor deveria respeitar o direito subjetivo do devedor ao cumprimento.

Se tivermos em conta a evolução histórica do problema, podemos verificar que a doutrina mais antiga, fortemente influenciada pelos pressupostos do liberalismo, entendia que o credor era, normativamente, livre de aceitar ou recusar a prestação. Iniciou-se, depois uma evolução que levaria ao extremo de, por parte de certos autores (Falzea, Miccio, Ravazzoni), se ter defendido a existência, na esfera do devedor, de um direito ao cumprimento. Entre nós, essa via é ensaiada por Cunha de Sá[813], sendo contraditada por outros autores[814].

[811] Fernando Cunha de Sá, *Direito ao cumprimento e direito a cumprir* cit., 249 ss..

[812] Alberto Ravazzoni, *Mora del creditore* cit., 903.

[813] Fernando Cunha de Sá, *Direito ao cumprimento e direito a cumprir* cit., 258, *maxime*.

[814] João Antunes Varela, *Das obrigações em geral* cit., 2, 7.ª ed., 162, nota 1: Fernando Pessoa Jorge, *Lições de Direito das obrigações* cit., 1, 39 ss.; João Calvão da Silva, *Cumprimento e sanção pecuniária compulsória* cit., 116 ss.; Luís Menezes Leitão, *Direito das obrigações* cit., 2, 9.ª ed., 169 ss..

II. O primeiro ponto a averiguar é o de saber se o credor está, ou não, investido num dever de cooperar no cumprimento. A resposta é positiva e por duas razões fundamentais:

- a boa-fé (762.º/2) dita a necessidade jurídica, a todos os intervenientes, com inclusão do credor, de uma correta colaboração intersubjetiva, incompatível, naturalmente, quer com o agravamento da posição do devedor, quer com embaraços levantados à sua corrente atividade jurídica;
- todas as sanções implícitas nos efeitos da *mora creditoris* traduzem, inequivocamente, um desvalor jurídico que recai sobre o comportamento do credor em mora.

III. Contra a existência de semelhante dever, dirigido ao credor, tem-se argumentado com o facto de a lei não requerer, para a existência de mora do devedor, a culpa deste[815]. De facto, o artigo 813.º não refere expressamente o requisito da culpa do credor. Simplesmente, requer:

- uma atuação do credor, destinada ao incumprimento: "... não aceita a prestação que lhe é oferecida ..." e "não pratica os atos necessários...";
- que seja injustificada.

É quanto nos basta para afirmar que a mora do credor implica uma atuação axiologicamente negativa: daqui deve, como sabemos, ser extraída a ideia de culpa, a qual se presume (799.º/1), uma vez que estamos numa situação estruturalmente obrigacional.

Aliás, que a mora do credor, como situação derivada de ato ilícito, se deve distinguir de qualquer retardamento na prestação, ligado ao credor, mas não emergente de ilícitos causados por este, resulta do confronto entre as alíneas *a*) e *b*) do artigo 841.º/1, do Código Civil.

O credor está, assim, obrigado a cooperar no cumprimento; se o não fizer, atua ilicitamente. Quando, sem ilicitude, por parte do credor, mas por causa que lhe seja relativa, a obrigação não possa ser cumprida o credor tenderá, normalmente, a suportar, também, os efeitos dessa situação, por força das regras gerais do risco nas obrigações, o qual corre contra ele. Dogmaticamente, no entanto, é diferente. Nesse caso, aliás, o credor nunca responderia por danos exteriores à própria obrigação.

[815] João Antunes Varela, *Das obrigações em geral* cit., 2, 7.ª ed., 162.

IV. Porém, da existência desse dever do credor não podemos linearmente concluir pelo direito do devedor ao cumprimento. Este direito só existirá se o devedor tiver uma permissão normativa de aproveitamento de um bem. Ora, o devedor, até ao momento do cumprimento, apenas é destinatário de normas de obrigação. Em caso de mora do credor, quedam então, ao devedor:

- o direito a determinadas indemnizações;
- a faculdade de consignar;
- a faculdade de indicar, ao credor, um prazo razoável para este cumprir, decorrido o qual a obrigação se extingue.

O direito às indemnizações traduz um efetivo direito subjetivo do devedor; simplesmente, trata-se de um direito de crédito comum e não de um "direito ao cumprimento".

As faculdades de consignar e de marcar prazos são direitos potestativos. Têm natureza instrumental e surgem, apenas, com a concreta mora do credor. Tais direitos não são "lesáveis".

Por tudo isto, a mora do credor, sendo ilícita, não traduz, em si, a lesão de um direito subjetivo do devedor mas, tão-só, a violação de disposições legais que tutelam os seus interesses.

## 108. **Atraso imputável a terceiros**

I. A mora do devedor e a mora do credor traduzem, respetivamente, o cumprimento retardado imputável ao devedor e ao credor.

Pode, no entanto, suceder que se dê um atraso na prestação, por ato de terceiro. *Quid iuris*?

II. Em primeiro lugar, há que indagar, em face das regras gerais da responsabilidade civil se existe, ou não, ilicitude, por parte do terceiro em questão. Quando a resposta seja positiva, verifica-se, contra o terceiro, uma imputação delitual: ele deverá ressarcir todos os danos que, com a sua atitude, tenha causado, quer ao credor, quer ao devedor. Se não houver ilicitude, o atraso deve ser assacado a caso fortuito, repercutindo-se, então, os danos na esfera daquele por conta de quem corra o risco. Normalmente: na esfera do credor.

III. Em certas circunstâncias, o terceiro pode ser responsabilizável pela própria violação do crédito. Teremos hipóteses de "eficácia externa" das obrigações, nos termos estudados a propósito da sua denominada relatividade[816].

[816] *Tratado* VI, 2.ª ed., 367 ss. e 406 ss..

## § 24.º A DECLARAÇÃO DE NÃO-CUMPRIMENTO

### 109. O problema

I. Numa obrigação pendente, pode o devedor tomar a iniciativa de se dirigir ao credor dizendo-lhe, antecipadamente que a não irá cumprir. Em abstrato, isso é possível:

- numa obrigação com prazo predeterminado, antes da superveniência deste;
- numa obrigação cujo prazo compita ao credor, antes de verificado o circunstancialismo que permitiria a este interpelar o devedor, isto é: numa obrigação de todo ainda inexigível;
- numa obrigação já interpelável pelo credor, mas antes de qualquer interpelação, isto é: numa obrigação exigível em sentido fraco;
- numa obrigação vencida, ou seja: após a interpelação e sendo ela, portanto, exigível em sentido forte; podemos, aqui, subdistinguir:
  - há mora, mas ainda falta a fixação do prazo admonitório, previsto no artigo 808.º/1;
  - o prazo admonitório já foi fixado, mas não expirou.

Ainda poderíamos distinguir outras hipóteses, em função da entidade a quem caiba a marcação do prazo. O quadro traçado constitui, porém, o cenário essencial onde se posiciona a declaração, feita pelo devedor, de não pretender cumprir.

II. Perante uma obrigação cujo incumprimento se avizinhe, o credor deverá, sucessivamente:

- interpelar o devedor;
- aguardar a mora;
- proceder à fixação do prazo admonitório;
- aguardar a expiração deste,

para então passar às consequências do incumprimento definitivo. Ora se o devedor, logo inicialmente – ou no decurso do processo, mas antes do seu termo – declarar que não vai cumprir, porque não passar, de imediato, ao incumprimento definitivo e às suas consequências?

III. Uma resposta expedita e algo *naïf* logo propenderia para a positiva. A declaração de não cumprimento equivaleria, *ipso iure*, a um incumprimento definitivo.

Todavia, uma melhor reflexão recomenda cautela. A lei prevê um processo alongado, até ao incumprimento definitivo. Porque não admitir que, durante esse percurso, o devedor seja chamado à razão, acabando, afinal, por cumprir? E mesmo quando isso não suceda: se a lei prescreve que o devedor apenas se sujeite às consequências do incumprimento após uma série de marcos, porquê agravar a sua posição, só porque o devedor teve um ato de franqueza? Neste como noutros temas, há que evitar o repentismo.

## 110. **A evolução do tema**

I. O tema da declaração, pelo devedor, da intenção de não cumprir tem sido aprofundada na Alemanha, acabando mesmo por receber um expresso tratamento legislativo. Importa proceder ao levantamento da evolução aí verificada, tanto mais que ela teve uma influência direta na nossa doutrina.

Em termos atuais, o problema da declaração de não-cumprimento suscitou-se ainda antes do BGB de 1896/1900[817]. Perante o velho Código Comercial de 1861, os tribunais – especialmente o *Reichsgericht*, em decisões de 3-mai.-1881[818] e 19-mai.-1882[819] – vieram decidir que, segundo "o modo de ver dominante no tráfego comercial, a recusa de cumprimento, pelo devedor, torna supérflua a exigência de interpelação".

II. Com o BGB, esta orientação manteve-se, com apelo à anterior jurisprudência[820]. Surge, contudo, uma precisão: a declaração de não-cum-

[817] Sobre o tema, em especial: Paul Fritz, *Die Erfüllungsweigerung des Schuldners*, AcP 134 (1931), 197-218 (198).

[818] RG 3-mai.-1881, RGZ 4 (1881), 69-72 (71).

[819] RG 19-mai.-1882, RGZ 7 (1882), 44-45 (44).

[820] RG 26-nov.-1901, DJZ 7 (1902), 68/I.

primento equivaleria à renúncia ao direito à fixação do prazo admonitório, então previsto no § 326 do BGB[821]. Teríamos, porém, de estar perante uma recusa séria de não-cumprimento do contrato[822].

Estávamos neste pé quando, em 1902, Hermann Staub veio dar um enquadramento teórico ao assunto, através da sua doutrina sobre a violação positiva do contrato[823]. Segundo esta doutrina, o contrato poderia ser violado não apenas pela omissão, no vencimento, da conduta devida mas, ainda, por determinadas atitudes "ativas" do devedor. Staub distinguia, essencialmente[824]:

- a violação de um dever de *non facere*;
- o cumprimento deficiente;
- a falta de uma prestação em contratos de execução sucessiva;
- a declaração de não-cumprimento.

Em termos doutrinários, a ideia de Staub – considerada, hoje, uma "descoberta", lado a lado com a *culpa in contrahendo* de Jhering – foi logo objeto de diversas críticas. Foi-lhe censurado o facto de agrupar figuras totalmente diversas[825] e de apresentar como lacunosas situações que, afinal, teriam um regime perante o Direito vigente[826]. Quer a mora, quer a impossibilidade poderiam resolver o problema[827]. De todo o modo, a

[821] RG 27-mai.-1902, RGZ 51 (1903), 347-351 (349 e 350).

[822] RG 9-dez.-1902, RGZ 53 (1903), 161-168 (167).

[823] Hermann Staub, *Die positiven Vertragsverletzungen*, 26.DJT (1902), 31-56, publicado de novo em 1904 e como segunda edição com alterações, em 1913, completado por Eberhard Müller, já referido e abaixo melhor examinado, a propósito da violação positiva do contrato.

[824] Hermann Staub, *Die positiven Vertragsverletzungen* cit., 2.ª ed., 22.

[825] Heinrich Lehmann, *Die positiven Vertragsverletzungen*, AcP 99 (1905), 60-113 (92) e Ernst Zitelmann, *Nichterfüllung und Schlechterfüllung*, FS P. Krüger (1911), 265-281 (265).

[826] Heinrich Stoll, *Abschied von der Lehre von der positiven Vertragsverletzungen (Betrachtungen zum dreissigjährigen Bestand der Lehre)*, AcP 136 (1932), 257-320 (292, 298 ss. e *passim*).

[827] Jury Himmelschein, *Erfüllungszwang und Lehre von den positiven Vertragsverletzungen*, AcP 135 (1932), 255-317 (295) e *Zur Frage der Haftung für fehlerhafte Leistung*, AcP 158 (1959/1960), 288.

violação positiva do contrato manteve-se, nas obras influentes, como um instituto autónomo: pelo menos, de enquadramento[828].

III. Não admirará, pois, que a jurisprudência relativa à recusa de cumprimento, pelo devedor, passasse a reportá-la, com maior ou menor ênfase, à violação positiva do contrato: RG 23-fev.-1904, a propósito da declaração do devedor, de que "anulava o contrato"[829], RG 7-out.-1919, onde o devedor declarara que não era possível entregar um motor[830], RG 2-fev.-1922[831] e RG 10-dez.-1935[832].

Em termos mais marcadamente técnicos, a declaração antecipada de não-cumprimento permitiria dispensar a fixação do prazo admonitório: mas com muitas cautelas. Assim, segundo duas importantes decisões do *Reichsgericht*, essa fixação seria dispensável:

- "... só em casos especiais (...) designadamente quando, através de uma recusa não só séria mas também definitiva, do devedor, a inutilidade da fixação fique fora de dúvida"[833];
- só se isso *als leere Form zu betrachten wäre* (fosse de considerar como uma forma vazia)[834].

## 111. **Posições doutrinárias**

I. Apesar do enquadramento na violação positiva do contrato e de uma consagração judicial em afinamento crescente, a declaração de não-cumprimento, pelo devedor, manteve muitas dúvidas.

O próprio Paul Fritz chama a atenção para a necessidade de distinguir as hipóteses de a declaração sobrevir antes ou depois do vencimento da obrigação[835]. Ela representaria uma violação da boa-fé – § 242, do BGB. Para além disso, tal declaração sempre poderia ser revogada pelo próprio,

[828] Assim: Ludwig Enneccerus/Heinrich Lehmann, *Recht der Schuldverhältnisse*, 15.ª ed. (1958), § 55 (234 ss.).

[829] RG 23-fev.-1904, RGZ 57 (1904), 105-116 (112 e 113).

[830] RG 7-out.-1919, RGZ 96 (1919), 341-343 (342 e 343).

[831] RG 2-fev.-1922, RGZ 104 (1922), 275-278 (276 e 278).

[832] RG 10-dez.-1935, RGZ 149 (1936), 401-404 (404).

[833] RG 12-jun.-1917, RGZ 90 (1917), 317-318 (318): o que aqui não sucederia.

[834] RG 10-jun.-1921, RGZ 102 (1921), 262-267 (266).

[835] Paul Fritz, *Die Erfüllungsweigerung des Schulders* cit., 203.

de tal modo que, no vencimento, a prestação se efetivasse: a mera incerteza da prestação não justificaria maiores medidas[836]. Em suma: apenas relevaria a situação objetiva[837]. Stoll recorda que a recusa em cumprir nunca poderia ser mais grave do que uma prévia condenação judicial: ora, mesmo neste caso, seria exigível o prazo admonitório[838].

II. A doutrina subsequente, embora com cautelas, veio admitir a relevância da declaração, pelo devedor, do não-cumprimento. A distinção entre o momento no qual tal declaração sobrevenha – antes ou depois do vencimento – manteve um papel nalguns autores[839]. Assim, Klaus Friedrich, no seu conhecido estudo sobre a quebra do contrato, explica que se, antes do vencimento, o devedor declarar seriamente que não vai cumprir, não há ainda quebra: quando muito, vencimento antecipado[840].

Seja como for, a recusa de cumprimento, para ter relevância, teria de ser séria e infundada[841]. A interpelação não seria necessária quando carecesse, obviamente, de sentido (*zwecklos*)[842]. Teria ainda de ser definitiva[843]. Ela integraria um subcaso de mora[844]. De facto, o devedor não pode, com as suas declarações, dispor do direito do credor ao cumprimento[845].

III. Nas vésperas da reforma do BGB de 2001/2002, a doutrina estava dividida. Enquanto Emmerich imputava a declaração do devedor de não querer cumprir a uma manifestação de violação positiva do contrato, sendo indiferente que ela se efetivasse antes ou depois do vencimento[846], Otto

[836] *Idem*, 209-210.

[837] *Idem*, 218.

[838] Heinrich Stoll, *Abschied von der Lehre von der positiven Vertragsverletzungen* cit., 307 ss. (307-308).

[839] Ludwig Enneccerus/Heinrich Lehmann, *Recht der Schulverhältnisse* cit., 15.ª ed., 239.

[840] Klaus Friedrich, *Der Vertragsbruch*, AcP 178 (1978), 468-493 (493).

[841] Karl Larenz, *Lehrbuch des Schuldrechts* cit., 1, 14.ª ed., 365.

[842] *Idem*, 346.

[843] Manfred Löwisch, no *Staudingers Kommentar*, 13.ª ed. (1995), §§ 255-292, prenot. §§ 275 ss., Nr. 34 (185-186).

[844] Wolfgang Fikentscher, *Schuldrecht*, 9.ª ed. (1997), Nr. 311 (216).

[845] Johannes Wertenbruch, *Das Wahlrecht des Gläubigers zwischen Erfüllungsanpruch und den Recht aus § 326 BGB nach einer Erfüllungsverweigerung des Schuldners*, AcP 193 (1993), 191-203 (192).

[846] Volker Emmerich, no *Münchener Kommentar* 2, 4.ª ed. (2001), prenot. § 275, Nr. 247 e 248 (881).

sustenta que a "recusa precisa, honesta e definitiva de não-cumprimento dispensa, por redução teleológica, a interpelação"[847]. A partir daí distingue Otto duas hipóteses:

- se a declaração de não-cumprimento ocorrer depois do vencimento e for relativa à prestação principal, o § 336 do BGB é logo aplicável, sendo dispensada a fixação do prazo admonitório[848];
- se ela ocorrer antes do vencimento ou não disser respeito à prestação principal, o caso é de violação positiva do contrato[849]; poderão caber indemnizações mas, contra Friedrich, nem sempre ocorre o vencimento antecipado[850].

Esta última orientação, claramente mais diferenciada, parecer-nos-ia preferível. Interessa agora averiguar as condições necessárias para que a declaração de não-cumprimento possa surtir um qualquer efeito.

## 112. **Os requisitos da declaração de não-cumprimento**

I. A doutrina, como vimos, sublinha a necessidade de uma declaração de não-cumprimento séria, honesta, precisa e definitiva[851].

Vale a pena atentar nalguma jurisprudência, de modo a ponderar as cautelas postas pelos tribunais nas exigências requeridas. Assim:

BGH 16-jun.-1982: o prazo admonitório seria dispensável quanto mais não fosse do que uma formalidade dispensável[852];
BGH 19-set.-1983: a denúncia infundada de um contrato dispensa, a outra, de efetuar a fixação do prazo admonitório[853];

[847] Hansjörg Otto, no *Staudingers Kommentar*, §§ 315-327 (2000), § 326, Nr. 138 (335). Recordamos que o Staudinger, a partir da 13.ª ed., passou a ser referenciado apenas pelo ano.

[848] *Idem*, Nr. 139 (335).

[849] *Idem*, Nr. 140 (336).

[850] *Idem*, loc. últ. cit..

[851] BGH 28-jun.-1957, WM 1957, 1342-1345 (1344/II), BGH 25-fev.-1971, NJW 1971, 789-799 (798/I) e BGH 21-mar.-1974, NJW 1974, 1080-1081 (1081/I).

[852] BGH 16-jun.-1982, NJW 1982, 2316-2317 (2316/II).

[853] BGH 19-set.-1983, NJW 1984, 48-49 (49).

BGH 18-set.-1985: a declaração deve ser clara, sem considerar consequências, de modo a representar, verdadeiramente, a última palavra do devedor[854];

BGH 18-jan.-1991: não chega, para efeitos de declaração de incumprimento, uma mera divergência de opiniões[855];

BGH 22-out.-1999: é necessário, para a relevância da recusa, que esta não se apoie em quaisquer razões[856].

II. Na verdade, a declaração de não-cumprimento deve ser rodeada de fortes exigências: enquanto for possível voltar atrás, o devedor deve fazê-lo[857].

E assim não haveria recusa "eficaz" de cumprimento nos casos seguintes[858]:

- um pedido de moratória por falta de dinheiro;
- uma (mera) declaração de não poder cumprir a tempo;
- manifestação de dúvidas jurídicas;
- divergência de opiniões sobre o conteúdo da prestação;
- recusa de cumprimento e simultânea disponibilidade para querer cumprir;
- oferta de prestação parcial;
- declaração de já ter cumprido.

Toda esta série é importante: não deve ser esquecida, pois faz parte do núcleo duro da dogmática do instituto.

## 113. A reforma alemã de 2001/2002

I. A reforma do Direito alemão das obrigações, levada a cabo em 2001/2002[859], permitiu uma consagração expressa, na lei, da evolução

[854] BGH 18-set.-1985, NJW 1986, 661-662 (661/II).

[855] BGH 18-jan.-1991, NJW 1991, 1822-1824 (1824).

[856] BGH 22-out.-1999, NJW 2000, 506-509 (508/I).

[857] Hansjörg Otto, no *Staudingers Kommentar* cit., Nr. 141 (336).

[858] Hansjörg Otto, no *Staudingers Kommentar* cit., Nr. 142 (336-337).

[859] Quanto a essa reforma, com indicações, *vide* o nosso *Da modernização do Direito civil* (2004), 69 ss..

doutrinária e jurisprudencial que temos vindo a referir. Surgem, aliás, diversas referências, que passamos a examinar.

O § 286 ocupa-se da mora[860]. Dispõe:

> (1) Quando o devedor, perante uma interpelação do credor, ocorrida após o vencimento, não cumpra, cai ele, através dessa interpelação, em mora.
> (2) Não é necessária a interpelação quando:
> 1. Esteja determinado, segundo o calendário, o momento do incumprimento;
> 2. A prestação pressuponha um resultado e um momento adequado para a prestação derive do facto de esse resultado se deixar determinar pelo calendário;
> 3. O devedor recuse séria e definitivamente a prestação;
> 4. A entrada imediata em mora se justifique mercê de especiais circunstâncias, sob ponderação dos interesses de ambas as partes.

Como se vê, a declaração séria e definitiva do incumprimento dispensa, aqui, a interpelação.

II. Mas também a fixação de um prazo admonitório pode ser dispensável[861].

Assim, segundo o § 281(1), nova versão, quando o devedor não efetue uma prestação vencida, pode o credor exigir uma indemnização, caso o cumprimento não ocorra num prazo razoável por ele fixado. Posto isto, diz o § 281(2):

> A fixação do prazo é dispensável quando o devedor recuse séria e definitivamente a prestação ou quando existam circunstâncias especiais que, sob a ponderação dos interesses de ambas as partes, justifiquem a imediata invocação da prestação indemnizatória.

Por seu turno, dispõe o § 323 do BGB, nova versão[862]:

> (1) Quando o devedor, num contrato bilateral, não concretize uma prestação vencida ou não o faça em conformidade com o contrato, pode o credor

[860] Christian Grüneberg, no Palandt, 76.ª ed. (2017), § 286 (409 ss.), especialmente Nr. 24 (412).

[861] *Idem*, § 281 (383 ss.), especialmente Nr. 14 (385).

[862] *Idem*, § 323 (535 ss.), especialmente Nr. 14 (536).

rescindir o contrato quando, sem resultado, ele tenha fixado um prazo razoável, ao devedor, para a prestação ou cumprimento.

(2) A fixação do prazo é dispensável quando:

1. O devedor recuse séria e definitivamente a prestação;

(...)

III. A doutrina é muito clara ao explicar que se mantêm as estritas exigências jurisprudenciais e doutrinárias, fixadas pelo Direito anterior[863]. Deve estar em causa uma pura e simples declaração de não-cumprimento, sem qualquer justificação e que traduza a última palavra do devedor.

A reforma do BGB alemão constitui um importante marco jurídico-científico para toda a Ciência do Direito. Todavia, devemos usar da maior cautela, quando se trate de operar transposições de regime, para o Direito português. Alguns aspetos básicos são diferentes, obrigando sempre a uma cuidada ponderação, caso a caso.

## 114. **O Direito lusófono**

I. No Direito lusófono não existe uma previsão legal para o problema que ora nos ocupa. Mas ele é conhecido pela doutrina.

Vaz Serra, no âmbito da preparação do Código Civil, dá conta de elementos comparatísticos[864]. Refere, em especial, o artigo 1219.°/2 do Código Civil italiano[865] e a prática jurisprudencial francesa[866], no sentido de tornar dispensável a interpelação quando o devedor tome a iniciativa de "... fazer conhecer ao credor a sua recusa de cumprir". *De iure condendo*, Vaz Serra propõe uma solução de tipo italiano, exigindo que, por escrito,

[863] Além das referências constantes das três últimas notas: Hansjörg Otto/Roland Schwarze, no *Staudingers Kommentar (Leistungsstörungsrecht* 2) (2009), §§ 315-326, § 281, Nr. B 91 ss. (650 ss.) e 2 (2009) cit., § 323, Nr. B 90 ss.; *vide* na ed. de 2015, Roland Schwarze, § 323, Nr. B 90 (354).

[864] Adriano Vaz Serra, *Mora do devedor*, BMJ 48 (1955), 5-317 (60 ss.).

[865] O Código italiano dispensa a intimação quando o devedor declare por escrito não querer cumprir a obrigação – 1219.°, 2. *Vide* Pietro Rescigno (org.), *Codice civile* 1, 5.ª ed. (2003), 1381.

[866] Na doutrina: François Terré/Philippe Simler/Yves Lequette, *Droit civil/Les obligations*, 11.ª ed. (2013), n.° 1085 (1136), com indicações.

o devedor manifeste "... clara e definitivamente que não fará a prestação devida"[867].

II. Na literatura subsequente surge, por vezes, a equiparação entre a declaração de incumprimento da obrigação e o próprio incumprimento em si, mau grado a falta de base legal[868]. Nós próprios, já tomámos essa posição, ainda que de passagem[869], sendo todavia de notar que Pessoa Jorge toma uma posição claramente contrária[870], com ponderosos argumentos que iremos examinar, mais adiante.

Almeida Costa[871] e Ribeiro de Faria[872] associam à declaração séria e inequívoca de não cumprir, feita pelo devedor, o vencimento antecipado ou a desnecessidade de interpelação.

Ferreira de Almeida, após uma análise comparatística, vem fundar a relevância da declaração de não-cumprimento na proibição de *venire contra factum proprium*[873]. Segundo este Autor, quem fizesse uma declaração de não-cumprimento abusaria do seu direito de se prevalecer do prazo, quando, depois, o invocasse. Mas não o podemos acompanhar. A boa-fé remete para os valores fundamentais do ordenamento. Ora não se pode afirmar que o devedor, ao voltar ao bom caminho do cumprimento, esteja, com isso, a atentar contra a boa-fé. Evidentemente: o devedor é responsável por declarações disparatadas e danosas que faça, na execução da obrigação. Mas um ato de cumprimento, só por si, não é abusivo. Preferiríamos, por isso, as construções habituais ligadas à antecipação do momento do cumprimento, mas sem prejudicar a fixação de um prazo admonitório.

[867] Adriano Vaz Serra, *Impossibilidade superveniente/Cumprimento imperfeito imputável ao devedor*, BMJ 47 (1955), 5-97 (97).

[868] Inocêncio Galvão Telles, *Manual de Direito das obrigações*, 1, 2.ª ed. (1965), 189.

[869] *Direito das obrigações* cit., 2, 457. Mais tarde, viemos aproximar, em certos casos (obrigações sem prazo e prazo estabelecido apenas a favor do devedor) a declaração séria de não-cumprimento do vencimento imediato da obrigação – *Violação positiva do contrato* (1981) em *Estudos de Direito civil* I (1987), 115-142 (134).

[870] Fernando Pessoa Jorge, *Lições de Direito das obrigações* cit., 1, 296-298.

[871] Mário Júlio de Almeida Costa, *Direito das obrigações* cit., 12.ª ed., 1008-1009.

[872] Jorge Ribeiro de Faria, *Direito das obrigações* cit., 2, 447.

[873] Carlos Ferreira de Almeida, *Recusa de cumprimento declarada antes do vencimento (Estudo de Direito comparado e de Direito português)*, em *Estudos em Memória do Professor Doutor João de Castro Mendes* (s/d, mas 1994), 289-317 (311 ss.).

III. Se um devedor declara, pura e simplesmente, não querer cumprir a sua obrigação, gera-se, de imediato, um sentimento afetivo no sentido de, desde logo, o sujeitar às consequências do incumprimento. E esse sentimento mais se reforça, perante as lições de Direito comparado: França, Alemanha e Itália.

Todavia, a matéria é mais complexa, dadas as especificidades do Direito nacional.

Como explica Pessoa Jorge, a solução do vencimento imediato da obrigação, perante uma declaração do devedor de não querer cumprir, teria um especial interesse nas obrigações sujeitas a prazo: porém, ela não seria, de modo algum, aceitável quanto a estas[874]. E continua[875]:

> Na verdade, numa obrigação sujeita a prazo, o credor tem o seu interesse satisfeito se o devedor cumprir no prazo; se, antes deste, o devedor declara não cumprir mas depois se arrepende e se apresenta a cumprir no momento inicialmente fixado, o credor não terá de se queixar, porquanto tem a prestação devida na altura prevista.

Além disso, segundo este Autor, as causas de exigibilidade antecipada estão fixadas na lei (805.º) e têm natureza excecional.

Pessoa Jorge admite a eficácia da declaração antecipada de incumprimento, desde que com uma reação, confluente, do credor[876].

## 115. **Requisitos e aplicações práticas**

I. A declaração do devedor de não querer cumprir deve-se distinguir:

- da declaração que constate a impossibilidade objetiva do cumprimento;
- da declaração que traduza a impossibilidade subjetiva do cumprimento;
- de quaisquer outras declarações que equivalham a dúvidas, discordâncias ou reticências sobre a viabilidade ou a idoneidade do cumprimento.

874 Pessoa Jorge, *Direito das obrigações* cit., 1, 297.
875 *Idem*, loc. cit..
876 *Idem*, 297-298.

Digamos que a declaração deve sobrevir numa área inteiramente livre, estando o devedor em condições de cumprir.

II. Isto dito, haverá que distinguir várias sub-hipóteses:

- não havendo prazo, a declaração de não-cumprimento provoca o vencimento antecipado, se o credor atuar e no momento em que o faça; não podemos equiparar tal declaração à oferta da própria prestação (777.º/1);
- estando a obrigação não vencida, a declaração de não-cumprimento provocará o vencimento imediato apenas se o prazo for estabelecido a favor do devedor: a interpelação é desnecessária, verificando-se a mora;
- estando a obrigação vencida, a declaração de não-cumprimento (com o devedor consciente da mora já em curso) dispensará a fixação do prazo admonitório do artigo 808.º/1, sempre do Código Civil; não podemos dispensar esta declaração antes mesmo da mora: a declaração de não cumprir não pode ser mais gravosa do que o próprio incumprimento;
- num contrato complexo, haverá que ponderar que prestação é posta em causa pela declaração de não cumprir; deve-se ter presente o seguinte: pelo Direito português, ao contrário do francês, do alemão e do italiano, é nula a renúncia antecipada aos direitos do credor (809.º): ora o devedor declarante é, em simultâneo, credor; a declaração de não cumprir, quando afete os seus direitos "de credor" é, *ipso iure*, nula.

III. Poderá ainda haver numerosos outros pontos a ter em conta, em função da natureza do concreto contrato em jogo.

Bastará pensar – por exemplo – que uma mera declaração de, *in futurum* não pagamento de renda, num arrendamento, não constitui um fundamento autónomo de despejo: pelo menos perante o regime atual.

IV. Finalmente: para ser eficaz – e nos casos em que, como vimos, tal eficácia seja possível – a declaração de não-cumprimento deverá ser pura, séria, definitiva, consciente e juridicamente possível. No que toca à "pureza": a declaração de não-cumprimento não deve equivaler à manifestação de dúvidas sobre a exequibilidade do contrato, à decorrência de diversos entendimentos quanto ao mesmo ou à ponderação de dificuldades exteriores.

Ela exprimirá a intenção consciente e definitiva de trocar o contrato pelas consequências da sua inexecução.

V. A ocorrência de declarações de não-cumprimento já tem sido apreciada nos nossos tribunais. Relevamos algumas espécies:

*STJ 25-jun.-1998*: há impossibilidade culposa, nos termos do artigo 801.º do CC, quando, sendo a prestação ainda possível com interesse para o credor, o devedor lhe declara não querer cumprir[877];
*STJ 7-jul.-1999*: a declaração inequívoca do devedor em não cumprir deve ser equiparada ao incumprimento[878];
*STJ 4-fev.-2010*: a recusa ou declaração séria, certa, segura e antecipada de não cumprir (ou o comportamento inequívoco demonstrativo da vontade de não cumprir) equivale ao incumprimento (antes do termo), dispensando a interpelação admonitória[879];
*STJ 26-set.-2013*: num contrato-promessa, a ocorrência de uma resolução ilícita só permite falar em recusa de cumprimento definitivo quando de todo o circunstancialismo da declaração de resolução se possa concluir, de acordo com as regras da experiência comum, por uma recusa definitiva, firme e categórica de cumprimento por parte do promitente, antes da declaração ilícita[880];
*RLx 5-nov.-2013*: a recusa de cumprir por parte do administrador de insolvência, possível pelo CIRE, não é sindicável pelo Tribunal[881].

[877] STJ 25-jun.-1998 (Miranda Gusmão), CJ/Supremo VI (1998) 2, 138-143 (143/I); esta decisão prossegue assimilando a resolução ilegítima de um contrato à declaração de o não querer cumprir; como vimos, não é necessariamente assim.

[878] STJ 7-jul.-1999 (Armando Lourenço), Proc. 99A463.

[879] STJ 4-fev.-2010 (Oliveira Rocha), Proc. 4913/05.

[880] STJ 26-set.-2013 (Sérgio Poças), Proc. 564/11.3.

[881] RLx 5-nov.-2013 (Rosa Ribeiro Coelho), Proc. 89/11.

## § 25.º O NÃO-CUMPRIMENTO DEFINITIVO

### 116. Requisitos; o *iter* da definitividade

I. O incumprimento definitivo traduz uma desistência, por parte do Direito, de manter em vida o dever de prestar principal, na expectativa de que o devedor inadimplente o cumpra. Ele põe termo ao cumprimento retardado. Várias situações são possíveis. Assim:

- a prestação principal já não é possível;
- a prestação principal é possível, mas, mercê do seu retardamento, deixou de ter interesse para o credor (808.º/1, 1.ª parte);
- a prestação principal é possível, tem interesse para o credor mas não foi executada num prazo razoavelmente fixado pelo mesmo credor (808.º/1, 2.ª parte).

II. A impossibilitação da prestação principal leva à sua substituição pelo dever de indemnizar: não há alternativa. As duas outras hipóteses originam um processo complexo a que chamaremos o *iter* (o caminho) da definitividade do incumprimento[882]. A ser tomado à letra, tal *iter* vai dificultar a posição do credor, compensando os incumprimentos e prejudicando o crédito. Vamos ver.

III. A perda do interesse na prestação é apreciada objetivamente (808.º/2). Um comprador pretende adquirir um quadro, para o contemplar na primeira lua cheia do ano. A opção é sua e surge legítima. O quadro não é entregue a tempo. Perdeu o interesse objetivo? Aparentemente, não, numa solução francamente contrária à lógica civil.

Vamos acantonar a exigência legal de perda do interesse objetivo na prestação às situações nas quais o devedor, conquanto que confrontado

[882] Tal *iter* pode ser seguido em STJ 12-nov.-2009 (Garcia Calejo), Proc. 678/2001.

com um prazo, nenhuma ideia tivesse de perentoriedade do mesmo. Nessa eventualidade, haverá que perguntar se, perante o *bonus pater familias*, colocado na situação concreta, ainda faria sentido manter o dever de prestar principal.

Questão melindrosa é a do ónus da prova. Literalmente, a perda objetiva do interesse na prestação é um facto extintivo: caberia ao credor a sua prova (342.º/2). Com isso, subverte-se a lógica da presunção de culpa, do artigo 799.º/1. Uma interpretação sistemática leva-nos a defender que, alegando o credor a perda do interesse objetivo, bastará, ao juiz, fazer uma ponderação larga e muito sumária do problema. A bitola do *bonus pater familias* é questão-de-direito, pelo que nada de especial haverá a provar.

IV. A exigência da interpelação admonitória, prevista no artigo 808.º/1, 2.ª parte, redunda no seguinte, quando se trate de uma obrigação sem prazo:

- é necessária a fixação de um prazo;
- fixado o prazo, impõe-se uma interpelação, para passar à exigibilidade forte (805.º/1);
- passado esse prazo, cabe fazer uma interpelação admonitória, fixando um "prazo razoável" (808.º/1, 2.ª parte);
- ultrapassado este (novo) prazo, temos o incumprimento definitivo, podendo o credor passar à fase executiva ou à fase indemnizatória.

Trata-se de um calvário burocrático, no coração do Direito civil, que não serve quaisquer interesses sócio-económicos. Vai, aliás, contra as atuais diretrizes comunitárias, que visam combater as situações de mora, crónicas nos países do Sul[883].

V. Dentro dos limites de uma interpretação comedida e razoável, há que introduzir os seguintes contrapesos:

- podem as partes fixar, *ab initio* e por acordo, um prazo perentório; ultrapassado este, o incumprimento é definitivo;
- o "prazo razoável" pode resultar de uma declaração unilateral do credor ou, ainda, de uma declaração do próprio devedor ou de um acordo entre as partes, expresso ou tácito;

[883] *Supra*, 241 ss..

– a "interpelação admonitória" é uma simples fixação do prazo: a lei não exige nenhum ritual nem, muito menos, uma declaração solene cominatória, advertindo o devedor de que, caso não cumpra, há legitimidade.

VI. Em qualquer dos casos, todos os danos e maiores despesas ocasionados pelo *iter* da definitividade devem ser indemnizados pelo devedor inadimplente: 798.º e 804.º/1.

Cumpre prevenir para um ponto: o formalismo assumido por certa doutrina e o facilitismo de alguma jurisprudência recomendam que, antes de demandar um devedor por incumprimento definitivo ou antes de se assumir o risco de resolver o contrato, se proceda, pormenorizadamente, às sucessivas interpelações previstas na lei e que, à interpelação admonitória, se acrescente a cominação da definitividade. Mas não se deve desistir de defender a boa doutrina.

### 117. **A resolução por incumprimento**

I. Até este momento temos considerado, no estudo do incumprimento, as obrigações como vínculos isolados, reunindo, simplesmente, credor e devedor. Sabemos no entanto que, normalmente por efeito de celebração de contratos, muitas vezes as obrigações são de duplo sentido, pressupondo prestações recíprocas. As partes apresentam-se, face a face, simultaneamente como credores e devedores.

Por exemplo: António, comprador, fica obrigado a entregar o preço; paralelamente, Bento, vendedor, está adstrito à entrega da coisa.

Em tal conjuntura, o incumprimento de uma das obrigações não pode deixar de interferir na outra. Vamos indagar em que medida.

II. Devemos, no entanto, começar por esclarecer que a existência de mecanismos específicos destinados a atuar em caso de incumprimentos ocorridos em obrigações com prestações recíprocas não paralisa, de forma alguma, as regras atrás autonomizadas para as diversas formas de incumprimento.

Assim, a parte fiel tem sempre direito às indemnizações devidas pela parte em falta. Beneficia, também, de todas as outras faculdades desencadeadas com o incumprimento na modalidade que concretamente se verifique: assim a inversão do risco, a ausência de juros, a possibilidade de consignar em depósito, etc.. Interessam-nos porém, apenas as especificidades advenientes da reciprocidade de prestações.

III. Sem prejuízo do que acima dissemos, verifica-se que, em obrigações de prestações recíprocas, o incumprimento de uma delas faculta ao interveniente fiel[884]:

– a faculdade de resolver o contrato;
– a faculdade de opor a exceção do contrato não cumprido.

A faculdade conferida a uma das partes de resolver o contrato em caso de incumprimento, por parte da outra, das obrigações que, do mesmo contrato, para ela emergiam, foi sendo casuisticamente incluída, nos diversos contratos, como cláusula[885]. Essa inclusão tomou-se de tal forma usual que acabou por ser considerada como condição resolutiva tácita dos contratos. A codificação acolhê-la-ia expressamente.

O Código português, quando trata a resolução dos contratos não estabelece, no entanto, expressamente, o não-cumprimento da prestação recíproca como causa geral de resolução. Ocupa-se, no entanto, dessa matéria, a propósito do que chama a impossibilidade imputável ao devedor[886]. Dispõe, assim, o artigo 801.º/2, do Código Civil:

> Tendo a obrigação por fonte um contrato bilateral, o credor, independentemente do direito à indemnização, pode resolver o contrato e, se já tiver realizado a sua prestação, exigir a restituição dela por inteiro.

Não oferece dúvidas a aplicação deste regime ao incumprimento propriamente dito[887]: aliás, o próprio Código Civil equipara os regimes do incumprimento definitivo e da impossibilidade da prestação imputável ao devedor – artigo 801.º/1.

[884] Michele Giorgianni, *L'inadempimento* cit., 180 ss..

[885] Fernando Pessoa Jorge, *Lições de Direito das obrigações* cit., I, 651 ss..

[886] Quanto à resolução: José Carlos Brandão Proença, *A resolução do contrato no Direito civil* (1982); Luís Menezes Leitão, *Direito das obrigações* cit., 2, 9.ª ed., 250-254; Pedro Romano Martinez, *Da cessação do contrato*, 3.ª ed. (2015), 122 ss.; *vide infra*, 915 ss..

[887] Em abono, Fernando Pessoa Jorge, *Lições de Direito das obrigações* cit., I, 653.

A faculdade de exigir a restituição do que já tiver sido prestado deve ser aproximada da eficácia retroativa da resolução – artigo 434.º. A restituição tem a natureza da prevista para a invalidação (433.º e 289.º).

Nos contratos em especial surgem, por vezes, formas específicas de resolução.

IV. A resolução do contrato implica a supressão das prestações principais. Mantém-se, todavia, uma relação entre as partes, decalcada do contrato existente. Ela é composta:

- pelos deveres acessórios (de segurança, de lealdade e de informação) que ao caso caibam;
- por um dever de indemnizar que compense o credor fiel pelas vantagens que lhe atribuiria o pontual cumprimento do contrato e, ainda, que suprima todos os demais danos.

V. Cumpre afastar totalmente a doutrina segundo a qual, resolvido um contrato, apenas quedaria, à parte fiel, pedir uma indemnização pelo denominado interesse negativo, isto é: uma indemnização que viesse colocar a parte fiel na situação em que estaria se não houvesse contrato. Tal saída equivale a um autêntico prémio à inadimplência, assente num lapso conceitual: o de que a resolução apaga todo o contrato, incluindo os deveres acessórios e o próprio direito ao cumprimento. Além disso, e *contra legem*: a lei prevê, sem distinguir, a indemnização de (todo o) prejuízo causado ao credor (798.º). De facto, a resolução permite liberar a parte fiel da contraprestação. Isto feito, devem ser indemnizados:

- os danos emergentes do incumprimento;
- os lucros cessantes;
- as maiores despesas;
- as próprias despesas inutilizadas, por via do sucedido.

Nesse sentido depõe a lógica do artigo 562.º. E joga, ainda, a tutela constitucional da propriedade privada, que assegura as obrigações. Esta matéria tem alguma gravidade: a conceção limitativa (a do interesse negativo) inscreve-se na lista negra das indemnizações. Abaixo analisaremos o tema com mais pormenor[888].

[888] *Infra*, 937 ss..

CAPÍTULO III

# A EXCEÇÃO DO CONTRATO NÃO-CUMPRIDO

## § 26.º PRESSUPOSTOS, ORIGEM E EVOLUÇÃO DA *EXCEPTIO*

### 118. **Aspetos gerais; das exceções**

I. Numa relação obrigacional com prestações recíprocas, ambas as partes são, em simultâneo, credoras e devedoras. Na decorrência das regras próprias sobre o momento do cumprimento, são concebíveis duas situações:

– as prestações devem ser executadas em simultâneo;
– uma delas vence-se (em sentido forte) antes da outra.

Na primeira hipótese, se uma das partes não cumprir, pode a outra recusar a sua própria prestação até que o problema se mostre afastado. Na segunda, se a parte que deva prestar primeiro o não fizer, a segunda tem o poder de recusar a conduta devida, também até à ultrapassagem do óbice. Ao poder que a parte tem de recusar a prestação, até que a contraprestação lhe seja devidamente oferecida chama-se, tradicionalmente, a *exceptio non adimpleti contractus* ou a exceção do contrato não-cumprido. Trata-se, das exceções de Direito material, da mais conhecida, razão por que, em linguagem jurídica corrente, se diz, simplesmente, *exceptio*.

II. A exceção do contrato não-cumprido dá corpo a dados sociológicos e económicos evidentes. Na vida corrente, a maioria dos negócios é executada mediante condutas recíprocas e simultâneas de ambas as partes ("toma lá, dá cá"; *donnant donnant* ou *trait pour trait*; *Zug um Zug*). Compra-se um quilo de maçãs com pagamento imediato; se uma das partes não cumpre, a outra faz o mesmo e nem sequer há negócio; havendo-o, fica em suspenso, até à concretização recíproca e simultânea das condutas devidas. Nas situações complexas, a concretização da *exceptio* é mais difícil. E em qualquer dos casos, o Direito tem dificuldades em dogmatizar o fenómeno. Com efeito, a velha técnica ocidental de trabalhar com situações individuais, *maxime*, com *actiones*, no Direito romano e com direitos subjetivos, hoje, lida mal com situações estruturalmente recíprocas. Isso explica por que razão, mau grado a expressão latina *exceptio non adimpleti contractus*, a figura em estudo só tenha surgido no século XIII, suscitando dúvidas até aos nossos dias.

III. A *exceptio* surge, dogmaticamente, num cruzamento entre a figura das exceções e a dos contratos sinalagmáticos. Importa fazer o ponto da situação sobre essas duas realidades jurídicas.

No Direito civil, diz-se exceção a situação pela qual a pessoa adstrita a um dever pode, licitamente, recusar a efetivação da pretensão correspondente[889]. No processo civil, basta citar o respetivo Código no seu artigo 571.º/2, 2.ª parte; o réu

> (...) defende-se por exceção quando alega factos que obstam à apreciação do mérito da ação ou que, servindo de causa impeditiva, modificativa ou extintiva do direito invocado pelo autor, determinam a improcedência total ou parcial do pedido.

IV. As exceções foram uma criação romana, Mas não em termos unitários ou gerais: antes surgiram exceções dispersas, ligadas a situações mais marcantes[890]. No processo formulário, elas correspondiam a uma cláusula introduzida na fórmula e que, a retratar algo que ocorresse, bloqueava o funcionamento da ação[891]. O Direito romano tardio já nos dava uma noção geral de exceção. Assim, segundo as *Institutiones* de Justiniano[892]:

> Sequitur, ut de exceptionibus Jspiciamus, comparatae sunt autem exceptiones defendendorum eorum gratia, cum quibus agitur: saepe ennim accidit, ut, licet ipsa persecutio quam actor experitur iusta cit, tamen iníqua

[889] Andreas von Tuhr, *Allgemeine Teil des Deutschen Bürgerlichen Rechts* I (1910), 218; *vide* o presente *Tratado* I, 4.ª ed., 910 ss..

[890] Com indicações, *vide Da boa fé*, 83 ss..

[891] Max Kaser/Karl Hackl, *Das römische Zivilprozessrecht* (1996), § 35, IV (260 ss.), com indicações.

[892] I. 4.13.pr. = ed. Okko Behrends e outros cit., I, 245; a tradução portuguesa que figura no texto é livre, apoiando-se na de Behrens, loc. cit..

sit adversus eum cum quo agitur [Seguidamente vamos ocuparmo-nos das exceções; as exceções visam a defesa daqueles contra os quais se propõe uma ação; acontece, designadamente, que a pretensão do autor surja, como tal, lícita, mas seja iníqua perante o Réu].

Na origem última das exceções, vamos encontrar a autodefesa, progressivamente proibida pelo Direito[893]. Elas radicaram-se no *ius civile*, embora sempre conexionadas com o processo[894]. A supressão do processo formulário levou a que, aquando da vulgarização, o conceito geral de exceção desaparecesse: a própria *exceptio doli* foi atingida[895].

As receções do Direito romano, operadas ao longo da História, levaram ao seu (re)surgimento. Todavia, até pelas contingências processuais que a envolviam, as dúvidas, mormente no plano substantivo foram permanentes[896]. Ao longo do séc. XIX, multiplicaram-se as monografias; foram confrontadas, além da de Albrecht, já referida[897], as de Knappe[898], de Helmolt[899], de Maxen[900], de Birkmeyer[901], de Eisele[902], de

[893] Antonio Palermo, *Studi sulla "exceptio" nel diritto clássico* (1956), VIII + 176 pp., 1 ss..

[894] Herbert Roth, *Die Einrede des Bürgerlichen Rechts* (1988), XXI + 352 pp., 13 ss.; na obra mantém-se como sendo de referência, no domínio das exceções civis.

[895] Max Kaser, *Das römische Privatrecht* cit., II, 2.ª ed., § 199, II, 1 (69-70); *vide* o escrito sempre interessante de J. A. M. Albrecht, *Die exceptionen des gemeinen teutschen Civilprozesses geschichtlich entwickelt* (1835), XIV + 216 pp., 1 ss. (Direito romano), 46 ss. (Direito romano tardio), 109 ss. (Direito alemão medieval) e 156 ss. (evolução posterior).

[896] Herbert Roth, *Die Einrede des Bürgerlichen Rechts* cit., 16 ss..

[897] *Supra*, antepenúltima nota. *Vide*, ainda, Ennio Cortese, *Eccezione (diritto intermedio)*, ED XIV (1965), 139-150.

[898] Julius Knappe, *Versuch einer Entwicklung des Begriffs der Exceptionen mit Rücksicht auf die Beweislast* (1835), X + 127 pp.; este Autor refere que o pretor, pela exceção e *ex aequitate*, impede a ação (*idem*, 17).

[899] Theodor Ludwig von Helmolt, *Verhältniß der Exceptionen zur Beweislast/Ein civilistisch- processualische Abhandlung* (1852), V + 325 pp., 7 ss. (*legis actiones*), 34 ss. (processo formulário), 296 ss. (glosadores e canonistas) e 313 ss. (Direito atual).

[900] Jacob Maxen, *Ueber Beweislast, Einreden und Exceptionen* (1861), X + 288 pp., 16 ss. (negação do direito de ação e exceção).

[901] Karl von Birkmeyer, *Die Exceptionen im bonae fidei judicium/Römischerechtliche Abhandlung als Beitrag zur Frage "Gibt es noch Exceptionen?"* (1874), VI + 325 pp., onde podem ser confrontadas numerosas teorias da época sobre o tema (5 ss.) e recordado o seu destino nos *bonae fidei iudicia* (81 ss.); o Autor acolhe as da impugnabilidade (299 ss.) e a *exceptio doli generalis* (304 ss.).

[902] Fridolin Eisele, *Zur Geschichte der prozessualen Behandlung der Exceptionen* (1875), 64 pp..

Lenel[903] e de Koschembahr-Lyskowski[904]. A exceção ocupou, ainda, a atenção dos grandes tratadistas, como Savigny[905] e Windscheid[906].

V. Apesar dos estudos histórico-dogmáticos que preencheram o século XIX, a exceção não logrou uma consagração geral nas diversas codificações e, designadamente, no BGB alemão. Neste caso, a omissão é muito visível, uma vez que o § 194/1, a propósito da prescrição, define pretensão: o direito de exigir de outrem uma ação ou uma omissão[907]. Na vigência do BGB, ela foi discutida. A "descoberta" da figura do direito potestativo, endossada a Seckel (1864-1924)[908], permitiu reanimar o conceito de exceção, dando-lhe uma base dogmática sólida[909].

A exceção material apresenta-se, assim, como um contradireito que permite, ao seu titular, deter o exercício de um direito que se lhes oponha: desde que se verifiquem os seus requisitos e enquanto isso suceder. Ela vem referida, ainda, nos autores latinos[910].

[903] Otto Lenel, *Über Ursprung und Wirkung des Exceptionen* (1876), X + 151 pp..

[904] Ignacy Koschembahr-Lyskowski, *Die theorie der Exceptionen nach klassischem Recht: der Begriff der exceptio* (1893), XXIII + 173 pp..

[905] Friedrich Carl von Savigny, *System des heutigen römischen Rechts* cit., V (1841), §§ 266 ss. (160 ss.).

[906] Bernhard Windscheid/Theodor Kipp, *Lehrbuch des Pandektenrechts* cit., 9.ª ed., § 47 (1, 202-216).

[907] Herbert Roth, *Die Einrede des Bürgerlichen Rechts* cit., 8.

[908] Emil Paul Georg Seckel, *Die Gestaltungsrechte des bürgerlichen Rechts*, FG Richard Koch (1903), 295-253, reimp. em separata de 1954; *vide* Ludewig Enneccerus/ /Hans Carl Nipperdey, *Allgemeiner Teil des Bürgerlichen Rechts* 1, 15.ª ed. (1959), § 73, I, 3 (441, nota 12); Eduard Bötticher, *Gestaltungsrechte und Unterwerfung im Privatrecht* (1963), 1 ss; Christian Hattenhauer, *Einseitige private Rechtsgestaltung: Geschichte und Dogmatik* (2003), XXVIII + 530 pp., 192 ss..

[909] Herbert Roth, *Die Einrede des Bürgerlichen Rechts* cit., 33 ss.; *vide* Manfred Wolf/Jörg Neuner, *Allgemeiner Teil des bürgerlichen Rechts*, 10.ª ed. (2012), § 21, Nr. 20 (244-245).

[910] Assim: Sergio Costa, *Eccezione*, NDI V (1938), 259-263; *idem*, *Eccezione (diritto vigente)*, NssDI VI (1960), 349-353; Salvatore Pugliatti, *Eccezione (teoria generale)*, ED XIV (1965), 151-172; Vittorio Colesanti, *Eccezione (diritto processuale civile)*, ED XIV (1965), 172-205; Renato Oriani, *Eccezione*, DDPr/Sezciv VII (1991), 263-313.

## 119. O sinalagma e as prestações recíprocas

I. O contrato diz-se sinalagmático quando implique prestações recíprocas, de tal modo que as partes surjam, simultaneamente, como credora e devedora uma da outra.

A expressão "sinalagma" provém do grego συναλλαγμα, que significava um acordo ou uma transação[911]. Foi utilizada por Aristóteles, na Ética a Nicómaco, para exprimir a justiça distributiva e a corretiva[912]. A distributiva abrangia duas classes de transações privadas ou συναλλαγμασι διογθωτικόν: as voluntárias (εκουσια), que nos levam às obrigações contratuais e as involuntárias (ακουσια), às delituais[913].

II. Na doutrina romana, sinalagma era usado para exprimir os contratos atípicos e informais[914]. Mais tarde, o termo generalizou-se para traduzir a reciprocidade nos contratos. O Código Napoleão oficializou, como expressão equivalente a contrato sinalagmático, "contrato bilateral"[915]. A fórmula passaria, à pré-codificação[916] e, daí, ao Código de Seabra, ainda que sem precisão[917].

III. Distingue-se o sinalagma genético e o sinalagma funcional. No genético, reporta-se a conclusão de um contrato, com prestações recípro-

[911] Eva Cantarella, *Obbligazione (diritto greco)*, NssDI XI (1968), 564-554 (547).

[912] Aristóteles, *The Nicomachean Ethics*, ed. bilingue greco-inglesa, trad. H. Rackham, 2.ª ed. (1934, reimp. 1994), V, ii, 13 (266-267).

[913] Eva Cantarella, *Obbligazione (diritto greco)* cit., 546/II.

[914] Max Kaser, *Das römische Privatrecht* cit., I, 2.ª ed., § 123, III (529); a obra de referência é, ainda, a de Pietro de Francisci, *Συνάλλαγμα/Synallagma: storia e dottrina dei cosiddetti contratti innominati* 1 (1913), 376 pp. e II (1916), 542 pp., rec. Josef Partsch, SZRom 35 (1914), 335-342; *vide*, ainda, Heinrich Stoll, *Übersicht über die italienische Rechtsliteratur 1915-1922*, SZRom 47 (1927), 513-560 (545) e Hans-Peter Benöhr, *Das sogenannte Synallagma in den Konsensualkontrakten des klassischen römischen Rechts* (1965), XI + 127 pp..

[915] A origem desta aproximação explica-se por razões linguísticas: o Código Napoleão, monumento do bom francês, não iria contrapor, a *synallagmatique*, *pas synallagmatique* ou *non synallagmatique*; foi, pois, usar *unilatéral* ... ou que provocou, por simetria, *bilatéral*; *vide* o *Tratado* VII, 195-196.

[916] Correia Teles, *Digesto Portuguez* cit., 1, 3.ª ed., 31.

[917] *Tratado* VII, 197.

cas, que explicam a sua lógica: na compra e venda, o comprador contrata porque quer a coisa e o vendedor, porque pretende o preço[918]. No funcional, retrata-se a vida do contrato, designadamente quando fonte de obrigações duradouras: a prestação vai sendo produzida para que a contraprestação seja recebida.

O sinalagma funcional é, de um modo geral, o mais rico em efeitos: vem bulir com a resolução[919], com a repartição do risco[920] e com a impossibilidade[921]. A sinalagmaticidade projeta-se, ainda, na estrutura teleológica do contrato e, daí, no tema da equivalência das prestações e das perturbações que possam sobrevir[922].

A natureza sinalagmática do contrato, numa lógica aplicável a prestações recíprocas de origem não-contratual, como as de restituição perante invalidades ou cessações de contratos, dá lugar a institutos como o da exceção do contrato não-cumprido (428.° a 431.°) e vem bulir com outros, como a resolução por não-cumprimento (432.° a 436.°) ou por impossibilidade superveniente (795.°/1 e 801.°/2).

IV. Cumpre ainda recordar o denominado sinalagma imperfeito. Ele deriva de contratos que, não sendo geneticamente sinalgamáticos venham, todavia e no seu funcionamento, a originar prestações recíprocas. Assim sucede, como exemplos, no mandato gratuito, onde o mandante tenha de reembolsar o mandatário das despesas e do prejuízo que este tenha sofrido – 1167.°, *c*) e *d*) – e no comodato, onde, mau grado a natureza gratuita, o comodatário deva restituir a coisa, no seu termo – 1135.°, *h*).

[918] Ulrich Klinke, *Causa und genetische Synallagma: zur Struktur der Zuwendungsgeschäfte* (1983), 209 pp..

[919] Peter Dorschel, *Rücktritt und fortwirkendes Synallagma* (1976), 211 pp..

[920] Edgar Deplewski, *Die Risikounteilung im nichtigen Synallagma* (1976), X + 195 pp.; Joachim Klink, *Eine Sphärentheorie für Ausgleichsmodi im Synallagma (Wandlung und Bereicherungsrecht)* (1982), 142 pp..

[921] Thorsten Reinhard, *Die beiderseits zu vertrende Unmöglichkeit im Synallagma* (1998), 282 pp..

[922] Wolfgang van den Daele, *Probleme des gegenseitigen Vertrages/Untersuchung zue Äquivalenz gegenseitiger Leistungspflichten* (1968), X + 127 pp., 23, 40 e *passim*.

## 120. Evolução histórica

I. Mau grado a designação *exceptio non adimpleti contractus*, ainda hoje corrente, a *exceptio* não era conhecida no Direito romano[923]. Ela foi-se desenvolvendo no Direito comum, na base de algumas soluções romanas pontuais: a sua evolução histórica tem, assim, suscitado o maior interesse, ao longo dos tempos[924].

II. No Direito romano, diversos esquemas podiam ser usados para, na prática, se prosseguir a valoração básica subjacente à exceção do contrato não-cumprido. Desde logo, a simples criação da ideia de *exceptio* permitiu, ao longo da História, construir a realidade material do contradireito. De seguida, temos exceções pontuais, como a *exceptio mercis non traditae* ou exceção de não-entrega da mercadoria[925]. Na compra e venda, poderia o comprador recusar o pagamento do preço, enquanto a mercadoria não lhe fosse entregue pelo vendedor[926]. O *edictum* alargou essa exceção a contratos concluídos com *argentarii* (banqueiros)[927]. Deve também ter-se em conta que, já no período dos *bonae fidei iudicia*, os contratos eram dotados de ações

[923] Martin Pennitz, no HKK/BGB cit., II/2, §§ 320-322, Nr. 6 (1783); Max Kaser, *Das römische Privatrecht* cit., I, 2.ª ed., § 123, III (530, nota 20).

[924] Ainda hoje se pode apontar como escrito de referência, também no plano da pesquisa histórica, a monografia de René Cassin, *De l'exception tirée de l'inexécution dans les rapports synallagmatiques (exceptio non adimpleti contractus)/Et de ses relations avec le droit de rétention, la compensation et la résolution* (1914), VIII + 800 pp., 1 ss.; monografias básicas para o estudo histórico da *exceptio* são, ainda: Fr. André, *Die Einrede der nicht erfüllten Vertrages im heutigen gemeinen Recht/Eine Abhandlung* (1890), V + 186 pp., com indicações sobre a literatura da época (ob. cit., 3 ss.); Wolfgang Ernst, *Die Vorgeschichte der exceptio non adimpleti contractus*, FG Werner Flume 90. (1998), 1-57; *idem*, *Die Einrede des nichterfüllten Vertrages/zur historische Entwicklung des synallagmatischen Vertragsvollzugs im Zivilprozess* (2000), 169 pp., com rec. Gerhard Köbler, SZGerm 126 (2009), 420-421; Christoph Roos, *Die Grundlagen und die dogmatische Entwicklung der Vorschriften zur Einrede des nichterfüllten Vertrages im Bürgerlichen Gesetzbuch und in der Zivilprozessordnung im 19. Jahrhundert* (2004), XLVIII + 254 pp., com rec. Louis Pahlow, SZRom 123 (2006), 717-718. Vale, ainda, a literatura histórica acima referida sobre o sinalagma e as exceções: os estudiosos peninsulares devem atentar minimamente no panorama histórico existente, tanto mais que a cultura não tem fronteiras.

[925] René Cassin, *De l'exception tirée de l'innexécution* cit., 9; Antonio Palermo, *Studi sulla "exceptio" nel diritto clássico* cit., 149; Wolfgang Ernst, *Die Vorgeschichte der exceptio non adimpleti contractus* cit., 3 e *Die Einrede des nichterfüllten Vertrages* cit., 18.

[926] Juliano, D. 19.1.25 = Okko Behrends e outros cit., III, 539.

[927] Gaio, *Institutiones* 4, 126a = ed. Ulrich Manthe cit., 390-391; Otto Lenel, *Das Edictum perpetuum: ein Versuch zu seiner Wiederherstellung*, 3.ª ed. (1927), XXIV + 579

inversas: *emptio/venditio* e *locatio/conductio*, por exemplo. Noutros ocorriam as *actiones contrariae*[928]. Por fim, cabe um papel importante à *exceptio doli*[929]: o Autor que, sem cumprir o acordado, viesse demandar a contraparte, poderia ser detido com essa *exceptio*, típica das exigências da *bona fides*[930].

III. Na Idade Média, a *exceptio* começou por ser desbravada pelos glosadores, com relevo para Placentino († 1192) e para Azo (1225-1293)[931]. O contributo dos canonistas, particularmente de Jacobus Ravanis ou Jacques de Révigny (1230-1296) deu, à *exceptio*, um conteúdo ético: como exigir a outrem quando o próprio não cumpra[932]? A matéria foi acolhida no *corpus iuris canonici*, em trecho de Bonifácio VIII (o célebre canon *frustra*), de 1298. Mandava[933]:

> Frustra sibi fidem quis postulat ab eo servari, cui fidem a se prastitam servare recusat [em vão se pede para manter a palavra a quem perante o qual não se observa a fé jurada].

IV. Coube a Bártolo, na base dos antecedentes apontados e em comentário a Juliano[934], generalizar o princípio básico que subjaz à *exceptio*[935]:

pp., 503-504; Georg Thielmann, *Die römische Privatauktion: Zugleich ein Beitrag zum römischen Bankierecht* (1961), 299 pp., 141 ss..

928 *Da boa fé* cit., 87 ss., com indicações. Referimos, ainda: Contardo Ferrini, *"Exceptio"*, NDI V (1938), 735-738; Carlo Augusto Cannata, *Eccezione (diritto romano)*, NssDI VI (1960), 346-349; Giuseppe Ignazio Luzzato, *Eccezione (diritto romano)*, ED XIV (1965), 135-139.

929 *Da boa fé* cit., 84 ss., com as fontes e as indicações histórico-jurídicas.

930 René Cassin, *De l'exception tirée de l'inexécution* cit., 11, por todos.

931 As competentes indicações podem ser confrontadas em Wolfgang Ernst, *Die Einrede des nichterfüllten Vertrages* cit., 76 e 77; alguns elementos constam de René Cassin, *De l'exception* cit., 35 ss. e de Martin Pennitz, no HKK/BGB cit., II/2, §§ 320-322, Nr. 10 (1787-1788).

932 Wolfgang Ernst, *Die Einrede* cit., 84 ss. e 88 ss..

933 *Corpus iuris canonici*, *Liber Sextus*, Lib. V, tit. XII, *Regula iuris* LXXV = ed. Justus Henning Boehmer (Magdeburg, 1746), 1040.

934 Juliano, D. 19.1.13.8 = Okko Behrends e outros cit., III, 529. Diz o fragmento em causa:

> Offerri pretium ab emptore debet, cum ex empto agitur, et ideo etsi pretii partem offerat, mondum est ex empto actio: venditor enim quasi pignus retinere potest eam rem quam vendidit. [Em português: quando demandado numa ação de compra (*ex empto*) o comprador deve oferecer o preço; e assim sendo, a ação não tem lugar; e assim a ação de compra não é concedida, quando ofereça apenas uma parte do preço: pode então o vendedor reter a coisa que ele vendeu como um quase penhor].

935 Bártolo, *Commentaria in Digestum veteris*; foi usada a ed. *Bartoli interpretum*

> Contractu ultro citroque obligatorio non potest effectualiter agi, nisi ab eo qui effectualitur totum contractum ex parte sua impleverit [não se pode agir efetivamente mediante um contrato obrigatório para outrem se ele não for cumprido pela própria parte].

Baldo ocupou-se da problemática da condenação *Zug um Zug* ou recíproca, de tal modo que fosse possível assegurar o cumprimento do próprio autor[936].

A partir daí houve uma evolução divergente, em França e na Alemanha. Enquanto os jurisprudentes elegantes do *mos gallicus*, designadamente Cujas (1522-1590) e Doneau (1527-1591) passavam a *exceptio* em claro[937], o *usus modernus* antigo ocupou-se do tema, generalizando o *nomen* por que hoje é conhecido: *exceptio implementi non secuti* ou *non adimpleti contractus*. Cabe, nesse sentido, referir Johann Zanger (1557-1607)[938].

## 121. A construção pandectística e a sua expansão

I. A *exceptio non adimpleti contractus* teve um papel no jusracionalismo[939]. Todavia, podemos apontar a pandectística dos finais do século XVIII princípios do século XIX como o período que assistiu à sua consagração. Colocavam-se problemas de concretização judicial[940], de delimitação perante institutos próximos, como o da resolução por incumprimento e o da compensação e de aplicação perante o cumprimento defeituoso.

*iuris civilis coryphaei*, ed. Basileia (1562), 775/I; o texto consta, ainda, de René Cassin, *De l'exception* cit., 46, de Wolfgang Ernst, *Die Einrede* cit., 92 e de Martin Pennitz, no HKK/ /BGB cit., II/2, §§ 320-322, Nr. 10, nota 44 (1783).

[936] Mais elementos em Wolfgang Ernst, *Die Einrede* cit., 92.

[937] René Cassin, *De l'exception* cit., 86 ss.; Jean-François Pillebout, *Recherches sur l'exception d'inexécution* (1971), IV + 268 pp., 6 ss., referindo o "eclipse" da *exceptio*, nessa ocasião.

[938] Johannis Zangeri, *De exceptionibus*, em *Tractatus duo: unus de exceptionibus alter de quaestionibus seu torturis reorum*, ed. post. Wittemberg (1644), Cap. XIV, *De exceptione non numerata pecunia*, 531 ss., com diversos alargamentos da figura; em *Tractatus de exceptionibus*, ed. Frankfurt (1598), *vide* a pp. 488 ss..

[939] Martin Pennitz, no HKK/BGB cit., II/2, §§ 320-322, Nr. 13-17 (1791-1794), com indicações e Christoph Roos, *Die Grundlagen* cit., 71 ss., também com indicações.

[940] Christian Friedrich von Glück, *Ausführliche Erläuterung der Pandecten*, XVII, 2.ª ed. (1844), § 1043 (227-239); *vide* Wolfgang Ernst, *Die Einrede* cit., 113 e Martin Pennitz, no HKK/BGB cit., II/2, §§ 320-322, Nr. 12 (1790).

II. Localizamos, no século XIX, numerosas intervenções sobre a *exceptio*; referimos os autores em notas próprias, por forma a facilitar a sua localização informática. Assim, confrontámos escritos de Heerwart[941], de Lang[942], de Schenck[943], de Treitschke[944], de Sintenis[945], de Keller[946] e de Bekker[947]. Subjacente esteve, de certo modo, a questão dos contratos sinalagmáticos e a necessidade funcional de as suas prestações serem realizadas em simultâneo ou *Zug um Zug*.

Os tratadistas oscilavam entre a natureza puramente processual da *exceptio*[948] e a sua substancialização, em torno da ideia de reciprocidade[949].

III. O BGB, numa solução considerada compromissória[950], veio dispor no seu § 320/I, 1[951]:

> Quem esteja vinculado num contrato com prestações recíprocas pode recusar a prestação que lhe incumba até à realização da contraprestação, desde que não esteja obrigado a prestar previamente.

[941] F. W. Heerwart, *Ueber die exceptio non adimpleti contractuas und non rite adimpleti contractus*, AcP 7 (1824), 335-363.

[942] Alexander Lang, *Über die Einrede des nicht erfüllten Contractus* (1829), VI + + 64 pp..

[943] Schenck, *Ueber die exceptio non adimpleti contractus*, AcP 20 (1837), 427-474.

[944] Georg C. Treitschke, *Noch einige Bemerkungen über die sogennante Einrede des nicht erfüllten Vertrags*, AcP 22 (1839), 278-295 e 422-442.

[945] Carl F. Sintenis, *Über die sogennante Exceptio non adimpleti contractus*, ZCivPr 16 (1842), 224-292 e 17 (1842), 253-299.

[946] Friedrich L. Keller, *Noch etwas über die Exceptiones non adimpleti und non rite adimpleti contractus*, JhgDR 4 (1860), 337-371.

[947] Ernst I. Bekker, *Zur Controverse über die exception non adimpleti contractus*, JhgDR 5 (1862), 116-128.

[948] Friedrich Carl von Savigny, *System des heutigen römischen Rechts* V (1841), § 240 (289-291): a exceção em nada prejudicaria a pretensão material, em si.

[949] *Vide*, com muitas indicações, Bernhard Windscheid/Theodor Kipp, *Lehrbuch des Pandektenrechts* cit., 9.ª ed., § 321 (II, 319-340).

[950] Martin Pennitz, no HKK/BGB cit., II/2, §§ 320-322, Nr. 22 (1799-1800), com elementos atinentes à sua preparação. Quanto ao então projeto do BGB, *vide* Fr. André, *Die Einrede der nicht erfüllten Vertrages* cit., 176 ss..

[951] *Vide* Astrid Stadler, no Jauernig, *BGB/Kommentar*, 15.ª ed. (2014), 454 ss.; o comentário de referência é o de *J. von Staudingers Kommentar zum BGB*, 2 – §§ 315-326 (*Leistungsstörungsrecht* 2) (2015), anot. de Roland Schwarze, Vorbemerkung zu §§ 320-326 (185 ss.).

A publicação do BGB originou um surto de estudos que procuram aprofundar as várias facetas em jogo. Foram confrontadas, por exemplo, as monografias de Petersen[952], de Rocktäschel[953], de Patuschka[954], de Adler[955], de Dörge[956] e de Johannsen[957].

Foram explicitados pontos significativos. Assim, Rohmann explica que, na *exceptio*, há uma dupla natureza: se não se discutir o contrato e a contraprestação, ela funciona como uma verdadeira exceção; se se discutir, ela equivale a uma (simples) contestação da ação[958]. O tema foi aprofundado, ainda, no Direito holandês[959], no confronto entre os Direitos alemão e francês[960] e no Direito austríaco[961].

IV. O Código Napoleão não referia a *exceptio* em geral[962]. Ela acabou por ser autonomizada pela doutrina. Nesse passo, houve influência

[952] Hermann Petersen, *Die Einrede des nicht erfüllten Vertrages (Zurückbehaltungsrecht) nach dem Bürgerlichen Gesetzbuche des Deutschen Reiches* (1900), 84 ss..

[953] Paul Rocktäschel, *Die Einrede des nichts erfüllten Vertrages* (1901), III + 38 pp..

[954] Albert Patuschka, *Die Einrede des nicht erfüllten Vertrages nach B.G.B.* (1903), IV + 39 pp..

[955] Karl Adler, *Die Leistungsverweigerung bach § 320 BGB*, FS Ernst Zitelmann 1913, 1 12.

[956] Carl Dörge, *Die Einrede des nicht gehörig erfüllten Vertrages inter besonderer Berücksichtigung ihrer Anwendbarkeit beim Kaufvertrage* (1928), X + 71 pp..

[957] Jens Johannsen, *Die Einrede des nicht erfüllten Vertrages bei Teilleistungen* (1936), 50 pp..

[958] Erich Rohmann, *Die Doppelnatur der Einrede des nicht erfüllten Vertrages (exception non adimpleti contractus)* (1935), XII + 61 pp., 50 ss., 60.

[959] Hendrik Willem Jan Bosch, *De exceptio non adimpleti contractus* (1936), 97 pp., 31 ss. e 40 ss. (obra em neerlandês).

[960] Karl Grüter, *Die Einrede des nicht erfüllten Vertrages im deutschen und französischen Recht/Ein dogmatischer und praktischer Vergleich* (1963), XIII + 131 pp., 25 ss., 27 ss. e *passim*.

[961] Peter Jabornegg, *Zurückbehaltungsrecht und Einrede des nicht erfüllten Vertrages/zugleich ein Beitrage zur Lehre vom Synallagma* (1982), 306 pp., 163 ss. e *passim*.

[962] Tínhamos referências parcelares no artigo 1612.º (o vendedor não fica obrigado a entregar a coisa se o comprador não lhe pagar o preço e o vendedor não tiver acordado uma dilação para o pagamento) e no artigo 1653.º (se o comprador for perturbado ou tem justas razões para crer ser perturbado seja por uma ação hipotecária, seja por uma reivindicação, pode suspender o pagamento do preço até que ...).

alemã[963]: jogaram os escritos de Saleilles[964] e de Cassin[965], bons conhecedores da experiência de Além-Reno.

A *exceptio* foi inserida no Código Civil francês pela reforma de 2016: artigos 1219.º e 1220.º. Mantém-se a reserva de ela ser invocada em condições contrárias à boa-fé[966]. O alargamento deste instituto pode ser observado nos diversos Direitos, com relevo para o italiano[967] e o espanhol[968], sendo acolhido no chamado Direito europeu[969].

## 122. A experiência lusófona

I. O Código de Seabra, um tanto na linha do Código Napoleão, não referiu, em geral, a *exceptio non adimpleti contractus*. Ela estava, todavia, subjacente ao seguinte preceito[970]:

> Art. 1574.º O vendedor não é obrigado a entregar a cousa vendida, sem que o preço lhe seja pago, salvo se houver convenção em contrario.

Esta regra era aplicável à troca, nos termos do artigo 1594.º. Por seu turno, o Código Comercial de Veiga Beirão (1888) dispõe, no seu artigo 468.º:

[963] *Vide* Jean-François Pillebout, *Recherches sur l'exception d'innexécution* cit., 7 ss..

[964] Raymond Saleilles, *Étude sur la théorie générale de l'obligation d'après le premier projet de Code civil pour l'empire allemand*, 3.ª ed. (1914), XV + 476 pp., n.º 172-174 (189-193); Saleilles já havia empreendido a divulgação desta matéria desde 1892.

[965] René Cassin, *De l'exception* cit., refere, correntemente, doutrina alemã.

[966] Jean Carbonnier, *Droit civil/Les obligations* cit., n.º 1110 (2245-2246); François Terré/Philippe Simler/Yves Lequette, *Droit civil/Les obligations* cit., 11.ª ed., n.º 633 ss. (687 ss.), com indicações.

[967] Giovanni Persico, *L'eccezione d'inadempimento* (1955), VIII + 245 pp.; Arturo Dalmartello, *Eccezione di inadempimento*, NssDI VI (1960), 354-360; Francesco Realmonte, *Eccezione di inadempimento*, ED XIV (1965), 222-239; Lina Bibliazzi Geri, *Eccezione di inadempimento*, DDPr/Sezciv VII (1991), 331-349.

[968] Referimos María Cruz Moreno, *La "exceptio non adimpleti contractus"* (2004), 186 pp., onde pode ser confrontada outra literatura do País vizinho.

[969] Assim, no DCFR (ed. Christian von Bar e outros, cit., 243), surge o *right to withhold performance of reciprocal obligation*.

[970] José Dias Ferreira, *Codigo Civil Annotado* IV, 1.ª ed. (1875), 45-47 e III, 2.ª ed. (1898), 178-179.

O vendedor que se obrigar a entregar a cousa vendida antes de lhe ser pago o preço considerar-se-á exonerado de tal obrigação, se o comprador falir antes da entrega, salvo prestando-se caução ao respectivo pagamento.

II. Na base destes preceitos, Guilherme Moreira generalizava a *exceptio* às (...) obrigações sinallagmaticas, sendo uma consequencia do contracto bilateral (...)[971]. Todavia, parecia equiparar esta situação a uma retenção. Cunha Gonçalves, por seu turno, admitia a *exceptio* na base do artigo 705.º do Código de Seabra: o contraente que falte ao cumprimento do contrato não é responsável se for impedido por facto do outro[972]. Referido era, ainda, o artigo 709.º, conquanto que mais virado para a resolução. Dispunha[973]:

Se o contracto fôr bilateral, e algum dos contrahentes deixar de cumprir por sua parte, poderá o outro contrahente ter-se igualmente por desobrigado, ou exigir, que o remisso seja compellido judicialmente a cumprir aquillo a que se obrigou, ou a indemnisal-o de perdas e damnos.

A doutrina obrigacionista de meados do século passado, com relevo para Galvão Telles[974] e Manuel de Andrade[975], aceitou a *exceptio*. Favorável foi, ainda, Tito Arantes[976].

III. No âmbito da preparação do Código Civil de 1966, Vaz Serra consagrou à *exceptio* um estudo alargado e documentado[977]. Entende, logo no início, na base do Direito comparado e do *ius commune*, que ela deve ser expressamente inserida no novo Código, cabendo ponderar-lhe o regime[978]. Isso leva-o a considerar-lhe os requisitos[979], o efeito[980], o

[971] Guilherme Moreira, *Instituições* cit., 2, n.º 37 (125).

[972] Luiz da Cunha Gonçalves, *Tratado* cit., 4, 519.

[973] José Dias Ferreira, *Codigo Civil Annotado* cit., 2, 1.ª ed., 216 e 2, 2.ª ed., 45.

[974] Inocêncio Galvão Telles, *Manual de Direito das obrigações*, 1.ª ed. (1957), n.º 269 (220-221) e 2.ª ed. (1965), n.º 269 (241-242).

[975] Manuel de Andrade, *Teoria das obrigações*, 3.ª ed. (1966), 333-336.

[976] Tito Arantes, *Os direitos de quem falta ao contratado. Inadimplemento parcial nos contratos sinalagmáticos*, RT 64 (1946), 66-71, 81-86 e 98-102.

[977] Adriano Vaz Serra, *Excepção de contrato não cumprido (exceptio non adimpleti contractus)*, BMJ 67 (1957), 17-183.

[978] *Idem*, 17 ss. (19).

[979] *Idem*, 26 ss..

[980] *Idem*, 33 ss..

tema do não-cumprimento parcial[981] e os limites impostos pela boa-fé. São ponderados muitos outros aspetos, concluindo com um articulado extenso: doze alargados artigos[982]. No projeto global de Vaz Serra, a *exceptio* surgia no título VII – Fontes das obrigações, capítulo I – contrato, em secção própria – a VI: artigos 627.º a 633.º[983].

IV. Na 1.ª revisão ministerial, Antunes Varela deslocou a matéria para o início do livro II e simplificou o articulado relativo à exceção do não-cumprimento do contrato (artigos 386.º a 389.º)[984]. Com diversas alterações formais e de numeração na 2.ª revisão ministerial[985] e no projeto[986], foi esse o esquema que, no essencial, encontramos hoje no texto vigente.

O Código de 1966 dedica, à exceção do contrato não-cumprido, quatro preceitos[987]:

428.º Noção;
429.º Insolvência ou diminuição de garantias;
430.º Prescrição;
431.º Eficácia em relação a terceiro.

Ela surge ainda referida no artigo 830.º/5, a propósito da execução específica do contrato-promessa, que pode (havendo lugar à *exceptio*) obrigar o requerente a consignar em depósito a sua prestação, no prazo que lhe for fixado pelo tribunal, sendo pressuposta no artigo 843.º: se o devedor consignar uma coisa em depósito, pode ele exigir que a mesma não seja entregue ao credor enquanto este, sendo o caso, não efetuar a prestação correspetiva que lhe incumba. Funciona, também, em face de obrigações recíprocas de restituição, segundo o artigo 290.º.

[981] *Idem*, 37 ss..
[982] *Idem*, 172-181.
[983] Adriano Vaz Serra, *Direito das obrigações* cit., 516-520.
[984] *Código Civil*/Livro II – *Direito das obrigações*, BMJ 119 (1962), 39-40.
[985] *Vide* Jacinto Rodrigues Bastos, *Das obrigações em geral* cit., 1, 95-108.
[986] *Projecto de Código Civil* cit., 125-126.
[987] *Vide* Pires de Lima/Antunes Varela, *Código Civil anotado* cit., 1, 4.ª ed., 405-408.

A matéria tem sido acompanhada nas obras gerais[988], obtendo ainda intervenções mais especializadas[989].

V. Cumpre referenciar os códigos civis brasileiros. No de 1916, dispunha o artigo 1092.º[990]:

> Nos contratos bilaterais, nenhum dos contraentes, antes de cumprida a sua obrigação, pode exigir o implemento da do outro. Se, depois de concluído o contrato sobrevier a uma das partes diminuição em seu patrimonio, capaz de comprometer ou tornar duvidosa a prestação pela qual se obrigou, pode a parte, a quem incumbe fazer prestação em primeiro lugar, recusar-se a esta, até que a outra satisfaça a que lhe compete ou dê garantia bastante de satisfazê-la.

[988] João Antunes Varela, *Das obrigações em geral* cit., 1, 10.ª ed., n.º 108 (398-402); Inocêncio Galvão Telles, *Direito das obrigações* cit., 7.ª ed., 452, numa rubrica denominada "suspensão do contrato por inexecução"; Mário Júlio de Almeida Costa, *Direito das obrigações* cit., 12.ª ed., 362-367; Luís Menezes Leitão, *Direito das obrigações* cit., 2, 9.ª ed., *passim*.

[989] Referimos a dissertação de mestrado de José João Abrantes, *A excepção do não cumprimento do contrato no direito civil português/conceito e fundamento* (1986), 219 pp.; *vide*, ainda, Adriano Vaz Serra, anot. a STJ 19-nov.-1971 (Adriano Campos de Carvalho), BMJ 211 (1971), 297-301 = RLJ 105 (1973), 279-282, *idem*, 282-288; *idem*, anot. a STJ 26-abr.-1974 (Oliveira Carvalho), BMJ 236 (1974), 154-158 = RLJ 108 (1975), 151-154 *idem*, 154-160; Mário Júlio de Almeida Costa, anot. a STJ 11-dez.-1984 (Joaquim Figueiredo), BMJ 342 (1985), 355-359 = RLJ 119 (1986), 137-141, *idem*, 141-147; Antunes Varela, *Cumprimento imperfeito do contrato de compra e venda. A excepção do contrato não cumprido/Parecer jurídico*, CJ XII (1987), 4, 21-35; João Calvão da Silva, *Cumprimento e sanção pecuniária compulsória* (1987), 550 pp., 329-338; Pedro Vaz Mendes, *A excepção de não cumprimento nos contratos públicos*, O Direito 140 (20058), 119-207; Maria de Lurdes Pereira/Pedro Múrias, *Os direitos de retenção e o sentido da excepção de não cumprimento*, RDES 2008, 187-239; José João Abrantes, *Contrato de empreitada e excepção de não cumprimento do contrato*, anot. a RPt 19-set.-2006 (Henrique Araújo), CDP 18 (2007), 46-53, *idem*, 53-58; Júlio Vieira Gomes, *Da excepção do não cumprimento parcial e da sua invocação de acordo com a boa fé*, anot. a RPt 10-mar.-2008 (Fernandes do Vale), CDP 25 (2009), 51-56, *idem*, 56-67.

[990] Paulo Merêa, *Codigo Civil brasileiro anotado* cit., 355-356.

O preceito combinava claramente duas regras. O Código Civil de 2002 dissociou-o, por isso, em dois distintos preceitos: os artigos 476.º e 477.º. Vamos consigná-los[991] [992]:

476.º Nos contratos bilaterais, nenhum dos contraentes, antes de cumprida a sua obrigação, pode exigir o implemento da do outro.

477.º Se, depois de concluído o contrato, sobrevier a uma das partes contratantes diminuição em seu patrimônio capaz de comprometer ou tornar duvidosa a prestação pela qual se obrigou, pode a outra recusar-se à prestação que lhe incumbe, até que aquele satisfaça a que lhe compete ou dê garantia bastante de satisfazê-la.

[991] María Cruz Moreno, *La "exceptio non adimpleti contractus"* cit., 18, refere o artigo 1092.º do Código brasileiro (de 1916) como estando em vigor (em 2004).

[992] José Miguel Garcia Medina/Fábio Caldas de Araújo, *Código Civil Comentado* cit., 421-422.

## § 27.º O REGIME DE EXCEÇÃO DE NÃO-CUMPRIMENTO

### 123. **Aspetos gerais; das exceções**

I. O artigo 428.º/1 propõe-se dar uma noção da exceção de não-cumprimento do contrato. Todavia, acaba por apresentar os requisitos da figura. Vamos desfibrá-los. Temos:

(a) contratos com prestações recíprocas;
(b) sem prazos diferentes para o cumprimento das prestações;
(c) faculdade de recusar a prestação;
(d) enquanto o outro não a efetuar ou não oferecer o seu cumprimento simultâneo.

O contrato diz-se "bilateral" quando seja sinalagmático, isto é, quando implique prestações recíprocas, sendo as partes, simultaneamente, credora e devedora uma da outra. A expressão "bilateral" veio-nos do Código Napoleão, através de Seabra, tendo uma justificação de tipo linguístico, em face da língua francesa[993]. Não é satisfatória, mas está consagrada. O sinalagma que está em causa é o funcional. Ou seja: não releva que as partes tenham pactuado prestações a cargo de ambas (sinalagma genético) se, no funcionamento do contrato, não houver uma relação de correlatividade entre elas. A funcionalidade deve ser detetada pela interpretação, valendo a realidade material subjacente ao negócio. Sintoma característico da sua presença é, precisamente, o cumprimento em simultâneo de ambas.

II. Mau grado a letra da lei, a "bilateralidade" não tem a ver, apenas, com as prestações principais. A *exceptio* pode ser movida perante o não-cumprimento de prestações secundárias ou de deveres acessórios. Basta, para tanto:

[993] *Tratado* VII, 195-197; *supra*, 277.

- ou que a prestação secundária ou o dever acessório em falta impliquem o cumprimento defeituoso ou imperfeito da prestação principal;
- ou que algum desses elementos em falta se situe numa relação de reciprocidade com a prestação do excipiente[994].

Por exemplo: numa venda com a obrigação (secundária) de explicação do funcionamento: enquanto esta não for dada, pode ser recusado o pagamento do preço, uma vez que, sem ela, a entrega é inútil.

III. A letra da lei atém-se a "contratos bilaterais". Estamos, todavia, perante a técnica legislativa comum de regular os pólos matriciais, deixando ao intérprete-aplicador a exata delimitação da figura. A *exceptio* é aplicável nos contratos com prestações recíprocas e, ainda, noutras situações que, embora não tendo natureza contratual, impliquem, contudo, uma sinalagmaticidade funcional. Assim, a *exceptio* pode ser usada:

- na execução específica de contratos sinalagmáticos, com exemplo expresso no contrato-promessa (830.º/5);
- nas obrigações recíprocas de restituição, por via de declaração de nulidade ou de anulação de um negócio jurídico: o artigo 290.º fixa, seguramente, a simultaneidade da restituição e a aplicabilidade das normas sobre a exceção de não-cumprimento do contrato[995];
- nas situações decorrentes de resolução do contrato, dada a equiparação aos efeitos decorrentes da declaração de nulidade ou de anulação, decorrente do artigo 433.º;
- nas aquisições potestativas de direitos reais, que dependem de um pagamento prévio (1339.º, 1340.º/1 e 1343.º/1, como exemplos);
- em aquisições não-voluntárias, como a hipótese da expropriação por utilidade pública, em que, salvo urgência legalmente prevista, a entrega depende do pagamento de indemnização[996].

[994] João Calvão da Silva, *Cumprimento e sanção pecuniária compulsória* cit., 333, nota 602.

[995] A simultaneidade implica a definição das prestações; assim, quando se discuta a nulidade de um negócio jurídico, é de excluir o cumprimento prévio, pela autora, de uma obrigação que ainda não foi definida pela sentença que pretende: STJ 31-out.-1995 (Roger Lopes), BMJ 450 (1995), 390-398 (396).

[996] Exemplo dado por Pires de Lima/Antunes Varela, *Código Civil anotado* cit., 1, 4.ª ed., 407.

Podemos concluir que a essência da *exceptio* radica na sinalagmaticidade funcional, seja qual for a origem da situação que a comporte.

IV. A *exceptio* pode ser estendida a situações que não equivalham à "bilateralidade" literalmente fixada na lei.

A hipótese fora prevista no anteprojeto de Vaz Serra, nos termos seguintes[997]:

> Se o contrato tiver mais de duas partes, cada uma destas se obrigar em face de todas as outras e existir menos obrigações com fim comum, pode cada uma delas valer-se do direito, de que no presente artigo se trata, quando a parte ou as partes que exijam a sua prestação não tenham, por seu lado, feito nem ofereçam as respetivas prestações. Se aquela que exige a prestação cumpriu já ou oferece a sua prestação, mas não cumpriram as outras partes ou não ofereceram as respetivas prestações, pode o demandado valer-se do referido direito quando a prestação ou prestações que faltam devam ser havidas, dadas as circunstâncias, como essenciais.

Ela não sobreviveu às revisões ministeriais: a sua doutrina, todavia, mantém-se válida.

Perante contratos com mais de uma parte[998], a *exceptio* é aplicável quando a parte remissa venha afetar a realidade subjacente: um ponto a verificar caso a caso. Nos contratos de sociedade, há que lidar com regras especiais relativas ao não-cumprimento de obrigações de entrada. Na falta de tais regras, pode-se recorrer à *exceptio*.

## 124. **A simultaneidade dos prazos; alargamento**

I. No domínio da simultaneidade dos prazos das prestações recíprocas, o artigo 428.º/1 dispõe pela negativa: se não houver prazos diferentes para o cumprimento da obrigação, surge a faculdade de mover a *exceptio*.

[997] Adriano Vaz Serra, *Excepção de contrato não cumprido* cit., 173.

[998] Astrid Stadler, no *Jauernigs Kommentar* cit., 15.ª ed., § 320, Nr. 4 (455); Roland Schwarze, no *Staudingers Kommentar* cit. (2015), § 320, Nr. 67 (239-240); o § 320 permite a *exceptio* perante prestações parciais, o que facilita a solução.

A simultaneidade da execução das prestações em negócios sinalagmáticos é da natureza das coisas. Ela dá corpo aos pontos seguintes[999]:

- confirma a existência do próprio contrato;
- comprova o seu teor;
- compele as partes ao cumprimento;
- garante que o mesmo tenha lugar;
- exprime a justiça comutativa ínsita na reciprocidade das prestações;
- protege o *excipiens* contra a insolvência da contraparte: se prestasse e ficasse como "mero" credor, teria de concorrer ao património do devedor insolvente; não chegando a prestar, fica resguardado.

Estes pontos são, no fundo, explicativos e justificativos da própria *exceptio de non adimpleti contractus*.

II. A simultaneidade dos prazos pode ocorrer:

- de ter sido inicialmente combinado;
- de corresponder à natureza da situação;
- de derivar do funcionamento de obrigações puras;
- de resultar da perda do benefício do prazo.

As partes podem acordar, explicita ou implicitamente, que as obrigações recíprocas sejam executadas em simultâneo. Ainda nessa hipótese, ou fixam logo uma data ou esta resultará de eventos ulteriores. Hipótese largamente maioritária, em particular nos negócios correntes é a de a simultaneidade ser espontaneamente observada, logo na conclusão do negócio.

A natureza da situação pode envolver prestações simultâneas. Se no âmbito de uma festa, as partes resolvem trocar comidas e bebidas, tudo deve ocorrer na (mesma) altura.

Perante obrigações puras, qualquer uma das partes pode exigir o cumprimento ou apresentar-se a cumprir (777.º/1)[1000]. Noutros termos: a

[999] Entre outros, confrontaram-se: Josef Steininger, *Leistung Zug um Zug* (1905), VI + 64 pp.; Ludwig Jerns, *Der Leistungsort bei Zug- um Zugleistung* (1911), 85 pp.; René Guldner, *Die Verurteilung zur Leistung Zug um Zug nach deutschem Recht* (1912), 120 pp.; Daniel Schmidt, *Die Verurteilung zur Leistung Zug um Zug und deren Vollstreckung* (1963), VI + 51 pp. (sobre o Direito suíço); Freitz Oesterle, *Die Leistung Zug um Zug* (1980), 269 pp..

[1000] *Supra*, 86 ss..

simultaneidade pode ser provocada por alguma das partes, sempre que não tenha sido preestabelecido um prazo.

Por fim, havendo perda de benefício do prazo, designadamente do devedor, pode este ser compelido ao cumprimento. Numa obrigação sinalagmática, isso implica que o credor se predisponha a cumprir, em simultâneo.

III. Nas situações de origem não-contratual, valem as mesmas considerações, com a adaptação eventualmente necessária. Por vezes, a simultaneidade é imposta pela própria lei: nesse sentido, veja-se o artigo 290.º, relativo às obrigações de restituição, por invalidade dos negócios que lhes tenham dado azo.

IV. A lei prevê "se não houver prazos diferentes" para a execução das prestações recíprocas. E se os prazos forem distintos, mas a parte que deva cumprir em primeiro lugar o não fizer? Ou se o credor que deva receber em primeiro lugar entrar, ele próprio, em mora?

Se a parte remissa já estiver em mora, por o seu prazo de cumprimento cair primeiro, pode a outra prevalecer-se da *exceptio*: trata-se de uma interpretação extensiva da lei, aceite pacificamente pela doutrina[1001]. Havendo mora do credor que deva receber em primeiro lugar, pode o outro exigir a prestação para depois de recebida a contraprestação por esse outro contraente. Era a solução de Vaz Serra[1002], que pode ser retirada da lógica da *exceptio* e da da mora do credor (814.º).

V. No plano executivo, a simultaneidade implica que não se possa pedir a execução numa prestação recíproca sem oferecer a sua própria prestação. Segundo o artigo 715.º/1 do Código de Processo Civil,

> Quando a obrigação esteja dependente de condição suspensiva ou de uma prestação por parte do credor ou de terceiro, incumbe ao credor alegar e provar documentalmente, no próprio requerimento executivo, que se verificou a condição ou que efetuou ou ofereceu a prestação.

[1001] Adriano Vaz Serra, anot. STJ 19-nov.-1971, 283-284; *idem*, anot. STJ 26-abr.-1974 cit., 156; João Calvão da Silva, *Cumprimento e sanção pecuniária compulsória* (1987), 331 e nota 599; Pires de Lima/Antunes Varela, *Código Civil anotado* cit., 1, 4.ª ed., 405-406; Mário Júlio de Almeida Costa, *Direito das obrigações* cit., 12.ª ed., 365; *vide* STJ 29-out.-1998 (Quirino Soares), BMJ 480 (1998), 463-465 (464).

[1002] Adriano Vaz Serra, *Excepção de contrato não cumprido* cit., 173.

Essa mesma lógica está patente no artigo 830.°/5, relativo à execução específica do contrato-promessa: a ação improcede se, sendo lícito, ao obrigado, invocar a exceção de não-cumprimento, o requerente não consignar em depósito a sua prestação no prazo que lhe for fixado pelo tribunal[1003]. O depósito do preço requerido pelo artigo 1410.°/1, na ação de preferência[1004], corresponde, ainda, à mesma linha de valoração.

VI. O artigo 429.° alarga, finalmente, a *exceptio* aos casos em que uma das partes esteja obrigada a cumprir em primeiro lugar mas a outra tenha perdido o benefício do prazo. Tal resultaria das regras gerais: perdido o benefício do prazo (780.°), o devedor já não pode cumprir "depois"[1005]. A exceção é oportuna.

## 125. *Non rite adimpleti*; a boa-fé

I. A *exceptio* pode operar "enquanto o outro não efetuar a [prestação] que lhe cabe ou não oferecer o seu cumprimento simultâneo". Estamos perante o não-cumprimento. Cabem algumas precisões:

- o não-cumprimento que permite a *exceptio* deve ser puramente temporário[1006], sendo que o *excepiens* não nega o direito da contraparte[1007]; tratando-se de um inadimplemento definitivo, operam outras regras que permitem, designadamente, a exoneração do devedor (432.°/1 e 801.°/2, entre outros);
- O anúncio prévio, pelo devedor, de que não irá cumprir implica, por si, a perda do benefício do prazo, habilitando a contraparte a mover a *exceptio*[1008].

O juízo de não-cumprimento implica que, com recurso às regras pertinentes, se fixe o prazo da execução da prestação.

[1003] *Tratado* VII, 432 ss..
[1004] *Tratado* VII, 518 ss..
[1005] *Supra*, 90 ss..
[1006] STJ 9-jul.-2015 (Tomé Gomes), Proc. 21600/08.5.
[1007] RPt 16-nov.-2015 (Caimoto Jácome), Proc. 62/11.
[1008] RPt 28-out.-2015 (Aristides Rodrigues de Almeida), Proc. 142046/08.

II. A exceção de não-cumprimento pode ser usada em face de um cumprimento meramente parcial ou perante um cumprimento imperfeito. Essa possibilidade, reconhecida desde a Idade Média, dá azo à *exceptio non rite adimpleti contractus*[1009].

A jurisprudência tem reconhecido o funcionamento da *exceptio* perante contratos de empreitada, a favor do dono da obra:

- perante vícios da obra[1010];
- em face de defeitos na mesma, sendo que se presume a culpa do empreiteiro[1011];
- enquanto os vícios da obra não forem eliminados[1012], dentro do ritmo do pagamento fracionado em função de medições[1013];
- desde que ele tenha denunciado devidamente os vícios da obra[1014].

III. A *exceptio* (*non rite*) tem ainda sido admitida em situações deste tipo:

- em face de uma cessão de estabelecimento, enquanto o mesmo não se mostrar licenciado[1015];
- numa situação em que a venda de ações dependa de autorização da sociedade, enquanto não for obtida essa mesma autorização[1016].

IV. A *exceptio* não foi admitida nos nossos tribunais, por falta de não-execução bastante, em situações desta natureza:

- em benefício do locatário, pela não realização de obras pelo senhorio[1017];

[1009] Fr. André, *Die Einrede der nicht erfüllten Vertrages* cit., 48 ss.; Heerwart, *Ueber die exceptio non adimpleti contractuas und non rite adimpleti contractus* cit., *passim*; *vide* o nosso *Violação positiva do contrato*, anot. STJ 31-jan.-1980 (Costa Soares), ROA 1981, 123-127, *idem*, 128-152 (148).

[1010] REv 11-jan.-2015 (Cristina Cerdeira), Proc. 408/95; RLx 3-fev.-2015 (Maria da Conceição Saavedra), Proc. 61079/12.

[1011] RLx 3-dez.-2013 (Manuel Marques), Proc. 6830/09.

[1012] RGm 9-jan.-2014 (Amílcar Andrade), Proc. 39398/10.9.

[1013] RLx 13-out.-2015 (Maria Adelaide Domingos), Proc. 28576/11.

[1014] RPt 13-out.-2015 (Fernando Samões), Proc. 1272/12.

[1015] STJ 14-out.-2014 (Alves Velho), Proc. 5831/10.

[1016] RLx 9-dez.-2015 (Teresa Henriques), Proc. 1076/13.6.

[1017] RLx 17-set.-2013 (Roque Nogueira), Proc. 6435/10.

- ainda em prol do locatário que invoque deteriorações no locado, relativamente ao dever de pagar a renda: não se mostrou uma não-utilização[1018];
- a favor de um condómino, quando se lhe peça a sua quota-parte no custo de obras nas partes comuns, quando invoque que as mesmas são defeituosas[1019];
- a favor de titular de uma obrigação de garantia, para sustar no pagamento do preço do equipamento, do seu transporte e da sua instalação: falta correspetividade, não operando a *exceptio* a favor de quem, primeiro, deva cumprir[1020]; noutros termos: não há, ainda, incumprimento (imperfeito).

V. A exceção do contrato não-cumprido presta-se a considerações teoréticas. Todavia e no seu funcionamento, ela obedece ao bom-senso e à experiência do julgador. Este tem, em especial, os poderes necessários para obstar ao seu funcionamento, em nome da boa-fé e sempre que ele traduza um abuso do direito[1021]. Apesar de ter sido rejeitado um troço no projeto de Vaz Serra, que referia expressamente esse limite[1022], a doutrina é unânime em reconhecer o controlo *ex bona fide* do exercício da *exceptio*[1023]. Na jurisprudência (neste momento) mais recente, apontamos:

- a *exceptio* não pode ser exercida contra a boa-fé[1024];

[1018] RLx 3-abr.-2014 (Fátima Galante), Proc. 680/2002.

[1019] RGm 29-mai.-2014 (António Beça Pereira), Proc. 1000/13.6.

[1020] RLx 10-nov.-2015 (Cristina Coelho), Proc. 171051/12.3.

[1021] O limite da boa-fé surge expressamente previsto no artigo 1460.º/2, do Código Civil italiano, sendo admitido pela doutrina e pela jurisprudência alemãs: Roland Schwarze, no *Staudingers Kommentar* cit., § 320, Nr. 62-63 (237-238), com indicações.

[1022] Adriano Vaz Serra, *Excepção de contrato não cumprido* cit., 175; o anteprojeto dispunha, mesmo, quanto ao ónus da prova:

> Ao contraente que deduz a excepção compete a prova de que ela não é contrária à boa fé.

[1023] Mário Júlio de Almeida Costa, anot. a STJ 11-dez.-1984 cit., 144. *Vide*: Pires de Lima/Antunes Varela, *Código Civil anotado* cit., 1, 4.ª ed., 406; Mário Júlio de Almeida Costa, *Direito das obrigações* cit., 12.ª ed., 364; Júlio Vieira Gomes, *Da excepção do não cumprimento parcial* cit., 64 ss..

[1024] RLx 28-fev.-2013 (Teresa Albuquerque), Proc. 2138/06.

– numa obra defeituosa, o alcance da *exceptio* exercida pelo dono deve ser proporcional à gravidade da inexecução, sob pena de abuso do direito[1025];
– enquanto o locador impedir o gozo do locatário, não pode excecionar o não-cumprimento para não pagamento de rendas[1026];
– não se pode recusar a entrega da obra por falta de uma pequena parcela do preço: violar-se-iam os artigos 227.º e 762.º/2, do Código Civil[1027].

Encontramos, neste campo, os valores fundamentais do sistema, veiculados pela boa-fé. Deve haver proporcionalidade no exercício da *exceptio*; esta não cabe a quem se tenha colocado em falta ou a quem ocasione o não-cumprimento; a confiança e a lealdade devem ser respeitadas.

## 126. A "faculdade" de recusar a prestação; natureza e regras especiais

I. A essência da *exceptio*, verificados os requisitos da reciprocidade e da simultaneidade (ou equivalente) das prestações, consiste na "faculdade" reconhecida ao devedor de recusar a sua própria prestação. O termo "faculdade" equivale, na realidade, a um poder ou a um direito potestativo.

Enquanto direito potestativo, o exercício da *exceptio* depende inteiramente da vontade do seu titular. Pode não ser exercido: ou porque objetivamente lhe não convenha ou porque, subjetivamente, dele não queira beneficiar.

II. O direito de invocar a *exceptio* não é de reconhecimento ou de exercício oficioso[1028]. O interessado ou *excipiens* deve invocá-lo e prevalecer-se dele, fazendo prova dos seus elementos constitutivos. Além disso, ele não pode ser objeto de renúncia antecipada (809.º) e não pode ser afastado mediante a prestação de garantias (428.º/2). Temos, aqui, mais um afloramento de um princípio geral das obrigações: o da irrenunciabilidade antecipada aos direitos.

[1025] RGm 20-fev.-2014 (Jorge Teixeira), Proc. 3730/11.

[1026] RLx 3-jul.-2014 (Ilídio Sacarrão Martins), Proc. 949/10.2.

[1027] STJ 17-nov.-2015 (Maria Clara Sottomayor), Proc. 2545/10.5.

[1028] RCb 21-abr.-2015 (Barateiro Martins), Proc. 123740/08; STJ 16-jun.-2015 (Fonseca Ramos), Proc. 3309/08.1.

III. O direito de invocar a *exceptio* não prescreve e isso mesmo quando o crédito que a justifique tenha prescrito: *quae temporalia sunt ad agendum perpetua sunt ad excipiendum*[1029]. Com efeito, a hipótese de uma parte ter o seu crédito paralisado pela prescrição, enquanto a contraparte possa exercer o dela repugna ao sistema. Donde o artigo 430.º do Código Civil: prescrito um dos direitos numa situação sinalagmática, o titular continua a beneficiar da exceção, salvo se se tratar de prescrição presuntiva. Neste último caso, o artigo 430.º não opera porque, na realidade, está em jogo uma presunção de cumprimento (312.º)[1030].

IV. Quando, num contrato sinalagmático, um dos contraentes venha a ser substituído por um terceiro, a *exceptio* pode ser oposta a este último (431.º). Esta precisão, enquanto que útil, era, em rigor, dispensável: ao subingressar no contrato, o terceiro passa a ser parte.

V. Queda acrescentar que, nas relações económicas mais complexas como na vida corrente, a exceção do não-cumprimento do contrato surge como um dos mais eficazes instrumentos ao serviço das obrigações. Próximo da autotutela, ela assegura uma justiça comutativa imediata e providencia um funcionamento autossustentado dos vínculos obrigacionais.

### 127. **As figuras afins**

I. A distinção da exceção de contrato não-cumprido, perante figuras afins, é uma rubrica habitual nas exposições a ela relativas[1031]. Todavia, ela surge mais oportuna após o conhecimento do seu regime.

A *exceptio* não se confunde com a ação direta prevista no artigo 336.º[1032]. É certo que ela dá corpo a um certo tipo de autotutela: o excipiente faz, ele próprio, um juízo de não-cumprimento do negócio, por banda da contraparte e procede, também só por si, ao sustar da sua presta-

[1029] René Cassin, *De l'exception tirée de l'innexécution* cit., 717; *vide* Adriano Vaz Serra, *Excepção de contrato não cumprido* cit., 93 e Pires de Lima/Antunes Varela, *Código Civil anotado* cit., 1, 4.ª ed., 408.

[1030] *Tratado* V, 2.ª ed., 217 ss..

[1031] Assim: Giovanni Pérsico, *L'eccezione d'inadempimento* cit., 14 ss.; José João Abrantes, *A excepção de não cumprimento* cit., 155 ss..

[1032] Quanto à ação direta: *Tratado* V, 2.ª ed., 478 ss:.

ção. Todavia, a ação direta traduz-se no recurso à força. Ora, na *exceptio*, não há qualquer via de facto: o beneficiário limita-se a um *non facere*. Além disso, a ação direta postula a impossibilidade de recorrer, em tempo útil, aos meios coercivos normais; a *exceptio* nada tem de extraordinário e, pela sua própria lógica, não postula uma alternativa, junto dos meios "normais".

II. A *exceptio* é distinta do direito de retenção, versado nos artigos 755.º a 761.º, do Código Civil[1033]. Deve, não obstante, assinalar-se que pode haver algumas áreas de sobreposição entre as duas figuras, as quais, ao longo da História, foram muitas vezes confundidas[1034]. Os pontos mais salientes da distinção entre as duas figuras são os seguintes:

- a *exceptio* requer situações funcionalmente sinalagmáticas; para a retenção basta que o retentor tenha um crédito contra o seu credor;
- a *exceptio* é puramente obrigacional; a retenção implica que o beneficiário detenha ou possua a coisa que deve entregar e seja credor por despesas feitas por causa dela ou por danos por ela causados;
- a *exceptio* deriva de uma previsão geral; a retenção, além de uma previsão desse tipo (754.º) assenta, ainda, em casos especiais (755.º);
- a *exceptio* não pode ser afastada mediante a prestação de garantias (428.º/2), ao contrário da retenção [756.º, *d*)].

Às diferenças apontadas correspondem profundas distinções de regime. Assim:

- a *exceptio* toma corpo num *non facere*, por parte do *excepiens* que recusa a prestação; a *retentio* traduz-se no controlo material de uma coisa (a posse do retentor), dobrado pelas ações possessórias [670.º, *a*)], como resulta dos artigos 758.º e 759.º/3, que remetem para o penhor;
- a *exceptio* é puramente obrigacional; a *retentio* envolve a posse de uma coisa e um direito real de garantia, similar ao penhor, na retenção de móveis (758.º) e à hipoteca, no de imóveis (759.º/1 e 2).

[1033] Quanto ao direito de retenção: *Tratado* X, 821 ss..

[1034] A doutrina francesa fazia derivar quer a retenção, quer a resolução da regra subjacente à *exceptio* do cumprimento simultâneo da prestação e da contraprestação: Marcel Planiol, *Traité de Droit civil* cit., 2, n.º 2520 (796).

A sobreposição entre a exceção do contrato não-cumprido e o direito de retenção dá-se quando ocorra um sinalagma entre a entrega de uma coisa, que já pertença à contraparte e uma prestação simultânea ou subsequente, derivada de despesas ou de danos ocasionados por essa mesma coisa. Ao recusar a entrega da coisa, o beneficiário faz, em simultâneo, uso dos artigos 428.º e 754.º. Nos momentos subsequentes, ver-se-á se ele se fica pela *exceptio* ou se lança mão dos meios permitidos pela retenção.

III. A resolução traduz um modo de extinguir obrigações[1035]. Ela pode operar mediante o não-cumprimento de uma prestação, incluindo por impossibilidade superveniente, não imputável (795.º/1) ou imputável ao devedor (801.º/2). Ela pode ocorrer em face de situações suscetíveis de abrir as portas à exceção do contrato não-cumprido. Todavia: enquanto a resolução põe termo à obrigação, a *exceptio* deixa-a em suspenso, até que ocorra o cumprimento em falta.

IV. Também a compensação implica a extinção da obrigação (847.º), operando perante créditos contrapostos[1036]. Essa contraposição não tem, contudo, de ser sinalagmática: normalmente, nem o será, sob pena de implicar a cessação de obrigações mutuamente interessantes. A compensação exige, ainda, a homogeneidade das prestações contrapostas: requisito ausente da *exceptio*. Finalmente: a compensação deriva de um ato de vontade destinado a extinguir uma obrigação; pelo contrário, a exceção do contrato não-cumprido implica, tão-só, a suspensão do vínculo, até que o prestador em falta execute o que deve.

[1035] *Infra*, 901 ss..
[1036] *Infra*, 1027 ss..

CAPÍTULO IV

# A IMPOSSIBILIDADE

SECÇÃO I

## COORDENADAS GERAIS DA IMPOSSIBILIDADE

### § 28.º A IMPOSSIBILIDADE E A SUA EVOLUÇÃO

#### 128. **Ideia básica**

I. Em Direito, diz-se impossibilidade a situação na qual o devedor não possa, independentemente da sua vontade, realizar a prestação. Numa primeira abordagem, a obrigação cuja prestação seja impossível não pode consubstanciar-se ou subsistir. Com efeito, todo o edifício obrigacional é dirigido para modelar a conduta do devedor, de modo a orientá-lo para a execução da obrigação. E se ele voluntariamente não cumprir, jogam normas incentivadoras e, no limite, sancionadoras. "Obrigar" alguém a fazer o impossível parece tornar-se numa farsa[1037]: sendo impossível executar uma prestação, é óbvio que vai haver incumprimento. A adstrição ao impossível equivaleria, lógica e infalivelmente, a uma sujeição às consequências do inadimplemento. E assim sendo, mais correto se afigura: verificar se tal sujeição se justifica; sendo o caso, dizê-lo de imediato, em vez de agir pelo caminho enviesado da (pretensa) obrigação impossível, a desembocar na inexecução. Em definitivo: não poderia haver obrigações válidas e eficazes que postulassem uma prestação impossível[1038].

[1037] Nas palavras de Reinhard Zimmermann, *The Law of Obligations* cit., 687: *a kind of buffoonery*.

[1038] Já absolutizámos essa orientação (*Direito das obrigações* 1, 363 ss. e 2, 169 ss.): mais tarde, viemos a abandonar essa opção. De toda a maneira, o fundo lógico que

II. O Direito e as realidades práticas e sócio-culturais em que ele assenta mostram que a existência de obrigações "impossíveis" pode fazer sentido. Evidentemente: tudo depende do significado e do alcance da "impossibilidade". Com essa reserva, adiantamos:

- o eventual interesse prático em sujeitar o devedor a uma prestação impossível: apesar do aparente absurdo, essa pode ser uma fórmula de melhor explicitar as consequências do inevitável e subsequente não-cumprimento;
- a hipótese da impossibilidade atingir apenas parte da obrigação e, designadamente, tão-só a prestação principal;
- a situação de impossibilidades relativas, momentâneas, aparentes ou superáveis.

Em suma: desenha-se a necessidade de toda uma dogmática, capaz de lidar com estas realidades complexas. No limite, pode-se mesmo concluir pela extinção da obrigação, quiçá dobrada por uma ocorrência de não-cumprimento.

III. A impossibilidade conheceu, ao longo da História, diversos sortilégios. Além disso, ela deu azo a recentes revoluções jurídico-científicas, que tomaram corpo na *Schuldrechtsmodernisierung* ou reforma alemã do Direito das obrigações, em 2000. Deve ser tratada com cuidado.

IV. O Código Civil, anterior às mais recentes novidades mas sensível à doutrina do seu tempo, deu, à impossibilidade, um tratamento disperso. Assim:

(a) o negócio jurídico cujo objeto seja física ou legalmente impossível é nulo (280.°/1);
(b) a impossibilidade originária da prestação produz a nulidade do negócio jurídico (401.°/1), salvo determinadas situações (401.°/2) e só se considerando impossível a prestação que o seja relativamente ao objeto e não apenas à pessoa do devedor (401.°/3);

preside à inviabilidade de obrigações de conteúdo impossível é reconhecido; *vide* o clássico Ernst Rabel, *Die Unmöglichkeit der Leistung/Eine kristische Studie zum Bürgerlichen Gesetzbuch*, FS E. I. Bekker (1907), 171-237 (178) = *Gesammelte Aufsätze*, I – *Arbeiten zum Privatrecht (1907-1930)* I (1965), XXXIX + 494 pp., 1-55 (4).

(c) a obrigação extingue-se quando a prestação se torna impossível, por causa não imputável ao devedor (790.º/1);
(d) tornando-se impossível a prestação por causa imputável ao devedor, este é responsável como se faltasse culposamente ao cumprimento da obrigação (801.º/1).

Além destas regras básicas, encontramos ainda, em termos não exaustivos, outros preceitos atinentes a impossibilidades: 271.º (condições ilícitas ou impossíveis); 791.º (impossibilidade subjetiva); 792.º (impossibilidade temporária); 793.º (impossibilidade parcial); 794.º ("commodum" de representação); 795.º (contratos bilaterais); 802.º (impossibilidade parcial); 2230.º (condições impossíveis, no testamento).

IV. Hoje, entendemos que toda esta matéria merece uma análise integrada. Têm vindo a multiplicar-se, mesmo entre nós, estudos significativos sobre o tema[1039], que cabe ter em conta. Na presente 2.ª edição deste IX volume, vamos ensaiar um primeiro esforço nesse sentido.

## 129. **O Direito romano**

I. O Direito romano clássico já havia detetado e resolvido o problema da impossibilidade inicial. Nas *Institutiones* de Gaio, diz-se[1040]:

> Si id, quod dari stipulatur, tale sit, ut dari non possit, inutilis est stipulatio, velut si quis hominem liberum, quem servum esse credebat, aut mor-

[1039] Referimos: João Baptista Machado, *Pressupostos da resolução por incumprimento* (1979), em *Obra dispersa* 1 (1991), 125-193 (145 ss.); *idem*, *Risco contratual e mora do credor* (1985), em *Obra dispersa* cit., 1, 257-343; Maria de Lurdes Pereira, *Conceito de prestação e destino da contraprestação* (2001), 325 pp.; Nuno Manuel Pinto Oliveira, *Contributo para a "modernização" das disposições do Código Civil português sobre ab impossibilidade da prestação*, em *Estudos sobre o não cumprimento das obrigações* (2007), 7-32; José Carlos Brandão Proença, *Lições de cumprimento e de não cumprimento das obrigações* (2011), 163-361; Catarina Monteiro Pires, *Impossibilidade da prestação/ /Dissertação de doutoramento policopiada* (2014).

[1040] Gaio, *Institutiones*, 3, 97a = ed. Ulrich Manthe, 258-259; encontra-se um texto similar em Justiniano: I.3.19.1 = ed. Okko Behrends e outros cit., 172. *Vide*, para indicações, Hein L. W. Nelson/Ulrich Manthe, *Gai Institutiones III 88-181/Die Kontraktsobligationen/Text und Kommentar* (1999), XII + 605 pp., 123 ss..

tuum, quem vivum esse credebat, aut locum sacrum vel religiosum, quem putabat humani iure esse dari stipulatur. Item si quis rem, quae in rerum natura esse non potest, velut hippocentaurum, dari stipuletur, aeque inutilis est stipulatio[1041].

Os *digesta*, por seu turno, conservam, até hoje, dois fragmentos significativos e muito citados. Assim:

Segundo Paulo, *quod nullius esse potest, id ut alicuius fieret, nulla obligatio valet efficere* [nenhuma obrigação produz efeitos perante o que não possa ter dono ou pertença a outrem][1042];

diz Celso, *impossibilium nulla est obligatio* [a obrigação de impossíveis é nula][1043].

II. A *impossibilitas* romana tinha algumas características – que hoje se apresentariam como limitadoras – e que importa referenciar[1044]. Assim:

- ela é puramente objetiva, isto é, reporta-se à prestação em si (p. ex., a venda de uma coisa fora do comércio ou de um homem livre) e não à pessoa do devedor; o facto de este, por si, não poder prestar ou a prestação se lhe ter tornado mais difícil não o exonera[1045];

[1041] Em português:

> Se aquilo que foi estipulado dar for tal que não possa ser dado, a estipulação é inútil, assim como aquele que estipule entregar um homem livre pensando que é escravo, ou um morto que julgava vivo ou um local sacro ou religioso convencido de que é de Direito humano. O mesmo sucede se alguém estipula entregar algo que não pode existir na natureza das coisas, como um hipocentauro.

[1042] D. 50.17.182 = ed. Mommsen/Krueger, *Corpus iuris civilis* cit., 925/II = ed. Carl Ed. Otto e outros cit., 4, 1283-1284.

[1043] D. 50.17.185 = ed. Mommsen/Krueger cit., 1, 925/II = ed. Carl Ed. Otto e outros cit., 4, 1284. Quanto a Celso: Franz Wieacker, *Amoenitates Iuventianae/Zur Charakteristik des Juristen Celsus*, Iura 13 (1962), 1-21; Maria Bretone, *Note minime su Celsus filius*, Labeo 9 (1963), 331-345.

[1044] Max Kaser, *Das römische Privatrecht* cit., I, 2.ª ed., § 115, II (489-490), Frank Peters, *Zur dogmatischen Einordnung der anfänglichen, objektiven Unmöglichkweit beim Kauf*, FS Max Kaser 70. (1976), 285-307, fazendo o confronto com o Direito vigente; Reinhard Zimmermann, *The Law of Obligations* cit., 686 ss., ambos com indicações e Martin Josef Schermaier, no HKK/BGB cit., II/1, vor §§ 275, Nr. 16 (865-866).

[1045] Pompónio, D. 19.1.55 = ed. Okko Behrends e outros cit., 554; *vide* Dieter Medicus, *Zur Funktion der Leistungsunmöglichkeit im römischen Recht*, SZRom 86

– joga-se, tão-só, a impossibilidade inicial e não a hoje dita superveniente;
– não há generalizações: as fontes relatam a impossibilidade inicial da *stipulatio*; diz Gaio: *si id quod stipulamur tale sit, ut dari non possit, inutilis est stipulatio*[1046] [se aquilo que foi estipulado dar for tal que não possa ser dado, a estipulação é inútil]; além disso, elas apenas reportam a impossibilidade inicial da compra e venda; segundo Paulo: *in rerum natura ante venditionem esse desierit, nulla emptio est*[1047] [E se houver um consenso relativo ao objeto (de uma venda) e ele desaparecer antes da venda, a compra é nula];
– a invocação da impossibilidade apenas podia ocorrer nos quadros do processo por ações, próprio do Direito romano clássico[1048].

III. O Direito romano conhecia a hoje dita impossibilidade superveniente. Inevitavelmente: o desenvolvimento do comércio por toda a bacia mediterrânica, assente em inúmeros contratos cuja prática se prolongou por cerca de cinco séculos, por certo se deparou com situações de inviabilidade, no tocante ao desenvolvimento do plano contratual. Como resolver? Quanto sabemos, o problema era ultrapassado através da figura do *casus*: nas palavras de Ulpiano, *casus a nullo praestantur*[1049].

Cumpre ter presente que, em latim, o adjetivo *possibilis* e a sua negação (*impossibilis*) só foram introduzidos pelo retórico Quinteliano (35-95 d.C.). Visaram traduzir o grego δυνατός/ἀδύνατος [dynatos/adynatos], locuções derivadas do verbo δυναμόω [dynamou] que significava poder, ter forças para[1050]. Anteriormente, os jurisprudentes usavam pura e simplesmente o grego, particularmente nas regras sobre a condição impossí-

(1969), 67-104 (81 ss. e *passim*); outras situações de impossibilidade inicial relatadas nas fontes podem ser confrontadas em Reinhard Zimmermann, *The Law of Obligations* cit., 688.

1046 Gaio, *Institutiones*, 3, 97 = ed. Ulrich Manthe, 258-259. *Vide* Thorsten Arp, *Anfänglich Unmöglichkeit. Zum Verständnis von § 306 BGB* (1988), 242 pp., 66.

1047 Paulo, D. 18.1.15.pr. = ed. Okko Behrends e outros cit., III, 445; *vide* Thorsten Arp, *Anfänglich Unmöglichkeit* cit., 106 ss..

1048 Eric Wagner, *Studien zum Recht der Unmöglichkeit/eine Untersuchung* (2007), 273 pp., 32.

1049 Ulpiano, D. 50.17.23 = ed. Carl Ed. Otto cit., IV, 1266.

1050 Christian Wollschäger, *Die Entstehung der Unmöglichkeitslehre/Zur Dogmengeschichte des Rechts der Leistungsstörungen* (1970), VIII + 204 pp., 15. Recorde-se o português "dínamo" e "dinâmico".

vel: ἀδύνατος *condicio*[1051]. A formação do pensamento abstrato depende de suportes linguísticos adequados, dos quais, de resto, nem se distingue. O surgimento tardio da *impossibilitas* documenta o aparecimento, também tardio, da correspondente projeção jurídica.

IV. O *casus* justificava o não-cumprimento do contrato ainda que, por si, não liberasse o devedor: o risco acantonava-se na esfera da pessoa que, primeiro, o sofresse[1052]. Além disso, o caso manteve-se fragmentário, mesmo no período pós-clássico[1053]. Mais tarde, ele cederia o lugar à *impossibilitas*, conservando-se, todavia, ao longo da História[1054] e até à primeira codificação[1055], como um elemento justificador do não-cumprimento e, nessa medida: liberador da responsabilidade pelo incumprimento[1056].

## 130. O período intermédio

I. O chamado período intermédio veio assegurar a manutenção das categorias romanas, atualizando-as. Dele depende a configuração atual do instituto da impossibilidade.

Os glosadores não transcenderam as anotações ao *corpus iuris civilis*: conservaram referências dispersas à impossibilidade inicial. As que ocorriam no âmbito da promessa comportavam alguma generalização: mas não a suficiente para se elaborar um princípio geral. Nos meados do século XII, houve uma aproximação à *impossibilitas* na condição[1057].

[1051] Ernst Rabel, *Die Unmöglichkeit der Leistung* cit., 197 = *Gesammelte Aufsätze* cit., I, 21.

[1052] Max Kaser, *Das römische Privatrecht* cit., I, 2.ª ed., § 118, III, 5 (512), com indicações.

[1053] Max Kaser, *Das römische Privatrecht* cit., II, 2.ª ed., § 258, IV, 3 (353).

[1054] Horst Heinrich Jakobs, *Unmöglichkeit und Nichterfüllung* (1969), 274 pp., 119.

[1055] Antecipa-se o artigo 1148.° do Código Napoleão, abaixo analisado: *infra*, 309.

[1056] Martin Josef Schermaier, HKK/BGB cit., II/1, vor § 275, Nr. 31 (877).

[1057] Christian Wollschläger, *Die Entstehung der Unmöglichkeitslehre* cit., 18-20, com indicações.

II. Num outro plano, mas com inevitáveis reflexos no Direito, a ética do racionalismo pronunciava-se sobre a impossibilidade. Explicava S. Tomás, a propósito da incapacidade de consumar o casamento[1058]:

> *nullus potest se obligare ad impossibilem* [ninguém se pode obrigar a fazer o impossível].

Paralelamente, as decretais de Bonifácio VIII dispunham[1059]:

> *nemo potest ad impossibile obligari* [ninguém pode ser obrigado ao impossível].

Acolhida pelo Direito, a regra fica mais clara quando contraposta à simples *difficultas*. Para Bártolo[1060]:

> *Difficultas non impedit diem obligationis cedere et venire: secus si est impossibilitas* [a dificuldade não impede a vinda e a exigência atempada da obrigação, exceto se houver impossibilidade].

O *casus fortuitus* isentava o devedor de culpa[1061].

III. Sob o humanismo e a subsequente jurisprudência elegante, a matéria da impossibilidade retomou as suas ligações à natureza das coisas. Zasius (1461-1535) veio considerar que o que a natureza não permite, *fieri non concedit*[1062]. Donellus (1527-1591) preconiza o alargamento da regra da possibilidade aos diversos contratos[1063].

[1058] S. Tomás, *Commentarius posterior super libros Sententiarum Petri Lombardi*, dist. 34, q. 1, art. 2 = ed. Roberto Coggi, *Commento alle sentenze di Pietro Lombardi* 4 (2001), ed. latim/italiano, 530-531.

[1059] *Corpus iuris canoni*, *Sextus*, Lib. V, tit. XII, *regula* 6 = ed. Justus Henning Boehmer, ed. 1746 cit., 1038.

[1060] Bártolo, D. 45.1.137.4 = Bartolus a Saxoferrato, *In secundum ff. novi Partem*, ed. Veneza 1570, 58/I.

[1061] Agostinho Barbosa, *Casus* em *Repertorium iuris civilis et canonici* [ed. Lião, 1668], 46-47 (47/I); outras indicações em Helmut Coing, *Europäisches Privatrecht 1500 bis 1800*, I – *Älteres Gemeines Recht* (1985), § 85 I (435).

[1062] *Apud* Christian Wollschläger, *Die Entstehung der Unmöglichkeitlehre* cit., 24.

[1063] Donellus, *Commentarii de iure civile*, XII, 20, § 1 = ed. Antuérpia, 1642, 197.

IV. Para o jusracionalismo, a inviabilidade de, juridicamente, assumir o impossível surge como evidência. Grócio generaliza que ninguém se pode obrigar ao que nenhuma pessoa possa fazer ou que seja ilícito[1064]. Pufendorf reforça, considerando mesmo como uma banalidade[1065], que:

(...) *impossibilium nullam dari obligationem.*

Sublinhe-se que os diversos aforismos derivados de Celso vieram abarcar, também, a impossibilidade superveniente.

V. Curiosamente, a doutrina da jurisprudência elegante (Donellus) e do jusracionalismo (Pufendorf) não surge em Pothier. Este fica acantonado na força maior (*vis divina*), como meio de exculpar o devedor[1066]: uma orientação que faria regredir a doutrina da impossibilidade, com consequências no Código Napoleão.

[1064] Christian Wollschläger, *Die Entstehung der Unmöglichkeitslehre* cit., 77, onde podem ser verificadas as fontes.

[1065] Samuel Pufendorf, *De iure naturae et gentium libri octo*, Liber III, 7 § 2 (*promissa circa impossibilia sunt vana*) = *Gesammelte Werke*, ed. Wilhelm Schmidt-Biggemann, publ. Frank Böhling, 4.1 (1998), 287.

[1066] Joseph-Robert Pothier, *Traité des obligations*, 1.ª parte, cap. II, § 1.º, n.º 142 = *Oeuvres*, publ. Jean-Joseph Bugnet II (1848, reimp., 1993), 2, 67.

## § 29.º A IMPOSSIBILIDADE NO DIREITO COMPARADO

### 131. O sistema napoleónico

I. Assente no desenvolvimento românico do Direito comum, o Código Napoleão acolheu e sedimentou o que poderemos considerar como um esquema dualista da impossibilidade.

A propósito do objeto do contrato, o seu artigo 1128.º dispunha[1067]:

> Apenas as coisas que estão no comércio podem ser objeto de convenções.

A doutrina defendeu que o contrato deve ter um conteúdo possível, sob pena de nulidade[1068]. Hoje, essa regra é enunciada sem qualquer referência a preceitos legais[1069]. E o próprio artigo 1128.º desapareceu, com a reforma de 2016.

II. A propósito das "perdas e danos" resultantes da inexecução da obrigação, o artigo 1148.º, veio determinar:

> Não há lugar a quaisquer perdas e danos [*dommages et intérêts*], quando, em consequência de uma força maior ou de um caso fortuito, o devedor seja impedido de dar ou de fazer aquilo a que estava obrigado, ou tenha feito aquilo que lhe estava vedado.

[1067] J.-A. Rogron, *Code civil expliqué par ses motifs, par des exemples, et par la jurisprudence* (1845), 314-315.

[1068] Marcel Planiol/Georges Ripert/Paul Esmein, *Traité pratique de droit civil français* VIII (1954), n.º 1314 (726).

[1069] Jean Carbonnier, *Droit civil/Les obligations* cit., n.º 922 (1921) e n.º 970 (2012-2013); François Terré/Philippe Simler/Yves Lequette, *Droit civil/Les obligations* cit., 11.ª ed., n.º 299 (333).

A doutrina já tem distinguido[1070]: a força maior seria um evento exterior ao devedor (inundação, furacão, guerra ou motim), enquanto o caso fortuito seria um acontecimento interno (incêndio ou descarrilamento, todos como exemplos[1071]), embora a tendência vá no sentido da equivalência desses termos, tratados em conjunto[1072].

III. Resultava já da doutrina e da prática francesas que a impossibilidade inicial e o caso fortuito são figuras distintas: torna-se mesmo difícil qualquer aproximação.

Na conclusão do contrato, há mais latitude. Embora se requeira uma inviabilidade absoluta, não estão em cima da mesa exigências como a da irresistibilidade, da imprevisibilidade e da exterioridade. Já o caso fortuito ou de força maior, para ser liberatório – e, portanto, para poder contracenar com a *faute* – deve reunir essas características[1073]. A doutrina conhecia a ideia de "impossibilidade"[1074]. A reforma de 2016 versa a força maior no artigo 1218.º e a impossibilidade, no 1351.º.

## 132. O sistema alemão; a doutrina de Friedrich Mommsen e a sua projeção

I. As derivações casuísticas do Direito romano foram completadas, ao longo do período intermédio com considerações éticas e racionalistas, como vimos. Quedava, agora, dar-lhes uma feição dogmática, de modo a permitir a sua ordenação coerente dentro do edifício civil.

Savigny ocupa-se do tema a partir da promessa e da compra e venda[1075]: um tributo ao Direito romano. Mas antecipou claramente a generalização da figura. Procede à distinção básica entre a impossibilidade

1070 Marcel Planiol/Georges Ripert/Paul Esmein, *Traité pratique de droit civil français* VI (1952), n.º 382 (513), sublinham, antes, que "força maior" indica a natureza insuperável do obstáculo, enquanto "caso fortuito" acentua a sua natureza imprevista.

1071 François Terré/Philippe Simler/Yves Lequette, *Droit civil/Les obligations* cit., 11.ª ed., n.º 581 (626-627).

1072 Jean Carbonnier, *Droit civil/Les obligations* cit., n.º 1078 (2200-2201).

1073 Jean Carbonnier, ob. e loc. cit..

1074 Foi especialmente desenvolvida por René Demogue, *Traité des obligations en general* VI (1931), n.º 530-654 (565-720).

1075 Friedrich Carl von Savigny, *Das Obligationenrecht* cit., II, § 81, 288 ss. (291).

objetiva e subjetiva: a primeira relativa à própria prestação e a segunda à pessoa do devedor, particularmente à sua capacidade solvencial[1076].

II. Coube ao seu discípulo, Friedrich Mommsen (1818-1892), proceder à conexão entre os progressos do jusracionalismo e o pandectismo[1077], de modo a assegurar, à impossibilidade, um lugar condigno na evolução ulterior[1078].

Friedrich Mommsen começa por distinguir as diversas modalidades de impossibilidade: natural e jurídica, absoluta e relativa, subjetiva e objetiva e total e parcial[1079]. As impossibilidades inicial[1080] e superveniente[1081] são estudadas separadamente: a primeira daria lugar à nulidade do contrato, enquanto a segunda excluiria o dever de prestar[1082]. Mommsen considera que a impossibilidade subjetiva (portanto: atinente, apenas, à posição do devedor) não inviabiliza a obrigação: o devedor continuaria adstrito ao seu cumprimento[1083]. A impossibilidade passa a aplicar-se a qualquer obrigação de tipo contratual[1084].

Em síntese, podemos dizer que a doutrina de Mommsen representou três pontos decisivos:

- generalizou definitivamente a categoria da impossibilidade, tornando-a num instituto próprio do Direito das obrigações em geral;
- contrapôs as impossibilidades inicial e subsequente: a primeira geraria a nulidade do contrato; a segunda, a extinção do dever de prestar; digamos que atualizou o brocardo de Celso;
- divulgou as classificações básicas da impossibilidade.

[1076] Friedrich Carl von Savigny, *Das Obligationenrecht* cit., I, § 37 (381 ss.).

[1077] A afirmação é de Christian Wollschäger, *Die Entstehung der Unmöglichkeitslehre* cit., 165, 185 e *passim*; *vide* o nosso *Da boa fé*, 1000 ss..

[1078] Friedrich Mommsen, *Beiträge zum Obligationenrecht* 1 – *Die Unmöglichkeit der Leistung in ihrem Einfluss auf obligatorische Verhältnisse* (1853), XX + 420 pp..

[1079] *Idem*, 4-7.

[1080] *Idem*, 102 ss..

[1081] *Idem*, 228 ss..

[1082] *Idem*, 231.

[1083] *Idem*, 13-14, 65 e *passim*.

[1084] *Idem*, 105 ss..

III. Embora aplaudido como o grande construtor e divulgador da doutrina da impossibilidade, tal como passaria a Windscheid e ao BGB, Friedrich Mommsen limitou-se a retomar e a desenvolver construções que encontramos em Savigny[1085] e, antes dele, nos jusracionalistas, com relevo para Pufendorf[1086]. O mérito de Mommsen foi o de ter, pela incisividade do seu título e pela clareza da exposição assente (pelo menos na aparência) no Direito romano, elaborado a obra de referência que, subsequentemente, a doutrina usaria para desenvolver o tema.

IV. Windscheid expunha a matéria da impossibilidade em termos simples e sintéticos[1087]. Havia que distinguir a impossibilidade inicial da superveniente. Na inicial, subdistinguir a absoluta da relativa: a primeira impedia o surgimento do crédito; a segunda implicava que fosse devido o equivalente em dinheiro. Na impossibilidade superveniente, caberia contrapor, antes, a imputável ao devedor da não-imputável. Esta última seria liberatória, enquanto que a primeira obrigaria ao sucedâneo em dinheiro[1088].

Este sistema passaria *grosso modo* ao BGB[1089] e aos Direitos por este influenciados ainda que, ao longo de décadas, o tema tenha sido cinzelado numa literatura inabarcável.

## 133. A nova conceção de 2001/2002

I. A matéria da impossibilidade sofreu relevantes alterações na reforma alemã de 2001/2002. Pela sua importância científica, passamos a retomar os progressos então verificados.

O Direito alemão anterior a 2002 – aliás à semelhança do Direito português vigente – fruto de uma evolução histórica conturbada e na sequência

[1085] Assim: Friedrich Carl von Savigny, *Das Obligationenrecht* cit., I, § 37 (381 ss.), já citado.

[1086] *Supra*, 308.

[1087] Bernhard Windscheid/Theodor Kipp, *Lehrbuch des Pandektenrechts* cit., 9.ª ed., § 264 (II, 91-94).

[1088] *Vide*, ainda, Helmann, *Zur Lehre von der nachträglichen Ungültigkeit der Rechtsgeschäfte*, AcP 90 (1900), 363-439 e Wilhelm Biermann, *Zur Lehre von der Unmöglichkeit der Leistung im bürgerlichen Recht*, AcP 101 (1901), 73-102.

[1089] *Vide* Karl Larenz, *Lehrbuch des Schuldrechts* cit., 1, 14.ª ed., § 8 (97 ss.) e § 21.º (304 ss.). Importante foi, ainda, Ludwig Enneccerus/Heinrich Lehmann, *Recht der Schuldverhältnisse* cit., 15.ª ed., § 33 (140-144), usado por Vaz Serra.

da falta de uma doutrina geral das perturbações das prestações, consagrava um esquema fragmentário da impossibilidade.

No essencial, tínhamos:

- o contrato dirigido a uma prestação impossível era nulo – § 306 da lei velha[1090];
- a impossibilidade superveniente não imputável ao devedor era liberatória – § 275/I da lei velha[1091].

A reconstrução doutrinária desta matéria foi-se operando ao longo do século XX. Sintetizando[1092], podemos observar, em termos que são, de resto, aplicáveis ao Direito português vigente:

- quanto à imposibilidade inicial: ela apenas poderá impedir a prestação principal efetivamente atingida; ora a obrigação (e o contrato que a origine) não se limita, apenas, a ela; logo, não há que invalidar o contrato que preveja uma obrigação de prestação impossível: apenas esta ficará bloqueada;
- quanto à impossibilidade superveniente: a distinção entre o ser ela "imputável" ou "não-imputável" ao devedor só releva para efeito de consequências; o facto de ser "imputável" ao devedor nunca poderia ter a virtualidade de viabilizar a prestação: apenas conduziria a um dever de indemnizar[1093];
- quanto à contraposição, também tradicional, entre a impossibilidade objetiva e a subjetiva: teria mera projeção a nível de conse-

[1090] Correspondente ao artigo 280.º/1 do Código Civil, na parte em que refere a impossibilidade.

[1091] Correspondente ao artigo 790.º/1 do Código Civil.

[1092] Martin Schwab, *Das neue Schuldrecht im Überblick*, em Martin Schwab/ /Carl-Heinz Witt, *Einführung in das neue Schuldrecht*, 5.ª ed. (2002), 1-21 (4-5), Daniela Mattheus, *Die Neuordnung des allgemeinen Leistungsstörungsrechts*, *idem*, 67-122 (68 ss.) ou Emmerich, *Das Recht der Leistungsstörungen* cit., 6.ª ed., 18 ss.. Com mais desenvolvimento: Barbara Dauner-Lieb, *Das Leistungsstörungsrecht im Überblick*, em Dauner-Lieb/ /Heidel/Lepa/Ring, *Das neue Schuldrecht* (2002), 64-120 (101 ss.), Michael Schulz, *Leistungsstörungsrecht*, em Westermann, *Das Schuldrecht 2002* cit., 17-104 (20 ss.), Ehmann/ /Sutschet, *Modernisiertes Schuldrecht* (2002), 15 ss. e Florian Faust, *Der Ausschluss der Leistungspflicht nach § 275*, em Huber/Faust, *Schuldrechtsmodernisierung* (2002), 21-62 (23 ss.).

[1093] *Direito das obrigações*, 2, 171 ss..

quências, já que, numa hipótese como na outra, a prestação não poderia ser levada a cabo pelo devedor.

II. A matéria carecia de profunda reforma[1094] – e isso feita, naturalmente, a opção de fazer corresponder a lei civil fundamental às exigências da Ciência do Direito.

Num primeiro momento, a comissão de reforma ponderou a hipótese de suprimir a impossibilidade como conceito central do Direito da perturbação das prestações[1095]: uma ideia que persistiu, ainda, no projeto inicial do Governo[1096], mas que não singraria. A impossibilidade manteve-se; passou, todavia, a ser tomada pelas suas consequências. Assim, dispõe o § 275 (exclusão do dever de prestar) do BGB, lei nova[1097]:

> A pretensão à prestação é excluída sempre que esta seja impossível para o devedor ou para todos.

[1094] Konrad Zweigert/Hein Kötz, *Einführung in die Rechtsvergleichung* cit., 3.ª ed., § 36, II (48), em troço muito citado, consideram a regra do velho § 306 do BGB como jurídico-politicamente falhada e, como tal, de interpretar restritivamente.

[1095] Carl-Wilhelm Canaris, *Einführung* a *Schuldrechtsmodernisierung 2002* (2002), IX-LIII (XI); *vide* Ehmann/Sutschet, *Modernisiertes Schuldrecht* cit., 15 e Daniela Mattheus, *Die Neuordnung des Allgemeinen Leistungsstörungsrechts* cit., 77, onde podem ser confrontadas indicações sobre os "críticos" da inicial proposta da comissão.

[1096] *Diskussionsentwurf eines Schuldrechtsmodernisierungsgesetzes*, em Canaris, *Schuldrechtsmodernisierung 2002* cit., 3-347 (10-11); *vide*, aí, a esclarecedora justificação de motivos, a pp. 153 ss. (155), onde se lê: "A impossibilidade deve perder a sua posição central no Direito da perturbação das prestações. Como conceito superior que abranja todo o tipo de perturbação de prestações, deve ser introduzido o conceito de 'violação de dever' ". E continua a referida justificação de motivos: "Porém, é também necessário, no futuro, um limite para o dever de prestar primário do devedor. Esse limite será (...) regulado no § 275. (...) Esta [a relação obrigacional] deverá determinar os esforços que o devedor deve assumir para a concretização da prestação". Quanto ao proposto (e depois abandonado) § 275, epigrafado "limites do dever de prestar", eis a sua redação:

> Quando o débito não consista numa dívida pecuniária, pode o devedor recusar a prestação, quando e enquanto ele não possa efetivá-la com aqueles esforços aos quais, pelo conteúdo e pela natureza da obrigação, ele esteja adstrito.

Esta proposta, efetivamente forte e muito estimulante para as doutrinas jurídicas continentais, foi abandonada na versão consolidada do projeto, mercê das críticas a ela dirigidas; *vide* a *Konsolidierte Fassung des Diskussionsentwurfs eines Schuldrechtsmodernisierungsgesetzes*, em Canaris, *Schuldrechtsmodernisierung 2002* cit., 349-419 (357).

[1097] Como escrito de referência: Georg Casper, no *Staudingers Kommentar* cit. (2014), Vorbem zu §§ 275-278 (263-274) e § 275 (274-321), com indicações alargadas.

III. Na sua simplicidade, esta fórmula vem tratar, unitariamente[1098]:

- das impossibilidades objetiva e subjetiva;
- das impossibilidades de facto e de Direito;
- das impossibilidades inicial e superveniente.

Em qualquer caso, não cabe a pretensão à prestação – como, de resto, é lógico[1099]. Naturalmente: o credor tem – ou poderá ter – determinados direitos: o próprio § 275/4 remete, a tal propósito, para os §§ 280, 283 a 285, 311a e 326[1100]. No essencial[1101]:

§ 280 (Indemnização por violação de um dever)[1102]

(1) Quando o devedor viole um dever resultante de uma relação obrigacional, pode o credor exigir a indemnização do dano daí resultante. Tal não opera quando a violação do dever não seja imputável ao devedor.

(...)

§ 283 (Indemnização em vez da prestação no caso de exclusão do dever de prestar)[1103]

Quando, por força do § 275/1 a 3, o devedor não tenha de prestar, pode o credor exigir uma indemnização em vez da prestação, desde que operem os pressupostos do § 280/1.

(...)

[1098] Claus Wilhelm-Canaris, *Reform des Rechts der Leistungsstörungen*, JZ 2001, 499-524 (500), Schwab/Witt, *Einführung in das neue Schuldrecht* cit., 78. *Vide* Christian Grüneberg, no Palandt, 76.ª ed. (2017), § 275 (363 ss.) e Volker Emmerich, *Das Recht der Leistungsstörungen*, 5.ª ed. cit., 17, 18 e 33 ss.. Trata-se de uma opção claramente documentada na justificação de motivos do projeto do Governo, mais precisamente na *Begründung der Bundesregierung* a consultar comodamente em Canaris, *Schuldrechtsmodernisierung 2002* cit., 569-934 (658-659).

[1099] Manfred Löwisch/Georg Caspers, no *Staudingers Kommentar* cit. (2009), prenot. §§ 275-278, Nr. 14 (252).

[1100] Volker Emmerich, *Das Recht der Leistungsstörungen* cit., 6.ª ed., 32 ss..

[1101] Na hipótese de a impossibilidade ser imputável a ambos os intervenientes, cf. Urs Peter Gruber, *Schuldrechtsmodernisierung 2001/2002 – Die beiderseits zu vertrende Unmöglichkeit*, JuS 2002, 1066-1071.

[1102] Roland Schwarze, no *Staudingers Kommentar* cit. (2014), § 280 (450-603), com indicações.

[1103] Roland Schwarze, *idem*, § 283 (764-795).

O § 284 permite a indemnização por dispêndios vãos, enquanto o § 285 dá corpo, no quadro do § 275/1, ao *commodum representationis*[1104]. O § 311a merece tradução em língua portuguesa (todos estes §§ do BGB, segundo a lei nova)[1105]:

> § 311a (Impedimento da prestação aquando da conclusão do contrato)
>
> (1) Não impede a eficácia de um contrato o facto de o devedor não ter de prestar por força do § 275/1 a 3 e de o impedimento da prestação já existir aquando da conclusão do contrato,
>
> (2) O credor pode exigir, segundo escolha sua, indemnização em vez de prestação ou a indemnização dos seus dispêndios, no âmbito prescrito no § 284. Tal não se aplica quando o devedor não conhecesse o impedimento da prestação aquando da conclusão.

IV. Em bom rigor, podemos considerar que as soluções possibilitadas pela lei nova já advinham da lei velha, desde que interpretada, em termos criativos, com o auxílio de uma jurisprudência e de uma doutrina centenárias. Todavia, a dogmática agora viabilizada é mais perfeita: conquanto que dominada, ao gosto alemão, por uma teia de remissões.

De sublinhar que a impossibilidade prevista no § 275/1, lei nova, ou impossibilidade efetiva, opera *ipso iure*. Verificados os seus pressupostos, o devedor omite, legitimamente, a sua prestação. Algumas consequências, documentadas pela lei nova[1106]:

- § 326/1: o devedor impossibilitado perde o direito à contraprestação, operando determinadas regras na hipótese de impossibilidade parcial, com remissão para a compra e venda; este efeito atua *ipso iure*;
- § 326/5: o credor pode rescindir o contrato: é uma hipótese sua.

O devedor conservará o direito à contraprestação quando a impossibilidade seja causada pelo credor – § 326/2, lei nova.

[1104] Veja-se o artigo 794.º do Código Civil; *infra*, 368 ss..
[1105] Christian Grüneberg, no Palandt cit., 76.ª ed., § 311a (504-505).
[1106] Ehmann/Sutschet, *Modernisiertes Schuldrecht* cit., 16 ss..

## 134. **O alargamento da impossibilidade**

I. Tem o maior interesse dogmático e comparatístico assinalar que a reforma de 2001/2002 procedeu ao alargamento da ideia de impossibilidade. Os textos básicos resultam do § 275/2 e 3:

> (2) O devedor pode recusar a prestação sempre que esta requeira um esforço que esteja em grave desproporção perante o interesse do credor na prestação, sob a consideração do conteúdo da relação obrigacional e da regra da boa-fé. Na determinação dos esforços imputáveis ao devedor é também de ter em conta se o impedimento da prestação deve ser imputado a este último.
>
> (3) O devedor pode ainda recusar a prestação quando deva realizar pessoalmente a prestação e esta, ponderados os impedimentos do devedor perante o interesse do credor na prestação, não possa ser exigível.

II. O § 275/2 consigna a chamada impossibilidade prática ou fáctica[1107]. De notar que, desta feita, compete ao devedor decidir se lança mão dela: será uma exceção, em sentido técnico[1108].

Configura-se, aqui, uma situação na qual a prestação prevista ainda seria, em rigor, possível; todavia, nenhum credor razoável esperaria que ela tivesse lugar[1109]. O exemplo dado pela justificação governamental de motivos[1110], retirado de Heck[1111] é o do anel que ao devedor caberia entregar, mas que caiu no fundo arenoso de um lago. Seria possível drenar o lago e pesquisar adequadamente na areia, numa operação de milhões. Haveria, todavia e em face da boa-fé, um grave desequilíbrio, perante o interesse do credor.

Trata-se de uma cláusula geral, carecida de preenchimento.

[1107] Volker Emmerich, *Das Recht der Leistungsstörungen* cit., 6.ª ed., 34 ss.. Na *Begründung der Bundesregierung* cit., 661; *vide* Georg Casper, no *Staudingers Kommentar* cit. (2014), § 275, Nr. 92-107 (311-315).

[1108] *Vide* o *Diskussionsentwurf*, em Claus-Wilhelm Canaris, *Schuldrechtsmodernisierung 2002* cit., 156 e Canaris, *Die Reform des Rechts der Leistungsstörungen* cit., 501.

[1109] Schwab/Witt, *Einführung in das neue Schuldrecht* cit., 94.

[1110] *Begründung* cit., 661; *vide* Daniel Zimmer, *Das neue Recht der Leistungsstörungen*, NJW 2002, 1-12 (3/II).

[1111] Completando a referência oficial e mais precisamente: Philipp Heck, *Grundriss des Schuldrechts* (1929, 2.ª reimp., 1974), XVI + 492 pp., § 28, 8 (69).

III. A fórmula do § 275/2 pretendeu operar uma clivagem entre uma impossibilidade fáctica e a "mera" impossibilidade económica[1112], conhecida como limite do sacrifício e que apenas poderia ser integrada no instituto da alteração das circunstâncias, agora codificado no § 313 BGB. A pedra de toque residiria em que, na impossibilidade de facto do § 275/2, não estariam em causa as possibilidades do devedor, ao contrário do que sucederia no § 313: a impossibilidade determinar-se-ia mercê de um crasso desequilíbrio, inadmissível perante a boa-fé[1113]. As dificuldades de interpretação são patentes[1114]: a casuística será decisiva.

O alargamento da impossibilidade à "impossibilidade de facto", operada pelo BGB/2002, visa, no fundo, a depuração da alteração das circunstâncias. A impossibilidade deve ser tomada em sentido sócio-cultural: não físico ou naturalístico. Daí que, impossível, seja o que, como tal e na concreta relação existente com o credor, se apresente. O devedor comum não estará obrigado a drenar um lago para recuperar o anel; a empresa de drenagem contratada para o efeito está-lo-á, como é evidente.

IV. O segundo alargamento – o do § 275/3, acima traduzido – tem a ver com a inexigibilidade de obrigações altamente pessoais[1115] ou impossibilidade pessoal[1116]. O exemplo académico[1117], também retirado de Heck[1118], é o da cantora que recusa atuar no espetáculo para estar à cabeceira do filho, gravemente doente. A lei nova teve, no fundamental, em vista prestações laborais ou prestações de serviço, enquadrando situações que vinham sendo referenciadas como "impossibilidades morais"[1119]

[1112] Claus-Wilhelm Canaris, *Die Reform des Rechts der Leistungsstörungen* cit., 501/I.

[1113] Schwab/Witt, *Einführung* cit., 94 e 95; Georg Caspers, no *Staudingers Kommentar* cit., Nr. 104 (314).

[1114] Volker Emmerich, *Das Recht der Leistungsstörungen* cit., 6.ª ed., Nr. 80 (48).

[1115] *Idem*, 43 ss.. *Vide* Georg Caspers, no *Staudingers Kommentar* cit., § 275, Nr. 108-113 (315-317).

[1116] Lorenz/Riehm, *Lehrbuch zum neuen Schuldrecht* cit., 155 ss..

[1117] *Begründung der Bundesregierung* cit., 662.

[1118] Philipp Heck, *Grundriss des Schuldrechts* cit., 89.

[1119] Volker Emmerich cit., 43; curiosamente, a "impossibilidade moral" já havia sido introduzida, em vernáculo jurídico, por Paulo Cunha, ainda que com um alcance mais preciso; *vide* o nosso *A "impossibilidade moral": do tratamento igualitário no cumprimento das obrigações*, TJ 18 e 19 (1986) = *Estudos de Direito civil*, 1 (1991), 98-114.

e integrando questões como a da objeção de consciência. Mas foi mais longe: refere, em moldes amplos, a inexigibilidade.

V. Esta matéria era tratada, entre nós, a nível de responsabilidade civil e como causa de desculpabilidade. A sua inserção sistemática no próprio plano da (im)possibilidade da prestação permite, todavia, soluções mais simples e imediatas, particularmente no que toca à tutela do credor. Este poderá, desde logo, beneficiar dos direitos que a lei lhe confere, sem ter de aguardar por uma sempre insegura ação de responsabilidade civil. Idêntica vantagem atinge, de resto, o próprio devedor em causa.

O preenchimento da inexigibilidade – que integra o cerne da impossibilidade pessoal – terá de ser feito na base dos casuísmos próprios da concretização de conceitos indeterminados.

## 135. **As codificações tardias**

I. As codificações tardias acusam a natural influência do BGB e da doutrina a ele subjacente: valem os exemplos grego[1120] e italiano[1121], com particularidades próprias. A impossibilidade não-imputável é liberatória, enquanto a causada pelo devedor implica um inadimplemento.

O Código italiano insere a impossibilidade imputável ao devedor, com elegância, no preceito sobre o não-cumprimento. Segundo o seu artigo 1218.º[1122]:

> O devedor que não execute exatamente a prestação devida fica obrigado ao ressarcimento do dano, se não provar que o incumprimento ou a mora tenham sido determinados pela impossibilidade da prestação derivada de causa que lhe não seja imputável.

[1120] *Code Civil Hellénique*, trad. Pierre Mamopoulos cit., artigos 362.º a 364.º (58).

[1121] Giuseppe Osti, *Revisione critica della teoria sulla impossibilità della prestazione*, RDCiv 1918, 209-259, 313-360 e 417-471; *idem*, *Impossibilità sopravveniente*, NssDI VIII (1962), 287-300; Gino Segrè, *Sulla impossibilità della prestazione*, RDComm XVII (1919), 1, 760-776, em rec. a Giuseppe Osti; Gastone Cottino, *L'impossibilità sopravvenuta della prestazione e la responsabilità del debitore: problemi generali* (1955), XV + 425 pp.; Lodovico Barassi, *La teoria generale delle obbligazioni*, III – *L'attuazione* (1964), 259 ss..

[1122] Andrea Barenghi, em Pietro Rescigno, *Codice civile* I, 7.ª ed. (2008), 2138 ss..

II. A impossibilidade superveniente por causa não imputável ao devedor tem uma secção própria (1256.° a 1259.°), inserida no capítulo sobre os modos de extinção das obrigações diversos do cumprimento: lado a lado com a novação, a remissão, a compensação e a confusão[1123]. No fundo, leva até ao fim a lógica mommseniana, num ponto que a doutrina mais recente tende a rever, sob pressão do pensamento alemão, subsequente à modernização de 2001.

## 136. *Common Law* e Direito europeu

I. A doutrina anglo-saxónica relativa à impossibilidade tem constituído um tema de estudo tradicional, desde o princípio do século XX[1124]. Como pano de fundo, a impossibilidade superveniente não opera como causa de extinção das obrigações.

II. Cumpre referir a opção feita, neste domínio, pela *Common Law* e que tem merecido atenção especial à doutrina alemã[1125].

A não-recetividade à impossibilidade superveniente das obrigações, como causa de exoneração das partes, é feita remontar à decisão do *King's Bench*, de 26-mar.-1647: Paradine v. Jane. Eis o caso: Paradine demandou Jane por não pagamento da renda relativa a uma exploração agrícola, dada em locação. Jane defende-se alegando que a terra, no âmbito da guerra civil, fora ocupada pelo Príncipe Rupert, da Alemanha, sendo totalmente inaproveitável. O Tribunal recusou o pedido[1126]. Explica:

> (W)here the law creates a duty, and the party is disabled to perform it without any default in him, and hath no remedy over, there the law will excuse him. As in the case of waste, if a house be destroyed by tempest, or

[1123] Francesco Caringella/Giuseppe de Marzo, *Manuale di diritto civile*/II – *Le obbligazioni* (2007), 371-383.

[1124] Assim, Georg Speckbrock, *Einige Fragen aus der Unmöglichkeitslehre* (1915), III + 49 pp. e Hans Rhode, *Beiträge zur Unmöglichkeitslehre/Unter besonderer Berücksichtigung des Prinzips, nach welchem die Haftung für Unmöglichkeit der Leistung abgestuft ist* (1930), 45 pp., 7 ss., 24 ss., 30 ss. e *passim*.

[1125] Assim: Fritz Reu, *Die Unmöglichkeit der Leistung im anglo-amerikanischen Recht: eine rechtsvergleichende Studie* (1935), X + 116 pp.; Joachim Christian Becker, *Die Unmöglichkeitslehre im Us-Amerikanischen Vertragsrecht* (1972), XXXIII + 111 pp..

[1126] King's Bench, 26-mar.-1647 (Paradine v. Jane), confrontável em vários sítios, na *Net*.

> by enemies, the lessee is excused. (...) when the party by his own contract creates a duty or charge upon himself, he is bound to make it good, if he may, notwithstanding any accident by inevitable necessity, because he might have provided against it by his contract.

III. A orientação foi atenuada pelo *King's Bench*, 6-mai.-1863, no caso Taylor v. Caldwell. Fora dado, em arrendamento, um recinto para espetáculos, estando previstas diversas manifestações. O pavilhão ardeu totalmente, por razões indeterminadas. Entendeu-se haver uma reserva implícita, pela qual o negócio dependia da subsistência do pavilhão[1127].

Nos Estados Unidos, cumpre referir o *Superior Court of Delaware*, 8-jan.-1960, no caso Wills v. Schockley: o demandado, George E. Schockley, obrigou-se a providenciar a deslocação de um navio de Benjamin B. Wills, avariado, para uma doca, em Baltimore. Por circunstâncias exteriores, o navio afundou-se, em águas profundas. O contrato não continha cláusulas exculpatórias, pelo que a ação procedeu[1128]. Atualmente, o Direito anglo-saxónico permite diferenciações. De todo o modo, cabe às partes, em contratos cuidadosos, prever as hipóteses de impossibilidade exoneratória.

IV. Inserimos, aqui, uma referência ao denominado Direito europeu, apesar de, neste como noutros pontos, ele não depender da *Common Law* que, todavia, nele deixa marcas.

O DCFR dispõe, expressamente, que a impossibilidade inicial não é, só por si, causa de invalidade do contrato. Retemos o seu ponto II. – 7:102 (Initial impossibility or lack of right or authority to dispose)[1129]:

> A contract is not invalid, in whole or in part, merely because at the time it is concluded performance of any obligation assumed is impossible, or because a party has no right or authority to dispose of any assets to which the contract relates.

Quanto à impossibilidade superveniente: ela é indiretamente atendível, por via do ponto III. – 3:101/1[1130]:

[1127] King's Bench, 6-mai.-1863 (Taylor v. Caldwell), confrontável em vários sítios, na *Net*.

[1128] *Superior Court of Delaware*, 8-jan.-1960 (Wills v. Schockley), confrontável, em texto completo, na *Net*.

[1129] Christian von Bar e outros (ed.), *Draft Common Frame of Reference* cit., 209.

[1130] *Idem*, 238.

> If an obligation is not performed by the debtor and the non-performance is not excused, the creditor may resort to any of the remedies set out in this Chapter.

Note-se que o ponto III. – 1:100[1131] admite, em certos termos, o relevo jurídico da alteração das circunstâncias[1132].

[1131] *Idem*, 232.
[1132] *Infra*, 627-628.

## § 30.º A IMPOSSIBILIDADE NO SISTEMA LUSÓFONO

### 137. As Ordenações

I. As Ordenações Afonsinas (meados do século XV) continham algumas regras sobre a distribuição do risco. Pressupunham, por essa via, uma ideia de impossibilidade e das suas consequências. Assim, o título XXXXVI do Livro IV, intitulado *Da cousa vendida, que se perdeo per algum caso, ante que fosse entregue ao comprador* dispunha, entre outras normas[1133]:

> 2. E se pendendo a condiçom perecesse a cousa vendida de todo, e despois fosse a condiçom comprida, a perda e pericimento da cousa perteenceria de todo ao vendedor; (...)
>
> 3. E se pendendo a condiçom a cousa vendida fosse peiorada, ou dagnificada em alguã parte, e depois fosse a condiçom comprida, todo o dagnificamento e peioria perteenceria ao comprador: (...)

II. As Ordenações Filipinas (início do século XVII) referiam o caso fortuito a propósito do *contracto de emprestimo, que se chama commodato*, no título LIII do Livro IV. Retemos[1134]:

> 3. Porém, se a cousa perecesse por caso fortuito, não será obrigado o commodatario a pagar o dano, salvo quando no dito caso fortuito interviesse culpa sua; assi como, se pedisse hum cavallo emprestado para ir a huma certa romaria, e fosse á guerra, ou saisse aos touros, aonde lhe matassem o dito cavallo, ou se foi em mora de tornar a cousa emprestada a seu tempo, ou

[1133] *Ord. Af.*, Liv. IV, tít. XXXXV, §§ 2 e 3 = ed. Gulbenkian, 172-173; conservamos o português da época, exceto quanto ao "f" que convertemos em "s", para facilitar a leitura.
[1134] *Ord. Fil.*, Liv. IV, tít. LIII, §§ 3 e 4 = ed. Gulbenkian, 847/II.

entre as partes foi acordado, que o que recebeu a cousa emprestada, ficasse obrigado aos casos fortuitos.

4. E os casos fortuitos então escusarão ao que recebeu a cousa emprestada, quando elle direitamente usou della. Porém, se hum emprestasse a outro huma baixella de prata para agazalhar alguns hospedes em sua casa, e elle a levasse pelo mar, onde os Cossarios lha tomassem, ou se perdeu em naufragio, ou de qualquer outra maneira, ficará obrigado a pagal-a, pois por sua culpa succedeu o tal caso.

## 138. A pré-codificação

I. Os escritos em uso na pré-codificação referiam a (atual) impossibilidade a propósito da compra e venda[1135]. Todavia, encontramos em Correia Teles, na base dos elementos existentes, um tratamento generalizado do caso fortuito. Assim[1136]:

211. Caso fortuito é o acontecimento que não podia ser previsto ou ainda que o fosse, não se lhe poderia resistir.

212. Em regra ninguem é responsavel por casos fortuitos.

213. Exceptuam-se os casos: 1.º Em que alguem se obrigou a responder por elles; 2.º Se a móra ou culpa do devedor os motivou; 3.º Se a Lei obriga a responder por elles.

II. Por seu turno, Coelho da Rocha fixa a noção de *acaso*. Explica[1137]:

Diz-se acaso todo o acontecimento, que o homem não póde prever, nem desviar naturalmente. Em regra o acaso reputa-se uma desgraça, e ninguem é obrigado a indemnizar a perda que d'elle proveio, excepto: *a*) se o tomou expressamente sobre si; *b*) ou se foi precedido de culpa, ou móra.

[1135] Heineccius, na ed. de Petrus Waldeck, *Institutiones juris civilis* (reimp., Coimbra, 1887), § 661 (309).

[1136] J. H. Correia Teles, *Digesto Portuguez* cit., 3.ª ed. (1845), 1, 31.

[1137] M. A. Coelho da Rocha, *Instituições de Direito Civil portuguez* cit., 2.ª ed. (1846), § 124 (1, 73-74).

III. O Código Comercial de Ferreira Borges (1833) previa, de resto, o carácter exoneratório da (atual) impossibilidade superveniente. Segundo o seu artigo 932.º[1138]:

> Não tem logar indemnização alguma de perdas e damnos, quando, em consequencia de caso fortuito ou força maior, o devedor foi impedido de fazer ou dar o que era obrigado, ou fez o que lhe era defeso.

IV. Não houve que aguardar pela divulgação de Mommsen e da doutrina pandectística, para se alcançar uma ideia geral de impossibilidade, ainda que esse termo só fosse divulgado com Seabra. Aliás, tal capacidade generalizadora ocorre já com Mackeldey[1139], fonte inspiradora, em termos sistemáticos, de Coelho da Rocha[1140].

## 139. **O Código de Seabra**

I. O Código de Seabra consagrou um capítulo inteiro ao objeto dos contratos: três artigos, dos quais dois relativos à possibilidade. Vamos recordá-los[1141]:

> Art. 669.º É nullo o contracto, cujo objecto não seja physica e legalmente possível.
>
> Art. 670.º Nos contractos só se considera, como physicamente impossível, o que o é absolutamente em relação ao objecto do contracto, mas não em relação á pessoa que se obriga.

Estamos perante uma regra atinente à celebração dos contratos.

[1138] *Codigo Commercial Portuguez*, ed. Coimbra 1856, 173.

[1139] Ferdinand Mackeldey, *Manuel de Droit romain*, trad. J. Beving, 3.ª ed. (1846), § 535 (250).

[1140] *Vide* o nosso *Teoria geral do Direito civil/Relatório*, sep. RFDUL (1987), 293 pp., 110 ss..

[1141] José Dias Ferreira, *Codigo Civil annotado* cit., II, 1.ª ed., 174 e II, 2.ª ed., 17. O artigo 643.º do Código de Seabra firmava logo o seguinte:

> Para o contracto ser valido devem dar-se n'elle as seguintes condições:
> 1.º Capacidade dos contrahentes;
> 2.º Mutuo consenso;
> 3.º Objecto possível.

II. A impossibilidade superveniente era simplesmente apresentada, sem essa designação, como uma figura exoneratória de responsabilidade. Assim, segundo o artigo 705.º do Código de Seabra[1142]:

> O contrahente, que falta ao cumprimento do contracto, torna-se responsavel pelos prejuizos que causa ao outro contrahente, salvo tendo sido impedido por facto do mesmo contrahente, por força maior, ou por caso fortuito, para o qual de nenhum modo haja contribuido.

Meditando sobre este preceito, Guilherme Moreira considera que o "conceito de inevitabilidade" capaz de exonerar o devedor de responsabilidade é "relativo": há caso fortuito quando não haja culpa[1143]. Esta, por seu turno, depende do grau de diligência que, no caso considerado, devia ser empregue. Quanto ao risco: explica Guilherme Moreira que o efeito do caso fortuito consiste em extinguir ou modificar a obrigação sem que, daí, resultem consequências prejudiciais para o devedor[1144]. Posto o que:

- nas obrigações unilaterais (p. ex., a doação), o risco corre pelo credor: *casum sentit dominus* ou *res perit domino*;
- nos contratos bilaterais, quando de prestação de coisas, manter-se-ia o mesmo regime, sofrendo o adquirente, salvo o *commodum* de representação; nas de prestação de facto, ambas as partes ficariam exoneradas, ainda que com a ressalva do artigo 1395.º[1145].

Temos, deste modo, diferenças de fundo entre a impossibilidade inicial e a superveniente.

A doutrina da época aprofundou o preceito. Cunha Gonçalves entendia o "caso fortuito" como um facto imprevisto e irresistível e "força maior" enquanto acontecimento que podia ser previsto mas não dominado, dentro das forças do devedor[1146].

[1142] José Dias Ferreira, *Codigo Civil annotado* cit., II, 1.ª ed., 215 e II, 2.ª ed., 44.
[1143] Guilherme Moreira, *Instituições de Direito civil* cit., 2, n.º 38 (126).
[1144] Guilherme Moreira, *Instituições de Direito civil* cit., 2, 127.
[1145] Guilherme Moreira, *Instituições de Direito civil* cit., 2, 130-132.
[1146] Luiz da Cunha Gonçalves, *Tratado* cit., 4, n.º 563 (527).

## 140. Os preparatórios do Código Civil de 1966

I. O tema da impossibilidade obteve, de Vaz Serra, dois largos estudos preparatórios dedicados, respetivamente, à impossibilidade superveniente por causa não imputável ao devedor e ao desaparecimento do interesse do credor[1147] e à impossibilidade superveniente e cumprimento imperfeito imputáveis ao devedor[1148]. De novo a doutrina lusófona ficou a dever, a este Professor, o mais extenso escrito dedicado, à época, ao tema. Vaz Serra considerou os diversos meandros da impossibilidade superveniente: o tema da impossibilidade inicial foi deixado para a Parte geral do Código, com a delimitação depois introduzida no artigo 401.º[1149].

II. No estudo sobre a impossibilidade não-imputável ao devedor, Vaz Serra apoiou-se, fundamentalmente, na exposição de Enneccerus/Lehmann, ainda que tendo o cuidado de referir a doutrina existente no âmbito de Seabra. Isso levou-o a distinguir a impossibilidade objetiva (1.º) da subjetiva (2.º), considerando ainda a dificuldade excessiva, remetendo-a para a alteração das circunstâncias (3.º). A vontade real, presumível ou típica das partes era valorizada (4.º), considerando-se nesse domínio, o tema da colisão de deveres (5.º). A impossibilidade temporária podia ser exonerante quando o devedor já não pudesse ser havido como obrigado ou o credor já não tivesse interesse no cumprimento (6.º). A perda de coisa determinada (7.º) e a impossibilidade num prazo fixo (8.º) eram exonerantes. Em qualquer caso, a possibilidade ulterior em virtude de facto extraordinário não fazia renascer a prestação (9.º). A impossibilidade parcial exonerava, nessa parte, o devedor (10.º). O *commodum* da representação (hipótese de o devedor, em virtude da impossibilidade, obter um direito substitutivo) caberia ao credor (11.º). Na tradição de Mommsen, em contrato "bilateral", a impossibilidade não imputável ao devedor exonera a contraparte da sua prestação (12.º). Os riscos nos contratos de constituição ou de transferência de direitos reais obtinha um longo preceito (13.º, com 14 números). Várias hipóteses de impossibili-

[1147] Adriano Vaz Serra, *Impossibilidade superveniente por causa não-imputável ao devedor e desaparecimento do interesse do credor*, BMJ 46 (1955), 5-152.

[1148] Adriano Vaz Serra, *Impossibilidade superveniente e cumprimento imperfeito imputáveis ao devedor*, BMJ 47 (1955), 5-317.

[1149] Trata-se de um preceito derivado do estudo preparatório de Adriano Vaz Serra, *Objecto da obrigação/A prestação – suas espécies e requisitos*, BMJ 74 (1958), 15-283 (80 ss.) e, quanto ao articulado, o artigo 4.º (*idem*, ob. cit., 263-264). Há uma certa sobreposição entre os artigos 280.º/1 (na parte em que refere a impossibilidade inicial) e o 401.º/1. Este último, todavia, permitiu introduzir as delimitações dos seus números 2 e 3.

dades parciais obtinham consagração expressa (14.º e 15.º). A imperfeição não imputável ao devedor (16.º) e o contrato com mais de duas partes (17.º) eram versados[1150].

Um tratamento subsequente era dado à supressão do interesse do credor. Nesta base: uma vez que a obrigação supõe, conceitualmente, um interesse digno de proteção legal, o desaparecimento deste conduziria à sua extinção: um tema muito tratado pelos doutrinadores alemães que Vaz Serra segue com base em Enneccerus/Lehmann, propondo um texto consequente[1151].

III. Investigação separada mereceu, como adiantámos, o tema da impossibilidade superveniente e do cumprimento imperfeito imputáveis ao devedor. As fontes usadas foram similares às do estudo sobre a impossibilidade não-imputável: quiçá com mais alguma insistência em von Tuhr e, daí, no Direito suíço, muito paralelo ao alemão. O ponto de partida é constituído pela assimilação da impossibilidade definitiva superveniente por causa imputável ao devedor à constituição de uma obrigação de indemnização: seja ela objetiva ou subjetiva (1.º). O credor pode exigir o *commodum* da representação (2.º). Os contratos bilaterais eram objeto de tratamento circunstanciado (3.º e 4.º), o mesmo sucedendo com a impossibilidade parcial (5.º, 6.º, 7.º e 8.º). Outros pontos, entre os quais o cumprimento imperfeito (9.º), obtinham preceitos explícitos[1152].

IV. No articulado geral, Vaz Serra fez uma referência expressa à impossibilidade originária e objetiva da prestação (7.º)[1153]: um preceito que está na origem do atual 401.º. No título relativo ao não-cumprimento das obrigações surgiam as impossibilidades não-imputável (59.º a 72.º) e imputável (73.º a 76.º) ao devedor[1154], já com alguma simplificação.

A primeira revisão ministerial deu alguma condensação aos preceitos de Vaz Serra, alinhando-os em subsecções consecutivas inseridas na secção sobre o não-cumprimento (777.º a 796.º), incluindo todavia, na mesma subsecção, os temas da impossibilidade superveniente imputável ao devedor

[1150] Adriano Vaz Serra, *Impossibilidade superveniente por causa não-imputável ao devedor* cit., 121-134.

[1151] *Idem*, 134-142.

[1152] Adriano Vaz Serra, *Impossibilidade superveniente e cumprimento imperfeito imputáveis ao devedor* cit., 91-97.

[1153] Adriano Vaz Serra, *Direito das obrigações/Anteprojecto* cit., 8.

[1154] *Idem*, 44-55.

e da mora do devedor[1155]. A feição final ocorreu na 2.ª revisão[1156], com remate no projeto final[1157].

V. Como consequência dos preparatórios, com relevo para a capacidade de pesquisa e de exposição de Vaz Serra, o Código Civil de 1966 ficou dotado de um esquema de tipo romano-germânico, circunstanciado e analítico, de acordo com o modelo anterior à *Schuldrechtsmodernisierung* de 2000/2001. A contraposição entre as impossibilidades não-imputável e imputável ao devedor ficou, quiçá, demasiado vincada, mercê da dualidade dos estudos preparatórios. O artigo 401.º surge, por seu turno, algo desgarrado entre o artigo 280.º/1 e o dispositivo atinente às impossibilidades: 790.º a 797.º e 801.º a 803.º. Os cortes nas revisões ministeriais levaram à situação estranha de a lei prever o incumprimento e a impossibilidade imputável ao devedor, mas não o cumprimento imperfeito.

## 141. **Os códigos brasileiros**

I. No Código Civil brasileiro de 1916, a impossibilidade superveniente vinha implicitamente tratada a propósito do não-cumprimento. Segundo o seu artigo 1058.º[1158]:

> O devedor não responde pelos prejuízos resultantes de caso fortuito ou de força maior, se expressamente não se houver por elles responsabilizado, excepto nos casos dos artigos 955.º, 956.º e 957.º.
>
> Paragrapho unico. O caso fortuito, ou de força maior, verifica-se no facto necessario, cujos effeitos não era possível evitar, ou impedir.

II. A regra passou ao artigo 393.º do Código de 2002[1159]. O legislador brasileiro, com muita sabedoria, evitou alterar textos já experimentados ao longo de quase um século. A doutrina não tem dúvidas em apurar, aqui, a figura da impossibilidade.

[1155] *Código Civil/Livro II – Direito das obrigações*, BMJ 119 (1962), 196-203.

[1156] Jacinto Rodrigues Bastos, *Das obrigações em geral* VI (1973), 20-54 e 67-77.

[1157] *Projecto de Código Civil* (1966), 231.

[1158] Paulo Merêa, *Codigo civil brasileiro anotado* cit., 344-349.

[1159] José Miguel Garcia Medina/Fábio Caldas de Araújo, *Código Civil Comentado* cit., 368.

SECÇÃO I

# O REGIME DA IMPOSSIBILIDADE

## § 31.º DOGMÁTICA BÁSICA DA IMPOSSIBILIDADE

### 142. Impossibilidades inicial e superveniente

I. A contraposição básica no domínio da dogmática da impossibilidade, fortalecida e divulgada por Friedrich Mommsen, contrapõe a inicial à superveniente. Como foi visto, ela tem sólidas raízes históricas: a inicial era já apontada por Gaio (século II) como provocando a nulidade, enquanto a segunda era remetida para o *casus*[1160]. E ao longo da evolução subsequente, ambas as "impossibilidades" foram mantidas em separado, até à aproximação, primeiro linguística e, depois, dogmática, levada a cabo pelo pandectismo.

II. O Código Civil acolheu essa tradição. Usa o termo impossibilidade para ambas as realidades, mas dá-lhes diversas posições sistemáticas. Assim[1161]:

- a impossibilidade inicial consubstancia-se no momento da conclusão do negócio jurídico: dá azo à sua nulidade (280.º/1 e 401.º/1);
- a impossibilidade superveniente manifesta-se na vigência de uma relação obrigacional; extingue a obrigação quando a prestação se torne impossível por causa não imputável ao devedor (790.º/1) ou é equiparada ao não-cumprimento culposo, quando imputável ao próprio devedor (801.º/1).

[1160] *Supra*, 303 ss. e 305 ss., respetivamente.

[1161] *Vide*: STJ 11-out.-2001 (Miranda Gusmão), CJ/Supremo IX (2001) 3, 81-87 (85/II); STJ 3-nov.-2009 (Moreira Alves), Proc. 9647/03.

Recordamos que, segundo o antigo § 306 do BGB, a impossibilidade inicial conduzia à nulidade, enquanto o também antigo § 275 do mesmo BGB previa a extinção da obrigação por impossibilidade superveniente. Após a *Schuldrechtsmodernisierung* de 2001, o novo § 311a veio consagrar a solução oposta: a impossibilidade inicial não obsta à eficácia do contrato[1162]. Por seu turno, o novo § 275, sem quaisquer distinções, exclui a prestação, quando ela se torne impossível para o devedor ou para cada uma das outras pessoas[1163].

III. Na transposição possível da doutrina alemã – correspondente, *grosso modo*, à europeia[1164] – devemos ponderar se as realidades axiológicas lusófonas são compagináveis com essa receção. Neste como noutros pontos, é fundamental o conhecimento das doutrinas de ponta: mas sem servilismos e sem esquecer a realidade sócio-cultural a que ela se aplique.

Se bem atentarmos no artigo 280.º/1 do Código Civil, não há, nele, nada de axiologicamente indiferente. A lei diz, de modo enfático, que não quer negócios cujo objeto seja física ou legalmente impossível, contrário à lei ou indeterminável. Considera essas ocorrências como valores negativos e reforça a mensagem nos artigos 294.º (nulidade dos negócios celebrados contra disposição legal imperativa) e 401.º/1 (a impossibilidade originária produz a nulidade do negócio jurídico).

Inferimos, daqui, que a impossibilidade originária não é meramente neutra, limitando-se o legislador a constatar algo que já resultaria da natureza das coisas. A lei não quer mesmo negócios física ou legalmente impossíveis. Esta proibição liga-se ao princípio geral da irrenunciabilidade antecipada aos direitos[1165], patente nos artigos 809.º (é nula a renúncia antecipada aos direitos), 942.º/1 (doação não pode abranger bens futuros) e 994.º (proibição de pactos leoninos)[1166]. Se bem pensarmos: admitir a

1162 Astrid Stadler, no *Jauernigs Kommentar* cit., 15.ª ed., § 311a (404 ss.); quanto às bases da alteração, Jan Dirk Harke, no HKK/BGB cit., II/2, § 311a, Nr. 9-10 (1567-1568).

1163 Astrid Stadler, *Jauernigs Kommentar* cit., 15.ª ed., § 275 (279 ss.); na evolução, recordamos o incontornável Martin Josef Schermaier, HKK/BGB cit., II/1, § 275 (941-1027).

1164 *Supra*, 321-322.

1165 *Tratado* VI, 2.ª ed., 69 ss..

1166 Esse vetor explica, ainda, os artigos 448.º/1 (revogabilidade da promessa a favor de terceiro, enquanto este não aderir), 457.º (a promessa unilateral só obriga nos casos previstos na lei), 812.º/1 (redução da cláusula penal manifestamente excessiva), 863.º/1 (natureza contratual da remissão), 947.º/2 (doação de móveis não seguida de

validade de um negócio física ou legalmente impossível equivale a permitir que o devedor embarque numa aventura de final imprevisível. Sendo o conteúdo impossível, haverá outras consequências. Quais? De antemão, ninguém saberá responder: muito menos o devedor, que se irá vincular no escuro. Poderemos admitir essa hipótese para a realidade sócio-cultural norte-europeia, onde as pessoas são (mais) frias e ponderadas e onde, desde as escolas, há uma cultura de cuidado e de informação. Mas não nos países do Sul, onde domina a emoção, o êxito fácil e um otimismo tantas vezes infundado e onde, além disso, há menos coesão na defesa dos cidadãos.

Entendemos, hoje, que a regra da nulidade dos negócios inicialmente impossíveis é social e culturalmente útil, justificando-se, neste como noutros pontos, uma solução diversa da alemã e salvo o que abaixo se dirá quanto aos limites da apontada nulidade. Com efeito, a reforma alemã das obrigações suprimiu, tendencialmente, as diferenças entre as impossibilidades inicial e superveniente[1167]: uma solução a seguir com cuidado, mas que, pelas razões indicadas, não transpomos para o nosso sistema jurídico[1168].

IV. Quanto à impossibilidade superveniente, a situação é diversa. Desde logo, não acolhemos a ideia de que a fronteira entre a impossibilidade original e a superveniente dependa de um mero fator cronológico, difícil de determinar e, quiçá, aleatório[1169]. Não se trata de um fenómeno meramente cronológico: antes de um dado ontológico irresistível. No momento em que alguém se vincula, não pode haver um juízo (necessariamente humano) de que deverá fazer o impossível. Quanto à prova, valem as regras do respetivo ónus: quem se quiser prevalecer seja do que for, deve prová-lo. No resto: adotar uma conduta impossível é visceralmente diferente de optar por uma possível mas que, por superveniências não imputáveis, venha a ser impossibilitada. O Direito veda a primeira hipótese, mas deve aceitar a segunda, regulando-a. A eventualidade de alguém, com

tradição exige a forma escrita), 669.º/1, 1129.º, 1142.º e 1144.º e 1185.º (natureza real *quoad constitutionem* dos contratos de penhor, de comodato, de mútuo e de depósito) e 1245.º (jogo e aposta são fontes de meras obrigações naturais). Outros preceitos depõem na mesma linha.

1167 Georg Caspers, no *Staudingers Kommentar* cit., Vorbem zu §§ 275-278, Nr. 5 (269) e § 275, Nr. 6 (281).

1168 *Supra*, 331.

1169 *Contra* Nuno Manuel Pinto Oliveira, *Contributo para a "modernização" das disposições do Código Civil português sobre a impossibilidade da prestação* cit., 22.

consciência ou sem ela, se obrigar ao impossível é suficientemente grave, num plano social e humano, para merecer um juízo valorativo próprio.

### 143. **A interpretação restritiva preconizada**

I. As lições da reforma alemã de 2000/2001 podem, todavia, ser aproveitadas noutra dimensão. Digamos que põem em causa a nulidade dos negócios por impossibilidade inicial; de igual modo, pode-se questionar uma radical eficácia extintiva da impossibilidade superveniente. Os interesses e os valores em presença, sem prejuízo pelo que ficou exarado sobre as particularidades dos Países do Sul e a necessidade de vedar a assunção, *ab initio*, de negócios impossíveis, recomendam uma interpretação restritiva das regras em presença.

II. Os artigos 280.º/1 e 401.º/1 reportam a nulidade dos negócios cujo objeto ou cuja prestação sejam impossíveis. Compaginando essas normas com a atual conceção da obrigação como vínculo complexo, deve entender-se que são nulos os deveres de prestação principais atingidos. As prestações secundárias podem manter-se o mesmo sucedendo, *a fortiori*, com os deveres acessórios. Isso significa que o vínculo obrigacional pode sobreviver, ainda que apenas pelo tempo necessário, sem as prestações principais. A obrigação, enquanto vínculo complexo, não desaparece *in totum*.

III. Dependendo das situações concretas, haverá deveres de segurança, de custódia, de lealdade e de informação a observar. Quando na fase inicial, há lugar para a *culpa in contrahendo*, desde que se verifiquem os seus pressupostos[1170]. Na hipótese de impossibilidade superveniente, esses deveres também se podem manifestar, ao abrigo do artigo 762.º/2, do Código Civil[1171]. São possíveis inúmeras configurações, a determinar em cada situação.

### 144. **Impossibilidades física e jurídica**

I. A impossibilidade diz-se física ou fáctica quando, de acordo com as leis da natureza, ou o estado dos nossos conhecimentos científicos ou téc-

[1170] *Tratado* II, 4.ª ed., 221 e 247 ss..
[1171] *Tratado* VII, 648 ss..

nicos, a prestação não possa ter lugar[1172]. Pressupõe-se a prévia e precisa determinação do objeto da prestação de acordo com as regras da interpretação dos negócios[1173]. Será o caso de a coisa devida desaparecer ou ser destruída por ato de terceiro, sem prejuízo do *commodum representationis*, abaixo referido[1174]. Noutro ângulo: a impossibilidade física reporta-se ao objeto (mediato) e não às cláusulas[1175].

II. A jurisprudência permite apontar a deterioração do objeto da prestação como fator de impossibilidade física quando, mercê do ocorrido, ele já se apresente como uma realidade diversa da devida. Tal o caso de o devedor deixar apodrecer o automóvel que devia entregar[1176]. Situações menos habituais, como uma união (1333.º) podem, também, impossibilitar a prestação: tal a hipótese de um motor, objeto de uma prestação de entrega, ser montado noutra máquina[1177].

A impossibilidade de respeitar um negócio cujo prazo seja absolutamente certo é, também, física: tal sucede com uma reserva de autocarro para um evento desportivo ou a impressão de um programa para um certo evento[1178].

III. Na impossibilidade jurídica, a prestação devida não pode ser realizada por razões legais. Assim ocorre se, perante uma obrigação de cessão de hipoteca, caso esta se extinga[1179] ou de uma cessão de crédito, quando o negócio subjacente a este seja nulo[1180]. A jurisprudência alemã ilustra ainda a hipótese de o objeto de uma prestação, por razões jurídicas, se

[1172] BGH 13-jan.-2011, BGHZ 188 (2011), 71-78 (73-74) = NJW 2011, 756-758 (757, n.º 10); *vide* Johannes Heyers/Martin Heuser, *Qualitative Unmöglichkeit/eine verkannte Rechtsfigur*, NJW 2010, 3057-3061

[1173] Georg Caspers, no *Staudingers Kommentar* cit., § 275, Nr. 12 (284), onde esta matéria pode ser seguida.

[1174] *Infra*, 366 ss..

[1175] STJ 3-fev.-2001 (Tomé de Carvalho), CJ/Supremo IX (2001) 1, 113-117 (116).

[1176] OLG Oldenberg 4-jun.-1975, NJW 1975, 1788-1790 (1789).

[1177] Georg Caspers, no *Staudingers Kommentar* cit., § 275, Nr. 15 (284)

[1178] BGH 30-nov.-1972, BGHZ 60 (1973), 14-22 (16): um caso em que um viajante não pode seguir viagem para Espanha, por as autoridades deste País exigirem vacina contra a varíola, que ele não tinha: o BGH entendeu que havia impossibilidade, só podendo a empresa de viagens receber a retribuição correspondente ao trabalho já prestado.

[1179] RG 29-mai.-1918, Recht 1918, *Deutschlands oberstrichterliche Rechtsprechung* (anexo de jurisprudência), Nr. 1126.

[1180] BGH 30-nov.-2011, WM 2012, 1091-1094 (1093/II).

alterar de tal modo que já não corresponda ao acordado: assim sucederá quando o terreno a transacionar, por alteração no plano de urbanização, não mais seja edificável[1181].

A prestação que não possa ser realizada por alterações legislativas torna-se impossível: tal o exemplo histórico da obrigação de fornecimento de um navio que, por força do Tratado de Versalhes, tenha de ser entregue a uma das potências vencedoras da I Guerra Mundial[1182]. Impossível, também, a prestação bloqueada por um ato administrativo, como uma medida de guerra[1183], uma proibição de impressão[1184] ou uma ordem de não-transferência, pela autoridade financeira de supervisão[1185]. Ou inversamente: considera-se impossível a prestação que, dependendo de uma autorização administrativa, veja esta definitivamente recusada ou quando ela seja altamente improvável[1186].

IV. A lei distingue, mormente no artigo 280.º/1, a impossibilidade jurídica da contrariedade à lei. Tomando esta em sentido amplo, podemos dizer que o negócio juridicamente impossível é, latamente, contrário à lei. De resto, tal ocorre com todos os negócios que não reúnam os requisitos prescritos nas múltiplas normas que se lhes apliquem. Uma alteração legislativa poderia ter a virtualidade de proibir um negócio lícito, aquando da sua celebração.

Como ponto de partida para a clivagem entre as duas realidades, podemos fazer assentar a impossibilidade jurídica no objeto do negócio e a contrariedade à lei na conduta que esse mesmo negócio implique[1187].

[1181] BGH 20-dez.-1985, BGHZ 96 (1986), 385-391 (388) = NJW 1986, 1605-1606 (1606/I).

[1182] RG 27-mai.-1921, RGZ 102 (1921), 203-206 (204-205).

[1183] RG 13-jul.-1916, JW 1916, 1333-1335 (1334/I).

[1184] RG 27-mai.-1933, RGZ 140 (1933), 378-385 (381): uma decisão que reporta, também, a violação positiva do contrato.

[1185] BGH 12-mar.-2013, BGHZ 197 (2014), 21-43 (30 ss. e 42) = NJW 2013, 3437-3442 (3442/I): houvera uma proibição de pagamento decidido pela BaFin.

[1186] RG 24-jun.-1921, RGZ 102 (1921), 292-294 (294); RG 22-nov.-1935, RGZ 149 (1936), 348-357 (349); BGH 20-jun.-1962, BGHZ 37 (1962), 233-247 (240) = NJW 1962, 1715-1718 (1716); BGH 7-fev.-1969, NJW 1969, 837-838 (837/II); BGH 4-jun.-1975, BGHZ 64 (1975), 322-325 = NJW 1975, 1510-1511; BGH 7-out.-1977, WM 1978, 18-19 (19/I); BGH 25-mar.-1994, MDR 1994, 685-686 (685/II).

[1187] O tema acusa flutuações; *vide* Carlos Mota Pinto/António Pinto Monteiro/Paulo Mota Pinto, *Teoria geral do Direito civil*, 4.ª ed. (2005), 554 ss. e João de Castro Mendes, *Teoria geral do Direito civil* 2 (1968), 265 ss. e, perante o Código de Seabra, José Dias

V. A nossa jurisprudência recente documenta, sobretudo, hipóteses de impossibilidade jurídica, inicial ou superveniente. Assim:

- *RLx 2-nov.-2000* (caso Benfica/Olivedesportos): considerou juridicamente impossível a cedência de direitos transmissivos a quem não estivesse licenciado como estação televisiva[1188];
- *RLx 22-mai.-2001*: torna-se impossível o contrato-promessa que vise um prédio depois integrado num parque natural[1189];
- *REv 22-jan.-2004*: é legalmente impossível a compra de um automóvel com o número de *chassis* modificado[1190];
- *STJ 3-nov.-2009*: *idem* a promessa de venda de uma fração para atividade de restauração, quando ela não esteja licenciada com essa finalidade[1191];
- *STJ 28-jun.-2011*: *idem* quando, perante um novo plano diretor municipal (PDM), não seja possível dar, a um imóvel, o destino contratualmente previsto[1192];
- *STJ 20-mai.-2015*: *idem* na hipótese de uma coisa prometida alienar passar para a esfera de um terceiro[1193].

## 145. **Dificuldades supervenientes e impossibilidade prática**

I. A determinação da ideia de impossibilidade vem bulir com situações de dificuldade superveniente da prestação e de impossibilidade (meramente) prática. Vamos ver.

Prevista uma determinada prestação, em regra por via contratual, pode suceder que a sua execução se torne substancialmente mais difícil do

Marques, *Teoria geral do Direito civil* 2 (1958), 44 ss., Manuel de Andrade, *Teoria geral* cit., 2, 328 ss. e Galvão Telles, *Manual dos contratos em geral*, 3.ª ed. (1966), 416.

1188 RLx 2-nov.-2000 (Urbano Dias), CJ XXV (2000) 5, 71-78.

1189 RLx 22-mai.-2001 (Ferreira Girão), CJ XXVI (2001) 3, 96-98.

1190 REv 22-jan.-2004 (Bernardo Domingos), CJ XXIX (2004) 1, 238-242 (241/II).

1191 STJ 3-nov.-2009 (Moreira Alves), Proc. 9647/03; *vide*, todavia, STJ 10-Out.-2013 (Tavares de Paiva), Proc. 4706/10, onde se entendeu que, constando do título constitutivo a utilização da fração autónoma como restaurante, a falta de licenciamento – que, embora difícil, não era inviável – não traduz impossibilidade.

1192 STJ 28-jun.-2011 (Moreira Alves), Proc. 208/05.

1193 STJ 20-mai.-2015 (Oliveira Vasconcelos), Proc. 1869/12.

que o visualizado. No limite, teremos uma impossibilidade efetiva; mas de permeio, podem surgir situações em que a prestação, embora possível, se torne de tal modo onerosa que seja problemático poder exigir o seu cumprimento.

II. O problema subjacente obrigou a repensar e a aprofundar a ideia de impossibilidade. Nesta – a ideia é de Titze – há que distinguir dois entendimentos: lógico e jurídico-filosófico[1194]. No lógico, diz-se impossível o que não possa, por necessidade, ocorrer; no jurídico-filosófico, é impossível o que, tendo em conta a boa-fé, não possa ser exigido ao devedor[1195]. Outros autores, como Kisch[1196], Kleineidam[1197] e Treitel[1198], defenderam, nos princípios do século XX, construções desse tipo. A orientação foi adotada por tratadistas e comentadores da época[1199]. Esta orientação regrediu, mercê de autores como Lehmann[1200] e como Krückmann[1201]: a impossibilidade, para ser útil, teria de ser um conceito lógico, base de um juízo

[1194] Heinrich Titze, *Die Unmöglichkeit der Leistung nach deutschem bürgerlichen Recht* (1900), IX + 337 pp., 2; também Ulrich Schroeder, *Unmöglichkeit und Ungewissheit* (1905), 76 pp., 45.

[1195] *Idem*, 2.

[1196] Wilhelm Kisch, *Die Wirkungen der nachträglich eintretenden Unmöglichkeit der Erfüllung bei gegenseitigen Verträgen nach dem Bürgerlichen Gesetzbuche für das Deutsche Reich* (1900), XII + 272 pp., 12, com rec. de Heinrich Titze, KrVJ 45 (1904), 338-385.

[1197] Teodor Kleineidam, *Unmöglichkeit und Unvermögen nach dem Bürgerlichen Gesetzbuche für das Deutsche Reich* (1900), 49 pp., 14-15; *idem*, *Einige Streitfragen aus der Unmöglichkeitslehre des BGB*, JhJb 43 (1901), 105-140.

[1198] Richard Treitel, *Die Unmöglichkeit der Leistung und der Verzug bei Unterlassungsverbindlichkeiten* (1902), 73 pp., 22 ss. (24-25).

[1199] Carl Crome, *System des deutschen Bürgerlichen Rechts*, 2 – *Recht der Schuldverhältnisse* (1902), XII + 1164 pp., § 145 (34): para haver impossibilidade, bastaria que, por força da boa-fé, a prestação não mais pudesse ser exigida; Konrad Cosack/Heinrich Mitteis, *Lehrbuch des Bürgerlichen Rechts*, 8.ª ed. (1927), XII + 864 pp., § 155 (416); Paul Oertmann, *Kommentar zum Bürgerlichem Gesetzbuch/Das Recht der Schuldverhältnisse*, 2.ª ed. (1906), Vor §§ 275-283, Nr. 3 (79-80); este Autor modificaria a sua posição, nas edições subsequentes do seu comentário e, sobretudo, na sua monografia sobre a base do negócio; *vide infra*, 580 ss..

[1200] Heinrich Lehmann, *Die Unterlassungspflicht im Bürgerlichen Recht* (1906), XI + 338 pp., 232-233.

[1201] Paul Krückmann, *Unmöglichkeit und Unmöglichkeitsprozess/Zugleich eine Kritik der Entwurfe Russlands, Ungarns und der Schweiz* (1907), IV + 312 pp., 1-4, 15 e 20.

apodítico; se, para além dela, houvesse que considerar hipóteses de inexigibilidade, seria preferível introduzir outros institutos. A jurisprudência alemã deu ecos de toda esta evolução[1202].

III. O influxo das doutrinas sobre a alteração das circunstâncias levou a uma retração da ideia de impossibilidade. As dificuldades supervenientes e, no limite, a impraticabilidade de certas prestações, teoricamente possíveis, a tanto conduziram. Mas a ideia manteve-se: Philipp Heck, com todo o seu prestígio de campeão da jurisprudência dos interesses, deixou-nos o célebre exemplo do anel, caído no lago; a obrigação de o entregar tornou-se impossível embora, na presença dos factos, fosse possível drenar o lago para o recuperar[1203].

IV. A ideia de que o juízo de impossibilidade é humano e não matemático manteve uma certa presença. É impossível a prestação que, de acordo com as circunstâncias e os meios disponíveis, como tal deve ser considerada. A reforma do BGB de 2001/2002 acolheu a ideia. Por isso, o já referido (novo) § 275/II do BGB dispõe[1204]:

> O devedor pode omitir a prestação quando esta exija um esforço que, tendo em conta o conteúdo da obrigação e as regras da boa-fé esteja em grave desproporção com o interesse do credor à prestação.

Na falta de um preceito similar, não vemos como transpor essa orientação para o Direito lusófono. A "inexigibilidade" prevista no atual § 275/ /II BGB teria, entre nós, de ser reconduzida ou ao artigo 437.º do Código de 1966 (alteração de circunstâncias) ou ao artigo 478.º do Código brasileiro de 2002 (onerosidade excessiva). Todavia, a impossibilidade, como adiantado, deve ser aferida por coordenadas humanas e sociais.

V. A nossa jurisprudência confirma essa orientação. Assim:

[1202] *Da boa fé*, 1004-1005, onde podem ser confrontadas algumas decisões.

[1203] Philipp Heck, *Grundriss des Schuldrechts* cit., 69.

[1204] Georg Casper, no *Staudingers Kommentar* cit., § 275, Nr. 92-107 (311-315); Astrid Stadler, *Jauernigs Kommentar* cit., 15.ª ed., § 275, Nr. 24-30 (284-285). No âmbito dos longos preparatórios que levaram à *Schuldrechtmodernisierung*, o anel de Heck foi especialmente mencionado.

- *STJ 13-nov.-1997*: a impossibilidade de uma obrigação ocorre (...) não só quando esta se torne seguramente inviável, mas também quando a probabilidade da sua realização, por não depender apenas de circunstâncias controláveis, pela vontade do devedor, se torne extremamente improvável[1205];
- *RLx 20-abr.-2010*: deve ser considerada impossível a prestação cuja viabilidade seja altamente improvável[1206];
- *RCb 3-dez.-2013*: torna-se impossível a execução de uma empreitada depois de o empreiteiro ter sido agredido pelo dono da obra[1207].

## 146. **O problema nas obrigações genéricas**

I. A obrigação diz-se genérica quando postule uma prestação determinada apenas pelo género e por uma determinada medida; por exemplo, dez litros de determinado vinho. Com raízes romanas, as obrigações genéricas foram sendo apuradas no período moderno[1208], encontrando guarida nos códigos vigentes. Uma regra antiga era expressa pelo brocardo *genus nunquam perit*: o género nunca perece. E assim, perante uma obrigação genérica se, antes da concentração, operasse o desaparecimento das coisas com as quais o devedor se propunha cumprir, a obrigação manter-se-ia: caberia, ao devedor, entregar outras e equivalentes coisas, do mesmo género. Este princípio mantém-se no artigo 540.º, que importa ter bem presente[1209]:

> Enquanto a prestação for possível com coisas do género estipulado, não fica o devedor exonerado pelo facto de perecerem aquelas com que se dispunha a cumprir.

Esta regra equivalia à do § 279 do BGB, versão inicial[1210]: foi revogada pela Lei da reforma de 2001/2002. Justifica-se, pelo seu interesse jurídico-científico, uma breve abordagem do problema.

[1205] STJ 13-nov.-1997 ( Costa Soares), CJ/Supremo V (1997) 3, 135-138 (137/I).

[1206] RLx 20-abr.-2010 (Abrantes Geraldes), Proc. 741/07.

[1207] RCb 3-dez.-2013 (Barateiro Martins), Proc. 844/03.

[1208] *Tratado* VI, 2.ª ed., 638-639.

[1209] *Vide* Pires de Lima/Antunes Varela, *Código Civil Anotado* cit., 1, 4.ª ed., 550.

[1210] Manfred Löwisch, no *Staudingers Kommentar, §§ 255-292* (ed. 1995), § 279, 285-294; quanto à origem do preceito, que remonta ao Direito romano: Joachim Lemppenau, *Gattungsschuld und Beschaffungspflicht/Kritisches zu § 279 BGB* (1972), 124 pp., 30 ss.. Quanto à impossibilidade nas obrigações genéricas, ainda hoje tem interesse confrontar

II. Perante essa obrigação genérica, poder-se-ia considerar que uma impossibilidade superveniente seria, sempre, uma hipótese remota: afinal, há géneros que nunca perecem. Alguns casos liderantes são úteis, para se apreender as questões que tal suscita[1211]. Assim:

- *RG 12-mar.-1920* (o caso dos ovos da Galícia): um agricultor do Leste da Galícia (província da antiga Prússia Oriental, próxima do então Império Russo) celebrou um contrato pelo qual se comprometia a fornecer certa quantidade de ovos; rebentou a 1.ª Guerra Mundial tendo os russos, num primeiro momento, invadido a própria Alemanha; o agricultor conseguiu, com dificuldade, fugir com a família para Cracóvia; mas não pôde entregar os ovos; foi demandado para a sua entrega; invocou a impossibilidade criada pela Guerra; todavia, havia, em Cracóvia, ovos da Galícia, que ele poderia ter adquirido para honrar o contrato; o *Reichsgericht*, sob invocação, entre outros aspetos, da boa-fé (§ 242 do BGB), concluiu, todavia, pela exoneração do devedor[1212];
- *BGB 1-dez.-1993* (o caso do *Porsche* 911): o produtor automóvel alemão *Porsche* anunciou que iria fabricar um modelo especial – o 911, Grupo B – limitado a 200 unidades; um interessado contratou, com um concessionário, a aquisição de uma unidade; todavia, o produtor decidiu que, dada a procura e o elevado preço do modelo, iria comercializar a viatura à margem dos esquemas normais de distribuição; o concessionário afirmou não dispor, por isso, de qualquer exemplar para venda, ficando impossibilitado de cumprir; o interessado retorquiu que ele poderia sempre comprar, no mercado, um 911-B, para lho entregar: o que, em rigor, era verdade, mas pelo dobro do custo; o *Bundesgerichtshof* liberou o vendedor, por via da base do negócio[1213];

Fritz Julius Litten, *Die Wahlschuld im deutschen bürgerlichen Rechte* (1903), V + 223 pp., 194 ss..

[1211] Numa língua latina, estes casos podem ser seguidos em Marco Azzalini, *Impossibilita ed inesigibilità nel debito di genere* (2011), XIII + 305 pp., 161-171.

[1212] RG 12-mar.-1920, RGZ 99 (1920), 1-2 (2). Esta breve decisão tem sido muito comentada, ao longo da História, sendo de relevar Claus-Wilhelm Canaris, *Die Einstandspflicht des Gattungsschuldners und die Übernahme eines Beschaffungsrisikos nach § 276 BGB*, FS Wolfgang Wiegand 65. (2005), 179-254 (242 ss.).

[1213] BGB 1-dez.-1993, NJW 1994, 545-516 (516/I).

– *Obergericht Aargau 4-dez.-1987*, (o caso *Petrus*): foi contratado o fornecimento de doze garrafas de *Château Petrus* 1982; todavia, a carga perdeu-se; o cliente reclamou, afirmando que o fornecedor sempre poderia adquirir as doze garrafas junto de colecionadores e especialistas; o Tribunal de Apelação de Aargau (Suíço) decidiu que havia, aqui, impossibilidade, por via do artigo 119.º do Código Suíço das obrigações[1214];

– *RGm 1-out.-2009* (o caso dos perús): um fornecedor obrigou-se a entregar determinada quantidade de perús de incubação e crescimento, destinados a venda pelo Natal; não o fez, alegando impossibilidade superveniente; a Relação de Guimarães condenou-o: cabia-lhe tomar as medidas necessárias para cumprir o compromisso, tanto mais que dependia de um fornecedor francês, com o qual trabalhava em exclusivo; a mera *difficultas praestandi* não exonera o devedor[1215].

III. As decisões acima sumariadas colocam questões distintas. Assim, o caso dos ovos da Galícia afigura-se um tema de alteração das circunstâncias. Os do *Porsche* 911 e do *Petrus* colheita de 1982 prendem-se com a interpretação dos contratos em jogo: o fornecedor obrigou-se a localizar no mercado o automóvel pretendido ou as precisas garrafas ou ficou, simplesmente, de entregar as que, pela via "normal", lhe iriam chegar às mãos? O caso dos perús, finalmente, representa uma comum obrigação genérica, que se tornou mais difícil, mas não impossível. A distinção entre as diversas hipóteses deve ser feita no caso concreto, sendo sempre decisiva a interpretação dos negócios em jogo.

## 147. **Diligência e dever de obtenção da prestação**

I. Subjacente à problemática das obrigações genéricas, temos uma outra: que se alarga a todos os vínculos: a da diligência e do dever de obtenção do objeto da prestação (*Beschaffungspflicht*[1216]). Em termos instrumentais, este dever, particularmente claro nas obrigações de género,

[1214] OG Aargau 4-dez.-1987, SJZ 85 (1989), 177-178 (178/I); o Tribunal entendeu que a impossibilidade se ligava a circunstâncias não imputáveis à ré.

[1215] RGm 1-out.-2009 (António Sobrinho), Proc. 127/06.

[1216] Joachim Lemppenau, *Gattungsschuld und Beschaffungspflicht* cit., 88 ss..

acompanha sempre qualquer potencial situação de impossibilidade. Com efeito, cabe ao devedor, nas diversas obrigações que revelem alguma dificuldade no que tange à disponibilização da prestação, o dever de tomar as medidas necessárias, para assegurar o direito do credor.

II. Neste ponto, podemos distinguir três situações de base. Assim:

- um dever de obtenção comum: o devedor assume uma prestação de género, sem mais especificações; dependendo da situação concreta, ele fica adstrito a um esforço normal, exigível ao *bonus pater familias*, na concreta situação em jogo; o esforço exigível ao fornecedor de laranjas é diferente do requerido ao concessionário da *Porsche*; o do fornecedor de uma (aliás: excelente) colheita de Vidigueira não é idêntico ao de um *château Petrus*;
- um dever de obtenção reforçado: uma prestação, ainda que de género, cuja obrigação comporte um concreto escopo surge com mais intensidade; assim, a empresa que deva fornecer géneros para uma boda de casamento, devidamente assinalada no contrato, assume uma adstrição ao escopo do contrato; apenas situações extremas poderiam libertar o devedor, em nome do artigo 790.º/1;
- um dever de garantia: o devedor assumiu total responsabilidade pela obtenção do resultado; não sendo este alcançado, ele é responsável pelo sucedido, seja como inadimplente, seja como garante.

Neste último caso, haverá que observar as regras próprias das garantias, com relevo para os aspetos formais e para a determinabilidade do seu conteúdo.

III. O Direito comporta valores por vezes contrapostos. Não é possível pactuar com o laxismo, para mais num ambiente geral de não-cumprimento das obrigações e isso ao ponto de levar à intervenção das instâncias comunitárias[1217]. Mas também não se equaciona o retomar de medidas enérgicas de sujeição do devedor.

O equilíbrio reside na graduação do dever de diligência[1218]. Entre outros, podem ser relevantes os pontos seguintes:

[1217] *Supra*, 241 ss..
[1218] *Tratado* VI, 2.ª ed., 481 ss..

– as cláusulas subscritas: particularmente relevante será o teor do que se acorde e, designadamente: se o próprio escopo foi assumido por ambas as partes ou, no limite, se foi dada uma garantia[1219];
– a pessoa do devedor: um profissional especializado, particularmente num segmento de alta gama, tem deveres de diligência e de obtenção superiores aos do ocasional ou do pequeno tendeiro;
– a pessoa do credor: um consumidor ou um pequeno empresário têm um suplemento de proteção; em especial e quando o credor não possa assegurar o resultado pretendido, cabe, a este, prestar informações concretas, singelas e credíveis sobre os riscos envolvidos;
– a relação de confiança existente: a um fornecedor habitual exige-se mais cuidado; o grau de empenho e de eficácia transmitido por circunstâncias circundantes é significativo.

[1219] Pode-se aqui, pelo menos para efeitos explicativos, fazer intervir a clássica distinção francesa entre obrigações de meios e obrigações de resultado, com a prevenção de que todas as obrigações visam, sempre, um resultado. *Vide* o *Tratado* VI, 2.ª ed., 477 ss. e *supra*, 342.

## § 32.º OUTRAS MODALIDADES DE IMPOSSIBILIDADE

### 148. Absoluta e relativa

I. A impossibilidade diz-se absoluta quando atinja o próprio objeto do negócio, de tal modo que ninguém possa prestar. Por isso, a impossibilidade absoluta diz-se, também, objetiva[1220]. Pelo contrário, ela surge relativa quando apenas atinja a pessoa do devedor: daí o falar-se, também, em impossibilidade subjetiva. Noutro prisma: há impossibilidade subjetiva (*Unvermögen*) quando falte ao devedor a aptidão para realizar a prestação devida ou caso ele a perca[1221].

II. À partida, apenas a impossibilidade absoluta não-imputável ao devedor seria liberatória. Quando, por circunstâncias de ordem pessoal, o devedor se encontre impedido de efetivar uma certa prestação, cabe-lhe fazer-se substituir, na sua execução, por um terceiro devidamente habilitado. O artigo 401.º/3 predispõe-o, quanto à impossibilidade inicial, numa regra transponível para a impossibilidade superveniente:

> Só se considera impossível a prestação que o seja relativamente ao objeto, e não apenas em relação à pessoa do devedor.

Para que não quedem dúvidas, o artigo 791.º dispõe[1222]:

> A impossibilidade relativa à pessoa do devedor importa igualmente a extinção da obrigação, se o devedor, no cumprimento desta, não puder fazer-se substituir por terceiro.

1220 Manuel de Andrade, *Teoria geral das obrigações* cit., 3.ª ed., 404 ss..
1221 Georg Casper, no *Staudingers Kommentar* cit., § 275, Nr. 65 (301-302).
1222 Pires de Lima/Antunes Varela, *Código Civil Anotado* cit., II, 4.ª ed., 44.

III. A conjugação entre os artigos 401.º/3 e 791.º permite inferir que, nas prestações fungíveis – portanto: naquelas que possam ser efetivadas por terceiros, sem prejuízo para o credor[1223] – o devedor impedido tem a obrigação de se fazer substituir por um terceiro. O que implica que:

(a) não se tenha acordado que a prestação deva ser feita, apenas, pelo devedor (767.º/2, 1.ª parte);
(b) a substituição não prejudique, a qualquer título, o credor (767.º/2, 2.ª parte);
(c) a prestação a concretizar pelo terceiro integre todos os requisitos do cumprimento[1224] e, designadamente, a correspondência e a integralidade;
(d) o devedor deva localizar o terceiro em causa;
(e) interessando-o na execução do acordado e, no limite, celebrando, com ele, um contrato para o efeito;
(f) o terceiro se desempenhe, efetivando a prestação;
(g) o devedor suporte os custos da substituição.

A existência dessa obrigação de substituição é confirmada pelo artigo 828.º: o credor de prestação de facto fungível tem a faculdade de requerer, em execução, que o facto seja prestado por outrem, à custa do devedor[1225].

IV. A hipótese de o devedor impedido de se fazer substituir por um terceiro é fácil de encarar quando no âmbito de uma organização: o canalizador impedido pede a um colega que o substitua. Noutras circunstâncias, porém, essa substituição – teoricamente (quase) sempre possível – torna-se muito dispendiosa. Desde o momento em que o custo da substituição seja equivalente ou superior ao do incumprimento, o devedor tem interesse em não cumprir. Teremos uma hipótese de não-cumprimento eficiente[1226], que só poderá ser prevenida com cláusulas penais devidamente ajustadas. Repare-se que o artigo 566.º/1, ao prever que a indemnização seja fixada em dinheiro, sempre que a reconstituição natural seja excessivamente onerosa para o devedor, abre as portas a um certo não-cumprimento eficiente.

[1223] *Tratado* VI, 2.ª ed., 542 ss..
[1224] *Supra*, 126 ss..
[1225] Esse preceito tem tradições: remonta ao artigo 712.º do Código de Seabra. *Vide* José Dias Ferreira, *Codigo Civil Annotado* cit., 2, 1.ª ed., 218 e 2, 2.ª ed., 48.
[1226] Fernando Araújo, *Teoria económica do contrato* (2007), 1340 pp., 735 ss..

IV. A jurisprudência documenta situações de impossibilidade subjetiva no caso de extinção da pessoa coletiva obrigada a certas prestações[1227]. Já o não-cumprimento de uma obrigação pecuniária, por falta de fundos, nunca poderia integrar uma hipótese de impossibilidade subjetiva liberatória[1228]; segue-se o regime da execução patrimonial e da insolvência, mas não o da impossibilidade. Hipóteses de impossibilidade relativa obtidas na base de outros ordenamentos são[1229]: prestações pessoais de serviços; atividades que foram vedadas por lei superveniente; atuações dependentes de uma autorização administrativa que não foi obtida ou que foi revogada; perda da licença do estabelecimento; cessação de um contrato legitimante, como será o caso de supressão da locação, relativamente a uma sublocação; perda da colaboração de um terceiro.

V. O § 275/1 do BGB, na versão resultante da reforma de 2001/2002, equiparou as impossibilidades objetiva e subjetiva; dispõe:

> A pretensão à prestação fica excluída quando ela seja impossível para o devedor ou para todos.

O Direito português, dado, em especial, o disposto nos referidos artigos 401.º/3, 791.º e 828.º não permite esse passo[1230]. De resto, ele só foi possível, no Direito alemão, mercê de um manuseio virtuoso dos deveres acessórios, da relação complexa e das técnicas indemnizatórias. Neste momento e na nossa Terra, a manutenção da diferença é preferível.

## 149. Definitiva e temporária

I. A impossibilidade diz-se definitiva quando a prestação não mais possa ser realizada: será temporária caso o obstáculo seja momentâneo[1231].

[1227] RLx 4-nov.-1998 (Pais do Amaral), CJ XXIII (1998) 5, 73-75 (74/II).

[1228] STJ 20-dez.-1978 (Abel de Campos), Proc. 067516; *vide* José Carlos Brandão Proença, *Lições de cumprimento* cit., 170-171; Karl Larenz, *Lehrbuch des Schuldrechts* cit., 1, 14.ª ed., § 21, I, d) (317-318): digamos que o dinheiro funciona como uma prestação genérica, cujas espécies podem ser sempre obtidas; cabe ao devedor assegurar-se da sua própria solvabilidade.

[1229] Georg Caspers, no *Staudingers Kommentar* cit., § 275, Nr. 65-78 (301-306).

[1230] *Vide* Eduardo Santos Júnior, *Da "impossibilidade pessoal" de cumprir. Breve confronto do novo Direito alemão com o Direito português*, O Direito 142 (2010), 423-434.

[1231] Ludwig Enneccerus/Heinrich Lehmann, *Recht der Schuldverhältnisse* cit., 15.ª ed., § 29, I, 5 (132); Manuel de Andrade, *Teoria geral das obrigações* cit., 3.ª ed., 415 ss.;

A distinção, já presente no artigo 401.º/2, torna-se importante perante o artigo 792.º: a impossibilidade (meramente) temporária isenta o devedor de responsabilidade pela mora (n.º 1)[1232] mas não extingue o dever de prestar. O 792.º/2 precisa: a impossibilidade só se considera temporária enquanto, atenta a finalidade da obrigação, se mantiver o interesse do credor.

II. O 792.º/1 opera como a contraface do 804.º/2: o devedor considera-se constituído em mora quando, por causa que lhe seja imputável, a prestação, ainda possível, não seja efetuada a tempo[1233]. A impossibilidade deve ser reportada ao momento em que a obrigação seja exigível, em sentido forte: antes disso, poderá haver cautelas a observar por via dos deveres acessórios, mas não há alarme. Situam-se, aqui, as relações dotadas de condição suspensiva ou de termo inicial (401.º/2): a impossibilidade afere-se depois de verificada a condição ou após o decurso do termo. Quando exigível e a execução, por causa não-imputável ao devedor, não seja viável, há que verificar se:

- a prestação ainda é possível, na lógica do vínculo: se foi contratado o fornecimento da ceia de passagem do ano e a prestação só se tornar possível no dia 2 de janeiro, a impossibilidade é definitiva;
- a prestação retardada, sendo possível, não prejudica o credor: tal resultará da finalidade da obrigação (792/2), dependendo, todavia, das opções do credor; pode este, por qualquer razão, pretender aproveitar uma prestação retardada.

III. Perante uma impossibilidade temporária, o credor não pode ficar *ad aeternum* à espera que cesse o impedimento. Por isso, há que aplicar, por analogia, o artigo 808.º/1, *in fine*: o credor tem o direito (potestativo) de fixar um prazo razoável para que se efetive a prestação; ultrapassado este, a impossibilidade deve considerar-se definitiva. Enquadra-se, deste

*vide* Hansjörg Otto, *Der Ausschluss der Leistungspflicht gemäß § 275 Abs. 2 und 3 BGB impossibilidade Schwebezustand*, FS Claus-Wilhelm Canaris 1 (2007), 945-962 (952); Beate Gsell, *Zeitweilige Unmöglichkeit und prozessuale Durchsetzung des Leistungsanspruchs*, FS Herbert Buchner (2009), 267-280 (272 ss.); Georg Caspers, no *Staudingers Kommentar* cit., § 275, Nr. 48-56 (295-299).

[1232] STJ 8-fev.-1994 (César Marques), CJ/Supremo II (1994) 1, 91-95 (94/II); RGm 21-jun.-2011 (Rosa Tching), CJ XXXVI (2011) 3, 290-292 (292/I).

[1233] *Supra*, 234 ss..

modo, o problema suscitado por situações de impossibilidade duradoura, com incerteza quanto ao momento da sua cessação[1234].

IV. A carência, ainda que momentânea, de liquidez, não é relevante, enquanto impossibilidade temporária[1235]; caso contrário, ela relevaria o devedor dos juros de mora. A responsabilidade temporária eficaz deve, ela própria, ser objetiva. Todavia, admite-se que situações extraordinárias que impeçam o devedor de movimentar o seu dinheiro – como o congelamento de bens decretado pelo Conselho da Revolução – possam ser tomadas como fonte de uma impossibilidade temporária[1236]. Fora disso, a dificuldade ou a onerosidade no cumprimento de uma obrigação pecuniária não é justificante, a título de impossibilidade temporária[1237].

## 150. **Total e parcial**

I. A impossibilidade total emerge quando a prestação não seja, em nada, viável; na parcial, uma parcela da atuação devida pode, ainda, ser levada a cabo. O artigo 793.°/1 dá-lhe um especial relevo, determinando que, na eventualidade de isso suceder, o devedor se exonere mediante a prestação do que for possível. O n.° 2 compensa o credor: se este não tiver "justificadamente" interesse no cumprimento parcial, pode resolver o negócio.

II. A generosidade do legislador, perante a impossibilidade parcial, deve ser compaginada com as regras gerais sobre o cumprimento e, em especial, com a da integralidade da prestação (763.°/1). Estamos no Direito privado e em face do princípio irrefutável de que os contratos devem ser cumpridos. Se foi acordada uma prestação, não pode o credor ser coagido a receber apenas parte. A impossibilidade tem o efeito, já muito considerável, de isentar o devedor da responsabilidade pelo incumprimento: não o de modificar o teor de uma obrigação, fora dos quadros especiais da altera-

[1234] Quanto ao problema: Georg Caspers, no *Staudingers Kommentar* cit., § 275, Nr. 53-56 (297-299).

[1235] José Carlos Brandão Proença, *Lições de cumprimento* cit., 177.

[1236] STJ 24-jan.-1980 (Jacinto Rodrigues Bastos), Proc. 067556.

[1237] STJ 7-out.-1982 (João Lopes das Neves, com uma declaração de Rodrigues Bastos), BMJ 320 (1982), 403-405 (404) = RLJ 119 (1986), 172-174 (173/II), anot. Antunes Varela, *idem*, 174-179; RLx 1-mar.-1984 (Oliveira Domingues), CJ IX (1984) 2, 198-200 (200/I).

ção das circunstâncias (437.º/1). Tomado à letra, o artigo 793.º implicaria o seguinte: (a) confrontado com uma impossibilidade parcial, o devedor apresentar-se-ia a cumprir a parcela possível; (b) o credor teria de aceitar, reduzindo tão-só e proporcionalmente, a contraprestação; (c) não tendo, "justificadamente", interesse no cumprimento parcial, poderia resolver o negócio[1238]; (d) tendo, nos termos gerais (342.º/2), de invocar e de provar o "interesse justificado" no cumprimento parcial.

III. Não pode ser esta a solução final da lei. O devedor que invoque uma impossibilidade parcial e pretenda, não obstante, prestarem parte e ser (proporcionalmente) retribuído por ela tem o ónus de invocar e de provar: (a) a impossibilidade parcial; (b) a sua não-responsabilidade no sucedido; (c) a divisibilidade da prestação; (d) o interesse justificado do credor em receber uma prestação meramente parcial. De outro modo, o princípio da integrabilidade ficaria letra morta. Além disso (parece), ainda haveria que bloquear a *exceptio non rite adimpleti contractus*, introduzindo-se a maior insegurança no coração das obrigações. Aplicaríamos, por isso, um esquema paralelo ao da conversão (293.º): não ao da redução (292.º). Uma prestação parcial corresponderá, em regra, já a um negócio diverso do inicial.

IV. Alguns autores aproximam, da impossibilidade parcial, a de executar corretamente a prestação devida: apenas seria viável uma prestação de pior qualidade[1239]. Uma prestação diversa da devida (para mais de pior qualidade) só seria possível com o acordo do credor ou, no limite, dentro dos limites (apertados) da conversão dos negócios[1240].

[1238] A jurisprudência alemã anterior à reforma de 2001/2002 bloqueava o cumprimento meramente parcial quando, mau grado a divisibilidade da prestação, segundo o conteúdo e o objetivo do contrato, apenas houvesse interesse no cumprimento integral: RG 27-mai.-1933, RGZ 140 (1933), 378-385 (383); RG 21-dez.-1942, RGZ 170 (1943), 257-264 (259); BGH 30-nov.-1972, BGHZ 60 (1973), 14-22 (16): uma posição retomada pela doutrina: Helmut Coing, *Zum Begriff der Teilerfüllung*, SJZ 1949, 532-536 (534 ss.); Karl Otto Scherner, *Qualifizierte Teilnichterfüllung als Vollunmöglichkeit oder Quasi-Vollunmöglichkeit der geschuldeten Leistung*, JZ 1971, 533-537; Volker Beuthien, *Zweckerreichung und Zweckstörung* cit., 165-166, uma solução que, todavia, veio a levantar dúvidas – Georg Caspers, no *Staudingers Kommentar* cit., § 275, Nr. 58 (300).

[1239] Ludwig Enneccerus/Heinrich Lehamnn, *Recht der Schuldverhältnisse* cit., 15.ª ed., § 47, III (207).

[1240] *Tratado* II, 4.ª ed., 953 ss..

Desde sempre mas, quiçá, de modo reforçado nos nossos dias: os contratos devem ser escrupulosamente cumpridos.

### 151. Moral; as objeções de consciência

I. Uma interessante modalidade, introduzida por Paulo Cunha, é a da impossibilidade moral[1241]. Desta feita, o objeto seria inviável, por contrariar uma conjunção de normas ou de princípios jurídicos[1242].

Pretende equacionar-se um negócio jurídico cujo objeto – em si possível, física e juridicamente – exija, no seu cumprimento, a violação de regras. A possibilidade deve ser aferida *in concreto*. Assim, podemos admitir a "impossibilidade moral" como modalidade de impossibilidade jurídica, quando estejam em causa valores fundamentais do sistema jurídico, expressos pela ideia de "boa-fé".

II. A impossibilidade moral pode, com as devidas cautelas, ser alargada às situações de objeção de consciência[1243]. O devedor vê-se confrontado, na execução da obrigação, com a violação de direitos fundamentais: em princípio, os seus. Assim, o dever de executar um ato de interrupção de gravidez cessa para o médico católico ou, simplesmente, respeitador da dignidade humana, considerada inviolável pelo artigo 24.º da Constituição. De impossibilidade "moral" poder-se-ia, ainda, falar em face da colisão de direitos que justifiquem o não-cumprimento[1244]. Deve haver sempre uma sindicância do sistema, na base da boa-fé.

[1241] *Vide* o nosso *A "impossibilidade moral": do tratamento igualitário no cumprimento das obrigações* (1986), em *Estudos de Direito civil*, 1 (1991), 101-114 (108 ss.).

[1242] Tribunal Arbitral 30-mai.-1944 (Paulo Cunha), O Direito 77 (1945), 181-192, 210-224 e 250-256, confirmado por RLx 26-mai.-1945, O Direito 77 (1945), 282-286.

[1243] *Tratado* I, 4.ª ed., 938-941.

[1244] *Tratado* V, 2.ª ed., 420 ss..

## § 33.º PRESTAÇÕES RECÍPROCAS E IMPOSSIBILIDADES INDIRETAS

### 152. Prestações recíprocas (contratos bilaterais)

I. A impossibilidade não-imputável de uma prestação assume um relevo particular no caso de obrigações com prestações recíprocas ou, na linguagem da lei, de contratos bilaterais. Nessa eventualidade, o credor não vai receber a prestação a que tem direito. Consequentemente (795.º/1):

- fica exonerado, ele próprio, de efetuar a contraprestação;
- se já a tiver realizado, pode exigir a sua restituição, nos termos prescritos para o enriquecimento sem causa.

A eficácia exoneratória da impossibilidade da prestação, perante o devedor da contraprestação, corresponde a uma exigência sócio-cultural imediata: a relação da sinalagmaticidade funcional tem um nível ontológico; muitas vezes, de resto, as prestações recíprocas são executadas em simultâneo. A falha de uma delas, tal como justifica a *exceptio non adimpleti contractus* e o direito de retenção, explica, sendo definitiva, a exoneração da contraparte. De resto, a assim não ser, a justiça comutativa seria posta em causa. O artigo 795.º/1 tem, hoje, correspondente no § 326/I do BGB[1245].

II. A extinção da obrigação por impossibilidade superveniente (objetiva ou subjetiva, equiparada, definitiva ou duradoura e total) é automática[1246]. Em termos técnicos, opera, aqui, a figura da caducidade[1247].

[1245] Astrid Stadler, *Jauernigs Kommentar* cit., 15.ª ed., § 326 (470-471); Roland Schwarze, no *Staudingers Kommentar* cit., § 326, Nr. B 1-B 43 (516-528).

[1246] Georg Caspers, no *Staudingers Kommentar* cit., § 275, Nr. 79 (307).

[1247] *Vide*, como lugar paralelo, o artigo 1051.º, *e*): o contrato de locação caduca pela perda da coisa locada.

Paralelamente, a liberação do credor, perante a contraprestação que lhe incumbe, opera *ipso iure* e por si[1248]. O credor nada tem a dizer. Este ponto é importante: se o credor efetuar a contraprestação depois de a prestação ter desaparecido por impossibilidade, ele agiu no âmbito de uma obrigação que não existia, aquando da prestação: esta pode ser repetida, nos termos do artigo 476.º/1.

III. A situação torna-se diversa, na hipótese de o credor ter efetuado a "contraprestação", antes de se ter verificado a impossibilidade: é esse, mediante uma adequada interpretação, o sentido do artigo 795.º/1, 2.ª parte. Nessa eventualidade, não há lugar à repetição do indevido mas, apenas, a uma restituição nos termos prescritos para o enriquecimento sem causa. De acordo com as regras do enriquecimento, pode-se chegar a resultados inferiores aos da pura repetição do indevido[1249].

A esta luz, deve ser interpretado o artigo 793.º/1: a redução proporcional da contraprestação, no caso de impossibilidade parcial, opera quando esta se manifeste antes daquela ser executada. Se, não obstante, ela for realizada na totalidade, a demasia pode ser repetida. E na hipótese da contraprestação ter sido efetivada antes da impossibilitação parcial, a substituição opera segundo o enriquecimento sem causa. O Direito deve ser harmónico.

IV. A lógica destas soluções reside na distribuição do risco[1250]. Nos termos gerais, o risco da impossibilitação da prestação corre pelo credor: *res domino suo perit*. Mas havendo sinalagma funcional, surge equitativo distribuir o risco por ambas as partes: o risco da contraprestação fica envolvido. Efetuada a contraprestação antes da impossibilidade, o risco do credor é, logicamente, maior: donde a restituição "deprimida" resultante do enriquecimento sem causa.

1248 Roland Schwarze, no *Staudingers Kommentar* cit., § 326, Nr. B 1 (516).

1249 *Tratado* VIII, 239 ss. e 257 ss..

1250 Roland Schwarze, no *Staudingers Kommentar* cit., § 326, Nr. B 2-B 4 (516-517); Luís Menezes Leitão, *Direito das obrigações* cit., 9.ª ed., 118-119.

## 153. Esgotamento, supressão e inutilização do escopo

I. Na vigência de uma obrigação, podem sobrevir diversos eventos que venham bulir com o denominado interesse do credor. Assim, distinguimos[1251]:

- o esgotamento do escopo, também dito obtenção do escopo (*Zweckerreichung*): ele traduz situações nas quais o interesse do credor é satisfeito independentemente da prestação; p. ex., é contratado um reboque para levar o automóvel para a oficina, mas este funciona subitamente, chegando lá pelos próprios meios;
- a supressão do escopo (*Zweckverfehlung*): a finalidade que levara à constituição da obrigação desaparece; p.ex., um paciente morre antes do dia ajustado para uma intervenção cirúrgica;
- a perturbação do escopo (*Zweckvereitelung*): a finalidade em jogo sofre uma perturbação que inutiliza a prestação combinada; p. ex., é chamado um autocarro para levar apoiantes a um desafio de futebol, mas este é adiado por haver nevoeiro: a prestação é possível mas já não tem sentido para os credores.

II. O esgotamento ou a obtenção do escopo da obrigação independentemente do cumprimento desta, como causa da sua extinção, era já conhecido no Direito romano[1252]. Estava em jogo o chamado *concursus causarum*[1253]. Assim, se o beneficiário de uma *stipulatio* adquirisse a coisa devida por compra, doação ou legado, o Direito mais antigo considerava-se sempre

[1251] Com indicações e sem prejuízo da literatura abaixo indicada: Johann Braun, *Die Unmöglichkeit der Leistung*, JA 1983, 488-493 e 571-577 (577/II); Martin Josef Schermaier, no HKK/BGB cit., II/1, § 275, Nr. 67-77 (1016-1027); Julia Rödl, *Die Spannung der Schuld* cit., 29-32; Georg Caspers, no *Staudingers Kommentar* cit., § 275, Nr. 28-37 (287-291).

[1252] Max Kaser, *Das römische Privatrecht* cit., I, 2.ª ed., § 150, IV (643-644). A obra de referência, também com alguns elementos históricos, mantém-se a já citada Volker Beuthien, *Zweckerreichung und Zweckstörung im Schuldverhältnis* (1969), XXIV + 331 pp.; *vide*, aí, 28-32.

[1253] S. di Marzo, *Appunti sulla dottrina della causa lucrativa*, BIDR 15 (1903), 91-126 e BIDR 17 (1905), 103-122; Fritz Schultz, *Die Lehre vom Concursus Causarum im klassischen und justinianischen Recht*, SZRom 38 (1917), 114-209; Gerhard von Beseler, *Beiträge zur Kritik der römischen Rechtsquellen* IV (1920), 353 pp., 326 ss..

como extinto. Também a compra de coisa própria era vista como nula[1254]. O Direito comum intermédio, com exemplo em Donellus, autonomizou o *concursus causarum* como um tipo autónomo de liberação do devedor[1255].

Coube a Friedrich Mommsen, grande divulgador da doutrina da impossibilidade, aproximar, desta, o velho *concursus causarum*, retirando, a este, a autonomia do Direito comum. O credor não mais poderia pedir ao devedor aquilo que já se encontrasse no seu património, por ser impossível[1256]. O tema foi retomado por Hartmann, que aproximou a obtenção do fim da obrigação com a concretização desta: ela seria, tão-só, um meio para a obtenção de determinado fim (*Zweck*); a satisfação do credor; obtido esse fim, ao qual toda a obrigação aspira, a obrigação deve cessar[1257]. Windscheid retomou a ideia, explicando, todavia, que o resultado obtido devia ter um conteúdo idêntico ao da prestação a extinguir[1258].

O BGB não se ocupou do tema. Na justificação de motivos, explica-se que ele teria uma saída caso a caso, à luz das regras sobre a impossibilidade objetiva ou sobre a interpretação da vontade das partes[1259]: uma posição reforçada por se ter entendido não tomar posição sobre o escopo da obrigação[1260].

A publicação do BGB, primeiro em projeto e depois em lei, levou a um acrescido tratamento da matéria. Além de menções em obras gerais,

[1254] Juliano, D. 12.6.37 = Okko Behrens e outros cit., III, 122: *Servum meum inciens a te emi pecuniamque tibi solvi* (...) [comprei-te inconscientemente o meu próprio escravo e paguei-te o dinheiro (...)]. Pompónio, D. 18.1.16 pr. = Okko Behrens e outros cit., III, 446: *Suae rei emptio non valet, sive sciens sive ignorans emi* (...) [a compra de coisa própria não vale, quer eu saiba quer não saiba (...)].

[1255] Hugo Donellus, *Commentariorum de iure civili*, Liv. XVI, Cap. V = *Opera omnia* (ed. 1764), 639-646

[1256] Friedrich Mommsen, *Die Unmöglichkeit der Leistung* cit., § 22 (255-262). Anteriormente, cumpre referir Wilhelm Sell, *Über die römisch-rechtliche Aufhebungsart der Obligationen durch concursus duarum causarum lucrativarum* (1839), 190 pp., 17 ss.; subsequentemente: Karl Schmidt, *Erklärung der Rechtsregel über das Zusammentreffen zweier causae lucrative*, JhJb 20 (1882), 411-451.

[1257] Gustav Hartmann, *Die Obligation/Untersuchung über ihren Zweck und Bau* (1875), VII + 277 pp., § 7 (62-70) e *passim*.

[1258] Bernhard Windscheid/Theodor Kipp, *Lehrbuch des Pandektenrechts* cit., 9.ª ed., § 343a (II, 434-438), numa posição já presente em edições anteriores.

[1259] *Vide* os *Motive zu dem Entwurfe eines Bürgerlichen Gesetzbuches für das Deutsche Reich*, II – *Recht der Schuldverhältnisse*, Amtliche Ausgabe, 2.ª ed. (1896), § 263 (80-82).

[1260] *Motive* cit., *Einleitung*, 2: não se toma posição quanto ao conceito e à natureza da obrigação.

como a do sempre fundamental Stammler[1261], relevamos escritos de Krückmann[1262], de Klein[1263], de Overdick[1264] e de Sarrazin[1265].

III. Uma explicação simples, a reter da evolução anterior, seria a de proclamar que, respondendo a obrigação a um interesse do credor legalmente tutelado, a tutela desapareceria caso o interesse em jogo fosse satisfeito por outra via: seria impossível a sua prossecução[1266]. Mas isso pressuporia que o interesse do credor fosse um requisito do seu direito, o que não seria o caso. O devedor não pode fugir à pretensão do credor, alegando que este não tem interesse ou que este já se encontra satisfeito: não tem nada a ver com isso[1267].

O tema corria o risco de esgotar-se num círculo de palavras. Deve-se a Franz Wieacker uma nova leitura: os problemas postos pela *Zweckerreichung* e pela *Zweckverfehlung* poderiam encontrar uma saída à luz da própria ideia de prestação: esta não se ateria à ação de prestar (*Leistungshandlung*), antes se alinhando pelo resultado da prestação (*Leistungserfolg*); e

[1261] Rudolf Stammler, *Das Recht der Schuldverhältnisse in seinen allgemeinen Lehren/Studien zum Bürgerlichen Gesetzbuche für das Deutsche Reich* (1897), XIV + 262 pp., § 59 (225 ss.).

[1262] Paul Krückmann, *Der Fortfall des Interesses und der Untergang des Schuldverhältnisses*, AcP 90 (1900), 88-117; *idem*, *Unmöglichkeit und unmöglichkeitsprozess, zugleich eine Kritik der Entwürfe Russlands, Ungarns und der Schweiz*, AcP 101 (1907), 1-306: um estudo maciço.

[1263] Peter Klein, *Untergang der Obligation durch Zweckerreichung* (1905), VII + + 152 pp.; *idem*, *Ein Beitrag zur Lehre vom "Untergang der Obligation durch Zweckerreichung"*, AbürgR 31 (1908), 214-224.

[1264] Josef Overdick, *Untergang des Schuldverhältnisses durch Zweckerreichung* (1932), 32 pp..

[1265] Wilfried Sarrazin, *Die Zweckerreichung als Erlöschungsgrund des Schuldverhältnisses: Zugleich ein Beitrag von der Abgrenzung der Zweckerreichung von der Unmöglichkeit* (1935), 43 pp..

[1266] Ludwig Enneccerus/Heinrich Lehamnn, *Recht der Schuldverhältnisse* cit., 15.ª ed., § 77, I (305). *Vide*, com muitos elementos, Volker Beuthien, *Zweckerreichung und Zewckstörung* cit., 46-49.

[1267] Andreas von Tuhr, *Tratado de las Obligaciones*, trad. cast. cit., 1, 1.ª ed., § 30, VIII (184), ed. usada por Vaz Serra; não localizamos (sequer) qualquer referência ao interesse em Andreas von Tuhr/Alfred Siegwart, *Allgemeiner Teil des Schweizerischen Obligationenrechts*, 2, 2.ª ed. (1944), § 68, I (534-539).

assim sendo, a supressão desse resultado ou a inviabilidade de o prosseguir pela execução envolveriam a impossibilidade do dever de prestar[1268].

Karl Larenz defendeu a recondução deste tipo de problemas à supressão da base do negócio. Ocorrendo esta, cessaria a obrigação: não por a prestação se ter tornado impossível, uma vez que nada impediria o devedor de prestar; antes porque, desaparecendo o fundamento do negócio, este não mais poderia subsistir[1269]. O Mestre mudaria, depois, de orientação, perante as teses de Wieacker e de Beuthien: veio entender que estando em causa, na prestação, o *Leistungserfolg*, a supressão ou inutilização do resultado tornaria a prestação impossível[1270].

A orientação de Wieacker teve um especial acolhimento na monografia de Beuthien[1271], tornando-se, subsequentemente, em doutrina dominante[1272].

### 154. **Segue; o destino da contraprestação**

I. A problemática essencial subjacente ao esgotamento, à supressão, à inutilização e à recondução dessas figuras ao continente da impossibi-

[1268] Franz Wieacker, no já citado *Leistungshandlung und Leistungserfolg im bürgerlichen Schuldrecht*, FS Hans Carl Nipperdey 70. I (1965), 783-813 (806 ss.).

[1269] Karl Larenz, *Geschäftsgrundlage und Vertragserfüllung*, 3.ª ed. (1963), XI + 201 pp., 72 ss., 99 ss. e *passim*, bem como no *Schuldrecht*, até à 9.ª ed.. A doutrina da base do negócio teve outros seguidores; com indicações reportadas à época em que escreveu: Volker Beuthien, *Zweckerreichung und Zweckstörung* cit., 106-113.

[1270] Karl Larenz, *Lehrbuch des Schuldrechts* cit., 1, 14.ª ed., § 21, OI, c) (312).

[1271] Volker Beuthien, *Zweckerreichung und Zweckstörung* cit., 16-17. Para além de outros aspetos, Beuthien, ob. cit., 230 ss., deixou claro que não se tratava, aqui, de mora do credor; *vide* Cornelia Feldmann, no *Staudingers Kommentar* cit., Vorbem zu §§ 293-304, Nr. 6 (980). Eduard Picker, *Fristlose Kündigung und Unmöglichkeit; Annahmerverzung und Vergütungsfahr im Dienstvertrag*, JZ 1985, 641-652 e 693-706 (693 ss.), veio todavia defender que, no caso da prestação de serviço, a impossibilidade de prestar derivada de circunstâncias atinentes ao credor equivaleria a mora deste, uma vez que o instituto da mora do credor teria também a função de remeter o risco para ele. O credor teria, sempre, de pagar a remuneração. Embora isolada [Cornelia Feldmann, no *Staudingers Kommentar* cit., Vorbem zu §§ 293-304, Nr. 7 (980-981)], esta opinião merece toda a atenção.

[1272] Astrid Stadler, no *Jauernig Kommentar* cit., 15.ª ed., § 275, Nr. 13 (282).

lidade tem a ver com o destino da contraprestação[1273]. Trata-se de um ponto delicado, que adiante iremos enquadrar perante o Direito vigente lusófono: ainda não encerrado. Aparentemente, a integração na impossibilidade determinaria a aplicação do regime previsto, nesse instituto, para a contraprestação: valeria o nosso 795.º/1, correspondente ao § 326/I do BGB (ex-§ 323). Mas o tema não é tão simples: se alguém contrata com uma empresa da especialidade para desempanar um automóvel avariado e, quando chega o reboque, o automóvel funciona, não cabe pagar o serviço? Ou parte dele? Ou as despesas havidas pela empresa? E os serviços que ela deixou por fazer, ao atender uma chamada aparentemente séria?

II. Na resposta a essas questões surgiram cinco grupos de teorias, que iremos ordenar seguindo a sistematização proposta por Beuthien[1274], ainda que com adaptações às nossas fontes. Assim:

(1) teorias da impossibilidade estrita: a contraprestação teria o destino ditado pelas regras sobre a impossibilidade; a pura aplicação do artigo 795.º/1 seria excessiva; mas temos outros preceitos relevantes, como o 793.º/1 (impossibilidade parcial), o 795.º/2 (impossibilidade imputável ao credor) e diversos preceitos específicos para os contratos em especial (1040.º, quanto à locação e 1227.º, quanto à empreitada, como exemplos); esta orientação não pondera suficientemente o interesse do devedor[1275];
(2) teorias da impossibilidade ligadas às despesas efetuadas: para além das regras da impossibilidade, confere-se ao devedor, por via contratual ou extracontratual, o direito a uma indemnização pelas despesas efetuadas; poder-se-ia ir lá pela equidade, assente na boa-fé, pela responsabilidade pela declaração, pela gestão de negócios ou pela mora do credor; contra, considera-se que, havendo supressão do negócio pela impossibilidade, não queda margem dogmática para uma pretensão de indemnização de despesas (*Aufwendungsersatzanspruch*)[1276];
(3) teoria da obtenção do fim: considera-se que, afinal, a aproximação à teoria da impossibilidade só complica; a obtenção, fora da

[1273] Volker Beuthien, *Zweckerreichung und Zweckstörung* cit., § 3 (69).
[1274] *Idem*, 70-130; tudo isso assenta em dezenas de estudos monográficos e de análises em obras gerais.
[1275] *Idem*, 70-90 (90).
[1276] *Idem*, 90-101 (101).

via prevista, do fim do credor dá azo a uma problemática própria; ainda então teríamos três possibilidades: (a) é suprimida, apenas, a prestação do devedor, mantendo-se intacta a contraprestação a cargo do credor; (b) a obtenção do fim extingue toda a obrigação: nem o credor nem o devedor têm nada a prestar; (c) a obtenção do fim suprime a obrigação, mas o devedor tem uma pretensão de indemnização pelas despesas, contratual ou extracontratual; tais orientações acabam por não dar uma resposta ao problema em aberto[1277];

(4) teorias da base do negócio: a obtenção do fim do negócio fora dos quadros do contrato ou a sua supressão implicariam a base que levou as partes à contratação; seguir-se-ia a aplicação de um regime, na época assente na boa-fé e no § 242 do BGB; entre nós, no artigo 437.º/1: há variantes interessantes; todavia, estamos perante um tema atinente a pontos precisos de vínculos obrigacionais; a alteração das circunstâncias, vasta e insegura, não ajuda[1278];

(5) teorias da distribuição do risco: dada a insuficiência das demais orientações, haveria que regressar ao estrito regime da impossibilidade; todavia, este deveria ser complementado com as regras sobre o risco, seja na base dos regimes previstos para certos tipos de contratos, seja pela integração de lacunas[1279].

III. Esta última orientação merece os sufrágios da doutrina[1280], devendo ser complementada com a distinção das diversas hipóteses. Assim, enquanto a supressão do substrato da obrigação conduz à impossibilidade objetiva exonerante, a supressão do escopo pretendido é mero assunto do credor[1281]: se se chama um reboque à casa do credor e este vem, deve ser pago, independentemente da utilidade que possa ter[1282].

[1277] *Idem*, 101-106 (106).

[1278] *Idem*, 106-113; recordamos que, a esta orientação, ficou ligado o nome de Karl Larenz o qual, mais tarde, mudaria de opção; também Helmut Köhler, *Unmöglichkeit und Geschäftsgrundlage bei Zweckstörungen im Schuldverhältnis* (1971), 210 pp., 22 ss. e *passim* daria apoio a uma leitura deste tipo.

[1279] *Idem*, 114-130.

[1280] *Idem*, 130-133.

[1281] Georg Casper, no *Staudingers Kommentar* cit., § 275, Nr. 28 (287-288) e Nr. 32 (289-290), com indicações.

[1282] O exemplo é nosso; Georg Casper parece, dele, ter um entendimento diferente.

Retenha-se, ainda, que o BGB reformado contém, no seu § 284, uma regra geral sobre a indemnização por despesas inutilizadas[1283].

## 155. **O Direito lusófono**

I. A problemática do esgotamento, da supressão e da inutilização do escopo das obrigações, bem como a da sua aproximação à impossibilidade foram acolhidas tardiamente. Nesse sentido jogou a ligação do Código de Seabra ao esquema napoleónico, centrado nas ideias de caso fortuito e de força maior. O acolhimento da dogmática romano-germânica fez-se em três frentes:

– pela ideia de que a prestação (...) representa um interesse de qualquer natureza para o credor[1284];
– pela receção das construções do BGB sobre a impossibilidade, levadas a cabo, especialmente, nos preparatórios[1285];
– pelo influxo direto da doutrina sobre o desaparecimento do interesse do credor, paredes-meias com a impossibilidade[1286].

II. O último ponto – o mais direto – foi mérito de Vaz Serra, nos seus preparatórios. Partindo fundamentalmente do manual de Enneccerus/ /Lehmann[1287] e apoiando-se na doutrina italiana quanto à inserção do

[1283] *Tratado* II, 4.ª ed., 242 ss., com indicações, especialmente Maria de Lurdes Pereira, *A indemnização de despesas inutilizadas na responsabilidade obrigacional* (2012); *vide* Astrid Stadler, no *Jauernigs Kommentar* cit., 15.ª ed., § 284 (325-327), onde podem ser confrontados outros elementos.

[1284] As palavras são de Guilherme Moreira, *Instituições de Direito civil* cit., 2, n.º 2 (8); também n.º 5 (16).

[1285] Adriano Vaz Serra, *Impossibilidade superveniente* cit., 5 ss..

[1286] *Idem*, 134 ss.. Recordamos que o título completo desta obra é *Impossibilidade superveniente por causa não-imputável ao devedor e desaparecimento do interesse do credor*; diz-se, aí, p. 134:

> A obrigação, que supõe conceitualmente um *interesse* digno de protecção do *credor*, deve extinguir-se quando este interesse desapareça.

[1287] Adriano Vaz Serra, *Impossibilidade superveniente* cit., 134, nota 245; o Autor cita a 13.ª ed. original; segue, depois, a trad. cast.; *vide*, aí, *Derecho de obligaciones* cit., § 225, 1, onde, efetivamente, consta um resumo da matéria, com ordenação das doutrinas então existentes.

"interesse" nos elementos da obrigação – recorde-se o artigo 1174.º do Código italiano[1288] – Vaz Serra propôs mesmo o preceito seguinte[1289]:

> 1. A obrigação extingue-se, quando desaparecer o interesse do credor, que a justificava. Diz-se isso quando o fim da obrigação não pode já ser alcançado ou quando é obtido por meio não conexo com a obrigação e o credor não tem um direito de indemnização.
> 2. O interesse do credor e o fim da obrigação, para o efeito previsto no parágrafo antecedente, devem depreender-se do conteúdo do negócio.

Tal regra era complementada com outras e, designadamente:

> Quando a obrigação se extinguir em virtude da realização do seu fim, tem o devedor, não obstante, o direito de exigir do credor a indemnização das despesas e dos mais danos de confiança a ele causados pela proposta do mesmo credor. Ressalva-se o maior direito que, por outro motivo, caiba ao devedor.

Estes preceitos não tiveram seguimento, nos preparatórios subsequentes[1290].

III. Divulgado o tema, a doutrina posterior mais cuidadosa passou a referi-lo: em obras gerais[1291] e em sempre interessantes estudos monográficos, com relevo para Baptista Machado[1292], Calvão da Silva[1293] e Maria de Lurdes Pereira[1294]. A argumentação disponível, sempre de nível ele-

1288 *Tratado* VI, 2.ª ed., 347.

1289 Adriano Vaz Serra, *Impossibilidade superveniente por causa não-imputável ao devedor* cit., 142.

1290 O próprio Vaz Serra abandoná-los-ia, no seu anteprojeto global sobre o Direito das obrigações.

1291 Como exemplos: João Antunes Varela, *Das obrigações em geral* cit., 2, 7.ª ed., 75-78 e 85; Jorge Ribeiro de Faria, *Direito das obrigações* 2 (1988), 359-364; Luís Menezes Leitão, *Direito das obrigações* cit., 2, 9.ª ed., 116-118 e 119-120.

1292 João Baptista Machado, *Risco contratual e mora do credor (Risco da perda do valor-utilidade ou do rendimento da prestação e de desperdício da capacidade de prestar vinculada)* (1984-1985) = *Obra dispersa* I (1991), 257-343 (305 ss.).

1293 João Calvão da Silva, *Cumprimento e sanção pecuniária compulsória* cit., 82 ss..

1294 Maria de Lurdes Pereira, *Conceito de prestação e destino da contraprestação* (2001), 325 pp., 219 ss. e *passim*.

vado, não permite extrair uma ideia unívoca quanto ao problema, embora faculte certos parâmetros gerais. Assim, tem-se entendido que:

- a prestação engloba o interesse do credor, pelo que a supressão deste envolve a daquela (Vaz Serra);
- embora não englobando o interesse do credor, a prestação depende de elementos exteriores à vontade do devedor, que podem impossibilitá-la (Antunes Varela);
- a prestação deve ser entendida como obtenção do resultado; a inviabilidade deste bloqueá-la-ia (Baptista Machado e Lurdes Pereira);
- não há qualquer impossibilidade, uma vez que a ação abstrata de prestar se mantém; porém, como o credor não retira qualquer benefício dessa ação, a realização da prestação é disfuncional, pelo que pode haver equiparação à impossibilidade (Menezes Leitão).

IV. Mais complicado, porém, se torna a determinação das consequências das perturbações do fim da prestação na contraprestação que, eventualmente, esteja em causa. Nesse ponto, a doutrina diverge; defende-se, designadamente:

- o apelo à alteração das circunstâncias (Vaz Serra)[1295];
- a aplicação analógica do artigo 468.º/1 (gestão de negócios): o devedor teria o direito a ser indemnizado pelas despesas que fundadamente tenha considerado indispensáveis e do prejuízo sofrido (Antunes Varela)[1296];
- o recurso alargado ao artigo 1227.º segundo o qual, na empreitada, havendo impossibilidade de executar a obra, cabe ao dono da obra indemnizar o empreiteiro do trabalho executado e das despesas realizadas (Baptista Machado[1297], Ribeiro de Faria[1298], Menezes Leitão[1299] e Brandão Proença[1300]);

[1295] Adriano Vaz Serra, anot. a STJ 6-abr.-1979 (Costa Soares), BMJ 276 (1979), 253-264 = RLJ 111 (1979), 338-345, *idem*, 345-352 e 354-356 (348).

[1296] João Antunes Varela, *Das obrigações em geral* cit., 2, 85.

[1297] João Baptista Machado, *Risco contratual e mora do credor*, em *Obra dispersa* cit., 1, 306.

[1298] Jorge Ribeiro de Faria, *Direito das obrigações* cit., 2, 306.

[1299] Luís Menezes Leitão, *Direito das obrigações* cit., II, 9.ª ed., 120.

[1300] José Carlos Brandão Proença, *Lições de cumprimento e não cumprimento das obrigações* cit., 190.

– a distinção de várias sub-hipóteses, havendo fundamentalmente que aplicar ora o artigo 795.º/2, quando a impossibilidade decorra do credor, reforçado pelos artigos 1229.º (empreitada), 1172.º, *c*) (mandato), 1194.º (depósito) e 1147.º (mútuo) e o artigo 815.º/2 (mora do credor) (Lurdes Pereira)[1301].

No fundo, o parâmetro geral é o de que, na perturbação séria do fim da obrigação, o vínculo extingue-se por impossibilidade; todavia, o devedor tem direito a ser indemnizado pelas despesas e pelos prejuízos.

## 156. As impossibilidades imperfeitas (posição defendida)

I. A agitação jurídico-científica havida, há mais de século e meio, em torno da impossibilidade superveniente não-imputável obriga a um esforço prévio de aclaração.

Afigura-se-nos menos adequado tecer um "Direito de impossibilidade". Na base de tal "Direito", tem-se procurado reconstruir o conceito de prestação e mexer nas ideias de vínculo obrigacional, de sinalagma e de risco. Ora o desafio está em solucionar esta temática com base na geografia geral do Direito das obrigações. Só assim poderemos, em última análise, constatar se se requerem valorações próprias e qual a sua extensão.

De seguida, cabe sublinhar a natureza integrada das soluções. Nenhuma norma tem uma aplicação isolada. Perante cada problema, toda a Ordem Jurídica é convocada. A essa luz, vários dos problemas reconduzidos ao esgotamento do escopo ou às suas supressão ou perturbação encontram saída em face de institutos descritíveis.

II. Como ponto de partida, temos o vínculo obrigacional. Este, como tem sido dito e redito (embora pareça esquecido, em muitos desenvolvimentos sobre a supressão ou a perturbação do escopo) é complexo: não se esgota nas prestações principais, antes envolvendo prestações secundárias e deveres acessórios. Quanto à prestação: em definitivo, ela é *Leistungserfolg* ou prestação de resultado[1302]. E o resultado surge, ainda, como o

[1301] Maria de Lurdes Pereira, *Conceito de prestação e destino da contraprestação* cit., 219 ss., 237 ss., 265 ss., 267 ss. e 312-313 (a síntese).

[1302] *Tratado* VI, 2.ª ed., 477 ss..

escopo pretendido pelo cumprimento[1303]. Quando o resultado não possa ser conseguido ou, sequer, prosseguido, a prestação não é possível.

Na linguagem corrente, particularmente quando se use a língua portuguesa, somos levados, por vezes, a descrever uma prestação fazendo um apelo vocabular à ação (p. ex., operar) e ao resultado (p.ex., um paciente, visando a cura, as melhoras ou, pelo menos, um paliativo). Ontologicamente, isso não é possível: operar + paciente + técnica cirúrgica surgem como um todo incindível. Retirar, por "impossibilidade", um dos temas dessa equação é impossibilitar o conjunto.

A esta luz, cabe sufragar a orientação romano-germânica sedimentada desde Friedrich Mommsen: o esgotamento do resultado (verificado, designadamente, quando este ocorra independentemente da atuação do devedor), a supressão do escopo (morte do paciente antes da intervenção cirúrgica) ou a sua perturbação (anulação do espetáculo, quando fora alugado um autocarro para levar espectadores) atinge as prestações em jogo. Ainda que elas pudessem ser executadas, transformar-se-iam numa pantomina: já não serviriam para o pretendido.

III. Numa situação dessas, desaparece um dever de prestar principal. Mas mantém-se, sendo a situação sinalagmática e nada sendo feito, o contradever principal, a cargo da outra parte e, ainda, todos os deveres de prestar secundários, bem como os (importantes) deveres acessórios. Ao contrário do que se dizia (e, por vezes, se continua a pensar) a impossibilidade não extingue o vínculo obrigacional: apenas atinge uma determinada prestação principal. Pelo contrário: sucederá mesmo, em regra, que sendo atingida uma prestação principal, os deveres acessórios se intensifiquem, para protegerem, condigna e equilibradamente, as partes envolvidas, perante a (grave) crise que veio atingir a relação obrigacional.

Por exemplo: é pedido um reboque para um veículo que, entretanto, começa a funcionar; há que avisar, de imediato, a empresa rebocadora de que o serviço já não é possível; não sendo isso viável, deve alguém permanecer no local para informar o pessoal técnico e prevenir mais danos; o paciente morre antes da intervenção: cabe alertar a clínica para libertar o bloco operatório e a equipa cirúrgica, para poder atender outros pacientes; é cancelado o espetáculo: todas as estruturas de apoio, incluindo os transportes, devem, logo, ser desmobilizadas.

[1303] *Supra*, 156.

Em todos estes casos, há que observar os deveres de segurança e de lealdade, para que não se multipliquem as despesas e os danos.

A cessação de um dever de prestar principal, designadamente por esgotamento, supressão ou perturbação do seu escopo, não é uma verdadeira impossibilidade que atinja toda a obrigação. Por isso, propomos, para o fenómeno, a designação genérica de "impossibilidades imperfeitas".

IV. Dados estes primeiros passos, há que prosseguir. Sob as impossibilidades imperfeitas, com a trilogia clássica das *Zweckerreichung*, *Zweckverfehlung* e *Zweckvereitelung* abrigam-se, na realidade, situações muito distintas, que devem ser desfibradas caso a caso. Assim:

- quanto ao escopo da prestação: ele releva se estiver incorporado na própria prestação ou se, como tal, for considerado contratualmente, pelas partes; em muitos casos, porém, ele apenas diz respeito ao credor: se se chama um reboque, pode ser para desempanar um automóvel; mas pode visar, simplesmente, levar um automóvel a uma inspeção ou a um museu; o rebocador nada tem a ver com o assunto; ou se se aluga um autocarro, tal pode visar uma infinidade de objetivos, estranhos ao devedor e à prestação; não se pode confundir o "resultado" (*Erfolg*) da prestação com os desejos subjetivos pessoais do credor;
- quanto ao sinalagma: ele pode ser mais ou menos extenso; em regra, ele apenas visa a disponibilidade da prestação e não o modo da sua concretização; ora a frustração do escopo não toca nessa disponibilidade.

V. Isto dito, podemos avançar. Assim:

- nas prestações de coisa, o escopo é simplesmente a entrega; se a coisa se tornou inútil para o credor (comprou-se um guarda-chuva e, afinal, fez sol) o problema é dele: não há qualquer impossibilidade;
- nas prestações de facto e salvo se houver estipulação ou norma em contrário, o credor não pode desistir (Lurdes Pereira): uma regra confirmada para o mandato (1172.º), aplicável às diversas prestações de serviço (1156.º)[1304], para o depósito (1194.º) e para

[1304] O artigo 468.º/1 relativo à gestão de negócios, também pode ser referido; todavia, ele não diz respeito a uma situação contratualizada.

a empreitada (1227.º); em regra, a inutilização prática do serviço é problema do credor (encomenda-se um banquete de casamento, mas a noiva foge).

Impor-se-ia uma interpretação restritiva do artigo 795.º/1, na parte em que dispõe "fica o credor desobrigado da contraprestação" ou apurar-se-ia uma lacuna, a integrar, designadamente pelo artigo 1227.º? Nem tanto.

VI. O artigo 795.º/1, como se afigura assente, perante a atual dogmática obrigacionista visa, apenas, as prestações principais verdadeiramente impossibilitadas. O vínculo obrigacional complexo subsiste, com as consequências acima apontadas e, designadamente: com a manutenção de deveres acessórios, que podem redundar numa relação de liquidação e de acerto de contas.

Na dúvida – e, portanto, não se provando a impossibilidade efetiva e não imputável – a frustração do escopo é risco do credor, que não recebe a prestação: o devedor da contraprestação guarda o direito a esta e tem o direito a ser indemnizado pelas maiores despesas (816.º).

Nos contratos de vulto, recomendamos que as hipóteses de desistência e de esgotamento, de supressão ou de perturbação do escopo sejam devidamente reguladas pelas partes.

## § 34.º O *COMMODUM* DE REPRESENTAÇÃO; REGIME DO RISCO

### 157. Origem e evolução

I. A impossibilidade superveniente de uma prestação pode ter consequências vantajosas para o devedor. Assim, em substituição da prestação bloqueada, ele pode adquirir um direito sobre uma coisa ou uma prestação contra um terceiro. Por exemplo: o devedor obrigado a entregar um automóvel pode ficar impossibilitado de o fazer por o mesmo ter sido destruído num acidente; todavia, em substituição do automóvel, terá o direito a uma indemnização, do responsável e/ou da seguradora. O artigo 794.º prevê, nessa hipótese, que o credor possa exigir, do devedor, a coisa ou o direito derivados da destruição. O próprio credor terá direito à indemnização substitutiva do automóvel. Tradicionalmente chama-se, a este tipo de substituição ou sub-rogação real, o *commodum* da prestação.

II. O princípio de que a vantagem (o *commodum*) deve caber a quem corra o risco tem base romana. Segundo as *institutiones* de Justiniano[1305],

> (...) commodum eius esse debet, cuius periculum est [a vantagem deve caber àquele que corre o risco].

A regra foi aprofundada ao longo dos séculos, surgindo nos estudiosos do século XIX[1306], incluindo Friedrich Mommsen[1307]: quando exonerado do dever de prestar, por impossibilidade superveniente, o devedor

[1305] I. 3.23.3 = ed. Okko Behrends e outros cit., 184.

[1306] Assim, Rudolf von Jhering, *Abhandlungen aus dem römischen Recht* (1844), VII + 262 pp., 40 ss..

[1307] Friedrich Mommsen, *Erörterungen aus dem Obligationenrecht/1. Erörterung über die Regel: Commodum ejus esse debet, cujus periculum est* (1859), 144 pp., 76 ss., com a fórmula a p. 144.

teria, todavia, de entregar ao credor aquilo que tenha recebido em troca da prestação fracassada[1308]. Essa regra passou ao § 281 do BGB, versão inicial, tendo obtido diversas análises[1309]. A matéria foi aprofundada[1310], não tendo faltado estudos históricos[1311] e estudos comparatísticos[1312]. Com a reforma de 2000/2001 o preceito manteve-se, sendo renumerado como § 285[1313].

III. O *commodum* de representação foi acolhido no Código Napoleão. Segundo o seu artigo 1303.º,

> Quando a coisa pereça, seja posta fora do comércio ou se perca, sem *faute* do devedor, fica este obrigado, se houver direitos ou ações de indemnização relativamente a essa coisa, a cedê-las ao seu credor.

[1308] Bernhard Windscheid/Theodor Kipp, *Lehrbuch des Pandektenrechts* cit., § 264, 2 (II, 93-94).

[1309] Foram confrontados Franz Haymann, *Zuwendung aus fremdem Vermögen*, JhJb 77 (1927), 188-296 (234 ss., especialmente 288 ss.); Gerhard Kleinhempel, *Das Recht des Gläubigers auf Ersatzherausgabe bei Unmöglichwerden der geschuldeten Leistung* (1927), V + 57 pp.; Heinrich Scheele, *Das stellvertrende Commodum nach § 281 BGB* (1931), X + 41 pp.; nas vésperas da reforma: Ulrich Büdenbender, *Rückgewährausprüche im Bürgerlichen Recht*, JuS 1998, 227-233 (228).

[1310] Werner Himmelmann, *Die Ersatzherausgabe nach § 281 Abs. 1 BGB* (1965), XIII + 130 pp.; Paul Pfammatter, *Der Anspruch auf das stellvertrende Commodum* (1983), 103 pp..

[1311] Hans Günther Ulrich, *Doppelverkauf und stellvertrendes commodum: von D. 18.4.21 zu § 281 BGB* (1990), 142 pp..

[1312] Raimund Bollenberger, *Das stellvertrendes Commodum* (1994), XXI + 467 pp., relativamente aos Direitos austríaco e alemão; Henning Meyer, *Ersatz und Erlösherausgabe: die Verkäuferhaftung nach § 281 BGB rechtsvergleichend zum anglo-amerikanischen Recht* (1999), XV + 367 pp., quanto aos Direitos alemão e anglo-saxónico; *vide*, ainda, Franz Hofmann, em escrito citado na nota seguinte.

[1313] Georg Caspers, no *Staudingers Kommentar* cit., (2014), § 285 (824-846), com muitas indicações; *vide*, ainda, Manfred Löwisch, *Herausgabe von Ersatzverdienst/Zur Anwendbarkeit von § 285 BGB aud Dienst- und Arbeitsverträge*, NJW 2003, 2049-2053; Matthias Lehmann/Sabine Zschache, *Das stellvertrende commodum*, JuS 2006, 502-507; Franz Hofmann, *Gewinngerausgabe bei Vertragswerletzungen/"Bereicherungsrechtliche" Überlegungen unter Berücksichtigung des englischen Rechts*, AcP 213 (2013), 470-506 (477 ss.).

O Código de Seabra era pouco explícito. Todavia, nos seus artigos 1308.º e 1309.º, a propósito da parceria pecuária, previa[1314]:

> 1308.º Se os animaes perecerem por caso fortuito, será a perda por conta do proprietario.
>
> 1309.º Se algum proveito se podér tirar dos animaes que morrerem, tal proveito pertencerá ao proprietario, ficando responsavel por isso o parceiro pensador.

Este preceito permitia algumas (tímidas) generalizações[1315]. Coube a Vaz Serra, apoiado no Direito alemão[1316], subscrever a doutrina do *commodum*[1317] e fazer a proposta básica (11.º)[1318] que hoje surge no artigo 794.º.

IV. Dogmaticamente, o *commodum* da representação tem sido, no Direito alemão, reconduzido às valorações próprias do enriquecimento sem causa[1319]. O seu papel é marcante no universo dos seguros[1320].

## 158. **O regime**

I. O *commodum* de representação, com os antecedentes acima apontados surge, pois, no artigo 794.º[1321]. Este preceito prevê os requisitos seguintes:

[1314] José Dias Ferreira, *Código civil annotado* cit., 3, 1.ª ed., 348 e 2, 2.ª ed., 514.

[1315] Guilherme Moreira, *Instituições de Direito civil* cit., 2, 131.

[1316] Em especial, em Ludwig Enneccerus/Heinrich Lehmann, *Recht der Schuldverhältnisse* cit., § 46, II (202-203).

[1317] Adriano Vaz Serra, *Impossibilidade superveniente por causa não-imputável ao devedor* cit., 56 ss..

[1318] *Idem*, 127-128.

[1319] Felix Hartmann, *Der Anspruch auf das stellvertrende commodum* (2007), XXII + 375 pp., 7 ss.; esta obra constitui, ainda hoje, o escrito de referência sobre este tema. Quanto aos pressupostos e as consequências do *commodum vide*, aí, 85 ss. e 245 ss..

[1320] Tilman Bezzenberger, *Ersatzherausgabe und Versicherung beim Grundstückskaufvertrag in der Schwebe*, FS Klaus Moch 70. (2009), 39-54.

[1321] Nuno Pinto Oliveira, *Direito dos contratos* (2011), 738-747; José Carlos Brandão Proença, *Lições de cumprimento e de não cumprimento das obrigações* cit., 178-180.

(a) uma situação de impossibilidade da prestação: não se especifica o tipo de impossibilidade pelo que, em princípio, poderá ser qualquer um;
(b) pelo facto da impossibilidade, o devedor tem um direito sobre uma coisa ou contra um terceiro;
(c) esse direito vem substituir o objeto da prestação.

Reunidos esses pontos, o credor tem o direito potestativo de exigir a prestação dessa coisa ou de substituir-se ao devedor no direito que este tiver obtido quanto ao terceiro.

II. Conforme adiantado, o beneficiário do *commodum* tem um direito a fazê-lo seu: exercê-lo-á ou não, consoante as circunstâncias. A hipótese mais frequente é a de se tratar de uma indemnização, a pagar ao devedor pela perda da coisa, designadamente por uma entidade seguradora[1322]. A titularidade do direito em jogo é adquirida potestativamente: basta uma manifestação de vontade, nesse sentido. Por essa via, o credor opõe, indiretamente, o seu crédito a um terceiro[1323].

III. O artigo 794.º visa a impossibilidade não-imputável. O artigo 803.º alarga o *commodum* de representação à hipótese de impossibilidade imputável ao devedor (n.º 1); se o credor fizer uso dele, o montante da indemnização a que tenha direito é reduzido na medida correspondente (n.º 2).

Sendo a impossibilidade imputável ao próprio credor, não há direito ao *commodum*. Mas o valor deste pode ser descontado na contraprestação a que o credor continua vinculado: dispõe o artigo 795.º/2, 2.ª parte.

## 159. **O risco**

I. As realidades humanas sofrem flutuações incontornáveis: implicam uma margem de incerteza, ora favorável, ora desfavorável. A álea daí resultante é inevitável: a Humanidade, quer individual quer coletivamente, tem de viver com ela. E o Direito, em certas margens, dispõe para

[1322] *Direito dos seguros*, 2.ª ed. (2016), 809 ss.: o segurador, por seu turno, fica sub-rogado nos direitos do segurado contra o terceiro responsável pelo sinistro.

[1323] RPt 10-mar.-1994 (Carlos Matias), CJ XIX (1994) 2, 197-199 (199/I).

a eventualidade de tais flutuações. Diz-se risco a possibilidade de essas flutuações se concretizarem num sentido desfavorável: normalmente pela supressão ou pela diminuição de uma vantagem existente ou esperada. Temos duas importantes disciplinas jurídicas, que se ocupam do risco e dos modos de o eliminar ou reduzir: o Direito dos seguros[1324] e o Direito das garantias[1325].

II. O Direito reconhece, às pessoas, determinadas posições favoráveis, normalmente sob a forma de direitos. Como contraface, aos beneficiários assistem riscos. Ao proprietário, o de a sua coisa se deteriorar ou se perder; ao credor, o de o devedor não cumprir, ficar insolvente ou, simplesmente, não poder executar a prestação, por impossibilidade superveniente; a qualquer pessoa, o de ver desaparecer os seus bens de personalidade e, no limite (inevitável) o de perder a própria vida. Torna-se possível exprimir boa parte da regulação jurídica sob a forma de imputação de riscos.

III. O Código Civil optou por, no seguimento das regras sobre a impossibilidade superveniente não imputável, referir algumas regras sobre a repartição do risco: artigo 796.°. Além disso, surgem normas sobre o risco em diversos tipos contratuais[1326] e, em especial, na locação (1032.° e 1040.°), no comodato (1136.°), no mútuo (1149.°) e na empreitada (1227.° e 1228.°). Em Direitos Reais, diversos preceitos visam, direta ou indiretamente, o risco. A regra básica, sempre presente quando nada obste, é simples e justa: *res domino suo perit* ou a coisa perde-se para o seu dono. Quem tem uma vantagem corre o risco da sua supressão: além de adequado, esse princípio é de funcionamento automático.

IV. O artigo 796.° veio clarificar o regime do risco quando haja transação de coisas. Comporta três regras:

– nos contratos com eficácia real, o risco do perecimento ou da deterioração da coisa não imputável ao alienante corre por conta do adquirente (n.° 1)[1327]; nessa linha, a destruição por incêndio de

[1324] *Direito dos seguros*, 2.ª ed., 537 ss..

[1325] *Tratado* X, 30 ss. e *passim*.

[1326] Nuno Aureliano, *O risco nos contratos de alienação* (2009), 550 pp..

[1327] STJ 10-nov.-2011 (Paulo Sá), Proc. 1300/09; em aplicação desta regra, o risco no depósito bancário, que sendo um depósito irregular implica transferência da coisa para o depositário, corre por este.

2.000 máquinas de café, já alienadas mas não entregues, corre pelo adquirente[1328]; mas como a venda de eucaliptos não provoca a transferência do domínio para o adquirente, enquanto não houver corte, a sua perda pelo fogo é risco do alienante[1329];

- não obstante, se a coisa alienada continuar em poder do alienante em consequência do termo constituído em seu favor, o risco só se transfere com o vencimento do termo ou a entrega da coisa, salvo o 807.º (inversão do risco, havendo mora) (n.º 2); assim, na venda de uma fração autónoma, se os vendedores se mantêm na posse do local para terminarem as obras, o risco é destes: só se transfere para os compradores com a entrega[1330]; a regra pode ser bilateralizada: na venda com reserva de propriedade, o risco corre pelo adquirente, desde o momento em que a coisa lhe seja entregue[1331];
- no contrato sob condição resolutiva, o risco na pendência corre pelo adquirente, se a coisa lhe tiver sido entregue; sendo a condição suspensiva, o risco corre pelo alienante, na pendência da condição (n.º 3).

V. O artigo 797.º estatui sobre a promessa de envio: um preceito que, materialmente, pode ser considerado comercial. Quando, por força de convenção, o alienante de uma coisa deva enviá-la para um local diferente do do cumprimento, a transferência do risco opera com a entrega ao transportador ou ao expedidor da coisa ou à pessoa indicada para a execução do envio. Estas situações são frequentes no campo do comércio internacional[1332], sendo, aí, objeto de cláusulas tipificadas pela prática: os *incoterms*[1333].

[1328] STJ 9-out.-2003 (Lucas Coelho), Proc. 02B3286.

[1329] STJ 10-abr.-1997 (Sampaio da Nóvoa), BMJ 466 (1997), 477-484 (483).

[1330] STJ 6-jul.-2006 (Alberto Sobrinho), CJ/Supremo XIV (2006) 2, 136-139 (138/II).

[1331] STJ 5-mar.-1996 (Pereira da Graça), CJ/Supremo IV (1996) 1, 119-122 (121/II).

[1332] Luís de Lima Pinheiro, *A passagem do risco do preço na venda internacional de mercadorias*, O Direito 139 (2007), 757-767.

[1333] *Direito comercial*, 4.ª ed. (2016), 829 ss..

VI. Nos contratos celebrados com consumidores, as regras respeitantes à distribuição do risco não podem ser alteradas por cláusulas contratuais gerais: artigo 21.º, *f*) da respetiva lei, aprovada pelo Decreto-Lei n.º 446/85, de 25 de outubro[1334].

[1334] *Tratado* II, 4.ª ed., 461, com indicações jurisprudenciais.

SECÇÃO III

# A IMPOSSIBILIDADE IMPUTÁVEL

## § 35.º A IMPOSSIBILIDADE IMPUTÁVEL AO DEVEDOR

### 160. **Origem e evolução do instituto**

I. O Direito da perturbação das prestações de origem romano-germânica estava centrado na ideia da impossibilidade. Perante uma obrigação e a não ocorrer um adimplemento adequado, uma de duas: ou havia mora e ainda poderia sobrevir um cumprimento, acompanhado por uma indemnização ou se verificava a inexequibilidade da prestação e surgiria a impossibilidade. Esta geometria levava, depois, a distinguir a impossibilidade casual da impossibilidade imputável ao devedor, isto é, causada, de alguma forma, por este. A impossibilidade casual extinguia a obrigação, enquanto a imputável ao devedor daria azo a dever de indemnizar.

II. O BGB, na sua versão inicial, previa, no § 280/1:

> Caso a prestação, em consequência de circunstâncias imputáveis ao devedor, se torne impossível, deve este indemnizar o credor pelos danos derivados do não-cumprimento.

Esta circunstância e o peso doutrinário a ela associado[1335] levaram Vaz Serra a propor um espaço normativo autónomo para a impossibilidade

[1335] Por exemplo: Ludwig Enneccerus/Heinrich Lehmann, *Recht der Schuldverhältnisse* cit., § 48 (208-211); Karl Larenz, *Lehrbuch des Schuldrechts* cit., I/1, § 22 (332-342).

imputável ao devedor[1336]: uma opção que, passando através das revisões ministeriais, tem hoje guarida nos artigos 801.° a 803.° do Código Civil.

III. O antigo § 280 do BGB foi revogado pela reforma alemã das obrigações, de 2001/2002. O paradigma do Direito da perturbação das prestações foi alterado: centra-se, agora e como tem sido explicado ao longo da presente obra, na violação de um dever: o novo § 280[1337].

Com efeito, a autonomização de uma impossibilidade imputável ao devedor, como forma de chegar à conclusão de que há incumprimento e que cumpre indemnizar afigura-se, perante a atual dogmática, como um desvio desnecessário. Por certo que ao inviabilizar a prestação, o devedor coloca-se numa situação de não-retorno, em tudo semelhante ao incumprimento puro e duro.

IV. O artigo 801.°/1 tem, assim, um significado prático escasso. Apenas dá (ou dava) azo a algumas dificuldades de construção dogmática. De resto, verificamos que mesmo os autores implicados na sua redação, como Antunes Varela, remetiam a impossibilidade imputável ao devedor para o não-cumprimento, concedendo-lhe linhas escassas[1338]: uma opção que para a doutrina recente, por maioria de razão, não suscita qualquer dúvida[1339].

## 161. A impossibilidade culposa; utilidade

I. Mau grado o escasso entusiasmo suscitado pela figura da impossibilidade imputável ao devedor, os artigos 801.° a 803.° ocupam um espaço regulativo a ter em conta. À sua sombra encontramos, de resto, regras importantes, como a da resolução por incumprimento que cumpre relevar.

[1336] Adriano Vaz Serra, *Impossibilidade superveniente e cumprimento imperfeito imputáveis ao devedor* cit., 5 ss.; note-se que em apoio, para além do § 280 do BGB, este Autor cita preceitos, como o artigo 705.° do Código de Seabra e o artigo 1218.° do Código italiano, que se reportam, tão-só, ao incumprimento.

[1337] Astrid Stadler, no *Jauernig Kommentar* cit., 15.ª ed., § 280 (304 ss.); numa perspetiva histórica: Martin Josef Schermaier, no HKK/BGB cit., II/1, vor §§ 280-285, Nr. 1 ss. (1180 ss.). Quanto à "supressão" da impossibilidade imputável ao devedor, *vide*, p. ex., Roland Schwarze, no *Staudingers Kommentar* cit., § 325, Nr. 1 (459).

[1338] João Antunes Varela, *Das obrigações em geral* cit., 2, 7.ª ed., 91.

[1339] Luís Menezes Leitão, *Direito das obrigações* cit., 9.ª ed., 257-258.

II. O devedor "impossibilita" a prestação em situações deste tipo:

- devendo entregar uma coisa, destrói-a, perde-a ou deteriora-a de tal modo que ela se torna inaproveitável para executar a prestação;
- cabendo-lhe transferir um direito sobre uma coisa, ele opte por destruí-la ou aliená-la a um terceiro;
- assistindo-lhe uma prestação de *facere*, ele se coloque numa situação tal que a inviabilize: parte em viagem, assume deveres incompatíveis, despoja-se dos meios materiais necessários ou não os adquire em tempo útil;
- sendo necessário viabilizar juridicamente o cumprimento (por exemplo, obtendo licenças ou autorizações), ele não execute as prestações secundárias envolvidas.

Todas estas ocorrências integram uma ideia comum de não-cumprimento. A especialidade reside em elas rodearem-se de circunstâncias que poderiam permitir, ao devedor, apresentar-se como desculpado: não teria cumprido por isso não ser possível. A problemática redundaria, tão-só, na prova.

III. A letra do artigo 801.º permite sugerir que, ao impossibilitar a prestação, o devedor incorreria numa presunção inilidível de culpa: (...) é este responsável como se faltasse culposamente ao cumprimento da obrigação. Vamos ver.

O devedor inadimplente integra uma presunção de culpa (799.º). Uma breve reflexão permite concluir que essa presunção envolve a da ilicitude: não pode haver culpa sem ilicitude[1340]. Bastará ao credor demonstrar a obrigação e a falta de cumprimento para se presumir o não-cumprimento culposo, normalmente sob a forma de mora (804.º): ao devedor caberá demonstrar uma causa de justificação ou uma causa de excusa. Se o credor for mais longe e provar que o devedor não só não cumpriu como, também, impossibilitou qualquer cumprimento ulterior, conserva-se a presunção de culpa-ilicitude. Mas vai-se mais longe, poupando uma etapa: não há mora, antes se passando logo ao incumprimento definitivo. A mora pressupõe que a prestação ainda seja possível (804.º/2).

[1340] *Tratado* VIII, 378 ss..

IV. Inferimos daqui que, mau grado a dispensabilidade (pelo prisma de uma hipotética reforma "à alemã") da impossibilidade imputável ao devedor, esta tem uma utilidade prática: a demonstrar-se, isenta o credor da via sacra da: (1) interpelação; (2) mora; (3) interpelação admonitória; (4) ultrapassagem do prazo razoável ou; (5) perda do "interesse" na prestação (808.°/1). A reação da Ordem Jurídica é mais rápida e, daí: mais eficaz.

## 162. Indemnização e resolução

I. Perante o não-cumprimento culposo (801.°/1), o credor tem direito à indemnização (798.°). Trata-se de um ponto claro e incontroverso, restando remeter para a competente rubrica[1341].

O artigo 801.°/2 acrescenta uma regra da maior importância: num contrato com prestações recíprocas, o credor, para além da indemnização, pode resolver o contrato. Com isso desvincula-se, ele próprio, da contraprestação e podendo, se já a tiver efetuado, exigir a sua restituição por inteiro.

II. A resolução traduz um ponto fraco do Direito civil lusófono. Os artigos 432.° a 436.° regulam-na, admitindo-a quando fundada na lei ou em convenção. Quanto à lei: para além de preceitos especiais, ela vem consagrada, em geral, precisamente (apenas) a propósito da impossibilidade superveniente imputável ao devedor (801.°/2) e, ao que parece e implicitamente, quando ocorra impossibilidade casual (795.°/1). Falta – pelo menos expressamente – a resolução onde seria expectável encontrá-la, em primeira linha: a propósito do incumprimento definitivo. Veremos, na competente rubrica, como ultrapassar estas dificuldades[1342].

III. O artigo 802.° desenvolve a resolução a propósito da impossibilidade parcial. Sendo esse o caso, o credor tem os "direitos" seguintes[1343] (n.° 1):

[1341] *Infra*, 386 ss..

[1342] *Infra*, 916 ss..

[1343] Trata-se de poderes ou de direitos potestativos.

- o de resolver o negócio por inteiro, salvo se o não-cumprimento parcial[1344], atendendo ao seu interesse, tiver escassa importância (802.º/2); ou
- o de exigir o cumprimento da parcela que se mantiver possível, reduzindo a sua contraprestação, se for devida;
- em qualquer caso: o direito à indemnização.

IV. Como foi visto[1345], na hipótese de impossibilidade imputável ao devedor, opera o esquema do *commodum* de representação (803.º/1). Funcionando este, o montante da indemnização a que o credor tenha direito é reduzido na medida correspondente (803.º/2).

[1344] Registe-se que o legislador teve, aqui, um ato falhado: refere "não-cumprimento parcial" e não, como seria de esperar "a impossibilidade parcial".

[1345] *Supra*, 368 ss..

## § 36.º A IMPOSSIBILIDADE IMPUTÁVEL AO CREDOR

### 163. O problema

I. A realização da prestação devida pode, como foi visto, requerer a colaboração do credor ou, pelo menos, uma aceitação da sua parte: temos a mora do credor (813.º)[1346]. Esta tem várias consequências desvantajosas para o credor em mora: (1) o devedor só responde por dolo, quanto ao objeto da prestação (814.º/1, 1.ª parte); (2) quanto aos proventos, só responde pelos que haja percebido (814.º/1, 2.ª parte); (3) a dívida deixa de vencer juros (814.º/2); (4) o risco de impossibilidade superveniente não imputável a dolo do devedor corre pelo credor (815.º/1); (5) sendo o contrato bilateral, o credor que perca o seu crédito, total ou parcialmente, por impossibilidade superveniente, não fica exonerado da contraprestação, apenas podendo descontar, nesta, algum benefício que o devedor tenha recebido com a extinção (815.º/2); (6) o credor deve indemnizar o devedor das maiores despesas e da guarda e conservação do objeto da prestação (816.º); (7) o devedor pode extinguir a obrigação por consignação em depósito – 814.º/1, *b*).

A não se fazer uso desta última possibilidade, o direito do credor em mora poderá manter-se indefinidamente até, porventura, ser compensado, *in totum*, com as indemnizações a que o devedor tenha direito.

II. A atitude não-cooperativa do credor pode, todavia, ir mais longe. Ela pode atingir uma intensidade tão grande que impossibilite, pura e simplesmente, a prestação do seu devedor. Assim sucederá quando o próprio credor destrua a coisa que iria receber ou caso ele dê lugar a um circunstancialismo que inviabilize a atuação do devedor: aliena ou destrói o automóvel que este iria reparar; cancela o espetáculo onde o devedor ia atuar;

[1346] *Supra*, 246 ss..

renuncia a uma licença necessária para acolher a prestação, tudo como exemplos.

Se a impossibilidade criada pelo credor for meramente temporária, haverá mora deste; sendo definitiva, a prestação extingue-se, quedando apenas as consequências.

## 164. **A imputabilidade ao credor**

I. O Código Civil dedicou o artigo 795.º/2 ao tema, que pode ser intricado, da impossibilidade imputável ao credor. Na origem temos o estudo preparatório de Vaz Serra, que consagrou algumas linhas à questão[1347]. Terão pesado o § 324 do BGB, versão inicial hoje revogada, relativo à impossibilidade imputável ao credor, bem como as explicações de Enneccerus/Lehmann[1348]; quando o credor impossibilite a prestação:

- o devedor fica liberado, mercê da regra geral do ex-§ 275;
- o credor, pelo contrário, mantém-se adstrito à contraprestação; todavia, se o devedor tiver obtido alguma vantagem suplementar, ela deve ser descontada.

II. Fica em aberto o saber em que medida a prestação se torna impossível "por causa imputável ao credor". Um problema paralelo ocorria em face do revogado § 324 do BGB, quando referia *infolge eines Umstandes, den der andere Teil zu vertreten hat* [em consequência de uma circunstância que seja imputável à outra parte]. Esta questão foi – e é – também muito discutida em Itália, apesar de não haver, no respetivo Código Civil, um preceito expresso[1349]. Vamos ver.

[1347] Adriano Vaz Serra, *Impossibilidade superveniente por causa não-imputável ao devedor* cit., 69-70 e, quanto ao texto que passaria ao Código (12.º/3), 129-130.

[1348] Ludwig Enneccerus/Heinrich Lehmann, *Recht der Schuldverhältnisse* cit., 15.ª ed., § 46, III, 3 (205); Vaz Serra não o cita mas tinha, dele, conhecimento.

[1349] Assim e só no tocante a monografias: Giovanni Stella, *Impossibilità della prestazione per fatto imputabile al creditore* (1995), 351 pp.; Armando Pontecorvo, *L'impossibilità sopravvenuta della prestazione per fatto imputabile al creditore* (2007), XI + 140 pp.; Rafaele Picaro, *L'impossibilità sopravvenuta della prestazione per fatto del creditore* (2012), 351 pp.. Esta literatura é fundamentalmente animada por elementos jurídico-científicos alemães.

III. Desde logo, cumpre manter distinta a impossibilidade imputável ao credor e a mora do mesmo[1350]: neste último caso a prestação ainda é possível[1351]; no primeiro, tal não sucede. A "possibilidade" deve ser aferida, nos termos gerais, em face da aptidão da conduta do devedor atingir o efeito pretendido pelo vínculo obrigacional. Quanto à imputação de responsabilidade ao credor temos, à partida e seguindo Larenz, três orientações[1352]:

(1) teoria lata: o círculo das circunstâncias imputáveis ao credor alarga-se às perturbações ocorridas no seu âmbito de influência e de risco[1353];
(2) teoria média: caberia verificar, perante o contrato, que riscos teriam sido, concludentemente, assumidos pelo credor[1354];
(3) teoria estrita: imputável ao credor significa, apenas, que este tenha adotado uma conduta contrária ao contrato[1355]; esta é, de resto, a posição assumida por Larenz[1356].

A questão pode ainda ser equacionada com recurso à teoria das esferas de risco. De acordo com os tipos contratuais em jogo, em conjunto com as estipulações das partes, seria possível construir áreas cujos eventos seriam imputados ao credor ou ao devedor[1357]. O recurso a "esferas de risco" é sugestivo e obriga a atentar nos diversos contratos, por vezes

[1350] Giovanni Stella, *Impossibilità* cit., 35 ss.; Armando Pontecorvo, *L'impossibilità sopravvenuta* cit., 85 ss.; Rafaele Picaro, *L'impossibilità sopravvenuta* cit., 189 ss..

[1351] Durante a própria mora do credor, pode sobrevir uma situação de impossibilidade a qual, não sendo imputável a dolo do devedor, vai integrar o risco do credor (815.º/1).

[1352] Karl Larenz, *Lehrbuch des Schuldrechts* cit., 1, 14.ª ed., § 25, III (400-401).

[1353] Volker Beuthien, *Zweckerreichung und Zweckstörung* cit., 89, a propósito do *Schiffsfall*.

[1354] Volker Emmerich, no *Münchener Kommentar zum BGB*, 3.ª ed. (1994), § 324, Nr. 9 (1187): há que usar, como se vê, uma edição anterior à reforma de 2001/2002.

[1355] Wolfgang Fikentscher, *Schuldrecht*, 9.ª ed. (1997), § 44 III 2 b; também aqui há que utilizar uma edição anterior à *Schuldrechtsmodernisierung*.

[1356] Karl Larenz, *Lehrbuch des Schuldrechts* cit., 1, 14.ª ed., 400.

[1357] Friedmann Nassauer, *"Sphärentheorien" zur Regelung der Gefahrtragungshaftung in vertraglichen Schuldverhältnissen* (1978), XLVIII + 295 pp., 5 ss. (múltiplas teorias) e 225 ss. (princípio geral); Ingo Koller, *Die Risikozurechnung bei Vertragsstörungen in Austauschverträgen* (1979), XVII + 474 pp., 36 ss., 280 ss. e *passim*; Joachim Klink, *Eine Sphärentheorie für Ausgleichsmodi im Synallagma (Wandlung und Bereicherungsrecht)* (1982), 142 pp.; Giovanni Stella, *Impossibilità della prestazione* cit., 186-199.

dotados de normas específicas. Deve-se, contudo, prevenir contra meras reconversões linguísticas, que mantenham as soluções (ou a falta delas), sob a capa de terminologias sedutoras.

IV. Na busca de uma solução integrada, há que fazer novamente apelo à doutrina da relação obrigacional complexa, tal como foi referenciada a propósito das impossibilidades imperfeitas[1358].

Quando exista uma obrigação, ambas as partes ficam imersas em deveres acessórios, *ex bona fide*. Tais deveres, por via da segurança, da lealdade e da informação, visam preservar a integralidade da prestação, das pessoas e dos patrimónios envolvidos. Em termos de obrigações, a impossibilitação de uma prestação é grave: suprime-se, precisamente, o bem cuja atribuição esteja em jogo.

A supressão da prestação, por impossibilidade superveniente, pode bulir com tais deveres. Não sendo casual, ela pode, por via normativa, ser imputável a alguma das partes e, designadamente, ao credor. Em suma: apenas um juízo normativo permite considerar uma impossibilidade imputável ao credor.

Aderimos, pois, à teoria mais estrita. Mas com uma precisão: a imputabilidade ao credor não deriva, apenas, da inobservância de deveres contratuais: basta a desconsideração de deveres acessórios, que envolvem cuidado e diligência na preservação da obrigação complexa.

## 165. **O regime**

I. Quando a impossibilidade superveniente seja imputável ao credor, ele não fica desonerado da contraprestação (795.º/1, 1.ª parte). Esta norma é basilar: de outro modo, o credor poderia desistir facilmente de qualquer obrigação sinalagmática, sacrificando o direito do devedor. Pior: como a imputação da impossibilidade ao credor deriva de um juízo valorativo de censura, relativamente ao mesmo credor, o liberá-lo da contraprestação envolveria um *tu quoque*: ele tiraria partido da sua própria ilicitude.

II. Sob o apontado pano de fundo, não há, todavia, lugar para beneficiar excessivamente o devedor. Este mantém intacto o seu direito à contraprestação; mas fica dispensado de prestar. Se a exoneração lhe conferir

[1358] *Supra*, 362 ss..

algum benefício, deve este ser descontado na contraprestação (795.º/2, 2.ª parte).

O "benefício" não corresponde, simplesmente, à exoneração perante a contraprestação. Há que deduzir todos os danos que a situação acarrete, incluindo as maiores despesas e a quebra de imagem e sem esquecer eventuais danos morais. O benefício em causa deve, nos termos gerais, ser alegado e provado pelo devedor que dele queira aproveitar[1359].

[1359] STJ 15-jan.-2004 (Luís Fonseca), Proc. 03B3804.

## § 37.º A IMPOSSIBILIDADE IMPUTÁVEL A UM TERCEIRO

### 166. Remissões

I. Fechando o círculo, cabe referir a hipótese de ocorrer, uma impossibilidade de prestação imputável a um terceiro. Por hipótese, este destrói o objeto da prestação ou, por outra via, impede o devedor de cumprir. O próprio Estado, através do seu *ius imperii*, pode dar azo a situações desse tipo.

No que tange às relações entre as partes, a impossibilidade superveniente da prestação imputável a um terceiro opera como impossibilidade casual. Aplicam-se os artigos 790.º/1 e 795.º/1, entre outros.

II. O terceiro pode ser envolvido nas malhas da impossibilidade que causou através do *commodum* de representação: artigos 794.º e 803.º. A obrigação em que ele incorra perante a parte diretamente atingida é apropriável pela outra parte, verificados os requisitos previstos[1360]. Além disso, podem manifestar-se situações de eficácia externa das obrigações: para aí se remete[1361].

[1360] *Supra*, 368 ss..
[1361] *Tratado* VI, 2.ª ed., 406 ss..

CAPÍTULO V

# O NÃO-CUMPRIMENTO FRONTAL

## § 38.º A NÃO-EXECUÇÃO CULPOSA

### 167. O sistema do Código Civil

I. O núcleo histórico, comparatístico e dogmático do não-cumprimento das obrigações reside na não-execução culposa da prestação, pelo devedor. Para prevenir confusões, vamos introduzir o termo não-cumprimento frontal. Ele tem fundamentalmente assento, como veremos, nos artigos 798.º a 800.º do Código Civil. Analiticamente, ele corresponde à violação de um dever resultante da relação obrigacional, ocorrendo no § 280 do BGB, na redação da reforma de 2001/2002[1362].

II. Sendo de apreensão imediata, o não-cumprimento frontal situa-se em termos algo subtis, no Código Civil. Ele encaixa numa noção mais ampla de falta de cumprimento imputável ao devedor. A matéria ocorre, nuclearmente, na secção dedicada ao não-cumprimento, numa segunda subsecção: falta de cumprimento e mora imputáveis ao devedor. Esta distribui-se por quatro divisões:

I – Princípios gerais (798.º a 800.º);
II – Impossibilidade do cumprimento (801.º a 803.º);
III – Mora do devedor (804.º a 808.º);
IV – Fixação contratual dos direitos do credor (809.º a 812.º).

[1362] Foi já referida numerosa bibliografia, neste âmbito. Por último (neste momento): Wolfgang Ernst, no *Münchener Kommentar zum BGB* II, 7.ª ed. (2016), § 280 (887-993), onde podem ser confrontadas as principais indicações disponíveis.

Aparentemente, a lei preocupa-se com a impossibilidade de cumprimento imputável ao devedor e com a mora do mesmo devedor: mas não com o não-cumprimento frontal. Este vem referido no artigo 801.º/1, quando dispõe que, tornando-se impossível a prestação por causa imputável ao devedor, é este responsável *como se faltasse culposamente ao cumprimento da obrigação* e no artigo 808.º/1, ao prever que, perdendo o credor, em consequência da mora do devedor, o interesse que tinha na prestação ou não se realizando esta no prazo razoavelmente fixado pelo credor, *considera-se para todos os efeitos não cumprida a obrigação*. Também o artigo 817.º pode, pelo menos em parte, ser invocado: *não sendo a obrigação voluntariamente cumprida*, tem o credor o direito de exigir judicialmente o seu cumprimento e de executar o património do devedor, nos termos declarados neste código e nas leis de processo.

III. O Código Civil deveria ter comportado uma rubrica específica, dedicada ao não-cumprimento frontal. Ele está subjacente a toda a matéria, sendo expressamente pressuposto. Mas sem um tratamento autónomo. Aspetos importantes, como a violação positiva do contrato, o cumprimento imperfeito e a resolução por incumprimento, ficaram na sombra. A sua construção foi, deste modo, deixada à jurisprudência e à doutrina.

Mau grado a aparente lacuna, a subsecção relativa à falta de cumprimento e à mora imputáveis ao devedor abre, como vimos, com "princípios gerais". Esses princípios constituem o núcleo duro das regras aplicáveis ao não-cumprimento frontal. Vamos referi-las, com a prevenção de que se trata de matéria diluída na lei e em nome do pragmatismo que preside ao presente *Tratado*.

## 168. **Pressupostos da responsabilidade do devedor**

I. A regra básica do inadimplemento das obrigações resulta do artigo 798.º: o devedor que falte culposamente ao cumprimento da obrigação torna-se responsável pelo prejuízo que causa ao credor. Vamos decompor esta importante regra.

A lei refere "o devedor". O termo deve ser tomado no seu mais amplo alcance. Assim, ele abrange:

- o sujeito passivo numa relação obrigacional;
- ambas as partes, quando se esteja em face de uma relação obrigacional sinalagmática;

– qualquer pessoa que seja destinatária de um dever, mesmo se acessório; nesta aceção, o próprio credor é devedor, relativamente aos deveres instrumentais que lhe incumbam (762.º/2).

II. "Faltar" ao cumprimento da obrigação é, fundamentalmente, não executar a prestação nela prevista. Também aqui adotamos um entendimento generoso. Ficaram envolvidas:

– a pura e simples omissão da prestação: devia entregar e não entrega ou devia prestar um serviço e não presta;
– a atuação contrária à prestação negativa: cabia não assumir certo comportamento e assumiu; negoceia-se, ignorando uma obrigação de não-concorrência, por exemplo;
– a má execução da prestação: cumprimentos retardados, parciais, insuficientes ou, simplesmente, desconformes com o previsto.

O ponto-chave do preceito reside na presença de uma obrigação específica: um cumprimento relativo a um vínculo preexistente entre duas pessoas. A inobservância de deveres genéricos leva à responsabilidade aquiliana e aos artigos 483.º e seguintes, do Código Civil.

"Faltar a um cumprimento" equivale a inobservar diversas normas jurídicas. Sendo a obrigação contratual, o faltoso viola a regra sacra do artigo 406.º/1: o contrato deve ser pontualmente cumprido. Outras regras podem estar em causa; desde logo, perante obrigações não-contratuais, ficam expostas as normas atinentes às fontes respetivas: negócios unilaterais, gestão de negócios, enriquecimento sem causa e responsabilidade civil. De seguida, lidamos com as mais variadas obrigações legais, com relevo para as que, derivadas da boa-fé, ponham em ação deveres acessórios. Em linguagem de responsabilidade, "faltar a um cumprimento" – pressupõe-se que voluntariamente, ou já não haveria uma ação humana imputável ao devedor – implica, só por si, a ilicitude.

III. A lei refere faltar "culposamente". A culpa é entendida como um juízo de censura que recai sobre o agente que viole uma regra jurídica. Pelo especial papel deste requisito, dedicar-lhe-emos o número seguinte.

IV. A responsabilidade do devedor envolve a necessidade de um prejuízo ou dano. A obrigação traduz sempre uma situação vantajosa para o credor: patrimonial ou não-patrimonial. Essa situação é tutelada pelo

Direito. Logo, o não-cumprimento envolve automaticamente um prejuízo. A menos que ele se mostre reparado ou, a qualquer título, compensado, esse prejuízo corresponde à vantagem atribuída pela obrigação e da qual o credor se vai ver privado.

V. O dano a considerar será aquele que o devedor, pelo inadimplemento, cause ao credor. O núcleo desse prejuízo é fácil de identificar: abarca, precisamente, o valor atribuído pela obrigação e do qual o credor se vê privado, mercê do inadimplemento. Esse valor pode ser minorado pelos lucros que, porventura, o credor ainda venha a receber e majorado por danos derivados da inobservância de deveres acessórios envolvidos. Por exemplo: uma obrigação é, em regra, acompanhada por deveres acessórios destinados a tutelar a integridade moral do credor; a inobservância desses deveres dá azo a danos morais, a incluir na indemnização.

VI. Os pressupostos da responsabilidade do devedor equivalem aos pressupostos gerais da responsabilidade civil[1363], devidamente adaptados. Com efeito, embora a responsabilidade obrigacional tenha uma origem autónoma, uma evolução própria e valores específicos, ela foi contaminada, ao longo dos milénios, pela dogmática aquiliana. Não há, nisso, nenhuma desvantagem, desde que se tenham em conta os valores fundamentais. Assim:

- o facto equivale ao não-cumprimento, isto é, à omissão da conduta integradora da prestação ou à atuação contrária à prestação de *non facere*;
- a ilicitude é a falta do cumprimento devido; ela emerge da inobservância das normas ou dos princípios que tenham constituído a obrigação;
- a culpa é a censura que recai sobre o devedor faltoso;
- o dano equivale ao prejuízo da não-obtenção do resultado da prestação;
- o nexo de causalidade relaciona o não-cumprimento e a não-obtenção da vantagem obrigacionalmente atribuída.

As causas de justificação e de excusa relevariam o devedor da falta culposa.

[1363] *Tratado* VIII, 429 ss..

## 169. A presunção de "culpa"; alcance

I. O artigo 799.º/1 contém uma regra da maior importância: incumbe ao devedor provar que a falta de cumprimento ou o cumprimento defeituoso da obrigação não procede de culpa sua. Reside aqui a peça-chave da responsabilidade obrigacional, contrária à da aquiliana, como se alcança do artigo 487.º/1.

A presunção de culpa envolve uma presunção de ilicitude. Não é possível presumir a censura se não se presumir, igualmente, a violação de uma regra jurídica. Uma "censura" suspensa no vazio não faria sentido. Em termos práticos, quando o devedor não concretize a prestação, isto é, o resultado da conduta devida, por força da obrigação, temos um incumprimento. E concomitantemente:

- presume-se que esse incumprimento é ilícito;
- presume-se, igualmente, que ele é censurável.

II. Quer o artigo 798.º, quer o 799.º referem, apenas, a culpa. A explicação é de ordem histórica. O Direito francês conhece um único pressuposto para a responsabilidade civil: a *faute*, que podemos exprimir dizendo que traduz um misto de ilicitude e de culpa. Pelo contrário, o Direito alemão, na sequência de Jhering, distingue entre a culpa e a ilicitude. O Direito português do século XIX estava mais próximo do francês: usava a expressão "culpa" com o sentido de *faute*, isto é, como um misto de ilicitude e de culpa. Com a receção do esquema pandectístico, a partir do início do século XX, via Guilherme Moreira, foi acolhida a contraposição entre culpa e ilicitude: mas apenas no campo aquiliano. Este estado de coisas, através de Vaz Serra, transitou para o Código Civil. E assim, temos um sistema híbrido[1364]:

- na responsabilidade obrigacional, mantém-se o esquema francês da *faute*: "culpa", nos artigos 798.º e 799.º, envolve a ilicitude e a culpa;
- na aquiliana, acolheu-se o alemão: temos, no artigo 483.º/1, claramente contrapostas a ilicitude e a culpa (dolo ou negligência).

Este sistema, fruto de paulatina evolução histórico-cultural, é vantajoso. Fortalece a responsabilidade obrigacional: na verdade, quem falte

[1364] *Tratado* VIII, 317 ss., 327 ss., 353 ss., 361 ss. e 373 ss..

ao cumprimento de uma obrigação, atinge um dever específico e prejudica diretamente um credor predeterminado; é grave, sendo justo que se presuma a ilicitude e a culpa. O devedor inadimplente terá de explicar muito bem ao juiz porque não cumpriu o que devia.

Mas esse sistema também protege as pessoas, na responsabilidade aquiliana. O agente pode ser confrontado com deveres genéricos que não conhecesse e com danos que não previra. Cabe ao lesado provar a ilicitude e a culpa, assim se tutelando a liberdade de ação de cada um.

Resta, agora, tirar dele as suas virtualidades.

III. Temos explicado e defendido esta construção há cerca de vinte anos. Têm surgido algumas críticas, fruto da surpresa que resulta da riqueza histórico-comparatística existente e da hibridez do sistema lusófono de responsabilidade civil[1365]. Deixamos um repto quadrúplo: (1) reconstruir a evolução histórica; (2) explicar como se pode presumir uma culpa sem se presumir a ilicitude; (3) analisar a jurisprudência, ponto de partida de qualquer construção; (4) compaginar uma responsabilidade obrigacional em que, além do incumprimento, ainda se exigisse a ilicitude e a culpa com os sistemas mais evoluídos e, designadamente, o alemão, após 2001/2002, tendo especialmente em vista o § 280 do BGB.

O atual 280/1, do BGB, dispõe simplesmente:

> Se o devedor violar um dever proveniente da relação obrigacional, pode o credor exigir a indemnização do dano daí adveniente. Isso não se aplica se a violação do dever não for imputável ao devedor.

Temos, aqui, uma ideia-quadro que não reporta nem ilicitude nem culpa[1366]: apenas a violação, salvo se não for imputável ao devedor (*wenn der Schuldner die Pflichtverletzung nicht zu vertreten hat*). Como é evidente que o não-cumprimento de uma obrigação é, *prima facie*, imputável ao devedor, caberá a este a (árdua) tarefa de invocar e provar factos que inculquem assim não ser.

Quanto à *faute contractuelle* francesa: solidamente estabelecida, ela presume-se, na base do artigo 1147.º do Código Napoleão (hoje: 1231.º-1); desde que haja inexecução. Contrapõe-se à *faute délictuelle*, que deve ser

[1365] *Tratado* VIII, 379-381.

[1366] *Vide* Roland Schwarze, no *Staudingers Kommentar* cit., § 280, Nr. C 1-C 4 (489--490).

provada pela vítima 1382.º, atual 1240.º[1367]. Não vemos como invocar o Direito francês contra a nossa conceção.

Propomo-nos voltar a este tema, que deve ser visto sem apriorismos nem ideias preconcebidas.

IV. A presunção de "culpa" do artigo 799.º/1 não envolve, apenas a ilicitude e a culpa: também abrange a causalidade[1368]. Neste sentido: não se cumprindo uma obrigação, o prejuízo equivale ao valor da prestação em falta ou ao seu equivalente. É justamente essa cifra que é coberta pela "culpa" do devedor. A partir daqui, as majorações que possa haver devem ser provadas pelo credor, enquanto as minorações são tarefa do devedor.

## 170. **A remissão para a responsabilidade civil**

I. A responsabilidade derivada do não-cumprimento frontal das obrigações segue, salvo desvios e adaptações, as regras da responsabilidade civil. Historicamente, a responsabilidade aquiliana colonizou, vocabular e dogmaticamente, a obrigacional: uma situação ontologicamente consumada e que tem vantagens, pelo analitismo que permite e pela harmonia do sistema que promove. Basta ver que o Código Civil trata, nos seus artigos 562.º a 572.º, a obrigação de indemnização, independentemente de provir do não-cumprimento das obrigações ou de situações aquilianas.

II. O artigo 799.º/2 determina que a "culpa" seja apreciada nos termos aplicáveis à responsabilidade civil. A remissão não pode ater-se à culpa: todos os pressupostos – facto, ilicitude, culpa, dano, nexo de causalidade e ausência de causas de justificação e de excusa – estão envolvidos, numa demonstração suplementar de que a "culpa" obrigacional está próxima da *faute* francesa. Além disso, ela abarca o dever de indemnizar e todos os demais meandros pertinentes.

[1367] Por todos, Jean Carbonnier, *Droit civil/Les obligations* cit., n.º 1072 (2190-2191).

[1368] RCb 6-set.-2011 (Manuel Capelo), Proc. 1883/04, a propósito de uma empreitada.

## 171. Construção dogmática da prestação/indemnização

I. Pergunta-se, a concluir, como se articula, em termos de construção dogmática, a sucessão entre uma obrigação inadimplida e o subsequente dever de indemnizar. Nós próprios já sustentámos que, após um incumprimento definitivo, cessa o dever de prestar e extingue-se a obrigação que o comporta, substituída por uma obrigação de indemnizar. Com efeito, esta tem uma fonte própria (o facto ilícito do incumprimento), um regime seu (o da obrigação indemnizatória) e um objeto diverso do inicial (a indemnização). Trata-se, além disso, de uma orientação retomada pela melhor doutrina[1369].

II. Hoje, entendemos rever a nossa posição: uma decorrência do aprofundamento jurídico-científico da relação obrigacional como realidade complexa.

Com o incumprimento frontal, cessa o dever de prestar principal inadimplido. Esse mesmo fenómeno ocorre perante a impossibilidade definitiva, sendo reconhecido pelo § 275 do BGB, pós-reforma, preceito que exclui o dever de prestar (o *Leistungspflicht*), mas não determina a extinção do vínculo obrigacional. Este sempre continuaria – ou poderia continuar – assente em prestações secundárias e em deveres acessórios.

O dever de prestar principal é substituído por uma realidade diversa: o dever de indemnizar. Todavia, a obrigação complexa inicial mantém-se, agora centrada num objetivo reparador.

III. Esta construção não traduz um mero jogo de proposições, entre outros possíveis: ela apresenta ganhos dogmáticos, isto é, teóricos e práticos. Vamos ver.

Quando, pelo inadimplemento frontal de uma prestação principal, se haja que passar ao estádio indemnizatório, a relação complexa conserva-se em muitos meandros do seu regime. Assim:

- os sujeitos são os mesmos;
- as prestações secundárias, dependendo de cada caso, podem conservar-se;

[1369] Luís Menezes Leitão, *Direito das obrigações* cit., 2, 9.ª ed., 257, nota 565, a propósito da impossibilidade imputável ao devedor.

- os deveres acessórios, particularmente os de segurança, os de lealdade e os de informação subsistem; podem, mesmo, intensificar-se;
- o próprio dever principal de prestar, extinto, pode servir de imagem à indemnização, sempre que a indemnização em espécie, que é de regra (566.º/1), seja possível;
- o contexto geral mantém-se: o dever de indemnizar obrigacional é sempre reportado ao contrato inicial, acompanhando-lhe os meandros;
- finalmente: a prestação indemnizatória visa reconstituir o que existiria, se não houvesse incumprimento (562.º).

IV. O pensamento jurídico deve-se mostrar capaz de evoluir, de modo a acompanhar os atuais dados da Ciência do Direito. Esta consideração é particularmente útil, na responsabilidade civil: instituto que atravessa uma fase alongada de reconstrução jurídico-científica.

## § 39.º EVOLUÇÃO DA RESPONSABILIDADE CONTRATUAL POR ATOS DE TERCEIRO

### 172. Direito romano: *actiones adiecticiae qualitatis*

I. No Direito romano, não era concebível uma regra geral de responsabilidade por atos de terceiros. O *ius civile* assentava num sistema de ações individuais sendo, para mais, desconhecidos esquemas comuns de representação[1370]. Não obstante, as necessidades práticas permitiram, em certos casos, firmar situações de responsabilidade por terceiros. O próprio desenvolvimento económico da Urbe Romana levou ao incremento de tais situações, assentes em determinados institutos concretos[1371].

II. Na origem temos a *noxae deditia* ou entrega noxal. Quando um cidadão fosse vítima de um *delictum* tinha o direito de vingança. Mais tarde, a vingança foi substituída pelo pagamento de uma soma em dinheiro. Sendo o malefício praticado por um filho-famílias, por um escravo ou, até, por um animal, respondia o *pater*. Com esta particularidade: ou pagava, ou entregava o responsável. O lesado dispunha, para o efeito, das *actiones noxales*[1372]. Essa orientação manteve-se, conhecendo alguma generalização: o patrono respondia, em termos noxais, pelos delitos das pessoas que

[1370] Reinhard Zimmermann, *The Law of Obligations* cit., 45 ss., com indicações; Pedro de Albuquerque, *A representação voluntária em Direito civil (Ensaio de reconstrução dogmática)* (2004), 1360 pp., 43 ss.; Mathias Schmoeckel, HKK/BGB I (2007), §§ 164-181, Nr. 3 (919-920); *Tratado* V, 2.ª ed., 67-69.

[1371] Como escrito histórico de referência sobre o tema: Rolf Knütel, *Die Haftung für Hilfspersonen im römischen Recht*, SZRom 100 (1983), 340-443; uma especial referência deve ser feita a Martin Josef Schermeier, no HKK/BGB, §§ 276-278, Nr. 23-25, 39, 46-47, 51-52, 57, 71-75 e 82-86.

[1372] Max Kaser, *Noxae dedere oder noxae dare*, SZRom 87 (1970), 445-446 e *Das römische Privatrecht* cit., 1, 2.ª ed., § 42 (163-165). *Vide* Ulpiano, D. 9.4.2.1 = ed. Okko Behrens e outros cit., I, 777: *si servus filiusve furtum faxit noxiamve nocuit* [se o escravo

lhe estivessem submetidas[1373]. No período pós-clássico, a responsabilidade noxal foi restringida, particularmente no Ocidente[1374]. Mas a ideia fora lançada e conservou-se, sendo útil no plano delitual[1375]. Hoje, ela está na base de institutos como o da responsabilidade do comitente (500.º)[1376] e da responsabilidade por danos causados por animais (502.º)[1377].

III. No domínio da responsabilidade obrigacional por danos de terceiros, remontamos às *actiones adiecticiae qualitatis*. Segundo o Direito romano clássico, os filhos-famílias e os escravos tinham uma capacidade jurídica básica; todavia, as obrigações que assumissem ou eram nulas, ou eram naturais: em qualquer caso, tinham uma executoriedade limitada. A expansão económica de Roma levou a que os cidadãos ativos se socorressem de colaboradores e, mesmo, de escravos, para desenvolver as suas atividades comerciais. O pretor veio conceder ações que permitiam atuar as obrigações assumidas pelos subordinados para com terceiros, diretamente contra os patrões[1378]. Estavam nessas condições a *actio quo iussu*, a *actio exercitoria* e a *actio institutoria*. A *actio quo iussu* responsabilizava a pessoa que conduzisse negócios através de um auxiliar (*iussum*), *in solidum* com este[1379]. A *actio exercitoria* permitia demandar o armador (*exercitor navis*) pelas dívidas comerciais contraídas pelo capitão que ele designasse (*magister navis*): respondiam *in solidum*[1380]. *A actio institutoria* facultava acionar o empresário pelas dívidas que o seu empregado (*ins-*

ou o filho cometerem furto, há lugar à nóxia], com referência às XII Tábuas: 12,2 = Dieter Flach, *Das Zwölftafelgesetz/Leges XII Tabularum* (2004), 159.

[1373] Max Kaser, *Das römische Privatrecht* cit., 1, 2.ª ed., § 147 (630-634).

[1374] *Idem*, 2, 2.ª ed., § 271, III (430-433).

[1375] *Vide* Reinhard Zimmermann, *The Law of Obligations* cit., 1118-1120, com outros elementos.

[1376] *Tratado* VIII, 602 ss..

[1377] *Tratado* VIII, 653 ss..

[1378] Max Kaser, *Das römische Privatrecht* cit., 1, 2.ª ed., § 141 (603-609).

[1379] D. 15.4 (*Quod iussu*) = Okko Behrends e outros cit., III, 304-306; Anton Thibaut, *Ueber die actio quod jussu*, AcP 12 (1829), 174-191; Schmidt, *Ueber die actio quod jussu*, AcP 29 (1846), 111-147; Ludwig Mitteis, *Zur Lehre von der sog. condictio generalis*, JhJb 39 (1898), 152-173 (167 ss.); Otto Lenel, *Das Edictum Perpetuum* cit., 3.ª ed., 277-278.

[1380] D. 14.1 (*De exercitoria actione*), Okko Behrends e outros cit., III (197-206). Otto Lenel, *Das Edictum Perpetuum* cit., 3.ª ed., 257-258.

*titor*), enquanto gerente do estabelecimento (*taberna*) contraísse: também *in solidum*, isto é, solidariamente[1381].

Na base destas e de outras ações, os glosadores autonomizaram as *actiones adiecticiae qualitatis*[1382]: retiram a sua designação por aderirem às ações "principais", intentadas contra o "dono" do negócio: daí as condenações *in solidum* e a própria (e discutida) natureza correal das obrigações envolvidas[1383].

IV. Distinta era a situação na responsabilidade delitual. O tema desenvolveu-se em torno da *actio de effusis vel deiectis*[1384]: uma ação edital (*De his qui deiecerint vel effuderint*[1385]), que permitia responsabilizar o dono da casa por dejectos e efusões que fossem lançados, das suas janelas, para a via pública, por terceiros nela presentes[1386]. A responsabilidade delitual por atos de terceiros veio, a partir daqui, desembocar na responsabilidade do comitente (500.º), a qual, no sistema alemão tem, como veremos, um esquema próprio, assente na culpa *in eligendo*[1387].

## 173. **Direito comum e pandectismo**

I. A influência do canonismo na responsabilidade civil foi decisiva[1388]. Ele redefiniu a responsabilidade como um esquema de imputação individual de danos e elevou a culpa a um elemento central da condenação do responsável. O princípio da culpa, assim obtido, funcionaria também perante a responsabilidade por atos de núncios, representantes ou auxiliares. O principal respondia por não ter usado de suficiente diligência na esco-

[1381] D. 14.3 (*De institutoria actione*), Okko Behrends e outros cit., III, 214-224.

[1382] Designação retirada de Paulo D. 14.1.5.1 (*in fine*): *hoc enim edicto non transfertur actio, sed adicitur* [com esse édito não é transferida a ação mas antes aditada] = Okko Behrends e outros cit., III, 204.

[1383] Quanto às obrigações correais: *Tratado* VI, 2.ª ed., 748 ss..

[1384] Ulpiano, D. 9.3.1 = Okko Behrends e outros cit., II, 768.

[1385] Max Kaser, *Das römische Privatrecht* cit., 1, 2.ª ed., § 146, IV (628); Reinhard Zimmermann, *Effusum vel deiectum*, FS Hermann Lange 70. (1992), 301-330 (303 ss.).

[1386] Martin Josef Schermeier, no HKK/BGB cit., II/1, §§ 276-278, Nr. 23 (1084).

[1387] *Infra*, 398. Com muitos elementos históricos, cabe ainda referir o artigo clássico de Francesco Ferrara, *Responsabilità contrattuale per fatto altrui*, AG LXX (1903), 401-526 (426 ss.).

[1388] *Tratado* VIII, 309.

lha e/ou na instrução dos terceiros que usasse para os seus negócios[1389]: haveria *culpa in eligendo*, num esquema já presente em Bártolo[1390]. As fontes clássicas dariam, de resto, algum apoio nesse sentido[1391]. Ora em termos práticos, a *culpa in eligendo* permitia ao principal exonerar-se de responsabilidade, demonstrando que usara da diligência requerida na escolha do seu colaborador, dando-lhe instruções adequadas.

II. Os juristas do Humanismo deram uma feição diversa ao instituto que ora nos ocupa[1392]. A tónica foi posta no contrato: por ele, seria dada a garantia da assunção dos feitos dos auxiliares[1393]. Não se exigiria nenhuma culpa, tanto mais que a responsabilidade correspondia à *publica utilitas*[1394]. Já a responsabilidade por situações delituais manteve-se em aberto: a velha *actio effusis vel deiectis* evoluiu, estando em aberto a hipótese de, nela, ver uma *culpa*, ainda que presumida, do *pater*[1395]. Esta solução foi requerida por teóricos do *usus modernus*, com relevo para Samuel Stryk[1396].

A lição de Donellus deu frutos, não obstante, em França: Pothier admitiu uma responsabilidade alargada do principal, pelos seus auxiliares[1397].

[1389] Francesco Ferrara, *Responsabilità contrattuale per fatto altrui* cit., 448 ss.; Martin Josef Schermeier, no HKK/BGB cit., II/1, Nr. 39 (1097).

[1390] Bartolo, *Commentaria ad Digestum vetus*, ed. Veneza, 1570, fl. 96, sobre a ação institutória.

[1391] Por exemplo: Paulo, D. 12.6.11: *qui non tam idoneum hominem elegerit, ut recte id perferri possit* [porque não escolheu um escravo idóneo, como corretamente o poderia fazer] = Okko Behrends e outros cit., III, 170.

[1392] Reiner Hochstein, *Obligationes quasi ex delicto. Untersuchung zur dogmengeschichtlichen Entwicklung verschuldensabhängiger Deliktshaftung unter bes. Berücksichtigung des 16. bis 18. Jahrhunderts* (1971), 161 pp.; Martin Josef Schermeier, no HKK/ /BGB cit., II/1, § 276-278, Nr. 46-47 (1104-1106).

[1393] Donellus, *Commentarii de iure civili*, lib. XV, cap. XLIII, § 11-12 = *Opera omnia* cit., IV, 441-444.

[1394] *Idem*, §§ 4 e 6 (436 e 438); *vide* Reiner Hochstein, *Obligationes quasi ex delicto* cit., 56.

[1395] Christian Friedrich Glück, *Pandecten* 6/1 (1800), § 494 (139-141).

[1396] Samuel Stryk, *Specimen Usus moderni Pandectarum* (1717), ad D. 9.4. § 5 (173), num troço também transcrito em Martin Josef Schermeier, no HKK/BGB cit., II/1, 1106, nota 370.

[1397] Robert-Joseph Pothier, *Traité des obligations*, em *Oeuvres* (1824), n.º 453 (par. II, chap. VI, art. 2, § 6).

III. A pandectística, fina conhecedora dos textos romanos, teve alguma dificuldade em, coligindo as hipóteses clássicas de responsabilização, elaborar um parâmetro geral. O princípio da culpa jogava contra essa generalização. Desse modo, acolheu-se à ideia da *culpa in eligendo*[1398], por vezes completada por regras especiais de imputação.

O incremento do comércio, ao longo do século XIX, solicitava soluções claras, tendo assim ocorrido intervenções significativas de comercialistas, como Goldschmidt[1399] e Thöl[1400]. A ideia de uma responsabilidade do principal por culpa *in eligendo* fez o seu caminho, recolhendo, designadamente, o apoio prestigiante de Jhering[1401]. Outros autores depunham num sentido mais direto: segundo Puchta, o simples facto de uma pessoa, num negócio, usar auxiliares, significava um tácito assumir de responsabilidades pela subsequência[1402]. Teria de haver uma solução legislativa.

[1398] Johann Christian Hasse, *Die Culpa des Römischen Rechts/Eine civilistische Abhandlung*, 2.ª ed. (1838), XX + 604 pp., p. ex., 408, quanto ao *periculum custodiae*; Carl Friedrich Ferdinand Sintenis, *Das practische gemeine Civilrecht* II, 2.ª ed. (1861), § 102 B 1 e nota 129 (383-385); Rudolf Johann Burchardi, *Über die Verantwortlichkeit des Schuldners für seine Gehülfen bei der Erfüllung von Obligationen/Eine civilistische Abhandlung* (1861), 191 pp. (13 ss., conceito; 38 ss., proibições; 59 ss., prestação de coisa; 110 ss., prestação de coisas); Heinz Fritsch, *Zur neueren Dogmengeschichte der privatrechtlichen Gehilfenhaftung* (1956, Hekt.), XII + 176 pp., 49 ss.; Hans Hermann Seiler, *Die deliktische Gehilfenhaftung in historischer Sicht*, JZ 1967, 525-529 (526-527); Adolf Horn, *Die Gehilfenhaftung für mangelhafte Aufsicht und Organisation nach § 823 und § 831 BGB* (1968), VI + 79 pp.; Günther Niethammer, *Entwicklung der Haftung für Gehilfenhandeln unter besonderer Berücksichtigung der dogmengeschichtlichen Grundlagen der deliktischen Gehilfenhaftung in der neueren Privatrechtsgeschichte* (1973), XXIX + + 217 pp., 7 ss..; Regina Ogorek, *Untersuchungen zur Entwicklung der Gefährdungshaftung im 19. Jahrhundert* (1975), 152 pp., 70 ss..

[1399] Levin Goldschmidt, *Das receptum nautarum, cauponum, stabulariorum/Eine geschichtlich-dogmatische Abhandlung*, ZHR 3 (1860), 58-118 e 331-385; *idem*, *Über die Verantwortlichkeit des Schuldners für seine Gehülfen*, ZHR 16 (1871), 287-382 (321 ss., quanto à *culpa in eligendo*).

[1400] Heinrich Thöl, *Das Handelsrecht*, 4.ª ed. (1862), XVI + 672 pp., § 33 (196-198).

[1401] Rudolf von Jhering, *Culpa in contrahendo oder Schadensersatz bei nichtigen oder nicht zur Perfection gelangten Verträgen*, JhJb (1861), 1-113 (84-85); *idem*, *Das Schuldmoment im römischen Privatrecht*, FS Johann Michael Franz Birnbaum (1867), 1-68 = *Vermischte Schriften juristischen Inhalts* (1879, reimp., 1968), VI + 415 pp., 155-240.

[1402] Georg Friedrich Puchta, *Vorlesungen über das heutige römische Recht* 2, 5.ª ed. (1863), XX + 586 pp., §§ 277-279 (119-127); na doutrina especializada, surgem outras referências a Puchta, que não conferem.

## 174. **As codificações**

I. Na sequência de Donellus e de Pothier, o Código Napoleão consagrou, no seu artigo 1384.º (atual 1242.º), uma hipótese alargada de responsabilidade por atos de dependentes e auxiliares, no campo aquiliano. Segundo o 1.º § desse preceito, no francês da época[1403]:

> On est responsable non-seulement du dommage que l'on cause par son propre fait, mais encore de celui qui est causé par le fait des personnes dont on doit répondre, ou des choses que l'on a sous sa garde.

Esse preceito prosseguia estabelecendo a responsabilidade dos pais pelos filhos, dos patrões e dos comitentes pelos empregados e comissários, dos professores e dos artesãos pelos seus alunos e aprendizes, ainda que com a possibilidade de qualquer deles provar que não poderia evitar o facto danoso.

II. Trabalhando sobre esse preceito, a jurisprudência e a doutrina francesas desenvolveram, nos últimos dois séculos, um esquema de responsabilidade por *fait d'autrui*[1404]. Marcado por avanços e recuos, esse instituto traduziu uma retração da *faute*, como fundamento da responsabilidade delitual por facto de terceiro[1405]: um esquema próximo da natureza objetiva da responsabilidade do comitente (500.º). Já a responsabilidade contratual por terceiro não obteve, no Código Napoleão, uma consagração clara. A jurisprudência e a doutrina, num paralelo com o artigo 1384.º/5, hoje 1242.º/5 (responsabilidade do comitente por ato do seu preposto), estabeleceram essa responsabilidade[1406]. Nas palavras de Jean Carbonnier existe, de pleno direito, uma responsabilidade contratual por facto de outrem: se o contrato é inadimplido, o que importa por facto de quem[1407]?

[1403] J. A. Rogron, *Code civil expliqué* (1843), 375.

[1404] Com elementos, *vide* François Terré/Philippe Simler/Yves Lequette, *Droit civil/ /Les obligations* cit., 11.ª ed., Nr. 804-857 (852-909): uma área densa, cuja explanação ultrapassa o âmbito deste *Tratado*.

[1405] *Idem*, n.º 806 (854).

[1406] *Idem*, n.º 585 (633-634).

[1407] Jean Carbonnier, *Droit civil/Les obligations* cit., n.º 1072 (2191).

III. Na preparação do BGB, o tema foi controverso[1408]. O anteprojeto inicial só se ocupava da responsabilidade pelos auxiliares, no domínio delitual. Decidiu-se, depois, consagrar a responsabilidade do devedor pela impossibilidade imputável aos seus auxiliares, integrando, após algumas vicissitudes, o atual § 278[1409]:

> O devedor responde pela culpa (*Verschulden*) do seu representante legal e das pessoas de que se sirva para o cumprimento da sua adstrição, no mesmo âmbito em que responde pela sua própria culpa. (...)

Em compensação, no campo aquiliano, o § 831 veio consignar a responsabilidade do comitente em termos de *culpa in eligendo*, conquanto que presumida[1410].

## 175. A experiência lusófona

I. Os clássicos da pré-codificação conheciam a situação da responsabilidade obrigacional do devedor, por atos de terceiros. Encontramos, em Coelho da Rocha, menções explícitas nesse sentido, com referência ao Código Napoleão[1411]. Esse fator iria determinar o dispositivo do Código de Seabra, abaixo referido.

II. O Código de Seabra apenas refere a responsabilidade por actos de terceiros, no domínio aquiliano. Recordamos o seu artigo 2380.º[1412]:

> Pelos prejuizos causados por creados de servir, ou por quaesquer pessoas encarregadas de certos serviços ou commissões, no desempenho dos ditos serviços ou commissões, responderão os ditos creados ou pessoas solidariamente com seus amos ou commitentes, salvo o regresso d'estes contra aquelles, quando houverem excedido as ordens e instruções recebidas.

[1408] Martin Josef Schermeier, no HKK/BGB cit., II/1, Nr. 82 (1139-1140).

[1409] Astrid Stadler, no *Jauernig BGB* cit., 15.ª ed., § 278 (297-303): um preceito que não foi alterado pela reforma de 2001/2002; com indicações, Georg Casper, no *Staudingers Kommentar* cit., § 278 (380-425).

[1410] Arndt Teichmann, no *Jauernig BGB* cit., 15.ª ed., § 831 (1321-1323).

[1411] M. A. Coelho da Rocha, *Instituições de Direito civil* cit., § 135 (1, 79-80).

[1412] José Dias Ferreira, *Codigo Civil Annotado* V, 1.ª ed. (1876), 118 e IV, 2.ª ed. (1905), 295.

Houve poucas intervenções doutrinárias sobre a responsabilidade do devedor, por atos dos seus auxiliares. Cunha Gonçalves considera que, se o devedor se fizer substituir ou auxiliar por um terceiro, seria responsável pelos danos causados por estes, como se pessoalmente os cometesse, "... ainda que se prove não ter havido da sua parte negligência em vigiar os actos do mesmo terceiro"[1413].

Coube a Jaime de Gouveia proceder a uma exposição sobre a responsabilidade do devedor por atos dos seus auxiliares[1414].

Na base de alguns autores italianos e franceses, Jaime de Gouveia faz um breve apanhado das doutrinas existentes e dos códigos mais relevantes. Acaba por apoiar a doutrina da "preposição" (de preposto), retirada de Josserand[1415]. Quanto ao Código de Seabra: releva os artigos 1342.º (responsabilidade do mandatário pelo substituto notoriamente inábil ou insolvente), 1421.º (do albergueiro por danos causados por criados, serviçais ou estranhos) e 1608.º/2 (do locatário, por prejuízos causados ao locado por culpa ou negligência de familiares e sublocatários). Refere, ainda, os artigos 377.º do Código Comercial (responsabilidade do transportador por atos dos seus empregados e demais pessoas que ocupar no transporte e pelos transportadores subsequentes) e 492.º, do mesmo Código (do proprietário do navio por atos e omissões do capitão e da tripulação). Todos esses preceitos, que não têm carácter excecional, seriam aplicações de um princípio geral[1416].

III. O tema foi, mais uma vez, aprofundado por Vaz Serra, no âmbito da preparação do Código Civil de 1966[1417]. O Autor procede a uma análise do Direito comparado, na qual tiveram natural peso o BGB e o Manual

[1413] Luiz da Cunha Gonçalves, *Tratado de Direito civil* cit., 4, n.º 558 (507), citando Planiol & Ripert (Esmein); *vide* Marcel Planiol/Georges Ripert/Paul Esmein, *Traité pratique de Droit civil français*, VI – *Obligations*, 2.ª ed. (1952), n.º 381 (511-512); Cunha Gonçalves usou a 1.ª edição.

[1414] Jaime Augusto Cardoso de Gouveia, *Da responsabilidade contratual* (1932), 530 pp., 409-424.

[1415] *Idem*, 419.

[1416] *Idem*, 421.

[1417] Adriano Vaz Serra, *Responsabilidade do devedor pelos factos dos auxiliares, dos representantes legais ou dos substitutos*, BMJ 72 (1958), 259-305.

de Enneccerus/Lehmann[1418]. Tendo acabado por se fixar na orientação do Código alemão, Vaz Serra propôs quatro preceitos extensos[1419-1420]:

1.º Responsabilidade pelo facto dos representantes legais ou auxiliares;
2.º Regresso;
3.º Cláusulas de exclusão ou limitação de responsabilidade pelo facto dos representantes legais ou dos auxiliares. Seguro;
4.º Substituição.

Os preceitos passaram ao anteprojeto geral: artigos 55.º a 58.º.

IV. Logo na 1.ª revisão ministerial, Antunes Varela sintetizou a matéria num único preceito: o artigo 776.º[1421]. Daí passaria ao artigo 800.º da 2.ª revisão ministerial[1422] e ao projeto definitivo[1423].

[1418] Ludwig Enneccerus/Heinrich Lehmann, *Recht der Schuldverhältnisse* cit., 15.ª ed., § 44 (193-199).

[1419] Adriano Vaz Serra, *Responsabilidade do devedor pelos factos dos auxiliares* cit., 300-303.

[1420] Adriano Vaz Serra, *Direito das obrigações* cit., 42-44.

[1421] *Código Civil/Livro II – Direito das obrigações*, BMJ 119 (1962), 195.

[1422] Jacinto Rodrigues Bastos, *Das obrigações em geral* cit., VI, 62.

[1423] *Projecto de Código Civil* cit., 234.

## § 40.° A RESPONSABILIDADE POR ATOS DE REPRESENTANTES OU AUXILIARES

### 176. Pressupostos

I. A responsabilidade do devedor por atos praticados por representantes legais ou auxiliares consta do artigo 800.°/1[1424]. Vamos percorrer os pressupostos da sua aplicação.

O preceito começa por se reportar ao devedor: "o devedor que é responsável ...". O devedor é-o, aqui, no sentido amplo de sujeito passivo de qualquer situação jurídica. O preceito parece desenhado para o devedor de uma prestação principal. Podem, porém, estar em jogo deveres acessórios. E por essa via, o preceito é aplicável ao credor: o representante ou auxiliar deste que, aquando do cumprimento ou noutra circunstância, viole deveres acessórios – incluindo os que garantam a integridade moral do devedor – desencadeia a responsabilidade do credor, como se "tais atos" fossem praticados por ele.

II. De seguida, fixa-se o beneficiário da responsabilidade: "perante o credor". De novo se impõe uma interpretação lata: o "credor" pode ser

[1424] Sobre esta matéria, em especial, Cláudia Madaleno, *Responsabilidade por facto de terceiro* (2014), 1306 pp.. *Vide*, ainda, António Pinto Monteiro, *As cláusulas limitativas e de exclusão de responsabilidade sob o olhar da jurisprudência portuguesa*, Est. Carvalho Fernandes I (2011), 273-309; Maria Victória R. F. da Rocha, *A imputação objectiva na responsabilidade contratual/Algumas considerações*, RDE 15 (1989), 31-103 (78-100); Pedro Múrias, *A responsabilidade por actos dos auxiliares e o entendimento dualista da responsabilidade civil*, RFDUL XXXVII (1996), 171-217 (187 ss.): um estudo do maior interesse; Manuel Carneiro da Frada, *A responsabilidade objectiva por facto de outrem face à distinção entre responsabilidade obrigacional e aquiliana*, DJ XII (1998) 1, 297-311.

Quanto a obras gerais: João Antunes Varela, *Das obrigações em geral* cit., 2, 102--105; Mário Júlio de Almeida Costa, *Direito das obrigações* cit., 12.ª ed., 1038-1039; Luís Menezes Leitão, *Direito das obrigações* cit., 2, 9.ª ed., 244-247.

o devedor, quando estejam em causa deveres acessórios que incumbam àquele. Também é possível que "credor" seja um terceiro, quando se esteja no âmbito de um contrato a favor de terceiro ou de um contrato com eficácia protetora de terceiros.

III. A responsabilidade aqui em jogo é a obrigacional. Por isso a lei refere "credor" e "devedor". Num cenário aquiliano, caímos no artigo 500.°, relativo à responsabilidade do comitente, que tem pressupostos próprios. Designadamente[1425]:

(a) uma comissão, a qual implica: (1) liberdade de escolha do comitente; (2) incumbência da comissão a outrem; (3) aceitação pelo escolhido, que se torna comissário ou comitido; (4) uma relação daí decorrente; (5) uma atuação por conta do comitente;
(b) uma responsabilidade aquiliana ou puramente objetiva, que implica: (1) previsão da responsabilidade; (2) danos; (3) causalidade; (4) imputação ao comissário;
(c) no exercício das funções do comissário (500.°/2).

Ora, no caso dos representantes legais ou auxiliares:

(a) há, apenas, uma representação legal (logo: não voluntária) ou uma qualquer situação que mereça o epíteto de "auxiliar";
(b) uma responsabilidade obrigacional[1426], resultante do não-cumprimento;
(c) relativa ao vínculo existente entre os credores e devedores considerados.

IV. A responsabilidade tem a ver com atos dos "representantes legais" e dos "auxiliares". Os primeiros são, essencialmente, os pais (124.°) ou tutores (124.°, 139.° e 142.°); por interpretação extensiva, podemos aqui incluir os representantes orgânicos (163.°), para além das múltiplas regras atinentes a sociedades e a entes públicos. E por interpretação restritiva,

[1425] *Tratado* VIII, 607-615; *vide*, quanto à contraposição entre as duas responsabilidades, STJ 31-jan.-2007 (Custódio Montes), CJ/Supremo XV (2007) 1, 57-61 (60).

[1426] STJ 19-abr.-2012 (Oliveira Vasconcelos), Proc. 2455/06.

deve entender-se que o artigo 165.º e similares[1427] se reportam, apenas, à responsabilidade aquiliana e, ainda aí, com restrições[1428].

Quanto a "auxiliares": ficam abrangidos os representantes voluntários, os mandatários, os subcontratantes[1429] ou executantes contratados para certas tarefas. A própria lei prevê auxiliares nos artigos 264.º/4 (procuração), 1165.º (mandatário), 1198.º (depositário), 1213.º (empreiteiro) e 2334.º (testamenteiro).

Em STJ 16-jun.-2011, o Supremo decidiu (bem) na matéria seguinte: um cliente almoçava num restaurante; pressupõe-se um contrato de prestação de serviço entre ele e o titular do estabelecimento, em que a refeição, em boas condições sanitárias, era a prestação principal e havendo deveres acessórios de segurança; a meio da refeição, cai um aparelho de ar condicionado em cima do cliente, que fica ferido na cabeça e nas costas; o acidente deveu-se a imperícia da empresa que montava o aparelho e a descuido do restaurador, que mandou fazer semelhante montagem à hora da refeição; a responsabilidade do empreiteiro para com o cliente é aquiliana; mas há uma responsabilidade obrigacional direta do restaurador para com o cliente, uma vez que o empreiteiro era auxiliar do restaurador, tendo, nessa qualidade, inadimplido deveres de segurança[1430].

Em compensação, não há que fazer apelo ao artigo 800.º/1, quando esteja em causa uma cessão de posição contratual ou uma sucessão no contrato. Nessa eventualidade, o "novo" devedor é parte e não terceiro.

V. A responsabilidade atua "como se tais atos fossem praticados pelo próprio devedor" (800.º/1, *in fine*). Temos, aqui, uma fórmula pitoresca que nos dá a chave teleológica do preceito. A lei pretende que a posição de credor não possa ser piorada pelo facto de o devedor ser legalmente representado ou se fazer auxiliar por terceiros. Temos, aqui, uma garantia que beneficia toda a gente, potenciando um desenvolvimento responsável e

[1427] Artigos 998.º/1, quanto às sociedades civis puras e 6.º/5 do Código das Sociedades Comerciais.

[1428] *Tratado* IV, 4.ª ed., 683-688.

[1429] Por exemplo, os subempreiteiros: REv 25-jan.-2006 (Fernando das Neves), CJ XXXI (2006) 1, 240-243 (242/II).

[1430] STJ 16-jun.-2011 (Pires da Rosa), CJ/Supremo XIX (2011) 2, 123-127 (125-127) = Proc. 314/2002.

equilibrado das relações jurídicas. De resto, esse foi, ao longo da História, o motor do instituto.

## 177. **Os limites**

I. A imputação, ao devedor, dos atos praticados por representantes legais ou auxiliares opera no domínio da matéria disponível. Assim, o artigo 800.º/2 permite que a responsabilidade:

- seja convencionalmente excluída ou limitada;
- mediante acordo prévio dos interessados;
- desde que não estejam em causa deveres de ordem pública.

Deve frisar-se que não se trata de uma limitação de responsabilidade: esta será sempre assegurada pelos próprios representantes legais ou auxiliares; o que se permite limitar é, tão-só, a repercussão dessa responsabilidade no devedor. Esta regra, importada do Direito alemão, visa a defesa das empresas, nos casos em que, de todo, elas não tenham o controlo sobre o modo porque, depois, vá ser executado certo contrato. Situações desse tipo devem ser bem pensadas e, de preferência, amparadas em seguros idóneos.

II. Os deveres de ordem pública correspondem a situações não-disponíveis. Assim, não pode uma escola ou um hospital desresponsabilizarem-se por o que lá se passe. A "ordem pública" deve ser alargada a todos os casos em que esteja em jogo a tutela da integridade física ou moral da pessoa. Cabe ter em conta a necessidade de uma interpretação atualista: em 1966, o artigo 800.º seria interpretado, simplesmente, como visando o cumprimento de prestações principais; hoje, sabe-se que podem estar em jogo deveres acessórios, com um âmbito de tutela bem mais lato.

## 178. **Natureza e aplicação**

I. O artigo 800.º/1 tem sido apontado como um caso de responsabilidade obrigacional objetiva, isto é: sem culpa. A afirmação deve ser ponderada: o uso de "culpa", no domínio não-aquiliano, presta-se a dúvidas.

Se uma obrigação não se mostra cumprida, há "culpa". A menos que o devedor prove uma justificação legal para não cumprir, ele age ilícita e censuravelmente. De outro modo, não há ordem social consistente. Um contrato deve ser cumprido: tal o alcance do artigo 799.º/1.

II. O artigo 800.º/1, no fundo, apenas dispõe que a intermeação de um representante legal ou de um auxiliar não justifica um não-cumprimento. A responsabilidade resultante do artigo 800.º/1 é, nesse sentido, comum. O devedor não é atingido por esse preceito, mas pelo artigo 799.º/1. Cabe-lhe ilidir a presunção de "culpa" dele resultante, recorrendo a qualquer outro esquema que não o da presença de representantes legais e auxiliares.

III. A responsabilidade por atos de representantes legais ou auxiliares, prevista no artigo 800.º/1, pode ser ilustrada com os seguintes casos:

*STJ 13-jun.-1982*: a (antiga) Telefones de Lisboa e Porto/TLP, EP, é responsável por erros nas listas telefónicas, perpetradas pela empresa contratada para as fazer[1431];

*STJ 13-dez.-2000*: o senhorio responde pelos danos causados por um empreiteiro, por ele contratado, a um locatário; há um incumprimento defeituoso do dever de conceder o gozo, por via de atos de um auxiliar[1432];

*STJ 8-jul.-2000*: o transportador responde pelo não-cumprimento da obrigação de transporte, levada a cabo por terceiros que ele tenha subcontratado ou que, a qualquer título, o auxiliem[1433];

*RLx 19-out.-2004*: a estação de serviço responde pelos danos, incluindo os morais, causados pelo seu empregado que, depois de verificar o nível do óleo de um motor automóvel, se esquece de colocar a tampa, com os estragos consequentes[1434];

*REv 25-jan.-2006*: um empreiteiro responde pelos danos causados por um subempreiteiro que, ao pintar um gradeamento à pistola, não tomou precauções, vindo a sarapintar um automóvel[1435];

[1431] STJ 13-jun.-1982 (Pedro Lima Cluny; vencido, José dos Santos Silveira), BMJ 318 (1982), 437-446 (443) = RLJ 119 (1986), 112-119 (117/II), anot. Antunes Varela, *idem*, 120-128 (124/I).

[1432] STJ 13-dez.-2000 (Sousa Dinis), CJ/Supremo VIII (2000) I3, 165-168 (168/I).

[1433] STJ 8-jul.-2000 (Fernando Araújo Barros), CJ/Supremo XI (2003) 2, 147-154 (150); STJ 27-jun.-2006 (Sebastião Póvoas), CJ/Supremo XIV (2006) 2, 130-133 (133/I).

[1434] RLx 19-out.-2004 (Jorge Santos), CJ XXIX (2004) 4, 115-118 (116/II).

[1435] REv 25-jan.-2006 (Fernando das Neves), CJ XXXI (2006) 1, 240-243 (242/II).

*REv 4-jun.-2008*: havendo uma relação entre um doente e uma clínica, esta responde, *ex* 800.º/1, pelos atos praticados pelas pessoas que utilize no cumprimento das suas obrigações[1436];

*STJ 24-fev.-2011*: uma entidade que capte poupanças é responsável pelo reembolso de tais quantias, ainda que tenham sido desviadas pelo funcionário que as recebeu, em proveito próprio[1437];

*STJ 29-mar.-2011*: não havendo qualquer relação entre um empreiteiro e o dono do prédio vizinho, não pode este ser responsabilizado por via do artigo 800.º/1 por danos causados por aquele[1438];

*STJ 10-abr.-2014*: o mediador responde por atos ilícitos praticados pelos seus agentes, colaboradores e auxiliares[1439].

[1436] REv 4-jun.-2008 (Eduarda Branquinho), CJ XXXIII (2008) 1, 236-240 (238--239).

[1437] STJ 24-fev.-2011 (Lázaro Faria), CJ/Supremo XIX (2011) 1, 93-95 (95/I).

[1438] STJ 29-mar.-2011 (Fernandes do Vale), Proc. 2958/03.

[1439] STJ 10-abr.-2014 (Fonseca Ramos), Proc. 8476/03.

CAPÍTULO VI

# A VIOLAÇÃO POSITIVA DO CONTRATO

## § 41.º EVOLUÇÃO HISTÓRICO-DOGMÁTICA DA VIOLAÇÃO POSITIVA DO CONTRATO

### 179. A descoberta de Hermann Staub

I. A violação positiva do contrato – que, como a *culpa in contrahendo*, tem sido considerada uma descoberta frutuosa, agora da doutrina posterior à publicação do BGB[1440] – deve-se a Hermann Staub, em 1902[1441]. Como tantas teses importantes, ela é de enunciado simples: o BGB, versão inicial, regula, no § 280, a obrigação do devedor de indemnizar o credor cuja prestação impossibilite e, no § 286, a de indemnizar o credor pelos danos advenientes de mora sua, na redação inicial[1442]. O que é dizer: o devedor responde pela não realização da prestação.

[1440] Eike Schmidt, *Jhering, Culpa in contrahendo/Staub, Positive Vertragsverletzung*, posfácio (1969) 131.

[1441] Hermann Staub, *Die positiven Vertragsverletzungen*, 26. DJT (1902), 31-56, publicado de novo em 1904, com alterações e em segunda edição compl. por Eberhard Müller (1913). Cita-se de acordo com este último local. O escrito em causa surge, também, em Eike Schmidt, ob. cit., 96 ss., sendo considerado "genial" por Ludwig Wertheimer, *Entwicklungstendenzen in deutschen Privatrecht* (1928), 6.

[1442] No Código Vaz Serra, *vide* o artigo 801.º/1 e o artigo 804.º/1. Quanto à formulação da violação positiva do contrato (vpc), Heinrich Honsell, *Die positive Vertragsverletzung und ihr Verhältnis zur Sachmangelhaftung bei Kauf, Miete und Werkvertrag*, Jura (1979), 184-199 (184-185) e Peter Schwerdtner, *Positive Forderungsverletzung*, Jura (1980), 213-222 (214). Diversos elementos podem ser confrontados em Roland Schwarze, no *Staudingers Kommentar, §§ 315-326, Leistungstörungsrecht 2* (2015), § 324, Nr. 2 (430).

II. Em compensação, o BGB nada mandava quanto aos casos, na prática numerosos, em que o devedor viole a adstrição através duma atuação positiva, isto é, fazendo o que devia omitir ou efetuando a conduta devida, mas em termos imperfeitos: esqueceu as violações positivas do contrato. Segundo Staub, a lacuna derivada deste silêncio deveria ser integrada pela aplicação analógica do § 326 do BGB – o regime da mora.

III. Hermann Staub parte, para a sua construção, de numerosos casos práticos em que existe violação de um vínculo, através de atuações positivas[1443]. A presença de danos exigiria um ressarcimento; falta, contudo, uma disposição que, no BGB, integrasse devidamente estas situações. Staub rebate várias saídas, já encontradas, na época, para equacionar esse problema; assim a sua pura e simples recondução ao § 276[1444] ou a sua integração no instituto da impossibilidade[1445]. Explica, também, que a mera atribuição, ao credor, de uma indemnização, não satisfaria as necessidades das hipóteses prefiguradas[1446]. A solução estaria em, por aplicação analógica do regime da mora, reconhecer à parte leal ao contrato a possibilidade de escolher entre três termos: manter o contrato e exigir uma indemnização por cada violação singular, exigir uma indemnização geral pelo incumprimento do contrato ou rescindi-lo[1447]. O resto do escrito ocupa-se, em acrescentos de Staub ou de E. Müller, de observações e críticas feitas, pela doutrina, à primeira publicação daquele Autor sobre violação positiva do contrato[1448].

[1443] Hermann Staub, *Die positiven Vertragsverletzungen* cit., 2.ª ed., 5-6.

[1444] Hermann Staub, *idem*, 7. A ideia de recorrer ao § 276 do BGB – pelo qual o devedor responde por dolo e negligência, definindo esta última – é de Carl Crome, *System des deutschen Bürgerlichen Rechts*, 2 (1903), 65; explica, porém, Staub que essa disposição é apenas definitória. Tem razão. Ela não comporta normas que, violadas, impliquem os juízos de dolo ou de negligência.

[1445] Hermann Staub, *idem*, 8 ss.. A utilização da impossibilidade para cobrir o espaço da v.p.c., que, periodicamente e até hoje, conheceria períodos de voga; uma inexatidão na prestação equivaleria à impossibilidade desta. Staub contrapõe poder haver prestações defeituosas, sendo a conduta devida possível.

[1446] *Idem*, 39, p. ex..

[1447] *Idem*, 24.

[1448] *Idem*, 26 ss..

## 180. Apreciações críticas

I. O escrito de Staub teve uma repercussão larga imediata, na doutrina[1449] e na jurisprudência[1450], apoiada no § 242 do BGB e na boa-fé. À jurisprudência, servia, muito particularmente, a elasticidade e a imprecisão da tese staubiana; possibilitava-se uma margem oportuna de concretização no caso real, embora com o perigo, inerente a tais esquemas, de uma fuga simples para a equidade. A doutrina, pelo contrário, numa sensibilidade a que não é estranho um remanescente conceptualístico, endereçou a Staub críticas diversas.

II. Censurou-se, assim, que, à designação unitária de violação positiva do contrato se abrigavam, na realidade, fenómenos diferentes[1451]. A diversidade foi-se ampliando à medida que as investigações posteriores, impulsionadas pelas necessidades práticas, foram multiplicando as modalidades iniciais. A ponto de se tornar inviável uma noção afirmativa de violação positiva do contrato: esta acabaria por ser definível, apenas por exclusão, como abrangendo todas as violações culposas de uma vinculação que não pudessem integrar nem a impossibilidade, nem a mora do devedor[1452].

III. Outra crítica de relevo consistiu em negar a presença de uma lacuna, o que estava na origem de toda a construção subsequente: as várias realidades unificadas por Staub e seus seguidores reconduzir-se-iam a diversas disposições legais do BGB. O próprio Staub, através dos seus exemplos[1453], distinguia já hipóteses de violação de um dever de *non facere*, de

[1449] Pela influência que teria em Vaz Serra, cumpre citar Ludwig Enneccerus/ /Heinrich Lehmann, *Recht der Schuldverhältnisse* cit., 15.ª ed., § 55 (234-240).

[1450] RG 27-fev.-1912, RGZ 78 (1912), 385-389 (387-388); RG 26-mar.-1912, RGZ 79 (1912), 155-162 (160-161); RG 7-fev.-1930, RGZ 128 (1930), 1-18 (16), implicitamente; RG 27-mai.-1933, RGZ 140 (1933), 378-385 (385). *Vide* outras indicações em *Da boa fé*, 603 ss..

[1451] Heinrich Lehmann, *Die positiven Vertragsverletzungen*, AcP 96 (1905), 60-113 (92); Ernst Zitelmann, *Nichterfüllung und Schlechterfüllung*, FS P. Krüger (1911), 265-281 (265).

[1452] Heinrich Stoll, *Abschied von der Lehre von der positiven Vertragsverletzung*, AcP 136 (1932), 257-320 (262 e 314).

[1453] Hermann Staub, *Die positiven Vertragsverletzungen*, 2.ª ed. cit., 5, p. ex..

cumprimento de uma prestação em termos de causar danos ao credor[1454], de mau cumprimento de um dever de prestar comum e de má execução de uma prestação numa sequência sucessiva de deveres, em termos de afetar o conjunto[1455]. Numa enumeração mais cuidadosa, e aproveitando o florescimento ocorrido depois de Staub, Heinrich Stoll é levado a distinguir a atuação contra um dever de omissão[1456], o mau cumprimento de uma obrigação[1457], o pôr em perigo o escopo contratual numa relação duradoura, a falha numa prestação única em contratos de fornecimento sucessivos de bens e a recusa de cumprimento por parte do devedor[1458]. Tomando esta enumeração como significativa, pode contrapor-se o que segue. A atuação contra um dever de omissão seria um vulgar incumprimento[1459]. Tratando-se de omissão independente junto de uma prestação principal, mandariam as regras sobre impossibilidade parcial; seja a omissão dependente, ditada apenas pelo princípio da boa-fé e caberia à prestação propriamente dita decidir do destino da violação[1460]. Este estilo de raciocínio pode aplicar-se às demais modalidades de violação positiva do contrato: em todas as falhas enumeradas, haveria sempre o não cumprimento de deveres, ou a criação, pelo devedor, de uma situação tal que o seu cumprimento não

[1454] A hipótese de escola, muito utilizada é, da pessoa que entrega a outra um animal doente que vai, depois, contagiar toda a manada; Staub, num exemplo que se pode considerar de transição, menciona a entrega por um comerciante a outro, de material explosivo, sem lhe dar conhecimento do perigo, vindo, assim, a provocar-se danos consideráveis no estabelecimento deste. *Vide* Ernst Zitelmann, *Nichterfüllung und Schlechterfüllung* cit., 276-277.

[1455] Hermann Staub, *Die positiven Vertragsverletzungen*, 2.ª ed. cit., 22.

[1456] Heinrich Stoll, *Abschied* cit., 262.

[1457] Heinrich Stoll, *Abschied* cit., 264.

[1458] Heinrich Stoll, *Abschied* cit., todos 265.

[1459] Tanto mais que o BGB declara no seu § 241, logo à cabeça do livro III do BGB, que a prestação pode consistir numa não-atuação; *vide* Heinrich Lehmann, *Die positiven Vertragsverletzungen* cit., 69.

[1460] Heinrich Lehmann, *idem*, 77.

faria já sentido[1461]. Em qualquer dos casos, haveria que recorrer às regras da mora ou às da impossibilidade, ambas tratadas pelo BGB[1462].

IV. Heinrich Stoll, num estudo que prenunciaria o desenvolvimento contemporâneo do tema, entende, em especial, que a categoria staubiana da "violação positiva do contrato" deve ser suplantada, celebrando-se a sua despedida[1463]. Na base desta posição está o constatar de que falta, ao conceito, qualquer espécie de unidade[1464]. Em aprofundamento importante, Stoll distingue, na obrigação, um interesse de prestação e um interesse de proteção. Ao serviço do primeiro, resultam deveres do contrato, a interpretar e a complementar segundo a boa-fé, que tutela a obtenção efetiva do fim visado pela prestação. O segundo, por via, também, da boa-fé, assenta no seguinte. Havendo, entre as partes, uma ligação obrigacional, gera-se, com naturalidade, uma relação de confiança na base da qual é, em especial, possível, o infligir mútuo de danos; a boa-fé comina deveres de não o fazer[1465]. Esta análise permite constatar a presença, na obrigação, de deveres de cumprimento, que visam o prosseguir efetivo do interesse do credor na prestação e de deveres de proteção que pretendem obstar a que, a coberto da confiança gerada pela existência de uma obrigação, se produzam danos na esfera das partes[1466]. Conduzindo esta consideração analítica até ao seu extremo, Stoll nega, com certa facilidade, a autonomia da violação positiva do contrato, como terceira categoria de prevaricações obrigacionais, junto da mora e da impossibilitação do dever de prestar: independentizados os deveres de cumprimento e de prestação, assistir-se-

[1461] Jury Himmelschein, *Zur Frage der Haftung für fehlerhafte Leistung*, AcP 158 (1959-60), 288, entende que a vpc poderia ser reconduzida a um tema de impossibilitação; o problema acaba por relativizar-se, ganhando um nível linguístico; assim Reinhard Wicher, Zur *Frage der Haftung für fehlerhafte Leistung*, AcP 158 (1959-60), 297-301 (301).

[1462] Jury Himmelschein, *Erfüllungszwang und Lehre von den positiven Vertragsverletzungen*, AcP 135 (1932), 255-317 (295).

[1463] Heinrich Stoll, *Abschied* cit., 314 ss..

[1464] Heinrich Stoll, *idem*, 262 e 314, p. ex..

[1465] Heinrich Stoll, *idem*, 288-289, 291 ss. e 298 ss..

[1466] Como o próprio Heinrich Stoll reconhece – *idem*, 289 – a referência à autonomia dos deveres de proteção deve-se a Krell; *vide Tratado* VI, 2.ª ed., 502 ss..

-ia seja à mora, seja à impossibilidade, no seu cumprimento[1467]. Stoll teria a oportunidade de retomar esta sua conceção[1468].

## 181. Balanço

I. As críticas a Staub e à violação positiva do contrato só ganhariam peso decisivo se lhe fossem contrapostas construções alternativas. Fique assente – no que representa um ponto importante a favor de Staub – que a existência do problema por ele diagnosticado, isto é, a presença de violações creditícias não integráveis, com linearidade, nos esquemas da mora e da impossibilidade, constantes do BGB é confirmada pelos seus críticos, de modo implícito ou explícito.

II. Houve tentativas; praticamente, foi coberto todo o espectro possível. Num primeiro tempo, pretendeu reconduzir-se a violação positiva do contrato – portanto as violações que extravasassem o duo mora-impossibilidade – ao domínio da responsabilidade delitual[1469]. A saída não prova: a natureza fragmentária do Direito delitual alemão deixa numerosas hipóteses sem cobertura, enquanto a proximidade clara – quando não uma pura integração – com as violações contratuais, num sistema que distinga as responsabilidades delitual e obrigacional, recomenda uma regulação de acordo com esta última. Ensaiou-se, pois, uma subsunção dos casos de violação positiva do contrato no § 276 BGB, pelo qual o devedor responde

[1467] Heinrich Stoll, *idem*, 292 e 298 ss..

[1468] Heinrich Stoll, *Die Lehre von der Leistungsstörungen* (1936). Este trabalho integra-se num conjunto de estudos realizados na época, com o fito de promover uma reforma do Direito civil: compreende, assim, um articulado – *Leistungsstörungen* cit., 58 ss. – onde, de facto, a regulação da violação positiva do contrato fica diluída num regime genérico das violações da prestação. Como novidades, há a registar a aceitação do pensamento comunitário, ao gosto do regime político então dominante, com o inevitável dever de lealdade a ele conexo e a importância dada a uma relação de confiança, de natureza legal, que reforçando a ligação entre as partes, estaria na origem dos tais deveres de proteção – *Leistungsstörungen* cit., p. ex., 8 ss., 10 ss., 23 ss., 25 ss. e 61 ss.. Tal como Heck, também Heinrich Stoll veio macular o seu pensamento inicial, ínsito na jurisprudência dos interesses, com considerandos desnecessários, ditados pela pressão dos acontecimentos políticos, ocorridos no final da sua vida científica. Sob as asserções de circunstância mantém-se, porém, vivo o interesse do seu pensamento.

[1469] Fritz Verner, *Die Schadensersatzpflicht wegen Verschuldens bei Erfüllung einer Verbindlichkeit*, Recht 1903, 308-309 (108) e Theodor Kipp, *Das Reichsgericht und die positiven Vertragsverletzungen* cit., 255-256.

por dolo ou negligência[1470]. Como o próprio Staub havia feito notar, este preceito definitório não constitui a norma que, uma vez violada, gera responsabilidade; orienta, apenas, a formação dos juízos de valor legais correspondentes a violações operadas noutras latitudes. Explorada com certa profusão foi a via de reconduzir a categoria staubiana à mora-incumprimento[1471] ou à impossibilidade[1472] ou ainda a ambas as figuras, consoante os casos[1473]. Deve reconhecer-se que, nesse domínio, a tentativa mais completa é, ainda, a de Heinrich Stoll.

[1470] O § 276 BGB abrangia toda a responsabilidade emergente da violação de obrigações específicas, sejam elas contratuais ou legais. Integra, deste modo, a antiga "responsabilidade contratual". Outro tanto acontece no Código português, através do artigo 799.º/1, último e único ponto de diferenciação significativa entre a responsabilidades delitual e obrigacional, perante o Direito substantivo.

[1471] Esta posição vai-se impondo à medida que se expande a ideia de que, em jogo, está a inobservância de deveres acessórios impostos pela boa-fé.

[1472] Jury Himmelschein, de novo em *Zur Frage der Haftung für frehlerhafte Leistung*, AcP 158 (1959/60), 288.

[1473] Um enunciado das várias posições consta do nosso *A violação positiva do contrato*, 142.

## § 42.º A SITUAÇÃO ATUAL DA VIOLAÇÃO POSITIVA DO CONTRATO

### 182. O estado das questões

I. Como sucedeu na *culpa in contrahendo*, a resposta definitiva às questões postas pelo diferendo, acima anotado, depende de análises que transcendem o universo restrito básico da violação positiva do contrato. Este não suportaria mais do que derivações axiomáticas ou disso próximas. Pode, porém, precisar-se um aspeto fundamental, cuja falta, na doutrina, tem provocado boa parte das controvérsias. Qualquer violação jurídico-positiva pode ser sempre equiparada a um não-cumprimento de normas[1474]. A própria impossibilitação equivale ao inobservar da regra que manda não se impossibilitem as prestações a que outrem tenha direito; a mora, naturalmente, emerge da desatenção pelo mandamento do cumprir pontual das obrigações. As transposições, mesmo a um nível de analitismo menor, são possíveis: o dever de indemnizar por mora corresponde à impossibilidade, causada pelo devedor, de cumprir em tempo a obrigação. Não está em causa um problema de qualificações formais e intermutáveis, como se viu. Há antes um perguntar insistente por um regime. Perante isso, o Código alemão e, no essencial, os lusófonos[1475] – preveem regras para a mora – incumprimento de obrigação ainda possível e enquanto o for – e para a impossibilidade – incumprimento de obrigação cuja prestação se torna irrealizável. Os preceitos carreados a pretexto dessas duas figuras não têm aplicação, apriorística e privada de mediações e adaptações, a vários dos casos integrados, com propriedade ou sem ela, no epíteto de violação positiva do contrato.

[1474] Ou, pelo prisma da sua concretização, à inobservância de vínculos obrigacionais.

[1475] *Vide* o nosso *A violação positiva do contrato/Anotação a STJ 31-Jan.-1980*, ROA 1981, 123-152 (139). Em jogo, estão os artigos 798.º/1 e 801.º/1 do Código Civil.

II. O núcleo do cumprimento imperfeito, pelo menos, não pode, sem mais, integrar-se na mora – naquele algo foi prestado e a falha pode, até, nem ser corrigível – enquanto a aplicação das prescrições referentes à impossibilidade parcial tem, dos predicados que possam informar uma prestação, visões meramente quantitativas, de insuficiência patente. A comprovar a aspiração do sistema a um regime diferenciado para a clássica violação positiva do contrato, surge toda uma regulação específica para falhas no cumprimento, em sede de certos contratos especiais[1476]. Quanto a saber se está em jogo um aflorar de princípios gerais – hipótese complicada pela diversidade que essas normas, próprias da parte especial do Direito das obrigações, apresentam, nos diversos contratos em que aparecem inseridas – ou uma ordenação excecional perante um qualquer regime genérico, a decantar por contraste, é questão irresolúvel sem fazer interceder elementos exógenos mais profundos.

Seja qual for a solução final propugnada para o tema, ela exige uma discussão própria e apresenta, para tanto, espaço bastante. Chega para justificar uma autonomia dogmática.

III. A reforma alemã de 2001/2002 não consagrou a violação positiva do contrato[1477]. A técnica de lidar com a violação de deveres dá uma margem suficiente para cobrir a inobservância dos deveres acessórios e qualquer deficiência qualitativa nas prestações.

## 183. A violação de deveres acessórios e a utilidade atual

I. A evolução registada na violação positiva do contrato, desde Staub a Stoll, revela uma aproximação desse tema ao dos deveres acessórios. No início, a criação staubiana agrupa figuras sortidas que, em comum, tinham a sua irredutibilidade às formas consagradas de violação das obrigações. O aprofundar dogmático do tema, iniciado, de seguida, por Lehmann, logo chamou à colação as violações de deveres que acompanham a prestação principal. Essa referência não mais se perderia, sendo, de modo convincente, utilizada por Stoll que, com tal base, propôs-se mesmo irradicar a violação positiva do contrato.

[1476] Assim, na compra e venda – artigos 905.º ss. e 913.º ss. – na doação – artigo 957.º – na locação – artigo 1032.º ss. – e na empreitada – artigo 1218.º ss..

[1477] Roland Schwarze, no *Staudingers Kommentar* cit., § 324, Nr. 3-9 (430-433).

II. A violação positiva do contrato, como figura de referência, mantém, no entanto, interesse e atualidade. Do ponto de vista histórico, ela traduz a laboração doutrinária e jurisprudencial periférica que, partindo de problemas concretos reais, elaborou um conteúdo efetivo para o que, de outro modo, se conservaria num nível de elaboração central teórica. Num prisma dogmático atual, a violação positiva do contrato, sendo, de modo predominante, um conceito descritivo a obter pela negativa, compreende um âmbito não coincidente com o dos deveres acessórios. Deve considerar-se como integrando hipóteses de violação positiva do contrato, os casos de cumprimento defeituoso da prestação principal, de incumprimento ou impossibilitação de prestações secundárias e de violação de deveres acessórios[1478]. Os regimes aplicáveis nestas hipóteses – o direito à indemnização pelos danos, a possibilidade de recusar legalmente a prestação e a de mover a exceção do contrato não cumprido – justificam, pela sua uniformidade de princípio, a manutenção da violação positiva como figura unitária. Nela, a boa-fé é chamada a depor em dois níveis: no campo da determinação das prestações secundárias e da delimitação da própria prestação principal, ela age sobre as fontes, como instrumento de interpretação e de integração; no dos deveres acessórios, ela tem um papel dominante na sua génese. Em estudo, agora, está este último aspeto.

III. Os deveres acessórios, reportados à boa-fé, traduzem, deste modo, uma síntese histórica, típica nos quadros da terceira sistemática e da evolução jurídico-científica subsequente, entre a consideração central do problema, ditada pelos estudos teoréticos da complexidade interobrigacional e o influxo periférico adveniente de problemas reais e concretos. Esta síntese é veiculada pela prática da violação positiva do contrato, na parte relevante desta, para o efeito em causa.

O artigo 762.°/2 recebe, nos seus diversos aspetos, toda esta elaboração. Cabe lidar com as suas dimensões substanciais.

[1478] Na nossa *Violação positiva do contrato* cit., 143, pode ver-se a crítica a outras inclusões e um apontamento sobre as consequências jurídicas da verificação da figura. Para aí se remete. Nesse escrito ob. cit., 140, nota 28 – mencionam-se, também, as intervenções da doutrina portuguesa, através de Manuel de Andrade e de Vaz Serra, nesse tema.

## 184. A receção lusófona

I. Encontramos, na nossa literatura, as primeiras referências à violação positiva do contrato em Vaz Serra, precisamente no âmbito da preparação do Código Civil de 1966[1479].

No seu texto, Vaz Serra, tendo em conta os objetivos a que se propunha, não efetuou uma investigação em profundidade sobre a vpc. Considerou, tão-só e em extensão, os aspetos que entendeu relevantes para a preparação do então futuro Código. Noutra intervenção, Vaz Serra ocupou-se dos deveres acessórios[1480].

II. Na sequência de Vaz Serra, a vpc encontrou uma referência em Manuel de Andrade[1481] e um certo desenvolvimento em Pereira Coelho[1482]. O Código Civil, ao referir, no seu artigo 762.º/2, a boa-fé na execução das obrigações, permitiu a aproximação da vpc aos deveres acessórios[1483]. A jurisprudência, por seu turno, sanciona hoje, com segurança, a inobservância dos deveres acessórios mencionando, a esse propósito, a vpc[1484].

III. Também no espaço lusófono, podemos manter a vpc como um conceito-quadro ou, se se preferir: como um espaço problemático onde pode ser revisitada a matéria atinente à complexidade da estrutura obrigacional e à temática dos deveres acessórios.

[1479] Adriano Vaz Serra, *Impossibilidade superveniente e cumprimento imperfeito imputáveis ao devedor* cit., 65-90 e 95-97.

[1480] Adriano Vaz Serra, *Objecto da obrigação/A prestação – suas espécies, conteúdo e requisitos*, BMJ 74 (1958), 15-283 (45-77, 79-80 e 262-263).

[1481] Manuel de Andrade, *Teoria geral das obrigações* cit., 3.ª ed., 326-327.

[1482] Francisco Pereira Coelho, *Obrigações* (1964), 374-380.

[1483] Foi decisivo o contributo de Carlos Alberto Mota Pinto, *Cessão da posição contratual* (1970), 337 ss. e *passim*. *Vide* outros elementos em *Da boa fé* cit., 608-611, nota 288.

[1484] Assim, RCb 17-mar.-2015 (Manuel Capelo), Proc. 3007/2, a propósito de um contrato de fornecimento.

## § 43.º O CUMPRIMENTO IMPERFEITO

### 185. **Aspetos gerais; os deveres acessórios**

I. A violação positiva do contrato pode ser usada como uma referência dogmática de ordem geral, portadora de vários progressos jurídico-científicos. Para efeitos de exposição do Direito vigente, usaremos a fórmula consagrada "cumprimento imperfeito"[1485].

Como ponto de partida, deve ficar claro que o "cumprimento imperfeito" é um incumprimento. Quando ocorra, desencadeia todos os mecanismos previstos perante a inobservância das obrigações.

II. O cumprimento imperfeito, na tradição da violação positiva do contrato, abrange duas grandes áreas:

- a violação dos deveres acessórios;
- a realização inexata da prestação principal.

A violação dos deveres acessórios não é uma inobservância de gravidade reduzida: ela pode ter as mais vultosas consequências. Aplicam-se as regras do incumprimento, incluindo a presunção de culpa e a possibilidade de, por força do artigo 802.º/1, se resolver (todo) o contrato.

Outros aspetos desenvolvidos a propósito do cumprimento inexato da prestação principal, podem ter aplicação. Um ponto a verificar caso a caso.

### 186. **O cumprimento inexato da prestação principal**

I. Há cumprimento ou prestação inexata sempre que, chegado o prazo para a sua execução, esta seja efetivada em termos que não correspondam à

[1485] Como obra de referência: Pedro Romano Martinez, *Cumprimento defeituoso em especial na compra e venda e na empreitada* (1994, reimp., 2001), 602 pp..

conduta devida[1486]. A não correspondência pode advir de algum dos vários fatores em jogo, como sejam a insuficiência, a má qualidade ou a não correspondência do comportamento tomado, em face da atitude devida. Por isso, só caso a caso é possível indagar da excelência da prestação efetuada.

II. A perfeita distinção entre o cumprimento inexato e a pura e simples ausência de cumprimento não suscita, nas suas manifestações extremas, dúvidas de maior. Assim, se António, obrigado a entregar a Bento € 100, nada entrega, no prazo da prestação, não há qualquer cumprimento. Se, porém, entregar € 80, podemos falar de cumprimento inexato. Existe, no entanto, uma zona de fronteira onde se podem suscitar dúvidas de qualificação. Para que um cumprimento defeituoso possa, ainda, merecer o epíteto de cumprimento, necessário é que ele tenha um mínimo de correspondência com a atitude devida. Não basta, para a sua identificação, falar em "violações positivas" de contrato ou de prestação. Por exemplo, Bento, empreiteiro, obriga-se a construir uma casa a Carlos. No cumprimento, ele repara-lhe o automóvel. Há cumprimento inexato? Em tal caso, existe, pura e simplesmente, um incumprimento.

A distinção terá de ser extrajurídica: um certo comportamento poderá considerar-se como cumprimento, se bem que inexato, quando, à luz da linguagem, do bom senso e de critérios de normalidade social, ele ainda possa ser aproximado do cumprimento devido. Quando tal não suceda, há, pura e simplesmente, incumprimento. Os resultados obtidos desta forma devem, em todo o caso, passar pelo crivo da boa-fé.

III. Caso o devedor se proponha realizar um cumprimento inexato, a primeira consequência é a atribuição, ao credor, da faculdade de recusar a prestação. Tal resulta, entre outros, do artigo 763.º/1[1487]: apesar de se focar, aí, apenas, a situação da prestação parcial, supomos não oferecer dúvidas a sua extensão aos restantes vícios da prestação.

Mas até que ponto pode o credor recusar a prestação oferecida pelo devedor? Todos estão de acordo em como um pequeno vício não pode justificar a recusa de uma prestação muito mais ampla, com grande prejuízo para o devedor. A delimitação precisa oferece dificuldades, tanto mais que o Código Civil, não compreende um regime geral do cumprimento defeituoso. A questão deve ser resolvida em face das regras gerais dos conflitos

[1486] Michele Giorgianni, *L'inadempimento* cit., 3 ss..

[1487] *Vide*, também, o artigo 783.º/2, *in fine*.

de direitos: perante a faculdade do credor de recusar a prestação inexata e a pretensão do devedor de não ver degradar a situação, há que averiguar qual das situações é, em cada caso concreto, mais atingida, em termos de fazer ceder a outra[1488]. Não é de excluir soluções de meio termo – artigo 335.°/1 e 2, respetivamente. O todo deve ser sempre ponderado à luz da boa-fé – artigo 762.°/2 –, não sendo de afastar a possibilidade de abuso do direito – artigo 334.° – por parte do credor que, por uma pequena falha, recuse a prestação, causando, com isso, prejuízos muito maiores ao devedor. Opera, aqui, uma problemática paralela à da *exceptio non adimpleti contractus*, que não pode ser movida por falhas mínimas[1489].

IV. Quando o credor recuse justificadamente o cumprimento por defeito da prestação, segue-se o regime do cumprimento retardado ou do incumprimento definitivo, consoante os casos.

Se a recusa for injustificada, verifica-se uma previsão de mora do credor, que veremos posteriormente.

E se o credor aceitar a prestação inexata, que poderia recusar? Em tal eventualidade, há que operar algumas distinções e subdistinções. Assim:

- o credor aceita a prestação porque desconhece o vício; nessa altura, pode pedir a anulação do cumprimento alegando, por exemplo, erro ou dolo do devedor, nos termos gerais estatuídos para o negócio jurídico – artigo 240.° e seguintes – e aplicáveis, genericamente, a atos e outras manifestações de vontade humana – artigo 257.° –, seguindo-se, depois, o regime do incumprimento; pode, também, contentar-se com o ressarcimento dos prejuízos que, de qualquer forma, pode ter lugar ainda quando haja anulação;
- o credor aceita a prestação conhecendo o vício; aí, várias possibilidades se nos deparam:
  - o credor pode pedir, ao devedor, indemnização pelos prejuízos sofridos com a inexatidão, sendo, a respetiva indemnização, pecuniária ou específica, nos termos gerais;
  - o credor pode ter querido aceitar uma dação em pagamento[1490] – artigo 837.° e seguintes – extinguindo-se, consequentemente, a obrigação, sem que de cumprimento se possa falar;

[1488] *Tratado* V, 2.ª ed., 420 ss..

[1489] *Supra*, 294 ss..

[1490] Ou qualquer outra forma de extinção da obrigação, diferente do cumprimento.

– o credor pode pretender perdoar, ao devedor, os prejuízos que este lhe causou com a inexatidão.

A primeira sub-hipótese verificar-se-á sempre que nada haja em contrário. A dação em pagamento terá de resultar clara das manifestações de vontade das partes. A extinção de eventual indemnização implica, como é sabido, um contrato entre credor e devedor, a tanto dirigido – artigo 863.º.

IV. Várias situações de cumprimento inexato surgem, na lei, com regulamentação específica. Assim sucede na compra e venda, com a transmissão de direitos onerados – artigo 905.º e seguintes – ou com a entrega de coisas defeituosas – artigo 913.º e seguintes. Assim sucede, também, no contrato de empreitada – artigo 1218.º e seguintes – e na locação – artigo 1032.º. Só uma análise pormenorizada de todas as normas aí compreendidas poderia revelar se elas contêm meras explicitações, devidamente adaptadas, das regras gerais ou se, pelo contrário, há autênticos desvios, de natureza especial ou excecional.

### 187. **Natureza**

I. Para terminar, qual a natureza do comprimento inexato? Afastamos, naturalmente, a hipótese de o credor ter dado o seu assentimento à inexatidão pois, nessa altura, há qualquer outra figura, tipo dação, e não uma variante do incumprimento.

Em princípio, o cumprimento inexato deveria cindir-se: na parte em que ainda pudesse considerar-se cumprimento, seria um ato devido; na parte em que tal fosse impossível, seria um ilícito obrigacional.

II. Repugna, no entanto, semelhante cisão, operada no seio de um ato inequivocamente unitário: o cumprimento inexato é, globalmente, um ato ilícito, quando a inexatidão seja provocada pelo devedor, o que aliás, se presume – artigo 790.º/1. Tanto assim, que dá lugar a imputação de danos ao devedor, sendo os danos avaliados em função da totalidade do ato.

CAPÍTULO VII

# FIXAÇÃO CONTRATUAL DOS DIREITOS DO CREDOR

SECÇÃO I

## A LIMITAÇÃO CONTRATUAL

### § 44.º AS CLÁUSULAS LIMITATIVAS DE RESPONSABILIDADE

#### 188. Nota histórico-comparatística

I. Falha, no Direito romano, uma construção geral sobre a fixação contratual dos direitos do credor e, em especial, sobre cláusulas limitativas da responsabilidade. As fontes dão conta da regra de não-exclusão da responsabilidade por dolo: os *pacta de non praestando dolo* seriam nulos[1491]. *A contrario*, poderiam as partes exonerar o responsável no caso de mera

[1491] Ulpiano, D. 16.3.1.7 = Okko Behrends e outros, *Corpus iuris civilis/Text und Übersetzung* III (1999), 331:

> Illud non probabis, dolum non esse praestandum si convenerit haec conventio contra bonam fidem contraque bonoe mores est et ideo nec sequenda est [em português: Quando porém seja acordado que não haja responsabilidade perante o dolo, não é de se reconhecer: pois essa convenção é contrária à boa-fé e aos bons costumes e por isso não pode ser seguida].

Paulo, D. 13.6.17 pr = ed. cit., III, 172:

> In commodato haec pactio, ne dolus praetetur, rata non est [em português: No comodato, a convenção pela qual não se responda pelo dolo não é eficaz].

Max Kaser, *Rechtswidrigkeit und Sittenwidrigkeit im klassischen römischen Recht*, SZRom 60 (1940), 95-150 (141 ss.) e *Das römische Privatrecht* cit., I, 2.ª ed., § 118, II, 1 (504); Gaetano Rossi, *Il "pactum ne dolus praestetur" e la clausola penale*, Studi Mariano d'Amelio 3 (1933), 265-271.

*culpa*: um ponto duvidoso, que pressuporia, no Direito clássico, a distinção entre o dolo e a negligência, quando se sabe que ela apenas surgia nalguns *delicta*[1492]. No domínio do inadimplemento contratual, seria viável um *pactum de non petendo*: o devedor demandado poderia defender-se com a invocação de uma *exceptio doli*.

II. Na evolução subsequente, a celebração de cláusulas de limitação de responsabilidade ou, no limite, de exoneração de responsabilidade, não constituía um problema. Em regra, as partes recorriam, antes, a esquemas destinados a agravá-la, assim se desenvolvendo, desde a Antiguidade, uma dogmática em torno da cláusula penal[1493].

O Código Napoleão foi omisso, no domínio da limitação contratual da responsabilidade do devedor. Com efeito, não seria frequente que o credor aceitasse, por acordo, prescindir dos seus direitos, em face do devedor. Quando pretendesse beneficiá-lo, bastar-lhe-ia não atuar o seu direito em juízo. O Direito alemão conheceu idêntico estado de coisas.

III. A questão das cláusulas limitativas ou exoneratórias de responsabilidade civil não suscitava problemas específicos: era uma simples disposição de direitos, efetuada ao abrigo da autonomia privada e que, não sendo proibida, era logicamente permitida. Em rigor, haveria que distinguir: a renúncia subsequente a uma situação de responsabilidade não se distinguiria do não-exercício, certamente legítimo, do direito à indemnização. Mas a renúncia antecipada poderia pôr em causa uma situação futura indeterminada. O problema surgiu, noutros moldes, nas sociedades industrializadas e em face da democratização do consumo. Nessa ocasião, as cláusulas contratuais gerais permitiam, aos grandes utilizadores, exonerarem-se, genericamente, de responsabilidade. A questão estava colocada.

IV. O Direito francês procedeu a algumas distinções tendentes a limitar as cláusulas restritivas ou exoneratórias de responsabilidade. Desde logo, elas foram recusadas, perante a responsabilidade delitual: o artigo 1382.° do Código Napoleão foi considerado de ordem pública[1494]. No tocante à responsabilidade obrigacional, fez-se a distinção entre cláusulas de aligeiramento das obrigações e cláusulas limitativas da responsabili-

[1492] *Tratado* VIII, 305 ss..

[1493] *Infra*, 433 ss..

[1494] Jean Carbonnier, *Droit civil/Les obligations* cit., n.° 1092 (2220).

dade, propriamente ditas[1495]: as primeiras apenas restringiriam a conduta devida, tornando-a de execução mais fácil; as segundas equivaleriam a efetivos cortes na responsabilidade civil.

No que tange às cláusulas limitativas e às de exoneração, a jurisprudência entendeu que elas apenas conduzem a uma inversão do ónus da prova: em face de um inadimplemento, caberia ao credor a prova dos danos[1496]. A explicação seria a seguinte: perante a cláusula de exoneração, o devedor liberava-se da responsabilidade contratual; mas ficaria de pé a delitual, por via do artigo 1382.º do Código Napoleão. A justificação era bizarra, pelo que se deu uma viragem jurisprudencial: entendeu-se que as convenções de exoneração libertavam mesmo o devedor de responsabilidade, pelo menos quando derivada de *faute* ligeira[1497].

Conquistada a possibilidade de exoneração antecipada da responsabilidade, logo ocorreram, sempre por via jurisprudencial, diversas exceções. Assim, a exoneração não seria possível: (a) perante o dolo, ao qual se equiparava a *faute* grave[1498] e isso porque o dolo, sendo um delito civil, sempre cairia no artigo 1382.º (atual 1240.º); (b) em face de danos causados à integridade física, protegida pela ordem pública[1499]; (c) por via de leis especiais, com relevo para os sectores dos transportes, do trabalho e dos produtos defeituosos.

IV. O Direito alemão, perante a ausência de dispositivos legais proibitivos, parte da possibilidade de limitar ou excluir convencionalmente

[1495] Paul-J. Durand, *Des conventions d'irresponsabilité* (1931), 533 pp.; Pierre Robino, *Les conventions d'irresponsabilité dans la jurisprudence contemporaine*, RTDC 1951, 1-33; François Terré/Philippe Simler/Yves Lequette, *Droit civil/Les obligations*, 11.ª ed. (2013), n.º 609 (659); Philippe Malaurie/Laurent Aynès/Philippe Stoffel-Munck, *Droit des obligations*, 7.ª ed. (2015), n.º 980 (535).

[1496] CssFr 9-nov.-1915, D 1921, 1, 23/I e II, relativa a um contrato de depósito, tendo sido furtada a mercadoria.

[1497] *Vide* indicações em Terré/Simler/Lequette, *Droit civil/Les obligations* cit., 11.ª ed., n.º 614 (665).

[1498] CssFr 29-jun.-1932 e CssFr 3-ago.-1932, D 1933, 49/I, com uma importante anotação de Louis Josserand, D 1933, 49-54; Paris 30-out.-1944, D 1945, 192-194, anot. Henri Aubrum, *idem*, 195; CssFr 7-jun.-1952, D 1952, 651/I e II; CssFr 4-fev.-1969, D 1969, 601, anot. Jean Mazeaud, *idem*, 601-602: o devedor comete uma *faute dolosive* quando, de modo deliberado, se recusa a executar as suas obrigações contratuais.

[1499] Paul Esmein, *Méditation sur les conventions d'irresponsabilité en cas de dommage causé à la personne*, Mel. René Savatier 1965, 271-276.

a responsabilidade pelo incumprimento[1500]. Todavia, o § 276/II do BGB (renumerado como § 276/III, depois da reforma de 2001/2002)[1501], a propósito da responsabilidade do devedor pelo incumprimento da obrigação, determinou que a responsabilidade por dolo não possa ser antecipadamente excluída[1502]. A correspondente cláusula impede, antecipadamente, o surgimento da pretensão indemnizatória, salvo dolo ou culpa grave[1503]; não equivale, contudo, a um *pactum de non petendo*, uma vez que o credor pode fazer valer as pretensões não-indemnizatórias[1504]. A doutrina e a jurisprudência equiparam, ao dolo, a negligência grosseira[1505]. Em qualquer dos casos, admitir a exclusão da responsabilidade sempre seria contrário aos bons costumes. A doutrina sublinha ainda a necessidade das cláusulas de exclusão ou de limitação de responsabilidade deverem, na dúvida, ser objeto de uma interpretação restritiva[1506].

A matéria tende a especializar-se por sectores. No domínio das cláusulas contratuais gerais, são absolutamente proibidas ("proibidas sem possibilidade de valoração") aquelas que visem excluir a responsabilidade por atentado à vida, ao corpo ou à saúde do credor [§ 309/7, a)][1507], bem como as que o pretendam fazer em situações de grave negligência ou de dolo [§ 309/7, b)], ambos do BGB reformado[1508]. Temos análises particularizadas

[1500] Karl Larenz, *Lehrbuch des Schuldrechts* 1, 14.ª ed. (1987), § 31, III (552).

[1501] Cumpre referir Georg Casper, no *Staudingers Kommentar zum BGB*, II, §§ 255--304 (2014), Nr. 114-131 (363-368).

[1502] Quanto à origem da temática, *vide* Martin Josef Schermaier, no HKK/BGB II/1 (2007), §§ 276-278, Nr. 16-19 (1079-1081).

[1503] BGH 29-out.-1956, BGHZ 22 (1957), 110-123 (119).

[1504] BGH 23-abr.-1998, NJW 1998, 2274-2277 (2277/I).

[1505] Ludwig Enneccerus/Heinrich Lehmann, *Recht der Schuldverhältnisse*, 15.ª ed. (1958), § 43, II, 1 (189). Quanto à delimitação da responsabilidade por dolo: Lorenz Kähler, *Mittelbare und unmittelbare Einschränkungen der Vorsatzhaftung*, JZ 2007, 18-28.

[1506] Wolfgang Fikentscher/Andreas Heinemann, *Schuldrecht*, 10.ª ed. (2006), § 46, II, 2, *d*), Nr. 516 (261).

[1507] Esta proibição vale, também, para contratos entre empresas, por aplicação extensiva: BGH 19-set.-2007, NJW 2007, 3774-3776 (3775).

[1508] Oliver Langer, *Haftungsausschluss und Haftungsbegrenzung gegenüber Unternehmen in Allgemeinen Geschäftsbedingungen*, WM 2006, 1233-1237; Friedrich Graf von Westphalen, *Freizeichnungsverbote in AGB-Klauseln/Altes und Neues*, ZGS 2002, 392-395; Arnd Arnold, *Freizeichnungsklauseln für leichte Fahrlässigkeite im AGB*, ZGS 2004, 16-21 (17/II ss.). *Vide* Astrid Stadler, no Jauernig, *BGB/Kommentar*, 15.ª ed. (2014), § 309, Nr. 8-9 (380) e Wolfgang Wurmnest, no *Münchener Kommentar zum BGB* II, 7.ª ed. (2016), § 309, Nr. 7 (1465-1481).

sobre a limitação da responsabilidade de peritos[1509], do agente[1510] e em face dos terceiros[1511]. Além disso, cabe lidar com limitações legais à responsabilidade[1512], com regras relativas à compra e venda[1513], à locação[1514] e outras[1515]. As limitações de responsabilidade são particularmente usadas em negócios de obsequiosidade[1516]. Refletem-se sobre o denominado risco geral do dia-a-dia[1517] e podem assumir, no Direito civil, manifestações que transcendem largamente as cláusulas exoneratórias[1518].

## 189. **O Código de Seabra**

I. Ao tempo do Código de Seabra, as cláusulas de exclusão de responsabilidade tinham um terreno favorável[1519]. Com efeito, o seu artigo 672.º dispunha[1520]:

[1509] Walter Döbereiner/Alexander Graf von Keyserlingk, *Sachverständigenhaftung mit Haftungsbegrenzung sowie Versicherung des privaten und gerichtlichen Sachverständigen* (1979), XXXV + 323 pp..

[1510] Matthias Weller, *Die Verantwortlichkeit des Händlers für Herstellerfehler*, NJW 2012, 2312-2317.

[1511] Matthias Katzenstein, *Haftungsbeschränkungen zugunsten und zulasten Dritter/ /Zugleich ein Beitrag zur Systematik des Schadenshaftungsrechts* (2004), 443 pp..

[1512] Dieter Medicus, *Zur Reichweite gesetzlicher Haftungsmilderung*, FS Odersky 1996, 589-604 (589), sublinhando, todavia, que primariamente se limitam os deveres e só secundariamente a responsabilidade pela culpa (*idem*, 604).

[1513] Florian Faust, *Garantie und Haftungsbeschränkung in § 444*, ZGS 2002, 271-274.

[1514] Willi E. Joachim, *Mietrechtliche Haftungsausschluss- und begrenzungsvereinbarungen nach der Schuldrechtsreform*, WuM 2003, 183-189.

[1515] Assim, Peter Derleder, *Beschaffungsrisiko, Lieferungsengpass und Leistungsfrist/Vom Smartphone zum Solarmodul*, NJW 2011, 113-117 (117/II, o resumo).

[1516] Werner Rother, *Haftungsbeschränkung im Schadensrecht* (1965), XVI + 295 pp., 163 ss..

[1517] Matthias Mödrich, *Das allgemeine Lebensrisiko/Ein Beitrag zur Lehre von der Haftungsbegrenzung im Schadensersatzrecht* (1980), 140 pp..

[1518] Como atual obra de referência: Philipp S. Fischinger, *Haftungsbeschränkung im Bürgerlichen Recht* (2015), XXXII + 819 pp. maciças; é feito o apelo ao § 242 do BGB (boa-fé) como cláusula geral de controlo relativa à redução da pretensão de indemnizações.

[1519] Sobre toda esta matéria, vale a monografia incontornável de António Pinto Monteiro, *Cláusulas limitativas e de exclusão de responsabilidade civil* (1985, reimp., 2003 e 2011), 488 pp., 159 ss.; *vide*, também, Ana Prata, *Cláusulas de exclusão e limitação de responsabilidade contratual/Regime geral* (1985), 820 pp., 433 ss..

> Os contrahentes podem ajuntar aos seus contractos as condições ou clausulas, que bem lhes parecerem. Estas condições e clausulas formam parte integrante dos mesmos contractos, e governam-se pelas mesmas regras, excepto nos casos em que a lei ordenar o contrario.

Por seu turno, em rubrica relativa aos efeitos e ao cumprimento dos contratos, o artigo 708.º determinava[1521]:

> A responsabilidade civil póde ser regulada por accordo das partes, salvo nos casos em que a lei expressamente ordenar o contrario.

II. Deve reconhecer-se que a doutrina nunca aceitou a admissibilidade pura e simples de cláusulas de exoneração de responsabilidade. Guilherme Moreira sublinhava que, nos casos de dolo, não era lícita a renúncia antecipada ao direito à indemnização[1522],

> (...) pois que ou será immoral a isenção de responsabilidade quando a obrigação possa ser dolosamente cumprida, ou não se formará um vínculo juridico quando o devedor fique com o direito de não cumprir voluntariamente, conscientemente, a obrigação.

Cunha Gonçalves acentuava a existência de regras especiais, como a do artigo 393.º do Código Comercial, que excluía cláusulas de exclusão, no domínio dos caminhos de ferro[1523]. Posto isso e em função dos princípios, entende que: (1) as cláusulas de irresponsabilidade só são possíveis perante a culpa levíssima; (2) elas devem ser interpretadas restritivamente; (3) e elas deixam subsistir a responsabilidade delitual[1524].

Com base nos princípios gerais, a generalidade da doutrina entendia que não era possível a exclusão nos casos de dolo: Reis Maia[1525], Jaime

[1520] José Dias Ferreira, *Codigo civil annotado* II, 1.ª ed. (1871), 175-179 e II, 2.ª ed. (1895), 18-21.

[1521] *Idem*, II, 1.ª ed., 216 e II, 2.ª ed., 45, remetendo para as anotações ao artigo 672.º.

[1522] Guilherme Moreira, *Instituições do Direito civil* 2 (1911), n.º 36 (118).

[1523] Luiz da Cunha Gonçalves, *Tratado de Direito civil* 4 (1931), n.º 565 (535).

[1524] *Idem*, 535-536.

[1525] José Marques Barbosa dos Reis Maia, *Direito geral das obrigações/Das obrigações em geral e dos contratos* (1926), 397: dolo ou má-fé por parte do devedor.

de Gouveia[1526], Gomes da Silva[1527], Azeredo Perdigão[1528], Manuel de Andrade[1529] e Galvão Telles[1530].

Ressalve-se que Manuel de Andrade[1531] e, em seu seguimento, Pereira Coelho[1532], admitiam a exclusão de responsabilidade por dolo, quando as partes pretendessem instituir uma obrigação natural: solução que, de todo, não é possível, em face do Direito atual.

III. Além do liberalismo jurídico dominante, podemos considerar que, ao tempo de Seabra, o pensamento lusófono não era muito recetivo, relativamente à exoneração ou à limitação severa da responsabilidade pelo não-cumprimento das obrigações. A teia de restrições que, desde Guilherme Moreira, foi sendo tecida em torno de uma ideia inicial de autonomia privada tinha, subjacentes, os inconvenientes que abaixo serão referidos.

## 190. **Os preparatórios do Código Civil**

I. Vaz Serra estudou o tema da modificação convencional da responsabilidade, no âmbito da preparação do Código Civil de 1966[1533]. Após uma análise comparatística breve[1534] e da ponderação de doutrina nacio-

[1526] Jaime de Gouveia, *Da responsabilidade contratual* (1933), 456-457, que chega a rematar: a cláusula de irresponsabilidade é válida, exceto quando a inexecução da obrigação foi intencional.

[1527] Manuel Gomes da Silva, *O dever de prestar e o dever de indemnizar* 1 (1944), 325, por aplicação analógica do artigo 1055.º, que proibia aos contraentes renunciar aos efeitos da evicção, quando houvesse dolo ou má-fé.

[1528] José de Azeredo Perdigão, *O princípio da autonomia da vontade e as cláusulas limitativas da responsabilidade civil (Noções gerais)*, ROA 6 (1946), 3-4, 25-63 (51-56).

[1529] Manuel de Andrade, *Teoria geral das obrigações*, 3.ª ed. (1966), 347, nota 1.

[1530] Inocêncio Galvão Telles, *Direito das obrigações* 1, 2.ª ed. (1965), n.º 251 (230-231).

[1531] Manuel de Andrade, *Teoria geral das obrigações* cit., 3.ª ed., 347, nota 1, admitindo ainda um controlo pelo abuso do direito.

[1532] Francisco Pereira Coelho, *Obrigações/Aditamentos à Teoria Geral das Obrigações de Manuel de Andrade*, 3.ª ed. (1964), 436-437.

[1533] Adriano Vaz Serra, *Cláusulas modificadoras da responsabilidade. Obrigação de garantia contra responsabilidade por danos a terceiros*, BMJ 79 (1958), 105-148.

[1534] *Idem*, 109-119.

nal, cuja orientações fundamentais acolhe[1535], Vaz Serra propõe o seguinte prceeito[1536]:

1.° (Cláusulas de irresponsabilidade)

1. As convenções que excluem ou limitam antecipadamente a responsabilidade do devedor por dolo ou culpa grave são nulas, ainda que apenas estabeleçam o máximo a que pode ir a indemnização a pagar pelo mesmo devedor ou a inversão do encargo da prova.

2. São também nulas as convenções de exclusão ou limitação de responsabilidade para os casos em que o facto do devedor represente violação de obrigações resultantes de normas de ordem pública.

3. O disposto nos parágrafos antecedentes é aplicável também à responsabilidade extracontratual. As convenções de exclusão ou limitação antecipada de responsabilidade objectiva são válidas excepto se a ordem pública impuser a nulidade.

4. São nulas as convenções de exclusão ou limitação de responsabilidade por culpa referidas genericamente a danos eventuais.

5. As convenções de exclusão ou limitação de responsabilidade devem ser observadas, quando válidas, mesmo que o juiz devesse condenar oficiosamente em indemnização.

6. As convenções de exclusão ou limitação de responsabilidade pelos actos de pessoas que devem ser vigiadas não são válidas quando se trate de actos com que se ofendam interesses indisponíveis do lesado. Esta doutrina não prejudica a faculdade de, colocando-se essas pessoas em situação que exclua a dita responsabilidade, afastar essa mesma responsabilidade.

7. A aceitação das convenções de exclusão ou limitação de responsabilidade não resulta do simples facto de o beneficiário da convenção afixar em certos locais ou inscrever em títulos por ele entregues à outra parte as respectivas cláusulas, ainda que o credor tome conhecimento destas antes de concluído o contrato. Mas, se o devedor ou os seus empregados chamarem atenção do credor para tais cláusulas, antes da conclusão do contrato, e o credor sem reserva o concluir, têm-se elas como aceitas. Tratando-se de empresas em relação às quais o credor deva contar com que elas não querem o contrato sem as referidas cláusulas, é suficiente a possibilidade de o credor tomar conhecimento das mesmas cláusulas.

[1535] *Idem*, 120.

[1536] *Idem*, 146-147. Os dois primeiros números correspondem, em substância, ao artigo 1229.° do Código Civil italiano; *vide* Guido Alpa/Giovanni Iudica, *Codice civile annotato* (2014), 1173-1176.

8. O juiz pode considerar nula a cláusula prévia de exclusão ou limitação de responsabilidade do devedor por culpa leve, se o credor, ao aceita essa cláusula, estava ao serviço do devedor, se tratar de obrigações derivadas do contrato de trabalho entre eles e a cláusula for abusiva. Pode igualmente considerar nula tal cláusula quando a responsabilidade surgir no exercício de urna indústria em situação de monopólio ou semelhante, que, em consequência da superioridade económica do devedor, tire praticamente ao credor a possibilidade de a recusar, e for abusiva a referida cláusula.

9. As disposições dos parágrafos anteriores não prejudicam outras que para certas matérias estabelecerem regime diverso; nem as do § 8° prejudicam a do § 2°.

Seguiam-se regras sobre a exclusão ou limitação de responsabilidade por facto dos representantes legais ou dos auxiliares.

II. No anteprojeto geral, o preceito foi simplificado (artigo 105.º). Manteve os números 1 e 2, acima transcritos e perdeu os números 4 a 9. Quanto ao número 3, ele recebeu a redação seguinte[1537]:

3. O juiz pode considerar nula a cláusula prévia de exclusão ou limitação de responsabilidade do devedor por culpa leve, se o credor, ao aceitar essa cláusula, estava ao serviço do devedor, se tratar de obrigações derivadas do contrato de trabalho entre eles e a cláusula for abusiva. Pode igualmente considerar nula tal cláusula quando a responsabilidade surgir no exercício de uma indústria em situação de monopólio ou semelhante, que, em consequência da superioridade económica do devedor, tire pràticamente ao credor a possibilidade de a recusar, e for abusiva a referida cláusula.

Como se vê, embora admitidas, as "cláusulas de irresponsabilidade" eram sujeitas a um regime muito restritivo.

III. Na 1.ª Revisão Ministerial, o preceito foi novamente simplificado (artigo 797.º). Ficou com a feição subsequente[1538]:

[1537] Adriano Vaz Serra, *Direito das obrigações (com excepção dos contratos em especial)/Anteprojecto*, sep. do BMJ (1960), 75.

[1538] *Código Civil/Livro II – Direito das obrigações*, BMJ 119 (1962), 203.

Artigo 797.º (Cláusulas de irresponsabilidade)

1. Salvo disposição em contrário, são nulas as convenções que excluam ou limitem antecipadamente a responsabilidade do devedor por dolo ou culpa grave, sem exceptuar as que estabeleçam o máximo exigível como indemnização ou a inversão do encargo da prova.

2. São igualmente nulas as convenções de exclusão ou limitação da responsabilidade para os casos em que o facto do devedor represente violação de obrigações resultantes de normas de ordem pública.

Conserva-se o espírito restritivo, ainda que formulado em moldes mais sintéticos.

IV. Na 2.ª Revisão Ministerial, a matéria sofreu uma alteração considerável. Desde logo, passou a artigo 809.º. Além disso, assumiu uma feição distinta[1539]:

> É nula a cláusula pela qual o credor renuncia antecipadamente a qualquer dos direitos que lhe são facultados nas divisões anteriores nos casos de não cumprimento ou mora do devedor, salvo o que se dispõe no n.º 2 do artigo 800.º.

O projeto conservou esta redação, apenas substituindo "o que se dispõe" por "o disposto"[1540].

As diferenças acolhidas na 2.ª Revisão Ministerial foram, fundamentalmente, as seguintes:

(1) formula-se uma regra geral de nulidade de cláusulas limitativas ou exoneratórias de responsabilidade obrigacional;
(2) além disso, a regra é estendida às demais pretensões do credor, perante o não-cumprimento das obrigações;
(3) o preceito é aproximado da cláusula penal;
(4) através da qual é possível, de facto, uma delimitação das consequências do incumprimento.

A 2.ª Revisão não subverteu o esquema antes vigente e, depois, proposto por Vaz Serra. Ele apenas lhe deu uma feição diferente, correspondendo a uma melhor integração dentro do sistema.

[1539] Jacinto Rodrigues Bastos, *Das obrigações em geral* VI (1973), 101.
[1540] *Projecto de Código Civil* (1966), 237.

## 191. As divergências interpretativas

I. Aparentemente, o artigo 809.º é muito claro: é nula a cláusula pela qual o credor renuncia antecipadamente a qualquer dos direitos que lhe são facultados nas divisões anteriores nos casos de não-cumprimento ou mora do devedor. Ficam formalmente abrangidos[1541]:

- o direito à indemnização integral por incumprimento (798.º);
- a presunção de culpa (799.º/1);
- o direito à indemnização por impossibilidade imputável ao devedor (801.º/1);
- o direito de, sem prejuízo da indemnização, resolver o contrato por impossibilidade imputável ao devedor (801.º/2);
- a possibilidade de, perante a impossibilidade parcial imputável ao devedor, resolver o negócio ou exigir o cumprimento do que for possível, com redução da sua contraprestação e sempre sem prejuízo do direito à indemnização (802.º/1);
- o direito ao *comodum* de representação (803.º);
- o direito à indemnização por mora (804.º/1);
- a inversão do risco por mora (807.º/1);
- o direito a passar ao incumprimento definitivo (808.º).

Apenas se ressalva a responsabilidade do devedor por atos dos representantes legais ou auxiliares (800.º/1), dada a possibilidade lata consignada no artigo 800.º/2 e ressalvada pelo próprio artigo 809.º: a exclusão da limitação de responsabilidade é permitida, desde que não represente a violação de deveres impostos por normas de ordem pública.

O elenco resultante do artigo 809.º deve ser alargado à prescrição (300.º), à exceção do contrato não cumprido (428.º/2) e à resolução por incumprimento (801.º/2 e 808.º, em integração sistemática)[1542]. Também a execução específica não pode ser antecipadamente afastada, salvo havendo sinal[1543].

[1541] *Vide* Fernando Pessoa Jorge, *A limitação convencional da responsabilidade civil*, BMJ 281 (1978), 5-32 (8-9).

[1542] *Infra*, 916 ss..

[1543] João Calvão da Silva, *Contrato-promessa/Análise para reformulação do Decreto-Lei n.º 236/80*, BMJ 349 (1985), 53-113 (97) e *Cumprimento e sanção pecuniária compulsória* (1987), 177-184.

II. O peso do pensamento dominante, ao tempo de Seabra e, porventura, a pressão do Direito comparado, com relevo para o italiano, mais conhecido, levaram alguns autores a propender para uma interpretação restritiva do artigo 809.º: seria possível a exclusão da responsabilidade, nos casos de culpa leve ou levíssima. Assim opinam António Pinto Monteiro[1544], Carlos Mota Pinto[1545] e Bruno de Sousa[1546].

Em sentido contrário alinharam Antunes Varela[1547], Galvão Telles[1548], Ana Prata[1549], Ribeiro de Faria[1550] e Luís Menezes Leitão[1551]. Fernando Pessoa Jorge, embora considerando que o legislador foi longe de mais, reconhece que, perante o artigo 809.º, não são possíveis cláusulas de renúncia antecipada à indemnização: nem mesmo havendo culpa leve[1552].

III. No essencial, a doutrina favorável à admissibilidade da exclusão da responsabilidade nos casos de negligência leve invoca: (1) que a letra da lei veda a exclusão; ora, não haveria, aí, uma exclusão, uma vez que se mantém a responsabilidade por dolo ou por grave negligência; (2) a conveniência, para certos empreendimentos, em aligeirar a responsabilidade; (3) o paralelo com outros países; (4) a Lei das Cláusulas Contratuais Gerais.

[1544] António Pinto Monteiro, *Cláusulas limitativas e de exclusão de responsabilidade civil* cit., 157 ss. e *passim* e *Cláusula penal e indemnização* (1990, 2.ª reimp., 2014), XVII + 798 pp., 235-258.

[1545] Carlos Alberto da Mota Pinto, *Teoria geral do Direito civil*, 4.ª ed. (2005), 601-605.

[1546] Bruno de Sousa, *O problema da admissibilidade das cláusulas limitativas e exoneratórias da responsabilidade civil em face do artigo 809.º do Código Civil*, O Direito (2009), 377-410 (405 ss.).

[1547] João Antunes Varela, *Das obrigações em geral* 2, 7.ª ed. (1997), 137-138 e anot. a STJ 7-nov.-1985 (Campos Costa), RLJ 124 (1991), 49-55, 55-63, 86-91 e 101-106 (86-91); também Pires de Lima/Antunes Varela, *Código Civil Anotado* II, 4.ª ed. (1997), 72-73.

[1548] Inocêncio Galvão Telles, *Direito das obrigações*, 7.ª ed. (1997), 424.

[1549] Ana Prata, *Cláusulas de exclusão e limitação de responsabilidade contratual* cit., 453 ss..

[1550] Jorge Ribeiro de Faria, *Direito das obrigações* 2 (1980), 404-405, nota 2.

[1551] Luís Menezes Leitão, *Direito das obrigações* II, 8.ª ed. (2011), 296-297.

[1552] Fernando Pessoa Jorge, *Lições de Direito das obrigações* 1 (1966-1967), 623-624; *idem*, *A limitação convencional da responsabilidade civil* cit., 13-14.

IV. A jurisprudência mantém uma aplicação estrita do artigo 809.º, considerando nulas as cláusulas de exclusão da responsabilidade[1553], designadamente no sector dos transportes[1554]. A nulidade opera seja qual for o grau de culpa do devedor[1555], sendo extensiva aos casos de responsabilidade aquiliana[1556]. Quando muito, admitem-se cláusulas simplesmente limitativas[1557], ou a renúncia antecipada à indemnização por lucros cessantes[1558], solução que não sufragamos, fora da lógica de uma cláusula penal. E a renúncia é possível, desde que não seja antecipada[1559].

## 192. **A posição adotada**

I. Antes de tomar posição neste tema, cumpre contextualizar o regime das cláusulas contratuais gerais, que tem sido invocado a favor da admissibilidade de cláusulas exoneratórias[1560], no caso de culpa leve. Vamos recordar o artigo 18.º dessa Lei, aprovada pelo Decreto-Lei n.º 446/85, de 25 de outubro, nas suas primeiras quatro alíneas:

> São em absoluto proibidas, designadamente, as cláusulas contratuais gerais que:
>
> *a*) Excluam ou limitem, de modo directo ou indirecto, a responsabilidade por danos causados à vida, à integridade moral ou física, ou à saúde das pessoas;
> *b*) Excluam ou limitem, de modo directo ou indirecto, a responsabilidade por danos patrimoniais extracontratuais, causados na esfera da contraparte ou de terceiros;

[1553] STJ 21-mai.-1998 (Lúcio Teixeira), BMJ 477 (1998), 474-480 (480); RCb 1-fev.-2011 (Pedro Martins), CJ XXXVI (2011) 1, 17-19 (renúncia antecipada a requerer a anulação por erro).

[1554] STJ 30-mar.-1989 (Menéres Pimentel), BMJ 385 (1989), 563-568 (567); STJ 9-jul.-1991 (Miguel Montenegro), BMJ 409 (1991), 759-763 (763).

[1555] RPt 6-out.-1987 (Joaquim Carvalho), CJ XII (1987) 4, 231-233 (233/I).

[1556] RLx 5-dez.-2000 (Vasconcelos Rodrigues), CJ XXV (2000) 5, 120-121 (121/I).

[1557] RPt 21-set.-1992 (Azevedo Ramos), CJ XVII (2000) 4, 237-240 (239/II).

[1558] STJ 9-mai.-1996 (Miranda Gusmão), BMJ 457 (1996), 325-335 (333), que não acompanhamos.

[1559] STJ 26-mar.-1998 (Tomé de Carvalho), BMJ 475 (1998), 664-667 (667).

[1560] Quanto às ccg, *Tratado* II, 4.ª ed., 420 ss. e 440 ss..

*c*) Excluam ou limitem, de modo directo ou indirecto, a responsabilidade por não cumprimento definitivo, mora ou cumprimento defeituoso, em caso de dolo ou de culpa grave;

*d*) Excluam ou limitem, de modo directo ou indirecto, a responsabilidade por actos de representantes ou auxiliares, em caso de dolo ou de culpa grave;

(...)

II. Como se vê, são absolutamente proibidas as cláusulas de exclusão de responsabilidade:

- que atinjam direitos de personalidade – *a*); estão em causa, designadamente, situações de responsabilidade médica e situações que envolvam a honra, a imagem ou a privacidade das pessoas;
- que relevem em termos patrimoniais aquilianos – *b*); ficam, por aqui, salvaguardados os direitos das pessoas de tipo real ou equivalente e, em certa medida, os próprios créditos;
- que tenham a ver com atos de representantes ou auxiliares, em caso de dolo ou culpa grave – *d*); o Código Civil, no seu artigo 800.°/2, permite todo o tipo de exclusões (portanto: também havendo dolo ou culpa grave), apenas com o limite da ordem pública.

Como aparente abertura, fica apenas a alínea *c*). Interpretada *a contrario*, ela permitiria cláusulas que excluam ou que limitem a responsabilidade por não-cumprimento definitivo, por mora ou por cumprimento defeituoso, havendo culpa leve.

III. Confrontado com uma cláusula contratual geral que exclua a responsabilidade do devedor por culpa leve, o credor mantém outros esquemas de reação ressalvados pelo artigo 809.° (e pela própria LCCG): pode recorrer à execução específica, pode resolver o contrato, pode recorrer à exceção de não cumprimento e pode requerer sanções pecuniárias compulsórias. Mau grado estes pontos, a LCCG terá estabelecido um regime mais aberto do que o do Código Civil indiciando que, o mesmo, deve ser interpretado restritivamente? A resposta é negativa, desde que se tenham em conta os elementos sistemáticos.

IV. A LCCG *a contrario* admite cláusulas de exclusão de responsabilidade havendo (mera) culpa leve, por três razões:

- para acompanhar a generalidade das leis europeias sobre ccg; de outro modo, iria penalizar, no mercado, as empresas portuguesas;
- porque, havendo ccg, estas passam ainda pelo crivo da boa-fé (artigo 15.º da LCCG); o juiz tem margem para corrigir situações de desequilíbrio;
- porque opera sempre a possibilidade de controlo jurisdicional, através da ação inibitória.

Tendo fins próprios e um regime acautelatório específico, o dispositivo do artigo 18.º, *c*), não pode ver alargado o seu campo de aplicação.

V. Afastado o argumento a retirar da LCCG, cabe agora ponderar a justificação profunda do artigo 809.º: um preceito que, correspondendo a uma intuição genial de Antunes Varela, tem virtualidades que suplantam aquilo que terá sido imaginado pelo seu ilustre Autor. O artigo 809.º explica-se por razões dogmáticas de fundo. Quanto às razões dogmáticas, temos cinco: (a) o princípio da defesa dos direitos; (b) a nulidade de situações indetermináveis; (c) o princípio da irrenunciabilidade antecipada; (d) a subversão do ónus da prova; (e) a equiparação civil entre o dolo e a negligência. Vamos ver.

Quanto à defesa dos direitos: lê-se que o artigo 809.º, por contrariar a autonomia privada, deve ser interpretado restritivamente; mas não: o artigo 809.º defende os direitos, evitando que os possa haver sem o direito de ação (plena): artigos 1.º/2 do CPC e 20.º da Constituição; além disso, ele evita situações de compressão unilateral as quais (elas sim: veja-se o artigo 237.º) devem ser interpretadas restritivamente; o artigo 809.º deve ser levado à sua plenitude e nunca reduzido. Repare-se que ele proíbe as obrigações naturais, o que é medida sábia.

No que tange à nulidade de situações indetermináveis (artigo 280.º/1): ao subscrever uma convenção que exonere o devedor de responsabilidade, mesmo por culpa leve, o credor está a abdicar não se sabe de quê; uma exoneração *ad nutum* tanto pode livrar o inadimplente de uma pequena indemnização como liberá-lo de uma grande quantia; ora não pode haver obrigações indetermináveis.

A irrenunciabilidade antecipada é um princípio geral das obrigações[1561]. Dadas as características dos Povos do Sul, o Direito civil, com a sua experiência milenária, evita que as pessoas deem o que hoje não têm.

[1561] *Tratado* VI, 2.ª ed., 69.

Inscreva-se, nessa linha, a proibição de doar bens futuros (942.º), de renunciar antecipadamente à prescrição (300.º), de concluir pactos leoninos (994.º), de se vincularem em termos indetermináveis (280.º/1) e de adotarem cláusulas penais exorbitantes, sem poder de correção do juiz (812.º). Ao celebrar um contrato, o credor pensa sempre que irá receber o devido: ou não contrataria. Facilmente subscreverá cláusulas de exoneração que, depois, irá lamentar. A lei previne, sabiamente, essa hipótese: justamente no artigo 809.º.

Uma cláusula de exoneração, mesmo por culpa leve, vai subverter o ónus da prova. Quando não haja adimplemento, presume-se a culpa – e logo, a ilicitude – do devedor: 799.º. Mas se houver responsabilidade apenas por dolo, o mero incumprimento não sustenta a responsabilidade: há que invocar e demonstrar o dolo ou culpa grave. Estes presumem-se, é certo: mas o devedor, que tem o controlo do facto, irá invocar mera negligência, sendo difícil, ao credor, a contraprova.

Finalmente: o Direito civil lusófono, ao contrário do alemão, não distingue, no domínio contratual, o dolo da negligência. A contraposição ocorre, apenas, no artigo 494.º, para efeitos de indemnização, no campo delitual. Construir uma diferenciação pressuporia lugares paralelos ou apoios axiológicos, que não existem. A culpa-*faute* do artigo 799.º/1 visa, justamente, tudo abarcar[1562].

VI. Quanto às razões de fundo, vale a experiência de cinquenta anos de aplicação do Código Civil. O artigo 809.º serve, na prática:

- para proteger os pequenos contratantes, em face dos poderosos: estes ou recorrem às ccg e, aí, operam os esquemas de defesa das ccg ou concluem contratos isolados, sendo detidos, neste tipo de abusos, pelo artigo 809.º;
- para defender as empresas nacionais, facilmente enganadas pelas multinacionais estrangeiras: em empreendimentos de vulto, mal conduzidos e que lesem as empresas portuguesas em muitos milhões, é frequente a inserção de cláusulas de exoneração por culpa leve; ora no terreno, é difícil provar o dolo ou, até, a culpa grave; o desequi-

[1562] A remissão do artigo 799.º/2 aponta a determinação do *quantum* exigível à diligência do devedor; não interfere com o tema em estudo; *vide* o *Tratado* VI, 2.ª ed., 481 ss..

líbrio, sobretudo em arbitragens internacionais, é compensado pela invalidade de tais cláusulas.

O artigo 809.º, na sua interpretação mais direta, constitui uma defesa para os valores e os interesses lusófonos[1563]. Deve ser preservado.

### 193. **A integração sistemática com a cláusula penal**

I. As vantagens que surgem associadas às cláusulas de aligeiramento ou de exoneração de responsabilidade podem ser prosseguidas através do recurso a cláusulas penais: o artigo 810.º é, de resto, a continuação semântica e sistemática do artigo 809.º: basta ver que começa, logo, com a adversativa "no entanto".

II. Com efeito, afirma-se que as exonerações de responsabilidade viabilizam iniciativas que, de outro modo, não teriam lugar. A afirmação pode ser capciosa: afinal, se retirarmos o risco a uma das partes, vamos fazê-lo correr por inteiro pela outra. Não obstante, essas vantagens, a prevalecerem nas negociações e no seu resultado, podem ser prosseguidas com recurso a cláusulas penais. Estas, dentro de limites que, depois, iremos ponderar, permitem aligeirar a responsabilidade, mexendo nos seus pressupostos e nos seus limites, máximos e mínimos.

III. A integração sistemática das cláusulas restritivas de responsabilidade na cláusula penal tem várias vantagens, que reforçam essa opção. Desde logo, a exoneração deixa de ser uma renúncia *ad nutum*: antes se insere numa lógica de conjunto, que permite maiores esclarecimentos e que dá azo a equilíbrios mais completos. De seguida, ela permite a intervenção corretora do juiz: seja no sentido da minoração (812.º) seja, por bilateralização dessa norma, no da majoração, quando conveniente. Abaixo veremos as concretizações desta orientação[1564].

[1563] Tem sido usada, com êxito, no âmbito de arbitragens internacionais, na CCI.
[1564] *Infra*, 499 ss..

SECÇÃO II

# A CLÁUSULA PENAL

## § 45.º EVOLUÇÃO HISTÓRICO-COMPARATÍSTICA DA CLÁUSULA PENAL

### 194. Noção e questão básica

I. Diz-se cláusula penal a proposição negocial inserida num contrato ou, mais latamente, num negócio, mesmo unilateral e que fixe as consequências de um inadimplemento. A cláusula penal era, inicialmente, apenas uma *poena* (pena): traduzia uma prestação em dinheiro que devia ser satisfeita pelo incumpridor. Nessa aceção, poder-se-á falar-se em cláusula penal *stricto sensu*. Mais tarde, a cláusula penal, embora conservando essa sua designação tradicional, passou a designar quaisquer consequências derivadas de incumprimento, pactuadas pelas partes. Será a *clausula lato sensu*.

II. A cláusula penal constitui, à partida, a solução mais fácil, mais direta e mais adequada para um incumprimento. Se as partes podem fixar livremente o conteúdo dos contratos, por maioria de razão poderão estipular para as consequências do seu incumprimento. E a solução a que cheguem será – ou deveria ser – a que ambas consideraram a mais equilibrada, dados os interesses contrapostos em presença.

III. Todavia, essa liberdade não conduz sempre às melhores soluções. Ao contratar, todas as partes (salvo se estiverem de má-fé, o que não se presume) partem do princípio de que irão cumprir o prometido. E sendo assim, aceitam subscrever cláusulas penais de valores muito elevados, por vezes mesmo desligadas dos pressupostos elementares de responsabilidade civil. A cláusula penal é perigosa[1565]. O seu regime acaba, praticamente,

[1565] Citamos Ralph Knütel, *Verfallsbereinigung, nachträglicher Verfall und Unmöglichkeit bei der Vertragsstrafe*, AcP 175 (1975), 44-76 (44):

por derivar das medidas que, ao longo dos séculos, foram tomadas para as suas limitações[1566].

## 195. **Antiguidade; Direito romano**

I. Surgem referências muito antigas a estipulações, nos contratos, de penas para as partes não-cumpridoras: particularmente nos Direitos orientais[1567]. Na Grécia, aponta-se a figura do επίτιμη ou επιτίμια: a convenção pela qual se penalizava a parte incumpridora e que, em regra, importava no dobro da prestação em falta[1568].

II. O Direito romano do *corpus iuris civilis* não dava, da cláusula penal, uma ideia sistematizada e unitária[1569]. Apenas surgia, dispersa, a

As cláusulas penais são perigosas. Confiante na sua capacidade de cumprir, o devedor promete facilmente uma pena para o caso de não adimplir ou de não o fazer totalmente ( ) Normalmente, as penas vão para além do valor da prestação ou do dano.

A "perigosidade" da cláusula penal é acentuada por Reinhard Zimmermann, *The Roman Law of Obligations* (1996), 106, por Hans Georg Hermann, no HKK/BGB II/2 (2007), §§ 336-345, Nr. 11 (2043) e por Michael Stürner, no PWW/BGB, 11.ª ed. (2016), § 343, Nr. 1 (675), como exemplos.

[1566] Christos Chasapis, *Die Herabsetzung der unverhältnismäßig hohen Vertragsstrafe: Ein Beispiel richterlichen Schutzeingriffs in Privatrechtsverhältnisse* (2014), 543 pp., 40; neste momento, esta é uma obra de referência, quanto à cláusula penal e à sua limitação. Entre nós surge, incontornável, António Pinto Monteiro, *Cláusula penal e indemnização* cit., 351 ss..

[1567] Otavio Luiz Rodrigues Júnior, *Cláusula penal: natureza e função no Direito romano*, em AAVV, *O sistema contratual romano: de Roma ao Direito atual* (2010), 911-926 (913), referindo a Mesopotâmia e o Código de Hamurabi.

[1568] Christos Chasapis, *Die Herabsetzung* cit., 42.

[1569] Rolf Knütel, *Stipulatio Poenae/Studien zur römischen Vertragsstrafe* (1976), XIII + 385 pp., 34; *vide* Ralf-Peter Sossna, *Die Geschichte der Begrenzung von Vertragsstrafen/Eine Untersuchung zur Vorgeschichte und Wirkungsgeschichte der Regel des § 343 BGB* (1993), XII + 204 pp., 6, obra tomada como referência, particularmente quanto à redução da cláusula penal, abaixo tratada. Também como referência: Amalia Sicari, *Pena convenzionale e responsabilità* (2001), 415 pp., integralmente dedicada ao Direito romano. Referimos, como clássicos, G. Girard, *De la stipulatio poenae en droit romain/De la clause pénale en droit français* (1877), 215 pp. e Arnaldo Biscardi, *Actio pecuniae traiecticiae/ /Contributo alla dottrina delle clausole penali*, 1.ª ed. (1947), 161 pp. e 2.ª ed. (1974), VII + 219 pp..

expressão *poena* ou *stipulatio poenae*: *poena conventionalis* ocorre tão-só no século XII, nos glosadores[1570]. A *poena* ocorria por *stipulatio*, concedendo a um interessado uma quantia em dinheiro (ou, eventualmente, outro bem) para o caso de o promitente não honrar a sua palavra. Os casos mais frequentes em que ela era estipulada eram o *compromissum*[1571], o *vadimonium*[1572] e o *fenus nauticum*[1573]. Surge, nalguns romanistas, tomada como uma cláusula acessória, na compra e venda[1574].

III. Distinguia-se, no Direito romano, entre a cláusula penal autêntica e a não-autêntica[1575]. Na autêntica, ela era estipulada para reforçar obrigações que, em si, já seriam eficazes: temos uma dupla estipulação. Na não-autêntica, a estipulação da pena servia obrigações não-vinculativas. O devedor obrigava-se, então, a pagar uma soma em dinheiro, o que não faria acaso concretizasse a prestação principal.

Quanto à função: era dupla. Nas *institutiones*, vem salientado o seu papel indemnizatório[1576]:

> et in huiusmodi stipulationibus optimum erit poenam subicere, ne quantitas stipulationis in incerto sit ac necesse sit actioni probare, quid eius intersit.

ou seja:

> em tais estipulações o melhor será introduzir uma *poena* (cláusula penal), para com isso a estipulação não ficar incerta e o autor não ser obrigado a provar qual seja o seu interesse.

[1570] Rolf Knütel, *Stipulatio Poenae* cit., 27.

[1571] O compromisso arbitral.

[1572] Promessa solene de apresentar o visado perante o juiz, no dia e hora acordados.

[1573] Empréstimo marítimo; sobre estes pontos, com indicações, Max Kaser, *Das römische Privatrecht* cit., I, 2.ª ed., § 120, I (519).

[1574] Bodo Börner, *Zur Auslegung von Dig. 18.7.7/Ein Beitrag zu den Nebenabmachung bei Sklavenverkäufen*, SZRom 71 (1954), 359-373.

[1575] Rolf Knütel, *Stipulatio Poenae* cit., 30 e 27; Max Kaser, *Das römische Privatrecht* cit., I, 2.ª ed., § 120, I, 1 e 2 (519-520); Ralf-Peter Sossna, *Die Geschichte der Begrenzung* cit., 9-10; Paolo Frezza, *La clausula penale* cit., 3 ss..

[1576] I. 3.15.7 = Okko Behrends e outros, *Corpus iuris civilis/Text und Übersetzung*, I, 2.ª ed. (1997), 176.

O papel compulsório da *poena* ocorria em promessas de casamento, como forma de levar ao seu cumprimento[1577]. Tal dimensão foi acentuada no *codex*.

Assim, segundo o C. 2.55.1[1578]:

Ex sententia arbitri ex compromisso iure perfecto aditi appellari non posse saepe rescriptum est, quia nec iudicati actio inde praestari potest et ob hoc invicem poena promittitur, ut metu eius a placitis non redatur (...)

Em português, numa tradução livre:

Foi várias vezes determinado que não se pode apelar contra a sentença de árbitros, relativa à perfeição de um direito derivado de um compromisso, porque também a ação de cumprimento de uma sentença não pode ser detida, pois que foi prometida uma pena mútua, para que, com medo dela, o pacto não seja incumprido.

IV. O pensamento jurídico romano era essencialmente prático. Por isso, desde cedo, os jurisprudentes foram confrontados com situações nas quais eram fixadas *poenae* exorbitantes: em regra porque o devedor, além de pressionado, tinha a firme convicção de que poderia adimplir a obrigação principal. O peso do individualismo e do que hoje chamaríamos a autonomia privada[1579] levou a que, no início, não houvesse limites[1580]. Mais tarde, todavia, a penetração da *aequitas* grega e da temperança cristã

[1577] Paulo, D. 45.1.134 = Theodor Mommsen/Paul Krueger, *Corpus iuris civilis* 1 (ed. 1954), 781/II-782/I; na ed. de 1902, *vide* 733/I.

[1578] C. 2.55.1 = *Corpus iuris civilis*, ed. Paul Krueger 2 (1915), 117/I.

[1579] Ralf-Peter Sossna, *Die Geschichte der Begrenzung* cit., 12-13.

[1580] Assim, diz Paulo, D. 21.2.56, pr. = Rolf Knütel e outros, IV, 71:

Si dictum fuerit vendendo, ut simpla promittatur, vel triplum aut quadruplum, promitteretur, ex empto perpetua actione agi poterit [se, aquando de uma venda, for dito que o acordado deve ser cumprido ou que se pagará [o preço] em triplo ou quadrápulo, pode-se agir, com base na compra, com uma ação sem prazo].

Ainda Paulo, D. 4.8.32 pr. = Okko Behrends e outros, II, 449:

Non distinguemus in compromissis, minora an maior sit poena quam res de qua agitur [não distinguiremos, num compromisso [arbitral] se a [aí inserida] *poena* é maior ou menor do que a coisa de que aí se trate].

levaram a limitações. Nesta linha, uma lei de Justiniano, inserida no *codex*, determinou que[1581]:

> in omnibus casibus, qui certam habent quantitatem vel naturam, valuti in venditionibus et locationibus et omnibus contractus, hoc quod interest dupli quantitatem minime excedere (...)

isto é:

> em todos os casos em que esteja em causa uma quantidade certa, seja pela natureza, seja por compra e venda ou locação ou todos os demais contratos, o valor [da cláusula penal] excede, no máximo, o dobro.

## 196. **O período intermédio**

I. A cláusula penal conservou a sua vitalidade, ao longo da Idade Média. Com efeito, ela correspondia à ideia do respeito pelo contratado, agora reforçada com um novo contrato: um dado profundamente inscrito em todas as civilizações. Todavia, sofreu as simplificações inerentes à quebra jurídica e cultural subsequente ao fim do Império. Particularmente visada foi a hipótese de limitar a cláusula penal excessiva, ignorada no Império do Oriente e, em grande parte, no do Ocidente[1582]. Apenas a *Lex Wisigothorum* conservou o princípio da não ultrapassagem, pela cláusula penal, do dobro do valor assegurado[1583].

II. Com Bolonha e com a primeira receção do Direito romano, a presença, no *corpus iuris civilis*, de fragmentos dissonantes permitia as diversas opiniões. Após um predomínio da cláusula ilimitada, glosadores como Placentino[1584] († 1192) e como Azo[1585] (1150-1235), vieram retomar a

[1581] C. 7.47.1 = ed. Paul Krueger cit., 316/II; outras indicações em Ralf-Peter Sossna, *Die Geschichte der Begrenzung* cit., 15-20.

[1582] Ralf-Peter Sossna, *Die Geschichte der Begrenzung* cit., 21-25.

[1583] *Idem*, 22-23, com o texto em latim e a tradução alemã. Esta matéria é retomada por Yanfei Zeng, *Sonderkontrolle der Vertragsstrafe/Eine Untersuchung zu Begründung der Kontrolle* (2015), XXVI + 182 pp., 65.

[1584] Ralf-Peter Sossna, *Die Geschichte der Begrenzung* cit., 28-32, com os textos básicos.

[1585] *Idem*, 32-34.

ideia da limitação, na base de I. 3.19.19 e de C. 7.47.1. A questão afinou-se com a distinção entre tipos funcionais de cláusulas penais: um tema também presente em Acúrsio[1586] e que floresceria em épocas subsequentes.

III. Os glosadores não conheceram unanimidade, quanto à eventual limitabilidade de cláusulas penais[1587]. Duas correntes: (a) a cláusula penal seria ilimitada, ainda que com exceções em função do seu escopo (Petrus de Bellapertica, † 1308 e Cinus de Pistoia, 1270-1336); (b) caberia distinguir, em função da vontade das partes, se se pretendeu uma quantia predeterminada ou um valor em abstrato, altura em que poderia ocorrer uma limitação (Bártolo, 1313-1357). Deve sublinhar-se que a doutrina da limitação teve bases canónicas. Por um lado, impunha-se a temperança; por outro, as *poenae* exageradas podiam camuflar a estipulação de juros[1588].

IV. O Humanismo, com o seu regresso à pureza romana, agravou o regime da cláusula penal. Cujácio (1522-1590) defende a sua entrega à vontade das partes. Quanto a C. 7.47.1: ele só operaria perante "penas legais" e não em face das convencionadas. Donnellus (1527-1591) atenuou a orientação, admitindo limites em função dos danos potenciais.

## 197. **A pré-codificação e a comercialística**

I. Os jurisprudentes clássicos da pré-codificação foram sensíveis à dogmática da limitação. Jean Domat (1625-1696) conferia à prudência do juiz moderar a soma da cláusula penal, quando excedesse o dano efetivo; não aumentá-la, na hipótese inversa[1589]. Robert-Joseph Pothier (1699--1772), por seu turno, deixou claro[1590]:

> La peine stipulée en cas d'inexécution d'une obligation peut, lorsqu'elle es excessive, être réduite et moderée par le juge.

[1586] *Idem*, 36-37.

[1587] *Idem*, 44-63, com textos e indicações.

[1588] Yanfei Zeng, *Sonderkontrolle der Vertragsstrafe* cit., 68. Para mais indicações: António Pinto Monteiro, *Cláusula penal e indemnização* cit., 371 ss..

[1589] Jean Domat, *Les loix civiles dans leur ordre naturel* 1 (ed. Paris, 1756), Liv. III, tit. V, Sect. II, § 15 (241-242)

[1590] Robert-Joseph Pothier, *Traité des obligations* (1767) = Oeuvres de Pothier, par Jean-Joseph Bugnet II (1848), Nr. 345 (179); a matéria é, depois, explicada.

II. Curiosamente, as posições radicais românicas foram adotadas pelo *usus modernus* e, depois, pela pandectística. Apesar de algumas flutuações[1591], a doutrina do *usus* fixou-se, maioritariamente, na ilimitação. Glück (1755-1831), na transição para o pandectismo, deixava a determinação da pena convencional ao acordo das partes, sem necessidade de correspondência com o valor da prestação principal[1592]. Essa posição manteve-se na pandectística[1593], com a exceção dos casos em que viesse defraudar a limitação dos juros[1594]. Deve-se ter presente a pressão comercial, que deu lugar ao artigo 284 do ADHGB, de 1861[1595]:

> A pena convencional não comporta qualquer limite quanto ao montante: ela pode ultrapassar o dobro do interesse.
> Na dúvida, o devedor não pode liberar-se do cumprimento satisfazendo a pena convencional.

Quanto à jurisprudência anterior ao BGB: RG 8-mar.-1884 considerou aplicável o Art. 284 do ADHGB (e não o ALR prussiano) por se tratar de matéria comercial[1596]; RG 5-fev.-1890 julgou que a pena não ultrapassava o valor do interesse atribuído pelo contrato principal[1597]. Não são apontados casos de redução da cláusula.

III. Na preparação do BGB, o tema da cláusula penal e da possibilidade de o juiz intervir, reduzindo-a, foi muito discutido[1598]. No anteprojeto de von Kübel, de 1882, não foi feita qualquer referência à hipótese de

[1591] Ralf-Peter Sossna, *Die Geschichte der Begrenzung* cit., 112-114.

[1592] Christian Friedrich Glück, *Pandekten* IV (1796), § 340 (531): *Ueberhaupt hängt die Bestimmung der Strafe von der Uerabredung der Partheyen ab.*

[1593] Ralf-Peter Sossna, *Die Geschichte der Begrenzung* cit., 153, com muitas indicações.

[1594] Anton Friedrich Justus Thibaut, *System des Pandektenrechts* 1 (1803), 554 pp., § 97 (81); Friedrich Carl von Savigny, *Das Obligationenrecht* 2 (1853), § 80, 281-282; Karl Adolph von Vangerow, *Lehrbuch der Pandekten* 3, 7.ª ed. (1876), § 614, Anm. II (339)

[1595] Friedrich von Hahn, *Commentar zum Allgemeinen Deutschen Handelsgesetzbuch* 2, 2.ª ed. (1883), 94-97, com esclarecedoras anotações.

[1596] RG 8-mar.-1884, RGZ 12 (1885), 23-28 (25).

[1597] RG 5-fev.-1890, RGZ 26 (1890), 85-99 (93).

[1598] Com algumas referências, Hans Georg Hermann, no HKK/BGB cit., II/2, §§ 336-345, Nr. 29 (2060 e notas); Christos Chasapis, *Die Herabsetzung der unverhältnismäßig hohen Vertragsstrafe* cit., 57 ss., mais desenvolvidamente.

limitação[1599]; o Autor explicava que esse silêncio visava assegurar a total liberdade das partes[1600]. O primeiro projeto, de 1888, ocupou-se da cláusula penal nos seus §§ 420-425: também manteve o silêncio. Na competente justificação de motivos, explicou-se que não se facultava a limitação da cláusula penal, ao contrário, por exemplo, do que sucedia com o ALR prussiano e com o Código Napoleão[1601].

O tema foi discutido no vigésimo Congresso dos Juristas alemães, em 1889. Koffka, juiz em Berlim, elaborou um parecer favorável à não-limitação das cláusulas penais, através da intervenção do Tribunal[1602]. Todavia, na discussão havida a 11-set.-1889, manifestou-se brilhantemente contra Otto von Gierke[1603]. Explicou que uma liberdade contratual sem limites não pode, de modo algum, representar o princípio fundamental do Direito das obrigações[1604]. Havia que permitir uma intervenção moderadora do juiz[1605].

Von Gierke foi sufragado por Wilke, segundo o qual a estrita manutenção do acordado poderia conduzir a injustiças[1606] e por Makower, apoiado no Direito do trabalho e no Direito dos seguros[1607]. O Congresso concluiu pela necessidade de admitir a redução pelo Tribunal, com quase unanimidade. A sugestão foi adotada. A segunda comissão de revisão do projeto do BGB inseriu um preceito que permitia a redução, pelo juiz, da cláusula penal desproporcionada[1608], como abaixo melhor será visto.

[1599] Franz Philipp von Kübel, *Entwurf eines Bürgerlichen Gesetzbuches für das Deutsche Reicht/Recht der Schuldverhältnisse*, I. *Allgemeiner Theil mit Begründung (Vorentwurf)* (1882), 321-322.

[1600] *Idem*, 346; o troço essencial vem também transcrito em Christos Chasapis, *Die Herabsetzung der unverhältnismäßig hohen Vertragsstrafe* cit., 57, nota 85.

[1601] *Motive zur dem Entwurfe eines Bürgerlichen Gesetzbuches für das Deutsche Reich*, II – *Recht der Schuldverhältnisse* (1896), § 421 (278).

[1602] Koffka, *Soll die Conventionalstrafe im künftigen deutschen Gesetzbuch lediglich der freien Vereinbarung unterliegen, oder na gesetzliche oder richterliche Schranken gebunden werden?*, DJT 20, II (1889), 3-32 (32, a conclusão), sendo acompanhado por Hermann Veit Simon, diretor de um banco, que respondeu à mesma questão – *idem*, 33-45.

[1603] Otto von Gierke, intervenção sobre os limites à cláusula penal, em DJT 20, IV (1889), 60-66.

[1604] *Idem*, 63-64.

[1605] *Idem*, 67.

[1606] Wilke, intervenção em DJT 20, IV (1889), 66-69 (67, citando *summum jus summa injuria*).

[1607] Makower, intervenção em DJT 20, IV (1889), 69-80.

[1608] Horst Heinrich Jakobs/Werner Schubert, *Die Beratung des Bürgerlichen Gesetzbuchs in systematischer Zusammenhang der unveröffentlichten Quellen/Recht der Schuldverhältnisse* I, §§ 241 bis 432 (1978), XX + 1004 (547-549); verifica-se que Wilke

## 198. As codificações e a *common law*

I. O Código Napoleão, assente em pressupostos liberais e ao arrepio do antigo Direito francês, dispunha no seu artigo 1152.º[1609] (atual 1231.º-5/I):

> Quando a convenção disponha que quem a não execute, pagará uma quantia em dinheiro a título de indemnização, não pode ser alocada, à outra parte, nem uma quantia maior, nem uma menor.

Mais adiante, o mesmo Código comportava uma secção sobre as obrigações com cláusulas penais (1226.º a 1237.º). A cláusula penal era definida como aquela pela qual uma pessoa, para assegurar o cumprimento de uma obrigação, se adstringe a algo, no caso de inexecução (1226.º). Posto isso: a nulidade da obrigação principal envolve a da cláusula penal; mas não o inverso (1227.º); o credor, em vez de pedir a pena estipulada contra o devedor em mora, pode prosseguir a execução da obrigação principal (1228.º); a cláusula penal é a compensação das perdas e interesses que o credor sofra com a inexecução: não pode pedir, ao mesmo tempo, a principal e a pena, salvo se for estipulada para a simples mora (1229.º); a pena só ocorre havendo mora (1230.º); a pena pode ser modificada pelo juiz quando haja execução parcial (1231.º); a pena é repercutida, em certos termos, nos herdeiros (1232.º e 1233.º).

O esquema livre da cláusula penal napoleónica entrou em crise mercê dos excessos registados em certos domínios, com relevo para a locação financeira[1610]. Impôs-se uma reforma, que foi levada a cabo pela Lei de 9 de julho de 1975[1611], completada pela Lei de 11 de outubro de 1985[1612].

participava nessa comissão; *vide* Christos Chasapis, *Die Herabsetzung der unverhältnismäßig hohen Vertragsstrafe* cit., 60-61.

[1609] J. A. Rogron, *Code civil expliqué* cit., 321/II.

[1610] François Terré/Philippe Simler/Yves Lequette, *Droit civil/Les obligations* cit., 11.ª ed., n.º 626 (680-681); *vide*, na época, Gérard Cornu, *De l'énormité des peines stipulées en cas d'inéxécution parcielle du contrat de crédit-bail*, RTDC 1971, 167-170.

[1611] Mais precisamente: Lei n.º 75-597, de 9-julho-1975; *vide* Silviane Sanz, *La consécration du pouvoir judiciaire par la loi du 9 juillet 1975 et ses incidences sur la théorie générale de la clause pénale*, RTDC 1977, 268-288, bem como diversos elementos em François Terré e outros, *Droit civil/Les obligations* cit., 11.ª ed., n.º 627 (681-683).

[1612] Mais precisamente: Lei n.º 85/1097, de 11-out.-1985.

Ao artigo 1152.º, acima transcrito, foi acrescentado um segundo parágrafo, assim redigido:

> Todavia, o juiz pode, mesmo de ofício, moderar ou aumentar a pena que tenha sido acordada, se ela for manifestamente excessiva ou irrisória. Considera-se não escrita toda a estipulação em contrário.

Após um intervalo de 170 anos, regressou-se à lição dos canonistas. O preceito transcrito passou, sem alterações, ao artigo 1231.º-5/II, pela reforma de 2016.

II. Ao longo dos muitos anos da sua aplicação, à cláusula penal napoleónica foram reconhecidas as seguintes vantagens[1613]: (a) previne discussões sobre o montante do dano: basta, ao credor, mostrar que ele existe; (b) sendo moderada (mas não irrisória), ela permite limitar a responsabilidade do devedor; (c) sendo elevada (mas não excessiva), ela reforça a obrigação e compele o devedor ao cumprimento. A sua natureza contratual é pacífica, levando a que ela caia caso o contrato seja nulo[1614]. Dela, mau grado uma unidade de princípio, emergem duas funções[1615]: a indemnizatória e a cominatória ou compulsória. Com efeito, além de permitir um cálculo fácil de indemnização, ela compele, sobretudo quando seja elevada, o devedor ao cumprimento. O papel coercivo da cláusula penal fica dependente do seu montante.

III. O Direito italiano seguiu o modelo napoleónico. O Código Civil de 1865 acompanhava, nos seus artigos 1209.º e 1212.º, os artigos 1226.º e 1229.º do Código Napoleão. À cláusula era atribuída a dupla finalidade de assegurar o cumprimento e de indemnizar os danos[1616]. No Código de

[1613] François Terré e outros, *Droit civil/Les obligations* cit., 11.ª ed., n.º 622 (676); Philippe Malinvaud/Dominique Fenouillet/Mustapha Mekki, *Droit des obligations* cit., 13.ª ed., n.º 797 (625-626).

[1614] Philippe Malaurie/Laurent Agnès/Philippe Stoffel-Munck, *Droit des obligations* cit., 7.ª ed., n.º 990 (544).

[1615] *Idem*, 544; Bertrand Fages, *Droit des obligations* cit., 5.ª ed., n.º 334 (274); quanto à bifuncionalidade da cláusula penal napoleónica, com indicações, *vide* Walter F. Lindacher, *Phänomenologie der "Vertragsstrafe"/Vertragsstrafe, Schadensersatzpauschlalierung und schlichter Schadensbeweisvertrag* (1972), 227 pp., 39 ss. e, entre nós, António Pinto Monteiro, *Cláusula penal e indemnização* cit., 307 ss..

[1616] Gian Pietro Chironi, *La colpa nel diritto civile odierno/Colpa contrattuale*, 2.ª ed. (1897), IX + 772 pp., n.º 261 (591); este Autor sublinha, muito oportunamente, que

1942, a cláusula penal ocupa, em conjunto com o sinal, uma secção própria: artigos 1382.º a 1384.º[1617]. O 1382.º ocupa-se dos efeitos da cláusula penal; o 1383.º proíbe o cúmulo da pena convencional com a exigência da prestação principal; o 1384.º, por fim, visa a redução equitativa da pena. A doutrina explica a dupla função da *penale*: dispensa a prova do dano e delimita a indemnização. Daqui poderia advir uma dimensão de pena privada[1618]. A redução é possível nos casos de execução parcial ou de manifesto excesso, em face do interesse do credor. A jurisprudência admite que a redução possa ser decidida *ex officio*[1619]. O pensamento italiano não enfatiza, salvo exceções[1620], o papel compulsório da pena contratual[1621].

IV. Como foi referido, o BGB antecipou em muitas décadas a evolução francesa. Hoje, ele comporta um título dedicado ao sinal e à cláusula penal (§§ 336 a 345) cabendo, a esta, sete parágrafos[1622]:

Mais precisamente: § 339 (efetivação da pena convencional); § 340 (promessa de pena para o não-cumprimento); § 341 (promessa de pena pelo cumprimento imperfeito); § 342 (pena não-pecuniária); § 343 (redução da pena); § 344 (ineficácia da promessa de pena); § 345 (ónus da prova).

A publicação do BGB provocou, logo no imediato, o aparecimento de múltiplas monografias sobre a cláusula penal. Como exemplos, temos a de Deus[1623], a de Schöntag[1624], a de Schleippen[1625] e a de Billmann[1626].

enquanto a função compulsória opera desde o início, a indemnizatória é eventual e ocorre, apenas, no incumprimento.

1617 Guido Alpa/Giovanni Iudica, *Codice civile annotato* cit., 1492-1496.

1618 Francesco Caringela/Giuseppe de Marzo, *Manuale do diritto civile*/II – *Le obbligazioni* (2007), n.º 13.1.1. (518-519).

1619 CssIt 28-set.-2006, n.º 21066 (CssCivile, sez. II).

1620 Andrea Magazzù, *Clausola penale*, ED VII (1960), 186-196 (188/I); Vincenzo Michele Trimarchi, *Clausola penale*, NssDI III (1959), 351-353 (352/II); Andrea Zoppini, *La pena contrattuale* (1991), VIII + 330 pp., 160 ss., especialmente 163 ss..

1621 *Vide*, António Pinto Monteiro, *Cláusula penal e indemnização* cit., 306 e 329-333.

1622 Entre os comentários (neste momento) mais recentes: Peter Gottwald, no *Münchener Kommentar zum BGB* II, 7.ª ed. (2016), 2317-2363; Martin Michael Stürner, no PWW/BGB, 11.ª ed. (2016), 673-678; Christian Grüneberg, no Palandt, 75.ª ed. (2016), 569-574.

1623 Paul Deus, *Die Vertragsstrafe nach dem Bürgerlichen Gesetzbuch* (1896), 39 ss..

1624 Karl Schöntag, *Über die Vertragsstrafe nach dem bürgerlichen Gesetzbuche* (1898), 50 pp., sublinhando a sua execução (36 ss.).

Seguiram-se, com a entrada em vigor do BGB, monografias interessantes com relevo para a de Lüble[1627], a de Ledermann[1628], a de Sieveking[1629], a de Dörner[1630], a de Nirschl[1631], a de Berling[1632] e a de Rukes[1633]. O ritmo abrandou, mas manteve-se um número elevado de estudos sobre a cláusula penal, permitindo as amplas reformulações das últimas décadas, em termos abaixo referidos, a propósito da sua dogmática. Sublinhamos, ainda, a existência de múltiplos estudos sectoriais[1634], particularmente no Direito do trabalho[1635], no Direito da construção[1636] e no da indústria em geral[1637], no Direito público[1638], no Direito do desporto[1639] e no Direito

[1625] August Schleippen, *Die Konventionalsstrafe nach gemeinem Recht verglichen mit der Vertragsstrafe des deutschen bürgerlichen Gesetzbuchs* (1898), 64 pp..

[1626] Wilhelm Billman, *Die Vertragsstrafe im deutschen bürgerlichen Gesetzbuche* (1899), 38 pp., salientando a sua natureza acessória (11 ss.).

[1627] Hans Lüble, *Die Vertragsstrafe: nach gemeinem Rechte und dem Rechte des Bürgerlichen Gesetzbuchs für das Deutsche Reich* (1900), 46 pp..

[1628] Franz Ledermann, *Die Unterschiede des Reugeldes (sg. Wandelpön) und der Vertragsstrafe im gemeinen Recht und neuen Reichsrecht* (1904), 70 pp..

[1629] Oskar Sieveking, *Trennung des Anspruchs auf eine Vertragsstrafe vom Hauptrecht: ein Beitrag zur Lehre von der Vertragsstrafe* (1908), VI + 76 pp..

[1630] Hans Dörner, *Verfall und Geltendmachung der Vertragsstrafe nach bürgerlichem Recht* (1910), 62 pp..

[1631] Hans Nirschl, *Die Herabsetzung der Vertragsstrafe* (1912), 50 pp..

[1632] Otto Berling, *Die Vertragsstrafe nach dem BGB unter Berücksichtigung § 348 HGB* (1915), 70 pp..

[1633] Johannes Rukes, *Die Vertragsstrafe im internationalen Privatrecht: rechtsvergleichende Darstellung* (1918), 89 pp..

[1634] Em Volker Rieble, no *Staudinger* cit., II, § 339, 295-298, podem ser confrontadas muitas dezenas de títulos; referimos, como sempre, apenas os que conferimos diretamente.

[1635] Gustav Weber, *Vertragsstrafe und Buße im Arbeitsrecht* (1938), IV + 41 pp.; Bernhard Beisenkötter, *Arbeitsvertragsbruch durch den Arbeitnehmer: Schadensersatz und Vertragsstrafe* (1997), XV + 159 pp.; Detlev Joost, *Vertragsstrafen im Arbeitsrecht/ /Zur Inhaltskontrolle von Formularverträgen im Arbeitsrecht*, ZIP 2004, 1981-1986; Alfred Söllner, *Vertragsstrafen im Arbeitsrecht*, AuR 1981, 97-105 (105, o resumo).

[1636] Jürgen Knacke, *Die Vertragsstrafe im Baurecht* (1988), XII + 79 pp.; Michael Christian Bschorr, *Die Vertragsstrafe im Bauwesen* (2003), XVII + 198 pp.; Frank Niebuhr, *Vertragsstrafe, Schadensersatz und Entschädigung bei Bauverzögerungen* (2006), XVI + + 203 pp.; Tobias Rodemann, *Die Vertragsstrafe im Bauvertrag*, MDR 2002, 1357-1358.

[1637] Katja Aedtner, *Die Vertragsstrafe im Industrieanlagenvertrag* (2011), 101 pp..

[1638] Hans Meyer, *Vertragsstrafe im Unterwerfungserklärung im öffentlichen Recht*, JZ 1996, 78-83, a propósito de BVerwG 3-mar.-1995, JZ 1996, 97-102, que admite esse tipo de cláusula.

[1639] Gregor Thüsing/Kai Bodenstedt, *Vertragsstrafen im Profifußball/Eine Skizze aus aktuellem Anlass*, AuR 2004, 369-374; Tim Nesemann, *Vertragsstrafen im Sponso-*

da concorrência[1640]. Importante, ainda, foi a Lei de 12-nov.-1976 (AGBG), relativa às cláusulas contratuais gerais[1641]. Esta lei, no seu § 11/5 e 6, proíbe cláusulas de fixação antecipada da indemnização insuficientes e penas contratuais, respetivamente. Ficou, deste modo, oficializada a existência[1642] dos dois tipos de cláusulas, a incluir num conceito amplo de cláusula penal. O AGBG foi inserido no BGB, com a reforma de 2001/2002: § 309/5 e 6[1643].

V. A riqueza histórico-comparatística da cláusula penal, foi ainda enriquecida com a experiência anglo-saxónica[1644]:

> Na origem, temos a figura do *penal bond*: uma promessa de pagamento de certa importância, no caso de não ser observada uma determinada conduta. Com isso, conseguia-se contornar a proibição de juros. Os tribunais de *equity* viram-se confrontados com os exageros que isso permitia, acabando por intervir: havia que determinar se o *penal bond* visava reforçar o cumprimento ou se era um esquema usurário. Mesmo quando tivesse um papel compulsório, ele poderia ser excessivo. Após nova intervenção dos tribunais de *equity*, introduziu-se uma distinção depois acolhida na *common law*: entre a *penalty clause* e a *liquidated damages clause*. A primeira é compulsória, enquanto a segunda pretende avaliar antecipadamente o

*ringsverträgen im Zusammenhang mit Doping*, NJW 2007, 2083-2086 (o *doping* dá má imagem ao patrocinador: donde o relevo de cláusulas penais tendentes a evitá-lo).

[1640] Godo Selbach, *Vertragsstrafe bei mehrfachen Verstößen gegen nachvertragliche Wettbewerbsverbote* (1975), XI + 108 pp.; Bernd Kaiser, *Die Vertragsstrafe im Wettbewerbsrecht* (1999), XXVIII + 264 pp..

[1641] BGBl I 1976, 3317; *vide* o *Tratado* II, 4.ª ed., 385-386.

[1642] Já defendida anteriormente por autores como Volker Beuthien, *Pauschlierter Schadensersatz und Vertragsstrafe*, FS Karl Larenz 70. (1973), 495-516 (498 ss.) e como Walter F. Lindacher, *Phänomenologie der "Vertragsstrafe" (Vertragsstrafe, Schadensersatzpauschalierung und schichter Schadensbeweisvertrag)* (1972), 227 pp., 63 ss. e *passim* e já também reconhecida pela jurisprudência, com relevo para BGH 8-out.-1969, NJW 1970, 29-33 (32); esta matéria pode ser minuciosamente seguida em António Pinto Monteiro, *Cláusula penal* cit., 509-539; *idem*, *Sobre o controlo da cláusula penal*, 35 anos do Código Civil III (2007), 189-208 (192).

[1643] Astrid Stadler, no *Jauernig Kommentar* cit., 15.ª ed., § 309, Nr. 6 e 7 (379) e Wolfgang Wurmnest, no *Münchener Kommentar* cit., 7.ª ed., § 309, Nr. 5 e Nr. 6 (1444 ss. e 1455 ss.); *vide* Walter F. Lindacher, *Schadensersatzpauschalen: Kontrolle und Korrektur*, FS Rolf Birk 70. (2008), 515-520 (518 e *passim*) e Thomas Derlin, *Vertragsstrafe und AGB-rechtliche Inhaltskontrolle*, MDR 2009, 597-602 (598/I ss.).

[1644] *Vide* António Pinto Monteiro, *Cláusula penal* cit., 397 ss. e 499 ss., com indicações, bem como os escritos comparatísticos abaixo citados.

dano do não-cumprimento. A *common law* não reconhece a *penalty clause*, admitindo, apenas, a *liquidated damages clause*. O Direito inglês acentuava, para a distinção, a vontade das partes, enquanto o Direito norte-americano, vazado no UCC, aponta para um critério de razoabilidade.

O Direito anglo-saxónico é, assim, desfavorável às cláusulas penais *stricto sensu*: admite as de cálculo antecipado de danos. Com isso, veio influenciar diversas iniciativas internacionais de harmonização de Direitos, com relevo para a Recomendação 78 (3) do Conselho da Europa, para as Regras Uniformes da Uncitral[1645] e para o próprio DCFR[1646]. Os vários Direitos continentais e a *Common Law* constituem, no campo da cláusula penal, um terreno fértil e apetecido para análises comparatísticas[1647].

[1645] *Infra*, 465 ss..

[1646] O seu artigo III-3:712 (na ed. von Bar/Eric Clive/Hans Schulte Nölke cit., 253), refere apenas um *stipulated payment for non-performance*, fixando a redução razoável, em termos imperativos. Na *full ediction*, *vide* I, 961-967, com esclarecedores elementos comparatísticos.

[1647] Como exemplos confrontados, além da ob. cit. de Pinto Monteiro: Walter F. Lindacher, *Phänomenologie der "Vertragsstrafe"* cit., 18 ss., anglo-americano, 39 ss., francês e 51 ss., alemão; Detlev Fischer, *Vertragsstrafe und vertragliche Schadensersatzpauschalierung/Eine rechtsvergleichende Darstellung der neueren deutschen und französischen Rechtsentwicklung* (1981), 197 pp,. (19 ss., Alemanha e 115 ss., França); Reinhard Löffler, *Vertragsstrafe und pauschalierter Schadensersatz im anglo-kanadischen common-law und dem Recht der Provinz Quebec* (1986), 218 + LXIII pp. (5 ss. e 104 ss., referindo ainda o UCC norte-americano, 163 ss.); Isabel Steltmann, *Die Vertragsstrafe in einem Europäischen Privatrecht/Möglichkeiten einer Rechtsvereinheitlichung auf der Basis eines Rechtsvergleichs der Rechtsordnungen Deutschlands, Frankreichs, Englands und Schwedens* (2000), 244 pp. (23 ss., 31 ss., 37 ss. e 55 ss., mencionando, igualmente, instrumentos supranacionais, 202 ss.); Peter Gottwald, *Zum Recht der Vertragsstrafe – Ein kritischer Blick über den Zaun*, FS Alfred Söllner 70. (2000), 379-389 (383 ss.), referindo as experiências alemã, inglesa e francesa; Manuel Nodoushani, *Vertragsstrafe und vereinbarter Schadensersatz: eine vergleichende Untersuchung des amerikanischen und deutschen Rechts* (2004), 212 pp. (52 ss. e 106 ss., com referência ao UCC); Yanfrei Zeng, *Sonderkontrolle der Vertragsstrafe/Eine Untersuchung zur Begründungen der Kontrolle* (2015), XXVI + 182 pp. (16 ss., anglo-americano, 19 ss., francês, 21 ss., chinês e *passim*, alemão). Temos, ainda, estudos comparatísticos interessantes com elementos de Direito espanhol – Stefan Leible, *Richterliche Herabsetzung von Vertragsstrafen im spanischen Recht*, ZeuP 2000, 322-341 – e de Direito holandês – Harriët Schellhaas, *The judicial power to reduce a contractual penalty*, ZeuP 2004, 388-398, focando duas decisões do *Hoge Raad*, de 13-fev.-1998 e de 26-out.-2001.

## § 46.º A EVOLUÇÃO LUSÓFONA DA CLÁUSULA PENAL

### 199. As Ordenações e a pré-codificação

I. D. Afonso III, em 1304, promulgou uma lei limitativa da (hoje dita) cláusula penal: *que usura, nem pena nom creça mais que outro tanto*[1648]. As Ordenações Afonsinas (1446-1447), no seu Livro IV, comportavam um título LXII precisamente denominado *das penas convencionaaes, e judiciaaes*[1649]. Esse título veio revogar a Lei de D. Afonso III, na parte relativa à usura, já que esta era pura e simplesmente proibida[1650]. Quanto à pena (convencional), mantinha-se a lei de 1304, alargando-se, também, às *obrigações de feito* (de *facere*): neste caso, haveria que estimar a obra: *e quanta for a dita estimaçom, tanto creça a dita pena, e mais nom*[1651]. Temos uma clara influência canónica[1652]: a pena convencional não podia ser maior do que o valor em jogo no contrato: além do representado por este (outro tanto).

II. As Ordenações Manuelinas (1512-1513) conservaram o essencial do regime das Afonsinas, quanto à cláusula penal. Agora no título XLIV, epigrafado *Das penas convencionaes, e judiciaes, e interesses, em que casos se podem levar, ou nam*. Segundo o seu proémio[1653]:

> As penas convencionaes, que por convença das partes forem postas e declaradas nos contractos, nom podem seer moores nem crecer mais que o

[1648] Referida em *Ord. Af.*, Liv. IV, tit. LXII, § 1 = ed. Gulbenkian, IV, 219; este troço permite confirmar que a História da cláusula penal é, em grande parte, a História das suas limitações.

[1649] *Ord. Af.*, Liv. IV, tit. LXII, § 4 = ed. Gulbenkian, 219-220.

[1650] *Direito bancário*, 6.ª ed. (2016), 677-678.

[1651] *Ord. Af.*, Liv. IV, tit. LXII, § 5 = ed. Gulbenkian, 220.

[1652] António Pinto Monteiro, *Cláusula penal e indemnização* cit., 409 ss..

[1653] *Ord. Man.*, Liv. IV, tit. XLIV, proémio = ed. Gulbenkian, 4, 103; *vide* António Pinto Monteiro, *Cláusula penal e indemnização* cit., 411.

principal: esto nom soomente averá luguar quando o devedor for obriguado dar ou entregar alguũs bens de raiz, ou moveis, assi como servo, ou cavalo, ou qualquer outra semelhante cousa, mas tambem quando for obriguado a algũa obra, ou feito que prometesse fazer a tempo certo (...)

III. Nas Ordenações Filipinas (1603), a matéria transita para o título LXX, igualmente epigrafado *Das penas convencionaes, e judiciaes, e interesses, em que casos se podem levar*[1654]. Foram, aí e no essencial, retomadas as regras das Ordenações Manuelinas.

IV. As diversas Ordenações receberam a doutrina canonista, detetável em dois pontos[1655]: acolhem a construção indemnizatória da cláusula penal e limitam-na ao valor da coisa, nas obrigações de *dare* ou de estimação da obra, nas de *facere*. A pena equivaleria ao valor da prestação e, daí, ao dano do não-cumprimento, a somar a este.

V. Na pré-codificação do século XIX, Correia Teles mantém o regime das Ordenações então vigentes, reforçando-o com considerações retiradas de Pothier e do Código Napoleão[1656]. Diz o seguinte:

> 340. Um contracto é como Lei entre as partes que o outorgam: podem por isso ajuntar-lhe penas, no caso de se não cumprir a obrigação.
>
> 341. Se a pena pecuniaria do contrato excede o valor da obrigação principal, é nullo o excesso.

Posições similares estão presentes em Coelho da Rocha[1657].

## 200. O Código de Seabra e o Código brasileiro de 1916

I. O Código de Seabra (1867) trata a cláusula penal em conjunto com as condições, no capítulo V do título relativo aos *contractos e obrigações em geral* (artigos 672.º a 683.º). Vamos transcrever os preceitos essenciais

[1654] *Ord. Fil.*, Liv. IV, tit. LXX, proémio = ed. Gulbenkian, IV-V, 880/II.

[1655] António Pinto Monteiro, *Cláusula penal e indemnização* cit., 413.

[1656] J. H. Corrêa Telles, *Digesto Portuguez* cit., 1, 46; de seguida, Corrêa Telles expõe um regime completo para a cláusula penal – *idem*, 46-49.

[1657] M. A. Coelho da Rocha, *Instituições de Direito civil* cit., § 739 (2, 510-511).

relativos à cláusula penal: a nossa cultura jurídica não pode perder-se. Dispunha[1658]:

ARTIGO 672.º

Os contrahentes podem ajunctar aos seus contractos as condições ou clausulas, que bem lhes parecerem. Estas condições e clausulas formam parte integrante dos mesmos contractos, e governam-se pelas mesmas regras, excepto nos casos em que a lei ordenar o contrário.

§ unico. Exceptua-se da regra deste artigo o caso previsto no artigo 1671.º.

ARTIGO 673.º

Se os contrahentes estipularam certa prestação em pena do não cumprimento do contracto, essa estipulação não terá validade, se o contracto for nulo, mas a a nullidade da pena não produza nullidade do contracto.

ARTIGO 674.º

A importancia da condição, ou da clausula penal, fica dependente da convenção das partes, salvo o que fica disposto no § unico do artigo 672.º.

ARTIGO 675.º

Se a obrigação foi cumprida em parte, póde a pena ser modificada na parte proporcional.

ARTIGO 676.º

O pactuante, que satisfez áquillo a que se obrigou, póde exigir do que não houver satisfeito, não só o que pela sua parte prestou, ou a correspondente indemnisação, mas tambem a pena convencional estipulada.

§ 1.º Se nenhum dos pactuantes tiver cumprido o contracto, e só um delles se prestar a cumpril-o, este póde exigir de outro, ou só a execução do contracto, ou a correspondente indemnisação, ou só a pena convencional; mas nunca uma e outra cousa simultaneamente.

§ 2.º O direito de exigir a pena convencional nasce da simples mora na execução do contracto.

1658 José Dias Ferreira, *Codigo Civil Annotado* cit., 2, 1.ª ed., 175-186 e 2, 2.ª ed., 18-27.

ARTIGO 677.º

A pena não póde tornar-se efectiva, se o que contrahiu a obrigação foi impedido de a cumprir por facto do credor, por caso fortuito, ou por força maior.

II. O Código de Seabra consagrou um esquema que tem vindo a ser considerado indemnizatório[1659]: era o que se poderia retirar do transcrito artigo 676.º. Todavia, a doutrina da época detetava, nela, a dupla função: constranger o devedor ao cumprimento e determinar previamente a indemnização pelo não cumprimento integral ou parcial da obrigação ou pela mora[1660]. Ocorre um ponto, no Código de Seabra, que acentua o papel compulsório: o artigo 674.º, quebrando com a anterior tradição canónica, deixa o montante da cláusula penal totalmente ao arbítrio das partes, sem admitir a intervenção corretora do juiz, quando ela se mostre excessiva. Essa solução foi propositadamente pretendida pelo legislador, que bem conhecia as Ordenações e os regimes europeus vigentes. Correspondeu a um pico do pensamento liberal.

O artigo 767.º do projeto inicial do que viria a ser o Código de Seabra consagrava a solução lusófona tradicional: a importância da cláusula penal não pode exceder a importância da obrigação principal. A comissão revisora, todavia, na sua sessão de 17-dez.-1860, votou para que não houvesse limites, ficando a pena ao total arbítrio das partes. Esta orientação transparece nos artigos 672.º e 674.º do diploma finalmente aprovado[1661].

[1659] Nesse sentido, António Pinto Monteiro, *Cláusula penal e indemnização* cit., 414; em Guilherme Moreira, *Instituições* cit., 2, 653, podem ler-se afirmações nesse sentido. Cunha Gonçalves, *Tratado* cit., 4, 371, considera a palavra "pena", no contexto da cláusula penal, como uma sobrevivência do Direito romano.

[1660] José Dias Ferreira, *Codigo Civil Annotado* cit., 2, 1.ª ed., 179; Guilherme Moreira, *Instituições* cit., 2, 653; Reis Maia, *Direito penal das obrigações* cit., 321 e 328; Cunha Gonçalves, *Tratado* 4, 371; Azevedo Souto, *A cláusula penal/Sua natureza e limites*, ROA 1950, 3-4, 69-142 (115); Inocêncio Galvão Telles, *Manual de Direito das obrigações* cit., 1, 1.ª ed., n.º 258 (215), acentuando, todavia, o papel indemnizatório; as transcrições básicas destas obras podem ser confrontadas em António Pinto Monteiro, *Cláusula penal e indemnização* cit., 303-304.

[1661] Estas vicissitudes podem ser confrontadas em José Dias Ferreira, *Codigo Civil Annotado* cit., 2, 1.ª ed., 179, constando, também, de António Pinto Monteiro, *Cláusula penal e indemnização* cit., 414, nota 972.

IV. O tema da cláusula penal esteve, desde sempre, ligado ao dos juros. Na lógica de Seabra, a pena não tinha limites porque os juros também não os tinham. Os exageros cometidos ao longo do século XIX quanto a estes últimos[1662], levaram o legislador a intervir: o Decreto n.º 21:730, de 14 de outubro de 1932[1663], veio limitá-los, atingindo igualmente a cláusula penal. Assim, segundo o seu artigo 1.º,

> Não é permitido estipular nos contratos de mútuo ou usura taxas de juro, cláusulas penais ou quaisquer outras obrigações para os devedores, superiores às que se indicam nos artigos seguintes.

E, no artigo 3.º,

> Nos contratos de mútuo ou usura a cláusula penal e quaisquer outros encargos do devedor não poderão exceder a importância que resultar da aplicação da taxa de 4 por cento sôbre os valores mutuados e pelo tempo por que o juro estiver em dívida.

Havia, pois, uma restrição à cláusula penal, ainda que limitada ao mútuo retribuído[1664].

V. O Código Civil brasileiro de 1916 manteve-se mais conforme com o pensamento lusófono. O Código em causa dedicou um capítulo à cláusula penal: artigos 916.º a 927.º[1665]. Vamos recordar três deles: os mais significativos. Assim[1666]:

> 916.º A clausula penal pode ser estipulada conjunctamente com a obrigação ou em acto posterior.
>
> (...)
>
> 920.º O valor da comminação imposta na clausula penal não pode exceder o da obrigação principal.
>
> (...)

[1662] *Tratado* VI, 2.ª ed., 738.

[1663] DG I, n.º 241, de 14-out.-1932, 2027-2029.

[1664] Quanto à delimitação do âmbito do diploma: António Ferrer Correia/Rui Alarcão, *Acerca da taxa-limite do montante da cláusula penal fixado pelo Dec. 21.730*, RDES IX (1956), 167-205.

[1665] Paulo Merêa, *Codigo Civil Brasileiro anotado* cit., 313-315.

[1666] Pontes de Miranda, *Tratado de Direito privado*, XXVI (1959), §§ 3.112-3.121 (59-88).

927.º Para exigir a pena convencional, não é necessario que o credor allegue prejuízo.

O devedor não pode eximir-se de cumpril-a, a pretexto de ser excessiva.

## 201. **Os preparatórios de Vaz Serra e as revisões ministeriais**

I. No âmbito da preparação do Código Civil, Vaz Serra dedicou um estudo importante à cláusula penal[1667].

Vaz Serra, de acordo com o seu método habitual (e correto!) procede a um apanhado de Direito comparado, com relevo especial para as experiências alemã e italiana. Sublinha que a pena convencional se destina a compelir ao cumprimento da obrigação principal, excluindo que possa acompanhar obrigações naturais[1668]. Depois de analisar os vários meandros envolvidos, Vaz Serra estuda a questão magna do controlo jurisdicional da pena excessiva[1669]. O Autor conclui com uma sugestão de articulado em oito artigos: 1.º Função. Fontes. Acessoriedade; 2.º Vencimento. Encargo da prova quanto ao não-cumprimento; 3.º Pena para o caso de não-cumprimento; 4.º Pena para o caso de não-cumprimento pontual ou no lugar onde devia ser feito; 5.º Pena consistente em prestação diferente do pagamento de quantia em dinheiro; 6.º Pena como multa ou arra penitencial; 7.º Redução equitativa; 8.º Pena imprópria[1670].

Em síntese, podemos considerar que Vaz Serra aproximou o seu anteprojeto do esquema alemão[1671]: acentuou o papel compulsório, reintroduziu a redução judicial e admitiu expressamente a pena imprópria.

II. No anteprojeto geral de Direito das obrigações, Vaz Serra colocou a pena convencional numa secção (a IX) relativa ao contrato como fonte das obrigações, após a alteração das circunstâncias e antes das arras ou sinal (644.º a 647.º)[1672]. A matéria sofreu uma simplificação, limitando-se a quatro artigos: 644.º (Função. Acessoriedade); 645.º (Efeito); 646.º (Pena con-

1667 Adriano Vaz Serra, *Pena convencional*, BMJ 67 (1957), 185-245.

1668 *Idem*, 191 ss..

1669 *Idem*, 219-232.

1670 *Idem*, 240-243.

1671 António Pinto Monteiro, *Cláusula penal e indemnização* cit., 302 ss. e, em especial, 416.

1672 Adriano Vaz Serra, *Direito das obrigações* cit., 528-530.

sistente em prestação diferente do pagamento de quantia em dinheiro); 647.º (Redução equitativa).

A 1.ª Revisão Ministerial conservou a inserção sistemática do anteprojeto geral de Vaz Serra (396.º a 398.º). Simplificou o articulado, agora reduzido a três preceitos: 396.º (Noção); 397.º (Funcionamento da cláusula); 397.º (Redução equitativa)[1673]. Para além dos aspetos formais, o revisor (Antunes Varela) aproximou o articulado do modelo italiano. A cláusula penal assumiu uma dimensão indemnizatória, vedando, supletivamente, qualquer indemnização pelo dano excedente.

A 2.ª Revisão Ministerial alterou a localização sistemática da cláusula penal, colocando-a na sequência da proibição da renúncia antecipada aos direitos do credor: uma posição que ocupa atualmente[1674]. A redação definitiva só foi alcançada no Projeto final[1675].

III. Os preparatórios do Código Civil documentam, no tocante à cláusula penal, uma apetência inicial pelo Código alemão com uma viragem final para o italiano. Para além de aspetos de regime a que regressaremos, foi acentuada a vertente indemnizatória da pena convencional. Em termos práticos, isso levou a que a doutrina nacional passasse a estudar o tema a propósito da indemnização e da sua fixação prévia, pela vontade das partes[1676] ou das consequências do não-cumprimento[1677].

## 202. O Código de 1966 e o Código brasileiro de 2002

I. Na sequência dos preparatórios acima analisados, o Código Civil consagrou, numa divisão relativa à fixação contratual dos direitos do credor (809.º a 812.º) e após considerar nula a renúncia antecipada do credor aos seus direitos (809.º), três preceitos à cláusula penal[1678]. São eles:

[1673] BMJ 119 (1962), 43.

[1674] Os textos resultantes da 2.ª Revisão Ministerial podem ser confrontados em Jacinto Rodrigues Bastos, *Das obrigações em geral* cit., VI, 102, 105 e 108-109, respetivamente, para os três artigos em causa.

[1675] *Projecto de Código Civil* cit., 237.

[1676] Assim, Almeida Costa, *Direito das obrigações* cit., 12.ª ed., 793 ss..

[1677] Assim, Antunes Varela, *Das obrigações em geral* cit., 2, 7.ª ed., 139 ss. e Luís Menezes Leitão, *Direito das obrigações* cit., 2, 9.ª ed., 273 ss..

[1678] DG I, n.º 274, de 25-nov.-1966, 1955/II.

- 810.º (cláusula penal): equivale à fixação, por acordo, do montante da obrigação exigível (n.º 1); fica sujeita às formalidades exigíveis para a obrigação principal, sendo nula se esta o for (n.º 2);
- 811.º (funcionamento da cláusula penal): o estabelecimento da pena obsta a que o devedor exija uma indemnização pelo excedente, salvo convenção das partes;
- 812.º (redução equitativa da pena): a pena convencional pode ser reduzida pelo tribunal de acordo com a equidade, quando for manifestamente excessiva, ainda que por causa superveniente (n.º 1); é admitida a redução nas mesmas circunstâncias, no caso de cumprimento parcial (n.º 2).

O texto era simples, claro e elegante. Alguns aspetos ficavam por tratar, com relevo para o tema do "aumento equitativo da pena". A Ciência do Direito tinha, todavia, meios para ultrapassar os óbices. Resta acrescentar que, até 1985, data do escrito de António Pinto Monteiro sobre as cláusulas limitativas e de exclusão de responsabilidade civil e que contém um interessante desenvolvimento sobre a cláusula penal[1679], a matéria ficou confinada, doutrinariamente, a escassas páginas em anotações[1680] e em obras gerais[1681].

II. Cabe divulgar o regime do Código Civil brasileiro de 2002, no tocante à cláusula penal. O tema consta de um capítulo V, inserido no título relativo ao inadimplemento das obrigações: depois dos juros legais e antes das arras ou sinal: artigos 408.º a 416.º[1682]. No essencial, é rctomado o articulado do Código Civil de 1916 (916.º a 927.º). Muito interessante é a manutenção da velha (e sábia) regra das Ordenações: segundo o artigo 412.º do Código de 2002, o valor da cominação imposta na cláusula penal não pode exceder o da obrigação principal. O artigo 413.º admite a redução equitativa pelo juiz, se a obrigação principal tiver sido cumprida em parte ou se o montante da penalidade for manifestamente excessivo, tendo-se em vista a natureza e a finalidade do negócio.

[1679] António Pinto Monteiro, *Cláusulas limitativas* cit., 135-149.

[1680] Fernando Pires de Lima/João Antunes Varela, *Código Civil anotado* II, 1.ª ed. (1968), 57-60.

[1681] Assim: Fernando Pessoa Jorge, *Lições de Direito das obrigações* cit., 615-621.

[1682] José Miguel Garcia Medina/Fábio Caldas de Araújo, *Código Civil Brasileiro Comentado* cit., 381-386.

### 203. A reforma de 1980

I. O circunspecto regime do sinal, fixado no Código Civil, foi alterado, sucessivamente, pelos Decretos-Leis n.º 200-C/80, de 24 de junho[1683] e n.º 262/83, de 16 de junho[1684]. Ambos esses diplomas podem integrar-se num ciclo de modificações legislativas que tinham em vista (alguma) adaptação dos esquemas privados às elevadas taxas de inflação então vividas. Nessa conjuntura ocorreu a apressada reforma do contrato-promessa, conduzida pelo Decreto-Lei n.º 236/80, de 18 de julho[1685]. Verifica-se, todavia, que o legislador da época, tendo em mãos o inefável poder de alterar o Código Civil, foi mais longe do que o exigiriam as circunstâncias do momento.

II. O Decreto-Lei n.º 200-C/80, de 24 de junho, pretendeu, no fundamental, alterar a taxa legal de juros. O Código Civil de 1966, versão original, fixava, no seu artigo 559.º, a taxa legal de juro em 5%: esta cifra, muito aquém da inflação, que chegou aos 30%, era um perfeito convite ao inadimplemento. O Decreto-Lei n.º 200-C/80 deu nova redação ao artigo 559.º: segundo o n.º 1 desse artigo, os juros legais e os estipulados sem determinação de taxa ou quantitativo passaram a ser fixados por portaria conjunta dos Ministros da Justiça e das Finanças e do Plano. Houve, logicamente, que alterar o artigo 1146.º segundo o qual era havido como usurário o contrato de mútuo que fixasse juros anuais superiores a 8% ou 10%, conforme houvesse ou não garantia geral (n.º 1), bem como a cláusula penal que fixasse mais do que o correspondente a 12% ou a 14% de indemnização, consoante existisse ou não garantia geral (n.º 2). O novo artigo 1146.º passou a reportar esses valores, respetivamente a 3% ou 5% (n.º 1) e a 7% ou 9% (n.º 2), acima do juro legal. Também o artigo 102.º do Código Comercial foi alterado, passando a remeter, no seu § 2.º, para os artigos 559.º e 1146.º do Código Civil.

III. Um tanto surpreendentemente, o Decreto-Lei n.º 200-C/80, de 24 de junho, decidiu mexer também no regime da cláusula penal. Vamos reter, do seu preâmbulo, o troço a ele relativo[1686]:

[1683] DR I, n.º 143, de 24-jun.-1980, supl., 1456-(6)-1456-(7).
[1684] DR I, n.º 136, de 16-jun.-1983, 2131-2133.
[1685] *Tratado* VII, 346 ss., 377 ss. e 410 ss..
[1686] DR I, n.º 143, de 24-jun.-1980, 1456-(6)/II-1456-(7)/I.

Entende-se ainda, até para harmonizar a nossa lei civil com as diretrizes estabelecidas pelo Conselho da Europa – Resolução (78) 3, de 20 de Janeiro de 1978 –, dar nova redação aos artigos 811.º e 812.º do Código Civil.

Assim se preceitua, por um lado, que o credor não poderá exigir cumulativamente o cumprimento coativo da prestação devida e o pagamento da cláusula penal ajustada; terá, pois, de fazer uma opção entre os dois termos da alternativa. Uma exceção é, todavia, figurada: a de a pena convencional haver sido estabelecida para o não cumprimento pontual da obrigação.

Estatui-se, por outro lado, com referência ao artigo 812.º, que a faculdade conferida ao tribunal de reduzir a pena convencionada, de acordo com a equidade, quando for manifestamente excessiva, terá como limite o dano efetivamente causado pelo incumprimento da obrigação.

Já se sugeriu, na doutrina portuguesa, que ao tribunal deveria, de igual modo, ser atribuído o poder de reforçar a cláusula penal, como acontece, designadamente, nos direitos alemão e suíço. Não se envereda, no entanto, por essa perspetiva, atendendo à orientação definida pelo Conselho da Europa. De resto, a solução adotada é, também, a do Código Civil italiano (artigo 1384.º).

IV. Como se vê, o legislador justificou a sua arriscada incursão nos domínios do Código Civil e visando a cláusula penal com uma invocada vontade de (...) *harmonizar a nossa lei civil com as diretrizes estabelecidas pelo Conselho da Europa*.

O Conselho da Europa é uma organização internacional constituída em 5-mai.-1949, com sede em Estrasburgo. Inicialmente, comportava 10 membros, chegando, hoje aos 47, incluindo alguns Estados não-europeus. O Conselho da Europa visa, essencialmente, a defesa dos direitos humanos, o desenvolvimento da democracia e o progresso político-social. Como realizações mais visíveis, temos a Convenção Europeia dos Direitos Humanos e o Tribunal Europeu dos Direitos do Homem. Portugal aderiu ao Conselho da Europa em 22-set.-1976, tendo o competente instrumento de adesão sido aprovado pela Lei n.º 9/76, de 31 de dezembro. O Estatuto do Conselho da Europa foi (discretamente) publicado, "por ordem superior", por aviso da Direção-Geral dos Negócios Políticos do Ministério dos Negócios Estrangeiros, de 13-set.-1978, a 27-nov. desse mesmo ano[1687]. O Conselho não tem qualquer competência legislativa.

[1687] DR I, n.º 269, de 22-nov.-1978, 2449-2462.

O Estatuto do Conselho da Europa prevê, no seu artigo 15.º, *b*), que o Comité de Ministros possa fazer recomendações aos Governos. Em parte alguma essa Organização tem competência para aprovar diretrizes, sendo estranhíssimo que o venha fazer nas áreas civis, que escapam à própria intervenção direta da União Europeia. Não obstante, o Conselho da Europa, por indicação da Comissão Europeia de Cooperação Jurídica, numa Resolução (78)3, de 20 de janeiro de 1978[1688], veio recomendar aos Estados aderentes um modelo legislativo sobre cláusulas penais em Direito civil.

Nas partes mais relevantes, diz a Resolução em causa:

> 2.º O credor não pode obter, ao mesmo tempo, a execução do, segundo o contrato, da obrigação principal e a soma estipulada, salvo se essa soma foi acordada para uma execução tardia. Toda a estipulação contrária é nula.
>
> (...)
>
> 5.º O credor não pode obter, em vez ou em mais da soma estipulada, danos e interesses que sancionem a inexecução da obrigação principal.
>
> 6.º Não obstante qualquer estipulação em contrário, o credor não pode obter uma soma que exceda seja o montante da cláusula penal, seja o dos danos e interesses que sancionem a inexecução da obrigação principal.
>
> 7.º A soma estipulada pode ser reduzida pelo juiz quando seja manifestamente excessiva. Em particular, a redução pode fazer-se quando a obrigação principal tenha sido parcialmente executada. A soma não pode ser reduzida abaixo dos danos e interesses que sancionem a inexecução da obrigação. Toda a estipulação contrária às disposições deste artigo é nula.

A justificação de motivos é modesta. Explica as soluções, sem as apoiar: nem na História, nem no Direito comparado, nem na dogmática jurídica. Prevaleceu uma filosofia de tipo anglo-saxónico: a de reconduzir a cláusula penal a uma liquidação antecipada de danos, em detrimento da sua dimensão compulsória[1689].

[1688] Confrontável no BMJ 279 (1978), 291-294, seguido da justificação de motivos, *idem*, 294-307; ela vem transcrita em Isabel Steltmann, *Die Vertragsstrafe in einem europäischen Privatrecht* cit., 220-221. A Resolução (78)3 inspirou-se na Convenção do Benelux sobre cláusulas penais; *vide* o seu texto em Isabel Steltmann cit., 202.

[1689] António Pinto Monteiro, *Cláusulas limitativas* cit., 148, nota 319.

V. Um tanto na mesma linha seguiriam as Regras Uniformes adotadas pela UNCITRAL, em 1983, sobre a cláusula penal[1690-1691]. A dimensão de "pena", própria do Direito continental, era sacrificada à filosofia indemnizatória, ao estilo anglo-saxónico. A súbita preocupação de organismos internacionais virem limitar o papel da cláusula penal, erodindo a sua dimensão penal, deve ser procurada em razões de concorrência: o Mundo anglo-americano, mormente nas suas relações com o exterior, pretende manter a hipótese de não-cumprimentos eficientes: paga-se uma quantia (pequena) e fica-se livre das suas obrigações.

VI. O legislador de 1980, supomos que sob o entusiasmo do momento de ver o País aderir a organizações internacionais, apressou-se a acolher a Resolução (78)3, sem ouvir civilistas e sem atentar na sua natureza não-vinculativa. Vamos ver o resultado. Assim, quanto ao artigo 811.º (funcionamento da cláusula penal):

| Código Civil de 1966 | Decreto-Lei n.º 200-C/80 |
|---|---|
| | 1. O credor não pode exigir cumulativamente, com base no contrato, o cumprimento coercivo da obrigação principal e o pagamento da cláusula penal, salvo se esta tiver sido estabelecida para o não-cumprimento pontual da obrigação; é nula qualquer estipulação em contrário. |
| O estabelecimento da pena obsta a que o credor exija indemnização pelo dano excedente, salvo se outra for a convenção das partes. | 2. O estabelecimento da cláusula penal obsta a que o credor exija indemnização pelo dano excedente, salvo se outra for a convenção das partes. |

Como se vê, o n.º 2 do artigo 811.º, resultante da reforma de 1980, corresponde ao corpo do preceito inicial, com a substituição de "pena" por "cláusula penal". Mal: "pena" é expressão consagrada no civilismo

[1690] *Regras Uniformes Relativas às Cláusulas Contratuais Estipulando o Pagamento de uma Quantia Acordada em Caso de Incumprimento*, confrontáveis em DDC 15 (1983), 313-321 e em Isabel Steltmann, *Die Vertragsstrafe* cit., 222-224.

[1691] Uma análise das *Regras Uniformes* consta de Maria Ângela Bento Soares/Rui Manual Moura Ramos, *Cláusulas penais em contratos internacionais/Análise das regras uniformes da CNUDCI de 1983*, DDC 15 (1983), 271-313.

lusófono; além disso, pode haver cláusulas penais com alcances vários, que não colidam com a indemnização por danos excedentes, independentemente de as partes o terem convencionado. O novo artigo 811.º/1, para além da patente inelegância de vir inserir várias normas num número, nada adianta em relação ao regime original: não era possível conseguir uma execução específica da prestação em falta e uma indemnização pela não realização dessa mesma prestação. Nunca ninguém pretendeu tal absurdo, sendo desnecessário vir vertê-lo em lei. Em compensação, faz todo o sentido cumular uma execução específica de uma prestação com uma pena convencional que permita, por um lado, uma certa pressão sobre o devedor e, por outro, compensar o credor pelos incómodos, despesas e delongas que sempre representa uma ação judicial. A nulidade do final do novo 811.º/2 é descabida: quando muito, a norma poderia valer como saída supletiva. Verifica-se, ainda, que a nova redação pode prestar-se a três confusões dogmáticas[1692] contra as quais cumpre prevenir. Assim: (a) parece subentender-se que só há penas contratuais para a inobservância de prestações principais; ora elas podem ser fixadas para prestações secundárias ou para deveres acessórios, caindo então fora do pequeno horizonte de 1980; (b) desconhece-se a cláusula penal autónoma, isto é, independente de uma obrigação já existente: hipótese possível ao abrigo da autonomia privada; (c) refere-se o não-cumprimento pontual sem deixar claro se visa a mora, o cumprimento imperfeito ou ambos. Na dúvida, há que interpretar restritivamente a desastrada iniciativa de 1980, de modo a ressalvar, o mais possível, a autonomia das partes.

VII. No que tange ao artigo 812.º/1 recordamos os textos:

| Código Civil de 1966 | Decreto-Lei n.º 200-C/80 |
|---|---|
| 1. A pena convencional pode ser reduzida pelo tribunal, de acordo com a equidade, quando for manifestamente excessiva, ainda que por causa superveniente. | 1. A cláusula penal pode ser reduzida pelo tribunal, de acordo com a equidade, quando for manifestamente excessiva, ainda que por causa superveniente; a cláusula penal não pode, porém, ser reduzida para além do dano efetivamente causado pelo incumprimento da obrigação; é nula qualquer estipulação em contrário. |

[1692] Pires de Lima/Antunes Varela, *Código Civil anotado* cit., II, 4.ª ed., 78-79.

Desde logo, temos lapsos formais: o legislador não conhecia o sentido consagrado de "pena convencional": substituiu-la por cláusula penal. Além do *lack of culture*, é incorreto porque a cláusula não se "reduz"[1693]: reduz-se, sim, o montante da penalidade que dela resulte. Inadequado é, ainda, o acrescento final[1694]. Quando decida de acordo com a equidade, mesmo tomando esta no seu sentido fraco[1695], o juiz tem uma certa margem. Havendo mera negligência, por exemplo, por que não poderá fazer uso da faculdade do artigo 494.º, operando uma redução aquém dos danos? E se houver (alguma) culpa do lesado (570.º)? Em suma: nunca se toca num Código Civil sem um perfeito levantamento das conexões existentes.

## 204. **A reforma de 1983**

I. O legislador voltou a mexer no delicado regime da cláusula penal através do Decreto-Lei n.º 262/83, de 16 de junho. Fê-lo em circunstâncias bizarras: esse diploma visou alterar o regime dos negócios usurários (282.º)[1696], dos juros usurários (559.º-A) e do mútuo usurário (1146.º). Além disso, ocupou-se do momento da constituição em mora (805.º) e dos danos em obrigações pecuniárias (806.º). Não se vê a que propósito tocar na cláusula penal. Entendeu, todavia, o legislador, conforme se lê no preâmbulo do diploma[1697]:

> As alterações respeitantes ao funcionamento da cláusula penal (artigos 811.º e 812.º) são de mera forma e introduzem-se agora unicamente porque a revisão dos restantes pontos forneceu tal ensejo. Este, porém, deveria ser aproveitado para melhorar um ou outro pormenor técnico-jurídico realmente merecedor de aperfeiçoamento.

A justificação é surrealista: não se altera um Código Civil por "ensejos"; não se entende a adversativa do "porém"; não se acolhe a displicência de "melhorar um ou outro pormenor" da lei civil fundamental[1698].

[1693] Salvo o disposto no artigo 292.º que não é, para aqui, convocado.

[1694] António Pinto Monteiro, *Cláusulas limitativas* cit., 148.

[1695] *Tratado* I, 4.ª ed., 598 ss..

[1696] Tendo, aliás, ocorrido em críticas severas, quer pelo mau português usado, quer pelas soluções de fundo; *vide* o *Tratado* II, 4.ª ed., 496-497.

[1697] Número 4; *vide* o DR I, n.º 136, de 16-jun.-1983, 2131/II.

[1698] Valha a atenuante de, em 1980, se estar ainda próximo do ambiente próprio

II. Passando às soluções legislativas concretas do Decreto-Lei n.º 262/83, temos novas alterações no artigo 811.º. Assim:

| Decreto-Lei n.º 200-C/80 | Decreto-Lei n.º 262/83 |
|---|---|
| 1. O credor não pode exigir cumulativamente, com base no contrato, o cumprimento coercivo da obrigação principal e o pagamento da cláusula penal, salvo se esta tiver sido estabelecida para o não-cumprimento pontual da obrigação; é nula qualquer estipulação em contrário. | 1. O credor não pode exigir cumulativamente, com base no contrato, o cumprimento da obrigação principal e o pagamento da cláusula penal, salvo se esta tiver sido estabelecida para o atraso da prestação; é nula qualquer estipulação em contrário. |
| | (...)<br>3. O credor não pode em caso algum exigir uma indemnização que exceda o valor do prejuízo resultante do incumprimento da obrigação principal. |

No número 1, suprimiu-se o "coercivo", depois de exigir o cumprimento: emenda dispensável, uma vez que a exigência do cumprimento é coerciva. Substituiu-se "não-cumprimento pontual" por "atraso da prestação": para conseguir o aplauso de Antunes Varela, no que se teve êxito[1699]. Mas com menos proveito dogmático: havendo cumprimento imperfeito, por que não exigir a correção e acionar, em simultâneo, a cláusula penal? E porquê manter a natureza imperativa de tal regra, em vez de – como se impõe no Direito das obrigações – a deixar meramente supletiva?

III. Mas se as mexidas no já mexido artigo 811.º/1 eram dispensáveis, grave foi o aditamento do n.º 3 que limita a pena contratual ao prejuízo resultante do incumprimento da obrigação principal. Logo quanto a esta, estamos mal: o legislador, apesar de já alertado, na época, para o tema, continuou sem entender que pode haver penas para a inobservância de obrigações secundárias e de deveres acessórios e que é possível a figura da pena

da Revolução de 1974-1975 e de, à época, o Código Civil ter apenas catorze anos, não estando, para as pessoas formadas sob Seabra, rodeado de veneração científica e cultural de que hoje dispõe.

[1699] Pires de Lima/Antunes Varela, *Código Civil anotado* cit., II, 4.ª ed., 79.

autónoma. Pior, todavia, foi o limite estabelecido no novo n.º 3: a pena não pode ultrapassar o prejuízo efetivo. A cláusula penal é muitas vezes ajustada para casos em que não há danos efetivos percetíveis: por exemplo, nos acordos parassociais. Além disso, o *plus* da pena relativamente ao dano dá corpo à dimensão compulsória da cláusula, sem a qual ela perde boa parte do seu sentido. Se o devedor inadimplente souber, desde o início, que com a cláusula ou sem ela, pagará o mesmo, não lhe irá dar qualquer atenção. A doutrina manifestou-se unânime e enérgica nas críticas ao legislador[1700]. Veremos se, pela interpretação, é possível minorar o insólito[1701].

IV. O legislador foi manifestamente prejudicado pelo desconhecimento do Direito comparado. O Direito alemão teria explicado os níveis coercivos da pena contratual; o Direito anglo-saxónico, por seu turno, que admite a *liquidated damages clause* (liquidação antecipada de danos) mas que veda a *penalty clause* e que subjaz à Resolução (78)3 do Conselho da Europa[1702], vem admitindo a pena contratual. Finalmente, o legislador de 1983, por manifesta desatenção, transpôs mal a própria Resolução do Conselho da Europa: o artigo 6.º dessa Resolução não limita o montante da cláusula penal aos danos: limita o direito do credor a obter o maior de dois valores: o da cláusula penal ou o dos danos[1703]. Dispensamos mais considerações.

V. Finalmente, também o artigo 812.º/1 foi alterado pelo Decreto-Lei n.º 262/83: de novo. Vamos cotejar as duas redações desse preceito:

[1700] António Pinto Monteiro, *Inflação e Direito civil* cit., 903; *idem*, *Cláusulas limitativas* cit., 148-149; *idem*, *Cláusula penal* cit., 422-423; João Antunes Varela, *Direito das obrigações* cit., 2, 9.ª ed., 146-147.

[1701] *Infra*, 492-493.

[1702] *Vide* António Pinto Monteiro, *Inflacção e Direito civil* cit., 903 e *Cláusulas limitativas* cit., 148, nota 139.

[1703] No francês original: (...) *soit le montant de la clause pénale, soit celui des dommages et intérêts sanctionnant l'inexécution de l'obligation principale*: BMJ 279, 293. E para que dúvidas não subsistam, a justificação é clara: "esse limite é determinado pelo mais elevado de dois números: o da soma estipulada na cláusula penal e o dos danos e interesses que sancionem a inexecução".

| Decreto-Lei n.º 200-C/80 | Decreto-Lei n.º 262/83 |
|---|---|
| 1. A cláusula penal pode ser reduzida pelo tribunal, de acordo com a equidade, quando for manifestamente excessiva, ainda que por causa superveniente; a cláusula penal não pode, porém, ser reduzida para além do dano efectivamente causado pelo incumprimento da obrigação; é nula qualquer estipulação em contrário. | 1 - A cláusula penal pode ser reduzida pelo tribunal, de acordo com a equidade, quando for manifestamente excessiva, ainda que por causa superveniente; é nula qualquer estipulação em contrário. |

O legislador, provavelmente pelas críticas sofridas, regressou a uma redação próxima da da original, do Código Civil. Apenas se mantém a "perseguição" ao termo romano "pena convencional" e a precisão de que é nula a estipulação em contrário.

## 205. António Pinto Monteiro; doutrina e prática

I. Na sequência do Código Civil, a cláusula penal ficou acantonada a comentários breves e a obras gerais, como referido[1704]. O panorama mudou profundamente com a obra do Prof. António Pinto Monteiro, a quem se deve a introdução, entre nós, da dogmática atual da cláusula penal, acrescida de importantes aportações inovadoras.

António Pinto Monteiro abordou o tema na sequência dos diplomas que, nos anos oitenta, pretenderam adaptar o Direito civil à inflação, atingindo a cláusula penal[1705]. Voltou a ele, com importantes desenvolvimentos, a propósito das cláusulas limitativas da responsabilidade civil[1706]. Dedicou-lhe, depois, a monografia de grande fôlego *Cláusula penal e indemnização*, com duas reimpressões[1707]. De leitura densa, a *Cláusula penal* exerceu, não

[1704] *Supra*, 463.

[1705] António Pinto Monteiro, *Inflação e Direito civil* (1983), publ. em Est. Ferrer Correia 2 (1989), 871-907 (903 ss.).

[1706] António Pinto Monteiro, *Cláusulas limitativas e de exclusão de responsabilidade civil* (1985), 483 pp.: uma dissertação de mestrado, já citada, publ. em separata ao BFD XXVIII.

[1707] António Pinto Monteiro, *Cláusula penal e indemnização* (1990), 798 pp., reimp. em 1999 e em 2014.

obstante, decisiva influência na jurisprudência ulterior[1708]. Pinto Monteiro voltou várias vezes ao tema, divulgando diversos aspetos do seu regime[1709].

II. A cláusula penal foi objeto de relatórios de mestrado na Faculdade de Direito de Lisboa[1710] e na Universidade Católica Portuguesa[1711]. Obteve, ainda, a dissertação de mestrado de Ana Coimbra, infelizmente não publicada[1712], bem como diversos e sempre aprofundados estudos de Pinto Oliveira[1713]. Finalmente, ela marca presença na dissertação de mestrado de Paula Meira Lourenço, sobre a função punitiva da responsabilidade civil[1714].

III. Adiantamos ainda que, meio-século volvido sobre a vigência do Código Civil, os meandros da cláusula penal foram amplamente concretizados pela jurisprudência, em muitas dezenas de acórdãos. Abaixo serão referidos, a propósito de cada questão concreta. Assinalamos, ainda, que

1708 *Vide* as breves mas esclarecedoras referências constantes da nota à 2.ª reimpressão: *Cláusula penal* cit., IX-X.

1709 António Pinto Monteiro, *Sobre a cláusula penal*, SI 1993, 231-264; *idem*, *Sobre o controlo da cláusula penal*, Com. 35 anos Código Civil III (2007), 189-208; *idem*, *Cláusula penal e comportamento abusivo do credor*, Est. Castanheira Neves II (2010), 501-522; *idem*, *A pena e o dano*, Est. Miguel Galvão Teles II (2012), 659-679; *idem*, *Artigo 811.º, n.º 3, do Código Civil: "requiem" pela cláusula penal indemnizatória?*, Est. Barbosa de Melo (2013), 153-170. Além dos títulos referidos, António Pinto Monteiro é o Autor de importantes anotações a acórdãos relacionados com a pena contratual, nas colunas da *Revista de Legislação e de Jurisprudência*, de que é o ilustre Diretor; assim, anot. STJ 15-mar.-1999 (Garcia Marques), RLJ 132 (1999), 41-52, *idem*, 53-60 e anot. STJ 27-set.-2011 (Nuno Cameira), *Cláusula penal exclusivamente compulsória*, RLJ 141 (2012), 188-199 e de diversas publicações feitas no estrangeiro.

1710 Albertino Soares Parente, *Cláusula penal* (1991, dact.), 46 pp.; Guiomar Maria de Morais Lopes, *Redução da cláusula penal* (1995), 43 pp..

1711 José Nuno Estaca, *A cláusula penal e a responsabilidade civil* (1995), 40 pp. e em Est. Galvão Telles IV (2003), 291-325.

1712 Ana Maria Gonçalves Coimbra, *Sobre a redução da pena convencional/Regime geral* (1991), 293 pp., dact., com a evolução histórica (16 ss.), os vários sistemas ligados à redução (78 ss.), o Direito português (129 ss.) e o fundamento do artigo 812.º/2 (276 ss.).

1713 Nuno Manuel Pinto de Oliveira, *Em tema de agravamento da pena convencional*, SI 52 (2003), 341-355; *idem*, *Contributo para a interpretação do n.º 2 do artigo 811.º do Código Civil*, SI 53 (2004), 499-507; *idem*, *Cláusulas acessórias ao contrato/Cláusulas de exclusão ou de limitação do dever de indemnizar e cláusulas penais*, 3.ª ed. (2008), 238 pp., 73-185.

1714 Paula Meira Lourenço, *A função punitiva da responsabilidade civil* (2003), 461 pp., 345 ss..

as cláusulas penais ocupam um lugar importante nos acordos parassociais e nas grandes empreitadas. Uns e outras são, em regra, acompanhados por convenções de arbitragem. As arbitragens constituem, assim, um importante campo de concretização das penas convencionais.

## § 47.º DOGMÁTICA BÁSICA DA PENA CONVENCIONAL

### 206. Terminologia e modalidades

I. A expressão "pena convencional" pertence à mais pura tradição jurídica lusófona. Presente, no século XIV, na Lei de D. Afonso III, ela atravessou seis séculos de História, incluindo três ordenações e quatro códigos civis. O Código Civil de 1966 deu-lhe guarida, na sua versão inicial, o mesmo sucedendo com o Código brasileiro de 2002 (416.º a 418.º). Lamentavelmente, a reforma de 1980 suprimiu-a do Código, substituindo-a por "cláusula penal"[1715]. Esta é a disposição convencional que contém uma pena: não se confunde com ela. É certo que a pena convencional não é – ou não é sempre – uma pura "pena". O civilismo napoleónico aproximou-a de uma indemnização, numa opção ampliada pelo Código Civil de 1966 e pelas reformas subsequentes. Em rigor, ela não seria exata[1716].

O Direito civil conserva, todavia, as expressões romanas, mesmo quando, em termos vocabulares atuais, elas não sejam inteiramente corretas. Usamos "cláusula penal" como convenção das partes relativa ao tema e "pena convencional" enquanto consequência da concretização da cláusula penal.

II. As cláusulas penais podem submeter-se a múltiplas classificações, em função de critérios distintos[1717]. Assim, ela pode ser ordenada de

[1715] *Supra*, 469 ss..

[1716] Assim, Luiz da Cunha Gonçalves, *Tratado* cit., 4, n.º 531 (371) explica que a palavra "pena" é (apenas) uma sobrevivência do Direito romano, enquanto Jaime de Gouveia, *Da responsabilidade contratual* cit., 136, propõe a substituição da cláusula penal, termo "impróprio", por "pacto de prévia fixação de prejuízos".

[1717] António Pinto Monteiro, *Cláusula penal* cit., 281-282; *idem*, *Sobre o controlo da cláusula penal* cit., 194; Eduard Bötticher, *Wesen und Arten der Vertragsstrafe sowie deren Kontrolle*, ZfA 1970, 3-61 (4 ss.).

acordo com a autonomia, a função (compulsória, indemnizatória ou penal), o papel (compensatório ou moratório), a visibilidade e a tipicidade.

A cláusula penal acessória ou autêntica incluiu-se num contrato mais vasto ou reforça-o, mesmo quando isso suceda. Ela opera quando uma obrigação (principal, secundária ou acessória), já de si vinculativa, não seja cumprida. A cláusula penal autónoma ou não autêntica, de ascendência romana[1718], é fixada pelas partes para determinada eventualidade, sem que exista qualquer vinculação entre elas[1719]. O artigo 810.°, dada a sequência que constitui, relativamente ao artigo 809.°, visa a cláusula acessória ou autêntica. Além disso, o artigo 810.°/2, referindo a "obrigação principal", dá, da cláusula penal, uma ideia de acessoriedade. A cláusula penal autónoma ou não-autêntica é possível ao abrigo da liberdade contratual (405.°). Queda todavia acrescentar que, à semelhança do que sucede com a denominada garantia bancária autónoma[1720], a cláusula penal também autónoma tem sempre uma certa acessoriedade[1721]: ou não seria cláusula penal. Ela deve, por definição, assegurar alguma coisa. Quando muito, podemos considerar que as penas contratuais autónomas são dotadas de mera acessoriedade fraca.

O BGB conserva, no § 743/II, uma referência à cláusula autónoma: para dispor que, também ela, é suscetível de redução, pelo tribunal. A doutrina considera que, materialmente, a pena não-acessória é, na realidade, um contrato de garantia autónoma[1722]: a cláusula penal verdadeira teria sempre uma função de substituição.

A autonomia privada permite a construção de cláusulas penais "intermédias". Assim sucede com aquelas que reforcem obrigações não execu-

[1718] *Supra*, 444.

[1719] Karl Larenz, *Lehrbuch der Schuldrechts* cit., 1, 14.ª ed., § 24, II, b) (381-382); Manuel Nodoushani, *Vertragsstrafe und vereinbarter Schadensersatz* cit., 56.

[1720] *Tratado* X, 172 ss., 182-183 e 527 ss..

[1721] Walter F. Lindacher, *Phänomenologie der "Vertragsstrafe"* cit., 66 ss.; Volker Rieble, no *Staudingers Kommentar* cit., Vorben zu §§ 339 ff., Nr. 100 (279).

[1722] Karsten Schmidt, *Unselbständige und selbständige Vertragstrafeversprechen/ /Bemerkungen zur Akzessorietät der Vertragstrafe*, FS Helmut Heinrichs (1998), 529--542 (535 ss.); Peter Gottwald, no *Münchener Kommentar* 2, 7.ª ed. (2016), § 343, Nr. 24 (2360). Volker Rieble, no *Staudingers Kommentar*, §§ 328-345 (2016), Vorbem zu §§ 339 ff., Nr. 10 (257) e Nr. 69 (271), distingue as duas figuras, embora afirmando uma proximidade; também Pinto Monteiro, *Cláusula penal* cit., 265 ss., mantém a distinção.

táveis diretamente, como certos deveres acessórios ou que visem meros encargos[1723].

III. As penas contratuais em geral advêm de cláusulas penais *lato sensu*. Nestas, de acordo com critérios funcionais, podemos distinguir cláusulas penais *stricto sensu*, que visem simplesmente compelir o devedor ao cumprimento, fixando uma pena como alternativa à prestação assegurada, as cláusulas de fixação antecipada de indemnização, que procedem a uma liquidação prévia do dano relevante para esse efeito e as cláusulas puramente compulsórias, que redundam numa pena a somar à execução da prestação em falta. Esta distinção prende-se com o problema debatido da função da cláusula penal, condicionando várias implicações dogmáticas: trata-se de matéria aprofundada por Walter Lindacher e, com desenvolvimentos importantes, por António Pinto Monteiro, em termos abaixo referidos[1724].

IV. As cláusulas penais podem ser compensatórias, quando operem perante um não-cumprimento ou moratórias, quando atentem na simples mora. Podem visar o inadimplemento da prestação principal, ou o de prestações secundárias e o de deveres acessórios. Por vezes, procede-se a uma tripartição, distinguindo-se cláusulas compulsórias, cláusulas indemnizatórias e cláusulas moratórias. Isso equivale, todavia, a uma sobreposição de critérios: as cláusulas moratórias podem ser compulsórias ou indemnizatórias, em função do seu objetivo. E quer as compulsórias, quer as indemnizatórias podem, por seu turno, ser compulsórias ou moratórias.

V. Temos a hipótese de cláusulas penais ocultas, contrapostas às patentes[1725]. As cláusulas ocultas são as penais *stricto sensu* que, todavia, se apresentam como (meras) antecipações da indemnização. Elas são detetáveis pelo montante: assumidamente superior a um cálculo razoável do dano.

[1723] Volker Rieble cit., Nr. 11 (258).

[1724] Referimos, além dos elementos abaixo mencionados, Claus Hess, *Die Vertragsstrafe/Ein unerkanntes Mittel privater Genugtuung* (1993), 261 pp., 125 ss. e *passim*.

[1725] Manuel Nodoushani, *Die "verdeckte" Vertragsstrafe – Zur Abgrenzung von Schadensersatzpauschale und Vertragsstrafe*, ZGS 2005, 330-333.

VI. Uma categoria ventilada na doutrina é a das cláusulas penais atípicas[1726]. Focam cláusulas condicionais, cláusulas que impliquem, para o visado, uma suportação e não um pagamento e cláusulas que envolvam convenções quanto à prova.

## 207. Figuras afins

I. O confronto entre a cláusula penal e certas figuras próximas, tradicionalmente ditas afins, permite apreender alguns aspetos da sua dogmática[1727]. Em primeiro lugar, a cláusula penal distingue-se do sinal (artigos 440.° a 442.°). Este consiste na entrega, por um dos contraentes ao outro, aquando da contratação, de uma coisa ou de uma soma pecuniária. No cumprimento, o sinal é imputado na prestação devida ou restituído, se tal não for possível. Se o *tradens* não cumprir, perde o sinal; se o *accipiens* não o fizer, restitui em dobro[1728]. O sinal tem funções confirmatórias, compulsórias, indemnizatórias e penais. Fica, assim, próximo da cláusula penal, de que poderia constituir uma modalidade, quando fosse tomada num sentido muito amplo. Todavia, o sinal tem uma história própria e um regime característico muito diferenciado. Além disso, suscita valorações específicas, diversas das da cláusula penal.

II. A cláusula penal distingue-se da sanção pecuniária compulsória. Introduzida no artigo 829.°-A do Código Civil, pelo Decreto-Lei n.° 262/83, de a6 de junho[1729], a sanção pecuniária compulsória consiste na condenação do devedor de facto não-fungível a pagar uma quantia pecuniária por cada dia de atraso no cumprimento ou por cada infração. O Prof. Calvão da Silva – especial estudioso da matéria – aponta nove diferenças

[1726] Harald Horschitz, *Atypische Vertragsstrafen*, NJW 1973, 1958-1962.

[1727] António Pinto Monteiro, *Cláusula penal* cit., 107 ss.; Isabel Steltmann, *Die Vertragsstrafe in einem europäische Privatrecht* cit., 60 ss.; Iris Oberhauser, *Vertragsstrafe – Ihre Durchsetzung und Abwehr/Grundlagen für die rechtssichere Gestaltung und für die Zurückweisung unberechtigter Ansprüche* (2003), X + 160 pp., 3 ss.; Holger Pauly, *Aktuelle Entwicklungen zur Wirksamkeit einer Vertragsstrafe*, MDR 2005, 781-785 (781/ /II-782/I); Volker Rieble, no *Staudingers Kommentar* cit., Vorbem zu §§ 339 ff., Nr. 50-89 (267-277); Peter Gottwald, no *Münchener Kommentar* cit., 2, 7.ª ed., Vor § 339, Nr. 34-50 (2329-2334).

[1728] *Vide infra*, § 504 ss..

[1729] António Pinto Monteiro, *Cláusula penal* cit., 109-137.

entre a sanção pecuniária compulsória e a cláusula penal[1730]. Assim, a primeira, ao contrário da segunda é[1731]: (1) decretada pelo juiz; (2) independente da indemnização; (3) alheia quer ao cumprimento, quer à sua execução; (4) sempre em dinheiro; (5) não-reduzível equitativamente; (6) sempre coercitiva; (7) cumulável com a indemnização; (8) visa o cumprimento; (9) repartida, metade por metade, pelo Estado e pelo credor. Com efeito, a sanção pecuniária compulsória tem alguns pontos funcionalmente próximos da cláusula penal, designadamente nos aspetos compulsórios. Todavia, apresenta tradições próprias e uma dogmática distinta, com soluções diversas.

III. As cláusulas limitativas da responsabilidade civil, na estreita margem em que o Código de 1966 as permite, tão-pouco se confundem com a cláusula penal[1732]. Esta opera pela positiva, fixando as consequências de certo inadimplemento; aquelas, pela negativa, operam recortes no regime da responsabilidade civil. A cláusula penal reforça a posição do credor; a cláusula limitativa, a do devedor. Perante uma cláusula penal que fixe uma indemnização inferior à resultante da lei geral, a distinção é menos clara. Prevalece, nessa eventualidade, a abrangência da cláusula penal, perante a estreiteza das meras cláusulas limitativas.

IV. A cláusula penal contrapõe-se às convenções de garantia[1733]. Nestas, o devedor assegura, ao credor, o resultado previsto pela obrigação em causa, assume o risco de eventuais dificuldades e responde independentemente de qualquer culpa ou imputação[1734]. A cláusula penal postula, no seu funcionamento, um juízo prévio de inadimplemento.

V. Mais delicada é a distinção entre cláusulas penais e sanções disciplinares privadas[1735]. No Direito do trabalho, o poder disciplinar tem

[1730] *Vide infra*, § 519 ss..

[1731] João Calvão da Silva, *Direitos de autor, cláusula penal e sanção pecuniária compulsória*, ROA 1987, 129-156 (148).

[1732] António Pinto Monteiro, *Cláusula penal* cit., 235-264.

[1733] *Idem*, 265-278.

[1734] Volker Rieble, no *Staudingers Kommentar* cit., Vorbem zu §§ 339 ff., Nr. 69 (271).

[1735] António Pinto Monteiro, *Cláusula penal* cit., 139-161.

fontes próprias[1736] e explica-se pela natureza potestativa da posição patronal. Esta tem o poder de conformar a prestação laboral do trabalhador, sendo que esse poder só é eficaz se, no terreno, for acompanhado pelo poder de aplicar certas sanções. No Direito civil, surge, por via dos estatutos de algumas associações, também um poder disciplinar: podem ser aplicadas sanções (admoestações, multas, suspensões do uso de bens associativos ou de funções e, no limite, expulsão), por decisão de órgãos que, para tal, recebam competência. Como explicar o poder disciplinar associativo, que não tem base expressa em qualquer lei? A matéria tem sido discutida[1737], surgindo dois grandes grupos de teorias: (a) da pena; (b) negociais. Segundo a teoria da pena, as associações assumem o efetivo poder de punir, para melhor realizar os seus fins; para as teorias negociais, tal poder advém da aceitação voluntária (contratual) dos estatutos, numa articulação entre a cláusula penal e o poder de denunciar justificadamente a relação duradoura, de pertença à sociedade[1738]. A doutrina alemã está dividida, embora pareça predominar a ideia de que a *Vereinsstrafe* (pena associativa), por ter meras funções punitivas, não se reduz a uma pena contratual[1739]. Esta justificação parece escassa, uma vez que se deve admitir uma dimensão punitiva na dogmática civil e, em especial, na da cláusula penal[1740]. O problema reside, antes, numa tendencial indeterminação prévia da pena associativa e na dificuldade em construir relações contratuais entre a associação e os seus membros. Mas não vemos como apurar um poder associativo de punir, sem base legal: apenas a voluntariedade da adesão pode justificar uma submissão à disciplina do ente coletivo. Esta tem natureza negocial, traduzindo um agregado dogmático de penas negociais e do poder de denunciar relações duradouras. O poder disciplinar associativo corresponde, deste modo, a uma evolução institucionalizada das penas contratuais.

[1736] Artigos 328.º a 332.º do Código do Trabalho; *vide* Pedro Romano Martinez, *Código do trabalho anotado*, 10.ª ed. (2016), 743-754.

[1737] Ulrich Meyer-Cording, *Die Vereinsstrafe* (1957), 31 ss. (natureza dos estatutos), Werner Flume, *Die Vereinsstrafe*, FS Bötticher (1969), 101-141 (111 ss.), Peter Schlosser, *Vereins- und Verbandsgerichtbarkeit* cit., 44 ss. e Barbara Grunewald, *Die Ausschluss aus Gesellschaft und Verein* (1987), 14 ss. e 303 ss. (resumo).

[1738] *Tratado* IV, 3.ª ed., 761-762.

[1739] Volker Rieble, no *Staudingers Kommentar* cit., Nr. 46 (266); *vide* Eduard Bötticher, *Wesen und Arten der Vertragsstrafe sowie deren Kontrolle* cit., 44 ss..

[1740] *Infra*, 481 ss..

VI. Finalmente, a cláusula penal distingue-se do prémio contratual[1741]. Este equivale a uma prestação suplementar a favor do devedor que consiga superar o objetivo fixado para o cumprimento da obrigação. A obtenção do prémio não integra um dever e o não conseguir alcançá-lo não traduz incumprimento. O prémio pode ser dobrado por uma cláusula penal: esta, sim, funcionará em face do inadimplemento, caso ocorra.

## 208. **Modelos; função punitiva?**

I. A cláusula penal, de acordo com as construções tradicionais, comporta duas funções: uma função coercitiva ou compulsória e uma função indemnizatória[1742]. Isto dito – e independentemente de se poder acrescentar uma função punitiva, abaixo referida – temos, agora, dois possíveis modelos dogmáticos de cláusula penal:

- um modelo unitário, que admite uma figura de cláusula penal, ainda que com funções variadas; no modelo unitário seria possível subdistinguir uma tese indemnizatória[1743] e uma tese punitiva, conforme o papel predominante; finalmente, as teses mistas procedem a uma síntese das anteriores[1744];
- um modelo dualista: a cláusula penal *lato sensu* englobaria, na realidade, duas figuras distintas: a cláusula penal propriamente dita, com funções compulsórias e a cláusula de liquidação antecipada de danos, com dimensões indemnizatórias[1745]; este fenómeno exprime-se, nos vários idiomas e doutrinas jurídicas, através da contraposição entre a *penalty clause* e a *liquidated damages clause*, a *Vertragstrafe* e a *Schadensersatzpauschalierung*, a *clause pénale*

[1741] Volker Rieble, no *Staudingers Kommentar* cit., Nr. 34 (263).

[1742] António Pinto Monteiro, *Cláusula penal* cit., 26 ss.; Detlev Fischer, *Vertragsstrafe und vertragliche Schadensersatzpauschalierung* cit., 29 ss.; Manuel Nodoushani, *Vertragsstrafe* cit., 53 ss..

[1743] G. Baudry-Lacantinerie/L. Barde, *Traité théorique et pratique de droit civil/ /Des obligations* 2, 3.ª ed. (1907), n.º 1342 (464) afirmam (...) *dommages-intérêts conventionnels* et *clause pénale* sont une seulle et même chose sous des noms différents (itálicos do original).

[1744] Com muitas indicações: António Pinto Monteiro, *Cláusula penal* cit., 289-347; desse Autor: *Sobre o controlo da cláusula penal* cit., 192.

[1745] António Pinto Monteiro, *Cláusula penal* cit., 419-576.

e a *clause de dommages-intérêts* e a *clausola penale* e a *liquidazione convenzionale del danno.*

II. O relevo da determinação das funções da cláusula penal é muito elevado: dada a predominância do elemento teleológico da interpretação, a função concreta em jogo vai conformar todo o regime. Por outro lado, a opção jurídico-científica pelo modelo dualista vai facultar uma diferenciação de regimes. Entre nós, esta problemática foi introduzida e desenvolvida pelo Prof. António Pinto Monteiro, com uma clara e sustentada opção pelo dualismo e pela diferenciação daí resultante[1746]. Como atrativo suplementar: o Direito comparado mostra que, nuns casos, sob especial influência canónica, os códigos optaram por uma cláusula indemnizatória, tendo a doutrina construído a compulsória (experiência francesa) e, noutros, eles elegeram uma cláusula compulsória, cabendo à doutrina construir a cláusula fixadora da indemnização (experiência alemã). Adiante retomaremos o tema, à luz do Direito lusófono.

III. Cumpre referir a eventual dimensão punitiva da cláusula penal. No Direito romano, a interligação entre uma pena privada e a indemnização era um dado[1747]: apenas a evolução da Ciência do Direito e as preocupações de tipo canónico permitiram isolar essas dimensões[1748]. Todavia, uma ponderação mais atenta da realidade leva à recolocação do tema. Tradicionalmente e no Direito comparado, a responsabilidade civil assumiria um fim de ressarcimento, contraposta à responsabilidade penal, preventiva e retributiva. Deve, no terreno, reconhecer-se que a eventualidade da condenação em indemnização é dissuasora: o agente evitará essa eventualidade, cumprindo as suas obrigações. Funciona a prevenção, geral e especial. E consumada a condenação, o agente vai sofrer, no seu patrimó-

[1746] António Pinto Monteiro, *Cláusula penal* cit., 619 ss. e *passim*; *idem*, *Sobre a cláusula penal* cit., 236 ss. e 241 ss..

[1747] Ernst Levy, *Privatstrafe und Schadensersatz im klassischen römischen Recht* (1915), VI + 157 pp., 11 ss.; Pasquale Voci, *Risarcimento e pena private nel diritto romano classico* (1939), VII + 216 pp., 15 ss.. 186 ss. e *passim*, contrapondo-se a Emilio Betti, segundo o qual a obrigação era, na origem, um pacto pecuniário, para evitar a retaliação; o valor era a pena; Detlef Liebs, *Die Klagenkonkurrenz im römischen Recht: zur Geschichte der Scheidung von Schadensersatz und Privatstrafe* (1972), 294 pp..

[1748] Hermann Lange, *Schadensersatz und Privatstrafe in der mittelalterlichen Rechtstheorie* (1955), III + 182 pp. (129 ss.); Hans Josef Wieling, *Interesse und Privatstrafe von Mittelalter bis zum Bürgerlichen Gesetzbuch* (1970), VII + 283 pp., 238 e 243 ss..

nio, suportando uma punição, enquanto o lesado irá sentir desforço: foi retribuído o mal sofrido. Perante danos morais, a indemnização não tem, em definitivo, um papel ressarcitório: apenas compensatório e – admitimo-lo – punitivo. Consideramos pacífico: a indemnização tem o escopo de uma pena[1749], pena essa que, em estudos abrangentes, tem lugar no Direito civil[1750]. A dimensão preventiva das indemnizações é afirmada[1751] e o seu escopo retributivo confirmado[1752]. O presente *Tratado* já tomou uma opção nesse sentido[1753], opção essa que o estudo da cláusula penal permite apoiar. Retiramos daqui que seja a cláusula penal *stricto sensu*, seja a cláusula de liquidação antecipada de danos assumem, ambas, conquanto que em medidas diversas, funções punitivas[1754]. Não estão de costas viradas.

[1749] Jürgen Schmidt, *Schadensersatz und Strafe/Zur Rechtsfertigung des Inhaltes von Schadensersatz aus Verschuldenshaftung* (1973), 75 pp., 7 e 68 ss..

[1750] Bernhard Großfeld, *Die Privatstrafe/Ein Beitrage zum Schutz des allgemeinen Persönlichkeitsrechts* (1961), 243 pp., 75 ss., 87 ss., 104 ss. e *passim*: o tema é especialmente candente nos danos morais provocados por atentados aos direitos de personalidade; Ina Ebert, *Pönale Elemente im deutschen Privatrecht/Von der Renaissance der Privatstrafe im deutschen Recht* (2004), XX + 664 pp., 13 ss. (a fronteira entre o Direito privado e o Direito penal e a sua evolução), 245 ss. (elementos penais do BGB, entre os quais a cláusula penal), 531 ss. ("reprivatização" do Direito penal) e 578 (aproximação entre o Direito privado e o Direito penal). Entre nós, Paula Meira Lourenço, *A função punitiva da responsabilidade civil* (2006), 461 pp., 165 ss. ("*punitive damages*"), 304 ss. (sanção pecuniária compulsória), 345 ss. (cláusula penal) e 362 ss. (sinal).

[1751] Gert H. Steiner, *Schadensverhütung als Alternative zum Schadenersatz* (1983), 21 ss.. Referindo todos os papéis da responsabilidade civil, Hein Kötz, *Ziele des Haftungsrechts*, FS Steindorff 1990, 643-666 (643 ss. e 646 ss.), Hans Stoll, *Haftungsfolgen im bürgerlichen Recht/Eine Darstellung auf rechtsvergleichender Grundlage* (1993), 147 ss. e Christian Huber, *Fragen der Schadensberechnung*, 2.ª ed. (1995), 53; sublinhando o princípio geral da prevenção, no Direito civil, Joachim Rosengarten, *Der Präventionsgedanke im deutschen Zivilrecht*, NJW 1996, 1935-1938; Thomas Dreier, *Kompensation und Prävention* (2002), XXIV + 662 pp.; Klaus Schlobach, *Das Präventionsprinzip im Recht des Schadensersatzes* (2004), XIX + 518 pp.; Reinhard Möller, *Das Präventionsprinzip des Schadensersatzes* (2006), 329 pp..

[1752] Gottfried Schiemann, *Argumente und Prinzipien bei der Fortbildung des Schadensrecht/dargestellt an der Rechtsprechung des BGH* (1981), 5 ss. e Bernd-Rüdiger Kern, *Die Genugtuungsfunktion des Schmerzensgeldes – ein pönales Element im Schadensrecht?*, AcP 191 (1991), 247-272.

[1753] *Tratado* VIII, 419-420.

[1754] *Vide*, ainda, Claus Hess, *Die Vertragsstrafe* cit., 181 ss. e 204 ss..

## 209. O modelo de 1966/1983; superação

I. De acordo com a opção de Antunes Varela, vertida no artigo 396.º/1 da 1.ª Revisão Ministerial do anteprojeto de Código Civil[1755], o Código de 1966 optou por um modelo monofuncional: a cláusula penal é apresentada, no artigo 810.º, como aquela que fixa o montante da indemnização exigível[1756]. A reforma de 1980 reforçou a ideia substituindo, no artigo 811.º – que passou a 811.º/2 – "pena" por "cláusula penal" e, no artigo 812.º/1, "pena convencional" por "cláusula penal". Além disso, a reforma de 1983, com uma clara preocupação quantitativa, acentuou a dimensão indemnizatória da velha pena contratual. O todo é rematado pelo tão enigmático quão criticado final do artigo 811.º/3, aditado em 1983: o credor não pode, em caso algum, exigir uma indemnização que exceda o valor do prejuízo resultante do incumprimento da obrigação principal[1757].

II. O § 339 do BGB previa a pena contratual *stricto sensu*: uma pura combinação de uma soma a pagar, pelo devedor, no caso de incumprimento. Isso obrigou a jurisprudência e a doutrina a construir, ao lado da pena contratual, a *Schadensersatzpauschalierung* ou fixação antecipada da indemnização[1758]. O Código Civil faz o inverso: prevê a mera fixação antecipada da indemnização, obrigando a doutrina e a jurisprudência a construir, *a latere*, a cláusula penal *stricto sensu*. A versão inicial do Código Civil, apesar de, contra a proposta de Vaz Serra, ter definido a cláusula penal como cláusula de fixação antecipada de indemnização, ainda permitia a função de cláusula penal *stricto sensu*: bastaria que a "indemnização" prefixada fosse superior ao dano, para que se desenhasse o papel compulsório. Após 1983, o artigo 811.º/3, pelo menos na leitura habitual que dele é feita, impede essa eventualidade. Adiante veremos como ultrapassar tão estranho óbice.

[1755] BMJ 119 (1962), 43; o anteprojeto de Vaz Serra, ao estilo germânico, dava uma noção mais ampla: e podia abarcar a cláusula *stricto sensu*.

[1756] Nuno Manuel Pinto Oliveira, *Conceito e regime da cláusula penal*, em *Cláusulas acessórias ao contrato*, 3.ª ed. (2008), 73-120 (75 ss.).

[1757] *Supra*, 470-471.

[1758] Em especial, Walter F. Lindacher, *Phänomenologie der "Verstragsstrafe"* cit., 55 ss. e 210; Claus Hess, *Die Vertragsstrafe* cit., 73 ss.. A doutrina mais vincada apresenta a fixação antecipada como uma figura afim: a distinguir da pena contratual; assim, Volker Rieble, no *Staudingers Kommentar* cit., Nr. 64-65 (270).

III. A jurisprudência e a doutrina foram sensibilizadas para a necessidade de, *a latere* do Código Civil, manter a figura milenária da pena contratual *stricto sensu*, mercê de um caso concreto: o decidido por acórdão do Supremo de 5-nov.-1983, ao abrigo da versão anterior às alterações advindas do Decreto-Lei n.º 262/83, de 16 de junho[1759].

O caso fora o seguinte: a RTP e a Filmform celebraram um contrato, a qualificar como de empreitada ou de prestação de obra intelectual. Esse contrato previa que, em caso de mora no pagamento (a cargo da RTP) ou na entrega da obra (a cargo da Filmform), haveria lugar a uma multa diária de 1% do valor do contrato. Ao fim do ano, isso daria lugar a uma pena de 365% do valor do contrato. A RTP pretendeu livrar-se do contrato. Além de diversos argumentos, veio ainda solicitar a redução equitativa da pena. O Supremo, no ponto ora em causa, entendeu que a convenção das partes tinha uma natureza ou função compulsória e não de antecipação da indemnização. Ora, sempre segundo o acórdão, a cláusula penal suscetível de redução nos termos do artigo 812.º/1 é a indemnizatória e não a compulsória. Esse preceito não teria, pois, aplicação.

Antunes Varela, modificando, de certo modo, o seu pensamento anterior vertido, de resto, na letra do Código Civil, apoia esta linha: tratando-se de uma cláusula cominatória, ela é acumulável com a indemnização, sendo muito duvidosa a hipótese da sua redução equitativa[1760]. Ferrer Correia e Henrique Mesquita admitem a contraposição entre a pena e a indemnização; apenas entendem que, havendo pena, o artigo 812.º tem aplicação[1761]. Já Calvão da Silva veio criticar quer o acórdão do Supremo, quer as orientações de Antunes Varela e de Ferrer Correia/Henrique Mesquita: a "multa" acordada seria uma sanção pecuniária compulsória de base contratual, o que

[1759] STJ 5-nov.-1983 (José dos Santos Silveira), BMJ 331 (1983), 489-502 = ROA 1985, 113-127 = RLJ 121 (1988), 173-183, anot. Antunes Varela, *idem*, 183-192 e 216-224. Este acórdão, possibilitado aliás por um parecer de Antunes Varela – *Parecer sobre a prestação de obra intelectual*, ROA 1985, 159-197 (185 ss.) – teve também na base um parecer de António Ferrer Correia/Henrique Mesquita, base da anotação, *A obra intelectual como objeto do contrato de empreitada. Direito do dono da obra desistir do contrato e efeitos da desistência*, ROA 1985, 129-158, ainda que de sentido diverso; houve, ainda, um parecer totalmente contrário de Calvão da Silva, na origem da anotação *Direitos de autor, cláusula penal e sanção pecuniária compulsória*, ROA 1987, 129-156; toda esta matéria foi aguda e aprofundadamente analisada por António Pinto Monteiro, *Cláusula penal* cit., 474-497.

[1760] João Antunes Varela, *Parecer sobre a prestação de obra intelectual* cit., 193.

[1761] António Ferrer Correia/Manuel Henrique Mesquita, *A obra intelectual* cit., 154.

não seria legalmente possível: haveria, apenas, sanções pecuniárias desse tipo de base legal, nos termos do artigo 829.º-A, do Código Civil[1762].

IV. A jurisprudência subsequente veio distinguir, numa primeira fase, as duas funções – compulsória e ressarcitória – da cláusula penal[1763] e, numa segunda fase, a autonomia entre os dois tipos de cláusulas[1764]. Também a doutrina reconhece a contraposição[1765]. Em todo este progresso, é clara a influência de Pinto Monteiro. Fica, todavia, em aberto o preciso regime aplicável a ambos os tipos de cláusulas penais *lato sensu*. Como base para a exposição subsequente, partimos do princípio, bem real, de que o legislador civil visou a cláusula de fixação antecipada da indemnização ou *Schadensersatzpauschalierung*. Verificaremos, em cada ponto, se as regras apuradas se aplicam à pena contratual *stricto sensu*.

[1762] João Calvão da Silva, *Direitos de autor, cláusula penal e sanção pecuniária compulsória* cit., 146 e 149; esta orientação é criticada por António Pinto Monteiro, *Cláusula penal* cit., 488-495.

[1763] STJ 20-out.-1998 (Ferreira Ramos), CJ/Supremo VI (1998) 3, 73-77 (76/II); STJ 9-fev.-1999 (Lopes Pinto), CJ/Supremo VII (1999) 1, 97-100 (98/I).

[1764] RCb 18-out.-2005 (Jorge Arcanjo), Proc. 1448/05; STJ 22-fev.-2011 (Fonseca Ramos), CJ/Supremo XIX (2011) 1, 85-92 (91); STJ 27-set.-2011 (Nuno Cameira), Proc. 81/1998 = RLJ 141 (2012), 177-188, anot. António Pinto Monteiro, *idem*, 189-199; RLx 8-mai.-2014 (Ilídio Sacarrão Martins), Proc. 1689/12; STJ 27-jan.-2015 (Maria Clara Sottomayor), Proc. 3938/12.

[1765] Inocêncio Galvão Telles, *Direito das obrigações* cit., 7.ª ed., 447-448, que refere a "indemnização acrescida de pena" como figura própria, ao abrigo da liberdade contratual; João Antunes Varela, *Das obrigações em geral* cit., 2, 7.ª ed., 140 ss., 145, em termos não tão claros; Mário Júlio de Almeida Costa, *Direito das obrigações* cit., 12.ª ed., 794, explicando que, embora a cláusula penal tenha, na nossa lei, um predominante sentido indemnizatório, nada impede que as partes, ao abrigo do princípio da liberdade contratual, lhe atribuam uma função coercitiva; Luís Menezes Leitão, *Direito das obrigações* cit., 2, 9.ª ed., 275 ss., procede, claramente, à distinção.

## § 48.º O REGIME DA CLÁUSULA PENAL

### 210. A acessoriedade

I. Em Direito, a acessoriedade traduz a dependência de uma realidade, relativamente a outra. À partida, a acessoriedade é funcional: a situação acessória está ao serviço da principal. Esse dado vai, em termos dogmáticos, ocasionar um regime caracterizado por traços de dependência[1766]. Essa dependência pode ser seguida em cinco vicissitudes ou momentos: (a) na constituição; (b) no âmbito; (c) na transmissão; (d) na execução; (e) na cessação. Vamos ver.

A natureza acessória da cláusula penal está parcialmente patente no artigo 810.º/2. Na proposta de Vaz Serra, ela surgia mais desenvolvida: 644.º/2[1767]. O BGB refere-a no § 344[1768]; a doutrina analisa todavia o tema na introdução à pena contratual.

II. A cláusula penal pode conter-se no instrumento relativo à obrigação principal, ou seja: à obrigação que ela assegure, ainda que se trate de uma prestação secundária ou de um dever acessório. Pode, ainda, surgir num instrumento separado: anterior, concomitante ou posterior. Em qualquer caso, ela deve adotar a forma exigida para a obrigação assegurada, observando as demais formalidades, quando existam (812.º/2, 1.ª parte). Além disso, a cláusula penal só é eficaz se e quando a obrigação assegurada o for. A invalidade desta – por impossibilidade física ou legal, por indeterminabilidade, por contrariedade à lei ou por contrariedade aos bons

[1766] Dieter Medicus, *Die Akzessorietät im Zivilrecht*, JuS 1971, 497-504; a acessoriedade está especialmente estudada a propósito das garantias, com particular atenção à fiança; *vide* o *Tratado* X, 172 ss., com indicações.

[1767] Adriano Vaz Serra, *Direito das obrigações* cit., 529.

[1768] Volker Rieble, no *Staudingers Kommentar* cit., § 344 (526-530) e Vorbem zu §§ 339 ff., Nr. 100-105 (279-281).

costumes ou à ordem pública (280.º) – implica a invalidade da cláusula. A cláusula ficará ainda dependente da verificação de uma condição resolutiva ou da não-ocorrência de uma condição suspensiva. Qualquer invalidação da obrigação assegurada, designadamente por vícios na formação ou na transmissão da vontade ou por usura, invalida a cláusula penal correspondente.

Admite-se uma cláusula penal destinada a assegurar obrigações legais[1769]. Nessa eventualidade, a forma a observar será a que se aplique ao facto de onde decorra a obrigação: p. ex., a obrigação do senhorio de realizar obras, segundo o artigo 1074.º, pode ser reforçada por uma cláusula penal que siga a forma do próprio contrato de arrendamento. Caso esse facto não derive de qualquer contrato, a cláusula penal apresenta-se como uma liberalidade de quem a ela se obrigue: deve ser feita por escrito, *ex vi* artigo 947.º/2, segunda parte. Não se imagina uma cláusula penal prometida verbalmente.

III. O âmbito da cláusula penal depende do da obrigação assegurada, nos planos qualitativo e quantitativo. Quanto ao primeiro: a obrigação não-prometível[1770] – p. ex., a "promessa" de casamento – não é sancionável com penas contratuais. Do mesmo modo, a obrigação natural – p. ex., a dívida de jogo – não pode ser dobrada por uma cláusula penal. No que toca ao segundo: a pena contratual pode ultrapassar a dívida assegurada, mas nos limites da redutibilidade prevista no artigo 812.º. Questão diversa é a de saber se podem ser estabelecidas cláusulas penais para a eventualidade de a obrigação principal ser inválida. O tema prende-se com a realidade intrínseca da cláusula, abaixo tratada[1771].

IV. A acessoriedade da cláusula penal denota-se no regime da sua transmissão. Estando dependente da obrigação assegurada, ela não pode ser isoladamente transmitida. Em compensação, ela transfere-se automaticamente com a obrigação principal: 582.º/1, 594.º e 599.º/2, este para a face passiva. *A fortiori*, ela transmite-se com a cessão da posição contratual em que se inscreva. Também se transmite por morte, não tendo natureza

[1769] Volker Rieble, no *Staudingers Kommentar* cit., Vorbem zu §§ 339 ff., Nr. 103 (280).

[1770] *Tratado* VII, 319 ss..

[1771] *Infra*, 489 ss..

estritamente pessoal e desde que a obrigação principal se transmita: o brocardo *in poenam heres non succedit* é inaplicável.

V. No que tange à execução: a pena contratual opera havendo inadimplemento da obrigação reforçada. Pode tratar-se de um incumprimento definitivo ou de simples mora ou, ainda, de uma inexecução total, parcial ou defeituosa. A pena contratual acompanhará essas vicissitudes na medida em que tenha sido acordado ou, independentemente disso, pelo tribunal, nos termos previstos no artigo 812.º/2.

VI. A cláusula penal cessa com a extinção da obrigação visada: por caducidade, por impossibilidade superveniente não imputável ao devedor, pelo cumprimento ou por algum dos sucedâneos deste. A impossibilidade imputável ao devedor desencadeia, pelo contrário, o funcionamento da cláusula penal. Esta é ainda atingida pela prescrição da obrigação assegurada, como decorrência do artigo 300.º (inderrogabilidade do regime da prescrição). Na presença da extinção de relações obrigacionais complexas – resolução, revogação ou denúncia – há que ponderar a imputabilidade ao devedor: quando este possa licitamente fazer cessar a obrigação sancionada, a cláusula não opera.

## 211. **Os requisitos intrínsecos**

I. A cláusula penal depende, como vimos e em múltiplos pontos, da obrigação que visa assegurar. Ela deriva, em regra, de um contrato[1772], sem prejuízo de certas consagrações testamentárias. Além disso, ela obedece a alguns requisitos específicos. Desde logo, ela própria deve assumir um conteúdo compaginável com o artigo 280.º e com os demais requisitos dos negócios jurídicos. Pergunta-se se deve ter natureza pecuniária. O artigo 810.º/1 parece pressupô-lo, quando fala em "montante da indemnização exigível". Todavia, a regra do nosso Direito é a da indemnização em espécie: 566.º/1. Resta concluir que a pena contratual pode consistir em dinheiro ou em qualquer outra realidade. Quanto à sua natureza patrimonial: vistos os artigos 398.º/2 e 405.º/1, ela não é necessária. Imagine-se

[1772] Helmut Köhler, *Vereinbarung und Verwirkung der Vertragsstrafe*, FS Joachim Gernhuber 70. (1993), 207-225 (207).

uma pena contratual que consista numa declaração pública ou num dever de não intervir em certa festividade.

II. Pergunta-se se a cláusula penal pode ser estipulada para a eventualidade da ineficácia, da invalidade ou da supressão da obrigação assegurada. Dada a acessoriedade, isso não é diretamente possível. Todavia, pode acordar-se numa pena convencional para assegurar as consequências, legais ou convencionais, da insubsistência da obrigação principal. Nessa linha, a cláusula penal vai reforçar obrigações eventuais ou de conteúdo indeterminado, embora a sua operacionalidade dependa do surgimento ou da determinação do princípio.

III. A cláusula penal deve obedecer às regras gerais sobre sanções[1773] e, em especial, às do Direito penal? Por certo que os princípios do Estado de Direito, particularmente no plano processual, têm sempre aplicação: o devedor é ouvido, podendo defender-se; quando a pena seja aplicada no campo privado (vg., no âmbito associativo), devem intervir órgãos independentes; *nemo tenetur se ipsum accusare*: o devedor não está adstrito a autodenunciar-se, para efeitos de sofrer a pena contratual. Para além disso, cumpre sublinhar: (a) não há tipicidade de factos sancionáveis: as partes podem usar as previsões que entenderem, ao contrário do que sucede no campo criminal; (b) não há proibição de analogia; (c) não é necessária a culpa do devedor[1774], salvo ocorrendo cláusulas compulsórias.

IV. Em face de uma cláusula penal *stricto sensu*, exige-se a culpa do agente a qual, de resto e tratando-se de não-cumprimento, se presume (799.º/1)[1775]. Não funciona, logicamente, se essa presunção for ilidida[1776].

## 212. O funcionamento; limites legais

I. A cláusula penal é uma manifestação de autonomia privada, agindo sobre matéria disponível. Logo, caberia às partes definir os modos do seu

[1773] Volker Rieble, no *Staudingers Kommentar* cit., Vorbem zu §§ 339 ff., Nr. 107-128 (281-286).

[1774] Walter F. Lindacher, *Phänomenologie der "Vertragsstrafe"* cit., 89 ss..

[1775] RPt 12-fev.-2001 (Ribeiro de Almeida), CJ XXVI (2001) 1, 208-210 (209-210).

[1776] STJ 26-nov.-2014 (Tavares de Paiva), Proc. 282/04.

funcionamento. O legislador, na versão original do artigo 811.º, limitava-se a prever, quanto a esse funcionamento, uma regra supletiva: a de que o estabelecimento da pena obsta a que o credor exija uma indemnização pelo dano excedente. Ou seja: a cláusula penal agia em benefício do credor, porque evita a necessidade de provar os danos; mas operava, também, em prol do devedor, uma vez que fixava o limite máximo da indemnização. Supletivamente, claro, como é timbre do Direito das obrigações.

II. O Decreto-Lei n.º 200-C/80, de 24 de Junho, conservou essa solução, passando-a ao n.º 2 do artigo 811.º. E no n.º 1, então aditado, fixou uma regra injuntiva: o credor não pode cumular o cumprimento coercivo da obrigação assegurada com a cláusula penal, salvo se esta for moratória. O Decreto-Lei n.º 262/83, de 16 de Junho, em nova investida contra o artigo 811.º/1, retirou o "coercivo": não pode haver cumulação do cumprimento com a cláusula penal não meramente moratória[1777]: a título imperativo[1778]. *De iure condendo*, a matéria já foi criticada. Assinalamos, agora, que a proibição do cúmulo, além de não atingir as situações moratórias, também deixa de fora as execuções defeituosas e, em geral, todas as demais pretensões que não tenham a ver com a prestação principal: assim, a pena é cumulável com a obrigação de reparar, na empreitada[1779] ou com a resolução por incumprimento[1780].

III. O atual artigo 811.º/2 toma a cláusula penal como uma eventual cláusula de limitação de responsabilidade: ao optar por ela, o credor desiste de ser indemnizado pelo dano excedente, exceto se houver convenção em contrário das partes[1781]. Desde logo, este preceito visa as cláusulas de fixação antecipada de indemnização, embora, por analogia, se possa aplicar às penas *stricto sensu*. O objetivo da lei é o de facilitar a circulação dos bens e a vida das partes. Com efeito, a cláusula penal previne litígios *a latere*, quanto aos danos reais. Todavia, fica uma prevenção: a presença de uma

[1777] O credor pode recusar o cumprimento defeituoso; além disso ele pode cumular o cumprimento com a cláusula moratória e a cláusula compensatória com a indemnização por mora: RCb 23-jan.-2007 (Ferreira de Barros), Proc. 419/2001.

[1778] RCb 17-abr.-2007 (Garcia Calejo), Proc. 2725/05.

[1779] STJ 28-mai.-2002 (Neves Ribeiro), Proc. 02B1612.

[1780] RGm 13-out.-2009 (António da Costa Fernandes), CJ XXXIV (2009) 4, 283-286 (286/I).

[1781] Quanto ao preceito: Nuno Manuel Pinto de Oliveira, *Contributo para a interpretação do n.º 2 do artigo 811.º do Código Civil* cit., 499-507.

regra do teor da do artigo 811.º/2 constitui um argumento suplementar no sentido de se admitir o agravamento equitativo da cláusula penal[1782].

IV. O acrescento, em 1983, de um novo n.º 3 ao artigo 811.º suscitou um protesto generalizado[1783]. Vamos ver, pela interpretação, como minimizar os danos assim introduzidos no sistema civil. Recordamos que, segundo esse novo preceito,

> O credor não pode em caso algum exigir uma indemnização que exceda o prejuízo resultante do incumprimento da obrigação principal.

A primeira constatação é a de que esse preceito, pelo seu próprio teor como pelo espírito do sistema, só se aplica a cláusulas que fixem antecipadamente a indemnização: é a doutrina de Pinto Monteiro[1784], sufragada pela jurisprudência[1785]. A cláusulas penais *stricto sensu* ou compulsórias, esse limite não opera, sob pena de total frustração. O mesmo se diga relativamente a cláusulas que fixem penas para violações de deveres inquantificáveis, como sucede correntemente com os acordos parassociais.

A segunda é a de que a cláusula de fixação antecipada dos deveres inverte o ónus da prova. Verificado o incumprimento, ela funciona pelo montante que comporte, não tendo o credor, sequer, de provar danos[1786]: cabe ao devedor invocar e provar que o prejuízo resultante desse incumprimento foi inferior à soma clausulada.

A terceira tem a ver com a limitação ao prejuízo resultante do incumprimento da obrigação principal. Ficam de fora os danos colaterais – incluindo os morais –, os lucros cessantes e os relacionados com maiores despesas e com os deveres acessórios. O artigo 811.º/3 é fortemente con-

[1782] *Idem*, 502; *vide infra*, 499 ss..

[1783] *Supra*, 471; além do mais, houve um lapso grave na transposição (desnecessária) que se decidiu fazer. Quanto à interpretação desse preceito, cumpre referir Nuno Manuel Pinto Oliveira, *Conceito e regime da cláusula penal* cit., 86 ss., com indicação das posições dos diversos autores nacionais.

[1784] António Pinto Monteiro, *Cláusula penal* cit., 578 ss..

[1785] RPt 3-mar.-2016 (Aristides Rodrigues de Almeida), Proc. 11709/15.

[1786] STJ 14-mar.-2006 (Alves Velho), CJ/Supremo XIV (2006) 1, 145-148 (147/II); STJ 17-abr.-2008 (Alves Velho), Proc. 08A630 (ponto II do sumário); STJ 24-abr.-2012 (Helder Roque), Proc. 605/06 (no igualmente ponto II do sumário). Na doutrina, entre nós: António Pinto Monteiro, *Cláusula penal e comportamento abusivo do credor* cit., 505.

trário à lógica milenária da cláusula penal, tendo vindo à luz por um lapso manifesto, já explicado. Deve ser interpretado de modo restritivo.

V. Impõe-se, ainda, uma quarta constatação, da maior importância. O artigo 811.º visa a indemnização que exceda o valor do prejuízo. Mas pressupõe que o credor se tenha libertado da contraprestação ou que esta lhe tenha, a qualquer título, sido restituída. Em suma: o credor tem, à margem da cláusula penal, o direito à prestação, mercê da frustração do contrato. E é a partir dela que se computa o "valor do prejuízo", sob pena de a cláusula penal não valer como fixação de qualquer indemnização: a resolução por incumprimento, em si, não é indemnizatória: a indemnização acresce à restituição (801.º/2). E é esse *plus* indemnizatório, a acrescer à prestação frustrada, que constitui o teto máximo, fixado pelo legislador.

## 213. **A redução equitativa; justificação**

I. Como vimos, a história da cláusula penal é, em boa parte, a dos esquemas encontrados pelo Direito, para restringir os abusos a que dá lugar. O fundamento do controlo judicial da pena[1787] reside na irrenunciabilidade antecipada aos direitos: um princípio geral do Direito das obrigações[1788]. Estas são vínculos abstratos, a concretizar no futuro e através do cumprimento. Quanto aos contratos – salvo má-fé, que não se presume – as partes estão sempre convictas de que irão cumprir. Prontificam-se a aceitar as cláusulas penais mais extraordinárias, na convicção (legítima) de que, no fundo, não lhes dizem respeito. O legislador, desde a Antiguidade e com a interrupção breve de Napoleão e de Seabra, deve intervir. A irrenunciabilidade antecipada toma corpo no artigo 809.º e aflora na proibição de doar bens futuros (942.º/1) ou de celebrar pactos leoninos (994.º). Na História recente, e no tocante à cláusula penal, houve um controlo assegurado pelos bons costumes. Depois, procedeu-se à autonomização de um instituto específico: a redução equitativa[1789]. Ela não exige, à partida, nem culpa nem abuso do credor. Corresponde, apenas, a uma milenária proteção do devedor, particularmente importante nos países do Sul.

[1787] António Pinto Monteiro, *Cláusula penal* cit., 717 ss..

[1788] *Tratado* VI, 2.ª ed., 69 ss..

[1789] Eduard Bötticher, *Wesen und Arten der Vertragsstrafe* cit., 4; Peter Gottwald, *Zum Recht der Vertragsstrafe* cit., 388-389.

II. Os requisitos da redução equitativa resultam do artigo 812.º/1[1790]. Vamos percorrê-los. A redução é levada a cabo pelo Tribunal; as partes podem acordar nela; não havendo acordo, cabe ao juiz decidir; todavia, a redução depende de um pedido do interessado, formulado por via de ação ou de exceção[1791]: não pode ser oficiosamente decidida[1792].

A razão afigura-se-nos clara. O devedor pode, mau grado o excesso, preferir cumprir escrupulosamente aquilo a que se obrigou. O seu bom nome na praça dependerá, porventura, disso; recorde-se que a própria remissão é contratual (863.º/1). Além disso, estamos no domínio dos direitos disponíveis. Apenas na hipótese extrema de o excesso ser de tal ordem que a sua exigência se configure abusiva, pode o tribunal atuar oficiosamente[1793].

III. Distinguimos, pois, entre o exercício abusivo de uma cláusula penal, mormente por desequilíbrio no exercício, e a sua sujeição ao artigo 812.º/1[1794]. O exercício abusivo é mais grave, entrando em conflito com a boa-fé e os dados básicos do sistema. Já a redução equitativa tem a ver com uma correção a introduzir num contrato livremente celebrado e que, em princípio, deve ser respeitado[1795].

No Direito comparado, o artigo 1152.º do Código Napoleão admite a redução oficiosa, enquanto o § 343 do BGB toma a opção oposta[1796]. O Código Civil, contrariando a orientação de Vaz Serra favorável à redução

[1790] RCb 13-fev.-2015 (Jorge Manuel Loureiro), Proc. 288/12; RGm 4-fev.-2016 (Alda Martins), Proc. 284/10.

[1791] RPt 26-jan.-2000 (Moreira Alves), CJ XXV (2000) 1, 204-210 (209/II).

[1792] RPt 12-out.-2000 (Catarina Arelo Manso), CJ XXV (2000) 4, 114-116 (116/I); STJ 7-mar.-2006 (Urbano Dias), CJ/Supremo XIV (2006) 1, 101-105 (104/II); STJ 25-mar.-2009 (Urbano Dias), Proc. 09A0440; REv 26-jan.-2011 (Bernardo Domingos), CJ XXXVI (2011) 1, 260-263 (262/II).; RPt 10-jul.-2013 (Fernando Samões), Proc. 821/10; RPt 21-jan.-2015 (Fernando Samões), Proc. 110/10; RPt 26-mai.-2015 (Fernando Samões), Proc. 2890/05; RPt 5-mai.-2016 (Fernando Baptista), Proc. 315/14.

[1793] Quanto à apreciação oficiosa do abuso do direito: *Tratado* V, 2.ª ed., 403 ss..

[1794] Por vezes, aproxima-se o artigo 812.º do controlo pela boa-fé: RLx 10-jul.-2014 (Catarina Gonçalves), Proc. 3865/10 e RPt 3-mar.-2016 (Aristides Rodrigues de Almeida), Proc. 11709/15. Embora muitas vezes a cláusula excessiva dê também azo ao abuso do direito, afigura-se-nos útil, até para transcender o problema da não-oficiosidade, manter a distinção que figura no texto. Quanto ao abuso do direito no exercício da cláusula penal: Helmut Köhler, *Vereinbarung und Verwirkung der Vertragsstrafe* cit., 220 ss..

[1795] STJ 24-abr.-2012 (Hélder Roque), Proc. 605/06.

[1796] Ela resulta de um ato potestativo constitutivo: Volker Rieble, no *Staudingers Kommentar* cit., § 343, Nr. 55 (499); o devedor pode renunciar à redução: Peter Gottwald, no *Münchener Kommentar* cit., 2, 7.ª ed., § 343, Nr. 12 (2358).

oficiosa[1797], manteve o silêncio, pelo que a maioria da doutrina optou pela não-oficiosidade[1798]. Apoia-se, em especial, no paralelo com os artigos 282.º (negócios usurários) e 437.º/1 (alteração das circunstâncias), que dependem, no seu funcionamento, da iniciativa dos interessados: além, naturalmente, do princípio da autonomia das partes. Em sentido contrário manifestou-se Nuno Manuel Pinto de Oliveira, num estudo muito cuidadoso e bem justificado[1799]. Rebatendo os argumentos favoráveis à não-oficiosidade, Pinto Oliveira estriba-se no princípio do abuso do direito, de apreciação oficiosa, e de que a redução de cláusulas excessivas seria expressão[1800]. A verificar-se o pressuposto, este ilustre Autor teria razão; é um lugar-comum, na jurisprudência como na doutrina, apoiar ou reforçar o artigo 812.º no abuso do direito e na boa-fé. Neste ponto, cabe prevenir contra os desenvolvimentos linguísticos. Dada a vaguidade do artigo 812.º, procuram-se apoios vocabulares noutros lugares normativos, estando o abuso do direito sempre disponível. Todavia, temos institutos distintos. A invocação da natureza excessiva de uma cláusula é, logo à partida, um *venire contra factum proprium*: o devedor assume um compromisso e vem, depois, desdizer-se. Por isso, o abuso deve ser guardado para casos muito graves, comtrários ao sistema e perante os quais o Direito não pode dar os seus tribunais, para os sancionarem. A cláusula excessiva é grave: mas não tanto. A não ser assim, a balança inclinar-se-á para Pinto Oliveira.

## 214. O "excesso manifesto"

I. A cláusula penal a reduzir deve ser manifestamente excessiva. A jurisprudência enfatiza o advérbio: não basta que seja excessiva[1801];

[1797] Adriano Vaz Serra, *Pena convencional* cit., 224-226.

[1798] António Pinto Monteiro, *Cláusula penal* cit., 735-737, com indicações e *Sobre o controlo da cláusula penal* cit., 202; João Calvão da Silva, *Cumprimento e sanção pecuniária compulsória* cit., 275-276, nota 502; Inocêncio Galvão Telles, *Direito das obrigações* cit., 7.ª ed., 441; Luís Menezes Leitão, *Direito das obrigações* cit., 2, 9.ª ed., 277.

[1799] Nuno Manuel Pinto de Oliveira, *Em tema de redução oficiosa da pena convencional*, Estudos 10.º aniversário da Licenciatura em Direito da Universidade do Minho (2003), 729-763 = *Cláusulas acessórias ao contrato/Cláusulas de exclusão ou de limitação do dever de indemnizar e cláusulas penais*, 3.ª ed. (2008), 131-171; cita-se por este último local.

[1800] *Idem*, 169-171.

[1801] RPt 12-fev.-2001 (Ribeiro de Almeida), CJ XXVI (2001) 1, 208-210 (210/I); STJ 24-abr.-2012 (Hélder Roque), Proc. 605/06 (ponto IX do sumário).

deve ser chocante e exagerada[1802], de valor exorbitante, totalmente desadequado e abusivo[1803], multiplicando-se os adjetivos desse tipo. Cumpre fazer um esforço de precisão. Neste ponto, impõe-se uma distinção, em função do tipo de cláusula em jogo: indemnizatória ou compulsória.

II. Perante uma cláusula de fixação antecipada da indemnização, o excesso manifesto resulta da desproporção entre o prejuízo causado pelo inadimplemento e o montante da pena. Podemos considerar, perante a tradição canónica, concretizada nas leis nacionais desde o século XIV[1804], que a pena igual ou superior ao dobro do dano causado[1805] é manifestamente excessiva. De resto, essa é a bitola do sinal: integrar o lesado no *statu quo ante* e indemnizá-lo noutro tanto. Também ponto de referência é o dos juros usurários. O artigo 1146.º/2 do Código Civil considera usurária a cláusula penal que fixe, como indemnização pela falta de restituição do empréstimo, juros de mora correspondentes a 7% e 9% acima dos juros legais, conforme exista ou não garantia real. Pois bem: essas cifras dão, ao julgador, uma referência: perante um incumprimento definitivo, será manifestamente excessiva a cláusula que ultrapasse o valor da prestação em falta, acrescido dos juros máximos assim permitidos por lei. No caso de uma cláusula de fixação antecipada de indemnização, o papel do julgador parece facilitado. Naturalmente: a cláusula funciona havendo danos mínimos e uma violação significativa.

III. Tratando-se de uma cláusula compulsória ou penal *stricto sensu*, as regras são diversas. Desde logo, não se pode lidar aqui com o prejuízo real como referência para o "excesso": este é necessário, sob pena de se esvair a dimensão compulsório-penal. De resto, tais cláusulas são correntes em contratos decisivos, mas cuja violação não dê azo a danos demonstráveis, como sucede com os acordos parassociais. Agora o ponto de partida é constituído pelo acordado[1806]. A sindicância do tribunal vai ponderar se a "ameaça"[1807] é adequada ou se representa, simplesmente, um enriquecimento inaceitável do lesado.

[1802] RCb 13-jan.-2009 (António da Costa Fernandes), CJ XXXIV (2009) 1, 13-17 (15/I).

[1803] RCb 10-jul.-2014 (Catarina Gonçalves), Proc. 3865/10.

[1804] *Supra*, 456 ss..

[1805] Dano a somar à liberação do credor, relativamente à sua contraprestação ou à sua restituição, quando efetuada.

[1806] STJ 24-abr.-2012 (Hélder Roque), Proc. 605/06.

[1807] RCb 7-set.-2010 (Alberto Buço), Proc. 81/1998.

IV. Na presença de cláusulas compulsórias, o tribunal vai ser mais comedido nas reduções. Havendo, apesar de tudo, um prejuízo demonstrado, valem as indicações acima dadas – não ultrapassar o dobro do prejuízo e respeitar os limites dos juros usurários – acrescidas de um *plus* penal. Na falta de prejuízos (recordem-se os acordos parassociais), a pena contratual deve eliminar qualquer ganho do infrator e, ainda, operar como dissuasor, atual e futuro, de quaisquer inadimplementos.

## 215. A *reductio ad aequitatem*

I. A redução equitativa da cláusula penal pode operar, segundo o artigo 812.º/1, caso se mostre manifestamente excessiva, numa de três situações: (a) quando isso suceda *ab initio*; (b) quando tal ocorra por causa superveniente; (c) quando a obrigação tenha sido parcialmente cumprida. Na primeira hipótese, o excesso deve manter-se no momento da decisão; no segundo, há uma variante da alteração das circunstâncias; no terceiro, assistimos já a um (certo) acordo do credor, uma vez que ele não tem de aceitar cumprimentos parciais (763.º/1).

II. A resolução opera "de acordo com a equidade" (812.º/1). Estamos perante um conceito indeterminado, com enorme carga histórico-cultural[1808] e que cumpre manusear com cuidado. Recordamos que, de equidade, há duas noções[1809]:

- a equidade fraca: parte-se da lei positiva e de referências jurídico-positivas; pode-se, todavia, integrar espaços em branco ou corrigir aspetos puramente formais da lei;
- a equidade forte: prescinde da Ciência do Direito e procura, para os problemas, soluções baseadas na "justiça" do caso concreto e no senso comum do julgador.

Ao permitir a "redução equitativa" da cláusula penal, a lei não pretendeu, por certo, soluções não-científicas: arbitrárias, intuitivas, aleatórias ou cegamente distributivas. A solução a que se chegue será, ainda, a da Ciência do Direito. Assim, tem-se vindo a entender que a redução equitativa

[1808] *Tratado* I, 4.ª ed., 591 ss..
[1809] *Idem*, 598 ss..

visa eliminar o "excesso", mas sem descolar das diretrizes jurídico-positivas: temos a equidade fraca. Remetemos para as considerações acima feitas, nesse domínio[1810].

III. Decisiva será a determinação da natureza da cláusula indemnizatória ou compulsória[1811]. Na dúvida, será indemnizatória, já que é essa a modalidade visada pelo artigo 810.° e pela sequência relativa à cláusula penal[1812]. Isto dito:

- perante uma cláusula de fixação antecipada de indemnização, a redução equitativa pressupõe a demonstração de prejuízo de incumprimento; isso feito, operam os limites acima apontados: a prestação feita pelo credor deve ser restituída, contando-se, a partir daí, o prejuízo; uma pena superior ao dobro deve ser reduzida para esta cifra, outro tanto sucedendo para as que excedam os limites para os juros (1146.°/2); finalmente, vale um tempero prudente do juiz;
- perante uma cláusula compulsória ou penal *stricto sensu*, o artigo 811.°/1 aplica-se por analogia: há que reduzir o "excesso", de modo a que o efeito compulsório, preventivo e retributivo se mantenha.

IV. No caso de haver um cumprimento parcial, a *reductio* é mais imediata: corresponderá à proporção do adimplemento realizado. Esse aspeto pode ser cumulado com "excessos" de outra natureza e, designadamente, os que ocorreriam na hipótese de um não-cumprimento total.

V. Pergunta-se se, na redução equitativa, há que atender ao grau de culpa do agente e a outros elementos de tipo subjetivo. Já se tem dado resposta positiva[1813]. Neste ponto, há que fazer novamente apelo à contraposição básica entre as cláusulas de fixação antecipada da indemnização e as cláusulas compulsórias ou penais *stricto sensu*. Nas primeiras,

[1810] *Supra*, 496 ss..

[1811] António Pinto Monteiro, *Cláusula penal e comportamento abusivo do credor* cit., 517: o critério da redução não pode prejudicar a função da cláusula.

[1812] RPt 7-nov.-2013 (Aristides Rodrigues de Almeida), Proc. 91046/11, num caso de empreitada; nesse mesmo sentido, já António Pinto Monteiro, *Cláusula penal* cit., 611-612; em sentido contrário, Nuno Manuel Pinto Oliveira, *Conceito e regime da cláusula penal* cit., 82.

[1813] *Vide* António Pinto Monteiro, *A cláusula penal* cit., 743-744, com indicações jurisprudenciais nacionais e estrangeiras.

movemo-nos no universo da responsabilidade obrigacional, onde a lei portuguesa usa "culpa" sem distinguir o dolo da negligência (799.º/1). Apenas no domínio das situações aquilianas a lei admite a limitação equitativa da indemnização no caso de mera culpa (negligência), atendendo-se, ainda, à situação económica do agente e do lesado. Assim, a cláusula de fixação antecipada da indemnização funciona desde que comprovado o não-cumprimento ou equivalente, imputáveis ao credor e caso haja danos apreciáveis.

VI. Na cláusula penal *stricto sensu*, a solução pode ser diversa. Trata-se de fazer pressão na vontade do devedor para que cumpra. Logicamente, tal pressão só faz sentido havendo "culpa"[1814], devendo variar na razão direta da censurabilidade do agente. O *quantum* necessário para compelir um rico é diferente do requerido para um pobre. Desta feita, a entrar-se nos caminhos da redução – necessariamente limitados e cautelosos, pois é suposto as partes conhecerem melhor do que ninguém a pressão a que devem ser submetidas – há que atentar no grau de culpa e noutros elementos concretos[1815].

VII. Em qualquer dos casos, particularmente em cláusulas de não-concorrência ou de fidelização, quando lícitas, reforçadas por penas contratuais, a jurisprudência tem sublinhado os valores investidos pelo credor, através do contrato e o tempo necessário para os amortizar[1816].

## 216. **O aumento equitativo**

I. A experiência mostra que, no momento da contratação, as partes estão convictas de que irão cumprir o acordado. Por isso, podem aceitar cláusulas penais exorbitantes que, depois, lhes serão exigidas, havendo inadimplemento. Está em jogo o princípio da irrenunciabilidade antecipada aos direitos, assim o justificando a medida da redução equitativa

[1814] Recorde-se o já citado acórdão do STJ 26-nov.-2014 (Tavares de Paiva), Proc. 282/04: a pena compulsória não funciona se for afastada a presunção de culpa.

[1815] Em TCAN 14-mar.-2013 (Carlos Luís Medeiros de Carvalho), Proc. 01173/06, referem-se, como fatores a ponderar: a gravidade da infração, a culpa, as vantagens e benefícios do não-cumprimento, para o devedor; o interesse do credor; a situação económica das partes e a boa ou má-fé de cada uma delas.

[1816] RLx 26-out.-2010 (Luís Espírito Santo), Proc. 3298/08; RLx 17-set.-2015 (Teresa Pardal), Proc. 312/07.

prevista no artigo 812.º do Código Civil. Este mesmo raciocínio funciona relativamente ao credor. Na contratação, este confia no poder da palavra dada e acredita na seriedade, na competência e na robustez patrimonial do devedor. Esse estado de coisas, perfeitamente normal – a larga maioria dos contratos é executada sem qualquer problema – pode levá-lo a subscrever cláusulas penais aligeiradas ou quiçá mesmo simbólicas. Não há remédio?

II. O Direito comparado, ainda que por vias diversas, dá uma resposta positiva[1817]. O § 342/2 do BGB permite que a cláusula penal funcione como montante mínimo de indemnização; não exclui que o credor invoque um dano superior[1818]. Por seu turno, o artigo 161.º/2 do Código das obrigações suíço permite, ao credor, o direito de exigir a reparação de um dano superior à cláusula, desde que demonstre a culpa do devedor[1819]. Mais importante: o já citado artigo 1152.º/2 do Código Napoleão, atual 1231.º-5/II, na redação dada pela Lei de 9-jul.-1975, dispõe[1820]:

> Néamoins, le juge peut, même d'office, modérer au augmenter la peine qui avait été convenue, si elle est manifestement excessive ou dérisoire. Toute stipulation contraire est reputée non écrite. [Contudo, o juiz pode, mesmo de ofício, moderar ou aumentar a pena que tenha sido acordada, se ela for manifestamente excessiva ou irrisória. Qualquer estipulação em contrário é havida como não escrita.]

Também as Regras Uniformes da UNCITRAL permitem que o credor reclame uma indemnização superior à da cláusula, quando o prejuízo ultrapassar substancialmente aquela quantia.

III. A doutrina lusófona cedo se apercebeu do problema: porquê admitir a redução equitativa da pena contratual e não o seu agravamento, quando se justifique? De resto, numa ambiência de desvalorização, pode suceder que a pena contratual se torne um convite à inadimplência. A gene-

[1817] António Pinto Monteiro, *Cláusula penal* cit., 703 ss., com indicações; Nuno Manuel Pinto de Oliveira, *Em tema de agravamento da pena convencional*, SI 52 (2003), 341-355 = *Cláusulas acessórias ao contrato* cit., 121-129.

[1818] Volker Rieble, no *Staudingers Kommentar* cit., § 340, Nr. 63 ss. (455 ss.); Peter Gottwald, no *Münchener Kommentar* cit., 7.ª ed., § 340, Nr. 9-19 (2348-2350).

[1819] Félix R. Ehrat, no *Basler Kommentar/Obligationenrecht* I, 5.ª ed. (2011), Art. 163 (885-890).

[1820] François Terré/Philippe Simler/Yves Lequette, *Droit civil/Les obligations* cit., 11.ª ed., n.º 627 (681-683).

ralidade da doutrina veio, *de iure condendo*, defender a consagração do agravamento equitativo[1821]. Cumpre ir mais longe: o Direito vigente não permitirá o agravamento equitativo?

IV. Importa afastar deste horizonte as soluções que assentem num prévio acordo das partes (811.º/2), as que passem pela anulação da cláusula penal por erro, dolo ou usura, as que apelem à alteração das circunstâncias[1822] ou as que, no limite, invoquem o abuso do direito. Todos estes institutos podem ter aplicação. O problema é, todavia, outro: quando, em paralelo com os pressupostos da redução equitativa, se verifiquem exigências sistemático-jurídicas de agravamento equitativo, é possível, ao juiz, decretá-lo?

Hoje em dia, não é aceitável a afirmação de que certa saída, em si cientificamente justa, não é possível por razões de redação literal das normas. O Direito civil permite maiores ambições. Sublinhamos ainda que princípios como o da proporcionalidade[1823] e o da simetria[1824] constituem aquisições privatísticas que têm valia dogmática. Isto dito: todas as razões que militam a favor da hipótese de redução equitativa depõem, precisamente, no do agravamento equitativo. O devedor "poderoso" pode perfeitamente impor cláusulas restritivas ao credor frágil, em detrimento do artigo 809.º.

V. O Código Civil não prevê uma solução explícita para a cláusula penal irrisória: *ab initio* ou supervenientemente. E assim é, seja ela indemnizatória, seja ela compulsória. Temos uma lacuna, já que elementares valorações do sistema exigem uma norma. O lugar paralelo ou caso análogo

[1821] António Pinto Monteiro, *Cláusula penal* cit., 707; João Calvão da Silva, *Cumprimento e sanção pecuniária compulsória* cit., 263; Inocêncio Galvão Telles, *Direito das obrigações* cit., 7.ª ed., 443; Mário Júlio de Almeida Costa, *Direito das obrigações* cit., 12.ª ed., 803-804. O legislador poderia ter solucionado o problema em 1980, tanto mais que o preâmbulo do Decreto-Lei n.º 200-C/80, de 24 de Junho – *supra*, 464 ss. – lhe faz referência; todavia, entendeu não o fazer, impressionado com a Resolução (78/3) do Conselho da Europa e com o artigo 1384.º do Código italiano; nada diz sobre a experiência francesa.

[1822] Nuno Manuel Pinto de Oliveira, *Em tema de agravamento da pena convencional* cit., 354-355 = *Cláusulas acessórias ao contrato* cit., 126-129.

[1823] Michael Stürner, *Der Grundsatz der Verhältnismäßigkeit im Schuldvertragsrecht/Zur Dogmatik einer privatrechtsimmanenten Begrenzung von vertraglichen Rechten und Pflichten* (2000), XXV + 507 pp., 147 ss. e *passim*.

[1824] Tim Florstedt, *Recht als Symmetrie/Ein Beitrag zur Theorie des subjektiven Privatrechts* (2015), XV + 356 pp., 278 ss. e *passim*.

surge evidente: o próprio artigo 812.º/1. Não se trata de nenhuma norma excecional: pode ser aplicada por analogia. Vamos, pois, bilateralizá-la: a cláusula penal pode ser agravada, de acordo com a equidade, quando se mostre manifestamente insuficiente, ainda que por causa superveniente; é nula qualquer estipulação em contrário. As saídas práticas variam, depois, em função da natureza indemnizatória ou compulsória das penas em jogo. Basta, com as necessárias adaptações, aplicar o regime acima exposto para a redução equitativa.

## 217. O regime nas cláusulas contratuais gerais

I. A Lei das Cláusulas Contratuais Gerais prevê um regime especial para as cláusulas penais[1825]. Encontrámos essa especialidade na Lei alemã de 1976 onde, de resto, ela teve a virtualidade de oficializar a distinção básica entre a liquidação antecipada dos danos e a pena contratual *stricto sensu*[1826].

II. Segundo o artigo 19.º, *c*), da LCCG, aplicável nas relações entre empresários e com consumidores finais,

> São proibidas, consoante o quadro negocial padronizado, as cláusulas contratuais gerais que:
>
> (...)
>
> *c*) Consagrem cláusulas penais desproporcionadas aos danos a ressarcir;
>
> (...)

Não se exige, ao contrário do artigo 811.º/1, um excesso manifesto: basta uma desproporção entre os danos e a pena contratual. Além disso, a consequência da desproporção não é a *reductio ad equitatem*: antes a nulidade da cláusula (12.º da LCCG)[1827], com possibilidade de manutenção do contrato na base das normas supletivas aplicáveis (13.º/2) e, *in casu*: as relativas às indemnizações comuns. A LCCG, à semelhança do Código

[1825] António Pinto Monteiro, *Cláusula penal* cit., 747-754.

[1826] Geon-Myeon Im, *Die Vertragsstrafe und deren Vorbehalt im BGB unter besonderer Berücksichtigung des § 11 Nr. 6 AGBG* (1991), VII + 162 pp., 90 ss..

[1827] *Vide* o importante AUJ: STJ (Pleno) 21-jun.-2016 (Hélder Roque), Proc. 2683/12, ponto XVI do sumário.

Civil, referiu apenas as cláusulas de fixação antecipada da indemnização. Para as penais *stricto sensu* funcionam as regras gerais dos artigos 15.º e 16.º da LCCG, recorrendo-se, por analogia e quando possível, ao artigo 19.º, *c*), acima transcrito.

III. A jurisprudência tem acentuado – e bem – que as cláusulas penais derivadas de ccg são de fácil controlo: uma vez que não se exige um "excesso manifesto" mas, tão-só, uma desproporção mais fácil de determinar[1828].

IV. Finalmente: o artigo 19.º, *c*), cobre, mesmo literalmente, a hipótese da insuficiência da cláusula penal. A "desproporção" tanto pode advir de um montante excessivo, como de um montante diminuto. Em qualquer dos casos, a cláusula será nula, assim se respeitando as exigências de coerência axiológica do sistema.

[1828] RPt 8-abr.-2014 (Anabela Dias da Silva), Proc. 1801/12; STJ 9-dez.-2014 (Martins de Sousa), Proc. 1004/12; RLx 17-mar.-2016 (Ezagüy Martins), Proc. 2041/13; RPt 19-abr.-2016 (Anabela Dias da Silva), Proc. 8435/11.

SECÇÃO III

# O SINAL

## § 49.º O SINAL E O SEU REGIME

### 218. Origem e evolução

I. O sinal equivale a uma quantia ou a outro objeto, entregue por uma das partes (o *tradens*) à outra (o *accipiens*), aquando da contratação. Se o contrato for executado, o sinal é descontado na prestação do *tradens*; se o não for por culpa do *tradens*, este perde-o; se a culpa for do *accipiens*, este deve restituí-lo em dobro. Tal esquema, que resulta do artigo 441.º/1 e 2, 1.ª parte, do Código Civil, esconde uma evolução multimilenária atormentada a qual, ainda hoje, dá azo a uma multiplicidade de soluções, no Direito comparado.

II. A origem e a evolução do sinal[1829] estão ligadas à natureza do contrato de compra e venda. No antigo Direito grego, a compra e venda não era um contrato consensual, nem originava obrigações entre as par-

[1829] Sobre o tema, há muita literatura. Assim: Georges Calogirou, *Die Arrha im Vermögensrecht in Berücksichtigung der Ostraka und Papyri* (1911), XIV + 204 pp. (há reimp. de 2013); Fritz Pringsheim, *Der Kauf mit fremdem Geld/Studien über die Bedeutung der Preiszahlung für den Eigentumserwerb nach griechischem und römischem Recht* (1916), VI + 180 pp., com múltiplas indicações de fontes; *idem*, *The Greek Law of Sale* (1950), XIX + 580 pp., 333 ss.; Georges Cornil, *Die Arra im justinianischen Recht*, SZRom 48 (1928), 51-87; Massimo Massei, *L'arra nella compravendita*, BIRD 48 (1941), 215-402; Mario Talamanca, *L'arra della compravendita in diritto greco e in diritto romano* (1953), 100 pp., rec. Edoardo Volterra, IVRA 5 (1954), 393-400; *idem*, Arrha, NDI I/2 (1957), 1001-1003; Walter d'Avanzo, *Caparra*, NssDI 2 (1958), 893-896; Aldo Pezzana, *Caparra (diritto romano)*, ED VI (1960), 183-187; Paul Jors/Wolfgang Kunkel, *Römisches Privatrecht*, 3.ª ed. (1949), 434 pp., 190 ss.; Max Kaser, *Das römische Privatrecht* cit., 1, 2.ª ed.,

tes: funcionava em termos reais *quoad constitutionem*: apenas quando fossem entregues o preço e a coisa. Ao combinarem uma venda, as partes podiam dar-lhe consistência através da entrega de uma *arrha* (de *arrabo*, ἀρραβών) pelo comprador ao vendedor; se não houvesse venda por culpa daquele, a coisa entregue ficava perdida; se a culpa fosse do vendedor, seguiam-se as sanções acordadas pelas partes as quais, mais tarde, estabilizaram na entrega do dobro do valor das arras. Estas eram compulsórias.

No Direito romano, a compra e venda passou a ter eficácia obrigacional: o vendedor assumia o dever de entregar a coisa e o comprador, o de pagar o preço. As arras, a serem entregues pelo comprador, permitiam confirmar o negócio. E caso este não fosse cumprido, facilitavam o ressarcimento da parte fiel.

No Direito justinianeu, completando uma evolução anterior, as arras facultavam o arrependimento das partes. Embora o contrato estivesse celebrado e fosse vinculativo, o comprador podia desistir, perdendo o sinal e o vendedor, restituindo-o em dobro. Eram as arras penitenciais[1830]. Ao longo ds Idade Média e na evolução subsequente, houve flutuações, mas com incidência nas penitenciais[1831].

III. Fruto desta evolução histórica conturbada e, quiçá, de necessidades práticas que bem podem ditar novas soluções, independentemente

4 130, III (547-548); Reinhard Zimmermann, *The Law of Obligations* cit., 230-234; Hans-Georg Hermann, no HKK/BGB cit., II/2, §§ 336-345, Nr. 4-8 (2039-2041).

A matéria do sinal (ou arras) deu azo, também entre nós, a diversos e aprofundados estudos, designadamente de Paulo Merêa. Assim e todos deste Autor: *Um problema filológico-jurídico: a palavra "arras"*, em *Novos estudos de História do Direito* (1937), 139-149; *O sinal no Direito hispânico*, *idem* (1937), 151-168; *Excurso*, *idem* (1937), 169-177; *A arra penitencial no Direito hispânico anterior à receção*, em *Estudos de Direito Hispânico Medieval* 1 (1952), 37-58. *Vide*, também, o desenvolvimento de António Pinto Monteiro, *A cláusula penal* cit., 165-168.

[1830] Aldo Pezzana, *Caparra (diritto romano)* cit., 185-186; esta afirmação, conquanto assumida por ilustres autores, é controversa; *vide* o quadro mais complexo de Max Kaser, *Das römische Privatrecht* cit., II, 2.ª ed., § 264, II, *b*) (387), com indicações.

[1831] Wolfgang Adam Lauterbach, *Tractatatio de Arrha* (1657), 116 pp.; Johann H. Reuter, *De arrha, pacto imperfecto data* (1747), V + 46 pp.; Karl Sigismund Zumbach, *De arrha contractum* (1828), 23 pp.; Eugen von Jagemann, *Die Daraufgabe (Arrha) Vergleichende Rechtsstudie* (1873), XVI + 177 pp.; Erich Schulz, *Die Arrha im älteren deutschen Recht* (1909), 87 pp.; Friedrich Bergold, *Geschichte und Wesen des arrabons und der arrha im griechischen und römischen Recht bis zum procheiros nomos* (1923), 92 pp..

de antecedentes efetivos, o sinal conhece configurações diferenciadas[1832]. Assim:

- no Código Napoleão, o artigo 1590.°, relativo à promessa de venda, consigna o sinal penitencial[1833]; as arras permitem a qualquer dos contratantes desdizer-se: perdendo o sinal, quem o deu e restituindo em dobro, quem o recebeu;
- no BGB, o § 336 acolhe o sinal confirmatório: vale como indício da conclusão do contrato (*Draufgabe*) e não, na dúvida, como sinal penitencial (*Reugeld*)[1834]; o *Reugeld* consta, hoje, do § 353 do BGB permitindo, a quem o pague ou perca, resolver o contrato sem outras consequências[1835];
- no Código italiano de 1942, tomam lugar as duas figuras: o sinal confirmatório (*caparra confirmatoria*) no artigo 1385.° e o sinal penitencial (*caparra penitenziale*), no artigo 1386.°[1836]; a diferença reside, essencialmente, em que, na *confirmatoria*, a parte fiel pode optar entre o funcionamento do sinal (perda/restituição em dobro) e a execução do contratado ou a sua resolução, com ressarcimento de danos; na penitencial, qualquer das partes pode optar pela revoga-

[1832] A matéria foi especialmente analisada na Alemanha, na sequência da publicação do BGB. Assim, foram confrontados: Hugo Schrödter, *Vergleichende Darstellung des Rechts der Arrha (Draufgabe) nach dem gemeinen Recht und dem Bürgerlichen Gesetzbuche* (1899), 61 pp.; Berthold Vallentin, *Die Draufgabe des gemeinen Rechts. Der Draufgabe des Bürgerlichen Gesetzbuches/Ein Vergleichung des alten und des neuen Rechts* (1900), VI + 77 pp.; Walter Oberstadt, *Die Draufgabe/Nach Römischem und Gemeinem Rechte, sowie dem Rechte des Bürgerlichen Gesetzbuchs für das Deutsche Reich* (1903), 53 pp.; Wilhelm Kunze, *Das Wesen und die Bedeutung der arrhae des gemeinen Rechts im Verhältnis zu der Draufgabe des bürgerlichen Gesetzbuches, der Konventionalstrafe des gemeinen Rechts und der modernen Vertragsstrafe* (1904), VIII + 78 pp.; Ferdinand Gastreich, *Die Draufgabe und ihre historische Entwicklung/Eine Darstellung arrhalischer Rechtsformen in ihrer essentiellen und funktionellen Bedeutung nach altem und neuem Rechte* (1933), 72 pp..

[1833] Dispõe, na ortografia da época:

> Si la promesse de vendre a été faite avec des arrhes, chacun des contractans est maître de s'en départir.

[1834] Volker Rieble, no *Staudingers Kommentar* cit., § 336 (243-246); Peter Gottwald, no *Münchener Kommentar* cit., 2, 7.ª ed., § 336 (2313-2314).

[1835] Astrid Stadler, no *Jauernig Kommentar* cit., 15.ª ed., § 353 (501).

[1836] Guido Alpa/Giovanni Iudica, *Codice civile annotato* cit., 1496-1501.

ção (*recesso*), perdendo ou restituindo em dobro, conforme o caso; o *recesso* deve ser pactuado.

## 219. A experiência lusófona

I. No antigo Direito peninsular, o sinal tinha um sentido penitencial[1837]. A ideia passou às Ordenações. Cumpre ter presente que, à sua luz e tal como no Direito romano, a compra e venda tinha mera eficácia obrigacional: não transferia o domínio o qual só passava para o comprador através da entrega. Uma vez celebrada, a compra e venda era vinculativa, não sendo permitida a retratação[1838]. Esta era, todavia, possível desde que houvesse sinal[1839]: o sinal penitencial. Mas era possível um esquema diverso: se em vez do sinal ocorresse uma entrega em dinheiro "em parte de paga, ou em sinal e parte de paga", ficavam os "contratos de compra e venda mais perfeitos"[1840]: o arrependimento já não era possível, valendo o "sinal" como mera confirmação[1841]. Tudo dependia da vontade das partes, num sistema que se afigura flexível.

II. O Código de Seabra, por influência francesa, acolheu a compra e venda com eficácia real: a coisa comprada pertence ao comprador desde o momento em que o contrato for celebrado, ficando o vendedor com o direito ao preço (1549.º)[1842]. O sinal perdia o seu alcance. Ainda por influência napoleónica, o Código de Seabra acantonou-o na promessa de venda, muito parcimoniosamente tratada. Assim, segundo o seu artigo 1548.º, redação inicial[1843]:

> A simples promessa recíproca de compra e venda, sendo acompanhada de determinação de preço e de especificação de cousa, constitui uma mera convenção de prestação de facto, que será regulada nos termos geraes

[1837] Paulo Merêa, *A arra penitencial* cit., 37 ss. e 41 ss., debatendo as hipóteses das origens desta opção, anterior à receção do Direito romano.

[1838] *Ord. Fil.*, Liv. IV, Tít. II, proémio = ed. Gulbenkian, 779-780.

[1839] *Idem*, § 1.

[1840] *Idem*, § 3.

[1841] Coelho da Rocha, *Instituições de Direito civil* cit., § 740 (2, 511-512).

[1842] José Dias Ferreira, *Código civil annotado* cit., IV, 1.ª ed. (1875), 15 e III, 2.ª ed. (1898), 157.

[1843] *Idem*, IV, 1.ª ed., 10-15 e III, 2.ª ed., 154-157.

dos contractos; com a differença, porém, de que, se houver signal passado, a perda d'elle ou a sua restituição em dobro valerá como compensação de perdas e damnos.

III. Na preparação do Código de 1966, Vaz Serra, após um adequado estudo[1844], propôs um articulado circunstanciado[1845] que, de facto, acolhia um esquema de tipo italiano. Considerava, em face da entrega, por uma parte à outra, aquando da celebração de um contrato ou antes ou depois, que houve mera antecipação do cumprimento, a menos que das circunstâncias a entrega significasse arras ou sinal (648.º). Isto dito, as arras podiam ser confirmatórias, altura em que a execução era, não obstante, exigível (649.º). Mas podiam ser penitenciais, sendo o arrependimento possível, pela resolução e perdendo-se as arras ou restituindo-se em dobro, conforme o caso (650.º). No anteprojeto de Vaz Serra e à semelhança do que sucede no BGB e no Código italiano, o sinal ficava junto à cláusula penal.

IV. A primeira revisão ministerial simplificou a matéria[1846]: reduziu--a a dois artigos (399.º e 400.º) e conservou, somente, o sinal penitencial. Ressalvou-se, apenas, a hipótese de execução específica da promessa. Na segunda revisão ministerial, o sinal foi separado da cláusula penal[1847]. Além disso, previu-se uma regra específica para a promessa de compra e venda, desinserida do contexto. Passou na presumir-se que, nesta, toda a quantia entregue pelo promitente comprador tem a natureza de sinal. Este manteve, no essencial, uma feição penitencial. Uma solução que passou ao projeto[1848] e ao Código promulgado.

## 220. **O Código Civil**

I. O Código Civil, na sua versão original, dedicava, ao sinal, três preceitos:

[1844] Adriano Vaz Serra, *Resolução do contrato*, BMJ 68 (1957), 153-291 (258-277)

[1845] Adriano Vaz Serra, *Resolução do contrato* cit., 274-276; *idem*, *Direito das obrigações* cit., 531-532.

[1846] BMJ 119 (1962), 44.

[1847] Jacinto Rodrigues Bastos, *Das obrigações em geral* cit., 1, 131-137.

[1848] *Projecto de Código Civil* cit., 129.

440.º (antecipação do cumprimento): qualquer coisa entregue por um dos contraentes, na celebração ou em momento posterior, que coincida, no todo ou em parte, com prestação é havida como antecipação, total ou parcial, do cumprimento, salvo se as partes lhe atribuírem carácter de sinal.

441.º (contrato-promessa de compra e venda): presume-se que tal entrega tem natureza de sinal.

442.º (sinal): o sinal deve ser imputado no cumprimento ou restituído, se a imputação não for possível; se houver incumprimento, o sinal é perdido ou restituído em dobro, consoante essa eventualidade se deva ao *tranditens* ou ao *accipiens*; havendo sinal, os contraentes não podem exigir qualquer outra indemnização, salvo estipulação em contrário.

II. O sinal tinha um sentido penitencial, a menos que as partes acordassem noutra solução. O sistema só não era inteiramente claro, indo ao encontro da solução tradicional, porque o artigo 442.º/2 previa um incumprimento e não um direito de recesso. Tínhamos como que uma solução híbrida, em que o legislador optou por, num preceito, fundir os sinais confirmatório e penitencial[1849]. Antunes Varela vê, na solução do Código, um regime unitário, por oposição ao dualismo presente em Itália e na Alemanha[1850]. Calvão da Silva opta por um sinal de função dupla, à semelhança da que entende haver na cláusula penal: coerção e fixação prévia da indemnização[1851]. Nuno Pinto Oliveira distingue entre o sinal confirmatório com função indemnizatória e o sinal confirmatório com função compulsória[1852]. Pela nossa parte e mau grado o hibridismo da linguagem do Código, mantemos o sinal como originalmente penitencial. O sinal vinculístico, abaixo referido, tem natureza compulsória (1980), adquirindo uma dimensão indemnizatória com a reforma de 1986.

[1849] Ana Coimbra, *O sinal: contributo para o estudo do seu conceito e regime*, O Direito 122 (1990), 621-671 (666 ss.).

[1850] João Antunes Varela, *Das obrigações em geral* cit., 1, 10.ª ed., 313.

[1851] João Calvão da Silva, *Cumprimento e sanção pecuniária compulsória* cit., 301-302.

[1852] Nuno Manuel Pinto Oliveira, *Conceito e regime(s) do sinal*, em *Cláusulas acessórias ao contrato* cit., 3.ª ed., 189-222 (194 e *passim*) e *Ensaio sobre o sinal* (2008), 318 pp., 107 ss. e *passim*.

III. O sinal é muito praticado no domínio dos contratos-promessas e, em especial, no campo imobiliário. Em períodos de forte inflação, o sinal penitencial joga contra os adquirentes: passado algum tempo, vale a pena, ao promitente-vendedor, inadimplir o contrato, restituir o sinal em dobro e vender a um terceiro. A situação torna-se ainda mais gravosa em épocas de défices habitacionais, com uma permanente pressão do mercado para a alta dos preços. O legislador decidiu intervir, através do Decreto-Lei n.º 236/80, de 18 de julho, que alterou o regime do contrato-promessa e o do sinal (442.º), de modo a reforçar a posição dos adquirentes: é o sinal vinculístico. A intervenção não foi feliz, obrigando a nova alteração, desta feita pelo Decreto-Lei n.º 379/86, de 11 de novembro. Com isso, o tema do sinal no contrato-promessa tornou-se numa intrincada floresta. O presente *Tratado* ocupou-se do tema justamente a propósito do contrato-promessa. Para aí se remete[1853].

[1853] *Tratado* VII, 377 ss..

CAPÍTULO VIII

# A REALIZAÇÃO COATIVA DA PRESTAÇÃO

## § 50.º A AÇÃO DE CUMPRIMENTO E A EXECUÇÃO

### 221. O sistema do Código Civil

I. O vínculo obrigacional complexo representa um processo dinâmico destinado a concretizar a vantagem que ele representa para o credor, dentro dos parâmetros do sistema. O vínculo vai-se adaptando às diversas dificuldades que possam surgir, incluindo a mora. No limite, ele depara-se com a resistência, ativa ou passiva, do devedor. O Código Civil comporta uma secção III, no capítulo relativo ao cumprimento e ao não-cumprimento das obrigações e que tem o título sugestivo "realização coativa da prestação".

II. No antigo Direito romano, o devedor inadimplente era preso, em cárcere privado, no domicílio do credor. Falhando várias tentativas de o levar a solver o débito, de alguém o fazer por ele ou de o vender como escravo, restava infligir-lhe a morte. Para o efeito, era levado para fora da Cidade (*transtiberim*) e morto, *partes secanto*[1854]. Ao longo da História, este regime foi sendo suavizado. *A Lex Poetelia Papiris de nexis* pôs termo à morte e à escravatura do devedor. Conservou-se, porém, ao longo dos séculos, a prisão por dívidas não solvidas. No espaço lusófono, essa prática foi abolida pioneiramente pela Lei de 20-jun.-1774[1855]. Apenas ficaram alguns resquícios, suprimidos após 1974[1856].

[1854] *Lei das XII Tábuas*, III = Dieter Flach/Andreas Flach, *Das Zwölftafelgesetz/ /Leges XII tabularum* (2004), 70-75; com elementos: *Tratado* X, 51 ss..

[1855] Rui Manuel de Figueiredo Marcos, *A legislação pombalina/Alguns aspetos fundamentais* (1990), 148-149; *vide* as transcrições daquele diploma no *Tratado* X, 129.

[1856] Designadamente pelo Decreto-Lei n.º 368/77, de 3 de setembro.

III. A partir dessas bases, desenvolveu-se, ao longo dos séculos, um sistema de responsabilidade patrimonial. Com raízes na *bonorum venditio*[1857], a apreensão e a venda dos bens do devedor constituíam a forma mais civilizada de satisfazer o direito do credor, sem atuações desumanas. O património do devedor funciona como garantia geral dos credores, podendo ainda ser reforçada com garantias especiais. Toda essa matéria é objeto do X volume do *Tratado*, para onde se remete. A boa ordenação do presente IX volume requer, todavia, que a lógica do Código Civil seja explanada.

IV. Na secção relativa à realização coativa da prestação, o Código Civil trata, em duas subsecções, respetivamente a ação de cumprimento e execução (817.º a 826.º) e a execução específica (827.º a 830.º). A ação de cumprimento vem referida na 1.ª parte do artigo 817.º: o devedor pode, perante o não-cumprimento definitivo da obrigação, obter uma sentença que condene o devedor no seu acatamento. Essa condenação – possível, nos termos das leis de processo, para a eventualidade do não-cumprimento – tem duas consequências: (a) fixa, em definitivo, a prestação que cabe ao devedor; (b) confere força executiva à pretensão do credor.

## 222. A execução patrimonial

I. Obtida a condenação do devedor – ou independentemente dela, se houver título executivo – e, não obstante ele não cumprir, pode o credor recorrer à execução patrimonial. A ação executiva consta do Código de Processo Civil (artigos 712.º a 877.º). O Código Civil limita-se a referir alguns aspetos substantivos.

II. A execução recai, logicamente, sobre o património do devedor ou, mais precisamente, sobre os seus bens penhoráveis. A lei permite que ela incida sobre bens de terceiro, quando estejam adstritos à garantia do crédito ou quando tenha havido pauliana procedente (818.º).

A execução principia pela penhora, isto é, pela apreensão judicial de bens ou direitos, nos termos dos artigos 735.º e seguintes do Código de Processo Civil. Estando em causa coisas, ressalvadas as regras do registo, são inoponíveis à execução os atos de alienação de bens penhorados (819.º). No caso da penhora de créditos, essa mesma regra manifesta-se em que a

[1857] *Tratado* X, 53 ss..

sua extinção, dependente da vontade do executado ou do seu devedor, seja inoponível depois de ela ter ocorrido. Ela opera perante a liberação ou a cessão de rendas ou alugueres não-vencidos (820.º).

III. A penhora dá, ao exequente que a haja requerido, uma preferência na execução que cede apenas perante quem tenha uma garantia real mais antiga (822.º/1). Tendo havido arresto anterior, a anterioridade da penhora remonta à sua data (822.º/2). Na hipótese de perda, expropriação ou deterioração da coisa penhorada, há sub-rogação real: o exequente conserva, sobre os créditos ou indemnizações resultantes de tais ocorrências, o direito que tinha sobre a coisa (823.º).

IV. A venda em execução coloca algumas questões interessantes, que passamos a referir. Quando um bem seja vendido em execução, o adquirente não pode, logicamente, adquirir mais do que os direitos que o executado tinha sobre a coisa vendida (824.º/1). De outro modo, ele iria beneficiar de valores pertencentes a terceiros não-executados. Todavia, sabe-se que uma venda executiva é sempre feita em más condições. Quando, sobre a coisa, incidam direitos de garantia, se estes não desaparecessem, as condições seriam ainda piores, com danos para os credores e para o crédito em geral. Por isso, o artigo 824.º/2, primeira parte, dispõe que os bens são transmitidos livres de garantias. Quanto aos demais direitos reais, há que distinguir (824.º/2, meio):

- subsistem, mau grado a venda, os direitos reais que não sejam de garantia[1858] (portanto: os direitos reais de gozo e de aquisição), desde que tenham um registo anterior a qualquer arresto, penhora ou garantia;
- subsistem, igualmente, os direitos reais dessas mesmas categorias, que produzam efeitos relativamente a terceiros independentemente do registo, constituídos em data anterior à de qualquer arresto, penhora ou garantia;
- extinguem-se os restantes.

[1858] Assim, caduca o direito de retenção: REv 22-jan.-2004 (Fernando Bento), CJ XXIX (2004) 1, 242-244 (243-244); RLx 17-fev.-2004 (Abrantes Geraldes), CJ XXIX (2004) 1, 120-122 (122/I); STJ 13-set.-2007 (Santos Bernardino), Proc. 07B2256; STJ 8-out.-2013 (Azevedo Ramos), Proc. 10262/06. Mas atenção: caduca apenas o direito de retenção posterior à penhora ou à situação que a origine: *vide* o nosso *Da retenção do promitente na venda executiva*, ROA 1997, 547-563.

V. A lei não dispõe, salvo *a contrario sensu*, quanto aos direitos reais de aquisição. Tratando-se da preferência legal ou convencional com eficácia real –, opera o artigo 819.° do Código de Processo Civil: os preferentes são notificados do dia e hora em que as propostas relativas à venda executiva sejam abertas para exercerem, querendo, o seu direito (819.°/1 e 823.°, ambos do Código em causa). Não o exercendo ou não o exercendo seguindo os ditames legais, a preferência concreta caduca. Naturalmente: tratando-se de uma preferência que acompanhe um certo direito real, ela manifestar-se-á na próxima transmissão da coisa. A aplicação, por analogia, da caducidade da preferência aos demais direitos reais de aquisição[1859] deve ponderar esse aspeto.

Quanto ao arrendamento[1860]: a jurisprudência tem, maioritariamente, recusado que tenha natureza real[1861]. Todavia, a querela qualificativa subjacente não pode levar a regimes injustos ou a soluções inadequadas. Assim, a jurisprudência tem aplicado, ao arrendamento, o artigo 824.°/2 do Código Civil, por analogia[1862] ou diretamente[1863]: o arrendamento anterior à hipoteca a executar ou à penhora[1864] subsiste, enquanto o posterior caduca. Algumas espécies judiciais operam invocando o artigo 1057.°[1865]: mas este nunca poderia dar, ao arrendamento, uma oponibilidade maior do que a dos direitos reais de gozo, pelo que esse preceito não pretere direitos registados antes do arrendamento.

[1859] Decidida em STJ 29-nov.-2001 (Abel Ferrão), CJ/Supremo IX (2001) 3, 128--133 (132-133).

[1860] José Alberto Vieira, *Arrendamento de imóvel dado em garantia*, em Est. Inocêncio Galvão Telles 4 (2003), 437-450; Ana Carolina Sequeira, *A extinção dos direitos por venda executiva*, em Jorge Sinde Monteiro, *Garantia das obrigações* (2007), 7-49 (44-45).

[1861] *Tratado* VI, 2.ª ed., 580 ss., especialmente 606.

[1862] STJ 6-jul.-2000 (Torres Paulo), CJ/Supremo VIII (2000) 2, 150-152 (152/II) = = BMJ 499 (2000), 317-320 (320); RCb 14-nov.-2006 (Paulo Brandão), CJ XXXI (2006) 5, 24-25 (25/I); STJ 15-nov.-2007 (Pereira da Silva), Proc. 07B3456; RLx 30-abr.-2009 (Ana Luísa Geraldes), Proc. 6296/03; STJ 12-jun.-2012 (Hélder Roque), CJ/Supremo XX (2012) 2, 284/II (o sumário).

[1863] STJ 7-abr.-2005 (Pires da Rosa), CJ/Supremo XIII (2005) 2, 36-39 (38); RCb 21-out.-2008 (Hélder Roque), CJ XXXIII (2008) 4, 24-26; RCb 1-jun.-2010 (Manuel Capelo), Proc. 3624/05.

[1864] Apenas posterior à penhora, segundo STJ 20-set.-2005 (Reis Figueira), CJ/ /Supremo XIII (2005) 3, 29-33 (32) e RLx 16-set.-2008 (António Abrantes Geraldes), CJ XXXIII (2008) 4, 80-85 (84); mas não: a hipoteca registada antes do arrendamento prefere a este, quando se lhe atribua natureza real.

[1865] STJ 27-mar.-2007 (Moreira Alves), CJ/Supremo XV (2007) 1, 146-151 (150), com indicações.

Em qualquer caso, os direitos de terceiro que caduquem transferem-se para o produto da venda dos bens (824.º/3).

VI. Havendo venda executiva, pode a mesma, por lapso ou por erro, recair sobre coisa alheia, isto é, sobre algo que não pertença ao executado ou que, não pertencendo, também não deva responder pela dívida. Invalidar, em termos comuns, a venda iria enfraquecer a lógica executiva, com danos para as execuções futuras. Donde a solução do artigo 825.º, que estabelece um especial esquema de invalidade:

- o adquirente pode exigir que o preço lhe seja restituído por aqueles a quem o bem foi atribuído (825.º/1, 1.ª parte), preço esse que, em regra, será inferior ao valor da coisa;
- pode ainda exigir que os danos sejam reparados pelos credores e pelo executado que hajam procedido com culpa (825.º/1, meio);
- sendo aplicável o artigo 894.º, que dispõe sobre o risco e as flutuações de valores, no caso de restituição do preço por venda de bens alheios (825.º/1, *in fine*).

Pode, todavia, o adquirente conhecer a situação da alienidade dos bens executados, por o terceiro ter protestado pelo seu direito, no ato de venda ou anteriormente e ele conhecer o protesto. Nessa eventualidade, não lhe é lícito pedir a reparação dos danos, salvo se os credores ou o devedor se tiverem responsabilizado pela indemnização (825.º/2).

Finalmente: ao adquirente cabe, em alternativa, exercer contra o devedor, por sub-rogação, os direitos desses credores (825.º/3).

VII. As regras relativas à venda são aplicáveis, com as necessárias adaptações, à adjudicação e à remição (826.º): matéria versada nos artigos 799.º a 802.º e 842.º a 845.º do Código de Processo Civil, respetivamente.

## 223. A execução específica

I. No Direito romano clássico, o inadimplemento de uma obrigação conduzia, sempre, a uma condenação pecuniária[1866]. Recordamos Gaio[1867]:

[1866] Em especial: Reinhard Zimmermann, *The Law of Obligations* cit., 773-774; Max Kaser/Karl Hackl, *Das römische Zivilprozessrecht* cit., 2.ª ed., § 45, IV (316-317), com indicações; Max Kaser, *Das römische Privatrecht* cit., 1, 2.ª ed., § 117, I, 1 (499). ?? v. n. 1868

[1867] Gaio, *Institutiones* 4, 48 = ed. Ulrich Manthe cit., 346-347. Gaio prossegue que,

> Omnium autem formularum quae condemnationem habent ad pecuniariam aestimationem condemnatio concepta est. [Com efeito, a condenação assente nas fórmulas que preveem uma condenação são estimadas em dinheiro.]

No período pós-clássico, o desaparecimento do processo formulário e a manifestação de processos inflacionistas levaram ao surgimento de condenações em espécie. Com Justiniano, a regra é mais subtil[1868]:

> Curare autem debet iudex, ut omnimodo, quantum possibile ei sit, certae pecuniae vel rei sententiam ferat, etiam si de incerta quantitate apud eum actum est. [O juiz deve cuidar de, em todas as circunstâncias e quanto possível, condenar numa determinada soma em dinheiro ou numa coisa, mesmo quando tenha sido pedida uma prestação indeterminada.]

II. Ao longo da História, a possibilidade de condenar o devedor a executar uma concreta prestação, obrigando-o a isso, foi muito discutida[1869]. Com oscilações, caminhou-se de uma ideia de mera condenabilidade pecuniária para a de possíveis condenações em espécie. Todavia e mercê desta evolução, ainda hoje encontramos oscilações significativas nos diversos

mesmo quando pedida uma coisa, o juiz condena num valor e não na própria coisa, como sucedia antigamente.

[1868] I. 4.6.32 = Okko Behrends e outros, *Corpus iuris civilis/Die Institutionem* cit., 229; apoiamo-nos nesta edição bilingue, na tradução que figura no texto. Quanto ao Direito pós-clássico: Reinhard Zimmermann, *The Law of Obligations* cit., 772-773; Max Kaser, *Das römische Privatrecht* cit., 2, 2.ª ed., § 257, II, 1 (343-344).

[1869] Para além da citada obra de Reinhard Zimmermann, cabe referir, como atuais escritos de referência, Jan Hallenbeek/Harry Dondrory (publ.), *The Right to Specific Performance/The Historical Development* (2010), XI + 189 pp., com escritos de oito autores; Janwillem Oosterhuis, *Specific Performance in German, French and Dutch Law in the Nineteenth Century: Remedies in an Age of Fundamental Rights and Industrialisation* (2011), XXI + 635 pp., com especial relevo histórico e comparatístico, particularmente quanto aos Direitos francês (125 ss.), alemão (280 ss., 566 ss.) e holandês (323 ss.); Bernhard Freund, *Erfüllungszwang im Kaufrecht/Geschichte – Vergleich – Vereinheitlichung* (2015), 529 pp., com lata evolução histórica, desde a Babilónia à Idade Média (44-86), à *Common Law* (111 ss.), ao Direito comparado, envolvendo a experiência alemã, a "família" românica, a *Common Law* e outras, entre as quais a escandinava (133-340) e as tentativas de unificação (342 ss.). Quanto a artigos: Karin Nehlsen-von Stryk, *Grenzen des Rechtszwangs: Zur Geschichte der Naturalvollstreckung*, AcP 193 (1993), 529-555; Wilhelm Rütten, *Zur Entstehung des Erfüllungszwangs im Schuldverhältnis*, FS Joachim Gernhuber 70. (1993), 939-959.

Direitos. A *Common Law*, de princípio, só admitia condenações pecuniárias, numa rigidez corrigida, em certos casos, pela *Equity*. O Código Napoleão, no seu artigo 1142.º, dispunha[1870]:

> Toute obligation de faire ou de ne pas faire se résout en dommages et intérêts, en cas d'inexécution de la part du débiteur.

O BGB permite ao credor pedir, em indemnização, uma soma em dinheiro em vez da reposição (§ 249, II)[1871] enquanto o Código italiano (2058.º) faculta a reposição específica em vez da indemnização pecuniária[1872]. Os sistemas modernos acabam por convergir, em termos práticos. A evolução histórica mantém, contudo, a sua importância, para melhor se entenderem as atuais flutuações. O Código Civil representa, neste ponto como noutros, um epílogo feliz.

III. Na execução específica, o tribunal providencia diretamente a obtenção da prestação em falta. Diferencia-se da execução propriamente dita: esta opera pela entrega, ao credor, de dinheiro. O Código Civil refere três hipóteses básicas:

- prestação de *dare* ou de entrega de coisa certa: o credor pode requerer, em execução, que ela seja apreendida e que a entrega lhe seja feita (827.º); os moldes concretos desta operação constam dos artigos 859.º a 867.º do Código de Processo Civil;
- prestação de *facere* fungível, ou seja, de facto no qual o devedor possa ser substituído: o credor requer, sempre em execução, que a atuação devida seja feita por um terceiro, à custa do devedor (828.º); vejam-se os artigos 868.º a 875.º do Código de Processo Civil;
- prestação de *non facere* ou de omissão: caso o devedor pratique o ato vedado e este se concretize numa obra, a execução específica consiste na sua demolição, à custa do devedor (829.º/1); esse direito é substituído por uma indemnização se a demolição ocasionar um dano consideravelmente superior ao prejuízo sofrido pelo

[1870] J. A. Rogron, *Code civil expliqué* cit., 320/I; o 1142.º não tem correspondência exata na versão resultante da reforma de 2016; esta não influenciou, todavia, o Direito lusófono.

[1871] Nils Jansel, no HKK/BGB cit., II/1, 562 e 593 ss., em perspetiva histórica.

[1872] Guido Alpa/Giovanni Iudica, *Codice civile annotato* cit., 2570-2574.

credor (829.º/2); nos aspetos práticos: artigo 876.º do Código de Processo Civil.

IV. O Código Civil dedica um espaço considerável à execução específica do contrato-promessa (830.º). Desta feita, omitindo o devedor a celebração do contrato prometido, pode o credor obter uma sentença que produza os efeitos da declaração negocial do faltoso (830.º/1). A matéria surge a propósito do contrato-promessa: para aí se remete[1873].

V. Um pouco em desalinho, o Código Civil reporta, no artigo 829.º-A, a sanção pecuniária compulsória. Ela ocasiona questões próprias: consta da rubrica subsequente.

1873 *Tratado* VII, 403 ss..

## § 51.º A SANÇÃO PECUNIÁRIA COMPULSÓRIA

### 224. Generalidades; nota histórico-comparatística

I. Na subsecção relativa à realização coativa da prestação, o Código Civil, ainda que com uma colocação sistemática inadequada[1874], introduziu, através do Decreto-Lei n.º 262/83, de 16 de junho[1875], o instituto das sanções pecuniárias compulsórias (829.º-A). Elas correspondem às reflexões que seguem.

A responsabilidade do devedor pelo cumprimento das suas obrigações confina-se, hoje, à dimensão patrimonial. Com o seguinte alcance prático: não é possível reagir à recusa, do devedor, de cumprir as suas obrigações a não ser através da venda executiva dos seus bens, se os tiver suficientes. Vale o brocardo: *nemo praecise potest cogi ad factum*: ninguém pode ser obrigado a fazer algo[1876]. O credor fica especialmente inerme perante duas eventualidades:

- a das prestações não-fungíveis: apenas o devedor as pode concretizar e este recusa-se;
- a das prestações comuns: ambas admitam sucedâneos e comportam o funcionamento dos esquemas da penhora de bens e da execução patrimonial; mas elas podem ser proteladas pelo devedor, com

[1874] Deveria ter sido colocado após o artigo 817.º, pois tem a ver com a execução coativa e não com a execução específica: João Calvão da Silva, *Sanção pecuniária compulsória (artigo 829.º-A do Código Civil)*, BMJ 359 (1986), 39-126 (67).

[1875] DR I, n.º 136, de 16-jun.-1983, 2131-2133 (2132/II).

[1876] Quanto ao brocardo, à sua origem, aos seus sortilégios e à sua evolução *vide* João Calvão da Silva, *Cumprimento e sanção pecuniária compulsória* cit., 215-226 e Pedro de Albuquerque, *O direito ao cumprimento da prestação de facto, o dever de a cumprir e o princípio* nemo ad factum cogi potest/*Providência cautelar, sanção pecuniária compulsória e caução*, ROA 2005, 435-485 = Est. Ruy de Albuquerque 2 (2006), 499-540 (501 ss.); cita-se por este último local.

danos acrescidos para o credor; esse protelamento é especialmente chocante quando o devedor tenha meios para solver os seus débitos e se recuse a fazê-lo.

Uma técnica possível para ultrapassar o problema, sem regressar à responsabilidade pessoal das XII Tábuas, reside nas sanções pecuniárias compulsórias. Vamos ver como elas se desenvolveram, numa breve nota histórico-comparatística[1877].

II. A experiência mais característica, que influenciou decisivamente o legislador de 1983, foi a francesa das *astreintes*.

O termo *astreinte* vem do latim *adstringo*, adstringir, amarrar, constrangir[1878]. No Direito francês, *astreinte* corresponde a uma condenação pecuniária, decretada a tanto por dia e destinada a levar o devedor à execução de uma prestação de facto, pela ameaça de uma pena capaz de crescer indefinidamente[1879]. As condenações cominatórias tinham, em França, tradições que remontam ao século XIII e, mais longe, ao Direito romano[1880]. Após a publicação dos Códigos Napoleónicos, a tradição foi mantida: mau grado a falta de base legal, logo em 1809 e em 1811 registaram-se condenações compulsórias[1881]. A CssFr, em 29-jun.-1834, confirmou a figura das

[1877] A obra de referência é a já cit. de João Calvão da Silva, *Cumprimento e sanção pecuniária compulsória*, 348 (n.º 97 ss.), com muitas indicações. Alguns elementos constam da nossa anot. a STJ 4-nov.-1998 (sem ind. relator), ROA 1998, 1209-1216, *idem*, 1217-1232 (1223 ss.).

[1878] *Adstringo*, *adstringere*, *adstrictum* deriva, por seu turno, de *stringo*, *stringere*, *strictum*, apertar, na origem a azeitona, para fazer azeite. Recorde-se o português "estrito". O francês *astreinte* não pertence à linguagem corrente: é puramente jurídico; *vide* Jacques Berryer, *Des astreintes* (1903), 224 pp., 1.

[1879] Marcel Planiol, *Traité de droit civil* 2, 3.ª ed. (1903), n.º 208 (73-74).

[1880] *Vide*, com indicações, Adhémar Esmein, *L'origine et la logique de la jurisprudence en matière d'astreintes*, RTDC 1903, 5-53 (7 ss.); Marcel Planiol, *Traité de droit civil* cit., 2, 3.ª ed., 74, nota 3; Claudia Klinker, *Die astreinte im französische Zivilrecht* (2002), XVII + 140 pp., 10 ss..

[1881] *Vide* D. Dalloz/Armand Dalloz, *Jurisprudence générale/Répertoire methodique et alphabétique de legislation, de doctrine et de jurisprudence*, VIII (1847), *Chose jugée*, n.º 384-391 (381-388), com outras decisões antigas.

*astreintes*[1882], mantida, ao longo do século XIX[1883]. Carecida de apoio na lei, ela foi muito criticada pela doutrina e, designadamente, pelos civilistas clássicos Demolombe (1804-1887)[1884], Aubry (1803-1883) e Rau (1803-1877)[1885], Laurent (1810-1887)[1886], Huc (1829-1906)[1887] e Baudry-Lacantinerie (1837-1913) e Barde (1852-1932)[1888]. Também as monografias foram hostis às *astreintes*[1889]. A jurisprudência manteve-se, todavia, firme, com exemplos em CssFr 7-nov.-1888[1890], CssFr 20-mar.-1889[1891] (que introduziu a expressão *astreinte*) e CssFr 23-nov.-1889[1892]. A doutrina, mormente após o escrito de Esmein (1903)[1893], veio a afeiçoar-se a uma criação jurisprudencial que mostrava grande utilidade e que poderia ter apoio no (então) artigo 1036.º do Código de Processo Civil, o qual permitia ao juiz decidir injun-

[1882] CssFr 29-jan.-1834, S 1834, 1, 129-133 = JP 1834, 99-103 (103): condenação numa "indemnização" diária até restituir um objeto de que o réu se apoderou por "meios indelicados"; jurisprudência anterior pode ser confrontada em Planiol, *Traité de droit civil* cit., 2, 3.ª ed., n.º 209 (75); algumas decisões ulteriores constam de Jacques Berryer, *Des astreintes* cit., 21 ss..

[1883] CssFr 26-jul.-1854, S 1855, 1, 33-36 (35) = Henri Capitant/François Terré/Yves Lequette/François Chénedé, *Les grands arrêts de la jurisprudence civile* 2, 13.ª ed. (2015), 560-561: condenação a restituir um objeto, com uma *astreinte* de cinco francos por dia, até à entrega; CssFr 25-mar.-1857, D 1857, 1, 213-214 = S 1857, 1, 267-270.

[1884] Charles Demolombe, *Cours de Code Napoléon* 24 (1868), n.º 494-495 (487--491), abrindo, todavia, a porta a sanções puramente indemnizatórias.

[1885] Charles Aubry/Charles-Fredéric Rau, *Cours de droit civil français d'après la méthode de Zacharie* 4, 4.ª ed. (1871), 783 pp., § 299, 4 (41).

[1886] Fernand Laurent, *Principes de droit civil français* XVI (1878), n.º 301 (359--360), exprimindo dúvidas sobre a regularidade das sanções.

[1887] Théophile Huc, *Commentaire théorique et pratique du Code Civil* VII (1894), n.º 136 (193-194) e n.º 145 (205).

[1888] Gabriel Baudry-Lacantinerie/Louis Barde, *Traité théorique et pratique de droit civil*, XII – *Des obligations* 1, 3.ª ed. (1906), n.º 479 (506-507).

[1889] Jacques Berryer, *Des astreintes* cit., 140 ss.; diz, a p. 183:

> Julgamos assim ter demonstrado que o procedimento de *astreinte* é profundamente ilegal, no estado atual da nossa legislação. E isso porque ele está em contradição flagrante com os princípios que são a própria base do nosso Direito.

[1890] CssFr 7-nov.-1888, D 1889, 1, 259-262 (261-262).

[1891] CssFr 20-mar.-1889, D 1889, 1, 382-383 (383/I).

[1892] CssFr 23-nov.-1889, D 1891, 1, 31-32 (32/II), com interessante anotação. Diversos elementos podem ser confrontados em Henri Capitant e outros, *Les grands arrêts* cit., 2, 13.ª ed., n.º 249-250, 562-566.

[1893] Adhémar Esmein, *L'origine*, já cit.; Baudry-Lacantinerie/Barde, no *Traité* cit., XII, 3.ª ed., n.º 479 bis (507-509), ainda hesitam, na sua posição crítica, perante o escrito de Esmein: mas conservam a opção negativa anterior.

ções: assim Planiol (1853-1931)[1894] e Josserand (1868-1941)[1895]. No final do século XIX e ao longo da primeira metade do século XX, as *astreintes* foram, em França, objeto de algumas dezenas de monografias[1896]. O artigo de Esmein[1897] foi importante, particularmente na sua legitimação histórica, cabendo ainda referir o escrito, muito citado, de Kayser[1898].

Após muitas décadas de funcionamento jurisprudencial, as *astreintes* foram consagradas formalmente pela Lei de 5-jul.-1972, relativa a uma reforma do processo civil. Substituída pela Lei de 9-jul.-1991 e pelo decreto de 31-jul.-1992, a matéria das *astreintes* está hoje integrada no Código dos Processos Civis de Execução, artigos L. 131-1 a L. 131-4 e R. 131-1 a R. 131-4[1899]. À medida que se consolidam as referências legais, as *astreintes* perderam espaço nas obras gerais de obrigações e nas controvérsias que atravessem a matéria[1900]. Elas têm um relativamente recente acolhimento na Bélgica[1901], tendo sido levadas, em 1980, ao *Code Judiciaire*[1902].

[1894] Marcel Planiol, *Traité de droit civil* cit., 2, 3.ª ed., n.º 210 (75), com indicações e Marcel Planiol/Georges Ripert/Paul Esmein, *Traité pratique de droit civil français*, VII, *Obligations*, 2, 2.ª ed. (1954), n.º 787-795 *quinques* (97-118), especialmente n.º 795 (111--112); *vide* Claudia Klinker, *Die astreinte im französische Zivilrecht* cit., 33 ss..

[1895] Louis Josserand, *Cours de Droit civil positif français* II, 2.ª ed. (1933), n.º 600 (328-329).

[1896] *Vide* algumas referências em João Calvão da Silva, *Cumprimento e sanção pecuniária compulsória* cit., 378, nota 681. O interesse pelo tema ultrapassou as fronteiras francesas: Volker Drabe, *Die Naturalerfüllung im französischen Recht mit Hilfe der "astreinte"* (1968), 117 pp..

[1897] Adhémar Esmein, *L'origine et la logique de la jurisprudence en matière d'astreintes* cit., *passim*.

[1898] Pierre Kayser, *L'astreinte judiciaire et la responsabilité civile*, RTDC 1953, 209-246, com indicações jurisprudenciais (216 ss.) e com a análise da sua natureza jurídica (241 ss.).

[1899] François Terré/Philippe Simler/Yves Lequette, *Droit civil/Les obligations* cit., 11.ª ed., n.º 1121 (1167); Henri Capitant e outros, *Les grands arrêts* cit., 2, 13.ª ed., 564--565; Claudia Klinker, *Die astreinte im französische Zivilrecht* cit., 51 ss. e 85 ss., quanto às leis de 1972 e de 1991/2, respetivamente.

[1900] Philippe Malinvaud/Dominique Fenouillet/Mustapha Mekki, *Droit des obligations*, 13.ª ed. (2014), n.º 888-890 (713-716); Philippe Malaurie/Laurent Aynès/Philippe Stoffel-Munck, *Droit des obligations*, 7.ª ed. (2015), n.º 1132-1135 (629-631); Bertrand Fages, *Droit des obligations*, 5.ª ed. (2015), n.º 288 (243-244); o confronto da bibliografia geral mostra que, à medida que as *astreintes* se normalizam como instituto processual consagrado na lei, os desenvolvimentos a seu respeito surgem mais sintéticos.

[1901] Jacques van Compernolle/George de Laval, *L'astreinte*, 3.ª ed. (2013), 102 pp., 30 ss.; a Convenção do Benelux foi decisiva.

[1902] *Idem*, 101-102, com os textos legais relevantes. Anteriormente, a jurispru-

A *astreinte* pode ser decidida de ofício pelo juiz (L. 131-1 do *Code de Procédures d'Éxécution*)[1903]. Ela pode reportar-se a qualquer tipo de obrigação, incluindo débitos do Estado, no campo administrativo[1904]. Não opera, contudo, no campo de obrigações muito pessoais, como uma perícia sanguínea, uma obrigação de *striptease* ou o dever de co-habitação dos cônjuges[1905] ou no de obrigações morais artísticas ou de autor[1906]. Não têm, em si, um sentido ressarcitório[1907].

A lei distingue, ainda, as *astreintes* provisórias e definitivas: as primeiras, ao contrário das segundas, podem ainda ser alteradas pelo juiz que as tenha pronunciado.

III. O Direito alemão seguiu uma via diversa. Segundo o § 888 do Código de Processo Civil, conhecido pela sigla ZPO, de *Zivilprozessordnung*[1908]:

> Quando um ato não possa ser realizado por terceiro e dependa exclusivamente da vontade do devedor, deve o tribunal de primeira instância, a pedido do credor, declarar que o devedor é obrigado ao cumprimento do ato, sob cominação do pagamento de uma coima em dinheiro (*Zwangsgeld*) (...)

dência belga, ao contrário da francesa, recusou o acolhimento das *astreintes*; *vide* Simone David-Constant, *La fin d'une disgrace: l'avènement de l'astreinte en Droit Belge*, Et. Alex Weill (1983), 187-197 (186).

[1903] Ludovic Lauvergnat/Loïs Raschel (com.), *Code de procédures d'éxécution* (2017), XLII + 1120 pp., 51-61 e 207-208, respetivamente, com indicações.

[1904] *Vide* as obras citadas na penúltima nota.

[1905] Terré/Simler/Lequette, *Droit civil/Les obligations* cit., 11.ª ed., n.º 1123 (1170, nota 3), com indicações jurisprudenciais.

[1906] *Idem*, nota 4.

[1907] Pierre Raynaud, *La distinction de l'astreinte et des dommages intérêts dans la jurisprudence française récente*, Mel. Roger Secrétan (1964), 249-263.

[1908] Kurt Stöber, em Richard Zöller, *Zivilprozessordnung Kommentar*, 30.ª ed. (2014), § 888 (2161-2167); Rolf Lackmann, em Hans-Joachim Musielak/Wolfgang Voit, *Zivilprozessordnung mit Gerichtsverfassungsgesetz*, 12.ª ed. (2015), § 888 (2477-2481); Adolf Baumbach/Wolfgang Lauterbach, *Zivilprozessordnung*, 73.ª ed. (2015), § 888 (2566-2570).

A regra é tomada como uma pena fora do Código Penal, tanto mais que a sua segunda parte prevê a prisão compulsória[1909]. O seu sentido processual é enfocado[1910], ainda que conduza a consequências substanciais[1911].

Também no Direito inglês ocorrem hipóteses de compulsão judicial, através da figura do *contempt of Court*[1912].

## 225. Calvão da Silva; o Decreto-Lei n.º 262/83, de 16 de junho

I. Entre nós, o modelo das *astreintes* foi acolhido através da reforma de 1983. Anteriormente, elas haviam sido divulgadas por Vaz Serra, no âmbito dos estudos preparatórios do Código Civil[1913]. Este Autor chegou mesmo a propor a figura da "condenação como meio compulsório do cumprimento"[1914]: mas não teve êxito nas revisões ministeriais, levadas a cabo sob a orientação de Antunes Varela. Subsequentemente, ela foi defendida, *de iure condendo*, por Carlos Mota Pinto[1915]: considerava ele que a sua ausência, no Direito português, ocasionava uma lacuna. O próprio Mota Pinto, em coautoria com Calvão da Silva, foi autor de um estudo preparatório, que subjaz à reforma[1916]. A este último Autor deve-se a dogmática lusófona das sanções pecuniárias compulsórias.

[1909] Erich Göhler, *Das Einführungsgesetz zum Strafgesetzbuch*, NJW 1974, 825-836 (826/I).

[1910] Burkhard Guntau, *Fälle zum Vollstreckungsrecht nach §§ 887-890 ZPO*, JuS 1983, 782-784 (782-783).

[1911] A matéria é tratada, em regra, nos manuais de processo executivo; surge aludida nos restantes; assim, Rosenberg/Schwab/Gottwald, *Zivilprozessrecht*, 16.ª ed. (2004), 160 e *passim*.

[1912] *Vide* Calvão da Silva, *Cumprimento e sanção pecuniária compulsória* cit., 355 ss. e Pedro de Albuquerque, *O direito ao cumprimento da prestação de facto* cit., 518-519.

[1913] Adriano Vaz Serra, *Responsabilidade patrimonial*, BMJ 75 (1958), 5-410 (20 ss.).

[1914] *Idem*, 393-394.

[1915] Carlos Mota Pinto, *Direito das obrigações* 1 (1972), 134-135 (n.º 13.4.2, III) e *Teoria geral do Direito civil*, 2.ª ed. (1983), 183, nota 2 e 3.ª ed. (1985), 185, nota 2, referindo a opção constante da anterior 2.ª ed. anterior à reforma. O desenvolvimento já não consta da 4.ª ed., de 2005.

[1916] João Calvão da Silva, *Cumprimento e sanção pecuniária compulsória* cit., 327, nota 635 e *Sanção pecuniária compulsória/Artigo 829.º-A do Código Civil*, BMJ 359 (1986), 39-126 (41).

II. O preâmbulo do Decreto-Lei n.º 262/83, de 16 de junho, contém elementos significativos. Assim, lê-se no seu n.º 5:

> 5. Autêntica inovação, entre nós, constituem as sanções compulsórias reguladas no artigo 829.º-A, Inspira-se a do n,º 1 desse preceito no modelo francês das *astreintes*, sem todavia menosprezar alguns contributos de outras ordens jurídicas; ficando-se pela coerção patrimonial, evitou-se contudo atribuir-se-lhe um carácter de coerção pessoal (prisão) que poderia ser discutível face às garantias constitucionais.

E prossegue:

> A sanção pecuniária compulsória visa, em suma, uma dupla finalidade de moralidade e de eficácia, pois com ela se reforça a soberania dos tribunais, o respeito pelas suas decisões e o prestígio da justiça, enquanto por outro lado se favorece a execução específica das obrigações de prestação de facto ou de abstenção infungíveis.

Remata:

> Quando se trate de obrigações ou de simples pagamentos a efectuar em dinheiro corrente, a sanção compulsória – no pressuposto de que possa versar sobre quantia certa e determinada e, também, a partir de uma data exacta (a do trânsito em julgado) – poderá funcionar automaticamente. Adopta-se, pois, um modelo diverso para esses casos, muito similar à presunção adoptada já pelo legislador em matéria de juros, inclusive moratórias, das obrigações pecuniárias, com vantagens de segurança e certeza para o comércio jurídico.

III. Nesta sequência, foi introduzido no Código Civil e, mais precisamente, na subsecção II, relativa à execução específica, da secção III – Realização coativa da prestação, do capítulo atinente ao cumprimento e não cumprimento das obrigações, um novo artigo – o 829.º-A[1917] – assim redigido:

> 1. Nas obrigações de prestação de facto infungível, positivo ou negativo, salvo nas que exigem especiais qualidades científicas ou artísticas do

[1917] *Vide* a análise de Pedro de Albuquerque, *O direito ao cumprimento da prestação de facto* cit., 520-524.

> obrigado, o tribunal deve, a requerimento do credor, condenar o devedor ao pagamento de uma quantia pecuniária por cada dia de atraso no cumprimento ou por cada infracção, conforme for mais conveniente às circunstâncias do caso.
>
> 2. A sanção pecuniária compulsória prevista no número anterior será fixada segundo critérios de razoabilidade, sem prejuízo da indemnização a que houver lugar.
>
> 3. O montante da sanção pecuniária compulsória destina-se, em partes iguais, ao credor e ao Estado.
>
> 4. Quando for estipulado ou judicialmente determinado qualquer pagamento em dinheiro corrente, são automaticamente devidos juros à taxa de 5% ao ano, desde a data em que a sentença de condenação transitar em julgado, os quais acrescerão aos juros de mora, se estes forem também devidos, ou à indemnização a que houver lugar.

Esta iniciativa legislativa foi considerada, por Antunes Varela, não como uma "inovação", mas como uma "verdadeira derrogação" do Direito anterior[1918]. A ideia de uma coerção direta sobre o devedor seria estranha ao Código Civil. Na verdade, a sanção pecuniária compulsória traduz uma medida muito delicada. Basta uma distração do devedor (normalmente: do seu advogado) para que, ao fim de algum tempo, se acumule uma condenação muito considerável.

## 226. A sanção a aplicar pelo Tribunal

I. As sanções pecuniárias compulsórias comportam, no Direito português vigente, uma classificação básica: a que distingue as sanções a aplicar pelo Tribunal (829.º-A/1, 2 e 3) das sanções automáticas (829.º-A/4).

As sanções a aplicar pelo Tribunal reportam-se a prestações de facto não fungível, positivo ou negativo (829.º-A/1). Na verdade, nas obrigações de *dare*, cabe a apreensão judicial do bem, com a sua entrega ao credor, enquanto nas de *facere* fungíveis, há lugar à prestação por terceiro, à custa do inadimplente.

II. O artigo 829.º-A/1 exceciona os casos em que a prestação envolva especiais qualidades científicas ou artísticas. Com isso, o legislador visou

[1918] Pires de Lima/Antunes Varela, *Código Civil Anotado* cit., II, 4.ª ed., 102.

corresponder à crítica de que certas prestações, pela sua natureza, são incoercíveis: a sua própria qualidade poderia ser atingida. Mau grado esta precaução, Antunes Varela, que já havia obstado à consagração das sanções compulsórias na versão original do Código Civil, tomou posição contrária à reforma[1919] embora, depois, tenha vindo a suavizar a sua opção[1920].

III. No caso das prestações de facto não-fungível, a sanção pecuniária compulsória tem o perfil seguinte:

- depende dessa não-fungibilidade;
- opera a requerimento do credor;
- por decisão do Tribunal;
- é fixada segundo critérios de razoabilidade.

Relativamente a este tipo de sanções compulsórias, fica a dúvida quanto a saber se podem operar na fase executiva. De facto, a lei apela para "critérios de razoabilidade": estes postulam uma ponderação de elementos que, em regra, apenas em juízo declarativo podem ocorrer. Além disso, não são retroativas, isto é, não operam antes do trânsito da sentença que as determine[1921]. Mas um título executivo deve ser respeitado, sob pena de perder alcance prático.

O Supremo, em 19-abr.-2001, veio entender que, perante a prestação de facto, a sanção pecuniária compulsória pode ser requerida em processo executivo[1922].

IV. A questão está hoje resolvida, no sentido de se poder requerer, no processo executivo, a condenação do devedor inadimplente em sanções pecuniárias compulsórias. Com efeito, a reforma de 1995/1996 introduziu, no artigo 933.º/1 do Código de Processo Civil, uma redação ambígua: refe-

[1919] Pires de Lima/Antunes Varela, *Código Civil Anotado*, II, 2.ª ed. (1986), 106 e 4.ª ed. (1997), 105.

[1920] João Antunes Varela, anot. a STJ 5-nov.-1983, RLJ 121 (1988), 216-224 (219-220), designadamente quanto ao n.º 4.

[1921] Nesse sentido foi a nossa anotação a STJ 4-nov.-1998 cit., ROA 1998, 1231-1232, bem como João Calvão da Silva, *Processo executivo e sanção pecuniária compulsória/Parecer*, O Direito 127 (1995), 243-253 (247).

[1922] STJ 19-abr.-2001 (Dionísio Correia), RLJ 134 (2001), 40-43 (43/I), referindo a jurisprudência em contrário; *vide* a anot. de João Calvão da Silva, RLJ 134 (2001), 43-64 (58 ss.); ainda no bom sentido, RLx 22-mai.-2013 (Alcina da Costa Ribeiro), Proc. 104/06.

ria "quantia eventualmente devida a título de sanção pecuniária compulsória", ficando sem se saber se ela não pressuporia uma anterior condenação, na fase declarativa. A reforma introduzida pelo Decreto-Lei n.º 38/2003, de 8 de março, veio remover quaisquer dúvidas: é possível, na fase executiva, pedir a condenação nas sanções compulsórias[1923]. No Código de Processo Civil de 2013, a regra consta do artigo 868.º/1.

Pela nossa parte, não oferece dúvidas a natureza interpretativa daquela nova redação. De facto, ela veio fixar um sentido já comportado e já defendido no âmbito da lei anterior. Tem eficácia retroativa, nos termos do artigo 13.º/1, do Código Civil.

## 227. A sanção automática: *ratio legis* e justificação atual

I. A segunda modalidade de sanção pecuniária compulsória resulta do artigo 829.º-A/4[1924]:

- pressupõe uma prestação pecuniária;
- opera automaticamente;
- é fixada em 5% do valor em dívida.

II. Esta regra surgiu no contexto da inflação dos anos oitenta do século XX. Tal inflação, que ultrapassou os 20%, tornava lucrativo o não-pagamento ilícito: o devedor inadimplente conseguia facilmente colocações que lhe permitiam pagar os juros de mora e, ainda, conservar algum lucro. O "suplemento" compulsório, que reverteria, todo ele, para o credor[1925], visava desincentivar essa prática.

III. Pergunta-se se, hoje, não haverá razões de fundo para limitar, quanto possível, a interpretação desse preceito. Afinal, as taxas de inflação são bem mais modestas.

[1923] A matéria pode ser seguida, entre outros, em José Lebre de Freitas/Armindo Ribeiro Mendes, *Código de Processo Civil Anotado* (2003), 933.º, anot. 3 (658-659). Todavia e surpreendentemente, surgiu um acórdão em sentido contrário: RLx 12-mai.-2016 (Ilídio Sacarrão Martins), Proc. 1515/14.

[1924] João Calvão da Silva, *Cumprimento e sanção pecuniária compulsória* (1997), 456-457. *Vide* STA 15-mai.-2009 (Adérito Santos), Proc. 0833/07.

[1925] *Idem*, 458.

Não é assim: outras ocorrências levam a que a solução da sanção automática se mantenha atual[1926]. Temos em mente o problema grave posto pelo atraso sistemático de muitos devedores, no pagamento das suas dívidas, particularmente nos países do Sul da Europa. Seguiram-se iniciativas comunitárias, tendentes a tutelar o crédito, com relevo para a Diretriz 2011/7, de 16 de fevereiro. Foi transposta pelo Decreto-Lei n.º 62/2013, de 10 de maio[1927]. O sistema mantém, neste momento, uma pressão sobre os inadimplementos. O artigo 829.º-A/4 é justificado.

IV. Pergunta-se, agora, se as sanções compulsórias automáticas são devidas, apenas, nos casos em que exista uma condenação judicial prévia, isto é: naqueles em que o título executivo seja constituído por uma sentença judicial.

Uma leitura apressada e puramente literal do artigo 829.º-A/4, do Código Civil, designadamente do troço onde se diz (...) *desde a data em que a sentença de condenação transitar em julgado* (...) levaria a pensar que apenas a sentença judicial de condenação poderia fundar a condenação automática nos juros de 5%, aqui em causa.

V. Este preceito foi, todavia, revogado pelo artigo 933.º/1 – hoje, 868.º/1 –, do Código de Processo Civil, na reforma de 2003 e na parte em que permite, no seu final, a fixação da sanção no processo executivo. Recordamos que esta reforma teve alcance interpretativo: nenhuma razão existe para não a aplicar, também, no caso do artigo 829.º-A/4. Além disso, se bem atentarmos na sua letra, ele refere que a sanção *é devida desde a data* e não *é devida quando haja sentença*. A sentença marca o momento de vencimento ou exigibilidade forte da sanção e não a sua ocorrência, no plano ontológico.

VI. Vamos atentar nas valorações subjacentes. Estas depõem no sentido da aplicação da sanção automática "dos 5%", aos devedores visados por títulos executivos extrajudiciais, desde o momento em que, na ação executiva, essa condenação seja pedida. Temos três razões ponderosas nesse sentido:

(a) a não-discriminação dos títulos extrajudiciais;
(b) a inutilidade de executar um juízo condenatório preliminar;

[1926] Quanto à aplicação automática, como exemplos: STJ 12-set.-2006 (Azevedo Ramos), Proc. 06A2302; RLx 9-fev.-2012 (Ferreira Marques), Proc. 3716/10; STJ 12-abr.-2012 (Pinto Hespanhol), Proc. 176/1998.

[1927] *Direito comercial*, 4.ª ed. (2016), 580 ss..

(c) as valorações de fundo que determinaram a intervenção europeia e nacional contra as demoras nos pagamentos.

Vamos ponderar, ainda que de modo conciso, cada um desses pontos.

VII. O artigo 703.º do Código de Processo Civil (ex-46.º, na redação dada pelo Decreto-Lei n.º 329-A/95, de 12 de dezembro), alinha, no seu n.º 1, os diversos títulos executivos. Os preceitos subsequentes tratam os concretos requisitos da exequibilidade de cada um deles. Afigura-se insofismável que, nos diversos casos, o legislador tomou as precauções necessárias para que tais títulos fossem, *realmente*, executivos. Nada deixa supor que existam títulos de "primeira" e de "segunda": teríamos uma fonte de incertezas e de não-eficiência, numa área sensível para o dinamismo e para a segurança. Afigura-se, deste modo, que todos os títulos executivos têm igual idoneidade. A todos se estende o "reforço" do artigo 829.º-A/4.

A assim não ser, o beneficiário de um título executivo que pretendesse a aplicação automática do artigo 829.º-A/4 teria, não obstante o "automatismo" legal, de intentar uma ação declarativa de condenação que viesse, afinal, repetir o que o título já dizia. Pura inutilidade que iria, sem vantagens nem glórias, sobrecarregar o Tribunal, o exequente e o próprio executado.

Por fim: recordámos como o Direito europeu e o Direito nacional intentam reagir contra os atrasos nos pagamentos. Pois bem: a aplicação do artigo 829.º-A/4 vai, justamente, ao encontro dessa preocupação, dando-lhe uma área de concretização ajustada.

VIII. Haverá perigos para o executado? Não vemos que sejam diversos dos que decorrem de qualquer execução. O executado é citado e pode defender-se, designadamente por embargos e, aí, contestar qualquer sanção pecuniária compulsória que entenda não-devida.

Em suma: o artigo 829.º-A/4, do Código Civil, aplica-se, por interpretação extensiva (ou por analogia, se fosse necessário), aos títulos executivos extrajudiciais, desde o momento da citação para a execução.

## 228. Aplicação prática

I. Alguns aspetos práticos relativos à sanção pecuniária compulsória podem ser esclarecidos com recurso à jurisprudência.

Desde logo, fica claro que ela não tem efeitos ressarcitórios ou compensatórios: visa incentivar o cumprimento e o reforço do sistema judicial[1928], vencendo a oposição ou a indiferença do devedor[1929]. Assim, ela deve ser fixada um pouco acima da capacidade patrimonial do devedor, para ser eficaz[1930]. A sanção não funciona perante prestações que possam ser executadas por terceiros, isto é, que sejam não-fungíveis[1931]. Já se entendeu que não opera em face de obrigações de entrega de coisa[1932]; parece, contudo, que quando apenas o devedor possa fazer a entrega, uma mera interpretação extensiva permite a sanção, o que representa, no terreno, uma vantagem para todos[1933].

II. Na prática, para além dos casos de sanção automática, acima referidos[1934], a sanção pecuniária compulsória é aplicada:

– à obrigação de não fazer ruído, até que ele cesse[1935];
– à obrigação de reintegrar um trabalhador[1936].

Entendeu-se que não funcionaria perante prestações de facto que possam ser executadas por terceiros, como a conclusão da contabilidade de uma empresa[1937]: uma solução muito restritiva, uma vez que o contabilista tem elementos que dificilmente podem ser assumidos por quem o substitua, relativamente ao exercício em causa. Apesar de as sanções pecuniárias compulsórias serem delicadas, não há que exagerar na não-fungibilidade: em rigor, tudo pode ser feito por terceiros, ainda que com custos exorbitantes e em condições inadequadas.

[1928] RPt 8-jun.-2009 (Paula Leal de Carvalho), Proc. 435/06.

[1929] STJ 15-mar.-2012 (Fernandes da Silva), Proc. 554/07; RLx 12-mar.-2015 (Eduardo Azevedo), Proc. 1405/12.

[1930] REv 29-mar.-2007 (Mário Mendes Serrano), Proc. 499/07.

[1931] RCb 9-fev.-2010 (Falcão Magalhães), Proc. 1506/03.

[1932] RLx 15-dez.-2011 (Luís Lameiras), Proc. 6172/10.

[1933] No bom sentido: RLx 18-jun.-2013 (Maria do Rosário Morgado), Proc. 6687.09; a sanção pecuniária compulsória é, ainda, decisiva para executar uma sentença de restituição de posse, em caso de esbulho.

[1934] *Supra*, 528 ss..

[1935] RPt 12-jan.-2010 (José Carvalho), Proc. 1000/06.

[1936] STJ 15-mar.-2012 (Fernandes da Silva), Proc. 554/07; RLx 20-abr.-2016 (Alves Duarte), Proc. 99/12.

[1937] RCb 1-fev.-2011 (Carlos Querido), CJ XXXVI (2011) 1, 19-22 (22/I); RLx 25-out.-2016 (Rijo Ferreira), Proc. 11004/14, quanto à obrigação de apresentar contas.

III. Finalmente, entende-se que as sanções pecuniárias compulsórias não podem ser convencionadas pelas partes[1938]. Com efeito, a estrutura que lhes conferiu o Código Civil, com uma parcela que reverte para o Estado, escapa à autonomia privada. Todavia, através de adequadas cláusulas penais, que podem redundar em "multas" diárias, torna-se possível conseguir o mesmo efeito prático, incluindo em instâncias arbitrais. Já nos tribunais arbitrais, a sanção é configurável e aplicável, desde que se verifiquem os pressupostos legais[1939].

## 229. A multa no Direito processual brasileiro

I. A matéria das sanções pecuniárias compulsórias conhece desenvolvimentos importantes no Direito processual civil brasileiro[1940]. No Código de Processo Civil de 1973, o artigo 287.° previa um pedido cominatório que visava compelir o devedor ao cumprimento. O tema das sanções compulsórias autonomizou-se com a reforma de 1994, que veio, no novo artigo 461.°, prever uma multa diária para a tutela da obrigação de *facere*. O Código de Processo Civil de 2015, no seu artigo 537.°, fala, simplesmente, em multa[1941].

II. Vamos reter alguns textos básicos do Código de Processo Civil brasileiro de 2015. Assim:

> Art. 536.° No cumprimento de sentença que reconheça a exigibilidade de obrigação de fazer ou de não fazer, o juiz poderá, de ofício ou a reque-

[1938] RLx 15-abr.-2010 (Teresa Prazeres Pais), Proc. 10920/09.

[1939] RLx 21-dez.-2015 (Maria do Rosário Gonçalves), Proc. 1546/15; contra, Joaquim Shearman Macedo, *Sanção pecuniária compulsória e arbitragem: algumas considerações*, Est. Lebre de Freitas II (2013), 811-829, que reclama uma revisão legislativa, bem como RLx 13-fev.-2014 (Luís Correia de Mendonça), Proc. 724/13.

[1940] Fábio Caldas de Araújo, *Código de processo civil*, I – *Parte geral/atualizado com a Lei 13.256/2016* (2016), 1048 pp., 211 ss. e, em especial, 238 ss., quanto à evolução geral do processo no Brasil.

[1941] A evolução desta matéria pode ser vista em Edenildo Souza Couto, *Astreintes: teoria e prática/Uma abordagem em conformidade com o novo Código de Processo Civil (Lei N. 13.105/2015)* (2016), 110 pp., 21 ss.. Um confronto entre as redações de 1973/1994 e 2015 consta de Magno Frederici Gomes/João Nélio Câmara Coelho/Élcio Nacur Rezende, *Astreintes e responsabilidade civil ambiental /Regulamentação, interpretação e efetividade do processo* (2016), 163 pp., 109 ss., 119-120.

rimento, para a efetivação da tutela específica ou a obtenção de tutela pelo resultado prático equivalente, determinar as medidas necessárias à satisfação do exequente.

§ 1.º Para atender ao disposto no caput, o juiz poderá determinar, entre outras medidas, a imposição de multa, a busca e apreensão, a remoção de pessoas e coisas, o desfazimento de obras e o impedimento de atividade nociva, podendo, caso necessário, requisitar o auxílio de força policial.

Art. 537.º A multa independe de requerimento da parte (...)

(...)

§ 2.º O valor da multa será devido ao exequente.

(...)

§ 4.º A multa será devida desde o dia em que se configurar o descumprimento da decisão e incidirá enquanto não for cumprida a decisão que a tiver cominado.

(...)

III. O sistema brasileiro surge próximo do esquema francês das *astreintes*: termo correntemente usado na doutrina do Brasil para designar a multa executiva. A sua delemitação *a quo* e *ad quem*[1942], a incidência de juros e de correção monetária[1943] e o cálculo do seu valor[1944] são objeto de análise e de aplicação judicial. O seu impacto na defesa do ambiente é muito relevante[1945]. Resta acrescentar que o esquema brasileiro se afigura mais claro, direto e eficaz do que o consagrado, entre nós, pela reforma de 1983.

[1942] Edenildo Souza Couto, *Astreintes* cit., 53 ss..

[1943] *Idem*, 68 ss..

[1944] *Idem*, 77 ss..

[1945] Magno Frederici Gomes e outros, *Astreintes e responsabilidade civil ambiental* cit., 121 ss..

## § 52.º A CESSÃO DE BENS AOS CREDORES

### 230. Generalidades; nota histórico-comparatística

I. A cessão de bens aos credores foi reintroduzida no Direito lusófono pelo artigo 831.º:

> Dá-se a cessão de bens aos credores quando estes, ou alguns deles, são encarregados pelo devedor de liquidar o património deste, ou parte dele, e repartir entre si o respetivo produto, para satisfação dos seus créditos.

Aparentemente, estamos em face de um instituto que representa – ou poderia representar – um sucedâneo privado à insolvência. Tem bases histórico-culturais que importa recordar.

II. A cessão de bens aos credores ou *cessio bonorum* foi instituída por uma *Lex Iulia*, supõe-se que de César Augusto[1946], como meio de atenuar a severidade das regras sobre execução pessoal por não cumprimento das obrigações[1947]. O credor, perante uma impossibilidade não culposa de solver os seus compromissos[1948], fazia a entrega voluntária de todos os seus bens aos credores. Pressupunha uma declaração do devedor ao magistrado competente e deste aos credores, que colocasse estes na posse dos bens (*missio in possessionem*), os quais poderiam proceder à sua venda (*vendi-*

[1946] Max Kaser/Karl Hackl, *Das römische Zivilprozessrecht* cit., 2.ª ed., § 61 (405); Moritz Wlassak, *Cessio bonorum*, PWRE 3/2 (1899), 1995-1999; Lucien Guenoun, *La cessio bonorum* (1920), 104 pp.; Friedrich von Woeβ, *Personal execution und cessio bonorum im römischen Reichsrecht*, SZRom 43 (1922), 485-529; Vincenzo Giuffrè, *La c. d. "lex julia" de bonis cedendis*, Labeo 18 (1972), 173-191; *idem*, *Sulla "cessio bonorum ex decreto caesaris"*, Labeo 30 (1984), 90-92.

[1947] *Tratado* X, 51 ss..

[1948] A matéria surge explicada em Gaio.

*tio bonorum*[1949]). A *cessio bonorum* era eficaz perante todos os credores e evitava, ao devedor, a execução pessoal e a infâmia. Caso sobreviessem, ao devedor, outros bens, a execução poderia ser prosseguida contra estes. Mas se o devedor fosse demandado, tendo havido a cessão de bens, ele seria condenado apenas no *id quod facere potest*: no que pudesse pagar[1950]. Era o *beneficium competentiae*[1951].

III. Ao longo da História subsequente, a cessão de bens aos credores, dobrada pelo *beneficium competentiae*, que lhe dava um particular alcance, foi conhecendo uma aplicação oscilatória[1952]. Ela obteve uma consagração no Código Napoleão (artigos 1265.º a 1270.º). Recordamos o essencial[1953]:

> 1265.º A cessão de bens é o abandono que o devedor faz de todos os seus bens aos seus credores, quando se encontre fora do estado de poder pagar as suas dívidas.
>
> 1266.º A cessão de bens é voluntária ou judiciária.
>
> 1267.º A cessão de bens voluntária é a que os credores aceitam voluntariamente e que não tem outro efeito do que o resultante das estipulações do contrato concluído entre eles e o devedor.
>
> 1268.º A cessão judiciária é um benefício que a lei acorda ao devedor infeliz e de boa-fé, ao qual se permite, para ter a liberdade da sua pessoa, de fazer em tribunal o abandono de todos os seus bens aos seus credores, não obstante cláusula em contrário.

[1949] Vincenzo Giuffrè, *Sull' origine della "bonorum venditio" come execuzione patrimoniale*, Labeo 39 (1993), 317-364 (324 ss.).

[1950] I. 4.6.40 = Okko Behrends e outros, *Corpus iuris civilis/Die Institutionen* cit., 233/II.

[1951] Wilhelm Bauder, *Das Beneficium Competentiae, seine Geschichte und heutige Geltung* (1905), VI + 79 pp. (8 ss., com as teorias sobre a sua origem); Albert Zipperling, *Das Wesen des beneficium competentiae in geschichtlicher Entwicklung* (1907), 166 pp.; Pier Paolo Zanzucchi, *Sul c. d. beneficium competentiae*, BIDR 2a (1916), 61-103 (63).

[1952] Sérgio Sotgia, *La cessione dei beni ai creditore* (1948), 88 pp, 4 (há 2.ª ed. de 1954); Luís Menezes Leitão, *A cessão de bens aos credores* (1987), 105 pp., 26 ss.; ela ressurgiu com a receção do Direito romano.

[1953] J. A. Rogron, *Code civil expliqué* cit., 345-346.

A cessão judiciária não atribuía, aos credores, a propriedade dos bens mas, apenas, o poder de promover a sua venda, percebendo as contrapartidas (1269.º). Os credores só podiam recusar a cessão nos casos previstos por lei. Ela libera o devedor da posição e exonera-o até à concorrência dos valores obtidos. Por isso, perdeu sentido prático com a supressão geral da prisão por dívidas, pela Lei de 22 de julho de 1867[1954].

Na parte relevante – a da cessão judiciária – a cessão de bens veio a ser concorrida pelas leis sobre a falência. Os artigos 1265.º a 1270.º do Código Napoleão acabaram por ser revogados pela Lei n.º 91-650, de 9 de julho de 1991, com efeitos a partir de 1 de janeiro de 1993.

IV. O Direito alemão não conservou medidas civis equivalentes à *cessio bonorum* e ao *beneficium competentiae*: as situações de insolvência passaram às leis sobre falência.

No Direito italiano, a cessão veio a ser ressuscitada pelos artigos 1977.º a 1986.º do Código Civil de 1942[1955].

No Direito italiano, mau grado a influência napoleónica que fora recebida nos códigos pré-unitários, o Código Civil de 1865 não consagrou a cessão de bens aos credores[1956]. Todavia, ela era praticada, ao abrigo da autonomia privada[1957]: aplicava-se-lhe o regime geral dos contratos, ainda que com dúvidas múltiplas resultantes de dificuldades de qualificação.

Na preparação do Código Civil de 1942, a reintrodução da figura foi ponderada. Além do seu interesse prático – à luz da realidade então existente – valeu o peso dos estudos romanísticos, efetuados no período entre as duas guerras mundiais[1958], a que se poderá somar a absorção, então realizada, do Direito comercial.

1954 Marcel Planiol/Georges Ripert, *Traité pratique* cit., VIII, n.º 786 (96).

1955 Guido Alpa/Giovanni Iudica, *Codice civile annotato* cit., 2364-2378.

1956 Luís Menezes Leitão, *A cessão de bens aos credores* cit., 35; Erika Giorgiani, *La funzione del contratto di cessione dei beni ai creditore nell'ordinamento attuale*, Actualidad Juridica Iberoamericana 3 (2015), 213-230 (216).

1957 Giuseppe Piola, *Cessione dei beni – "bonorum cessio"*, Dig. Italiano VII/1 (1887-1888), 756-763 (762-763); Aristide Foà, *Cessione di beni ai creditore*, RDComm 32 (1934) I, 40-75 (43); Emilio Betti, *Natura giuridica della cessione dei beni ai creditore*, RDComm XXXIII (1935) II, 304-327, comentando jurisprudência; Sergio Sotgia, *Cessione dei beni*, NDI III (1938), 65-67 (65); Angelo de Martini, *La cessione dei beni ai creditore*, RDComm XL (1942) I, 310-333 (311 ss.).

1958 Franco Carresi, *Della cessione dei beni ai creditore*, em Mariano d'Amelio/

O Código italiano inseriu a cessão de bens aos credores no título relativo aos contratos singulares: ocupa, aí, o vigésimo sexto e último capítulo, depois da transação. A cessão de bens aos credores suscitou, nos setenta e cinco anos que leva o Código italiano, algumas monografias, com relevo para as de Salvi[1959], de Sotgia[1960], de Ghidini[1961], de Castana[1962], de de Meo[1963] e de Musio[1964]. Avultam, ainda, as intervenções de Sotgia[1965], de Miccio[1966] e de Iudica[1967].

Para além da noção (1977.º), o *Codice* ocupa-se, em sede de cessão de bens aos credores, da forma (1978.º), dos poderes dos credores cessionários (1979.º), dos efeitos (1980.º), das despesas (1981.º), da repartição do produto da venda (1982.º), do controlo pelo devedor (1983.º), da liberação do devedor (1984.º), da revogação do contrato (1985.º) e das anulação e resolução do contrato (1986.º).

O grande relevo doutrinário da cessão de bens aos credores prendeu--se com o tema da sua natureza.

## 231. **A experiência lusófona**

I. Na experiência lusófona, a cessão de bens e o *beneficium competentiae* mereceram desconfiança. Segundo as Ordenações Filipinas, em título epigrafado "dos que fazem cessão de bens"[1968],

/Enrico Finzi, *Codice civile/Delle obbligazioni/Commentario* II/2 (1949), 480-507 (481--482).

1959 Ferdinando Salvi, *La cessione dei beni ai creditore* (1947), X + 264 pp..

1960 Sergio Sotgia, *La cessione dei beni ai creditore* (1949), 88 pp., já referido e 2.ª ed. (1954), VIII + 119 pp., incluído no tratado de Vassali.

1961 Mario Ghidini, *La cessione dei beni ai creditore* (1956), VIII + 264 pp..

1962 Antonino Castana, *La cessione dei beni ai creditore nelle diverse fattispecie* (1957), VII + 363 pp..

1963 Rossanna de Meo, *La cessione dei beni ai creditore* (1999), XVIII + 268 pp..

1964 Antonio Musio, *La cessione dei beni ai creditore* (2002), X + 212 pp..

1965 Sergio Sotgia, *Cessione dei beni ai creditore*, NssDI III (1959), 141-146.

1966 Renato Miccio, *Cessione dei beni ai creditore*, ED VI (1960), 834-846.

1967 Giovanni Iudica, *Cessione dei beni ai creditore*, Digesto delle discipline privatistiche/Sezione civile II (1988), 279-285.

1968 Ord. Fil., Liv. IV, Tit. LXXIV, pr. = ed. Gulbenkian cit., 885-886.

> Porque com o remedio de poder fazer cessão de bens, fazião os devedores malicias, e enganos em prejuizo dos credores, os quais se lhes não podiam provar; querendo a isto prover, mandamos que não possa devedor algum fazer cessão de seus bens, e se a fizer, seja de nenhum effeito, e invalida: salvo, provando, que ao tempo que contractou, tinha tanta fazenda sua, porque os credores bem podiam estar seguros de seu pagamento, e por lhe sobrevir algum caso, dano, ou perda sem culpa sua, por onde sua fazenda fosse diminuida, ou perdida, não pode pagar (...)

O relevo da cessão de bens era o de prevenir a prisão do devedor inadimplente. Perante a Lei de 20 de junho de 1774, que aboliu a prisão por dívidas[1969], o "benefício da cessão" tornou-se inútil[1970]. O Código de Seabra não lhe fez qualquer referência.

II. Aquando da preparação do Código Civil de 1966, a cessão de bens aos credores voltou a colocar-se. Foi decisiva a influência do Código Civil italiano. Escreveu Vaz Serra, no competente estudo[1971]:

> Segundo o art. 1977.º do Código italiano, a cessão de bens aos credores é o contrato com que o devedor encarrega os seus credores ou alguns deles de liquidar todo ou em parte do seu activo e de repartir entre si aquilo que obtiveram, para satisfação dos seus créditos.
>
> Este instituto parece dever ser admitido e regulado, entre nós, porque representa um meio de, por acordo entre o devedor e os seus credores, se realizar a satisfação destes, sem necessidade de recurso à execução judicial.

Ponderados os vários aspetos, Vaz Serra apresentou um anteprojeto em sete artigos[1972], orientados pelo texto do Código italiano. Esses preceitos foram condensados em quatro, no anteprojeto geral (218.º a 221.º)[1973]. De sublinhar que, diversamente do Código italiano, a matéria foi incluída no capítulo relativo às garantias especiais das obrigações, depois da fiança e antes dos privilégios.

[1969] *Tratado* X, 127 ss..

[1970] M. A. Coelho da Rocha, *Instituições de Direito civil* cit., § 170 (1, 100-101): caiu em desuso.

[1971] Adriano Vaz Serra, *Cessão de bens aos credores*, BMJ 72 (1958), 207-325 (308-309).

[1972] *Idem*, 322-325.

[1973] Adriano Vaz Serra, *Direito das obrigações* cit., 169-171.

III. A 1.ª Revisão Ministerial simplificou os preceitos (643.º a 646.º), mantendo-os na área das garantias[1974]. A 2.ª Revisão apurou a linguagem (831.º a 836.º)[1975] e transferiu a matéria para a área do não-cumprimento das obrigações, numa postura mantida pelo projeto final[1976] e pelo Código.

IV. Nos cinquenta anos da sua vigência, a cessão de bens aos credores mereceu uma monografia do Prof. Menezes Leitão[1977] e algumas referências em obras gerais[1978]. Também a jurisprudência é muito limitada: para além de STJ 30-mar.-1982, que recusou a defesa possessória aos credores cessionários, por os entender como meros detentores dos bens cedidos[1979], a cessão de bens aos credores surge incidentalmente mencionada em questões de recuperação de empresas[1980]. A cessão de bens aos credores foi suplantada por diversos esquemas de recuperação de empresas[1981]. Não tem utilidade prática: mas é um instituto vigente, com relevo dogmático.

## 232. **Regime e natureza**

I. O artigo 831.º dá uma noção não-contratual da cessão de bens aos credores: ela ocorre quando o devedor encarregue os seus credores ou alguns deles de liquidar o seu património ou parte dele e de repartir entre eles o produto obtido, para a satisfação de créditos. Não obstante, a cessão de bens pressupõe necessariamente um contrato entre os seus interve-

[1974] BMJ 119 (1962), 142-143.

[1975] Jacinto Rodrigues Bastos, *Das obrigações em geral* cit., VI, 165-174, onde podem ser confrontados os textos.

[1976] *Projecto de Código Civil* cit., 243-244.

[1977] Luís Menezes Leitão, *A cessão de bens aos credores* (1987), já citado.

[1978] João Antunes Varela, *Das obrigações em geral* 2, 7.ª ed., 155-160; Mário Júlio de Almeida Costa, *Direito das obrigações* cit., 12.ª ed., 1084-1087; Luís Menezes Leitão, *Direito das obrigações* cit., 2, 9.ª ed., 307-310; *vide* ainda: desse Autor, *Garantias das obrigações*, 4.ª ed. (2002), 267-271; Pires de Lima/Antunes Varela, *Código Civil Anotado* cit., II, 4.ª ed., 115-119; Pedro Romano Martinez/Pedro Fuzeta da Ponte, *Garantias de cumprimento*, 5.ª ed. (2006), 52-54.

[1979] STJ 30-nov.-1982 (Amaral Aguiar), Proc. 070370; afigura-se, todavia, que os credores cessionários são possuidores em nome próprio, em termos de cessão; não ficam aquém do locatário, em elementar ponderação de valores.

[1980] P. ex., STJ 24-set.-1996 (Cardona Ferreira), BMJ 459 (1996), 474-486 (483).

[1981] *Direito comercial*, 4.ª ed. (2016), 525 ss..

nientes, com o conteúdo apontado[1982]. A cessão deve ser feita por escrito ou pela forma requerida para a transmissão dos bens nela compreendidos (832.º/1). Além disso, fica sujeita a registo, quando abranja bens registáveis (832.º/2).

A cessão não implica a transmissão de titularidade dos bens para os credores: vem referida no artigo 832.º/1, mas apenas para efeitos de equiparação de forma. Além disso, a sujeição a registo permite apoiar a sua oponibilidade aos credores posteriores à própria cessão (833.º, 2.ª parte). O registo é consolidativo, nos termos gerais.

II. Os credores que não participem na cessão de bens podem executar os bens cedidos (833.º, 1.ª parte). Já os cessionários ficam inibidos de executar, enquanto os bens cedidos não se esgotarem: há uma cláusula *de non petendo*, subjacente à cessão.

Os poderes de administração e de disposição de bens cedidos pertencem exclusivamente aos cessionários (834.º/1). O devedor tem o direito de fiscalizar a gestão dos credores e de receber a prestação de contas no fim da liquidação ou no termo de cada ano, se a cessão se prolongar para além de um ano (834.º). O devedor só fica exonerado a partir do momento em que os credores fiquem totalmente satisfeitos (835.º). Ele pode desistir a todo o tempo, cumprindo as suas obrigações perante os cessionários (836.º/1): mas sem efeito retroativo (836.º/2).

III. A lei portuguesa não requer a insolvência do devedor, como pressuposto da cessão de bens[1983]. Também não vemos que requeira o incumprimento ou a previsibilidade de um inadimplemento[1984]: é um contrato, cabendo às partes ajuizar da sua oportunidade. O cedente pode estar de perfeita saúde financeira e, todavia, pretender solver dívidas com recurso a uma cessão de bens. Se os credores aceitarem, *nihil obstat*.

[1982] Quanto ao regime da cessão: Luís Menezes Leitão, *A cessão de bens aos credores* cit., 69 ss..

[1983] Insolvência que é requerida, p. ex., por Mario Ghidini, *La cessione dei beni* cit., 10.

[1984] Contra: Luís Menezes Leitão, *A cessão de bens* cit., 73.

IV. A natureza da cessão de bens aos credores constitui um tema de debate clássico, em especial na doutrina italiana[1985]. Avançando, podemos rejeitar as teses publicísticas e as teses processuais: a cessão de bens é um contrato civil, que não pressupõe poderes de autoridade ou intervenções do tribunal. A partir daqui, importa distinguir diversos planos:

- estruturalmente, a cessão de bens é um contrato típico e nominado;
- funcionalmente, ela visa assegurar o cumprimento de obrigações: é uma garantia;
- substancionalmente, ela envolve: (a) o poder-dever assacado aos credores de gerir e de alienar determinado ativo; (b) o poder de agir em nome e por conta do devedor, isto é, de o representar; (c) um *pactum de non petendi* que impede esses mesmos credores de usar, na sua pendência, a ação de cumprimento, a ação executiva (817.º), a execução específica (827.º a 829.º) e as sanções pecuniárias compulsórias (829.º-A); (d) a privação, no que toca ao devedor, dos poderes de administração e de disposição; (e) a obrigação, a cargo dos credores, de prestar contas; (f) o poder de fiscalização do devedor.

O ponto aparentemente mais delicado é o dos poderes de representação, recusados pelos autores que, na cessão, vejam um mandato sem representação[1986]. Todavia: havendo cessão de bens, os credores vendem os ativos do património do devedor, sem necessidade de qualquer outro instrumento legitimador; fazem seu o produto da venda; entregam, ao devedor, a eventual demasia, dentro do contratado. A cessão de bens aos credores envolve os poderes de representação necessários para a sua execução: sem isso, o instituto seria definitivamente inútil.

V. Para além disso, a cessão de bens aos credores é um contrato de prestação de serviço. Os credores obrigam-se a um *facere*: gerir e liquidar os bens envolvidos. Nessa medida, ela pode ser integrada com recurso às regras do mandato, na parte em que a lei não disponha expressamente (1156.º). Além disso, a cessão de bens é fiduciária: os credores devem agir,

[1985] P. ex.: Sergio Sotgia, *Cessione dei beni* cit., 12 ss.; Mario Guidini, *La cessione dei beni* cit., 21 ss.; Antonio Mussi, *La cessione dei beni* cit., 13 ss.. Entre nós: Luís Menezes Leitão, *A cessão de bens* cit., 39 ss..

[1986] Assim, Luís Menezes Leitão, *A cessão de bens* cit., 62 ss., especialmente 67 ss..

também, no interesse do devedor, providenciando uma gestão aceitável e uma liquidação em boas condições.

Na discussão sobre a natureza jurídica de um instituto, não há que concluir, necessariamente, pela sua recondução a uma outra figura. A cessão de bens aos credores, pela sua antiguidade, pelo seu significado histórico-cultural e pela sua complexidade dogmática intrínseca é uma realidade jurídica autónoma. Ela pode ser apresentada como um contrato típico, de prestação de serviço, com funções de garantia e que envolve a atribuição, aos credores, de poderes de gestão, de representação e de liquidação, com fins de ressarcimento, relativamente aos bens nele incluídos. Tem, associados, deveres instrumentais e acessórios que derivam do seu regime.

# III

# A MODIFICAÇÃO DAS OBRIGAÇÕES E A ALTERAÇÃO DAS CIRCUNSTÂNCIAS

CAPÍTULO I

# A MODIFICAÇAO DAS OBRIGAÇÕES

## § 53.º MODIFICAÇÕES EM GERAL

### 233. Enquadramento; noção de modificação

I. Ao estudo do cumprimento e do não-cumprimento das obrigações segue-se, logicamente, o da sua modificação. Precisando noções, podemos adiantar que uma obrigação é modificada sempre que sofra uma alteração que não acarrete uma quebra de identidade.

II. Uma alteração em qualquer situação obrigacional complexa requer uma modificação objetiva seja na posição do credor, seja na do devedor, seja no vínculo. Não reconhecemos, por isso, como modificações (subjetivas) as transmissões que se limitem a implicar a substituição de sujeitos, sem provocar inovações nas situações jurídicas em si. Este raciocínio só é possível quando se admita a obrigação como independente do património do devedor. De outro modo, qualquer transmissão passiva implicaria, só por si, uma modificação no vínculo e no direito do credor: passa a haver um património diferente.

III. A manutenção da identidade de uma obrigação depende, fundamentalmente, da conservação da prestação. Isto é: podemos entender que uma obrigação é a mesma quando a conduta devida nela em causa seja, também, a mesma. O problema desloca-se, desta forma, para a prestação: ocorrida uma modificação objetiva em determinada obrigação, só se poderá falar em modificação *proprio sensu* quando a prestação devida se mantenha.

Não quer isso dizer que a própria prestação não possa sofrer alterações. Simplesmente, essas alterações não devem ser tais que conduzam a que, da mesma prestação, já não caiba falar. O único critério possível para determinar, no caso concreto, se se está perante a mesma prestação, modificada, ou se, pelo contrário, a prestação já é outra, é extrajurídico. Desde logo, depende da linguagem: haverá mera modificação quando a "prestação alterada" possa ser veiculada pelas mesmas locuções vocabulares. Repare-se que a manutenção linguística, só por si, é uma continuidade de regime jurídico. Depois, o senso comum terá de indicar a solução, no caso concreto. Salvo qualquer disposição normativa que comine solução diferente, o regime acomodar-se-á, depois, à solução extrajuridicamente indiciada.

IV. Vejamos alguns exemplos:

António deve € 100 a Bento; posteriormente, Carlos assume essa dívida. Não há, aqui, uma modificação da obrigação uma vez que, não obstante a substituição subjetiva, não se verifica qualquer alteração na prestação em si;

Daniel deve € 500 a Emílio; posteriormente, fica antes obrigado a prestar determinados serviços. Não há modificação porque a obrigação não conservou a sua identidade; verificou-se, antes, um fenómeno de substituição total (novação);

Francisco deve € 200 a Gustavo, a pagar no dia 1 de junho; posteriormente, o prazo é alterado para 1 de julho; há modificação porque a prestação é a mesma, com alteração;

Heitor deve € 100 a Ismael; passa a dever apenas € 90; a prestação não pode ser considerada como sendo a mesma, mas não é totalmente diversa; há, pois, modificação na obrigação.

## 234. **Classificações de modificações; factos modificativos**

I. Torna-se possível configurar as mais variadas hipóteses de mudanças nas obrigações. Tanto podem ser visadas as posições fundamentais dos sujeitos da obrigação, como aspetos meramente acessórios, complementares ou instrumentais. Pense-se que podem ser modificados o conteúdo da prestação principal, o seu montante, o tempo e local do cumprimento, as prestações secundárias ou os deveres acessórios. Por isso, reveste de interesse prático e científico operar classificações no âmbito das possíveis modificações em que podem incorrer as realidades creditícias.

II. De acordo com a área da obrigação alterada, podemos distinguir modificações de objeto e modificações de conteúdo. Modificações de objeto são aquelas que respeitam à prestação; modificações de conteúdo, pelo contrário, são as que deixando incólume a prestação, se reportam tão-só a outros aspetos do normativo obrigacional (p. ex., local da prestação, ou as prestações secundárias).

A modificação pode atuar na posição do credor, na posição do devedor ou em ambas. Distinguem-se, assim, modificações no crédito ou ativas, no débito ou passivas e na obrigação propriamente dita.

III. Qualquer modificação é um efeito jurídico. Consequentemente, pressupõe a aplicação de normas desencadeadas pela verificação de factos jurídicos. Esses factos, mercê do seu tipo de eficácia, são factos modificativos. Os factos modificativos são suscetíveis das diversas classificações que aos factos se aplicam, induzindo-se, assim, outras tantas classificações de modificações. Não oferece dúvidas, em face de tal metodologia, a distinção das modificações em voluntárias e legais, consoante sejam provocadas por ato jurídico ou por facto *stricto sensu*. As primeiras podem ser contratuais ou unilaterais, de acordo com o número de vontades jurígenas implicadas e assim por diante

É regra quase absoluta do nosso sistema jurídico o deverem, as obrigações, ser sempre acompanhadas pelas fontes respetivas, isto é, pelos seus factos constitutivos: princípio da causalidade[1987]. Essa regra explica-se facilmente se tivermos em conta a natureza essencialmente abstrata do vínculo obrigacional; este só pode ser reconhecido através da sua fonte. Assim, ninguém pode analisar uma obrigação contratual a não ser pelo estudo do contrato respetivo. O mesmo fenómeno se observa com os factos modificativos: operada uma modificação em determinada obrigação, esta passa a ser comandada pela fonte e pelo facto modificativo o que é dizer: o próprio facto constitutivo surge como modificado.

## 235. **Relevância da matéria; sequência**

I. A grande maioria das modificações creditícias, dada a relevância que o princípio da autonomia privada apresenta no Direito das obrigações, tem natureza voluntária e, mais precisamente, contratual. Em princípio,

[1987] *Vide* o *Tratado* VI, 2.ª ed., 70 ss..

as partes podem, por simples acordo, no respeito por diversas limitações nomeadamente as de ordem formal, modificar as obrigações contratuais que tenham criado. Na prática, tais vicissitudes processam-se através de alterações introduzidas no contrato inicial, por novo contrato[1988].

Neste ponto, a matéria atinente às modificações das obrigações tem menor relevância teórica e prática; efetivamente, ao contrato modificativo é aplicável o regime geral dos contratos, nomeadamente no tocante à sua formação.

II. A relevância da problemática da modificação manifesta-se, sobretudo, quando esta advenha de factos jurídicos *stricto sensu* exclusiva ou primordialmente modificativos. Ou, utilizando uma linguagem mais tradicional, a rubrica das modificações das obrigações atinge um máximo de relevância quando se trate de modificações legais.

Torna-se necessário um exame do Código Civil e de diversos diplomas extravagantes, para determinar a ocorrência e regime dos diversos factos modificativos.

III. O instituto geral que, por razões históricas, culturais e jurídico-científicas, mais se prende com o tema da modificação das obrigações é o da alteração das circunstâncias. Por isso lhe será consagrado o essencial da presente III parte.

[1988] Recordamos o artigo 406.º/1, do Código Civil:

O contrato deve ser pontualmente cumprido, e só pode modificar-se ou extinguir-se por mútuo consentimento dos contraentes ou nos casos admitidos na lei.

CAPÍTULO II

# A ALTERAÇÃO DAS CIRCUNSTÂNCIAS

SECÇÃO I

## ASPETOS GERAIS E DIMENSÕES HISTÓRICO-COMPARATÍSTICAS

### § 54.º DIMENSÕES JURÍDICO-CIENTÍFICAS DA ALTERAÇÃO DE CIRCUNSTÂNCIAS

#### 236. Primeira noção; problemas

I. Em Direito civil, diz-se alteração das circunstâncias a modificação do condicionalismo que rodeie a celebração dos contratos. Segundo coordenadas históricas e geográficas, pode ser reconhecida eficácia jurídica a tais eventos; quando isso suceda, o Direito admite seja modificações no contrato atingido, seja a sua própria resolução.

Como instituto jurídico-privado, a alteração das circunstâncias foi consagrada nos artigos 437.º a 439.º do Código Vaz Serra. Na sua simplicidade, esses preceitos são herdeiros de uma das mais complexas evoluções históricas que jamais enformaram uma figura civil, com visíveis consequências atuais[1989]. E bem se entende essa complexidade.

[1989] Aristide Chiotellis, *Rechtsfolgenbestimmung bei Geschäftsgrundlagenstörungen in Schuldvertragen* (1981), XI + 225 pp., 29, retomado por Ingo Koller, *Bewegliches System und die Risikozurechnung bei der Abwicklung gegenseitiger Verträge*, em *Das Bewegliche System in geltenden und künftigen Recht*, publ. por Franz Bydlinski e outros (1986), 75-86 (77), refere que, em 1980, só no domínio da chamada base do negócio – e em língua alemã – estavam recenseadas 56 teorias diferentes. Houve, depois disso, já múltiplos contributos, abaixo referidos. Nós próprios: *Direito das obrigações*, 2, 141 ss.; *Da boa fé*, 903 ss.; *Da alteração das circunstâncias*, Est. Paulo Cunha (1989), 293-371 e em separata

II. Um sistema que admita contratos – e todos os admitem, apenas se discutindo a amplitude do seu papel – exige, por isso mesmo, o acatamento dos pactos celebrados. Aceitar que superveniências possam justificar o não-cumprimento – ou um cumprimento não cabal – poderá surgir como exigência da justiça. Mas contradita, por certo, a autonomia privada[1990]. Em situações-limite – portanto, perante a impossibilidade absoluta, não imputável, de acatamento dos deveres contratuais – não oferece dúvidas a liberação do devedor. A partir de então, e até à pequena dificuldade superveniente, há uma vasta área de dúvidas e de interrogações.

O legislador não pode indicar, com exatidão, o *quantum* a partir do qual se justifica a atuação no contrato. Admite a figura, dá algumas diretrizes, mas abandona a decisão final à jurisprudência. A Ciência do Direito deve intervir.

III. A alteração de circunstâncias fixa um jogo de imputações que permite a exoneração de uma das partes perante a outra[1991]. E isso sucede em face de um contrato que deixe de interessar ao beneficiário. Tanto basta para fazer ressaltar a gravidade e a delicadeza do instituto.

## 237. A interpretação criativa

I. A interpretação criativa do Direito levanta, ainda hoje, dúvidas e perplexidades na doutrina[1992]. Na sua base está a possibilidade de, através da interpretação e da aplicação do Direito, obter soluções novas e mais adequadas, isto é: de dispensar o recurso a alterações legislativas para modificar e aperfeiçoar o Direito. As dúvidas agravam-se perante um certo predomínio do neo-positivismo constitucional: a preocupação em efetivar,

com índices autónomos; *Convenções colectivas de trabalho e alterações de circunstâncias* (1995), 128 pp.; *A crise e a alteração das circunstâncias*, RDC 1 (2016), 7-57.

[1990] Ralf Köbler, *Die "clausula rebus sic stantibus" als allgemeiner Rechtsgrundsatz* (1991), XII + 292 pp., 1; Germar Brockmeyer, *Das Rechtsinstitut der Geschäftsgrundlage aus der Sicht der ökonomischen Analyse des Rechts* (1993), XIII + 180 pp., 9.

[1991] *Vide* a importante intervenção de Mario Schollmeyer, *Selbstverantwortung und Geschäftsgrundlage/Zurechnung und Haftung bei Geschäftsgrundlagestörungen gemäß § 313 BGB* (2014), XXII + 491 pp., 1 ss..

[1992] Karl Engisch, *Einführung in das juristische Denken*, 8.ª ed. (1983), 171 ss.. No Direito privado, esta posição é reforçadamente assumida por Ernst Wolf, *Allgemeiner Teil des bürgerlichen Rechts*, 3.ª ed. (1982), 676 ss..

até às últimas consequências, os textos fundamentais considerados favoráveis, leva a interpretá-los de modo rígido, mais estrito do que sucederia perante fontes infraconstitucionais.

De facto, as diversas constituições consagram o princípio da separação dos poderes[1993] podendo, daí, seguir-se uma restrição da atividade judicial à simples aplicação de diplomas aprovados noutras instâncias. Tal restrição é impossível: o receituário constitucional deve sofrer, ele próprio, uma evolução de modo a adaptar-se aos parâmetros jurídico-científicos da atualidade, ressalvado o essencial.

II. A interpretação criativa do Direito é, hoje, um facto[1994]. Já por natureza, a interpretação das fontes é criativa: apenas contributos especificamente introduzidos pelo intérprete-aplicador permitem, em cada caso concreto, levá-la a bom termo, constituindo o Direito[1995]. Para além disso, ela revela-se indispensável, num sentido mais forte, em três áreas que, de seguida, se analisam.

III. Em primeiro lugar, a interpretação criativa impõe-se perante o fenómeno, há muito pacífico, do envelhecimento dos códigos civis. Pensados para sociedades diferentes daquelas em que vieram a vigorar, as grandes codificações cedo mostraram insuficiências e disfunções que o tempo não parou de agravar. Entregues a si próprias, as instâncias de decisão – *maxime*, os tribunais – foram levadas, com ou sem o apoio da doutrina, a encontrar novas soluções, por vezes mesmo *contra legem*[1996]. Instáveis no

[1993] Rolf Wank, *Grenzen richterlicher Rechtsfortbildung* (1978), 207 ss.; Bernd Rüthers, *Die heimliche Revolution vom Rechtsstaat zum Richterstaat: Verfassung und Methoden. Ein Essay* (2014), IX + 175 pp..

[1994] Quanto à distinção entre a interpretação e a interpretação criativa, por vezes difícil, referimos o interessante estudo de Thilo Kuntz, *Die Grenze zwischen Auslegung und Rechtsfortbildung aus sprachphilosophischer Perspektive*, AcP 215 (2015), 387-449 (435 ss. e *passim*).

[1995] Remete-se para os nossos *Lei (aplicação da)*, Enc. Pólis 3 (1985), 1046-1062, *Tendências actuais da interpretação da lei: do juiz-autómato aos modelos de decisão jurídica*, TJ 12 (1985), 1 ss. e *Tratado* I, 4.ª ed., 385 ss..

[1996] O problema da inconstitucionalidade da interpretação criativa do Direito foi levantada perante o Tribunal Constitucional Alemão a propósito do instituto, hoje pacífico, da responsabilidade geral por danos morais. Na verdade, segundo o § 253 do BGB, tal responsabilidade só poderia ter lugar nos casos expressamente consagrados pela lei. Correspondendo às exigências dos novos tempos, a jurisprudência constante veio a entender para além da lei ou, porventura, contra ela, que os danos morais são, genericamente,

início, essas soluções vieram a cristalizar-se em institutos que hoje ninguém poria em dúvida.

IV. Em segundo lugar, a interpretação criativa filtra-se através da integração das lacunas. A contraposição entre a integração e a interpretação não deve ser rigidamente entendida. As lacunas, por seu turno, podem ser mais ou menos cavadas, isto é: podem deixar mais ou menos elementos ao intérprete-aplicador quando, no seu âmbito, tenha de resolver casos concretos. A partir de certa margem, os fatores disponíveis com sede legal serão tão ténues que apenas a inventividade permitirá encontrar soluções ainda redutíveis ao Direito e não ao mero arbítrio. Ora a lacuna pode advir da pura ausência de regulação onde, pelo sistema, ela deveria existir ou, ainda, ser provocada pela contradição de normas ou pela oposição insolúvel de princípios, em termos de se gerar uma fratura ou quebra intrassistemática[1997]. Em qualquer dessas hipóteses, a integração das lacunas traduz novas zonas de interpretação criativa do Direito[1998].

V. Em terceiro lugar, a interpretação criativa é irrenunciável devido à proliferação de conceitos indeterminados. O conceito indeterminado caracteriza-se por não permitir uma comunicação clara e inequívoca quanto ao seu conteúdo[1999], oferecendo indefinições nesse domínio. A sua operacio-

ressarcíveis. A esse propósito, o Tribunal Constitucional Alemão, em decisão proferida a propósito do conhecido litígio da Princesa Soraya contra a entidade proprietária do jornal *Die Welt*, em 14-fev.-1973, veio esclarecer "A atividade judicial não consiste apenas no conhecimento e na declaração das decisões do legislador. As tarefas da jurisprudência podem exigir que venham a lume valorações imanentes à ordem jurídica constitucional, mas que não constem do texto da lei ou, dela, constem apenas de modo incompleto, valorações essas que se tornam patentes num ato de apreciação ao qual não faltam elementos volitivos e que se realizam em decisões". A interpretação criativa foi, assim, expressamente admitida como constitucional – BVerfG 14-fev.-1973, BVerfGE 34 (1973), 269-293 (287).

[1997] Quanto a estes temas, Claus-Wilhelm Canaris, *Die Feststellung der Lücken im Gesetz*, 2.ª ed. (1983), 173 ss. e *Systemdenken und Systembegriff in der Jurisprudenz*, 2.ª ed. (1983), 133 ss..

[1998] Com referência à alteração das circunstâncias: Mario Schollmeyer, *Selbstverantwortung und Geschäftsgrundlage* cit., 13 ss..

[1999] Caracterizado já por Philipp Heck, *Gesetzesauslegung und Interessenjurisprudenz* (1974), 173, e *Begriffsbildung und Interessenjurisprudenz* (1932), 60, por exemplo, o conceito indeterminado veio a ser especialmente desenvolvido pelo publicismo – assim, Andreas Sethy, *Ermessen und unbestimmte Gesetzesbegriffe/Einer theoretische Untersuchung der Abgrenzung im Verwaltungsrecht* (1973), 12 e *passim* e Hans-Joachim

nalidade dogmática implica um preenchimento com valorações que, no caso concreto, faculte soluções[2000]. Tal preenchimento e a subsequente concretização competem ao intérprete-aplicador. Quando o faça, assiste-se a um progredir do Direito, sem qualquer modificação legislativa.

### 238. **Segue; o papel na alteração das circunstâncias**

I. A alteração das circunstâncias e a interpretação criativa do Direito interligam-se, em vários níveis. A alteração das circunstâncias traduz, por definição, uma das formas de adaptar estruturas envelhecidas a novos circunstancialismos; ela deixa adivinhar uma contradição enérgica de princípios capaz de gerar algo semelhante a uma lacuna; ela utiliza, por fim, dentro das diretrizes que a lei dá a seu propósito, múltiplos conceitos indeterminados.

Nestas condições, compreende-se que surja estéril qualquer tentativa de retirar, dos preceitos legais dedicados à alteração das circunstâncias, um sentido útil, com recurso às regras tradicionais de interpretação da lei. A utilização dos instrumentos jurídico-científicos mais elaborados é uma necessidade.

II. Nos últimos anos, a legislação portuguesa conheceu, no Direito civil como noutras disciplinas, alterações sensíveis. Mais importante do que tais evoluções a nível de fontes é, contudo, o próprio progresso da Ciência do Direito.

Koch, *Juristische Methodenlehre und analytische Philosophie* (1976) 186-213 (203) e *Unbestimmte Rechtsbegriffe und Ermessensermächtigungen im Verwaltungsrecht* (1979). Entre nós, José Manuel Sérvulo Correia, *Legalidade e autonomia contratual nos contratos administrativos* (1987), 109 ss. e *passim*. O Direito privado veio, depois, a recuperá-lo, procurando tirar partido de toda a elaboração existente.

[2000] Apresentada por penalistas – *vide* Erik Wolf, *Die Typen der Tatbestandsmerkmässigkeit* (1931), 8, *apud* Herberger, *Die deskriptiven und normativen Tatbestandsmerkmale im Strafrecht*, publ. em Koch, *Juristische Methodenlehre* cit., 124-154 (144, nota 55) – a ideia estende-se à teoria geral do Direito – assim, Karl Engisch, *Die Idee der Konkretisierung in Rechtswissenschaft unserer Zeit* (1953), 79 e *passim* e Heinrich Henkel, *Recht und Individualität* (1958), 30 – e radicou-se no Direito privado – por exemplo, Karl Larenz, *Entwichlungstendenzen der heutigen Zivilrechtsdogmatik*, JZ 1962, 105-110 (106) e *Methodenlehre der Rechtswissenschafts* (1983), 76 ss. – onde conhece hoje uma utilização crescente e diversificada.

O Direito deve ser assumido como fenómeno cultural. Capaz de suprir a inatividade do legislador, a Ciência do Direito pode, também, inutilizar quaisquer progressões legislativas, quando não as acompanhe. A jurisprudência portuguesa permite documentar as múltiplas implicações dessa afirmação[2001].

Por isso, quando se pretenda indagar o progresso do Direito nacional depois de 1985, não chega avaliar as alterações legislativas: de então para cá, qualquer novidade de fundo, séria, profunda e duradoura, terá de se analisar em evoluções científico-culturais.

III. As considerações efetuadas justificam o relevo do tema da alteração das circunstâncias. Dependente, a todos os títulos da Ciência do Direito enquanto modo de resolução de casos concretos e vocacionada, ela própria, para intervir quando haja modificações ambientais, a alteração das circunstâncias surge num plano ideal para conhecer a própria realidade dogmática portuguesa, no presente século XXI. Finalmente: embora se trate de matéria essencialmente privada, o tema da alteração de circunstâncias tem largas aplicações no Direito administrativo, com algumas adaptações. Cabe expor esse domínio.

[2001] *Vide* o nosso *Evolução juscientífica e direitos reais*, ROA 1985, 71-112 (73 ss.).

## § 55.º EVOLUÇÃO HISTÓRICA: A CLÁUSULA *REBUS SIC STANTIBUS*

### 239. Relevo dos fatores histórico-comparatísticos

I. O Direito lusófono repousa numa tradição histórica de base românica, em transferências culturais provenientes, sucessivamente, de França, de Itália e da Alemanha e numa elaboração autónoma que, homogeneizando todos esses elementos, facultou vias próprias de desenvolvimento e de solução.

O conhecimento dos diversos fatores que contribuam para a configuração de qualquer instituto tem um interesse dogmático efetivo – para além dos aspetos históricos e culturais que não devem ser esquecidos. Ele permitirá analisar e apreender, com maior exatidão, as realidades existentes, explicando-as nas suas implicações; e além disso, ele faculta, aos institutos em causa, níveis sindicantes que falecem, às Ciências Humanas, em termos experimentais.

II. Estas considerações aplicam-se, de modo reforçado, à alteração das circunstâncias. Instituto complexo, dominado por dúvidas e controvérsias e tomado, por prismas repetidamente diferentes, pelas mais diversas correntes juscientíficas, a alteração das circunstâncias, tal como se encontra vertida no Código Vaz Serra, é incompreensível, quando não se atine nos fatores científicos e culturais que a modelaram.

Justifica-se, por tudo isto, uma resenha breve dos antecedentes deste instituto. A primeira designação geral que lhe foi dada, na sequência de Bártolo, foi a de *clausula rebus sic stantibus*, sinteticamente dita doutrina da *clausula rebus* ou crss. Vamos usá-la para agrupar a evolução histórica da alteração das circunstâncias até ao século XIX.

## 240. O Direito romano e o canonismo

I. No Direito romano não ocorreu uma referência à alteração das circunstâncias (ou designação equivalente), no campo do Direito dos contratos em geral[2002]. A feição geral do Direito romano, fundamentalmente prática e a firmeza dos contratos, assente em regras formais, a tanto conduziu. Curiosa e relevantemente, o tema veio a ser abordado por retóricos e por filósofos. Também os padres da Igreja deram o seu contributo.

II. Cumpre reter alguns textos[2003]. Disse Políbio (203-120 a. C.)[2004]:

> Se a situação atual fosse a mesma do que antes, na altura em que vocês concluíram a aliança com os Aetólios, então vocês deveriam decidir manter firme o vosso convénio, pois a isso vos teríeis obrigado; mas caso ela esteja totalmente modificada, ser-vos-á justificado retomar a questão, sem quaisquer dúvidas (...)

Cícero (106-43 a. C.), entre outros troços relevantes, deixou-nos o seguinte[2005]:

[2002] Christian Reiter, *Vertrag und Geschäftsgrundlage im deutschen und italienischen Recht/Eine rechtsvergleichende Untersuchung zum Wandel des Vertragsbegriffs und seinen Auswirkungen auf die Regeln über den Wegfall der Geschäftsgrundlage in der neueren Rechtsgeschichte und im modernen Recht* (2002), XVIII + 334 pp., 9; Rudolf Meyer-Pritzl, no HKK/BGB cit., II/2, §§ 313-314, Nr. 4 (1710-1711).

[2003] Para outros elementos, *Da boa fé*, 938 ss.; Georg Gieg, *Clausula rebus sic stantibus und Geschäftsgrundlage/Ein Beitrag zur Dogmengeschichte* (1994), VII + 202 pp., 150 ss.. *Vide*, ainda, Giuseppe Osti, *La cosi detta clausula "rebus sic stantibus" nel suo sviluppo storico*, RDCiv 4 (1912), 1-58 (8-9) e *Clausola "rebus sic stantibus"*, NssDI 3 (1959), 353-360 (353); Leopoldo Caliendo, *Clausola "rebus sic stantibus"*, NDI 3 (1938), 209-212 (210, remetendo para Osti); Robert Feenstra, *Impossibilitas and clausula rebus sic stantibus/Some aspects of frustration of contracts in continental legal history up to Grotius*, em Daube Noster (1974), 77-104 (80-81). Como obra de síntese e de divulgação, temos Hans Wieling, *Entwicklung und Dogmatik der Lehre von der Geschäftsgrundlage*, Jura 1985, 505-511 (506 ss.).

[2004] *Πολυβιον ιστοριαι/Polybiae Historiae* (150 a. C.), 3, 37 = *Geschichte*, trad. al. Hans Drexler (1961), 1, 682. Existe uma trad. ingl. disponível na Net.

[2005] Marco Túlio Cícero, *De officiis libri tres* = ed. Hibert Ashton Holden (1899, reimp., 1966), 3, 25; há várias versões, incluindo bilingues latim/inglês, na Net.

> Sic multa quae honesta natura videntur esse, temporibus fiunt non honesta (...) [Muito do que é considerado ser de natureza honesta, é tornada não honesta pelos tempos.]

Séneca (4 a. C.-65][2006]:

> Omnia esse debent eadem, quae fuerunt, eum promitterem, ut promitentis fidem teneas [Se pretendem manter-me ligado à execução da minha promessa, todas as circunstâncias devem permanecer as mesmas que havia quando prometi[2007].]

III. O pensamento de Cícero foi acolhido por S. Ambrósio (340-397) e por S. Agostinho (354-430), dando-lhe um conteúdo ético-cristão[2008]. A mutabilidade da natureza humana é uma constante[2009]: ela interfere na consistência do pactuado. Todavia, nos *digesta*, mau grado a influência cristã na fase pós-clássica, não ocorrem referências precisas à alteração das circunstâncias: apenas a situações concretas que hoje aproximaríamos desse instituto[2010], com relevo para D. 12.4.8, usado na Idade Média para apoiar a *clausula*. Mais tarde, os troços em causa seriam usados com um sentido generalizante.

IV. O canonismo, desde o Decreto de Graciano, retomou os textos de S. Agostinho e foi, ao longo dos séculos, amadurecendo a crss, no plano jurídico[2011]. Sob uma aparente facilidade vocabular, não é de todo possível "condicionar" os contratos à manutenção do *status quo* existente aquando da sua celebração. Tudo é mutável: que contratos subsistiriam e por quanto tempo? O debate iria prosseguir, até hoje.

[2006] Séneca, *De beneficiis*, 4, 35, 3 = ed. François Préchac (1961) 1, 135; na Net, podem ser confrontadas traduções em inglês, alemão e italiano.

[2007] Trad. livre.

[2008] Georg Gieg, *Clausula rebus sic stantibus* cit., 151-153.

[2009] S. Tomás, *Summa Theologica* II, II, Quaestio LVII (57), Art. II, *ad primum* = = *Opera omnia*, ed. Leão XIII, IX (1897), 5/II: *natura autem hominis est mutabilis*.

[2010] Assim, Nerácio, D. 12.4.8 = ed. Okko Behrends e outros cit., 100: o dote dado com referência a um casamento que se viesse a revelar insubsistente pode ser repetido.

[2011] Textos e indicações podem ser confrontados em Georg Gieg, *Clausula rebus sic stantibus* cit., 159 ss.. *Vide* outros elementos em *Da boa fé* cit., 943 ss..

## 241. Bártolo, a *clausula rebus sic stantibus* e o jusnaturalismo

I. Os glosadores, designadamente Azo[2012], com toda a carga filosófica e canonística anterior, já haviam intentado alguma generalização de D. 12.4.8[2013]. Bártolo retomou a ideia, dizendo, designadamente[2014]:

> (...) quia quando quir renunciat in aligua re omni iuris quod habet vel habere potest vel posset: oportet enim intellegi rebus sic habentibus, hoc est, ex aliquo iure quod est de prasentis re vel spe (...) [... renuncie alguém, em certa ocasião, a todos os seus direitos, que tenha ou possa vir a ter, então deve isso ser entendido apenas "rebus sic habentibus", isto é, apenas com base no direito existente no momento ou que se esperaria vir a surgir][2015].

Embora outros autores estejam associados ao termo, entende-se hoje, na sequência de Feenstra[2016], que se deve a Bártolo a generalização da fórmula *rebus sic stantibus* ou *rebus sic habentibus*[2017].

II. A consagração medieval da *clausula rebus* não teve sequência imediata. Os jurisprudentes do humanismo deixaram-na num segundo plano, com projeção imediata em Cujacius e em Donellus[2018]. Podemos apresentar duas ordens de explicações[2019]:

2012 Robert Feenstra, *Impossibilitas and clausula rebus sic stantibus* cit., 98, nota 74.

2013 Rudolf Meyer-Pritzl, no KK/BGB cit., II/2, §§ 313-314, Nr. 4 (1710-1711).

2014 Bártolo, ad. lib., lex VIII, 4 = *Bartolus a Saxo Ferrato, In Secundum Digesti veteris Partem*, ed. Veneza, 1570, fl. 43 v.; *vide*, também de Bártolo, *Consigli Quaestiones*, questio IIII, 7, ed. Turim, 1589, fl. 96 v..

2015 O texto de Bártolo é muito citado, ainda que os distintos autores refiram edições e obras diversas; *vide* Leopoldo Pfaff, *Die Clausel: rebus sic stantibus*, FS Unger (1898), 223-354 (223 e 226-227); Robert Feenstra, *Impossibilitas and clausula rebus sic stantibus* cit., 84; Margarethe Beck-Mannagetta, *Die clausula rebus sic stantibus und die Geschäftsgrundlage in der Dogmengeschichte*, em AAVV, *La formazione storica del diritto moderno in Europa* (1977) 3, 1263-1276 (1267); Georg Gieg, *Clausula rebus sic stantibus und Geschäftsgrundlage* cit., 183-184.

2016 Robert Feenstra, *Impossibilitas and clausula rebus sic stantibus* cit., 83-84.

2017 *Vide* Ralf Köbler, *Die "clausula rebus sic stantibus"* cit., 29; Nurten Ince, *Der Wegfall der Geschäftsgrundlage nach deutschem und Türkischem Recht* (2015), 509 pp., 29.

2018 S. Serbesco, *Effets de la guerre sur l'éxécution des contrats* RTDC 16 (1917), 350-362 (354).

2019 *Da boa fé*, 944 e 947.

– a primeira sistemática veio estabelecer conexões periféricas entre o material disperso no *Corpus Iuris Civilis*: ora a doutrina *rebus* assentava mais em desenvolvimentos canónicos e escolásticos do que em fontes romanas genuínas;
– em termos culturais, o humanismo distanciou-se da glosa e dos comentadores.

Provavelmente encontramos aqui as raízes profundas do divórcio entre o Direito francês e a *clausula rebus sic stantibus*.

III. A secundarização da doutrina *rebus* manteve-se no racionalismo da segunda sistemática. Hugo Grotius (1583-1645), cujos textos sobre a promessa foram muito relevantes para a teoria do contrato, deixou textos esclarecedores. Assim[2020]:

> Solet & hoc disputari, promissa in habeant tacitam conditionem; si responsabilidade maneant quo sunt loco. Quod negadum est, nisi apertissime pateat, statum rerum praesentem in unica illa, quod diximus, ratione inclusum esse (...) [continua-se a discutir se nas promessas se empreende a condição tácita "se as coisas permanecerem tal como eram". Isso é de negar, a não ser que seja claramente patente que a manutenção das coisas presentes esteja aí incluída][2021].

Por seu turno, Pufendorf, também a propósito da interpretação do contrato, explicava que os contratos não valiam apenas nas circunstâncias em que tudo se passava como previsto, mas também naqueles em que surgiam dificuldades de execução[2022].

A não-recetividade dos clássicos jusracionalistas à *clausula rebus sic stantibus*, comummente afirmada[2023], tem sido submetida a certa revi-

[2020] Hugo Grocio, *De iure belli ac pacis*, Lib. II, Cap. XVI, § XXV, 2. Há trad. ingl. na Net.

[2021] *Vide* Georg Gieg, *Clausula rebus sic stantibus und Geschäftsgrundlage* cit., 96-97, com uma tradução alemã.

[2022] Samuel Pufendorf , *De iure naturae et gentium* V, XII, § 20 = ed. Frank Böhling cit., 539.

[2023] Leopoldo Pfaff, *Die Clausel: rebus sic stantibus* cit., 231 ss.; Otto Fritze, *Clausula rebus sic stantibus*, AbürgR 17 (1900), 20-49; Giuseppe Osti, *La cosi detta clausola "rebus sic stantibus"* cit., 26; *idem*, *Clausola "rebus sic stantibus"* cit., 356-2357; Wolfgang Berz, *Der gemeinschaftlichen Motivirrtum und die Geschäftsgrundlage* (1953, dact.),

são[2024]. Afinal, Grócio remetia o tema *rebus* para uma interpretação do contrato atingido pelas superveniências. Antecipou, com isso, em mais de três séculos, uma das doutrinas mais eficazes no sentido da redução da *clausula*[2025].

## 242. O *usus modernus pandectarum* e o Código Bávaro

I. O período áureo da *clausula rebus sic stantibus* pode ser fixado no século XVIII, através dos cultores do Direito romano atual, na versão do *usus modernus pandectarum*[2026]. Logo no início, cumpre assinalar a dissertação de Heinrich von Cocceji (1644-1719), justamente intitulada *De clausula rebus sic stantibus*[2027], onde o tema é analisado. De seguida, e em primeira linha, temos Augustin Leyser (1683-1752). Confrontado com múltiplas situações práticas de alterações, Leyser considera que todas as convenções contêm, em si, uma tácita *conditio rebus sic stantibus*[2028].

XIV + 97 pp., 6; Gerhard Kegel, *Empfiehlt es sich den Einfluss grundlegender Veränderungen des Wirtschaftslebens auf Verträge gesetzlich zu regeln und in welchem Sinn?*, Gutachten 40.DJT, 1 (1953), 137-236 (140); Helmut Knoop, *Das Problem der clausula rebus sic stantibus im BGB in Schrifttum und Rechtsprechung: unter Berücksichtigung der neuen Entwicklung* (1937), XII + 96 pp., 5; Arno Paulat, *Die sog. clausula rebus sic stantibus im Schuldrecht des BGB/ nach alter und neuer Rechtsauffassung* (1935), VII + 43 pp., 10.

[2024] Georg Gieg, *Clausula rebus sic stantibus und Geschäftsgrundlage* cit., 96 ss.. A doutrina de Grócio tem, efetivamente, de ser integrada na lógica da sua construção sobre a promessa; *vide Da boa fé*, 945-946; em geral, Malte Diesselhorst, *Die Lehre des Hugo Grocius vom Vesprechen* (1959), X + 144 pp., 71 ss., 136, rec. Hermann Lange, SZRom 78 (1961), 514-517 e Margarethe Beck-Mannagetta, *Die clausula rebus sic stantibus* cit., 1270-1272.

[2025] *Infra*, 669 ss..

[2026] Franz Wieacker, *Privatrechtsgeschichte der Neuzeit, unter besonderer Berücksichtigung der deutschen Entwicklung*, 2.ª ed. (1967), 659 pp., 205 e 206; quanto à *clausula* nesse período: Georg Gieg, *Clausula rebus sic stantibus und Geschäftsgrundlage* cit., 27-72, com muitas indicações.

[2027] Heinrich von Cocceji (Henricus Coccejus), *Disputatio juridica inauguralis de clausula rebus sic stantibus* (1699), 48 pp..

[2028] Augustin Leyser, *Meditationes ad Pandectas* VII, 3.ª ed. (1746), 842-849, numa rubrica justamente intitulada *de tacita conditione: rebus sic stantibus* (*Specimen* DXX. *Meditationum ad Pandectas*, ad Lib. XLV. Tit. I).

II. Um especial cuidado à *clausula* foi dado por Carl Philipp Kopp (1728-1777). Este Autor, em conjunto com Johann Heinrich Eberhard (1743-1772), abaixo melhor referido, deu à alteração das circunstâncias, na versão da *clausula rebus sic stantibus*, o seu ponto alto[2029].

Carl Philipp Kopp, analisando a força das obrigações, explica que não basta a *clausula impulsiva*: só a *causa finalis plene et efficaciter voluntatem movet*[2030]. A sua falta provoca a insubsistência da obrigação, uma vez que não se fica adstrito àquilo que não se quis[2031]. Em todos os negócios ficaria incluída, tacitamente, a *clausula rebus*[2032].

Johann Heinrich Eberhard apresenta-se um tanto mais restritivo[2033]. A mera supressão do escopo prosseguido por uma das partes não dita, por si, o desaparecimento da obrigação: deve ser atingido o fim do próprio contrato. Eberhard apoia-se no Direito romano e explicita os casos em que a *clausula* não deveria ser aplicada[2034].

III. A situação doutrinária permitiu que a *clausula rebus* tivesse acolhimento nas codificações racionalistas da Baviera. A influência de Augustin Leysen terá sido decisiva, particularmente no Código Bávaro de 1756, BLR (*Bayerisches Landrecht*) ou *Codex Maximilianus Bavaricus Civilis*[2035]. Este, no seu livro IV, cap. 15, § 12, dispunha[2036]:

> (...) todas as obrigações compreendem, tacitamente, a *clausula rebus sic stantibus*; não serão todavia modificadas pela alteração provocada na maté-

[2029] Leopoldo Pfaff, *Die Clausel: rebus sic stantibus* cit., 258; Arno Paulat, *Die sog. clausula rebus sic stantibus* cit., 10-11.

[2030] Carl Philipp Kopp, *Dissertatio inauguralis De clausula rebus sic stantibus secundum ius, cum naturalle, tum civile* (1750), 96 pp., § III (5).

[2031] Para mais elementos: *Da boa fé*, 948-949; Georg Gieg, *Clausula rebus sic stantibus* cit., 44-45.

[2032] Carl Philipp Kopp, *De clausula rebus* cit., 46 ss. e *passim*.

[2033] Johann Heinrich Eberhard, *Abhandlung von der clausula rebus sic stantibus besonders von deren Anwendung auf die deutschen Reichs-Gesetze und Geschäfte*, em *Drey Abhandlungen zur Erläuterung der Deutschen Rechte* I (1775), 1-161 (172, com o índice).

[2034] *Idem*, §§ 26 e 69 (27 e 73 ss.), respetivamente; outros elementos podem ser confrontados em: Leopoldo Pfaff, *Die Clausel: rebus sic stantibus* cit., 262; *Da boa fé*, 949; Georg Gieg, *Clausula rebus sic stantibus* cit., 45-46.

[2035] Com elementos: Georg Gieg, *Clausula rebus sic stantibus* cit., 46-66.

[2036] Wiguläus Xavierius Aloysius von Kreittmayer, *Anmerkungen über den Codicem Maximilianeum Bavaricum Civilem* (1765), IV, XV, § XII (727).

ria a não ser que se verifiquem os seguintes três requisitos: 1. A alteração não tenha sido provocada nem por mora, nem por culpa; 2. ela não ser facilmente previsível; 3. Ela ter um alcance tal que o devedor, caso a tivesse conhecido de antemão, nunca se teria, seguindo o parecer das pessoas isentas e honestas, colocado nessas circunstâncias as quais, ainda segundo uma ponderação justa, devem ser totalmente suprimidas ou meramente adaptadas segundo a medida da alteração.

## 243. Decadência: contratualismo, codificações a pandectística

I. Após o momento alto apontado, a *clausula rebus sic stantibus* foi abandonada. Na origem, temos o exacerbar do pensamento contratualista, ligado ao liberalismo e ao afinar da doutrina dos contratos.

A *clausula* foi contraditada por von Tevenar (1724-1797). Explica este Autor que, se ela fosse subentendida em todos os negócios[2037]:

> (...) seria, por essa via, dada a oportunidade de impugnar todos os contratos, de tal modo que mais ninguém se poderia fiar numa promessa.
> (...) todos aqueles que concluam contratos devem, nessa ocasião, usar do cuidado necessário e prestar atenção também ao futuro.

Ficaria ressalvada a possibilidade de a impugnabilidade do contrato resultar da sua própria natureza, da lei ou da inclusão de uma condição ou cláusula similar[2038].

Decisiva foi a posição de A. D. Weber (1753-1817)[2039], grande teórico das obrigações naturais[2040]. Argumenta esse Autor[2041]:

[2037] Johann Wilhelm von Tevenar, *Versuch über die Rechtsgelahreit*, 1.ª ed. (1777) e 2.ª ed. inalterada póstuma (1801), XVI + 716 pp., 363.

[2038] *Idem*, loc. cit.; *vide*, ainda, Rudolf Pfaff, *Die clausel: rebus sic stantibus* cit., 268 e o nosso *Da boa fé*, 950. Von Tevenar não é referido por Georg Gieg na sua, de resto bem documentada, monografia.

[2039] Rudolf Pfaff, *Die clausel: rebus sic stantibus* cit., 273; Oskar Fritze, *Clausula rebus sic stantibus* cit., 41; Georg Gieg, *Clausula rebus sic stantibus* cit., 73-75; o nosso *Da boa fé*, 950.

[2040] *Tratado* VI, 2.ª ed., 613 ss..

[2041] Adolph Dietrich Weber, *Systematische Entwicklung der Lehre von der natürliche Verbindlichkeit*, 1.ª ed. (1784); Savigny informa ter usado uma ed. de 1800 (a 3.ª), a 4.ª ed. é de 1811, existindo uma 5.ª, de 1825, citada por Rudolf Pfaff; nós próprios, em

É conhecida a regra: todos os contratos compreendem, tacitamente, a cláusula *rebus sic stantibus*. Mas esta regra, assim como a maioria dos brocardos desse tipo, é frequentemente mal-entendida e mal-aplicada. (...) Se assim fosse, seria dada a oportunidade, através dela, de impugnar todos os contratos e ninguém mais se poderia abandonar a promessa.

Adolf D. Weber sublinha que tal orientação contraria a natureza do contrato.

II. Com este pano de fundo, o *Allgemeines Landrecht* prussiano (1794) e o Código Civil austríaco (1811) não foram favoráveis à *clausula*. Aquando do projeto de 1784, o ALR admitia a eficácia da alteração quando ela ocorresse antes do cumprimento (...) e fosse de tal ordem que o escopo principal do contrato não pudesse ser obtido"[2042]. O texto definitivo ficou, contudo, mais restritivo. Dispunha (1, 5, § 378)[2043]:

> Se o fim de ambas as partes, expressamente declarado ou emergente da natureza do negócio, se tornar, através de uma alteração imprevisível, impossível, pode cada uma delas libertar-se do contrato ainda não cumprido.

Quanto ao ABGB austríaco, cabe reter o seu § 901[2044]:

> Quando as partes tenham convertido o motivo no escopo final do seu convénio, expressamente, em condição, esses motivo ou escopo são considerados como outra condição.

Como se vê, estes diplomas abriram, apenas, as portas à vontade das partes e a uma interpretação do que elas acordassem. Não havia margem explícita para a *clausula rebus*.

*Da boa fé*, usámos a 4.ª de 1811. Desta feita, recorremos à 5.ª ed. (1825), XVI + 536 pp.: *vide*, aí, o § 90, III (346-347).

[2042] *Apud* Leopoldo Pfaff, *Die Clausel: rebus sic stantibus* cit., 303.

[2043] A. J. Mannkopff (ed.), *Allgemeines Landrecht für die Preussischen Staaten* I (1837), 188-189.

[2044] Andreas Kletecka/Martin Schauer (ed.), *Kommentar zum ABGB* (2010), § 901 (1885 ss.) e Helmut Koziol/Peter Bydlinski/Raimund Bollenberger (ed.), *ABGB/Kurzkommentar*, 4.ª ed. (2014), § 901 (920 ss.); este preceito conhece, hoje, todo um desenvolvimento jurisprudencial e doutrinário, centrado na alteração das circunstâncias.

III. O Código Napoleão fechou o cerco. Ignorou totalmente a *clausula* ou qualquer outro instituto que desse corpo à realidade que ela comporta. Além do refluxo racionalista, jogou, ainda, o peso da jurisprudência elegante e os silêncios muito significativos dos grandes juristas da pré-codificação francesa: Domat e Pothiert.

IV. A influência do contratualismo e o recurso intensivo ao Direito romano levaram os pandectistas a ignorar (caso de Savigny) ou, mesmo, a combater a velha *clausula rebus*.

Glück (1755-1831) explica[2045]:

> É porém seguro que o promitente, tanto pela lei positiva como pela lei natural, está adstrito a cumprir exatamente a sua promessa; há contudo casos em que essa vinculação desaparece (...)
>
> [Tal sucede por força de] (...) prescrições especiais das leis civis, apenas como exceções à regra e não são de considerar como exigências de uma pretensa cláusula: rebus sic stantibus.

Thibaut (1772-1840) questiona que os contratos, mesmo de longa duração, possam ser questionados por alteração das circunstâncias[2046]. Seuffert (1794-1857) limita-se, em breve nota, a admitir que a boa-fé, em casos especiais, possa justificar exceções ao poder vinculativo dos contratos[2047]. Wächter (1797-1880) afirma que a doutrina da *clausula* seria[2048]:

> (...) inteiramente falsa, contrária à natureza das coisas e não teria qualquer apoio nas fontes.

[2045] Christian Friedrich von Glück, *Aurführliche Erläuterung der Pandekten nach Hellfeld/Ein Commentar* 4 (1797), § 316 (308-309). Em nota (309, nota 71), Glück relata a doutrina tradicional da *clausula*, referindo Leyser e Kopp. Acrescenta:

> Só que esta regra [a da clausula] não está fundamentada nas leis e é altamente nociva à boa-fé, cuja manutenção, na conclusão dos contratos, é primordial, como demonstraram muito justificadamente von Tevenar (...), Weber (...) e Müller.

[2046] Anton Friedrich Justus Thibaut, *System des Pandekten-Rechts* 2 (1805), § 504 (54); além disso – 1 (1805), §§ 155-158 (118-121) – fixa, para o *casus*, um regime pouco consentâneo com a eficácia da cláusula.

[2047] Johann Adam von Seuffert, *Praktisches Pandektenrecht* II, 4.ª ed. (1867), § 279 (122, nota 9).

[2048] Carl Georg von Wächter, *Pandekten* 1 (1880), § 84, Blq. III, 2, 439-440.

Degenkolb (1832-1909) dá uma notícia da defesa, por autores antigos, da *clausula*[2049], enquanto Baron (1834-1898) refere essa figura como tendo sido admitida, nos séculos XVII e XVIII, sendo rejeitada pelos romanistas atuais, ainda que sobreviva nos Direitos particulares[2050].

Regelsberger (1831-1911) considera incorreta a possibilidade de extinguir relações contratuais por modificações supervenientes de circunstâncias[2051].

V. As razões para a ascensão e a queda da *clausula rebus sic stantibus* no século XVIII serão complexas[2052]. Afigura-se-nos, todavia, poder apontar algumas linhas de força explicativas.

Em primeiro lugar, constatamos, em torno da alteração das circunstâncias, um movimento ondulatório que remonta ao século XIII: a períodos de aceitação da *clausula* sucedem outros de recusa da mesma. Tema difícil em que todas as opiniões são possíveis, os diversos autores são naturalmente levados a afirmar a sua originalidade, contrariando os antecessores.

Seguidamente, devemos atentar no reforço e no afinamento do pensamento contratual. O contrato foi legitimado em múltiplas variáveis[2053], tornando-se difícil fixar-lhe limites. Perante isso, uma revisão do contratado que não fosse imediatamente imputável à vontade das partes perdia margens de manobra.

Finalmente: o desenvolvimento do comércio e, em geral, das transações, conduz ao fortalecimento dos contratos, tomados como realidades formalizadas. Qualquer comércio seria dificultado se, a propósito de cada contrato, fosse possível discutir o eventual influxo de modificações ambientais.

2049 Heinrich Degenkolb, *Zur Lehre vom Vorvertrag*, AcP 71 (1887), 1-92 (47).

2050 Julius Baron, *Pandekten*, 9.ª ed. (1896), § 64, III (125); a ressalva de Baron teria a ver com a codificação civil da Baviera que, como vimos, admitia a *clausula*.

2051 Ferdinand Regelsberger, *Pandekten* 1 (1893), § 175 (637).

2052 Georg Gieg, *Clausula rebus sic stantibus* cit., 66-72.

2053 *Tratado* VII, 71 ss..

## § 56.º DA PRESSUPOSIÇÃO À BASE DO NEGÓCIO

### 244. A doutrina da pressuposição

I. A *clausula rebus sic stantibus* atravessou o século XIX numa tal situação de descrédito que o tema da alteração teria de ser retomado em bases totalmente novas. Um primeiro e decisivo esforço, nesse sentido, foi levado a cabo por Windscheid (1817-1892), através da sua teoria da pressuposição.

II. O essencial da teoria da pressuposição foi apresentado em 1847, no estudo de Windscheid sobre a invalidade dos negócios no Código Napoleão[2054]. Diz aí esse Autor[2055]:

> Quando alguém dá alguma coisa ou se obriga ou, também, efetua uma prestação sob a pressuposição de que algo seja, tenha sido ou venha a ser, ou, também, não seja, não tenha sido ou não venha a ser e a realidade não corresponda a esta pressuposição, ou deixe de lhe corresponder, então ele pode repetir ou reter ou recuperar em valor o que tenha dado, a obrigação assumida ou a atividade desenvolvida.

Em 1850, Windscheid apresentou e desenvolveu formalmente a sua teoria[2056], retomando-a em obras ulteriores[2057].

Windscheid expõe as traves mestras logo no início da sua monografia sobre a pressuposição. Diz ele:

[2054] Bernard Windscheid, *Zur Lehre der Code Napoleon von der Ungültigkeit der Rechtsgeschäfte* (1847, reimp., 1967), 271-279.

[2055] *Idem*, 271.

[2056] Bernard Windscheid, *Die Lehre des römischen Rechts von der Vorraussetzung* (1850), VII + 213 pp..

[2057] Bernard Windscheid/Theodor Kipp, *Lehrbuch des Pandektenrechts* cit., 9.ª ed., § 97 (1, 507); *idem*, *Die Vorraussetzung*, AcP 78 (1892), 161-202.

A pressuposição pertence às autolimitações da vontade. A doutrina habitual enumera como factos através dos quais uma vontade expressa se pode limitar a si própria, a condição, o termo e o *modus*. Penso que esta enumeração não é exaustiva e, designadamente, que no lugar do *modus* deve ser colocada a pressuposição. Pode-se considerar a pressuposição uma condição não desenvolvida. Com isso quer dizer-se que a relação jurídica originada através da declaração de vontade é feita depender de um certo estado de coisas[2058]. (...) Assim, se o estado de coisas pressuposto não existir, ou não se concretizar ou deixar de existir, a relação jurídica constituída através da declaração de vontade não se mantém a não ser sem, ou melhor, contra a vontade do declarante (...) Resulta daí que ele pode repelir aquele, perante o qual esteja obrigado, com uma *exceptio* (*doli*), caso este a queira fazer valer ou, sem que este a faça valer, exigir-lhe a restituição daquilo que dele tenha[2059].

Precisa, ainda, Windscheid:

A pressuposição é uma condição não desenvolvida (uma limitação da vontade que não se desenvolve para condição)[2060].

Ela pode ser expressa ou tacitamente manifestada[2061]. O interessado só pode alegar a pressuposição

(...) quando da sua declaração de vontade se possa reconhecer que sob a sua declaração de vontade está uma outra, a verdadeira, i. é, quando, na sua declaração de vontade, o motivo se tenha elevado a pressuposição[2062].

[2058] Bernhard Windscheid, *Lehre von der Voraussetzung* cit., 1. Tal como na citação seguinte, suprimiram-se os parágrafos do texto original.

[2059] *Idem*, 2.

[2060] Bernhard Windscheid/Theodor Kipp, *Pandekten* cit., 9.ª ed., 507 e Bernhard Windscheid, *Die Voraussetzung* cit., 195 e *Lehre von der Voraussetzung* cit., 1. A afirmação constava já da sua *Zur Lehre von der Ungültigkeit* cit., 294.

[2061] Bernhard Windscheid/Theodor Kipp, *Pandekten* cit., 9.ª ed., 511 e *Die Voraussetzung* cit., 168. O Autor explica neste último local que a natureza "tácita" de certas pressuposições pode ser entendida em dois sentidos diferentes: no de resultar das circunstâncias e no de estar compreendida noutra declaração. Neste último caso, seria de relevo específico o escopo, importando, sempre segundo Windscheid, de entre os vários, o escopo principal.

[2062] Bernhard Windscheid, *Lehre von der Voraussetzung* cit., 6.

A pressuposição pode reportar-se ao passado, ao presente ou ao futuro; pode respeitar a uma realidade positiva ou negativa; pode ligar-se a um acontecimento momentâneo ou a uma relação duradoura[2063].

III. A pressuposição, de Windscheid, corresponde, pois, a uma relação de dependência estabelecida, pelo declarante, entre a declaração negocial e certos eventos ou estados de coisas. A sua eficácia emergeria de ser cognoscível pela outra parte. Podendo reportar-se ao desaparecimento futuro de factos presentes na celebração ou à não concretização, no futuro, de eventos aguardados no desenrolar subsequente da situação, a pressuposição cobriria, de facto, as hipóteses de alteração das circunstâncias na constância do contrato.

IV. Assim formulada, a teoria de Windscheid seria, no início, objeto de adesões[2064] e de objeções[2065], pautadas, de um modo geral, pela super-

[2063] *Idem*, 10.

[2064] Franz Förster/Max Ernst Eccius, *Preussisches Privatrecht*, 7.ª ed. (1896), 2, 480-481, 481, nota 8 e 483 – no segundo dos locais citados, lê-se mesmo que a pressuposição windscheidiana teria "(...) obtido, pelo menos na doutrina das condições, na teoria e na praxe, a concordância múltipla", mas sem mais elementos; Georg Friedrich Puchta/A. Rudoff, *Pandekten*, 8.ª ed. (1856), § 63, 97, 97 *h*, 97 *l* e 98 – no primeiro dos locais cit. considera-se o *modus* como uma manifestação especial da pressuposição; J. Baron, *Pandekten*, 9.ª ed. (1896), § 60, II (117) – refere a pressuposição como condição não desenvolvida, aceitando-a; Philipp Lotmar, *Über causa im römischen Recht/Beitrag zur Lehre von den Rechtsgeschäften* (1875), 88 – faz, no entanto, algumas precisões; Ch. A. Hesse, *Über das Wesen und die Arten der Verträge des heutigen römischen Rechts* (1868), § 8 (60, 62 e 63), – utiliza várias vezes a pressuposição windscheidiana, tomada como limitação da vontade; Rudolf Leonhard, *Der Irrthum bei nichtiger Vertragen nach römischen Rechte/ /Ein Beitrag zur Vereinfachung der Vertragslehre* (1882), 243-245, nota 2 – faz, contudo, algumas observações, notando, designadamente, que a pressuposição não poderia ser, em si, a tal "condição não desenvolvida", *idem*, 244, nota 2; R.. Leonhard não toca o assunto em *Ein Beitrag zur Irrthumslehre*, AcP 72 (1888), 42-48. Na doutrina muito posterior, surgem ainda formulações sobre o problema da alteração das circunstâncias que, na forma, se aproximam da pressuposição windscheidiana; p. ex. em Greulich, *Freigabe der Eisenpreise und laufende Lieferverträge*, BB 1952, 708-709 (708). Há, porém, falta de rigor na fala e não uma receção ou, sequer, um conhecimento da tese de Windscheid.

[2065] Além de vária literatura centrada nos problemas da causa e das *condictiones*, refira-se Heinrich Dernburg, *Pandekten*, 7.ª ed. (1896), 1, § 115, II (274), segundo o qual a pressuposição representaria um perigo, para o tráfego, concluindo que "um conceito geral de pressuposição é inaproveitável" e Ferdinand Regelsberger, *Pandekten* cit., § 166, IV

ficialidade. O primeiro projeto do BGB acolheu-a, pelo menos em parte, colocando-a, desse modo, sob o fogo da crítica. Foi retirada do texto final.

O projeto em causa compreendia, de facto, um § 742, assim concebido:

> Aquele que realizar uma prestação sob a pressuposição, expressa ou tacitamente declarada, da verificação ou não verificação de um acontecimento futuro ou de um efeito de direito, pode exigir a restituição ao destinatário, caso a pressuposição não se realize[2066].

Repare-se que, da pressuposição windscheidiana, fora recebida apenas a de futuro[2067].

Perante este texto, a crítica tinha jogo fácil. A proposta vinha, para já, com pouca convicção. Na própria justificação de motivos escrevera-se [a doutrina da pressuposição de Windscheid]:

> não obteve, até hoje, aqueles penetração e reconhecimento que permitam, sem hesitações, elaborar, sobre ela, disposições legais[2068].

E, mais à frente, a propósito do § 742 em si, explicava-se a não aceitação das pressuposições "de passado" e "de presente" porque, caso contrário, haveria "uma grande insegurança jurídica e consequências confusas"[2069]. Comprovadamente, a teoria de Windscheid, formulada, então, há decénios, não suscitara posições claras na doutrina e na jurisprudência[2070].

(605-607), que assegura não ter ela uma fundamentação nas fontes sendo, ainda, um perigo para a segurança jurídica.

[2066] *Entwurf/Erste Lesung* cit., § 742 (166).

[2067] Wilhelm Simshauser, *Windscheids Voraussetzungslehre rediviva*, AcP 172 (1972), 19-38 (32).

[2068] *Motive* cit., 1, 249 (§§ 128-143).

[2069] *Motive* cit., 2, 842-843 (843) (§ 742).

[2070] Quanto à doutrina, *vide* as obras citadas nas notas anteriores; no que tange à jurisprudência, remetemos para *Da boa fé*, 972-973, nota 265.

V. Decisiva[2071] foi, contudo, a crítica movida por Lenel ao projeto e à doutrina de Windscheid[2072]. Essa postura desenvolveu-se precisamente nesses dois planos: numa crítica interna ao preceito que, no projeto, consagraria a pressuposição e numa crítica material à própria doutrina da pressuposição em si. No primeiro plano, Lenel estranha que, no § 742 do projeto, não se tenha incluído, também, a pressuposição de passado e a de presente. Recordando, com gosto, as dúvidas e hesitações patentes nos *Motive*[2073], Lenel remata que, assentando uma doutrina num princípio único, ou está toda certa, ou toda errada; tivesse Windscheid razão, e haveria que a receber no todo; havendo dúvidas, melhor seria deixar a questão em aberto, aguardando o aperfeiçoamento doutrinário. Em caso algum se poderia aceitar uma receção parcial[2074]. No segundo plano, Lenel assevera, no essencial, a impossibilidade de distinguir, dos meros motivos, a pressuposição de Windscheid. Quem tenha dúvidas quanto às bases em que assente o negócio que pretenda celebrar terá, apenas, de nele inserir uma condição, sujeita, naturalmente, à aceitação da contraparte; o esquema da pressuposição implicaria, de facto, submeter uma pessoa a uma condição por ela não aceita. Por uma de duas hipóteses: ou a contraparte do negócio desconhece, em absoluto, a "pressuposição" – cenário possível, uma vez que Windscheid exigira, para a eficácia da pressuposição, não o seu conhecimento, mas a sua mera cognoscibilidade pela outra parte[2075] – ou, conhecendo-a, não esteve disposta, na conclusão

[2071] Wolfgang Berz, *Motivirrtum und Geschaftsgrundlage* (1953), 8; Karl Larenz, *Geschäftsgrundlage und Vertragserfüllung*, 3.ª ed. (1963), 6; Wilhelm Haarmann, *Wegfall der Geschäftsgrundlage bei Dauerrechtsverhältnis* (1979), 22-23; Franz Imbruck, *Voraussetzung und Geschäftsgrundlage/Eine Untersuchung über Wesen, Unterscheidung und praktische Brauchbarkeit der Begriffe. Zugleich ein Beitrag zur Frage: Positivismus oder Freirecht?* (1932), 8; Helmut Köhler, *Unmöglichkeit und Geschäftsgrundlage bei Zweckstörungen im Schuldverhältnis* (1971), 83; Paul Oertmann, *Die Geschäftsgrundlage/Ein neuer Rechtsbegriff* (1921), 2-3; Erich Schieferstein, *Gesetzesänderung und Geschäftsgrundlage* (1970), 11; Egon Kulzer, *Die Geschäftsgrundlage in der Rechtsprechung des Reichsgerichts* (1934), 1-2; Rudolf Meyer-Pritze, no HKK/BGB cit., II/2, Nr. 11 (1715-1716).

[2072] Otto Lenel, *Die Lehre von der Voraussetzung (im Hinblick auf den Entwurf eines bürgerlichen Gesetzbuches)*, AcP 74 (1889), 213-239 e *Nochmals die Lehre von der Voraussetzung*, AcP 79 (1892), 49-107.

[2073] *Supra*, 569.

[2074] Lenel, *Die Lehre von der Voraussetzung* cit., 214-219. Windscheid concordaria, aliás, com esta crítica, ressalvando desse modo a unidade da sua conceção – *Voraussetzung* cit., 200. *Vide*, ainda, Simshäuser, *Windscheids Voraussetzungslehre rediviva* cit., 32.

[2075] Bernhard Windscheid, *Lehre von der Voraussetzung* cit., 6 e Bernhard Windscheid/Theodor Kipp, *Pandekten* cit., 1, 9.ª ed., § 99 (514).

do negócio, a fazê-lo depender dela, tomando-a como mero assunto particular da outra parte[2076]. Lenel vinca, pois, que não existe meio termo entre os motivos e a condição; tentar estabelecê-lo é abrir a porta aos motivos e, com isso, introduzir a insegurança no Direito[2077]. Lenel conclui que Windscheid tentara uma leitura da causa romana, mas não conseguira[2078]; propõe, por isso, que se abandone, no projeto, a ideia da pressuposição e que se tente, em vez dela, uma melhoria do esquema das *condictiones*[2079].

Totalmente desamparado, o § 742 do primeiro projeto do BGB foi suprimido, na segunda leitura do projeto, sem qualquer defesa, e por "fazer perigar a segurança do tráfego"[2080]. Perdeu-se, assim, a pressuposição, na sua terra de origem.

Antes de ponderar as questões de fundo subjacentes à pressuposição windscheidiana e aos seus críticos, deve colocar-se esta rejeição, operada na segunda leitura do projeto, nas suas verdadeiras dimensões. A crítica última de Lenel a Windscheid fora, afinal, a de que a pressuposição instilaria, no futuro código, a insegurança. Ora o BGB não teve dúvidas em consagrar dispositivos bem mais ousados e bem menos esclarecidos do que o da pressuposição – pense-se na boa-fé! – chegando mesmo, em certas disposições – §§ 321 e 610 – a admitir, em termos amplos, embora sectorizados, a relevância da modificação superveniente das circunstâncias. A insegurança nunca seria problema, tanto mais que poderia, facilmente, ser enquadrada num esquema probatório adequado. A pressuposição caiu, em primeira linha,

[2076] Lenel, *Die Lehre von der Voraussetzung* cit., 225-226, dá, a este propósito, um exemplo de escola, hoje clássico – *vide* Ulrich Huber, *Verpflichtungszweck, Vertragsinhalt und Geschäftsgrundlage*, JuS 1972, 57-65 (57): o da pessoa que, tendo em vista o noivado da filha, compra um enxoval; o noivado desfaz-se e o vendedor-comerciante sabia, aquando do negócio, o objetivo em vista; não obstante, o contrato celebrado é, em si e nos seus efeitos, inatacável, pois não houvera, pelo menos por parte de um dos contraentes – e logo do contrato – a intenção de estabelecer tal relação de dependência entre o contrato e o projetado casamento.

[2077] Lenel, *Die Lehre von der Voraussetzung* cit., 220-226 e *Nochmals die Lehre von der Voraussetzung* cit., 49-62.

[2078] Lenel, *Die Lehre von der Voraussetzung* cit., 228 e 234-235 e *Nochmals die Lehre von der Voraussetzung* cit., 50 e 75 ss.; Lenel tenta demonstrar que as asserções de Windscheid não têm, nas fontes romanas, o apoio por ele pretendido.

[2079] Lenel, *Die Lehre von der Voraussetzung* cit., 236.

[2080] *Protokolle* cit., 2, 2, 690. Segundo Malte Diesselhorst, *Die Geschäftsgrundlage in der neueren Rechtsentwicklung*, em Ulrich Immenga, *Rechtswissenschaft und Rechtsentwicklung* (1980), 153-169 (153), a razão principal da recusa esteve na remissão para o princípio da lealdade contratual, que se teve por ameaçada caso o devedor pudesse recorrer à "base do negócio".

porque Lenel lhe lançou, através de críticas nem sempre irrespondíveis[2081], o anátema que, desde Savigny[2082] e até hoje[2083], paira sobre os motivos da declaração de vontade e ainda porque, num gesto onde se nota todo o vigor do Autor da reconstrução do *Edictum perpetuum*, lhe retirou o apoio cultural laboriosamente captado por Windscheid na recolha de textos romanos. A pressuposição era o motivo e não tinha apoio nos textos: tanto bastou para ficar sem defesa.

VI. Perante o estado actual da Ciência do Direito e do pensamento sistemático, o entendimento e a apreciação da pressuposição não pode limitar-se mais ao lugar-comum da insegurança ou a uma confusa aproximação entre ela e os motivos da declaração.

As críticas habituais a Windscheid pecam em dois pontos. Esquecem, por um lado, que a pressuposição não é um fenómeno isolado, antes se integrando num pensamento sistemático global; a crítica tem, pois, de atingir as bases mesmo do edifício windscheidiano, sob pena de superficialidade ou de contradições. Escamoteiam, por outro, o conjunto dos passos dados por Windscheid, para chegar à pressuposição.

Devidamente entendido[2084], o pensamento de Windscheid, quanto à pressuposição, deve ser criticado em dois pontos: na vontade humana como representação central do sistema e na delimitação periférica pré-operada. O primeiro ponto torna-a falaz; o segundo reduz-lhe a utilidade no enfrentar das alterações das circunstâncias. Na evolução, subsequente a Windscheid, da Ciência do Direito, as posições subjetivas, permissivas

[2081] Windscheid sempre tentou, muito antes das críticas de Lenel, deixar clara a diferença entre os motivos e a pressuposição; assim, *Zur Lehre von der Ungültigkeit* cit., 286 e *Die Lehre von der Voraussetzung* cit., 4, 6 e 7; *vide*, também, *Die Voraussetzung* cit., 195 e Bernhard Windscheid/Theodor Kipp, *Pandekten* cit., 1, § 98 (511), que são posteriores. E a diferença era, inicialmente, cristalina; na pressuposição, um motivo teria sido elevado, com cognoscibilidade, por parte do outro contraente, a fator sem o qual não se quereria o negócio. Perante as críticas de Lenel, Windscheid deixou cair a qualidade inicial, inconfundível na teoria, dada por conexões externas e tentou encontrar clivagens internas através da distinção entre intenção principal e secundária – *vide Pandekten*, loc. cit..; gerou, assim, uma confusão que mais enfraqueceria a sua doutrina.

[2082] Embora se apontem, em seu apoio, fontes romanas.

[2083] Recorde-se o artigo 252.° do Código Civil.

[2084] Uma análise mais aprofundada do pensamento de Windscheid consta de *Da boa fé*, 976-978.

ou injuntivas, não se justificam mais na vontade dos interessados. Ainda quando a meta do privatismo seja a pessoa singular, o Direito deve ser reconhecido como algo recebido – pela imposição ou pela aprendizagem – do exterior[2085]. O dogma da vontade é antropologicamente questionável; por isso, depara, a cada passo, com dificuldades que, na falta de uma revisão global, se tornam intransponíveis: basta recordar os direitos sem vontade, a natureza da personalidade coletiva ou as posições subjetivas que não se integrem em relação jurídica. Não lhe deve, pois, ser reconduzido o tema posto pela alteração das circunstâncias. Neste, não se debate a situação gerada pela não concretização de prefigurações desenvolvidas, aquando da contratação, pelas partes, mas antes o impacto de modificações fácticas sobre situações jurídicas que não as prevejam.

As sortes estavam, todavia, lançadas. A pressuposição não teve êxito na sua terra de origem. Tê-lo-ia em Itália, com reflexos entre nós.

## 245. **O renascer da *clausula rebus sic stantibus***

I. As dificuldades de afirmação denotadas pela doutrina da pressuposição, que levaram à sua não-inserção no BGB, não solucionaram o problema de fundo: como reagir perante alterações de circunstâncias? A Europa da primeira metade do século XX foi rica em mutações: políticas, sociais e económicas, a somar a guerras mortíferas e a todo o tipo de exações. O Direito não podia ficar indiferente. Para o efeito recuperou-se, com frontalidades variáveis e, pelo menos na forma, a velha e desacreditada *clausula rebus sic stantibus*. De novo aflora a evolução ondulatória da alteração das circunstâncias.

II. Na origem, podemos apontar o ilustre filósofo do Direito e também civilista, Rudolf Stammler (1856-1938). No domínio das obrigações, Stammler sublinha que elas, tal como os contratos, representam tão-só um meio para a obtenção de um efeito social conjunto. Assim, elas não podem ficar imunes a modificações nas circunstâncias sob as quais qualquer escopo deva ser prosseguido[2086]. A *clausula*, assim reintroduzida, é

[2085] Em geral, recorde-se Baptista Machado, *Antropologia, Existencialismo e Direito*, sep. RDES 12 (1965), 7, 9 e 74-75, p.ex..

[2086] Rudolf Stammler, *Das Recht der Schuldverhältnisse in seinen allgemeinen Lehren* (1897), 262 pp., 92-94.

também usada como um afloramento do "Direito justo"[2087]. Outros Autores defenderam orientações reanimadoras da *clausula*[2088], sendo de referenciar a opção de Rudolf Pfaff, retomada décadas mais tarde: a de avançar a partir da interpretação dos negócios[2089].

III. Sob o BGB, coube a Leo Stahl uma defesa alargada da *clausula rebus*. Na base de vários preceitos civis, este Autor vê, na cláusula[2090],

> (...) o meio de rescindir ou modificar um contrato, cuja essência seja ameaçada ou prejudicada por uma modificação das circunstâncias.

Qualquer alteração significativa nas circunstâncias pode pôr em perigo a natureza recíproca de um contrato: um problema a ultrapassar pela aplicação analógica do § 321 do BGB[2091] (epigrafado, após a reforma de 2001, "exceção de insegurança"). Temos uma *clausula* objetiva.

IV. Segue-se o contributo de Erich Kaufmann (1880-1972): embora dirigido para o Direito internacional público, ele deu, à *clausula rebus*, uma dimensão geral[2092]. Na origem, Kaufmann contrapõe um tipo de pensamento neo-hegeliano ao neo-kantismo de Stammler[2093]. Assim, não relevaria uma sobrevalorização das ideias gerais-abstratas de ponderação e de repartição, mas antes a qualidade concreta da relação jurídica especial em jogo[2094]. Para tanto, vale cada contrato, sendo decisivo o seu escopo, para

[2087] Rudolf Stammler, *Die Lehre von dem richtigen Rechte* (1902, reimp., 1964), 340-341.

[2088] *Vide Da boa fé*, 986-987.

[2089] Rudolf Pfaff, *Die Clausel: rebus sic stantibus* cit., 296.

[2090] Leo Stahl, *Die sog. clausula rebus sic stantibus im BGB* (1909), 84 pp., 7 ss., 13 ss., 45-48 e *passim*.

[2091] *Idem*, 74. O § 321 do BGB (hoje, n.º 1) permite, num contrato com prestações recíprocas, a uma das partes, sustar na sua prestação, quando for de recear que a outra parte não possa efetuar a sua.

[2092] Erich Kaufmann, *Das Wesen des Volkerrechts und die clausula rebus sic stantibus* (1911), 231 pp..

[2093] Recorde-se: Erich Kaufmann, *Kritik der neukantischen Rechtsphilosophie/Eine Betrachtung über die Beziehungen zwischen Philosophie und Rechtswissenschaft* (1921), 102 pp.; há reimp. de 1964.

[2094] Erich Kaufmann, *Das Wesen des Volkerrechts* cit., 205-207. Um apanhado mais circunstanciado da doutrina de Kaufmann consta de *Da boa fé*, 990-992.

ajuizar da necessidade da sua adaptação às circunstâncias. A interpretação objetiva tem, aí, um papel[2095]: Helmut Leetz retoma a ideia, mas na base de uma interpretação (mais) personalizada[2096]: a *clausula* é subjetiva.

V. Este caminho foi complementado por Paul Krückmann: antes de sofrer a influência da base do negócio, de Oertmann[2097]. Krückmann aproxima a *clausula rebus* da essência do sinalagma: ocorrendo uma alteração das circunstâncias, seria contrário à boa-fé fazer valer um contrato numa situação em que não teria sido concluído[2098]. Retemos a progressiva reafirmação do papel da boa-fé, enquanto a *clausula* traduz cada vez menos uma teoria e cada vez mais o próprio instituto da alteração das circunstâncias, independentemente da sua explicação. Teria sido culturalmente interessante conservá-la, com esse alcance. Todavia, ela seria batida por outras designações, com relevo para a base do negócio.

## 246. **O apelo a institutos circundantes**

I. Antes de se encarar um novo instituto específico da alteração das circunstâncias (a base do negócio), cumpre mencionar algumas tentativas de enquadrar o problema com recurso a institutos circundantes. Foram usados:

- a impossibilidade alargada;
- a normatividade das próprias alterações;
- o recurso direto à boa-fé;
- a exceção de ruína;
- a inexigibilidade.

Vamos ver.

[2095] *Idem*, 213-214.

[2096] Helmut Leetz, *Die clausula rebus sic stantibus bei Lieferungsverträgen* (1919), 34 pp., 10 ss..

[2097] Paul Krückmann, *Clausula rebus sic stantibus, Kriegsklausel, Streikklausel*, AcP 116 (1918), 157-481.

[2098] *Idem*, 198, 202 e *passim*. Uma análise mais completa do pensamento de Krückmann consta de *Da boa fé*, 993-996.

II. A impossibilidade alargada foi desenvolvida com base nos preceitos que, no BGB, consagravam a impossibilidade superveniente como causa de exoneração do devedor. Impunha-se definir claramente o "impossível". Diversos autores, no princípio do século XX (Titze, Kisch, Kleineidam e Treitel)[2099], por uma ou outra via, propugnaram que a "impossibilidade" seria humana e não física. Logo, perante dificuldades de monta, haveria que pôr cobro à relação, por impossibilidade superveniente[2100]. Como fixar bitolas? Mesmo admitindo uma impossibilidade alargada, no sentido de social ou humana, por oposição à física ou à matemática, fica uma zona em que a exigência do cumprimento de um contrato é injusta, conquanto viável.

III. A normatividade das próprias alterações foi acolhida nalguma jurisprudência alemã[2101]. Confrontados com alterações consideráveis, que exigiriam medidas, em face da sensibilidade jurídica e desamparados pela Ciência do Direito, repartida em teorias de crescente subtileza, os tribunais optaram, simplesmente, por admitir a suspensão ou a cessação dos contratos atingidos. Essa opção pode conectar-se com a teoria da normatividade de factos: uma faculdade emanente de expressão axiológico-jurídica de realidades ôntico-sociais[2102]. Tem interesse permitir conjugar a realidade e o Direito, sem uma intermediação, sempre problemática, da vontade humana. Todavia: os factos não podem ser bitolas de eles próprios. Há que reservar uma dimensão normativa.

2099 *Supra*, 336 ss..

2100 Mais elementos em *Da boa fé*, 1001-1007.

2101 RG 4-fev.-1916, RGZ 88 (1917), 71-78 (72 e 74); RG 22-jan.-1918, RGZ 92 (1918), 87-89 (88-89); RG 8-fev.-1918, RGZ 93 (1918), 341-344 (341-343). Trata-se de situações atingidas pela Grande Guerra de 1914-1918 e que, pelo menos temporariamente, não eram exequíveis. Sobre toda esta matéria, dispomos hoje da monografia de Jochen Emmert, *Auf der Suche nach den Grenzen vertraglicher Leistungspflichten/Die Rechtsprechung des Reichsgerichts 1914-1923* (2001), XIII + 477 pp.; *vide*, aí, 459 ss., o registo das decisões.

2102 Klaus Grimmer, *Die Rechtsfiguren einer "Normativität des Faktischen"* (1971), 166 pp., rec. Klaus Lompe, RTh 4 (1973), 108-111; esta doutrina remonta ao Direito público: Georg Jellinek, *Allgemeine Staatslehre*, 3.ª ed. (1914), XXXII + 837 pp., 337 ss. (338)

IV. O recurso direto à boa-fé foi, também, uma solução encontrada pela jurisprudência alemã, confrontada com alterações que implicavam saídas que tardavam, na doutrina. Nas palavras do *Reichsgericht*[2103]:

> (...) um dever de prestar não pode subsistir quando o cumprimento do contrato deva ter lugar sob circunstâncias tais que não corresponda mais ao que as partes tenham razoavelmente pretendido e a execução forçada seja inconciliável com a consideração pela boa-fé e pelos costumes do tráfego, prescritos nos §§ 157 e 242 do BGB.

O marco decisivo neste domínio foi a jurisprudência da revalorização monetária. Na sequência da grande inflação dos anos 20 do século passado, o Tribunal Supremo do *Reich*, invocando a boa-fé, procedeu à necessária adaptação[2104]: *contra legem*. No fundo, esta é a solução do problema, claramente patente no artigo 437.º/1. Todavia, impõe-se um esforço de concretização e de explicação.

IV. A exceção de ruína ocorreu em RG 22-out.-1920[2105].

Sucedera, em síntese, o seguinte. Um comerciante de automóveis vendeu, ao Autor, um veículo por 12.000 marcos. Todavia (recorde-se que, pelo Direito alemão, a compra e venda é meramente obrigacional) recusa a transmissão alegando que, por modificações de circunstâncias, o preço teria de ser 17.000 marcos. Perante a ação de cumprimento do contrato, o RG constata que o risco da subida de preço corria pelo vendedor e o da sua descida, pelo comprador. Simplesmente, segundo o comerciante, este celebrara uma série de contratos semelhantes os quais, se um deles fosse executado pelo preço inicial, lhe seguiriam o exemplo. O comerciante perderia 800.000 marcos, ficando arruinado.

[2103] RG 22-out.-1918, RGZ 94 (1919), 68-71 (68 e 69); RG 19-mai.-1920, RGZ 99 (1920), 115-120 (116); RG 8-jul.-1920, RGZ 99 (1920), 258-260 (259): todos estes casos têm a ver com situações decorrentes da I Guerra Mundial.

[2104] RG 28-nov.-1923, RGZ 107 (1924), 78-94 = JW 1924, 38-43 = DJZ 1924, 58-65; diversos elementos sobre esta decisão histórica podem ser confrontados em *Da boa fé*, 1023-1025.

[2105] RG 22-out.-1920, RGZ 100 (1921), 134-138 = JW 1921, 23-24. Houve outros casos deste tipo: *Da boa fé*, 1009-1010, com indicações.

No fundo, teríamos o seguinte: justifica-se a não-execução – ou a não-execução exata – de um contrato quando, mercê das suas interligações com outros negócios, se provoque, para além dele, a ruína do devedor. Aparentemente, o problema já não é, aqui, de justiça individual mas, antes, de repercussão sócio-económica de uma decisão.

Refira-se, já depois da II Guerra Mundial, o caso *Volkswagen* (VW), decidido pelo BGH em 23-out.-1951[2106]. Segundo um esquema praticado no regime nacional-socialista, os Autores contribuíram regularmente para um fundo especial; ao fim de certo tempo, ser-lhe-iam atribuídos veículos VW. Todavia, a "conta VW" ficara na Zona de Ocupação Soviética, tendo sido congelada. Haveria mais de 336.000 pessoas na situação dos autores. Perante isso, o BGH decidiu não executar o contrato e mandar averiguar qual a situação da empresa *Volkswagen*.

A tudo isso o Direito deve dar respostas.

V. A inexigibilidade prende-se com a preocupação, que remonta a Hartmann[2107], de restringir a lógica da impossibilidade, na construção de Mommsen e as noções de impossibilidade prática[2108]. O dever de prestar obedece a coordenadas temporárias e geográficas; mas além disso, tem em conta o grau de esforço exigido ao devedor. Tal grau não pode ser infinito. A partir de certa medida, o cumprimento seria inexigível. Tentando fixar margens para essa inexigibilidade, Nipperdey (1895-1968) apresenta, em síntese, a seguinte proposta de solução: celebrado um contrato, a boa-fé manda que ele seja lealmente cumprido; a lealdade, todavia, tem duas dimensões: a externa, que manda executar o teor combinado e a interna, que adstringe ao equivalente acordado; havendo alterações, esse equivalente é perturbado, ocorrendo um conflito entre as duas "lealdades"; em regra, prevalece a externa, em nome da segurança; mas a partir de certo grau, vale a interna[2109]. Para evitar uma jurisprudência de sentimento, Nipperdey preconiza alguns critérios. Assim, a prestação é, segundo a boa-fé, inexigível quando: (1) sem culpa do devedor; (2) de modo imprevisível;

[2106] BGH 23-out.-1951, JZ 1952, 145-147 (145, 146 e 147).

[2107] Gustav Hartmann, *Die Obligation/Untersuchungen über ihren Zweck und Bau* (1875), VIII + 277 pp.; *vide* Jochem Emmert, *Auf der Suche nach den Grenzen Vertraglicher Leistungspflichten* cit., 19 ss..

[2108] *Supra*, 336 ss..

[2109] Hans Carl Nipperdey, *Vertragstreue und Nichtzumutbarkeit* (1921), 20-25.

(3) ocorra, no cumprimento do contrato, uma desproporção considerável entre a prestação e a contraprestação[2110]. Com diversas roupagens, estes requisitos surgiam na *clausula rebus* e passaram à base do negócio.

Se bem se reparar, a inexigibilidade é o efeito da alteração das circunstâncias. Só por si, ela nada explica; tão-pouco dá bitolas de soluções. Surge como saída formal, de tipo linguístico.

[2110] *Idem*, 29.

## § 57.º A BASE DO NEGÓCIO

### 247. A doutrina de Oertmann

I. No fim da vida, Bernhard Windscheid fez uma última tentativa para defender a teoria da pressuposição, em face da exagerada chuva de críticas que impediu a consagração no BGB. Afirmou então[2111]:

> É minha convicção firme que a pressuposição, tacitamente expressa, far-se-á sempre valer de novo, faça-se o que se fizer contra ela. Expulsa pela porta, ela volta pela janela.

Muito citada, esta profecia concretizou-se, muito para além das expectativas do seu Autor. De certo modo, a pressuposição reencarnou na teoria da base do negócio, apresentada por Oertmann (1865-1938).

II. Na sua monografia fundamental – a base do negócio ou *die Geschäftsgrundlage*, publicada em 1921[2112-2113] – Oertmann começa por situar o problema da alteração das circunstâncias, designadamente em face da pressuposição. Posto isso, passa a apresentar a base do negócio em si.

Oertmann explica que os negócios se firmam sobre certos fundamentos – certa base – que não podem ser ignorados sem formalismo. Esses fundamentos são menos do que os motivos: não conduzem à decisão de

[2111] Bernhard Windscheid, *Die Vorraussetzung* cit. (1892), 197.

[2112] Paul Oertmann, *Die Geschäftsgrundlage/Ein neuer Rechtsbegriff* (1921), 179 pp.. Desse Autor, *vide*, também, *Geschäftsgrundlage*, HWB/RW 2 (1927), 803-806 (804).

[2113] Quanto à doutrina de Paul Oertmann e sua evolução, com mais elementos, *vide Da boa fé*, 1032-1050; na atual literatura alemã: Rudolf Meyer-Pritzl, no HKK/ /BGB cit., II/2, §§ 313-314, Nr. 14-17 (1717-1720); Ralf Köbler, *Die "clausula rebus sic stantibus"* cit., 95-96; Christian Reiter, *Vertrag und Geschäftsgrundlage* cit., 23-45; Mario Schollmeyer, *Selbstverantwortung und Geschäftsgrundlage* cit., 61-106; Nurten Ince, *Der Wegfall der Geschäftsgrundlage* cit., 37-53.

contratar tendo, quando muito, o alcance negativo de que, sem eles, não se teria contratado; por outro lado, enquanto o motivo é algo de unilateral, que só por coincidência rara é compartilhado entre as partes, os fundamentos representam, um ponto comum a ambas as partes. São, por outro lado, mais do que motivos: estes representam uma realidade meramente psicológica, que se prende, apenas a uma declaração negocial e não ao contrato no seu todo[2114]. Também não haveria confusão com a pressuposição de Windscheid: esta é uma manifestação de vontade – os fundamentos não o são – unilateral – os fundamentos reportam-se ao contrato no seu todo. Tão-pouco, porém, ela surgiria como parte do conteúdo contratual, por não ser querida, com consciência, como tal, pelas partes, expressa ou tacitamente, ou corresponderia a uma limitação da vontade das partes[2115].

III. Colocando a questão decisiva de saber se se trata de algo subjetivo, i. é, posto pelas partes, ou de objetivo, Oertmann opta decisivamente pela primeira hipótese, por duas ordens de razões: sendo objetivo, posto pelo Direito, perder-se-ia na doutrina da conclusão do contrato; por outro lado, como o conteúdo e o objeto do negócio são determinados pelas partes, só delas pode depender que as circunstâncias constituam, para elas, o fundamento negocial[2116].

Feitas estas precisões prévias, Oertmann, num dos textos mais transcritos na literatura jusprivatista, define a base do negócio como[2117]:

[2114] Paul Oertmann, *Geschäftsgrundlage* cit., 25, 27, 28 e 29; *idem*, *Geschäftsgrundlage*, HWB/RW cit., 804-805.

[2115] *Idem*, 30-31, 31 e 33.

[2116] *Idem*, 35 e 36.

[2117] *Idem*, 37; Oertmann continua:

> ela [a base do negócio] significa uma subordinação, mas não nem uma regulação negocial autónoma, nem uma limitação dessa regulação a certos casos representados como possíveis.

Explica ainda, 38,

> A base do negócio não é, porém algo de unilateral existente apenas numa parte; nesta medida, não se distingue de modo algum do autêntico conteúdo do negócio: para ser eficaz, ela deve ser comum a ambas as partes, ou melhor, ao seu convénio recíproco. A sua oposição ao conteúdo do negócio não é de procurar nessa direção, mas antes em que ela não pertence ao processo de vontade e às declarações das partes, sendo apenas a base, o fundamento sobre o qual estas, de ambos os lados, se erguem.

Oertmann procede, depois, a uma distinção entre a base do negócio e a condição, o modo, a rescisão por motivos importantes, a *clausula rebus sic stantibus* – esta seria conteúdo do negócio, ao contrário da base do negócio – a cláusula de guerra ou de greve,

> (...) a representação de uma parte, patente na conclusão de um negócio e reconhecida pela contraparte eventual, no seu significado, ou a representação comum às várias partes da existência ou do surgimento futuro de certas circunstâncias sobre cuja base se firma a vontade negocial.

IV. Apresentada a base do negócio, Oertmann, numa subtileza que contribuiu para o sucesso da ideia, não se apressou a propor a sua aplicação ao Direito vigente: iniciou antes uma análise extensa do BGB, procurando isolar hipóteses de aplicação legal direta da base do negócio[2118]. Passando, depois, ao tema da aplicabilidade geral da base do negócio, Oertmann assinala que os casos específicos consagrados na lei seriam ainda alargáveis. Na busca de apoios mais amplos, Oertmann aborda o tema da base do negócio e da interpretação negocial. Rememorando os escritos dedicados a conceitos similares – pressuposição e *clausula* – o Autor observa que a maioria recorre à vontade das partes ou à de uma delas, ao negócio e à sua interpretação – designadamente à operada, de acordo com o § 157 BGB, segundo a boa-fé, com consideração pelos costumes do tráfego. Ora

> (...) eu [Oertmann] já acentuei pelo meu lado, de modo decisivo, que não se trata aqui de uma verdadeira interpretação de uma vontade empírica e efetivamente existente, mas sim de um aperfeiçoamento, de uma complementação da vontade existente, com base no escopo objetivo do negócio. (...) Ultrapassa-se, assim, com consciência, o âmbito da vontade das partes de facto existente e aproxima-se já fortemente da segunda conceção fundamental que quer atribuir à base do negócio, ou como se lhe queira chamar, um significado não na base da vontade das partes, mas sim do reconhecimento legal[2119].

Considerando o problema da aplicação ou do § 157 ou do § 242, Oertmann afirma reportar-se o primeiro ao campo do ser e o segundo ao do dever ser, apesar de terem um teor semelhante. Na sequência do desenvolvimento anterior, assevera que os efeitos da supressão da base do negócio não se obtêm com recurso à mera interpretação negocial; embora esta possa, de facto, indicar a dependência dos efeitos do negócio da manutenção ou do surgimento de certa base negocial, na maioria dos casos há que pensar num efeito legal[2120]. A relevância juspositiva da base do negócio reside pois, no § 242: uma vez que o devedor só está obrigado à prestação nos

o erro no negócio, apesar dos pontos de contacto com este existentes e a impossibilidade – *idem*, 39-61.

[2118] Paul Oertmann, *Geschäftsgrundlage* cit., 62-123.

[2119] *Idem*, 124, 128 e 129.

[2120] *Idem*, 131.

limites da boa-fé, ele deve poder desligar-se da prestação quando a base em que se ergueu o negócio desapareça, colocando as partes numa situação económica não prevista[2121]. Oertmann ocupa-se, a terminar, com a forma por que opera o desaparecimento da base do negócio, as consequências jurídicas da sua supressão – fundamentalmente, a possibilidade de rescindir o negócio, admitindo-se, em certos casos, a modificação – e os limites à sua operacionalidade[2122].

## 248. A oscilação objetiva/subjetiva

I. A doutrina de Oertmann teve um desenvolvimento doutrinário imediato em vários autores, entre os quais Locher, Rhode, Krückmann e Fulterer. Podemos dizer que eles oscilaram entre leituras objetivistas e subjetivistas. Começou Locher, objetivista.

Locher começa por sumariar a tese de Oertmann, colocando dúvidas em dois pontos: na afirmada ou subentendida natureza da base do negócio como uma qualificação psicológica das partes e na possibilidade de a contraparte, tendo reconhecido a presença e a essencialidade da base do negócio, a rejeitar. A superação destes pontos exige uma objetivação do conceito: a base do negócio assenta antes, na sua determinação conceptual e na sua delimitação, numa relação causal entre o escopo do negócio e as circunstâncias formativas; assim sendo, uma "rejeição" da base do negócio acompanhada da aceitação do negócio em si não faria sentido[2123]. No tocante à consagração legal da base do negócio, Locher observa que Oertmann seguiu o esquema habitual, já percorrido por Stahl, Krückmann e, até Windscheid, de alinhar consagrações legais sectoriais como base de uma generalização[2124]. Como justificação de fundo, surge a referência à boa-fé; este aspeto ganha, aliás, em importância, uma vez que Locher considera dever amparar-se o princípio da base do negócio, como tal, no Direito e não em simples aplicações sectoriais. De ponderar ainda, segundo Locher, os casos frequentes em que, não obstante modificações de relevo, as partes não haviam, de facto,

[2121] *Idem*, 136.

[2122] *Idem*, 148 ss., 15.5 ss. (159 e 168) e 174 ss..

[2123] Eugen Locher, *Geschäftsgrundlage und Geschäftszweck* (1923), 111 pp., 1-10 (8, 9 e 10).

[2124] Locher, *Geschäftsgrundlage* cit., 21; recordem-se, de facto, Stahl, *Clausula* cit., 7-44, Krückmann, *Clausula* cit., 263-395 e Windscheid, *Die Lehre* cit., 11-153.

tido qualquer representação desse aspeto fundamental de uma base do negócio que só mais tarde se revelaria[2125].

Depois de, em obediência à tradição windscheidiana e à necessidade de delimitar a sua própria doutrina, ter ordenado os temas do enriquecimento injusto, da base do negócio e do escopo do negócio[2126], Locher propõe a sua própria solução: a determinação da base do negócio através do escopo do negócio acabando por defini-la como:

> (...) o conjunto daquelas circunstâncias, sem cuja existência, manutenção ou verificação futura o escopo prosseguido pelo negócio e determinado de acordo com o seu conteúdo, não pode ser obtido através do negócio, apesar de ele ter sido devidamente concluído e ainda que se realize o sacrifício exigível às partes, segundo o conteúdo negocial[2127].

II. Depois do incremento objetivista de Locher, Rhode provocaria nova oscilação da alteração das circunstâncias no sentido do subjetivismo[2128]. Na base das posições que assume, Rhode coloca a estrutura lógica da declaração de vontade, o que lhe permite equacionar o problema dos motivos, do erro de exteriorização, do erro sobre a pressuposição e do erro sobre o conteúdo[2129].

> A orientação subjetivista de Rhode indicia-se através da ordenação que realiza entre os §§ 133 – manda atender à vontade real das partes e não à letra da declaração, quando se trate de interpretar declarações negociais – e 157 – interpretação segundo a boa-fé; criticando Titze[2130] e Danz[2131], Rhode observa que o § 133 não se torna, de modo algum, supérfluo perante

[2125] Locher, *Geschäftsgrundlage* cit., 23 e 26.

[2126] Locher, *Geschäftsgrundlage* cit., 33-71.

[2127] Locher, *Geschäftsgrundlage* cit., 71-72.

[2128] Heinz Rhode, *Die beiderseitige Voraussetzung als Vertragsinhalt*, AcP 124 (1925), 257-322.

[2129] *Idem*, 266-277.

[2130] Heinrich Titze, *Die Lehre vom Missverständnis* (1910), 85; Titze explica aí que o § 133 não remete para a verdadeira vontade do declarante, mas para a verdadeira vontade declarada.

[2131] Erich Danz, *Die Auslegung der Rechtsgeschäfte*, 3.ª ed. (1911), 23; Danz releva, no entanto, o mandamento do § 133 da não-adstringibilidade da letra da declaração.

o § 157; impõe, antes, que se indague, em primeira linha, a vontade real do declarante, aplicando-se o § 157, em segunda linha, apenas ao contrato[2132].

Descrevendo a tese de Oertmann quanto à base negocial, Rhode, subscrevendo, na generalidade, as construções dele, contesta que as circunstâncias representadas como base do negócio não pertençam ao conteúdo negocial; delimitadas por representações das partes – as quais são cognoscíveis pela interpretação – elas incluem-se na fórmula conclusiva do contrato[2133]. Contesta, ainda, a expressão "base do negócio": esta implicaria uma cessação automática do contrato, caso desaparecesse, o que não é o caso. A separação implicada pela construção oertmanniana no conteúdo do contrato é inconveniente[2134]. As pressuposições – Rhode recupera, como se vê, a terminologia windscheidiana – para serem atendíveis, devem ser parte da declaração negocial e, concluído o contrato, integram-se nesse. E, naturalmente, são comuns a ambas as partes[2135].

III. Paul Krückmann interveio, também, num sentido subjetivista. Este Autor teve uma produção muito extensa em torno da alteração das circunstâncias e problemas conexos. A sua opinião não foi constante. Pode apontar-se um primeiro Krückmann que tomou posições marcadamente objetivas, centradas numa *clausula* dimanada pela natureza do sinalagma e um segundo Krückmann que, sob a influência inconfessada de Oertmann, caminhou para o subjetivismo. A evolução do segundo Krückmann nesse sentido sintetiza-se em três passos, corporizados noutros tantos estudos. Primeiro, aceitando embora a expressão "base do negócio" – que tem o cuidado de imputar ao *Reichsgericht* e não a Oertmann[2136] – considera ter, desta, uma conceção totalmente diferente da oertmanniana: esta seria final, devendo contrapor-se-lhe uma outra, histórico-causal. Com a projeção seguinte: em vez de se perguntar o que se deve aceitar, com base no pensado pelas partes, como escopo da sua vontade, deve-se interrogar donde partiram e que pensa-

[2132] Heinz Rhode, *Beiderseitige Voraussetzung* cit., 278 e 288.

[2133] *Idem*, 294; Rhode completa a ideia, explicando que elas não fazem parte do conteúdo do contrato quando não tenham sido expressas pela parte ou quando falte o reconhecimento da contraparte. Mas nessa altura, o próprio Oertmann reconhece a inexistência da base do negócio – *idem*, 295.

[2134] Heinz Rhode, *Beiderseitige Voraussetzung* cit., 295-296.

[2135] Heinz Rhode, *Beiderseitige Voraussetzung* cit., 298, 300 e 322-323.

[2136] Paul Krückmann, *Ein Beitrage zur Geldentwertung und Vertragsgrundlage*, JhJb 75 (1925), 1-52 (3, nota 1).

ram elas[2137]. Depois, com um sabor windscheidiano crescente, Krückmann vem considerar as prestações virtualmente condicionadas por postulados iniciais a determinar de modo positivo – pela interpretação – ou negativo – o que as partes não teriam querido se houvessem sabido tudo – e cuja oponibilidade à outra parte se aferiria de acordo com a boa-fé[2138]. Finalmente, Krückmann acaba por assumir a própria pressuposição de Windscheid, tentando rejuvenescê-la : assim, ela implicaria uma reserva virtual, no sentido de uma limitação da própria vontade, manifestada expressa ou tacitamente – "eu não concordaria se não aceitasse que (...)" – ou não manifestada, mas imanente. Neste último caso, ela poderia depreender-se da própria previsão – pressuposições típicas; p. ex., pagamento de débito inexistente – ser, apenas, conhecida pela contraparte, não ser conhecida mas cognoscível, não ser, sequer, cognoscível, havendo ainda que ter em conta se a contraparte provocou ou não a reserva ou se agiu com dolo[2139]. Tudo isto produziria efeitos, no entanto, apenas na medida em que fosse admitida a explicitação posterior de uma vontade diferente da inicialmente declarada, ou, noutra formulação, consoante a prestação atingida pela pressuposição seja ou não exigível[2140]. O recurso à inexigibilidade parece, deste modo, apagar um tanto o subjetivismo, embora não legitime o considerá-lo objetivista[2141].

IV. O ciclo encerra-se com as posições de Walter Fulterer. Este considera como base do contrato:

> (...) o conjunto dos factos presentes, passados ou futuros que, segundo a natureza do negócio ou por força de declarações específicas das partes, constituem

[2137] *Idem*, 47-48.

[2138] Paul Krückmann, *Kalkulationsirrtum und ursprüngliche Sinn-, Zweck- und Gegenstandslösingkeit*, AcP 128 (1928), 157-208 (176-177).

[2139] Paul Krückmann, *Die Voraussetzung als vkirtueller Vorbehalt*, AcP 131 (1929), 1-104 e 257-292 (67-68). Quanto ao "não querer virtual", também Krückmann, *Irrtum, veränderte Umstände und Geschäftsgrundlage*, LZ 27 (1933), 481-491 (483 e 484).

[2140] Krückmann, *Voraussetzung* cit., 11 e 12.

[2141] Krückmann aparece, por vezes, tratado como objetivista apenas por causa das posições assumidas na sua *Clrss*; assim Fikentscher, *Geschäftsgrundlage* cit., 8, que, no entanto, cita os estudos posteriores de Krückmann – *Geschäftsgrundlage* cit., 825. Krückmann critica ainda as orientações de Oertmann e de Locher – *Voraussetzung* cit., 88 ss. (90-91) e 98 ss. (100-101): ao primeiro reprova o facto de a base do negócio não declarar o que devia, i. é, ficar inerme no caso de faltar qualquer representação das partes – o que sucede nas hipóteses mais graves de alteração; ao segundo, a integração da base do negócio no conteúdo do contrato sem que sobre ela haja, necessariamente, declarações bastantes.

a realidade de que nasceu o contrato e da qual o escopo prosseguido pelo contrato de algum modo se projeta (...)[2142].

Esta realidade, por ser cognoscível através de declaração negocial, alcança-se pela interpretação contratual[2143]. Fulterer pretende solucioná-la, na sua falta ou supressão, através da aplicação do regime do erro[2144]. Aparentemente, ocorre aqui já uma junção das "duas bases": objetiva e subjetiva.

## 249. **Observações críticas**

I. Todas estas orientações abrem num espaço normativo e metodológico desbravado por Oertmann.

Numa primeira abordagem, a tese de Oertmann pouco trouxe de novo. A expressão "base do negócio", embora divulgada a partir dele, já era conhecida na doutrina[2145] e na jurisprudência[2146].

A atribuição de eficácia jurídica à alteração de circunstâncias pelo canal das representações das partes é, na essência, retomar a via da pressuposição windscheidiana. Pesquisar a positividade jurídica da figura em disposições dispersas do BGB é repetir um esquema multiplamente ensaiado; rematar essa via com o recurso à boa-fé tão-pouco constitui inovação.

2142 Walter Fulterer, *Der Irrtum und die Geschäftsgrundlage bei vermögensrechtlichen Rechtsgeschäften* (1931), 95. O A. explica que, a esta realidade, se pode chamar base do negócio, pressuposição ou condição tácita: o efeito é o mesmo – *idem*, 96, nota 39.

2143 *Idem*, 98.

2144 *Idem*, 97.

2145 Assim: Konrad Schneider, *Treu und Glauben in der Rechtsanwendung*, LZ 1916, 1466-1467 (1467) – bases do contrato – Andreas von Tuhr, *Irrtum über die Grundlage des Vertrages*, LZ 15 (1921), 153-168 – base do contrato – Carl Crome, *Der Konzessionsvertrag und seine Ausführung im Kriege*, AcP 115 (1917) 1-57 (47) – as considerações com base nas quais se fixa a prestação e a contraprestação – e o próprio Paul Oertmann, *Doppelseitiger Irrtum beim Vertragsschlusse*, AcP 117 (1919) 275-314 (297) – base do negócio e base do contrato.

2146 RG 13-jan.-1911, RGZ 75 (1911), 145-147(146 e 147) – houvera uma aquisição tendo em vista o traçado de uma rua, não concretizado; o RG vem dizer que a rua "(...) constitui a base jurídica do convénio encontrado entre as partes"; RG 16-out.-1918, RGZ 94 (1919), 65-68 (65 e 67) – o caso conhecido da compra de ações com erro na comunicação do seu curso; o RG fala, a esse propósito nas "bases da declaração"; RG 12-nov.-1920, RGZ 97 (1920), 138-140 (138 e 140) – outro caso de erro sobre uma cotação da bolsa; o RG considera haver "(...) erro sobre bases da declaração negocial (...)".

II. Não obstante, Oertmann introduziu algumas conceções novas. Em relação à pressuposição, como o próprio Oertmann fez questão em focar[2147], a diferença cifra-se, segundo a doutrina comum[2148], em dois pontos: a pressuposição seria uma limitação da vontade, relacionando-se com o lado psicológico do negócio, enquanto a base do negócio traduziria uma representação sobre a qual se formaria a vontade; a pressuposição teria uma natureza unilateral, bastando ser cognoscível pela outra parte, enquanto a base do negócio surgiria como comum a ambas as partes. Também perante a *clausula* existiriam diferenças, embora de modo não tão claro, dada a multiplicidade de sentidos com que ela tem sido utilizada. Assim, a *clausula* faria parte do próprio contrato, enquanto a base do negócio seria apenas uma representação sobre a qual se formaria a vontade; além disso, a *clausula* visaria apenas alterações de futuro, enquanto a base do negócio alcançaria, também, a não conformidade do negócio com as circunstâncias, presentes e passadas, para que ele estaria programado. A distinção perante os outros esquemas, em tempo ensaiados para facultar eficácia à alteração das circunstâncias, como os da impossibilidade alargada, a eficácia imediata das modificações fácticas, a aplicação direta da boa-fé, a exceção de ruína e a inexigibilidade, não requer desenvolvimentos suplementares.

III. Esta falta de novidade não impediu que – contrariando um convencimento frequente, implícito ou explícito, na literatura não-alemã, que tem a base do negócio por doutrina assente ou muito divulgada – a tese de Oertmann fosse objeto de críticas generalizadas[2149]. Embora com intenções variadas, essas críticas centram-se na alegada natureza subjetiva da base do negócio oertmanniana: apoiada num juízo psicológico das

[2147] Paul Oertmann, *Geschäftsgrundlage*, no HWB/RW cit., 803-804.

[2148] Dormann, *Geschäftsgrundlage* cit., 20-21; Imbruck, *Geschäftsgrundlage* cit., 27-28, com uma diferenciação mais vasta; Schieferstein, *Geschäftsgrundlage* cit., 17; Locher, *Geschäftsgrundlage* cit., 4; Schaefer, *Geschäftsgrundlage* cit., 7.

[2149] Curiosamente, Oertmann seria criticado, tal como Windscheid o fora, por Otto Lenel. Este Autor, numa recensão ao AcP 121 (1923), JW 1924, 30-31 (30), referindo o artigo de Locher aí publicado, congratula-se com as críticas por este formuladas a Oertmann e considera as teses deste pouco claras; noutro local – *Der Irrtum über wesentliche Eigenschaften*, AcP 123 (1925), 161-193 (169), escreve: "(...) considero esta doutrina [a base do negócio de Oertmann] tão confusa e tão perigosa como a doutrina da pressuposição de Windscheid, combatida, por mim há decénios e hoje rejeitada quase generalizadamente". Também em Reichel, *Vertragsrücktritt* cit., 16-17, retoma tais críticas, enquanto Rabel, an. RG 3-fev.-1922, JW 1922, 702-706, *idem*, 702-704 (703), entende que a construção de Oertmann não corresponde à lei e é inadequada, equivalendo a uma versão melhorada da pressuposição windscheidiana.

partes[2150], ela não daria resposta aos casos em que houvesse recusa, pela contraparte, da base reconhecida[2151], nem às hipóteses – frequentes em situações de alteração grave – nas quais as partes não tenham tido qualquer representação da circunstância atingida, de tal forma a sua manutenção se afigurara evidente[2152]. Estas críticas não foram aligeiradas pelo intensificar dos traços subjetivos ensaiados por Rhode: o que se ganha em clareza perde-se em eficácia uma vez que, numa pressuposição bilateral suficientemente precisada pelas partes para integrar o conteúdo negocial, aumenta a área carecida de cobertura perante alterações eventuais, em virtude de desacordo ou de não-consideração, aquando do fecho do contrato[2153]. Tão-pouco o foram pela abstração krückmanniana: o âmbito alcançado pela reserva virtual e a incapacidade de juspositivação por esta demonstrada, levaram Krückmann, num insólito metodológico surpreendente, a refugiar-se na inexigibilidade[2154], com tudo o que isso implica de insuficiência e formalismo[2155].

IV. Nesta situação, as doutrinas ditas objetivistas, com Locher à sua frente, pareceriam mais promissoras. Ficaram-se por aí. A base do negócio, a ser constituída pelas circunstâncias necessárias à prossecução do fim do contrato, dependeria sempre da vontade das partes. Fazer resultar esse fim do conteúdo contratual, além de redundante, iria acentuar uma via interpretativa que nem Windscheid[2156] nem Oertmann[2157] jamais recusaram.

[2150] P. ex., Wollny, *Geschäftsgrundlage* cit., 72, Stötter, *Zur rechtssystematischen Einordnung des § 779 BGB und des gemeinsamen Motivirrtums*, JZ 1963, 123-128 (124) – que coloca, aí, Oertmann ao nível de Windscheid; Schieferstein, *Geschäftsgrundlage* cit., 19.

[2151] Em equivalência sintomática, esta observação fora feita, também, à pressuposição windscheidiana.

[2152] Kegel, em Kegel/Krupp/Zweigert, *Einwirkung des Krieges* cit., 108.

[2153] Recorde-se Rhode, *Voraussetzung* cit., 300 e 322-323; repare-se que a construção interna de Rhode é de crítica difícil; a sua inadequação indicia pois, com clareza, a falaciosidade dos pressupostos em que assenta e da metodologia que utiliza.

[2154] *Vide supra*, 458. Este aspeto fica, muitas vezes, dissimulado na doutrina, sob a afirmação de que, para Krückmann, haveria um critério fundamental de boa-fé. Na realidade, verifica-se uma erupção da doutrina da inexigibilidade.

[2155] *Vide supra*, 578-579.

[2156] Windscheid, *Voraussetzung* cit., 168, sublinhando a importância do escopo na determinação de certas pressuposições.

[2157] Oertmann, *Geschäftsgrundlage*, no HWB/RW cit., 805, apontando, que, embora não necessariamente, as circunstâncias pressupostas na conclusão do contrato se prendem, na sua maioria, com o escopo do contrato.

Embora por caminhos paralelos, a linha de Locher conduz precisamente ao espaço oertmanniano, mas com inconvenientes: o fim do contrato é, apenas, um dos elementos a poder ser perturbado por alterações subsequentes, em termos de exigir solução jurídica, enquanto que, num prisma subjetivista, esse mesmo fim seria tão-só, um dos sectores em que, na conclusão, as partes poderiam exprimir o seu apego, de modo a constituir "pressuposição", "base" ou fórmula similar[2158]. As tentativas de alargamento realizadas por Schaefer e por Fulterer mais acentuam o mal-estar de fundo, sem nada resolver: se a base do negócio é, afinal, o conjunto das circunstâncias causais, para as partes, na conclusão do negócio, na falta das quais não teria havido celebração ou o conjunto dos factos que constituam a realidade de que nasceu o contrato, entra-se, verbalmente, num domínio cujo regresso único reside na vontade das partes – agora próxima do nível dos motivos – como forma de, de um infinito de circunstâncias, indicar as causais ou as impulsionadoras.

Este objetivismo falhado – ou subjetivismo não assumido – que exprime um regresso insistente a Windscheid, pode explicar-se pela metodologia subjacente à seguinte afirmação de Oertmann: "conteúdo e objeto do negócio determinam-se através das partes: portanto só pode depender delas se e que circunstâncias devam surgir como base determinante para o seu fecho negocial".

V. O sucesso de Oertmann residiu na notoriedade da sua fórmula e de parte do seu desenvolvimento já que, quanto ao fundo, a crítica foi generalizada. Só pode, por isso, compreender-se dentro da dimensão cultural própria do jurídico. Num momento em que todo o edifício civil vacilava e em que postulados tão fundamentais como o da estabilidade dos contratos eram, pela pressão dos factos, postos em causa, com clareza, na jurisprudência do circunspecto Tribunal do *Reich*, Oertmann reduz a temática da alteração das circunstâncias a representações das partes, sobre a base das suas próprias vontades. Salvava-se, assim, na forma, o sistema. E fazendo-o, Oertmann teve ainda o cuidado de evitar na letra, a pressuposição windscheidiana, com a qual, mercê de críticas superficiais mas generalizadas, ninguém se identificaria. Se a isso se acrescentar a verosimilhança procurada através de análise aturada das várias disposições que,

[2158] Acresce que Locher, apesar do apregoado objetivismo da sua construção, acaba por admitir um papel às representações das partes, ainda que meramente negativo, para delimitação da base-escopo do negócio; *vide* Locher, *Geschäftsgrundlage* cit., 19 e 20.

no BGB, de algum modo, preveem hipóteses de alterações de circunstâncias e a abertura facultada à jurisprudência pelas remissões largas à boa-fé, compreende-se que Oertmann não mais tenha sido esquecido. Oertmann, porém, embarca para a sua construção a partir de uma plataforma conceptual. Ele não cura de ponderar a situação ambiental a cujo desafio pretendia responder e de examinar em que medida ela se repercutia no sistema liberal do BGB. Tivera-o feito, e poderia apurar se havia princípios clássicos postos em causa, princípios esquecidos reanimados ou, simplesmente, uma rutura a requerer novos princípios, suficientes para, distorcendo o sistema, obrigar a procurar um equilíbrio novo. Tão-pouco se encontra nos escritos oertmannianos, um estudo prévio de situações típicas comandadas por alterações de circunstâncias que, por já terem obtido um consenso juspositivo, poderiam constituir os pilares de uma remodelação, desta feita intrassistemática.

Mas – e com isto entra-se na crítica fundamental a Oertmann e seus seguidores, vestidos de críticos – se o recurso à autonomia da vontade era, em Windscheid, assumido como exigência do sistema e, como tal, proporcionaria as soluções práticas requeridas pelo sistema em causa, a base do negócio oertmanniana, tentando ignorar – ainda que sem sucesso – a sua filiação, embaça a sua integração sistemática, surgindo como conceito desalinhado. Num tema, de si tão complexo, a desarticulação sistemática dificulta, em extremo, a aplicação prática. Perante uma alteração concreta, a base do negócio oertmanniana não diz, a nenhum juiz[2159], se deve averiguar a situação psicológica real das partes, se deve procurar representações típicas em termos de normalidade, se deve corrigir injustiças comutativas derivadas do desequilíbrio superveniente das prestações, se deve retocar ou suprimir um contrato em nome do processo funcional da prossecução do seu próprio fim ou se, numa integração coletiva, deve estudar as repercussões do contrato atingido, no seio do espaço jurídico. A alteração das circunstâncias é isto tudo; a base do negócio a tudo cobre e a nada responde. Tão-pouco respondem os críticos de Oertmann. Nem o podiam fazer, uma vez que incorrem todos na mesma desarticulação sistemática do seu mestre.

Esta situação não tem saída. Pois, se se tentar corrigir o desalinho sistemático da base do negócio oertmanniana, sem contestar, na raiz, a metodologia em que assenta, consegue-se, no máximo, um regresso a

[2159] Por isso, reconhece-se que a receção da base do negócio na jurisprudência do *Reichsgericht* é puramente nominal.

Windscheid. Não foi outro, aliás, o destino de Rhode. Mas, nesse regresso, incorre-se na necessidade, há muito sentida, de superar o dogma da vontade savignyano, como se viu. Uma vez por todas, deve ficar claro que não se pode imputar à vontade aquilo que, por desconhecimento, ela nunca poderia ter querido. Fazê-lo, nem é ficção; é engano.

## 250. A receção nominal e a dupla base

I. A fórmula oertmanniana da base do negócio teve consagração jurisprudencial larga, muito apregoada[2160].

> Em RG 3-fev.-1922, discutiu-se o seguinte. Na sequência da sua saída de uma sociedade comercial, o R. compromete-se a transmitir ao A. um determinado prédio, então pertença da sociedade, mas que lhe haveria de ser atribuído. O preço foi fixado na altura. A desvalorização posterior veio multiplicar o valor de mercado do prédio; o R. recusa-se a aliená-lo pelo preço inicialmente acordado. O *Reichsgericht*, depois de focar, num resíduo claro da jurisprudência anterior, a inexistência de um princípio geral dedicado ao tema das alterações, vem dizer: "Para utilizar as palavras da *Geschäftsgrundlage* de Oertmann (1921), trata-se, em geral [de saber] se a base do negócio, no sentido de uma representação das partes sobre a existência de certas relações determinantes, aflorada na conclusão negocial, desapareceu (...)". Teria havido, por força da alteração ocorrida, uma não-manutenção da equivalência da prestação e contraprestação, tal como teria sido visualizada pelas partes na conclusão[2161].
>
> Em RG 6-jan.-1923, pôs-se um caso semelhante. Desta feita, fora celebrado um arrendamento com opção de compra, por certo preço previamente fixado. No termo, o R. locador recusa-se a vender, alegando que, nesse momento, o valor monetário do prédio era já superior ao triplo do montante acordado. O *Reichsgericht* volta a trilhar os passos ensaiados na decisão anterior, transcrevendo, de novo, o troço acima citado[2162].

[2160] Karl Larenz, *Geschäftsgrundlage und Vertragserfüllung*, 3.ª ed. (1963), XI + + 201 pp., 5; Fritz Nicklisch, *Ergänzende Vertragssauslegung und Geschäftsgrundlagenlehre – ein einheitliches Rechtsinstitut zur Lückenausfüllung?*, BB 1980, 949-953 (950), Peter Ulmer, *Wirtschaftslenkung und Vertragserfüllung/Zur Bedeutung staatlicher Lenkungsmassnahmen für die vertragliche Geschäftsgrundlage*, AcP 174 (1974), 167-201 (179) – chama, no entanto, a atenção para a natureza nominal dessa receção.

[2161] RG 3-fev.-1922, RGZ 103 (1922), 328-334 (329-330 e 332).

[2162] RG 6-jan.-1923, RGZ 106 (1923), 7-11 (8, 9 e 10).

Em RG 3-mar.-1924, a base do negócio oertmanniana é, mais uma vez, empregada verbalmente, embora a propósito de erro: houvera uma representação inexata sobre a situação jurídica emergente de um fenómeno sucessório[2163].

A utilização da base do negócio oertmanniana, embora num afastamento crescente da formulação completa de Oertmann, ocorreu, ainda, em numerosas outras decisões judiciais, até aos nossos dias[2164].

II. A ponderação das decisões judiciais que receberam, de algum modo, a doutrina de Oertmann, revela tratar-se de mera receção linguística. O Tribunal do *Reich* agarrou-se a regras de dimensão muito diferente – como a equivalência das prestações ou a pura consideração de equidade –para encontrar uma saída, em cuja justificação aparece, então, a base do negócio. Não há – poderia haver? – um processo concreto de aplicação do esquema oertmaniano[2165]. Os críticos de Oertmann não lograram, por seu turno, sequer uma receção linguística das suas construções por parte da jurisprudência superior.

III. Havia consciência, embora difusa, de que a recondução, operada por Oertmann, da base do negócio à vontade das partes, representava um ponto fraco nessa doutrina. Mais foi surgindo como clara a progressão da jurisprudência do Tribunal do *Reich* no sentido da equidade, ainda que sob a coberta linguística da base do negócio[2166]. Impunha-se, por isso, uma reformulação da noção.

Muito conhecida, embora não a tempo de influenciar a elaboração do Código português de 1966, foi a tentativa de reformulação de Larenz. Este Autor, tendo ponderado as teses ditas subjetivistas de Windscheid e Oertmann e as objetivistas de Erich Kaufmann, Krückmann e Locher, conclui que a base do negócio pode ser utilizada em dois sentidos, subjetivo e objetivo. A base subjetiva traduziria a representação, pelas partes, no

[2163] RG 3-mar.-1924, RGZ 108 (1924), 105-110 (105 e 110).

[2164] Como exemplos: BGH 8-fev.-1978, JuS 1978, 487 = JZ 1978, 235-238 = JR 1979, 60 = WM 1978, 322; BGH 5-mai.-1978, NJW 1978, 1481-1482; BGH 3-jul.-1981, BGHZ 81 (1981), 135-146 (143).

[2165] Aliás, a referência comum à base do negócio não tem, de modo necessário, em vista a fórmula de Oertmann, uma vez que a locução tem sido retomada por autores que lhe dão aceções variadas e diferenciadas.

[2166] Quanto a esses dois pontos, p. ex., Larenz, *Geschäftsgrundlage* cit., 3.ª ed., 5-9 e *passim*.

fecho do contrato, dos fatores que tenham tido um papel dominante no seu processo de motivação. A base objetiva corresponderia ao conjunto das circunstâncias cuja existência ou manutenção, com ou sem consciência das partes, seria necessária para a salvaguarda do sentido contratual e do seu escopo[2167]. Na base subjetiva, Larenz considera contrário à boa-fé que, tendo sido suprimidos os fundamentos do contrato aceites por ambas as partes, uma delas venha exigir, à outra, a execução imutada do negócio. Na objetiva, Larenz distingue dois grupos de hipóteses. Num primeiro, haveria perturbação na equivalência das prestações: devido a ocorrências supervenientes, a relação de valor existente entre prestação e contraprestação alterar-se-ia para além do risco normal do contrato[2168]. Num segundo, ocorreria a frustração do escopo contratual: na constância de um contrato, um objetivo incluído no âmbito contratual tornar-se-ia impossível, em termos inimputáveis, a título de risco, a uma das partes[2169].

Temos a dupla base: objetiva e subjetiva.

IV. A orientação de Larenz foi objeto de críticas diversas. Blomeyer estranha, na base do negócio objetiva, a repartição entre as duas previsões – perturbação na equivalência das prestações e inobtenibilidade do fim do contrato – com exaustividade; ficariam, sem mais, excluídos todos os riscos estranhos ao contrato em si[2170]. Esser contesta que seja possível cindir a base do negócio em objetiva e subjetiva. Ambas requerem, na sua determinação, elementos objetivos e subjetivos: na base objetiva, a consideração de que ela estaria frustrada quando o contrato, mercê das alterações, não fizesse sentido, implica um regresso não assumido à vontade das partes: na subjetiva, a utilização de intenções e pressuposições comuns das partes torna-se impraticável, sem introduzir critérios objetivos[2171]. A bipartição da base do negócio de Larenz que representa, se bem se atentar, o cerne da sua construção, tem vindo a merecer críticas concluden-

[2167] Larenz, *Geschäftsgrundlage* cit., 3.ª ed., 17; *idem*, *Zum Wegfall der Geschäftsgrundlage*, NJW 1952, 361-363 (361-362).

[2168] Larenz, *Lehrbuch des Schuldrechts* cit., 13.ª ed., 300.

[2169] *Idem*, 301.

[2170] Arwed Blomeyer, rec. a Karl Larenz, *Geschäftsgrundlage*, 3.ª ed., AcP 152 (1952/53), 276-281.

[2171] Josef Esser, *Fortschritte und Grenzen der Theorie von der Geschäftsgrundlage bei Larenz*, JZ 1958, 113-116 (115); Ludwig Enneccerus/Heinrich Lehmann, *Recht der Schuldverhältnisse* cit., 15.ª ed., § 41, II, 4 (179).

tes[2172]. Indiferente a isso, a contraposição entre uma base negocial subjetiva e outra objetiva mantém-se em todo um lastro doutrinário. Ela deve, porém, ser abandonada de modo definitivo: as críticas de Esser – e todas as outras – são conclusivas, tendo havido cedências por parte do próprio Larenz[2173].

## 251. Esvaziamento substantivo e consagração formal

I. Hoje pode-se ir mais longe na crítica a Larenz, examinando, do ponto de vista do seu conteúdo, as realidades dogmáticas por ele incluídas na base do negócio. Retenha-se apenas, para já, que Larenz, explicitamente, introduziu, no seio da categoria "base do negócio", previsões normativas diferentes. Trata-se de um fenómeno de difusão horizontal, prenunciado, em período anterior, pelos críticos de Oertmann, e, em especial, por Locher e acentuado pela receção verbal operada pelo Tribunal do *Reich*: visando resolver uma certa problemática, a base do negócio vai abranger questões diversas, com base em conexões não-científicas ou menos científicas. O fenómeno é dinamizado, também, pela facilidade aparente que acarreta, a nível de solução, a saída segundo a boa-fé. Essa difusão horizontal completa-se, no plano científico, por um esvaziamento dogmático crescente. Em Oertmann, a base do negócio era uma doutrina pensada para solucionar problemas postos nos contratos por alterações supervenientes de circunstâncias; posteriormente, a mesma expressão veio a ser utilizada para designar doutrinas distintas, dirigidas para os mesmos problemas; a concluir, ela traduz proposições irredutíveis, no âmbito como na solução. No termo, a base do negócio não exprime nem uma doutrina portadora de soluções, nem um espaço problemático claro, para o qual se alinhem saídas

[2172] Já antes de Esser, a separação entre base do negócio subjetiva e base do negócio objetiva fora contestada em Gerhard Kegel, *Empfiehlt es sich, den Einfluss grundlegender Veränderungen des Wirtschaftslebens auf Verträge gesetzlich zu regeln und in welchem Sinn?: (Geschäftsgrundlage, Vertragshilfe, Leistungsverweigerungsrecht)*, Gutachten für den 40. DJT, Tübingen (1953) I, 137-236 (199) – a base do negócio deve ser tratada unitariamente e não de modo repartido em Walter Schmidt-Rimpler, *Zum Problem der Geschäftsgrundlage*, FS Nipperdey (1955), 1-31 (20) – que propõe uma teoria diferente. Mais elementos: *Da boa fé*, 1048-1050.

[2173] Larenz, *Geschäftsgrundlage* cit., 3.ª ed., 16 e 18, viria a amaciar o sentido da sua distinção.

várias. Desacompanhada de perífrases, a base do negócio, desde os últimos sessenta anos, pouco quer dizer. É uma fórmula dogmática vazia[2174].

II. A base do negócio constituiu, antes de mais, um êxito linguístico. A locução é simples e expressiva, transmitindo de imediato uma ideia de legitimação. Tudo tem a sua base, ainda que não se diga qual.

A capacidade comunicativa da base do negócio permite-lhe veicular doutrinas distintas. Abreviando, podemos considerar que "base do negócio" exprime, hoje, o próprio instituto da alteração das circunstâncias. Substituiu, por razões histórico-culturais, a velha *clausula rebus sic stantibus*.

III. A abrangência da base do negócio não deve, todavia, fazer esquecer a sua coloração básica. Muitas vezes, ao recorrer-se a ela, pretende-se apelar às orientações iniciais de Oertmann ou à dupla base de Larenz. Isso obriga a contextualizar, com cuidado, qualquer referência à base do negócio.

Finalmente: a consagração, no § 313 do BGB, aquando da reforma de 2001/2002, da base do negócio veio estreitar-lhe o sentido. Há que estar atento, também neste ponto.

[2174] Fórmula vazia é aquela que não tem – ou quase não tem conteúdo normativo ou material – Ernst Topitsch, *Über Leerformeln*, FS Kraft (1960), 233-264 (234).

## § 58.º DA IMPREVISÃO À ONEROSIDADE EXCESSIVA

### 252. O bloqueio do Direito francês

I. O problema da eficácia da alteração das circunstâncias, versada no Direito comum europeu sob o título *clausula rebus sic stantibus*, é tratado, no espaço jurídico-cultural francês, debaixo do epíteto doutrina da imprevisão[2175].

A linhagem da velha *clausula*, que subia até Bártolo e aos canonistas, foi, como se viu, interrompida pelos jurisprudentes elegantes[2176]. A falta de apoio cultural ditou, assim, o silêncio do Código Napoleão na matéria. Era, contudo, de esperar que as necessidades práticas acabassem por concitar soluções, ao longo dos séculos XIX e XX. Isso não sucedeu.

II. Num primeiro tempo surgiram, na jurisprudência francesa, tendências para possibilitar, através de várias válvulas técnicas, uma projeção, nas situações jurídicas, da alteração das circunstâncias.

Assim na C. Roy. Rouen, 9-fev.-1844, discutia-se o problema criado a uma empresa que se obrigara a assegurar um serviço de diligências, tornado, de súbito, economicamente inviável, pela entrada em funcionamento de uma linha de caminho de ferro no percurso imposto pelo contrato. A C. Roy. entendeu que esta situação configuraria um caso de força maior, que se opo-

2175 O termo "imprevisão" foi, também, usado comummente em Portugal, antes do Código de 1966, para traduzir a projeção jurídica da alteração das circunstâncias. Foi, contudo, apenas um fenómeno de osmose linguística: pense-se nas orientações assumidas por Luís Silveira e Carvalho Fernandes que, apesar dos títulos dos escritos respetivos, pouco têm a ver com o conteúdo da imprevisão francesa. Apenas no Direito administrativo houve transferências a nível material.

2176 Planiol/Ripert/Esmein, *Traité pratique de droit civil français* cit., 62, 527 (n.º 391).

ria à execução do contrato; rescindiu-o, por isso, liberando o devedor[2177]. Tal opção foi, porém, de pouca dura.

Na C. Imp. Bordeaux, 26-ago.-1852, decidiu-se a questão posta pelo estabelecimento de um imposto novo que, incidindo sobre o sal necessário para o fabrico de solda, tornava especialmente onerosa a execução de um contrato firmado, anteriormente, por um fabricante, de acordo com os preços antigos. A C. Imp. em causa negou a revisão ou rescisão do contrato, entendendo que, apesar da desvantagem surgida, o fornecimento não estava impossibilitado. Produziu, ainda, considerações muito interessantes, tais como: "o vendedor assume [pelo contrato] todos os riscos que possam fazer subir o preço da mercadoria e o comprador todos aqueles que possam fazê-lo baixar..."; se o aumento justificasse uma liberação, também a baixa o deveria fazer: nada ficaria assegurado e levantar-se-iam dificuldades permanentes[2178].

Na CssFr, 9-jan.-1856, o caso foi este: uma determinada entidade celebrara contratos dc seguro contra a incorporação militar, nestes termos: sendo o segurado, através de sorteio, chamado a prestar serviço militar, a entidade seguradora, mediante prévia retribuição fixa – o prémio – deveria arranjar um substituto; ora, o contingente a incorporar, fixado em 80 000 pessoas, foi elevado para 140 000, alterando, totalmente, a álea do contrato. A CssFr entendeu que, não havendo, no contrato, qualquer reserva quanto aos riscos assumidos, e não havendo um caso fortuito ou de força maior, o contrato devia ser executado. Acrescenta, ainda, que o aumento na contingentação era previsível[2179].

Esta doutrina desfavorável ao relevo da alteração das circunstâncias foi, em especial, firmada pela decisão, muito conhecida e citada[2180], de CssFr 6-mar.-1876 – o Caso do Canal de Craponne. Acontecera o seguinte. Em 21-jun.-1567, Adam de Craponne obrigara-se a construir um canal de irrigação mediante certa quantia fixa paga na altura e, depois de decorrido um certo lapso, com uma contrapartida de três *sols* por rega, a pagar pelos beneficiários; a manutenção, do canal ficava, ainda, a cargo do construtor. A importância a pagar por rega foi-se depreciando. Já em 1778, um relatório esclarecia que o canal não poderia existir por muito tempo, se o preço por rega não fosse aumentado. Levado o problema a juízo, a C. App. de Aix decretou, em 31-dez.-1873, um aumento, módico aliás, do preço por rega. Justificou-se deste modo: "se as convenções legalmente formadas têm

[2177] C. Roy. Rouen 9-fev.-1844, D 1845, 2, 4.

[2178] C. Imp. Bordeaux, 26-ago.-1852, D. 1853, 2, 105-106.

[2179] CssFr 9-jan.-1856, D 1856, 1, 41 e 42.

[2180] Por todos, Murad Ferid, *Das französische Zivilrecht* I (1971), 2 B 34 (1, 438).

a natureza de lei para as partes e não podem ser modificadas senão por consentimento comum, não é o mesmo para contratos que tenham uma natureza sucessiva; que é reconhecido, em Direito, que esses contratos que assentam numa retribuição periódica, podem ser modificados pela justiça, quando já não exista uma correlação équa entre as contribuições de uma parte e os encargos da outra (...) que no dia em que essa igualdade cesse, a lei primitiva do contrato rompe-se e pertence aos tribunais restabelecer a igualdade primitiva (...)"[2181]. A sentença em causa da C. App. Aix foi cassada; a CssFr declarou lapidarmente: "atendendo a que a regra que ele consagra [o artigo 1134.º do Código Napoleão, segundo o qual as convenções legalmente formadas valem como lei] é geral, absoluta e rege os contratos cuja execução se estenda a épocas sucessivas, de igual modo que os de qualquer outra natureza; que, em caso algum, compete aos tribunais, por muito équa que lhes possa parecer a sua decisão, tomar em consideração o tempo e as circunstâncias para modificar as convenções das partes e substituir por novas, cláusulas que foram livremente aceitas pelos contratantes (...) cassam (...)"[2182].

III. Esta primeira ronda pela jurisprudência francesa mostra, salvas exceções iniciais documentadas com a C. Roy. Rouen 9-fev.-1844, uma recusa efetiva de eficácia à alteração das circunstâncias. Mas, no que é mais importante, patenteia uma escalada no sentido do radicalismo e do formalismo. Em C. Imp. Bordeaux 26-ago.-1852 ainda se fazia considerações, muito oportunas, sobre a distribuição do risco nos contratos sinalagmáticos e sobre as necessidades da segurança no tráfego; em CssFr 9-jan.-1856 a tónica era, porém, apenas a do teor formal do contrato e da não concretização, também formal, de uma previsão de caso fortuito ou de força maior; em CssFr 6-mar.-1876, por fim, alcança-se uma solução que fere, de facto, a sensibilidade jurídica, com o único argumento, do artigo 1134.º, desinserido, aliás, do sistema.

A última destas decisões – a do canal de Craponne – caracteriza bem o conceptualismo exegético que prejudicaria, até hoje, a dogmática francesa. Repare-se que, na própria estrutura da parte decisória da sentença, a norma do caso é deduzida dos postulados centrais, sem que às especificidades concretas do problema versado seja dada, sequer, uma oportunidade de integrar previsões diferentes. Duas outras particularidades desta decisão merecem

[2181] Cit. em D 1876, 1, 197.

[2182] CssFr 6-mar.-1876, D 1876, 1, 193-197 (194, 196 e 197), an. Antoine Giboulot, D 1876, 1, 193-196 = S 1876, 1, 161-163 (161-162 e 163).

ser salientadas. Na figuração da CssFr, a possibilidade de modificar um contrato, perante alterações das circunstâncias, implicaria o recurso à equidade; o Direito parece, à partida, como condenado à impotência. Por outro lado, o teor da decisão concitou a concordância da doutrina[2183].

Deve ter-se, contudo, em mente que a CssFr deliberou sobre a decisão recorrida da C. App. Aix. Esta excedera-se, de facto: afirmara, sem justificação de maior, que a regra do artigo 1134.º do Código Napoleão não teria aplicação aos contratos sucessivos. Por reação, a CssFr incorreu em excesso inverso.

IV. No cotejo entre o não reconhecimento de eficácia à alteração das circunstâncias, por parte dos tribunais franceses, e o sucesso obtido por esse reconhecimento junto dos juízes alemães aponta-se, por vezes, de modo mais ou menos explícito, as convulsões radicais atravessadas pela Alemanha nos últimos cem anos, como fator de diferenciação. Importa desfazer tal impressão, através de breve análise à jurisprudência francesa, durante as guerras, cujas perturbações causadas em França, embora aquém das alemãs, foram significativas.

Guerra franco-prussiana de 1870-71: C. Com. Seine, 7-dez.-1870 – decidiu-se que as dificuldades de acesso a Paris não desligavam um fornecedor de açúcar das suas obrigações, visto ter, ainda, algumas reservas[2184]; C. Com. Rouen, 27-mar.-1871 entendeu-se que dificuldades de fornecimento causadas por invasão inimiga, embora complicando a prestação, não desligavam o devedor enquanto não a impossibilitassem[2185]; C. App. Rouen, 19-mai.-1871 julgou-se que o manufatureiro que contratara com um transportador, assegurando-lhe uma remuneração mínima, continuava obrigado apesar de, pela invasão prussiana, ter havido quebra grande na necessidade de serviços de transporte[2186]; Seine 12-jul.-1871 – considerou-se que o locatário que, em setembro de 1870, abandonara Paris, sem rescindir o contrato,

[2183] Assim a an. de Giboulot sup. cit.. Esse Autor aceita a colocação da CssFr: a alteração do contrato traduziria a prevalência da equidade – no que refere como a posição de Dunot – fazendo reinar a incerteza; ora a lei não reconhece, aos tribunais, a possibilidade de estatuir com recurso à equidade – D 1876, 1, 194 e 195.

[2184] C. Com. Seine, 7-dez.-1870, D 1870, 3, 116-117.

[2185] C. Com. Rouen, 27-mar.-1871, D 1871, 3, 54-55.

[2186] C. App. Rouen, 19-mai.-1871, D 1871, 3, 179.

não podia fazê-lo mais tarde, retroativamente, alegando a impossibilidade de voltar, à capital francesa, cercada[2187].

Guerra mundial de 1914-18: C. Com. Toulouse, 1-jun.-1915 – estatuiu-se justificada a rescisão de um contrato de prestação de serviços, operado por entidade empregadora que, em consequência da guerra, vira desaparecer, do seu estabelecimento de luxo, a clientela[2188]; CssFr 4-ago.-1915 – considerou-se injustificada e, por isso, de indemnizar, a dispensa de costureira, por força do encerrar de estabelecimento provocado pela guerra: não haveria impossibilidade na remuneração mas, tão-só, dificuldade[2189]; note-se que esta decisão, sempre citada, é paradigmática da recusa, por parte dos tribunais franceses, em dar relevo, nos deveres privados, às dificuldades ocasionadas pela guerra; CssFr 21-dez-1916 – determinou-se a inalterabilidade de um contrato de fornecimento de rum, apesar do aumento neste provocado pela guerra, dizendo, nomeadamente: "(...) que não se pode, sob pretexto de equidade, pedir aos tribunais que corrijam os efeitos da sorte (...) que não haveria equidade em evitar perdas aos vendedores, para as fazer suportar aos compradores"[2190]; CssFr 6-jun.-1921 – decidiu-se um contrato de *bail à cheptel*, com *cheptel de fer*[2191], como imutável, apesar de a subida

[2187] Seine 12-jul.-1871, D 1871, 3, 17-18. Em C. Com. Seine 2-jan.-1871, D 1871, 3, 18, entendeu-se como caso de força maior liberatória a requisição de farinha, coadjuvada pela impossibilidade material de introduzir novos carregamentos em Paris. Como se vê, está aqui em jogo uma verdadeira impossibilidade superveniente da prestação e não uma alteração das circunstâncias.

[2188] C. Com. Toulouse 1-jun.-1915, D 1916, 2, 112; esta decisão é totalmente excecional no seio da jurisprudência, sendo muito pouco conhecida.

[2189] CssFr 4-ago.-1915, D 1916, 1, 22-23 (23) = S 1916, 1, 17-20 (20), an. Albert Wahl, de sentido geral concordante, embora sem deixar de sublinhar as dificuldades efetivas postas pela guerra – S 1916, 1, 17-19 (17 e 19).

[2190] CssFr 21-dez.-1916, D 1916, 2, 33-37 (36), an. Henri Capitant. Capitant afirma que "O *Code Civil*, seguindo a tradição romana, coloca acima de tudo a estabilidade dos contratos e faz dela uma das bases da ordem social"; explica que os tribunais não abandonaram essa regra nem durante a guerra de 1870-71, nem na de 1914; assegura, ainda, que a boa-fé referida no artigo 1134.º/3 do Código Napoleão, não permitiria outras conclusões: ela visaria reforçar o contrato e não instituir uma nova cláusula de rescisão; acentua que a atuação da equidade a favor de uma pessoa, iria contra a outra; observa que a teoria da imprevisão, criada no Direito administrativo, seria inaplicável no Direito privado; conclui, concordando com a decisão anotada, tendente a evitar perturbações – D 1916, 2, 33-36.

[2191] O *bail à cheptel*, que tem pontos de contacto com a parceria pecuária portuguesa – *Direitos Reais*, 2, 992 ss., 995 (nota 1626) – é uma locação produtiva de gado. Havendo *cheptel de fer*, o locatário-caseiro obriga-se, na restituição, a entregar ao proprietário o gado recebido, ou o seu valor, repondo as percas, mas fazendo suas as mais valias. Uma grande alta no preço do gado enriqueceria pois, o locatário-caseiro.

do preço do gado, muito intensa na sequência da guerra, conduzir, no caso em análise, a um enriquecimento do caseiro[2192].

Guerra mundial de 1939-45: CssFr 20-mar.-1941 – decidiu injustificada a rescisão de um contrato de prestação de serviço celebrado com uma pessoa que atuava no ramo seguros de vida, com a alegação de, devido à guerra, esse ramo não ser mais praticado; entendeu-se, aí, que, pelo facto de terem surgido dificuldades supervenientes, não cabia falar em impossibilidade[2193].

A crise económica dos anos trinta do séc. XX não provocara, aliás, também, qualquer alteração de jurisprudência[2194].

## 253. A teoria da imprevisão; a reforma de 2016

I. A jurisprudência francesa, mesmo nos períodos mais delicados e mais instáveis da rica História recente e num vivo contraste com a alemã, manteve uma recusa de princípio, perante a alteração das circunstâncias[2195]. Sobrelevam dois pontos específicos importantes: o mesmo conceitualismo exegético rígido e a mesma imputação da relevância das circunstâncias a uma equidade perigosa. A doutrina, a ajuizar pelas anotações que acompa-

[2192] CssFr 6-jun.-1921, D 1921, 1, 73-79 (73 e 78-79), an. X... A CssFr sublinhou o esquema específico do risco, neste contrato, que corria todo pelo locatário-caseiro; ocorrendo uma situação favorável, a posição do proprietário manter-se-ia, também, inalterada. Numa an. assinada X..., dá-se conta do mal estar gerado por decisões deste tipo; entende-se porém, que a decisão não poderia ser outra: ao tribunal não compete legislar, mas aplicar, não fazer o Direito, mas dizê-lo.

[2193] CssFr 20-mar.-1941, GP 1941, 1, 301-302.

[2194] P. ex., CssFr 15-nov.-1933, GP 1934, 1, 68-69. Uma vidraria tinha celebrado um contrato com uma mina de carvão, pelo qual podia, mediante retribuição fixa, retirar da mina certa quantidade de matéria-prima, periodicamente. A CssFr, depois de recordar que a regra do artigo 1134.º do Código Napoleão era absoluta, considerou de novo "que em caso algum pertence aos tribunais tomar em consideração o tempo e as circunstâncias para modificar as convenções das partes" – GP 1934, 1, 68. E negou a adaptação do contrato.

[2195] Quanto à experiência francesa da alteração das circunstâncias, além da bibliografia abaixo referida: Piet Abas, *Rebus sic stantibus/Eine Untersuchung zur Anwendung der clausula rebus sic stantibus in der Rechtsprechung einiger europäischer Länder* (1993), XVII + 335 pp., 43 ss.; Ewoud Hondius/Hans Christoph Grigoleit, *Unexpected Circumstances in European Contract Law* (2014), XXI + 692, 144-163.

nham algumas das decisões mencionadas, manifesta-se de acordo com a jurisprudência[2196], com poucas exceções[2197].

II. Esta rigidez[2198] não poderia, em casos extremos, manter-se. Requereram-se pois, saídas, que foram encontradas por duas vias: pela legislação e pela "teoria da imprevisão", na jurisprudência administrativa. O esquema legislativo é, naturalmente, o mais fácil, não levantando problemas particulares de construção científica. Confrontado com convulsões políticas, económicas ou sociais, o legislador intervém, tabelando preços, concedendo moratórias, suspendendo processos ou alterando o regime de determinados tipos contratuais mais sensíveis[2199].

A teoria da imprevisão, verdadeira criação jurisprudencial destinada a enfrentar o problema da alteração das circunstâncias tem, apesar de confinada ao Direito administrativo, mais interesse.

A consagração judicial da chamada teoria da imprevisão deve-se às convulsões provocadas pela Guerra de 1914-18. Como marco dessa teoria aponta-se, habitualmente, ConsEt 30-mar.-1916, no caso conhecido da Companhia Geral de Iluminação de Bordéus, embora o texto dessa decisão pressuponha um reconhecimento judicial anterior da teoria. Discutira-se, aí, o seguinte: a Companhia de Iluminação em causa celebrara, por trinta anos, em 1904, um contrato de concessão para o fornecimento de gás e de eletricidade a Bordéus, de acordo com determinadas tarifas; depois de 1914, assiste-se à alta do carvão, em proporções tais que poderiam fazer perigar a viabilidade da Companhia; o ConsEt começou por focar que, em princípio,

[2196] Escreve Popescu, *Essai d'une théorie de l'imprévision en droit français et comparé* (1937), 131: "No Direito civil, onde só estão em jogo interesses particulares, devem-se manter os princípios tradicionais consagrados no Código Civil, acrescentando-se-lhes apenas as temperanças e derrogações anunciadas pelo próprio Código, pois só assim se pode manter a estabilidade das convenções, um dos pilares da vida económica de um país".

[2197] P. ex., Bonnecase, *Supplément* III ao *Traité* de Baudry-Lacantinerie (1926), 608.

[2198] Quanto à posição inteiramente negativa dos tribunais franceses, p. ex., Rieg, *Contrats et obligations* cit., n.º 39 (12), Jacques Guestin, *Traité de Droit Civil/Les obligations/Le contrat* (1980), n.º 148 (106) e Regis Fabre, *Les clauses d'adaptation des contrats*, RTDC 82 (1983), 1-40 (3-4 e 29).

[2199] Quanto às medidas legislativas tomadas para superar a continência judicial, *vide* Planiol/Ripert/Esmein, *Traité pratique* cit., 62, 531 (n.º 394), Alex Weill, *Droit Civil/ /Les obligations*, 3.ª ed. (1980), 397, Jean Carbonnier, *Droit Civil/Obligations*, 9.ª ed. (1976), 233 ss. e Popescu, *Imprévision* cit., 90 ss..

o contrato de concessão regula de modo definitivo e que as mudanças de preços integram a álea do contrato; no caso vertente, porém, ocorrera uma situação extraordinária, gerada pela Guerra; dada a necessidade de assegurar o interesse geral, a concessionária só deveria suportar a superveniência na parte razoável, em face do contrato[2200].

Esta orientação manteve-se na jurisprudência posterior do Conselho de Estado francês[2201], vendo, até, alargar o seu âmbito[2202].

III. A rigidez da Cassação francesa, "apesar dos ciclones económicos (e monetários) provocados pelas duas guerras mundiais"[2203], impressionou alguma doutrina, ainda que em grau menor do que, muitas vezes, se julga[2204]. Houve, por isso, tentativas de defesa *contra iudicem* de uma imprevisão civil.

[2200] ConsEt 30-mar.-1916, D 1916, 3, 25-33 (26 e 33) = S 1916, 3, 18-28 (28), an. Maurice Hauriou. Hauriou foca a regra do primado do serviço público, que exigiria a prossecução do contrato; sublinha, também, a natureza mais flexível dada pela teoria da imprevisão ao problema no Direito público do que no privado – S 1916, 3, 18-20. Ainda sobre essa decisão, *vide* Pierre Saint Marc, *De l'imprévision dans les contrats administratifs* (1918), 78 ss..

[2201] P. ex.: ConsEt 8-mai.-1925, D 1927, 3, 21-22 – Companhia de Eletricidade e de Gás de Besançon; ConsEt 27-mar.-1926, D 1927, 3, 22-23 – *idem*, de Montfort-l'Amaury; estas duas decisões vêm anotadas por Pierre Closset, D 1927, 3, 17-21: este Autor sublinha a necessidade, sentida pelo ConsEt, de permitir a continuação do funcionamento dos serviços públicos; garante que, no Direito público, prosseguem-se interesses diferentes dos atendidos no privado e designadamente, o interesse comum; assegura, por fim, que a imprevisão não visa dar ou manter um lucro ao devedor mas, tão-só, evitar-lhe perdas desconformes; ConsEt 22-jun.-1934, DH 1934, 448-449 – *idem*, de Nancy.

[2202] ConsEt 15-jul.-1949, S 1950, 3, 62-63, an. Achille Mestre – Companhia Normanda de Iluminação; desta feita a alteração evocada advém não de modificações nos preços da matéria prima ou de outros custos de produção, mas do regime de preços. Como se lê na an. cit. de Mestre – S 1950, 3, 61-63, o ConsEt aplica, agora, a imprevisão, seja qual for a natureza da perturbação – ainda, que ela seja de ordem administrativa. Houve, pois, um alargamento.

[2203] Jean Carbonnier, *Obligations* cit., 9.ª ed., 232.

[2204] Recorde-se que as anotações às sentenças que recusaram uma imprevisão civil – A. Giboulot, D 1876, 1, 195, A. Wahl, S 1916, 1, 19, H. Capitant, D 1916, 2, 36 e X..., D 1921, 1, 75 – aceitam todas as decisões encontradas pelo tribunal; também os grandes tratados franceses de Direito civil, com uma ou outra objeção, evitam criticar a jurisprudência dominante; assim Planiol/Ripert/Esmein, *Traité pratique* 6, 2.ª ed., 526, ss. e Weill, *Les obligations* cit., 387 ss.. Ressalvam-se as exceções já referenciadas, designadamente a de Bonnecase, *Supplément* cit., 3, 608. Também Carbonnier, *Obligations* cit., 239, assume uma posição mais renitente, embora sem defender frontalmente posição diferente da da

Como explica Carbonnier, não se poderia dizer que o Direito civil francês não tinha recursos para adotar ou confecionar uma teoria da imprevisão alargada; esquemas como os da interpretação, da *clausula rebus sic stantibus* ou da causa, estariam disponíveis[2205].

No tratado de Planiol/Ripert/Esmein lê-se mesmo uma justificação de tipo político, para a posição da jurisprudência francesa: nas situações paradigmáticas de alterações das circunstâncias, nos períodos de guerra, em que uma elevação nos preços das mercadorias prejudicava os fornecedores, receava-se que estes detivessem, ainda, reservas anteriores às hostilidades e que aproveitassem a alteração para realizar lucros suplementares[2206]; os tribunais recearam, pois, que, ao introduzir-se uma possibilidade generalizada de revisão de contratos, se fosse premiar a má-fé e dificultar, em períodos delicados, a vida económica do país[2207]. Esta explicação poderia funcionar para os casos de perturbação na equivalência das prestações, ocorridos durante as guerras[2208]. Não nos restantes.

Admite-se, deste modo, que sobrevindo uma alteração imprevista, de grande importância e inevitável, o contrato seja atingido[2209]. Esta fórmula, pela sua natureza formal, pode aplicar-se a todas as construções – salvo às negativistas – em quaisquer lugar ou tempo. Ficam por responder que elementos do contrato devem ser atingidos e qual o grau de alteração para que se desencadeie um eficácia de modificação ou de extinção. A resposta a estas questões – e na falta, em França, de bitolas práticas oferecidas pela jurisprudência – tem sido procurada através da solução que se encontre

Cassação. A defesa da teoria da imprevisão civil fica-se, pois, por dissertações e monografias, muitas das quais pouco conhecidas e sem grande profundidade.

2205 Jean Carbonnier, *Droit civil/Les obligations* cit., n.º 1060-1068 (2173-2182); este Autor faz notar que, no Direito alemão, bastou uma referência à boa-fé para abrir as portas à revisão dos contratos (p. 2180).

2206 Nalgumas decisões, sente-se esse receio por parte dos tribunais; assim: C. Com. Seine, 7-dez.-1870, 3, 117 e CssFr 21-dez.-1916, D 1916, 2, 36. Noutros casos – *maxime* na CssFr 6-mar.-1876, o caso do canal de Craponne – o problema não se pode pôr, de todo em todo.

2207 Planiol/Ripert/Esmein, *Traité pratique* cit., 62, 530 (n.º 392).

2208 Na própria Alemanha, os tribunais evitaram, durante a 1.ª guerra – na 2.ª, tal como em França, o problema pôs-se em termos diferentes, pela intervenção acrescida do Estado nas relações particulares e pelo aparecimento de legislação sobre "auxílio contratual" – alterar os contratos ou rescindi-los, por dificuldades supervenientes, como regra geral. Recorde-se que no primeiro conflito mundial, foi ainda possível preservar, no essencial, um mercado liberal, com uma repercussão direta do esforço de guerra nos particulares.

2209 S. Serbesco, *Effets de la guerre* cit., 358-360.

para outro problema, sempre subjacente: em nome de que regra ou princípio é de aceitar a rescisão ou a modificação unilaterais de contratos livremente celebrados?

IV. As tentativas de resposta em França, numa correlação que não tendo sido posta em evidência, mas que tem a maior importância numa ótica de pensamento sistemático – andam em torno de recursos extracontratuais ou, pelo menos, de esquemas que evitam um recurso direto à vontade das partes[2210]. Defende-se, assim, que seria contrário à Moral exigir o cumprimento de obrigações depois de ter ocorrido uma alteração desfavorável à contraparte[2211], que, na modificação superveniente, poderia verificar-se um enriquecimento sem causa[2212], ou que as alterações mais significativas poderiam integrar uma hipótese de caso fortuito[2213].

Apenas por exceção vem referida a boa-fé[2214].

A crítica e a rejeição destas tentativas não ofereceram dificuldades[2215]. O recurso à Moral, como conjunto de regras sem natureza jurídica mas com efeitos de Direito, representa uma problemática mais difícil do que as questões que pretende resolver[2216]. Em vão se procuraria, nos cândidos escritos gauleses, um aprofundamento do tema. A remissão para institutos jurídicos preexistentes não surte efeito. Qualquer um deles foi pensado com objetivos materiais diferentes dos exigidos pela alteração das circuns-

[2210] Não se encontram, por isso, nos autores franceses, referências, diretas ou equivalentes, às construções classicamente subjetivas da *clausula rebus sic stantibus*, à teoria da pressuposição, que, embora sem alcance na Alemanha, teve grande expansão em Itália e, até, em Portugal, ou à teoria da base do negócio, nas suas versões ou componentes subjetivos.

[2211] Na origem desta posição, assumida por Bonnecase, *Supplément* cit., 3, 606 ss., que sublinha a injustiça a que se poderia chegar, quando, à alteração das circunstâncias, não fosse contraposta a modificação dos contratos atingidos, está Georges Ripert, *La règle morale dans les obligations civiles*, 4.ª ed. (1949).

[2212] *Vide* Rieg, *Contrats et obligations* cit., n.º 36 (11), crítico.

[2213] Ainda aqui, sem resultados práticos, Jean Radouant, *Du cas fortuit et de la force majeure* (1920), 329, a propósito da própria figura da "força maior parcial", que envolveria apenas alguns aspetos da obrigação atingida, faz questão em subordinar a liberação parcial à vontade das partes.

[2214] Rieg, *Contrats et obligations* cit., n.º 38 (11), que acaba por preconizar o recurso à boa-fé para integrar o problema da alteração das circunstâncias, considerando fecunda a referência que lhe é feita pelo artigo 1134.º do Código Napoleão.

[2215] Assim, Rieg, *Contrats e obligations* cit., 11 ss..

[2216] *Tratado* I, 4.ª ed., 51 ss..

tâncias. A transposição deixa sem resposta algumas das facetas próprias da alteração das circunstâncias e força os institutos no seu âmbito inicial.

Mais importante do que estes aspetos, tomados isoladamente, é a explicação global do fenómeno. Na absolutização do convénio contratual – ao qual, como arrimo, se curva a própria boa-fé – centrada no consenso mútuo formativo, firmada de modo axiomático-conceptual e atuada através da metodologia dedutiva da segunda sistemática cartesiana, reside a incapacidade congénita, de, por negação, afirmar ainda o mesmo princípio. Esta negação, a ter sido viável, concitaria, como sucedeu noutras latitudes, uma eficácia da alteração das circunstâncias imputada a cláusulas *rebus sic stantibus* tacitamente acordadas, ou esquemas similares. Não seria possível inserir, no coração da Ciência Jurídica privada, um vetor material e metodológico tão forte, sem, nisso, marcar todo o espaço jurídico-científico circundante. Tentar pôr em causa, através de institutos pré-consagrados e com funções distantes, o princípio contratual, assim entendido e multiplicado, sem enfrentar, de modo frontal, o problema subjacente do modo-de-ser do Direito em questão, é medida votada ao fracasso: as distorções ocasionadas – a que um pensamento de tipo cartesiano é, em especial, sensível – facilitam, à partida, a nova erupção ou a pura persistência dos esquemas negativistas.

A via tomada pela alteração das circunstâncias, no espaço metodológico francês, não foi um simples acidente cultural. Na sua base estão as características específicas que aí inviabilizaram o florescer da boa-fé, apesar da forte tradição em que esta assentava; na sua base, ainda, a posição humanística, mantida na pré-codificação francesa, de silenciar o problema; na sua base, finalmente, as dificuldades que o tema da alteração das circunstâncias – uma intromissão incómoda dos factos no Mundo do Direito – levanta ao pensamento jurídico-sistemático, seja qual for a sua orientação.

V. A reforma do Código Napoleão de 2016 teve, como grande novidade, o acolhimento, no Direito civil francês, da "imprevisão civil"[2217]:

[2217] Nas obras gerais subsequentes à reforma publicadas neste momento: Philippe Malaurie/Laurent Aynès/Philippe Stoffel-Munck, *Droit des obligations*, 8.ª ed. (2016), n.º 764 (407-409); Alain Bénabent, *Droit des obligations*, 15.ª ed. (2016), n.º 308 (250); Bertrand Fages, *Droit des obligations*, 6.ª ed. (2016), n.º 348 (294-296); Rémy Cabrillac, *Droit des obligations*, 12.ª ed. (2016), n.º 125 (123-129). Nos comentários à reforma: Gaël Chantepie/Mathias Latina, *La réforme du droit des obligations/Commentaire théorique et*

> Se uma modificação de circunstâncias, imprevisível aquando da conclusão do contrato, tornar a execução excessivamente onerosa para uma parte que não tenha aceitado assumir esse risco, pode esta pedir uma renegociação ao seu co-contratante. Ela continua a executar as suas obrigações durante as negociações.
>
> Em caso de recusa ou de fracasso da negociação, as partes podem acordar na resolução do contrato, à data e nas condições que determinarem, ou pedir de comum acordo ao juiz de proceder à sua adaptação. Na falta de acordo num prazo razoável, o juiz pode, a pedido de uma parte, modificar o contrato ou pôr-lhe cobro, na data e nas condições que fixar.

O Direito lusófono ultrapassa a alteração das circunstâncias com recurso à boa-fé (437.°, do Código de 1966). O Direito alemão recorria também à boa-fé, por via jurisprudencial e com base no § 242 do BGB. Todavia, a reforma do Código alemão, de 2001/2002, optou por um esquema subjetivo (§ 313/1): "... quando as partes, se tivessem previsto a alteração, não tivessem concluído o contrato ou o tivessem feito com outro conteúdo ..."). Já o Código italiano de 1942 introduziu a ideia de "onerosidade excessiva" (1467.°/I), no que foi retomado pelo Código brasileiro de 2002 (478°). O Código francês fixa três condições para a "imprevisão" – locução que se mantém na literatura nova: (1) imprevisibilidade; (2) não assunção do risco; (3) onerosidade excessiva. Este último ponto é o decisivo, pelo que, *prima facie*, o legislador francês aderiu à sugestão italiana, marcadamente objetiva.

A tradição jurídica francesa, reafirmada ao longo de cento e cinquenta anos, era a de não admitir, no campo civil, a eficácia jurídica da alteração das circunstâncias, dita "imprevisão civil", no hexágono gaulês. O novo artigo 1195.° constitui, deste modo, uma novidade de fundo: como tal saudada pelas obras dedicadas à reforma. Aguarda-se, agora, concretização jurisprudencial da figura. A tradição restritiva do Direito francês deixa, desde já, sequelas, mau grado a reforma. Assim, o novo artigo 1195.° só se

*pratique dans l'ordre du Code civil* (2016), 1087 pp., n.° 522-529 (440-450); Barthélemy Mercadal, *Réforme du droit des contrats* (2016), 408 pp., 168-178; Thibault Douville (dir.), *La réforme du Droit des contrats/Commentaire article par article* (2016), 534 pp., 177-181; François Terré (org.), *La réforme du droit des obligations/L'ordonnance du 10 février 2016 commentée article par article* (2016), 128 pp., 41-42; Yves-Marie Laithier//Olivier Deshayes/Thomas Genicon, *Réforme du droit des contrats, du régime général et de la preuve des obligations* (2916), 945 pp., 384-420.

aplica a contratos celebrados após o dia 10 de outubro de 2016, data da sua entrada em vigor. Além disso, o preceito é supletivo: prevê-se que muitos contratos significativos, à semelhança do que já sucedia, adotem esquemas próprios de revisão, designadamente através das denominadas cláusulas de *hardship* ou similares.

## 254. A evolução italiana; a *pressuposizione*

I. A evolução italiana merece uma especial atenção[2218]. Com efeito, ela teve repercussões importantes na experiência lusófona e, em especial, nos códigos civis de 1966 e de 2002.

Em Itália, o problema da alteração das circunstâncias, depois do impulso recebido no período da glosa e do comentário, entrara em letargia progressiva. A receção do esquema napoleónico – com os postulados metodológicos subjacentes – através da codificação de 1865, silenciosa a esse respeito, selou a não consagração de eficácia à alteração. O tema reacendeu-se no espaço jurídico italiano mercê dos estudos de Osti[2219], manifestamente provocados pelo trabalho de Pfaff e pelas monografias surgidas, entretanto, na Alemanha. Da maior importância foi, ainda, a divulgação das *Pandekten* de Windscheid, operada pela tradução conhecida de Fadda e Bensa[2220]. Deve, em boa verdade, observar-se – embora este aspeto escape, muitas vezes, à própria doutrina italiana – que parece ter-se mantido uma certa tradição de tratamento autónomo próprio do tema, sob a designação *clausula rebus sic stantibus*, numa conexão natural com o Direito comum. A admissibilidade da *clausula* chegara mesmo a constar de alguma jurisprudência. Assim, em CassTorino 16-ago.-1900, vem dizer-se que, apesar dos contratos legalmente formados terem a força de lei, era

[2218] Além da bibliografia referida: Piet Abas, *Rebus sic stantibus* cit., 197-231.

[2219] Giuseppe Osti, *La cosi detta clausola "rebus sic stantibus" nel suo sviluppo storico* cit., (1912) e *Appunti per una teoria della "sopravvenienza"*, RDC 1913, 471-498 e 647-697, retomando o tema em *Revisione critica della teoria sulla impossibilità della prestazione*, RDC 1918, 256-259, 313-360 e 417-471.

[2220] *Diritto delle Pandette*, trad. it. Carlo Fadda e Paulo Emilio Bensa, (reimp., 1930).

assente, desde a jurisprudência romana, que, por força da equidade, eles deviam ser entendidos *rebus sic stantibus*[2221].

II. Em termos práticos, a alteração das circunstâncias teve uma orientação decisiva na Guerra de 1914-1918. As dificuldades que esse conflito trouxe a uma série de contratos não mereceram, por parte dos tribunais, um reconhecimento liberatório perante o devedor. À semelhança dos seus congéneres franceses, os tribunais italianos mantiveram que apenas o caso fortuito, assimilado à impossibilidade absoluta, exonerava o devedor[2222]. Tentativas de lançar um conceito mais elástico de "caso fortuito", por forma a abranger a dificuldade superveniente[2223], ou de considerar o devedor obrigado, apenas, a desenvolver o esforço requerido ao bom pai de família[2224] não tiveram repercussão bastante. O legislador teve de intervir, promulgando uma série de diplomas destinados a solucionar as dificuldades postas pela modificação[2225]. Como sucede normalmente em tais circunstâncias, a prontidão legislativa em resolver situações novas amortece a doutrina e a jurisprudência, que, em definitivo, podem ficar apegadas às conceções antigas.

III. A disponibilidade linguística e conceptual da pressuposição de Windscheid terá, então, jogado. Tanto assim que no ciclo jurisprudencial lançado pela codificação, no Código de 1942, da "onerosidade excessiva"

[2221] Cass Torino 16-ago.-1900, Fl 26 (1901), 736-742 (738 e 740), an. Barsanti, *idem*, 737-740, concordante – 737. Barsanti, que cita outras decisões judiciais em que a *clausula* teria tido acolhimento, imputa-a, também, à equidade e diz, de seguida, que a sua razão de ser repousa na vontade das partes, podendo equiparar-se a uma condição resolutiva tácita.

[2222] Alberto Galizia, *Lo stato di guerra e i rapporti di diritto commerciale*, DirCom 33 (1914), 108-123 (117) e Giacomo Folco, *La guerra ed i contratti privati*, DirCom 33 (1914), 593-611 (598).

[2223] Francesco Talassano, *Sui concetti di caso fortuito e di forza maggiore*, DirCom 34 (1915), 295-324 (318).

[2224] Pietro Gogliolo, *La guerra ed i contratti commerciali con speciale riguardo alie vendite di carbone e di cotone*, DirCom 33 (1914), 575-590 (578, 581 e 590); Galizia, *Lo stato di guerra* cit., 118.

[2225] As medidas legislativas primeiramente tomadas podem ser conferidas em Isidoro Modica, *L'influenza della guerra sui rapporti di diritto privato*, DirCom 34 (1915), 102-112 e em P. Barberis, *La guerra nei rapporti di diritto privato contrattuale*, DirCom 34 (1915), 356-367; P. Gogliolo, *La guerra e il diritto privato*, DirCom 34 (1915), 428-438, ocupa-se de aspetos processuais.

se encontram decisões com o teor seguinte: CssIt 13-jul.-1942: "no domínio do Código Civil de 1865, apesar de não ser admitida como regra geral em matéria contratual, a teoria da pressuposição podia encontrar aplicação concreta, quando da indagação dos elementos contratuais resultasse que as partes contratantes tinham presentes as condições atuais necessárias à equivalência das prestações"[2226]; CssIt 17-out.-1947: "(...) o Código civil vigente introduziu no artigo 1467.º, de modo expresso e geral, em matéria contratual, o princípio da pressuposição que representa assim, daqui em diante, um instituto de direito positivo"[2227]; CssIt 28-jul.-1948: "o princípio da pressuposição, introduzido pelo artigo 1467.º do Código Civil vigente como regra geral em matéria contratual, podia encontrar aplicação, sob o domínio do Código de 1865, quando, da interpretação das convenções, resultasse terem os contraentes tido presente uma determinada situação de facto ou de direito para a manutenção da equivalência das prestações (...)"[2228]. Em anotações a sentenças acima referidas, de Martini e Bologna tocam no problema. O primeiro confirma que o artigo 1467.º não introduziu, propriamente, a pressuposição, já que esta não seria, de todo, nova[2229]; apresentando as similitudes entre a pressuposição e a condição, de Martini firma a sobreveniência como uma "pressuposição típica"[2230]. O segundo assevera, também, o reconhecimento, já no domínio do Código Civil de 1865, da pressuposição de Windscheid, quando ela se impusesse pela interpretação. Dá conta, depois, no que parece ser uma evolução, em Itália, da *presupposizione*, da distinção entre a pressuposição de facto e a de direito: a primeira seria real e a segunda, típica; a primeira implicaria uma

[2226] CssIt 13-jul.-1942, FI (R) 57 (1942), n.ºs 276-277 (n.º 276), 998.

[2227] CssIt 17-out.-1947, GiurComplCassCiv 28 (1947), 354-356 (355); esta decisão refere, ainda, a pressuposição como uma "condição não desenvolvida", segundo a conhecida locução windscheidiana.

[2228] CssIt 28-jul.-1948, GiurComplCassCiv 27 (1948) 3, 169-172 (169).

[2229] Angelo de Martini, an. cit. na nota seguinte, 357, cita algumas decisões judiciais, anteriores a 1942, que documentariam as dúvidas da jurisprudência a esse respeito.

[2230] Angelo de Martini, *Presupposizione, condizione, eccessiva onerosità ed errore sui motivi*, an. CssIt 17 out. 1947, GiurComplCassCiv 28 (1947), 356-364 (356, 357-358 e 360). De Martini referira-se já ao assunto em an. a Napoli 9-jul.-1945, GiurComplCassCiv 18 (1945), 385-388 – esta sentença tem apenas o interesse de afirmar que os artigos 1467.º-1468.º do Código novo consagravam a *clausula rebus sic stantibus* (387) – 388-409.

relação psicológica pouco segura e a segunda, com outras qualidades, teria sido recebida no Código Civil de 1942[2231], aparentemente inovatório[2232].

IV. Num interessante fenómeno de adaptação, a jurisprudência interpretou a codificação de 1942, através da "onerosidade excessiva", como receção da pressuposição[2233]. Este entendimento levantou dúvidas: por um lado, a pressuposição fora objeto de críticas específicas[2234]; por outro, lia-se, no artigo 1467.°, um instituto totalmente novo, sem ligações com figuras antecessoras, e, designadamente, com a *clausula rebus sic stantibus*[2235]. De facto, a letra do artigo 1467.° do Código Civil italiano – pouco feliz – não se prende à pressuposição[2236]. Poderia, contudo, ser entendido em termos de pressuposição, caso o estado jurídico-cultural dominante a isso conduzisse. Este aspeto é importante, podendo concretizar-se a dois níveis: linguístico e material. A nível linguístico, a pressuposição exprimiria a eficácia da alteração das circunstâncias, ainda que fora dos esquemas windscheidianos; a nível material, o próprio conteúdo, delineado por Windscheid, seria recebido, na sua substância. Não obstante, alguma doutrina parecer aceitar, apenas, a receção linguística[2237], deve detetar-se a presença de um fenómeno mais profundo. Por várias vezes, a CssIt, ao falar em pressuposição, explica derivar esta de, na contratação, as partes terem presentes determinadas condições atuais como necessárias ao equilíbrio das prestações[2238]. Não será esta, propriamente, a formulação literal constante das *Lehre von der Ungültigkeit* ou da *Lehre von der Voraussetzung*, de Windscheid, ou, sequer a das suas *Pandekten*; mas é, sem dúvida, ainda um entendimento da pressuposição.

[2231] Bologna, *Profilo sistematico della presupposizione*, an. CssIt 28-jul.-1948, GiurComplCassCiv 27 (1948), 3, 172-182 (172, 176 e 179).

[2232] *Infra*, 483-484.

[2233] Também Giorgio Cian/Alberto Trabucchi, *Commentario breve al Codice Civile* (1981), art. 1467.° (608).

[2234] Paolo Tartaglia, *Onerosità eccessiva*, ED (1980), 155-175 (158).

[2235] Nicola Boselli, *Eccessiva onerosità*, NssDI 6 (1960), 331-338 (332). Quanto à discussão sobre este tema, Distaso, *I contratti in generale* (1966) 2, 1265.

[2236] Quanto ao artigo 1467.° CIt e ao regime atual, em Itália, da alteração das circunstâncias, *vide infra*, 614 ss..

[2237] P. ex., Cian/Trabucchi, *Commentario* cit., art. 1353.° (558).

[2238] Recorde-se CssIt 13-jul.-1942, 17-out.-1947 e 28-jul.-1948, já referidas e veja-se a jurisprudência cit. *infra*, nota 2241.

V. Numa evolução curiosa que, se por um lado, traduz a implantação profunda da pressuposição windscheidiana na cultura jurídica italiana, não pode, por outro, deixar de exprimir a inconsequência da fórmula legal, encontrada, em 1942, para o problema[2239] e as incapacidades da doutrina em promover uma renovação. Deve reconhecer-se, na jurisprudência posterior, que houve mesmo um incremento da pressuposição. O tribunal de Nápoles, em 16-out.-1969, vem dizer que a pressuposição, introduzida pelo artigo 1467.º, se entende "(...) como cláusula explícita em cada contrato, encontra aplicação quando, na base da interpretação do contrato, se possa deduzir que aquela situação foi tida em conta pelos contraentes na formação do seu consenso, de modo a formar a pressuposição comum para eles"[2240]. Não é fácil maior clareza; esta posição surge, de modo repetido, nos tribunais de apelação e na Cassação[2241], apesar das críticas doutrinárias[2242].

Tal anacronismo tem dimensões científicas importantes, para além das culturais já referidas. Haverá que analisá-las quando se ponderar o cenário da codificação tardia italiana[2243].

## 255. A onerosidade excessiva e a fuga para a equidade

I. A jurisprudência de diversos países documenta uma fuga para a equidade. Mau grado os protestos da doutrina, corporizou-se, em termos de esclarecimento complexo, nas codificações tardias. São exemplos o Código italiano de 1942 e o português de 1966.

[2239] *Infra*, 615 ss..

[2240] Napoli 16-out.-1969, FP 20 (1971), 804-818 (817), com an. de Mario Bessone, *idem*, 804-816 (805), desfavorável.

[2241] P. ex., App. Napoli 23-jun.-1969, RNot 25 (1971), 607-615 (609), an. Sergio Fagella, *idem*, 607-610 (609) = FP 26 (1971), 1026-1032 (1028), an. F. Prandi, *Spunti in tema di presuppozione*, *idem*, 1025-1028, CssIt 17-set.-1970, GI 124 (1972), 211-223 (219-220 e 222), an. Enzo Roppo, *Orientamenti tradizionali e tendenze recenti in tema di "presuppozione"*, *idem*, 211-222 (211), desfavorável e CssIt 6-jul.-1971, RNot 27 (1973), 293-298 (295), an. F. Centeleghe, *Appunti in materia di presuppozione*, *idem*, 293-298 (294), desfavorável = GI 125 (1973), 282-287 (285).

[2242] P.ex., Tartaglia, *Onerosità eccessiva* cit., 158 e as an. referidas de Bessone, FP 20, 805, de Roppo, GI 124, 211 e de Centeleghe, GI 125, 285. *Vide*, em especial, Bessone, *Adempimento e rischio contrattuale* (1975, reimp.), 63 ss. e 89 ss..

[2243] *Infra*, 614 ss..

Convém ter presentes os textos fundamentais. Segundo o artigo 1467.º do Código italiano:

> Nos contratos de execução continuada ou periódica ou ainda de execução diferida, se a prestação de uma das partes se tornar excessivamente onerosa; pelo verificar de ocorrências extraordinárias e imprevisíveis, pode a parte que deva tal prestação pedir a resolução do contrato, com os efeitos estabelecidos no artigo 1458.º [efeitos da resolução].
>
> A resolução não pode ser pedida se a onerosidade integra a álea normal do contrato.
>
> A parte contra a qual é pedida a resolução pode evitá-la oferecendo modificar equamente as condições do contrato.

II. Na forma, o artigo 1467.º do *Codice* surge inovador. Consagrou a alteração das circunstâncias, quando, no Direito italiano anterior, era duvidosa a sua eficácia[2244]. A novidade não se ficou por aí, no que, dadas as incursões doutrinárias anteriores, teria alcance escasso: consagrou, ao arrepio dos entendimentos subjetivos que, na sequência de Windscheid, imperavam, um esquema objetivo onde, como pedra de toque, surge a ideia nova da "onerosidade excessiva".

III. A mensagem não foi eficaz. Num preito à "mística da vontade", denunciada repetidamente pela doutrina[2245], a jurisprudência manteve e agravou mesmo o recurso à pressuposição windscheidiana[2246]: a onerosidade excessiva foi aplicada, muitas vezes, de acordo com remissões para a vontade das partes, sem se atentar nas críticas dirigidas, de modo certeiro,

[2244] A jurisprudência, de um modo geral, entendeu haver novidade: CssIt 17-out.-1947, GiurComplCassCiv 28 (1947), 354-356 e CssIt 28-jul.-1948, GiurComplCassCiv 27 (1948) 3, 169-172, numa orientação que se manteve: p. ex., CssIt 6-jul.-1973, RNot 27 (1973), 293-298 = GI 125 (1973), 282-285.

[2245] Bessone/d'Angelo, *"Presupposizione", sopravvenienza di eventi e problemi di teoria generale dei contratto*, RNot 1981, 1005-1016 (1009); Bessone, *"Presupposizione"* cit., 816; Roppo, *"Presupposizione"* cit., 218.

[2246] Centeleghe, *Presupposizione* cit., 293; S. Fagella, an. App. Napoli 23-jun.-1969 cit., 609; F. Prandi, *Presupposizione* cit., 1027; de Martini, *L'eccessiva onerosità nell'esecuzione dei contratti* (1950), 45 ss.; F. Prandi, *Presupposizione* cit., 1027 e *Eccessiva onerosità della prestazione e svalutazione monetaria: osservazione sulla previdibilità dell'evento*, RNot 25 (1972), 562-571 (565); Antonino Cataudella, *Sul contenuto del contratto* (1966), 280.

a Windscheid, há perto de um século ou no ceticismo dos escritos italianos da atualidade.

Esta situação evoca o princípio conhecido da continuidade cultural. À primeira vista, a verificação deste pareceria duvidosa: a alteração de circunstâncias, como pressuposição ou sob outra forma, nunca conhecera uma pujança que lhe permitisse continuar. Mais importantes do que institutos sortidos são, no entanto, os entendimentos básicos que, da ordem jurídica, nos diversos momentos históricos, dominem. Num cenário colorido pelo dogma da vontade, em termos resistentes ao mudar dos tempos e das conceções, as novidades que, por lei ou de outro modo exterior, sejam introduzidas, integram-se, de imediato, no ambiente, recebendo, deste, o seu sentido mais impressivo. Antes da codificação tardia italiana, a pressuposição era um lugar de decisão escassamente usado. Ao pretender introduzir a eficácia da alteração das circunstâncias, em termos objetivos, a codificação em causa nada mais pode fazer do que dinamizar o modelo possível em face da cultura jurídica dominante: o de Windscheid.

IV. Para além da continuidade cultural, a convolação da "onerosidade excessiva" para a pressuposição ou para entendimentos subjetivos similares teve, também, um apoio doutrinário, ainda que indireto. Perante o preceito, acima transcrito, do artigo 1467.º do Codice, a doutrina estacou: os requisitos expressos pela locução "ocorrências extraordinárias e imprevisíveis" são secundários; fundamental, para o instituto, é a "onerosidade excessiva" que, sem tradições, constitui uma fórmula indeterminada carecida de bases concretizadoras.

Houve que lançar mão de um expediente. Atento o artigo 1467.º/2, vem dizer-se que existe "onerosidade excessiva" quando as ocorrências supervenientes ultrapassem a "álea normal do contrato"[2247]. O que possa ser a "álea normal" em causa tem resposta difícil[2248]: de Martini proclama que a passagem da "onerosidade excessiva" para a "álea normal" permite transitar do senso comum genérico para o terreno específico da experiência contratual: os contraentes, no fecho, devem representar-se um certo número de variações possíveis que, ao constituir um vínculo firme, assumem; o artigo 1467.º "limita a presunção de tal vontade apenas às varia-

[2247] Braccianti, *Eccessiva onerosità* cit., 86; de Martini, *Eccessiva onerosità* cit., 26-27; Agostino Gambino, *Eccessiva onerosità della prestazione e superamento dell'alea normale del contratto*, RDComm 58 (1960) 1, 416-449 (430).

[2248] F. Prandi, *Eccessiva onerosità* cit., 568.

ções normais..."[2249]. É quanto basta: ao remeter a "onerosidade excessiva" para a "álea normal", e assentando em que esta varia de acordo com os contratos – leia-se a vontade das partes na conclusão – a doutrina entrega-se à mística da vontade, que tanto critica na jurisprudência. Mas ainda quando não dê este último passo, ele acabaria por se impor a quem, com a ajuda parca da "álea normal", tivesse de decidir. Tal como a "onerosidade excessiva", a "álea normal" integra um conceito indeterminado que, por carência de laboração científica e de experimentação jurisdicional, se torna de concretização problemática. Queda o recurso à interpretação do contrato e à vontade das partes, real, presumida ou presumível.

Ficou assente, nas observações dirigidas a Oertmann e a seus crítico-seguidores, que o recurso à vontade das partes – ou, de modo lato, as orientações subjetivistas – mais do que inconveniente, torna-se impossível. A alteração das circunstâncias, não tendo sido regulada no fecho, escapou, no momento decisivo, à autonomia privada: a partir daí, salvo um acordo suplementar que, ao problema, retiraria qualquer acuidade, não se pode imputar nada ao que nunca existiu nem poderá recriar-se, dada a contraposição de interesses entre os intervenientes.

Incapaz de indicar soluções efetivas para a alteração das circunstâncias, a "álea normal" dos contratos, a ser utilizada, esconde, tal como a "pressuposição", outros critérios de decisão. Estes, na falta da generalidade que só a Ciência do Direito pode, com adequação, dar, residem, em última análise, no caso concreto. Há equidade.

V. Introduzida pelas soluções linguísticas da "pressuposição" e da "álea normal", a equidade encontra, na lei italiana, um arrimo de monta, desapercebido na doutrina. Nos termos do artigo 1467.º/3 do *Codice*, a resolução por "onerosidade excessiva" pode ser detida com recurso à modificação "équa" das condições contratuais. Acionada para fazer valer uma alteração das circunstâncias, a parte que, ainda que a título subsidiário, não peça a *reductio ad aequitatem*, está, pelo menos num segundo plano, a aceder à resolução: quando, de todo em todo, não a queira, dispõe da faculdade de o impedir. Significa isto que, a nível estatutivo, a "onerosidade excessiva" implica, em primeira linha, a modificação pela equidade e, depois, contra o resultante numa leitura apressada do texto da lei, a resolução.

[2249] De Martini, *Eccessiva onerosità* cit., 27.

Uma proposição jurídica pela qual, verificadas circunstâncias indeterminadas, se deva decidir pela equidade, remete, para a própria equidade, a definição dessas circunstâncias.

Aflora, neste ponto, um dado hermenêutico importante: a previsão normativa é infletida e codeterminada pela sua estatuição. A separação entre esses dois fatores tem um sentido abstracionante admissível apenas pelas necessidades da linguagem expositiva. A nível teórico, a norma constitui um todo integrado no sistema onde, de modo algum, se poderia alterar o previsivo sem o estatutivo e inversamente; a nível interpretativo-aplicativo, enquanto, por um lado, o julgador recorre às consequências para penetrar nas realidades causadoras, depende, por outro, a factibilidade do conjunto – e logo da previsão – do que se consiga nos efeitos. O mecanizar dos quadrantes decisórios, com a subsunção, o conceitualismo e todo um cortejo de malefícios conhecidos, assenta no corte do trânsito previsão-estatuição; restabelecida a ligação, ele processa-se em dois sentidos.

Neste cenário, a conexão "onerosidade excessiva"-equidade segue os moldes inevitáveis: o intérprete-aplicador deve atuar pela equidade quando ocorra uma conjuntura indefinida; logo, quando a equidade deva suplantar o Direito estrito, dá-se por existente a conjuntura em causa. E porque a equidade, não sendo freada, vale por si, vai ela própria, quando admitida, determinar o momento do preterir do Direito[2250].

VI. Este despontar, algo inesperado, da equidade, no cenário italiano da alteração das circunstâncias, para além das insuficiências doutrinárias que lhe deram azo, representa o aflorar de velhos dados jusnaturalistas que, sob um jusracionalismo benévolo e uma terceira sistemática insuficientemente recebida, foi sobrevivendo. Desde os sucessos históricos que, no princípio do século, dinamizaram o tema da alteração das circunstâncias, houve, em autores como Brugi[2251], Pestalozza[2252] e de Ruggiero[2253], um imputar expresso da *clausula rebus sic stantibus* e de seus sucedâneos, à

[2250] Mesmo a pura equidade não pode libertar-se, em absoluto, da Ciência do Direito; implica, no entanto, modelos de decisão extrassistemáticos que consideram cada problema de modo isolado, desviando-se, nessa medida, do Direito.

[2251] Bugio Brugi, *La presupposizione e i criteri d'interpretazione del contratto formolati negli art. 1124, 1131 cod. civ.*, RDComm 1907, 2, 46-52 (47).

[2252] Filipo Pestalozza, *Onerosità eccessiva della prestazione sopravveniente per fortuito*, FI 1916, 1, 1127-1146 (1141 e 1144).

[2253] Roberto de Ruggiero, *Instituições de Direito Civil*, trad. port. de Ary dos Santos, 3 (1935), 245.

equidade. Viva na cultura jurídica como nos subconscientes dos juristas, a equidade foi aproveitada pelo legislador que, confrontado com a necessidade de encontrar, para a "onerosidade excessiva", consequências mais maleáveis do que a resolução e não querendo, num pudor desconhecido na evolução subsequente, remeter para a vontade hipotética das partes, viu nela um arrimo plausível e possível.

## § 59.º DADOS EVOLUTIVOS DA ALTERAÇÃO DAS CIRCUNSTÂNCIAS

### 256. Novas leituras globais

I. A fraqueza jurídico-científica da base do negócio e do pensamento contratualista liberal que lhe estava subjacente, provocaram, ao longo da segunda metade do século XX, o surgimento de novas leituras globais. Sintetizando[2254], podemos considerar que o tema da alteração das circunstâncias foi equacionado, globalmente, com recurso à teoria do risco, ao princípio da tutela da confiança e à interpretação dos contratos. Como muitas vezes sucede em Direito, nenhuma destas proposições foi nova: os meandros nelas em causa já haviam sido explorados nos últimos três séculos. A novidade foi a sua reapresentação, agora à luz das nossas modernas sociedades pós-industriais.

II. A teoria do risco parte da regra segundo a qual o dano é comportado pela esfera jurídica onde se verifique: *casum sentit dominus*, *the loss lies where it falls*. Na vida de relação que o Direito legitima, a margem de risco é, em simultâneo, margem de lucro: o dano numa esfera é, comummente, uma mais-valia noutra. Contratar é perigoso e, por isso, atraente: cada parte sabe, de antemão, que o seu grande sucesso acarreta o insucesso da outra parte, e assim por diante. Defender, entre as partes, a existência de uma comunidade de interesses releva, nos contratos patrimoniais e por via de regra, de um jusromantismo sem correspondência nas realidades e que, como tal, deve ser abandonado, enquanto instrumento técnico-jurídico[2255]. Como regra, pois, o princípio do risco conduz a que as superveniências

[2254] Para um maior desenvolvimento: *Da boa fé*, 1051 ss..

[2255] Este fenómeno surge, em especial, estudado no domínio do Direito do trabalho, onde uma alegada comunidade de interesses trabalhador-empregador já foi mesmo utilizada para autonomizar o juslaboralismo do Direito das obrigações. Tais tentativas estão,

se repercutam, apenas, na esfera de quem as sofra. Mas esta mesma regra comportaria um corpo de limites que, pela negativa, dariam o âmbito da eficácia da alteração das circunstâncias. Para além de certas margens, o dano superveniente ultrapassaria a margem de risco inerente à contratação. Quando se concretizasse, haveria que repercutir o dano noutras esferas jurídicas e, em especial, na da contraparte[2256].

III. A colocação da alteração das circunstâncias como tema da distribuição do risco corresponde a uma forma enriquecedora de ver o problema. Só por si, no entanto, ela não resolve: a ideia de risco não traz, consigo, regras da sua própria limitação e da sua distribuição. Para o efeito, haverá que recorrer ao Direito objetivo e à vontade das partes. Mas ela permite, sem dúvida, um ponto de partida para novas discussões.

IV. A tentativa de equacionar a alteração das circunstâncias com recurso ao princípio da proteção da confiança deve-se a Wolfgang Fikentscher, tendo sido desenvolvida a propósito da teoria do risco[2257]. Este autor explica, no essencial, que o risco é expressão da autonomia privada. Ao

hoje, abandonadas. *Vide* o nosso *A situação jurídica laboral: perspectivas dogmáticas do Direito do trabalho*, sep. ROA (1982), 27 ss..

[2256] A teoria do risco como modo de solucionar a alteração das circunstâncias estava já presente em Ernst Rabel, *Das Recht des Warenkaufs* (1936, reimpr. 1964), 1, 357, e foi, em especial, desenvolvida por Gerhard Kegel, em vários escritos – *maxime* em *Empfiehlt es sich den Einfluss grundlegender Veränderungen des Wirtschaftslebens auf Verträge gesetzlich zu regeln und in welchem Sinn?* em Gutachten für den 40. DJT (1953), 1, 137-236 (199 ss.). Trata-se de uma posição retomada pelos escritos mais significativos que, na segunda metade do séc. XX, se dedicaram à alteração das circunstâncias. Assim: Franz Wieacker, *Gemeinschaftlicher Irrtum der Vertragspartner und Clausula rebus sic stantibus/Bemerkungen zur Theorie der Geschäftsgrundlage*, FS Wilburg (1965), 229-255 (250); Wolfgang Fikentscher, *Geschäftsgrundlage* cit., *infra*, nota 2257, 31; Wilhelm Haarmann, *Wegfall der Geschäftgrundlage bei Dauerrechtsverhältnissen* (1979), 57 ss.; Dietrich Rothoeft, *Risikoverteilung bei privatautonomen Handeln,* AcP 170 (1970), 230-244 (43); Helmut Köhler, *Unmöglichkeit und Geschäftsgrundlage bei Zweckstörungen im Schuldverhältnis* (1971), 162-163; Peter Ulmer, *Wirtschaftslenkung und Vertragserfüllung*, AcP 174 (1974), 167-201 (181 e 185); Ingo Koller, *Die Risikozurechnung bei Vertragsstörungen in Austauschverträgen* (1979), 44; Aristide Chiotellis, *Rechtsfolgenbestimmung bei Geschäftsgrundlagenstörungen in Schuldverträgen* cit., 41; Heinrich Dörner, *"Mängelhaftung" bei Sperre des transferierten Fussballspielers?*, JuS 1977, 225-228 (227-228).

[2257] Wolfgang Fikentscher, *Die Geschäftsgrundlage als Frage des Vertragsrisikos/ /dargestellt unter besonderer Berücksichtigung des Bauvertrages* (1971), XII + 116 pp.. Para uma análise mais circunstanciada, *vide Da boa fé*, 1060 ss..

contratar, cada parte submete-se a um fator de insegurança: o risco daí adveniente, a determinar pela interpretação do contrato, pelos costumes do tráfego, pelas condições contratuais gerais e pela lei, delimita o conteúdo do contrato. Ora tal realidade, que constitui fundamento de uma sociedade jurídica assente na livre contratação, é conhecida pelas partes. Na celebração do contrato, as partes confiam, no entanto, ou podem fazê-lo, na manutenção de certas circunstâncias: seria a base de confiança, que abrange tudo o que não se integre no campo do risco contratual. Ultrapassada essa base de confiança, a prestação poderia tornar-se inexigível, por força do princípio da boa-fé.

V. A construção de Fikentscher é útil por dar uma via de concretização da boa-fé, suscetível de atuar na alteração das circunstâncias. De facto, um dos vetores da boa-fé, perfeitamente claro na denominada boa-fé subjetiva, reside justamente na tutela da confiança, isto é, na proteção da pessoa que, de modo justificado, acredite num certo estado de coisas. Mas para além disso, torna-se vaga. A base de confiança, a recortar negativamente na margem de risco admissível, releva, afinal, em função da lei e da vontade das partes, pelo que, só por si, não dá a chave de todas as questões.

VI. Temos uma tendência significativa de solucionar a alteração das circunstâncias com recurso a uma interpretação contratual melhorada. A ideia-base, apresentada por Schmidt-Rimpler[2258], assenta no seguinte: nas ordens jurídicas do nosso tipo, o contrato vale por si, isto é, traduz, em si mesmo, um valor. Ele não vincula, por isso, apenas pela necessidade moral de cumprir a palavra dada, mas, também, pela valoração que implica. Tal valoração emerge de uma série de representações das partes que, no conjunto, formam a "base da valoração do negócio". Caso tal valoração desapareça, mercê de superveniências, o princípio contratual requer a supressão do contrato atingido. A grande novidade – embora com múltiplos antecedentes – reside aqui na apresentação da eficácia da alteração das circunstâncias não como exceção à regra *pacta sunt servanda*, mas como expressão dessa mesma regra. Está-se, contudo, a lidar com um sentido

[2258] Walter Schmidt-Rimpler, *Zum Problem der Geschäftsgrundlage*, FS Nipperdey (1955), 1-30. Uma explanação mais detida do pensamento deste autor e de outras posições congéneres consta de *Da boa fé*, 1066 ss.. Uma tese semelhante à de Schmidt-Rimpler foi defendida, entre nós, por Luís Lingnau Silveira, *A teoria da imprevisão* (1962).

particular de tal preceito, o que retira impacto à doutrina. No entanto, ela tem prolongamentos dogmáticos.

VII. Ninguém duvida de que qualquer alteração das circunstâncias pode, a ser prevista, encontrar solução cómoda e válida no articulado contratual. Quando tal não tenha sucedido, houve como que uma omissão das partes, numa conjunção semelhante à lacuna contratual[2259]. Cabe, então, proceder à integração, de acordo com as regras gerais e, designadamente, à vontade hipotética das partes, passada pelo crivo da boa-fé. Recorde-se, a tal propósito, o artigo 239.° do Código Civil português. De novo deparamos aqui com uma perspetiva importante, que não deve ser esquecida. Não há dúvidas de que as partes podem prever alterações de circunstâncias e estipular para tal eventualidade. Quando o façam, o problema, fica resolvido. Do mesmo modo, pode acontecer que tal estipulação não tenha sido clara, mas que se imponha, perante a interpretação do contrato. Mas daí não pode concluir-se linearmente que, na falta de cláusulas específicas destinadas a enfrentar alterações futuras eventuais, haja lacuna, seguindo-se uma integração comum. A lacuna contratual – que envolve sempre lacuna do Direito pois, de outro modo, teria lugar a aplicação da norma subsidiária existente, não cabendo falar de lacuna – traduz uma falta de estipulação onde, pela lógica interna do próprio negócio considerado, deveria haver um clausulado. Na alteração das circunstâncias o problema é outro: há uma estipulação consentânea com a lógica do convénio em causa e com a agravante de tal estipulação ser legítima, válida e eficaz. Não se trata, pois, de integrar vácuos regulativos, mas de afastar normas válidas funcionais e aplicáveis, em nome de uma lógica que não mais se pode reclamar da vontade das partes.

Esta contradição explicará, sem dúvida, muitas das dificuldades que, ao longo dos séculos, a Ciência do Direito tem sentido, perante o tema da alteração das circunstâncias.

[2259] Nesse sentido, o trabalho de Fritz Nicklich, *Ergänzende Vertragsauslegung und Geschäftsgrundlage – ein einheitiches Rechtsinstitut zur Lückenausfüllung?*, BB 1980, 949-953. Também Wieling, *Entwicklung und Dogmatik der Lehre von der Geschäftsgrundlage* cit., 511, embora por via diversa, se fixa na interpretação como fórmula da alteração das circunstâncias. *Vide*, ainda, o paralelo de Marie Luise Hilger, *Vertragsauslegung und Wegfall der Geschäftsgrundlage im betrieblich-kollektiven Bereich*, FS Larenz/80. (1983), 241-255 (243 ss. e 250 ss.).

## 257. Das soluções globais aos fatores de delimitação

I. As orientações examinadas são insatisfatórias. Nenhuma delas logra, só por si, explicar cabalmente o instituto da alteração das circunstâncias.

Cada uma delas permite, no entanto, esclarecer aspetos importantes da matéria em jogo. De facto, torna-se patente que muitas questões apresentadas, na aparência, como relevando da alteração das circunstâncias são, na realidade, explicáveis com recurso à teoria do risco, ao princípio da proteção da confiança ou às regras da interpretação contratual.

II. A doutrina ensaia, por isso, outro flanco de aproximação da alteração das circunstâncias: o de procurar uma melhor delimitação do seu núcleo problemático.

A alteração das circunstâncias, sobretudo depois de enquadrada com recurso a conceitos indeterminados, como o da boa-fé, torna-se, com facilidade, num pólo absorvente de questões menos esclarecidas. Tudo quanto, sendo contratual, se confronte com modificações ambientais, tende a canalizar-se para a alteração das circunstâncias, mesmo antes de se ter, de modo aprofundado, indagado das possibilidades de reduções dogmáticas, através de institutos mais precisos.

Esta posição é nociva: esquecendo a necessidade fundamental do Direito, enquanto Ciência, de tratar o igual de modo igual e o diferente de forma diferente, de acordo com a medida da diferença, ela insere, num instituto informe e vasto, realidades que dele deveriam ser isoladas, em homenagem à particular estrutura que as informe.

III. Um primeiro balanço permite apontar uma tendência atual de base, no domínio da alteração das circunstâncias: a de uma consideração mais analítica dos problemas que lhe têm sido reconduzidos[2260].

As tentativas da redução global acima sumariadas falham perante a vastidão do problema. Mas elas podem operar, em áreas mais concisas, como fatores de delimitação do instituto.

E nessa delimitação devem intervir outros esquemas, cujo regime, pela sua própria estrutura, permita corresponder a modificações ambientais.

IV. Esta tendência não joga, sectorizada, apenas na alteração das circunstâncias, antes correspondendo a cenários metodológicos mais globais.

[2260] Karl Larenz/Manfred Wolf, *Allgemeiner Teil* cit., 9.ª ed., 697 ss..

Uma das características do pensamento jurídico dos nossos dias reside no abandono das grandes construções dogmáticas, absolutas e globais. A natural inclinação para reduzir os problemas a sistemas perfeitos e lógicos que, através de bitolas únicas, coerentes e retilíneas, deem resposta simples e imediata a todos os problemas que se lhe ponham, tem vindo a ceder devido à complexidade e às contradições das sociedades atuais.

Perante uma questão em aberto, todas as teorias são chamadas a depor, procurando-se, então, a melhor solução no caso concreto. Neste, por oposição a um Direito teórico, reside a verdadeira Justiça.

A boa-fé deixa documentar, com clareza, a fenomenologia exposta.

Tomada, apenas, na sua qualidade de conceito indeterminado, a boa-fé legitima as decisões que se lhe acolham; só por si não dá, contudo, qualquer critério de decisão. Ela torna-se, assim, justa e maleável: a solução justa confere com a boa-fé, sem necessidade de maiores indagações: toda uma imponente massa de questões lhe pode ser reconduzida.

Neste momento, o fenómeno segue com curso inverso.

Depois de, num primeiro tempo, se ter recorrido à boa-fé para conquistar novas áreas para o Direito, utiliza-se, agora, a Ciência do Direito, para redistribuir em institutos mais precisos e seguros, os progressos alcançados.

## 258. **A reforma alemã de 2001/2002**

I. Antes de aprofundar o regime vigente no tocante à alteração das circunstâncias, cumpre reportar a reforma alemã de 2001/2002 e os mais recentes elementos de Direito europeu.

Vamos principiar pela primeira, sobre a qual existe numerosa literatura[2261].

[2261] Rudolf Meyer-Pritzl, no HKK/BGB II/2 cit., §§ 313-314, Nr. 48 ss. (1738 ss.); Thomas Finkenauer, no *Münchener Kommentar* 2, 7.ª ed. (2016), § 313, Nr. 1 ss. (1878 ss.); Hannes Unberah, no Bamberger/Roth, BGB 1, 2.ª ed. (2007), § 313, Nr. 1 ss. (1519 ss.); Gerhard Hohloch, no Erman, 1, 13.ª ed., § 313, Nr. 1 ss. (1431 ss.); Dieter Medicus, no PWW/BGB, 4.ª ed. (2009), § 313, Nr. 1 ss. (572 ss.); Christian Grünenberg, no Palandt cit., 76.ª ed., § 313, Nr. 1 ss. (530 ss.); nestes comentários podem ser confrontados diversos escritos existentes, bem como a jurisprudência.

II. A reforma do BGB de 2001/2002, dando corpo a uma proposta que vinha já da comissão de 1991[2262], codificou, também, a alteração das circunstâncias. Assim:

§ 313 (Perturbação da base do negócio)

(1) Quando, depois da conclusão contratual, as circunstâncias que constituíram a base do contrato se tenham consideravelmente alterado e quando as partes, se tivessem previsto esta alteração, não o tivessem concluído ou o tivessem feito com outro conteúdo, pode ser exigida a adaptação do contrato, desde que, sob consideração de todas as circunstâncias do caso concreto, e em especial a repartição contratual ou legal do risco, não possa ser exigível a manutenção inalterada do contrato.
(2) Também se verifica alteração das circunstâncias quando representações essenciais que tenham sido base do contrato se revelem falsas.
(3) Quando uma modificação do contrato não seja possível ou surja inexigível para uma das partes, pode a parte prejudicada resolver o contrato. Nas obrigações duradouras, em vez do direito de resolução tem lugar o direito de denúncia.

III. De acordo com a própria justificação do Governo, retomada pela doutrina subsequente, o novo § 313 do BGB visou consignar na lei os princípios já consagrados pela jurisprudência: não, propriamente, alterá-los[2263]. Curiosamente, a lei nova veio distinguir – e, logo, admitir – as figuras:

– da alteração subsequente de circunstâncias – § 313, I;
– da carência inicial de circunstâncias basilares – § 313, II.

Nesta última hipótese estamos muito próximos da figura do erro sobre a "base do negócio", sendo difícil uma fronteira[2264].

IV. Os pressupostos do instituto da alteração subsequente de circunstâncias, tal como resultam do § 313, I, da lei nova, são os seguintes[2265]:

[2262] *Vide* o texto do *Diskussionsentwurf* cit., 14 (o então § 307) e a justificação, *idem*, 182 ss.. Na *Begründung der Bundesregierung* cit., 741 ss..

[2263] Volker Emmerich, *Das Recht der Leistungsstörungen* cit., 6.ª ed., § 27, Nr. 2 (408); Huber/Faust, *Schuldrechtsmodernisierung* cit., 232; Thomas Finkenauer, no *Münchener Kommentar zum BGB* cit., 2, 7.ª ed., § 313 (1876-1972).

[2264] Volker Emmerich, *Das Recht der Leistungsstörungen* cit., 6.ª ed., § 27, Nr. 24 (417).

[2265] Seguem-se as ordenações de Volker Emmerich, *Das Recht der Leistungsstörungen* cit., 6.ª ed., § 27, Nr. 21 (416).

1. Determinadas circunstâncias vêm modificar-se ponderosamente, após a conclusão do contrato;
2. Tais circunstâncias não pertencem ao conteúdo do contrato, constituindo, porém, a sua base;
3. As partes não previram as alterações;
4. Caso as tivessem previsto, elas não teriam fechado o contrato ou tê-lo-iam feito com outro conteúdo;
5. Em consequência das alterações, e tendo em conta todas as circunstâncias do caso concreto e, em especial, a repartição, legal ou contratual do risco, seria inexigível, perante uma das partes, a manutenção inalterada do contrato.

A doutrina tem entendido que esta articulação de pressupostos corresponde a uma combinação das "bases" objetiva e subjetiva do negócio[2266]. As ordenações tradicionais de casos de alterações de circunstâncias mantêm-se operacionais[2267].

V. Também a delimitação já consagrada da alteração de circunstâncias é considerada vigente, à luz da lei nova. Assim, predomina a autonomia privada, no sentido da prevalência do que, pelas partes, tenha sido clausulado, para a eventualidade da alteração. Aqui entronca qualquer específico regime de risco[2268].

A existência de regras especiais afasta, igualmente, a alteração das circunstâncias[2269].

[2266] Lorenz/Riehm, *Lehrbuch zum neuen Schuldrecht* cit., 199-200.

[2267] Volker Emmerich, *Das Recht der Leistungsstörungen* cit., 6.ª ed., § 28 (429 ss.); temos, de acordo com a enumeração desse Autor, respetivamente: para o erro sobre a base do negócio, casos de erro comum de cálculo, de erro comum de direito e de falsa representação das partes sobre a evolução subsequente; para as modificações subsequentes de circunstâncias, a dificultação extraordinária da prestação, as perturbações na equivalência, a frustração do escopo, as catástrofes (aqui, com várias prevenções, já que, em rigor, atingiriam por igual todas as partes) e as modificações da legislação ou da jurisprudência.

[2268] Ressalvando-se, naturalmente, a hipótese de a alteração ter sido de tal monta que ultrapasse quanto as partes tivessem tido em vista, no tocante ao risco.

[2269] Lorenz/Riehm, *Lehrbuch zum neuen Schuldrecht* cit., 207-208 e Ehmann/Sutschet, *Modernisiertes Schuldrecht* cit., 184 ss..

A aplicação das regras sobre a impossibilidade ou, até, de outras normas relativas a perturbações da prestação delimitam, também, a alteração das circunstâncias, de acordo com a prática consagrada dos tribunais[2270].

VI. A nível da eficácia da figura, deve sublinhar-se a possibilidade de adaptação do contrato, a qual vinha já sendo trabalhada pela jurisprudência. O cerne da modificação do contrato é constituído pela exigibilidade, às partes, da alteração encarada, tendo em conta o regime do risco. Particularmente relevante é a reconstituição do que as partes teriam querido, se houvessem previsto a alteração[2271], sempre dentro dos limites da boa-fé[2272].

A lei nova veio manter, no essencial, estas bitolas de adaptação[2273]. De todo o modo, a adaptação deve ser pedida pela parte interessada, não – como se poderia entender antes – sendo decretável por iniciativa do Tribunal[2274].

## 259. **O Direito europeu**

I. A codificação alemã da alteração das circunstâncias abriu a via para a sua adoção, no plano dos projetos existentes de codificações europeias. Vamos reportar o texto do *Draft Common Frame of Reference* (DCFR)[2275] o qual, no seu artigo III – 1:110, precisamente epigrafado alteração ou cessação pelo tribunal por modificação de circunstâncias, dispõe[2276]:

(1) An obligation must be performed even if performance has become more onerous, whether because the cost of performance has increased or because the value of what is to be received in return has diminished.
(2) If, however, performance of a contractual obligation or of an obligation arising from a unilateral juridical act becomes so onerous because of an

[2270] BGH 6-jul.-1961, BGHZ 35 (1962), 272-287 (285).

[2271] BGH 12-dez.-1963, BGHZ 40 (1964), 334-338 (337-338).

[2272] Volker Emmerich, *Das Recht der Leistungsstörungen* cit., 6.ª ed., § 29, Nr. 10 (462).

[2273] Lorenz/Riehm, *Lehrbuch zum neuen Schuldrecht* cit., 309 ss..

[2274] Volker Emmerich, *Das Recht der Leistungsstörungen* cit., 6.ª ed., § 29, Nr. 11 (462-463).

[2275] Christian von Bar/Eric Clive/Hans Schülte-Nölke (ed.), *Principles, Definitions and Model Rules of European Private Law* (2009); *vide* o *Tratado* VI, 2.ª ed., 250 ss..

[2276] DCFR, 232-233.

exceptional change of circumstances that it would be manifestly unjust to hold the debtor to the obligation a court may:

(a) vary the obligation in order to make it reasonable and equitable in the new circumstances; or

(b) terminate the obligation at a date and on terms to be determined by the court.

(3) Paragraph (2) applies only if:

(a) the change of circumstances occurred after the time when the obligation was incurred;

(b) the debtor did not at that time take into account, and could not reasonably be expected to have taken into account, the possibility or scale of that change of circumstances;

(c) the debtor did not assume, and cannot reasonably be regarded as having assumed, the risk of that change of circumstances; and

(d) the debtor has attempted, reasonably and in good faith, to achieve by negotiation a reasonable and equitable adjustment of the terms regulating the obligation.

II. A análise do texto confirma, do nosso ponto de vista, o fenómeno de depuração da alteração das circunstâncias e a circunscrição do seu núcleo à onerosidade inexigível.

SECÇÃO II

# EXCURSO: O EQUILÍBRIO FINANCEIRO

## § 60.º EXCURSO: O EQUILÍBRIO FINANCEIRO NOS CONTRATOS PÚBLICOS

### 260. **Aspetos gerais**

I. Também no domínio da contratação pública se faz sentir, pela natureza das coisas, o problema da alteração das circunstâncias. Podemos mesmo dizer que, aí, o seu influxo é mais intenso e mais delicado. Com efeito:

- os contratos públicos são, muitas vezes, contratos de longa duração: pense-se em concessões de serviços públicos concluídas por décadas, sobretudo quando obriguem o concessionário a investimentos significativos;
- os interesses envolvidos na contratação pública não se compadecem com insolvências ou com a supressão do devedor, atingido por grandes modificações circunstanciais: os fornecimentos ou prestações em jogo não podem cessar.

Houve, pois, que agilizar institutos capazes de, na hora, enfrentar as alterações de circunstâncias. Adiantamos já que tais institutos vieram conectar-se com outros vetores próprios da especialidade pública, assim se obtendo realidades jurídicas novas.

II. A necessidade de, num plano público, enquadrar e resolver as alterações de circunstâncias levou os diversos ordenamentos a procurar soluções. Também aqui jogou a diferença de sensibilidade e de estilos, de tal modo que as vias percorridas são distintas: ainda que com resultados práticos similares. Frente a frente temos, de novo, as experiências alemã e francesa. Cumpre conhecê-las. Como veremos, elas influenciaram, em momentos sucessivos, o Direito português, explicando o regime que, hoje, se encontra em vigor.

## 261. A experiência alemã: da cláusula *rebus* à "base da Administração"

I. O Direito alemão dos contratos públicos assimilou diretamente a doutrina civil da alteração das circunstâncias. Fê-lo mantendo-se fiel à terminologia bartoliana da *clausula rebus sic stantibus*.

Na concretização atual do instituto, podemos apontar a decisão do Tribunal Constitucional alemão de 30-jan.-1973. Entendeu-se, aí, que a *clausula* acompanhava, em geral, os contratos públicos[2277], chegando-se mesmo a explicar[2278]:

> A *clausula rebus sic stantibus* é uma parte não escrita do Direito constitucional.

A decisão deu lugar a um acréscimo de estudos sobre a matéria[2279], tendo ficado claro que, independentemente da consagração legislativa que, mais tarde, surgiria, a *clausula* vigorava como regra de Direito consuetudinário[2280].

II. Ao contrário do que sucederia na experiência francesa, o Direito público alemão não reagiu às alterações de circunstâncias através da elaboração de doutrinas próprias. Limitou-se a acolher as construções comuns da *clausula rebus* e da base do negócio[2281], adaptando-as ao Direito estadual[2282] e ao Direito administrativo[2283].

Operaram duas linhas de forças[2284]:

- por um lado, é manifesto o paralelo entre os contratos públicos e os civis;

[2277] BVerfG 30-jan.-1973, BVerfGE 34 (1973), 216-238 (230 ss.).

[2278] *Idem*, 231.

[2279] Assim, Wilfred Fiedler, *Zum Wirkungsbereich der clausula rebus sic stantibus im Verwaltungsrecht*, VerwArch 67 (1976), 125-155, analisando a História da cláusula (129 ss.) e da base do negócio (134 ss.); queda-se pela sua presença na atividade administrativa (137), na objetivação propiciada pelo § 242 do BGB (140) e no seu alargamento (144).

[2280] Dieter Lorenz, *Der Wegfall der Geschäftsgrundlage beim verwaltungsrechtlichen Vertrag*, DVBl 97, 865-873 (865/I).

[2281] Paul-Michael Efstratiou, *Die Bestandskraft des öffentlich-rechtlichen Vertrages* (1988), 291. *Vide* Enke Gurlit, *Verwaltungsvertrag und Gesetz* (2000), 553 ss..

[2282] *Idem*, 293 ss..

[2283] *Idem*, 310 ss..

[2284] Sigurd Littbarski, *Der Wegfall der Geschäftsgrundlage im öffentlichen Recht/ /Zugleich ein Beitrag zur Auslegung des § 60 I VwVfG* (1982), 13 ss..

- por outro, o princípio da boa-fé também se aplica ao Direito público, numa confluência que o interesse público ainda reforça mais[2285].

A doutrina publicista vai, de resto, mais longe, nestes domínios, do que o próprio pensamento civil. À boa-fé é reconhecida uma aplicabilidade sem limites[2286]. E paralelamente: como não operou todo o cinzelamento interpretativo que, a partir de meados do século XX, veio delimitar a "base do negócio", a *clausula* tem o campo livre.

O particularismo da situação leva alguma doutrina a propor, em vez de base do negócio (*Geschäftsgrundlage*), base da Administração (*Verwaltungsgrundlage*)[2287].

III. A consagração doutrinária e jurisprudencial da *clausula rebus sic stantibus* nos contratos públicos originou a sua codificação. Primeiro, ela surgiu nalguns *Länder*[2288]. Finalmente, ela operou na Lei do processo administrativo (*Verwaltungsverfahrensgesetz*) de 1976[2289]. Este diploma contém, nos seus §§ 54 a 62, o regime essencial dos contratos públicos[2290].

Na base, temos a ideia de que uma relação de Direito público pode ser constituída, modificada ou extinta por contrato[2291]. Tendo tratado vários aspetos, a VwVfG vem dispor, no seu § 60, epigrafado "adaptação e denúncia em casos especiais"[2292]:

[2285] *Idem*, 14.

[2286] Lothar Simons, *Leistungsstörungen verwaltungsrechtlicher Schuldverhältnisse* (1967), 180.

[2287] Wilfried Fiedler, *Zum Wirkungsbereich der clausula rebus sic stantibus im Verwaltungsrecht* cit., 149, Gurlit, *Verwaltungsvertrag und Gesetz* cit., 556-557 e Hans-Uwe Erichsen, *Allgemeines Verwaltungsrecht*, 12.ª ed. (2002), § 27, Nr. 29 (429); anteriormente: Lothar Simons, *Leistungsstörungen verwaltungsrechtlicher Schuldverhältnisse* cit., 178.

[2288] Sigurd Littbarski, *Der Wegfall der Geschäftsgrundlage im öffentlichen Recht* cit., 15.

[2289] Conhecida pela sigla VwVfG; data de 25-mai.-1976, tendo sido alterada, por último, em 20-nov.-2015; *vide* Hans-Günter Henneke, em Hans Joachim Knack e outros (org.), *Verwaltungsverfahrensgesetz (VwVfG)/Kommentar*, 8.ª ed. (2004), prenot § 54 (1087 ss.).

[2290] *Vide* Heinz Joachim Bonk, em Paul Stelckens/Heinz Joachim Bonk/Michael Sachs, *Verwaltungsverfahrensgesetz/Kommentar*, 6.ª ed. (2001), §§ 54 ss. (1873 ss.), com muitas indicações.

[2291] Knack/Henneke, *VwVfG/Kommentar* cit., 8.ª ed., § 54, Nr. 1 (1109).

[2292] Procedeu-se a uma tradução tão literal quanto possível: conquanto deselegante, dá melhor o tipo de pensamento em jogo.

(1) Quando as relações que tenham sido decisivas para a determinação do conteúdo do contrato se tenham modificado essencialmente depois da contratação de tal modo que a regulação contratual inicial não seja exigível a uma das partes no contrato, pode esta exigir uma adaptação do conteúdo do contrato às relações modificadas ou, caso uma adaptação não seja possível ou não possa ser exigida a uma das outras partes no contrato, denunciar o contrato. A Administração pode também denunciar o contrato para prevenir ou remediar graves prejuízos para o interesse público.

IV. O transcrito § 60 foi entendido como uma manifestação da *clausula rebus sic stantibus*[2293], da base do negócio[2294] ou do § 242 do BGB (boa-fé)[2295], já conhecida e, nessa medida: aplicável aos contratos anteriormente celebrados[2296]. No seu funcionamento torna-se possível discutir várias proposições. Temos[2297]:

- uma modificação essencial;
- que o seja objetivamente;
- que atinja relações decisivas para a determinação do conteúdo do contrato;
- depois da sua conclusão;
- em termos que provoquem a inexigibilidade do assumido.

[2293] Hans Meyer/Hermann Borgs-Maciejewski (cit. Meyer/Borgs), *Verwaltungsverfahrensgesetz*, 2.ª ed. (1982), § 60, Nr. 31 (561).

[2294] Carl Hermann Ule/Hans-Werner Laubinger, *Verwaltungsverfahrensrecht*, 4.ª ed. (1995), 810, Frank Oppenländer/Klaus-Peter Dolde, *Answirkung veränderter Verhältnisse auf den Zweckverband als Freiverband*, DVBl 1995, 637-644 (641/II) – correspondendo ao "Direito constitucional não-escrito", reclamado pelo Tribunal Constitucional alemão, na citada decisão de 1973 – Stelckens/Bonk/Sachs (Bonk), *Verwaltungsverfahrensgesetz/ /Kommentar*, 6.ª ed. § 60. Nr. 1 (2027).

[2295] Eberhard Schwerdtner, *Verwaltungsverträge im Spannungsfeld unbedingter Vertragsbindung und dem Interesse auf Vertragsanfassung bei unveränderter Sachlage/ /Anmerkungen zur "clausula rebus sic stantibus" im Verwaltungsrecht*, VBlBW 1998, 9-11 (10/I) e Efstratiou, *Die Bestandskraft des öffentlich-rechtlichen Vertrages* cit., 312 ss., 317 ss..

[2296] Schwerdtner, *Verwaltungsverträge* cit., 10/I.

[2297] Circunstanciadamente: Knack/Henneke, *VwVfG/Kommentar* cit., 8.ª ed., § 60, Nr. 3 ss. (1182 ss.). Quanto à inexigibilidade *vide*, ainda, Lorenz, *Der Wegfall der Geschäftsgrundlage beim verwaltungsrechtlichen Vertrag* cit., 867, Ule/Laubinger, *Verwaltungsverfahrensrecht*, 4.ª ed. cit., 811, Schlette, *Die Verwaltung als Vertragspartner* cit., 613 e Gurlit, *Verwaltungsvertrag und Gesetz* cit., 557 ss..

São assim acauteladas as expectativas das partes[2298].

A Administração só pode fazer uso dos poderes que lhe são conferidos pelo § 60 em causa dentro dos limites da discricionariedade[2299].

A nível das consequências, é importante sublinhar a possibilidade de solucionar o problema através da adaptação do contrato[2300]. Apenas no limite ocorre a denúncia[2301].

## 262. A experiência francesa: imprevisão e mutabilidade

I. Como foi já adiantado, a experiência francesa seguiu trilhos distintos da alemã. Na base desta especialidade devemos situar a impossibilidade de, em França, fazer atuar o instituto da alteração das circunstâncias no Direito civil. Uma rigidez doutrinária perante o princípio da vinculação dos contratos e uma jurisprudência muito firme, já referida[2302], levaram a que a França ultrapassasse guerras e convulsões sucessivas, sem qualquer cláusula jurídica de adaptação de contratos[2303].

Pela natureza das coisas, tal insensibilidade não poderia manter-se, no campo administrativo.

II. A jurisprudência francesa veio solucionar o problema da alteração das circunstâncias, no domínio dos contratos administrativos, através da chamada teoria da imprevisão. Referimos, acima, as decisões básicas do Conselho de Estado francês que consagraram essa doutrina. Para aí remetemos[2304].

[2298] Thomas Siems, *Städtebauliche Verträge in Deutschland und den USA* (2004), 180-182 (181-182).

[2299] Martin Bullinger, *Leistungsstörungen beim öffentlich-rechtlichen Vertrag/Zur Rechtslage nach den Verwaltungsverfahrensgesetzen*, DÖV 1977, 812-822 (820/I).

[2300] Meyer/Borgs, *VwVfG*, 2.ª ed. cit., 562-565, Sigurd Littbarski, *Der Wegfall* cit., 49 ss. e Knack/Henneke, *VwVfG*, 8.ª ed. cit., 1186.

[2301] Wolf-Rüdiger Schenke, *Der rechtwidrige Verwaltungsvertrag nach dem VwVfG*, JuS 1977, 281-292 (290/II).

[2302] Em especial, a emblemática decisão da Cassação Francesa, relativa ao Canal de Craponne, citada *supra*, nota 2182.

[2303] Veja-se jurisprudência ilustrativa, perante a Guerra franco-prussiana de 1870-71, e as Guerras Mundiais de 1914-18 e 1939-45 no nosso *Da boa fé* cit., 958-959. *Vide supra*, 601-602.

[2304] *Supra*, 603-604.

III. A teoria da imprevisão corresponde a uma ideia nova[2305]. O resultado – a sensibilidade do contrato às novas circunstâncias – é muito antigo. Agora o modo de o alcançar, através de um princípio de serviço público que exige a manutenção económica do concessionário[2306], afigura-se criativo: trata-se de um contributo importante do Direito francês para a dogmática dos contratos públicos.

Uma vez isolada, a ideia da imprevisão veio ligar-se à questão mais vasta da mutabilidade dos contratos administrativos[2307].

IV. A mutabilidade assenta no seguinte: uma vez concluído, o contrato administrativo mantém-se dominado pela ideia de interesse público. Justamente por isso ele é mutável, em função de três vetores ou teorias[2308]:

- a teoria das sujeições imprevistas: no decurso do contrato pode o interesse público conduzir a que surjam, para o particular contratante, novas adstrições;
- a teoria do *fait du prince*: o Estado (o "príncipe" *lato sensu*), mercê da sua soberania, pode bloquear aspetos contratuais do interesse do particular;
- a teoria da imprevisão: uma evolução não prevista inicialmente no contrato pode torná-lo mais oneroso para o particular.

Esta mutabilidade de contratos administrativos tem, como contrapeso, o princípio do equilíbrio financeiro[2309]. Para defender o interesse público, assegurando a manutenção do particular contratante, surge o princípio de que, perante sujeições imprevistas, perante o *fait du prince* ou perante imprevisões, haverá que modificar as cláusulas retributivas, em função de uma "equação financeira". Nas palavras de Zwahlen, ela[2310]:

> (...) permite ao administrado pretender em certas condições a manutenção das vantagens materiais, a qual constava ou podia constar da boa-fé, nos limites do risco assumido.

[2305] H. Berthélemy, *Traité élémentaire de Droit administratif*, 12.ª ed. (1930), 716-717.

[2306] Louis Rolland, *Précis de Droit administratif*, 4.ª ed. (1932), n.º 148 (97).

[2307] Henri Zwahlen, *Le contrat de Droit administratif*, Schweizerischer Juristenverein 1958, 465a-663a (643a ss.) e Efstratiou, *Die Bestandskraft des öffentlich-rechtlichen Vertrages* cit., 278 ss..

[2308] *Idem*, 282 ss..

[2309] Jean Rivero, *Droit administratif*, 4.ª ed. (1969), 117.

[2310] Henri Zwahlen, *Le contrat de Droit administratif* cit., 647a.

Trata-se de um importante princípio, rico em consequências e que, com adaptações, foi acolhido no Direito português.

### 263. **A dupla receção em Portugal: equilíbrio financeiro e boa-fé**

I. Os elementos mais sugestivos que coligimos nas experiências alemã e francesa seriam recebidos no Direito público português.

O primeiro passo foi dado por Magalhães Collaço, no seu escrito clássico sobre a concessão de serviços públicos[2311]: o interesse público permite modificar, seja por via legislativa, seja por via administrativa, o regime da concessão[2312]; o equilíbrio financeiro, todavia, deverá manter-se, podendo justificar uma "remuneração suplementar"[2313].

Já na ambiência da Guerra de 1914-1918, a *Revista de Legislação e de Jurisprudência*, em artigo não assinado mas, provavelmente, do próprio Magalhães Collaço, expôs qual era a situação do empreiteiro ao qual fora, em 1914, adjudicada a construção de uma ponte e que, por força da Guerra, foi depois prejudicado, aquando da execução[2314]. A *Revista* explica que o problema não tem solução perante o Direito civil. Diversos diplomas especiais vieram resolver o problema em sectores científicos. Tais diplomas teriam feito aplicação da teoria da imprevisão. Prossegue[2315]:

> Esta teoria pode resumir-se na ideia de que, celebrado um ato ou um contrato cujo fim seja ou a simples realização de obras públicas, ou esta acompanhada da exploração de um serviço público, o empreiteiro ou concessionário poderá reclamar uma indemnização sempre que, no decurso da execução das obras ou já da exploração do serviço público, sobrevenham circunstâncias, insuscetíveis de previsão no momento em que se celebrou o ato ou contrato, e que perturbam de tal modo o equilíbrio financeiro tomado para base do mesmo contrato, que a prestação do devedor, sem se tornar impossível, todavia se torna consideravelmente mais onerosa.

Impor-se-ia uma indemnização[2316].

[2311] João Maria Tello de Magalhães Collaço, *Concessões de serviços públicos/Sua natureza jurídica* (1914, reimp., 1928); a obra é anterior à própria teoria da imprevisão a qual, por isso, não é, aí, referida.

[2312] *Idem*, 90 ss..

[2313] *Idem*, 96 ss. (100).

[2314] RLJ 51 (1918), 106-110.

[2315] *Idem*, 109/II.

[2316] *Idem*, 100/I.

II. A matéria manteve-se, depois, nos administrativistas. Fézas Vital dedica, à imprevisão, um importante escrito de divulgação, na *Revista de Legislação e de Jurisprudência*[2317]. Marcello Caetano, logo nas primeiras edições do Manual, traça os contornos da imprevisão e sublinha o facto de ela ser repetidamente acolhida em diplomas legais de exceção destinados a resolver problemas concretos[2318]. Tais diplomas traduziriam um princípio geral de Direito administrativo[2319].

A partir daí, manteve-se a referência de uma consagração da imprevisão no Direito administrativo nacional[2320].

III. A esta tradição, de tipo francês, veio aditar-se uma outra, de feição alemã. A ideia de primazia do serviço público e do equilíbrio por este exigido ficou esbatida, perante o apelo à boa-fé. Trata-se de um fenómeno que se infiltrou por via doutrinária, acabando por ter consagração expressa num importante diploma: o Decreto-Lei n.º 48 871, de 19 de fevereiro de 1969, que promulgou o regime do contrato de empreitada de obras públicas. Esse diploma compreendia um artigo 173.º, epigrafado "revisão por alteração das circunstâncias", cujo n.º 1 dispunha[2321]:

> Nos contratos celebrados por prazo superior a um ano, quando as circunstâncias em que as partes hajam fundado a decisão de contratar sofram alteração imprevisível segundo as regras da prudência e da boa fé, donde resulte, na execução da obra, grave aumento de encargos que não caiba nos riscos normais, o empreiteiro terá direito a revisão do contrato para o efeito de, conforme a equidade, ser compensado do aumento dos encargos efetivamente sofridos ou se proceda à atualização dos preços.

É patente a introdução da ideia da base do negócio, com referência à boa-fé[2322]. A influência do artigo 437.º/1, do Código Civil, é inegável.

[2317] Fézas Vital, *A teoria da imprevisão e as concessões de serviços públicos na jurisprudência do Conselho de Estado francês*, RLJ 62 (1929), 65-66, 81-82, 97-98, 113-115 e 130-136.

[2318] Marcello Caetano, *Manual de Direito administrativo*, 2.ª ed. (1947), 517-518.

[2319] *Idem*, 519. No *Manual*, 4.ª ed. (1957), 310-315, a matéria ganha mais desenvolvimento, mantendo a mesma orientação. Na 6.ª ed. (1965), 330-340, surgem outros elementos, na linha traçada.

[2320] *Vide* os elementos indicados em *Da boa fé* cit., 911.

[2321] DG I Série n.º 42, de 19-fev.-1969, 187/II.

[2322] De todo o modo, o seu funcionamento sempre dependeria de se provarem os competentes factos, num ónus que recai sobre o interessado: STA 29-nov.-1984 (Sampaio da Nóvoa), Proc. 017611.

O Decreto-Lei n.º 273-A/75, de 3 de junho, veio prever um esquema complexo de revisão do preço das empreitadas e fornecimentos de obras públicas. Revogou, no seu artigo 15.º, o artigo 173.º do Decreto-Lei n.º 48 871, de 19 de fevereiro de 1969[2323]. Este preceito foi reintroduzido pelo Decreto-Lei n.º 232/80, de 16 de julho, com a seguinte redação[2324]:

> 1. Quando as circunstâncias em que as partes hajam fundado a decisão de contratar sofram alteração anormal e imprevisível, segundo as regras da prudência e da boa-fé, de que resulte grave aumento de encargos na execução da obra que não caiba nos riscos normais, o empreiteiro terá direito à revisão do contrato para o efeito de, conforme a equidade, ser compensado do aumento dos encargos efetivamente sofridos ou se proceder à atualização dos preços.

Acentuava-se a aproximação à alteração das circunstâncias civil.

IV. A aproximação em causa manteve-se com o Decreto-Lei n.º 235/86, de 18 de agosto, que aprovou o novo regime jurídico das empreitadas de obras públicas. O preceito introduzido em 1980 surge, agora, no artigo 175.º/1, do novo diploma.

O Decreto-Lei n.º 235/86 foi integralmente substituído pelo regime aprovado pelo Decreto-Lei n.º 405/93, de 10 de dezembro. Sempre sem alterações, a "revisão por alteração das circunstâncias" surge, agora, no artigo 179.º[2325]. Menos de seis anos volvidos, o Decreto-Lei n.º 59/99, de 2 de março, adota novo regime: é imbatível a produtividade legislativa nacional. O artigo 179.º/1 passa, agora, a preceito autónomo – o artigo 178.º – simplesmente epigrafado "alteração de circunstâncias", com a redação seguinte:

> Quando as circunstâncias em que as partes hajam fundado a decisão de contratar sofram alteração anormal e imprevisível, de que resulte grave aumento de encargos na execução da obra que não caiba nos riscos normais, o empreiteiro terá direito à revisão do contrato para o efeito de, conforme a equidade, ser compensado do aumento dos encargos efetivamente sofridos ou se proceder à atualização dos preços.

[2323] DG I Série n.º 127, de 3-Jun.-1975, 770(5)/I.

[2324] *Vide* Jorge Andrade da Silva, *Regime jurídico das empreitadas de obras públicas/Anotado e comentado* (1987), 460.

[2325] Jorge Andrade da Silva, *Regime jurídico das empreitadas de obras públicas*, 5.ª ed. (1997), 390 ss..

Foi suprimida a referência à prudência e à boa-fé. Esta última supressão, apesar do apoio de alguma doutrina[2326], não tem qualquer fundamento: "boa-fé" equivale a uma remissão para o sistema, sendo sempre oportuna. De todo o modo, ela conserva-se, por força de princípios gerais.

V. O regime das empreitadas de obras públicas foi revogado e absorvido pelo Código dos Contratos Públicos, adotado pelo Decreto-Lei n.º 18/2008, de 29 de janeiro e por último (neste momento) alterado pelo Decreto-Lei n.º 214-G/2015, de 2 de outubro. O artigo 312.º do CCP adotou o texto do artigo 437.º/1, do Código Civil em boa hora. Com uma precisão: depois de anormal incluiu "e imprevisível".

VI. Em termos práticos, verifica-se que a generalidade dos contratos contém cláusulas específicas de adaptação às circunstâncias. Todavia, perante factos totalmente inesperados, os tribunais aplicam a expressa previsão legal[2327]. Além disso e nos termos gerais: quando os contratos se limitem a transcrever preceitos legais sobre alterações de circunstâncias, à letra ou com modificações apenas de forma, as normas em causa não perdem a sua natureza legal. A interpretação, a aplicação e a complementação deverão seguir o prescrito para a lei: não para o contrato.

## 264. O equilíbrio financeiro

I. Na sequência das descritas transposições jurídico-financeiras, o Direito administrativo português ficou dotado de um princípio do equilíbrio financeiro. Este é ligado a uma alteração das circunstâncias que os publicistas vieram a aproximar do artigo 437.º – e, logo, da tradição alemã[2328]. Mas com especificidades. Assim, nega-se, aos particulares, a faculdade de resolução que o preceito civil prevê: iria contra o interesse público[2329].

Além disso, a Administração Pública, quando recorra à técnica da contratação, "... procura utilizar o instinto individual do lucro" próprio dos

[2326] Jorge Andrade da Silva, *Regime jurídico das empreitadas de obras públicas*, 7.ª ed. (2001), 507.

[2327] Assim: STA 19-fev.-2003 (João Belchior), Proc. 01031/02; ocorreu, aí, um "raro fenómeno geotécnico", que justifica a aplicação do artigo 179.º/1 do Decreto-Lei n.º 405/93, de 10 de Dezembro.

[2328] Marcello Caetano, *Manual de Direito administrativo* cit., 1, 10.ª ed., 628 ss..

[2329] Diogo Freitas do Amaral, *Curso de Direito administrativo* 3 (1985), 636.

particulares[2330]. Ora esse maquinismo pressupõe segurança e repartição de riscos: de outro modo, ou só os irresponsáveis se apresentam como candidatos à contratação pública ou comparecem agentes ponderados mas que, por cautela, irão exigir grandes margens de segurança.

Evidentemente: é sempre recomendável prever cláusulas expressas de revisão.

II. À Administração reconhece-se o poder de alterar unilateralmente os contratos[2331]. Mas esse poder, como hoje está expressamente reconhecido no artigo 180.º, *a*), do CPA, só deve ser exercido desde que seja respeitado o objeto do contrato e o seu equilíbrio financeiro[2332].

Pois bem: esse mesmo equilíbrio manifesta-se, ainda, no domínio da alteração das circunstâncias.

III. Como alicerçá-lo? Tradicionalmente, ele era reportado a uma ideia de equidade e de justiça[2333]. Tais critérios podem remeter para a "equidade" prevista no artigo 437.º/1. Prestam-se – tal como esse preceito – a uma flutuação casuística que, em cada situação, irá repartir os prejuízos pelos intervenientes consoante as suas características próprias.

A atual natureza reforçada da alteração das circunstâncias nos contratos públicos, alicerçada nas tradições francesa e alemã, permite-nos ir mais longe.

Com efeito, ela apoia-se nas concretizações da boa-fé e da confiança no Direito público.

[2330] Marcello Caetano, *Manual* cit., 1, 10.ª ed., 629.

[2331] *Vide* Augusto de Athayde, *Para uma teoria do contrato administrativo: limites e efeitos do exercício do poder de modificação unilateral pela Administração*, em *Estudos de Direito público em Honra do Professor Marcello Caetano* (1973), 71-106 (76 ss.) e Maria João Estorninho, *Requiem pelo contrato administrativo* (1990), 130 ss..

[2332] STA 27-set.-2005 (José Manuel Almeida Simões de Oliveira), AcD 528 (2005), 1902-1918 (1916 e 1917).

[2333] Marcello Caetano, *Manual* cit., 1, 10.ª ed., 629, Augusto de Athayde, *Para uma teoria do contrato administrativo* cit., 96 e Paulo Otero, *Estabilidade contratual, modificação unilateral e equilíbrio financeiro em contrato de empreitada de obras públicas*, ROA 1989, 913-959 (943).

SECÇÃO III

# A EXPERIÊNCIA LUSÓFONA

## § 61.º A ALTERAÇÃO DAS CIRCUNSTÂNCIAS ATÉ 1966

### 265. Generalidades

I. A alteração das circunstâncias constitui um dos temas jurídico-privados mais versados pela doutrina portuguesa, tendo em conta as dimensões desta. Formou-se mesmo uma certa elaboração independente, que o Código Civil de 1966 veio, de algum modo, interromper. O recurso à boa-fé permite remissões culturais suficientemente amplas para comportar, ao lado de fenómenos típicos de receção, frequentes aliás, desenvolvimentos com autonomia. Essa hipótese e a sua amplitude merecem uma consideração prioritária.

II. Um pré-entendimento elaborado da fenomenologia jurídica[2334], implicada pela alteração das circunstâncias – postulado essencial para o tratamento autónomo e consciente da problemática em causa – foi, em Portugal, tardio. Data do início do século XX, numa ocasião em que as transferências culturais, favoráveis ao tema, se tornaram inevitáveis[2335]. A facticidade de base – pelo menos em entendimentos simplistas[2336] –

[2334] Utiliza-se o termo pré-entendimento no sentido fixado por Josef Esser, *Vorverständnis* cit., 2.ª ed., 43 ss., de delimitação, prévia a um posicionamento jurídico, do universo problemático carecido de regulação e das saídas por ele requeridas.

[2335] As primeiras referências explícitas ao problema são de Guilherme Moreira, *Instituições* cit., 1, 496 ss..

[2336] A forma de encarar essa facticidade condiciona a conceção do instituto jurídico destinado a enfrentar a alteração das circunstâncias e é condicionada por ela. Utiliza-se, por isso, para já, uma noção provisória e empírica, a reformular oportunamente.

desde que colocada como o influxo da realidade mutável sobre os clausulados contratuais imutáveis é, porém, de sempre. O espaço jurídico português gerou, por isso, desde cedo, previsões normativas destinadas a contemplar modificações de regulação contratual, com o fito de enfrentar eventualidades novas, que se alongaram, em especial, pelos séculos XVI, XVII e XVIII.

III. O Direito lusófono funciona como um pólo aberto ao exterior. Ao longo da sua evolução, tem acolhido elementos provenientes dos vários quadrantes da cultura ocidental, dando-lhes uma feição própria. A alteração das circunstâncias, pelas suas especiais características, é particularmente rica. Por isso, houve o cuidado de reunir um máximo de informações históricas e comparatísticas – incluindo as de Direito público – antes de encetar o estudo da experiência lusófona.

## 266. **As Ordenações**

I. Nas Ordenações falta uma referência global ao tema[2337]. Menções parcelares têm, no entanto, sido relevadas. Assim a norma que permitia ao senhorio, na pendência contratual, despejar o inquilino se fosse caso de obras ou se, por facto imprevisível, precisasse da casa para habitação própria[2338]. Também é possível apontar medidas legislativas de emergência, tornadas pelos reis de Portugal, para fazer face a situações de perigo ou de calamidade pública, e que vieram bulir com contratos celebrados.

[2337] Luís Silveira, *A teoria da imprevisão nos direitos civis alemão e português/ /tentativa de confronto* (1961-62, polic.), 28 e Carvalho Fernandes, *A teoria da imprevisão no direito civil português* (1963), 164. Este último Autor explica a ausência, sublinhando o tratamento predominantemente teórico do tema e a sua consagração legislativa tardia apenas em codificações centro-europeias, no séc. XVIII.

[2338] *Ordenações Afonsinas*, liv. 4, tít. 74 = *Collecçaõ* cit., *Ord. Aff.*, 4, 262; *Ordenações Manuelinas*, liv. 4, tít. 58 = *Collecçaõ* cit., *Ord. Man.*, 4, 141-142, *Ordenações Filipinas*, liv. 4, tít. 24 = *Collecçaõ* cit., *Ord. Fil.*, 4, 34-35. O "arrendamento rural" podia, também, ser atingido nas rendas e na sua forma de pagamento, caso houvesse más colheitas: *Ord. Man.*, liv. 4, tít. 61 = *Collecçaõ* cit., 4, 148 e *Ord. Fil.*, liv, 4, tít. 27 = *Collecçaõ* cit. 4, 36-37.

II. O problema seria, no entanto, tratado pela doutrina e, de algum modo, pela jurisprudência[2339]. Gonçalves da Silva, depois de focar a estabilidade contratual, admite que o esquema da lesão inicial se aplique supervenientemente nos contratos de "trato sucessivo"[2340], no que foi seguido por Didaco de Brito[2341]. Pinhel ocupa-se do tema a propósito da esterilidade superveniente de prédio arrendado, tratada nas Ordenações[2342]; afirma, no que interessa, a determinabilidade da lesão, apenas no momento da execução do contrato e não da sua celebração[2343]. Problemas como a renúncia a fazer valer casos fortuitos – que não abrangeria os insólitos, totalmente fora da previsão das partes – e a desvalorização da moeda – que nunca concitaria soluções unitárias – foram objeto da atenção dos praxistas[2344].

III. A evolução do tema da alteração das circunstâncias, em Portugal, não seguiu, com exatidão, o figurino presente nos outros espaços jurídicos europeus, durante o século XIX. Enquanto nestes veio a operar uma retração geral no tocante à possibilidade de adaptar as obrigações às superveniências, a literatura portuguesa, sob o influxo manifesto da tradição anterior, manteve um certo número de abertas.

No domínio da esterilidade superveniente do prédio enfitêutico, já desbravado anteriormente pelos praxistas, Melo Freire[2345] e Liz Teixeira[2346]

[2339] Luís Silveira, *A teoria da imprevisão* cit., 32-42 e Carvalho Fernandes, *A teoria da imprevisão* cit., 168-185.

[2340] Manuel Gonçalves da Silva, *Commentaria ad ordinationis regni portugaliae* (1740), 4, 38 ss..

[2341] Segundo informação de Carvalho Fernandes, *A teoria da imprevisão* cit., 171.

[2342] *Ord. Fil*, Liv. IV, tit. XXVII = ed. Gulbenkian cit., 4, 806/I.

[2343] Arii Pineli, *Opera Omnia/Commentarii ad Rub. e L. H C. de rescindenda venditione elaboratissimi* (1618), 159 ss..

[2344] Gonçalves da Silva, *Commentaria* cit., 4, 408 ss.. *Vide* Carvalho Fernandes, *A teoria da imprevisão* cit., 178-180.

[2345] Melo Freire, *Institutiones juris civilis lusitanae, Liber III – De jure rerum*, 2.ª ed. (1794), 164 ss..

[2346] Liz Teixeira, *Curso de Direito civil português*, 2, 2 – *Do Direito das coisas*, 3.ª ed. (1856), 127, onde se diz: "(...) pode o foreiro, dando-se esterilidade ou invasão de inimigos, prevalecer-se do favor, que já mencionámos, concedido aos conductores, para não pagar o foro"; *vide* Lobão, *Tractado prático, e crítico de todo o Direito Emphyteutico* 1 (1814), §§ 741 ss. (499 ss., 504-505).

admitem o não pagamento do foro[2347]. A especificidade da doutrina portuguesa[2348] acentua-se mesmo, em autores posteriores.

Correia Teles, referindo o regime da lesão inicial constante das Ordenações, escreve: "esta lei não se lembrou dos contratos que têm trato sucessivo: sobre esses deverá dar providência particular: pede a equidade que, ainda que celebrados pelo justo preço, se aumentem ou diminuam os preços, se vierem a ser lesivos pelo andar dos tempos"[2349]. Correia Teles generalizaria ainda mais, noutros locais, esta opinião[2350]. Seabra, o prestigioso autor material da primeira codificação portuguesa, opina que a alteração das circunstâncias em que o contrato se baseou altera a própria obrigação dele emergente[2351].

Não faltariam, porém, ataques à possibilidade de adaptar os dispositivos contratuais à evolução fáctica. Coelho da Rocha, pronunciando-se, para mais, sobre uma disposição meramente específica que permitia ao senhorio, por necessidade superveniente própria, rescindir o contrato de arrendamento, entende-a como um "favor ofensivo da boa-fé e inviolabilidade dos contratos"[2352]. Assiste-se, pois, a uma tomada de posição jusracionalista enérgica, com acentuar exclusivo do contrato como instituto *a se*, independente, pois, da função ou da sua génese.

IV. Contrariamente ao abuso do direito, que tem uma origem recente, conectada, de modo estreito, com o jussubjetivismo e a segunda sistemática e que, nessa medida, acabaria por atingir o espaço jurídico português através de transferências culturais, com origem, sobretudo, em França, a alteração das circunstâncias apresenta raízes profundas na Ciência Jurídica

[2347] Carvalho Fernandes, *A teoria da imprevisão* cit., 183, entende de modo diverso o pensamento destes autores.

[2348] Luís Silveira, *A teoria da imprevisão* cit., 39-41 e Carvalho Fernandes, *A teoria da imprevisão* cit., 184-185.

[2349] Correia Teles, *Doutrina das acções*, 3.ª ed. (1837), 1502.

[2350] Correia Teles, *Digesto portuguez* cit., 1, art. 382 e 389, onde propugna não se vincularem as partes às coisas que não cogitaram; quanto à superveniência no foro, *vide* ob. cit., art. 934 (3, 131).

[2351] António Luiz de Seabra, *A propriedade* 1 (1850), 261 ss.. O Autor defende, aí, a possibilidade de, pela interpretação, se atingir a saída propugnada, dispensando, pois, uma disposição legal expressa que, como queria Correia Teles, generalizasse à lesão superveniente o regime posto, pelas Ordenações, à lesão inicial.

[2352] Coelho da Rocha, *Instituições* cit., 8.ª ed., § 842 (572).

portuguesa. Não obstante, deve frisar-se que essa tradição é fragmentária, correspondendo, aliás, às possibilidades científicas da época.

No tocante aos reflexos, na doutrina portuguesa, do Direito europeu seu contemporâneo, poderá, quando muito, mencionar-se o influxo de Bártolo e de seus seguidores. Boa parte do desenvolvimento alcançado, sobretudo no campo da enfiteuse, corresponde, por isso, a preocupações postas pela situação nacional.

## 267. **As doutrinas ao tempo de Seabra**

I. A tradição relatada deveria ter pesado na continuidade juscultural subsequente. Na realidade, isso mal sucedeu. A falta de desenvolvimento unitário de uma doutrina da alteração das circunstâncias, a metodologia desatualizada patente, no século XVIII, nos escritos dos praxistas portugueses e as críticas de que escassas referências pontuais foram vítimas, terão contribuído para essa quebra. De relevo, também, o silêncio que o Código Napoleão votara ao problema e o desfavor que, embora por razões diversas, lhe fora assacado pelos jurisprudentes alemães[2353].

O problema não se pôs, sequer, nem no Código Civil de 1867, nem na sua preparação[2354]. O Código em causa, ao dispor as regras da pontualidade no cumprimento dos contratos e da exoneração do devedor, apenas, por caso fortuito ou de força maior[2355] – artigos 702.° e 705.° – constituiu

[2353] Estes últimos não aparecem citados, na literatura jurídica portuguesa, sendo, provavelmente pouco conhecidos. Em compensação, o silêncio do Código Napoleão deve ter pesado, de modo considerável, na atitude semelhante assumida pelo Código de Seabra. Apesar da linha cultural determinante da posição tomada, na matéria, pelo Código francês – a tradição de Cuiacius/Donellus/Domat/Pothier – *vide supra*, 558 ss. – não ter, com probabilidade, um peso direto na pré-codificação portuguesa, deve reconhecer-se o impacto do texto napoleónico no legislador de 1867 e, em especial, no próprio artigo 705.° do Código de Seabra.

[2354] Luís Silveira, *Imprevisão* cit., 164.

[2355] O caso fortuito ou de força maior – a doutrina identifica os dois termos; assim, Gomes da Silva, *O dever de prestar* cit., 277-278 e Manuel Pires, *Do caso fortuito ou de força maior* (1958, dat.), 4 ss. (18) e 113 – correspondia a um evento imprevisível e irresistível que impossibilitasse o cumprimento. Discutia-se, sem grande clareza, se a impossibilidade em causa, para ser exoneratória, devia surgir como objetiva ou se bastava a subjetiva, i. é, atinente ao devedor – *vide* Manuel Pires, *Do caso fortuito* cit., 71 ss.. O Código de 1966 ultrapassou o assunto introduzindo, numa técnica mais perfeita, a ideia de impossibilidade; mas *vide*, já, Gomes da Silva, *O dever de prestar* cit., 288, p. ex..

mesmo, nas mãos de certo conceptualismo exegético tardio que influenciou bastante o panorama doutrinário português, um instrumento direto no combate à relevância jurídica da alteração das circunstâncias.

II. A alteração das circunstâncias voltou, assim, ao palco jurídico português não pela tradição anterior, ainda que considerável, nem pela mão do legislador. Houve antes uma laboração doutrinária, atuando, o mais das vezes, na base de deslocações culturais provenientes de outros espaços jurídicos.

Um certo individualismo próprio dos autores portugueses, dobrado pelo recurso a um discurso vivo, mas pouco sistematizado[2356], dificulta a ordenação das várias posições doutrinárias, expressas sobre a alteração das circunstâncias, desde o princípio do século até ao Código de 1966. Antecipando noções[2357], vai, contudo, ensaiar-se um agrupamento, recorrendo, para tanto ao elemento jurídico-cultural predominante em cada escrito. A aplicação deste critério, somada a uma orientação negativista de base, possibilita o isolar de cinco orientações: (a) orientação negativista; (b) orientação nacional, ligada a certas particularidades do Código de Seabra; (c) orientação administrativista francesa; (d) orientação institucionalista; (e) orientação pandectística. Vamos ver.

III. A orientação negativista foi, de algum modo, dominante no panorama doutrinário português[2358]. Embora o negativismo, em si, nada mais represente do que uma recusa, capaz, com isso, de, pela antítese, corresponder a quaisquer vetores científicos ou culturais, descobre-se, em muitos dos autores que a ele se acolhem, a influência da sistemática napoleónica. Esta manteve-se irredutível na sua recusa de eficácia à alteração das circunstâncias. O negativismo tem, na sua base, a não-consagração expressa do instituto pela lei portuguesa a qual, pelo contrário, receberia o princípio do respeito contratual em termos com ele incompatíveis[2359]. Este aspeto

[2356] Sucedem-se, assim, as contradições dentro do mesmo escrito, sendo exemplo, os de Reis Maia, Jaime Gouveia e Cunha Gonçalves.

[2357] A antecipação resulta de não terem, ainda, sido caracterizadas as fontes jurídico-culturais aqui pressupostas.

[2358] L. Silveira. *A teoria da imprevisão* cit., 167 ss..

[2359] Assim, Vaz Serra, *Caso fortuito ou de força maior e teoria da imprevisão*, BFD 10 (1929), 197-215 (208) – este artigo teve como causa próxima STJ 30-jul.-1926, BFD 10 (1929), 192-197 = RLJ 59 (1926) 149-152; Vaz Serra mudaria, depois, de opinião; Jaime Gouveia, *Da responsabilidade contratual* cit., 502 ss.. (518) – a posição deste Autor é

é excessivamente empolado pelos seguidores dessa orientação: para além das referências inevitáveis às necessidades da segurança jurídica, os autores mal o ultrapassam, assumindo, através de uma teoria contratual enérgica ou de uma fórmula específica de distribuição de riscos, pela positiva, a regra da inalterabilidade dos contratos.

IV. A tendência nacional comporta as saídas mais diversas. Paradigmática, p. ex., foi a ideia de Barbosa de Magalhães: o artigo 702.° do Código de Seabra imputa o contrato ao mútuo consenso das partes; havendo alteração das circunstâncias, o mútuo consenso desapareceria e, com ele, o contrato[2360]. Significativa, por comportar uma ligação, pelo menos objetiva, aos antigos praxistas portugueses, é a integração do problema nos quadros da lesão superveniente a qual é, no entanto, logo reconhecida como pouco produtiva, por falta de apoio legal[2361]. A própria noção de caso fortuito poderia, nos pensamentos de Reis Maia[2362], Cunha Gonçalves[2363] e

pouco clara; Galvão Telles, *Manual dos contratos* cit., 3.ª ed., 254 ss. – este Autor admite, porém, várias aberturas; Paulo Cunha, *Direito das Obrigações* (1938-39), II, 275; Pires de Lima/Antunes Varela, *Noções fundamentais de Direito civil* (1973, reimp.) 16, 308 – Antunes Varela aceitaria contudo, em certos termos, a base do negócio, ainda antes do Código de 1966; Freire dos Santos, *A teoria da imprevisão no direito privado*, ROA 10 (1950), 244-276 (272); Manuel Pires, *Do caso fortuito* cit., 90.

[2360] Barbosa de Magalhães, *A teoria da imprevisão e o conceito clássico de força maior*, GRLx 37 (1923), 129-131 (129). Este artigo tem como causa próxima STJ 28-nov.-1922, GRLx 37 (1923), 142-143. Barbosa de Magalhães foi criticado, em especial, por Jaime de Gouveia, *Da responsabilidade contratual* cit., 506, Paiva Brandão, *Considerações sobre o problema da imprevisão*, Supl. 17 BFD (1944), 173-262 (230-231) e, implicitamente, Paulo Cunha, *Direito das Obrigações* cit., 2, 274-275; estes autores focam a necessidade do consenso apenas no momento da formação do contrato. A crítica é simplista: quis Barbosa de Magalhães dizer que o consenso gerado em certas circunstâncias não abrange alterações supervenientes de monta; isso levaria esse A. à pressuposição ou à base do negócio subjetiva num passo que, de facto, não chegou a dar.

[2361] Assim, Galvão Telles, *Manual de Direito das obrigações* cit., 2.ª ed., 225-226 e Paiva Brandão, *Problema da imprevisão* cit., 220-221.

[2362] Reis Maia, *Teoria geral das obrigações* (1926), 476. Este Autor dá, porém, de caso fortuito, uma noção restrita, como sendo o que impossibilite – e não apenas dificulte – o cumprimento – *idem*, 365 e 374. Chega, assim, a uma saída confusa – *vide* Carvalho Fernandes, *A teoria da imprevisão* cit., 197.

[2363] Cunha Gonçalves, *Tratado* cit., 4, 531-534. Este Autor aborda, porém, o tema por vários outros ângulos como sejam a impossibilidade de cumprimento, o estado de necessidade, o abuso do direito em violação da boa-fé contratual e os vícios da vontade, numa sucessão considerada pouco clara; *vide*, p. ex., Paiva Brandão, *Problema da impre-*

Ricardo Lopes[2364], ser alargada de modo a liberar o devedor nas dificuldades mais gritantes. Uma menção especial merece, ainda neste sector, Rocha de Gouveia; este, apesar de se abonar em considerações mais variadas, acaba por defender a eficácia jurídica da alteração das circunstâncias com base no § único do artigo 1401.º do Código de Seabra, aditado pela reforma civil introduzida pelo Decreto n.º 19 126, de 16 de dezembro de 1930. Tal preceito veio permitir a revisão do contrato de empreitada sempre que os custos se alterassem em determinada proporção, numa regra que, segundo Rocha de Gouveia, não haveria que restringir a esse tipo contratual[2365]. O Autor fundamenta-se, também, no espírito denotado pelo Direito administrativo que consagraria a chamada imprevisão[2366].

V. Uma série de dificuldades travou, na doutrina civil, a ideia de que a alteração das circunstâncias poderia, em certas condições mas como regra geral, ter eficácia obrigacional. A sua receção no Direito administrativo não ofereceu tantas dúvidas[2367]. O paralelo com o ocorrido em França é

*visão* cit., 214-215, Luís Silveira, *Teoria da imprevisão* cit., 190 e Carvalho Fernandes, *Teoria da imprevisão* cit., 197-198.

[2364] Ricardo Lopes, *A imprevisão nas relações contratuais*, SI 1 (1951), 33-41 (40).

[2365] Alfredo Rocha de Gouveia, *Do instituto da superveniência ou teoria da imprevisão nos contratos civis* (1956-57 dat.), 164 ss. (165) = *Da teoria da imprevisão nos contratos civis*, Supl. REDUL 5 (1958), 170 ss. (171). Esta fundamentação é criticada, em especial, por Carvalho Fernandes, *Teoria da imprevisão* cit., 201.

[2366] Rocha de Gouveia, *Do instituto da superveniência* cit., 167.

[2367] Freire dos Santos, *A teoria da imprevisão* cit., 274-276; Rocha de Gouveia, *Do instituto da superveniência* cit., 167 ss.; Paiva Brandão, *Problema da imprevisão* cit., 233 ss.; Carvalho Fernandes, *Teoria da imprevisão* cit., 263-278; Marcello Caetano, *Manual de Direito administrativo*, 10.ª ed. (1973) 1, 623 ss.. O tema foi primeiro abordado pela *Revista de Legislação e de Jurisprudência*, em artigo de paternidade duvidosa. Em resposta a uma consulta sobre alterações de empreitadas celebradas com o Estado, mercê do encarecimento dos custos, a *Revista* – RLJ 51 (1918), 106-110 – esclarece que, perante o Código Civil, tal modificação seria impossível. Assim era, na altura: apenas doze anos mais tarde seria efetuada a reforma que levaria à introdução, no artigo 1401.º do Código de Seabra de um § único destinado, precisamente, à adaptação de contratos de empreitada, cujo circunstancialismo, na celebração, se tivesse alterado. Mais entendeu a Revista que, no Direito civil em geral, qualquer alteração a contratos celebrados estaria vedada pelo artigo 702.º do Código de Seabra – RLJ 51, 107-108 – sendo certo, ainda, que determinadas consequências originadas pela guerra não integrariam o conceito de força maior do Código. No Direito administrativo, a situação poderia, no entanto, ser outra. Legislação especial – refere-se, a esse propósito um Decreto de 27-abr.-1915 e outro de 10-abr.-1918 – faria aplicação da teoria da imprevisão – RLJ 51, 108-109. Dois pontos merecem menção: a

patente. Vem entender-se, seja por força de legislação especial[2368], seja no âmbito de uma regra de interesse público[2369], que a Administração não deve, na pendência de contratos administrativos, designadamente de concessão de serviços públicos, persistir na manutenção da situação inicial, quando, por alteração superveniente e imprevisível das circunstâncias, a situação se torne insustentável para a entidade exploradora[2370].

VI. Designa-se, por mera facilidade de expressão, de institucionalismo bettiano, uma corrente de pensamento ancorada em Ferrara[2371] e desenvolvida, sobretudo, por Betti[2372], segundo a qual o Direito das obrigações é marcado pela cooperação. O vetor da cooperação surgiria dentro de cada vínculo obrigacional em si, procurado, pelas partes, aquando da celebração do contrato. Perante alterações supervenientes, as prestações acordadas poderiam perder a natureza de colaboração, pela desproporcionalidade alcançada. O requisito da colaboração justificaria pois, em geral, a teoria da imprevisão. Assim o entende Carvalho Fernandes[2373]. Esta orientação tem, como se vê, um afinamento mais profundo; o seu óbice reside na natureza formal da ideia de "colaboração". Há que ir mais longe.

presença, na redação da Revista, quando da resposta em causa, de Guilherme Moreira e de José Gabriel Pinto Coelho, conhecedores profundos da teoria da pressuposição de Windscheid e o teor francamente positivista e legalista da resposta, integrado, sem dúvida, no espírito da época, mas sem correspondência total nas considerações de fundo patentes nas decisões do Conselho de Estado francês que consagraram a chamada teoria da imprevisão – p. ex., ConsEt 30-mar.-1916, D 1916, 3, 25-33 = S 1916, 3, 18-28 – que não são, aliás, citadas, na resposta em causa.

[2368] *Vide* Marcello Caetano, *Manual de Direito administrativo* cit., 10.ª ed., 1, 632 ss..

[2369] Que implicaria um esforço permanente da Administração para não comprometer o funcionamento dos serviços públicos; estes, quando assegurados em regime de concessão, poderiam ficar paralisados se alterações supervenientes viessem provocar a ruína da entidade exploradora.

[2370] Marcello Caetano, *Manual de Direito administrativo* cit., 10.ª ed., 1, 626, documentando-se com o Conselho de Estado francês.

[2371] *Vide* Luigi Ferrara, *Istituzioni di diritto privato*, I – *Parte generale* (1939), 8-9; *vide* Carvalho Fernandes, *Imprevisão* cit., 87-88.

[2372] Emilio Betti, *Teoria Generale delle obbligazioni* 1 (1953), 9 ss. e *Cours de droit civil comparé des obligations* (1958), 1 ss..

[2373] Carvalho Fernandes, *Imprevisão* cit., 87-91. Uma construção formalmente semelhante, embora com postulados diferentes, foi defendida no nosso *Direito das obrigações* 2, 146-147.

VII. A influência da pandectística e da terceira sistemática iniciou-se, no espaço doutrinário português, com Guilherme Moreira. Sintomaticamente, deve-se a ele a introdução, em Portugal, da teoria windscheidiana da pressuposição[2374], retomada, em termos impressivos, por José Gabriel Pinto Coelho[2375]. O aparecimento, na doutrina alemã, da teoria da base do negócio repercutiu-se em Portugal, suplantando a da pressuposição. Defenderam-na Manuel de Andrade[2376] e Cabral de Moncada[2377], apesar de manterem a referência, meramente verbal, à pressuposição[2378]. Em termos diretos, a base do negócio foi defendida por Antunes Varela[2379] e Vaz Serra[2380]. Tentativas germânicas posteriores de superação da base do negócio deixariam, também, marcas na doutrina portuguesa. É o caso de Luís Silveira, que defende uma conjugação da boa-fé com a interpretação negocial, como forma de responder às alterações de circunstâncias[2381].

VIII. A evolução do tema da alteração das circunstâncias, em Portugal, não seguiu, com exatidão, o figurino presente nos outros espaços jurídicos europeus, durante o século XIX. Enquanto nestes, como se verá, veio a operar uma retração geral no tocante à possibilidade de adaptar as obrigações às superveniências, a literatura portuguesa, sob o influxo manifesto da tradição anterior, manteve um certo número de abertas.

[2374] Guilherme Moreira, *Instituições* cit., 1 (1907), 496 ss.. O sucesso da teoria da pressuposição em Portugal, superior, relativamente, ao impacto tido no próprio país de origem, explicar-se-á, porventura, pela divulgação alcançada pela trad. it. das *Pandekten* de Windscheid.

[2375] José Gabriel Pinto Coelho, *Das cláusulas accessórias dos negócios jurídicos* (1910) 2, 170 ss..

[2376] Manuel de Andrade, *Teoria geral da relação jurídica* 2, 403 ss..

[2377] Cabral de Moncada, *Lições de Direito civil* cit., 2, 397 ss..

[2378] *Vide* Luís Silveira, *Imprevisão* cit., 212.

[2379] Antunes Varela, *Ineficácia do testamento e vontade conjectural do testador* (1950), 263 ss.. (323 ss., 349).

[2380] Vaz Serra, *Impossibilidade superveniente por causa não imputável ao devedor e desaparecimento do interesse do credor*, BMJ 46 (1955), 5-152 (11 e 19) e *Resolução ou modificação dos contratos por alteração das circunstâncias*, sep. BMJ 68 (1957), p. ex., 22.

[2381] Luís Silveira, *Imprevisão* cit., 342 ss..

## 268. O anteprojeto de Vaz Serra

I. Nas vésperas da segunda codificação portuguesa, a situação juscultural era, de um modo geral, favorável à inclusão de um dispositivo regulativo da eficácia da alteração das circunstâncias. Contribuíram para tanto a tradição dos praxistas, a defesa *de jure condendo* ou *de jure condito*, conduzida pela maioria dos autores, a codificação italiana de 1942 e a viragem progressiva para a doutrina da terceira sistemática, de feição germânica. Esta última foi, assim, recebida sem sobressaltos.

II. A doutrina alemã sobre a eficácia da alteração de circunstâncias é, contudo, muito vasta. Avance-se já que não foi recebida, pelo menos formalmente, nem a opinião mais recente, nem a mais aplicada, nem a melhor[2382]; acolheu-se, antes, aquela que maior divulgação tivera em Portugal, na altura decisiva. Avance-se, também, que a inclusão, na fórmula legal do artigo 437.°, da referência à boa-fé, conjuntamente com outras particularidades dessa disposição, concedem, ao intérprete, um espaço largo de manobra. É nesse contexto que devemos integrar e interpretar o anteprojeto de Vaz Serra[2383].

III. O anteprojeto Vaz Serra consagrava à alteração das circunstâncias quatro artigos, num total de catorze números[2384]. A propósito da admissibilidade da resolução ou modificação do contrato, por força da alteração, o anteprojeto abria com uma disposição – artigo 1.°/1 – que, com diferenças na forma, corresponde ao atual artigo 437.°/1[2385]. De igual modo, o artigo

[2382] Teve pois razão Carvalho Fernandes, *Imprevisão* cit., 249, quando, no então anteprojeto de Código Civil, criticava a referência clara a determinada teoria – a da base do negócio – para explicar a alteração das circunstâncias, em vez de adotar uma fórmula neutra. Resta apenas saber se a chamada "base do negócio" traduz ainda alguma teoria ou se não é antes uma fórmula neutra.

[2383] Adriano Vaz Serra, *Resolução do contrato por alteração das circunstâncias*, BMJ 68 (1957), 293-385; cita-se, aqui, de acordo com a separata.

[2384] Vaz Serra, *Resolução ou modificação dos contratos por alteração das circunstâncias* cit., 92-95.

[2385] Tem, também, diferenças de fundo consideráveis. O artigo 1.°/1 fazia uma referência expressa à "base do contrato", depois desaparecida. O artigo 437.°/1 incluiu como requisitos suplementares da eficácia da alteração a "anormalidade" da situação e a não cobertura pelos riscos próprios do contrato; este último aspeto constava, com maior desenvolvimento, de disposição autónoma no anteprojeto – o artigo 1.°/5. Finalmente o artigo 437.°/1 entrou, ainda, em aspetos dispositivos estranhos ao anteprojeto: especificou que a

1.º/2 corresponde ao artigo 437.º/2, com pequenas alterações formais. Dispunha-se depois, num troço que teria importância caso tivesse passado ao articulado legal, que a modificação do contrato só é admissível quando for conforme com a presumível intenção das partes ou com a boa-fé – artigo 1.º/3. O artigo 1.º/4 correspondia ao atual 438.º, relativo à mora da parte lesada[2386]. Seguia-se o artigo 1.º/5, relativo ao risco próprio dos contratos, matéria mais tarde incluída no artigo 437.º/1 do Código Civil[2387] e, depois, o artigo 1.º/6 que, tratando da inexistência, no momento da celebração, das circunstâncias que serviram de base ao negócio, tem correspondente no atual artigo 252.º/2[2388]. O artigo 2.º do anteprojeto versava o modo de operar a resolução ou alteração do contrato por alteração das circunstâncias; contemplava, designadamente, a hipótese de concretização extrajudicial, por acordo das partes[2389]. O regime do instituto, que o Código trata, por remissão, para a equidade, no caso de modificação, e para as regras gerais dos artigos 432.º e seguintes, no da resolução, era desdobrado pelos artigos 3.º e 4.º do anteprojeto, que, de modo formalmente discutível, encaravam

modificação do contrato por alteração das circunstâncias se faria de acordo com juízos de equidade. O alcance desta proposição é enorme.

[2386] O anteprojeto especificava a possibilidade de resolução ou modificação dos contratos por alteração das circunstâncias no caso de impossibilidade temporária da prestação, não imputável ao devedor, o que não era, de facto, necessário; particularizava, ainda, a hipótese de prorrogação do prazo por decisão das partes, dependendo então a eficácia de alterações ocorridas depois da prorrogação em causa, da finalidade por esta prosseguida.

[2387] O artigo 1.º/5 do anteprojeto compreendia previsões úteis, depois perdidas. Mandava que a eficácia da alteração não atuasse quando se desse no âmbito das flutuações normais do contrato; determinava que nos contratos aleatórios, a alteração teria de ultrapassar todas as previsões feitas na data do contrato, de modo apreciável; remetia, por fim, para legislação especial, a revisão ou resolução do contrato de seguro de vida.

[2388] O artigo 252.º/2 do Código remete para a alteração das circunstâncias; o artigo 1.º/6 isolava ainda o desconhecimento, tido por necessário, da inexistência da base do negócio no momento da celebração, bem como a não adstrição, da parte que dela queira prevalecer-se, a um dever de conhecimento.

[2389] Previa, sucessivamente, a declaração de resolução pendente de acordo do destinatário, com recurso ao tribunal na falta de entendimento das partes – artigo 2.º/1 – e a de modificação, em termos idênticos – artigo 2.º/2. Ambas as hipóteses são possíveis, em face do Código, no âmbito da autonomia privada. O artigo 2.º/3 compreendia uma disposição interessante, pela qual a parte a quem pudesse ser declarada a resolução do contrato ou exigida a sua modificação, por alteração das circunstâncias, tinha o poder de fixar à outra um prazo razoável para o exercício dos seus direitos, sob pena de ficar exonerada. Na falta deste preceito, resultados similares exigem, no Código vigente, com recurso aos artigos 334.º ou 762.º/2, o tipo *suppressio* do exercício inadmissível de direitos.

a resolução[2390] e a modificação, respetivamente[2391]. Vaz Serra propusera ainda disposições de Direito transitório, a incluir no diploma de aplicação do Código Civil[2392].

Este anteprojeto, pouco mudado pelo próprio Vaz Serra na sua versão resumida do Direito das obrigações[2393], foi alterado nas revisões ministeriais[2394], revestindo a forma atual já no projeto.

Em termos jurídico-culturais, o anteprojeto de Vaz Serra, na linha do que se viu ser a tendência qualitativamente dominante no panorama doutrinário português sobre alteração das circunstâncias, foge ao modelo francês da segunda sistemática, contrário à admissibilidade do instituto e ao esquema italiano tardio de 42, que evita qualquer menção à boa-fé: aproxima-se, com clareza, da terceira sistemática e das suas evoluções posteriores. O diagnóstico mantém-se nas alterações subsequentemente sofridas pelo articulado do anteprojeto.

2390 O artigo 3.º/1 do anteprojeto remetia, também, para as regras da resolução, mas apenas na parte aplicável; a restituição de prestações já efetuadas operar-se-ia, segundo o mesmo artigo 3.º/1, de acordo com as regras do enriquecimento sem causa: note-se que o Código, faz remissões sucessivas do artigo 439.º para o 433.º e deste para o 289.º/1 que, ao cominar um simples dever de restituição, se aproxima mais da repetição do indevido – *vide*, quanto à diferença entre esta e o enriquecimento sem causa, Menezes Cordeiro, *Direito das obrigações* cit., 2, 66 – numa posição mais gravosa para o obrigado à restituição. O artigo 3.º/2 era puramente repetitivo em relação ao 3.º/1; o 3.º/3, por seu turno, punha o quadro de a parte interessada na resolução ou na modificação do contrato estar obrigada, pela boa-fé, a avisar disso a contraparte; não o fazendo, perdia o direito à repetição das prestações efetuadas.

2391 O artigo 4.º/1 abordava o tema da modificação pelo prisma dos contratos monovinculantes, para as quais, sem grande justificação, não admitia a hipótese da resolução; dispunha, a esse propósito, a redução da prestação ou outra modificação relativa ao cumprimento. O artigo 4.º/2 estendia esse esquema a todos os casos em que a simples modificação satisfizesse a boa-fé; note-se, porém, que no artigo 1.º/3 se falara, além da boa-fé, na presumível intenção das partes.

2392 Dispunha-se, aí, a aplicação da lei nova aos contratos celebrados ao abrigo da antiga, mas com alteração de circunstâncias ocorrida no âmbito daquela; ressalva-se, porém, a possibilidade de se entender, nos termos da antiga, como admissível, o instituto que, formalmente, se pretendia consagrar. Outro dispositivo focava, em particular, o contrato de empreitada, caso ele não ficasse incluído no Código.

2393 Vaz Serra, *Direito das obrigações (parte resumida)* cit., 39 (artigos 640.º e 641.º).

2394 *Vide* Jacinto Rodrigues Bastos, *Das obrigações em geral* 1 (1971), 122-123.

IV. O anteprojeto de articulado sobre alteração das circunstâncias foi antecedido de um estudo de política legislativa[2395]. Tal como no estudo que dedicou ao abuso do direito[2396], também aqui Vaz Serra não se preocupou com a natureza do instituto: procurou apenas uma panorâmica geral do tema, com recurso ao Direito comparado. Tendo ponderado, em termos favoráveis, a inclusão, no novo Código, de um dispositivo destinado a possibilitar a resolução ou a modificação do contrato por alterações das circunstâncias, Vaz Serra[2397], embora sem deixar de apontar a conveniência de não ligar a lei a nenhuma teoria em particular[2398], colocou-se na linha formada por Manuel de Andrade, Cabral de Moncada, Antunes Varela e ele próprio, mostrando simpatias pela conceção da base do negócio[2399], sem prejuízo de lhe dirigir algumas críticas, pouco claras, aliás. Da base do negócio, Vaz Serra parece, porém, ter retido a formulação constante de uma tradução antiga de Enneccerus/Lehmann[2400] [2401]. As obras de Oertmann, Locher, Krückmann, Rhode e Larenz, mencionadas no estudo, não foram diretamente utilizadas; citam-se aí através de referências colhidas em Betti[2402], em Enneccerus//Lehmann[2403] e, sobretudo, em Antunes Varela[2404], segundo as informações dadas, nos locais, pelo próprio Vaz Serra. Este aspeto é importante; dos cinco autores alemães em causa, os quatro primeiros eram, já na década de cinquenta, autores antigos; Larenz, que poderia ter facultado um panorama das dificuldades da base do negócio tradicional e do seu falseamento pela jurisprudência do RG, do OGHBrZ e, por fim, do BGH, não foi tido em conta: a sua divulgação não poderia ter operado através de Antunes Varela[2405], pois o escrito deste data de 1950 e o de Larenz[2406], de 1951. Outros autores significativos foram ignorados. Tudo isto simplificou o problema, facultando uma fórmula feliz, mas mais intuída do que construída no termo de largo labor científico. Dois pontos decisivos no esquema propugnado para a alteração

[2395] Adriano Vaz Serra, *Resolução ou modificação dos contratos por alteração das circunstâncias* cit. (1957).

[2396] Adriano Vaz Serra, *Abuso do direito*, BMJ 85 (1959), 243-343.

[2397] Adriano Vaz Serra, *Resolução ou modificação* cit., 8-9 e 15.

[2398] *Idem*, 23.

[2399] *Idem*, 22.

[2400] *Idem*, 20, nota 29.

[2401] *Idem*, 21, nota 29, referindo, também, Enneccerus/Lehmann, *Recht der Schuldverhältnisse* cit., 14.ª ed..

[2402] *Idem*, 21, nota 29.

[2403] *Idem*, 27, nota 43.

[2404] *Idem*, 24, nota 36, 25, nota 39 e 26, nota 40.

[2405] *Ineficácia do testamento* cit., *passim*.

[2406] *Geschäftsgrundlage*, 1.ª ed. (1951).

das circunstâncias são pouco afloradas no estudo de Vaz Serra: o da boa-fé e o da vivência prática do instituto. Quanto à boa-fé, apesar de referências constantes, não se suscita o problema do seu conteúdo material; procede-se a uma aproximação entre o seu emprego no domínio da alteração das circunstâncias e as fórmulas de Krückmann[2407] e de Lehmann[2408], o que é muito limitativo. Quanto à aplicação real do instituto, assinale-se que o estudo preparatório de Vaz Serra não pondera a jurisprudência mais variada e dramaticamente experiente, sobre o tema: a alemã; limita-se a afirmar que a teoria da base do negócio "foi acolhida em várias decisões do Tribunal do *Reich*"[2409]. Na determinação dos requisitos e do regime do instituto, Vaz Serra recorreu, com abundância, a elementos italianos, especialmente vantajosos por assentarem numa codificação recente da alteração dos contratos[2410]. O significado de tal recurso é, no entanto, pequeno: o perfil formal da alteração – anormalidade, imprevisibilidade, não inclusão na área contratual, etc. – e a sua eficácia são de formulação fácil; esta encontra-se, aliás, concluída desde o século XVIII, através dos teóricos da chamada *clausula rebus sic stantibus*. Acresce que a referência à boa-fé não consta do *Codice*, enquanto que a menção à equidade, aí inserida, só mais tarde seria introduzida nos trabalhos preparatórios da segunda codificação portuguesa.

O estudo de política legislativa de Vaz Serra faculta, por tudo isto, uma simples justificação formal para o articulado preconizado no anteprojeto e que, de algum modo, acabou por transitar para o Código Civil. Esse articulado insere-se, porém, num espaço juscultural capaz de lhe conferir um conteúdo.

Note-se, num abono curioso, que Carvalho Fernandes, apesar de partir de conceções próprias quanto ao tema e de tecer várias críticas ao anteprojeto, acaba por apresentar uma proposta de articulado que, embora redigida num estilo mais elegante, não se afasta, de modo digno de nota, do anteprojeto Vaz Serra[2411].

## 269. A jurisprudência anterior a 1966

I. Antes da promulgação do Código Civil de 1966, os tribunais portugueses já haviam sido chamados a pronunciar-se sobre o problema material da alteração das circunstâncias.

[2407] *Resolução ou modificação* cit., 26 e 28.
[2408] *Idem*, 28.
[2409] *Idem*, 20.
[2410] *Idem*, 35-87.
[2411] Carvalho Fernandes, *Imprevisão* cit., 241 ss. (256-258).

As primeiras decisões sobre o tema incluem-se num ciclo de alterações económicas provocadas pela Guerra de 1914-18 e suas sequelas. Em STJ 28-nov.-1922, discutia-se o problema posto pela situação do arrematante do fornecimento de carnes ao Concelho de Almeirim, gravemente prejudicado por, estando preso a determinado valor acordado, não poder repercutir a alta do preço do gado. O Supremo, ponderando que a alteração dos preços já havia sido reconhecida por vários diplomas, entendeu ser a ruína financeira que ameaçava o fornecedor-R., para ele, força maior, relevando-o do incumprimento[2412]. Mas em STJ 30-jul.-1926, uma questão praticamente idêntica teve solução contrária. Desta feita, o fornecedor de carnes ao Concelho de Elvas suspendeu os fornecimentos porque, perante uma subida de 50% do valor do gado, não chegara a entendimento com o Concelho para a revisão do contrato. O Supremo vem dizer: "Não o escusa o alegado caso fortuito ou de força maior, porque este só isenta da responsabilidade emergente da falta de cumprimento do contrato, quando impede esse cumprimento e não quando apenas o dificulta ou só o torna mais oneroso, que é a hipótese dos autos". Abonando-se, ainda, numa citação de Planiol/ /Ripert, acrescenta que não pode admitir-se a *clausula rebus sic stantibus*; de outra forma haveria sempre alterações em perspetiva. A imprevisão não caberia aos tribunais, a não ser que "(...) a economia ou o sistema das leis o permita"[2413]. Pouco antes, a hipótese de eficácia da alteração de circunstâncias havia, ainda, sido tratada em STJ 2-fev.-1926. Na pendência de um arrendamento, surgira a Lei n.º 1662, de 4 de setembro de 1924, que veio permitir a elevação das rendas. Notificado judicialmente o inquilino da sua elevação, recusou este o pagamento, vindo a incorrer em ação de despejo. A este propósito, o Supremo fez um certo número de considerações que o colocam no terreno da alteração das circunstâncias: afirma que o "insigne jurisconsulto Bártolo" já havia dito, no século XIV, que os contratos deviam ser entendidos *rebus sic stantibus* e que, não obstante o disposto no artigo 702.º do Código de Seabra, segundo o qual os contratos deviam ser pontualmente cumpridos, a teoria da imprevisão ganhava força com a guerra. Con-

[2412] STJ 28-nov.-1922, GRLx 37 (1923), 142-143 (143). A propósito desta decisão, escreveu Barbosa de Magalhães o artigo *A teoria da imprevisão* cit., onde apoiava a linha do Supremo, explicando que a regra *clausula rebus sic stantibus* tivera um novo impulso com a Guerra de 14-18 – ob. cit., 129. O Autor fundava, tecnicamente, a solução no desaparecimento superveniente do "mútuo consenso" contratual, mercê da alteração das circunstâncias, o que o sujeitaria a críticas diversas – *supra*, 646, nota 2360.

[2413] STJ 30-jul.-1926, RLJ 59 (1926), 149-152 (149-150 e 151) = BFD 10 (1929), 192-197 (192, 195 e 196). A propósito desta decisão escreveu Vaz Serra o artigo cit. *Caso fortuito ou de força maior e teoria da imprevisão* onde, designadamente, a entendeu conforme com o Direito positivo – ob. cit., 208.

clui que a nova lei se vinha integrar no contrato, satisfazendo assim a alteração[2414]. O STJ, em 30-jun.-1959 veio afirmar que "a nossa lei não aceita a chamada cláusula *rebus sic stantibus*, nem a rescisão com fundamento em lesão; só é admissível a teoria da imprevisão em Direito administrativo para os contratos de execução permanente". Veio isto a propósito da situação criada por proprietários de terrenos expropriados por utilidade pública que, convictos da valorização das faixas adjacentes, acordaram em determinado valor; a expectativa não se concretizou, vindo eles a incorrer em perdas, que pretenderam compensar[2415].

II. Merece também referência a jurisprudência produzida no campo administrativo[2416]. Em SCAP, 28-mai.-1930, discutiu-se a eficácia de um contrato de fornecimento de energia elétrica entre a Câmara de Tomar e uma empresa, alterado, de comum acordo, perante uma modificação de circunstâncias provocada pela Guerra e, designadamente, a possibilidade da Câmara substituir o novo clausulado por outro, anterior. A esse propósito, afirmou o SCAP: "quando as alterações ultrapassam os limites máximos das previsões que os contraentes podiam ou deviam ter feito, ou melhor, se a essência do contrato se achar completamente alterada em consequência de acontecimentos excepcionais ou extraordinários, destruidores de todos os cálculos, o concessionário tem o direito de pedir a alteração ou a revisão do contrato"[2417].

Em STJ 22-dez.-1933 decidiu-se um problema posto pelo resgate de obrigações emitidas pelas Companhias Reunidas de Gaz e Electricidade. Nos termos da emissão, o resgate poderia fazer-se em escudos, francos franceses, belgas ou suíços. Um subscritor optou por esta última moeda; a Companhia contrapôs a alteração significativa dos câmbios relativos entre essas moedas, em termos que justificariam a modificação do acordo. O Supremo veio dizer, no essencial, para negar eficácia à alteração: "Ainda que se entenda que a teoria da imprevisão deve ser aceita pelos tribunais no julgamento de contendas civis, não pode essa teoria ser invocada pelo concessionário de um

[2414] STJ 2-fev.-1926, Dir 58 (1926), 147-150 (148, 149 e 150). Carvalho Fernandes, *Imprevisão* cit., 258-260, analisa este acórdão afirmando ser o que mais explicitamente se pronunciou sobre a "teoria da imprevisão", com o seu conhecimento.

[2415] STJ 30-jun.-1959, BMJ 88 (1959), 295-298 (297-298).

[2416] Carvalho Fernandes, *Imprevisão* cit., 270-272, considera como de Direito administrativo os acórdãos STJ 28-nov.-1922, RGLx 37 (1923), 142-143 e do STJ 30-jul.-1926, RLJ 59 (1926), 149-152 = BFD 10 (1929), 192-197. De facto, estão aí em causa contratos de fornecimento, celebrados por corpos administrativos. O problema da alteração das circunstâncias foi, porém, debatido, nos dois, em termos materiais de Direito civil.

[2417] SCAP 28-mai.-1930, DGov II 5-ago.-1930, n.º 179, 2558-2560 (2559-2560).

serviço público municipal, por isso que esses concessionários têm meios de se defenderem contra os efeitos da crise económica, reclamando a revisão dos seus contratos, como lhe permite o Decreto n.º 5335"[2418].

O STJ, em 2-jun.-1939, entendeu que a supressão de impostos indiretos, cuja cobrança, conjuntamente com a de outros, fora concedida, por contrato, a um particular, constitui alteração das circunstâncias, devendo haver indemnização dos prejuízos[2419].

Em STA 19-jun.-1941, decidiu-se que o adjudicatário de uma empreitada não pode "escusar-se a assinar o contrato com fundamento de terem sobrevindo á adjudicação circunstâncias imprevisíveis no momento do concurso e que tornam muito mais onerosa a execução do contrato"; "a teoria da imprevisão só pode ser invocada, quando já exista e esteja em execução o contrato administrativo"[2420].

Em STA 7-nov.-1955, negou-se a revisão de uma empreitada para construção de um Liceu em Lourenço Marques, com fundamento na subida dos salários; deu-se como demonstrado que a subida alegada era previsível na celebração do contrato e não se tornou impediente da sua execução[2421].

Em STA 21-mar.-1958 negou-se, também, uma revisão de empreitada; embora aceitando o princípio da modificabilidade, entendeu-se aqui, que não se demonstrara a afetação da economia do contrato[2422].

[2418] STJ 22-dez.-1933, RLJ 66 (1934), 317-320 (319-320). Adiante-se já que este acórdão trocou tudo: a "teoria da imprevisão" singrou no Direito administrativo onde tinha apoio juspositivo e não no Direito civil, enquanto que o diploma citado – o Decreto n.º 5:335, de 26 de março de 1919 – ao estender aos contratos celebrados com corpos administrativos o regime do Decreto n.º 1536, de 27 de abril de 1915, que permitia aos fornecedores do Estado a modificação de contratos cujas circunstâncias se tivessem alterado, constitui, justamente, um apoio legislativo da eficácia, no Direito administrativo, da alteração da realidade subjacente. Carvalho Fernandes, *Imprevisão* cit., 273, considera esta decisão como "absolutamente lamentável". É benevolente.

[2419] STA 2-jun.-1939, Direito 72 (1940), 23-28 (27-28).

[2420] STA (P) 19-jun.-1941, Direito 73 (1941), 307-309 (308-309).

[2421] STA 7-nov.-1955, Direito 89 (1957), 51-56 (52 e 54), an. Carmindo Ferreira, Direito 89 (1957), 56-59; Carmindo Ferreira, embora considerando a imprevisão como princípio geral de Direito administrativo, concorda com o acórdão do STA, dados os factos em jogo (an. cit., 58, 581 e 59).

[2422] STA 21-mar.-1958, Dir 91 (1959), 56-62 (62), an. Marcello Caetano, Direito 91 (1959), 63. Abonando-se no *Manual* de Marcello Caetano, o STA considera a teoria da imprevisão como implantada no Direito administrativo por via de diplomas especiais, dos quais se poderia inferir um princípio geral. Pelo contrário, o Direito civil não compreenderia tal princípio, apesar da norma contida no artigo 1401.º, § único, do Código de Seabra, relativo à empreitada, que parece entender aplicável, também, ao Direito administrativo; tal só não sucederia no caso em causa por razões fácticas – Direito 91, 59, 60 e 62. Marcello

III. A jurisprudência portuguesa sobre a alteração das circunstâncias e sobre a sua projeção jurídica desenvolveu-se, no período anterior ao Código de 1966, sob o signo da insuficiência, quantitativa e qualitativa. O número de acórdãos selecionados, mesmo limitando a pesquisa aos tribunais supremos, não é significativo[2423]. O seu conteúdo corrobora a incipiência. As decisões civis são especialmente fracas. Apenas um acórdão, hoje com quase cem anos, decidiu favoravelmente um caso de alteração das circunstâncias e, ainda aí, com a saída pouco convincente do caso fortuito. A influência dessa decisão perdeu-se, de imediato, por ter sido, de seguida, contraditada por novo acórdão, que recaiu sobre matéria similar. Uma terceira decisão tomou como eficácia da alteração das circunstâncias, uma lei permitindo a subida de rendas: ninguém duvida que as modificações fácticas constituam móbeis de política legislativa; isso pouco tem a ver com a questão em análise. Uma quarta, por fim, rejeitou, por carência de base legal, mas sem explicitações de maior, a vigência, no Direito civil, da cláusula *rebus sic stantibus*[2424]. As decisões administrativas são mais promissoras: é possível apontar uma série de quatro acórdãos que, embora dispersos no tempo, apreenderam o cerne do problema da alteração das circunstâncias, retirando, daí, consequências, não aplicadas, apenas, quando faltaram pressupostos de facto. As justificações em que assentaram não têm um peso particular, numa situação compreensível se se atentar no apoio juspositivo de que dispõem[2425]. Não obstante, apareceram dois acórdãos negativos, um totalmente confuso e outro inquinado por um conceptualismo rígido formal, incapaz, por isso, de entender a realidade[2426].

Pela negativa, a jurisprudência portuguesa sobre alteração das circunstâncias, anterior a 1966, firma ainda dois aspetos da maior importân-

Caetano, na anotação cit., retém a aplicabilidade, ao Direito administrativo, do artigo 1401.º, § unico do Código de Seabra, e considera-a como novidade.

[2423] A exaustividade da recolha acima efetuada não pode ser garantida; não obstante, ela deve ser representativa; *vide* Luís Silveira, *Imprevisão* cit., 231-253, Carvalho Fernandes, *Imprevisão* cit.., 258-261 e 269-278 e Marcello Caetano, *Manual de Direito administrativo* cit., 10.ª ed., 1, 631.

[2424] STJ 28-nov.-1922, 30-jul.-1926, 2-fev.-1926 e 30-jun.-1959, acima referidos.

[2425] SCAP 28-mai.-1930, STA 2-jun.-1939 e STA 7-nov.-1955 e 21-mar.-1958, acima referidos.

[2426] STJ 22-dez.-1933 e STA 19-jun.-1941, acima referidos. Esta última decisão não nega, em rigor, a alteração das circunstâncias como instituto jurídico; recusa, apenas, a sua aplicação, em termos que suscitam as observações feitas no texto. Na crítica a esse acórdão, *vide* Carvalho Fernandes, *Imprevisão* cit., 274-276.

cia para a evolução subsequente: ignora a tradição jurídico-cultural dos praxistas portugueses, omitindo referências apreciativas ao tema da lesão superveniente e desconhece a laboração da terceira sistemática, passando em claro a pressuposição, a base do negócio e a boa-fé. Denota-se, apenas, uma certa permeabilidade a influências francesas, significativas somente no campo administrativo.

A disponibilidade perante fatores culturais novos era, pois, total.

## § 62.º A DELIMITAÇÃO DA ALTERAÇÃO DAS CIRCUNSTÂNCIAS

### 270. Generalidades; o erro

I. A análise dos dados atuais sobre a alteração das circunstâncias permitiu apurar as grandes alternativas à base do negócio como factores de delimitação do instituto[2427]. Vamos proceder à circunscrição do instituto: via para, subsequentemente, melhor apreender o artigo 437.º/1.

II. O primeiro grupo de problemas que deve ser retirado da alteração das circunstâncias é o que se reporta a uma "base do negócio" puramente subjetiva. Na celebração, as partes podem ter assentado em representações decisivas para a formação e exteriorização da sua vontade. E essas representações podem não corresponder à realidade, tal como era possível, na altura conhecê-la. Quer a pressuposição de Windscheid, quer a base do negócio, de Oertmann, reinvindicariam, ainda aqui, aplicação. Na Alemanha, deu-se todo um movimento, bastante difícil, mas que se viu coroado de êxito definitivo, e que operou no sentido de, nessa conjuntura, aplicar não o regime da alteração das circunstâncias, mas o do erro[2428]. De facto,

[2427] *Supra*, 619 ss..

[2428] Por exemplo, Franz Wieacker, *Gemeinschaftlicher Irrtum der Vertragspartner und clausula rebus sic stantibus/Bemerkungen zur Theorie der Geschäftsgrundlage*, FS Wilburg (1965), 229-255 (242), Viktor Stötter, *Versuch zur Präzisierung des Begriffs der mangelhaften Geschäftsgrundlage*, AcP 166 (1966), 149-187 (165), Burkhard Schmiedel, *Der allseitige Irrtum über die Rechtslage bei der Neuregelung eines Rechtsverhältnisses*, FS Caemmerer (1978), 231-240 (240), Werner Flume, *Allgemeiner Teil des bürgerlichen Rechts*, II – *Das Rechtsgeschäft*, 3.ª ed., § 26, 4 (501-507) e Malte Diesselhorst, *Die Geschäftsgrundlage in der neueren Rechtsentwicklung*, em *Rechtswissenschaft und Rechtsentwicklung*, publ. Ulrich Immenga (1980), IX + 334 pp., 157.

na denominada "alteração previsível" há, tão-só erro das partes[2429], numa conjunção que, como tal, deve ser tratada. Por isso se tem entendido, com unanimidade, na doutrina portuguesa, que a alteração verdadeira deve ser imprevisível. A orientação é correta.

III. No Direito português, este primeiro passo clarificador está, em extremo, simplificado, uma vez que o Código Civil autonomizou o "erro sobre a base do negócio" – artigo 252.º/2. Como adquirida, fica pois a ideia de que a lei portuguesa já reconheceu, de modo explícito, a depuração da alteração das circunstâncias, no que toca a aspetos atinentes, apenas, às representações das partes: estes integram, na verdade, o tema do erro.

IV. O artigo 252.º/2 do Código Civil levanta dúvidas delicadas[2430]. A "base do negócio" é uma mera construção doutrinária, cientificamente envolvida, que não deveria ter assento numa lei. Nos últimos anos, mais se acentua esta conveniência metodológica: a base do negócio tem-se tornado numa reconhecida fórmula vazia. Por outro lado, a "base subjetiva" tem sido afastada do domínio da alteração das circunstâncias, para ser reconduzida ao campo que, por natureza, lhe compete: o do erro.

Perante esta evolução que não poderia, com seriedade, ser posta em causa, o legislador de 1966 incorreu numa série de paradoxos: insere numa lei a locução "base do negócio" e fá-lo, para mais, a propósito da "base subjetiva"; retoma o bom caminho quando considera o tema como sendo relativo ao erro; mas fá-lo não para lhe mandar aplicar o regime do erro – pois disso se trata – mas com o fito de remeter para o regime da alteração das circunstâncias.

Nestas condições, não admira que a doutrina, com apelo ao elemento sistemático da interpretação, tenha, de modo unânime, iniciado uma aproximação entre o "erro sobre a base do negócio" e o regime do erro, em sentido próprio[2431].

[2429] Ou seja "... a falsa ideia sobre certo *quid*", na definição lapidar de Paulo Cunha, *Teoria geral de Direito civil*, II – *O objecto* (1961-62), 102.

[2430] Quanto à sua interpretação integrada e à sua aplicação pelos tribunais: *Tratado* II, 4.ª ed., 864 ss..

[2431] Assim, verificados os respetivos requisitos, o contrato, viciado por "erro na base do negócio" será anulável e não revogável: João de Castro Mendes, *Direito Civil (Teoria Geral)*, 3 (1969), 132, Luís Carvalho Fernandes, *Teoria geral do Direito civil*, 2 (1983), 232 e Carlos Mota Pinto, *Teoria geral do Direito civil*, 3.ª ed. (1985), 515.

Aperfeiçoa-se assim, por via doutrinária, uma delimitação da alteração das circunstâncias, indiciada pelo próprio legislador: dela deve ser retirada toda a matéria relativa ao erro[2432], e até às últimas consequências.

## 271. O risco e a impossibilidade

I. Como segundo fator de delimitação da alteração das circunstâncias surge o risco, ou, de modo mais preciso, o conjunto de regras que imputam, a alguma das partes, o dano superveniente resultante da alteração.

Houve a oportunidade de ponderar as doutrinas que intentam reconduzir ao risco toda a problemática da alteração das circunstâncias[2433]. Verificou-se, nessa ocasião, que tais doutrinas, ainda quando conseguiam uma focagem nova do tema, não encontravam, nelas próprias, as bitolas últimas de decisão. Mas se a redução global da alteração das circunstâncias ao risco levanta dificuldades, não há dúvidas de que, pelo menos em certas áreas, a modificação superveniente vai integrar normas claras sobre distribuição de risco. E quando isso suceda, estas aplicam-se, em detrimento dos dispositivos virados, de modo direto, para a alteração.

Tome-se um exemplo radical: pode o comprador de um automóvel, que já o haja recebido, pedir a resolução ou modificação do contrato de compra e venda, alegando uma subida inesperada no preço da gasolina? A resposta é negativa: a alteração registada, ainda quando anormal e imprevisível, dá-se numa esfera de risco exclusiva do comprador-proprietário, em todo alheia ao vendedor. Por isso se entende que, em regra, o

[2432] Torna-se difícil, na prática, fazer vingar o "erro sobre a base do negócio". O próprio erro sobre os motivos – artigo 252.º/1 – vem referido em termos fortemente restritivos: exigindo-se um acordo sobre os motivos relevantes, ainda que não expresso – assim STJ 12-jun.-1984 (Magalhães Baião), BMJ 338 (1984), 382-385 (385) – ele acaba por operar apenas perante clausulados contratuais explícitos que mostrem uma ligação clara entre o negócio e os motivos – *vide* STJ 4-dez.-1979 (Oliveira Carvalho), BMJ 292 (1980), 345-351 (349-350). A escassa jurisprudência relativa ao "erro sobre a base do negócio" exclui dela quanto, sendo posterior à celebração do contrato, não possa integrar-se no erro; *vide*, assim, STJ 10-dez.-1974 (Albuquerque Bettencourt), BMJ 242 (1975), 254-256 (255-256). Distinguindo também, o erro da alteração das circunstâncias, *vide* RCb 28-mai.-1985 (Alberto Baltazar Coelho), CJ X (1985), 3, 89-92 (92); colocando os requisitos deste tipo de erro: STJ 6-nov.-2003 (Ferreira de Almeida), Proc. 03B3120.

[2433] *Supra*, 619 ss..

regime do artigo 437.º só se aplica a contratos que não sejam de execução imediata[2434].

II. Embora dispersas pelo seu articulado, o Código Vaz Serra compreende um conjunto sistemático de normas relativas ao risco nas situações jurídicas.

Manda o artigo 796.º/1:

> Nos contratos que importem a transferência do domínio sobre certa coisa ou que constituam ou transfiram um direito real sobre ela, o perecimento ou deterioração da coisa por causa não imputável ao alienante corre por conta do adquirente.

Mantém-se vivo, no Direito português vigente, o velho aforismo *res domino suo perit*: o risco de danos nas coisas corpóreas corre por conta dos titulares de direitos reais sobre elas; o artigo 796.º/1 vai mais longe, clarificando uma zona de fronteira: a do risco em contratos transmissivos, quando ainda não tenha havido entrega da coisa ao adquirente – e salvo o caso particular do artigo 796.º/2: também aí, uma vez transferido o domínio, o risco corre pelo titular.

O artigo 807.º/1 dispõe:

> Pelo facto de estar em mora, o devedor torna-se responsável pelo prejuízo que o credor tiver em consequência da perda ou deterioração daquilo que deveria entregar, mesmo que estes factos lhe não sejam imputáveis.

Trata-se da conhecida regra de inversão do risco, havendo mora do devedor[2435]. *A contrario*, deduz-se, que na pendência de uma obrigação, o risco pela perda ou deterioração daquilo que devia ser entregue corre pelo credor. É, no fundo, o aflorar da regra anterior, agora adaptada: os danos inimputáveis verificados em coisas corpóreas correm pelas pessoas que, a elas, tenham direitos de crédito. Tal sucede, porém, apenas, perante coisas certas e determinadas: se se tratar de uma obrigação genérica, o risco só corre pelo credor depois da concentração, a operar nos termos do artigo

[2434] STJ 17-mar.-2010 (Sousa Peixoto), Proc. 7/06; *vide*, ainda, STJ 20-jan.-2010 (Pinto Hespanhol), Proc. 8/06.

[2435] *Supra*, 240.

541.º[2436]; até lá, "... o devedor não fica exonerado pelo facto de perecerem aquelas (coisas) com que se dispunha a cumprir" – artigo 540.º.

As regras próprias do risco, quanto a coisas corpóreas, sejam elas de direitos reais ou de direitos creditícios, e de que acima se deu conta, são complementadas, no tocante a pretensões de *facere*, por normas referentes à impossibilidade.

Nos termos do artigo 790.º/1,

> A obrigação extingue-se quando a prestação se torna impossível por causa não imputável ao devedor.

Esta regra equivale a fazer correr o risco do "perecimento" do crédito pelo credor, enquanto a obrigação não for cumprida. Com o cumprimento, a relação obrigacional extingue-se: quaisquer danos ficam, então, na esfera onde se verifiquem.

Nos denominados contratos bilaterais, o risco, de algum modo, distribui-se pelas partes: o credor vê desaparecer o seu direito pela impossibilitação da prestação, mas exonera-se da contraprestação, tendo a faculdade, se já a houver realizado, de a reaver nos termos do enriquecimento sem causa – artigo 795.º/1. O mesmo esquema funciona na impossibilidade parcial, reduzindo-se, então, proporcionalmente, a contraprestação – artigo 793.º/1.

III. Para além destas normas gerais sobre risco, o Código Civil compreende várias regras especiais:

– *na locação*, o risco corre por conta dos dois intervenientes, nos termos gerais[2437]; porém, a privação ou diminuição não-imputável

[2436] *Tratado* VI, 2.ª ed., 643 ss.. Uma análise pioneira sobre o risco e a impossibilidade superveniente das obrigações, nas diversas conjunções, pode ser vista em Paulo Cunha, *Direito das obrigações*, por Margarida Pimentel Saraiva e Orlando Garcia-Blanco Courrége (1938-39), 2, 347 ss..

[2437] *Vide* o nosso *Da natureza do direito do locatário* (1980), 143. E, ainda, a presença, no arrendamento, de uma teia normativa estrita, que canaliza o risco em termos predeterminados, que bloqueia o artigo 437.º, recorde-se que a sua resolução só podia operar nos casos fixados no artigo 1093.º, redação inicial; assim, STJ 25-mai.-1982 (Manuel dos Santos Carvalho), BMJ 317 (1983), 249-254 (253-254) = RLJ 119 (1986), 79-82 (81-82), anot. A. Varela, discordante, mas sem referir o problema nuclear do risco; no sentido de A. Varela, *vide* Almeida Costa, anot. a STJ 11-dez.-1984, RLJ 119 (1986), 141-146 (145, nota 14).

nem ao locador nem aos seus familiares só permite a redução da renda no caso de uma ou outra exceder um sexto da duração do contrato – 1040.º/2;
– *na parceria pecuária*, o risco corre por conta do parceiro proprietário – artigo 1126.º;
– *no comodato*, o risco básico corre pelo comodante, com cedências ao comodatário, nos casos específicos no artigo 1136.º/1 e 2;
– *no mútuo*, o risco corre pelo mutuário; será essa uma das utilidades do preceito contido no artigo 1144.º[2438];
– *no depósito*, o risco corre nos termos gerais, pelo depositante (o proprietário); a regra aflora no artigo 1188.º/1;
– *na empreitada*, o risco de perda ou deterioração da coisa corre pelo proprietário – salva a hipótese de mora, em que se dá a inversão, artigo 1228.º/2; há, aqui, apenas a aplicação das regras gerais;
– *na posse*, o risco corre pelo proprietário, quando ela seja de boa-fé e pelo possuidor, se for de má-fé; é o que se retira do artigo 1269.º.

IV. O sentido geral do sistema do risco, bastante harmonioso, é o seguinte: se o Direito atribui a um sujeito, através do esquema do direito subjetivo, uma vantagem, é justo que corra, contra ele, a possibilidade de dano superveniente casual. *Ubi commoda, ibi incommoda*. Qualquer alternativa, que consistiria fatalmente em colocar pessoas numa posição de desvantagem, sem que algum benefício as compensasse, iria provocar uma distorção exagerada e inexplicável na distribuição da riqueza.

Observa-se ainda que, em situações relativas – *maxime*, contratos bilaterais – o risco distribui-se por ambos os intervenientes.

Este quadro é alterado, apenas, nos casos de danos culposos – altura em que funciona a responsabilidade por atos ilícitos – ou de imputação objetiva, por razões específicas, do risco, a terceiros – a denominada responsabilidade por risco, só possível "... nos casos especificados na lei" – artigo 483.º/2.

[2438] Por isso, a extrema dificuldade ou, mesmo, a impossibilidade no cumprimento de uma obrigação pecuniária não integram a "impossibilidade temporária" do artigo 792.º/1; assim STJ 7-out.-1982 (João Fernandes Lopes Neves), BMJ 320 (1982), 403-405 = RLJ 119 (1986), 172-174, anot. A. Varela, concordante.

V. As regras do risco delimitam negativamente a alteração das circunstâncias: onde elas disponham, há que aplicar o regime respctivo, em detrimento do disposto no artigo 437.º/1[2439]. O risco implica sempre um dano casual: nessa medida, é anormal e imprevisível. A não ser assim, todo o regime do risco ficaria inutilizado, caindo-se na alteração das circunstâncias. Ora as normas de risco não são meros postulados técnicos: elas correspondem a imperativos de justiça, acima explicitados, firmes na lógica *ubi commoda, ibi incommoda*. Mais do que isso: numa junção que vem sendo reclamada[2440], as normas de risco são requeridas pelas exigências de segurança das sociedades técnicas modernas; trata-se de uma planificação da distribuição de danos, acessível ao senso comum, e que permite esquemas para a sua suportação, de que é exemplo acabado a atividade seguradora. A alteração das circunstâncias, pelo contrário, é um remédio de equidade, de concretização difícil e de saída imprevisível.

VI. O legislador português reconheceu-o, de modo explícito. Segundo o artigo 437.º/1, só há lugar ao esquema da alteração das circunstâncias quando esta "... não esteja coberta pelos riscos próprios do contrato". Uma primeira interpretação vê, aqui, o não-funcionamento da alteração dentro daquela margem normal de flutuação contratual: o negócio pode dar mais ou menos lucro, conforme os casos, numa álea que o Direito abandona à lógica do comércio privado; aí, não caberia qualquer remédio *ex bona fide*. Mas isso seria subaproveitar o preceito: é certo que a exigência das obrigações assumidas, dentro da álea normal do contrato, nunca iria afetar "... gravemente os princípios da boa-fé ...", antes constituindo um comportamento normal. Ao referir os riscos próprios do contrato, a lei não foi repetir-se: antes ressalvou as regras aplicáveis sobre o risco, dando, perante elas, natureza supletiva à própria alteração das circunstâncias. Compreende-se, a esta luz, o dispositivo do artigo 438.º, que afasta o direito de resolução ou modificação do contrato por alteração das circunstâncias, quando a parte que dele se reclama esteja em mora. Não se trata de penalizar tal parte, num esquema punitivo em princípio estranho ao Direito civil, mas, tão-só, de um novo aflorar da primazia do risco: havendo mora, dá-se a inversão do

[2439] *Da boa fé*, 1092 ss..

[2440] Isto é: não há verdadeira justiça sem segurança e a segurança não vale se não for acompanhada de justiça; por exemplo, C. A. Emge, *Sicherheit und Gerechtigkeit/Ihre gemeinsame metajuristische Wurzel* (1940), 3 ss., 5 ss. e 28.

risco – de todo o risco – na esfera do devedor, pelo artigo 807.º/1. Perante tal regra, não cabe aplicar o artigo 437.º/1.

O Código Civil italiano alcançou o mesmo objetivo por outra via. O artigo 1467.º do *Codice* só admite o regime de alteração das circunstâncias "nos contratos de execução continuada ou ainda de execução diferida": quando a execução já tenha tido lugar, consumou-se a concentração do risco – e de vantagens – nas antigas partes, passando a aplicar-se as regras que a este respeitam.

VII. A supletividade da alteração das circunstâncias em face das regras do risco é reconhecida pela jurisprudência portuguesa, quando tem sido chamada a decidir questões presas a esses temas.

Assim sucedeu no acórdão do Supremo de 29 de março de 1979. Em síntese discutia-se aí o problema posto por uma cessão de quotas de uma sociedade angolana, celebrada em 8 de março de 1974 por 2000 c., pagáveis em duas prestações idênticas, tituladas por letras. As letras não foram pagas, seguindo-se a execução. Os réus adquirentes movem embargos de executados, alegando que, pela ocupação dos bens da sociedade, verificada depois da independência de Angola, teria ocorrido uma alteração das circunstâncias, cabendo a resolução do contrato, nos termos do artigo 437.º/1. O Supremo negou tal pretensão, afirmando designadamente:

> O facto de a Sociedade não poder realizar, a partir de certa altura, a sua atividade e, por isso, já não funcionar, não destrói os efeitos da cessão da quota validamente celebrada, nem exonera o devedor de pagar na íntegra o preço da cessão, dado que é ele, como proprietário da quota cedida, quem suporta o risco do atual estado da sociedade.
>
> Deste modo, a previsão do artigo 437.º do Código Civil não se integra no caso dos autos, pois a alteração anormal das circunstâncias basilares do contrato estão *consumidas* nos princípios legais que se referem ao risco das obrigações[2441].

[2441] STJ 29-mar.-1979 (Costa Soares), BMJ 285 (1979), 262-268 (267-268). Esta mesma linha foi mantida pelo bem tirado acórdão da REv 27-fev.-1986 (Castro Mendes), CJ XI (1986) 1, 247-249 (249).

Também a doutrina tem sufragado esta orientação: assim procedem Lobo Xavier[2442], Mota Pinto[2443], Almeida Costa[2444] e Menezes Leitão[2445], além de nós próprios[2446].

Em contrário, ainda que apenas na aparência, deporia Antunes Varela[2447].

[2442] V. Lobo Xavier, *Alteração das circunstâncias e risco (arts. 437.° e 796.° do Código Civil)*, CJ VIII (1983), 5, 17-23 (19 ss.).

[2443] Carlos Mota Pinto, declaração anexa ao escrito anterior, CJ cit., 21-23.

[2444] Mário Júlio de Almeida Costa, *Direito das obrigações* cit., 12.ª ed., 342-343.

[2445] Luís Menezes Leitão, *Direito das obrigações* cit., 2, 9.ª ed., 132-133.

[2446] *Da boa fé*, 1092 ss.. Esta posição foi assumida sem prévio conhecimento das teses de Lobo Xavier, Mota Pinto e Almeida Costa e independentemente do pleito que motivou as opiniões dos dois primeiros Autores e a de Antunes Varela, abaixo referida.

[2447] João Antunes Varela, *Resolução ou modificação do contrato por alteração das circunstâncias*, CJ VII (1982) 2, 7-17, com a colaboração de Henrique Mesquita. Este Autor admite que de facto, perante um risco normal – que exemplifica com "um incêndio provocado por um curto-circuito ou por uma faísca, num móvel vendido com espera de preço, uma doença sobrevinda a um animal que se comprou a crédito, uma tempestade que afundou um barco ainda não completamente pago, etc." – não teria aplicação o artigo 437.°, como se manda no seu final. Apenas um risco anormal – para o caso tratado por Antunes Varela, uma nacionalização – abriria as portas à alteração das circunstâncias – ob. cit., 14. A margem de discussão é pequena, dada a latitude que este Autor dá à ideia de risco normal. E o próprio Antunes Varela fecha, em absoluto, as portas à aplicação da alteração das circunstâncias a contratos já cumpridos – portanto, embora ele o não diga, aos contratos em que a concentração do risco já operou, com a efetivação das prestações – afirmando:

"A segurança do tráfico e os interesses gerais da contratação seriam gravemente afetados, se um contraente, depois de receber as prestações que lhe eram devidas, não pudesse considerá-las definitivamente suas" – Antunes Varela, ob. cit., 8, 2.ª col.. É também essa a doutrina implícita em Pires de Lima/Antunes Varela, *Código anotado*, 1, 4.ª ed. (1987), artigo 437.°, an. 2 (413).

A posição de Antunes Varela não é, assim, totalmente discordante da da restante doutrina. Ela exige, no entanto, uma nova distinção, para ficar clarificada.

As disposições sobre o risco podem ser de risco total ou de risco parcial. No primeiro caso, elas assacam a uma pessoa o dano máximo que o bem possa sofrer – a sua perda ou destruição total; no segundo, elas atribuem, apenas, certos danos. Quando o risco seja total, não há lugar à alteração das circunstâncias: é o exemplo paradigmático do artigo 796.°/1, corretamente aplicado pelo Supremo, no acórdão acima referido. Quando tal não suceda – por exemplo, alguém deve adquirir, para outrem, um objeto; o preço deste sobe, no mercado, em razão de um para cem – e estando em jogo normas de risco, haverá que interpretá-las para ver, exatamente, até onde foi o legislador na graduação do risco. Para além disso, cabe aplicar o artigo 437.°/1. O predomínio das regras de risco sobre alteração das circunstâncias merece, por fim, um consenso doutrinário crescente, na doutrina de outros países: *Da boa fé*, 1092 ss..

## 272. A vontade das partes e a interpretação contratual

I. A contratação é o domínio da autonomia privada. Todos os efeitos jurídicos devem, na verdade ser reportados ao Direito objetivo; mas no campo negocial, tais efeitos desencadeiam-se, em regra, por serem queridos pelas partes e na medida em que o sejam.

A vontade das partes surge, assim, como o meio mais indicado para enfrentar eventuais alterações das circunstâncias. Dada a regra da liberdade contratual – artigo 405.° do Código Civil – não oferece dúvidas a possibilidade de se estipular no domínio da alteração das superveniências negociais. Por um lado, o próprio artigo 437.º/1 do Código Civil, de acordo com uma natureza comum aos preceitos obrigacionais[2448], tem natureza supletiva, intervindo, apenas, quando as partes não tenham acordado num regime alternativo. Por outro, esse mesmo preceito apresenta, como locução fulcral, o facto da exigência de certas obrigações assumidas afetar gravemente os princípios da boa-fé; ora quando se tenha estipulado justamente em mira duma alteração das circunstâncias, é essa mesma boa-fé que requer o acatamento do ajustado. E por fim, o próprio regime do risco pode ser definido, direta ou indiretamente, pelas partes; como se viu, o risco delimita negativamente a aplicação do artigo 437.º/1 do Código Civil, como determina o final deste preceito.

II. A vontade das partes pode atuar, nas alterações de circunstâncias, por várias vias. Num primeiro grupo de casos, a interpretação contratual, conduzida em termos idóneos, revela que certo dispositivo, integrado no negócio e aparentemente atingido pela modificação ambiental, não o é, na realidade.

Seja o caso decidido pelo Supremo Tribunal de Justiça, em 15 de abril de 1975. O litígio aí solucionado andava em torno de uma cessão de quotas societárias, com o preço pago em prestações, indexadas ao valor do ouro fino. A evolução monetária internacional levara, no entanto, a que, na vigência desse contrato, o ouro acusasse uma subida mais acentuada que o custo de vida em geral. Pedida a revisão desse contrato, o Supremo concedeu-a, entendendo que uma "atualização" feita em tais termos, contrariava a boa-fé: mesmo na falta de todos os pressupostos do artigo 437.º/1, a

[2448] Assim, Fernando Pessoa Jorge, *Direito das obrigações* 1 (1972), 196 e ss. e o nosso *Direito das obrigações*, 1, 73.

providência justificar-se-ia por abuso do direito – artigo 334.º[2449]. A decisão encontrada é correta. Mas podia-se ter lá chegado pela interpretação contratual: de facto, fora vontade das partes precaver-se contra a desvalorização monetária e não especular com o valor do ouro, recolhendo as eventuais mais-valias que a sua alta pudesse proporcionar. Desde o momento em que, contra o esperado pelas partes, o ouro tenha deixado de ser um indicador seguro, é a própria vontade negocial que requer a opção por outro fator de indexação[2450].

III. Num segundo grupo, a vontade das partes, tal como se depreende da interpretação contratual, estipulou, de modo direto, para a eventualidade de superveniências. Isso quer clausulando que o contrato cessa se houver alterações inesperadas – seria como que uma *clausula rebus sic stantibus* expressamente querida pelas contratantes – quer convencionando um regime particular, a funcionar perante modificações ambientais. Tal regime pode coincidir, ou não, com o que resultaria da aplicação do artigo 437.º/1 do Código Civil. Como já foi frisado, salvo disposição injuntiva em contrário, toda esta temática vive dominada pela autonomia privada. O próprio artigo 437.º/1 não deixa, de modo algum, de o lembrar, quando inclui, como fulcro, uma referência à boa-fé: se as partes estipularem para

[2449] STJ 15-abr.-1975 (José Garcia da Fonseca), BMJ 246 (1975), 138-141 (138, 139 e 141) = RLJ 109 (1976), 179-182 (180 e 181-182), com an. favorável, de Vaz Serra. Em RLx 25-fev.-1986 (Cura Mariano), CJ XI (1986) 1, 104-105 (105), aparecem referidos, também lado a lado, o abuso do direito e a alteração das circunstâncias; mas desta feita, já a vontade das partes não releva, havendo uma verdadeira questão de fundo, provocada pela desadaptação da lei: discutia-se a exigência, pelo inquilino, de obras ao senhorio, quando a degradação da renda houvesse tornado tal pedido completamente desajustado. Esta mesma ideia foi aplicada, em STJ 18-mar.-1986 (Magalhães Baião), BMJ 355 (1986), 175-179, para justificar a desadaptação de uma convenção internacional que, por isso, poderia ser contrariada pela lei interna, em nome de uma *clausula rebus sic stantibus*; esta orientação merece aplauso.

[2450] O mesmo esquema seria válido perante um fenómeno inverso, decidido, por exemplo, pelo Tribunal Federal Alemão, em 8-nov.-1972, DB 1972, 1527 = LM § 157 (D), n.º 27: celebrara-se um contrato com prestações monetárias sucessivas, indexadas ao valor do centeio; este, alvo de intervenção estadual, vê o seu valor a aumentar aquém dos índices gerais de preços; a interpretação deste contrato revela a intenção comum das partes em manter o preço real, e no de celebrar um contrato ligado cegamente ao valor do centeio: a própria interpretação impôs, pois, a correção.

a eventualidade de superveniências inesperadas, e se estas ocorrerem, a mesma boa-fé exige o honrar da palavra dada[2451].

Sublinhe-se, ainda, que a própria estipulação sobre alterações futuras e eventuais pode ser limitada pela interpretação. Quando, no contrato, tenham sido incluídas cláusulas desse tipo, as partes não ficam à mercê de todos os azares do destino; ultrapassada uma certa medida, pode verificar-se que o clausulado não pretendeu ir mais além, no domínio da regulação de superveniência. Apenas a interpretação pode, caso a caso, determinar se as partes pretenderam equacionar toda e qualquer superveniência ou, tão-só, alguma ou algumas e até que medida.

IV. Num terceiro tipo de casos, as partes enquadram as alterações das circunstâncias através do regime do risco acordado. Viu-se como as regras do risco delimitam o artigo 437.º/1 – ou disposições similares – aplicando-se, quando existam, em seu detrimento. O dispositivo legal sobre o risco pode, em princípio, ser modificado pelas partes. E isso por três ordens de fatores:

- as regras sobre risco estatuem em domínios patrimoniais privados, dominados pela disponibilidade: se se pode alienar uma posição ou inutilizar um direito, por maioria de razão se poderá sujeitá-lo, em termos jurídicos, a um risco que, em princípio, não lhe caberia[2452];
- a aplicação de várias regras sobre risco – as mais significativas – está, de modo expresso, subordinada à vontade das partes; assim, o artigo 796.º/1 postula que não haja reserva de propriedade – cf. artigo 409.º – enquanto que a concentração das obrigações genéricas, essencial para que o risco corra pelo credor, pode operar por vontade das partes;
- nos casos excecionais em que o legislador, com o fito de proteger a parte fraca no contrato, entendeu prescrever a injuntividade das

[2451] As cláusulas atinentes a superveniências têm sido particularmente estudadas no domínio dos contratos relativos a fornecimentos de energia; *vide* W. Holzapfl, *Neue Preisänderungsklauseln und Wirtschaftsklauseln in Stromlieferungsverträgen mit Sonderabnehmern*, BB 1974, 912-914 e Georg Malzer, *Fragen der praktischen Rechtsanwendung bei der Lieferung von Elektrizitat und Gas an Industriebetriebe*, BB 1974, 908-912 (910).

[2452] Só não se poderá ir tao longe que surjam obrigações aleatórias quando a lei não o permita ou que estejam em causa renúncias antecipadas aos direitos, vedadas pelo artigo 809.º.

regras sobre o risco, disse-o, de modo expresso; tal sucede no artigo 1126.º/3.

A adoção de certos modelos contratuais revela, com frequência, uma intenção de dispor sobre o risco. Tal eventualidade, a ser confirmada pela interpretação, afasta a alteração das circunstâncias. Assim, os contratos de fornecimento celebrados a longo prazo visam, justamente, seja concentrar o risco numa das partes[2453], seja "codificar" as regras relativas à alteração das circunstâncias[2454]. Do mesmo modo, a opção por obrigações puramente pecuniárias pode trazer implícita uma ideia clara quanto a superveniências[2455].

O Direito admite, ainda, contratos especialmente destinados a imputar certos riscos a um dos contratantes – e que não se confundem com cláusulas acessórias de risco, inseridas em negócios com outro escopo. O desenvolvimento industrial de tal atividade – a atividade seguradora – está reservado, por lei especial e pela própria constituição económica, a certas entidades.

V. A aplicação do artigo 437.º/1 do Código Civil fica, pois, delimitada pela vontade das partes e pela interpretação negocial. Apenas esta permite apurar se e em que medida foi um contrato atingido por superveniências enquanto, por outro lado, é lícito aos contratantes estipular para a hipótese de modificações ambientais, diretamente ou através de cláusulas sobre o risco.

Para além de lícita, tal prática é, mesmo, desejável: transfere para a negociação o regime das superveniências e evita litígios futuros, permitindo encontrar as soluções mais adequadas para as ocorrências possíveis, de acordo com as aspirações das partes.

[2453] Werner Futter, *Rechtsprobleme bei langfristigen Energieversorgungsverträgen*, BB 1976, 1295-1298 (1298).

[2454] Hans-Peter Dally, *Rechtsprobleme bei langfristigen Energieversorgungsverträgen im Zusammenhang mit Wirtschaftsklauseln*, BB 1977, 726-727 (727).

[2455] Apenas uma "hiper-inflação" justificaria, então, a quebra do nominalismo. *Vide* Karsten Schmidt, *Geld und Geldschuld im Privatrecht/Eine Einführung in ihre Grundlagen*, JuS 1984, 737-747 (745); numa posição mais aberta, *vide* K. A. Bettermann, *Über Inhalt, Grund und Grenzen des Nominalismus*, RdA 1975, 2-9.

## 273. A tutela da confiança

I. Wolfgang Fikentscher propôs uma redução global da alteração das circunstâncias com base no princípio da proteção da confiança[2456]. Na sua extensão plena, a explicação não satisfaz[2457]. Mas ela pode ser aproveitada para delimitar a alteração das circunstâncias, nas suas fronteiras com a tutela da confiança legítima. Trata-se de uma separação duplamente delicada: à vaguidade da alteração das circunstâncias soma-se a indeterminação da própria tutela da confiança.

Impõe-se, por isso e ainda que em termos sintéticos, recordar o perfil da proteção da confiança, tal como resulta da jurisprudência portuguesa atual, em correspondência com as diversas coordenadas históricas e científicas relevantes[2458].

II. No Direito português vigente – de acordo, aliás, com o que ocorre nas outras ordens jurídicas – a proteção da confiança efetiva-se por duas vias:

– através de disposições legais específicas;
– através de institutos gerais.

As disposições legais específicas de tutela da confiança surgem quando o Direito retrate situações típicas nas quais uma pessoa que, legitimamente, acredite em certo estado de coisas – ou o desconheça – receba uma vantagem que, de outro modo, não lhe seria reconhecida. Como meros exemplos, é o que sucede com a posição dos sujeitos perante certos atos das associações e sociedades civis puras – artigos 179.º, 184.º/2 e 1009.º do Código Civil perante a procuração – artigo 266.º perante a anulação ou declaração de nulidade dos atos jurídicos – artigo 291.º – e perante a aquisição de coisa a comerciante – artigo 1301.º – ou a herdeiro aparente – artigo 2076.º/1, todos do Código Civil.

Os institutos gerais suscetíveis de proteger a confiança aparecem ligados aos valores fundamentais da ordem jurídica e surgem associados, por forte tradição românica, a uma regra objetiva da boa-fé.

[2456] Wolfgang Fikentscher, *Die Geschäftsgrundlage als Frage des Vertragsrisikos* cit., 35 ss. e *passim* e *Schuldrecht*, 7.ª ed. (1985), 137 ss.. Após a reforma de 2001/2002, essa orientação perdeu acuidade, sendo abandonada: Fikentscher/Heinemann, *Schuldrecht*, 10.ª ed. (2006), Nr. 227 (127).

[2457] *Da boa fé*, 1060 ss..

[2458] *Tratado* I, 4.ª ed., 969 ss..

Preconiza-se, a propósito da tutela da confiança, no Direito positivo português vigente, a construção seguinte:

- a confiança é protegida quando se verifique a aplicação de um dispositivo específico a tanto dirigido;
- fora desses casos, ela releva quando os valores fundamentais do ordenamento, expressos como boa-fé ou sob outra designação, assim o imponham.

III. Um estudo aturado das previsões legais específicas que tutelam situações de confiança e das consagrações jurisprudenciais dos institutos genéricos, onde tal tutela tenha lugar, permite apontar os pressupostos da sua proteção jurídica[2459]. São eles:

1.º Uma situação de confiança conforme com o sistema e traduzida na boa-fé subjetiva e ética, própria da pessoa que, sem violar deveres de cuidado que ao caso caibam, ignore estar a lesar posições alheias;
2.º Uma justificação para essa confiança, expressa na presença de elementos objetivos capazes de, em abstrato, provocarem uma crença plausível;
3.º Um investimento de confiança consistente em, da parte do sujeito, ter havido um assentar efetivo de atividades jurídicas sobre a crença consubstanciada;
4.º A imputação da situação de confiança criada à pessoa que vai ser atingida pela proteção dada ao confiante: tal pessoa, por ação ou omissão, terá dado lugar à entrega do confiante em causa ou ao fator objetivo que a tanto conduziu.

A situação de confiança pode, em regra, ser expressa pela ideia de boa-fé subjetiva: a posição da pessoa que não adira à aparência ou que o faça com desrespeito de deveres de cuidado merece menos proteção.

A justificação da confiança requer que esta se tenha alicerçado em elementos razoáveis, suscetíveis de provocar a adesão de uma pessoa normal.

O investimento de confiança exige que a pessoa a proteger tenha, de modo efetivo, desenvolvido toda uma atuação baseada na própria confiança, atuação essa que não possa ser desfeita sem prejuízos inadmissíveis; isto é: uma confiança puramente interior, que não desse lugar a comportamentos, não conduz a nada.

[2459] Intentou-se proceder a tal análise em *Da boa fé*, 443 ss., 742 ss. e *passim*, com tentativa de síntese em 1243 ss.; *vide* o *Tratado* I, 4.ª ed., 969 ss., já citado.

A imputação da confiança implica a existência de um autor a quem se deva a entrega confiante do tutelado. Ao proteger-se a confiança de uma pessoa vai-se, em regra, onerar outra; isso implica que esta outra seja, de algum modo, a responsável pela situação criada.

IV. Os quatro requisitos acima apontados devem ser entendidos e aplicados com duas precisões importantes.

As previsões específicas de confiança dispensam, por vezes, algum ou alguns dos pressupostos referidos[2460]. Por exemplo, a aquisição *a non domino*, pelo registo, prevista no artigo 17.º/2 do Código de Registo Predial de 1984 – exemplo claro de tutela da confiança – opera a favor do terceiro que esteja de boa-fé (a situação de confiança), que tenha agido com base no registo prévio, a favor do alienante (a justificação da confiança) e que tenha adquirido a título oneroso (o investimento de confiança). A irrevogabilidade de atos administrativos ilegais exige a titularidade do direito concedida pela Administração (a justificação da confiança), com efeitos constitutivos mantidos por certo lapso de tempo (investimento de confiança) e levada a cabo pelo próprio Estado (a imputação da confiança). Como se vê, no caso da aquisição a *non domino* pelo registo, a lei dispensa a imputação da confiança; no da irrevogabilidade de atos administrativos ilegais, a confiança está totalmente objetivada: dipensa-se a boa-fé subjetiva[2461].

Os requisitos para a proteção da confiança articulam-se, entre si, nos termos de um sistema móvel[2462]. Isto é: não há, entre eles, uma hierarquia e

[2460] Podem, sem dúvida, fazê-lo, uma vez que se trata de normas legais expressas; o limite estará, como é natural, na existência de fontes superiores de sinal contrário, *maxime* a Constituição.

[2461] A irrevogabilidade dos atos administrativos *legais*, quando constitutivos, obedece, também, à necessidade de proteger a confiança das pessoas. Mas opera, em simultâneo, com a tutela dos direitos adquiridos; ora, havendo ilegalidades, tal aquisição é posta, desde logo, em crise: apenas fatores extrínsecos podem, pois, justificá-la.

[2462] A ideia de sistema móvel foi apresentada há mais de sessenta anos por Walter Wilburg, *Entwicklung eines beweglichen Systems im bürgerlichen Recht* (1950), tendo sido divulgada por Claus-Wilhelm Canaris, *Systemdenken und Systembegriff in der Jurisprudenz*, 2.ª ed. (1983), 74 ss. que, dela, fez importantes aplicações explicativas, justamente no domínio da proteção da confiança; assim, de Canaris, refira-se *Die Vertrauenshaftung im deutschen Privatrecht*, 2.ª ed. (1981), 301 ss., 312, 373, 389 e 529 e *Bewegliches System und Vertrauenschutz im rechtsgeschäftlichen Verkehr*, em *Das Bewegliche System*, publ. F. Bydlinski e outros (1986), 103-116. Esta obra coletiva dá uma ideia do relevo interdisciplinar da sistemática móvel.

A sua aplicação ao Direito português não oferece dificuldades e é útil, num prisma instrumental: *Da boa fé*, 1248, 1262 e *passim*.

não são, em absoluto, indispensáveis: a falta de algum deles pode ser compensada pela intensidade especial que assumam alguns – ou algum – dos restantes. A mobilidade, assim entendida, dos requisitos em causa, ilustra-se, desde logo, com as situações acima sumariadas da aquisição pelo registo e da irrevogabilidade por atos administrativos. Outro exemplo sugestivo: no caso da confiança possessória – que também não oferece dúvidas por ser objeto de normas específicas – a falta de justificação e, até, de boa-fé subjetiva é compensável pelo intensificar do investimento de confiança: a posse não titulada ou, até, de má-fé, não deixa de levar à usucapião, desde que haja um alongamento dos prazos da sua duração.

V. Tem interesse recordar concretizações jurisprudenciais da proteção da confiança, quando assente na simples regra da boa-fé: na presença de normas específicas, a aplicação é imediata. Faz-se, de seguida, um levantamento sumário de cinco acórdãos que ilustram a tutela da confiança das pessoas:

- *REv 25-mai.-1976*, entendeu que "vindo os réus a ocupar uma casa, como donos, há cerca de catorze anos construída para eles, tendo até o pai dos autores que era dono do terreno, onde a mesma se encontra implantada, autorizado a sua construção, sem qualquer restrição ou limite, abusam os autores do seu direito ao pretender exercê-lo, pedindo a entrega e desocupação do prédio, já que ofendem os limites impostos pela boa fe"[2463];
- *STJ 2-mar.-1978*, decidiu sobre os factos que seguem: três irmãos constituem uma sociedade, a qual adquire e edifica um terreno; a construção destinava-se à atividade social e à habitação dos sócios, tendo, cada um, com o acordo dos outros, ocupado uma fração; na sequência de questões pessoais ocorridas entre um deles e os restantes, a sociedade move, contra o primeiro, uma ação de reinvindicação tendente ao reconhecimento da sua propriedade sobre a fração por ele habitada e a desocupação do local. O Supremo entendeu que se a propriedade da autora não podia deixar de ser reconhecida, a restituição não teria lugar: a sociedade atentou, com tal pedido, contra a boa-fé[2464];
- *STJ 26-mar.-1980*, dirimiu o seguinte conflito: fora demolida uma edificação; em consequência, uma construção contígua ficou diretamente exposta ao tempo, vindo a sofrer, com isso, infiltrações e danos; nada, no regime aplicável expresso pelo Direito das coisas, permite concluir pela

[2463] REv 25-mai.-1976 (Luís Braga de Araújo Franqueira), BMJ 260 (1976), 185.

[2464] STJ 2-mar.-1978 (Octávio Dias Garcia), BMJ 275 (1978), 214-219 (216-218) = = RLJ III (1979), 291-294 (292-294), com anot. de Vaz Serra, favorável (295-297).

existência de um dever de proteção contra o tempo, a cargo dos titulares de prédios contíguos e a favor dos seus vizinhos; por outro lado, na situação considerada, não se estabelecera, a título convencional ou outro, qualquer dever específico com tal conteúdo. Não obstante, o Supremo entendeu que, por força do instituto do abuso do direito, haveria que, aquando da prática de demolições, tomar precauções necessárias para o prevenir de danos nos prédios que, por força delas, iriam ficar expostos[2465];

- *RPt 29-mai.-1980*, ponderou o seguinte: autores e réus acordaram, em comum, comprar determinada parcela de terreno a um mesmo proprietário; trataram em conjunto dos elementos necessários para a celebração da escritura, incluindo a sisa: simplesmente, e porque vieram a celebrar a escritura com um dia de antecedência, os autores, alegando a sua situação de compropriedade com o titular inicial, moveram, aos réus, uma ação de preferência; a Relação do Porto entendeu que havia, aí, abuso do direito, por quebra da confiança, atendendo-se contra os valores que o artigo 334.º visa proteger[2466];
- *STJ 31-mar.-1981*, debruçou-se no que segue: uma sociedade põe, contra uma sócia-gerente, uma ação exigindo a restituição de determinada quantia, correspondente a importâncias periódicas por ela levantadas da caixa social a título de remuneração hipotética de gerência e como tal firmadas em recibos competentes; isso por a atribuição da remuneração em causa nunca ter sido fixada em assembleia geral mas, tão-só, acordada pelos dois únicos sócios. Ora "... com este procedimento a autora criou, na ré a convicção de que não se serviria dessa falta de formalidade para lhe pedir o que justamente lhe estava a pagar, pois esta agiu em plena boa-fé, tanto que sempre documentou as retiradas das suas remunerações mensais, mediante recibos por si assinados". A atitude da autora excederia, assim, manifestamente a boa-fé, os bons costumes e até o fim económico do direito[2467].

Estas decisões são diferentes, a nível de factos. Mas têm, entre si, pontos fundamentais em comum:

[2465] STJ 26-mar.-1980 (Octávio Dias Garcia), BMJ 295 (1980), 426-433 = RLJ 114 (1981), 35-40, com anot. de Antunes Varela, favorável quanto à solução, embora propondo outra justificação (40-41 e 72-79). A favor da justificação apresentada pelo Supremo manifestou-se, oralmente, Rui de Alarcão e, por escrito, os nossos *Da boa fé*, 828 ss. e *Evolução juscientífica e direitos reais* cit., 100.

[2466] RPt 29-mai.-1980 (Oliveira Domingues), CJ V (1980) 3, 86-90 (89-90).

[2467] STJ 31-mar.-1981 (Rui Corte Real), BMJ 305 (1981), 323-327 (325 e 326-327).

- uma *situação de confiança*: a crença na idoneidade de construção (REv 25-mar.-1976), na excelência do direito de habitar a casa (STJ 2-mar.-1978), na manutenção da proteção contra as intempéries (STJ 26-mar.-1980), no não exercício de qualquer direito de preferência (RPt 29-mai.-1980) e no direito a perceber certa remuneração (STJ 31-mar.-1981);
- a *justificação da confiança*: a autorização e o largo tempo de inação do dono do terreno (REv 25-mai.-1976), o acordo prévio entre os irmãos (STJ 2-mar.-1978), a larga manutenção da proteção (STJ 26-mar.-1980), o facto de todos os elementos para a escritura terem sido tratados em conjunto (RPt 29-mai.-1980) e o acordo prévio entre os sócios (STJ 31-mar-1981);
- o *investimento da confiança:* a edificação levada a cabo (REv 25-mai.-1976), o facto de habitar o local (STJ 2-mar.-1978), o não ter tomado medidas de proteção atempadas (STJ 26-mar.-1980)[2468], o ter adquirido o direito sem maiores precauções (RPt 29-mai.-1980) e o ter trabalhado por conta da sociedade (STJ 31-mar.-1981);
- a *imputação da confiança*: ao dono do terreno, que não agiu durante catorze anos e deu a autorização (REv 25-mai.-1976), à sociedade e aos irmãos que deram o acordo e permitiram a ocupação (STJ 2-mar.-1978), ao proprietário do prédio contíguo (STJ 26-mar.-1980), aos comproprietários que agiram em conjunto (RPt 29-mai.-1980) e à sociedade que beneficiou da atividade da ré e por longo tempo não agiu (STJ 31-mar.-1981).

Em todos os casos – com flutuações compreensíveis na linguagem, dada a vaguidade da conceitologia em jogo – as decisões apoiaram-se, ao proteger a confiança das pessoas, na boa-fé.

Em todos os casos a proteção saldou-se na paralisação de direitos perfeitamente válidos e atuáveis de uma das partes – o direito de propriedade, o direito legal de preferência ou o direito à restituição – ou no direito a uma indemnização a favor do confiante – assim, no caso da demolição. Tratou-se, sempre, de ressarcir ou evitar danos, recorrendo-se ora a uma ora a outra das duas saídas possíveis.

[2468] O investimento de confiança pode, pois, *traduzir-se numa omissão*: o confiante, porque confia, não toma, ele próprio, certas medidas protetoras, vindo depois, por isso, a prejudicar-se. Quanto a este ponto, no contexto do referido acórdão do Supremo de 26-mar.-1980, *Da boa fé*, 830.

Em todos os casos, finalmente, a proteção da confiança com recurso à boa-fé permitiu assegurar uma solução justa, à luz do Direito positivo vigente, numa latitude onde isso se tornou necessário, por falta de dispositivos estritos bastantes: a proteção da confiança e a boa-fé são, de facto, institutos supletivos, aplicáveis na falta de *ius strictum* que assegure soluções equivalentes.

VI. A utilização do instituto genérico do abuso do direito na proteção da confiança pode operar com a mediação de tipos mais restritos de atos abusivos. De entre eles, importa relevar o *venire contra factum proprium*[2469] e a *surrectio*[2470]: no primeiro caso, uma pessoa assume uma atitude e, em momento posterior, outra atitude incompatível com a primeira; no segundo, uma pessoa vê surgir, na sua esfera, por força da boa-fé (objetiva), uma posição jurídica que, de outro modo, não lhe assistiria.

A discussão destas figuras é longa e algo complexa: elas podem, aliás, coincidir.

No fundamental, elas traduzem concretizações do princípio da proteção da confiança. Em rigor, não se pode, de facto, considerar os comportamentos contraditórios como absolutamente vedados: isso equivaleria a juridificar todas as ações humanas, encerrando a sociedade numa teia rígida de relações irrecusáveis. Mas quando, com uma primeira atuação, se vá suscitar a confiança legítima de outra pessoa, em termos tais que ela mereça proteção, a segunda atuação, por atingir a confiança protegida, é ilícita: contraria a boa-fé. Neste sentido, não se pode *venire contra factum proprium*. Na *surrectio*[2471], a ideia básica é similar: por força da confiança

[2469] *Da boa fé*, 742 ss.. O *venire contra factum proprium* tem obtido, na jurisprudência portuguesa, um reconhecimento de intensidade crescente e da maior importância; assim: RCb 2-mai.-1984 (Manuel Pereira da Silva), CJ IX (1984) 3, 36-38 (37); RCb 10-abr.-1984 (Pereira da Silva), BMJ 336 (1984), 471; RPt 22-nov.-1984 (Simões Ventura), BMJ 341 (1984), 475; STJ 16-mai.-1985 (A. Campos Costa), BMJ 347 (1985), 391-397 (395-396); RLx 12-mar.-1986 (Ferreira Pinto), CJ XI (1986) 2, 163-164 (163); RLx 17-jul.-1986 (Ricardo da Velha), CJ XI (1986) 4, 134-137 (136). *Vide* o *Tratado* V, 2.ª ed., 320 ss., com indicações ulteriores.

[2470] *Da boa fé*, 812 ss. *Vide*, além das decisões já referidas, REv 23-jan.-1986, CJ XI (1986) 1, 231-234 (233), com importantes considerações. Indicações mais recentes no *Tratado* V, 2.ª ed., 344 ss..

[2471] Propõe-se o latim medieval *surrectio* (surgimento, em alemão *Erwirkung*) para exprimir justamente a figura referida no texto: a do aparecimento, por força da boa-fé, de

legítima, uma pessoa vê-se investida numa posição jurídica que não pode ser atingida sem se atentar contra a boa-fé – e logo sem ilicitude.

A boa-fé objetiva constitui um princípio jurídico injuntivo[2472]: como tal, ela aplica-se necessariamente sempre que ocorram situações que o solicitem. Escapa, no Direito privado, à livre disponibilidade das partes.

VII. Recordado o sentido da tutela da confiança, cabe fixar as suas relações com a alteração das circunstâncias.

Em princípio, pode afirmar-se que as regras relativas à tutela – sejam elas específicas ou derivem elas de concretizações da boa-fé – prevalecem sobre as da alteração das circunstâncias: também neste ponto, o dispositivo das superveniências se manifesta supletivo. Noutros termos: a tutela da confiança delimita, de modo negativo, a alteração das circunstâncias.

O fenómeno explica-se, basicamente, com recurso aos esquemas atinentes ao risco, nos termos que seguem.

A tutela da confiança conduz a um redefinir das esferas de competência dos operadores jurídicos. Novas vantagens são atribuídas a certas pessoas, em detrimento de outras. Por esta via, assiste-se a uma distribuição de riscos, em termos gerais. A ordenação social efetuada, nos moldes da tutela da confiança, é uma comum regulação legal: não há que lhe aplicar a problemática das superveniências, que tem a ver com contratos e com a autonomia privada.

Assim, o contratante que, *in contrahendo* ou em momento posterior, tenha feito crer ao outro numa certa evolução factual, poderá ser responsabilizado, em nome da boa-fé; haveria aí, no entanto, um abuso do direito, na forma de *venire contra factum proprium* e não uma situação de alteração de circunstâncias: o risco concentra-se na esfera da pessoa a quem a confiança tenha sido imputada pelo Direito.

Concluindo: sempre que, dos factos problemáticos, resulte uma situação de tutela da confiança, as regras de alteração das circunstâncias são preteridas: assim sucederá, como é claro, perante normas específicas de proteção da confiança como perante concretizações, nesse sentido, do abuso do direito.

uma posição jurídica tutelada – *maxime*, um direito – num local onde, de outra forma, isso não sucederia.

[2472] A sua supletividade exprime, tão-só, o facto de ser aplicável na falta de preceitos expressos que, de modo estrito, conduzam à solução por ela propugnada: nunca a sua negociabilidade privada.

## 274. O núcleo essencial da alteração das circunstâncias

I. Perante o movimento crescente de depuração da alteração das circunstâncias, com recurso aos institutos mais precisos, acima examinados, que permitem a sua delimitação, cabe perguntar se, da alteração das circunstâncias tradicional, ainda resta algo.

Flume responde pela negativa[2473]. A alteração das circunstâncias teria cumprido o seu papel histórico, conquistando, para o Direito, toda uma série de fenómenos que, de outro modo, escapariam ao universo jurídico. Mas a Ciência do Direito não terá estancado: na base das soluções obtidas através de uma conceitologia informe e algo empírica, ter-se-ia passado a uma fase de codificação dos resultados obtidos, com redistribuição, em conceitos mais precisos, das soluções primeiro encontradas.

À depuração da alteração das circunstâncias ter-se-ia seguido a sua desarticulação.

II. A ideia base de Flume, compartilhada, aliás, pela generalidade dos autores, acima referenciados, que delimitam a alteração das circunstâncias com recurso a vários fatores, e nunca impugnada, ao que se sabe, por qualquer estudioso da matéria, merece acolhimento. A história mostra que o progresso do Direito atua, precisamente, a partir de soluções vagas, quase intuitivas ou de sentimento, as quais, mercê da experiência, se estabilizam em institutos mais concretos. A boa-fé tem, em especial, funcionado como cadinho, nesse aspeto: instrumentos hoje precisos, como a compensação, a retenção ou a exceção do contrato não-cumprido, tiveram a sua origem nos velhos *bonae fidei iudicia*. No caso da alteração das circunstâncias, há indubitáveis tensões nesse mesmo sentido: o aparecimento de melhorias sérias nos institutos da distribuição do risco, da proteção da confiança e da interpretação contratual permitiram resultados claros na precisão das soluções, em detrimento de uma alteração das circunstâncias primitiva, extensa e vaga. Mas ela não pode ser levada até ao fim.

III. Os progressos juscientíficos, na alteração das circunstâncias como noutros domínios, são indubitáveis e merecem conhecimento e apoio. Mas não devem ser absolutizados. O fenómeno das superveniências contratuais,

[2473] Werner Flume, *Allgemeiner Teil* cit., 4.ª ed., § 26, 7 (525).

por definição, é suscetível de assumir formas muito variadas. O legislador não pode prevê-las a todas, de modo exaustivo, a não ser com recurso a conceitos indeterminados, de que a boa-fé constitui exemplo acabado. O problema último da alteração das circunstâncias reside na existência de um contrato válido e, como tal, querido pelo Direito mas que, mercê de superveniências, entra em contradição com postulados básicos do sistema, expressos, por tradição românica, pela locução "boa-fé". Esses postulados, podem compreender vetores diversificados, tais como as ideias de colaboração, de igualdade ou, até certos direitos fundamentais. A colaboração apela para o escopo dos contratos, a prosseguir por ambas as partes e que perde o sentido quando modificações ambientais o distorçam. A igualdade sugere que a manutenção, da mesma regulação, em circunstâncias diferentes, conduz ao arbítrio do acaso[2474]. Os direitos fundamentais recordam que, em caso algum – mas tal sucederá em hipóteses limite – podem, pela execução de um contrato, ser postos em causa os valores fundamentais do ordenamento, consagrados, em regra, nas constituições modernas[2475]. Os postulados questionados pela alteração variam, conforme os casos.

Seja, porém, qual for o valor expresso, em concreto, pela boa-fé, nos casos efetivos de alterações supervenientes, deve-se ter presente que o contrato subsiste válido e eficaz. Põe-se, desta forma, um problema de contradição entre princípios, igualmente válidos e eficazes: a autonomia privada e a boa-fé. Tal situação, durante muito tempo considerada ilógica e impossível, mas que hoje é reconhecida[2476], implica a superação dos quadros cartesianos do raciocínio jurídico e da sistemática kantiana da redução unitária do Direito. Há que reconhecer, no sistema jurídico, a existência de fraturas, de contradições, de vácuos intrassistemáticos, que só a nível da decisão podem ser solucionados.

A alteração das circunstâncias representa assim uma zona de crescimento do Direito, onde o aplicador tem de decidir na base de modelos que comportam pontos de vista contraditórios. No fundo, ela deriva da

[2474] Releva-se, pois, dos diversos aspetos de igualdade, aquele que, desde o Direito romano, está na base do Direito civil: a proscrição do arbítrio.

[2475] Uma das fontes de concretização dos conceitos indeterminados e das denominadas cláusulas gerais estaria nos direitos fundamentais; *vide* Menezes Cordeiro, *Da boa fé*, 1278.

[2476] Já defendida por Karl Engisch, *Die Einheit der Rechtsordnung* (1935), 94 pp., 64.

tensão existente entre as insuficiências do Direito e o dever imperioso de não denegar justiça, quando ela seja pedida aos tribunais.

O âmbito da alteração das circunstâncias é estreito e vê a sua margem reduzir-se, de dia para dia. Mas deve manter-se, até como garantia de aperfeiçoamento do sistema.

## § 63.º AS ALTERAÇÕES DE CIRCUNSTÂNCIAS E O DIREITO VIGENTE (437.º/1)

### 275. O artigo 437.º/1; circunstâncias relevantes

I. Com as coordenadas histórico-culturais, dogmáticas e jurisprudenciais acima apontadas, cabe agora fixar o alcance do artigo 437.º/1[2477]. Esse preceito prevê um sistema complexo, assente em cinco variáveis:

(a) as circunstâncias em que as partes fundaram a decisão de contratar;
(b) tiverem sofrido uma alteração anormal;
(c) tem a parte lesada direito à resolução ou à modificação do contrato;
(d) desde que a exigência das obrigações assumidas afete gravemente os princípios da boa-fé;
(e) e não esteja coberta pelos riscos do contrato.

Temos, ainda, um sexto fator, também relevante: a modificação, quando opere, dá-se segundo juízos de equidade. Vamos ver as diversas variáveis. Com uma prevenção: o dispositivo remete para uma série de conceitos indeterminados, com especial focagem na boa-fé. A concretização só é possível no caso concreto. A "interpretação" cinge-se, por isso e aqui, à indicação das grandes diretrizes que, por seu intermédio, o legislador comunica aos julgadores que o venham a realizar.

[2477] STJ 28-mar.-2006 (Azevedo Ramos), Proc. 06A301, apontando os requisitos exarados nesse preceito; RPt 4-mar.-2013 (José Eusébio Almeida), Proc. 3056/11.7, sublinha que todos os pressupostos do artigo 437.º/1 devem ser demonstrados por quem dele se queira prevalecer, enfocando REv 23-mai.-2013 (José Lúcio), Proc. 520/11, a natureza "apertada" do preceito. Os cinco requisitos do artigo 437.º/1 podem, ainda, ser confrontados em STJ 23-jan.-2014 (Granja da Fonseca), Proc. 1117/10.

II. O primeiro requisito reporta-se às "circunstâncias em que as partes fundaram a decisão de contratar". A locução, através de Vaz Serra, situa-se na área da base do negócio (Oertmann)[2478]. Parece ter um sabor subjetivista, o que é rejeitado pela Ciência Jurídica mais recente.

Está em causa o circunstancialismo (base do negócio) objetivo em que as partes assentaram, também objetivamente, ao contratar. Assim, diz-nos a lei que:

- não relevam superveniências a nível de aspirações subjetivas extracontratuais das partes; deve haver uma afetação do próprio contrato e, nessa medida, ambos os contraentes ficam implicados[2479];
- não interessam modificações no campo das aspirações contratuais de apenas uma das partes; é o contrato que está em causa (logo: os contratantes) e não as esperanças de lucro (ou de não-perda) de somente um dos intervenientes, quando a lógica do negócio não esteja em causa[2480];

[2478] Veja-se a noção de "base do negócio" usada em STJ 28-mai.-2009 (Oliveira Vasconcelos), Proc. 107/06.

[2479] Nesta linha, a jurisprudência do Supremo, rejeitou, de modo constante, a possibilidade de rever contratos de mútuo celebrados para a compra de ações, quando estas, pela superveniência do fecho da bolsa, vieram a perder o seu valor: o objetivo extracontratual "compra de ações valiosas" não releva, para efeitos de subsistência do mútuo. *Vide* STJ 10-mai.-1979 (Miguel Caeiro), BMJ 287 (1979), 262-268 (265-266 e 267), STJ 17-jan.-1980 (Jacinto Rodrigues Bastos), BMJ 293 (1980), 323-326 (325), STJ 13-mai.-1980 (Oliveira Carvalho), BMJ 297 (1980), 302-308 (303 e 307-308) e STJ 20-abr.-1982 (Augusto Victor Coelho), BMJ 316 (1982), 255-258 (258). Cf., ainda, RPt 21-jan.-1982 (Júlio Santos), CJ VII (1982) 1, 261-264 (263). No mesmo sentido, quanto a outros tipos de mútuos, *vide* REv 10-mar.-1977 (Manuel Baptista Dias da Fonseca), BMJ 268 (1977), 276-277 e REv 14-abr.-1977 (José Manso Preto), BMJ 269 (1977), 218-219; focando a necessidade de a "base negocial" se reportar a ambas as partes, RPt 17-mar.-1983 (Gama Prazeres), CJ VIII (1983) 2, 232-235 (234).

[2480] Seria o caso de, no litígio decidido em STJ 15-abr.-1975 (José Garcia da Fonseca), BMJ 246 (1975), 138-141 = RLJ 109 (1976), 179-182, já referido, o cedente das quotas pagas a prestação indexadas ao valor do ouro vir alegar – e provar – que pretendera mesmo especular com esse fator: o contrato, em si, não era um contrato especulativo, pelo que a alteração deveria proceder, como procedeu. A questão foi, depois, frontalmente tratada em STJ 13-fev.-1986 (Serra Malgueiro), BMJ 354 (1986), 514-519 (518), onde se decidiu que a descolonização de Moçambique, apesar de inesperada, não relevava para efeito de resolver um contrato de renda vitalícia, por a alteração verificada não respeitar a circunstâncias determinantes do negócio. Na mesma linha, mas a propósito de um arrendamento, *vide* STJ 25-mai.-1982 (Manuel dos Santos Carvalho), BMJ 317 (1982), 249-254 (253). Do mesmo modo a circunstância puramente pessoal de ocorrer o divórcio do fiador

– é possível a explicitação, por banda das partes, de quais as circunstâncias relevantes: afinal, se esse dado pode resultar implícito do contrato poderá, por maioria de razão, ser clausulado; inversamente, as partes podem estabelecer quais as circunstâncias irrelevantes.

Nos termos gerais, as "circunstâncias" devem ser provadas por quem se queira prevalecer do instituto[2481].

III. As circunstâncias relevantes devem ser circunstâncias reais, conhecidas por ambas as partes[2482]. A falsa representação da base do negócio leva-nos ao erro, previsto no artigo 252.º/2[2483]. O erro sobre a base do negócio segue o regime do erro: não tem de ser bilateral[2484], bastando que recaia sobre um ponto cuja essencialidade seja cognoscível pela outra parte e pode reportar-se a circunstâncias passadas, presentes ou futuras[2485].

No âmbito do artigo 437.º/1, não há erro. Ambas as partes tinham presente determinada realidade[2486]: ou pela natureza das coisas, ainda que não o digam ou porque, a qualquer título, se prova esse conhecimento.

## 276. A anormalidade da alteração

I. A alteração deve ser anormal[2487]. Trata-se de um requisito que se prende com a imprevisibilidade[2488]. Havendo alteração normal, as partes

não justifica a alteração das circunstâncias, também pelo tipo de risco envolvido: RCb 20-mar.-2012 (Manuel Capelo), Proc. 2421/09.4.

2481 STJ 9-mar.-2010 (Helder Roque), Proc. 134/2000.

2482 RLx 17-abr.-2012 (Rijo Ferreira), Proc. 9052/09.7; STJ 8-mai.-2013 (Oliveira Vasconcelos), Proc. 3166/07.8.

2483 *Tratado* II, 4.ª ed., 864 ss..

2484 RPt 16-abr.-2013 (Maria Cecília Agante), Proc. 812/10.7.

2485 RLx 11-set.-2012 (Roque Nogueira), Proc. 1770/08.3.

2486 Num sentido, há bilateralidade: STJ 10-abr.-2014 (Silva Gonçalves), Proc. 1167/10.

2487 STJ 10-abr.-2014 (Silva Gonçalves), já cit..

2488 Em STJ 7-nov.-1985, Proc. n.º 72.916, inédito, decidiu-se que a subida dos preços da habitação, sendo previsível, não era anormal; em sentido semelhante, RPt 17-jul.-1984 (Pinto Furtado), CJ IX (1984) 4, 232-235 (234). Quanto à desvalorização monetária, embora sem tomar posição, *vide* STJ 22-fev.-1983 (João Fernando Lopes Neves), STJ 324 (1983), 545-550 (8). Num caso em que as próprias partes fixaram a inalterabilidade do preço: RLx 11-dez.-1986 (Ricardo da Velha), CJ XI (1986) 5, 145-151 (150-151).

podiam ter previsto a sua ocorrência, tomando, na conclusão do contrato, as medidas necessárias. Não o tendo feito, as partes:

- ou pretenderam, com o seu silêncio, conseguir algum efeito especial, numa saída em si possível e lícita, que a interpretação permitirá revelar e confirmar;
- ou incorreram em erro, devendo seguir-se, nessa altura, o regime do artigo 252.º/2, do Código Civil.

II. A alteração "imprevisível" implica, também, que as partes não tenham pensado nela[2489]. Digamos que a imprevisibilidade deve ser objetiva. Mas o anormal para todos pode ter sido previsto pelas concretas partes: há uma delimitação subjetiva negativa, que afasta a alteração das circunstâncias.

III. Nas múltiplas decisões suscitadas pela crise de 2009/2014, a jurisprudência tem oscilado quanto à sua "anormalidade". Temos respostas positivas[2490] e negativas[2491]. A jurisprudência refugia-se, muitas vezes, na falta de conexão entre a crise e os prejuízos concretos[2492].

## 277. **Uma parte lesada**

I. O funcionamento da alteração das circunstâncias implica que haja uma parte lesada. Uma alteração que não provoque prejuízos, no domínio contratual, a um dos celebrantes é, naturalmente, irrelevante. Calcula-se que o dano deva ter certa envergadura, para desencadear a aplicação do remédio extraordinário do artigo 437.º/1. A lei não disse qual, subordinando o tema à referência feita à boa-fé.

[2489] RCb 13-mai.-2014 (Artur Dias), Proc. 1097/12: um caso em que foi prometido comprar, por valor elevado, um terreno para construção, construção essa que a crise tornou impossível: é contrário à boa-fé exigir o cumprimento desse negócio.

[2490] RLx 14-jun.-2012 (Sérgio Almeida), Proc. 187/10.4, muito interessante.

[2491] RLx 12-fev.-2013 (Gouveia de Barros), Proc. 2891/10.4.

[2492] STJ 10-jan.-2012 (Orlando Afonso), Proc. 187/10.4, revogando o cit. RLx 14-jun.-2012; RLx 19-fev.-2013 (Rijo Ferreira), Proc. 1117/10.9; RLx 18-set.-2014 (Ondina Carmo Alves), Proc. 400/14.

II. O ponto de partida do instituto da alteração das circunstâncias é, nos Direitos italiano e brasileiro, colocado na "onerosidade excessiva". A lesão deve ser aferida pelo desequilíbrio[2493]: uma parte enriquece à custa da outra. Se ambas perdem, não há margem para a alteração das circunstâncias, a menos que uma perca desproporcionadamente.

## 278. Afetar gravemente a boa-fé

I. A alteração das circunstâncias, para ser relevante, deve ser tal que a exigência, à parte lesada, das obrigações por ela assumidas, afete gravemente os princípios da boa-fé. Reside, aqui, o âmago do dispositivo vigente quanto à alteração das circunstâncias. A boa-fé surge como conceito indeterminado que tende a exprimir o conjunto das valorações fundamentais do ordenamento vigente. A sua concretização só é possível no caso concreto.

II. Pela lógica interna do artigo 437.º/1 e pela do sistema, a boa-fé vai intervir:

- na determinação das circunstâncias que, a serem afetadas, desencadeiam todo o processo; a primeira parte do preceito fala, apenas, em circunstâncias; do seu conjunto depreende-se, no entanto, que serão apenas aquelas que, a modificarem-se, vão bulir gravemente, com a boa-fé, isto é, com os dados últimos do sistema[2494];
- na concretização da anormalidade da alteração: modificações admissíveis à partida ou de significado menor não ferem, gravemente, a boa-fé;
- no prejuízo verificado: deve haver um dano considerável ou a exigência da obrigação assumida não vai afetar gravemente a boa-fé; torna-se difícil fixar um quantitativo percentual a partir do qual o dano é incompatível com a boa-fé; algumas decisões judiciais inculcam, no entanto, a ideia de prejuízos descomunais: em 6-abr.-1978, o Supremo, concedeu a resolução de um contrato-promessa de compra e venda de prédio para reconstrução, prejudicado

[2493] RGm 31-jan.-2013 (Conceição Bucho), Proc. 1387/11, retomado em STJ 10-out.-2013 (Granja da Fonseca), Proc. 1387/11 (*swap*).

[2494] STJ 16-abr.-2002 (Pinto Monteiro), Proc. 02A654 faz um interessante apelo à confiança.

pela superveniência do Decreto-Lei n.º 455/74, que veio proibir as demolições: em consequência da alteração, o valor do prédio baixara de 5500 c. para 800 c.[2495]; em 24-abr.-1986, a Relação de Lisboa entendeu, também numa promessa de compra e venda, irrelevante uma subida de 300% a 400% no valor de uma fração, por ser previsível e já ter sido pago parte do preço[2496]; numa decisão célebre, o Tribunal do *Reich* entendeu, em 28-nov.-1923, quebrar o princípio do nominalismo, em nome da boa-fé, por força da inflação: a alteração registada, então, no valor da moeda, fora de 1 para 522 x $10^9$, atingindo, um mês mais tarde, 1 para $10^{12}$ [2497]; numa decisão de 8-fev.-1978, o Tribunal Federal Alemão negou a revisão por alteração das circunstâncias num contrato de fornecimento de combustíveis, não obstante ter havido uma modificação de valor da ordem de 1 para 6[2498]; há na verdade, jurisprudência menos exigente: mas fica, de pé, a ideia de que, para haver atentado grave à boa-fé, deve haver danos de vulto, considerando, como é natural, o valor do contrato em jogo[2499];

– na área em que se deu o prejuízo: havendo flutuações particulares ligadas ao contrato, ultrapassáveis pela diligência do visado[2500] ou tratando-se de um negócio aleatório, qualquer dano aí localizado não impossibilita a exigência da obrigação assumida, em nome da boa-fé;

[2495] STJ 6-abr.-1978 (Costa Soares), BMJ 276 (1978), 253-264 = RLJ III (1979), 338-345.

[2496] RLx 21-abr.-1986 (Afonso Andrade), CJ XI (1986) 2, 118-123 (122).

[2497] RG 28-nov.-1923, RGZ 107(1924),78-94 = JW 1924, 38-43 = DJZ 1924, 58-65.

[2498] BGH 8-fev.-1978, JZ 1978, 235-236 = JuS 1978, 487 = JR 1979, 60 = WM 1978, 322. A recusa teve, aqui, ainda outras razões importantes, a que se fará referência.

[2499] A jurisprudência portuguesa, quando recusa o remédio da alteração das circunstâncias, não se limita, como é normal, a chamar a atenção para a insuficiência das modificações registadas. Anotem-se, de qualquer modo, mais alguns dados quantitativos: uma baixa de 34% no preço da cortiça é insuficiente para justificar a alteração das circunstâncias – STJ 18-mar.-1975 (José António Fernandes), BMJ 245 (1975), 490-494 (493) – outro tanto sucedendo com uma alta de 63% numa empreitada – STJ 17-jan.-1980 (Abel de Campos), BMJ 293 (1980), 301-307 (306-307). Referindo a exigência de "lesão grave", também STJ 13-fev.-1986 (Serra Malgueiro), BMJ 354 (1986) 514-519 (519).

[2500] STJ 30-jan.-2013 (Silva Gonçalves), Proc. 1971/06.9: não havia mais tintas para assegurar o funcionamento de uma máquina: cabia ao fornecedor, *ex bona fide*, descobri-las.

– no comportamento geral das partes: se foi estipulado ou, de algum modo, se se depreende do contrato, algum esquema para a eventualidade da alteração, não há atentado grave à boa-fé; muito pelo contrário: a própria boa-fé exige, então, o cumprimento do contrato.

III. As exigências da boa-fé podem, em concreto[2501], dispensar, no todo ou em parte, algum dos outros pressupostos. No limite, se for dispensada a anormalidade, podemos desembocar no abuso do direito e não, propriamente, na alteração das circunstâncias.

## 279. A não-cobertura pelos riscos do contrato

I. Finalmente, o artigo 437.º/1 exige que os deveres assumidos, cuja execução é pedida, não estejam cobertos pelos riscos próprios do contrato. Já houve a oportunidade de explicar que este preceito não pode ser reduzido à ideia de que não cabe a revisão ou a resolução, quando se deem alterações dentro da álea que todo o contrato, ainda que em medida variável, sempre implica. Tal álea está já duplamente salvaguardada no artigo 437.º/1, pela normalidade da modificação e pela boa-fé. Na verdade, as alterações registadas dentro da álea dos contratos são normais e não contundem com a boa-fé.

A ideia da lei é outra: trata-se de conferir, ao dispositivo do artigo 437.º/1 natureza supletiva, perante o regime legal ou contratual do risco e, mais latamente, a todas as regras de imputação de danos[2502]. Por esta via, os contratos de risco ficam, em princípio, fora da alteração das circunstâncias[2503].

II. Este troço do preceito legal em análise tem, ainda, outro aspeto de maior relevo: permite a delimitação temporal do instituto da alteração[2504].

[2501] RLx 15-mai.-2015 (Ezagüy Martins), Proc. 468/12.

[2502] *Supra*, 662 ss..

[2503] RLx 19-fev.-2013 (Rijo Ferreira), Proc. 1117/10.9; RGm 14-mai.-2014 (Jorge Teixeira), Proc. 1726/11; RLx 15-jan.-2015 (Manuela Gomes), Proc. 876/12; RLx 2-jul.-2015 (Maria José Mouro), Proc. 2118-10

[2504] *Vide*: RLx 21-abr.-1986 (Afonso Andrade), CJ XI (1986) 2, 118-123 (121/II); STJ 10-jul.-2012 (Abrantes Geraldes), Proc. 1971/06.9.

Ponha-se o caso limite: celebrado um contrato de compra e venda e tendo havido cumprimento de parte a parte, será possível reabrir o processo contratual, com fundamento em modificações ambientais? A resposta não pode deixar de ser negativa: o exemplo, acima dado, do comprador de um automóvel que pretenda restituí-lo por ter surgido uma alta nos combustíveis, ilustra a afirmação.

Deve, pois, entender-se que o artigo 437.º/1 implica uma alteração manifestada durante a vigência contratual e, como tal, feita valer. Encerrado, pelo cumprimento, um processo contratual, qualquer superveniência corre por conta das esferas jurídicas em que incida. Ou, nas palavras da lei: está coberta pelos riscos próprios do contrato.

III. Pode, naturalmente, suscitar-se uma questão de fronteiras: *quid iuris* quando, depois de encerrado um contrato, uma das partes venha alegar uma alteração das circunstâncias anterior? Qualquer alteração assenta num processo causal prolongado no tempo: assim sendo, tornar-se-ia possível vir, a todo o momento, impugnar contratos há muito esgotados pela efetivação das prestações respetivas, numa situação que merece o protesto justificado de Antunes Varela[2505].

IV. A regra terá, pois, de ser a seguinte: a alegação da alteração das circunstâncias só é eficaz perante contratos pendentes, isto é, havendo, "contratos de execução continuada ou periódica ou ainda de execução diferida"[2506]. Depois do cumprimento, tudo quanto se alegue pertence aos "riscos próprios do contrato". Mas esta regra não pode ser absolutizada: a existência de uma remissão expressa para a boa-fé veda qualquer conceptualismo rígido. Pode assim suceder que, no caso concreto, haja que buscar saída diversa, alterando contratos já acatados; a grande questão reside, então, em saber se a Ciência do Direito dos nossos dias já atingiu um desenvolvimento capaz de apontar soluções.

[2505] Antunes Varela, *Resolução ou modificação do contrato* cit., 9, 2.ª coluna, ao fundo.

[2506] Segundo a fórmula encontrada pelo artigo 1467.º do Código italiano. Esta orientação mereceu o acolhimento do Supremo: STJ 20-mai.-1985 (s/ind. relator), TJ 18 (1986), 13.

## 280. A *reductio ad aequitatem*

I. Um sexto ponto do já complexo sistema móvel comportado pelo artigo 437.º/1 tem a ver com o apelo à equidade. Nestes termos:

- pedida a resolução do contrato, a outra parte pode opor-se, declarando aceitar a modificação (437.º/2);
- modificação essa que opera segundo juízos de equidade (437.º/1).

Quer isso dizer que a própria aplicação do instituto passa por uma reponderação à luz da equidade. Temos, aqui, uma manifestação da "fuga" já acima referenciada[2507]. A não ser dogmaticamente reduzida, esta "fuga" ameaça submergir todo o sistema da alteração das circunstâncias, inutilizando os esforços centenários para o seu aperfeiçoamento.

II. A equidade visada pelo artigo 437.º/1 é, seguramente, a equidade em sentido fraco[2508]. Não há uma remissão para a "justiça" do caso concreto: tudo se mantém no campo da Ciência do Direito. A *reductio ad aequitatem* implica uma adaptação do contrato, de acordo com bitolas jurídicas, ao que ele deveria ser para não afrontar gravemente a boa-fé. Assim, há que restabelecer um certo equilíbrio entre as prestações, procurando acompanhar as decisões das partes, reveladas pela interpretação. A equidade pode ainda implicar a reconstituição do regime supletivo do contrato, quando o desequilíbrio resulte do seu afastamento. As regras sobre a determinação do preço (883.º) ou da remuneração do mandatário ou do prestador de serviços (1158.º/2 e 1156.º) são aplicáveis, quando úteis. Não há nem arbítrio, nem saídas extrapositivas.

## 281. As grandes alterações de circunstâncias

I. Tem um interesse particular testar o dispositivo do artigo 437.º do Código Civil perante as grandes alterações de circunstâncias, isto é, das

[2507] *Supra*, 613 ss..
[2508] *Tratado* I, 4.ª ed., 598 ss..

modificações estruturais que venham bulir com a generalidade das variáveis económico-sociais que caracterizam uma sociedade. Os acontecimentos subsequentes a 25 de abril de 1974 podem, em certa medida, considerar-se uma grande alteração de circunstâncias.

O fenómeno das grandes alterações de circunstâncias tem sido autonomizado nalguma doutrina. Kegel fala em grande base do negócio para denominar os perigos das calamidades, causados por fatores naturais ou humanos, *maxime* pelo Estado, através de guerras, medidas económicas ou esquemas similares; esse Autor defende, depois, que apenas nas alterações da "grande base do negócio" seria ultrapassada a margem de risco singular, própria de cada contrato, exigindo-se, então, uma repartição igual dos danos[2509]. Flume refere alterações nas condições de existência social para traduzir a grande base do negócio de Kegel[2510], no que é seguido por Esser/Schmidt[2511].

Fiel à sua ideia de que a alteração das circunstâncias já não teria um regime próprio e autónomo, antes tendo sido desarticulada em vários institutos, Flume nega eficácia específica a tais alterações.

II. A lei portuguesa não autonomiza a hipótese de grandes modificações ambientais. Em princípio, deve concluir-se que ela é abrangida pelo artigo 437.º do Código Civil. Haveria mesmo, perante a ocorrência de tais modificações, uma facilidade acrescida na aplicação desse preceito: os seus requisitos verificar-se-iam com maior clareza, uma vez que as alterações radicais e generalizadas tendem a mexer em todas as circunstâncias (e logo nas visadas pelo artigo 437.º), são anormais, podem causar prejuízos de vulto e escapam, por vezes, a institutos já consagrados.

Não obstante, perante as grandes alterações das circunstâncias, a jurisprudência portuguesa tem sido cautelosa. Cabe ver como e porquê.

[2509] Kegel, *Veränderungen* cit., 201 ss.. Esta construção é contestável. De facto, a ocorrência de acontecimentos catastróficos – guerras, crises – dá lugar a juízos políticos de solidariedade. Mas esta deve ser assumida por toda a comunidade organizada, repartindo-se os danos não apenas pelas partes no contrato, mas por todos, através do Estado.

[2510] Werner Flume, *Allgemeiner Teil* cit., 2, 4.ª ed., 526.

[2511] Esser/Schmidt, *Schuldrecht* I/1, 8.ª ed. (1995), § 5, IV, 4 (97-98) e I/2, § 24.

III. De um modo geral, o Supremo Tribunal de Justiça evitou aplicar o dispositivo do artigo 437.°/1 do Código Civil aos acontecimentos ocorridos durante a Revolução de 1974-75 ou dela derivados[2512].

Assim, o fecho da bolsa não foi considerado, para efeitos de modificar os mútuos bancários destinados à compra de ações[2513]. Tão-pouco, para esse mesmo efeito, foi dado relevo aos chamados "saneamentos" e "ocupações"[2514]. As nacionalizações não concitaram a aplicação do artigo 437.°[2515], outro tanto acontecendo com a descolonização[2516]. E no entanto, não haveria dúvidas em que acontecimentos desse tipo seriam, à partida, propícios para integrar o condicionalismo requerido pelo legislador de 1966, no tocante à alteração das circunstâncias.

A análise pormenorizada das diversas decisões em que o Supremo recusou a aplicação do artigo 437.° a situações derivadas da Revolução[2517], não revela qualquer argumentação tendente a deter a figura perante as grandes alterações das circunstâncias. Foi sempre na base de razões técnicas variadas que o Supremo tomou as decisões: apenas no conjunto se revela a tendência francamente restritiva, de que acima se deu conta. Mas tal tendência existe e a sua explicação, embora delicada, não pode deixar de ser ensaiada.

IV. A crise financeira e económica de 2009/2014 suscitou um ciclo de aplicação da alteração das circunstâncias[2518]. Os tribunais foram, desta

[2512] *Da boa fé*, 928 ss., com indicações jurisprudenciais.

[2513] Todos do STJ: 10-mai.-1979 (Miguel Caeiro), BMJ 287 (1979), 262-268; 17-jan.-1980 (Jacinto Rodrigues Bastos), BMJ 293 (1980), 323-326; 13-mai.-1980 (Oliveira Carvalho), BMJ 297 (1980), 302-308; 20-abr.-1982 (Augusto Victor Coelho), BMJ 316 (1982), 255-258. *Vide*, ainda, RPt 21-jan.-1982 (Júlio Santos), CJ VII (1982) 1, 261-264 (263); decidindo pela intangibilidade de mútuos bancários, perante as alterações subsequentes à Revolução de 1974-75, ainda que por vias diversas, *vide* REv 10-mar.-1977 (Dias da Fonseca), BMJ 268 (1977), 276-277 e 14-abr.-1977 (José Manso Preto), BMJ 269 218-219.

[2514] Todos do STJ: 13-dez.-1977 (Oliveira Carvalho), BMJ 272 (1978), 193-195; 6-jun.-1978 (Manuel dos Santos Vítor), BMJ 278 (1978), 110-113; 25-jan.-1983 (Aníbal Aquilino Ribeiro), BMJ 323 (1983) 415-419 (418).

[2515] Todos do STJ: 8-fev.-1979 (Costa Soares), BMJ 284 (1979), 221-228; 12-jun.-1979 (Hernani de Lencastre), BMJ 288 (1979), 369-372.

[2516] Todos do STJ: 29-mar.-1979 (Costa Soares), BMJ 285 (1979), 262-268; 13-fev.-1986 (Serra Malgueiro), BMJ 354 (1986), 514-519 (519-519).

[2517] Intentou-se proceder a tal análise em *Da boa fé*, 931 ss..

[2518] *Infra*, 707 ss..

feita, mais permeáveis do que o ocorrido em 1974/1975: quiçá por a crise ter sido menos grave do que o sucedido com a descolonização e com as nacionalizações. *Grosso modo*, podemos afirmar que os tribunais entenderam a crise como uma realidade apta a provocar a intervenção dos tribunais, *ex* 437.º/1[2519]. Todavia, rodearam-se de diversas cautelas, com relevo para a natureza dos riscos em jogo, para a causalidade entre a crise e os danos e para a própria possibilidade de certas ocorrências[2520] para só com moderação, usar dos remédios permitidos pela lei.

V. Pondere-se, antes de analisar o fenómeno em causa, a já referida decisão do Tribunal Federal Alemão de 8-fev.-1978: na sequência do choque petrolífero de 1973, fora pedida a revisão de um contrato de fornecimento de combustíveis, cujo preço se alterara na ordem de 1 para 6; a modificação foi recusada, com a alegação sumária de que tal contrato iria acabar em breve[2521]. A esse propósito, escreveu-se o seguinte:

> Sob esta decisão (...) perfilam-se razões mais profundas: por um lado, sabia-se da existência, nas empresas do sector, interligadas, de reservas consideráveis de combustível, adquiridas aos preços antigos, o que, permitindo-se a revisão dos contratos, possibilitaria lucros consideráveis, em vez de perdas; por outro, numa situação de crise que se aproximava e cuja superação era imaginada, então, mais difícil do que o viria, na realidade, a ser, pareceu mau princípio desviar, através de medidas pontuais do poder judicial, o risco dos seus destinatários normais: em breve seria necessário atuar em grande escala numa dimensão onde, por razões técnicas e práticas – já que, em rigor, os tribunais disporiam de apetrechos jurídicos para o fazer – a intervenção, a dar-se, teria de ser legislativa. Isto é: a equidade aparente deixa adivinhar a ponderação das consequências da decisão[2522].

Em traços largos, o problema é o seguinte. Ultrapassados os estádios exegéticos e positivistas na interpretação e aplicação da lei, preconizou-se a ponderação teleológica das fontes do Direito. Hoje entende-se ir ainda mais longe: o atender à intenção da lei, requer que a própria decisão não

[2519] Além da jurisprudência já citada: STJ 14-out.-2014 (Pinto de Almeida), Proc. 11291/10; RLx 19-fev.-2015 (Isoleta Costa), Proc. 1320/11.

[2520] *Vide* STJ 27-jan.-2015 (Fonseca Ramos), Proc. 876/12.

[2521] BGH 8-fev. 1978, JZ 1978, 235-236 =JuS 1978, 487 = JR 1979, 60 = WM 1978, 322.

[2522] *Da boa fé*, 1099-1100.

seja tomada como algo desarticulado do contexto onde ela se vai inserir: há que ponderar as consequências que a própria decisão vai ter no caso considerado e na sociedade[2523].

Perante um litígio, o tribunal é, na verdade, confrontado com uma questão concreta, que vai ser isoladamente decidida; não obstante "... o julgador terá em consideração todos os casos que mereçam tratamento análogo, a fim de obter uma interpretação e aplicação uniformes do direito" – artigo 8.º/3 do Código Civil.

VI. Estes dois fatores contribuem para entender as cautelas dos tribunais em face do fenómeno das grandes alterações de circunstâncias.

Perante uma modificação ambiental de vulto, todas as situações singulares são, em princípio, tocadas por igual. Uma decisão isolada que provoque determinada adaptação pode, diante das outras, ter consequências distorcidas: a sua ponderação requer a instrumentação própria dos departamentos técnicos que é suposto auxiliarem o legislador na sua tarefa. Por outro lado, a solução pontual solicita que todos os problemas análogos, uma vez colocados judicialmente, terão saída similar: a revisão de um contrato deixa esperar revisões de todos os pactos semelhantes, e assim por diante. Entra-se num domínio de grandes proporções, onde a regulação terá de ser genérica: de novo se solicita a intervenção do legislador.

O artigo 437.º existe e deve ser usado nos casos-limites em que não tenha aplicação qualquer outro instituto, nos termos já explanados. Perante grandes modificações ambientais, ele permanece como saída última para a afirmação da justiça, quando o sistema – a boa-fé – imperiosamente o exija.

Mas perante as referidas grandes alterações, os tribunais têm sido cautelosos. E bem se compreende essa sua atitude.

## 282. Os fatores de decisão

I. Num cenário de alteração das circunstâncias, que por força da concorrência dos requisitos acima examinados suscite a aplicação do artigo 437.º/1 do Código Civil, põe-se a questão final: a do critério de decisão.

[2523] Por todos, Gunther Teubner, *Folgenkontrolle und responsive Dogmatik*, RTh 6 (1975), 179-204 (200 ss.), Thomas Wälde, *Juristische Folgenorientierung* (1979), 105 ss. e Rolf Wank, *Die juristische Begriffsbildung* (1985), 8 ss..

Prevenindo dúvidas, cabe recordar que a aplicação do Direito nunca é automática: ela pressupõe sempre uma decisão humana, assentando, por isso, num processo volitivo constituinte.

A decisão aplicativa não é, contudo, arbitrária: ela deve moldar-se de acordo com certos fatores, dados pelo Direito, e que por se dirigirem à vontade humana podem ser considerados como argumentos em sentido próprio. O conjunto dos argumentos relevantes para uma determinada decisão articula-se, em função do relativo peso jurídico-positivo que a cada um caiba, em conjuntos coerentes: os modelos de decisão[2524]. A subsunção e o automatismo ficam, em definitivo, excluídos do processo de realização do Direito: assim é em qualquer decisão jurídica e, por maioria de razão, naqueles casos em que, como na alteração das circunstâncias, tudo dependa de conceitos indeterminados.

II. Tendo ocorrido uma alteração das circunstâncias eficaz, a parte a quem o cumprimento seja exigido pode pedir a resolução do contrato ou a sua modificação segundo juízos de equidade. Se pedir a resolução, a parte contrária pode opor-se, declarando aceitar a modificação – artigo 437.º/1 e 2.

Como indicativo último, a lei deixa, pois, entender que a resolução não poderia ser admitida se, daí, resultar uma injustiça maior do que a provocada pela manutenção do contrato. Mas deixa isso na total disponibilidade das partes: alguma delas terá de se manifestar pela modificação, para que ela tenha lugar.

Resta acrescentar que a resolução do contrato por alteração das circunstâncias é sempre a solução mais fácil; a jurisprudência, no entanto, só em casos relativamente escassos a tem podido acolher[2525].

III. Quando deva operar a modificação do contrato, o problema é mais complexo. Em princípio, tal sucederá quando as partes, nos termos

[2524] *Tratado* I, 4.ª ed., 407 ss..

[2525] Assim, STJ 6-abr.-1978 (Costa Soares), BMJ 276 (1978), 253-264 = RLJ 111 (1979), 338-345, com an. favorável de Vaz Serra, RLJ 111, 345-352 e 354-356 e STJ 12-mar.-1981 (Campos Costa), BMJ 305 (1981), 276-286; trata-se de promessas de aquisição para demolição, impossibilitadas pelo Decreto-Lei n.º 445/74, de 12 de setembro.

legais, genéricos ou específicos[2526], o solicitem ou quando a resolução seja impossível, dada a sua eficácia retroativa[2527].

A modificação deve operar segundo juízos de equidade. Trata-se de mais um fator indeterminado: ele suscita dificuldades evidentes, mas não deve ser assimilado a um puro arbítrio. Na verdade, segundo o teor geral que, de várias disposições do Código Civil, se retira quanto à equidade, deve entender-se que ela postula decisões desinseridas de aspetos mais marcadamente formais do *jus strictum*, mas ainda justas[2528]. Ora a justiça é dada, em cada momento histórico, pelo conjunto dos valores fundamentais do ordenamento considerado.

Na *reductio ad aequitatem* haverás pois, que ponderar, em termos objetivos, os diversos fatores em jogo no caso concreto e, designadamente, a vontade das partes e a eficácia concreta da alteração: eles integram, por certo, os competentes modelos de decisão.

IV. A vontade das partes é sempre determinante: consoante o objetivo do contrato, as margens de lucro e de risco que os contratantes nele tenham inserido e o demais clausulado relevante, assim a modificação. Deve, em especial, ser sublinhado que a *reductio ad aequitatem* visa, pela teleologia do artigo 437.º/1, apenas, evitar que a exigência da obrigação assumida contunda gravemente com os princípios da boa-fé. Está, pois, fora de questão uma modificação que permite, à parte lesada, realizar os lucros que previra e que, eventualmente, teriam sido computados, se não tivesse havido alteração das circunstâncias. A parte lesada que beneficia do artigo 437.º/1, em termos de modificação, vai, sempre, sofrer algum prejuízo ou, pelo menos, um não-lucro; a vontade das partes, ínsita no tipo de contrato celebrado e acessível pela interpretação dirá se um, se outro e, na hipótese de prejuízo, qual o seu montante.

A eficácia concreta da alteração tem, também, o maior relevo. A referência à equidade chama a atenção para a denominada justiça do caso concreto. O julgador, para proceder à *reductio ad aequitatem*, tem de ponderar

[2526] O artigo 830.º/3 do Código Civil, na redação dada pelo Decreto-Lei n.º 379/86, de 11 de novembro, remete expressamente para "... a modificação do contrato nos termos do artigo 437.º...".

[2527] Tal pode suceder, por exemplo, nos contratos de prestação de serviços, com relevo para a empreitada; *vide* STJ 10-out.-1984 (Alves Cortês), BMJ 340 (1984), 389-395 (392-393).

[2528] Desenvolve-se o tema, com bibliografia, em *Da boa fé*, 1197 ss..

a exata medida do dano, *in concreto*, provocado pela alteração, na esfera da parte lesada. Não basta, por hipótese, conhecer as tabelas estatísticas referentes a certa fenomenologia económica: antes releva o influxo real de tal fenomenologia no património atingido, incluindo as defesas que este tenha usado, com eficácia, para minorar o mal e as possíveis mais-valias que o mesmo acontecimento tenha, eventualmente, gerado[2529].

## 283. **Alterações radicais e modelos em branco**

I. A *reductio ad aequitatem* prescrita no artigo 437.º/1 assenta, como foi referido, na vontade das partes, objetivada no próprio contrato e no concreto alcance da superveniência registada.

As indicações dadas por esses fatores são úteis; mas surgem sempre vagas, deixando margens variáveis à livre decisão do intérprete-aplicador. Por exemplo: perante uma alta inesperada de certa mercadoria, a partir de que medida se justificará a intervenção *ex* 437.º/1? No limite, poderá mesmo verificar-se uma total ausência de elementos: alterações radicais, completamente inesperadas para determinada economia contratual, irão colocar o intérprete-aplicador em frente de modelos de decisão em branco; deles não se poderão extrair fatores bastantes para qualquer decisão.

Em qualquer dos casos, como resolver?

II. Como ponto de partida, impõem-se duas considerações:

– a necessidade de encontrar uma qualquer decisão;
– a dos limites da Ciência do Direito.

Por complexos ou desesperados que surjam os problemas, nunca pode ser negada uma decisão; o dever de julgar, em quaisquer circunstâncias, a tanto conduz.

A Ciência do Direito, no estádio atual como, possivelmente, no futuro, não é ilimitada: à semelhança das outras Ciências, ela deve ter a capacidade reflexiva suficiente para reconhecer a existência de problemas

[2529] Esta necessidade, para o funcionamento do artigo 437.º/1, de conhecer, *in concreto*, o dano efetivo que a alteração das circunstâncias tenha provocado na esfera do lesado foi expressamente apontada em STJ 17-jan.-1980 (Abel de Campos), BMJ 293 (1980), 301-307, em REv 14-abr.-1983 (Augusto Pereira Coelho), BMJ 328 (1983), 650 e em RLx 27-nov.-1984 (s/ind. relator), apel. n.º 16.236, 2.ª secção, inédito.

para os quais não tenha, ainda, solução. Uma pretensão de plenitude da Ciência do Direito, para além de radicalmente anti-académica, equivaleria, de modo encapotado, a um irromper de novo positivismo radical, seguro da compleitude do sistema.

O instituto da alteração das circunstâncias permite documentar, com facilidade, situações irredutíveis para a Ciência do Direito atual. Mas mesmo quando incapacitado de fixar uma solução precisa, o Direito dá indicações que interessa ponderar.

III. A decisão jurídica é justa e legítima: corresponde, na sua substância como no seu surgimento, à ordem em que se integre e que a reconheça.

Contrariando uma conhecida construção sociológica de Luhmann[2530], a legitimidade das decisões não pode advir apenas do processo[2531], isto é, das normas que regem a sua formulação. As decisões são legítimas porquanto dotadas de justeza material e na medida em que isso suceda; e em sentido profundo, a justeza material implica uma conformação com as regras substantivas aplicáveis e com as normas processuais vocacionadas para, aí, intervir.

Mas a dissociação é possível: perante um problema resolvido pela instância competente de concretização jurídica, podem surgir disparidades entre a saída concreta encontrada e os valores jurídicos vocacionados para intervir. A decisão será errada; mas, esgotadas as vias de recurso, é legítima desde que tomada pela instância competente. Tem uma legitimidade que só lhe poderá, nessa altura, advir do processo: as orientações luhmannianas procedem, pois, nessas circunstâncias.

Estas considerações facultam o último arrimo: confrontado com uma insuficiência juscientífica, o julgador poderá ter que decidir em desamparo: a decisão será, não obstante, legítima, desde que dimanada pela instância competente e na forma legalmente prescrita; há uma legitimação através do processo.

[2530] Niklas Luhmann, *Legitimation durch Verfahren*, 2.ª ed. (1975), 30 ss..

[2531] Assim, Josef Esser, *Vorverständnis und Methodenwahl in der Rechtsfindung/ /Rationalitätsgrundlagen richterlichen Entscheidungspraxis*, 2.ª ed. (1972), 218 pp., 205 ss. (207), R. Zippelius, *Legitimation durch Verfahren?*, FS Larenz 70. (1973), 293-304 (302 e 304) e J. Llompart, *Gerechtigkeit und geschichtliches Rechsprinzip*, ARSP 67 (1981), 39-60 (50-51).

IV. Mas para além disso, há que procurar ainda as indicações substantivas possíveis. Como ponto de partida, pode adotar-se a ideia de Kegel: na dúvida, os danos proporcionados pela superveniência deveriam ser repartidos pelos dois intervenientes, meio por meio[2532]. Trata-se de uma solução adotada pelo Tribunal Federal Alemão, a propósito de um contrato de exportação de cerveja para o Irão, inesperadamente atingido pela Revolução islâmica, iniciada em 1979[2533]. Apelidada de salomónica[2534], esta orientação tem contudo potencialidades que importa referenciar, evitando que ela se mantenha ao nível das meras intuições jurisprudenciais, como até hoje sucede.

Privada de quaisquer outras possibilidades de enquadramento, a Ciência do Direito deixa transparecer os seus valores mais profundos, sem mediações. Deste modo, numa situação plurissubjetiva danosa, a saída mais natural residirá numa divisão, pelo meio, do prejuízo: impõe-no a regra da igualdade, reduzida a mera expressão matemática, quando nada permita diferenciações. Repare-se que a lógica da divisão igualitária do dano assenta na ideia prévia de uma igual repartição do risco.

A partir daqui, outras elaborações são possíveis: assim, quando resulte da natureza do contrato atingido que uma das partes deva suportar uma quota maior de risco, haverá que proceder aos competentes reajustamentos, na aplicação do artigo 437.º do Código Civil[2535].

V. Confrontado com modificações radicais e na presença de modelos de decisão em branco – e apenas na medida em que isso suceda – o intérprete-aplicador, agindo no âmbito da alteração das circunstâncias, deverá repartir igualitariamente os prejuízos pelos intervenientes[2536].

[2532] Gerhard Kegel, *Rohstoff- und Rüstungskredite*, JZ 1951, 383-416 (403) e *Veränderungen des Wirtschaftslebens* cit., 204.

[2533] BGH 8-fev.-1984, NJW 1984, 1746 = JuS 1986, 272. O BGH confirmou aí a orientação adotada pelo Tribunal de Apelação recorrido.

[2534] Hans Wieling, *Wegfall der Geschäftsgrundlage bei Revolutionen?*, JuS 1986, 272-274 (274).

[2535] Um aforamento desta regra ocorre no artigo 506.º do Código Civil: na colisão de veículos, sem culpa, a responsabilidade é repartida na proporção em que o risco de cada um dos intervenientes haja contribuído para os danos; em caso de dúvida, a medida presume-se igual.

[2536] Procura-se, assim, complementar a posição assumida em *Da boa fé*, 1114, *maxime*.

Não se trata de uma solução perfeita. No entanto, é a possível, até que os juscientistas, apoiados na experiência e na repetição de julgados, consigam uma melhor solução para esta problemática, até hoje insolúvel.

A saída proposta não é arbitrária. Ficará nas fronteiras da Ciência do Direito: mas dentro delas.

## 284. O Código Civil brasileiro de 2002

I. O Código Civil brasileiro de 2002, colmatando uma lacuna constante do Código de 1916, consagrou três artigos à alteração das circunstâncias. Reuniu-os em secção própria, sugestivamente intitulada "da resolução por onerosidade excessiva". Damos conta do seu teor[2537]:

> Art. 478. Nos contratos de execução continuada ou diferida, se a prestação de uma das partes se tornar excessivamente onerosa, com extrema vantagem para a outra, em virtude de acontecimentos extraordinários e imprevisíveis, poderá o devedor pedir a resolução do contrato. Os efeitos da sentença que a decretar retroagirão à data da citação.
>
> Art. 479. A resolução poderá ser evitada, oferecendo-se o réu a modificar eqüitativamente as condições do contrato.
>
> Art. 480. Se no contrato as obrigações couberem a apenas uma das partes, poderá ela pleitear que a sua prestação seja reduzida, ou alterado o modo de executá-la, a fim de evitar a onerosidade excessiva.

II. Apesar de, predominantemente, o Código Civil brasileiro se colocar na esfera romano-germânica, os preceitos transcritos correspondem, quase à letra, aos artigos 1467.° e 1468.° do Código Civil italiano de 1942. O legislador brasileiro apenas evitou referir, de modo expresso, a equidade.

O Código de 2002 não refere, a propósito da onerosidade excessiva, a boa-fé. Fá-lo, todavia, em numerosos outros lugares normativos. Essa condicionalidade permite mantê-lo na órbita romano-germânica, própria do sistema lusófono. A concretização do preceito pelos tribunais brasileiros vai ser decisiva.

[2537] José Miguel Garcia Medina/Fábio Caldas de Araújo, *Código Civil Comentado* (2014), 422-425.

SECÇÃO IV

# A CRISE DE 2009/2014 E A JURISPRUDÊNCIA

## § 64.º ASPETOS GERAIS DA CRISE DE 2009/2014

### 285. Introdução; a crise

I. A crise de 2009-2014 veio suscitar uma apetência especial pela aplicação do instituto da alteração de circunstâncias. Era inevitável. O presente artigo propõe-se relevar o fenómeno, recordar as categorias básicas aplicáveis, ponderar a jurisprudência já existente e fixar as soluções facultadas pela atual Ciência do Direito.

II. Com diversos antecedentes, tudo começou na longínqua crise dos *sub-primes*, espoletada na Califórnia: corria a já distante primavera de 2007[2538]. Créditos imobiliários haviam sido incluídos em pacotes de ativos de composição complexa e vendidos por todo o Mundo. Apurado o descalabro, seguiu-se uma grave crise de confiança, que causticou produtos financeiros impolutos, suspeitos de conterem elementos "tóxicos". Várias empresas imobiliárias americanas entraram em crise. As dúvidas atingiram o mercado interbancário, gerando dificuldades em diversas instituições de crédito, impedidas de se recapitalizarem no momento. Um assomo de liberalismo levou as autoridades norte-americanas a deixar cair em insolvência o *Lehman Brothers*, 4.º banco de investimento do seu País, com mais de 10.000 trabalhadores e (antes da crise) um valor de centenas de

[2538] Quanto à crise, à sua evolução e às suas consequências, particularmente no campo jurídico, remetemos para os nossos *A crise planetária de 2007/2010 e o governo das sociedades*, RDS 2009, 263-286, *A tutela do consumidor de produtos financeiros e a crise mundial de 2007/2010*, ROA 2009, 603-632 e *Direito bancário*, 5.ª ed. (2014), 131 ss., com indicações. Está em preparação a 6.ª edição.

biliões de dólares. A desconfiança na solvabilidade dos bancos tornou-se generalizada.

III. Uma vez iniciada, a crise financeira seguiu, pelos canais globalizados, rumo aos diversos países, com relevo para os europeus. A Europa constitui, com efeito, a grande força aquisitiva dos produtos privados americanos[2539]. Em pouco tempo, grandes bancos europeus ficaram imersos em dificuldades de que só saíram com intervenções maciças dos Estados.

A recuperação bancária foi lenta e esforçada. As instâncias internacionais, através dos denominados acordos de Basileia (II e III), optaram por ampliar as condições prudenciais de atuação das instituições de crédito[2540]. Em termos práticos, isso traduziu-se, particularmente nos países do Sul, em restrições ao crédito.

IV. Num aspeto muito grave, a crise financeira induziu uma crise económica. Quebras no consumo provocaram baixas nas vendas. Caiu o investimento, aumentou o desemprego e sobrecarregaram-se as despesas sociais dos Estados. De novo – e com exemplo nos Estados Unidos – os governos intervieram, para acudir às empresas mais atingidas, com dimensão social. Na Europa, uma política fundamentalista com permanentes apelos à concorrência vedou, no imediato, esse caminho.

Com dificuldade, a Europa do Norte emergiu da crise: ao longo de 2009/2010.

V. Mas, no Sul, tudo iria recomeçar: e em pior. A introdução intempestiva do euro, sem um orçamento comum e sem redistribuições dentro do espaço europeu onde, para efeitos de despesa pública, as fronteiras se mantêm herméticas, conduziu ao que era de esperar: drenou a riqueza para os países ricos. Houve que aumentar os défices: público e privado. A subida exponencial da dívida pública ("dívida soberana") fez subir os juros de mercado, para os países em dificuldade. Incapazes de intervir, as instituições europeias assistiram, impávidas, a uma punção desenfreada, desencadeada por especuladores. Os países do Sul ficaram exangues. Pediram ajuda internacional que veio, tarde e a más horas, em troca de programas de "austeridade". Havia que reduzir o consumo, os salários, o emprego, o

[2539] A China guarda-se para os títulos americanos da dívida pública; embora pouco remunerados, não são (ou não têm sido) tóxicos.

[2540] *Vide*, com indicações, o nosso *Direito bancário*, 5.ª ed., 1057 ss..

investimento e as despesas sociais. O ciclo era infernal: tais medidas quebravam a produção, comprometendo o próprio pagamento da dívida.

### 286. O caso português

I. O esquema depressivo acima referenciado operou, quase ponto por ponto, na experiência portuguesa e no período de 2010-2014. Apenas recentemente há notícias de uma certa recuperação.

Em termos esquemáticos, assistimos:

- à crise dos bancos: o desaparecimento do mercado interbancário induziu quebras de liquidez; foram recusados empréstimos, quebrados empréstimos já apalavrados, reduzidos patamares de crédito, exigidas garantias elevadas e subidos os juros;
- à crise do Estado: confrontado com uma quebra de receitas, com um aumento de encargos e com os compromissos de reduzir as dívidas, o Governo recorreu à subida de impostos, à introdução de novas taxas e à interrupção de projetos de obras públicas contratualizados e em curso;
- à crise das empresas: dificuldades de crédito, aumento de encargos, esvaziamento da carteira de trabalhos públicos e retração do consumo privado: o cerco foi total;
- à crise dos consumidores: cortes nos salários e nos subsídios, aumento de impostos e desemprego; tudo isso leva a uma baixa de dispêndios, com novos reflexos negativos no Estado e nas empresas.

II. A intervenção da Troika, com o célebre memorando de 2011, adstringiu o Estado a uma política depressiva e, ainda, a diversas reformas de fundo[2541]. Tais reformas foram, por vezes, pró-cíclicas. Agravaram, nalguns casos, a situação da banca e, daí, a dos particulares e das empresas que acorrem ao crédito.

Toda a atividade económica teve de ser revista em baixa. Com um problema, que apenas poderia ter sido afastado se Portugal tivesse mantido a soberania monetária: como nem todos os custos são dotados de elastici-

[2541] Sobre o acordo com a Troika e as medidas legislativas daí decorrentes, remetemos para o nosso *Direito bancário*, 5.ª ed., 165 ss..

dade, torna-se impossível (ou muito difícil) reduzi-los. E num paradoxo definitivo: os atinentes a impostos e ao crédito aumentam, em plena crise.

III. A pergunta que começa a colocar-se não é tanto a de saber porque houve crise e porque foi ela tão intensa: antes se questiona por que via foi possível sobreviver e, ainda, encontrar forças para relançar a economia. A resposta está, provavelmente, nas famílias e na resiliência que as estruturas tradicionais, mau grado o vilipêndio que lhes vota o "politicamente correto" demonstraram. Pais e avós ajudaram os jovens desempregados, proporcionando-lhes estudos mais alongados e aprofundados. Famílias acudiram aos membros em dificuldades. Empresários gastaram o que tinham e contraíram dívidas pessoais, para honrar compromissos bancários e para não despedir o seu pessoal. Trabalhadores aceitaram o abaixamento das suas retribuições e das condições de trabalho, para ajudar as empresas. As estruturas da Igreja Católica chamara, a si, uma função social que o Estado não consegue assegurar.

A História da resistência portuguesa à crise, que provavelmente ficará arredada dos manuais e da historiografia oficial, é um conjunto de atos individuais de bravura económica, devidos às famílias, aos empresários, aos trabalhadores e à Igreja.

## 287. **Os contratos**

I. As convulsões registadas nos últimos cinco anos impactaram inúmeros contratos. Sem, para já, pretender uma ordenação jurídico-científica em função da alteração das circunstâncias, apontamos:

- cortes no crédito que vieram, a jusante, a interromper contratos de investimento ou contratos correntes;
- cortes em investimentos, particularmente do Estado, que paralisaram empreitadas e prestações de serviço, delas dependentes;
- súbita introdução de novos impostos e de taxas ou agravamento dos já existentes: baixaram, consequentemente, as procuras dos bens e dos serviços relacionados com tais sectores;
- flutuações financeiras inexcogitáveis: as variáveis envolvidas conduziram a uma baixa espetacular das taxas de juros "europeias", mercê da política, tardia, do Banco Central Europeu, enquanto os juros "internos", para novas operações, são muito elevados;
- quebras na procura de determinados bens e serviços, com reflexos calamitosos nos contratos de que eles dependem.

II. Numa situação de crise, os diversos contratos e demais estruturas jurídico-sociais devem comportar-se como uma teia amortecedora: cabe-lhes redistribuir e difundir o risco, de modo a que os diversos agentes absorvam, em termos tanto quanto possível comportáveis, os danos ou os menores lucros ocasionados.

Mas isso nem sempre sucede.

III. Desde logo, determinados contratos comportam uma rigidez intrínseca: quando incorram em novas circunstâncias, repercutem o encarecimento daí resultante em apenas uma das partes. Noutros casos, elas tornam-se de funcionamento inviável, seja por inalcançabilidade dos seus objetivos, seja por desrazoabilidade no funcionamento. Noutros, finalmente, eles potenciam desequilíbrios extrínsecos, ampliando-os contra uma das partes.

Na falta de medidas legislativas, pede-se aos tribunais que intervenham. E o instituto civil de recurso é, para estes casos, o da alteração das circunstâncias. Vamos recordar os parâmetros atuais dessa figura jurídica. De seguida, ordenaremos os contratos, em função da sua sensibilidade à base negocial. O todo será apoiado na jurisprudência recente.

## 288. A crise e a alteração de circunstâncias

I. Foi explicado que, de um modo geral, os tribunais recusam aplicar a alteração das circunstâncias em situações de grandes modificações. Recorde-se o ocorrido com a Revolução de 1974-1975, com a descolonização e com as nacionalizações. O fenómeno, embora com diversos níveis de explicação, confirma-se, perante a crise de 2009-2014, como adiantado. Vamos verificá-lo, perante a jurisprudência.

A via mais simples, presente em diversos acórdãos de tribunais superiores, consiste em afirmar que as crises financeiras, pela sua natureza cíclica, não são verdadeiras alterações de circunstâncias[2542]. Mas surgem outras construções, como a de considerar que não existe nexo de causalidade entre a desgraça de uma empresa vinhateira e a crise[2543].

[2542] RCb 5-nov.-2013 (José Avelino Gonçalves), Proc. 1167/10 e STJ 23-jan.-2014 (Granja da Fonseca), Proc. 1117/10.9.

[2543] STJ 10-jan.-2013 (Orlando Afonso), Proc. 187/10.4; este acórdão revogou o muito interessante acórdão da RLx 14-jun.-2012 (Sérgio Almeida), Proc. 187/10.4, abaixo referido.

II. A grande dificuldade em conferir eficácia às grandes alterações de circunstâncias no domínio financeiro reside na necessidade de bilateralizar qualquer solução a que se chegue. Designadamente: porque não modificar os financiamentos a longo prazo, com exemplo no crédito à habitação, fortemente atingidos pela baixa das taxas de juro? Isso seria possível quer subindo os juros, quer reduzindo o prazo de vigência. As grandes alterações atingiram, em larga escala, o próprio sistema financeiro: não apenas os seus utentes.

III. Pergunta-se, todavia, se pontualmente e em situações de grande escândalo, não seria possível concretizar o instituto em estudo. Na verdade, uma "grande alteração de circunstâncias" não tem uma projeção uniforme: pode suceder que, no concreto, ela assuma tais proporções que se justifique o recurso extraordinário ao artigo 437.º/1. Vamos referir duas espécies:

*RLx 14-jun.-2012*: uma empresa vinhateira tinha negociado uma abertura de crédito por seis meses, renovável a não haver oposição; surgem múltiplas dificuldades derivadas da crise; o banco pretende pôr cobro ao contrato, impedindo a sua renovação; o Tribunal, ex 437.º, decidiu a modificação do contrato: transformou-o em mútuo, a pagar em 8 anos, em 32 prestações trimestrais[2544];

*STJ 10-out.-2013*: num caso de *swap* de taxa de juros, concluído com uma pequena empresa sem experiência, o Tribunal considerou que apesar de estar em causa um contrato de risco, este alcançara uma dimensão tão elevada, que ultrapassara qualquer margem prevista[2545]; justifica-se a resolução *ex* 437.º/1.

Veremos se esta via pode ser aproveitada, justamente à luz de dois contratos bancários sensíveis: a abertura de crédito e o *swap* de taxas de juros.

[2544] RLx 14-jun.-2012 (Sérgio Almeida), Proc. 187/10.4.
[2545] STJ 10-out.-2013 (Granja da Fonseca), Proc. 1387/11.5.

## § 65.º O SECTOR FINANCEIRO E A ALTERAÇÃO DE CIRCUNSTÂNCIAS

### 289. Generalidades; a abertura de crédito

I. Como foi referido, a crise de 2009/2014 atingiu, desde logo, o sector financeiro. Estamos perante uma "grande alteração": por aí e em função do que ficou dito, parece quedar pouca margem para o instituto em estudo. Todavia, perante modificações de grande vulto, pergunta-se se não seria possível flexibilizar a situação. Vamos ponderar em face dos dois referidos pontos sensíveis: abertura de crédito e *swaps* de taxas de juros.

II. Na abertura de crédito, o banqueiro disponibiliza, ao seu cliente, um financiamento, até um patamar máximo, que o cliente pode utilizar, parcialmente ou por inteiro. A abertura de crédito é concluída por prazos curtos – em regra, seis meses – sendo renovável no seu termo: ou por acordo complementar ou automaticamente, a não haver oposição de alguma das partes.

III. Na prática bancária, a abertura de crédito tende a funcionar como um financiamento permanente, ainda que caro. Há, em regra, sempre renovações, de tal modo que as empresas beneficiárias contam, em permanência com os fundos em jogo. Caso o banqueiro comunique a não-renovação – o que, em regra, sucede quando surjam dificuldades na empresa mutuária – os resultados podem ser catastróficos. A empresa é confrontada com a necessidade de reembolsar, de imediato, montantes elevados, para os quais não tem qualquer disponibilidade.

IV. Dependendo de cada caso concreto, pode suceder que ocorra, entre as partes, uma forte relação de confiança no sentido de que uma determinada abertura de crédito não cesse *ex abrupto*. Em regra, sobretudo havendo garantias reais, como sucedeu em RLx 14-jun.-2012, o banqueiro acorda a transformação da abertura de crédito num mútuo que permita ao cliente pagar, num prazo razoável, o que deva.

Por isso, a decisão de RLx 14-jun.-2012 afigura-se correta, mas não pela via da alteração das circunstâncias. Esta, dado o regime do risco, é frágil, assim se explicando a revogação, pelo Supremo, do decidido na relação. Antes há que agir, na base da interpretação alargada do contrato, com intervenção da boa-fé e da confiança. No limite, dir-se-á que o banqueiro abusou do seu direito de não renovar o contrato.

## 290. Os *swaps* de taxas de juros

I. No *swap* de taxas de juro, cada uma das partes contratuais compromete-se, perante a outra, a transmitir-lhe, periodicamente e enquanto durar a relação, um determinado valor pecuniário. Ambas as transmissões periódicas são calculadas tendo por base o mesmo valor: correspondem a uma percentagem (taxa de juro) de um montante determinado (capital base ou valor nominal). Ao contrário do que se verifica no *swap* de divisas, o capital (nominal) pode nunca ser transferido; o seu interesse esgota-se na determinação dos valores a transmitir periodicamente[2546]. O modelo utilizado para calcular cada um dos valores a pagar periodicamente é distinto[2547].

II. São concebíveis dois *swaps* de taxo de juro: (1) contratos (alemão *Basis-Swap*) em que o valor transmitido por ambas as partes é variável; e (2) contratos (inglês *coupon swap*; alemão *Kupon-Swap*) em que o valor transmitido por uma das partes é variável e o valor transmitido pela outra parte é fixo[2548], sendo este último o mais comum.

Pense-se no exemplo clássico: o valor transmitido por uma das partes é variável. Em regra, ele está indexado a uma taxa de referência mundial, por exemplo Euribor ou Libor. Enquanto o valor transmitido pela outra parte é fixo, isto é, não está dependente da flutuação de nenhuma taxa de referência e mantém-se, em princípio, inalterado ao longo de toda a relação. O fluxo será favorável a uma ou a outra das partes, consoante a taxa variável suba ou desça, em relação à fixa.

[2546] Uwe Jahn, *Außerbörsliche Finanztermingeschäfte (OTC-Derivate)* cit., § 114, Nr. 3 (1510); Hélder M. Mourato, *O contrato de* swap *de taxa de juro* (2014), 120 pp., 15 ss..

[2547] Alastair Hudson, *The Law of Financial Derivatives*, 5.ª ed. (2012), 57 ss..

[2548] Maria Clara Calheiros, *O contrato de swap* (2000), 38 ss..

III. Em regra, a conclusão de contratos de *swap* de taxa de juro visa um de três propósitos: (1) reduzir os riscos de variação das taxas de juros; (2) permitir o acesso a financiamento a taxas de juros mais atrativos; ou (3) especular na variação das taxas de juro[2549].

Nas situações normais, os contratos concluídos com bancos têm, como objeto primário, a distribuição do risco ou seja, proteger as empresas que se comprometeram a transmitir uma percentagem fixa, contra alterações bruscas das taxas de referência (EURIBOR ou LIBOR). Na prática, o risco decorrente da assunção dos empréstimos contraídos pelas empresas é assumido pelos bancos, que se comprometem a transmitir uma percentagem variável; determinável, precisamente, pela mesma taxa de referência[2550]. A segurança decorrente da transmissão deste risco irá refletir-se, evidentemente, no valor fixo que as empresas se comprometam a pagar.

Como em qualquer transação comercial deste tipo, presume-se que cada uma das partes obtenha benefícios económicos: as empresas, embora tenham celebrado um contrato de mútuo de juros variáveis, veem o valor dos juros efetivamente pagos sujeitos a um teto máximo. O risco não é, porém, inexistente: a quebra da taxa de referência reflete-se no montante que lhe será transmitido pelo banco. A ser negativo, as empresas irão pagar um *plus*.

IV. Os *swaps* de taxas de juros podem obedecer a distintas técnicas de cálculo, que incidem sobre diversas variáveis[2551].

Na base, temos o *swap* simples, dito, na gíria bancária, *plain vanilla swap*: as partes acordam "trocar" o produto de taxas de juro, fixas ou variáveis, previamente ordenadas. Em regra, um *swap* deste tipo implica que o interessado pague ao banqueiro, *ab initio*, a taxa do mercado acrescida de um prémio: o preço a pagar pela montagem da operação e pelo risco que, de seguida, o banqueiro irá assumir.

De modo a facilitar o acesso ao crédito, o esquema de base pode ser dobrado por múltiplos condimentos. Originários de mercados asiáticos, os

[2549] Christopher Dean Olander/Cynthia L. Spell, *Interest Rate Swaps: Status under Federal Tax and Securities Law*, Md L Rev 45 (1986), 21-60 (23-24); Schuyler K. Henderson, *An Analysis of Interest Rate and Currency Swaps*, NCJ Int'l & Com Reg 11 (1986), 499-502 (538); Stuart Somer, *A Survey of Legal and Regulatory Issues Relevant to Interest Rate Swaps*, De Paul Bus LJ 4 (1992), 385-428 (387-390).

[2550] Henry T. C. Hu, *Swaps, The Modern Process of Financial Innovation and the Vulnerability of a Regulatory Paradigm*, U Pen L Rev 138 (1988), 333-435 (350).

[2551] Schuyler K. Henderson, *On Derivatives*, 2.ª ed. (2010), 46 ss..

correspondentes produtos vieram a ser conhecidos como "exóticos"[2552], integrando uma segunda geração de produtos. Pode-se recorrer:

- a uma média de taxas;
- a taxas dotadas de barreiras mínimas (*floor*) ou máximas (*cup*) ou ambas (*collar*), de tal modo que apenas fora da barreira o risco corra pelo aderente;
- a taxas escorreitas ou com memória (ou efeito *snowball*), em que a taxa de base é elevada, para o futuro, caso, momentaneamente, seja ultrapassada uma barreira.

Os *swaps* exóticos introduzem fatores de aleatoriedade. Mas não são forçosamente aleatórios: os riscos acrescidos que envolvam devem ser compensados pela vantagem básica que dispensaram ao aderente. O seu cálculo é complexo, podendo obedecer a diversos esquemas. Conhecido é o método ou simulação Monte Carlo, a manusear por especialistas[2553].

> A simulação Monte Carlo é uma técnica matemática computorizada que permite calcular o risco numa análise quantitativa, de modo a permitir uma tomada de decisão.
>
> Inicialmente, a simulação foi usada pelos cientistas que preparavam a bomba atómica, no âmbito da Segunda Guerra Mundial. "Monte Carlo" foi uma designação encontrada por referência aos casinos do Principado do Mónaco, que implicavam um cálculo de probabilidades.
>
> Mais tarde, ela foi utilizada nos mais diversos domínios, onde se lida com fatores aleatórios, que escapam a um tratamento rigoroso: assim sucede na finança, na gestão, na energia e no ambiente. No seu núcleo, a simulação ou o método Monte Carlo opera facultando a substituição de séries de verificação incerta por outras, igualmente imprevisíveis. Teoricamente, se se operar com múltiplos fatores (p. ex., diversos produtos financeiros), aleatórios mas de evolução não intercondicionada, conseguir-se-ia uma supressão do risco. A série com evolução desfavorável tenderia a ser, noutros campos, compensada por séries "normais" ou, até, "favoráveis".

[2552] Alain Ruttiens, *Futures, swaps, options* (2012), 227.

[2553] *Vide* Malvin H. Kalos/Paula A. Whitlock, *Monte Carlo Methods*, 2.ª ed. (2008), 201 pp., com várias intervenções, bem como Reuven Y. Rubinstein/Dirk P. Kroese, *Simulation and the Monte Carlo Method*, 2.ª ed. (2007), 372 pp.: trata-se de escritos inacessíveis a juristas.

O manuseio de modelos "Monte Carlo" é muito complexo, devendo ser levado a cabo, como foi dito, apenas por especialistas.

V. Finalmente: o *swap* de taxas de juro pode ser celebrado em coligação com um contrato de mútuo, ou em termos isolados. Na primeira hipótese, os participantes pretendem emprestar dinheiro: em regra, uma instituição faz um financiamento, em certos termos, a um interessado. Esse financiamento é acompanhado por um *swap*, para disciplinar uma taxa de juro (*hedging*). Na segunda, não há qualquer financiamento: as partes tomam uma cifra de base, que nunca é transacionada, apenas para montar, com referência a ela, um *swap*. Nesta última eventualidade, o *swap* é, marcadamente, especulativo.

### 291. *Swaps* e crise

I. Tal como sucedeu noutros países, a crise económica teve, sobre os contratos de *swaps* de taxas de juro, um efeito paradoxal. Na generalidade dos casos, os contratos ajustados visavam pôr os particulares aderentes a coberto da variação das taxas de juros, indexados à Euribor. Estas taxas de referência estavam em contínuas oscilações, situando-se, nos finais de 2007 e mercê da política de juros elevados então seguida pelo Banco Central Europeu, acima dos 6%.

Com diversas variantes, os contratos celebrados assentavam no seguinte: celebrado um mútuo com a taxa indexada, contratava-se *a latus*, um *swap*:

- caso a taxa subisse, o banqueiro suportava a diferença, debitando-a ao cliente;
- caso descesse, o cliente pagava ao banqueiro.

II. Os reflexos internacionais da crise levaram o Banco Central Europeu a modificar a política de juros, aproximando-os das baixas cifras praticadas pela Reserva Federal Norte-Americana. A Euribor caiu em contínuo, fixando-se abaixo de 1%. Os banqueiros passaram a debitar cifras aos seus clientes as quais, acumuladas, representavam montantes significativos. Atrapalhados, os clientes procuraram renegociar os *swaps*.

III. Em certos casos tais renegociações conduziram a novos *swaps* que, com o decurso do tempo, vieram a revelar-se ainda mais danosos do que os iniciais.

Surgiram alguns litígios, que foram solucionados pelos tribunais. Temos conhecimento de seis decisões publicitadas: três da Relação de Lisboa, duas da de Guimarães e uma do Supremo Tribunal de Justiça.

Vamos ver.

## 292. A jurisprudência dos *swaps*

I. No primeiro caso, decidido a 17-fev.-2011, discutia-se uma providência cautelar, requerida contra o Banco Santander.

> Uma sociedade por quotas veio requerer, cautelarmente, a suspensão de débitos em conta feitos pelo Banco. Alegou ter celebrado um contrato de permuta de taxas de juro, em 18-jul.-2007 que, num primeiro momento, lhe permitiu ganhar € 11.132,51; substituído por novo contrato, esse produto levou, até dez.-2008, a um prejuízo de € 183.410,10; tal contrato teria sido celebrado em erro; além disso, o banqueiro teria violado os deveres de boa-fé e de lealdade e, ainda, os deveres legais de informação, derivados do CVM. A primeira instância deu provimento ao requerente, decretando a suspensão pedida.
>
> Interposto recurso, a Relação de Lisboa fixou os factos, entre os quais o ter-se exarado que o contrato teve, como objetivo, a gestão de risco de taxa de juro, mantendo-a num intervalo de 2,50% a 5,25%. A Euribor, entretanto, desceu continuamente, conduzindo a um endividamento crescente da empresa.

A Relação de Lisboa entendeu que o cliente estava devidamente informado e não podia eximir-se ao risco assumido. Revogou, por isso, a suspensão decidida em 1.ª instância[2554].

II. No segundo, decidido em 25-set.-2012, discutia-se a ação de fundo relativa a esse mesmo caso.

A Relação de Lisboa entendeu que a sociedade era gerida por um sócio-gerente com vasta experiência comercial em matéria de recurso ao financiamento bancário, na ordem dos milhões de euros. Prosseguiu dizendo que esse sócio-gerente:

[2554] RLx 17-fev.-2011 (Luís Correia de Mendonça), Proc. 2408/10.

(...) arriscou na mira de vir a obter ganhos de acordo com a previsão da tendência de subida da taxa de juros; durante vários e consecutivos meses a aposta revelou-se bem sucedida e frutífera; porém, por força da verificação superveniente de acontecimentos económicos internacionais, na altura imprevistos e que, agora, são de todos conhecidos, as condições de mercado manifestaram-se profundamente adversas aos seus interesses (...).

Não se provou que o Banco tivesse conhecimento antecipado da crise. O Tribunal decidiu que, sendo os contratos para cumprir, a ação não tinha fundamento[2555].

III. Num terceiro caso, debatia-se o alcance de uma convenção de arbitragem incluída num *swap*. A 1.ª instância decidiu que ela não retirava competência ao Tribunal do Estado. A Relação de Guimarães confirmou essa orientação, em 8-mar.-2012[2556].

IV. O quarto caso diz respeito à questão de fundo subjacente à causa anterior. Foi dirimido pela Relação de Guimarães, em 31-jan.-2013.

Fora celebrado um contrato de *swap* de taxa com barreiras, contratado por indicação do banqueiro por um gerente com uma formação muito simples e que nunca contratara com bancos. A sociedade envolvida pediu a resolução do contrato por alteração das circunstâncias, uma vez que a evolução das taxas de juro levara a uma perda de € 44.709,38 ou, em todo o caso, a sua anulação por erro. A 1.ª instância deu provimento à ação, declarando resolvido o contrato, por alteração das circunstâncias. A Relação de Guimarães confirmou esse entendimento. Disse, designadamente[2557]:

> Por outro lado, esse desequilíbrio foi extremamente agravado pela crise financeira, situação esta que não decorreu de um normal desenrolar da situação económica.
>
> Com efeito, a situação que se desencadeou a partir de Setembro de 2008, foi uma situação excecional, completamente anormal no sistema financeiro que agravou de forma profunda a situação (preexistente) de desequilíbrio das prestações, de tal modo que a sua manutenção feriria os princípios da boa-fé que devem nortear a celebração dos contratos, e na qual as partes alicerçaram a decisão de contratar.

[2555] RLx 25-set.-2012 (Luís Espírito Santo), Proc. 2408/10.
[2556] RGm 8-mar.-2012 (Maria Luísa Ramos), Proc. 1387/11.
[2557] RGm 31-jan.-2013 (Conceição Bucho), Proc. 1387/11.

O disposto no artigo 437.º do Código Civil pressupõe que se tenha produzido uma alteração anormal das circunstâncias que foram basilares para a decisão dos contraentes de tal modo que a base de negócio tenha desaparecido ou tenha sido substancialmente modificada; que a exigência das obrigações assumidas pela parte lesada afecte gravemente os princípios de boa fé; que tal exigência não esteja coberta pelos riscos próprios do contrato e que a parte lesada não esteja em mora no momento em que a alteração das circunstâncias se verificou.

E por isso, concordamos com a sentença recorrida quando conclui que "nas circunstâncias atuais a exigência das obrigações que do contrato decorrem para a autora não está coberta pelo risco próprio do contrato". Efectivamente, os contratos swap são um instrumento financeiro especialmente vocacionado para a gestão do risco da taxa de juro; só que as alterações verificadas após Setembro de 2008, e a crise no sistema financeiro (que podemos considerar como um colapso à escala mundial) não pode ser considerada como risco normal, bem como as oscilações da taxa de juro (que se verificou com a falência do Lehman Brothers) como riscos próprios do contrato sob pena de se violarem gravemente os princípios da boa-fé contratual.

V. Finalmente, um quinto caso foi decidido pela Relação de Lisboa, em 21-mar.-2013. Fora celebrado um contrato de *swap* de taxas de juro, que acompanhava um financiamento, mas apenas em parte: liquidado este, o *swap* manter-se-ia, ainda, durante algum tempo. Mercê da evolução das taxas de juro, a empresa aderente sofreu um prejuízo crescente. Veio dizer, em primeira instância, que o banqueiro continuou a cobrar juros, depois de pago o valor mutuado, pedindo a sua condenação. A 1.ª instância rejeitou a ação.

Em recurso, a empresa aderente veio ainda invocar a nulidade do contrato, por violação da Lei sobre cláusulas contratuais gerais. Cita um acórdão da Relação de Coimbra, inédito e que iria nesse sentido. A Relação de Lisboa desamparou este aspeto. Mas fez uma abordagem distinta: o contrato visou a gestão do risco; mas ao conservar-se, depois da cessação do endividamento, passou a ser uma mera aposta. Diz, designadamente[2558]:

Ou seja, o contrato de *swap* apenas pode ser caracterizado enquanto tal se dos seus termos for claro que cobre um risco (no caso de flutuação de taxa de juros) e que o cobre relativamente a uma (ou várias) operação finan-

[2558] RLx 21-mar.-2013 (Ana de Azeredo Coelho), Proc. 2587/10 = RLJ 42 (2013), 238-253.

ceira devidamente caracterizada: um mútuo simples, um mútuo por conta caucionada, qualquer outro financiamento, possibilidade ou não de amortização dos mesmos, ou, até, eventualmente, possa envolver para uma das partes (o cliente da instituição financeira) a obrigação de manter o nível de financiamento que justificou o *swap*.

No caso dos autos, por exemplo, a previsão da Autora quanto ao financiamento que manteria ao longo da vigência do *swap* e a obrigação de o manter ou, contrariamente, a previsão das amortizações e a sua influência no *swap*.

Quando assim não seja, quando da análise do clausulado contratual não resultar a derivação, o contrato tem de ser analisado independentemente da realidade subjacente de que abstrai.

É esse o caso dos autos, uma vez que os instrumentos contratuais nada concretizam quanto à relação subjacente de que emanam.

Nesta situação, o contrato é um produto financeiro abstracto cuja transacção fora de Bolsa não encontra qualquer acolhimento no ordenamento jurídico, configurando efectivamente um contrato de aposta e não um *swap*.

(...)

Com o que concluímos que a análise do contrato o descaracteriza como *swap* de taxa de juros, pese embora a aparência, transformando-o num contrato de aposta, por nada ressaltar quanto à concreta ligação a uma realidade subjacente.

O artigo 1245.º, do CC, refere-se à aposta considerando-a não válida, apenas constituindo obrigações naturais quando lícito.

Ora, nada no ordenamento jurídico permite concluir pela licitude da aposta de taxas de juros com pagamento diferencial.

(...)

A aposta que não possa qualificar-se de lícita, como é o caso do contrato em causa (nos termos dos artigos 159.º e 161.º, do DL 422/89), não é válida nem constitui fonte de obrigações civis, sendo cominada de nulidade pelo artigo 1245.º, do CC.

VI. A matéria chegou ao Supremo Tribunal de Justiça, que prolatou, sobre os *swaps*, uma primeira e importante decisão: a sexta, sobre *swaps*, no cômputo geral. Tal sucedeu em recurso interposto pelo Banco condenado, de acórdão da Relação de Guimarães de 31-jan.-2013, de que acima demos conta. O Supremo confirmou, em acórdão de 10-out.-2013, o decidido em Guimarães; entendeu revogado o contrato de *swap*, por alteração das circunstâncias[2559].

[2559] STJ 10-out.-2013 (Granja da Fonseca), Proc. 1387/11.

Citando Almeida Costa, o Supremo explica que mesmo os contratos aleatórios podem ser resolvidos ou modificados por alterações de circunstâncias, quando estas excedam apreciavelmente as flutuações previsíveis na data do contrato. Posto isto, foca dois pontos: (a) que tal como fora celebrado, havia um desequilíbrio entre as prestações das partes; (b) que esse desequilíbrio foi extremamente agravado pela crise financeira. O particular aderente passou, assim, a suportar um assinalável encargo e um enorme prejuízo, confirmado pelo desequilíbrio das prestações. A manutenção do contrato iria ferir os princípios da boa-fé.

Para além de algum apoio doutrinário[2560] e das repercussões que já teve noutras decisões judiciais, não publicadas, este acórdão conduziu, ainda, a que a crise financeira de 2009-2014 fosse arvorada, na jurisprudência, a alteração das circunstâncias[2561]. Num caso deste tipo, um bom banqueiro teria resolvido o problema pela negociação: levar, ao Supremo, um caso de manifesta injustiça, apenas conduziu à formação de uma corrente jurisprudencial contrária aos interesses da banca.

## 293. A doutrina dos *swaps*

I. O acórdão da RLx 25-set.-2012 mereceu uma anotação de Hélder M. Mourato[2562]: desfavorável. Após cuidadosa análise do contrato, este Autor conclui que não estava em causa uma cobertura de risco, mas uma total especulação. Como tal, o contrato não seria válido, por implicar jogo ou aposta: quando muito, originaria obrigações naturais. Já quanto a RGm 31-jan.-2013, o mesmo Autor discorda da aplicação do instituto da alteração das circunstâncias[2563].

José Lebre de Freitas, num escrito que surge indubitavelmente ligado à discussão prática dos *swaps*, em cenário de crise, traça um quadro em parte coincidente. De facto, o *swap* sem financiamento e, portanto, em que o valor de referência é apenas nocional, surge como aposta, como

[2560] Em especial, Catarina Monteiro Pires, *Entre um modelo corretivo e um modelo informacional no Direito bancário e financeiro*, CDP 44 (2013), 3-22 (9 ss.).

[2561] Assim, RGm 30-jan.-2014 (António Santos), Proc. 67/2, apresentando a crise como fundamento de redução salarial dos titulares dos órgãos de uma Fundação.

[2562] Hélder M. Mourato, *Swap de taxa de juro: a primeira jurisprudência*, Cad MVM 44 (2013), 29-44, 43/I.

[2563] *Idem*, 43-44.

tal devendo ser tratado. Já quanto à alteração das circunstâncias: o Autor entende que, mau grado o elemento aleatório dos *swaps*, esse instituto tem sempre aplicação. Basta que a alteração seja de tal monta que ultrapasse qualquer álea aceitável[2564].

João Calvão da Silva, pelo contrário, em anotação a RLx 21-mar.-2013, sustenta que os *swaps* foram reconhecidos nacional e internacionalmente sem a distinção de saber se, em concreto, acompanhavam um financiamento ou se, pelo contrário, surgiam meramente especulativos[2565]. Receamos que tal orientação possa prejudicar os *swaps* e, em geral, os derivados. A presente crise permitiu mostrar as fraquezas da especulação. Esta só deve ser praticada por especialistas, entre si. A situações profundamente diferentes, devem corresponder regimes diferenciados. Ora se os *swaps*-garantia merecem apoio, os restantes concitam as cautelas do Direito.

II. Quanto ao acórdão do Supremo, de 10-out.-2013, impõem-se algumas reflexões. A alteração das circunstâncias, na parte em que vede exigências que transcendam, manifestamente, o princípio da boa-fé, funciona sempre, mesmo perante contratos aleatórios. Mas nessa eventualidade, ela terá uma dimensão que supere quanto seja imaginável.

Já perante um contrato de risco, o problema é diverso. Num contrato desse tipo, as partes negociaram justamente para distribuir, entre si, as possíveis variações. Num contrato de *swap* de taxas de juros, as partes pretenderam ordenar o risco pela forma seguinte:

– se a Euribor subir, o risco é do banqueiro;
– se baixar, é do cliente.

Por esta via, a alteração das circunstâncias não funciona: o regime do risco expressamente acordado prevalece[2566].

Não inferimos, daqui, que a decisão do Supremo de 10-out.-2013 não seja recuperável: mas numa vertente diferente. Perante os factos, afigura-se que, dados os factos, houve, antes um claro problema de falta de informação; quiçá, mesmo: a quebra de um dever de não propor, ao aderente

[2564] José Lebre de Freitas, *Contrato de swap meramente especulativo/Regimes de validade e de alteração das circunstâncias*, ROA 2012, 943-970 (968-970), as conclusões.

[2565] João Calvão da Silva, anot. RLx 21-mar.-2013, RLJ 142 (2013), 253-269.

[2566] Nesse sentido, *vide* a anotação de Calvão da Silva, Swap *de taxa de juro: inaplicabilidade do regime da alteração das circunstâncias*, RLJ 143 (2014), 364-373 (366 ss.).

e dado o perfil deste, um contrato tão arriscado e tão difícil de entender, como o do *swap* de taxas de juro[2567].

## 294. Outros contratos de risco

I. Um *swap* de taxas de juro equivale a um contrato de risco. Mas risco em sentido técnico: incide sobre a eventualidade da supressão de uma vantagem assegurada pelo Direito. No domínio dos seguros, não são admissíveis contratos sem risco, isto é: um contrato pelo qual o "segurador" se obrigaria, contra um "prémio", a realizar, a favor do beneficiário, uma prestação convencionada, no caso de ocorrer um evento aleatório. Tal evento deve ser um risco, em sentido técnico, ou o contrato que se lhe reporte é nulo, segundo o artigo 44.º da LCS[2568].

II. Pois bem: esta regra aplica-se aos *swaps*-casino ou *swaps* que não tenham a ver com a gestão de qualquer risco derivado de um mútuo existente. Eles não são lícitos, enquanto verdadeiros contratos sobre o risco: vale o citado artigo 44.º da Lei do Contrato de Seguro. Este preceito impõe a nulidade dos "seguros sem risco". Mas essa locução deve ser entendida em termos materiais: não se trata, apenas, de contratos formalmente ditos "seguros", mas de todos aqueles que, substancialmente, lhes equivalham.

De novo a fronteira passa entre os *swaps* que visem, efetivamente, a gestão do risco e aqueles que se traduzem numa pura aposta sobre o futuro dos juros.

III. Além dos *swaps*, outros contratos podem ser incluídos nesta rubrica. Desde logo os seguros: visam, justamente, a assunção, pelo segurador, de (todo) o risco contratado. Não é pensável ver, na ocorrência de um sinistro, uma alteração de circunstâncias.

Também na subscrição de unidades de valor em fundos de capital de risco há uma clara contratação sobre o risco. As variações podem ser diversas. Mas é da essência do próprio contrato que a distribuição ocorra

[2567] Catarina Monteiro Pires, *Entre um modelo corretivo e um modelo informacional* cit., 14/II. De facto, uma saída do tipo da do BGH 22-mar.-2011 acima examinada, parece mais adequada. Nessa data, o Supremo Tribunal Alemão invalidou um *swap* justamente por inobservância dos deveres de informação.

[2568] *Vide* o nosso *Direito dos seguros*, 2.ª ed. (2016), 542 ss..

segundo o pactuado. O limite do risco equivale, pela natureza do contrato, ao valor da subscrição.

### 295. **Tipos de risco**

I. As considerações anteriores permitem propor, perante a crise, uma ordenação de contratos em função da aplicabilidade, que suscitem, da alteração de circunstâncias. Temos:

- contratos comuns;
- contratos de risco;
- contratos públicos.

Nos contratos comuns, a alteração de circunstâncias sofre um processo de depuração. Cabe verificar se o problema causado pela alteração não tem uma saída direta à luz dos regimes do erro, do risco, da interpretação ou da tutela da confiança. Sendo a resposta negativa, cabe atentar nas diversas proposições do artigo 437.º/1, tal como vêm sendo jurisprudencialmente consideradas.

II. Nos contratos de risco, que exemplificámos com os *swaps*, com os seguros e com investimentos em fundos de capitais de risco ou similares, a alteração das circunstâncias é inaplicável. Na verdade, as partes contrataram tendo justamente em vista a gestão das alterações. Os limites são os do contrato: os juros não descem abaixo dos 0%, o seguro apenas cobre o sinistro e o pior que possa suceder a investimentos em fundos é perderem-se.

III. Nos contratos públicos, o interesse coletivo, dobrado pela confiança das partes no Estado, dita uma maior sensibilidade à alteração das circunstâncias. Para além do que estabeleçam, impõe-se um princípio de equilíbrio financeiro que orienta as partes e, sendo o caso, o juiz, no sentido de se conservar a proporcionalidade material inicialmente eleita.

# IV

# A TRANSMISSÃO DAS OBRIGAÇÕES EM GERAL

CAPÍTULO ÚNICO

# DA TRANSMISSÃO DAS OBRIGAÇÕES EM GERAL

## § 66.º A TRANSMISSIBILIDADE DAS OBRIGAÇÕES

### 296. **Generalidades**

I. Em sentido muito amplo, podemos dizer que uma situação jurídica se transmite quando, produzindo ela, em determinado momento, efeitos em face de uma pessoa, passe, num segundo tempo, a produzir efeitos em relação a outra. A nível mais estrito, encontramos a transmissão dos direitos subjetivos. Esta verifica-se quando uma permissão normativa de aproveitamento de determinados bens, dirigida a um sujeito, passe a ser reportada a outro. Quando o bem em causa seja uma prestação, deparamos com a transmissão de um crédito. Paralelamente, podemos definir a transmissão do débito, como a ocorrência pela qual o dever de prestar que assista a uma pessoa passe a caber a outra.

II. A transmissão de que temos vindo a falar pode ser considerada *lato sensu*, englobando, no seu seio, a sucessão e a transmissão *stricto sensu*[2569]. A distinção entre as duas noções, aliás contestada mas maioritariamente defendida, releva, aparentemente, de um preciosismo que tem, não obstante, relevância prática. Na sucessão, a situação jurídica permanece estática, assistindo-se, tão-só, à substituição do seu sujeito anterior por novo sujeito. Pelo contrário, na transmissão, a situação em causa efetua uma movimentação da esfera do transmitente para a do transmissário. A relevância prática a que aludimos emerge de que, na sucessão, a situação implicada mantém-se totalmente inalterada. Pelo contrário, na transmissão

[2569] *Direitos Reais*, 2, n.º 233.

*stricto sensu*, a situação em causa, sem prejuízo da sua identidade, pode sofrer alterações nas suas características circundantes.

A fenomenologia desta diferenciação é claramente percetível na posse:

A, possuidor, transmite a B a sua situação; se B estiver de má-fé, a sua posse é de má-fé, de nada valendo a eventual boa-fé de A;
D sucede na posse de C; se C estivesse de boa-fé, a posse de D considera-se de boa-fé, independentemente do comportamento deste.

Para além desta problemática, que importa conhecer e ter presente, falaremos indiferentemente em transmissão.

III. Existem diversos critérios com base nos quais é possível proceder à distrinça de modalidades de transmissão. O mais importante opera consoante o facto motor da transmissão seja a morte de uma pessoa ou qualquer outro; na primeira hipótese, a transmissão diz-se por morte ou *mortis causa*; no segundo, é entre vivos ou *inter vivos*. Uma vez que a problemática da transmissão *mortis causa* é objeto de um ramo institucionalizado do Direito civil – o Direito das sucessões – vamos limitar a análise subsequente à transmissão *inter vivos*, sem prejuízo de lançar mão de normas próprias do fenómeno sucessório, quando necessárias para clarificar quaisquer questões.

## 297. **A transmissibilidade geral das obrigações; evolução histórica**

I. O Direito das obrigações é um Direito tendencialmente patrimonial. As situações obrigacionais podem-se incluir, em princípio, na ideia de propriedade, a qual, entendida em sentido amplo, abrange as diversas categorias de Direitos patrimoniais. O princípio da transmissibilidade geral das obrigações tem, desta forma, proteção constitucional: no artigo 62.°/1, da Lei Fundamental. A nível infraconstitucional, o princípio da transmissibilidade geral das obrigações está consagrado, no tocante à transmissão *inter vivos*, no Capítulo IV, do Título I, do Livro II do Código Civil, intitulado, precisamente, transmissão de créditos e de dívidas. A transmissão *mortis causa* das obrigações é possível nos termos do artigo 2024.°, implicitamente.

II. Nos direitos reais, até pela clareza da entrega voluntária de uma coisa por uma pessoa a outra, a transmissão não levanta dúvidas de maior. Mas no campo das obrigações, outro tanto não sucede. Durante muito tempo, a transmissão de situações obrigacionais foi julgada impossível[2570]. Esse entendimento é analiticamente explicável:

- pela abstração da fenomenologia obrigacional:
- pelas conceções reinantes em sede de conceito da obrigação;
- pela especial configuração dos interesses em jogo.

A obrigação redunda num vínculo entre duas pessoas. Consequentemente, falta aqui a imagem empírica da entrega da coisa que, no campo do Direito das coisas, torna a transmissão claramente percetível a todos os espíritos; a transmissão de obrigações só pode ser congeminada a elevado nível de abstração, o qual pressupõe um estádio avançado da Ciência do Direito.

O entendimento da obrigação como um vínculo sobre a pessoa do devedor dificultou qualquer hipótese de transmissão, tanto mais que também da parte do credor haveria uma ligação estritamente pessoal. Em tal conceptologia, qualquer tentativa de desligar uma obrigação dos seus sujeitos iniciais implicaria, inexoravelmente, a sua extinção, seguindo-se, quando muito, a constituição de obrigações diferentes, entre outros sujeitos.

Finalmente, os interesses em jogo movimentam-se em torno de condutas humanas e de relações intersubjetivas. Sendo assim, não é indiferente ao credor que o devedor da "sua" obrigação seja A ou B, assim como não é igual, para o devedor, dever a C ou a D. Naturalmente, os sujeitos no vínculo obrigacional terão escolhido os seus parceiros, aquando da sua constituição; qualquer alteração posterior poderia acarretar-lhes moléstia[2571].

[2570] Christian Ahcin/Christian Armbrüster, *Grundfälle zum Zessionsrecht*, JuS 2000, 450-456, 549-552, 658-662, 768-772, 865-869 e 965-971 (451/I), sublinham que o que hoje é evidente (a transmissibilidade dos *créditos*) era questionado no início do século XIX.

[2571] Quanto ao credor, pode acontecer que o novo devedor não seja igualmente capaz de desempenhar a conduta devida ou não tenha idêntica cobertura patrimonial; quanto ao devedor, por razões meramente subjetivas (não querer dever a fulano) ou até, objetivas – o novo credor pode ser menos tolerante que o anterior. Pense-se, finalmente, na hipótese das obrigações sinalagmáticas.

III. Com tal pano de fundo, vamos traçar um rápido bosquejo da evolução histórica da problemática da transmissibilidade das obrigações[2572]: um quadro pragmático sem precisas preocupações de reconstituição histórica[2573].

No Direito romano, a única possibilidade admitida de transmitir obrigações estava ínsita nas transmissões a título universal, isto é, naquelas que ocorriam quando todo o património de uma pessoa fosse transferido para a esfera de outra. Semelhante ocorrência manifestava-se, desde logo, no fenómeno sucessório. Fora isso, entendia-se que o vínculo obrigacional, originado por determinadas formalidades ocorridas entre duas pessoas, era insuscetível de ser encabeçado por sujeitos diferentes dos implicados na sua constituição[2574]. Mais tarde, o desenvolvimento das trocas comerciais concomitante à expansão do Império provocou a aparição de determinadas formas de conseguir os efeitos práticos da transmissão. Em primeiro lugar, a novação subjetiva[2575]: extinguia-se, por exemplo, uma obrigação entre A e B e constituía-se nova obrigação entre A e C, com a intervenção de todos os interessados e o acatamento das formalidades exigidas. Dada a complicação desta via, chegou-se a formas mais subtis que não relevavam, contudo, da transmissão. Assim e no que toca à transferência da posição ativa da obrigação – sector economicamente mais sensível – e alcançado o estádio da responsabilidade patrimonial – admitia-se que o transmissá-

[2572] Eugène Gaudemet, *Étude sur le transport de dettes à titre particulier* (1898), XII + 544 pp. e *Théorie générale des obligations* (1937), 508 pp., 449 ss.; João Antunes Varela, *Das obrigações em geral* cit., 2, 7.ª ed., 285 ss.; Carlos Mota Pinto, *Cessão da posição contratual* (1970), XXVIII + 529 pp., 125 ss.; Raymond Saleilles, *Étude sur la theorie générale de l'obligation*, 3.ª ed. (1914), XV + 476 pp., 64 ss.; Enneccerus/Lehmann, *Recht der Schuldverhältnisse* cit., 15.ª ed., § 78, I (308-309); Philipp Heck, *Grundriss des Schuldrechts* (1929), § 69, I (211 ss.); Andreas von Tuhr/Alfred Siegwart, *Allgemeiner Teil des Schweizerischen Obligationenrechts*, II, 2.ª ed. (1944), § 93 (776 ss.); entre nós e como obra de referência, Luís Menezes Leitão, *Cessão de créditos* (2005), 669 pp., 23 ss.. Elementos mais completos serão referidos a propósito da cessão de créditos. *Vide infra*, § 67.º.

[2573] Quanto à evolução histórica, com muitas indicações: Christian Hattenhauer, no *Historisch-kristischer Kommentar zum BGB*, II/2 (2007), §§ 398-413 (2290 ss.).

[2574] Max Kaser, *Das römische Privatrecht* cit., I, 2.ª ed., § 153 (652-653); *vide*, ainda: Bernhard Windscheid/Theodor Kipp, *Lehrbuch des Pandektenrechts* cit., 9.ª ed., § 329 (II, 361-365). Para um claro desenvolvimento, *vide* Biondo Biondi, *Cessione di crediti e di altri diritti (diritto romano)*, NssDI III (1959), 152-155 e Guido Astuti, *Cessione (storia)*, ED VI (1960), 805-821.

[2575] Raymond Saleilles, *Étude sur la théorie* cit., 65.

rio se erigisse em *procurator in rem suam*[2576] do transmitente, de modo a poder exercer, em nome desta, o direito de agressão sobre o património do devedor. Outras formas foram engendradas pelos antigos jurisprudentes, sem no entanto se chegar à transmissão[2577].

IV. A possibilidade de transmitir obrigações foi sendo sedimentada no Norte da Europa, mercê do desenvolvimento comercial verificado nos séculos XIV e XV, não parando, desde então de se expandir. Carlos Mota Pinto refere a interessante hipótese de essa transmissibilidade ser já admitida, em Portugal, no século XVI: uma passagem das Ordenações Manuelinas referia o "cedimento e trespassamento" de obrigações[2578]. A confirmar-se, traduziria um significativo avanço do Direito nacional em face da época, induzido, com probabilidade, do surto jurídico conexo com os descobrimentos.

V. O Código Napoleão veio admitir a transmissão de obrigações pelo lado ativo, isto é, de créditos, através da sub-rogação – artigos 1249.º e seguintes – e da cessão de créditos (*transport de créances*) – artigos 1689.º e seguintes. Influenciou, nesse sentido, os Códigos italiano de 1865 e espanhol, bem como o nosso Código de Seabra.

Mais difícil seria a admissão da transmissão da posição passiva das obrigações, isto é, dos débitos. Esta figura foi silenciada nos códigos acima referidos. No entanto, as tradições da transmissibilidade das obrigações geradas no Norte da Europa, conjugadas com a pressão dos pandectistas[2579] levou à sua consagração no BGB – §§ 414 e ss.. Os Códigos tardios,

[2576] Emilio Betti, *Teoria generale delle obbligazioni*, III, 2 – *Vicende dell'obbligazione* (1955), 18; Heinrich Dernburg/Johannes Biermann, *Pandekten* – II. *Obligationenrecht*, 7.ª ed. (1903), § 47 (133-134); Heinrich Dernburg, *Die Schuldverhältnisse nach dem Rechte des Deutschen Reichs und Preussens* – I – *Allgemeine Lehren*, 3.ª ed. (1905), § 133 (341-342).

[2577] A mesma dificuldade em admitir a transmissão de obrigações verificou-se no primitivo Direito inglês: Carlos Mota Pinto, *Cessão da posição contratual* cit., 126-127, nota (3).

[2578] *Idem*, 143-144. Para mais desenvolvimentos *vide infra*, 755 ss..

[2579] Heinrich Dernburg/Johannes Biermann, *Pandekten* cit., II, 7.ª ed., § 53 (147 ss.) e Heinrich Dernburg, *Die Schuldverhältnisse* cit., I, 3.ª ed., § 155 (401-402). *Vide* Ludwig Enneccerus/Heinrich Lehmann, *Recht der Schuldverhältnisse* cit., 15.ª ed., 309. No pandectismo, a transmissibilidade das obrigações foi incentivada pelos estudos sobre Direito das sucessões: a sua passagem, da esfera do *de cuius* à dos sucessores, era irrefutável.

nomeadamente o italiano, de 1944, e o português, de 1966, seguir-lhes-iam o exemplo. Apenas com a reforma de 2016 foi a "cessão de dívida" introduzida no Código Civil francês: artigos 1327º a 1328º-1[2580].

Finalmente, foi consagrada a transmissibilidade de situações obrigacionais complexas, através da cessão da posição contratual, reconhecida nos atuais códigos italiano e português.

## 298. **Fundamentação da transmissibilidade**

I. A possibilidade de transmitir as obrigações, quer pela posição ativa, quer pela posição passiva, pressupõe, como se infere da evolução histórica atrás referida, uma dogmática compatível e um desenvolvimento sócio-económico considerável[2581].

Uma sociedade estática, de base fundiária, não requer, no seu tráfego jurídico, a transmissibilidade das obrigações. Os bens economicamente mais significativos são as coisas corpóreas, *maxime* a terra, de circulação lenta. Essencial, em tal sociedade, seria apenas a transmissão dos direitos reais. O desenvolvimento das economias pressiona, no entanto, uma viragem para a circulação dos créditos. E isso: (a) pelo empolamento do fenómeno obrigacional; (b) pelo aumento do tráfego jurídico; (c) pela necessidade de garantir os créditos.

II. É sabido como o acento tónico da riqueza se desloca dos direitos reais para formas mais subtis de apropriação, conseguidas por créditos e por direitos societários[2582]. Paralelamente, as coisas corpóreas perdem continuamente importância relativa, através do incremento do sector dos serviços, em grande parte apanágio do Direito das obrigações. Este desenvolvimento mal se coadunaria com a conceção arcaica do vínculo obrigacional unindo, indelevelmente, credor e devedor. Em simultâneo, aumenta o trânsito jurídico em proporções sem precedentes. O número de atos jurí-

[2580] Gaël Chantepie/Mathias Latina, *La réforme du droit des obligations* cit., n.º 877-892 (750-760).

[2581] Horst Eidnmüller, *Die Dogmatik der Zession vor dem Hintergrund der internationalen Entwicklung*, AcP 204 (2004), 457-501 (458).

[2582] Sendo a ordem jurídica privada um ordenamento de atribuição e de proteção de bens, há que aí inscrever a atribuição (incluindo a circulação) e a tutela de créditos; como referência, Jan Felix Hoffmann, *Zession und Rechtsweisung* (2012), XVIII + 289 pp., 35 ss. e 77 ss..

dicos praticados pelos particulares multiplica-se e os bens – entendidos em sentido lato – circulam constantemente entre as esferas jurídicas.

Esta evolução, praticamente concluída nos princípios do século XX, tinha, forçosamente, inscrita à cabeça o princípio de que as obrigações deviam poder circular livremente.

Finalmente: o crédito é sensível à morte do devedor. A transmissão, por morte, do débito assegura um suplemento de tranquilidade, para o credor. A posição deste fica garantida porque os débitos não morrem.

III. A Ciência do Direito sentiu dificuldades em facilitar, a nível jurídico, esta evolução. Especialmente em causa esteve a conceção do crédito como direito a uma atividade do devedor; em face de tal ideia, seria impossível substituir o devedor sem modificar a atividade devida e, consequentemente, sem mutar o crédito.

Este estado de coisas conduz a uma série de críticas à teoria clássica das obrigações, proporcionando teses como as de Koeppen, de Schott e de Gaudemet: de modo a explicar a possibilidade de circulação das dívidas, elas defendem conceções realistas[2583]. A aproximação aos direitos reais era especialmente desejada uma vez que nenhuma dúvida existia quanto à sua transmissibilidade.

A defesa do crédito como direito sobre o património do devedor não viabiliza, todavia, a transmissibilidade das obrigações. Sendo um crédito o direito que A tem sobre o património de B, como pode, o mesmo crédito, passar a incidir sobre o património de C que, forçosamente, é diferente[2584]? Este mesmo raciocínio é plenamente aplicável às teorias mistas e complexas.

IV. Torna-se necessária uma reformulação do próprio conceito de obrigação. O crédito é, fundamentalmente, um direito a uma prestação; trata-se, porém, de uma prestação despersonalizada, suscetível de ser tomada e valorizada em sentido objetivo, isto é, assumida como bem. O mesmo crédito deve – agora pelo prisma do seu titular – ser considerado como um objeto do património e como objeto do trânsito jurídico. O crédito torna-se, também, objeto da responsabilidade patrimonial, isto

[2583] *Tratado* VI, 2.ª ed., 274 ss..

[2584] Ou que pode, até, não ter património?

é: quando se diga que, pelos débitos, responde o património do devedor, respondem, também, os créditos nele inscritos[2585].

A evolução está consumada: o crédito pode ser um direito a uma atividade particular de uma pessoa; porém, uma vez constituído, traduz um valor patrimonial – económico – objetivado no seio da sociedade e, como tal, suscetível de circulação, em todos os sentidos. A imagem dos direitos reais está bem presente[2586]. A cessão pode ainda ser usada como um esquema de financiamento: temos a cessão financeira (*factoring*)[2587]. Boa parte da moderna literatura relativa à cessão de créditos tem-se desenvolvido no âmbito bancário[2588].

## 299. Formas de transmissão e fontes de transmissão

I. A obrigação integra uma realidade complexa que engloba posições de dois sujeitos. Daí que o fenómeno transmissivo possa revelar-se, quanto a ela, por formas diversificadas. A transmissão respeita ou à posição do credor, ou à posição do devedor ou, ainda, a uma posição complexa crédito-débito quando, em virtude de um contrato sinalagmático, os sujeitos estejam, simultaneamente, investidos em direitos e adstritos a obrigações. As diversas transmissões assim isoladas podem seguir vias diferentes, em obediência ao processamento da sua concretização. Exigências lógicas fundem-se com realidades de base histórico-cultural.

II. Em obediência ao *quid* obrigacional transmitido e ao modo de processamento da transmissão, foram, pela História, consagradas diversas formas de transmissão de obrigações, de que o Código Vaz Serra recebeu

[2585] Em geral, Karl Larenz, *Lehrbuch des Schuldrechts* cit., I, 14.ª ed., § 33 (569 ss.).

[2586] Günther H. Roth, no *Münchener Kommentar* 2, 7.ª ed. (2016), § 398, Nr. 2 (2715). Entre nós, veja-se a tese de Maria da Assunção Oliveira Cristas, *Transmissão contratual do direito de crédito/do carácter real do direito de crédito* (2005), 612 pp., especialmente 551 ss. (a tese).

[2587] *Direito bancário*, 6.ª ed., 745 ss..

[2588] *Vide*, como exemplo, as indicações de Günther H. Roth, no *Münchener Kommentar* cit., 2, 7.ª ed., 2713-2714. Refiram-se ainda, sempre a título ilustrativo, Mathias Rohe, no Bamberger/Roth, BGB 1, 2.ª ed. (2007), § 398, Nr. 1-26 (1758-1762) e Harm Peter Westermann, no Erman, BGB 1, 12.ª ed. (2008), § 398, Nr. 1-11 (1688-1691). Entre nós: Luís Miguel D. P. Pestana de Vasconcelos, *A cessão de créditos e a insolvência/Em particular da posição do cessionário na insolvência do cedente* (2007), 1078 pp. maciças.

expressamente: (a) a cessão de créditos e a sub-rogação; (b) a assunção de dívidas; (c) a cessão de posição contratual.

III. Da forma de transmissão deve ser cuidadosamente separada a sua fonte[2589]. Efetivamente, o elenco atrás enunciado diz-nos *o que* se transmite nas obrigações e *como* se transmite. Mas não nos diz o porquê da transmissão. De acordo com as regras gerais das vicissitudes das obrigações, uma qualquer forma de transferência só opera quando tenha ocorrido um evento ao qual o Direito associe a transmissão. Esse evento é o facto jurídico (*lato sensu*) dotado de eficácia transmissiva, isto é, o facto transmissivo ou a fonte da transmissão. Os artigos 577.º e seguintes comportam as regras próprias da cessão de créditos, isto é, da transmissão de créditos. Deve ficar claro que uma determinada transmissão só opera porque houve, por exemplo, um contrato nesse sentido, entre o antigo credor e o novo credor. A forma da transmissão é aqui, a cessão; a sua fonte, o contrato aludido. Temos de isolar dois níveis de regulamentação atinentes à transmissão das obrigações: o nível das fontes e o nível da forma de transmissão.

Por exemplo:
António é credor de € 100 sobre Bento. Vende o seu crédito a Carlos por € 90, realizando-se, a favor deste, uma cessão[2590]. A fonte é a compra e venda; a forma é a cessão.

Neste caso, há que aplicar as regras da compra e venda – artigos 874.º e seguintes – quanto à fonte de cessão e as regras próprias da cessão – artigos 577.º e seguintes – à transmissão em si. António, em vez de ter vendido o seu crédito, podia tê-lo doado, comodado ou, até, dado em locação (financeira).

IV. Podemos classificar as transmissões de obrigações não só em obediência às suas formas mas, também, de acordo com as fontes respetivas.

[2589] A doutrina tradicional refere esta problemática sob o título "causa": diz-se, então, por exemplo, que a cessão não é um negócio abstrato para significar que deve ter uma fonte: João Antunes Varela, *Das obrigações em geral* cit., 2, 7.ª ed., 299-300; Adriano Vaz Serra, *Cessão de créditos ou de outros direitos*, BMJ número especial (1955), 9 ss..

[2590] Naturalmente, um crédito tende sempre a ser vendido por um preço inferior ao do seu montante: basta recordar que ele só pode ser cobrado aquando do vencimento. Por outro lado o contrato de compra e venda é suficientemente lato para abranger os créditos – artigo 874.º.

Pode ser chamada ao caso qualquer das classificações conhecidas de factos jurídicos, uma vez que a fonte é sempre um facto. Teremos: (a) transmissões contratuais; (b) transmissões unilaterais; (c) transmissões legais, consoante a fonte da ocorrência seja um contrato, um ato unilateral ou um facto jurídico *stricto sensu*[2591]. Seguem-se as diversas subdistinções: por exemplo: as transmissões contratuais podem ser típicas, atípicas e assim por diante.

V. A regra, na nossa Ordem Jurídica, é a de que não há transmissões de obrigações desacompanhadas de fonte idónea, ou na linguagem comum: as transmissões devem ser causais e não abstratas. Estamos perante uma concretização do princípio da causalidade[2592]. No domínio do Direito comercial, particularmente no campo dos títulos de crédito, ocorrem as transmissões abstratas, a que será feita oportuna referência. No Direito civil há, também, manifestações de abstração: mas apenas em campos delimitados, abaixo estudados. Vamos considerar as transmissões das obrigações pelo prisma da sua forma, uma vez que, no tocante à fonte, vale o que oportunamente foi referido quanto às fontes constitutivas dos vínculos obrigacionais, com as necessárias adaptações. Sempre que releve para o regime fundamental da transmissão, faremos, contudo, referência aos competentes factos transmissivos.

[2591] A fonte nunca é a lei, como normalmente se lê em livros de doutrina, mas sim o evento não-voluntário, a que a lei associa a transmissão. Utilizamos a expressão *transmissão legal* apenas por estar largamente consagrada, na doutrina e na própria lei.

[2592] *Tratado* VI, 2.ª ed., 70 ss..

CAPÍTULO II

# A CESSÃO DE CRÉDITOS

SECÇÃO I

## DIMENSÕES HISTÓRICAS E COMPARATÍSTICAS

### § 67.º EVOLUÇÃO HISTÓRICO-COMPARATÍSTICA DA CESSÃO

#### 300. **O Direito romano**

I. A doutrina ensina que a cessão de créditos não ocorria no Direito romano[2593]. Como referido[2594], a obrigação romana era vista como um vínculo estritamente pessoal, entre o credor e o devedor. Essa ideia teria atravessado os séculos: *nomina ossibus inhaerent* [as ações são inerentes aos ossos], segundo o brocardo atribuído aos glosadores[2595]. Em tais

[2593] Por todos: Biondo Biondi, *Cessione di crediti e di altri diritti (diritto romano)*, NDI III (1938), 67-70 (67/II); *idem*, NssDI III (1959); Ludwig Enneccerus/Heinrich Lehmann, *Recht der Schuldverhältnisse*, 15.ª ed. (1958), § 78, I (308); Astrid Stadler, *Gestaltungsfreiheit und Verkehrschutz durch Abstraktion/Eine rechtsvergleichende Studie zur abstrakten und kausalen Gestaltung rechtsgeschäftlicher Zuwendungen anhand des deutschen, schweizerischen, österreichischen, französischen und US-amerikanischen Rechts* (1996), XXX + 800 pp., 65-66; Jan Busche, no *Staudingers Kommentar zum BGB*, 2, *§§ 397-432 (Erlass, Abtretung, Schuldübernahme, Mehrheit von Schuldnern und Gläubigern)* (2012), Einl zu §§ 398 ff., Nr. 3 (77).

[2594] *Supra*, 728; Guido Astuti, *Cessioni (storia)*, ED VI (1960), 805-822 (806/I ss.).

[2595] Erich Genzmer, *Nomina ossibus inhaerent*, Mélanges Philippe Meylan 1 (1963), 159-165 (161); Reinhard Zimmermann, *The Law of Obligations/Roman Foundations of the Civilian Tradition* (1996), 58-59, ambos referindo Azo (séc. XII); quanto a este: *Summa aurea Codicis* (ed. 1537), Liber IV, 77 v./I, referindo a ligação da obrigação ao titular. Acúrsio, *Digestum vetus seu pandectarum iuris civilis* I (1584), D. 15.1.16, nota i (1523/I) usa a imagem da alma ao corpo, que não se pode separar.

condições, a transmissão de um crédito implicaria uma novação subjetiva, isto é: a extinção de uma primeira obrigação, existente entre o credor e o devedor e a constituição de uma segunda obrigação, idêntica à extinta, mas agora formada entre o novo credor e o devedor. O devedor teria, sempre, de dar o seu acordo.

II. A ideia de não-cedibilidade dos créditos, em Roma, não é hoje tomada como rigorosamente correta. As realidades da vida e o incremento do tráfego impunham outras soluções. Assim, houve que admitir a sucessão universal nas obrigações, isto é, a sucessão de todo um património, com os créditos e os débitos que nele se encontrassem, no caso da morte do sujeito. A ideia, mesmo então, não era fácil: donde a construção de um *sucedere in locum* ou *in universum omne ius defuncti*[2596]. As situações ficavam imutáveis: apenas o sujeito sucedia no anterior, numa ideia que, pelas suas virtualidades dogmáticas, ainda perdura[2597]. De resto e ao longo da História, a sucessão mortis *causa* constituiu um motor decisivo na evolução de institutos como o da transmissibilidade das obrigações, o do património e o da própria personalidade coletiva.

III. O desenvolvimento comercial requereu, por seu turno, a possibilidade de ceder obrigações. O crédito, ainda que tomado como expectativa de vir a receber algo, constitui um valor detido pelo credor, capaz de ser vendido, trocado ou doado: para tanto, deve ser facilmente transferível[2598]. A transmissão em si não era possível[2599], no sentido em que hoje a formu-

[2596] Recordamos a célebre definição de Juliano, D. 50.17.62: *hereditas nihil aliud est quam successio in universum ius quod defunctus habuerit* [a herança mais não é do que a sucessão no direito universal que pertenceu ao defunto]; com indicações, Max Kaser, *Das römische Privatrecht*, I – *Das altrömische, das vorklassische und klassische Recht*, 2ª ed. (1971), § 158, I, 2 (673).

[2597] *Supra*, 725-726. Quanto à sucessão universal como modo de facultar a passagem de uma obrigação, de uma esfera jurídica para outra, entre os clássicos: Christian Friedrich Koch, *Die Lehre von dem Übergange der Forderungsrechte durch Universal- und Singular-Sucession oder von der Vererbung der Forderungen, von der Cession, Assignation und Novation (Delegation und Expromission)* (1837), X + 355 pp., 2-26; Johannes Emil Kuntze, *Die Obligation und* die *Singularsuccession des römischen und heutigen Rechtes/Eine civilistische Studie* (1856), XVI + 423 pp., 302 ss..

[2598] Reinhard Zimmermann, *The Law of Obligations* cit., 59.

[2599] Max Kaser, *Das römische Privatrecht* cit., I, 2.ª ed., § 55, III, 1 (222-223) e § 153 (652-653).

lamos[2600]. Todavia, os jurisprudentes afinaram esquemas que, na prática, logravam o efeito pretendido. Estavam nessas condições a já referida novação e a representação processual[2601].

A novação aqui em causa operava por *stipulatio* que dava azo à *delegatio obligandi*[2602]. Em síntese, o antigo credor ou delegante permitia ao devedor ou delegado estipular perante o novo credor ou delegatário o efeito novatório. Com o *spondeo* do devedor perante o novo credor, extinguia-se a obrigação anterior, constituindo-se uma nova, de idêntico conteúdo[2603]. Trata-se de delegação ativa, que permitia a substituição do credor[2604]. Este esquema, embora engenhoso, tinha inconvenientes[2605]. Desde logo, ele exigia o consentimento do devedor, tornando-se comercialmente demorado; além disso, o devedor só daria o seu acordo se, daí, resultassem vantagens para ele, a descontar, naturalmente, no ativo do novo credor, o qual o repercutiria no velho. Ainda como desvantagem, tínhamos o problema da extinção das garantias primeiro existentes[2606]: teriam de ser constituídas novas garantias, com um acordo alargado de todos os envolvidos.

[2600] Christian Hattenhauer, no *Historisch-kritischer Kommentar zum BGB* II/2, §§ 305-432 (2007), §§ 398-413, Nr. 7 (2295-2296).

[2601] A matéria foi sistematizada em Gaio, *Institutiones*, 2, 39 = ed. Ulrich Manthe, cit., 124-125: *sine hac vero novatione non poteris tuo nomine agere, sed debes ex persona mea quasi cognitor aut procurator meus experiri* [sem esta verdadeira novação, tu não podes agir em teu próprio nome, mas antes deves acionar ou como quase-*cognitor* ou como *procurator*].

[2602] Max Kaser, *Das römische Privatrecht* cit., I, 2.ª ed., § 152, III, 3 (651), seguido por Christian Hattenhauer, HKK/BGB cit., II/2, §§ 398-413, Nr. 8 (2296).

[2603] Gaio, *Institutiones*, 2, 39 = ed. Ulrich Manthe, cit., 124-125: (...) *quod nihi ab alio debetur, id si velim tibi deberi (...) opus est ut a me liberetur et incipiat teneri, quae dicitur novatio obligationis* [... pois quando eu quero que aquilo que me é devido por outrem te seja devido a ti, assim não o posso de modo algum concretizar através da transferência de uma coisa corpórea; antes é necessário que, por estipulação, assim seja constituído: é o que chamamos novação].

[2604] Wolfgang Endemann, *Der Begriff der Delegatio im klassischen römischen Recht* (1958), XIX + 68 pp., 21 ss..

[2605] Luís Menezes Leitão, *Cessão de créditos* cit., 25-26.

[2606] Ulpiano, D. 13.7.11.1 = Okko Behrends e outros cit., III, 181: Novata autem debitio obligatio pignus peremit, nisi convenit, ut pignus repetatur [quando seja novada uma obrigação, extingue-se o penhor, a menos que seja convencionado reconstituí-lo]; *vide* Max Kaser, *Das römische Privatrecht* cit., I, 2.ª ed., § 153, I, 2 (653).

IV. A representação processual resultava da figura do *cognitor* ou *procurator in rem suam*[2607]: um esquema de representação processual pelo qual o "cessionário", como *cognitor* ou *procurator* podia exigir, ao devedor, o cumprimento do crédito do cedente, em seu próprio nome[2608]. Os "poderes" eram concedidos por *iussum* ou por *mandatum*, não dependendo do acordo ou, sequer, do conhecimento do devedor[2609]. De novo temos um esquema engenhoso com inconvenientes. E designadamente: o credor "original" mantinha-se o titular do crédito. Nessa qualidade, ele podia extinguir a dívida, compensá-la ou exigir o seu cumprimento. Além disso, podia revogar o *iussum* o qual, além disso, cessaria com o falecimento de algum dos seus intervenientes[2610]. O problema foi ultrapassado no século II d. C. através do alargamento, por Diocleciano, de uma constituição de Antonino Pio, que permitiu ao cessionário, através de uma *actio utilis*, agir em nome próprio e independentemente do mandato, contra o devedor[2611].

As ações apoiavam-se no édito, de base civil ou honorária. A partir de certo momento, o pretor passou a conceder *actiones utilis* (no sentido de ações aplicáveis) fora desse contexto, por alargamento ou por analogia[2612]. Inicialmente, a *actio utilis* aqui em jogo permitia, ao adquirente de uma herança, cobrar, de terceiros, os créditos desta. A partir de Antonino, ela foi atribuída ao comprador de um crédito, ao marido relativamente ao crédito

[2607] Gaio, *Institutiones*, 2, 39, já citado; ainda Gaio, D. 2.14.13.1 = Okko Behrends e outros cit., II, 234: *sed si in rem suam datus sit procurator, loco domini habetur: id ideo servandum erit pactum conventum* [Mas se ele for chamado como procurator in rem suam, ele será considerado como dono; e por isso a convenção concluída deve ser reconhecida]. *Vide* Wulf-Dieter Gehrlich, *Kognitur und Prokuratur in rem suam als Zessionsform des klassischen römischen Rechts* (1963), VI + 100 pp., 7 ss. (o *cognitor*) e 49 ss. (o *procurator*); rec. Max Kaser, SZ 81 (1964), 390-394.

[2608] Max Kaser, *Das römische Privatrecht* cit., I, 2.ª ed., § 153, I, 2 (653).

[2609] Max Kaser/Karl Hackl, *Das römische Zivilprozessrecht* (1996), § 29, III, 2 (214), com indicações. Na literatura do século XIX, *vide* Albert Schmid, *Die Grundlehren der Cession nach römischem Recht dargestellt*, 1 – *Die Cessionsform* (1866), XXIV + 504 pp., 1 ss., Fridolin Eisele, *Cognitur und Procuratur/Untersuchungen zur Geschichte der prozessualen Stellvertretung* (1881), VII + 252 pp.; na do século XX, Fritz Schultz, *Klagen-Cession im Interesse des Cessionars oder des Cedenten im klassischen römischen Recht*, SZRom 27 (1906), 82-150, 83 ss., com um largo levantamento de textos; Georg H. Maier, *Zur Geschichte der Zession*, FS Ernst Rabel II (1954), 205-233 (213 ss.).

[2610] Christian Hattenhauer, HKK/BGB cit., II/2, §§ 398-413, Nr. 8 (2297-2297).

[2611] *Idem*, Nr. 9 (2297-2298).

[2612] Max Kaser/Karl Hackl, *Das römische Zivilprozessrecht* cit., § 47, II, 2 (329--330), com muitas indicações.

deixado em dote, ao adquirente do crédito no legado *per damnationem*[2613] e ao adquirente por *datio in solutum*[2614]. Justiniano alargou-a, ainda, às hipóteses de doação do crédito.

## 301. O Direito vulgar e a evolução intermédia

I. No Direito romano pós-clássico Ocidental, desapareceram os obstáculos à transmissibilidade dos créditos, obstáculos esses que obrigaram, como vimos, a recorrer à novação e ao *mandatum in rem suam* e à *actio utilis* do cessionário. A transmissão foi admitida, com o consentimento do devedor ou sem ele[2615]. Já no Direito romano do Oriente, mantiveram-se, pelo menos na forma, os esquemas da *actio utilis*. O instituto foi fortalecido através da *denunciatio* ou comunicação feita ao devedor, a partir da qual ele já não poderia pagar ao credor primitivo[2616]. Cumpre, ainda, sublinhar uma lei do imperador Anastásio (506) que, visando prevenir situações de especulação em que créditos eram comprados por baixo preço, permitiu que o devedor se liberasse pagando, ao cessionário, o preço por que este tivesse adquirido o crédito[2617]. A influência cristã é manifesta. E essa mesma influência explicará uma medida dos Imperadores Honório e Teodósio (422) que veda cessões a um *potentior* ou (mais) poderoso[2618]: encontramos os rastos desta regra na proibição de cessão de direitos litigiosos a certas pessoas com poderes no processo, presente no atual artigo 579.º.

[2613] Isto é: o legado a cuja execução o herdeiro ficaria obrigado.

[2614] Fridolin Eisele, *Die actio utilis des cessionars*, FS Julius Wilhelm von Planck (1887, sep.), 56 pp.; *idem*, *Die actio utilis suo nomine des Zessionars*, SZRom 27 (1906), 46-70; Max Kaser, *Das römische Privatrecht* cit., I, 2.ª ed., § 153, I, 3 (654); Christian Hattenhauer, HKK/BGB cit., II/2, §§ 398-413, Nr. 9 (2297-2298); Luís Menezes Leitão, *Cessão de créditos* cit., 28-30, com outras indicações.

[2615] Ernst Levy, *Weströmisches Vulgarrecht. Das Obligationenrecht* (1956), XX + + 384 pp., 149 ss.; Max Kaser, *Das römische Privatrecht*, 2 – *Die nachklassischen Entwicklungen*, 2.ª ed. (1975), § 276, I, 2 (452), com indicações.

[2616] *Idem*, § 276, I, 3 (452-453).

[2617] C. 4.35.22 = ed. Paul Krüger II (1895), 175/II; Guido Astuti, *Cessione (storia)* cit., 809/II; Christian Hattenhauer, HKK/BGB cit., II/2, §§ 398-413, Nr. 10 (2298-2299). Quanto à Lei Anastasiana, Ferdinand Regelsberger, *Zwei Beiträge zur Lehre von der Cession*, AcP 63 (1880), 157-207 (160).

[2618] C. 2.13.2 = ed. Paul Krüger cit., II, 106/II; *vide* Max Kaser, *Das römische Privatrecht* cit., 2, 2.ª ed., § 276, I, 3 (453).

Com todas as limitações inerentes ao facto de lidarmos com o Direito de sociedades há muito desaparecidas, podemos considerar que, no Direito romano, já se localizavam os grandes parâmetros que, ainda hoje, dão corpo à cessão de créditos.

II. No período intermédio, a doutrina, conquanto que com hesitações, considera o Direito germânico favorável à credibilidade dos créditos[2619]. Valeu, em especial, a ideia da abstração ou, quiçá melhor: a da incorporação dos créditos em títulos transmissíveis.

III. Em compensação, a redescoberta do Direito romano, a partir do século XII, marcou um regresso à ideia clássica da não-cedibilidade dos créditos[2620]. Data desta época o brocardo *nomina ossibus inhaerent*[2621]. A representação processual era invocada: todavia, fora da ambiência própria do foro romano, ela dava lugar a dúvidas e dificuldades[2622]. Procedeu-se, todavia, a uma distinção relevante entre o ato de disposição (*cedere* ou *mandare*) e o negócio-base (compra ou deixa testamentária). O negócio-base permitiria a *actio utilis*.

IV. Os jurisprudentes elegantes do humanismo[2623] mantiveram ligações estreitas com os textos romanos[2624]. Daí o conservarem uma ideia-básica de não-cedibilidade dos créditos[2625]. Muito relevante foi a evolução prenunciada por Donellus. Os créditos, enquanto pertença do seu titular,

[2619] Otto Stobbe, *Zur Geschichte der Uebertragung von Forderungsrechten und der Inhaberpapiere*, ZHR 11 (1868), 397-429 (399 e *passim*); Georg Buch, *Die Übertragbarkeit von Forderungen im deutschen mittelalterlichen Recht* (1912), IX + 148 pp., 1, 9, 60 ss. e *passim*; esta obra obteve uma recensão de Alexander Gál, SZGerm (1912), 602-605, a que Georg Buch respondeu em *Zur Zession im deutschen mittelalterlichen Recht*, SZGerm 34 (1913), 429-433; com muitos elementos, Luís Menezes Leitão, *Cessão de créditos* cit., 34-35; Christian Hattenhauer, HKK/BGB cit., II/2, §§ 398-413, Nr. 2 (2292).

[2620] Richard Fränkel, *Zur Zessionslehre der Glossatoren und Postglossatoren*, ZHR 66 (1910), 305-348 e 67 (1910), 39-126 (104 ss.); Klaus Luig, *Zur Geschichte der Zessionslehre* (1966), VII + 156 pp., 11 ss..

[2621] *Supra*, 735; Luís Menezes Leitão, *Cessão de créditos* cit., 47 e nota 108.

[2622] Luís Menezes Leitão, *Cessão de créditos* cit., 45-53; Christian Hattenhauer, HKK/BGB cit., II/2, §§ 398-413, Nr. 11 (2299-2300).

[2623] Circunstanciadamente, Luís Menezes Leitão, *Cessão de créditos* cit., 72-83.

[2624] Klaus Luig, *Zur Geschichte der Zessionslehre* cit., 16 ss..

[2625] Christian Hattenhauer, HKK/BGB cit., II/2, §§ 398-413, Nr. 14 (2302).

poderiam ser transmitidos, mesmo sem conhecimento do devedor[2626]. A transmissão poderia dar-se por acordo entre cedente e cessionário ou por mandato a favor do mesmo cessionário[2627]. O *usus modernus* levou a colmatar essa contraposição, em favor de uma cessão unitária[2628]; todavia, uma cessão direta não era admitida, mantendo-se a ideia do *procurator in rem suam*[2629].

V. As restrições tradicionais à cessão de créditos não se coadunavam com as exigências comerciais do século XVI. E assim, os práticos do Direito construíram, à margem dos teóricos, esquemas de transmissão direta dos créditos[2630]. Estes mantiveram, na sua maioria, as posições restritivas. Cocceji (1644-1719) exprime-se nos termos seguintes[2631]:

> As cessões de obrigações são de tal modo contrárias à razão do Direito civil que resulta da própria matéria e são inerentes a cada um e a cada dono. Assim costumavam os doutores dizer que elas estão ligadas aos ossos e à medula dos credores e dos devedores seguindo-os como a lepra dos leprosos.

Apesar de flutuações, a orientação básica era a indicada[2632].

## 302. Jusracionalismo, pré-codificação francesa e pandectística

I. O jusnaturalismo tinha boas condições para se libertar das construções antigas que, no concreto, se mostravam contrárias à livre circulação da riqueza. A construção central dos bens e da propriedade permitia apro-

[2626] Hugo Donellus, *De iure civili*, Livro XV, Cap. XLIV = *Opera omnia* IV (ed. Florença, 1842), 445 ss..

[2627] *Idem*, 474; mais indicações em Luís Menezes Leitão, *Cessão de créditos* cit., 75-79.

[2628] Helmut Coing, *Europäisches Privatrecht*, I – *Älteres gemeines Recht (1500--1800)* (1985), 446, § 86, I, 3 (446); Christian Hattenhauer, HKK/BGB cit., II/2, §§ 398--413, Nr. 14 (2303).

[2629] *Idem*, *loc. cit.*.

[2630] Petrus Rebuffus, *Tractatus de cessionibus et transportibus in judiciis*, em *Commentarii in constitutiones seu ordinarias regis* (1668, ed. Amsterdão), Glossa I, n.º 2 (457/I)

[2631] Heinrich Cocceji, *De cessione eorum, quae al heredes non transeunt, et contra* (1709), 32 pp., § 1 (5).

[2632] Luís Menezes Leitão, *Cessão de créditos* cit., 114-129, com muitas indicações.

ximar os créditos de direitos sob domínio do seu titular. E assim se imporia a sua transmissibilidade[2633]. Esta orientação refletiu-se no ALR prussiano de 1794, que veio referir a cessão de direitos como a "transmissão da propriedade" desse direito[2634].

II. A pré-codificação francesa, ainda que por outras vias, acabaria por confluir com a lógica do jusracionalismo. Jean Domat admite a cessão (*transport*); fá-la, todavia, depender da *signification* ou notificação ao devedor[2635]: uma posição retomada por Pothier[2636]. A partir daqui, a tradição francesa favorável à cessão de créditos, estava firmada.

III. Paradoxalmente, a situação complicou-se, no domínio da pandectística. A nova receção do Direito romano e o construtivismo subsequente à Escola Histórica podiam induzir óbices, em franca contracorrente com os ventos da realidade sócio-económica[2637]. Como obstáculo decisivo, cabe situar Mühlenbruch (1785-1843). Numa longa e bem apoiada monografia[2638], este Autor explica que, sendo o crédito produto da relação entre duas pessoas, ele depende delas. A alienação de um crédito não é possível pela própria natureza do seu objeto[2639]: mesmo a vontade do legislador não

2633 Samuel Pufendorf, *De iure naturae et gentium*, Lib. IV, Cap. V, § 3, § 1 e Cap. IX, § 1 (ed. Frank Böhling, pp. 370 e 401). *Vide*: Klaus Luig, *Zur Geschichte der Zessionslehre* cit., 40 ss.; Luís Menezes Leitão, *Cessão de créditos* cit., 129-142; Christian Hattenhauer, HKK/BGB cit., II/2, §§ 398-413, Nr. 18 (2305-2306), todos com mais indicações.

2634 ALR, I, 11, § 376 = ed. J. A. J. Mannkopfl cit., 1, 376:

> Die Abtretung der Recht setzt einen Vertrag voraus, wodurch demand sich verpflichtet, einem andern das Eigenthum seines Rechts, gegen eine bestimmte Vergeltung zu überlassen [A cessão de direitos pressupõe um contrato pelo qual alguém se obrigue a transferir para outrem a propriedade do seu direito, contra determinada retribuição].

2635 Jean Domat, *Les Loix Civiles dans leur ordre naturelle* 1 (1766), Liv. I, tit. II, sect. 2, n.º 9 (35).

2636 Robert-Joseph Pothier, *Traité du contrat de vente*, em *Oeuvres* III (1847), n.ºs 554-555 (219-220).

2637 Christian Hattenhauer, HKK/BGB cit., II/2, §§ 398-413, Nr. 21 (2308-2309), com indicações.

2638 Christian Friedrich Mühlenbruch, *Die Lehre von der Cession der Forderungsrechte*, 3.ª ed. (1836), XXXII + 631 pp.; a 1.ª ed. é de 1817. *Vide* Klaus Luig, *Zur Geschichte der Zessionslehre* cit., 47 ss. e Christian Hattenhauer, HKK/BGB cit., II/2, §§ 398-413, Nr. 21 (2308-2309).

2639 Christian Friedrich Mühlenbruch, *Die Lehre von der Cession* cit., 20.

poderia impedir tal realidade[2640]. A única possibilidade aberta pelas fontes romanas seria a transferência do exercício do direito de crédito[2641]. Esta posição foi adotada por grandes nomes da pandectística, como Savigny[2642] e Puchta[2643].

IV. Vários autores tomaram posição inversa[2644]. Desde logo Seuffert, em 1825 e numa orientação que remonta ao jusracionalismo, explica que os "créditos podem não só transmitir-se por herança, mas também, tal como outras coisas e direitos, ser objeto do tráfego entre vivos"[2645]. Seguiram-se tomadas de posição similares[2646], com relevo para Windscheid[2647] e para Jhering[2648]. Relevante foi, ainda, o longo artigo de Otto Bähr (1817-1895), que dispensava a própria *denuntiatio*, ao devedor, para que a cessão ficasse completa[2649]. Esta orientação foi engrossada pelos germanistas, que viam no Direito de cepa alemã uma transmissibilidade de raiz, por oposição ao formalismo romano[2650]. Também a comercialística apoiava, pela natureza das coisas, a cedibilidade: numa posição que veio a ser reconhecida, sem necessidade da "doutrina do exercício do direito" pelo então Tribunal

[2640] *Idem*, 21.

[2641] *Idem*, 222.

[2642] Friedrich Carl von Savigny, *Das Obligationenrecht* 1 (1851), § 23, 244-245, apelando ao *mandatum in rem suam*.

[2643] Georg Friedrich Puchta/Adolf Friedrich August Rudorff, *Pandekten*, 9.ª ed. (1863), XIV + 812 pp., §§ 281 ss. (432 ss.); outros autores podem ser confrontados em Luís Menezes Leitão, *Cessão de créditos* cit., 169-178.

[2644] Klaus Luig, *Zur Geschichte der Zessionslehre* cit., 77 ss..

[2645] Johann Adam Seuffert, *Lehrbuch des praktischen Pandektenrechts* II (1825), § 297 (120-121).

[2646] Assim: Berthold Delbrück, *Die Uebernahme fremder Schulden nach gemeinem und preussischem Rechte* (1853), IV + 133 pp., 7-10; Georg Beseler, *System des gemeinen deutschen Privatrechts* II (1853), VIII + 554 pp., § 118 (276 ss.).

[2647] Bernhard Windscheid, *Die Singularsuccession in Obligationen*, KritÜ 1 (1853), 27-46 (29 ss.) e *Die action des römischen Zivilrechts vom Standpunkte des heutigen Rechts* (1856, reimp., 1969), IV + 238 pp., § 16 (148 ss.).

[2648] Rudolf von Jhering, *Uebertragung der Reivindicatio auf Nichteingenthümer (Cession derselben, reiv. utilis, conossement)*, JhJb 1 (1857), 101-188 (108 ss. e 113 ss.).

[2649] Otto Bähr, *Zur Cessionslehre*, JhJb 1 (1857), 351-501 (396, 414 e *passim*); uma análise deste escrito pode ser confrontada em Luís Menezes Leitão, *Cessão de créditos* cit., 187-189.

[2650] Christian Hattenhauer, HKK/BGB cit., II/2, §§ 398-413, Nr. 23 (2310-2311).

Superior do Comércio do *Reich*[2651] e, depois, pelo *Reichsgericht*[2652], que o absorveu. A evolução prosseguiu, na Alemanha, até se admitir a cessão abstrata, isto é, independente de fonte[2653].

## 303. As codificações

I. O Código Napoleão de 1804, na sequência dos pré-codificadores Domat e Pothier, acolheu a cessão de créditos. Ela surgia no Livro III – *Das diferentes formas por que se adquire a propriedade*, título VI – *Da venda*, capítulo VIII – *Do transporte de créditos e outros direitos incorpóreos* (artigos 1689.° a 1701.°, versão original)[2654].

> Em síntese: no transporte de um crédito, de um direito ou de uma ação sobre um terceiro, a cedência opera entre o cedente e o cessionário pela entrega do título (1689.°); o cessionário pode opor-se a terceiros após a notificação do transporte feito ao devedor; todavia, assim sucede também pela aceitação do transporte feita pelo devedor em ato autêntico (1690.°); se antes de o cedente ou o cessionário terem notificado o devedor, este pagar ao cedente, fica validamente liberado (1691.°); a venda ou cessão de um crédito abrange os acessórios do crédito, tais como a fiança, o privilégio e a hipoteca (1692.°); aquele que vende um crédito ou outro direito incorpóreo deve garantir a sua existência no momento do transporte, mesmo quando feito sem garantia (1693.°); ele não responde pela solvabilidade do devedor, a não ser que se tenha obrigado a isso e apenas até ao montante do preço que ele tenha retirado do crédito (1694.°); quando tenha prometido a solvabilidade do devedor, a promessa entende-se apenas quanto à solvabilidade atual

2651 ROHG 21-jun.-1872, ROHGE 6 (1872), 332-333.

2652 RG 8-mar.-1881, RGZ 4 (1881), 111-115 (115).

2653 Christian Hattenhauer, HKK/BGB cit., II/2, §§ 398-413, Nr. 28-33 (2317-2320).

2654 J. A. Rogron, *Code civil expliqué* (1843), 442-444; Marcel Planiol/Georges Ripert/Paul Esmein, *Traité pratique de Droit civil français* VII (1954), n.° 1107-1140 (484--541), com muitas indicações; Jean Carbonnier, *Drot civil/Les obligations*, ed. 2004, n.° 1231 (2499 ss.); François Terré/Philippe Simler/Yves Lequette, *Drot civil/Les obligations*, 11.ª ed. (2013), n.° 1274 ss. (1323 ss.); Philippe Malinvaud/Dominique Fenouillet/ /Mustapha Mekki, *Droit des obligations*, 13.ª ed. (2014), n.° 814 ss. (657 ss.); Bertrand Fages, *Droit des obligations*, 5.ª ed. (2015), n.° 534 (425 ss.); Philippe Malaurie/Laurent Aynès/Philippe Stoffel-Munck, *Droit des obligations*, 7.ª ed. (2015), n.° 1408 ss. (755 ss.). Indicações anteriores constam de Luís Menezes Leitão, *Cessão de créditos* cit., 150 ss.. A bibliografia indicada visa percorrer dois séculos de vigência do Código Napoleão.

e não se alarga ao futuro, se o cedente não o tiver estipulado expressamente (1695.º); os artigos 1696.º, 1697 e 1698.º têm a ver com a venda da herança; aquele contra o qual se tenha cedido um direito litigioso pode liberar-se pagando ao cessionário o preço real da cessão com despesas e custos efetivos e com os juros a contar do dia em que o cessionário tenha pago o preço da cessão que lhe foi feita (1699.º); a coisa diz-se litigiosa desde que haja processo e contestação quanto ao fundo do direito (1700.º); a disposição do artigo 1699.º cessa: 1.º No caso da cessão feita a um co-herdeiro ou comproprietário do direito cedido; 2.º quando tenha sido feita a um credor em pagamento do que lhe seja devido; 3.º quando feita ao possuidor da herança sujeita ao direito litigioso.

Como se vê, estamos perante uma regulação bastante completa, ainda que com arcaísmos: sobressai o termo "transporte", para significar cessão. Na evolução subsequente, foram desenvolvidos, particularmente no Direito comercial através de títulos negociáveis, esquemas dispensados do formalismo do artigo 1690.º[2655] e deu-se um desenvolvimento da cessão financeira ou *factoring*. A cessão de créditos foi fortemente remodelada pela reforma de 2016: abaixo referida.

II. O Código Civil alemão ou BGB de 1896/1900 consignou a cessão de crédito (*Übertragung einer Forderung*) em termos gerais: numa secção própria, depois da extinção das obrigações e antes da assunção de dívida (§§ 398-413)[2656].

Em síntese: um crédito pode ser transferido, através de contrato, pelo credor a outrem; com a conclusão do contrato, o novo credor ocupa a posição do anterior (§ 398); a cessão não é possível quando altere o conteúdo da obrigação ou quando tenha sido excluída por convenção (§ 399); o crédito impenhorável não pode ser cedido (§ 400); com a cessão transferem-se os direitos acessórios, como as garantias (§ 401); o antigo credor deve transmitir ao novo todas as informações relativas ao crédito, bem como perti-

[2655] François Terré/Philippe Simler/Yves Lequette, *Les obligations* cit., 11.ª ed., n.º 1297 ss. (1344 ss.). Outros elementos: Luís Menezes Leitão, *Cessão de créditos* cit., 206-208.

[2656] Retemos, entre os comentários mais recentes, Rolf Stürner, no Jauernig, *BGB/ /Kommentar* cit., 15.ª ed., 548-573, Günter H. Roth/Eva-Maria Kieninger, no *Münchener Kommentar* cit., 2, 7.ª ed, 2713-2833 e Christian Grüneberg, no Palandt cit., 76.ª ed., 621- -636. Outros elementos sobre o Código Civil alemão: Luís Menezes Leitão, *Cessão de créditos* cit., 190-195.

nentes documentos (§ 402); o antigo credor deve documentar a cessão (§ 403); o devedor pode opor ao novo credor as exceções que, ao tempo da cessão, podia opor ao anterior credor (§ 404); cessão documentária (§ 405); a compensação perante o novo credor, é permitida (§ 406); atuações perante o anterior credor (§ 407); cessões múltiplas (§ 408); notificação da cessão (§ 409); entrega de documentos da cessão (§ 410); cessão de vencimentos (§ 411); cessão legal (§ 412); cessão de outros direitos (§ 413).

Sendo cem anos mais novo do que o Código Napoleão, o BGB denota um maior apuro técnico. Na evolução subsequente sobressaíram os expeditos esquemas comerciais, dotados de regras próprias e o desenvolvimento atinente à cessão financeira[2657]. Sublinhe-se, ainda, que o Código alemão não prevê expressamente a cessão de posição contratual. Resultou, daí, um especial desenvolvimento ligado ao tema da cessão de créditos em negócios bilaterais[2658].

III. A cessão de créditos ou *cessione dei crediti* obteve, no Código italiano de 1942, um capítulo condigno: artigos 1260.º a 1267.º[2659].

Em síntese: os créditos são cedíveis desde que não tenham natureza estritamente pessoal e a cedibilidade não tenha sido excluída por convenção (1260.º); os créditos litigiosos não são cedíveis a pessoas envolvidas na decisão (1261.º); o cedente deve entregar ao cessionário os documentos comprovativos do crédito (1262.º); a cessão envolve a transmissão dos acessórios do crédito, com relevo para as garantias (1263.º); a cessão é eficaz perante o devedor quando ele seja notificado ou quando a aceite (1264.º); havendo várias cessões, prevalece perante terceiros a que primeiro tenha sido

[2657] Karl Larenz/Klaus-Wilhelm Canaris, *Lehrbuch des Schuldrechts* II/2, 13.ª ed. (1994), § 65 (84 ss.).

[2658] Alfred Wolff, *Die Abtretung von Forderungen aus gegenseitigen Verträgen* (1916), 49 pp., 17 ss., entre muitos; *vide infra*, 873 ss..

[2659] Francesco Pellegrini, em Mariano d'Amelio/Enrico Finzi, *Codice civile*, *Libro delle obbligazioni* 1 (1948), 182-197; Pietro Perlingieri, *Della cessione dei crediti*, Art. 1260-1267, em Antonio Scialoja/Giuseppe Branca, *Commentario del codice civile*/IV – *Delle obbligazioni* (1982), XXII + 322 pp.; Francesco Astoni, em Pietro Rescigno, *Codice civile* cit., 1, 7.ª ed., 2188-2211; Gabriella Anghelone, em Guido Alpa/Giovanni Iudica, *Codice civile annotato* (2014), 1209-1215. *Vide*, ainda, Sergio Sotgia, *Cessione di crediti e di altri diritti (diritto civile)*, NssDI III (1959), 155-161; Vincenzo Pannuccio, *Cessione di diritti*, ED VI (1960), 822-833. Outras indicações anteriores podem ser confrontadas em Luís Menezes Leitão, *Cessão de créditos* cit., 203-205.

notificada ao devedor (1265.º); sendo a cessão onerosa, o cedente garante a existência do crédito, ao tempo da cessão, salvo acordo em contrário; sendo gratuita, aplicam-se as regras da doação quanto à evicção (1266.º); o cedente não responde pela solvabilidade do devedor, salvo se a garantir (1267.º).

A lei italiana é clara[2660]. Antecipamos já que teve influência direta nos códigos lusófonos de 1966 e de 2002.

IV. Faremos, ainda, referência ao Código austríaco, de 1811, ao Código grego, de 1940/1946 e ao Código holandês, de 1992. O primeiro versa a cessão de créditos nos §§ 1392 a 1399, tomando-a, ainda, como uma modificação da obrigação[2661]. Estamos, de certo modo, num período de transição.

O Código civil grego, de 1940/1946, ocupa-se da cessão num capítulo próprio, artigos 455.º a 470.º[2662]. A eficácia de cessão fica na total dependência da notificação (460.º). De resto, o sistema grego é semelhante ao lusófono.

O Código Civil holandês de 1992 dedica, no seu livro 3, uma secção 2 à cessão de direitos, incluindo créditos[2663]: artigos 3.83 a 3.98. Distingue entre a fonte da cessão e a própria cessão, a qual não tem, tal como no Direito português, natureza abstrata. A notificação ao devedor é necessária para a produção de efeitos, mesmo entre as partes[2664].

V. Finalmente, cumpre mencionar que a remodelação aprofundada foi levada a cabo pela reforma de 2016[2665]. No fundamental, a cessão de créditos, agora dita *cession de créance* deixou o Direito da compra e venda

[2660] Elementos subsequentes ao Código de 1942 constam de Luís Menezes Leitão, *Cessão de créditos* cit., 210-212.

[2661] Meinhard Lukas, em Andreas Kletecka/Martin Schauer, *ABGB/Kommentar* (2010), §§ 1392-1399 (3653-3711); Matthias Neumayer, em Helmut Koziol/Peter Bydlinski/Raimund Bollenberger, *Kurzkommentar zum ABGB*, 4.ª ed. (2014), §§ 1392-1399 (1697-1717); Dominik Fuch, em Michael Schwimann, *ABGB/Kommentar* (2015).

[2662] Pierre Mamopoulos, *Code Civil Hellénique* (1956), 73-74.

[2663] *Overdracht van goederen en afstand van beperkten rechten*; *vide* E. A. Alkema e outros, *Verzameling Nederlandse Wetgeving* (1992), 204-206.

[2664] Uma análise do sistema holandês consta de Luís Menezes Leitão, *Cessão de créditos* cit., 212-215, com indicações.

[2665] Rémy Cabrillac, *Droit des obligations*, 12.ª ed. (2016), n.º 401-421 (356-366); Bertrand Fages, *Droit des obligations*, 6.ª ed. (2016), n.º 542-558 (457-468); Alain Bénabent, *Droit des obligations*, 15.ª ed. (2016), n.º 697-703 (540-544); Philippe Malaurie/

e passou a preencher a secção I do capítulo relativo às "operações sobre obrigações" (1321.º a 1326.º). Retemos o artigo 1321.º:

> A cessão de crédito é um contrato pelo qual o devedor cedente transmite, a título oneroso ou gratuito, toda ou parte do seu crédito sobre o devedor cedido, a um terceiro dito cessionário.
>
> Ela pode recair sobre um ou vários créditos presentes ou futuros, determinados ou determináveis.
>
> Ela estende-se aos acessórios do crédito.
>
> O consentimento do devedor não é requerido, a menos que o crédito tenha sido estipulado como incedível.

A cessão deve ser feita por escrito (1322.º). Entre as partes, a cessão é eficaz quando celebrada, sendo oponível a terceiros desde essa data, cabendo ao cessionário prová-la; o crédito futuro só se transfere quando nasça (1323.º). A cessão só é oponível ao devedor, se ele não a tiver consentido ou participado, a partir da notificação, o devedor pode opor ao cessionário as exceções inerentes ao débito e as surgidas das suas relações com o cedente, antes que a cessão se lhe tenha tornado oponível (1324.º). O concurso entre cessionários sucessivos de um crédito resolve-se a favor do mais antigo (1325.º). O cedente a título oneroso garante a existência do crédito e dos acessórios, exceto se adquirido com riscos e perigos. Não responde, salvo convenção, pela solvabilidade do devedor (1326.º)[2666].

Com a reforma de 2016, o Código Civil francês atualizou quer a sistemática, quer a linguagem. Sob o novo e claro texto legal, parece nítida a ideia de favorecer as operações financeiras sobre os créditos, com relevo para o *factoring*: sinais dos tempos.

## 304. **Direito anglo-saxónico**

I. O Direito inglês antigo não admitia a cessão de créditos[2667]. Num curioso paralelo com o Direito romano, o vínculo derivado do contrato

/Laurent Aynès/Philippe Stoffel-Munck, *Droit des obligations*, 8.ª ed. (2016), n.º 1408-1424 (793-806).

[2666] Gaël Chantepie/Mathias Latina, *La réforme du droit des obligations/Commentaire théorique et pratique dans l'ordre du Code civl* (2016), n.º 851-876 (729-749).

[2667] Luís Menezes Leitão, *Cessão de créditos* cit., 216 ss., onde pode ser confrontada a bibliografia pertinente.

era considerado de tal modo pessoal, que não fora transferível para um terceiro. Além disso, o cessionário poderia ser uma pessoa mais poderosa do que o credor inicial, assim se desequilibrando a relação, contra o devedor. Uma demorada evolução histórica permitiu inverter esta situação. No século XIV, admitiu-se que o crédito pecuniário pudesse ser cobrado por um terceiro, que conservaria a sua importância, mediante a concessão do *power of attorney*, ou seja, de poderes de representação[2668]: o paralelo com o *procurator in rem suam* é flagrante. A posição do cessionário foi sendo reforçada nos tribunais de *equity*. O *judicature act*, de 1873, que unificou as jurisdições de *common law* e de *equity* admitiu, na sua secção 25/6, a cedibilidade dos créditos, através do *statutory assignment*: exigia-se forma escrita e conhecimento ao devedor. Seguiu-se o *Law of Property Act*, de 1925, que adotou novas regras (Section 136/1): (1) o *assignment* tem carácter absoluto; (2) deve ser feito por escrito assinado pelo cedente; (3) deve ser notificado ao devedor, igualmente por escrito[2669]. Temos, assim, uma interessante confluência de sistemas.

II. O Direito norte-americano, não acolhendo inteiramente a contraposição entre *common law* e *equity* foi, à partida, mais permeável à cessão de créditos[2670]. A partir do início do século XIX, os tribunais consideraram ineficazes os cumprimentos feitos ao cedente, depois de o devedor ter conhecimento da cessão. As reformas processuais do século XIX afastaram, por seu turno, a exigência de que as ações de cobrança fossem intentadas em nome do cedente. A cedibilidade plena ganhou espaço doutrinário[2671]: de resto, ele está na base do lato desenvolvimento do *factoring*, precisamente operado no território norte-americano[2672]. Harmonizando o Direito dos vários Estados, o *Uniform Commercial Code*[2673], no seu artigo

[2668] *Idem*, 220 ss..

[2669] O texto está transcrito em Luís Menezes Leitão, *Cessão de créditos* cit., 225-226, nota 884. Quanto aos casos em que o *assignment* não é possível, *vide* Mindy Chen-Wishart, *Contract Law*, 2.ª ed. (2008), 649-650; são eles: (1) proibição contratual de cessão; (2) falta de interesse genuíno do cessionário; (3) natureza pessoal da relação.

[2670] Luís Menezes Leitão, *Cessão de créditos* cit., 235.

[2671] James Barr Ames, *The disseisin of chattels*, HLR 3 (1889), 23-40, 313-328 e 3 (1890), 337-348 (337 ss.) e Walter Wheeler Cook, *The alienability of choses in action*, HLR 29 (1916), 816-837 (821).

[2672] *Direito bancário*, 6.ª ed., § 65 (728-758).

[2673] *Direito comercial*, 4.ª ed., 81.

9-102, o *assignement of contractual rights*, admitindo a cessão em garantia e a cessão global[2674].

[2674] Luís Menezes Leitão, *Cessão de créditos* cit., 239-252.

## § 68.º A CESSÃO NOS DIREITOS UNIFORME E EUROPEU

### 305. O Direito uniforme

I. O Direito uniforme tem dado especial atenção ao tema da cessão de crédito. Surgiram já alguns instrumentos internacionais, que merecem a atenção dos estudiosos. Temos, designadamente:

- a Convenção de Otava relativa ao *factoring* internacional, de 28-mai.-1988[2675];
- a Convenção UNCITRAL sobre a cessão de créditos no comércio internacional, de 2001[2676];
- os Princípios UNIDROIT relativos aos contratos comerciais internacionais, versão de 2010, que incluem uma rubrica sobre a cessão de créditos[2677].

II. A Convenção de Otava reporta-se à cessão de créditos resultantes da venda de mercadorias, salvo se de natureza pessoal [artigo 1.º/2, *a*)]. Ela é possível mesmo em face de uma cláusula *de non cedendo* (artigo 6.º/1). Comporta regras muito simples, visando a cessão financeira ou *factoring*.

III. A Convenção Uncitral sobre a cessão de créditos no comércio internacional visa posições contratuais internacionais. Comporta uma regulamentação extensa[2678], que reproduz os princípios reconhecidos na matéria.

[2675] Adotada em 28-mai.-1988, ela vigora a partir de 1-mai.-1995; não foi subscrita por Portugal.

[2676] Aprovada em Nova Iorque, em 2001, ela não entrou ainda em vigor: apenas foi ratificada pela Libéria.

[2677] *Unidroit Principles of International Commercial Contracts 2010* (2010), XLV + 454 pp., Article 9 (298-321).

[2678] Existe uma edição de 2005, confrontável, na *Net*, em inglês e em francês.

IV. Os princípios Unidroit relativos aos contratos internacionais comportam um capítulo 9 sobre cessão de créditos, cessão de débitos e cessão de contratos[2679]. Releva o ponto 9.1, sobre a cessão, que reporta os vetores relativos a esse instituto, com minúcia, acompanhados de explicações.

## 306. Roma I

I. No plano do Direito internacional privado, cabe referir o Regulamento Roma I[2680]. Aí, o artigo 14.º dispõe[2681]:

**Cessão de créditos e sub-rogação contratual**

1. As relações entre o cedente e o cessionário no âmbito de uma cessão de créditos ou de uma sub-rogação contratual de um crédito contra terceiro («o devedor») são reguladas pela lei que, por força do presente regulamento, for aplicável ao contrato que os liga.

2. A lei que regula o crédito cedido ou sub-rogado determina a natureza cedível deste, as relações entre o cessionário ou o sub-rogado e o devedor, as condições de oponibilidade da cessão ou sub-rogação ao devedor e a natureza liberatória da prestação feita pelo devedor.

3. A noção de cessão de créditos na aceção do presente artigo inclui as transferências plenas de créditos, as transferências de créditos como garantia, bem como os penhores ou outros direitos de garantia sobre os créditos.

II. Roma I isola, como se vê, o contrato-base da cessão (ou da própria sub-rogação), sendo que a lei aplicável a esse contrato determina as relações entre o cedente e o cessionário.

Já o crédito cedido pode ter uma lei aplicável própria, diversa da da lei do contrato-base. Compete a esta lei definir a cedibilidade do crédito, as relações entre o cessionário e o devedor e a oponibilidade da cessão em relação a este, além dos aspetos conexos.

[2679] *Principes d'Unidroit relatifs aux contrats du commerce international* (2010), 473 pp., 309-332.

[2680] O Regulamento n.º 593/2008, de 17 de junho, JOUE N. L-177/6-16 (14/II).

[2681] *Idem*, 14/II. *Vide* Dieter Martiny, Art. 14 Rom I-VO, no *Münchener Kommentar zum BGB*, 10, 5.ª ed. (2010), 1061-1074 e Luís de Lima Pinheiro, *Direito internacional privado* II, 3.ª ed. (2009), 327-330 e II, 4.ª ed. (2015), 406-410.

O artigo 14.º/3 define o âmbito do preceito, alargando-o à cessão em garantia, ao penhor de créditos e a outros direitos de garantia sobre os créditos.

III. O artigo 15.º de Roma I fixa a lei aplicável à cessão legal. Esta é regida pela lei aplicável à obrigação do terceiro sub-rogado. Quanto à sub-rogação legal em direitos extracontratuais, rege o artigo 19.º do Regulamento Roma II[2682].

## 307. **Direito europeu**

I. Diversos projetos europeus contemplam a hipótese de cessão de créditos. O Grupo de Pavia, no seu anteprojeto de Código Europeu dos Contratos, prevê, em título próprio, a cessão do contrato e das relações que nascem do contrato (artigos 118.º a 127.º)[2683]. Aí concede lugar próprio à cessão de créditos (121.º), excluída apenas se o crédito tiver natureza pessoal ou se a cessão for excluída pela lei ou pela vontade das partes. A notificação ao devedor é necessária, para que produza efeitos para com ele[2684].

II. As várias soluções europeias estão reunidas no importante escrito de Filippo Ranieri[2685].

III. O DCFR comporta, no seu livro III, um capítulo V relativo à *change of parties*. Aí, a primeira secção reporta-se à cessão de créditos ou *assignement of rights*, desenvolvendo a matéria em pormenor. Transcrevemos os artigos 5:104 e 5:105[2686]:

[2682] Regulamento n.º 864/2007, de 11 de julho, JOUE n.º L-199/40-49, de 31-jul.-2007 (46/II).

[2683] Giuseppe Gandolfi (coord.), *Code Européen des Contrats* (2001), LVIII + 576 pp., 59-68.

[2684] *Idem*, 60-61.

[2685] Filippo Ranieri, *Europäisches Obligationenrecht/Ein Handbuch mit Texten und Materialen*, 3.ª ed. (2009), XXVIII + 2044 pp., 1181-1248.

[2686] Christian von Bar/Eric Clive/Hans Schulte-Nölke, *Draf Common Frame of Reference* cit., 258-259; na monumental *Full Edition*, *vide* 2, 1011-1112, com muitos elementos comparatísticos.

III. – 5:104: Basic requirements

(1) The requirements for an assignment of a right to performance are that:
  (a) the right exists;
  (b) the right is assignable;
  (c) the person purporting to assign the right has the right or authority to transfer it;
  (d) the assignee is entitled as against the assignor to the transfer by virtue of a contract or other juridical act, a court order or a rule of law; and
  (e) there is a valid act of assignment of the right.

(2) The entitlement referred to in paragraph (1)(d) need not precede the act of assignment.

(3) The same contract or other juridical act may operate as the conferment of an entitlement and as the act of assignment.

(4) Neither notice to the debtor nor the consent of the debtor to the assignment is required.

III. – 5:105: Assignability: general rule

(1) All rights to performance are assignable except where otherwise provided by law.

(2) A right to performance which is by law accessory to another right is not assignable separately from that right.

## § 69.º A CESSÃO NA EXPERIÊNCIA LUSÓFONA

### 308. Ordenações

I. O Direito lusófono tradicional admitia, latamente, a cessão. Nas Ordenações Manuelinas, na parte relevante, dispunha-se[2687]:

> (...) Defendemos que nenhũa pessoa, de qualquer estado ou condiçam que seja, nom faça contrato algum simulado, nem avença, nem convença, nem escambo, nem permudaçam (...) nem estipulações, nem obrigações, nem cedimento e traspassamento dellas (...)

O Prof. Mota Pinto admitia que a lata aceitação a um *cedimento e traspassamento* das obrigações se ligasse ao impulso jurídico-económico resultante das descobertas. De resto, o Direito mercantil das cidades italianas, no século XVI, teria dado um passo semelhante[2688].

II. O troço citado das Ordenações Manuelinas não surge nas Filipinas. Todavia, estas últimas proibiam a cedência de ações e direitos litigiosos, salvo certas condições[2689] e excluíam essa cedência a pessoas poderosas[2690]. Vamos atentar nos competentes textos:

> Depois que a cousa fôr litigiosa per cada hum dos sobreditos modos, pendendo o litígio, antes que seja findo per sentença deffinitiva, passada em cousa julgada, não a deve o réo vender, nem escaimbar nem dar a outrem.

[2687] *Ord. Man.*, Liv. IV, tit. XV = ed. Gulbenkian, IV, 45.

[2688] Carlos Alberto da Mota Pinto, *Cessão da posição contratual* cit., 143-144. *Vide* Luís Menezes Leitão, *Cessão de créditos* cit., 106 ss..

[2689] *Ord. Fil.*, Liv. IV, Tít. X, § 3.º = ed. Gulbenkian, 788.

[2690] *Ord. Fil.*, Liv. III, Tít. XXXIX = ed. Gulbenkian, 621.

> E bem assi o autor não deve vender, nem passar a outrem a aução movida sobre essa cousa (...)[2691];
>
> Se algum tiver aução real, ou pessoal contra outro, e antes da demanda começar, a ceder, ou trespassar em algum poderoso por razão do Officio, perca toda a aução e direito que nella tiver (...)[2692].

Resulta destes textos que a cedência era conhecida e, *a contrario*, permitida, desde que não incorresse nas citadas proibições.

III. Fica em aberto a possibilidade de, sob a capa erudita do Direito romano e das suas diversas manifestações, a partir da segunda sistemática, existir um fundo prático favorável à cessão de créditos. Essa eventualidade, que teria de ser confirmada através de adequadas investigações, permitiria explicar a facilidade com que, nos períodos históricos subsequentes, a cessão de créditos foi admitida.

## 309. O Código Comercial de 1833

I. O Código Comercial de Ferreira Borges (1833) fica fora dos habituais roteiros civilísticos. Todavia, ele tem o maior interesse teórico e, sobretudo, prático: modelou, durante a primeira fase da industrialização, o tráfego jurídico lusófono. Nesse Código, surgem diversas hipóteses de cessão de créditos, designadamente no campo dos títulos de crédito (330.º) e dos seguros (1780.º).

II. No âmbito da compra e venda, surgia a "cessão civil"[2693]. Retemos os artigos 495.º e 496.º:

> 495.º A venda ou cessão d'um credito comprehende os accessorios do credito, taes como a fiança, o privilegio e a hypotheca, salvos os casos expressos neste Codigo.

[2691] *Ord. Fil.*, Liv. IV, Tít. X, § 3.º = ed. Gulbenkian, 788.

[2692] *Ord. Fil.*, Liv. III, Tít. XXXIX = ed. Gulbenkian, 621.

[2693] A expressão "cessão civil" era já usada para a distinguir das "cessões" de títulos de crédito, de ações (de sociedades) e de direitos relacionados com os seguros.

496.º O vendedor d'um credito commercial não indossavel é sempre obrigado a garantir a existencia e legitimidade da divida ao tempo da transferencia. Mas não responde pela solvabilidade do devedor, salva convenção especial.

Fica em aberto a possibilidade de uma conexão entre o amplo acolhimento dado por Ferreira Borges à cessão de créditos e a anterior tradição do "traspassamento", que remonta ao século XVI.

### 310. **A pré-codificação**

I. Pascoal de Melo não refere, de modo expresso, a cessão de créditos. No entanto, abre as portas a esse instituto: admite a existência de coisas incorpóreas e a possibilidade de elas se transmitirem por tradição[2694]. Com isso aproxima-se dos racionalistas e, em especial, de Pufendorf[2695].

II. Correia Teles traduz uma transição do Direito comum para a influência napoleónica. Com efeito, em secção relativa à novação e à delegação, ele considera que[2696]:

> O credor pode sem consentimento do devedor ceder o seu crédito em outra pessoa: mas então é cedência e não delegação.

Todavia, prevê uma secção relativa ao procurador *in rem propriam*[2697]. A esse propósito, usa os termos seguintes[2698].

> Aquele que é constituído procurador *in rem propriam* subentende-se cessionário do direito e ação do constituinte. Se aquele direito lhe foi cedido liberalmente é doação; se for preço é compra e venda.

Prossegue o Autor[2699]:

[2694] Pascoal de Melo, *Institutiones iuris civilis lusitani*, Liv. III, tit. I, § X, ed. 1815, reimp. 1845, 10-11 e Liv. III, tit. II, § IX, *idem*, 17.

[2695] *Vide* Luís Menezes Leitão, *Cessão de créditos* cit., 147.

[2696] J. H. Correia Teles, *Digesto Portuguez* cit., 3.ª ed., 1, 156 (artigo 1207.º).

[2697] *Idem*, 3, 93-94 (artigos 651.º-664.º).

[2698] *Idem*, 3, 93 (artigo 651.º).

[2699] *Idem*, 3, 93 (artigo 652.º).

> A procuração não é revogável, nem expira pela morte do mandante ou mandatário, como qualquer outra.

Temos, sob algumas referências linguísticas tradicionais, o direito da cessão napoleónica.

III. No que tange à pré-receção do pandectismo, devemos começar por recordar Mackeldey: o grande inspirador de Coelho da Rocha[2700]. Mackeldey dedica um capítulo à cessão de créditos[2701]. Todavia, fiel à lógica da primeira pandectística, explica que ela não é possível, dada a natureza do vínculo obrigacional: haveria que recorrer ao esquema do *procurator in rem suam*[2702]. No seu desenvolvimento, este esquema aproximava-se da cessão.

IV. Nessa linha, Coelho da Rocha isola claramente a cessão de créditos, ainda que, por razões sistemáticas, a insira em rubrica sobre a sub-rogação. Diz, designadamente[2703]:

> O II. modo da subrogação convencional é a *cedencia* ou *cessão*, quando o crédor originario transmitte o seu direito, crédito ou acção a outro, sem o accôrdo do devedor; ou seja gratuitamente, o que equivale a uma doação; ou recebendo uma compensação, o que equivale a uma venda.

Menciona, depois, regras já conhecidas: a cedência envolve a dos acessórios do crédito, como a hipoteca e a fiança; o devedor, enquanto não for notificado ou não der o acordo à "sub-rogação" pode pagar ao primitivo credor ou transigir com ele; o cedente é responsável pela existência da dívida e não pela solvabilidade do devedor[2704]. Tal como Correia

[2700] *Vide* o nosso *Teoria geral do Direito civil/Relatório* (1988), 110 ss..

[2701] Ferdinand Mackeldey, *Manuel de Droit Romain*, trad. J. Beving, 3.ª ed. (1846), §§ 369-374 (189-191).

[2702] *Idem*, 189/I.

[2703] M. A. Coelho da Rocha, *Instituições do Direito civil portuguez* cit., 2.ª ed., 4 155 (1, 91). O Autor apoia-se no ALR e nas Ordenações (*Ord. Fil.*, Liv. IV, tit. X, § 3 = ed. Gulbenkian, 788) na parte em que, proibindo a cessão de direitos litigiosos, aceitam, *a contrario*, a de direitos "normais".

[2704] M. A. Coelho da Rocha, *Instituições* cit., § 156 (1, 92).

Teles[2705], Coelho da Rocha[2706] aceita a providência anastasiana: permite ao devedor liberar-se, em certas condições, da dívida, pagando ao cessionário a importância que este desembolsou pelo crédito, acrescida de despesas e de juros. Também nestes pontos parece clara a sombra de Napoleão. Coelho da Rocha deu, assim, um forte impulso à cessão de créditos, sendo de apontar ainda a esquecida influência de Ferreira Borges.

## 311. **O Códio de Seabra (1867)**

I. O Código Civil de Seabra conferiu, à cessão de créditos, uma posição sistematicamente relevante. Desviando-se do Código Napoleão, seguido pelos Códigos italiano (1865)[2707] e espanhol (1889)[2708] que inserem a matéria a propósito da compra e venda, o Código de Seabra considerou a cessão no título relativo aos contratos e obrigações em geral. Dedica-lhe uma secção própria (a X), depois da da sub-rogação (a IX) e antes da da confusão (a XI). À cessão dedica os artigos 785.º a 795.º.

II. O Código começa por apresentar a cessão nos termos seguintes (785.º)[2709]:

> O credor póde transmitir a outrem o seu direito ou credito, por titulo gratuito ou oneroso, independentemente de consentimento do devedor.

O § único desse preceito, tal como os artigos 786.º a 788.º, ocupava-se dos direitos litigiosos: será considerado na competente rubrica[2710].

III. O artigo 789.º firmava a eficácia da cessão: no que toca ao cedente, o direito cedido passa ao cessionário pelo facto do contrato; mas

[2705] J. H. Correia Teles, *Digesto* cit., 3, 94 (artigos 661.º e 662.º).

[2706] M. A. Coelho da Rocha, *Instituições* cit., § 156 (1, 105-106).

[2707] Artigos 1538.º a 1548.º; Sergio Sotgia, *Cessione di crediti e di altri diritti*, NDI III (1938), 70-76 (71/I ss.).

[2708] Artigos 1526.º a 1536.º. O artigo 1112.º dispusera que todos os direitos adquiridos em virtude de uma obrigação são transmissíveis, com respeito pelas leis, se não se tiver acordado o contrário.

[2709] José Dias Ferreira, *Código Civil Annotado* cit., 2, 1.ª ed., 275-278 e 2, 2.ª ed., 97-99.

[2710] *Infra*, 782 ss..

em relação ao devedor ou a terceiro, tal só sucede desde que a cessão seja notificada ao devedor ou, por outro modo, levada ao seu conhecimento, desde que por forma autêntica. Antes da notificação, pode o devedor pagar ao cedente (791.º), assim como os credores do cedente podem, nas mesmas circunstâncias, exercer os seus direitos sobre a dívida cedida (792.º).

O crédito cedido passa ao cessionário com todos os direitos e obrigações acessórias, salvo estipulação em contrário (793.º). O cedente assegura a existência e a legitimidade do crédito, mas não a solvência do devedor, salvo se assim se tiver estipulado (794.º); neste último caso, nada se dizendo em contrário, a garantia dura por um ano (795.º).

IV. Guilherme Moreira, no domínio do Código de Seabra, dedicou, à transmissão das obrigações, um capítulo autónomo[2711]: depois do dos efeitos e antes do da extinção das obrigações. Aí versava, sucessivamente, a sucessão, a cessão de créditos, a sub-rogação e a transmissão dos títulos de crédito[2712]. A exposição sobre a cessão é clara e aprofundada. Guilherme Moreira distingue claramente entre a cessão de um crédito e a transmissão de um direito real[2713]. A matéria dos créditos litigiosos mereceu natural atenção[2714]. A cessão é considerada um contrato autónomo, assegurando a automática transmissão do crédito. A notificação ao devedor é examinada: não se confunde com a *denuntiatio* romana, que visava evitar a renovação do mandato de que beneficiava o *procurator in rem propriam*[2715]. De todo o modo, a posição do devedor mantinha-se idêntica[2716]. Outros pontos eram esclarecidos.

V. No domínio do Código de Seabra, cumpre ainda referir o desenvolvimento dado à cessão por Cunha Gonçalves[2717]. Este Autor sublinha logo

[2711] Guilherme Moreira, *Instituições* cit., 2, 191-236.

[2712] Guilherme Moreira, *Instituições* cit., 2, 197, apoiava-se em Coelho da Rocha, Dias Ferreira, Saleilles, Giorgi, Mazzoni, Dernburg, Windscheid e Planiol, usando traduções italianas dos dois autores alemães citados. Além disso, Saleilles, Giorgi e Mazzoni podem ser considerados autores germanizados. A matriz de Guilherme Moreira é, assim, claramente pandectística.

[2713] *Idem*, 198.

[2714] *Idem*, 201-204; *infra*, 782 ss..

[2715] *Idem*, 206.

[2716] *Idem*, 207.

[2717] Luiz da Cunha Gonçalves, *Tratado de Direito civil* 5 (1932), 55-85.

que a cessão pode ter o carácter de venda, de aluguer ou de doação[2718]. É privativa de créditos e não de coisas corpóreas[2719]. Os créditos litigiosos merecem atenção, dado o espaço legislativo que Seabra lhes concedeu[2720]. As formalidades da cessão são expostas, com relevo para a notificação do devedor, fazendo-se a contraposição com o sistema de Windscheid, que via, nela, uma "tomada de posse" do crédito cedido[2721]. Os efeitos da cessão são examinados, com relevo para a transmissão dos direitos e obrigações acessórias[2722].

Em suma: podemos considerar que a matéria não suscitou, entre nós, especial controvérsia.

### 312. **Os preparatórios e o Código de 1966**

I. No âmbito da preparação do Código Civil de 1966, Vaz Serra dedicou, à cessão de créditos, um estudo extenso[2723]: até ao advento da monografia de Luís Menezes Leitão sobre a cessão de créditos, ela constituiu o mais completo estudo sobre a matéria, existente entre nós. No essencial, o Autor percorre o regime da cessão, ponderando as soluções dos diversos códigos civis mais divulgados. Atenta na forma da cessão[2724], no seu objeto, com cuidado aos direitos litigiosos[2725], nos efeitos da cessão[2726] e em certas cessões especiais[2727]. Conclui com um articulado extenso: 36 artigos, alguns de dimensão considerável[2728]. Iremos encontrar as várias opções feitas a propósito do regime vigente. Vaz Serra não teve margem para grandes opções, dados os antecedentes pacíficos acima apontados. A doutrina alemã exerceu, de todo o modo, a sua influência.

[2718] *Idem*, 57.
[2719] *Idem*, 58.
[2720] *Idem*, 60-64.
[2721] *Idem*, 64-71 (65).
[2722] *Idem*, 75-80 (77).
[2723] Adriano Vaz Serra, *Cessão de créditos ou de outros direitos*, BMJ, número especial (1955), 5-374, com 679 notas de rodapé.
[2724] *Idem*, 18 ss..
[2725] *Idem*, 28 ss. e 45 ss..
[2726] *Idem*, 106 ss..
[2727] *Idem*, 309 ss..
[2728] *Idem*, 347-374.

II. No seu anteprojeto geral sobre o Direito das obrigações, Vaz Serra deu uma melhor arrumação à matéria; procedeu, ainda, a uma certa síntese (artigos 115.º a 138.º)[2729]. Coube a Antunes Varela, logo na 1.ª revisão ministerial, simplificar o articulado (artigos 568.º a 578.º)[2730]. Houve alterações, que denotam a influência do Código Civil italiano, de 1942. A 2.ª revisão ministerial fez ajustamentos[2731], surgindo o texto final no projeto[2732].

III. Na sequência dos preparatórios sumariados, o Código Civil de 1966 ficou dotado de um capítulo IV do livro II, título I – Das obrigações em geral, especificamente dedicado à transmissão de créditos e de dívidas. Neste, a Secção I versa, precisamente, a cessão de créditos: 12 artigos, bastante circunstanciados: 577.º (admissibilidade da cessão); 578.º (direito aplicável); 579.º (proibição da cessão de direitos litigiosos); 580.º (sanções); 581.º (exceções); 582.º (transmissão de garantias e outros acessórios); 583.º (efeitos em relação ao devedor); 584.º (cessão a várias pessoas); 585.º (meios de defesa oponíveis pelo devedor); 586.º (documentos e outros meios probatórios); 587.º (garantia de existência do crédito e da solvência do devedor); 588.º (aplicação das regras da cessão a outras figuras).

IV. A cessão de créditos, nos cinquenta anos de vigência do Código Civil, originou rubricas nas obras gerais de Direito das obrigações[2733]. Deu lugar às monografias de Assunção Cristas[2734] e de Luís Menezes Leitão[2735],

[2729] Adriano Vaz Serra, *Direito das obrigações* cit. , 83-102.

[2730] *Código Civil/Livro II – Direito das obrigações*, BMJ 119 (1962), 112-115.

[2731] Jacinto Rodrigues Bastos, *Das obrigações em geral* III (1972), 117-159 onde, a propósito de cada artigo, as revisões ministeriais podem ser confrontadas.

[2732] *Projecto de Código Civil* cit., 169-172.

[2733] Os nossos *Direitos das obrigações* 2, 89-97 e *Tratado* IX, 1.ª ed., 217-224; João Antunes Varela, *Das obrigações em geral* cit., 2, 294-334; Mário Júlio de Almeida Costa, *Direito das obrigações* cit., 12.ª ed., 813-821; Jorge Ribeiro de Faria, *Direito das obrigações* 2 (1988), 501-547; Luís Menezes Leitão, *Direito das obrigações* 2, 9.ª ed. (2014), 15-32.

[2734] Maria de Assunção Cristas, *Transmissibilidade contratual do direito de crédito/ /do carácter real do direito de crédito* (2005), 612 pp., já referido.

[2735] Luís Menezes Leitão, *Cessão de créditos* (2005), 669 pp., também já referido.

bem como a outras intervenções menores ou indiretas[2736]. As suas principais aplicações práticas residem na cessão de créditos em garantia[2737] e na cessão financeira ou *factoring*[2738]. Num ponto que não tem sido sublinhado, verifica-se que a cessão de créditos serviu de matriz para as demais transmissões de obrigações: sub-rogação, assunção de dívidas e cessão da posição contratual. Merece, por isso, uma especial atenção.

## 313. **Os códigos brasileiros**

I. O Código Civil brasileiro de 1916, fiel à linha pandectística avançada, não teve dificuldade em reconhecer a cessão de créditos: artigos 1065.º a 1078.º[2739]. A cessão só vale em relação, ao devedor, depois de notificada (1069.º) e, em relação a terceiros, se não constar de instrumento público ou particular registado (1067.º).

II. O Código de 2002 conservou, em geral, o articulado anterior (286.º a 298.º)[2740]. Torna-se, assim, possível aproveitar a rica produção doutrinária existente.

[2736] Maria de Assunção Oliveira Cristas, *Dupla venda de um direito de crédito*, O Direito 132 (2000), 197-254.

[2737] Luís Miguel Pestana de Vasconcelos, *A cessão de créditos em garantia e a insolvência/Em particular da posição do cessionário na insolvência do cedente* (2007), 1078 pp., 367-541.

[2738] *Direito bancário*, 6.ª ed. (2016), 745 ss..

[2739] Paulo Merêa, *Codigo Civil brasileiro anotado* cit., 347-350.

[2740] José Miguel Medina/Fábio Caldas de Araújo, *Código Civil Comentado* cit., 309-316.

SECÇÃO II

# O REGIME DA CESSÃO

## § 70.º O ÂMBITO DA CESSÃO

### 314. A admissibilidade; abrangência e funções

I. O Código Civil entra na matéria da cessão de créditos afirmando, desde logo, que "o credor pode ceder a terceiro uma parte ou a totalidade do seu crédito, independentemente do consentimento do devedor ..." (577.º/1). A afirmação tem raízes históricas: visa afastar o entendimento milenário, ainda dominante na primeira pandectística, de que as posições obrigacionais, pela sua natureza pessoal, não podiam ser transmissíveis.

II. São cedíveis os diversos tipos de obrigações: salvo situações de incedibilidade, abaixo estudadas. Por tradição, a lei especifica as cessões parciais[2741], enquanto a doutrina dá especial atenção às obrigações futuras[2742]. Mas, para além disso, são cedíveis[2743]:

- os créditos vencidos e os não-vencidos; neste último caso, a cessão visa, muitas vezes, proporcionar ao credor cedente uma mobilização antecipada do capital, enquanto o cessionário irá beneficiar de uma mais-valia, porquanto irá adquirir o crédito abaixo do seu valor nominal;
- os créditos condicionados e não-condicionados, podendo a condição ser suspensiva ou resolutiva: desta feita, o cessionário, sendo a

[2741] *Infra*, 766 ss..

[2742] *Infra*, 779.

[2743] Cada autor alinha algumas destas possibilidades; referimos, como exemplo, François Terré/Philippe Simler/Yves Lequette, *Droit civil/Les obligations* cit., 11.ª ed., n.º 278 (1325-1326).

cessão onerosa e a menos que a própria transmissão seja, também, condicional, o que teria de ser acordado, vai ultrapassar a incerteza existente, recebendo algum valor; o risco será do cessionário;
- os créditos de *dare* ou de *facere*;
- os créditos isolados, por categorias inteiras ou em bloco;
- os créditos eventuais ou hipotéticos;
- os créditos naturais, os quais mantêm essa natureza;
- os créditos solidários, divisíveis, genéricos, alternativos, pecuniários, de juros, de indemnização e de informação;
- os créditos prescritos, logo se vendo se a precrição é invocada;
- os créditos caducados;
- os créditos não-cumpridos, seja qual for o estádio do não-cumprimento.

III. O sentido de uma cessão de crédito depende do negócio-base (578.º/1), abaixo analisado[2744]. Assim, ele pode visar a perceção de um preço, a realização de uma entrada social ou uma liberalidade, consoante o crédito seja vendido, usado para realizar o capital de uma sociedade ou doado a um cessionário-donatário. Consequentemente, a sua função será diversa. Normalmente, a cessão de um crédito é onerosa e visa proporcionar, como foi dito, a mobilização antecipada de parte do seu valor. Esse esquema, usado por instituições de crédito, proporciona uma via de financiamento: a cessão financeira ou *factoring*[2745].

Também a cessão com fins de titularização[2746] visa escopos financeiros: exigem-se algumas condições, para o efeito – artigo 4.º/1 do Decreto-Lei n.º 453/99, de 5 de 5 de novembro, alterado e republicado pela Lei n.º 103/2003, de 5 de dezembro e, novamente, pelo Decreto-Lei n.º 52/2006, de 15 de março.

A cessão pode ainda visar garantir um outro crédito: temos a cessão de créditos em garantia[2747]. Mas para além destas funcionalidades, a cessão de créditos preenche os mais diversos papéis, sejam eles típicos, numa

[2744] *Infra*, 791 ss..

[2745] *Direito bancário*, 6.ª ed., 745 ss..

[2746] João Calvão da Silva, *Titul[ariz]ação de créditos. Securization*, 3.ª ed. (2013), 284 pp., 11 ss..

[2747] Luís Miguel Pestana de Vasconcelos, *A cessão de créditos em garantia* cit., 543 ss..

lógica de mercado, sejam eles do foro individual de cada um dos seus titulares.

## 315. A cessão parcial

I. O artigo 577.º/1 explicita que a cessão pode visar uma parte ou a totalidade do crédito considerado. Uma transmissão parcial conduz a que o devedor possa ter dois ou mais credores quando, anteriormente, só tinha um. Tratando-se de uma obrigação pecuniária, cada um dos novos credores tende a ser pago no seu domicílio (774.º). Mesmo quando, em resultado dessa ocorrência, o devedor possa pagar no seu próprio domicílio (775.º), é obvio que a cessão vai implicar mais esforços, com os quais inicialmente não contava. Segundo Antunes Varela, a lei, ao admitir a cessão parcial, decidiu sacrificar os interesses do devedor, em prol da livre disposição do crédito[2748]. É certo que a cessão de créditos implica, em regra, inconvenientes para o devedor: um preço a pagar pela cedibilidade. Mas com limites: estritos e sistemáticos.

II. A cessão parcial só é possível quando a prestação seja divisível (209.º)[2749]. Prestações indivisíveis, para além do prejuízo dos credores, poderiam tornar insuportável a posição do devedor, obrigado a tentar ultrapassar uma situação para a qual não foi tido nem achado.

De seguida, verifica-se que a cessão parcial põe em crise o princípio da integralidade do cumprimento (763.º/1). É certo que essa integralidade visa, em primeira linha, defender o credor: tanto que este pode exigir apenas parte da prestação (763.º/2, 1.ª parte). Mas o devedor, que também tem interesse na integralidade, pode reagir, oferecendo a prestação por inteiro (763.º/2, 2.ª parte). Ora, é desse poder que ele vai ser despojado, em nome do mercado.

Finalmente, a cessão parcial não pode conduzir a uma situação tal que o cumprimento parcelado não seja exigível ao devedor, em nome da boa-fé

[2748] João Antunes Varela, *Das obrigações em geral* cit., 2, 7.ª ed., 296; também Pires de Lima/Antunes Varela, *Código Civil Anotado* cit., 1, 4.ª ed., 595.

[2749] Ludwig Enneccerus/Heinrich Lehmann, *Recht der Schuldverhältnisse* cit., 15.ª ed., § 78, III, 6 (313). O BGB não é explícito: a cessão parcial é, todavia, maioritariamente acolhida na doutrina; Karl Larenz, *Lehrbuch des Schuldrechts* cit., 1, 14.ª ed., § 34, I (579).

ou de outras regras de proteção[2750]. Pede-se, neste ponto, ao juiz, que faça uma prudente valoração da normalidade: desde que se ultrapassem significativamente os esforços suplementares exigíveis ao devedor, em nome da circulabilidade dos créditos, a cessão pode ser paralisada por abuso contrário à boa-fé, na vertente do desequilíbrio no exercício. A cessão parcial tem-se por inexigível, podendo o devedor exonerar-se perante o primitivo credor. A inexigibilidade da cessão pode, de resto, ser completa[2751].

III. Havendo cessão parcial, ambos os créditos daí resultantes conservam a idêntica graduação, em termos de concurso de credores: têm a mesma fonte inicial[2752]. Pode haver convenção que estabeleça, entre eles, alguma hierarquia[2753]. Na falta de tal convenção, aplica-se, diretamente ou por analogia, o artigo 783.º/1 (imputação do cumprimento feito pelo devedor): o *solvens* escolhe, de entre os vários créditos, aquele pelo qual vai efetivar a prestação[2754]. Em regra, feita uma cessão parcial, os diversos créditos daí resultantes seguem os seus destinos próprios[2755].

IV. A cessão parcial origina créditos qualitativamente idênticos, ainda que quantitativamente possam ser diferentes. Todavia, pode o credor ceder parte do valor configurado pelo seu crédito, onerando-o, isto é: constituindo, sobre ele, direitos de tipo diverso. Assim sucede com o penhor de créditos e com a alienação fiduciária em garantia[2756].

V. Em termos práticos, a cessão parcial tem lugar perante créditos pecuniários, de natureza bancária, quando os contratos em vigor, normalmente por adesão a cláusulas contratuais gerais, o prevejam. Fora dessa hipótese, uma cessão parcial, mesmo perante prestações totalmente divisíveis, vai fatalmente prejudicar o devedor. Este fica adstrito a uma multiplicação de atos de cumprimento, com distintos lugares de concretização,

[2750] RG 25-jan.-1935, RGZ 146 (1935), 399-404 (404). Wolfgang Lüke, *Grundfragen des Zessionsrechts*, JuS 1995, 90-96 (95); Jan Busche, no *Staudingers Kommentar* cit., § 398, Nr. 46 (152); Luís Menezes Leitão, *Cessão de créditos* cit., 312-313.

[2751] *Infra*, 771.

[2752] BGH 8-dez.-1966, BGHZ 46 (1967), 242-246 (243-244).

[2753] Peter Derleder, *Teilzession und Schudnerrechte*, AcP 169 (1969), 97-123 (100 ss.).

[2754] Jan Busche, no *Staudingers Kommentar* cit., § 398, Nr. 49 (152).

[2755] Karl Larenz, *Lehrbuch des Schuldrechts* cit., 1, 14.ª ed., 579.

[2756] *Tratado*, X, 679 ss. e 766 ss..

no caso de prestações pecuniárias (774.º). Não estando previamente acordada ela não será viável, designadamente por pôr em causa o princípio da integralidade.

## 316. Figuras afins

I. A cessão de créditos fica esclarecida contrapondo-a a figuras afins. Assim, ela distingue-se:

- da sub-rogação (589.º), que pressupõe um ato de cumprimento, enquanto a cessão de crédito é prévia a essa ocorrência[2757];
- da assunção de dívidas (595.º/1), que visa a transmissão de um débito e não de um crédito;
- da cessão da posição contratual (424.º), que envolve a transmissão de uma posição complexa de crédito e de débito e não, apenas, de um crédito;
- da procuração (262.º/1), que pode atribuir, a um terceiro, o poder de, em nome e por conta do credor, cobrar um crédito; o cessionário exerce um direito próprio e não uma posição alheia;
- do cumprimento feito a terceiros, sem poderes (268.º/1) ou em abuso de representação (269.º), desde que o credor o venha a ratificar [770.º, *b*)];
- do mandato (1157.º) que adstrinja o mandatário, eventualmente com poderes de representação, a cobrar uma dívida: de novo há um exercício por conta alheia e eventualmente, em nome alheio;
- da gestão de negócios (464.º), por via da qual o gestor pode assumir a cobrança de um crédito: o devedor não está adstrito a fazê-lo, numa situação que pode suscitar diversos problemas;
- da novação subjetiva (858.º), que ocorre caso cesse uma obrigação e surja, em sua substituição, novo vínculo, idêntico ao anterior, mas com um credor diferente: na cessão a obrigação mantém-se a mesma[2758].

II. Esquematicamente, a delimitação da cessão de créditos não oferece dificuldades. Na prática, podem ocorrer dúvidas, a ultrapassar com

[2757] RLx 23-fev.-2010 (Ana Resende), Proc. 1466/05.
[2758] STJ 19-nov.-2009 (Lopes do Rego), Proc. 2250/06.

recurso à ideia da proteção do devedor. As alterações subjetivas não podem piorar sensivelmente a posição do devedor[2759]. Daí que, na dúvida, se deva optar pela situação menos pesada, para ele. Tenha-se presente que a cessão de créditos, tal como as figuras que a circundam, surgiu em moldes histórico-culturais, por oposição a criações racionais. Daí que surjam áreas de sobreposição, a esclarecer em função do princípio enunciado.

Adiantamos ainda que a cessão de créditos foi consignada nas codificações francesa e alemã antes de ter sido firmada a natureza complexa da obrigação. Hoje sabe-se que qualquer relação obrigacional, particularmente através da técnica dos deveres acessórios, envolve posições ativas e passivas para ambas as partes. Com isso, a cessão de créditos aproxima-se da cessão da posição contratual[2760]: um ponto delicado, abaixo desenvolvido[2761].

## 317. **Não-cedibilidade pela natureza do vínculo**

I. O artigo 577.º/1 prevê três hipóteses de não-cedibilidade dos créditos: (a) a proibição legal; (b) a proibição contratual; (c) a natureza da prestação. Caminhando, como se impõe, da base para o topo, a ordem de exposição será outra: natureza do vínculo, proibição contratual e proibição legal.

II. A hipótese de a natureza do vínculo em jogo obstar à cessão é expressa, pelo artigo 577.º/1, *in fine*, nos termos seguintes: (...) *o crédito não esteja, pela própria natureza da prestação, ligado à pessoa do devedor*. Aparentemente, estamos perante uma fórmula subjetiva, inspirada no artigo 1260.º/1 do Código italiano: este só admite a cessão quando o crédito não tenha natureza estritamente pessoal. Contrapõe-se à formula objetiva do § 399 do BGB[2762]: a cessão não é possível quando a prestação feita a outrem possa implicar uma alteração do seu conteúdo.

[2759] Quanto à cessão e à tutela do devedor: Udo Kornblum, *Schuldnerschutz bei der Forderungsabtretung*, BB 1981, 1296-1309; Günter Christian Schwarz, *Zum Schuldnerschutz bei der Aufrechnung abgetretener Forderungen: Normstruktur und Reichweite des § 406 BGB*, AcP 203 (2003), 241-281, relativo ao exercício da compensação, pelo devedor e em face de créditos cedidos.

[2760] Luís Menezes Leitão, *Cessão de créditos* cit., 584-585.

[2761] *Infra*, 787.

[2762] Rolf Stürmer, no Jauernig/BGB cit., 15.ª ed., §§ 399-400 (558-562).

O artigo 577.º/1, no troço ora em causa, deve ser aproximado do 767.º/2, *in fine*: o credor não pode ser constrangido a receber, de terceiro, a prestação, quando a substituição o prejudique. Não oferece dúvidas a bilateralização: o devedor não tem de cumprir perante um terceiro, quando isso o prejudique. Não é, pois, a "ligação à pessoa" que, por si, impede a cessão: antes a natureza da conduta e os efeitos dela resultantes. Assim, um interessado pode ceder a outrem o direito a ser vacinado, em certos dia e hora, por um enfermeiro reconhecidamente cuidadoso: e isso apesar de estar em causa uma prestação ligada à pessoa do devedor. Tudo depende de saber se, para o devedor (o enfermeiro) há prejuízo com a alteração do credor (o interessado).

A não-cedibilidade deve ser objetivamente aferida pela natureza do vínculo. Além da integração sistemática acima referida, devemos ter presente a área do comércio jurídico em que o tema se coloca: a da circulação dos bens. Imperam, aí, as necessidades de segurança, não-conciliáveis com subjetivismos.

III. A natureza do vínculo pode obstar à cessão em três hipóteses básicas[2763]: (a) a de créditos de personalidade; (b) a de créditos *intuitu personae*; (c) a de créditos não-autónomos ou acessórios. Em todos estes casos, a natureza não-cedível deve ser objetivamente detetável. Vamos ver.

São créditos de personalidade os que se prendam com bens ligados à pessoa do devedor. Assim sucede com prestações de serviço médico personalizado, com a execução de um retrato ou com serviços de advocacia. Tais créditos estão, de resto, rodeados por densas estruturas de deveres acessórios. Em termos de tráfego jurídico, a presença de bens de personalidade é facilmente discernível: não vemos que, desta restrição, advenham problemas para o mercado. Na dúvida, o crédito não é cedível: impor-se-ia o acordo do devedor, se o direito for disponível. Um bom critério auxiliar reside na penhorabilidade.

IV. O crédito é *intuitu personae* sempre que seja estabelecido tendo em conta as características pessoais das partes envolvidas. Assim sucede nos créditos que envolvam o gozo (o uso e a fruição ou, apenas, o uso) de

[2763] Adaptamos a ordenação de Jan Busche, no *Staudingers Kommentar* cit., 2, §§ 397-432, § 399, Nr. 5-49 (167-178). Um tratamento simplificado pode ser visto no (entre nós: influente) Ludwig Enneccerus/Heinrich Lehmann, *Recht der Schuldverhältnisse* cit., 15.ª ed., § 78, IV, 1 (313-314).

coisas corpóreas, como ocorre na locação e no comodato. Além disso, há *intuitu personae* no mandato e nas prestações de serviço, mesmo quando não envolvam bens de personalidade: pense-se numa empreitada, em que não é indiferente nem a pessoa do dono da obra, nem a do empreiteiro ou no depósito, em que os depositante e depositário se afirmam pelos seus perfis respetivos. Também temos *intuitu personae* nos negócios bancários, particularmente nas garantias.

V. Finalmente, temos créditos embricados em situações complexas, de onde não podem ser desinseridos e créditos rodeados de deveres acessórios delicados, que não os acompanham. Por exemplo: um crédito ligado a um imperioso dever de sigilo: não pode ser cedido, pois isso envolveria a quebra do dever em causa.

Podemos inserir aqui os créditos cuja atribuição por quem não seja o primitivo credor, dê azo a uma inexigibilidade *ex bona fide*[2764]. Essa eventualidade, que exige ponderadas razões[2765], opera, sobretudo, perante a acima referida cessão parcial ou em face da cessão, a pessoas diferentes, de créditos resultantes da mesma relação jurídica[2766]. Pelo Direito lusófono, ela poderia ser constituída por um abuso do direito de ceder, na fórmula do exercício em desequilíbrio: causar, à contraparte, um prejuízo desconforme com a natureza da situação em jogo.

## 318. O *pactum de non cedendo*

I. O artigo 577.º/1 afasta expressamente a cedibilidade, no caso de haver uma cláusula estipulada pelas partes que proíba a cessão. Trata-se do *pactum de non cedendo*. Uma manifestação do princípio subjacente consta do artigo 767.º/2, o qual veda o cumprimento por terceiro quando tenha havido uma estipulação nesse sentido, numa regra cuja bilateralização não levanta dúvidas. Ou seja: se prevê uma cláusula que proíba a prestação por terceiro, também configura a convenção que vede o cumprimento a um terceiro.

[2764] Gottfried Baumgärtel, *Die Unzumutbarkeit der Forderungsabtretung*, AcP 156 (1957), 265-290 (269, 273, 279 e 290). o § 242 do BGB tem aplicação

[2765] BGH 20-dez.-1956, BGHZ 23 (1957), 53-57 (56).

[2766] Jan Busche, no *Staudingers Kommentar* cit., Einl zu §§ 398 ff., Nr. 45 (91).

II. O *pactum de non cedendo* corresponde a um dado da autonomia privada. Podem as partes acordar na configuração do seu direito, como melhor entenderem. Mesmo nos casos em que exista uma tipicidade, como ocorre com os direitos reais, os pactos de não-transmissibilidade são válidos, conquanto que com eficácia meramente obrigacional (1306.º/1, 2.ª parte), O artigo 577.º/1 enfatiza esta possibilidade, por influência do Código italiano (1260.º/II)[2767], por seu turno inspirado no BGB alemão (§ 399, 2.ª parte)[2768]. Este, por seu turno, derivou da conveniência, apontada aquando da preparação do BGB, de contemplar restrições desse tipo, muito usadas no sector dos seguros e dos transportes[2769].

III. Apesar das apontadas evidências, o *pactum de non cedendo* coloca problemas ao mercado[2770]. No tráfego moderno, a total disponibilidade dos direitos para, com eles, serem praticadas as mais diversas operações, é básica. Assim sendo, qual o sentido de uma proibição de cedência de direitos?

Na doutrina alemã, já se entendeu que o *pactum de non cedendo* atingia o próprio crédito, colocando-o numa situação de intransmissibilidade[2771]. Teria como que eficácia real: qualquer negócio que contraditasse tal *pactum* seria nulo. Esta opção, demasiado radical e pouco harmoniosa com a natureza essencialmente relativa das obrigações veio a ser atenuada por sucessivas tomadas de posição, patentes na doutrina mais recente. Assim, admitiu-se que a cessão contrária ao *pactum*, fixada apenas no interesse do devedor, pudesse ser eficaz quando confirmada

[2767] Pietro Perlingieri, *Della cessione dei crediti* cit., 20 ss., com interessantes considerações, designadamente em face do Código italiano de 1865, omisso na matéria.

[2768] Kurt Wolfgang Nörr, em Kurt Wolfgang Nörr/Robert Scheyng/Wolfgang Pöggeler, *Sukzession, Forderungszession, Vertragsübernahme, Schuldübernahme*, 2.ª ed. (1999), XII + 294 pp., § 3 (19 ss.); Rolf Stürner, no Jauernig cit., 15.ª ed., §§ 399-400, Nr. 6 ss. (560 ss.); *vide* Claus-Wilherlm Canaris, *Die Rechtsfolgen rechtsgeschäftlicher Abtretungsverbote*, FS Rolf Serick (1992), 9-35; Wolfagang Lüke, *Das Rechtsgeschäftliche Abtretungsverbot*, JuS 1992, 114-116; com elementos comparatísticos: Ute Goergen, *Das Pactum de non cedendo/eine Untersuchung zum vertraglichen Abtretungsverbot im englischen, französischen und deutschen Recht unter Einbeziehung internationaler Harmonisierungsinitiativen* (2000), 249 pp..

[2769] Christian Berger, *Rechtsgeschäftliche Verfügungsbeschränkungen* (1998), XIX + 414 pp., 232-236, com indicações.

[2770] Horst Eidenmüller, *Die Dogmatik der Zession* cit., 462.

[2771] Karl Larenz, *Lehrbuch des Schuldrechts* cit., I, 14.ª ed., § 34, I, 1 (581)

por este[2772]. Também como atenuante, já se sustentou que tudo depende dos termos do *pactum de non cedendo*: deste poderia, conforme o acordado, resultar uma eficácia absoluta ou relativa[2773]. As partes poderiam colocar o crédito totalmente fora do comércio jurídico ou, tão-só, obrigar o credor a não o ceder. Apesar desta delimitação, a doutrina[2774] e a jurisprudência[2775] alemãs continuam a admitir uma eficácia forte do *pactum de non cedendo*, particularmente útil quanto a proibições de cessões parciais[2776].

IV. A possibilidade de restringir, por via de um contrato, a livre transmissibilidade dos direitos de crédito é severamente julgada pela análise económica do Direito[2777]. No essencial, ela traduziria um entrave à circulação e à criação de riqueza, assente em puras razões formais. Também por isso, os instrumentos internacionais[2778] e os projetos europeus[2779] são pouco favoráveis ao *pactum de non cedendo*. Todavia, certas áreas como a

[2772] Hellmut Scholz, *Die verbotswidrige Abtretung*, NJW 1960, 1837-1839; Georg Furtner, *Die rechtsgeschäftliche Verfügungsbeschränkungen und ihre Sicherung*, NJW 1966, 182-189 (186/I e II); Claus-Wilherlm Canaris, *Die Rechtsfolgen rechtsgeschäftlicher Abtretungsverbote* cit., 32-33; Peter Bülow, *Zu den Vorstellung des historischen Gesetzgebers über die absolute Wirkung rechtsgeschäftlicher Abtretungsverbote*, NJW 1993, 901--902; outras indicações: Luís Menezes Leitão, *Cessão de créditos* cit., 307-308; Assunção Cristas, *Transmissão contratual do direito de crédito* cit., 481 ss..

[2773] Eberhard Wagner, *Absolute Wirkung vertraglicher Abtretungsverbote gleich absolute Unwirksamkeit verbotswidriger Abtretung?*, JZ 1994, 227-233 (232/I); *idem*, *Rechtsgeschäftliche Unübertragbarkeit und § 137 S. 1 BGB: Zur Teleologie einer "Fundamentalnorm"*, AcP 194 (1994), 451-478 (468-472).

[2774] Jan Busche, no *Staudingers Kommentar* cit., § 399, Nr. 53 (179-180) e *passim*.

[2775] BGH 14-out.-1963, BGHZ 40 (1964), 156-165 (160); BGH 1-fev.-1978, BGHZ 70 (1978), 299-304 (303); BGH 31-out.-1990, BGHZ 112 (1991), 387-391 (389-390); BGH 11-mar.-1997, ZIP 1997, 1072-1076 (1073).

[2776] BGH 12-mai.-1971, BGHZ 56 (1971), 173-180 (175).

[2777] Bernd Depping/Frank Nikolaus, *Das rechtsgeschäftliche Abtretungsverbot auf dem Prüfstand ökonomischer Analyse des Rechts*, DB 1994, 1199-1203 (1203, propondo mesmo uma alteração legislativa); Fernando Araújo, *Teoria económica do contrato* (2007), 762-764, com indicações; Assunção Cristas, *Transmissão contratual do direito de crédito* cit., 482-483.

[2778] *Vide* a Convenção de Otava sobre a cessão financeira.

[2779] *Vide* o DCFR III – 5:108: contém uma regra básica de cedibilidade (*A contractual prohibition of, or restriction on, the assignment of a right does not affect the assignability of the right*), com recortes negativos e exceções a estes últimos.

dos seguros[2780] e dos transportes, em regra através de cláusulas contratuais gerais, impõem restrições à livre transmissibilidade dos créditos: muitas vezes impostas aos particulares, elas afiguram-se sectorialmente úteis às respetivas indústrias.

V. O Código Civil, bem assente nos preparatórios de Vaz Serra[2781], resolveu o problema: a convenção que proiba ou restrinja a possibilidade de cessão não é oponível ao cessionário, salvo se este a conhecia no momento da cessão (577.º/2). Em regra e pela sua própria natureza, as obrigações são conhecidas, apenas, pelas partes: o *pactum de non cedendo* perde, com isso, eficácia prática, perante cessionários.

Quando o cessionário desconheça a cláusula de incedibilidade, a cessão torna-se-lhe inoponível[2782]. O devedor exonera-se – ou pode fazê-lo – perante o credor inicial. Mas pode, logicamente, aceitar a cessão contraventora, cumprindo perante o cessionário. Aliás, ele está bem colocado para optar: a cessão deve ser notificada ao devedor (583.º/1): e nesse preciso momento, ele constata que o *pactum de non cedendo* foi violado.

VI. Resta precisar alguns aspetos formais. O *pactum de non cedendo* pode ser celebrado no momento da constituição do crédito ou ser ulterior. A lei não impõe qualquer forma. Todavia, pelo seu significado – afastar o poder de disposição – ela deve seguir a forma legalmente exigida para a constituição do crédito, quando a haja (221.º). A declaração pode ser tácita, nos termos gerais: uma hipótese frequente quando seja acordado um dever de confidencialidade ou quando a constituição do crédito tenha implicado uma troca de informações sujeitas a sigilo[2783].

[2780] Assim: BGH 31-out.-1990, já citado.

[2781] Adriano Vaz Serra, *Cessão de créditos ou de outros direitos* cit., 96-97.

[2782] O crédito não fica fora do comércio jurídico: pode circular entre terceiros de boa-fé – e serão todos ou quase todos. Antunes Varela, *Das obrigações em geral* cit., 2, 7.ª ed., 305, em nota, parece dizer o contrário; todavia, resulta do contexto que ele apenas pretendeu "aproveitar" uma citação de Larenz, citação essa que só faz sentido perante o Direito alemão.

[2783] Jan Busche, no *Staudingers Kommentar* cit., § 399, Nr. 54 (180), com indicações.

## 319. **As proibições legais**

I. O artigo 577.º/1 exclui da área da admissibilidade da cessão a hipótese de ela ser interdita por determinação da lei. De facto, diversas normas legais vedam, expressa ou implicitamente, a cessão de certos créditos. Tal pode suceder: (a) em razão da natureza do crédito em si, sendo a proibição de cessão absoluta; (b) por motivo das pessoas que nela intervenham, sendo a proibição meramente relativa. São proibições absolutas:

- artigo 2008.º: o direito a alimentos não pode ser renunciado ou cedido (2008.º/1, 1.ª parte); de resto, também não é penhorável (2008.º/2);
- artigo 280.º do CT: o trabalhador só pode ceder, a título gratuito ou oneroso, o seu crédito à retribuição, na medida em que o mesmo seja penhorável;
- artigo 78.º da Lei n.º 98/2009, de 4 de setembro: os créditos provenientes do direito à reparação por acidente de trabalho são inalienáveis, impenhoráveis e irrenunciáveis.

As razões de ser de tais proibições parecem claras: trata-se de prestações assistenciais que o Direito pretende não deixem de beneficiar o concreto credor contemplado por elas.

II. Temos proibições de cessão relativas:

- artigo 579.º: os direitos litigiosos não podem ser cedidos às pessoas que tenham intervenção no processo; esta proibição dá lugar a um pequeno complexo normativo, pelo que lhe dedicaremos uma rubrica própria[2784];
- artigo 1892.º/1: sem autorização do tribunal[2785], os pais não podem ser cessionários de créditos ou outros direitos do filho, salvo determinadas exceções;
- artigo 1937.º, *b*): prevê um esquema similar, relativamente ao tutor.

[2784] *Infra*, 782 ss..

[2785] Hoje: do Ministério Público, segundo o artigo 2.º/1, *b*), do Decreto-Lei n.º 272/2001, de 13 de outubro.

Existem outras restrições a negócios entre certas pessoas, restrições essas que têm aplicação à cessão de créditos[2786]. Esse ponto deve ser verificado caso a caso.

[2786] Luís Menezes Leitão, *Cessão de créditos* cit., 296-303.

## § 71.º O OBJETO DA CESSÃO

### 320. **Créditos futuros**

I. O objeto da cessão ora em estudo é o direito de crédito. Todavia, alguns direitos de crédito levantam prolemas próprios, que cumpre analisar. O primeiro tem a ver com a cessão de bens futuros: um tema que suscita um especial interesse, na literatura lusófona[2787].

II. A cedibilidade de créditos futuros tem raízes romanas e pandectísticas[2788]. À partida, ela não colocava problemas distintos dos da cessão em geral, somados aos da venda de bens futuros, pacífica na área comercial.

Aquando da feitura do BGB, a possibilidade de ceder créditos futuros não foi especialmente considerada; mas esteve presente na comissão da reforma, que admitiu a cessão de todo o tipo de créditos[2789]. E nessa linha, o *Reichsgericht*, em muito citada decisão de 29-nov.-1903, veio admitir, como válida, uma cessão desse tipo[2790]. Todavia, em anotação, Eccius vem defender energicamente a posição oposta: seria impensável dispor de coisas que não existam[2791].

[2787] Assim: Adriano Vaz Serra, *Cessão de créditos* cit., 35-44; Carlos Alberto da Mota Pinto, *Cessão da posição contratual* cit., 226-234; João Antunes Varela, *Das obrigações em geral* cit., 2, 7.ª ed., 316-319; Luís Menezes Leitão, *Cessão de créditos* cit., 414-440, como obra de referência.

[2788] Martin Pagenkopf, *Zur Abtretung künftiger Forderungen* (1978), XII + 210 pp., 1-12.

[2789] Horst Heinrich Jakobs/Werner Schubert, *Recht der Schuldverhältnisse §§ 241 bis 432* (1978), 740 ss. (742).

[2790] RG 29-nov.-1903, RGZ 55 (1904), 334-335 = DJZ 1903, 573.

[2791] Max Ernst Eccius, *Zur Frage der Abtretung künftiger Forderungen*, DJZ 1904, 53-56 (54); o Autor reforçou a sua posição em *Wesen der Verfügung des Bürgerlichen Gesetzbuchs*, Gruchot 48 (1904), 465-470 e em *Abtretung künftiger Forderungen*, Gruchot 53 (1909), 1-7.

A favor da cedibilidade de créditos futuros manifestaram-se, de seguida, Heuer[2792], Lippmann[2793], von Tuhr[2794] e Grünbaum[2795]. Contra votaram E. Strauss[2796], Windscheid/Kipp[2797] e Barth[2798]. A posição favorável tornou-se maioritária[2799], tendo o apoio da jurisprudência[2800]. Hoje, ela surge pacífica: podem ser transmitidos créditos, independentemente do momento do seu vencimento ou do seu surgimento[2801].

III. No Direito português – quiçá ao contrário do alemão, onde se admitem cessões abstratas – o problema não pode ser colocado *ad nutum*, em face da cessão. Segundo o artigo 578.º/1, os requisitos e os efeitos da cessão definem-se em função do tipo de negócio que lhe serve de base. Será, pois, à luz do negócio-base que se responderá à questão da cedibilidade de créditos futuros. Alguns dos traços desse negócio-base podem ser convocados. Assim:

- o negócio-base deve ter um conteúdo determinável (280.º/1): quando o perfil do crédito futuro não resulte desse negócio nem encontre, nele, os elementos que permitam essa determinação, há nulidade e a cessão não opera;

[2792] Heuer, *Ist die Abtretung zukünftiger Forderungen nach dem BGB mögliche?*, DJZ 1903, 28-29 (29/I), esclarecendo que só deve ser explicitado o objeto da cessão.

[2793] Lippmann, *Die Gründe für die Annahme einer Unübertragbarkeit zukünftiger Forderung*, DJZ 1904, 255-258 (258).

[2794] Andreas von Tuhr, *Verfügung über zukünftiger Forderungen*, DJZ 1904, 426-431 (430), apesar de reconhecer a sua estrutura própria.

[2795] Grünbaum, *Zur Frage betreffend Verfügung über zukünftige Forderungen*, DJZ 1905, 801-803.

[2796] E. Strauss, *Ist die Abtretung zukünftiger Forderungen nach dem BGB moglich?*, DJZ 1903, 342/I e II (342/II): os direitos condicionados podem ser transmitidos; mas não os que não existam.

[2797] Bernhard Windscheid/Theodor Kipp, *Lehrbuch des Pandektenrechts* cit., § 335 (2, 392), um troço devido a Kipp, já que Windscheid faleceu em 1892.

[2798] A. Barth, *Verfügungen über zukünftigen Rechte*, Gruchot 58 (1914), 577-613 (578 ss.).

[2799] Outros elementos: Luís Menezes Leitão, *Cessão de créditos* cit., 416-417, que dá conta, igualmente, da evolução processada em França – *idem*, 417-418.

[2800] RG 29-set.-1903, RGZ 55 (1904), 334-335; RG 1-out.-1907, RGZ 67 (1908), 166-168 (167); RG 8-abr.-1932, RGZ 136 (1932), 100-106; BGH 25-out.-1952, BGHZ 7 (1953), 365-371 (367); BGH 22-jun.-1989, BGHZ 108 (1990), 98-109 (104).

[2801] Jan Busche, no *Staudingers Kommentar* cit., § 398, Nr. 63, 155-156, com indicações.

- o negócio-base não pode ser contrário à ordem pública ou aos bons costumes (280.º/2): tal sucederia com cessões de créditos que tenham a ver com valores humanos não-patrimoniais ou que não devam ser objeto de especulações lucrativas;
- não deve estar em causa um esquema de jogo ou de aposta: quando esse fosse o caso e o negócio fosse lícito, teríamos, quando muito, uma "cessão natural" (1245.º), insuscetível de execução judicial;
- o negócio-base não pode ser gratuito: a doação de créditos futuros é nula (942.º/1);
- a cessão de créditos futuros, quando onerosa, segue o esquema geral da compra e venda de bens futuros (939.º).

A cessão de créditos futuros é, em geral, possível. O artigo 211.º admite, como coisas, as futuras, enquanto o artigo 408.º/2 regula a hipótese de transferência de coisa futura. Os contornos de tal transferência dependem, no concreto, do negócio-base. E é ainda esse negócio-base que irá fixar os precisos termos de tal cessão, definindo-lhe o perfil.

IV. Sendo a cessão, por via do tipo do negócio-base, possível, temos três hipóteses a considerar:

- o crédito já existe, mas é exigível: a transmissão opera não havendo, em rigor, um "crédito futuro";
- existem os elementos que vão conduzir ao surgimento do crédito; por exemplo, é vendido, em outubro, o valor da colheita que irá ocorrer na primavera; ou é vendido o preço a receber pelo negócio definitivo, quando existe, apenas, um contrato-promessa;
- não há ainda qualquer processo que conduza à constituição do crédito cedido; nessa eventualidade, o negócio deve comportar elementos que tornem determinável esse direito.

A cessão (venda) de expectativas é possível. Se a expectativa cedida já for um direito, temos uma transmissão comum. Se for uma hipótese de direito, há crédito futuro, cabendo insistir na determinabilidade do negócio. Não há qualquer obstáculo em alienar direitos eventuais ou de constituição aleatória: nos termos gerais, a transferência dependerá do seu surgimento.

V. Havendo cessão de créditos futuros, pertence à tradição jurídica discutir qual o momento da aquisição pelo cessionário. Temos duas teorias[2802]:

- a teoria da aquisição direta (*Direkterwerb*) ou da imediação (*Unmittelbarkeitstheorie*): a aquisição do crédito futuro dar-se-ia, direta e imediatamente, na esfera jurídica do cessionário[2803];
- a teoria da transmissão (*Durchgangserwerbtheorie*): a aquisição ocorreria na esfera do cedente, passando, depois, à do cessionário[2804].

A essas teorias junta-se uma terceira, hoje dominante, a que ficam especialmente ligados os nomes de Larenz[2805], de Gerd Müller[2806] e de Jan Busche[2807]: uma teoria mista. Haveria que distinguir:

- créditos cujo fundamento jurídico (*Rechtsgrund*) já exista no momento da cessão: assim, perante direitos de constituição formados ou em face de relações jurídicas duradouras[2808]: a aquisição operaria diretamente na esfera do cessionário;
- créditos cujo fundamento jurídico não exista, no momento da cessão: a aquisição dar-se-ia na esfera do cedente, passando depois à

[2802] Com elementos: Luís Menezes Leitão, *Cessão de créditos* cit., 421 ss.; Jan Busche, no *Staudingers Kommentar* cit., § 398, Nr. 71-76 (158-160).

[2803] Wolfgang Pöggeler, em Nörr/Scheyhing/Pöggeler, *Sukzession* cit., 2.ª ed., § 9, II (113); Wolfgang Marotzke, *Die logische Sekunde/Ein Nullum mit Dauerwirkung*, AcP 191 (1991), 177-200 (177 ss.). Esta teoria remonta à já referida decisão do RG 29-nov.-1903, RGZ 55 (1904), 334-335 e a Andreas von Tuhr, *Verfügung über künftige Forderungen* cit., 429.

[2804] Planck/Siber, § 398, Erl. 1 b/B); Ludwig Enneccerus/Heinrich Lehmann, *Recht der Schuldverhältnisse* cit., 15.ª ed., § 78, III, 3 (312-313); Hans Egert, *Die Rechtsbedingung im System des Bürgerlichen Rechts* (1974), XXI + 234 pp., 60-63; Rolf Serick, *Eigentumsvorbehalt und Sicherungsübertratung* – IV – (1976), § 47 IV 2, 320-324.

[2805] Karl Larenz, *Lehrbuch des Schuldrechts* cit., I, 14.ª ed., § 34, III (585-586).

[2806] Gerd Müller, *Vorausverfügung über gesellschaftsrechtliche Einzelsansprüche und Übertragung der Mitgliedschaft*, ZIP 1994, 342-356 (346 ss.).

[2807] Jan Busche, no *Staudingers Kommentar* cit., § 398, Nr. 73-75 (158-160).

[2808] BGH 18-dez.-1967, BGHZ 49 (1968), 197-209 (205); Christian Armbruster, *Abtretung künftiger gesellschaftsrechtlicher Vermögensansprüche bei anschließendem Verlust der Gesellschaftserstellung*, NJW 1991, 606-608 (607-698); Peter O. Mülbert, *Das inexistente Anwartschaftsrecht und seine Alternative*, AcP 202 (2002), 912-950 (945-946).

do cessionário[2809]; a cessão ficaria sem objeto caso a aquisição não opere ou não se verifique na esfera do cessionário[2810].

VI. No Direito lusófono, a doutrina tem-se pronunciado a favor da teoria da transmissão[2811]. Nesse sentido, referem-se os artigos 1058.º (a liberação ou cessão de rendas ou alugueres não vencidos é inoponível ao sucessor entre vivos do locador, na medida em que tais rendas ou alugueres respeitem a períodos de tempo não decorridos à data da sucessão) e 821.º (*idem*, são inoponíveis, mas agora, ao exequente, quando respeitem a períodos de tempo não decorridos à data da penhora). *Summo rigore*, esses artigos não são decisivos: apenas recordam que não é possível ceder créditos futuros que não se venham a constituir; se tais créditos futuros vierem a surgir noutras esferas, eles não poderiam ter sido cedidos. De novo não devemos transpor, sem mais, a doutrina alemã para o nosso Direito, uma vez que a cessão é, entre nós, sempre causal.

A resposta ao ponto de saber se o crédito futuro se forma, logo, na esfera do cessionário ou se opera na do cedente, passando, depois, à do cessionário, depende do negócio-base. As duas hipóteses são possíveis. Assim:

- se for transmitido o *status* originador do crédito "futuro", este, quando surja, ocorre já na esfera do cessionário;
- se se tratar de um crédito comum, ele surge na esfera do cedente, só depois passando ao cessionário.

Nesta segunda hipótese, sobrevindo a insolvência do cedente, o crédito futuro, quando surja, fica "bloqueado" na esfera deste: o cessionário é um credor comum, não podendo passar à frente dos demais, mediante a captação imediata, na sua esfera jurídica, de um bem valioso que a todos poderia interessar[2812]. Na primeira, apenas o *status* transferido poderia responder; seria necessário atuar por via pauliana, para aproveitar a todos os credores.

[2809] BGH 22-fev.-1956, BGHZ 20 (1956), 88-102 (100-101).

[2810] BGH 19-set.-1983, BGHZ 88 (1984), 205-209 (207 e BGH 14-jul.-1997, BB 1997, 1858-1860 (1859).

[2811] Carlos Alberto da Mota Pinto, *Cessão da posição contratual* cit., 230-232; Luís Menezes Leitão, *Cessão de créditos* cit., 423-424.

[2812] Mais elementos: Luís Menezes Leitão, *Cessão de créditos* cit., 432 ss..

Embora assumindo a natureza causal da cessão chega-se, por esta via, a uma solução semelhante à alemã. Em qualquer caso, não é necessário emitir mais declarações de vontade.

VII. Quando a cessão de créditos futuros opere por compra e venda ou por outro negócio oneroso, tem aplicação o artigo 880.º: o cedente fica obrigado a exercer as diligências necessárias para que o cessionário adquira os bens vendidos, segundo o que for estipulado ou resultar das circunstâncias do contrato.

### 321. Créditos litigiosos

I. O artigo 579.º/3 define como litigioso o direito que tiver sido contestado em juízo contencioso, ainda que arbitral, por qualquer interessado[2813]. Não basta a eventualidade de uma contestação, sob pena de todos os créditos do Mundo se considerarem litigiosos. Pois bem: os créditos litigiosos têm um regime especial: não podem ser transmitidos a pessoas que intervenham na composição do litígio. E a razão é simples: visa-se evitar que ocorra uma perturbação – ou uma suspeita de perturbação – no processo de composição do litígio ou no preço do crédito.

II. A especificidade dos créditos litigiosos remonta ao Direito romano tardio. Embora não sendo específica para créditos litigiosos, ocorre recordar a lei de Anastásio (509) ou *lex anastasiana*, pela qual, ocorrendo uma compra de crédito por baixo preço, o devedor poderia liberar-se pagando ao cessionário esse mesmo preço, mais os juros[2814]. A medida visou combater a especulação e o aproveitamento de dificuldades do credor ou de incertezas quanto ao seu crédito, para conseguir benefícios excessivos. Ao longo do período intermédio, a preocupação de moralizar os tribunais levou à proibição do comércio de direitos litigiosos. As *Ordenações Filipinas*, em troço já citado[2815], vedava a venda de "cousa litigiosa". A "aução (ação) real" também não podia, antes da demanda, ser cedida a "algum poderoso"[2816]: categoria que abrangia os juízes.

[2813] Pires de Lima/Antunes Varela, *Código Civil Anotado* cit., 1, 4.ª ed., 597.

[2814] C. 4.35.22 = ed. Paul Krüger cit., II, 175/II; *vide* Max Kaser, *Das römische Privatrecht* cit., I, 2.ª ed., § 276, I, 3 (453). *Vide supra*, 739 e 759.

[2815] *Ord. Fil.*, Liv. IV, Tít. X, § 3.º = ed. Gulbenkian, 788.

[2816] *Ord. Fil.*, Liv. III, Tít. XXXIX = ed. Gulbenkian, 621.

III. O Código de Seabra deu grande importância ao tema[2817]. Assim, o artigo 785.º permitia a cessão, em geral. Mas logo o seu § único dispunha[2818]:

> Mas, se os direitos ou creditos forem litigiosos, não poderão ser cedidos de qualquer forma a juizes singulares ou collectivos, nem a outras auctoridades, se esses direitos ou creditos forem disputados nos limites em que ellas exercerem as suas attribuições. A cessão feita com quebra do que fica disposto n'este § será de direito nulla.

Portanto e na linha da proibição teodosiana de venda a "poderosos", o direito litigioso não podia ser cedido a "auctoridades" com um papel no processo. Mas o titular do direito litigioso gozava ainda, em geral, do remédio anastasiano. Assim, segundo o artigo 786.º do mesmo Código de Seabra[2819]:

> O devedor de qualquer obrigação litigiosa, cedida por título oneroso, póde livrar-se satisfazendo ao cessionario o valor que este houver dado por ella, com seus juros, e as demais despezas feitas na acquisição, excepto (...).

Essa saída só estava em aberto enquanto o litígio não fosse resolvido com trânsito em julgado (787.º, do Código de Seabra). O "direito litigioso" era definido no artigo 788.º[2820]:

> É tido como direito litigioso, para os effeitos declarados, aquelle que foi contestado na sua substancia, em juizo contencioso, por algum interessado.

Havia que determinar o "verdadeiro" preço da cessão, para que o devedor pudesse lançar mão do remédio anastasiano. Havendo título, vale-

[2817] O Código Napoleão consagrou a medida anastasiana no seu artigo 1699.º, limitando-a a direitos litigiosos. Não vedava, todavia, a cessão de tais direitos, quando feita a favor de certas pessoas.

[2818] José Dias Ferreira, *Codigo civil annotado* cit., 2, 1.ª ed., 275 e 2, 2.ª ed., 97-98.

[2819] *Idem*, 2, 1.ª ed., 278 e 2, 2.ª ed., 99.

[2820] *Idem*, 2, 1.ª ed., 279 e 2, 2.ª ed., 101.

ria o valor aí indicado. Na sua falta, o ónus da prova cairia sobre o devedor, nos termos gerais[2821].

IV. Estes antecedentes são importantes, para melhor entender o Direito em vigor. Nos preparatórios, Vaz Serra ponderou as duas tradicionais medidas de proteção: a teodosiana, que vedava a venda aos "poderosos" e a anastasiana, que permitia ao devedor cumprir pagando o preço da cessão. Optou pela conservação da primeira, alargando-a às pessoas perante as quais procedessem as razões da proibição[2822]. Mas quanto à segunda, Vaz Serra hesitou[2823]: acabou por admiti-la, mas apenas quando o cessionário tivesse "o intuito de especular". Essas e outras cautelas davam lugar a regras pesadas[2824], que passaram ao anteprojeto global (121.º e 122.º), em moldes sintetizados[2825]. Mas o remédio anastasiano não sobreviveu à 1.ª revisão ministerial (568.º a 578.º)[2826]. A explicação depreende-se das próprias hesitações de Vaz Serra: no Direito comercial, a possibilidade de vender, ainda que por baixo preço, um crédito litigioso, pode ter o maior interesse empresarial; o Código civil italiano de 1942, que acolheu o Direito comercial, aboliu, por isso, a *lex anastasiana*; a influência do *codice* foi determinante, nas revisões ministeriais.

V. O Código de 1966 alargou a ideia de "direito litigioso": basta, agora, qualquer contestação e não apenas, como sucedia com Seabra, a contestação "na sua substância" (788.º do Código de Seabra).

Também o círculo de pessoas impedidas de adquirir foi ampliado, relativamente ao Direito anterior: abrange, agora, os juízes, os magistrados do Ministério Público, os funcionários de justiça e os mandatários judiciais, se o processo decorrer na área onde habitualmente exerçam a sua atividade ou profissão e isso quer a cessão seja feita diretamente, quer por interposta pessoa; além disso, a proibição alarga-se a peritos e a outros auxiliares de justiça, que tenham intervenção no processo (579.º/1). A cessão por "interposta pessoa" é explicitada: ocorre quando feita ao cônjuge

[2821] Guilherme Moreira, *Instituições* cit., 2, 202: cabe ao devedor provar a eventual simulação; Luiz da Cunha Gonçalves, *Tratado* cit., 5, 62.

[2822] Adriano Vaz Serra, *Cessão de créditos* cit., 46-54.

[2823] *Idem*, 54-73.

[2824] *Idem*, 352-355.

[2825] Adriano Vaz Serra, *Direito das obrigações* cit., 87-89 ("resgate litigioso").

[2826] BMJ 119 (1962), 112-115.

do inibido, a pessoa de quem ele seja herdeiro presumido[2827] ou a pessoa acordada com o mesmo (579.º/2). Todas estas ocorrências devem ser provadas por quem delas se queira prevalecer[2828].

VI. O Código Civil complementa o dispositivo da proibição de, a certas pessoas, ceder direitos litigiosos. Assim:

- tal cessão é nula (580.º/1, 1.ª parte);
- o cessionário fica ainda obrigado a reparar os danos, nos termos gerais (580.º/1, 2.ª parte); uma vez que existe uma obrigação legal de não efetuar este tipo de cessão, a responsabilidade é obrigacional, com presunção de "culpa" (799.º/1);
- a nulidade pode ser invocada pelo próprio cessionário (580.º/2)): para que não haja dúvidas, embora esse seja o regime geral das nulidades.

A proibição de cessão de créditos ou de direitos litigiosos não tem lugar nos casos enumerados no artigo 581.º: (a) quando feita ao titular de um direito de preferência ou de remição, relativo ao direito cedido; (b) quando vise a defesa de bens possuídos pelo cessionário; (c) quando feita ao credor em cumprimento do que lhe seja devido.

Todo este dispositivo é reforçado pelo artigo 876.º, que alarga a proibição de cessão de direitos litigiosos, em geral, à compra e venda e, daí, a todos os contratos onerosos (939.º).

## 322. Créditos com prestações recíprocas

I. A cessão de créditos está desenhada para operar em face de obrigações simples, assentes num credor e num devedor. Idealmente, ela opera perante créditos pecuniários. Na prática, todavia, a generalidade dos créditos inscreve-se em relações complexas, nas quais cada sujeito é, em simultâneo, credor e devedor. Pergunta-se se, em tal eventualidade, a cessão é possível e, sendo-o, quais as consequências para o conjunto obrigacional envolvido.

[2827] Presunção esta que, relativamente ao filho de um mandatário geral, é considerada *iuris et de iure*: RPt 6-jul.-2010 (Vieira e Cunha), CJ XXXV (2010) 3, 193-196 (195/II).

[2828] STJ 7-jan.-2010 (Lázaro Faria), Proc. 1557/2002.

II. Na eventualidade de uma cessão que envolva posições complexas, nas quais cada sujeito seja, em paralelo, credor e devedor, seríamos tentados a apelar para uma cessão da posição contratual (424.º/1). Esta figura é, todavia, complexa; além disso, tem o inconveniente de exigir o consentimento do cedido (424.º/1, *in fine*). As realidades económicas exigem a maior margem possível, para a cessão. Esta será possível em contratos bilaterais ou com posições recíprocas?

A questão foi especialmente discutida, na Alemanha, após a entrada em vigor do BGB. Este Código admite a cessão de créditos e a assunção de dívidas: mas não se ocupa da cessão da posição contratual. A doutrina da época deu uma resposta positiva[2829], numa situação confirmada até aos nossos dias[2830]. Na hipótese de uma cessão de um crédito inserido num sinalagma, a relação de reciprocidade mantém-se, mau grado a cessão[2831].

III. O Direito lusófono poderia parecer mais delicado: uma vez que admite especialmente a cessão da posição contratual, expressamente destinada a contratos com prestações recíprocas, não seria de reconduzir a esta as "cessões unilaterais"?

Se excluirmos situações muito simples, podemos considerar que não existem créditos totalmente isolados. O próprio credor fica sempre adstrito a deveres acessórios (762.º/2), de tal modo que, *summum rigore*, uma cessão de crédito "pura" não seria possível. De resto, foi nessa base que, historicamente, a possibilidade de ceder créditos surgiu questionada, durante milénios. A cessão de créditos representa, sempre, um certo desenraizamento, colocando o devedor numa situação que, inicialmente, lhe escapava. Trata-se do preço a pagar pelo mercado e pela circulação de riqueza. O Código Civil reconhece essa situação e dá-lhe remédio: o cessionário não recebe, apenas, "direitos": ele acolhe, com eles, alguns deveres e sujei-

[2829] Alfred Wolff, *Die Abtretung von Forderungen aus gegenseitigen Verträgen nach allgemeinen Grundsätzen* (1916), 49 pp., 17 ss.; Walter Brügmann, *Die Abtretung von Forderungen aus gegenseitigen Verträgen* (1934), XVI + 110 pp., 4 ss., 91 ss. e *passim*; Egon Schwarz, *Die Abtretung von Forderungen aus gegenseitigen Verträgen* (1935), 32 pp., 7 ss..

[2830] Joachim Gernhuber, *Sinallagma und Zession*, FS Ludwig Raiser 70. (1974), 57-98; Jan Busche, no *Staudingers Kommentar* cit., § 398, Nr. 43 (89).

[2831] RG 21-out.-1903, RGZ 55 (1904), 402-404 (403); BGH 22-fev.-1971, BGHZ 55 (1971), 354-358 (356); BGH 21-jun.-1985 (WM 1985, 1106-1108 (1108/I).

ções, de tal modo que o devedor lhe pode opor os meios de defesa que lhe cabiam contra o cedente: ainda que ele os ignorasse (585.º)[2832].

IV. O passo seguinte reside na cessão de um crédito inserido numa relação marcada pela reciprocidade. Em princípio, isso é possível. A relação fica "desarticulada": o antigo credor mantém-se adstrito à contraprestação perante o devedor, enquanto este deve, depois da cessão, cumprir em face do novo credor. Uma situação desse tipo vai, inevitavelmente, alterar a situação existente, envolvendo esforços superiores para as partes. Perante essa eventualidade, o Direito oferece as seguintes linhas de solução:

- constituição prévia de garantias adequadas;
- estipulações destinadas a dirimir obstáculos supervenientes;
- celebração de um *pactum de non cedendo*;
- inexigibilidade, *ex bona fide*, do resultado da cessão em jogo;
- inviabilidade da cessão, por a isso se opor a natureza da prestação envolvida.

V. Na prática, a cessão de créditos serve, sobretudo, para a circulação de créditos pecuniários ou de instrumentos financeiros similares. A cessão da posição contratual, por seu turno, tem como núcleo duro de aplicação as obrigações duradouras. A proximidade entre as duas formas de transmissão das obrigações é, todavia, um facto reconhecido[2833].

## 323. **Direitos potestativos, prestações secundárias e deveres acessórios**

I. A cessão de créditos tem um recorte dirigido ao direito à prestação principal. Na base desta, é possível a valoração básica que a permite: tanto dá, ao devedor, cumprir perante o credor inicial ou uma pessoa diversa. A Ciência do Direito atual permite, todavia, explicar que não há direitos isolados a prestações: estão sempre envolvidas situações jurídicas complexas que rodeiam o direito a uma prestação. Cabe verificar até que ponto os elementos integrativos dessas situações jurídicas se transmitem.

[2832] *Infra*, 769 ss..

[2833] Luís Menezes Leitão, *Cessão de créditos* cit., 584 ss..

II. Os direitos potestativos são genericamente transmissíveis por cessão, nos termos do artigo 588.º[2834]. Quando integrados em situações complexas, cabe distinguir[2835]:

- direitos potestativos legalmente ligados ao crédito principal: eles transmitem-se com este; pense-se no direito de interpelar ou de fixar um prazo razoável (808.º/1) ou no de invocar as consequências de uma mora[2836];
- direitos potestativos contratualmente ligados a esse mesmo crédito: transmitem-se igualmente; assim sucede com uma cláusula penal[2837] ou com uma convenção de arbitragem ou com a convenção relativa ao foro competente[2838];
- direitos potestativos autónomos: eles carecem de uma "cessão" específica, a eles dirigida[2839], a menos que, pelas regras gerais de interpretação, se conclua que eles se transferiram com o crédito principal[2840].

As faculdades gerais de uso potestativo, como a de invocar a nulidade do contrato original ou o direito potestativo de pedir a sua anulação, acompanham, necessariamente, o crédito cedido[2841]. Podemos, ainda, referir direitos potestativos como os referentes à *exceptio non adimpleti contractus*, ao *commodum* da representação, à resolução e à invocação de vícios

[2834] Pires de Lima/Antunes Varela, *Código Civil Anotado* cit., 1, 4.ª ed., 603; Anja Verena Steinbeck, *Die Übertragbarkeit von Gestaltungsrechten* (1994), 118 pp..

[2835] Jan Busche, no *Staudingers Kommentar* cit., § 413, Nr. 13 (289).

[2836] Michael Junker, *Der Umfang des einem einem Zessionar zu leistenden Schadensersatzes wegen Verzuges bei. Abtretung vertraglicher Ansprüche*, AcP 195 (1995), 1-12.

[2837] Uwe Seetzen, *Sekündare Gläubigerrechte nach Abtretung des Hauptanspruchs aus einem gegenseitigen Vertrag/Zugleich ein Beitrag zum Schuldnerschutz*, AcP 169 (1969), 352-371 (368 ss.).

[2838] Anne Hoβfeld, *Die Abtretung Schieds- und Gerichtsstandsgebundener Forderungen* (2013), XIV + 251 pp., 35 ss., 46, 62 ss., 197 e *passim*.

[2839] BGH 17-jan.-2002, WM 2002, 649-650 (650/I). Na doutrina: Christian Ahcin//Christian Armbrüster, *Grundfälle zum Zessionsrecht*, JuS 2000, 450-456; Jan Schürnbrand, *Gestaltungsrechte als Verfügungsgegenstand*, AcP 204 (2004), 177-207 (203 ss.).

[2840] BGH 24-out.-1985, BGHZ 96 (1986), 146-151 (147-148).

[2841] Ingeborg Schwenzer, *Zession und sekundäre Gläubigerrechte*, AcP 182 (1982), 214-253 (248 ss.); Jan Busche, no *Staudingers Kommentar* cit., § 413, Nr. 14 (289).

da coisa[2842]. A regra geral é simples: ninguém perde direitos pelo facto de ter ocorrido uma cessão de créditos[2843].

III. As prestações secundárias estão, em regra, funcionalmente ligadas às principais. *Grosso modo*, elas correspondem a estipulações feitas pelas partes, de modo a reforçar um determinada tipo pretendido de aproveitamento, pelo credor. A contraprestação a que haja lugar é estabelecida tendo em conta a aportação representada por esse tipo de prestações. Assim, podemos considerar que, em regra, elas são transmitidas em conjunto com o crédito principal. De resto, essa é a solução que deriva do artigo 582.º, relativo à transmissão de garantias e outros acessórios, abaixo examinado[2844].

IV. Os deveres acessórios acompanham as diversas situações jurídicas, adaptando-se às suas vicissitudes. Configurados perante a prestação em jogo, eles acompanham necessariamente o crédito, quando este seja cedido. Podem mesmo intensificar-se, aquando da cessão, de modo a manter intacta a posição do devedor. Por exemplo, ao adquirir um crédito, o novo cessionário poderá ter um dever especial, *ex bona fide* (762.º/2), de se informar convenientemente do perfil da obrigação envolvida. Também os deveres de segurança e de lealdade não podem deixar de se adaptar à nova situação.

## 324. **Outros direitos**

I. O artigo 588.º prevê que as regras da cessão de créditos sejam extensivas, na parte aplicável, à cessão de quaisquer outros direitos não

[2842] Uwe Schwenze, *Sekundäre Gläubigerrechte nach Abtretung des Hauptanspruchs* cit., 362 ss., 366 ss. e 370 ss.; Ingeborg Schwenzer, *Zession und sekundäre Gläubigerrechte* cit., 224, 229, 242 e 245.

[2843] Helmut Köhler, *Forderungsabtretung und Ausübung von Gestaltungsrechten*, JZ 1986, 516-518 (518/II), Uwe Seetzen, *Positive Vertragsverletzung gegenüber Zedent oder Zessionar?*, MDR 1970, 809-812 (809/I e 811/II).

[2844] *Infra*, 793 ss..

excetuados por lei, bem como à transferência legal ou judicial de créditos[2845]. Esse preceito retoma o § 413 do BGB[2846].

Subjacente ao artigo em causa está uma regra civil da maior importância: a da livre transmissibilidade de todos os direitos, salvo se a isso se opuser a sua natureza, a convenção válida ou um específico mandamento legal. Admite-se que o preceito não seja constitutivo: ele apenas dá corpo a um princípio geral, corolário lógico da propriedade e da autonomia privadas. Tem assento no artigo 62.°/1 da Constituição.

II. Entre os direitos envolvidos pelo artigo 588.° contam-se:

- os direitos potestativos independentes, tais como o direito de resolver a venda a retro (927.°), o direito de aquisição derivado de uma promessa unilateral (412.°/2) e o direito de opção; o direito de preferência, ao contrário do que sucede noutros direitos, só é cedível havendo cláusula nesse sentido;
- as propostas de contrato;
- os direitos participativos que não tenham natureza pessoal, com observância de eventuais regras civis, comerciais e estatutárias;
- os direitos sobre bens imateriais, como os direitos de autor e os direitos industriais;
- os direitos de garantia, mau grado a acessoriedade[2847];
- os direitos de tipo público, salvo regras especiais.

Em compensação, não são "cedíveis", nos termos do artigo 577.° os direitos de família, pela sua natureza pessoal e os direitos reais, na medida em que disponham de regras próprias.

III. Devemos ter presente que a figura da cessão de créditos, assente numa evolução histórico-cultural alongada, constitui uma referência para quaisquer transmissões: incluindo a de situações passivas.

[2845] Pires de Lima/Antunes Varela, *Código Civil Anotado* cit., 1, 4.ª ed., 603-604.

[2846] Rolf Stürner, no Jauernig, *BGB/Kommentar* cit., 15.ª ed., § 413 (573); Jan Busche, no *Staudingers Kommentar* cit., § 413 (286-292).

[2847] Quanto à transmissão separada da fiança: Luís Menezes Leitão, *Cessão de créditos* cit., 326, com indicações.

## § 72.º O REGIME DA CESSÃO

### 325. O negócio-base

I. O artigo 578.º/1 dispõe que os requisitos e os efeitos da cessão, entre as partes, são definidos em função do tipo de negócio que lhe serve de base. Pressupõe-se, assim, a existência de dois planos:

– um negócio-base, que dá corpo ao acordo entre o cedente e o cessionário e que promove o efeito translativo: a compra e venda do crédito, o contrato de sociedade que preveja a entrega do crédito como realização da entrada ou a doação do mesmo;
– a cessão em si, que exprime o ato e o efeito da transmissão.

Na linguagem corrente e mesmo em textos jurídicos, usa-se o termo "cessão" de modo a abarcar o conjunto representado pelo negócio-base e pela cessão.

O Código de Seabra não era explícito: mas já pressupunha a distinção. O seu artigo 785.º, ao dispor que o credor possa transmitir a outrem o seu direito, "por título gratuito ou oneroso", postulava que, ao lado da cessão, houvesse um "título" que a ela conduzisse.

II. A cessão de créditos, de acordo com o sentir geral do Direito lusófono, é causal: pressupõe uma fonte (ou causa) a qual é, justamente, o negócio-base[2848]. A hipótese de uma pura cessão, sem qualquer negócio a suportá-la, negócio esse que, logicamente, dependerá da consistência do direito do cedente, é duplamente afastada:

[2848] João Antunes Varela, *Das obrigações em geral* cit., 2, 7.ª ed., 258; Luís Menezes Leitão, *Cessão de créditos* cit., 291 ss..

- pelo próprio artigo 578.º/1, que remete os dados essenciais do regime para o negócio-base;
- pelo artigo 585.º que, ao permitir, ao devedor, opor os meios de defesa invocáveis contra o cedente, mesmo contra o cessionário de boa-fé, mantém o crédito cedido ligado à origem.

A cessão de créditos lusófona contrapõe-se, deste modo, ao esquema alemão. Apesar de o BGB não ser explícito[2849], a doutrina, desde o início, considerou a natureza abstrata da cessão[2850], à semelhança dos demais negócios transmissivos. Hoje, considera-se haver um "contrato de cessão" dispositivo, cuja validade é independente do negócio obrigacional subjacente[2851]. O fundamento da cessão pode não existir ou não ser revelado. Quando isso aconteça e a cessão falhe ou seja inválida, recorre-se ao esquema do enriquecimento sem causa.

Todavia, na prática atual, admite-se que a cessão e o negócio-base possam constituir uma unidade, quando essa seja a vontade das partes. Nessa eventualidade, a invalidade do negócio-base, por via do § 139 (nulidade parcial do negócio, que envolve a do conjunto) acarreta a da cessão[2852].

III. Cabe ao negócio-base, em cada cessão, definir:

- os requisitos subjetivos, com relevo para a capacidade das partes, as regras que devam presidir à sua representação e a concreta legitimidade para alienar e para adquirir;
- os requisitos objetivos, incluindo a titularidade da posição, a sua disponibilidade concreta, a admissibilidade do negócio no seu todo, em face do artigo 280.º e dos de mais preceitos delimitadores da autonomia privada;
- os requisitos de conteúdo: dependendo do tipo em jogo (compra e venda, doação ou sociedade, como exemplos), eles podem envolver

[2849] O primeiro projeto comportava uma regra que codificava expressamente a natureza abstrata da cessão; subsequentemente, tal regra veio a ser considerada desnecessária; o texto pode ser confrontado em Jan Busche, no *Staudingers Kommentar* cit., Einl. zu §§ 398 ff., Nr. 20 (83).

[2850] Paul Oertmann, *Bürgerliches Gesegtzbuch/Recht der Schuldverhältnisse*, 3.ª e 4.ª ed. (1910), Vorbem. zu §§ 398 ff., Nr. 3 (307).

[2851] Karl Larenz, *Lehrbuch des Schuldrechts* cit., I, 14.ª ed., § 34, I (579).

[2852] Jan Busche, no *Staudingers Kommentar* cit., Einl. zu §§ 398 ff., Nr. 21 (83); há outras disposições paralelas, aí referidas.

as mais diversas situações; a cessão pode ainda advir de negócios totalmente atípicos.

IV. A remissão do artigo 578.º/1 para o regime do negócio-base abrange, também, as regras formais. Alguma doutrina entende que, na falta de regras específicas (e salvo o caso do artigo 578.º/2), tem aplicação o artigo 219.º: a cessão poderia operar sem quaisquer exigências de forma[2853]. Não pode ser: mal se compreenderia que um crédito sujeito, na sua constituição, a uma forma solene, pudesse ser "cedido" com um telefonema, um SMS ou um *email*. O negócio-base terá, ele próprio, regras formais, em regra influenciadas pelo direito a ceder, regras essas que deverão ser observadas pela cessão. A remissão do artigo 578.º/1 abrange, pois, também as regras formais.

O artigo 578.º/2 confirma essa orientação: a cessão de créditos hipotecários, quando não seja feita em testamento e a hipoteca recaia sobre bens imóveis, deve constar de escritura pública ou de documento particular autenticado[2854].

V. A cessão não subsiste sem o negócio-base: sendo este nulo, nula é a cessão. Nessa eventualidade, há que seguir as regras da restituição, previstas no artigo 289.º.

Consequência, ainda, da causalidade da cessão é a necessidade de objeto do negócio-base: sem ele, não há fonte válida nem cessão. A nulidade do contrato que origine o crédito cedido envolve a nulidade do conjunto e, logo, a da própria cessão[2855].

## 326. **A transmissão de garantias e outros acessórios**

I. A natureza complexa das obrigações reflete-se na complexidade dos próprios créditos. Como adiantado, eles não redundam, apenas, no direito à prestação principal. Antes abrangem prestações secundárias e

[2853] João Antunes Varela, *Das obrigações em geral* cit., 2, 310: seria mesmo "ponto assente".

[2854] Na redação dada pelo artigo 4.º do Decreto-Lei n.º 116/2008, de 4 de julho; anteriormente exigia-se, sempre, a escritura pública.

[2855] STJ 30-out.-1997 (Miranda Gusmão), BMJ 470 (1997), 559-567: um acórdão também interessante por aludir à doutrina das relações contratuais de facto.

outros acessórios. A cessão de créditos, ainda que com sacrifício para uma dogmática obrigacional pura, veio a ser consagrada nas legislações modernas por imperativos do mercado e do tráfego patrimonial. Em coerência com tais exigências, havia que permitir a circulação dos créditos com todas as vantagens a eles inerentes. O cessionário não pode ficar melhor que o aderente: este não transmite o que não tem. Mas também não há de ficar pior, ou haveria, em cada cessão, uma destruição de riqueza.

II. O Código de Seabra, no seu artigo 793.º, já dispunha[2856]:

> O credito cedido passa ao cessionario com todos os direitos e obrigações acessorias, não havendo estipulação em contrario.

Vale o brocardo *accessorium sequitur principale*, presente, a propósito da cessão, no Código Napoleão (1692.º)[2857], no BGB (§ 401)[2858] e no Código italiano (1263.º)[2859].

A lei começa por prever a transmissão das garantias. Ficam desde logo abrangidas a fiança (627.º), a consignação de rendimentos (656.º), o penhor (666.º), a hipoteca[2860] (686.º) e os privilégios creditórios[2861]. A transferência do aval depende da transmissão do título de crédito onde esteja exarado. Dúvidas têm ocorrido a propósito da garantia bancária autónoma[2862]. Pela nossa parte, mau grado o qualificativo "autónoma", entendemos que a garantia bancária[2863] não deixa de ter uma certa acessoriedade, ainda que fraca[2864]: ou não seria garantia. Também funcionam nas chamadas garantias à primeira solicitação. Podem as partes, num como no

[2856] José Dias Ferreira, *Código Civil Annotado* cit., 2, 1.ª ed., 280 e 2.ª ed., 105.

[2857] J.-A. Rogron, *Code Civil expliqué* cit., 445/I.

[2858] Rolf Stürner, no Jauernig cit., 15.ª ed., § 401 (562-564); Jan Busche, no *Staudingers Kommentar* cit., § 401 (194-207).

[2859] Gabriella Anghelone, em Guido Alpa/Giovanni Iudica, *Codice civile annotato* cit., 1212-1213.

[2860] STJ 14-out.-2010 (Gonçalo Silvano), CJ/Supremo XVIII (2010) 3, 135-137 (137/I) = Proc. 4374/05.

[2861] RLX 3-nov.-2010 (Maria do Rosário Morgado), Proc. 4021-E/1986.

[2862] Luís Menezes Leitão, *Cessão de créditos* cit., 327-329.

[2863] Insistimos no "bancária" porque, perante o Direito português vigente, tal garantia só pode ser emitida por uma instituição de crédito: *Tratado* X, 181-182.

[2864] *Idem*, 550 ss..

outro caso e quer aquando da emissão da garantia, quer no próprio ato da cessão, dispor de outro modo[2865].

III. Quanto aos acessórios que se transmitem com o crédito, são referidos[2866]: (a) o direito a juros; (b) o direito ao *commodum* de representação (794.º e 803.º); (c) o direito à indemnização; (d) as cláusulas penais; (e) os direitos potestativos ligados ao crédito cedido[2867]; (f) os direitos a prestações secundárias; (g) os deveres acessórios, com a dinâmica acima apontada[2868]; (h) as exceções ligadas ao crédito; (i) as estipulações quanto ao foro; (j) a convenção de arbitragem. A transmissão dos direitos acessórios é automática. Ela não carece de ser notificada especialmente: basta a notificação geral prevista no artigo 583.º[2869].

## 327. **Efeitos perante o cessionário**

I. A cessão produz a transmissão do direito de crédito: da esfera jurídica do cedente, para a do cessionário. As prestações eventualmente associadas a essa transmissão dependem do negócio-base. Assim, se o crédito for vendido, surge a obrigação, por parte do cessionário, de pagar ao cedente o preço acordado. Alguns pontos podem, todavia, ser generalizados.

II. O cedente deve prestar ao cessionário todas as informações pertinentes, relativas ao crédito cedido[2870]. Essas informações abarcam o direito em causa e o seu perfil[2871], bem como a fonte respetiva e as vicissitudes que hajam ocorrido. Ficam envolvidas as características básicas do

[2865] Quanto à transmissão automática da garantia autónoma: RLx 11-dez.-2002 (Vaz das Neves), CJ XXVII (2002) 5, 97-101 (99/II).

[2866] Luís Menezes Leitão, *Cessão de créditos* cit., 324-351.

[2867] *Supra*, 788.

[2868] *Supra*, 789.

[2869] Assim o citado acórdão da RLx 11-dez.-2002, CJ XXVII, 100/I.

[2870] O § 402 do BGB comporta uma norma explícita, nesse sentido; *vide* Frank Peters, *Die Zession, § 402 BGB und das Recht des Schuldners auf informationalle Selbstbestimmung*, AcP 206 (2006), 843-866; Jan Busche, no *Staudingers Kommentar* cit., § 402, Nr. 9-12 (208-209).

[2871] Jan Busche, no *Staudingers Kommentar* cit., § 402, Nr. 9-12.

devedor[2872], das quais, de resto, depende o valor e a consistência do crédito. Esse dever de informação, genericamente assente no artigo 762.º/2, pode ser restringido:

- pela natureza da obrigação; esta, *ex bona fide* (762.º/2), pode comportar deveres de confidencialidade;
- por algum acordo de confidencialidade celebrado entre as partes; tal acordo, no limite, pode mesmo constituir um *pactum de non cedendo*;
- por deveres legais de sigilo, como os que decorrem do segredo bancário[2873].

III. Além das informações, o cedente deve entregar ao cessionário os documentos e outros meios de prova do crédito, que estejam na sua posse e em cuja conservação não tenha interesse legítimo (586.º). Como alternativa, ele pode entregar cópia.

IV. O credor garante ao cessionário a existência e a exigibilidade do crédito ao tempo da cessão; mas isso nos termos aplicáveis ao negócio, gratuito ou oneroso, de que a cessão decorra (587.º/1)[2874]. No fundo, este preceito remete-nos para o negócio de base, surgindo como uma faceta do artigo 578.º/1.

O artigo 587.º/2 explicita que o cedente não garante a solvência do devedor, salvo se a isso expressamente se tiver obrigado. Não obstante, quando o credor cedente tenha conhecimento de um (mau) estado patrimonial do devedor, a boa-fé determina que esse facto seja informado.

### 328. **Efeitos perante o devedor; os meios de defesa**

I. A cessão de créditos, à partida, não pode prejudicar o devedor. O cedente não pode ceder mais do que aquilo de que efetivamente disponha: *nemo plus iuris transferre potest quam ipse habet*. Justamente por isso, a cessão é possível, sem o consentimento do devedor. *Summo rigore*,

[2872] *Vide*, ainda, Frank Peters, *Die Zession* cit., 849; Christian Grüneberg, no Palandt cit., 75.ª ed., § 402, Nr. 2 (628-629).

[2873] Arne Klüwer/Matthias Meister, *Forderungsabtretung und Bankgeheimnis*, WM 2004, 1157-1163 (1158/II).

[2874] RLx 24-mar.-2009 (Rui Vouga), Proc. 10316/2008 (ponto 4).

como foi visto, há sempre um certo inconveniente para este. Trata-se do preço a pagar pela circulabilidade da riqueza. Esse inconveniente deve, todavia e como vimos[2875], manter-se nas margens da exigibilidade.

II. Decorrência do *nemo plus iuris transferre potest* é a conservação dos meios de defesa do devedor: pode opor ao cessionário, mesmo que este os ignorasse, todos os meios de defesa que lhe seria lícito invocar contra o cedente (585.º, 1.ª parte). Ficam naturalmente ressalvados os que provenham de facto posterior ao conhecimento da cessão (585.º, 2.ª parte). Tais "novos" meios permitir-lhe-ão agir, sendo o caso, contra o primitivo credor; mas não contra o novo.

III. Quer o artigo 585.º, quer a lógica que lhe subjaz, implicam que o devedor possa lançar mão de todas as exceções que pudesse invocar contra o cedente. Podemos apontar as exceções processuais, dilatórias ou perentórias, tal como resultam dos artigos 576.º e seguintes do Código de Processo Civil e as exceções civis. Entre estas, referimos[2876]:

- quanto à própria existência do crédito, todas as eventualidades que conduzam à nulidade ou à anulabilidade da sua constituição; neste último caso, o devedor recebe o direito de impugnar o negócio anulável; na hipótese de simulação, o devedor, podendo invocá-la contra o credor, pode fazê-lo contra o cessionário: o artigo 585.º prevalece sobre o 243.º[2877];
- quanto ao exercício do crédito, o devedor pode invocar a exceção de não cumprimento[2878], a retenção, a caducidade e a prescrição; quanto a esta, funciona a *accessio temporis*[2879]: o novo credor pode ver invocado, contra ele, o tempo já decorrido contra o seu antecessor: só por si, a notificação não interrompe a prescrição.

[2875] *Supra*, 767.

[2876] João Antunes Varela, *Das obrigações em geral* cit., 2, 7.ª ed., 327 ss.; Luís Menezes Leitão, *Cessão de créditos* cit., 371 ss.; Jan Busche, no *Staudingers Kommentar* cit., § 404, Nr. 29 ss. (221 ss.). Na jurisprudência nacional: STJ 4-mai.-2010 (Helder Roque), Proc. 3117/08 = CJ/Supremo XVIII (2010) 2, 52-55 (53-54).

[2877] Nesse sentido, Luís Menezes Leitão, *Cessão de créditos* cit., 372-373.

[2878] RLx 27-nov.-1997 (Eduardo Baptista), CJ XXII (1997) 5, 102-107 (106/I).

[2879] *Tratado* V, 2.ª ed., 205-206.

IV. O devedor não pode, à partida, invocar meios de defesa que caibam ao cedente ou ao cessionário, a não ser no quadro de uma ação sub-rogatória. Não está em causa o saber se a cessão é abstrata ou causal[2880] – sabemos que é causal – mas a simples relatividade das obrigações. O que se passa entre o cedente e o cessionário é *res inter alios acta*[2881]. O recurso à sub-rogatória fará sentido quando, mercê de relações cruzadas, a cessão prejudique a garantia do devedor[2882]. O devedor notificado que cumpra perante o cessionário fica exonerado, nos termos gerais. No plano prático, poder-se-á ver aqui um reflexo de alguma abstração.

[2880] Tal se infere do § 409 do BGB; *vide*, com indicações, Jan Busche, no *Staudingers Kommentar* cit., § 409, Nr. 25 (273).

[2881] Já era a solução defendida ao tempo do Código de Seabra; assim, Luiz da Cunha Gonçalves, *Tratado de Direito civil* cit., 5, 75, citando Dernburg e Windscheid; também Vaz Serra, *Cessão de créditos ou de outros direitos* cit., n.º 1 (13-14); perante o Código Civil de 1966: Jorge Ribeiro de Faria, *Direito das obrigações* cit., 2, 508 ss.; com uma discussão alargada: Luís Menezes Leitão, *Cessão de créditos* cit., 380-382.

[2882] Quanto aos requisitos da sub-rogatória: *Tratado* X, 302 ss..

## § 73.º A NOTIFICAÇÃO AO DEVEDOR

### 329. A notificação e a sua forma

I. A cessão de créditos implica que o devedor cumpra perante o novo credor. A cessão deve ser levada ao seu conhecimento, num esquema que remonta à *denuntiatio* romana[2883]. Recolhendo toda uma tradição e tendo em conta a natureza das coisas, o artigo 583.º/1 prevê que a cessão produza efeitos em relação ao devedor: (a) desde que lhe seja notificada, ainda que extrajudicialmente; ou (b) desde que ele a aceite[2884].

II. A notificação constitui um ato jurídico *stricto sensu*[2885]: comporta liberdade de celebração, mas não a liberdade de estipulação. Além disso, é um ato recipiendo: produz efeitos quando chegue ao poder do devedor ou dele seja conhecido (224.º/1). Já se tem admitido uma notificação feita pelo cessionário. Esta será possível, desde que o cessionário notificante faça prova da cessão. Ao contrário do cedente, ele não pode dispor do direito de crédito. O notificante deve ter capacidade jurídica para proceder à notificação. Além disso, operam as demais regras sobre a formação e a exteriorização da vontade.

Afirma-se que a notificação não está sujeita a forma especial, aplicando-se o artigo 219.º[2886]. Não subscrevemos. Uma cessão feita por forma solene não pode ser comunicada ao devedor com um telefonema: a insegurança e a incerteza, por razões elementares de prova e de reflexão, seriam completas.

[2883] Max Kaser, *Das römische Privatrecht* cit., I, 2.ª ed., § 153, I, 3 (654).

[2884] Sobre toda esta matéria: Luís Menezes Leitão, *Cessão de créditos* cit., 359 ss..

[2885] Jan Busche, no *Staudingers Kommentar* cit., § 409, Nr. 8 (269), fala num "ato semelhante a negócio".

[2886] João Antunes Varela, *Das obrigações em geral* cit., 2, 7.ª ed., 310 e Luís Menezes Leitão, *Cessão de créditos* cit., 361.

Já ponderámos ultrapassar a dificuldade recorrendo à aplicação analógica das regras atinentes ao âmbito da forma: legal (221.º/2), voluntária (222.º/2) e convencional (223.º/1)[2887]. Mas a solução seria ainda muito flutuante e incompleta; mesmo admitindo uma cessão informal, como não exigir um mínimo de forma à notificação prevista no artigo 583.º/1? Uma via de solução poderia advir da referência, feita nesse preceito, a (...) ainda que extrajudicialmente (...). Isso remeter-nos-ia para as categorias de notificações referidas nos artigos 219.º e seguintes do Código de Processo Civil. Infere-se, daí, que a notificação extrajudicial terá a forma escrita ou equivalente.

A solução mais simples está, todavia, na aplicação analógica do artigo 787.º/1 (direito à quitação). Notificado de uma cessão, o devedor tem o direito de exigir uma declaração escrita – e, nisso havendo interesse, em documento autêntico ou autenticado – explícita, que identifique o novo credor e que exare a liberação do devedor em face do credor inicial.

III. O acordo do devedor relativamente à cessão dispensa a notificação, segundo o final do artigo 583.º/1. Tal acordo pode resultar de um contrato explícito ou inferir-se, ainda que tacitamente, de qualquer outro circunstancialismo.

O conhecimento da cessão pelo devedor, independentemente da notificação ou do acordo, desde que se prove, torna a cessão eficaz perante ele: tal se infere do artigo 583.º/2.

IV. Alguma casuística permite esclarecer meandros práticos da notificação. Assim:

- o envio, ao devedor, das faturas pertinentes, com indicação da entidade a quem deva pagar, vale como notificação do devedor[2888];
- a citação para a ação equivale, a partir do momento em que seja feita, à notificação[2889].

[2887] Quanto a estes preceitos: *Tratado* II, 4.ª ed., 201 ss..

[2888] STJ 1-jun.-2000, rec. 407/00.

[2889] STJ 3-jun.-2004 (Noronha do Nascimento), CDP 14 (2006), 59-62 (61-62), anot. Assunção Cristas, *idem*, 62-64, concordante; RLx 3-nov.-2005 (Manuel Capelo), CJ XXX (2005) 5, 80-84 (83/II). Em sentido diverso, STJ 9-nov.-2000 (Quirino Soares), CJ/Supremo VIII (2000) 3, 121 e, em seu seguimento, Luís Menezes Leitão, *Cessão de créditos* cit., 361; a primeira solução parece preferível; o devedor "notificado" pela citação

Recomenda-se aos cedentes a realização de notificações por escrito, com prova da receção e da qual constem todos os elementos identificadores do crédito.

## 330. **A cessão aparente**

I. Pergunta-se quais as consequências de ser efetuada uma notificação relativamente a uma cessão não verificada ou não eficaz, por invalidade ou por outra causa.

A primeira parte do § 409/I do BGB dispõe[2890]:

> Quando o credor notifique o devedor de que ele cedeu o crédito, cabe ao devedor deixar valer contra si a cessão notificada, mesmo que ela não ocorra ou não seja eficaz.

Joga-se a cessão aparente: ela não ocorreu ou não produz efeitos; não obstante, é notificada ao devedor. Visa-se a tutela do devedor, perante um efeito de publicidade[2891], desde que ele esteja de boa-fé[2892].

II. O Código Civil não contém um preceito com o teor do § 409/I, 1.ª parte, do BGB. Logicamente, uma vez que subjacente a esse preceito, além da tutela da confiança, está uma conceção abstrata da cessão, contrária ao Direito lusófono. Entre nós, a cessão e os seus efeitos dependem, sempre, de um negócio-base. Todavia: o devedor notificado e que cumpra perante o "novo" devedor, não pode ser confrontado com a ocorrência ou a invalidade mesmo quando não tenha hipótese de reaver o que indevidamente pagou ao "novo"?

não responde, todavia, pelas custas ou pelo acréscimo de custas que resulte de se ter recorrido desnecessariamente à via judicial.

[2890] Rolf Stürner, no Jauernig, *BGB/Kommentar* cit., 15.ª ed., § 409 (571-572).

[2891] Jan Busche, no *Staudingers Kommentar* cit., § 409, Nr. 4 (268); Günther H. Roth/Eva-Maria Kieninger, no *Münchener Kommentar* 2, 7.ª ed. (2016), § 409, Nr. 1 (2816).

[2892] Riek, *Zum Schutz des Schuldners nach § 409 I BGB*, NJW 1959, 1415-1417 (1416); Martin Karollus, *Unbeschränkter Schuldnerschutz nach § 409 BGB*, JZ 1992, 557-564, propondo justamente, pela redução teleológica do preceito, que apenas seja protegido o devedor que ignore a incorreção da cessão. Várias interpretações do Direito alemão podem ser confrontadas em Luís Menezes Leitão, *Cessão de créditos* cit., 362.

III. Mau grado a falta de um preceito semelhante ao alemão, temos vários institutos que permitem resolver equilibradamente o problema. Desde logo, o devedor notificado que conheça ou deva conhecer a inexistência ou a invalidade da cessão deve recusar cumprir perante o falso (novo) credor. A má-fé nunca é tutelada. De seguida:

- do ponto de vista do devedor, a notificação equivale (pelo menos) a um consentimento, dado pelo credor, para que a prestação feita a um terceiro extinga a obrigação [770.°, *a*)][2893];
- do ponto de vista do credor notificante, o vir depois invocar que, afinal, não houve cessão ou que esta fora inválida e que, por consequência, o devedor teria de cumprir segunda vez, seria claro abuso do direito, por *venire contra factum proprium* (334.°).

A cessão aparente, por ter sido notificada sem que haja ocorrido ou sem que isso tenha sucedido validamente, dá azo a um cumprimento eficaz. Não por si própria, uma vez que não tem natureza abstrata; mas porque a notificação vale como consentimento de cumprimento liberatório feito a terceiro e porque a exigência, pelo credor, de novo cumprimento traduz um *venire contra factum proprium*.

## 331. A cessão não-notificada

I. Uma hipótese de certo modo inversa da da cessão aparente é a da cessão não-notificada. *Quid iuris* se uma cessão em boa e devida forma e com total eficácia não for notificada ao devedor (ou enquanto o não seja)?

Resulta do artigo 583.°/1, *a contrario*, que a cessão não notificada e não aceite não produz efeitos em relação ao devedor. Logo, este pode exonerar-se normalmente, cumprindo perante o primitivo credor.

II. Assim não será se o devedor tiver conhecimento da cessão. Segundo o artigo 583.°/2, se antes da notificação ou da aceitação, o devedor cumprir para com o cedente ou celebrar, com ele, algum negócio jurídico relativo ao crédito, nem o cumprimento nem o negócio são oponíveis ao cessionário, se este provar que o devedor tinha conhecimento da cessão. O "conhecimento" deve ser tomado em aceção ética: há que lhe equiparar

[2893] A ideia é de Luís Menezes Leitão, *Cessão de créditos* cit., 363.

o desconhecimento culposo. Podemos, assim, enunciar que a cessão não--notificada é ineficaz perante o devedor de boa-fé.

III. O devedor de boa-fé não notificado cumpre validamente perante o primitivo credor. Da mesma forma, ele pode celebrar, com esse credor, negócios que afetem o crédito.

A boa-fé do devedor não desaparece perante notícias vagas de que houve uma cessão. Donde a presunção do artigo 583.º/2: cabe ao cessionário provar que o devedor conhecia (ou devia conhecer) a cessão, demonstrando o domínio dos elementos básicos da mesma.

Havendo dúvidas razoáveis sobre a ocorrência ou a operacionalidade de uma cessão, compete ao devedor recorrer à consignação em depósito (841.º/1).

## 332. O papel da notificação; cessões sucessivas

I. Pergunta-se, finalmente, qual o papel da notificação. Em abstrato, poderíamos apontar duas teorias: a constitutiva e a condicionante de eficácia perante o devedor. Nos seguintes termos:

- teoria constitutiva: a cessão de créditos só ficaria completa com a notificação ao devedor ou com a sua aceitação, por ele;
- teoria condicionante de eficácia: a cessão depende do negócio-base; concluído este, ela fica completa; apenas os seus efeitos, relativamente ao devedor, dependem da notificação ou da aceitação.

II. O Direito vigente não permite dúvidas. Os direitos constituem-se e transferem-se por meio efetivo do contrato. O artigo 408.º/1 assim dispõe, no tocante a direitos reais, num postulado que pode ser alargado aos créditos. Além disso, os credores – novo e velho – podem sempre invocar, entre eles, a cessão e o negócio-base. Isso não depende da notificação ao devedor, que pode ser retardada: ela apenas releva aquando do cumprimento.

A notificação é requerida para que a cessão produza efeitos perante o devedor: não para que ocorra *inter partes*. Esta opção é pacificamente reconhecida pela jurisprudência[2894].

[2894] RLx 3-nov.-2005 (Manuel Capelo), CJ XXX (2005) 5, 80-84 (82/I); RLx 18-nov.-2008 (Maria Rosário Barbosa), Proc. 3301/2008; RLx 12-mai.-2009 (Abrantes Geraldes), Proc. 29488/05.

III. Para além de conferir eficácia à cessão, a notificação protege, também, o devedor. Daí que, na hipótese de dupla cessão[2895], isto é, de um credor ceder, sucessiva e incompativelmente, o seu direito de crédito a duas pessoas, deva prevalecer a que primeiro tenha sido notificada ao devedor: artigo 584.°. Bem se compreende: uma vez notificado, o devedor vai cumprir em função do que lhe for dito. Não pode ser surpreendido com a afirmação superveniente de que, afinal, outro era o cessionário.

[2895] Assunção Cristas, *Dupla venda de um direito de crédito*, O Direito 2000, 197--254 (234 ss.).

CAPÍTULO III

# A SUB-ROGAÇÃO

## § 74.º A EVOLUÇÃO DA SUB-ROGAÇÃO

### 333. Noção e aspetos gerais

I. Sub-rogação é um termo jurídico, que significa "substituição". No Direito lusófono atual, a sub-rogação surge como o instituto pelo qual um terceiro que cumpra uma obrigação fica sub-rogado na posição do credor, isto é: substituí-o, nessa posição[2896]. Essa "substituição" pode ser automática, decorrendo do mero cumprimento pelo terceiro, caso a lei assim o disponha: é a sub-rogação legal (592.º). Não se verificando o condicionalismo necessário, ela será voluntária: seja por ato do credor satisfeito (sub-rogação pelo credor, 589.º), seja por ato do devedor (sub-rogação pelo devedor, 590.º).

II. A sub-rogação opera como uma forma de transmissão dos direitos de crédito, diversa da cessão. A sua simples descrição mostra que os institutos se articulam mal entre si: a cessão implica uma transmissão de um crédito por negócio entre o velho e o novo credor, enquanto a sub-rogação deriva de um cumprimento em certas circunstâncias ou de esse mesmo cumprimento, acompanhado por um ato do credor ou do devedor, independentemente de se saber se existe algum convénio subjacente.

[2896] Como escrito de referência: Eduardo Santos Júnior, *Da sub-rogação como forma de transmissão de créditos: algumas questões e respostas*, RDC 2015, 61-87. No Direito francês, liderante quanto à sub-rogação, a referência especial vai para Jacques Mestre, *La subrogation personnelle* (1979), XXIV + 761 pp.; *vide* aí, p. ex., a evolução histórica (21 ss.) e as aplicações contemporâneas (227 ss.).

III. Esta (não-) articulação deixa antever um acidente histórico-cultural. *Grosso modo*, podemos dizer que, no antigo Direito francês, as dificuldades dogmáticas colocadas à transmissão dos créditos foram ultrapassadas com uma evolução particular de alguns postulados romanos, que se manifestavam perante o cumprimento por terceiros. A generalização desses postulados deu azo à sub-rogação, enquanto meio geral de transmitir créditos, a partir do século XVII.

## 334. **Origem e evolução**

I. No Direito romano, encontramos dois institutos relevantes para a atual sub-rogação, ambos tardios[2897]: a *successio in locum creditoris* e o *beneficium cedendarum actionum*.

A *successio in locum creditoris* ou sucessão no lugar do credor, prevista em Marciano[2898] e em Paulo[2899] permitia ao credor hipotecário adquirir a posição de outro, graduado preferencialmente, pagando o crédito respetivo.

O *beneficium cedendarum actionum* foi um remédio concedido por Justiniano[2900], para permitir ao fiador que cumprisse pelo devedor principal, ingressar na posição do credor, com as inerentes garantias[2901]. Anteriormente, ao fiador-pagador era apenas concedida uma *actio mandati contraria*, num óbice que se estendia também ao devedor solidário, que pagasse pelos demais. O *beneficium* traduzia-se na colocação *ope legis* do

[2897] *Vide* Emílio Betti, *Teoria generale delle obbligazioni*, III/2 – IV (1955), 65 ss.; Jacques Mestre, *La subrogation personnelle* cit., 22-25; François Terré/Philippe Simler//Yves Lequette, *Drot civil/Les obligations* cit., 11.ª ed., n.º 1363 (1410); *vide* o Autor não referido (por lapso da publicação), *Surrogazione (pagamento con)*, NDI XII/1 (1939), 1231-1235 (1231/II).

[2898] Marciano, D. 20.4.12.9 = Okko Behrens e outros cit., III, 641.

[2899] Paulo, D. 20.4.16 = Okko Behrens e outros cit., III, 642.

[2900] Max Kaser, *Das römische Privatrecht* cit., I, 2.ª ed., § 155, II, 5 (665-666) e nota 59 (666/I); *idem*, II, 2.ª ed., § 278, I, 3 (460). *Vide* a Novela 4, 1 = ed. Rudof Schoelle, *Corpus iuris civilis* III (1954), 24-25.

[2901] Juliano, D. 46.1.17 = ed. Theodor Mommsen, *Corpus iuris civilis* I (1954), 789//II; Paulo, D. 46.1.36 = ed. cit., I, 790/II; Modestino D. 46.3.76 = ed. cit., I, 802/I.

pagador na posição do credor satisfeito. Este instituto está na origem do artigo 592.º[2902].

Coube aos canonistas aproximar as figuras e introduzir o termo latino *subrogare*: chamar para o lugar de alguém[2903]. No antigo Direito francês, o tema foi retomado parcelarmente por diversos clássicos, com relevo para Charles Dumoulin (1500-1566), nas suas lições. A matéria surgiu clarificada por um édito de Henrique IV, de maio de 1609[2904].

A lei de Henrique IV visou responder à problemática seguinte[2905]. Na época, havia uma proibição canónica de juros. O problema era contornado com recurso a um esquema de rendas perpétuas, a troco da importância que se pretendia mutuar; o beneficiário vai pagando as "rendas", até que possa resgatar o capital, reembolsando-o. Uma lei de Carlos IX, de 1572, fixara a taxa das "rendas" *au dernier douze*, isto é, a 1 por 12, equivalente a 8,33%. Henrique IV, dentro de uma política de pacificação após as guerras religiosas, fixou *au dernier seize*: 1 por 16, equivalente a 6,25%. Nesse momento, os antigos devedores tinham o maior interesse em contratar "rendas" *au dernier seize*, resgatando as anteriores, mais caras. Só que os primitivos credores não abriam mão das garantias. Donde a medida Real: o novo credor pagava ao antigo, sub-rogando-se, *ex lege*, na sua posição[2906].

III. A medida de Henrique IV deu azo a um desenvolvimento da sub-rogação, no hexágono gaulês. Coube a Philippe Renusson (1632-1699) aprofundar, tecnicamente, a sub-rogação, aproximando as suas manifes-

[2902] A ideia subjacente à sub-rogação surge noutros Direitos da Antiguidade, com exemplo na Mesopotâmia; *vide* Carlos Sardinha, *Compra com dinheiro alheio e princípio da sub-rogação na prática cuneiforme: análise de uma das vendas registadas no chamado "Grand document juridique"*, Est. Jorge Miranda 6 (2012), 443-450.

[2903] Jacques Mestre, *La subrogation personnelle* cit., 29; Philippe Malaurie/Laurent Aynès/Philippe Stoffel-Munck, *Droit des obligations* cit., 7.ª ed., n.º 1395, nota 1 (741).

[2904] Mais precisamente: *Edit portant que les preteurs de deniers constitués en rentes, seront subrogés de plein droit sans qu'il soit besoin de transport, dans les droits de creancier*; *vide* Isambert/Taillandier/Decrusy, *Recueil général des anciennes lois françaises depuis l'an 420 jusqu'a la Revolution de 1789*, XV (aout 1589 – mai 1610) (1829), 348.

[2905] Ambroise Colin/Henri Capitant, *Cours élémentaire de droit civil français* 2, 10.ª ed. (1948), 371; entre nós, Eduardo Santos Júnior, *Da sub-rogação* cit., 56-67.

[2906] *Vide*, ainda, Claude-Joseph Ferriere, *Sub-rogation*, em *Dictionnaire de droit et de pratique* 2 (1779), 658/I.

tações clássicas[2907]. O instituto foi considerado pelos estudiosos da pré-codificação. Domat (1625-1696) versou a sub-rogação na hipoteca e nos privilégios dos credores[2908], enquanto Pothier (1699-1772)[2909], diretamente, afirma[2910]:

> La subrogation est une fiction de droit par laquelle le créancier est censé céder ses droits, actions, hypotheques & privileges à celui de qui il reçoit son dû.

## 335. O Código Napoleão; repercussões

I. Na sequência da evolução francesa que o antecedeu, o Código Napoleão deu um tratamento geral à sub-rogação. Inseriu-a a propósito da extinção das obrigações, na secção sobre o pagamento e, mais precisamente, do "pagamento com sub-rogação": artigos 1249.º a 1252.º[2911]; hoje: artigos 1346.º a 1346.º-5.

> O artigo 1249.º contrapunha, na sub-rogação nos direitos do credor a favor do terceiro que lhe paga, a convencional à legal. Seguiam-se: 1250.º: a sub-rogação convencional pelo credor, expressa e feita em simultâneo com o pagamento e pelo devedor, efetuada por este ao prestamista do direito destinado a pagar ao credor; 1251.º: a sub-rogação legal, a favor de quem sendo também credor, pague a outro credor que o pretira; do adquirente de um imóvel, que use o preço de aquisição para pagar aos credores a quem ele esteja hipotecado; do que, estando obrigado com outros ou por outros, tenha interesse em liberar; do herdeiro que pagou com dinheiro seu as dívidas da sucessão; 1252.º: a sub-rogação fixada nos artigos anteriores tem lugar tanto contra o fiador como contra os devedores; não pode prejudicar o credor quando só tenha sido paga uma parte do crédito; nesse caso, ele pode exercer

[2907] Philippe Renusson, *Traité de la subrogation de ceux qui succedent au lieu & place des creanciers*, 3.ª ed. (1723), VI + 560 pp., 34 ss. (na hipoteca) e 82 ss. (pagamento ao credor).

[2908] Jean Domat, *Les loix civiles dans leur ordre naturel* II, 2.ª ed. (1695), Liv. III, tit. I, sec. VI (260 ss.).

[2909] Robert-Joseph Pothier, *Coutune des Duché, Bailliage et Prévôté d'Orleans*, tit. 20, intr., n.º 42 ss. (748 ss.), sobre a *exception cendendarum action*.

[2910] *Idem*, n.º 66 (757).

[2911] A. Duranton, *Des contrats et des obligations en général suivant le Code Civil* III (1819), 227 ss.; J. A. Rogron, *Code civil explique* cit., 340-342.

os seus direitos remanescentes, preferindo àquele de quem só recebeu um pagamento parcial. A reforma de 2016, mau grado diversas hesitações, acabou por manter a sub-rogação na rubrica relativa ao pagamento, clarificando e modernizando a linguagem[2912].

II. Ao longo do século XIX, estas regras mereceram extensos tratados especializados[2913] e desenvolvidas rubricas em obras gerais[2914]. Podemos considerar que, ao longo da evolução subsequente, a sub-rogação francesa foi sendo ampliada de modo a permitir a transmissão, em geral, dos direitos de crédito[2915]. A sub-rogação está na base do importante contrato bancário da *affaturage* (cessão financeira ou *factoring*).

III. O Código Napoleão influenciou diretamente o Código Civil italiano de 1865[2916], o nosso Código de Seabra[2917] e o Código suíço das obrigações (artigo 110.º[2918]). Mais tarde, a sub-rogação "napoleónica"

[2912] Gaël Chantepie/Mathias Latina, *La réforme du droit des obligations* cit., n.º 990-1003 (842-856).

[2913] Assim: Frédéric Mourlon, *Traité théorique et pratique des subrogations personnelles/suivi d'un appendice sur les différents cas de subrogation à l'hypothèque légale de la femme* (1848), LX + 647 pp.: versa, designadamente, a sub-rogação concedida pelo credor (175-250), pelo devedor (250-344) e legal (345-540); Antoine Auguste Gauthier, *Traité de la subrogation de personnes/ou paiement avec subrogation (C. Nap. art. 1259, 1250, 1251 et 1252)* (1853), VIII + 660 pp., onde os mesmos temas figuram a pp. 70 ss., 142 ss. e 237 ss., respetivamente.

[2914] Assim: Théophile Huc, *Commentaire théorique et pratique du code civil* 8 (1895), 68-112.

[2915] Assim: Jean Carbonnier, *Droit civil/Les obligations* cit., n.º 1250-1252 (2481-2485); François Terré/Philippe Simler/Yves Lequette, *Les obligations* cit., 11.ª ed., n.º 1361-1388 (1408-1423); Philippe Malaurie/Laurent Aynès/Philippe Stoffel-Munck, *Droit des obligations* cit., 7.ª ed., n.º 1395-1409 (741-754); Philippe Malinvaud/Dominique Fenouillet/Mustapha Mekki, *Droit des obligations* cit., n.º 849, 689 (682-689); Bertrand Fages, *Droit des obligations* cit., 5.ª ed., n.º 550-557 (439-445).

[2916] Andreas Magazzù, *Surrogazione per pagamento*, ED XLIII (1990), 1519-1536 (1519 ss.); Brunetto Carpino, *Surrogazione (pagamento con)*, NssDI XVIII (1971), 964-969; Andreas Magazzù, *Surrogazione per pagamento* cit., 1520 ss..

[2917] *Infra*, 811-812.

[2918] Gottfried Roos, *Über die Subrogation nach schweizerischem Recht* (1928), VI + 130 pp.; Kamal Tharwat, *Le paiement avec subrogation en droit français et en droit suisse* (1963), 238 pp.; Corinne Zellweger-Gutknecht, no *Basler Kommentar/Obligationenrecht* cit., I, 5.ª ed., 671-682.

ocorre nos códigos italiano, de 1942 (1201.° a 1205.°)[2919], holandês, de 1992 (6:150 a 6:154)[2920], do Québec, de 1994 (1651.° a 1659.°)[2921] e brasileiro, de 2002[2922].

A sub-rogação foi ainda transposta para o sistema anglo-saxónico, particularmente para o norte-americano[2923]; aí assegura a transmissibilidade dos créditos.

IV. Em compensação, a sub-rogação não foi genericamente acolhida no Direito alemão. O BGB limitou-se a consignar algumas manifestações pontuais. Assim:

- § 268: decorrendo uma execução que recaia numa coisa pertencente ao devedor, pode aquele cujo direito sobre essa coisa corra risco, pagar ao credor; fazendo-o, adquire o crédito[2924];
- § 426: na solidariedade passiva, o devedor que cumpra pelos outros pode dirigir-se aos restantes, recebendo o crédito contra eles[2925];
- § 774: o fiador que satisfaça a obrigação recebe o crédito contra o devedor principal[2926];
- § 1143: o proprietário que satisfaça o crédito hipotecário e não seja devedor, recebe o crédito contra ele[2927];
- § 1225: *idem*, relativamente ao dono de coisa empenhada[2928].

[2919] Ennio Cicconi, em Guido Alpa/Giovanni Iudica, *Codice civile annotato* cit., 1123-1130.

[2920] *Subrogatie*; E. A. Alkema e outros, *Verzameling Nederlandse Wetgeving* 3 (1992), 304-305; em trad. alemã, F. Nieper/A. S. Westerdijk, *Niederländisches Bürgerliches Gesetzbuch*, Buch 6, *Allgemeiner Teil dês Schuldrechts* (1995), 65-66.

[2921] Jean-Louis Baudouin/Yvon Renaud (org.), *Code Civil Québec* (1995-1996), 397-399.

[2922] *Infra*, 813.

[2923] Recordamos os clássicos: S. F. Dixon, *Substituted liabilities: a treatise on the law of subrogation, with full references to the civil law* (1862), 192 pp.; George Emrik Harris, *A treatise on the law of subrogation: legal, equitable, and convencional* (1889), 729 pp.; Henry Newton Sheldon, *The law of subrogation*, 1.ª ed. (1882), XII + 327 pp. e 2.ª ed. (1893), 431 pp..

[2924] Astrid Stadler, no Jauernig cit., 15.ª ed., 262-263.

[2925] *Idem*, 594-595.

[2926] *Idem*, 1206-1208.

[2927] Christian Berger, no Jauernig cit., 15.ª ed., 1542-1543.

[2928] *Idem*, 1593.

Estas situações suscitaram alguma dificuldade de redução dogmática. A tradição romana, particularmente no ponto emblemático do regresso do devedor solidário chamado a pagar, apelou mesmo à gestão de negócios; bons autores viriam, aqui, uma cessão legal. Savigny chega a referir uma "cessão fingida"[2929]. A doutrina fixa-se numa cessão (legal) especial.

### 336. **A experiência lusófona**

I. No período da pré-codificação, por influência napoleónica, encontramos já referências à sub-rogação. Assim, Coelho da Rocha analisava sinteticamente o *pagamento por subrogação*, apontando os seus requisitos e distinguindo a sub-rogação legal da convencional[2930]. A sub-rogação é também ponderada por Correia Telles[2931]. Ambos estes autores citam, além de textos romanos, o Código Civil francês.

II. Acolhendo essa tradição, o Código de Seabra concedeu, no capítulo relativo aos efeitos e ao cumprimento dos contratos, uma secção IX sobre a sub-rogação (778.º a 784.º)[2932]. A memória destes preceitos não deve perder-se, pelo que procedemos à sua transcrição:

> Art. 778.º Aquelle, que paga pelo devedor com seu consentimento, expressamente manifestado, ou por factos d'onde por tal consentimento claramente se deduza, fica subrogado nos direitos do credor.
>
> Art. 779.º Aquelle, que paga pelo devedor, sem seu consentimento, só adquire os direitos do credor nos casos seguintes:
> 1.º Se a pessoa, que fez o pagamento, é fiador ou interessado, por algum outro modo, em que elle se faça;
> 2.º Se o credor, que recebe o pagamento, ceder os seus direitos nos termos da seguinte secção, ou subrogar, quem houver pago, nos seus direitos, comtanto que a subrogação seja feita expressamente, e no acto do pagamento.

[2929] Com indicações sobre esta matéria: Sonja Meier, HKK/BGB cit., II/2, §§ 420-432/I, Nr. 108-133 (2481-1503); o tema é inesgotável.

[2930] M. A. Coelho da Rocha, *Instituições de Direito civil* cit., §§ 152-154 (89-91).

[2931] J. H. Correia Telles, *Digesto Portuguez* cit., art. 1097 a 1107 (1, 141-142).

[2932] José Dias Ferreira, *Codigo Civil Annotado* cit., 2, 1.ª ed., 273-275 e 2, 2.ª ed., 96-97.

Art. 780.º Se a divida fôr paga pelo proprio devedor, com dinheiro que terceiro lhe emprestasse para esse fim, este só poderá ficar subrogado nos direitos do credor, se o emprestimo constar de titulo authentico, em que se declare, que o dinheiro foi pedido para pagamento d'aquella divida.

Art. 781.º O subrogado póde exercer todos os direitos que competem ao credor, tanto contra o devedor como contra os seus fiadores.

Art. 782.º O credor, que só foi pago em parte, póde exercer os seus direitos, com preferencia ao subrogado, pelo resto da divida.

§ unico. Esta preferencia, porém, compete unicamente aos credores originários,. ou aos seus cessionários, e não a qualquer outro subrogado.

Art. 783.º Não póde dar-se subrogação parcial em dividas, cuja solução é indivisivel.

Art. 784.º O pagamento aos subrogados em diversas porções do mesmo credito, não podendo ser todos pagos ao mesmo tempo, será feito pela ordem successiva das diversas subrogações.

A temática da sub-rogação mereceu exposições de Guilherme Moreira[2933] e de Luiz da Cunha Gonçalves[2934]. Estamos em face de textos descritivos do regime legal: em boa verdade, para além da cinzelada evolução histórica que escapou aos nossos autores, a sub-rogação não suscitava verdadeiros problemas dogmáticos.

III. No âmbito da preparação do Código Civil de 1966, Vaz Serra estudou alargadamente a sub-rogação[2935]. O Autor refere várias experiências estrangeiras, incluindo a brasileira[2936] e passa a considerar as modalidades tradicionais de sub-rogação[2937]. Conclui com um articulado não muito distante do texto final[2938]. A matéria transitou para o anteprojeto geral[2939], sendo simplificado na 1.ª revisão ministerial (579.º a 583.º)[2940].

[2933] Guilherme Moreira, *Instituições do Direito civil* cit., § 12 (214-224).
[2934] Luiz da Cunha Gonçalves, *Tratado de Direito civil* cit., 5, 41-52.
[2935] Adriano Vaz Serra, *Sub-rogação nos direitos do credor*, BMJ 37 (1953), 5-66.
[2936] *Idem*, 7-13.
[2937] *Idem*, 13-61.
[2938] *Idem*, 62-66.
[2939] Adriano Vaz Serra, *Direito das obrigações* cit., 102-106.
[2940] BMJ 119 (1962), 116-118.

Daí passou ao projeto e ao Código: apenas pequenas alterações[2941]. Depois da aprovação do Código, ela obteve um interesse moderado, vertido nas obras gerais[2942] e nalguns estudos monográficos[2943].

IV. Os códigos brasileiros também denotam alguma quietude. No de 1916, ocorria um capítulo intitulado do pagamento com sub-rogação (artigos 985.º a 990.º)[2944]. Podia ser de "pleno direito" (985.º) ou "convencional" (986.º). A matéria transitou para os artigos 346.º a 351.º do Código Civil de 2002, com poucas modificações[2945], dentro da excelente técnica brasileira de, quanto possível, salvaguardar os textos já experimentados.

[2941] Jacinto Rodrigues Bastos, *Das obrigações em geral* cit., 3, 160-161, 164, 167-168, 170 e 173.

[2942] Inocêncio Galvão Telles, *Direito das obrigações* cit., 7.ª ed., 280-293; João Antunes Varela, *Das obrigações em geral* cit., 2, 7.ª ed., 334-358; Mário Júlio de Almeida Costa, *Direito das obrigações* cit., 12.ª ed., 821-827; Jorge Ribeiro de Faria, *Direito das obrigações* cit., 2, 575-621; Luís Menezes Leitão, *Direito das obrigações* cit., 2, 9.ª ed., 33-46.

[2943] João de Castro Mendes, *Efeitos do pagamento com sub-rogação em processo executivo*, CTF 58 (1963), 601-609; Júlio Gomes, *Do pagamento com sub-rogação, mormente na modalidade da sub-rogação voluntária*, Est. Galvão Telles 1 (2002), 107-169; *idem*, *Da sub-rogação legal do segurador à luz da nova lei do contrato de seguro*, Est. Saldanha Sanches (2011), 447-484; Paulo Soares do Nascimento, *A sub-rogação do credor ao devedor* (diss. mestrado polic., 2003), 288 pp.; Catarina de Castro Athayde, *Cessão de créditos e sub-rogação do credor do devedor* (2009), 35 pp.; Eduardo Santos Júnior, *Da sub-rogação*, RDC 2015, 61-87, já citado. Nós próprios versámos o tema no *Direito das obrigações* 2, 99-108 e na 1.ª ed. do presente volume do *Tratado* (2010), 225-233.

[2944] Paulo Merêa, *Codigo Civil brasileiro anotado* cit., 330-331.

[2945] José Miguel Garcia Medina/Fábio Caldas de Araújo, *Código Civil Comentado* cit., 346-350.

## § 75.º O REGIME DA SUB-ROGAÇÃO

### 337. Figuras afins e papel

I. Antes de abordar o regime da sub-rogação, cumpre distingui-la de figuras afins. Assim e desde logo, ela não se confunde:

- com a sub-rogação real; nesta, um objeto de um direito é substituído por um objeto diverso; tal sucede na hipótese do *commodum* de representação (794.º e 803.º) ou no caso do artigo 119.º;
- com a cessão de créditos: ambas as figuras dão corpo a formas de transmissão de créditos; a sub-rogação implica, todavia, o cumprimento da prestação pelo "adquirente", ao contrário do ocorrido na cessão[2946];
- com a ação sub-rogatória: esta permite ao credor agir contra os devedores do seu devedor, quando isso seja necessário para assegurar o seu crédito (606.º);
- com o direito de regresso: mau grado as confusões históricas, o regresso traduz o exercício, pelo titular, de um direito que *ab initio* lhe cabia[2947].

II. A sub-rogação distingue-se das demais hipóteses de cumprimento por terceiro. Assim:

- do cumprimento por representante; os atos deste repercutem-se na esfera do representado, pelo que não é terceiro;
- do cumprimento por mandatário (sem representação); caberá aplicar as regras do mandato;

[2946] Quanto à contraposição entre a sub-rogação e a cessão: RLx 30-jun.-2009 (Rosário Gonçalves), Proc. 2290/05 e RLx 23-fev.-2010 (Ana Resende), Proc. 1466/05.

[2947] João Antunes Varela, *Das obrigações em geral* cit., 2, 7.ª ed., 345 ss..

- do cumprimento por gestor de negócios; seguir-se-ão as regras inerentes, cabendo verificar se há aprovação da gestão e aprovação do ato;
- do cumprimento por terceiro, convencido de estar obrigado a cumprir; seguem-se as regras do enriquecimento (478.º);
- do cumprimento por terceiro, convencido de ser ele o devedor; seguem-se as regras da repetição do indevido (477.º/1), com as delimitações aplicáveis;
- do cumprimento benemerente, em que o *solvens* atue com *animus donandi* relativamente ao devedor e este aceite.

A sub-rogação tem pressupostos bem vincados, que a tornam inconfundível.

III. Pergunta-se se a sub-rogação desempenha um papel útil. Não será o produto de uma evolução histórica sinuosa, perdendo o sentido desde o momento em que foi acolhida, em regime de grande liberdade, a cessão de créditos? A resposta é negativa[2948]. A sub-rogação tem três virtualidades que escapam à cessão de créditos. Assim:

- ela pode operar sem o consentimento do credor: nas hipóteses de sub-rogação pelo devedor (590.º e 591.º) e de sub-rogação legal (592.º);
- ela postula um cumprimento, com a satisfação do primitivo credor;
- ela opera pelo valor do crédito e não por um preço dito especulativo: o que for possível obter pela venda do crédito, se for caso de venda e que, pela natureza das coisas, é sempre inferior ao valor nominal do crédito.

Além das apontadas razões dogmáticas, a sub-rogação implica um fator de enriquecimento científico-cultural do Direito civil.

## 338. A sub-rogação pelo credor

I. A sub-rogação pelo credor implica (589.º): (a) o cumprimento de um crédito por um terceiro; (b) uma declaração expressa do credor de sub-

[2948] Em especial: Eduardo Santos Júnior, *Da sub-rogação* cit., 73 ss..

-rogar o terceiro *solvens* nos seus direitos; (c) feita até ao momento do cumprimento.

O cumprimento pelo terceiro constitui o núcleo do instituto da sub-rogação. A declaração expressa de sub-rogar o terceiro – a não confundir com declaração não-tácita, uma vez que ela pode resultar de factos que, com toda a probabilidade, expressamente a exprimam – destina-se a exteriorizar a vontade do credor. Deve ser feita até ao momento do cumprimento porque, depois dele, extingue-se a obrigação: nada mais haverá a cumprir. Além disso, uma "sub-rogação *ex post*" iria prejudicar os restantes credores do devedor: veriam nascer um débito que julgavam extinto e com o qual teriam de concorrer[2949]. O Código de Seabra, tal como os códigos francês e italiano, requeriam que ela ocorresse no momento do pagamento. Vaz Serra admitiu que pudesse ser antes (não depois), a entender como: a vontade de sub-rogar no momento do pagamento manifestou-se antes dele mas só é eficaz com ele. A sub-rogação é, nesse sentido, *real quoad constitutionem*.

II. A sub-rogação feita pelo credor anda muito próxima da cessão de créditos; ao ponto de o Código Suíço e um anteprojeto brasileiro (mas não o Código de 2002) a terem afastado. Repare-se que, na prática, é difícil distingui-las, pois o credor pode não usar linguagem jurídica. Mesmo hoje, esta categoria é de utilidade discutível, sendo criticada por Júlio Gomes[2950]. Vaz Serra, que procedera à sua defesa, indica quatro pontos que diferenciam a sub-rogação pelo credor da cessão[2951]: (a) o cessionário tem direito ao crédito integral, ainda que pague menos, enquanto o sub-rogado só recebe o que pagou; (b) o cedente garante a existência do crédito: não o credor sub-rogante; (c) havendo pagamento parcial, o sub-rogado sofre a preferência do credor originário pelo resto do crédito[2952] enquanto, na cessão parcial, o cessionário fica na categoria do cedente; (d)

[2949] Luís Menezes Leitão, *Direito das obrigações* cit., 2, 9.ª ed., 36.

[2950] Júlio Gomes, *Do pagamento com sub-rogação* cit., 164; responde Santos Júnior, *Da sub-rogação* cit., 77, nota 60.

[2951] Adriano Vaz Serra, *Sub-rogação nos direitos do credor* cit., 14-15; Vaz Serra parecia ainda referir a desnecessidade de notificação ao devedor, mas não é esse o caso: este deve saber perante quem cumprir, exigindo-se a notificação, como resulta do artigo 594.º.

[2952] Cita Vaz Serra: *nemo contra se subrogasse censetur*.

historicamente, a cessão é uma operação de especulação, enquanto a sub-rogação é um ato de amigo, num aspeto apenas tendencial[2953].

A opção legislativa de manter uma sub-rogação pelo credor distinta da cessão de créditos está feita e é útil.

III. A lei não refere a prova da sub-rogação a qual não está sujeita a forma especial. Todavia, a quitação dada ao *solvens* deve especificar tratar-se de terceiro, exarando a ocorrência da sub-rogação (787.º/1). Na falta desse documento, tudo pode assentar na (boa) palavra do credor.

## 339. **A sub-rogação pelo devedor**

I. O artigo 590.º/1 permite que o devedor sub-rogue o terceiro que cumpra a obrigação, sem necessidade do consentimento do credor. A vontade de sub-rogar deve manifestar-se até ao momento do cumprimento (*idem*), sendo expressa (590.º/2). Subentende-se que o cumprimento possa, nos termos do artigo 767.º, ser feito por um terceiro. A vontade de sub-rogar deve ser dirigida ao terceiro e não, necessariamente e também, ao credor[2954]. Com efeito, este vê satisfeito o seu crédito, por inteiro, nada mais tendo a haver com a sequência. Quanto ao devedor: uma vez que ele sub-roga o novo credor, não há que lhe fazer a notificação prevista no artigo 583.º/1, aplicável por via do artigo 594.º.

II. Em termos dogmáticos, pergunta-se como pode o devedor, que não é titular do direito à prestação, transmiti-lo a um terceiro, sem o consentimento do credor. Repare-se que a sua declaração de sub-rogação implica ainda a transmissão, para o novo credor, das garantias e acessórios referidos no artigo 582.º, *ex vi* 594.º. A lei "saltou deliberadamente sobre o obstáculo de ordem técnica" (Antunes Varela) por razões práticas[2955].

Em boa verdade, não há obstáculo. Tendo recebido a prestação a que tem direito, o credor nada mais tem a acrescentar. A declaração do devedor,

[2953] Marcel Planiol/Georges Ripert, *Traité Pratique de Droit Civil français* cit., VII, 2.ª ed., n.º 1245 (653).

[2954] RLx 4-fev.-1997 (Pais do Amaral), Proc. 0011731.

[2955] João Antunes Varela, *Das obrigações em geral* cit., 2, 7.ª ed., 340; também Jorge Ribeiro de Faria, *Direito das obrigações* cit., 2, 555-556, Luís Menezes Leitão, *Direito das obrigações* cit., 2, 9.ª ed., 37 e Eduardo Santos Júnior, *Da sub-rogação* cit., 78.

feita ao terceiro *solvens*, tem o sentido de ele se submeter à nova ordem obrigacional daí resultante, com o acordo do mesmo *solvens*.

III. Modalidade tradicional da sub-rogação pelo devedor é a do artigo 591.º: o devedor cumpre com dinheiro ou outra coisa fungível emprestada pelo terceiro: pode sub-rogar este nos direitos do credor. Aliás, foi a partir desta situação que, historicamente, se construiu a sub-rogação pelo devedor[2956]. A situação é muito próxima da do artigo 590.º, relativo à sub-rogação simples, pelo devedor. Simplesmente: em vez de a prestação ser executada pelo terceiro, é o próprio devedor a fazê-lo, mas com meios desse terceiro.

Também aqui se dispensa o consentimento do credor: mas a sub-rogação só opera se, no documento do empréstimo, se exarar que a coisa se destina ao cumprimento da obrigação e que o mutuante fica sub-rogado nos direitos do credor. Trata-se, fundamentalmente, de defender os restantes credores de manobras que possam diminuir o património do devedor sub-rogante.

## 340. A sub-rogação legal

I. A sub-rogação legal, prevista no artigo 592.º, dispensa o acordo, seja do credor, seja do devedor. Ela resulta do simples ato de execução da prestação levado a cabo pelo terceiro, o qual fica, *ipso iure*, sub-rogado na posição do primitivo credor. Naturalmente: o devedor terá de ser notificado (583.º, *ex vi* 594.º), para que a sub-rogação lhe seja oponível e ele possa liberar-se perante o novo credor.

II. A sub-rogação legal é possível, nos termos do artigo 592.º/1, numa de duas situações:

- a de o terceiro ter garantido o cumprimento; é o que sucede no caso de ele ser fiador (644.º)[2957], dono da coisa hipotecada (717.º/1)[2958] ou, a qualquer outro título;
- a de o terceiro estar diretamente interessado na satisfação do crédito.

[2956] Esta possibilidade foi, como vimos, estabelecida pelo Rei de França Henrique IV, em maio de 1609.

[2957] *Tratado* X, 491 ss..

[2958] *Idem*, 748.

"Estar diretamente interessado" significa ter, em relação à referida satisfação, uma posição jurídica reconhecida pelo Direito[2959]. A lei concretiza, nalguns casos, esse "interesse". Assim, segundo a Lei do Contrato de Seguro, o segurador que tiver pago a indemnização fica sub-rogado na medida do montante pago, nos direitos do segurado contra o terceiro responsável pelo sinistro[2960].

III. A jurisprudência, para além de numerosos casos de acidentes de viação, permite apontar sub-rogações legais deste tipo:

- num caso de acidente de viação e de serviço, o Estado que pagou ao seu servidor os vencimentos durante o período em que este esteve incapacitado para o trabalho, fica sub-rogado nos direitos do lesado contra o terceiro responsável ou o segurador, na medida do que pagou[2961];
- as instituições de segurança social, no caso de acidente de viação de que resultou a morte de um seu beneficiário, tem o direito de sub-rogação em relação à pensão de sobrevivência[2962];
- *idem*, quanto ao Centro Nacional de Pensões[2963];
- o Fundo de Garantia Automóvel, chamado a cobrir prejuízos na falta (ilícita) de seguro, fica sub-rogado pelas indemnizações que satisfaça[2964].

[2959] STJ 9-dez.-2010 (Bettencourt de Faria), Proc. 3670/06, equipara o interesse direto a um benefício patrimonial recolhido pelo *solvens*. Sendo esse benefício legítimo, há uma posição defendida pelo Direito; também nessa linha, RLx 22-nov.-2011 (Luís Lameiras), Proc. 6760/04.

[2960] *Direito dos seguros*, 2.ª ed. (2016), 757 ss., com jurisprudência. Mas já não há sub-rogação se o segurador pagar sem que exista um seguro que a isso o obrigue: RPt 5-mar.-2009 (José Ferraz), Proc. 6209/07.

[2961] STJ 27-set.-1994 (Sousa Pais), BMJ 439 (1994), 495-501 (500); STJ 12-dez.-1996 (Almeida e Silva), BMJ 462 (1996), 429-440 (439); *vide*, também, RCb 27-set.-2005 (Helder Roque), Proc. 2258/05.

[2962] RPt 27-abr.-1998 (Macedo Domingues), BMJ 476 (1998), 487.

[2963] RCb 19-mar.-2002 (Custódio Costa), CJ XXVII (2002) 3, 8-11 (9 10); RPt 11-mai.-2004 (Mário Cruz), CJ XXX (2004) 3, 174-179 (178/I).

[2964] STJ 21-jan.-2003 (Garcia Marques), CJ/Supremo XI (2003) 1, 39-42 (41/II); STJ 12-jun.-2007 (João Moreira Camilo), CJ/Supremo XV (2007) 2, 110-111 (111/II).

## 341. Efeitos da sub-rogação; posição do devedor

I. A sub-rogação provoca a transmissão do crédito para o sub-rogado. Nas palavras do artigo 593.º/1, este adquire, na medida da satisfação dada ao direito do credor, os poderes que a este competiam. A hipótese da sub-rogação parcial, induzida do cumprimento parcial quando este, contra o princípio da integralidade, seja possível (763.º/1) coloca questões solucionadas pelo mesmo artigo 593.º:

- a sub-rogação parcial não prejudica os direitos do credor ou do seu cessionário, quando outra coisa não for estipulada (n.º 2);
- havendo vários e sucessivos sub-rogados, por satisfações parciais do crédito, nenhum deles tem preferência sobre os demais (n.º 3).

II. A sub-rogação importa a transmissão, para o sub-rogado, das garantias e outros acessórios do crédito. Tem aplicação o artigo 582.º, por via do artigo 594.º. Remete-se, pois, para aquele preceito, estudado a propósito da cessão de créditos[2965].

Pergunta-se, todavia, se na sub-rogação pelo devedor, este pode opor ao novo credor as exceções que teria contra o antigo. Contra, pronunciam-se Antunes Varela[2966], Ribeiro de Faria[2967] e Menezes Leitão[2968]: seria contrário à boa-fé promover uma transmissão e pretender bloqueá-la de seguida. Nós próprios já tomámos posição inversa[2969]. Hoje, acolhemos a hipótese intermédia de Santos Júnior[2970]. Cabe distinguir:

- em regra, transmitem-se as exceções, bem como todos os demais acessórios: é essa a lógica da transmissibilidade das obrigações;
- concretamente, poderá haver abuso do direito, por atuação contrária à boa-fé, quando o devedor sub-rogante tenha calado a exceção ou quando a sua invocação traduza um *venire contra factum proprium*;
- finalmente: a própria sub-rogação pode ser sempre anulada por erro.

[2965] *Supra*, 793 ss..

[2966] João Antunes Varela, *Das obrigações em geral* cit., 2, 7.ª ed., 352 e nota 1.

[2967] Jorge Ribeiro de Faria, *Direito das obrigações* cit., 2, 572.

[2968] Luís Menezes Leitão, *Direito das obrigações* cit., 2, 9.ª ed., 42.

[2969] O presente volume, 1.ª ed., 230.

[2970] Eduardo Santos Júnior, *Da sub-rogação* cit., 85-86.

III. A sub-rogação, salvo se feita pelo próprio devedor, deve ser notificada ao devedor, por quem faça o cumprimento – portanto: pelo adquirente do crédito. De outro modo, a sub-rogação não produz efeitos em relação a ele. É o que resulta do artigo 583.º, para cujo estudo se remete[2971], aplicável por via do artigo 594.º. Na hipótese de sub-rogações a várias pessoas, prevalece a primeira notificada ao devedor: 584.º, *ex vi* 594.º.

## 342. **Natureza**

I. Tem sido debatida a questão da natureza da sub-rogação[2972]. A solução considerada tradicional e que, pelo menos formalmente, mereceu acolhimento no Código Civil, entende que a sub-rogação consubstancia uma hipótese de transmissão do crédito. O problema põe-se, no entanto, porque a sub-rogação implica, na sua verificação, o cumprimento da obrigação. Ora sendo o cumprimento uma forma de extinguir obrigações, como pode transmitir-se algo que já não existe[2973]?

II. Várias soluções têm sido encontradas para solucionar esta aparente contradição. Assim:

- tem-se pretendido que o crédito inicial, na sub-rogação, se extingue, subsistindo, apenas, os seus acessórios, *maxime* as garantias que passariam ao novo credor;
- defende-se uma efetiva extinção do crédito anterior; se o novo credor – o sub-rogado – se encontra, depois, investido em posição semelhante, isso dever-se-ia, apenas ao facto de, tendo ele cumprido uma obrigação que não lhe competia, ficar investido num direito a uma indemnização[2974];
- avança-se que a sub-rogação provoca uma extinção do crédito, mas que este continua a existir em relação ao sub-rogante[2975], isto

[2971] *Supra*, 799 ss..

[2972] Entre nós, João Antunes Varela, *Das obrigações em geral* cit., 2, 7.ª ed., 353 ss. e Luís Menezes Leitão, *Direito das obrigações* cit., 2, 9.ª ed., 44-46.

[2973] Emilio Betti, *Teoria generale delle obbligazioni* cit., III/2, 66.

[2974] Vaz Serra, *Sub-rogação nos direitos do credor* cit., 6, em nota.

[2975] Marty e Raynaud, *Les obligations* cit., 653.

é, segundo Hartmann[2976], ocorreria uma extinção relativa, abrangendo, apenas, a posição do credor inicial, mas não a do devedor nem a do sub-rogado;
– propugna-se pela ideia de que a sub-rogação ofereceria ao sub-rogado um prémio pela sua atitude, que ela revelaria um tipo de cooperação gestória, etc.[2977].

III. Entendemos, contudo, que deve ser mantida a ideia de que, pela sub-rogação, há uma efetiva transmissão do crédito; esta posição sai aliás reforçada em face da aludida sistematização adotada pelo Código de 1966.

Na verdade, deve-se contestar o pressuposto de que arranca toda esta controvérsia[2978]: o de que o cumprimento extingue a obrigação. O cumprimento extingue a obrigação quando feito pelo devedor, com meios próprios. Não é isso que sucede, como sabemos, na sub-rogação, onde, em rigor, nem sequer há cumprimento, o qual corresponde à efetivação, pelo obrigado, da prestação devida. Bem avisado andou o Código Civil, quando, ao contrário dos seus congéneres francês e italiano, tratou a sub-rogação não no local do cumprimento mas sim no capítulo reservado à transmissão das obrigações.

Não se extinguindo a obrigação, subsiste o débito – tanto mais que o devedor nada cumpriu – e, naturalmente e por imperativo lógico –, também o crédito, uma vez que aquele não faz sentido sem este. Simplesmente, como o credor inicial já viu satisfeita a sua prestação, à custa do sub-rogado, dá-se, a favor deste, um comum fenómeno de transmissão do crédito ou seja: a permissão normativa que, ao primeiro, conferia a utilização do bem-prestação passa a imputar-se ao segundo.

[2976] Gustav Hartmann, *Die Obligation/Untersuchungen über ihren Zweck und Bau* (1875), VIII + 277 pp. (96 ss.).

[2977] Emilio Betti, *Teoria generale delle obbligazioni* cit., III/2, 67.

[2978] Para uma crítica minuciosa às diversas posições, *vide*, de qualquer forma, João Antunes Varela, *Das obrigações em geral* cit., 2, 7.ª ed., 355 ss..

CAPÍTULO IV

# A ASSUNÇÃO DE DÍVIDA

## § 76.º ORIGEM E EVOLUÇÃO HISTÓRICA DA ASSUNÇÃO

### 343. Dificuldades e terminologia

I. No Direito lusófono atual, usa-se assunção de dívida para designar a transmissão, a título singular, de um débito ou, se se quiser, a sua transposição de uma esfera jurídica para outra. A hipótese de uma transmissão de dívida levanta todos os problemas teóricos já suscitados pela cessão de créditos, acrescidos de mais algumas questões práticas muito delicadas. Com efeito, a obrigação dá nome a uma pura abstração: a necessidade moral, legitimada e reforçada pelo Direito, que recai sobre o devedor, de efetuar uma prestação em benefício do credor. Estamos em face de um fenómeno claramente pessoal: o que seja uma "necessidade moral" varia, por excelência, de pessoa para pessoa. A conduta a cargo de um sujeito será totalmente diversa quando se impute a outro.

II. A própria ideia de transferir um débito é vocabular. No terreno, isso não é possível, sob pena de, da obrigação, darmos uma noção material que ponha em crise séculos de aprofundamento. Todavia, poderosas razões práticas levaram, ao longo da História, a construir discursos figurativos da transmissão de dívidas[2979]. Desde logo o problema incontornável da

[2979] A análise económica do Direito, firme na ideia de eficiência, justifica o fenómeno da sucessão nas posições jurídicas através da ideia alargada dos *property rights*; *vide* o escrito monumental de Jan Lieder, *Die rechtsgeschäftliche Sukzession/Eine methodenpluralistische Grundlagenuntersuchung zum deutschen Zivilrecht und Zivilprozessrecht sowie zum Internationalen und Europäischen Privatrecht* (2015), XXXVI + 1296 pp., 61 ss.; entre nós, Fernando Araújo, *Teoria económica do contrato* cit., 251 ss..

sucessão *mortis causa*. Se, morrendo o devedor, os seus débitos se extinguissem, não haveria vida económica consistente. E assim, desde o início se entendeu que as dívidas acompanhavam o património do falecido, continuando nos seus sucessores. O Direito das sucessões defende a propriedade privada: mas, antes de mais, pelo prisma de assegurar a imortalidade dos créditos – e logo dos débitos. Com este pano de fundo, a transmissão de dívida pode ser construída por uma de três vias[2980]:

- por via da substituição de um devedor por outro, sem que se toque na situação em si: temos a sucessão universal, em especial a *hereditatis causa*, depois aproveitada como "sucessão singular";
- por via da substituição de uma obrigação por outra, tendo esta última um diverso devedor: é a novação subjetiva;
- por via do aproveitamento da ideia de transmissibilidade dos direitos reais: a dívida seria arvorada a "propriedade", podendo circular, como tal.

III. Nos Direitos da atualidade, a assunção de dívida veio a organizar-se em torno de alguma (ou de várias) das vias referidas. Essas derivas históricas explicam que a terminologia seja muito variada. Assim, a assunção de dívidas é dita:

- sucessão singular, na linha da ideia de sucessão;
- delegação, expromissão ou acolamento, em concretizações da velha novação subjetiva;
- transmissão, transporte ou assunção (*Übernahme*), na sequência da via "transferência de propriedade".

A lei atual fala em "transmissão de dívidas" (a secção III do capítulo relativo à transmissão de créditos e de dívidas, artigos 595.° a 600.°), em "transmissão a título singular" (595.°/1) e em assunção de dívida (a epígrafe do 595.°): um conjunto de resquícios históricos. Mais consistente, o Código Civil brasileiro de 2002 refere, apenas, assunção de dívida (299.° a 303.°).

2980 Retomamos, com adaptações e complementações, uma ideia de Rudolf Meyer-Pritzl, no HKK/BGB cit., II/2, §§ 414-418, Nr. 4-10 (2371-2374).

### 344. **Direito romano**

I. No Direito romano, a substituição de um devedor por outro, sem alterar a identidade do vínculo, era desconhecida e, mesmo, inviável[2981]. Todavia, já então ficara clara a vantagem económica em permitir que os débitos, enquanto elementos patrimoniais, pudessem circular[2982]. Para tanto, recorreram ao expediente da novação subjetiva.

II. Em termos simplificados[2983], a novação implicava a substituição de uma obrigação por outra, através de uma *stipulatio*[2984]. A nova obrigação podia apresentar um devedor diverso do inicial; este ficaria liberado. Os três intervenientes teriam de participar no ato solene de novação. Para além da dificuldade de reunir o acordo de todos, a novação tinha um inconveniente maior: sendo extintiva do vínculo, ela fazia desaparecer as garantias existentes, pessoais e reais[2985]. Em termos económicos, isso traduzia-se em acrescidos custos de transação ou, se se quiser, em perda de riqueza.

III. Ainda no Direito romano surgiu a *delegatio*[2986] (delegação) que, ao longo da História, preencheu, de certo modo, o papel da assunção[2987].

[2981] Bernhard Windscheid/Theodor Kipp, *Lehrbuch des Pandektenrechts* cit., 9.ª ed., § 338 (II, 397-398); Ludwig Enneccerus/Heinrich Lehmann, *Recht der Schuldverhältnisse* cit., 15.ª ed., § 84, II, 1 (333); Tobias Maurer, *Schuldübernahme/Französisches, englisches und deutsches Recht in europäischer Perspektiv* (2010), XXXII + 341 pp., 7. Tem um especial interesse, também no seu lato desenvolvimento histórico, a obra clássica de Eugène Gaudemet, *Étude sur le transport de dettes a titre particulier* (1898), XII + 544 pp., 55 ss..

[2982] Rudolf Meyer-Pritzl, no HKK/BGB cit., II/2, §§ 414-418, Nr. 5 (2371-2372).

[2983] Quanto à História da novação, *vide infra*, 1111 ss..

[2984] Max Kaser, *Das römische Privatrecht* cit., I, 2.ª ed., § 152, I, 1 (647).

[2985] *Idem*, § 152, I, 3 (648), com indicações.

[2986] Quanto à etimologia de *delegatio*, temos Wolfgang Endemann, *Der Begriff der Delegatio im klassischen römischen Recht* (1959), XIX + 68 pp., 3 ss. e Lucia Zandrino, *La delegatio nel diritto romano. Profili semantici ed elementi di fattispecie* (2010), 293 pp., 6 ss..

[2987] Max Kaser, *Das römische Privatrecht* cit., I, 2.ª ed., § 152, III (650-652): a delegação e a sua origem vêm referidas nas diversas obras sobre a assunção, abaixo citadas. *Vide*, ainda: Erich Danz, *Die delegatio nominis und delegatio debiti*, JhJb XIX (1884), 69-130; Paul Rutsaert, *Étude sur la délégation en droit romain privé* (1929), 319 pp., 11 ss., o processo novatório, 35 ss., as relações com o mandato, 133 ss., os mecanismos jurídicos e 167 ss., os efeitos; *vide* a rec. de Hans Kreller, SZRom 50 (1930), 583-587; Hans

A delegação – em certo sentido, uma autorização – podia traduzir-se em duas espécies:

- a *delegatio solvendi* ou delegação ativa, pela qual o delegante confere ao delegado a autorização para prestar ao delegatário; esta figura poderia operar como doação, como dote ou como concessão de crédito;
- a *delegatio obligandi* ou delegação passiva, por cuja via o delegante facultava ao delegado, através de uma *stipulatio*, contrair um débito perante o delegatário; também aqui poderia haver uma relação subjacente, uma doação ou um dote.

Em termos práticos e mau grado as dificuldades formais, a *delegatio solvendi* implicava uma cessão de crédito, enquanto a *delegatio obligandi* dava uma imagem de assunção de dívida. No período clássico, ela era distinta da novação[2988]. Sob Justiniano, a *delegatio* foi reconduzida à novação[2989]. As duas noções ficaram imersas em confusão, desfeita, apenas, no século XIX[2990].

### 345. Direito intermédio

I. No Direito romano pós-clássico, manteve-se firme a ideia da natureza pessoal das obrigações. A cessão de crédito não era possível, a não ser

Ulrich Haeberlin, *Die Kausalbeziehung bei der Delegatio*, SZRom 74 (1957), 100-154; Wolfgang Endemann, *Der Begriff der Delegatio im klassischen römischen Recht* cit., com rec. de Max Kaser, SZRom 77 (1960), 464-471, de Robert Feenstra, TS 29 (1961), 507--511 e de Alvaro d'Ors, AHDE 29 (1959), 687-690; Paulo Cosentino, *Osservazioni in tema di* mandatum *e di* delegatio *(Contributo alla dogmatica della delegazione di credito in diritto romano*, BIDR LXIX (1966), 299-336, sublinhando que Cujacius e Donellus viam, na delegação, uma espécie de mandato (299 ss.); Franco Bonifacio, *Delegazione (diritto romano)*, NssDI V (1960), 325-327; Mario Talamanca, *Delegazione (diritto romano)*, ED XI (1962), 918-924

[2988] Coube a Botho von Salpius, *Novation und Delegation nach römischem Recht* (1864), XII + 518 pp., 27 ss. e 131 ss., indagar a distinção histórica entre as duas figuras; *vide*, ainda, Giuseppina Sacconi, *Ricerche sulla delegatione in diritto romano* (1971), VIII + 244 pp., 187 ss..

[2989] Max Kaser, na rec. a Wolfgang Endemann, *Der Begriff der Delegatio* cit., 470, nota 32.

[2990] Botho von Salpius, *Novation und Delegation* cit., 4-5. *Vide* as considerações de Domenico Maffei, *Delegazione (diritto intermedio)*, ED XI (1962), 925-928 (928).

pela via indireta e complexa da delegação ativa e dos outros esquemas apurados anteriormente[2991]. Todavia – e a afirmação alarga-se à substituição do devedor – afigura-se que, no Ocidente, a liberdade de contratar permitia transmissões quer ativas, quer passivas[2992].

II. A glosa traduziu um regresso aos textos romanos[2993]: a obrigação viu reforçada a sua natureza de vínculo pessoalizado[2994]. Em termos práticos, isso representou um regresso à novação, que absorveu a delegação: *quod per delegationem fit novatio*, na citada fórmula de Acúrsio[2995].

Ainda no período intermédio, os glosadores introduziram o termo *expromissio*: uma estipulação novatória, não precedida por delegação e que conduzia à substituição do devedor[2996]. A novação dominaria todo esse período, com reflexos na evolução posterior. Os jurisprudentes elegantes franceses, Cujas e Doneau, mantiveram a posição subordinada da delegação: esta realiza-se pela novação[2997]. Ao consagrar esse entendimento, Pothier fechou o destino da delegação e da novação[2998], no então futuro Código Napoleão.

III. Ainda no período intermédio, é criada uma outra figura ligada à transmissão de débitos: a *assignatio*, base da *Anweisung* alemã. Trata-se

[2991] *Supra*, 826; *vide* Max Kaser, *Das römische Privatrecht* cit., I, 2.ª ed., § 276, I, 1 (451).

[2992] *Idem*, § 276, II (453).

[2993] Tobias Maurer, *Schuldübernahme* cit., 22.

[2994] *Ut enim boves funibus visualiter ligantur, sic homines vobis ligantur intellectualiter* [assim como os bois estão ligados aos arreios, assim as pessoas ficam espiritualmente ligadas às palavras], *apud* Max Kaser/Rolf Knütel, *Römisches Privatrecht*, 19.ª ed. (2008), § 32, I (171).

[2995] Camilo Giardina, *Studi sulla novazione nella dottrina del diritto intermedio: concetto e requisiti della novazione dal glossatori agli umanisti* (1952), 259 pp.; *idem*, *Novazione (diritto intermedio)*, ED XXVIII (1918), 774-779.

[2996] Botho von Salpius, *Novation und Delegation* cit., 17, nota 2, retomado por Tobias Maurer, *Schuldübernahme* cit., 25, nota 95, afirma que *expromissio* só foi usada como conceito técnico desde o fim do século XVII. Von Salvius refere, mais precisamente, Thomasius e Hubers.

[2997] Eugène Gaudemet, *Étude sur le transport de dettes* cit., 206-208, com os textos relevantes.

[2998] Robert Joseph Pothier, *Traité des obligations* cit., n.º 600 = *Oeuvres* cit., 2, 319; também nas suas *Pandectae*, lib. XLLI, tit. 2, n.º 17, *delegatio est species novationis* (...), também citado em Gaudemet, *Étude* cit., 208-209, nota 6.

da indicação, pelo devedor, de uma pessoa que deveria pagar, no seu lugar. Há uma ligação entre o assignante e o assignatário, conforme o que, entre eles, tenha sido contratado[2999], mas não existe nenhum efeito liberatório, em relação ao primeiro devedor assignante, nem um efeito constitutivo de pretensão, em face do credor. A *assignatio* corresponde a uma criação comercial flamenga, datando da Idade Média[3000].

IV. Também no período intermédio – os Autores referem o século XVII – surge, em Itália, outro esquema de assunção de débitos. Aquando da aquisição de imóveis onerados com um censo, o adquirente assumia o encargo de pagar as inerentes rendas: era a *accolatio*, dita *simplex*, uma vez que não implicava novação[3001]. A prática, sufragada pela jurisprudência, deu um sentido particular à *accolatio*: o *accolans* ficava na posição de devedor principal, enquanto o vendedor mais não era do que um garante pessoal, tipo fiador.

V. A experiência europeia dá-nos uma imagem caleidoscópica da assunção de dívida. Partindo de uma impossibilidade lógica de, sem novação, conseguir a passagem de uma dívida de uma esfera para outra, os juristas europeus foram confrontados, ao longo dos séculos, com a necessidade prática de admitir e de formatar esse fenómeno. Assim, seja na base de textos romanos, seja adotando costumes e práticas comerciais, surgiram, para além da novação, quatro figuras:

- a *delegatio* ou delegação; o devedor incumbia um terceiro de pagar o débito, de origem romana; poderia ser liberatória, por declaração do credor;
- a *expromissio* ou expromissão, do Direito comum, que permitia isso mesmo, mas sem indicação prévia; a *delegatio* e a *expromissio* foram reconduzidas à novação;
- a *assignatio* ou assignação: o devedor indicava, ao credor uma pessoa que iria pagar, sem efeitos liberatórios; teve origem flamenga;

[2999] Nicola Coviello, *Della successione ne' debiti a titolo particulare*, AG LVI (1896), 287-343 e AG LVII (1896), 89-200 e 331-386 (LVI, 312-320).

[3000] Eugène Gaudemet, *Étude sur le transport de dettes* cit., 211-212

[3001] Com indicações, Nicola Coviello, *Della successione ne' debiti* cit., AG LVI, 320 ss.; o desenvolvimento de Coviello é retomado por Eugène Gaudemet, *Étude* cit., 452 ss..

– a *accolatio* ou acolação, de origem italiana, que permitia ao "novo devedor" tornar-se devedor principal numa situação duradoura, enquanto o "antigo devedor" se mantinha como garante.

O movimento codificador veio a simplificar este panorama.

## 346. **Sistema napoleónico e evolução italiana**

I. O Código Napoleão, no capítulo relativo à extinção das obrigações, consagrou uma secção II à novação (1271.º a 1281.º). Desta, isola várias modalidades, entre as quais a que opera quando um novo devedor se substitua ao antigo, o qual é liberado pelo credor (1271.º, 2.º). Retemos o artigo 1275.º[3002]:

> A delegação pela qual um devedor dá, ao credor, um outro devedor que se obriga para com o credor, não opera qualquer novação, se o credor não declarar que entendeu liberar o seu devedor que fez a delegação.

A novação e a delegação funcionam, no Direito francês, como *Ersatz* para a assunção de dívida[3003]. Em termos práticos, os efeitos conseguidos no espaço alemão e, como veremos, no lusófono, através da cessão de débitos, alcançam-se em França com recurso à novação e à delegação: uma situação natural, se tivermos em conta as necessidades sócio-económicas niveladas, no plano europeu e, mesmo, no global. Mas isso dito, a assunção de dívidas ficou, assim, muito limitada, na primeira codificação. Na evolução subsequente, foram decisivos os escritos de Saleilles[3004] e de Gaudemet[3005], germanófonos e profundos conhecedores da evolução operada na Alemanha. No fundo, estes autores faziam valer a essência da autonomia privada. O esquema napoleónico era puramente supletivo: as partes podiam conscientemente afastá-lo, fixando um regime próximo da *reprise de dette* ou *Schuldübernahme*.

[3002] J.-A. Rogron, *Code civil explique* cit., 348/I.

[3003] Tobias Maurer, *Schuldübernahme* cit., 50 ss..

[3004] Raymond Saleilles, *De la cession de dettes*, ADComm IV (1890), II, 1-47 (39) e *Essai d'une théorie générale de l'obbligation d'après le projet de Code civil allemand* (1890), XI + 460 pp., n.º 105-109 (92-99).

[3005] Eugène Gaudemet, *Étude sur le transport de dettes* cit., 329 ss. e 537 ss. (a conclusão).

II. A assunção de dívida é hoje apresentada, na doutrina francesa, sob a designação geral de cessão ou *cession de dette*[3006]. Seguem-se as diversas distinções, mormente entre a cessão interna (eficaz apenas entre devedores), a cessão cumulativa e a cessão perfeita, com o acordo do credor. A delegação napoleónica é inserida neste esquema.

III. Em 2016, foi adotada a importante reforma do Direito dos contratos. Entre as novidades por ela introduzidas conta-se a cessão de débito (*cession de dette*)[3007] nos novos artigos 1327.º a 1328.º-1. Justifica-se divulgar o competente texto[3008]:

1327.º Um devedor pode, com o acordo do credor, ceder o seu débito.

1327.º-1 O credor, se não deu o seu acordo antecipado à cessão ou se não interveio nela, não pode ver ser-lhe oposta a cessão ou prevalecer-se dela a não ser a partir do dia em que lhe tenha sido notificada ou em que a tenha sancionado.

1327.º-2 Se o credor tiver consentido expressamente nela, o devedor originário é liberado para o futuro. A assim não ser e salvo cláusula em contrário, ele fica solidariamente obrigado ao cumprimento do débito.

1328.º O devedor substituto e o devedor originário, se se mantiver obrigado, podem opor ao credor as exceções inerentes à dívida, tais como a nulidade, a exceção de inexecução, a resolução ou a compensação

[3006] Jean Carbonnier, *Droit civil/Les obligations* cit., n.º 1238 ss. (2461 ss.); François Terré/Philippe Simler/Yves Lequette, *Droit civil/Les obligations* cit., 11.ª ed., n.º 1305-1308 (1353-1357); Philippe Malinvaud/Dominique Fenouillet/Mustapha Mekki, *Droit des obligations* cit., 13.ª ed., n.º 836-845 (667-677), falando em transmissão de dívidas por novação ou por delegação; Bertrand Fages, *Droit des obligations* cit., 5.ª ed., n.º 558-568 (447-454), tratando, separadamente, a delegação e a novação; Philippe Malaurie/ /Laurent Aynès/Philippe Stoffel-Munck, *Droit des obligations* cit., 7.ª ed., n.º 1437 a 1474 (775-798), distinguindo, em rubricas próprias, a cessão de dívida, a novação e a delegação.

[3007] Alain Bénabent, *Droit des obligations* cit., 15.ª ed., n.º 731 (565-566), referindo a inspiração alemã; Philippe Malaurie/Laurent Aynès/Philippe Stoffel-Munck, *Droit des obligations* cit., 8.ª ed., n.º 1445-1449 (818-820); Bertrand Fages, *Droit des obligations* cit., 6.ª ed., n.º 559-560 (469-470); Rémy Cabrillac, *Droit des obligations* cit., 12.ª ed., n.º 424 (369). A doutrina francesa dá (ainda) pouca relevância a esta importante inovação.

[3008] Gaël Chantepie/Mathias Latina, *La réforme du droit des obligations* cit., n.º 878-892 (750-761).

> de dívidas anexas. Cada um pode também opor as exceções pessoais respetivas.
>
> 1328.º-1 Quando o devedor originário não seja liberado pelo credor, as garantias subsistem. No caso contrário, as garantias dadas por terceiros só subsistem com o acordo destes.
>
> Se o devedor for liberado, os seus codevedores solidários mantêm-se obrigados, com dedução da parte dele no débito.

O texto é claro. Fica em aberto o tema da oponibilidade, ao credor, os meios de defesa que respeitem, apenas, aos devedores, novo e velho: uma questão resolvida pelo novo Código Civil.

O Código Civil francês, tal como foi configurado pela reforma de 2016, manteve a figura da delegação, ao lado da cessão de débito (1336.º a 1340.º). Na definição do artigo 1336.º/1:

> A delegação é uma operação pela qual uma pessoa, o delegante, obtém de outra, o delegado, que esta se obrigue perante um terceiro, o delegatário, que a aceita como devedor.

O 1336.º/2 prossegue:

> O delegado não pode, salvo estipulação em contrário, opor ao delegatário, nenhuma exceção retirada das suas relações com o delegante ou das relações entre este e o delegatário.

A delegação acaba por ser uma modalidade da cessão de débito, conservada por razões histórico-culturais. Na prática, ela serve situações como a da venda de um imóvel onerado, ficando por conta do adquirente (delegado) obrigado a solver o débito perante (normalmente) uma instituição de crédito (delegatário).

IV. A evolução italiana[3009] seguiu o rumo curioso de reconduzir, ao Código Civil de 1942, as figuras historicamente surgidas para justificar

[3009] O Código Civil de 1865 adotou os esquemas napoleónicos: Ferrarotti Teonesto, *Commentario teorico pratico comparato al codice civile italiano* VIII (1874), *vide* artigos 1270.º e seguintes, 538 ss.; a evolução que culminaria no Código de 1942 foi, no essencial, obra doutrinária. Quanto à doutrina italiana no âmbito do Código Civil de 1865 e à admissibilidade da sucessão singular nas dívidas, Paolo Greco, *Delegazione e obbligazione nel*

a cessão de débitos. Assim, o Código em causa, em capítulo próprio distinto do da novação (1230.º a 1235.º), inserido a propósito da extinção das obrigações, versou, em capítulo autónomo, a delegação, a expromissão e a acolação (1268.º a 1276.º)[3010]. Fá-lo nos termos seguintes[3011]:

- a delegação (1268.º a 1271.º) é a operação jurídica pela qual um devedor (delegante) ordena ao delegado que assuma ou extinga o débito que tenha para com o delegatário; a relação entre o delegante e o delegado diz-se de provisão; entre o delegante e o delegatário, relação de valuta; entre o delegado e o delegatário, relação final; a delegação não libera o primeiro devedor ou delegado, salvo se o credor ou delegatário assim o exarar[3012];
- a expromissão (1272.º) ocorre quando um terceiro, sem delegação do devedor, assuma o débito deste para com o credor ou expromissário; fica obrigado *in solidum* com o exprometido ou devedor inicial, a menos que o credor libere este último[3013];
- a acolação (*accollo*, 1273.º) postula que o devedor e um terceiro convenham em que este assuma o débito do outro: o credor pode aderir, tornando irrevogável a estipulação a seu favor; a acolação só é liberatória se o credor assim o declarar[3014].

*diritto civile italiano* (1928), 160 pp., 70 ss.; Marcello Andreoli, *Delegazione privativa e delegazione di pagamento*, RivDC XXVI (1934), 529-594; Giacomo Russo, *Debito (cessione di)*, NDI IV (1938), 556-562.

[3010] Stefano Balbuso, em Guido Alpa/Giovanni Iudica, *Codice civile annotato* cit., 1216-1230.

[3011] Francesco Caringella/Giuseppe de Marzo, *Le obbligazioni* cit., 561 ss.; Guido Biscontini, *Assunzione di debito e garanzia del credito* (1993), 348 pp., 85 ss.; Ubaldo la Porta, *L'assunzione del debito altrui* (2009), XVIII + 517 pp..

[3012] Paolo Greco, *Delegazione (diritto civile)*, NssDI V (1960), 327-351; Pietro Rescigno, *Delegazione (diritto civile)*, ED XI (1962), 929-983; Andrea Magazzù, *Delegazione*, Digesto/DiscPrivat/Sezcivile V (1989), 155-171, acentuando a complexidade do instituto; Ubaldo la Porta, *L'assunzione del debito altrui* cit., 301-407.

[3013] Gaetano Quagliariello, *Espromissione*, NssDI VI (1960), 881-886; Stefano Rodotà, *Espromissione*, ED XV (1966), 781-790; Ugo Grassi, *L'espromissione/Considerazioni sulla struttura e sulle eccezioni* (2001), 66 pp.; Ubaldo la Porta, *L'assunzione del debito altrui* cit., 127-202.

[3014] Pietro Rescigno, *Accollo*, NssDI I/1 (1957), 140-144; *idem*, *Studi sull'accollo* (1958), 336 pp.; Raffaele Cicala, *Accollo*, ED I (1958), 282-292; Ubaldo la Porta, *L'assunzione del debito altrui* cit., 203-229.

A riqueza terminológica italiana não impede a doutrina de considerar a figura unitária da assunção de débitos, sem prejuízo das modalidades referidas[3015]. No fundo, como veremos a propósito do sistema lusófono, há uma grande confluência de esquemas.

## 347. **A experiência alemã; a descoberta de Delbrück**

I. A experiência alemã, no domínio da cessão de débitos, conecta-se com a tradição jusracionalista da transmissibilidade dos direitos reais e, mais latamente, das posições jurídicas[3016]. Em compensação, uma alegada raiz germânica favorável à assunção, referida por alguns autores[3017], não parece confirmar-se[3018].

Nas codificações jusracionalistas alemãs surgem fórmulas parcelares de transmitir débitos. O ALR prussiano (1794) previa, na sua parte I, título XIV, § 399, a expromissão[3019]:

> Quando alguém assuma um débito alheio em vez do primitivo devedor (*Expromission*), não ocorrem quaisquer vinculações entre este e o credor.

A expromissão não transfere o débito; apenas faculta que o expromissário integre, também o vínculo.

O ABGB austríaco (1811) acolheu a assignação, no seu § 1400 (a imperfeita) e no seu § 1401 (a perfeita). Neste último caso e ao contrário do primeiro, há acordo do credor para liberar o primeiro devedor[3020]. A literatura austríaca do final do século XIX, muito germanizada, dava, ao tema, um

[3015] Ubaldo la Porta, *L'assunzione del debito altrui* cit., 1-125 e 409-500.

[3016] Esta linha de pensamento remonta a Grócio e a Pufendorf; *vide* algumas referências em Rudolf Meyer-Pritzl, no HKK/BGB cit., II/2, §§ 414-418, Nr. 7 (2372-2373); quanto ao desenvolvimento da matéria até ao ALR, *vide* Hermann Wendt, *Die privative Schuldübernahme* (1966), XXV + 90 pp., 2 ss..

[3017] Ludwig Enneccerus/Heinrich Lehmann, *Recht der Schuldverhältnisse* cit., 15.ª ed., § 84, I (333).

[3018] Di-lo Rudolf Meyer-Pritzl, no HKK/BGB cit., II/2, §§ 414-418, Nr. 8 (2373).

[3019] A. J. Mannkopff, *Allgemeines Landrecht* cit., 2, 148.

[3020] Rudolf Meyer-Pritzl, no HKK/BGB cit., II/2, §§ 414-418, Nr. 10 (2373).

tratamento próximo do que ficaria, depois, no BGB[3021]. A reforma de 1916 do ABGB veio permitir uma assunção de débito também sem o consentimento do devedor[3022].

II. No início do século XIX, mau grado os antecedentes favoráveis, a assunção de dívida não teve o apoio de Savigny[3023]: o peso do Direito romano a tanto conduziu. Há, todavia, que admitir uma prática crescentemente favorável à transmissão de dívidas, no plano comercial e com especial incidência nos casos em que se transferisse, em bloco, um estabelecimento comercial, com o seu ativo e o seu passivo[3024].

Nesta ambiência, coube a um prático do Direito – um juiz – fazer uma apresentação geral da assunção de dívida, em termos que serviriam de referencial a toda a evolução posterior: Berthold Delbrück (1817-1868)[3025]. Num escrito simples, onde refere o Direito romano e, ainda, práticas comerciais alemãs, Berthold Delbrück sustenta a viabilidade da assunção de dívida, como figura geral[3026].

[3021] Josef Unger, *Schuldübernahme/Fragment aus einem System des österreichischen Obligationenrechts* (1889), 32 pp., 7 ss.; mas *vide* Richard Horn, *Schuldübernahme: eine Studie nach österreichischem und deutschem Civilrecht* (1902), 79 pp., 1-17 e 63-79, focando as diferenças entre os dois sistemas.

[3022] Meinhard Lukas, em Kletecka/Schauer, *Kommentar zum ABGB* cit., §§ 1400 ss., 3711 ss.; Matthias Neumayr, em Koziol/Bydlinski/Bollenberger, ABGB/Kurzkommentar, §§ 1400 ss., 1717 ss.; Claudia Rudolf, em Michael Schwimann, *ABGB/Taschenkommentar* cit., §§ 1400 ss. (1497 ss.).

[3023] Friedrich Carl von Savigny, *System des heutigen römischen Rechts* cit., 3 (1840), § 105, nota (f), 15, considera que não pode haver sucessão singular quanto às obrigações mas, apenas, novação ou *cessio actionis*.

[3024] Esta vertente ainda está pouco estudada; *vide*, todavia, Ferdinand Regelsberger, *Ueber die Haftung des Firmenerwerbers, für die unter der Firma von einem frühere Inhaber eingegangenen Verbindlichkeiten*, ZHR 14 (1870), 1-31 (4 ss., quanto às construções existentes); Herman Veit Simon, *Über die Haftung Erwerbers eines Einzelgeschäfts für die vor Erwerb desselben entstandenen Handlungsschulden*, ZHR 24 (1879), 91-174 (101 ss.); Karl Adler, *Passivenübergang bei Uebernahme eines Handelsgeschäfts*, AbürgR 3 (1889), 1-31. As práticas comerciais favoráveis à cessão de débitos, estão documentadas desde o século XVI, sendo referidas pelo próprio Delbrück, ob. abaixo citada, 73-107. *Vide*, ainda, as referências de Eugène Gaudemet, *Étude sur le transport de dettes* cit., 436 ss. e 443 ss., quanto à transmissão da *Firma*.

[3025] Pormenores sobre a vida de Delbrück – ou, de seu nome completo, Ernst Luther Berthold Delbrück – podem ser confrontados no artigo necrológico de Bernhard Windscheid, *Zur Erinnerung an Berthold Delbrück*, KrVJSch 10 (1868), 287-295.

[3026] Berthold Delbrück, *Die Uebernahme fremder Schulden nach gemeinem und*

Na base, Delbrück distingue, invocando a tradição alemã, a relação obrigacional, o crédito e o débito. A primeira, de acordo com a tradição romana, seria efetivamente inseparável das pessoas dos credor e devedor. Já o crédito e o débito representariam valores próprios, patrimonialmente autonomizáveis[3027]. Ambos poderiam ser alienados. A assunção ou *Uebernahme* (*Übernahme* na grafia atual) seria, assim, possível[3028]. Delbrück ocupa-se, depois, das relações entre o devedor e o assuntor[3029] e entre o credor e o devedor[3030]. Sendo admitida pelo credor, a assunção equivale a um pagamento: *Uebernahme ist Zahlung*[3031]. Delbrück tentou conciliar a tradição romanística com dados da experiência alemã e com as realidades económicas da revolução industrial.

III. A monografia de Delbrück passou a ser o ponto de partida para os desenvolvimentos ulteriores. Para tanto, foi decisiva, desde logo, a recensão muito positiva de Windscheid[3032], seguida por muitas outras referências[3033], incluindo na doutrina estrangeira[3034], até aos nossos dias[3035]. Reichel che-

*preussischen Rechte* (1853), IV + 133 pp.. Um resumo do escrito de Delbrück pode ser confrontado, em francês, na obra de Eugène Gaudemet, *Étude sur le transport de dettes* cit., 457-468.

De Berthold Delbrück cabe ainda referir *Die Uebernahme fremder Schulden nach lübischem und hamburgerem Recht*, ZdeutRW 15 (1855), 125-150: o Autor apoia em elementos de Lübeck e de Hamburgo as práticas comerciais alemãs que facilitaram a assunção de dívida.

3027 Berthold Delbrück, *Die Uebernahme* cit., 14 ss..

3028 *Idem*, 21-22 e 119.

3029 *Idem*, 45 ss..

3030 *Idem*, 56 ss..

3031 *Idem*, 45.

3032 Bernhard Windscheid, *Die Singular Succession in Obligationen*, KritÜ 1 (1853), 27-46 (29 ss.).

3033 Como meros exemplos: Heinrich Gürgens, *Die Singularsukzession in die Schuld*, JhJb 8 (1866), 211-308 (221 ss.); Adolf Menzel, *Zur Lehre von der Schuldübernahme*, GrünhutZ XI (1884), 581-609 e 655-679 (581); Rudolf Münster, *Über die Singular-Succession in Schulden* (1893), VI + 100 (37-48); Ferdinand Regelsberger, *Die Schuldübernahme und die §§ 414-416 B.G.B.*, JhJb 39 (1898), 463-483 (463); Emil Strohal, *Schuldübernahme*, JhJb 57 (1910), 231-492 (233 ss.).

3034 Recorde-se Eugène Gaudemet, *Étude* cit., 457 ss..

3035 Rudolf Meyer-Pritzl, no HKK/BGB cit., II/2, §§ 414-418, Nr. 1 (2370): Tobias Maurer, *Schuldübernahme* cit., 191 ss.; Jan Lieder, *Die rechtsgeschäftliche Sukzession* cit., 121.

gou mesmo a falar em "descoberta"[3036]. Será exagero; todavia, é indubitável que ficou a dever-se a Delbrück a locução "assunção de dívida" (*Schuldübernahme*), bem como um seu tratamento unitário. Aceitamos, por isso, a intervenção de Delbrück como "descoberta".

O escrito de Delbrück obteve, também, críticas, essencialmente derivadas de inexatidões perante o Direito romano[3037]. Todavia e tal como ocorrera, por exemplo, com Jehring, não foi objetivo de Delbrück reconstituir o Direito romano: tão-só (em linguagem atual) o de fazer dogmática jurídica, através do Direito romano atual.

IV. Com estes antecedentes, Franz von Kübel, autor do respetivo anteprojeto, teve margem para propor, no futuro BGB, a assunção de dívida[3038]. Escolheu-a entre as hipóteses de novação ou de expromissão ou delegação, modelando-a à imagem da cessão de créditos[3039]. A ideia manteve-se nas revisões subsequentes, passando ao BGB[3040]. Deve acrescentar-se que a mera presença da assunção de dívida nos preparatórios do BGB e no próprio Código, quando em *vacatio*, levou a uma multiplicação de estudos sobre a matéria. Relevamos, a título de mero exemplo e para além dos autores diretamente comercialistas, intervenções de Danz[3041], de Menzel[3042], de Voigt[3043], de Münster[3044], de Davidson[3045], de Kipp[3046], de von Blume[3047] e de Regelsberger[3048].

3036 Hans Reichel, *Die Schuldmitübernahme Kumulative Schuldübernahme* (1909), XVIII + 588 pp., V; trata-se de um escrito maciço.

3037 Assim o escrito, também maciço, de Johannes Emil Kuntze, *Die Obligation und Singularsuccession des römischen und heutigen Rechts: eine civilistische Studie* (1856), XVI + 423 pp., 98 ss., 304 ss. e *passim*.

3038 Franz von Kübel, *Entwurf eines bürgerlichen Gesetzbuches für das Deutsche Reich/Recht der Schuldverhältnisse*, I – *Allgemeiner Theil mit Begründung* (1882; há reimp. de 1980), Ab. I, Tit. 4, II, 983 (o articulado) e 985-1001 (a justificação).

3039 Rudolf Meyer-Pritzl, no HKK/BGB cit., II/2, §§ 414-418, Nr. 11 (2374).

3040 *Motive* cit., II, *Recht der Schuldverhältnisse*, 142-152 (143).

3041 Erich Danz, *Die delegatio nominis und delegatio debiti*, JhJb XIX (1884), 69-130; *idem*, *Die Forderung- und Schuldübernahme*, AcP 74 (1888), 240-298 (242 ss.).

3042 Adolf Menzel, *Zur Lehre von der Schuldübernahme*, já citado.

3043 Robert Voigt, *"Schuldübernahme ist Zahlung"* (1891), 41 pp..

3044 Rudolf Münster, *Ueber die Singularsuccession in Schulden*, já citado.

3045 Karl-August Davidson, *Schuldübernahme als Zahlung* (1895), VIII + 47 pp..

3046 Theodor Kipp, *Zur Lehre von der Schuldübernahme*, JhJb 36 (1897), 336-365.

3047 Werner von Blume, *Beiträge zur Auslegung der deutschen B.G.B./II – Zur Lehre von der Schuldübernahme*, JhJb 39 (1898), 390-462; *idem*, *Zur Schuldübernahmefrage*, JhJb 40 (1899), 109-126.

A entrada em vigor do BGB originou dezenas de estudos sobre a assunção de dívidas. Foram compulsados, só quanto ao período anterior à Grande Guerra de 1914-1918, os de Herz[3049], de Jakoby[3050], de Reichel[3051], de Krienitz[3052], de Strohal[3053], de von Gierke[3054], de Lippmann[3055], de Knoke[3056], de Günther[3057], de Cullmann[3058] e de Diefenbach[3059]. Tem ainda interesse acompanhar a jurisprudência relativa à assunção cumulativa, através da monografia de Schlicht[3060].

V. O BGB consagrou à assunção de dívidas uma secção – a VI – do livro sobre obrigações: §§ 414 a 418[3061]; o § 419 foi revogado[3062]. Trata,

3048 Ferdinand Regelsberger, *Die Schuldübernahme und die §§ 414-416 B.G.B.*, JhJb 39 (1898), 463-483, já citado e ocasionado pelo artigo de von Blume.

3049 Carl Herz, *Beitrag zur Lehre von der Schuldübernahme* (1901), 79 pp..

3050 Emil Jakoby, *Ist der Schuldübernahme Rechtsnachfolgen iSd §§ 325, 727 ZPO?*, DJZ IX (1904), 211; à questão colocada, Havemkamp responde pela positiva e Staub, pela negativa; Jakoby dá uma certa razão a este último.

3051 Hans Reichel, *Die Schuldmitübernahme* (1909), já citado.

3052 Ernst Krienitz, *Zur Schuldübernahme nach § 415 BGB* (1910), 45 pp..

3053 Emil Strohal, *Schuldübernahme* (1910), 264 pp.; *idem*, JhJb 57 (1910), 231-492.

3054 Otto von Gierke, *Schuldnachfolge und Haftung, insbesondere kraft Vermögensübernahme*, FS Ferdinand von Martitz (1910), 33-80.

3055 Lippmann, *Beiträge zur Theorie der Schuldübernahme des Bürgerlichen Gesetzbuchs*, AcP 107 (1911), 1-167.

3056 Knoke, *Die Sondernachfolge in die Schuld bei der befreienden Schuldübernahme*, JhJb 60 (1912), 407-466, respondendo a von Gierke, cit. *supra*, nota 3054.

3057 Hermann Günther, *Kann bei der Schuldübernahme nach § 416 BGB der Gläubiger die Genehmigung schon vor der Mitteilung verweigern?*, DJZ XVII (1912), 510-511.

3058 Ludwig Cullmann, *Kumulative Schuldübernahme und Bürgschaft* (1913), VI + 122 pp..

3059 Fritz Diefenbach, *Die Schuldmitübernahme und der abstrakte Schuldvertrag* (1914), 88 pp..

3060 Christian Rainer Schlicht, *Die kumulative Schuldübernahme in der Rechtsprechung des Reichsgerichts in der zeitgenössischen Literatur* (2004), 183 pp., com a literatura até 1945 (131 ss.).

3061 Hans-Christoph Grigoleit/Carsten Herresthal, *Die Schuldübernahme*, Jura 2002, 393-401; Rolf Stürner, *Jauernig Kommentar* cit., 15.ª ed., §§ 414-418 (573-579); como comentários de referência atualizados (neste momento): Volker Rieble, no *Staudingers Kommentar*, II, §§ 397-432 (2012), §§ 414-418 (293-392); Peter Bydlinski, no *Münchener Kommentar zum BGB*, II, 7.ª ed. (2016), §§ 414-418 (2835-2863); Christian Grüneberg, no *Palandt*, 75.ª ed. (2016), §§ 414-418 (635-639).

3062 Pela Lei que aprovou a *Insolvenzordnung*, em vigor desde 1999.

sucessivamente: do contrato entre o credor e o assuntor (§ 414); do contrato entre o devedor e o assuntor (§ 415); da assunção de uma dívida hipotecária (§ 416); das exceções do assuntor (§ 417), da extinção das garantias e das preferências (§ 418). O esquema é muito sintético e claro. Na hipótese da assunção por contrato entre o devedor e o assuntor, a eficácia depende da concordância (*Genehmigung*) do credor (§ 415/I). Tudo visto, o regime da assunção foi modelado segundo o da cessão de créditos.

## 348. Direito inglês e Direito europeu

I. O Direito inglês só muito tardiamente acolheu a novação. No tocante à transmissão de créditos, como vimos[3063], a natureza pessoal das obrigações representou um travão eficaz que só dificilmente foi sendo ultrapassado. A nossa assunção de dívida foi de acolhimento ainda mais tardio e, mesmo, incompleto. A partir da novação e com o acordo dos envolvidos, as dívidas podem ser assumidas, ainda que com prejuízo para algumas garantias. Reclama-se uma intervenção legislativa[3064].

II. O Direito europeu, com exemplo no DCFR, admite a *substitution and addition of debtors*[3065], seguindo, no fundamental, o esquema alemão. Pode haver substituição total ou, apenas, o acrescento de um novo devedor, ao estilo da nossa assunção cumulativa. O consentimento do credor é requerido para a substituição, a qual abrange as defesas e garantias. A área da assunção de dívidas, até pela sua juventude relativa, apresenta grandes fraturas, nos Direitos do Velho Mundo[3066]. O papel aglutinador do Direito alemão é manifesto.

[3063] O Direito inglês da assunção de dívida e a sua lenta evolução pode ser confrontado em Tobias Maurer, *Schuldübernahme* cit., 113-190, com muitas indicações. Na presente edição ficamo-nos pelo sumário que figura no texto, uma vez que uma exposição cabal implicaria um desenvolvimento incomportável.

[3064] Tobias Maurer, *Schuldübernahme* cit., 189 ss..

[3065] Christian von Bar/Eric Clive/Hans Schulte-Nölke, *DCFR* cit., III-5:202 a III--5:209 (265-267).

[3066] *Vide* Tobias Maurer, *Schuldübernahme* cit., 305-324; em Christian von Bar/Eric Clive/Hans Schulte-Nölke, *DCFR/Full Edition* cit., 2, 1078-1101, pode confrontar-se um relevante acervo comparatístico.

## § 77.º A ASSUNÇÃO DE DÍVIDA NA EXPERIÊNCIA LUSÓFONA

### 349. Pré-codificação e Seabra

I. Nos clássicos da pré-codificação, a transmissão de dívidas era conseguida através da novação subjetiva, na então considerada sua forma de delegação. Para além dos antecedentes do Direito comum, a que se poderá acrescentar uma influência francesa, ainda por investigar, temos, desde logo, o Código Comercial de 1833 (Ferreira Borges). Surge, nele, uma secção intitulada, *da novação e delegação mercantil*. Retemos os primeiros cinco preceitos dessa secção:

> 884. A novação tem força de pagamento.
>
> 885. A novação tem logar: 1.º quando o devedor contrahe para com o credor uma nova dívida, que substitue e extingue a antiga; 2.º quando se substituir um novo devedor ao antigo, e este fica desobrigado; 3.º quando por effeito d'uma nova convenção se substitue um credor a outro, ficando o devedor desobrigado do primeiro.
>
> 886. A novação por substituição do novo credor póde ter logar sem concurso do primeiro devedor.
>
> 887. O devedor delegado póde não ser devedor do primeiro devedor, e todavia a promessa de pagar por elle desonera o primeiro devedor.
>
> 888. Nas convenções mercantis para haver logar a novação bastam conjecturas, sem necessidade d'animo positivo de novar. A novação, assim como a obrigação, nasce de simples pacto, ou convenção.

O esquema comercial de 1833 era muito flexível. A ter sido conservado, dispensaria, porventura, a evolução legislativa subsequente.

II. Correia Telles apontava a delegação como modalidade de novação: ao estilo francês[3067]. Mais desenvolvido, Coelho da Rocha distinguia várias modalidades na novação, das quais uma terceira, por substituição de devedores. Subdistinguia[3068]:

> Quando um novo devedor se obriga em logar do antigo; o que pode egualmente verificar por duas fórmas: *a*) ou por convenção entre o crédor e o novo devedor com declaração de que fique livre o antigo devedor, mas sem a intervenção d'este (*ex-promissio*); *b*) ou pela transmissão da divida do antigo para o novo devedor, com aceitação explicita do crédor (*delegatio*).

III. Mau grado estes interessantes antecedentes, o Código de Seabra não refere a delegação. Limita-se a consignar uma novação lata, que no fundo envolve quer a expromissão, quer a delegação. Assim, segundo o seu artigo 804.º[3069]:

> A novação, por substituição do devedor, não póde fazer-se sem consentimento do credor; mas póde fazer-se sem intervenção do devedor antigo, nos termos em que, sem consentimento do devedor, póde ser feito o pagamento.

No silêncio do Código de Seabra, a doutrina era tentada em excluir a transmissão singular de dívidas[3070]. Todavia, sob pressão dos escritos estrangeiros, designadamente as obras de Saleilles e de Gaudemet, acabava por tomar posições mais abertas, nesse sentido[3071].

[3067] J. H. Correia Telles, *Digesto Portuguez* cit., artigos 1205 e 1206 (1, 156).

[3068] M. A. Coelho da Rocha, *Instituições de Direito civil* cit., § 161 (1, 95).

[3069] José Dias Ferreira, *Codigo Civil Annotado* cit., 2, 1.ª ed., 284 e 2, 2.ª ed., 109.

[3070] Assim, Guilherme Moreira, *Instituições do Direito civil* cit., 2, 192, vem dizer:

> A sucessão duma pessoa a outra na divida por titulo particular não se tem admittido, pela relação que existe entre a prestação e a pessoa que tem de a effeituar. A substituição dum devedor por outro só pode realizar-se pela novação, pela qual se extingue a efficacia juridica do titulo constitutivo da primitiva obrigação.

[3071] Ainda Guilherme Moreira, *Instituições do Direito civil* cit., 2, 283, em certa contradição com o troço acima transcrito, vem considerar;

> O simples facto de se transmitir a divida quer por titulo universal quer por titulo singular, tambem não envolve novação (...) Quando haja transmissão a titulo singular, o novo devedor ficará adstricto á prestação juntamente com o antigo, emquanto o credor consentir na transmissão, exonerando o antigo devedor.

A viragem ficou a dever-se a Carneiro Pacheco (1887-1957), autor de uma monografia sobre a sucessão singular nas dívidas[3072].

Na sequência de Carneiro Pacheco, veio a surgir uma opinião comum favorável à transmissão singular de dívidas. Nesse sentido depuseram José Tavares[3073], Cunha Gonçalves[3074], Paulo Cunha[3075] e Inocêncio Galvão Telles[3076]. A jurisprudência da época validava, todavia, as situações de transmissão de dívidas com base na novação: e isso quer exigindo, quer ignorando[3077] os requisitos novativos[3078].

## 350. **Os preparatórios de Vaz Serra**

I. Os preparatórios de Vaz Serra foram complicados. O ilustre Autor procedeu a estudos separados para a expromissão[3079], para a promessa de liberação e contrato a favor do credor[3080], para a delegação[3081] e para a assunção de dívida[3082]. Releva, ainda, o estudo sobre a novação, onde surgem opções importantes para a cessão de débitos[3083]. Estamos perante uma

[3072] António Faria Carneiro Pacheco, *Da sucessão singular nas dívidas* (1912), 103 pp..

[3073] José Tavares, *Os princípios fundamentais do Direito civil* cit., 1, 2.ª ed., n.º 181 (601-602), considerando, todavia, a questão "muito delicada" e a doutrina "muito duvidosa", do ponto de vista positivo (602).

[3074] Luiz da Cunha Gonçalves, *Tratado de Direito civil* cit., 5, 100

[3075] Paulo Cunha, *Direito das obrigações* cit., 1, 204 ss..

[3076] Inocêncio Galvão Telles, *Dos contratos em geral*, 1.ª ed. (1947), 319 e *Manual dos contratos em geral*, 3.ª ed. (1965), 366, ambos já citados.

[3077] STJ 22-mai.-1956 (Mário da Silva Cardoso), BMJ 57 (1956), 354-358 (357): (...) para que exista novação em forma de expromissio, é necessário provar a inequívoca existência de um acordo entre o novo devedor e o credor pelo qual o antigo devedor fique liberto de responsabilidade; STJ 18-jun.-1957 (Mário Cardoso), BMJ 68 (1957), 598-604 (598), o sumário: importa novação o acordo feito entre o credor e o novo arrendatário de um seu prédio rústico no sentido de este pagar as rendas devidas pelo seu antecessor.

[3078] *Vide*, com elementos, Carlos Alberto da Mota Pinto, *Cessão da posição contratual* cit., 147-148.

[3079] Adriano Vaz Serra, *Expromissão*, BMJ 72 (1958), 77-81.

[3080] Adriano Vaz Serra, *Promessa de liberação e contrato a favor do credor*, BMJ 72 (1958), 83-95.

[3081] Adriano Vaz Serra, *Delegação*, BMJ 72 (1958), 97-187.

[3082] Adriano Vaz Serra, *Assunção de dívida (Cessão de dívida – Sucessão singular na dívida)*, BMJ 71 (1958), 189-257.

[3083] Adriano Vaz Serra, *Novação*, BMJ 72 (1958), 5-75 (6).

multiplicação de institutos manifestamente inspirada no Código italiano. Todavia, mantêm-se resquícios de Seabra: a expromissão é considerada (...) uma das maneiras por que pode fazer-se a novação por substituição do devedor (...)[3084]. A promessa de liberação equivalia à assunção de cumprimento (*Erfüllungsübernahme*) do § 329 do BGB[3085], também dita assunção interna de dívida, uma vez que apenas obriga o devedor e o terceiro obrigado[3086]: trata-se da acolação (*accollo*) do artigo 1273.º do Código italiano, para a qual Vaz Serra, na falta de uma expressão consagrada em vernáculo, propôs uma perífrase[3087]. A delegação mereceu, a Vaz Serra, o estudo mais alargado e denso. Todavia, o Autor procurou afastá-la da delegação tradicional latina, patente na tradição napoleónica e no Código italiano, paras a aproximar da *Anweisung* versada nos §§ 783 a 788 do BGB[3088]. Só que a *Anweisung* ou (atual) delegação alemã visa um especial contrato, tipo mandato a favor de terceiro, regulado nessa qualidade e não na de esquema transmissor de débitos.

II. Vaz Serra apresentou propostas de articulado separadas para a expromissão, a promessa de liberação, a delegação e a assunção de dívida[3089]. Tudo isso foi reunido em capítulos distintos, num título sobre a "transmissão do crédito ou da dívida e figuras afins"[3090]: III – assunção de dívida (145.º a 155.º), IV – expromissão (156.º), V – promessa de liberação (157.º) e VI – delegação (158.º a 161.º), todos com uma regulação de pormenor. Na 1.ª revisão ministerial, a proposta foi simplificada: apenas, agora em secções, subsistiu a assunção de dívida (584.º a 589.º), a expromissão (590.º) e a delegação (591.º a 593.º)[3091]. A 2.ª revisão ministerial conservou, apenas, a assunção de dívida[3092], consignada, sem alterações, no projeto final[3093].

3084 Adriano Vaz Serra, *Expromissão* cit., 77.

3085 Astrid Stadler, no Jauernig cit., 15.ª ed., § 329 (480-481).

3086 Adriano Vaz Serra, *Promessa de liberação* cit., 83.

3087 Todavia, o Autor (*Promessa* cit., 91) fazia questão em afastar os dois institutos um do outro.

3088 Astrid Stadler, no Jauernig cit., 15.ª ed., 1221-1223.

3089 Adriano Vaz Serra, *Expromissão* cit., 80-81, *Promessa de liberação* cit., 93-94, *Delegação* cit., 182-186 e *Assunção de dívida* cit., 249-255, respetivamente.

3090 Adriano Vaz Serra, *Direito das obrigações* cit., 106-120.

3091 BMJ 119 (1962), 118-120.

3092 Jacinto Rodrigues Bastos, *Das obrigações em geral* cit., 3, 177 ss..

3093 *Projecto de Código Civil* cit., 174-175.

III. Podemos considerar, com base nos preparatórios e na sua evolução, que o legislador de 1966 partiu de uma predisposição favorável à assunção de dívidas. Foi especialmente influenciado pelo Direito italiano e pelo Direito alemão, com predominância crescente deste último[3094], à medida que os trabalhos avançaram.

## 351. **Os códigos brasileiros**

I. Apesar da forte influência alemã, o Código Civil de 1916 não integrou a transmissão singular de dívidas. Para tanto, conservou a velha novação (artigos 999.º a 1008.º)[3095]. Todavia, o artigo 1001.º dava já um passo no sentido da abertura, dispondo:

> A novação por substituição do devedor, pode ser effectuada independentemente de consentimento deste.

Deve salientar-se que se desenvolveu uma doutrina significativa favorável à assunção de dívida[3096].

II. O Código Civil de 2002 acolheu, com naturalidade e elegância, a assunção de dívida (299.º a 303.º)[3097]. Cumpre divulgar o competente texto:

> Art. 299. É facultado a terceiro assumir a obrigação do devedor, com o consentimento expresso do credor, ficando exonerado o devedor primitivo, salvo se aquele, ao tempo da assunção, era insolvente e o credor o ignorava. Parágrafo único – Qualquer das partes pode assinar prazo ao credor para que consinta na assunção da dívida, interpretando-se o seu silêncio como recusa.
>
> Art. 300. Salvo assentimento expresso do devedor primitivo, consideram-se extintas, a partir da assunção da dívida, as garantias especiais por ele originariamente dadas ao credor.

[3094] João Antunes Varela, *Das obrigações em geral* cit., 2, 7.ª ed., 360-361.

[3095] Paulo Merêa, *Codigo Civil Brasileiro anotado* cit., 333-335.

[3096] Assim: Luiz Roldão de Freitas Gomes, *Da assunção de dívida e sua estrutura negocial* (1982), 462 pp..

[3097] José Miguel Garcia Medina/Fábio Caldas Araújo, *Código Civil comentado* cit., 316-319.

Art. 301. Se a substituição do devedor vier a ser anulada, restaura-se o débito, com todas as suas garantias, salvo as garantias prestadas por terceiros, exceto se este conhecia o vício que inquinava a obrigação.

Art. 302. O novo devedor não pode opor ao credor as exceções pessoais que competiam ao devedor primitivo.

Art. 303. O adquirente de imóvel hipotecado pode tomar a seu cargo o pagamento do crédito garantido; se o credor, notificado, não impugnar em trinta dias a transferência do débito, entender-se-á dado o assentimento.

## § 78.º SISTEMA E OBJETO DA ASSUNÇÃO DE DÍVIDA

### 352. Conspecto geral; regras supletivas

I. O Código Civil consagrou, à assunção de dívida, seis preceitos. Mercê dos atormentados preparatórios, esses preceitos apresentam-se de alguma complexidade, provocando dificuldades pedagógicas que a experiência permite ultrapassar. Num breve conspecto, temos:

artigo 595.º (Assunção de dívida): dispõe as duas formas por que pode ocorrer e requer o acordo do credor;
artigo 596.º (Ratificação do credor): permite o distrate, enquanto não houver ratificação do credor;
artigo 597.º (Invalidade da transmissão): dispõe sobre a eventualidade de o "contrato de transmissão" ser declarado nulo ou anulado;
artigo 598.º (Meios de defesa): limita os meios de defesa que o novo devedor pode opor ao credor;
artigo 599.º (Transmissão de garantias e acessórios): acompanham, em princípio, a dívida;
artigo 600.º (Insolvência do novo devedor): faz correr esse risco pelo credor, em princípio.

II. Ao contrário do que sucede com a cessão de créditos (577.º/1, 1.ª parte), o Código não explicita se todas as dívidas são transmissíveis. Parece óbvio que há casos de intransmissibilidade, seja pela natureza da prestação, seja por disposição da lei, seja por convenção das partes. Todavia, como a assunção de dívidas só libera o antigo devedor se houver acordo do credor, o legislador dispensou-se de versar o tema. Ficam ressalvadas as dívidas indisponíveis por preceito legal imperativo.

III. Com as necessárias adaptações, o regime da cessão de créditos é supletivamente aplicável à assunção de dívidas. Apesar das diferenças de natureza, estamos, num caso como no outro, em face da transmissão de situações obrigacionais apenas figuráveis por abstração vocabular. Além disso, devemos ter em conta a matriz germânica aqui presente: o BGB acabaria, como foi referido[3098], por modelar a assunção de dívida pelo regime da cessão de créditos.

IV. Resta acrescentar que o instituto da assunção de dívida está, entre nós, pouco estudado. Meio século volvido sobre a promulgação do Código Civil, deparamos com referências em obras gerais[3099], com as monografias de Carlos Alberto da Mota Pinto, dedicada, de resto, à cessão da posição contratual[3100] e de Ney Ferreira[3101] e com algumas prestações académicas[3102].

## 353. Modalidades e figuras afins

I. Com base no artigo 595.°/1, é possível distinguir três modalidades de assunção de dívidas:

- a assunção derivada de contrato entre o antigo e o novo devedor (assuntor) ratificado pelo credor – artigo 595.°/1, *a*);
- a assunção derivada de contrato entre o novo devedor e o credor, com consentimento do antigo devedor;
- a assunção derivada de contrato entre o novo devedor e o credor, sem consentimento do antigo devedor – artigo 595.°/1, *b*).

Estas modalidades distinguem-se em função da estrutura jurídica revestida pelos fenómenos de transmissão que consubstanciam, como se depreende do seu simples enunciado. A primeira variante corresponde ao *accollo*; a segunda, vagamente, à delegação e a terceira, à expromissão.

3098 *Supra*, 837-838.

3099 João Antunes Varela, *Das obrigações em geral* cit., 2, 7.ª ed., 358-383; Mário Júlio de Almeida Costa, *Direito das obrigações* cit., 12.ª ed., 828-833; os nossos *Direito das obrigações* 2, 109-119 e *Tratado de Direito civil* IX, 1.ª ed., 235-244; Jorge Ribeiro de Faria, *Direito das obrigações* cit., 2, 575-621; Luís Menezes Leitão, *Direito das obrigações* cit., 2, 9.ª ed., 47-68.

3100 Carlos Alberto da Mota Pinto, *Cessão da posição contratual* cit., 145-157.

3101 José Carlos Ney Ferreira, *Da assunção de dívidas* (1973), 128 pp..

3102 Assim, a de Joana Pinto Monteiro, *A assunção cumulativa de dívida* (2006), 53 pp..

Outra distinção, desta feita em obediência às consequências da "transformação", é a que separa a assunção liberatória da "assunção" cumulativa, compreendidas no artigo 595º/2. O tema será retomado a propósito do problema dos efeitos da figura *sub judice*.

II. A assunção de dívida deve ser confrontada com figuras afins. Estamos perante matéria de elaboração histórico-cultural. Assim, a sua delimitação nem sempre é rigorosamente lógica, podendo haver espaços de sobreposição entre as figuras. Com essa prevenção, a assunção distingue-se:

- da novação subjetiva (858.º, 2.ª parte): esta pressupõe a extinção de uma primeira obrigação e a constituição, em sua substituição, de um novo vínculo, mas com um devedor diferente; os regimes são distintos embora, historicamente, a novação subjetiva tenha permitido assegurar as funções da assunção de dívida;
- do contrato a favor de terceiro (443.º); ao seu abrigo pode uma pessoa obrigar-se, perante o devedor, a executar a prestação a que este esteja adstrito, liberando-o da dívida (444.º/3); apesar da confluência prática com a assunção, o regime é diferente; além disso, o primeiro devedor não fica exonerado, enquanto a obrigação não se extinguir pela execução da prestação[3103];
- da cessão da posição contratual (424.º/1); esta envolve uma transmissão de créditos e de débitos em simultâneo, conquanto que com um regime próximo do da assunção de dívida, da qual não devia ter sido geograficamente separada;
- do subcontrato: o devedor pode contratar com um terceiro a execução, total ou parcial, do débito; a lei refere a subfiança (630.º), a sublocação (1060.º a 1063.º), o submandato (1165.º), o subdepósito (1197.º) e a subempreitada (1213.º), sendo compagináveis outras situações; havendo subcontrato, este apenas releva – salvo casos de ação direta, previstos na lei – entre o contratado e o subcontratado, mantendo-se o primeiro total e exclusivamente vinculado perante o credor, pelo que não há transmissão da dívida;
- do recurso a representantes (262.º/1), a auxiliares (800.º), a mandatários (1157.º) ou a trabalhadores (1154.º): em todos estes casos,

[3103] *Vide* Rudolf Ahlswede, *Abgrenzung zwischen Schuldübernahme und Vertrag zugunsten Dritter* (1928), II + 44 pp., 23 ss..

não há transmissão de dívida, que continua a caber, apenas, ao devedor;

- da fiança (627.º/1): o fiador fica, efetivamente, obrigado perante o credor; simplesmente, assume uma mera garantia, para mais acessória (627.º/2): o devedor "inicial" mantém-se como principal devedor[3104]; a diferença é mais ténue perante a assunção cumulativa[3105]; simplesmente, nesta, a responsabilidade do assuntor é solidária e não subsidiária e acessória.

III. A assunção de dívida também se distingue de outros esquemas historicamente surgidos para permitir a transferência de posições passivas. Com uma prevenção: há uma natural sobreposição de figuras. Assim, a assunção não coincide[3106]:

- com a promessa de liberação, também dita assunção de cumprimento (*Erfüllungsübernahme*), assunção interna ou acolação (*accollo*): o terceiro obriga-se, perante o devedor, a executar a prestação; o acordo do credor torna a promessa irrevogável (448.º/1), sendo que o mesmo pode exigir, do terceiro, o cumprimento da promessa (444.º/1); pelo Direito português, estamos em face de um contrato a favor de terceiro; distingue-se da assunção de dívida porque continua a haver um único devedor da obrigação considerada; o promitente apoia-se num contrato diferente, entre ele e o promissário (o devedor), não havendo, propriamente, transmissão;
- com a delegação, pela qual o devedor, enquanto delegante, incumbe um terceiro (o delegado), de realizar uma certa prestação ao seu credor (o delegatário); temos um contrato entre o devedor e o terceiro, tipo mandato, podendo o credor adquirir o direito à prestação a realizar pelo delegado, nos termos e pressupostos do contrato a

[3104] *Vide*: Wolfhard Kohte, *Die Stellung des Schuldbeitritts zwischen Bürgschaft und Schuldübernahme*, JZ 1990, 927-1005; Stefan Kurz, *Schuldübernahme, Schuldbeitritt und das Verbraucherkreditgesetz*, DNotZ 1997, 552-567; Stephan Madaus, *Der Schuldbeitritt als Personalsicherheit/Zulässigkeit von Analogien zum Recht der Schuldübernahme und der Bürgschaft* (2001), XXI + 348 pp., 83 ss. e 125 ss.; Hans-Christoph Grigoleit/Carsten Herresthal, *Der Schuldbeitritt*, Jura 2002, 825-833 (826/I e *passim*).

[3105] Hans Reichel, *Die Schuldübernahme* cit., 66 ss..

[3106] João Antunes Varela, *Das obrigações em geral* cit., 2, 7.ª ed., 363-364 e 369-372.

favor de terceiro; a sobreposição entre a delegação e a assunção é clara, ainda que a sua estrutura seja distinta;

- com a expromissão, que resulta de o terceiro, sem delegação ou incumbência do devedor, assumir, em face do credor, a prestação a cargo do referido devedor; aparentemente, temos aqui a modalidade do artigo 595.º/1, *b*); esta pode, ainda, conduzir a uma sub-rogação, uma vez cumprida a obrigação.

## 354. **O objeto**

I. A assunção de dívida depende de vários requisitos. Podemos apontar, em síntese, três[3107]: (a) uma dívida efetiva; (b) um contrato de transmissão idóneo; (c) o acordo do credor. A referência a uma "dívida" deve ser devidamente entendida: trata-se, com efeito, do objeto da assunção.

II. A grande dificuldade histórica em admitir a assunção de dívida adveio, como vimos, da própria natureza do vínculo obrigacional. Delbrück tentou quebrar essas amarras distinguindo a relação em si da dívida nela contida. No fundo, a assunção de dívida, como de resto a cessão de créditos, foi talhada tendo em vista obrigações pecuniárias. A evolução subsequente veio, todavia, a reforçar a natureza complexa de vínculo obrigacional composto, sabe-se hoje, pela prestação principal, por prestações secundárias e por deveres acessórios. Neste pano de fundo, havendo assunção de "dívida", qual o objeto transmitido?

III. Estando em causa uma situação complexa, que perdure no tempo não se extinguindo com um cumprimento pontual, queda a via da cessão da posição contratual[3108]: de resto, esta é apresentada, na doutrina alemã, como um anexo à assunção de dívida. A fronteira entre a assunção e a cessão da posição contratual é pouco demarcada: um problema transponível pela proximidade entre os seus regimes. Como base de trabalho, vamos lidar com a prestação principal: há assunção de dívida quando se transfira, apenas, o dever de prestar principal; caso se envolva a contraprestação ou em face de situações complexas, lida-se com a posição contratual. Isto dito: para além do dever de prestar principal, haverá situações conexas que

[3107] STJ 23-set.-2008 (Azevedo Ramos), Proc. 08A2171.

[3108] Volker Rieble, no *Staudingers Kommentar* cit., § 414, Nr. 32 (305).

podem seguir o seu destino e, ainda, outras realidades passivas suscetíveis de transferência.

IV. Na delimitação do possível objeto da assunção, podemos utilizar o elenco apurado a propósito do âmbito e do objeto da cessão de créditos[3109]: como foi dito, a cessão constitui o arquétipo das transmissões obrigacionais, fixando os seus quadros e, sendo o caso, dando diretrizes supletivamente aplicáveis. São assumíveis:

- os débitos vencidos e os não-vencidos;
- os débitos contratuais ou extracontratuais;
- os débitos condicionados e não-condicionados, podendo a condição ser suspensiva ou resolutiva;
- os débitos de *dare* e de *facere*, requerendo-se, neste último caso, que se trate de prestações fungíveis, sob pena de haver modificação da obrigação e não mera transmissão;
- os débitos isolados, por categorias ou em bloco; por exemplo, é possível assumir todo um passivo;
- os débitos eventuais ou hipotéticos, desde que determináveis, nos termos do artigo 280.º/1;
- os débitos naturais, que conservam essa mesma natureza;
- os débitos prescritos, verificando-se, ulteriormente, se a prescrição é ou não invocada;
- os débitos caducados;
- os débitos em mora ou, por qualquer outra via, não-cumpridos.

V. Além disso, a assunção de dívida pode reportar-se:

- aos débitos presentes e futuros[3110], desde que determináveis[3111]; o debate paralelo de saber se os débitos, quando se constituam, o fazem já na esfera do transmissário (*Direkterwerb* ou *Unmittelbarkeitstheorie*) ou se surgem na do transmitente, passando, então, ao transmissário (*Durchgangserwerbtheorie*) encontra, hoje, a solução analítica de Karl Larenz, Gerd Müller e Jan Busche[3112]: se o

[3109] *Supra*, §§ 764 ss..

[3110] Volker Rieble, no *Staudingers Kommentar*, II, § 414, Nr. 41 (307).

[3111] Carlos Alberto da Mota Pinto, *Cessão da posição contratual* cit., 270 ss.; Luís Menezes Leitão, *Direito das obrigações* cit., 2, 9.ª ed., 54.

[3112] *Supra*, 780-782.

fundamento jurídico já existe, este transfere-se, surgindo o débito logo na esfera do novo devedor; se tal não sucede, ele ocorre no espaço do transmitente ou velho devedor, transmitindo-se, então, para o novo[3113];

- ao débito com prestações recíprocas, desde que ele seja "desarticulável" do conjunto; a "desarticulação" envolve, sempre, algum sacrifício, podendo ser ultrapassada com garantias ou com cláusulas adequadas; no limite, queda a cessão da posição contratual;
- às sujeições, às prestações secundárias e aos deveres acessórios, todos eles assumíveis em termos paralelos aos aplicáveis à cessão de créditos[3114];
- a outras situações passivas, igualmente assumíveis nos mesmos moldes[3115].

O objeto da assunção de dívidas, tendencialmente, é mais lato do que o da cessão de créditos. A exigência do acordo do credor, numa área dominada pela autonomia privada, constitui uma particularidade inexistente na cessão de créditos. No limite, pode sempre convolar-se uma assunção de dívida para uma cessão de posição contratual.

IV. A assunção de dívida pode ser parcial. Em princípio, exigir-se-ia, para tanto, que ela fosse divisível, isto é, que a sua repartição em parcelas não prejudique o credor. Todavia, como este deve dar o seu acordo, temos aqui uma facilidade: apenas com os limites de não poder haver renúncias antecipadas aos direitos (809.º), nem doações de bens futuros (942.º/1).

V. Entende-se, finalmente, que a medida de esforço ínsita na execução de qualquer débito deva manter-se, quando haja assunção. De novo ao dar o seu acordo, o credor irá ponderar a capacidade de esforço do novo devedor. No limite, quando as diferenças sejam apreciáveis, haverá modificação de obrigação e não, apenas, assunção de dívida.

[3113] Defendendo, todavia, a teoria da transmissão: Carlos Mota Pinto, *Cessão da posição contratual* cit., 271 e Luís Menezes Leitão, *Direito das obrigações* cit., 2, 9.ª ed., 54.

[3114] *Supra*, 787 ss..

[3115] *Supra*, 789 ss..

## 355. Dívidas não-assumíveis

I. O artigo 595.º, ao contrário do artigo 577.º/1, 2.ª parte, que veda a cessão de crédito quando a mesma seja interdita por lei ou por convenção ou quando, por sua natureza, esteja ligado à pessoa do devedor, não introduz limites à transmissibilidade das dívidas. Parece-nos, contudo, que há dívidas não-assumíveis. Vamos ver.

II. A não-assumibilidade pode resultar da natureza do vínculo[3116]. Assim sucede quando se trate de débitos de personalidade, designadamente de tipo familiar. Também os débitos de natureza pessoal não podem ser transmitidos: as prestações devidas por um médico, por um advogado ou por um trabalhador ficam nessas condições. Caso, num acordo a três (devedor, novo devedor e credor) se proceda a uma "transmissão" desse tipo, ela poderá ser válida, mas a título de novação ou, num quadro atípico, de modificação da obrigação. A assunção de dívida foi moldada – recorde-se – para prestações pecuniárias, só dificilmente se afastando desse universo. Finalmente, os débitos não-autónomos não podem ser, sem quebra de identidade, desinseridos do todo a que pertençam. De outro modo, caímos ou na cessão da posição contratual ou na novação.

III. A lei pode vedar a transmissão de dívidas. Neste domínio, há que ponderar as assunções que prejudiquem terceiros: mesmo com o acordo do credor, a assunção não é viável. Logo à partida, a assunção que venha diminuir a garantia patrimonial do novo devedor sujeita-se à impugnação pauliana, nos termos do artigo 610.º. No limite, ela pode ser mesmo nula, por contrariedade aos bons costumes (280.º/2). Também as dívidas que envolvam a ordem pública – por exemplo, deveres imperiosos de sigilo, que não estejam na disponibilidade do credor – são incedíveis. Caso a caso há que ponderar o tema, à luz da boa-fé.

Entronca, aqui, o problema da transmissão de dívidas litigiosas. Com efeito, afigura-se que, aos débitos litigiosos, há que aplicar, por interpretação extensiva e com as devidas adaptações, os artigos 579.º a 581.º, valendo, ainda, o artigo 876.º, quando, subjacente, esteja uma venda ou outro negócio oneroso (939.º). Como é lógico, não pode o juiz do processo

[3116] Volker Rieble, no *Staudingers Kommentar* cit., § 414, Nr. 32 (306).

ou quaisquer outras pessoas que nele tenham intervenção, "adquirir" um débito litigioso: opera, precisamente, a mesma *ratio decidendi*[3117].

IV. Pergunta-se, ainda, se pode haver *pacta de non cedendo* relativos a débitos. Tais *pacta*, concluídos entre o credor e o devedor inicial, ficariam implicitamente distratados, quando sobreviesse uma assunção, com o acordo do primeiro devedor e do próprio credor. Naturalmente: a interpretação teria de revelar ter sido essa a intenção das partes. Todavia, o artigo 595.º/1, *b*), admite a transmissão da dívida por acordo entre o novo devedor e o credor, sem o consentimento do antigo devedor. Nessa eventualidade, o *pactum de non cedendo* manter-se-ia, mostrando-se violado. Com que consequências? Vamos recorrer ao artigo 577.º/2, por analogia: a convenção de intransmissibilidade do débito é inoponível ao novo devedor, salvo se ele a conhecer no momento da assunção. Sendo oponível, a assunção é ineficaz perante o antigo devedor: este pode cumprir perante o credor, se essa saída lhe convier.

[3117] Adriano Vaz Serra, *Assunção de dívida* cit., 207, defende, *ad nutum*, o contrário. Não seguimos.

## § 79.º O REGIME DA ASSUNÇÃO DE DÍVIDA

### 356. O negócio-base

I. O artigo 595.º/1 prevê que a transmissão, a título singular, de uma dívida possa verificar-se: (a) por contrato entre o antigo e o novo devedor, ratificado pelo credor; (b) por contrato entre o novo devedor e o credor, com ou sem consentimento do antigo devedor. Em qualquer dos casos, a assunção deriva de um contrato-base ou de um contrato-fonte, dito contrato de transmissão[3118]. Esse contrato vem ainda referido nos artigos 596.º/1 [(...) o contrato a que se refere a alínea *a*) do n.º 1 do artigo anterior] e 597.º (se o contrato de transmissão de dívida for declarado nulo ou anulado).

II. O negócio-base pode ter naturezas distintas. O novo devedor pode "adquirir" a dívida a troco de um preço: o antigo devedor liberta-se da dívida, por isso lhe dar vantagens, mas paga ao novo devedor; este fatura uma vantagem imediata, embora tenha de, no futuro, adimplir o débito. Aplicam-se as regras da compra e venda. O novo devedor pode pretender beneficiar o antigo: temos uma liberalidade, à qual se aplicam as regras da doação. O novo devedor pode pretender um efeito interessado lícito: por exemplo, um empreiteiro assume as dívidas de um fornecedor para assegurar a continuidade da empreitada. São possíveis os mais diversos negócios atípicos.

Um puro negócio "transmissivo" seria incompleto: haverá, necessariamente, um contrato efetivo, sendo a transmissão efeito do mesmo.

III. A determinação do negócio-base é importante para fixar o regime do contrato de transmissão: podemos recorrer ao artigo 578.º/1, por interpretação extensiva ou por analogia.

O problema põe-se, desde logo, a propósito da forma. Alguma doutrina considera que, por via do princípio geral da liberdade de forma (219.º),

[3118] João Antunes Varela, *Das obrigações em geral* cit., 2, 7.ª ed., 375; Luís Menezes Leitão, *Direito das obrigações* cit., 2, 9.ª ed., 54-55.

o contrato de transmissão de dívida pode ser puramente consensual. Mas não: uma dívida constituída, por exigência legal ou contratual, em moldes solenes não pode transmitir-se satisfatoriamente por telefone ou por *email*. Por exemplo: uma dívida que consista em transferir a propriedade de um imóvel para o credor: terá de passar por uma forma solene, para se transmitir a um novo devedor.

O negócio-base decidirá a forma da transmissão; no limite, esta funciona como estipulação subsequente, cumprindo lidar com os artigos 221.º a 223.º, sobre o âmbito da forma.

IV. Cabe, ainda, ao negócio-base definir, à semelhança do que se passa com a cessão de créditos:

- os requisitos subjetivos: capacidade das partes, representação e legitimidade;
- os requisitos objetivos: titularidade, disponibilidade, respeito pelo artigo 280.º e diversas regras limitadoras da autonomia privada;
- os requisitos de conteúdo: aplicam-se, conforme os casos, as regras da compra e venda, da doação, da sociedade, do mútuo ou do negócio atípico concretamente em causa.

V. No concreto, as partes podem declarar, simplesmente, transmitir um débito. O intérprete-aplicador, com recurso às circunstâncias do caso e à interpretação das declarações de vontade em presença, deverá determinar o tipo de negócio subjacente. Nada se apurando: temos uma doação, cabendo localizar o *animus donandi*. Sem negócio-base não há assunção de dívida: em princípio, não há efeitos abstratos, no Direito lusófono; opera o princípio da causalidade.

## 357. **Contrato entre devedores, ratificado pelo credor**

I. O artigo 595.º/1 prevê, como vimos, dois tipos de contratos de transmissão: (a) entre o antigo e o novo devedor; (b) entre o novo devedor e o credor. Na prática, todavia, haverá um terceiro e mais frequente tipo: um contrato a três, onde outorguem os devedores, antigo e novo e o credor[3119].

[3119] Também o BGB é omisso quanto à hipótese do acordo trilateral: este não suscita, contudo, dúvidas: Knut Wolfgang Nörr, em Nörr/Scheyhing/Pöggeler, *Sukzessionen* cit.,

II. Na hipótese de um contrato entre o antigo e o novo devedor, aplicam-se as regras derivadas do negócio-base, nos moldes acima apontados. Todavia, a lei logo requer que esse contrato seja ratificado pelo credor. Enquanto não houver ratificação, as partes podem distratar o contrato (596.º/1)[3120]. E para que não fiquem indefinidamente à espera de que o credor diga se ratifica ou não, qualquer das partes pode fixar, ao credor, um prazo para a ratificação, findo o qual esta se tem por recusada (596.º/2). A fixação é extrajudicial: não há que recorrer ao dispositivo dos artigos 1026.º e 1027.º do Código de Processo Civil, para proceder a uma fixação pelo tribunal. Ocorre um paralelo entre a ratificação do artigo 596.º/1 e a adesão do terceiro à promessa (448.º/1), também esta, salvo cláusula em contrário que não é possível na assunção de dívida, torna irrevogável a promessa a favor do terceiro.

A fixação de prazo, a levar a cabo por qualquer das partes, deve respeitar o que elas tenham combinado e, ainda, a boa-fé. Mal estaríamos se fosse fixado um prazo de minutos ou, em qualquer caso, um prazo demasiado curto, para uma tomada de posição. Indicando ambos os devedores prazos diferentes, vale o mais curto.

Antes da ratificação, as partes podem distratar o contrato. *A fortiori*, podem alterar os seus termos, conforme explicita o § 415/I, *in fine*, do BGB.

III. A ratificação pressupõe que o credor tenha sido informado do contrato. O Código Civil (ao contrário do do § 415/I, *in medio*, do BGB) não o explicita: deve-se, contudo, entender que qualquer das partes pode fazer a competente comunicação. Esta é recipienda (224.º/1) e deve comportar o contrato, no seu todo: de outro modo, não há ratificação consciente. Pergunta-se, ainda, se essa comunicação deve comportar especiais informações. A resposta é dupla:

- pela negativa, a comunicação não deve ser feita em moldes que induzam o credor em engano, precisamente por omissões;

2.ª ed., § 26, I (224-225) e Volker Rieble, no *Staudingers Kommentar* cit., II, § 415, Nr. 1 (335). Quanto à omissão, nos preparatórios: Tobias Maurer, *Schuldübernahme* cit., 208.

[3120] STJ 18-mai.-1999 (Torres Paulo), BMJ 487 (1999), 324-333 (333/I) = RLJ 133 (2001), 303-312, anot. Henrique Mesquita, *idem*, 312-319; *vide* em STJ 28-mar.-2000 (Francisco Lourenço), BMJ 495 (2000), 301-310 (308-309), uma aplicação ao trespasse do estabelecimento que envolva o passivo; STJ 19-mai.-2005 (Ferreira Girão), Proc. 05B524.

– pela positiva, ela deve, além do contrato, informar o credor sobre a identidade e as coordenadas do devedor; de outro modo, teremos uma comunicação de conteúdo indeterminável, a qual irá ocasionar uma ratificação com essa mesma característica e, como tal, nula (280.º/1).

*Ex bona fide*, o credor não pode ser induzido em erro quanto à solvabilidade do novo devedor. Ou se dão informações corretas quanto a esse ponto ou se deixa uma margem clara para que o credor se informe ou, na dúvida, recuse.

IV. A exigência de ratificação levou a uma controvérsia tradicional. Frente a frente, duas teorias: a da proposta e a da disposição. Eis os seus termos:

– segundo a teoria da proposta (*Angebotstheorie*)[3121]: o acordo entre os devedores só produziria efeitos com a ratificação a levar a cabo pelo credor; até lá, haveria uma mera proposta dirigida ao credor, pelos devedores; contra, para além dos preparatórios do BGB, contrapõe-se que a ratificação (*Genehmigung*) é um ato unilateral próprio e não a aceitação de uma proposta;
– segundo a teoria da disposição (*Verfügungstheorie*)[3122], os devedores, antigo e novo, estariam a dispor de um bem sem legitimidade para o fazer; daí a necessidade de ratificação.

A teoria da disposição tem sido tomada como preponderante[3123]. Mas também ela é criticável. Considerar que um contrato de transmissão de dívida visa uma disposição ilegítima de bem alheio, que apenas a ratificação possa salvar, afigura-se surrealista[3124]. Assim, afigura-se de reter a

[3121] Theodor Kipp, *Zur Lehre von der Schuldübernahme* cit., 352; Werner von Blume, *Beiträge*, II – *Zur Lehre von der Schuldübernahme* cit., 396 ss.; Lippmann, *Beiträge zur Theorie der Schuldübernahme* cit., 72 ss..

[3122] Ferdinand Regelsberger, *Die Schuldübernahme* cit., 463-465; Otto von Gierke, *Schuldnachfolge und Haftung* cit., 54 ss..

[3123] Karl Larenz, *Lehrbuch des Schuldrechts* cit., 1, 14.ª ed., § 35, I (604, nota 6); Peter Bydlinski, no *Münchener Kommentar* cit., 2, 7.ª ed., § 415, Nr. 1 (2849).

[3124] Volker Rieble, no *Staudingers Kommentar* cit., § 415, Nr. 7 (337), ainda que com outra adjetivação: diz ser difícil de entender.

opção de Dörner[3125]: os devedores, antigo e novo, não pretendem dispor do direito do credor; antes iniciam um processo nesse sentido; o credor, por seu turno, dá o assentimento por estarem em causa os seus próprios interesses. Apenas com a sua concordância ocorre a disposição, concordância essa que corresponde à declaração expressa de exoneração referida no artigo 592.º/2.

V. Resta concluir que a assunção de dívida derivada de um contrato entre o antigo e o novo credor, ratificado pelo credor é, na realidade, um simples contrato, tornado irrevogável. O termo ratificação usado nos artigos 595.º/1, *a*) e 596.º não tem o sentido técnico do artigo 268.º/1[3126]: em rigor, a ratificação é um ato jurídico unilateral que estabelece, *a posteriori*, um vínculo de representação, aplicando-se um regime próprio: (a) segue a forma de procuração; (b) tem eficácia retroativa; (c) considerando, todavia, os direitos de terceiro (268.º/2)[3127]. Melhor seria ter-se dito "concordância" ou "consentimento" do credor (424.º) ou, até, "adesão", ao estilo do artigo 448.º/1.

VI. A intervenção do credor através da "ratificação" não permite retomar a teoria da proposta. Com efeito, os "devedores" não fazem propriamente uma proposta ao credor; tão-pouco têm aplicação os artigos 228.º a 235.º, do Código Civil. Trata-se, simplesmente, de um processo dinâmico, tornado firme pela "ratificação" do credor. Se este discordar e fizer alguma "contraproposta", saímos do âmbito do artigo 596.º/1, *a*), para cair no da alínea *b*) do mesmo preceito.

## 358. **Contrato entre o novo devedor e o credor**

I. A segunda via de assunção de dívida consta do artigo 595.º/1, *b*): um contrato entre o novo devedor e o credor, com ou sem o assentimento do antigo devedor, equivalente ao § 414 do BGB. Havendo assentimento

[3125] Heinrich Dörner, *Dynamische Relativität* (1985), XXXII + 396 pp., 179-184 (179 ss.); figura, no texto, a leitura de Volker Rieble, no *Staudingers Kommentar* cit., § 415, Nr. 8 (337-338).

[3126] Este desalinho explica-se pela diversidade de Autores que prepararam os livros I e II, sem que as revisões ulteriores tenham logrado uma harmonização.

[3127] *Tratado* V, 59-60.

do antigo devedor, temos um contrato a três: apenas se poderá questionar a sua eficácia liberatória, sujeita, pelo Direito português, a uma declaração especial do credor, nesse sentido.

II. A falta de consentimento do antigo devedor representa uma quebra do princípio do contrato[3128]. Explica-se pelas necessidades do tráfego jurídico, num certo paralelo com o contrato a favor de terceiro. De resto, do ponto de vista do credor, tão-só se verifica que este dispõe do seu direito, à semelhança do que sucede com a cessão de créditos.

III. Ainda na falta desse consentimento, ficam por regular as relações entre os dois devedores. O novo devedor irá pagar a dívida do antigo, desonerado (se sobrevier uma declaração nesse sentido) perante o credor. Isso poderá significar uma liberalidade ou um simples cumprimento por terceiro (767.º/1), eventualmente seguido de sub-rogação: legal (592.º), pelo credor (589.º) ou pelo próprio antigo devedor (590.º/1). Salvo uma liberalidade, ninguém vai assumir uma dívida de um terceiro, se não houver uma sequência patrimonial.

## 359. **Declaração exoneratória e assunção cumulativa**

I. A lei portuguesa prevê uma assunção de dívidas em três ou em dois tempos:

- (1) um contrato entre o novo e o antigo devedor, (2) ratificado pelo credor e (3) com declaração, deste, de exoneração do antigo;
- ou (1) um contrato entre o novo devedor e o credor (2) com declaração, deste, de exoneração do antigo[3129].

II. O requisito de uma expressa declaração exoneratória é um resquício da delegação napoleónica, tal como ficou no artigo 1268.º/1, *in fine*, do Código italiano. A exigência do artigo 595.º/2 foi repescada na 1.ª revisão ministerial (584.º/2)[3130]: em Vaz Serra, admitia-se a mera ratificação, donde claramente se visse que o credor pretendia essa exoneração (145.º/2)[3131].

[3128] Volker Rieble, no *Staudingers Kommentar* cit., § 414, Nr. 3 (297-298).
[3129] STJ 1-jun.-2010 (Sousa Leite), Proc. 4287/04.
[3130] BMJ 110 (1962), 118.
[3131] Adriano Vaz Serra, *Direito das obrigações* cit., 106-107.

Com efeito, se o credor ratifica uma assunção entre os devedores ou se, ele próprio, a acorda com o novo devedor, não se entende a que propósito não iria exonerar o antigo devedor, deixando a operação a meio e ganhando, *ad nutum*, um garante.

III. Nestas condições, a exigência de uma expressa declaração de exoneração, a fazer pelo credor, exigida pelo artigo 595.º/2, deve ser entendida com alguma habilidade, dentro das regras da boa-fé[3132]. Se o credor "ratifica" claramente a assunção ajustada entre o antigo e o novo devedor, de tal modo que se infira uma concordância quanto à transmissão, deve considerar-se haver declaração exoneratória. Imagine-se que o contrato concluído entre os devedores diz, pura e simplesmente, que, a partir da concordância do credor, o antigo devedor fica exonerado do débito: será admissível que o mesmo credor, tendo conhecimento cabal do contrato, ratifique e venha, depois, declarar que não exonerou o antigo devedor? Então ratificou o quê? Repare-se que a generalidade dos agentes económicos não acompanha as subtilezas que distingam entre "acordo", "ratificação" e "declaração de exoneração". De todo o modo, impõe-se uma ponderação de cada caso concreto.

IV. Na falta de declaração de exoneração ou equivalente, não há verdadeira assunção. O "assuntor" passa a responder solidariamente com o antigo devedor (595.º/2)[3133]. O credor ganha, assim, um garante, numa posição ainda mais forte do que a resultante da fiança, puramente acessória e subsidiária. Embora a lei o não diga, impõe-se aqui um escrutínio da vontade dos devedores, antigo e novo. Se, de todo, essa perspetiva estava fora da sua vontade, há que ponderar se o acordado não ficará condicionado à declaração exoneratória do credor.

V. A exigência de declaração exoneratória tem uma consequência importante: apenas com ela se pode considerar perfeita a assunção de dívida. Perante o Direito português, ganha aqui corpo a teoria da assunção

[3132] A jurisprudência tem, todavia, sido estrita: RLx 23-mar.-2004 (Rosa Coelho), CJ XXIX (2004) 2, 94-96 (96/I); STJ 7-abr.-2005 (Fernando Pinto Monteiro), Proc. 04A4572; RPt 20-mai.-2008 (Rodrigues Pires), Proc. 0724435; STJ 17-fev.-2011 (Álvaro Rodrigues), Proc. 294/06.

[3133] STJ 21-abr.-2010 (Pereira da Silva), Proc. 9673/04.

como um negócio trilateral[3134]: exige três manifestações de vontade, no caso da alínea *a*) do artigo 595.º/1. Na do n.º 2 (acordo entre o credor e o novo devedor), bastam duas.

[3134] Tobias Maurer, *Schuldübernahme* cit., 240-241.

## § 80.º AS VICISSITUDES DA ASSUNÇÃO DE DÍVIDA

### 360. A invalidade da transmissão

I. O contrato de transmissão de débito, seja qual for a sua configuração, pode incorrer em invalidade, sendo anulado ou declarado nulo. Essa ocorrência levaria à aplicação do artigo 289.º, fundamentalmente virado para a reconstituição do *statu quo ante*. Todavia, na assunção de dívida, temos um problema: ficam ou podem ficar envolvidos terceiros: seja o credor, sejam os garantes. Donde a necessidade do regime especial fixado no artigo 597.º.

II. Invalidado o contrato de transmissão e tendo o credor exonerado o antigo devedor, renasce a obrigação relativamente a este. Basta ver que, caindo o contrato de transmissão cai, logicamente, a declaração de exoneração nele assente. Além disso, tendo o credor sido parte no contrato invalidado, a própria aplicação do artigo 289.º/1 conduziria ao "renascer" da obrigação. Se estivermos perante uma assunção meramente cumulativa, a invalidação do negócio-base apenas ditará a cessação da vinculação do novo devedor.

III. Destino diverso é o das garantias prestadas por terceiro. Este, quando de boa-fé – isto é: desconhecendo, sem culpa, o vício, no momento em que teve notícia da transmissão – irá arrumar a sua vida em função do panorama resultante da assunção. Não pode, depois, ser apanhado por uma invalidade, à qual seja totalmente alheio.

IV. Pergunta-se se não haverá contradição entre os artigos 597.º e 598.º: este, como abaixo melhor veremos, impede o novo devedor de usar, contra o credor, os meios de defesa que lhe advenham das relações com o antigo devedor, destacando-se (naturalmente) a invalidade do contrato entre ambos concluído[3135]. Não vemos que este ponto se ultrapasse com recurso a teorias: bastará interpretar sistematicamente os preceitos em presença. O artigo 597.º contém a regra geral: invalidada a transmissão, renasce a obrigação, na sua configuração inicial. O artigo 598.º reporta a regra especial: o novo devedor não pode, contra o credor, usar os meios de defesa assentes nas suas relações com o antigo devedor. Logo, está-lhe vedado invocar, ele próprio, qualquer invalidade a esse nível. Mas não ficam bloqueadas as diversas outras vias de pôr em crise o contrato de transmissão, seja por iniciativa do próprio credor, seja de um terceiro, seja do antigo devedor, seja *ex officio*, pelo tribunal.

## 361. **Os meios de defesa**

I. O artigo 598.º, 1.ª parte, contém uma regra da maior importância. O novo devedor não pode opor ao credor os meios de defesa baseados nas relações entre ele e o antigo devedor, salvo cláusula em contrário. Isso significa que, no ponto que lhe diga respeito, o novo devedor não pode, por exemplo, invocar contra o credor a invalidade (anulabilidade ou, mesmo, nulidade) do contrato de transmissão de dívida que o arvorou a essa qualidade. Trata-se de um preceito presente no § 417/II do BGB[3136].

II. No BGB, esse preceito assenta em dois princípios básicos[3137]:

– a natureza abstrata da assunção de dívida;
– a relatividade das relações obrigacionais.

No Direito português, o segundo princípio é claro. Já o primeiro, não existe: a regra é a da causalidade, no sentido de nenhuma situação jurídica poder subsistir sem a sua fonte. O artigo 598.º constitui, assim, um interessante desvio: excecionalmente, dados os valores em presença. Com efeito, seria muito penalizador para o credor que, tendo este exonerado o antigo

[3135] Quanto ao debate, *vide* Luís Menezes Leitão, *Direito das obrigações* cit., 2, 9.ª ed., 54-56.

[3136] Rolf Stürner, no *Jauernig Kommentar* cit., 15.ª ed., § 417, Nr. 3 (578-579).

[3137] Volker Rieble, no *Staudingers Kommentar* cit., § 417, Nr. 21 (380); quanto à abstração da assunção de dívida *vide*, ainda, Karl Larenz, *Lehrbuch des Schuldrechts* cit., 1, 14.ª ed., § 35, I (608) e Wolfgang Fikentscher/Andreas Heinemann, *Schuldrecht*, 10.ª ed. (2006), § 61, III, 3, Nr. 757 (369).

devedor, viesse o segundo alijar o débito, numa ocasião em que o primeiro já houvesse dissipado o seu património ou, por qualquer outra via, ficasse impossibilitado de cumprir convenientemente. Temos, pois, no coração do Direito civil, uma situação abstrata[3138].

III. Diferentemente se passam as coisas, no artigo 598.º, 2.ª parte. Com efeito, segundo esse normativo, pode o novo devedor opor ao credor os meios de defesa derivados das relações entre ele e o antigo devedor, desde que:

– o seu fundamento seja anterior à assunção de dívida,
– e não se trate de meios de defesa pessoais do antigo devedor.

Com efeito, se o fundamento for posterior à assunção, teremos meios próprios do novo devedor, a atuar nos termos gerais; tratando-se de meios puramente pessoais, eles conservam-se com o antigo devedor.

Quanto aos meios de defesa concretamente disponíveis, cumpre remeter para o artigo 585.º relativo a meios de defesa do devedor, oponíveis ao cessionário do crédito[3139].

## 362. Transmissão de garantias e acessórios; insolvência do novo devedor

I. Segundo o artigo 599.º/1, com a dívida transmitem-se, para o novo devedor e salvo convenção em contrário, as obrigações acessórias do antigo devedor, que não sejam inseparáveis da pessoa deste. O próprio legislador confirma, desta forma, que embora a assunção de dívida tenha em vista, de modo primacial, o dever de prestar principal, ficam, necessariamente envolvidas as prestações secundárias e os deveres acessórios. Nestes, é possível distinguir três planos[3140]:

[3138] *Vide* os nossos *Direito das obrigações* 2, 115, *Tratado* II, 4.ª ed., 102-103, nota 288 e IX, 1.ª ed., 239-240. Entre nós, Luís Menezes Leitão, *Direito das obrigações* cit., 2, 9.ª ed., 61 e, na jurisprudência, STJ 22-fev.-2005 (Fernando Pinto Monteiro), Proc. 04A3894 e STJ 24-nov.-2009 (Paulo Sá), CJ/Supremo XVII (2009) 3, 158-162 (163/I).

[3139] *Supra*, 796 ss..

[3140] Referindo os dois primeiros, Carlos Alberto da Mota Pinto, *Cessão da posição contratual* cit., 279-280.

- deveres acessórios que tutelam a posição do credor: transmitem-se, seguramente;
- deveres acessórios que visam a concretização do contrato de onde se tenha desinserido a dívida: transmitem-se, havendo cessão da posição contratual;
- deveres acessórios ligados à pessoa do antigo devedor: não se transmitem, antes cessando com a sua liberação.

II. Quanto às garantias: a regra básica é a de seguirem o débito garantido. Todavia se tiverem sido constituídas por terceiro ou pelo antigo devedor, a transmissão só opera se eles tiverem consentido na transmissão de dívida: artigo 599.º/2. É a solução lógica: havendo transmissão de dívida, pode o novo devedor mostrar-se menos sólido, em termos patrimoniais, aumentando os riscos de as garantias serem ativadas. A exigência do acordo dos garantes permite ultrapassar o problema.

III. O artigo 600.º fecha o círculo: tendo exonerado o antigo devedor, não pode o credor exercer contra ele seja o crédito, seja qualquer garantia, na hipótese de o novo devedor se mostrar insolvente. Poderá fazê-lo, apenas, se tiver expressamente ressalvado a responsabilidade do primitivo obrigado. Nessa eventualidade não há, propriamente, uma assunção perfeita.

## § 81.º A EFICÁCIA E A NATUREZA DA ASSUNÇÃO DE DÍVIDA

### 363. A eficácia

I. A assunção de dívida apresenta-se como um esquema dinâmico, dependendo, logo no início, do tipo de contrato transmissivo. Na hipótese de um contrato entre o antigo e o novo devedor, temos:

- o contrato propriamente dito, que produz efeitos *inter partes*, nos termos que tenham acordado; salvo combinação diversa, ele fica condicionado aos passos subsequentes;
- a ratificação pelo credor: o contrato torna-se irrevogável;
- a declaração de exoneração do antigo devedor: o processo fica concluído.

Na falta de tal declaração, teríamos uma assunção cumulativa, em que ambos os devedores (o antigo e o novo) ficam numa situação de solidariedade. Cabe aos dois, se não pretenderem tal decorrência, condicionar o seu contrato de transmissão à exoneração do antigo devedor; nessa eventualidade, a condição funciona, mau grado a eventual ratificação do credor.

II. Havendo contrato entre o novo devedor e o credor:

- o contrato em causa produz efeitos entre ambos; normalmente, ele estará condicionado à exoneração do antigo credor;
- a declaração de exoneração do antigo credor: o processo fica concluído.

A hipótese de faltar tal declaração conduz à assunção cumulativa: o novo devedor vai responder solidariamente pelo cumprimento. Essa ocorrência será de encarar se resultar do contrato de transmissão. Criando-se a expectativa justificada de exoneração, a recusa do credor em fazer a competente declaração pode integrar um *venire contra factum proprium*.

III. A verdadeira assunção de dívida conduz à sucessão do novo devedor na dívida do antigo devedor. Significa isso que a situação se mantém *qua tale*[3141]: salvo o que acima ficou dito, conserva as mesmas potencialidades e as mesmas defesas. Mantêm-se o tempo e o lugar do cumprimento, os acordos sobre o cumprimento por terceiro, sobre a imputação de cumprimento, sobre a cláusula penal, sobre o foro competente e sobre a arbitragem. O tempo para efeitos de prescrição ou de caducidade corre sem interrupções, operando a *accessio temporis*.

Em termos processuais e na pendência de uma causa, a assunção de dívida dá azo à habilitação do assuntor, nos termos do artigo 356.º do Código de Processo Civil, por interpretação extensiva.

## 364. **A natureza**

I. A assunção de dívida representa um instituto *contra natura*. Ele foi imposto pelas necessidades práticas, colidindo com regras elementares de lógica jurídica. Com efeito, sendo a obrigação um vínculo jurídico por virtude do qual uma pessoa fica adstrita para com outra à realização de uma prestação (397.º) e sendo esta uma conduta de um ser humano, não é possível substituir um devedor por outro, sem alterar a prestação. Trata-se de uma evidência cartesiana, que não pôde ser enjeitada por cerca de oitenta gerações de juristas, nos últimos dois mil anos. Como vimos, a cessão de créditos provoca sempre uma perturbação para o devedor: apenas as necessidades sócio-económicas permitiram a sua radicação. Essa mesma perturbação, agora agravada, é provocada pela assunção de dívida: para os devedores, antigo e novo e para o credor. Como se pode sustentar que a dívida seja a mesma, antes e depois da assunção? Não é, rigorosa e seguramente, idêntica; logo, não há verdadeira assunção. Esta, todavia, foi ontologicamente conquistada (e bem), ainda que à custa da geometria jurídica euclidiana. Donde a necessidade de explicar a sua natureza, aproveitando arrimos dados pela Ciência do Direito[3142].

3141 Volker Rieble, no *Staudingers Kommentar* cit., § 414, Nr. 82-86 (317-318).

3142 Sobre o tema: Jens Paulsen, *Die Rechtsnatur der Schuldübernahme* (1934), 54 pp., 18 ss.; Hermann Wendt, *Die privative Schuldübernahme* (1966), XXV + 90 pp., 21 ss.; Bruno Rimmelspacher, *Schuldübernahmetheorien und Anfechtbarkeit der befreienden Schuldübernahme*, JR 1969, 201-209 (202/II ss.).

II. Na discussão sobre a natureza jurídica da assunção de dívida surgem múltiplas ordenações de teorias, pertencendo à tradição lusófona, com recurso à doutrina alemã, operar listagens ainda mais extensas no que o praticado Além-Reno[3143]. Aí, o debate de teorias que centrou, em tempos, a atenção dos autores[3144], já chegou a ser considerado um anacronismo metodológico[3145]. Todavia, para além do interesse histórico – o qual, no Direito civil, é sempre útil e atual – a referência a teorias auxilia no correto entendimento do instituto e na adequada aplicação das suas regras. Não deve é haver conceitos indutores, *ad nutum*, de soluções, sob pena de construtivismo formal.

III. Ainda no domínio das teorias sobre a assunção de dívidas, cabe ter em conta as orientações, hoje abandonadas mas presentes em autores decisivos, como Gaudemet, que viam, na obrigação, ou um vínculo entre patrimónios ou, pelo menos, uma relação com uma vertente de respondência (*Haftung*)[3146]. Para tais conceções, a assunção de dívida implicaria transmutações do objeto, para além de mudanças do sujeito. Em bom rigor,

[3143] António Faria Carneiro Pacheco, *Da sucessão singular nas dívidas* cit., 43 ss.; José Carlos Ney Ferreira, *Da assunção de dívidas* cit., 81 ss.; Luiz de Freitas Gomes, *Da assunção de dívida* cit., 269 ss.; Luís Menezes Leitão, *Direito das obrigações* cit., 2, 9.ª ed., 63-68, com explicações cuidadas. Cabe esclarecer que, na origem, estas listagens foram retiradas do lato desenvolvimento de Nicola Coviello, *Della successione ne' debiti* cit., 334 ss., especialmente 338 ss., o qual, em conjunto com o escrito de Gaudemet, *Étude* cit., 457 ss., serviu de fonte a Carneiro Pacheco, *Da sucessão singular nas dívidas* cit., 44 ss., a Ney Ferreira, *Da assunção de dívidas* cit., 84 ss. e a Freitas Gomes, *Da assunção de dívidas* cit., 169 ss., seguido, nesse ponto, por Luís Menezes Leitão, segundo afirmação do próprio: *Direito das obrigações* cit., 2, 9.ª ed., 63, nota 130.

[3144] Jens Paulsen, *Die Rechtsnatur der Schuldübernahme* cit., 18 ss.; Hermann Wendt, *Die privative Schuldübernahme* cit., 21 ss.; Dieter Heckelmann, *Die Anfechtbarkeit von Schuldübernahme* (1966), XXVI + 116 pp., 7 ss.; Bruno Rimmelspacher, *Schuldübernahmetheorien* cit., 281 ss.; Tobias Maurer, *Schuldübernahme* cit., 219 ss.; Volker Rieble, no *Staudingers Kommentar* cit., § 415, Nr. 5 ss. (336 ss.); Peter Bydlinski, no *Münchener Kommentar* cit., II, 7.ª ed., § 415, Nr. 1 (2849).

[3145] Werner Flume, *Allgemeiner Teil des bürgerlichen Rechts*, II – *Das Rechtsgeschäft*, 4.ª ed. (1992), § 29, 3 (547); Knut Wolfgang Nörr, em Nörr/Scheyhing/Pöggeler, *Sukzessionen* cit., § 26, V (245) concorda; contra, todavia, Volker Rieble, no *Staudingers Kommentar* cit., § 415, Nr. 11 (338).

[3146] *Tratado* VI, 2.ª ed., 274 ss. e 283 ss.. Com reflexos diretos na matéria em discussão, Giovanni Pacchioni, *La successione singolare nei debiti e le teorie germanistische sul concetto dell'obbligazione*, RDComm IX (1911) 1, 1045-1050; *idem*, *La successione singolare nei debiti*, RDComm XI (1913) 1, 81-85.

nem vemos mesmo como admitir, em face delas, sequer a hipótese de uma transmissão passiva das obrigações.

IV. Propomo-nos reduzir dogmaticamente o problema fixando o núcleo essencial da assunção de dívidas. Como muitas vezes sucede no Direito privado, a matéria não se desenvolve, inicialmente, no plano do sistema, mas antes em redor de pontos problemáticos histórica e culturalmente significativos. Obtido o instituto, este vem a absorver áreas limítrofes, ainda que com prejuízo para a pureza geométrica do resultado final.

A assunção de dívida nuclear é a que opera por contrato entre o antigo e o novo devedor, com o acordo do credor. Foi assim que von Kübel gizou o instituto: como uma imagem simétrica da cessão de créditos, à qual era inevitável acrescentar o acordo do credor. A assunção por contrato entre o credor e o novo devedor é uma consequência lógica da permissão geral do cumprimento por terceiros; além disso, representa um negócio incompleto, uma vez que não explicita o destino do antigo devedor: este não pode ser exonerado *ad nutum*, sem dar o seu acordo, no que seria uma liberalidade imposta: *invito beneficium non datur*. Quanto à assunção cumulativa: não é "assunção", antes equivale à prestação de uma garantia pessoal.

V. Voltando à assunção nuclear, há duas construções possíveis, acima apontadas[3147]: a teoria da disposição do direito do credor[3148], com forte projeção[3149] e a teoria da oferta, pela qual os devedores, antigo e novo, fariam uma proposta ao credor[3150]. Se bem se pensar, ambas as doutrinas assentam na ideia de que a assunção de dívida exige um negócio duplo ou, pelo menos, com uma estrutura bifronte: o devedor antigo pôs-se de acordo com o devedor novo, no que surge como negócio de obrigação: este adstringe-se a cumprir o débito daquele. Sobrevém, depois, o credor que dispõe do seu direito: um negócio de disposição. Saber se se apresenta por uma via (disposição) ou por outra (oferta) será questão de técnica jurídica.

[3147] *Supra*, 857 ss..

[3148] Bernhard Windscheid/Theodor Kipp, *Lehrbuch des Pandektenrechts* cit., 9.ª ed., § 336, nota 6 (II, 400-401).

[3149] Seguida, designadamente, por Ludwig Enneccerus/Heinrich Lehmann, *Recht der Schuldverhältnisse* cit., 15.ª ed., § 84, V (338-339); entre nós: Antunes Varela, *Das obrigações em geral* cit., 2, 7.ª ed., 374-375 e, segundo nos parece, Ney Ferreira, *Da assunção de dívidas* cit., 98; a p. 93, este Autor criticou, todavia, a teoria da disposição.

[3150] Theodor Kipp, *Zur Lehre von der Schuldübernahme* cit., 352; *vide* outros autores *supra*, 857.

VI. As doutrinas clássicas relativas à assunção de dívida são herdeiras do debate delicado sobre a admissibilidade dessa figura. Daí o apresentarem-se justificativas: mais do que exprimir uma realidade onticamente adquirida, elas procuram alicerçá-la em argumentos. Hoje, a situação é outra. Uma assunção de dívida nuclear fica completa com o assentimento das três partes envolvidas. Saber se ela advém da iniciativa de um devedor, dirigida a outro e, depois, ao credor ou se se devem seguir linhas novo devedor/credor, credor/antigo devedor ou, até, antigo devedor/credor, sempre com o acordo da terceira parte, será questão a debater *in contrahendo*: indiferente, todavia, para o que se procura.

A assunção de dívidas tem natureza contratual trilateral. Há um acordo a três, numa posição defendida há muito por Carlos Mota Pinto[3151] e que veio a ser reconhecida pela mais recente doutrina alemã[3152].

[3151] Carlos Alberto da Mota Pinto, *Cessão da posição contratual* cit., 512 ss., numa situação similar à da cessão da posição contratual.

[3152] Heinrich Dörner, *Dynamische Relativität* cit., 182-183 ss.; Tobias Maurer, *Schuldübernahme* cit., 240-241; Volker Rieble, no *Staudingers Kommentar* cit., § 415, Nr. 10 (338).

CAPÍTULO V

# A CESSÃO DA POSIÇÃO CONTRATUAL

## § 82.º ORIGEM DA CESSÃO DA POSIÇÃO CONTRATUAL

### 365. Problemas básicos

I. Na cessão da posição contratual, temos um contrato com prestações recíprocas. Posto o que uma das partes, com o acordo da outra, transmite a um terceiro a sua posição contratual *in totum*. A parte que transmite é o cedente; o terceiro que ingressa no contrato diz-se cessionário; a parte estável cujo consentimento se requer é o cedido.

II. Na cessão da posição contratual, enquanto especialidade, há como que uma junção entre a cessão de crédito e a assunção de dívida: o cedente transmite, ao cessionário e em simultâneo, o seu crédito à prestação e o seu débito de contraprestação. A questão torna-se mais delicada, mercê da natureza complexa da obrigação. Sendo esta um organismo ou uma estrutura, não se tornaria possível reduzi-la a um simples somatório de uma cessão de crédito com uma assunção de dívida. Seria essa a explicação subjacente ao silêncio do BGB, na matéria[3153]. A dificuldade tenderia a ser ultrapassada à medida que os progressos do Direito das obrigações vieram tornar claro que, na cessão de crédito como na assunção de dívida, haveria sempre uma transmissão de prestações secundárias e de deveres acessórios.

III. A conveniência em, para além das sempre profícuas discussões científicas, prever um esquema expedito e unitário de transmitir posições

[3153] Michael Coester, *Vertragsübernahme und Anfechtungsrecht*, MDR 1974, 803-807 (803/I); Volker Rieble, no *Staudingers Kommentar* cit., § 414, Nr. 96-97 (320-321); Jan Lieder, *Die rechtsgeschäftliche Sukzession* cit., 131.

contratuais em negócios com prestações recíprocas veio a impor-se, no terreno, por razões práticas. A industrialização e a acrescida circulação de riqueza por ela potenciada requeriam a possibilidade de transmitir unitariamente estabelecimentos comerciais e industriais ou, na linguagem hoje habitual, de transferir empresas[3154]. Com efeito, tanto o estabelecimento como a empresa envolvem uma série de elementos, devidamente concatenados em função de critérios de racionalidade comercial e produtiva: imóveis, móveis, direitos sobre bens imateriais, como patentes, insígnias ou marcas e os mais distintos contratos: de trabalho, de fornecimento de bens e serviços de consultoria e das mais diversas assistências. De acordo com os princípios clássicos, para alienar a empresa, haveria que celebrar tantos contratos quantos os elementos em jogo. No que tange a créditos e a débitos, impor-se-ia recorrer a cessões e a assunções. Além disso, uma empresa comporta elementos imateriais – o aviamento e a clientela – que podem ser decisivos para a sua valorização e que não são suscetíveis de integrar direitos subjetivos: apenas no âmbito global da empresa são alienáveis. Em suma: havia que prever um regime unitário de negociação das empresas, regime esse que, necessariamente, envolveria a transmissão de posições contratuais complexas.

IV. Ainda no terreno da prática, os legisladores dos diversos países verificaram a presença de situações socialmente sensíveis, que não podiam ser desamparadas pelo abandono do titular de uma posição contratual. Pense-se num senhorio que vendesse a habitação arrendada: pela pureza dos princípios, o novo proprietário não ficaria vinculado por um contrato de arrendamento que não celebrara. Os diversos códigos civis, retomando o exemplo do célebre artigo 1743.° do Código Napoleão, vieram dispor que, nessa situação, o novo proprietário ficaria, *ex lege*, na posição do anterior, mantendo o inquilino intocado[3155].

Do mesmo modo, as leis laborais vieram, com variantes, dispor que o adquirente de um estabelecimento ficaria, *ipso iure*, na posição do titu-

[3154] Quanto à evolução que permitiu a ideia de transmissão unitária de estabelecimentos e de empresas *vide* o nosso *Direito comercial*, 4.ª ed., 641 ss., para cujas indicações também remetemos.

[3155] *Vide* o nosso *Da natureza do Direito do locatário*, 67 ss..

lar anterior, relativamente aos contratos de trabalho existentes. Veja-se o artigo 285.º/1 do Código do Trabalho de 2009[3156].

Num como noutro caso, a própria lei, dispensando mesmo qualquer declaração de vontade a tanto dirigida, seja do cedente, seja do cessionário, seja do cedido, determina uma cessão da posição contratual: isso sem prejuízo de, quanto à locação, haver outras explicações.

## 366. **As experiências alemã, italiana e francesa**

I. Em termos civilísticos, a cessão da posição contratual será, porventura, o mais jovem dos institutos: menos de um século. Admite-se, todavia, que ela já fosse praticada anteriormente. Vamos referir as experiências alemã e italiana: a primeira, de base doutrinária e jurisprudencial e a segunda, legislativa.

II. A possibilidade de alterar um contrato por troca de uma das suas partes foi invocada por Stammler, em 1897[3157] e por Hölder, em 1908[3158]. Foi retomada por von Gierke, em 1917[3159]. A expressão "assunção do contrato" (*Vertragsübernahme*), equivalente à cessão do contrato italiana e francesa e à nossa cessão da posição contratual, encontra consagração jurídica em Siber, no ano de 1920[3160], sendo fundamentada na autonomia con-

[3156] *Vide* o nosso *Manual de Direito do trabalho*, 773 ss., bem como Joana Vasconcelos, em Pedro Romano Martinez, *Código do Trabalho anotado*, 16.ª ed. (2016), 668 ss. e Maria do Rosário Palma Ramalho, *Tratado de Direito do trabalho*, II – *Situações laborais individuais*, 6.ª ed. (2016), 641 ss..

[3157] Rudolf Stammler, *Das Recht der Schuldverhältnisse in seinen allgemeinem Lehre/Studien zum Bürgerlichen Gesetzbuchs für das Deutsche Reich* (1897), XIV + 262 pp., Nr. 51, 186-187, sem a nominar

[3158] Eduard Hölder, *Die Ablösung einer Vertragspartei durch einen Dritten*, Das Recht 1908, 469-472 (470).

[3159] Otto von Gierke, *Deutsches Privatrecht*, III – *Schuldrecht* (1917), CXXIV + 1036 pp., § 180, nota 26 (185): explica o Autor que, através de uma conjunção da cessão de crédito com a assunção de dívida poder-se-ia (...) auch bei gegenseitigen Schuldverhältnissen ein Eintritt in das Schuldverhältnis im Ganzen erfolgen [também nas relações recíprocas, conseguir um ingresso na totalidade da relação obrigacional].

[3160] Heinrich Siber, *Die schuldrechtliche Vertragsfreiheit*, IhJb 70 (1921), 223-299 (297); Konrad Zweigert, *Die Statut der Verträgsübernahme*, RabelsZ 23 (1958), 643-658 (644), afirma que essa terminologia se deve a Heinrich Lehmann, mas sem identificar a fonte.

tratual[3161]. Demelius procedeu a um estudo sistemático da nova figura[3162]. Houve objeções jurisprudenciais[3163], rejeitadas pela doutrina[3164]. Paralelamente, eram relevadas as situações de (hoje dita) cessão legal da posição contratual, mormente no arrendamento[3165] e no campo laboral[3166].

III. O Direito italiano deu um importante impulso à cessão da posição contratual. A jurisprudência foi pioneira, reconhecendo a possibilidade de uma "venda de contrato", quando houvesse acordo entre todos para transferir a posição derivada de uma anterior compra e venda[3167]. Essa decisão originou uma importante anotação de Mossa, que refere alguma doutrina francesa e alemã[3168]. O tema foi retomado por Finzi, a propósito da cessão de carteira, no âmbito do resseguro[3169].

Mau grado a novidade[3170], a matéria estava madura para a sua inclusão no então futuro Código Civil italiano[3171]. A consagração da "cessão do contrato" nos artigos 1406.° a 1410.° do Código de 1942 não suscitou sobressaltos: antes originou alguns estudos sobre a matéria, com relevo

[3161] Heinrich Siber, *Die schuldrechtliche Vertragsfreiheit* cit., 278 ss., quanto às disposições de relações obrigacionais.

[3162] Heinrich Demelius, *Vertragsübernahme*, JhJb 72 (1922), 241-292 (245 ss., 278).

[3163] RG 18-nov.-1924, RGZ 109 (1925), 206-208 (208); RG 25-nov.-1927, RGZ 119 (1928), 114-119 (118); RG 23-out.-1930, RGZ 130 (1931), 115-118 (118).

[3164] Ludwig Enneccerus/Heinrich Lehmann, *Recht der Schuldverhältnisse* cit., 15.ª ed., § 847, I, 1 (350).

[3165] Hermann Roquette, *Neue mietrechtliche Vorschriften*, DR 1940, 1704-1706 (1705/II); Holthöfer, *Der Wohnungstausch*, DR 1941, 536-539 (536 ss.).

[3166] Fritz Brecher, *Vertragsübergang, Betriebsnachfolge und Arbeitsverhältnis*, FS Walter Schmidt-Rimpler 70. (1957), 181-235 (193), com indicações anteriores.

[3167] CssIt 21-jan.-1928, RDComm XXVI (1928) 2, 633-643.

[3168] Lorenzo Mossa, *Vendita di contratto*, RDComm XXVI (1928) 2, 633-643.

[3169] Enrico Finzi, *La riassicurazione e la cessione del portafoglio*, RDComm XXX (1932) 1, 656-684 (660 ss.), reclamando um misto de cessão e de acolação; *vide*, também, CApp Milão, 10-dez.-1931, RDComm XXX (1932) 2, 208-232 e a anot. de Lorenzo Mossa, *Riassicurazione e la cessione di portafoglio*, RDComm XXX (1932) 2, 208-232 (221 ss.).

[3170] Achille Giovene, em Mariano d'Amelio/Enrico Finzi, *Codice Civile/Libro delle obbligazioni* 1 (1948), 581.

[3171] Francesco Ferrara Jr., *Per una disciplina legislativa della cessione del contratto*, RivDirPr XI (1941) 1, 108-115.

inicial para os de Paolo Clarizia[3172], de Carresi[3173] e de Andreoli[3174]. A matéria passou a fazer parte do roteiro do Direito civil, sem problemas de maior[3175].

IV. A consagração italiana da cessão do contrato, no Código Civil de 1942, conduziu a estudos e considerações comparatísticos[3176]. Uma monografia de fundo ficou a dever-se a Pieper (1963)[3177], acompanhada por outros estudos relevantes[3178]. A jurisprudência foi decisiva, multiplicando as assunções de contratos reconhecidas no terreno[3179]. Assim sucedeu quanto a contratos de crédito[3180], de *leasing*[3181], de fornecimento de energia elétrica[3182] e de crédito ao consumo[3183]. No domínio doutrinário, multiplicam-se os estudos sectoriais, com exemplo nas áreas do trabalho e das prestações sociais[3184], da invalidação da cessão[3185], da for-

[3172] Paolo Clarizia, *La cessione del contratto* (1946), 124 pp..

[3173] Franco Carresi, *La cessione del contratto* (1950), 136 pp..

[3174] Marcello Andreoli, *La cessione del contratto* (1951), 167 pp..

[3175] Franco Carresi, *Cessione del contratto*, NssDI III (1959), 147-152; Raffaele Cicala, *Cessione del contratto*, ED VI (1960), 878-901.

[3176] Assim: o já citado estudo de Konrad Zweigert, *Die Statut der Verträgsübernahme* cit., 644 ss.; Silvio Bernasconi, *Die Verträgsübernahme nach italienischem Recht/ /Konzequenzen für das schweizerische Recht* (1978), XIX + 201 pp.; entre nós, cabe referir a incontornável obra de Carlos Alberto da Mota Pinto, *Cessão da posição contratual* cit., 99 ss. e *passim*, esta já motivada pelo Código Civil de 1966.

[3177] Helmut Pieper, *Verträgsübernahme und Vertragsbeitritt/zugleich ein Beitrag zur Lehre vom Vertragsverhältnis* (1963), 232 pp. (184 ss., enquanto instituto vigente).

[3178] Desde logo, Fritz Fabricius, *Verträgsübernahme und Vertragsbeitritt*, JZ 1967, 144-147, em recensão a Pieper.

[3179] Podem ser confrontadas múltiplas espécies nos grandes comentários ao BGB; a rubrica da cessão da posição contratual, que não consta da lei, surge em anexo à assunção de dívida; assim, Volker Rieble, no *Staudingers Kommentar* cit., § 414, Nr. 96-146 (320--333).

[3180] BGH 28-nov.-1957, BGHZ 26 (1958), 142-152 (148) = NJW 1958, 217-219 (218).

[3181] BGH 10-nov.-1960, NJW 1961, 453-455 (455/I).

[3182] BGH 29-out.-1980, NJW 1981, 1361-1362.

[3183] BGH 26-mai.-1999, BGHZ 142 (2000), 23-45 (32 ss.).

[3184] Franz Jürgen Säcker/Detlev Joost, *Auswirkungen eines Betriebsübergangs auf Ruhestanverhältnisse*, DB 1978, 1030-1035 e 1078-1083.

[3185] Michael Coester, *Vertragsübernahme und Anfechtungsrecht* cit., 804/I, sublinhando que a figura é mais relevante no domínio das obrigações duradouras; Heinrich Dorner, *Anfechtung und Vertragsübernahme*, NJW 1986, 2916-2921; Volker Emmerich,

ma[3186] e da tutela do consumidor[3187]. A temática foi rematada pela monografia de Klimke (2010)[3188].

V. Muito interessante é, para nós, a experiência italiana: não só por traduzir uma consagração pioneira da cessão da posição contratual em lei, mas também por ter influenciado diretamente a consagração desse instituto, no Código Civil de 1966.

VI. A recente experiência francesa permitiu aproximar o Código Napoleão do sistema italiano. Com efeito, a reforma de 2016 introduziu a figura da cessão de contrato (*cession de contrat*): artigos 1216.º a 1216.º-3[3189]. Retemos o primeiro desses preceitos, 1.ª parte:

> Um contraente, o cedente, pode ceder a sua qualidade de parte no contrato a um terceiro, o cessionário, com o acordo do seu co-contratante, o cedido.

A cessão do contrato já era reconhecida em leis específicas, como no campo da locação e do trabalho. Além disso, era sufragada pela jurisprudência. A inovação legislativa permitiu consolidar a figura e remover algumas dúvidas[3190].

## 367. **A experiência lusófona; antecedentes**

I. A cessão da posição contratual, ainda que sem designação, foi introduzida indiretamente no Código de Seabra, a propósito do arrendamento.

*Die Anfechtung der Vertragsübernahme – BGH, NJW 1998, 531*, JuS 1998, 495-497, com referência a um arrendamento.

[3186] Eberhard Wagner, *Form und Beschränkung der Vertragsübernahme sowie der Einwilligung hierzu*, JuS 1997, 690-696.

[3187] Peter Bulöw, *Rechtsnachfolge bei Verbraucherkreditverträgen*, ZIP 1997, 400--406; Michael Volmer, *Zur Anwendung des Verbraucherkreditgesetzes auf die Vertragsübernahme*, WM 1999, 209-219; Anne Röthel/Benjamin Heβeler, *Vertragsübernahme und Verbraucherschutz/Bewärungsprobe für ein junges Rechtsinstitut*, WM 2008, 1001-1008. Quanto à jurisprudência, neste ponto, referimos BGH 12-nov.-1996, DNotZ 1998, 29-33, anot. Friedrich Graf von Westphalen, *idem*, 33-36.

[3188] Dominik Klimke, *Die Vertragsübernahme* (2010), XXVI + 433 pp..

[3189] Gaël Chantepie/Mathias Latina, *La réforme du droit des obligations* cit., n.º 596-611 (512-524).

[3190] Por todos: Alain Bénabent, *Droit des obligations* cit., 15.ª ed., n.º 276-280 (225--227).

Por influência do artigo 1743.º do Código Napoleão e seguindo indicações *de iure condendo* de Coelho da Rocha[3191], Seabra, no artigo 1619.º, veio consagrar, para o arrendamento, o importante princípio *emptio non tollit locatum* (a compra não tolhe a locação). Dispôs[3192]:

> O contracto de arrendamento, cuja data for declarada em titulo authentico ou authenticado, não se rescinde por morte do senhorio nem do arrendatario, nem por transmissão da propriedade, quer por titulo universal, quer por titulo singular (...)

Ou seja: se alguém arrendasse um prédio e depois o vendesse, o arrendamento manter-se-ia: o adquirente nada mais receberia do que um prédio arrendado, devendo acolher a posição do locatário.

Esse preceito comporta várias leituras dogmáticas. Mas uma delas seria, precisamente, a da presença de uma "cessão legal" do contrato[3193].

II. O Código Comercial de Veiga Beirão (1888) também deu a sua achega. Segundo o seu artigo 431.º[3194]:

> Mudando o objecto segurado de proprietário durante o tempo do contrato, o seguro passa para o novo dono pelo facto da transferência do objecto do seguro, salvo se entre o segurador e o originário segurado outra cousa for ajustada.

Carlos Mota Pinto vê, aqui, uma cessão da posição contratual, operada por lei[3195]. Tem razão.

III. Mais tarde, a evolução vinculística dos arrendamentos, mormente na área comercial, deu lugar a novas manifestações da cessão da posição contratual.

[3191] M. A. Coelho da Rocha, *Instituições de Direito civil* cit., § 840 (2, 570).

[3192] Dias Ferreira, *Codigo Annotado* cit., III, 2.ª ed., 206-207.

[3193] Inocêncio Galvão Telles, *Arrendamento* (1946), 307; *vide* o nosso *Da natureza do direito do locatário*, 87 ss..

[3194] Luiz da Cunha Gonçalves, *Comentário ao Código Comercial Português* 2 (1916), 522.

[3195] Carlos Alberto da Mota Pinto, *Cessão da posição contratual* cit., 78 ss..

Recordemos a evolução dos trespasses. Um Decreto de 12-nov.-1910[3196] veio dispor, para além de outras medidas, que o arrendatário comerciante ou industrial que tivesse valorizado o local arrendado teria, caso fosse despedido, o direito a uma indemnização pela clientela que poderia ir até dez vezes a renda anual – artigo 33.º. Além disso, segundo o artigo 35.º desse diploma, os prédios onde estivessem instalados estabelecimentos comerciais ou industriais poderiam ser "sublocados" – de facto: trespassados – sem autorização do senhorio, no que pode ser tomado como uma cessão do contrato.

Seguiu-se o importante Decreto n.º 5.411, de 17 de abril de 1919[3197], que consolidou algumas das soluções acima apontadas. Pelo seu artigo 53.º, § 2.º, o comerciante arrendatário despejado poderia ter direito a uma indemnização de clientela correspondente a até vinte vezes o valor da renda anual – artigo 53.º, § 2.º. Além disso, havendo trespasse do estabelecimento, considerar-se-ia nele incluído, sem necessidade de autorização do senhorio, a sublocação do prédio ou da parte onde o mesmo estivesse instalado – artigo 55.º.

A Lei n.º 1:662, de 4 de setembro de 1924[3198], veio adotar novas medidas que mantêm a diferenciação do estabelecimento. Os trespasses de estabelecimento, que incluem a transferência do arrendamento sem autorização do senhorio, exigem escritura pública – artigo 9.º. Paralelamente, permite-se o despejo quando o local, tendo sido dado em arrendamento para comércio ou indústria, se mantenha encerrado durante mais de um ano – artigo 5.º, § 9.º: apenas o estabelecimento efetivo é, pois, protegido. Esta vertente acentuou-se na Lei n.º 2:030, de 22 de junho de 1948[3199]: segundo o seu artigo 64.º/2, o trespasse do estabelecimento exige a manutenção do mesmo comércio ou indústria e, ainda, que a transmissão seja acompanhada dos diversos elementos do estabelecimento.

Trata-se de uma regra similar à que apareceria no artigo 1118.º do Código Civil e, depois, no artigo 115.º do RAU. Finalmente, a reforma adotada pela Lei n.º 6/2006, de 27 de fevereiro, que aboliu (mal)[3200], pelo menos na forma, os arrendamentos comerciais, acabaria por conservar (não

[3196] DG n.º 34, de 14-nov.-1910.

[3197] DG n.º 80 (Suplemento), de 17-abr.-1919.

[3198] DG n.º 200, de 4-set.-1924, rect. no DG n.º 203, de 8-set.-1924 e no DG n.º 299, de 11-out.-1924.

[3199] DG I Série, n.º 143, de 22-jun.-1948, 529-538.

[3200] Também crítico: Fernando de Gravato Morais, *Novo regime do arrendamento comercial* (2006), 18.

obstante!) esse mesmo preceito, inserindo-o, agora, no artigo 1112.º do Código Civil.

O regime específico da transmissão do estabelecimento comercial permitia ilustrar a transferência de diversas posições jurídicas, algumas das quais contratuais. Assim:

- o direito ao arrendamento, quando se inclua no estabelecimento, pode ser transmitido, em conjunto com este, independentemente de autorização do senhorio – artigo 1112.º, do Código Civil[3201];
- a transmissão de firma só é possível em conjunto com o estabelecimento a que ela se achar ligada – artigo 44.º do RNPC;
- o trespasse do estabelecimento fazia presumir a transmissão do pedido de registo ou de propriedade da marca – artigo 211.º/1 do CPI de 1995; no CPI vigente, desaparece a presunção mas mantém-se o regime. Dispõe o artigo 297.º deste último diploma:

> Na transmissão do registo do nome ou da insígnia devem observar-se as formalidades legais exigidas para a transmissão do estabelecimento de que são acessórios.

- a transmissão do estabelecimento implica a transferência da posição jurídica de empregador para o novo adquirente, relativamente aos contratos de trabalho dos trabalhadores a ele afetos – artigo 285.º/1, do CT[3202]; anteriormente: artigo 318.º/1, do CT de 2003 e artigo 37.º da LCT[3203]

IV. Quedava admitir uma cessão de qualquer posição contratual que envolvesse créditos e débitos, por simples acordo dos intervenientes. A forte pressão vinda de Itália e, provavelmente, o facto de, no terreno, essas cessões serem praticadas ao abrigo da liberdade contratual levaram

[3201] Versão da Lei n.º 6/2006, de 27 de fevereiro.

[3202] O artigo 318.º/1 mistura "estabelecimento" e "empresa"; a confusão deve-se à transposição da Diretriz n.º 2001/23/CE, de 12 de março, que se viu constrangida a usar terminologia latina (estabelecimento) e alemã (empresa). Em Portugal, dever-se-ia ter mantido "estabelecimento". Optou se, porém, pela confusão que consta da lei. Quanto ao preceito *vide* Joana Vasconcelos, em Pedro Romano Martinez, *Código do Trabalho Anotado*, 8.ª ed. (2009), 801 ss..

[3203] *Manual de Direito do Trabalho*, 773 ss., já citado.

a um importante escrito de Inocêncio Galvão Telles[3204]; aí, a figura era reconhecida nos seus diversos elementos, sustentando-se a sua admissibilidade, ao abrigo da liberdade contratual. A jurisprudência foi favorável, mau grado o silêncio da lei: um acórdão do Supremo de 18-mar.-1952, veio admitir uma cessão voluntária da posição contratual[3205].

### 368. Vaz Serra e o Código Civil; o Código brasileiro

I. Com os antecedentes apontados, Vaz Serra não teve dificuldade em propor a introdução da então nova figura da cessão da posição contratual, no que seria o Código Civil de 1966.

Vaz Serra elaborou um pequeno estudo preparatório sobre o tema: *cessão da posição contratual* (1955)[3206]. Curiosamente, ele foi publicado antes dos seus estudos alargados sobre a cessão de créditos e sobre a assunção de dívidas e figuras conexas, comportando um desenvolvimento muito menor. Apoia-se, fundamentalmente, nalguma doutrina italiana, para além de duas citações de Enneccerus/Lehmann.

Em boa verdade, admitida a figura, pouco mais haveria a fazer. As grandes questões dogmáticas colocam-se no domínio da cessão de créditos e da assunção de dívida. Por certo que a cessão da posição contratual tem de enfrentar ainda o tema da complexidade obrigacional. Este é, todavia, estudado em rubricas próprias[3207].

II. O Prof. Vaz Serra propôs um articulado em quatro artigos, dos quais dois muito extensos[3208]. Esses mesmos preceitos mantiveram-se, mas com simplificações, no anteprojeto geral (623.º a 626.º)[3209]. Ocorre, aí, uma particularidade curiosa: a cessão da posição contratual foi inse-

[3204] Inocêncio Galvão Telles, *Cessão do contrato*, RFDUL VI (1949), 148-169; o Autor aceita a cessão da posição contratual baseada na liberdade contratual; opta por um misto de cessão de crédito com assunção de dívida (p. 164); mais tarde e desse Autor, *Manual dos contratos em geral* cit., 3.ª ed., 363 ss..

[3205] STJ 18-mar.-1952 (Alberto Martins), BMJ 30 (1952), 344-351 (348-349) = RT 70 (1952), 211-213.

[3206] Adriano Vaz Serra, *Cessão da posição contratual*, BMJ 49 (1955), 5-30.

[3207] A obra do Prof. Carlos Mota Pinto, *Cessão da posição contratual* torna-se especialmente notável por aprofundar esses diversos aspetos.

[3208] Adriano Vaz Serra, *Cessão da posição contratual* cit., 27-29.

[3209] Adriano Vaz Serra, *Direito das obrigações* cit., 514-516.

rida no título VII, relativo às fontes das obrigações, no capítulo referente ao contrato, ficando algumas centenas de artigos separada da transmissão das obrigações, inseridas no título III, sobre a transmissão do crédito ou da dívida e figuras afins (115.º a 161.º). Essa originalidade deriva do Código italiano: a cessão de créditos, a delegação, a expromissão e a acolação constam do título relativo às obrigações em geral (1260.º a 1276.º), enquanto a cessão do contrato tem assento no título sobre os contratos em geral (1406.º a 1410.º). Ela passaria ao Código Civil.

III. Na 1.ª revisão ministerial, Antunes Varela simplificou ainda mais o articulado da cessão da posição contratual, mantendo-o separado das transmissões das obrigações (383.º a 385.º)[3210]. Novas alterações sobrevieram[3211], até ao projeto final[3212]: mas apenas no plano da redação.

IV. O Código Civil ficou dotado de uma subsecção IV relativa à cessão da posição contratual (424.º a 427.º). Integra-se numa secção I, sobre contratos, ela própria inserida num capítulo sobre as fontes das obrigações: bem longe do capítulo atinente à transmissão de créditos e dívidas. Ora todos os manuais e exposições de Direito das obrigações, incluindo a de Antunes Varela, tratam a cessão da posição contratual na rubrica consagrada à transmissão das obrigações, depois da assunção de dívidas[3213].

O Código ocupa-se, sucessivamente:

- da noção e requisitos (424.º);
- do regime (425.º);
- da garantia da existência da posição contratual (426.º);
- das relações entre o outro contraente e o cessionário (427.º).

V. No meio século da sua vigência, a cessão da posição contratual originou a importante dissertação de Carlos Alberto da Mota Pinto[3214].

[3210] BMJ 119 (1962), 38-39.

[3211] Jacinto Rodrigues Bastos, *Das obrigações em geral* cit., 1, 87, 91 e 93.

[3212] *Projecto de Código Civil* cit., 124-125.

[3213] João Antunes Varela, *Das obrigações em geral* cit., 2, 7.ª ed., 383-417.

[3214] Carlos Alberto da Mota Pinto, *Cessão da posição contratual* (1970), 529 pp., já citado; este escrito deu azo a uma recensão de João Antunes Varela, *Cessão da posição contratual*, BFD 46 (1970), 195-213.

Temos, ainda, exposições em obras gerais[3215]. Em boa verdade, tornou-se difícil, após o âmbito e a qualidade do estudo de Mota Pinto, retomar o tema. Ele tem vivido de algumas aportações estrangeiras e de uma prática jurisprudencial já apreciável.

VI. O Código Civil brasileiro de 2002 não refere a cessão da posição contratual. Seguindo o esquema alemão, ele apenas se ocupa, expressamente, da cessão de crédito (286.° a 298.°) e da assunção de dívida (299.° a 303.°). A cessão do contrato é reconhecida pela doutrina[3216], sendo obtida na base da junção da transmissão do crédito com a de dívida.

[3215] João Antunes Varela, *Das obrigações em geral* cit., 2, 7.ª ed., 383-417; os nossos *Direito das obrigações* 2, 121-131 e o presente *Tratado* IX, 1.ª ed., 245-254; Mário Júlio de Almeida Costa, *Direito das obrigações* cit., 12.ª ed., 833-839; Jorge Ribeiro de Faria, *Direito das obrigações* cit., 2, 621-669; Luís Menezes Leitão, *Direito das obrigações* cit., 2, 9.ª ed., 69-91.

[3216] José Miguel Garcia Medina/Fábio Caldas Araújo, *Código Civil comentado* cit., 317-318, como exemplo.

## § 83.º SISTEMA E OBJETO DA CESSÃO DA POSIÇÃO CONTRATUAL

### 369. Índole geral e regras supletivas

I. A cessão da posição contratual reporta-se, no sistema do Código Civil, inspirado no italiano, a uma fonte de obrigações: o contrato. No campo vocabular, ela coloca-se num plano distinto do das cessão de crédito e assunção de dívida: ambas recaem sobre posições jurídicas desinseridas das fontes que lhes tenham dado origem. A clivagem é linguística. Dado o princípio da causalidade, tanto os créditos como os débitos devem ser permanentemente reportados à sua fonte: de outro modo, lidaríamos com figuras abstratas, só possíveis no domínio cartular. Por outro lado, transferir um contrato faz sentido por implicar uma transmissão das posições que dele decorram. Todavia, o relevo substantivo da linguagem permite, por esta via, conferir desde logo um sentido especial à cessão da posição contratual. A transposição de tal posição inclui, da forma mais cabal, uma sucessão em direitos, em obrigações e nas múltiplas posições circundantes e acessórias envolvidas. Veremos reflexos destas considerações, no plano do regime.

II. O Código Civil, nos seus artigos 424.º a 427.º, deixou múltiplos pontos por abordar. Supletivamente, há que ter presente o regime da cessão de créditos – no fundo, a grande matriz da transmissão das obrigações – e o da assunção de dívidas. Questões como a da cedibilidade das posições contratuais ou da ratificação de um acordo de cessão, aparentemente lacunosas, encontram uma saída equilibrada com apelo aos subsistemas de cessão e da assunção. Registe-se que os Direitos – como o alemão e o brasileiro – omissos quanto à cessação da posição contratual, cumulam o seu regime com recurso, fundamentalmente, à assunção de dívida[3217].

[3217] Volker Rieble, no *Staudingers Kommentar* cit., § 414, Nr. 96 (320), Nr. 109 (323-324), Nr. 115-120 (325-326); Günther H. Roth/Eva-Maria Kieninger, no *Münchener Kommentar* cit., II, 7.ª ed., § 398, Nr. 183-190 (2764-2766).

Ora esta já conta com a aplicação supletiva de regras atinentes à cessão de créditos[3218].

## 370. O objeto

I. O artigo 424.º/1 confere a "faculdade de transmitir a terceiro a sua posição contratual" às partes em contratos "com prestações recíprocas". Seguiu-se o Código italiano, cujo artigo 1406.º permitia a cessão "no contrato com prestações correspetivas, se estas ainda não tiverem sido exigidas"[3219], sem este último requisito. Todavia, a doutrina italiana, logo no pós-guerra, alargou o âmbito da cessão aos próprios contratos "unilaterais", isto é, sem prestações correspetivas[3220]. Entre nós, a doutrina anterior ao Código de 1966[3221] e alguma, a ele posterior[3222], manteve-se atreita à letra da lei: a cessão operaria nos contratos bilaterais ou sinalagmáticos: nos unilaterais, haveria que acorrer seja à cessão do crédito, seja à assunção de dívida. Carlos Mota Pinto sujeitou esta conceção restritiva a uma crítica que temos por irrespondível: a posição contratual não é um mero somatório de créditos e dívidas, antes traduzindo uma situação complexa[3223]. Logo, qualquer posição contratual, que não caia sob uma intransmissibilidade, pode ser cedida, mesmo quando "unilateral": assim sucede com o mútuo ou a doação. De igual modo, pode ser cedida a posição contratual num contrato cuja contraprestação já haja sido executada e que, nessa medida, se possa considerar unilateral[3224]. O artigo 424.º/1

[3218] *Supra*, 845-846.

[3219] Francesca Rosti, em Guido Alpa/Giovanni Iudica, *Codice civile annotato* cit., Art. 1406 (1522 ss.).

[3220] Renato Clarizia, *La cessione del contratto* cit., 20 ss..

[3221] Assim, Inocêncio Galvão Telles, *Cessão do contrato* cit., 148-149, nota 2 e Adriano Vaz Serra, *Cessão da posição contratual* cit., 10.

[3222] Assim, João Antunes Varela, *Das obrigações em geral* cit., 2, 7.ª ed., 385 e 385, nota 2, Pires de Lima/Antunes Varela, *Código anotado* cit., 1, 4.ª ed., 401-402, Mário Júlio de Almeida Costa, *Direito das obrigações* cit., 12.ª ed., 834 e Jorge Ribeiro de Faria, *Direito das obrigações* cit., 2, 628, em texto que se afigura, todavia, aberto à doutrina de Carlos Mota Pinto.

[3223] Carlos Alberto da Mota Pinto, *Cessão da posição contratual* cit., 437 ss..

[3224] Tal a posição que assumimos em *Direito das obrigações* cit., 2, 125 ss. e *Tratado* IX, 1.ª ed., 249; esta linha foi reforçada por Luís Menezes Leitão, *Direito das obrigações* cit., 2, 9.ª ed., 77-78, em termos que se afiguram definitivos.

deve ser entendido latamente, por forma a abranger todos os contratos; a referência a "prestações recíprocas" é um modo de transmitir a ideia de que estão em causa obrigações patrimoniais. E se assim não se entender: a cessão de posições unilaterais sempre seria possível como esquema atípico, ao abrigo da liberdade contratual (405.º/1).

II. Ainda o artigo 424.º/1 parece restringir a cessão a "posições contratuais". Pergunta-se se ela não será possível em relação a situações complexas derivadas de outras fontes: de gestão de negócios, de enriquecimento sem causa, de responsabilidade civil ou, simplesmente, *ex lege*. A doutrina alemã dá resposta positiva[3225]. Afigura-se uma opção correta. Característica da cessão da posição contratual é a existência de uma relação complexa, que exige a trilateralidade. Podemos, ao lado da cessão da posição contratual, admitir a transmissão de outras "posições". Aplicar-se-á, com as necessárias adaptações, o regime dos artigos 424.º e seguintes.

III. Também podem ser cedidas posições em contratos reais (*quoad constitutionem*), depois de ter sido entregue a coisa e de se ter verificado o efeito real daí decorrente[3226]. O contrato real não se esgota nesse nível: subsistem pretensões para cada uma das partes, podendo ainda surgir outras, em função de vicissitudes decorrentes de cumprimentos imperfeitos. Em suma: numa área como a do Direito das obrigações, há que atribuir a maior amplitude ao objeto da cessão da posição contratual. Por via do artigo 62.º/1 da Constituição, todas as posições patrimoniais são transmissíveis, salvo exceção legal.

No desenvolvimento subsequente, respeitando a linguagem do Código Civil, falaremos em cessão da posição contratual: fica entendido que ela deve ser alargada, nos termos acima explicitados.

IV. A cessão da posição contratual abrange tudo quanto possa advir de um contrato: prestações principais e secundárias e deveres acessórios. Ficam envolvidos os direitos potestativos, os encargos, as sujeições e todas as demais situações, ativas e passivas. Finalmente, ela abarca as decorrências puramente legais de qualquer situação privada, salvo se a lei expressa dispuser de outro modo.

[3225] Volker Rieble, no *Staudingers Kommentar* cit., § 414, Nr. 101 (322), explicando que "assunção do contrato" (*Vertragsübernahme*) é uma expressão inexata.

[3226] Nesse sentido, Luís Menezes Leitão, *Direito das obrigações* cit., 2, 9.ª ed., 78.

### 371. **Intransmissibilidades**

I. O artigo 424.º/1, ao contrário do que sucede com o artigo 577.º/1, 2.ª parte, relativo à cessão de créditos, não exclui a cessão da posição contratual quando a mesma seja interdita por lei ou por convenção ou quando, pela sua natureza, a posição considerada esteja ligada à pessoa do devedor. Subjacente ao silêncio legislativo poderá estar a ideia de que, exigindo a cessão do contrato o acordo do cedido, nenhuma razão haveria para restrições. Não é assim.

II. Desde logo, a natureza do contrato pode excluir qualquer cessão: basta pensar no casamento. Outras situações de tipo familiar e pessoal podem ser configuradas, surgindo de transmissibilidade inviável. Quanto a contratos *intuitu personae*: estando todos de acordo, podemos imaginar um efeito prático similar ao de uma transmissão. Em bom rigor, todavia, o contrato subsequente à cessão já não será o mesmo, uma vez que as prestações não coincidem com as iniciais: dependem, estreitamente, das pessoas que as executem.

III. A lei pode impedir, direta ou indiretamente, determinadas cessões de posições contratuais. Pense-se, logo à partida, em cessões que visem defraudar os credores: caem na pauliana (610.º). As posições contratuais litigiosas sujeitam-se às regras dos artigos 579.º a 581.º. Ninguém entenderia que, num processo em que se discutisse um contrato, o juiz viesse adquirir uma posição contratual a ele relativa: mesmo com o acordo das partes, temos aqui uma área incontornável de ordem pública.

IV. Um *pactum de non cedendo* poderia ser havido por distratado, perante uma cessão a três. Não obstante, sempre se imporia uma interpretação cuidada das declarações de vontade em presença. Torna-se frequente, em contratos complexos, cláusulas que submetam qualquer futura e eventual cessão da posição contratual a um certo formalismo. Há que seguir a cláusula em jogo, a menos que se verifique, com a forma adequada, ter havido intenção de distrate.

### 372. **Modalidades e figuras afins**

I. Do artigo 424.º inferem-se duas hipóteses de cessão da posição contratual: a cessão pré-consentida e a pós-consentida. No primeiro caso, o cedido dá o seu assentimento antes do contrato de cessão; no segundo, depois dele. A cessão pré-contratual ocorre, em especial, quando, no contrato a ceder, se inclua uma cláusula que permita a uma das partes ceder a sua posição a um terceiro[3227]. Podemos, ainda, apontar uma terceira hipótese: a da cessão trilateral em simultâneo: o cedido outorga, com o cedente e o cessionário, no próprio contrato de cessão.

Na cessão pré-consentida, há que avisar o cedido da sua ocorrência. O artigo 424.º/2 prevê que ela só produza efeitos a partir da sua notificação ou do reconhecimento. A notificação pode ser feita pelo cedente ou pelo cessionário. O reconhecimento postula que o cedido, tendo sabido da cessão por qualquer via, dê conta de isso ter sucedido. A lei não submete a notificação ou o reconhecimento a qualquer forma solene: basta que a prova do ocorrido seja possível, vigorando o consensualismo (219.º).

II. A cessão pode ser total ou parcial. Nesta última hipótese, ao contrário da primeira, ela não abrange a totalidade das posições resultantes do contrato, mas apenas alguma ou algumas delas. Pressupõe-se, naturalmente, que o contrato considerado dê azo a situações dissociáveis, sem prejuízo para a identidade do conjunto.

III. A distinção de figuras afins, que acompanha, até certo ponto, os exercícios idênticos feitos para a cessão de crédito e a assunção de dívida, é sempre útil. Assim, a cessão da posição contratual distingue-se:

- da assunção de dívida: não se reporta a um concreto débito, mas antes a uma situação complexa, firmada linguisticamente através da transferência do próprio contrato[3228];
- da novação subjetiva: o contrato mantém-se o mesmo, tal como idênticas permanecem as posições ativas e passivas; pela interpretação, verificar-se-á se as partes pretenderam uma nova conclusão do contrato ou, tão-só, a manutenção e a transferência do anterior[3229];
- do subcontrato: o cedente sai do contrato; no subcontrato, ele mantém-se, acordando com um terceiro a execução, total ou parcial, do contratado[3230]; o Código Civil contempla a subfiança (630.º), a

[3227] STJ 5-mai.-2011 (João Bernardo), Proc. 3667/04.

[3228] Volker Rieble, no *Staudingers Kommentar* cit., II, § 414, Nr. 104-105 (322-323).

[3229] Knut Wolfgang Nörr, em Nörr/Scheyhing/Pöggeler, *Sukzessionen* cit., 2.ª ed., § 17, II (186).

[3230] RLx 9-jul.-1992 (António da Cruz), CJ XVII (1992) 4, 136-140 (139/II).

sublocação (1060.° a 1063.°), o submandato (1165.°), o subdepósito (1197.°) e a subempreitada (1213.°); temos, ainda, a subagência (5.° do Decreto-Lei n.° 178/86, de 3 de julho), sendo possíveis situações subcontratuais atípicas;

– da adesão ao contrato: tal como no subcontrato, o interessado mantém-se como parte; admite, contudo (com o acordo da contraparte), um terceiro que, com ele, irá desempenhar a função contratual[3231]; a adesão ao contrato implica, em regra e no que tange às posições passivas, uma situação de solidariedade, por aplicação do regime da assunção cumulativa (595.°/2, 2.ª parte);

– da cessão legal, também dita sub-rogação legal forçada[3232], a qual ocorre em situações como a do artigo 1057.° (*emptio non tollit locatum* ou do artigo 285.°/1, do CT);

– do contrato para pessoa a nomear[3233]: a cessão, mesmo quando pré-autorizada, é uma eventualidade; além disso, não postula o prévio assentimento do *electus* com uma subsequente ratificação (454.°).

[3231] Luís Menezes Leitão, *Direito das obrigações* cit., 2, 9.ª ed., 71-72.

[3232] A expressão "sub-rogação legal" é usada por Pires de Lima/Antunes Varela, *Código anotado* cit., 1, 4.ª ed., 401; evitamo-la porque pressupõe um cumprimento, o que não ocorre na cessão legal.

[3233] STJ 16-out.-1990 (Miguel Montenegro), BMJ 400 (1990), 612-615 (614).

## § 84.º O REGIME E A NATUREZA DA CESSÃO DA POSIÇÃO CONTRATUAL

### 373. O negócio-base

I. O artigo 425.º remete o regime da cessão da posição contratual para o do negócio que sirva de base à cessão. Vai mais longe do que a solução paralela prevista para a cessão de crédito (578.º/1) uma vez que explicita: (a) a forma de transmissão; (b) a capacidade de dispor e de receber; (c) a falta e vícios da vontade; (d) as relações entre as partes.

II. A cessão da posição contratual não é um ato abstrato. Se alguém cede a outrem, que aceita, uma posição contratual, fá-lo ou por venda ou por doação, ou por qualquer outro título, típico ou atípico. Trabalhamos, pois, com dois contratos[3234]: o contrato inicial, concluído entre o cedente e o cedido e do qual deriva a posição contratual a transmitir e o contrato-base da própria cessão, fechado entre o cedente e o cessionário, com o acordo do cedido, que provoca a cessão, sem quebrar a identidade da relação[3235]. Nos termos da lei, cabe a esse negócio-base definir o regime da cessão.

III. No tocante à forma, verifica-se que, muitas vezes, o contrato-base deve seguir a do contrato inicial[3236]. Será, pois, a partir deste que se deve inferir a forma da cessão. Quaisquer dúvidas devem ser ultrapassadas pon-

[3234] RLx 13-jan.-1994 (Silva Paixão), CJ XIX (1994) 1, 94-97 (96/I).

[3235] STJ 30-jun.-2009 (Moreira Alves), Proc. 3595/06.

[3236] STJ 30-jan.-1990 (José Domingues), BMJ 393 (1990), 594-602 (a cessão do arrendamento comercial deve ser feita por escritura pública); RCb 25-set.-1990 (Ruy Varela), BMJ 399 (1990), 586 (a cessão do contrato-promessa deve ser feita por escrito); STJ 23-mai.-1995 (Afonso de Melo), CJ/Supremo III (1995) 2, 100-103 (102/II) (*idem*); também quanto a uma promessa, com considerações de ordem geral, RCb 25-mai.-1993 (Barata Figueira), CJ XVIII (1993) 3, 43-47 (46/I).

derando os fins que justifiquem a forma do contrato inicial: dificilmente eles não impõem uma forma similar, à cessão das posições dele derivadas.

### 374. O acordo trilateral; invalidades e não-subsistências

I. Na cessão da posição contratual, é sempre exigido o acordo do cedido. Temos, assim, um acordo a três[3237]. Pergunta-se se, com isso, o cedido passa a ser parte no negócio-base. A resposta é positiva: embora, nele, o cedido não ocupe o lugar de uma parte "típica" (vendedor, comprador, doador, donatário, por exemplo), ele surge como parte necessária: sem o seu assentimento, o negócio-base, embora eficaz entre as partes[3238], não produz efeitos perante o cedido e, logo: não origina qualquer cessão.

II. Para além do que resulte do negócio-base, o cedente garante, ao cessionário, a existência da posição contratual transmitida, no momento da cessão (426.º/1). Em compensação, ele não assegura o cumprimento das obrigações em jogo, salvo se assim tiver sido convencionado (426.º/2). A garantia da existência da posição tem efeitos diversos, em função do negócio-base[3239].

III. Pergunta-se qual o regime aplicável às eventuais invalidades do contrato de cessão. A lei é omissa, cabendo recorrer, por interpretação extensiva, aos artigos 597.º e 598.º, relativos à assunção de dívidas. Procede, de resto, a mesma *ratio*. Assim:

- se o contrato de cessão da posição contratual for declarado nulo ou anulado, renasce a posição do cedente (597.º, primeira parte e 427.º, que não o exclui);
- o cessionário não pode, todavia, opor ao cedido os meios de defesa baseados entre ele e o cedente (598.º, 1.ª parte)[3240]; nessa dimen-

[3237] STJ 5-nov.-1998 (Torres Paulo), CJ/Supremo VI (1998) 3, 93-95 (95/I) = BMJ 481 (1998), 377-382 (381); STJ 26-set.-2002 (Neves Ribeiro), CJ/Supremo X (2002) 3, 60-64 (62/II); STJ 8-jul.-2003 (Silva Salazar), CJ/Supremo XI (2003) 2, 131-134 (132/I).

[3238] Podendo, nesse plano, ser reforçado por uma cláusula penal: STJ 26-set.-2002 cit., CJ/Supremo X, 3, 63/I.

[3239] *Vide*, em Luís Menezes Leitão, *Direito das obrigações* cit., 2, 9.ª ed., 81-82, diversas e possíveis concretizações.

[3240] Nesse sentido, Luís Menezes Leitão, *Direito das obrigações* cit., 2, 9.ª ed., 85.

são, a cessão é abstrata, o que pode implicar a manutenção do contrato, com os cuidados explicitados a propósito da assunção[3241];
- mas pode prevalecer-se de invalidades localizadas na relação cedente/cedido, desde que anteriores ao contrato de cessão (598.º, 2.ª parte).

IV. Um esquema paralelo funciona perante a resolução do contrato de cessão, levada a cabo pelo cedente ou pelo cessionário. Ela só pode ser oposta ao cedido se este tiver participado plenamente no contrato em causa[3242]; de outro modo, temos meios de defesa cessionário/cedente, paralisados pelo artigo 598.º, 1.ª parte. A assim não ser, nenhuma cessão teria consistência. *A fortiori*, a mesma regra opera em face da revogação (pense-se no distrate) e da denúncia, quando aplicáveis.

## 375. **As relações entre os intervenientes**

I. Operada a cessão, o cedente fica, em princípio, liberado de todas as decorrências do contrato que havia celebrado: prestações principais e secundárias, deveres acessórios, encargos, sujeições e demais situações passivas. Perde, ainda, as pretensões que tinha perante o cedido. Quanto a decorrências consolidadas anteriores como, por exemplo, o dever de indemnizar por factos já ocorridos aquando da cessão: cumpre distinguir. Antes de mais, há que interpretar cuidadosamente o contrato de cessão da posição contratual. Se este for visado por um advogado experiente (o que se recomenda), deixará claro o universo a transmitir. No silêncio do contrato, temos de apelar para uma integração, na base da boa-fé (239.º): para o cessionário apenas transitam as decorrências normais do contrato, tal como ele foi celebrado e a menos que se prove o seu conhecimento alargado (ou um desconhecimento culposo).

[3241] *Supra*, 863-864.

[3242] Neste ponto, aproximamo-nos de Antunes Varela, *Das obrigações em geral* cit., 2, 7.ª ed., 411-415; e de Ribeiro de Faria, *Direito das obrigações* cit., 2, 660-664; em sentido diverso, Carlos Mota Pinto, *Cessão da posição contratual* cit., 517 ss. e Luís Menezes Leitão, *Direito das obrigações* cit., 2, 9.ª ed., 86-87.

II. O artigo 1408.°/2 do Código italiano[3243] admite que o contraente cedido possa não liberar o cedente, mediante uma declaração nesse sentido. O Código de 1966 é omisso. Todavia, uma cláusula desse tipo é possível e válida[3244], verificando-se o inverso do previsto na assunção de dívida: nesta, exige-se uma declaração expressa de exoneração do antigo devedor; na cessão da posição contratual, a declaração requerida será a da não-exoneração do cedente, viável ao abrigo da autonomia contratual (405.°/1). Esta diferença de regime explica-se pela necessidade de, na cessão da posição contratual, melhor acautelar a circulação da riqueza: não se jogam, apenas, dívidas.

Havendo não-liberação do cedente, teremos uma "cessão cumulativa" ou, se se quiser, uma adesão ou um ingresso, de terceiro, no contrato (*Vertragsbeitritt*)[3245]. Nessa eventualidade, não há qualquer cessão: o aderente passa a responder solidariamente, com o aderido, pelas obrigações envolvidas (595.°/2, por interpretação extensiva) e fica co-credor dos direitos correspetivos. Pode, todavia, ser estipulado qualquer outro regime.

III. A cessão da posição contratual não é retroativa. Assim, ela abrange o acervo existente aquando da sua conclusão. Normalmente, as posições contratuais transmitidas reportam-se a obrigações duradouras. Daí deriva que as decorrências anteriores à cessão não se transmitam, com as explicitações acima formuladas, designadamente a integração *ex bona fide*. Quanto aos direitos potestativos de invalidar o contrato transmitido, *maxime* de exercer a anulação, a doutrina divide-se[3246]:

– esses direitos não se transmitiriam, salvo cláusula nesse sentido[3247];
– eles transmitir-se-iam, dentro do acervo em que o cessionário se iria integrar, por sucessão[3248].

[3243] Francesca Rosti, em Guido Alpa/Giovanni Iudica, *Codice civile annotato* cit., 1524-1525.

[3244] Luís Menezes Leitão, *Direito das obrigações* cit., 2, 9.ª ed., 87.

[3245] Jan Busche, no *Staudingers Kommentar* cit., II, Einl zu §§ 398 ff, Nr. 207 (141).

[3246] *Vide* indicações em Carlos Mota Pinto, *Cessão da posição contratual* cit., 500 ss.; João Antunes Varela, *Das obrigações em geral* cit., 2, 7.ª ed., 408 ss.; Jorge Ribeiro de Faria, *Direito das obrigações* cit., 2, 642 ss.; em sentido diverso, Carlos Mota Pinto, *Cessão da posição contratual* cit., 517 ss. e Luís Menezes Leitão, *Direito das obrigações* cit., 2, 9.ª ed., 79-80.

[3247] Tal a posição dos Autores referidos na nota anterior.

[3248] Hans Claudius Ficker, *Vertragsübernahme und droits rélatifs au bien/Ein Beitrag zur Lehre von der Relativität des Schuldverhältnisses*, AcP 165 (1965), 31-45 (37--38).

Nós próprios já hesitámos. Hoje, pensamos que a solução deve ser procurada na dimensão dos meios de defesa. Se os tais direitos potestativos radicarem em relações cedente/cedido, eles transmitem-se para o cessionário desde que sejam anteriores à cessão e não sejam meios de defesa pessoal do cedente (artigo 598.º, 2.ª parte, em interpretação extensiva). Assim, transmite-se o direito à anulação por erro sobre o objeto (251.º), mas não por erro sobre os motivos (252.º/1). Esta a diretriz: caso a caso haverá que confirmar a linha da sua concretização.

IV. Em compensação, o cedido pode exercer tais direitos contra o cessionário, o qual, consequentemente, recebe, pela cessão, as correspondentes sujeições: o cessionário não tem uma proteção superior à do terceiro estranho, que não vai além do disposto nos artigos 289.º/2 e 3 (alienações gratuitas e frutos) e 291.º (inoponibilidade da nulidade e da anulação a terceiros de boa-fé); além disso, o cedente não pode, pela cessão, vir convalidar vícios do negócio: seria uma porta aberta a todas as aventuras; além disso, é a solução que resulta, *a contrario*, do artigo 427.º[3249].

V. O cedido perde, relativamente ao cessionário, os meios de defesa que lhe advenham de outras relações com o cedente: pense-se na faculdade de invocar a compensação com outros créditos seus. Fica ressalvada a hipótese de ele os ter reservado, quando consentiu na cessão (427.º). Recomenda-se, aos práticos, um especial cuidado, neste ponto.

## 376. **A natureza**

I. O debate em torno da natureza da cessão da posição contratual, hoje ultrapassado, constitui, todavia, um espaço para melhor explicar o instituto em jogo[3250]. Podemos sintetizar a matéria através de uma série de três teorias:

- a teoria da *renovatio contractus*;
- a teoria da decomposição (*Zerlegungstheorie*);
- a teoria unitária.

[3249] STJ 3-dez.-1991 (Brochado Brandão), BMJ 412 (1991), 444-451 (449).

[3250] Com mais elementos, Jorge Ribeiro de Faria, *Direito das obrigações* cit., 2, 664-669 e Luís Menezes Leitão, *Direito das obrigações* cit., 2, 9.ª ed., 89-91; uma análise cuidada consta, também, de Raffaele Cicala, *Il negozio di cessione del contratto* (1962, reimp., 2015), XX + 284 pp., 9 ss..

A teoria da *renovatio contractus* ou renovação do contrato, apresentada por Nicolò[3251], acentua a declaração do cedido: ao propagar a eficácia do contrato originário a outro contrato, ele renova a declaração inicial, agora perante o cessionário; este dá, também, o seu acordo a essa renovação.

A teoria da decomposição ou *Zerlegungstheorie* é popular na Alemanha. Ela assenta na ideia de que, na cessão da posição contratual, há um misto de cessão de crédito e de assunção de dívida[3252].

A teoria unitária considera que, na cessão da posição contratual, opera uma transferência da relação obrigacional complexa no seu todo e, portanto: algo mais do que as meras cessão de crédito e assunção de dívida[3253]: haveria uma realidade unitária e autónoma, tendente à transmissão desse conjunto.

II. A teoria unitária, defendida por Carlos Mota Pinto[3254], é hoje dominante na nossa doutrina[3255]. Com efeito, a cessão da posição contratual tem elementos que, dela, fazem um instituto próprio, unitário e autónomo. Começamos pelo *nomen iuris*: consignado na própria lei, ele dá um alicerce linguístico importante para qualquer desenvolvimento substantivo. De seguida, a consagração legal (424.° a 427.°): permite dispensar arranjos e construções legitimadores da transmissão do contrato. Por fim, a base dogmática traduzida na possibilidade de transferir posições complexas, figuráveis preferencialmente pela sua própria fonte. Podemos dá-la como assente.

[3251] Rosario Nicolò, *L'adempimento dell'obbligo altrui* (1936; há reimp. de 1978), 303 pp., 290 ss. (300); *vide* uma síntese do pensamento deste Autor em Raffaele Cicala, *Il negozio di cessione del contratto* cit., 12-15.

[3252] Heinrich Demelius, *Vertragsübernahme* cit., 241 ss.; Ludwig Enneccerus/ /Heinrich Lehmann, *Recht der Schuldverhältnisse* cit., 15.ª ed., § 87, I, 2 (350-351); entre nós, ela foi defendida por Inocêncio Galvão Telles, *Cessão do contrato* cit., 164 e *Manual dos contratos em geral* cit., 3.ª ed., 364-366 e por Vaz Serra, *Cessão da posição contratual* cit., 19.

[3253] Karl Larenz, *Lehrbuch des Schuldrechts* cit., 1, 14.ª ed., § 35, III (617); Volker Rieble, no *Staudingers Kommentar* cit., § 414, Nr. 103 (322).

[3254] Carlos Alberto da Mota Pinto, *Cessão da posição contratual* cit., 281 ss., 429 ss. e *passim*.

[3255] João Antunes Varela, *Das obrigações em geral* cit., 2, 7.ª ed., 416-417; os nossos *Direito das obrigações* 2, 131 e *Tratado* IX, 1.ª ed., 254; Jorge Ribeiro de Faria, *Direito das obrigações* cit., 2, 668-669; Luís Menezes Leitão, *Direito das obrigações* cit., 2, 9.ª ed., 90-91.

# V

# A EXTINÇÃO DAS OBRIGAÇÕES

## § 85.º QUADRO GERAL DA EXTINÇÃO DAS OBRIGAÇÕES

### 377. Níveis histórico-dogmáticos

I. Diz-se extinção de uma obrigação o seu desaparecimento do universo jurídico. As consequências seriam claras: o devedor fica liberto da prestação que lhe incumbia e o credor perde o direito a exigi-la. Na tradição romana, a verdadeira e completa forma de extinção de uma obrigação era a *solutio*, tomada como um cumprimento liberatório: o esquema natural para pôr termo ao vínculo, realizando o programa que ele próprio previa.

II. Ao longo da História e de acordo com esquemas formativos próprios e autónomos, foram-se desenhando esquemas sucedâneos do cumprimento, isto é, institutos que, de modo mais ou menos direto, implicavam a realização do fim da obrigação. O Código Civil consagra, nesse domínio, a dação em cumprimento, a consignação em depósito, a compensação, a novação, a remissão e a confusão. Estamos no plano da obrigação.

III. A eventualidade de um contrato ser nulo já era invocada pelos romanos. Quando isso aconteça, não surgem as obrigações a ele inerentes. Ou se já tiverem surgido: desaparecem. Também no *ius romanum* se impusera a ideia da inviabilidade inicial da obrigação (recorde-se a entrega do centauro) ou da sua paragem, perante um *casus*. Muito parcelarmente ainda, admitiu-se a inserção de dispositivos contratuais que, em face do incumprimento pela contraparte, permitissem ao interessado exonerar-se do contrato em jogo. Em suma: por diversas vias, ocorreram situações que, abdicando do destino das obrigações, acabavam por neutralizá-las em função de problemas ocorridos a seu montante. Simplificando, digamos que se assiste, aqui, à supressão da fonte e isso perante institutos diversos e, por vezes, distantes.

IV. Esta matéria foi sendo reagrupada e reformulada, ao longo dos séculos, pelos modos mais diversos. As codificações tentaram introduzir alguma normalização: mas sem um êxito completo. Acresce que, no tocante a superveniências capazes de deter as obrigações, cada tipo contratual segrega, ao longo dos tempos, o seu próprio subsistema. As generalizações nem sempre são possíveis.

## 378. Ordenação de modos extintivos

I. Não é possível, em bom rigor, proceder a uma classificação racional dos modos de extinção das obrigações. Eles foram surgindo, como adiantámos, ao longo da História, sem plano de conjunto, em obediência a coordenadas culturais e sociais. Por isso, adiantamos uma mera ordenação. Temos:

- o cumprimento;
- os sucedâneos do cumprimento;
- a ineficácia do contrato;
- a supressão superveniente do contrato;
- a supressão de relações de família.

O cumprimento constitui uma rubrica própria, tendo sido objeto de estudo[3256].

II. Os sucedâneos do cumprimento são, hoje e seguindo o Código Civil, a dação em cumprimento (837.° a 840.°), a consignação em depósito (841.° a 846.°), a compensação (847.° a 856.°), a novação (857.° a 862.°), a remissão (863.° a 867.°) e a confusão (868.° a 873.°). Não se trata de "sucedâneos" perfeitos; ocupam, todavia e sistematicamente, essa posição.

III. A ineficácia liga-se, também hoje, às invalidades e, dentro destas, fundamentalmente, à nulidade e à anulabilidade. Na sequência da orientação pandectística, elas são tratadas a propósito do negócio jurídico, tanto mais que não se limitam a obrigações. Aí foram consideradas[3257], sem prejuízo de o seu regime poder ser invocado sempre que necessário.

[3256] *Supra*, 65 ss..
[3257] *Tratado* II, 4.ª ed., 911 ss..

A supressão superveniente do contrato, também dita extinção de relações complexas, será abaixo analisada[3258]. Embora incluindo figuras heterogéneas, ela desenvolveu-se, fundamentalmente, em torno da resolução do contrato.

A supressão de relações de família tem regras próprias: pense-se no divórcio ou nas impugnações de maternidade e de paternidade. Será objeto de ponderação, na competente sede[3259].

[3258] *Infra*, 901 ss..

[3259] *Tratado* XIV, em preparação.

CAPÍTULO I

# A SUPRESSÃO DA FONTE DA OBRIGAÇÃO

## § 86.º GENERALIDADES; PAPEL DA RESOLUÇÃO

### 379. Terminologia

I. A supressão da fonte abarca diversas formas de extinção das obrigações, caracterizadas por se atingir, diretamente, a sua fonte. A terminologia não está estabilizada[3260]. Desde logo, nem todos os autores têm a preocupação de versar em conjunto, os institutos em presença. Quando a tenham, referem:

- a dissolução dos contratos (Guilherme Moreira)[3261];
- a extinção das relações obrigacionais complexas (Antunes Varela)[3262];
- os desvios ao princípio da estabilidade dos contratos (Almeida Costa)[3263];
- a extinção dos negócios jurídicos (Menezes Leitão)[3264];
- a cessação do contrato[3265].

Nós próprios temos usado "supressão da fonte"[3266].

[3260] Pedro Romano Martinez, *Da cessação do contrato*, 3.ª ed. (2015), 646 pp., 25 ss. e *passim*.

[3261] Guilherme Moreira, *Instituições do Direito civil* cit., 2, 659-675 (n.º 201).

[3262] João Antunes Varela, *Das obrigações em geral* cit., 2, 7.ª ed., 273-283.

[3263] Mário Júlio de Almeida Costa, *Direito das obrigações* cit., 12.ª ed., 316-349.

[3264] Luís Menezes Leitão, *Direito das obrigações* cit., 2, 9.ª ed., 95 ss..

[3265] Pedro Romano Martinez, *Da cessação do contrato*, 3.ª ed. (2015), 646 pp., 38 ss. e *passim*; trata-se, até hoje, da única monografia nacional sobre o tema; também Joana Farrajota, *A resolução do contrato sem fundamento* (2015), 409 pp., 23 ss..

[3266] *Direito das obrigações* 2, 161-167 e *Tratado* IX, 1.ª ed., 337-343.

II. Não há terminologia ideal. Todavia, permitam-se algumas reflexões. A "dissolução" está hoje, ligada à extinção das sociedades. Ela pode consistir num esquema específico de supressão superveniente do contrato de sociedade, a estender ao contrato de associação e ao ato de instituição de fundação. Mas não deve ser generalizada. A "extinção de relações complexas" parece pressupor que, de um contrato (ou ato unilateral) não possam surgir relações simples. Referir "desvios à estabilidade dos contratos" surge como perífrase para retratar a sua supressão ou atenuação. Finalmente, apelar à "extinção de negócios" ou à "cessação do contrato" postula que não possam estar em jogo obrigações provenientes de outras fontes. Mantemos a nossa (já experiente) "supressão da fonte". Acolheríamos, não obstante, qualquer outra terminologia, que mostre tendência para uma implantação consequente.

III. A matéria das formas de supressão da fonte não tinha qualquer unidade no Direito romano. De resto e, ainda hoje, existe uma fragmentação que não tem correspondente nos demais institutos obrigacionais, objeto do Direito comparado[3267]. Afigura-se, assim, produtivo referir, desde já, a experiência lusófona, base do regime atual.

## 380. **A experiência lusófona**

I. O Direito lusófono despertou com algum atraso para o tema da supressão da fonte, enquanto meio autónomo de extinção das obrigações. Para além do Direito comum, vamos encontrar no Código Comercial de Ferreira Borges (1833) o uso do termo "resilir" para exprimir a desistência, a saída ou a revogação unilateral de um contrato. Assim, no seu artigo 463.°, determinava:

> A promessa de vender tem força de venda, logo que ha consentimento, e não póde resilir-se do contracto a titulo d'haver-se dado signal, porque em

[3267] *Vide* o pequeno mas interessante estudo de Svetlana Maksovic, *La résolution des contrats en droit comparé/Les conséquences de la violation de l'engagement contractuel en droit français, anglais et allemand* (2010), 92 pp., bem como Catherine Popineau-Dehaullon, *Les remèdes de justice privée à l'inexécution du contrat/Étude comparative* (2008), XIII + 689 pp., 167 ss..

commercio sempre este se entende em principio de paga, sala convenção expressa em contrario.

No domínio da empreitada, valia o artigo 521.º:

> O proprietario póde arbitrariamente resilir do contracto d'empreitada, posto que já começado a executar, indemnizando o empreiteiro de todas as despesas e trabalho, e de tudo o que poderia ganhar na empresa.

O mesmo Código usava o termo "rescisão" com o sentido de "anulação" por lesão, isto é, por prática usurária[3268]: aliás, para dizer que esse instituto não tinha lugar nas compras e vendas comerciais, salvo havendo dolo, erro ou violência (494.º).

A "revogação" ocorria no mandato, como modo de lhe pôr termo (819.º e 820.º). Referia a faculdade que o comitente tinha de revogar, reformar ou modificar a comissão (67.º) e mencionava a ação rescisória ou revocatória (901.º), com o sentido da nossa pauliana.

II. Os clássicos da pré-codificação deixaram elementos menos claros. Lê-se, por exemplo, em Coelho da Rocha[3269]:

> A nullidade umas vezes resulta *ipso iure*, isto é, por expressa declaração da lei; outras vezes só se verifica quando o interessado a reclama. Assim, o contracto sobre cousa illicita é nullo *ipso iure*; o contracto lesivo, a doação por causa de ingratidão só se anullam, requerendo-o a parte.

Surgiam, depois, as referências ao mútuo dissenso[3270], à "retratação" dos esposados[3271], à revogação dos testamentos[3272], à rescisão por lesão[3273], à revogação das doações[3274] e do mandato[3275]. Também em Cor-

[3268] *Vide* o *Tratado* II, 4.ª ed., 485 ss..

[3269] M. A. Coelho da Rocha, *Instituições de Direito civil* cit., § 109 (1, 62-63).

[3270] *Idem*, § 170 (1, 100).

[3271] *Idem*, § 211 (1, 126).

[3272] *Idem*, § 724 (2, 497-498); também refere "rescindir" o testamento por indignidade: § 726 (2, 500).

[3273] *Idem*, § 737 (2, 508-509).

[3274] *Idem*, § 760 (2, 523-524).

[3275] *Idem*, § 798 (2, 544).

reia Telles ocorrem referências a essas diversas figuras[3276]. Podemos concluir que as diversas modalidades de supressão da fonte estavam dispersas, cobrindo figuras distintas, sem clarificação terminológica.

III. O Código de Seabra (1867) fez algum esforço de normalização. Comportava um capítulo sobre a "rescisão dos contractos" (687.° a 701.°), visando cobrir as hoje ditas anulação e declaração de nulidade. A doutrina logo distinguiu entre a *nullidade do acto*, quando houvesse vício que não permitisse qualquer efeito e *acto rescindivel*, quando pudesse ser anulado a requerimento das partes, produzindo, sem isso, os seus efeitos[3277]. Além disso, surgiam, nos diversos tipos contratuais, específicas formas de cessação: fim da sociedade por renúncia de algum dos sócios (1278.°), do mandato, por revogação pelo mandante (1364.°) ou por renúncia do mandatário (1368.°), da doação, por revogação (1482.°; no artigo 1484.° referia-se "rescindida a doação"), do arrendamento, por despejo (1632.°), do testamento, por revogação (1754.°) e das partilhas, por rescisão (2163.°). Na tradição romanística, as formas de cessação dos contratos desenvolveram-se em termos insulares, em torno de cada tipo de ato.

IV. Coube a Guilherme Moreira um primeiro esforço para tratar conjuntamente uma série de figuras que, em comum, tinham a supressão do contrato. Usando, como referido, a expressão "dissolução dos contratos", disse esse Autor[3278]:

> Os contratos desfazem-se por mutuo accordo das partes; por mera vontade duma das suas partes, ou pela sua morte, nos casos em que uma clausula do contracto ou a lei assim o facultam ou determinam; pelo seu não cumprimento; em virtude de condição resolutiva; por nullidade na sua formação.

V. Inocêncio Galvão Telles retomou o tema. Na ineficácia superveniente do contrato[3279] ele insere a resolução, de feição retroativa, a distinguir da dissolução ou extinção para o futuro. Ambas incluiriam a revo-

[3276] J. H. Correia Telles, *Digesto Portuguez* cit., art. 644 (3, 92), quanto à revogação do mandato.

[3277] José Dias Ferreira, *Codigo Civil annotado* cit., 2, 1.ª ed., 207 e 2, 2.ª ed., 37.

[3278] Guilherme Moreira, *Instituições do Direito civil* cit., 2, 659-660.

[3279] Inocêncio Galvão Telles, *Dos contratos em geral*, 1.ª ed. (1947), 303-308 e *Manual dos contratos em geral*, 3.ª ed. (1965), 347-352.

gação ou livre destruição dos efeitos de um ato pelo seu próprio autor ou autores, a rescisão que exige um fundamento, sendo um poder vinculado e a caducidade, que advém de um facto *stricto sensu*.

## 381. **Os preparatórios de Vaz Serra e o Código Civil**

I. Aquando da preparação do Código Civil, Vaz Serra não deu um tratamento unitário ao estudo da supressão das fontes. Analisou a resolução[3280] e a caducidade[3281]. As demais formas – invalidação, revogação e denúncia – foram deixadas para os institutos singulares que as comportassem. Ficaram, assim, pontos delicados em aberto.

II. Em consequência, o Código Civil consagrou cinco artigos à resolução, reunidos numa secção própria (432.º a 436.º). Mas além disso, a resolução surge dispersa por mais algumas dezenas de preceitos, repartidos pelo livro II do Código Civil. A caducidade encontrou a sua sede na parte geral (328.º a 333.º), enquanto as demais formas de cessação devem ser procuradas no domínio do negócio jurídico e em diversos tipos contratuais.

III. A situação doutrinária atém-se às obras gerais do Direito das obrigações[3282]. Além disso, cumpre referir as monografias de Brandão Proença e de Joana Farrajota sobre a resolução[3283]. A feliz e honrosa exceção é constituída pelo estudo do Prof. Romano Martinez, sobre a cessação do contrato[3284].

## 382. **O papel da resolução; o Código brasileiro de 2002**

I. A dispersão das formas de cessação do contrato ou, mais latamente, das fontes, é comum nos diversos ordenamentos. Os autores veem-se,

[3280] Adriano Vaz Serra, *Resolução do contrato*, BMJ 68 (1957), 153-291.

[3281] Adriano Vaz Serra, *Prescrição extintiva e caducidade*, BMJ 105 (1961), 5-248, 106 (1961), 45-278 e 107 (1961), 159-306.

[3282] *Supra*, 901.

[3283] José Carlos Brandão Proença, *A resolução do contrato no Direito civil. Do enquadramento e do regime* (1982, com reimp. em 1996 e em 2006), 220 pp. e Joana Farrajota, *A resolução do contrato sem fundamento*, citada *supra*, nota 2763.

[3284] Citado *supra* na mesma nota 3265.

assim, na situação de ponderar (apenas) algumas formas contratuais[3285] ou de reunir estudos sobre várias concretas manifestações de extinção[3286].

II. Apesar da dispersão, parece claro que a resolução mantém uma clara dianteira, originando uma atuação científica acrescida. Assim, é em torno dela que se desenvolvem parâmetros que, por alargamento ou por negação, permitem melhor definir as demais figuras. Foi, de resto, à resolução que o Código Civil de 1966 dedicou a sua maior atenção. Por ela iremos começar.

III. O Código Civil brasileiro de 2002, mais ambicioso, contém, no título relativo aos contratos em geral, um capítulo II sobre a sua extinção. Versa[3287]:

Secção I – Do distrato (472.º e 473.º);
Secção II – Da cláusula resolutiva (474.º e 475.º);
Secção III – Da execução do contrato não cumprido (476.º e 477.º);
Secção IV – Da resolução por onerosidade excessiva (478.º a 480.º).

De notar que, a propósito do distrato, o artigo 473.º se ocupa da "resiliação unilateral". Por seu turno, a cláusula resolutiva pode ser expressa ou tácita (474.º). Consegue um ponto elevado de diferenciação.

[3285] Assim: Paulo Alberto Videira Henriques, *A desvinculação unilateral* ad nutum *nos contratos civis de sociedade e de mandato* (2001), 266 pp. (27 ss., exoneração da sociedade e 99 ss., revogação do mandato).

[3286] Assim: Giorgio de Nova, *Recesso e risoluzione nei contratti* (1994), XVIII + 1229 pp., que reúne 34 estudos de outros tantos autores, sobre a concretização dessas figuras nos diversos contratos.

[3287] Garcia Medina/Caldas Araújo, *Código Civil comentado* cit., 418-425.

SECÇÃO I

# DA RESOLUÇÃO

## § 87.º ASPETOS HISTÓRICO-COMPARATÍSTICOS DA RESOLUÇÃO

### 383. Direito romano

I. A expressão "resolução" (*résolution*, *risoluzione* ou *Rücktritt*) traduz a cessação de um contrato por decisão unilateral de uma das partes, quando justificada em certos factos e desde que permitida pela lei e pelo contrato. Esta primeira noção, muito geral, foi elaborada ao longo de séculos. Na verdade, sendo o contrato o produto de duas vontades, não se vê como possa uma delas pôr-lhe cobro: isso iria contundir com a *fides*[3288]. Os incumprimentos davam azo, em princípio, a condenações de pagamento em dinheiro (*dare certa pecunia*) ou de entrega de coisas[3289]. Todavia, ainda no Direito romano, a regra do total respeito pelas convenções conheceu limites[3290].

II. Na área do que hoje chamamos relações duradouras, os juristas romanos admitiam diversas conjunções que permitiam pôr-lhes um termo. A terminologia era muito flutuante: a linguagem jurídica não tinha necessidade de fixar conceitos precisos[3291], bastando-lhe ser comunicativa. Com

[3288] Ulpiano, D. 2.14.1.pr. = Okko Behrends e outros, *Corpus iuris civilis* cit., II, 224: *quid enim tam congruum fidei humanae quam ea quae inter eos placuerunt servare?* [O que corresponde mais à *fides* (lealdade) humana do que manter o que se combinou?].

[3289] Max Kaser, *Das römische Privatrecht* cit., 1, 2.ª ed., § 119, I (513-514); Hans G. Leser, *Der Rücktritt vom Vertrag* (1975), XIII + 317 pp., 1 ss.; Christian Hattenhamer, no HKK/BGB cit., II/2, §§ 323-325, Nr. 13 (1822). A regra básica era, como vimos, a de condenação em dinheiro: *supra*, 515 ss..

[3290] Reinhard Zimmermann, *The Law of Obligations* cit., 578 ss..

[3291] Pietro Cerami, *Risoluzione (diritto romano)*, ED XL (1989), 1276-1292 (1277/ /II e 1278/I). A *rescissio* (rescisão) era mais estrita, sendo levada a cabo pelo pretor ou pelo

todas as reservas daí derivadas, assinalamos, no Direito romano, três cláusulas típicas que permitiam desfazer a compra e venda. Tratava-se de acordos laterais[3292], a saber:

- o pacto *in diem addictio*, que permitia ao vendedor desfazer a compra caso, dentro de certo prazo, lhe surgisse uma melhor oferta[3293];
- a *lex commissoria*, que facultava ao vendedor reter a coisa (recorde-se que a compra e venda romana era meramente obrigacional, dependendo a transferência do domínio da entrega), no caso do preço não ser tempestivamente pago[3294];
- o *pactum displicentiae*, equivalente à compra a contento, pelo qual o comprador dispunha de um prazo para verificar se a coisa adquirida era do seu agrado[3295].

*princeps*, em especiais circunstâncias: Alessandro Piccirillo, *Rescissione (diritto romano)*, NssDI XV (1968), 573-579(574/I); a rescisão, nos Direitos latinos (salvo, hoje, o lusófono) tem a ver com a lesão e a correção dos contratos celebrados em grave detrimento de uma das partes; entre nós, opera o esquema dos negócios usurários: *Tratado* II, 4.ª ed., 469 ss..

[3292] Gerhard Beseler, *Romanistische Studien*, SZRom 54 (1934), 4-34 (4-18); J. A. C. Thomas, *Provisions for calling off a sale*, TS 35 (1967), 557-572; Uwe Wesel, *Zur dinglichen Wirkung der Rücktrittsvorbehalte des römischen Kaufs*, SZRom 85 (1968), 94-174, especialmente 126 ss.; Max Kaser, *Das römische Privatrecht* cit., 1, 2.ª ed., § 131, III (561); Christoph Muthers, *Der Rücktritt vom Vertrag/Eine Untersuchung zur Konzeption der Vertragsaufhebung nach der Schuldrechtsreform* (2008), 258 pp., 23 ss.; Nicosia Eleonora, *In diem addictio e lex comissoria* (2013), 229 pp., 19 ss. (*in diem addictio*) e 157 ss. (*lex comissoria*); entre nós, com indicações nacionais: Isabel Andrade de Matos, *O pacto comissório/Contributo para o estudo do âmbito da sua proibição* (2006), 241 pp., 31 ss..

[3293] Félix Senn, *L'in diem addictio*, NRH 37 (1913), 275-310; Carlo Longo, *Sulla "in diem addictio" e sulla "lex commissoria" nella vendita*, BIDR 31 (1921), 40-50; Ernst Rabel, *Übersicht über die italienische Rechtsliteratur/1915-1922*, SZRom 46 (1926), 466--468; Harald Sieg, *Quellenkritische Studien zur Bessergebotsklausel (in diem addictio) im römischen Kaufrecht* (1933), XI + 47 pp., rec. Georg H. Maier, SZRom 54 (1934), 468-471.

[3294] Lucien Gérard, *Du pacte commisssoire dans la vente en Droit romain* (1884), 93 pp., 39 ss. e 54 ss.; Franz Wieacker, *Lex commissoria/Erfüllungszwang und Widerurf im römischen Kaufrecht* (1932), 119 pp., 45 ss., negando a eficácia real, com rec. H. Siber, SZRom 53 (1933), 537-543; Gian Gualberto Archi, *Il trasferimento della proprietà nella compravendita romana* (1934), XIII + 239 pp., 115-135 (115 ss.); Arnaldo Biscardi, *La lex commissoria nel sistema delle garanzie reali*, St. Betti II (1962), 573-589; Oliver Kemmeries, *Das Rückgewährschuldverhältnis nach Rücktritt vom Vertrag* (2005), XIV + 276 pp., 8; Mauro Paladini, *L'atto unilaterale di resoluzione per inadempimento* (2013), VIII + 268 pp., 3.

[3295] Ulpiano, D. 19.5.20.1 = ed. Okko Behrends e outros cit., 444.

III. Outros esquemas podem documentar-se: serão feitas referências a propósito da revogação e da rescisão. Além disso, a obtenção de um determinado resultado podia desencadear a aplicação de *condictiones*[3296], base do atual enriquecimento sem causa.

## 384. **Direito intermédio**

I. A generalização da regra que permitia, à parte fiel, resolver o contrato em face do inadimplemento perpetrado pela outra foi atribuído ao Direito costumeiro francês[3297]. Essa posição veio a ser revista na sequência do estudo básico levado a cabo por Boyer[3298]. Coube, efetivamente, à canonística, na sequência de Hugócio de Pisa (1140-1210), explicitar que o respeito pela *fides* cessava perante aquele que quebrasse a sua própria palavra[3299]. Formulou o brocardo *frangenti fidem fides non est servanda* [perante o que quebre a *fides*, não há que guardar a *fides*][3300] o qual constitui uma justificação significativo-ideológica para a resolução por incumprimento. Pode, aqui, ser retomado o caminho que levou à exceção de não-cumprimento[3301], com relevo para o cânon *frustra*, de Bonifácio VIII[3302].

[3296] *Tratado* VIII, 140 ss..

[3297] Ugo Petronio, *Risoluzione (diritto intermedio)*, ED XL (1989), 1293-1307 (1297/I).

[3298] Georges Boyer, *Recherches historiques sur la resolution des contrats (origines de l'article 1184.º c. civil)* (1924), 435 pp., 212 ss., especialmente 221 ss..

[3299] Georges Boyer, *Recherches historiques* cit., 221 ss., com transcrições dos textos.

[3300] Huguccio, *Summa in Decretum*, *apud* Georges Boyer, *Recherches historiques* cit., 226, nota 26. *Vide*: Karl Otto Scherner, *Rücktrittsrecht wegen Nichterfüllung/Untersuchungen zur deutschen Privatrechtslehre der Neuzeit* (1965), VIII + 249 pp., 39 ss.; Reinhart Zimmermann, *"Heard melodies are sweet, but those unheard are sweeter ..."/ /Condicio tacita, implied condition und die Fortbildung des europäischen Vertragsrechts*, AcP 193 (1993), 121-173 (160); Bruno Schmidlin, *Die Rücktritt vom Vertrag, Von der Nichtigkeit ex tunc zum vertraglichen Liquidationsverhältnis – ein dogmengeschichtlicher Wandel*, FS Theo Mayer-Maly 70 (2002), 677-691 (677), na formula *frangenti fidem fides non servetur*; Christoph Muthers, *Der Rücktritt vom Vertrag/Eine Untersuchung zur Konzeption der Vertragsaufhebung nach der Schuldrechtsreform* (2008), 258 pp., 25.

[3301] *Supra*, 279 ss..

[3302] Citado *supra*, 280 nota 933. *Vide* Ugo Petronio, *Risoluzione (diritto intermedio)* cit., 1297/II.

II. A canonística ulterior construiu, na base do *fidem frangenti*, uma doutrina alargada assente numa ideia de condição. Os contratos seriam concluídos com uma *condicio subintellecta* dita *si fides servetur*: uma condição tácita, segundo a qual, havendo prestações recíprocas, apenas caberia prestar se a outra parte também prestasse[3303].

III. O regresso ao Direito romano, levado a cabo pelos humanistas, envolveu um retrocesso no campo da resolução por incumprimento. Donellus explicava que, perante o perecimento culposo da coisa vendida, havia que demandar em indemnização[3304]. Mau grado algumas flutuações, conservou-se a ideia de que um contrato não podia ser unilateralmente desfeito[3305].

No século XVII, designadamente em França, retomou-se a doutrina canonística da mútua lealdade ao contrato, como condição da sua conclusão. Nesse sentido, foram relevantes autores como Charles Dumoulin[3306]. Esta orientação foi acolhida pela jurisprudência francesa (pelos "parlamentos") nos séculos XVI e XVII, sendo considerada "Direito costumeiro"[3307]. Na doutrina houve, contudo, uma evolução. Mercê de postulados jusracionalistas, Jean Domat vem afirmar, já sem "condição", o princípio da resolução dos contratos, sempre que uma obrigação recíproca não seja executada, numa regra aplicável à compra e venda[3308]. Na mesma linha, Pothier, abaixo referido, liga a resolução à direta vontade das partes[3309].

[3303] Georges Boyer, *Recherches historiques* cit., 240 ss., com os textos mais relevantes; Karl Otto Scherner, *Rücktrittsrecht* cit., 39 ss.; Reinhard Zimmermann, *"Heard melodies ..."* cit., 161; Andreas Their, no HKK/BGB cit., II/2, §§ 346-359, Nr. 18 (2089); Christoph Muthers, *Der Rücktritt vom Vertrag* cit., 26.

[3304] Hugo Donellus, *Opera omnia* cit., X, 1355.

[3305] Karl Otto Scherner, *Rücktrittsrecht* cit., 18-37; Andreas Thier, HKK/BGB cit., II/2, §§ 346-359, Nr. 20 (2091).

[3306] Georges Boyer, *Recherches historiques* cit., 343-349; Karl Otto Scherner, *Rücktrittsrecht* cit., 135-138; Reinhard Zimmermann, *"Heard melodies ..."* cit., 121, 161; Christian Hattenhamer, no HKK/BGB cit., II/2, §§ 323-325, Nr. 26 (1835-1836).

[3307] Georges Boyer, *Recherches historiques* cit., 350-380, com muitas indicações.

[3308] Jean Domat, *Les loix civiles* cit., I, tit. II, XII, n.º XIII (ed. 1772, 42), a propósito do contrato de venda.

[3309] Robert-Joseph Pothier, *Traité des obligations* cit., n.º 672 = *Oeuvres* cit., II, 368 e *Traité du contrat de vente* cit., n.º 326 ss. = *Oeuvres* cit., III, 137 ss..

IV. Também os jusracionalistas (Grócio, Pufendorf e Christian Wolf) admitiram, subjacente aos contratos com prestações recíprocas, um consenso tácito das partes, relativo à mútua lealdade[3310]. Decisiva na evolução subsequente foi a posição de Pothier: aceitava, de modo generalizado, a condição resolutória, subjacente aos contratos sinalagmáticos; todavia se ela não fosse expressa, haveria que passar pelo juiz[3311]: uma solução depois acolhida no Código Napoleão.

V. Cuidadoso, o ALR prussiano, no seu livro I, título V, §§ 393 e 394, dispunha[3312]:

> § 393 Quando uma das partes não cumpra um contrato ou não o cumpra totalmente, a outra parte não fica, desde logo, legitimada para, ela própria, se liberar do contrato.
>
> § 394 Ela apenas ficará liberada, ao contrário do prometido, através de decisão do juiz, cabendo-lhe ainda a indemnização prevista nas leis.

## 385. **Sistemas napoleónico e pandectístico**

I. Particularmente influenciado por uma leitura parcelar de Pothier[3313], o Código Napoleão, em rubrica sobre a condição resolutiva, veio dispor, no seu célebre artigo 1184.º:

> A condição resolutiva é sempre subentendida nos contratos sinalagmáticos, para os casos em que uma das partes não satisfaça a sua obrigação.
>
> Nesse caso, o contrato não é resolvido de pleno direito. A parte perante a qual a obrigação não tenha sido executada tem a escolha ou de forçar a

[3310] Com indicações, Karl Otto Scherner, *Rücktrittsrecht* cit., 92-112; Reinhard Zimmermann, *"Heard melodies ..."* cit., 161-164.

[3311] Robert-Joseph Pothier, *Traité des obligations* cit., n.º 672 = *Oeuvres* cit., II, 369.

[3312] A. J. Mannkopff (org.), *Allgemeines Landrecht für die Preussischen Staaten* 1 (1837), 189; quanto a outros códigos racionalistas, Christoph Muthers, *Der Rücktritt vom Vertrag* cit., 28 ss..

[3313] Pothier considerou não ser necessário inserir uma condição resolutiva, uma vez que o juiz poderia pronunciar de ofício a resolução. Os redatores do Código Napoleão terão, por aqui, acolhido uma condição subentendida; *vide* François Terré/Philippe Simler/Yves Lequette, *Droit civil/Les obligations* cit., 11.ª ed., n.º 644 (695).

outra à execução da convenção, quando seja possível ou de pedir a sua resolução, com perdas e danos.

A resolução deve ser pedida em justiça, podendo ser acordado ao demandado um prazo, segundo as circunstâncias.

II. O sistema napoleónico tinha duas particularidades: (1) assentava na ideia, algo ficciosa, de que subjacente a cada contrato sinalagmático, haveria uma condição resolutiva tácita: a do cumprimento pela outra parte; (2) requeria uma intervenção do juiz, sendo, pois, de exercício judicial.

Comentado ao longo de mais de dois séculos[3314], este esquema não era considerado inteiramente satisfatório. A técnica de invocar uma condição tácita tinha o seu quê de ficcioso: afinal, a própria tradição de Domat e de Pothier permitia apelar diretamente à vontade das partes[3315].

III. A reforma do Direito dos contratos de 2016 obviou a estes problemas, aproximando, também aqui, o Direito francês do esquema alemão. Segundo o artigo 1224.° do Código Civil, adotado pela reforma:

> A resolução resulta seja da aplicação de uma cláusula resolutória seja, em caso de inexecução suficientemente grave, de uma notificação do credor ao devedor ou de uma decisão em Justiça.

Prevê-se o esquema da interpelação admonitória (1225.°/2). Quando exercida por notificação extrajudicial, ela é feita pelo credor *à ses risques et périls* (1226.°/1).

IV. A pandectística foi pouco favorável à resolução, enquanto fórmula geral de reagir ao incumprimento de obrigações[3316]. O peso do

[3314] Como exemplos de épocas diferentes: François Laurent, *Cours Élémentaire de Droit civil* 2 (1878), 524 pp., n.° 680-687 (466-470); Henri e Léon Mazeaud/Jean Mazeaud//François Chabas, *Leçons de Droit civil* II/1, *Obligations/Théorie générale*, 9.ª ed. (1998), 1353 pp., 1139-1146.

[3315] Philippe Malinvaud/Dominique Fenouillet/Mustapha Mekki, *Droit des obligations* cit., 13.ª ed., n.° 519 ss. (397 ss.); Bertrand Fages, *Droit des obligations* cit., 5.ª ed., n.° 291 ss. (245 ss.); Philippe Malaurie/Laurent Aynès/Philippe Stoffel-Munck, *Droit des obligations* cit., 7.ª ed., n.° 872 ss. (457 ss.).

[3316] *Vide* Bernhard Windscheid/Theodor Kipp, *Lehrbuch des Pandektenrechts* cit., § 361 (2, 534-535); Kipp, em notas já relatives ao BGB ( e só aí), refere o *Rücktritt* (537). Em Ferdinand Regelsberger, *Ueber das Recht zum Rücktritt vom Kaufgeschäft wegen Verzugs in der Erfüllung*, AcP 50 (1867), 27-49 (34), a matéria transcende já a indemnização.

Direito romano obrigava a uma série de distinções, pouco propícias a uma teorização geral: uma situação com reflexos no próprio Código Civil de 1966. Curiosamente, coube à prática dos negócios e ao Direito Comercial consuetudinário construir uma categoria genérica da resolução, destinada a enfrentar incumprimentos contratuais[3317]. O instituto daí resultante foi consignado no projeto prussiano[3318] destinado a um código comercial geral para os Estados alemães. O ADHGB, finalmente adotado em 1861, previa, nos seus artigos 354.º e 355.º que, havendo mora do comprador no pagamento do preço ou do vendedor na entrega da coisa, a contraparte pudesse escolher entre uma indemnização ou a supressão do contrato[3319]. Este sistema já foi tomado como uma combinação entre dados do Direito comum e elementos de inspiração napoleónica[3320]. Ele passou ao § 378 do HGB. O BGB, nos seus §§ 325 e 326, apenas referiu a resolução por impossibilidade. Houve que aguardar pela reforma de 2001/2002 para, no novo § 323, surgir a regra geral da resolução por incumprimento.

V. Também em Itália a comercialística teve um papel dinamizador da resolução, como forma prática e eficaz de reagir ao incumprimento dos contratos, particularmente o de compra e venda[3321]. No campo da locação, impunham-se maiores cautelas[3322]. O Código Civil de 1942 fez um grande esforço de sistematização: comporta um capítulo sobre a resolução do contrato, repartido por três secções: I – resolução por incumprimento (1453.º a 1462.º); II – da impossibilidade superveniente (1463.º a 1466.º); III – Da

[3317] Christian Hattenhamer, no HKK/BGB cit., II/2, §§ 323-325, Nr. 37-38 (1844-1846).

[3318] Os preceitos relevantes podem ser confrontados em Hans G. Leser, *Der Rücktritt vom Vertrag* cit., 11, nota 43.

[3319] Os textos podem ser confrontados em Christian Hattenhamer, no HKK/BGB cit., II/2, §§ 323-325, nota 244 (1848-1849), bem como em Oliver Kemmeries, *Das Rückgewährschuldverhältnis nach Rücktritt vom Vertrag* cit., 16, notas 54 e 55; *vide* Christoph Muthers, *Der Rücktritt vom Vertrag* cit., 31.

[3320] Christian Hattenhamer, no HKK/BGB cit., II/2, §§ 323-325, Nr. 42 (1849).

[3321] Cesare Vivante, *La risoluzione della vendita commerciale e il termine essenciale*, RDComm XVII (1919) 1, 646-652 (646); Carlo Fadda, *Ancora sulla risoluzione del contratto per inadempimento*, RDComm XVIII (1920) 1, 519-525.

[3322] Florença, 30-jan.-1943, RDComm XLI (1943) 2, 159-165, anot. G. B. Funaioli, RDComm XLI (1943) 2, 159-165.

onerosidade excessiva (1467.° a 1469.°). Releva, aqui, a primeira secção, sobre a qual dispomos de larga bibliografia[3323].

Sem múltiplas considerações comparatísticas[3324], além de exposições alargadas sobre as leis respetivas, não se torna possível seguir os meandros da cessação do contrato por decisão unilateral de uma das partes. Vamos passar ao sistema lusófono, sem prejuízo de referir as fontes.

[3323] Assim: Antonino Smiroldo, *Profili della risoluzione per inadempimento* (1982), 408 pp.; Lino Bigliazzi Geri, *Della risoluzione per inadempimento*, três volumes (1988-1990); Davide Palmieri, *La risoluzione per inadempimento nella giurisprudenza* (1994), 636 pp.; Giorgio Bianchi, *Rescisione e risoluzione dei contratti/con referimento al diritto del XXI secolo* (2003), XIV + 782 pp., com especial referência ao Direito do consumo; Roberto Panetta, em Guido Alpa/Giovanni Iudica, *Codice civile annotato* (2014), 1609-1643.

[3324] Como exemplos para ulteriores pesquisas: Hans G. Leser, *Lösung vom Vertrag/Eine vergleichende Betrachtung*, FS Ernst Wolf 70. (1985), 373-394 (388 ss.); Axel Flessner, *Befreiung vom Vertrag wegen Nichterfüllung*, ZEuP 1997, 255-320 (258, quanto à terminologia); Reinhard Zimmermann, *Vertrag und Versprechen/Deutsche Recht und Principles of European Contract Law im Vergleich*, FS Andreas Heldrich (2005), 467-484 (477 ss.); Catherine Popineau-Dehaullon, *Les remèdes de justice privée* cit., *passim*; Svetlana Maksovic, *La résolution des contrats en droit comparè* cit., *passim*; a matéria é complementada pelo denominado Direito europeu.

## § 88.º OS PRESSUPOSTOS DA RESOLUÇÃO

### 386. **A resolução no Código Civil**

I. No Código Civil de 1966, a resolução surge, fundamentalmente, em três núcleos básicos[3325]:

- as regras gerais sobre a resolução, constantes dos artigos 432.º a 436.º;
- a resolução por alteração das circunstâncias, referida nos artigos 437.º a 439.º e, ainda, no artigo 252.º/2;
- a resolução por impossibilidade não-culposa parcial (793.º/2) e por impossibilidade superveniente culposa (801.º/2) incluindo a parcial (802.º/1).

Além disso, temos referências à condição resolutiva, dispersas pelo Código: 270.º, 271.º/2, 272.º, 273.º, 277.º, 343.º/2, 796.º/3, 925.º/1 e 3, 1051.º, *b*), 1123.º, 1536.º/2, 2229.º, 2234.º e 2236.º/1.

II. No domínio dos contratos em especial, a referência à resolução ocorre:

- na compra e venda: 891.º (resolução do contrato, mediante certos requisitos), 924.º (segunda modalidade de venda a contento), 927.º a 933.º (venda a retro) e 934.º e 936.º/2 (venda a prestações);
- na doação: 966.º (resolução por não-cumprimento de encargos);

[3325] A bibliografia básica, para além de Pedro Romano Martinez, *Da cessação do contrato* cit., 3.ª ed., 67 ss. e 122 ss., é, ainda hoje: Adriano Vaz Serra, *Resolução do contrato* (1957), já citada, José Carlos Brandão Proença, *A resolução do contrato* cit., 63 ss., João Baptista Machado, *Pressupostos da resolução por incumprimento* (1979) = *Obra dispersa* 1 (1991), 125-193 e Joana Farrajota, *A resolução do contrato sem fundamento* cit., com um âmbito restrito à resolução indevida; falta uma monografia atualizada e substancial sobre o tema.

- na locação: 1028.º/2 (resolução havendo pluralidade de fins), 1041.º/2 (mora do locatário), 1047.º a 1050.º (casos de resolução), 1079.º, 1080.º, 1083.º a 1087.º (resolução de arrendamentos urbanos);
- no comodato: 1140.º (havendo justa causa);
- no mútuo: 1150.º (por não-pagamento dos juros);
- na empreitada: 1222.º/1 (por defeitos da obra);
- na renda perpétua: 1235.º (por mora correspondente a dois anos);
- na renda vitalícia: 1242.º (*idem*);
- no testamento: 2248.º (por não-cumprimento do encargo).

O artigo 1434.º/1 usa ainda o termo não-técnico "resolução de litígios", mediante compromissos arbitrais, no âmbito da propriedade horizontal.

Sublinhamos que, no domínio dos oito contratos referidos, a que se pode acrescentar o testamento, a resolução visa reagir a situações de incumprimento: uma ocorrência omitida no domínio das obrigações em geral.

III. O artigo 439.º determina, a propósito da resolução por alteração das circunstâncias, a aplicação dos artigos 432.º a 436.º. Nas demais hipóteses, falta tal remissão; todavia, os termos genéricos do artigo 432.º/1, quando refere a resolução "fundada na lei" deixa entender que, na falta de regimes especiais, esse preceito é aplicável.

## 387. A resolução por incumprimento

I. O Código Civil não refere, clara e expressamente, uma figura geral da resolução, por incumprimento. Com isso, deixou a doutrina dos últimos cinquenta anos na maior perplexidade: tratar-se-á do maior lapso cometido, no domínio das obrigações. Como foi possível?

A fonte inspiradora da subsecção dedicada à resolução (432.º a 436.º) foi o Código italiano de 1942. Este Código foi muito claro: o seu artigo 1453.º, *grosso modo* equivalente ao nosso 432.º, dispõe[3326]:

[3326] Por todos: Gianluca Sicchiero, *La risoluzione per inadempimento/Artt. 1453-1459* (2007), XVI + 871 pp., 1 ss.; *idem*, *La risoluzione per inadempimento*, em Gianluca

> Nos contratos com prestações correspetivas, quando um dos contraentes não cumpra as suas obrigações, pode o outro, à sua escolha, optar pelo cumprimento ou pela resolução do contrato salvo, em qualquer caso, o ressarcimento do dano.

No fundo, retém-se, sem circunlóquios, o artigo 1184.º do Código Napoleão, com tudo o que ele representa, desde o canonismo.

II. Afigura-se-nos ter havido falha de coordenação, na preparação do Código de 1966. Vaz Serra, no articulado geral sobre a resolução[3327], referiu-se ao facto de ela poder resultar da lei ou de convenção. E quando se ocupou do incumprimento definitivo, Vaz Serra, depois de referir a falta de interesse do credor na prestação, em virtude da mora, propôs a regra seguinte[3328]:

> Ao direito de recusar a prestação tardia e exigir indemnização por não cumprimento são extensivas, na parte aplicável, as disposições relativas ao direito de resolução.

Por razões ignotas, a referência à resolução desapareceu do anteprojeto, na 1.ª revisão ministerial (793.º)[3329]. Antunes Varela tinha, contudo, consciência do problema; na 2.ª revisão ministerial, propôs (808.º/1)[3330]:

> Se o credor, em consequência da mora, perder o interesse que tinha na prestação, ou esta não for realizada dentro do prazo que razoavelmente for fixado pelo credor, considera-se para todos os efeitos impossível o cumprimento.

Através da impossibilidade, chegar-se-ia à resolução. No projeto final, porém, substituiu-se, de novo por razões desconhecidas, "impossível

Sicchiero/Massimo d'Auria/Francesca Galbusera, *Risoluzione dei contratti* (2013), XI + 510 pp., 3 ss..

[3327] Adriano Vaz Serra, *Resolução do contrato* cit., 281.

[3328] Adriano Vaz Serra, *Mora do devedor*, BMJ 48 (1955), 5-317 (311); *idem*, *Direito das obrigações* cit., 65 (artigo 91.º/2).

[3329] BMJ 119 (1962), 202.

[3330] Jacinto Rodrigues Bastos, *Das obrigações em geral* cit., VI, 98. No fundo, acompanhava-se o (então) § 326 do BGB, bem conhecido pelos redatores do Código Civil através de Ludwig Enneccerus/Heinrich Lehmann, *Recht der Schuldverhältnisse* cit., 15.ª ed., § 38, I (165), na tradução espanhola.

o cumprimento" por "não cumprida a obrigação"[3331]. Com essa amputação, o preceito passou ao Código Civil. "Todos os efeitos" abrangem as regras sobre a realização coativa da prestação (817.° a 830.°), mas não, expressamente, as relativas à resolução.

III. A lacuna – ou, pelo menos, a aparente lacuna –, foi desde logo integrada pelo próprio Antunes Varela: o não-cumprimento definitivo visualizado no artigo 808.°/1 seria remetido para o regime do artigo 801.° (impossibilidade culposa)[3332]. E este, no seu n.° 2, prevê, perante "contratos bilaterais", o direito de resolução. Aprofundando a ideia, Baptista Machado considera que em qualquer das situações previstas no artigo 808.° (mora com perda de interesse do credor ou ultrapassagem do prazo admonitório), cabe um direito de resolução, por via do referido artigo 801.°/2[3333]. Tal conclusão seria reforçada perante os artigos 891.° (compra e venda), 934.° e 936.°/2 (venda a prestações), 966.° (doação), 1047.° a 1050.° (locação), 1083.° a 1087.° (arrendamento urbano), 1140.° (comodato), 1150.° (mútuo), 1222.°/1 (empreitada), 1235.° (renda perpétua) e 1242.° (renda vitalícia): todos esses preceitos preveem resoluções por incumprimento, ainda que fixando regras especiais.

Esta orientação pode ser dada como assente: o incumprimento definitivo permite, à parte fiel, resolver o contrato: uma orientação, também, da jurisprudência[3334]. Cumpre, afinar os pressupostos dessa resolução.

### 388. **Situações resolúveis e âmbito do incumprimento; gravidade**

I. A resolução por incumprimento assenta nalguns pressupostos, sobre os quais, de resto, se fazem sentir diversas ampliações. Assim, cabe

[3331] *Projecto de Código Civil* cit., 236.

[3332] Pires de Lima/Antunes Varela, *Código Civil anotado* II, 4.ª ed. (1997), 71; na 1.ª ed. (1968), esse troço surgia a p. 55.

[3333] João Baptista Machado, *Pressupostos da resolução por incumprimento* cit., 159; no mesmo sentido, também José Carlos Brandão Proença, *A resolução do contrato* cit., 114-115 e Luís Menezes Leitão, *Direito das obrigações* cit., 2, 9.ª ed., 250.

[3334] A jurisprudência faculta a resolução perante o não-cumprimento, particularmente na área delicada da prestação de serviço: STJ 4-nov.-1999 (Herculano Namora), CJ/ /Supremo VII (1999) 3, 71-73 (72/II) (quebra de confiança); *vide*, ainda, RLx 11-nov.-1999 (Silva Pereira), CJ XXIV (1999) 5, 83-85 (85/II) (aluguer de automóvel); STJ 9-mai.-2006 (Urbano Dias), CJ/Supremo XIV (2006) 2, 67-73 (71-72) (violação do dever acessório relativo ao destino contratual a dar ao imóvel comprado).

esclarecer: (a) o tipo de contrato em causa; (b) o âmbito da violação; (c) a eventual necessidade de culpa. Vamos ver.

II. O artigo 432.º/1 não limita a resolução por incumprimento aos contratos sinalagmáticos, bilaterais ou com prestações recíprocas[3335]. Com efeito, a resolução por incumprimento é possível relativamente a contratos unilaterais[3336] (assim, o 1150.º, quanto ao mútuo) e, mesmo, gratuitos (966.º, quanto à doação). A restrição do 432.º/2 tem o preciso âmbito de aplicação que dela resulta: não obriga a que, para haver resolução, surja a bilateralidade: quando a haja, é que deve ser possível a restituição. A resolução fundada em convenção[3337] assume, *a fortiori*, o campo de aplicação que as partes lhe tenham atribuído.

III. Quanto ao âmbito do incumprimento podem estar em causa:

- a inexecução da prestação principal;
- a má execução da prestação principal, seja por inexecução parcial, seja por execução deficiente;
- a inexecução de prestações secundárias ou a sua execução defeituosa;
- a violação de deveres acessórios, com relevo para os que sustentam a confiança.

A inexecução da prestação principal constitui o ponto de partida histórico para a resolução, com focagem em cenários sinalagmáticos. Há, aí, uma quebra básica da relação, que justifica o termo do contrato. Todavia, rapidamente se verifica que uma execução defeituosa ou insuficiente dessa mesma prestação pode colocar o contratante fiel numa situação paralela

[3335] Ao contrário do artigo 1453.º/1 do Código italiano, que a reporta a contratos com prestações correspetivas. A doutrina italiana tem feito um esforço para alargar esse âmbito: apela, designadamente, aos artigos 1323.º e 1324.º que alargam, respetivamente, os dispositivos contratuais típicos aos demais contratos e aos atos unilaterais. *Vide* Gianluca Sicchiero, *La risoluzione per inadempimento* cit., 4-21, com indicações.

[3336] Nesse sentido, Pires de Lima/Antunes Varela, *Código Civil anotado* I, 4.ª ed., 409, chamando a atenção para a diferença relativamente à exceção do contrato não-cumprido onde surge a restrição aos contratos bilaterais (428.º). Todavia, parecendo reportar a resolução a obrigações com prestações recíprocas, ainda que sem excluir as demais, Luís Menezes Leitão, *Direito das obrigações* cit., 2, 9.ª ed., 250.

[3337] Francesco Donato Busnelli, *Clausola risolutiva*, ED VII (1960), 196-202 (197-198, no que tange aos seus pressupostos).

à resultante de uma pura inexecução[3338]. O artigo 802.º/1 confirma esta orientação, facultando a resolução perante a impossibilidade parcial.

A inexecução de prestações secundárias coloca questões equiparáveis à execução defeituosa da prestação principal. Assim, se o fornecedor de um equipamento inovatório não explicar como funciona, a aquisição torna-se inútil para o comprador.

Finalmente, a resolução é possível perante a violação de deveres acessórios, designadamente quando isso origine uma perda de confiança[3339]. Determinados contratos, particularmente quando originem prestações duradouras e envolvam condutas pessoais – pense-se no exemplo paradigmático dos acordos parassociais – exigem lealdade e previsibilidade mútuas. Uma quebra nesse domínio pode tornar inexigível a continuação da relação, sendo a resolução o meio adequado para lhe pôr termo. Tal sucede perante uma violação significativa do dever de sigilo.

IV. Contrapeso do lato âmbito de incumprimentos que justificam a resolução é a exigência de um grau de gravidade significativo[3340], o qual é expressamente exigido pelo artigo 1455.º do Código italiano[3341]. Essa decorrência da boa-fé é confirmada pelo dispositivo do artigo 808.º/1. Dele se infere que, mesmo perante o não-cumprimento da obrigação principal, o credor só pode resolver o contrato havendo mora e, ainda então[3342]:

– se o credor perder o interesse que tinha na prestação (n.º 1), objetivamente apreciada (n.º 2); ou
– se for ultrapassado o prazo derivado da interpelação admonitória (n.º 1).

[3338] Martin Lesser, *Das Rücktrittsrecht bei positiven Vertragsverletzungen* (1906), IV + 80 pp., 22 ss., quanto ao BGB.

[3339] Em especial, João Baptista Machado, *Pressupostos da resolução por incumprimento* cit., n.º 5 (138 ss.). Quanto ao cumprimento inexato, *idem*, n.º 10 (168 ss.).

[3340] João Baptista Machado, *Pressupostos da resolução por incumprimento* cit., n.º 4 (134 ss.).

[3341] Angelo Belfiore, *Risoluzione per inadempimento* cit., 1319/I ss.; Roberto Panetta, em Guido Alpa/Giovanni Iudica, *Codice civile annotato* cit., 1616-1621; Gianluca Sicchiero, *La risoluzione per inadempimento* cit., 541-589.

[3342] João Baptista Machado, *Pressupostos* cit., n.º 8 (158 ss.); *vide* José Carlos Brandão Proença, *A resolução do contrato* cit., 114-117.

Admitimos, em casos especiais como o da fixação, *ab initio*, de um prazo definitivo ou o da declaração eficaz, feita pelo devedor, de que não irá cumprir: o procedimento da interpretação admonitória é dispensável.

V. A resolução é ainda possível quando, em face de contratos coligados ou uniões de contratos, um deles se impossibilite ou seja inadimplido. A dispersão de clausulados atinentes a acervos de interesses unitários é, por vezes, uma pura decisão formal. Além disso, diversos contratos podem estar em situações de interdependência: tão fortes que não fazem sentido ou não são totalmente operacionais, no caso de faltar um deles. Deste modo e dependendo de uma apreciação a fazer em cada caso concreto, o fundamento de resolução de um dos contratos coligados pode justificar a resolução de todos eles[3343].

### 389. **A dispensa da culpa**

I. A resolução opera para proteger um vínculo sinalagmático ou para defender os valores subjacentes ao contrato considerado: de tal modo que a sua manutenção não vá agravar a situação do contratante fiel. Assim, ela não exige a culpa do devedor inadimplente[3344]. Desde logo, a não-exigência de culpa resulta do artigo 793.º, que permite a resolução em face de impossibilidade parcial não-imputável ao devedor; *a fortiori*, ela opera perante a impossibilidade total, cabendo interpretar nesse sentido o artigo 795.º/1. Outros preceitos depõem na mesma linha, tal como o artigo 1050.º (resolução pelo locatário). Na resolução há um juízo de inadimplemento, porventura causado por forças estranhas e que justifica a não-continuação do contrato. Não se pretende imputar um dano nem, muito menos, censurar ou punir o inadimplente.

[3343] *Vide*, quanto ao tema, Gianluca Sicchiero, *La risoluzione per inadempimento* cit., 25-28.

[3344] João Baptista Machado, *Pressupostos* cit., n.º 2 (129 ss.); José Carlos Brandão Proença, *A resolução do contrato* cit., 128-129 e 183 ss.. Esta opção não tem nada de perigosamente inovativa: ela já surgia em Guilherme Moreira, *Instituições do Direito civil* cit., 2, n.º 201 (662) e em Adriano Vaz Serra, *Resolução do contrato* cit., que não coloca a culpa como pressuposto de resolução.

II. Questão diversa é a da associação – por certo que frequente, mas não necessária – da resolução a danos imputáveis, com culpa e, daí, à responsabilidade civil. O artigo 801.º, relativamente à impossibilidade culposa imputável ao devedor, começa por responsabilizá-lo, (...) *como se faltasse culposamente ao cumprimento da obrigação* (n.º 1). Só depois acrescenta que, independentemente de indemnização, o credor pode resolver o contrato (n.º 2).

III. Quando ocorra uma situação de resolução e esta seja adequadamente atuada, cabe indagar dos pressupostos da responsabilidade civil. Podem não se verificar: desde logo quando não se mostre qualquer dano ou sempre que o devedor consiga ilidir a presunção de culpa/ilicitude que sobre ele recaia (799.º/1). A resolução não deixa de ser eficaz. Veja-se o absurdo a que conduziria a opção contrária: o devedor não cumpre, sem culpa, a sua prestação; o credor nada iria receber; todavia, continuaria obrigado à contraprestação! E mesmo não se tratando de um contrato com prestações recíprocas: a quebra da confiança (por exemplo), mesmo objetiva, pode tornar, pela sua gravidade, inexigível o contrato.

## § 89.º EXERCÍCIO E EFEITOS DA RESOLUÇÃO

### 390. O exercício

I. A resolução efetua-se mediante uma declaração à outra parte (436.º/1). O Código Civil optou pelo sistema da resolução extrajudicial, à semelhança do BGB (atual § 349)[3345]. Contrapõe-se ao esquema tradicional napoleónico, que previa, perante a "condição resolutiva tácita", o recurso ao juiz (1184.º/3, do Código francês): uma situação revista pela reforma de 2016[3346]. Apenas por exceção, como sucede no caso do arrendamento urbano, quando a resolução caiba ao senhorio e nalguns casos, se impõe o recurso ao tribunal (1084.º/1). A solução extrajudicial é, em regra, a única viável: de outro modo, toda a rapidez e funcionalidade que se pretende retirar da imediata remoção dos contratos inadimplidos ficaria posta em causa. A solução dos despejos urbanos, justamente pelas demoras e pelas cautelas que envolve, visa a tutela dos arrendatários, dentro de uma lógica vinculística.

II. A resolução põe termo à prestação principal, envolvendo, salvo as indemnizações a que haja lugar, a restituição de quanto haja sido prestado. Assim, não pode ser desencadeada uma resolução por parte de quem não esteja em condições de restituir o que tenha recebido (432.º/2).

[3345] Astrid Stadler, no *Jauernig* cit., 15.ª ed., 499-500; Reinhard Gaier, no *Münchener Kommentar* cit., II, 7.ª ed., 2420-2423.

[3346] O referido artigo 1226.º resultante da Reforma admite que o credor resolva o contrato por simples notificação. Já o sistema italiano (1454.º) prevê uma comunicação escrita a fixar um prazo cominatório, findo o qual o contrato se tem como resolvido; *vide* Roberto Panetta, em Guido Alpa/Giovanni Iudica, *Codice civile annotato* cit., 1614-1616; Gianluca Sicchiero, *La risoluzione per inadempimento* cit., 493-537.

III. Verificados os pressupostos, a lei não fixa um prazo para a resolução[3347]. Ressalvada fica a hipótese de uma caducidade convencional, particularmente oportuna na presença de uma cláusula resolutória. Todavia, não pode a contraparte ficar indefinidamente à espera que o direito de resolução venha a ser efetivado. Daí a solução do artigo 436.º/2: pode essa parte fixar ao titular do direito de resolução um prazo razoável para que resolva, sob pena de caducidade. Além disso, no caso de exercícios retardados, de tal modo que tenha sido criada uma confiança legítima de que a resolução não seria atuada, pode verificar-se uma *suppressio ex bona fide*.

IV. A lei não prescreve uma forma para a resolução[3348]: isso embora a locução do artigo 436.º/1, "declaração à outra parte", permita inferir uma comunicação escrita ou equivalente. Uma declaração de resolução vai alterar (profundamente) o contrato a que respeite. Vale, pelo menos, tanto quanto uma "estipulação posterior", na linguagem do artigo 221.º/2. Em regra, ela deveria seguir a forma do próprio contrato a resolver, uma vez que a "razão determinante da forma" lhe é, seguramente, aplicável. Os contratos escritos são resolvidos por escrito. Quanto a formas mais solenes – escritura pública ou equivalente – parece razoável exigir, para a resolução, uma forma escrita autenticada. Todavia, há que ter em conta a existência de regras especiais, previstas para certos tipos contratuais.

## 391. **Os efeitos**

I. O artigo 433.º equipara a resolução, quanto aos seus efeitos, à nulidade ou à anulação do negócio jurídico, com as ressalvas subsequentes. Os efeitos da invalidação resultam do artigo 289.º, que recordamos[3349]. Aparentemente, ela tem efeito retroativo, devendo ser restituído tudo o que tiver sido prestado ou, se a restituição em espécie não for possível, o valor correspondente (289.º/1): a eficácia retroativa é confirmada a propósito da resolução, exceto se contrariar a vontade das partes ou a finalidade da resolução (434.º/1). A vontade das partes poderá resultar do disposto a propósito de uma eventual cláusula resolutiva; a "finalidade" da resolução poderá limitar a restituição a aspetos parcelares ou respeitar efeitos já

[3347] Adriano Vaz Serra, *Resolução do contrato* cit., n.º 9 (247-249).

[3348] Pedro Romano Martinez, *Da cessação do contrato* cit., 3.ª ed., 169-175.

[3349] *Tratado* II, 4.ª ed., 935 ss..

produzidos[3350]. Pode ainda acontecer que o próprio contrato "resolvido" contenha regras destinadas a reger a situação resultante da sua supressão: a retroatividade terá de ser limitada.

*De iure condendo* e, mesmo, *de iure condito*, a retroatividade assim proclamada é excessiva. Não é possível uma total eficácia *ex tunc* e, sobretudo: tal eficácia nunca poderia ser imediata. Adiante aprofundaremos esta dimensão[3351].

II. Além dos limites já adiantados pelo artigo 434.º/1, o número 2 desse preceito ressalva os contratos de execução continuada ou periódica: a resolução não abrange as prestações já efetuadas, exceto se entre estas e a causa de resolução existir um vínculo que legitime a resolução de todas elas. Assim, um serviço que passe a ser mal prestado pode justificar a resolução do contrato: sem devolução das importâncias anteriormente pagas. Mas se a causa de resolução for o ter-se apurado que, de todo, não foi prestado qualquer serviço, já se justifica que abranja as prestações efetuadas.

III. A resolução implica, como foi dito, a restituição de quanto houver sido prestado ou, não sendo possível a restituição em espécie, o valor correspondente (289.º/1). Se alguma das partes tiver alienado gratuitamente a coisa que devesse restituir e não podendo efetivar-se, contra o alienante, a restituição do valor dela, fica o adquirente gratuito obrigado em lugar dele, mas apenas na medida do enriquecimento (289.º/2). No que tange à perda ou deterioração da coisa envolvida, aos seus frutos e às benfeitorias, aplica-se o vertido nos artigos 1268.º a 1275.º: efeitos da posse. Tal resulta do artigo 289.º/3.

IV. As restituições, no caso de obrigações recíprocas com esse conteúdo, devem ser cumpridas simultaneamente. Aplicam-se nesse domínio, as regras da exceção do contrato não-cumprido (290.º)[3352]. Na determinação do local da restituição, há que atender ao contrato "resolvido" e, na falta de cláusulas bastantes, às regras gerais do Código Civil[3353].

V. A resolução não prejudica os direitos de terceiros, mesmo quando expressamente convencionada (435.º/1). Fica ressalvado o esquema apli-

3350 Pedro Romano Martinez, *Da cessação do contrato* cit., 3.ª ed., 179-182.

3351 *Infra*, 930 ss..

3352 Doris Döhmel, *Der Leistungsort bei Rückabwicklung von Vertragen* (1997), 222 pp., 57 ss..

3353 *Idem*, 85 ss..

cável no caso de alienação gratuita, quando a parte alienante não possa satisfazer o valor da restituição: nos termos do artigo 289.º/2 e dadas as valorações subjacentes. Todavia, o registo de uma ação de resolução relativa a imóveis ou a móveis sujeitos a registo torna a resolução oponível a um terceiro que não tenha registado a sua aquisição antes do registo da ação (435.º/2). Este esquema protege melhor os direitos dos terceiros perante a resolução do que perante a nulidade ou a anulação: segundo o artigo 291.º/2, os direitos dos terceiros, mesmo quando registados antes da inscrição da ação de invalidade, só são reconhecidos passados três anos após a conclusão do negócio.

A integração sistemática do artigo 435.º/2 leva, todavia, a uma interpretação restritiva em dois pontos:

- só são protegidos os terceiros de boa-fé, ou seja: aqueles que, no momento da aquisição, desconhecessem, sem culpa, o fundamento da resolução, por extensão do artigo 291.º/1 e 3;
- apenas são tutelados os terceiros adquirentes a título oneroso: 291.º/ /1 e 289.º/2, aqui aplicáveis.

Repare-se que o artigo 291.º integra-se entre os efeitos da nulidade ou da anulação do negócio. Logo, ele é convocado pelo artigo 433.º.

## 392. A impossibilidade, a alteração de circunstâncias e o arrependimento

I. O núcleo representado pelos artigos 432.º a 436.º visa, histórica e dogmaticamente, a resolução pelo não-cumprimento do contrato: paradoxalmente, uma modalidade que não obteve, no Código, uma referência expressa. A sua extensão à resolução convencionada não oferece dúvidas. Apenas haverá que interpretar cuidadosamente a competente cláusula. Podem as partes ter pretendido fixar, apenas, um esquema de denúncia ou, até, de oposição à renovação. A cláusula resolutória deve seguir a mesma forma observada no contrato: valem as mesmas razões justificativas.

II. As "impossibilidades" previstas na lei dão azo a hipóteses de resolução. Cumpre, em cada caso, verificar o regime aplicável. Por vezes, ele impõe desvios a uma estrita aplicação dos artigos 432.º a 436.º[3354]. No

[3354] *Supra*, 351 ss..

caso da impossibilidade não-imputável, coloca-se um problema de risco, designadamente perante o desaparecimento ou a deterioração da coisa[3355].

III. A alteração das circunstâncias tem um regime próprio. Desde logo, o artigo 437.º/2 pressupõe uma resolução por exercício judiciário. Nada impede que uma parte se dirija extrajudicialmente a outra, invocando a alteração. Todavia, a não haver acordo, o procedimento deverá ser judicial. De seguida, a ponderação do "fundamento" de resolução implica trabalhar com o modelo complexo do artigo 437.º/1[3356]. Finalmente, ao pedido de resolução pode a contraparte opor-se, requerendo a modificação segundo juízos de equidade (437.º/2). A mora afasta a aplicação do instituto (438.º).

A alteração das circunstâncias atinge, muitas vezes, contratos de execução continuada ou periódica[3357]. Nessa eventualidade e visto o artigo 434.º/2, dobrado ainda pela finalidade da resolução (434.º/1), não há lugar à eficácia retroativa.

IV. Temos, no domínio da tutela do consumidor, hipóteses de resolução a que podemos dar o nome de "direito ao arrependimento". No fundo e atendendo ao facto de o consumidor ser, com frequências, levado a contratar movido por publicidade envolvente ou pelo fetichismo da mercadoria, permite-se que ele se arrependa, dentro de certo prazo, devolvendo o bem adquirido, sem quaisquer justificações ou custos. Tecnicamente entendemos haver, aqui, revogação, pelo que o tema será considerado na competente rubrica[3358].

[3355] Eberhard Glass, *Gefahrtragung und Haftung beim gesetzlichen Rücktritt* (1959), 154 pp., 19 ss..

[3356] *Supra*, 684.

[3357] Pires de Lima/Antunes Varela, *Código Civil anotado* cit., 1, 4.ª ed., 416.

[3358] *Infra*, 962 ss..

## § 90.º A NATUREZA DA RESOLUÇÃO E O SEU EXERCÍCIO INDEVIDO

### 393. Direito potestativo e ato *stricto sensu*

I. Em termos técnicos, a resolução apresenta-se como um direito potestativo[3359]: o que assista a uma das partes de, perante um incumprimento, uma impossibilidade ou uma alteração das circunstâncias, invocar o sucedido e manifestar a vontade de pôr termo ao contrato. A constituição desse direito potestativo depende de um fundamento bastante, previsto na lei com esse efeito. Como alternativa: a resolução pode advir da concretização de uma cláusula resolutória, inserida, pelas partes, no contrato, para a eventualidade de ocorrer o facto justificante. Em qualquer dos casos, a resolução depende da livre vontade de quem, dela, se queira prevalecer e, ainda, da verificação do facto que dê lugar ao direito potestativo de o fazer. A vontade deve ser dirigida à supressão do contrato, com tendenciais efeitos *ex tunc*, isto é, retroativos.

II. O direito potestativo à resolução, uma vez constituído, deve ser exercido, para produzir efeitos. O seu beneficiário faz, em regra, um juízo de oportunidade económica. Pode não lhe convir restituir o que ele próprio haja recebido ou pode entender conveniente manter uma relação mais ampla com a contraparte, evitando situações potencialmente litigiosas. Querendo exercê-lo, não há liberdade de estipulação: ou exerce, ou não exerce. Tecnicamente, temos um ato jurídico *stricto sensu*[3360]. Em especial: a resolução não pode ser sujeita a uma condição resolutiva, sob pena de deixar na incerteza o seu alcance[3361].

[3359] Christoph Muthers, *Der Rücktritt vom Vertrag* cit., 214.

[3360] Mantemos o critério tradicional de Paulo Cunha: *Tratado* II, 4.ª ed., 85 ss.. Quanto à resolução como ato unilateral: Mauro Paladini, *L'atto unilaterale di resoluzione per inadempimento* cit., 41 ss..

[3361] Dagmar Kaiser, no *Staudinger Kommentar zum BGB* II, §§ 346-361, *Rücktritt und Widerruf* (2012), § 349, Nr. 35 (286).

III. O direito à resolução não pode ser antecipadamente renunciado. Temos o princípio da irrenunciabilidade antecipada aos direitos[3362], especialmente consignado no artigo 809.º. Depois de constituído, o direito é disponível; estamos no campo patrimonial privado, para mais no domínio do Direito das obrigações, marcado pela liberdade contratual.

IV. Pergunta-se, todavia, se ele pode ser parcialmente exercido. O titular do direito à resolução pode limitar-se a "resolver" – em rigor: denunciar – apenas para o futuro ou a pôr cobro a apenas parte do contrato? Essas eventualidades são possíveis: mas apenas com o acordo da contraparte. Na falta deste, o titular ou resolve, ou não resolve. Não pode escolher o melhor dos dois mundos. De outro modo, a segurança do comércio jurídico ficaria afetada, enquanto o beneficiário receberia um potencial de vantagens que a lei não reconhece. A aplicação, à resolução, de institutos paralelos aos da redução (292.º) e da conversão (293.º) requereriam, sempre, o acordo da outra parte: iriam colocar esta perante uma situação de tipo contratual com a qual, de todo, ela poderia, legitimamente, não contar.

## 394. **Fundamento**

I. O fundamento da resolução foi particularmente discutido na doutrina francesa[3363]. Ela foi, sucessivamente, imputada: à intenção presumida das partes; à causa dos contratos; à interdependência das obrigações; a uma ideia de reparação. Todavia: apelar a intenções presumidas, quando as mesmas não estejam vertidas num contrato – no que seria uma retoma da cláusula resolutiva tácita – tem sempre uma dimensão ficciosa. O fundamento da resolução apanha, muitas vezes, todos os intervenientes desprevenidos; a noção de causa deve ser evitada, pelas complicações que acarreta[3364]; a interdependência das obrigações postula obrigações recíprocas, o que pode não suceder; a ideia de reparação tem lugar havendo culpa e, ainda então, através da responsabilidade civil.

[3362] *Tratado* VI, 2.ª ed., 69-70.

[3363] *Vide* Henri e Léon Mazeaud/Jean Mazeaud/François Chabas, *Leçons de Droit civil* II/1, *Obligations/Théorie générale* cit., 9.ª ed., n.º 1089 (1140); Angelo Belfiore, *Risoluzione per inadempimento*, ED XL (1989), 1307-1336 (1308/1 ss.).

[3364] *Tratado* VII, 603-627; acresce que a causa foi suprimida, no próprio Código Napoleão, pela reforma de 2016.

II. A ideia, bastante divulgada, de que a resolução seria mais uma manifestação do sinalagma funcional[3365] não se confirma, particularmente em face do 432.º/1. Recorde-se que esse preceito, ao invés do modelo italiano, não exige, para a resolução, contratos com prestações recíprocas. A resolução é possível perante a violação de prestações secundárias e de deveres acessórios, sendo de sublinhar a hipótese da quebra de confiança.

III. Vamos reportar o direito de resolução do contrato à materialidade subjacente a cada contrato. Cabe transcender a ideia de prestações recíprocas, isoladas no mundo jurídico. Um contrato assenta na vontade comum das partes e, ainda, na ordem jurídica que o reconheça e lhe dê a sua tutela. As partes ficam adstritas ao que tenham assumido e, ainda, à projeção jurídica do acordado. A referência à boa-fé, sempre importante, reflete-se na proteção da confiança e no reconhecimento e tutela da realidade económica subjacente à situação contratual existente. Para além da estrita permuta de prestações, existe uma realidade substantiva global, de que todos se apercebem e que deve ser tida em conta, na sua materialidade global.

IV. O fundamento da resolução atinge a situação no seu todo. Pode ferir diretamente o núcleo sinalagmático ou pode quedar-se por aspetos circundantes, mas significativos. Nessa altura, cabe à contraparte, pela resolução, afastar-se de um edifício que, axiologicamente, já não corresponda ao que havia sido firmado pelas partes.

## 395. A relação de liquidação

I. A resolução não põe um ponto final no contrato. Dependendo da complexidade do contrato atingido, ela desencadeia um processo complexo tendente à liquidação da situação existente. A ideia teria sido inicialmente apresentada por Heinrich Stoll, em 1921[3366]: a resolução provocaria (apenas) uma transformação (*Umgestaltung*) do contrato; esta ideia ligar-

[3365] Arturo Dalmartello, *Risoluzione del contratto*, NssDI XVI (1969), 126-149 (127).

[3366] Heinrich Stoll, *Die Wirkungen des vertragsmäßigen Rücktritts* (1921), *apud* Hans G. Leser, *Der Rücktritt vom Vertrag* cit., 159 e nota 32; Leser explica que, do escrito de Stoll – uma dissertação dactilografada – existe apenas um exemplar, em Berlim.

-se-ia à construção, então pioneira, de Siber, da obrigação como um organismo[3367]. Stoll vai mais longe: em obras subsequentes, explica que a resolução modifica a situação, substituindo os deveres de prestar iniciais por pretensões de restituição, mas isso dentro da lógica do contrato inicial[3368].

II. A ideia de Stoll foi evoluindo, com múltiplas contribuições[3369]. Ernst Wolf sublinha que a declaração de resolução tem natureza negocial, dirigindo-se à constituição de pretensões de restituição[3370]. Deve-se ter presente que, no espaço alemão, a natureza alargada e não subsidiária do enriquecimento sem causa iria nortear a restituição de acordo com critérios extracontratuais: quiçá menos adequados, em determinadas circunstâncias[3371]. A referência à realidade pré-contratual existente permite soluções mais adaptadas. Em suma: das conceções iniciais, representadas pelo artigo 1184.º do Código Napoleão, que apela à condição resolutiva, passou-se à ideia pandectística de nulidade *ex tunc* e, por fim, à conceção de resolução como modificação da situação existente entre as partes, tendo em vista uma relação de liquidação[3372].

[3367] Hans G. Leser, *Der Rücktritt vom Vertrag* cit., 159-160.

[3368] Heinrich Stoll, *Rücktritt und Schadenersatz*, AcP 131 (1929), 141-185 (171).

[3369] Hans G. Leser, *Der Rücktritt vom Vertrag* cit., 161-175 e Christian Hattenhamer, no HKK/BGB cit., II/2, §§ 323-325, Nr. 58 ss. (1859 ss.), ambos com indicações.

[3370] Ernst Wolf, *Rücktritt, Vertretungsmüssen und Verschulden*, AcP 153 (1954), 97-144 (102-118); ocorre uma referência em *Zum Begriff des Schüldverhältnisses*, FG Heinrich Herrfahdt 70. (1961), 197-212 (211 e nota 59).

[3371] Andreas Thier, *Rücktrittsrecht und Bereicherungshaftung*, FS Andreas Heldrich 70. (2005) 439-455 (440), refere uma tensão entre a restituição e o enriquecimento.

[3372] Karl Larenz, *Lehrbuch des Schuldrechts* cit., 1, 14.ª ed., § 26 (403 ss.); Bruno Schmidlin, *Der Rücktritt vom Vertrag/Von der Nichtigkeit ex tunc zum vertraglichen Liquidationsverhältnis – ein dogmengeschichtlicher Wandel*, FS Theo Mayer-Maly 70. (2002), 677-691 (681-688); de entre a numerosa literatura que subscreve, com algumas variações, esta orientação, salientamos ainda: Hermann Schwenn, *Die Gefahrtragung beim Rücktritt*, AcP 152 (1952), 138-153 (141 ss.); Sven Erik Wunner, *Die Rechtsnatur der Rückgewährpflichten bei Rücktritt und auflösender Bedingung mit Rückwirkungsklausel*, AcP 168 (1968), 425-448 (439 ss.); Werner Flume, *Die Entreicherungsgefahr und die Gefahrtragung bei Rücktritt und Wandlung*, NJW 1970, 1161-1166; Ernst von Caemmerer, *"Mortuus redhibetur"*, FS Karl Larenz 70. (1973), 621-642; Hans Josef Wieling, *Synallagma bei Nichtigkeit und gesetzlichen Rücktritt*, JuS 1973, 397-402 (398 ss.); Rüdiger Nierwetberg, *Die Rechtsfolgen einer Verschlechterung des nach § 346 Setz 1 BGB zurückgewährenden Gegenstandes*, JuS 1984, 33-37 (34 ss.); Oliver Kemmeries, *Das Rückgewährschuldverhältnis* cit., 30 ss. e *passim*; Christoph Muthers, *Der Rücktritt vom Vertrag* cit., 208.

III. Uma análise integral da matéria[3373] obrigaria a retomar o debate sobre o conceito e a estrutura da obrigação[3374] e sobre as diversas linhas de força da paracontratualidade[3375]. No essencial, vamos reter as seguintes proposições:

- a resolução extingue os deveres de prestar principais;
- a obrigação contratual de início subsiste, todavia, apoiada em eventuais deveres de prestar secundários e em deveres acessórios;
- os deveres de prestar são substituídos por deveres de restituição, moldados, ainda que, porventura, pela negativa, sobre os deveres de prestação principais;
- os deveres de restituição podem, por seu turno, ser substituídos por deveres de entrega de valores equivalentes[3376], quando a devolução não seja possível;
- finalmente, na obrigação, no seu conjunto, podem ser inseridos deveres de indemnização, quando o facto justificativo da resolução seja, também, ilícito, culposo e danoso.

IV. Da resolução resulta, como foi dito, uma relação de liquidação[3377]. Todavia, essa relação mantém-se enquadrada na relação obrigacional complexa inicialmente constituída, reforçada pelos deveres acessórios. Sem a referência permanente ao contrato resolvido, não se torna possível determinar o sentido do desenvolvimento subsequente à resolução. A esta luz, a referência a uma retroatividade da resolução visa, no fundamental, precisar os termos da sequência: não é possível mexer no passado. Deve ainda ficar claro – e este ponto pertence ao acervo do Direito das obrigações dos nossos dias – que a retroatividade da resolução não implica o desfazer de quanto adveio do contrato atingido[3378]. Trata-se, apenas e com as limitações que a própria lei aponta, de desfazer as prestações principais. Este

[3373] *Vide* a monografia monumental de Jürgen Kohler, *Die gestörte Rückabwicklung gescheiterter Austauschverträge* (1989), LVI + 764 pp., 6 ss., 754 ss. e *passim*.

[3374] *Tratado* VI, 2.ª ed., 319 ss. e, quanto aos deveres acessórios, 498 ss..

[3375] *Tratado* VII, 663 ss..

[3376] STJ 26-mai.-2009 (Moreira Alves), CJ/Supremo XVII (2009) 2, 81-83 (83/I).

[3377] RCb 6-nov.-2007 (Jorge Arcanjo), CJ XXXII (2007) 5, 5-9 (7/I).

[3378] O entendimento restritivo do efeito "retroativo" da resolução – quando não a simples rejeição doutrinária dessa ideia – está, hoje, radicada na literatura jurídica; além das obras já referidas *vide* Wolfgang Ernst, no *Münchener Kommentar zum BGB* II, 7.ª ed. (2016), Vor § 323, Nr. 5 (2088).

dado tem relevância para o tema candente do cálculo da indemnização a que, eventualmente, haja lugar.

## 396. **O exercício indevido**

I. A resolução implica uma justificação ou fundamento. Quando efetuada, extrajudicial ou judicialmente[3379], ela deve indicar sumariamente os factos em que se alicerça, de modo a que possam ser reconhecidos pelo devedor. Tratando-se de uma resolução subsequente à ultrapassagem de um prazo admonitório, a fundamentação pode ser dispensada[3380]. Pergunta-se, todavia, o que sucede quando ela seja indevidamente exercida[3381] e, designadamente, quando os factos em que se apoie não sejam exatos ou quando se mostrem inadequados ou insuficientes para a resolução. Podemos ainda acrescentar a resolução abusiva. Por exemplo, o resolvente cria uma expectativa legítima e justificada de que não irá exercer a resolução e depois, sem nenhuma superveniência justificativa, resolve o contrato: temos um *venire contra factum proprium*. Vamos ver.

No Direito alemão, a eventualidade de ser declarada uma resolução sem que se mostrem reunidos os seus pressupostos conduz à sua não-eficácia[3382]. Uma vez que a resolução é extrajudicial, cabe ao credor descontente dirigir-se ao tribunal: este verificará, em termos puramente declarativos, se houve fundamento para a resolução[3383]. O sistema é favorável ao credor o qual, todavia, será responsabilizado pelos danos que ocasione com o exercício indevido da resolução.

Deve-se, contudo, ter em conta que, para os contratos de execução continuada – que colocam mais problemas – opera a denúncia. Esta, sendo

[3379] E, aí, por ação ou por exceção.

[3380] Wolfgang Ernst, no *Münchener Kommentar* cit., § 323, Nr. 190 (2141)

[3381] Na terminologia de Joana Farrajota, *A resolução do contrato sem fundamento* cit., 49 seria uma resolução infundada ou sem fundamento.

[3382] BGH 22-set.-2004, NJW-RR 2005, 357-361 (360): faltara a mora; Heiner Beckmann, *Rechtswirkungen eines unberechtigten Rücktritts von einem Liefervertrag und Auswirkungen auf den Leasingvertrag*, WM 2006, 952-958: a resolução indevida bloqueia o direito à prestação principal do resolvente credor, mas não destrói a relação complexa, que ganha cariz indemnizatório.

[3383] *Vide* Svetlana Maksovic, *La résolution des contrats en droit compare* cit., 65.

injustificada, pode conduzir a uma eficácia ou à substituição da prestação principal por uma indemnização[3384].

III. A doutrina tem construído este tema de modos diversos[3385]: uma consequência do silêncio da lei e da presença, no Código Civil e em leis extravagantes, de regimes específicos. Romano Martinez, que toma uma posição geral, explica que a resolução ilícita, pelo regime comum (295.º e 280.º/1), deveria ser nula; todavia, uma vez que ela se inclui no todo complexo do contrato, a consequência é a do incumprimento do próprio negócio a que tenha pretendido pôr cobro: salvo regimes especiais, como o do contrato de trabalho[3386]. António Pinto Monteiro já havia tomado uma posição semelhante, no domínio da agência: embora a pura ineficácia da resolução fosse lógica, ela não é praticável. Dada a natureza extrajudicial do exercício da resolução, apenas passado muito tempo seria possível obter, do juiz, uma declaração da "continuidade" do contrato, retirando-lhe o seu sentido. Logo, a resolução injustificada extingue o contrato, mas constitui um incumprimento deste[3387]. Brandão Proença, a propósito do contrato-promessa, vê, na resolução infundada, uma forma de incumprimento[3388], sendo eficaz nessa medida, numa opção generalizada por Assunção Cristas, dada a regra de que o contrato se extingue por mero efeito da declaração resolutiva[3389].

Noutra linha de solução, Baptista Machado considera que a própria existência de um direito de resolução depende do seu fundamento[3390]. Indo mais longe, Paulo Mota Pinto entende que a resolução infundada é ineficaz,

[3384] BGH 16-jan.-2009, NJW 2009, 1262-1264 (1264/I), falando, todavia, em *Rücktritt*; Christian Deckenbrock, *Ersatzfähigkeit außergerichtlicher Rechtsverteichigungskosten bei unbrechtigter Geltendendmachung vertraglicher Ansprüche*, NJW 2009, 1247-1249; *vide* Astrid Stadler, no Jauernig cit., 15.ª ed., § 280, Nr. 19.

[3385] Joana Farrajota, *A resolução do contrato sem fundamento* cit., 50 ss., apresenta um quadro com as principais posições nacionais.

[3386] Pedro Romano Martinez, *Da cessação do contrato* cit., 3.ª ed., 209.

[3387] António Pinto Monteiro, *Contrato de agência* cit., 7.ª ed., 138-139, com indicações jurisprudenciais, e já em *Direito comercial/Contratos de distribuição comercial* (2001), 149 ss..

[3388] José Carlos Brandão Proença, *Do incumprimento do contrato-promessa bilateral/A dualidade execução específica-resolução*. Est. Ferrer Correia (1987), 153-312 (241); em *A resolução* cit., 151-155, esse ilustre Autor não tomara uma posição clara.

[3389] Assunção Cristas, *É possível impedir judicialmente a resolução de um contrato?*, Est. 10 anos FDUNL II (2008), 53-79 (63).

[3390] João Baptista Machado, *Pressupostos da resolução por incumprimento* (1979), *Obra dispersa* 1 (1991), 125-193 (130-131); todavia (como nota Joana Farrajota, *A resolução* cit., 55), na anot. STJ 8-nov.-1983 (Joaquim Figueiredo; vencido: Amaral Aguiar),

uma vez que o resolvente não é titular do correspondente direito potestativo; logo, o juiz declararia a subsistência do contrato[3391]. Esta posição é acolhida por Joana Farrajota[3392] a qual, todavia, vem depois a proceder a cuidadas delimitações, designadamente em função da confiança que deva existir[3393].

IV. Na pureza dos princípios, a resolução indevida é ineficaz. Não se verificando os pressupostos – legais ou contratuais – de que ela dependa, o resolvente não é titular do direito potestativo de que se arroga. Logo, a declaração de resolução que ele emita é nula, por ilegitimidade. Poderia ainda ser invocada a contrariedade à lei, bem como a impossibilidade jurídica (280.º/1). Em termos valorativos, parece claro que um contrato não pode ser alijado *ad nutum*, por qualquer das partes: exceto nos casos em que ele próprio ou a lei admitam a denúncia ou a revogação unilateral.

Todavia, ao permitir, no seu artigo 436.º/1, a resolução por simples declaração à contraparte, o Código Civil dá uma mensagem normativa que não pode ser passada em claro. Com efeito, ao facultar uma resolução extrajudicial, a lei deixa à apreciação do resolvente a ponderação dos requisitos em jogo. Este pode enganar-se. Quando isso suceda, haverá que demonstrá-lo em tribunal: um ónus que cabe ao devedor, sob pena de deitar por terra a resolução extrajudicial. Até que haja uma sentença com trânsito em julgado, a resolução deve produzir os seus efeitos: ou seria inútil. Cumpre ainda sublinhar que cessam, aqui, os paralelos com a experiência alemã: na Alemanha, um processo demora, em média, menos de um ano a percorrer os três graus de jurisdição, sendo (além disso) raros os recursos; em Portugal, será de contar com anos e anos. Nenhum contrato pode ficar tanto tempo na incerteza: seja pelos interesses do credor, seja pelos do devedor, seja pelos da comunidade jurídica.

V. Nestas condições, em nome de uma interpretação integrada do ordenamento, devemos considerar a resolução formalmente declarada como eficaz. Ficam excetuados os regimes especiais consagrados na lei, que são numerosos.

RLJ 118 (1986), 271-274, *idem*, 271-282, 317-320 e 328-332 (332), Baptista Machado aproxima a declaração ilícita de resolução de uma recusa de cumprimento.

[3391] Paulo Mota Pinto, *Interesse contratual negativo* cit., 2, 1675-1676, nota 4861.

[3392] Joana Farrajota, *A resolução* cit., 54.

[3393] *Idem*, *maxime* 368 ss. (a síntese conclusiva).

Como exemplos: 886.º: na compra e venda, feita a entrega da coisa, o vendedor não pode, salvo convenção em contrário, resolver o contrato por falta de pagamento do preço; 966.º: a resolução da doação por não cumprimento dos encargos exige consagração contratual; 1007.º: a sociedade tem regras específicas sobre a sua dissolução; 1047.º a 1050.º: a locação tem regras próprias, agravadas quanto ao arrendamento (1083.º a 1087.º); 1150.º: o mutuante pode resolver o contrato se o mutuário não pagar os juros; 1170.º: o mandato é revogável, sendo exigida justa causa, em certas circunstâncias; 1235.º: o beneficiário de renda perpétua pode resolver o contrato quando o devedor incorra em mora de dois anos; 1242.º: *idem*, quanto à renda vitalícia.

Além disso, o ponto sensível da resolução por não-cumprimento exige a perda do interesse do credor ou o desrespeito pela interpelação admonitória (808.º/1).

Se a resolução for indevida, há consequências que transcendem a cessação do contrato. A saída para o problema reside no verdadeiro sentido da resolução.

VI. Hoje, sabemos que a resolução tem uma eficácia modificativa da obrigação[3394]. Ela suprime as prestações principais, mantendo eventualmente as secundárias e, necessariamente, as acessórias. A resolução indevida substitui a prestação principal por uma prestação indemnizatória: não sendo fundada, ela implica um incumprimento presumivelmente culposo (799.º/1). A prestação indemnizatória toma feições diferentes consoante o tipo de contrato em causa. Assim:

- contratos patrimoniais comuns ou de prestações fungíveis: sendo a resolução indevida, a indemnização equivalerá à execução do contrato, com eventual indemnização pela mora ou por danos colaterais;
- contratos pessoais ou que envolvam prestações não-fungíveis: a resolução indevida pode determinar a extinção por impossibilidade imputável ao credor (795.º/2): segue-se o competente regime;
- contratos que exijam uma relação de confiança mútua, do tipo dos acordos parassociais ou de relações *intuitu personae*: a resolução indevida impossibilita o cumprimento; o contrato cessa, seguindo-se o regime da impossibilidade imputável ao devedor (801.º/1), equiparada ao inadimplemento.

[3394] *Supra*, 930 ss..

## § 91.º A RESOLUÇÃO E A INDEMNIZAÇÃO

### 397. Construção tradicional; a retroatividade

I. No domínio da resolução, uma orientação tradicional, que remonta à doutrina da cláusula resolutiva tácita, dá um relevo dogmático muito marcado à afirmação, de resto legal, da sua eficácia retroativa. A aproximação da resolução à nulidade ou à anulação do próprio contrato determinaria que, feita a competente declaração, tudo se passasse como se não tivesse havido qualquer fonte para os contratos envolvidos. Assim sendo, a resolução motivada por um inadimplemento ou por uma impossibilidade imputável ao devedor teria apenas como efeitos, além da supressão retroativa do contrato, o de fazer correr, pelo responsável, os custos e despesas provocados pela contratação falhada.

II. A situação pode mesmo ser endossada ao contratante fiel. Segundo o artigo 1184.º do Código Napoleão, a parte perante a qual o contrato não tenha sido executado tem a escolha de ou forçar a outra à execução da convenção quando ela seja possível ou de pedir a sua resolução, com perdas e danos[3395]. Ao optar pela resolução, a parte fiel prescindiria das benesses representadas pela execução do contrato, libertando-se igualmente dos encargos que, para si, ela representaria. A indemnização, no caso de resolução, visaria reconstituir o *statu quo ante*: limitar-se-ia às despesas, à depreciação da prestação restituída ou ao valor dessa prestação, quando a restituição em espécie não fosse possível, aos frutos e a outros elementos circundantes[3396]. A chave desta solução está na apregoada retroatividade.

[3395] Marcel Planiol, *Traité de Droit civil* II, 3.ª ed. (1903), n.º 1312 (440) e *passim*. A solução está presente no artigo 1453.º/1, do Código italiano.

[3396] François Terré/Philippe Simler/Yves Lequette, *Droit civil/Les obligations* cit., 11.ª ed., n.º 654 (704-706), com indicações.

III. No atual Direito das obrigações, a retroatividade da resolução levanta um claro mal-estar. O Direito alemão ultrapassou o problema proclamando, após a reforma de 2001/2002, que a impossibilidade não conduz à extinção da obrigação; por seu turno e como vimos, a resolução não extingue a relação obrigacional: apenas a transforma. No Direito francês, também a retroatividade tem sido criticada[3397]. Afinal, não se pode colocar num mesmo plano o contrato nulo ou anulado e o contrato legítimo, livremente concluído pelas partes e que uma delas decidiu inadimplir ou impossibilitar.

### 398. Plano indemnizatório e função da resolução

I. O incumprimento da obrigação dá lugar à indemnização (798.°), devendo ser reconstituída a situação que existiria se não se tivesse verificado o evento que obriga à reparação (562.°). O evento que obriga à reparação é o incumprimento: não o surgimento da obrigação inadimplida, embora seja evidente que, sem esta, nada teria sucedido. O juízo negativo recai sobre o desrespeito pela obrigação e não sobre a existência da obrigação. Estas considerações devem estar presentes em todo o desenvolvimento posterior, para prevenir desenvolvimentos linguísticos.

II. Havendo resolução por incumprimento, não basta suprimir o contrato; é ainda necessário indemnizar a parte fiel, caso ela tenha sofrido danos. Tal a regra do Código Napoleão (1184.°/2), do § 325 BGB[3398], do artigo 1453.°/1 do Código italiano e dos artigos 45.°/II e 81.°/I, 1, da Convenção de Viena sobre a Compra e Venda Internacional[3399].

[3397] Thomas Genicon, *La résolution du contrat par inexécution* (2007), n.° 358 ss., 385 ss.; François Terré/Philippe Simler/Yves Lequette, *Droit civil/Les obligations* cit., 11.ª ed., n.° 653 (704).

[3398] Que dispõe:

> O direito de, num contrato com prestações recíprocas, exigir uma indemnização não é excluído pela resolução.

[3399] Quanto ao BGB, Ivo du Mont, *Die Kombination vom Rücktritt und Schadensersatz im neuen Schuldrecht/Eine ökonomische und rechtsvergleichende Analyse am Beispiel des Kaufvertrags* (2007), 365 pp., 30 ss..

*Vide* Markus Müller-Chen, em Schlechtriem/Schwenzer, *Kommentar zum Einheitlichen UN-Kaufrecht*, 6.ª ed. (2013), Art. 45, Nr. 25 ss. (701 ss.), Christiane Fountoulakis, *idem*, Art. 81, Nr. 13 (1115) e Ulrich Magnus, no *Staudingers Kommentar/Wiener UN-Kaufrecht* (2013), Art. 45, Nr. 21 ss. (556 ss.) e Art. 81, Nr. 16 ss. (943 ss.).

O Código Civil não refere expressamente a resolução, a propósito do incumprimento. Por isso não preserva, em geral, a indemnização, no caso de resolução. Fá-lo, todavia, no artigo 801.º/2, a propósito da impossibilidade culposa, em termos muito claros:

> Tendo a obrigação por fonte um contrato bilateral, o credor, independentemente do direito à indemnização, pode resolver o contrato e, se já tiver realizado a sua prestação, exigir a restituição dela por inteiro.

O direito à indemnização é ressalvado sem limitações, com ênfase, sendo mesmo anteposto à resolução. Trata-se de um ponto exegético, não decisivo, mas com alguma relevância.

III. A indemnização subsequente à resolução pode ser construída por uma de duas formas, representadas na doutrina alemã através das teorias da sub-rogação e da diferença.

O tema foi apresentado por Karl Larenz[3400], em termos depois acolhidos, entre nós, por Antunes Varela[3401] e por Menezes Leitão[3402]. Como ponto de partida, Larenz explica que, havendo incumprimento de uma prestação unilateral, o remédio seria simples: o credor teria o direito ao valor correspondente, a título de indemnização. Tratando-se, porém, de prestações recíprocas, já haveria duas hipóteses: ou o credor fiel realiza a sua própria prestação e recebe a indemnização correspondente à contraprestação em falta; ou ele ficaria isento de prestar, obtendo apenas a diferença entre o valor da prestação que não irá fazer e a contraprestação. A partir daqui, são duas as construções possíveis.

Para a teoria da sub-rogação[3403], a estrutura das obrigações recíprocas, mau grado a resolução, manter-se-ia; simplesmente, a prestação tor-

[3400] Karl Larenz, *Lehrbuch des Schuldrechts* cit., 1, 14.ª ed., § 22, II, b) (340-343). Uma exposição mais completa pode ser vista em Hans G. Leser, *Der Rücktritt vom Vertrag* cit., 122-149; *vide* Theodor Kipp, *Worin besteht der Schadensersatz wegen Nichterfüllung eines gegenseitigen Vertrages?*, DJT 27 (1904), 1, 249-296 (278 ss.); Stoffel, *Zur Erläuterung der §§ 325, 326 B.G.B.*, AcP 92 (1902), 467-475.

[3401] João Antunes Varela, *Das obrigações em geral* cit., 2, 7.ª ed., 110-111.

[3402] Luís Menezes Leitão, *Direito das obrigações* cit., 2, 9.ª ed., 254-256.

[3403] Paul Oertmann, *Kommentar zum BGB*, II – *Recht der Schuldverhältnisse*, 3.ª e 4.ª ed. (1910), § 325, 1 b (196-197).

nada impossível seria substituída (sub-rogada) pelo seu valor em dinheiro. O credor fiel conservar-se-ia obrigado à sua prestação.

Segundo a teoria da diferença[3404], o credor fiel já nada deveria prestar; caberia agora encontrar o valor da diferença entre o valor da prestação em falta e o da prestação de que o credor ficou exonerado. Todavia, essa hipótese é uma eventualidade, podendo não haver "diferença" favorável ao credor; e assim, ocorre uma teoria da diferença atenuada: o credor poderia optar por oferecer a sua prestação e exigir o valor total da contraprestação ou quedar-se pela diferença do valor entre ambas[3405].

IV. Estes pontos são esclarecedores, mas não resolvem uma questão significativa: como ordenar a indemnização, na hipótese de um contrato ter sido resolvido, por incumprimento da contraparte ou por esta ter impossibilitado culposamente a prestação que lhe incumbia? Temos, de acordo com a doutrina normalmente exposta[3406], duas construções:

- a resolução não pode prejudicar o credor fiel; assim, a indemnização que a acompanhe deve colocá-lo na situação em que estaria se o contrato tivesse sido cumprido; diz-se teoria do interesse contratual positivo;
- a resolução destrói retroativamente o contrato; assim, a parte cumpridora apenas poderia aspirar a uma indemnização que a colocasse na situação em que estaria se o contrato malogrado nunca tivesse sido celebrado; é a teoria do interesse contratual negativo.

Esta questão tem reflexos práticos: cumpre verificar a sua origem e o sentido que assume, no espaço jurídico lusófono.

## 399. **Interesses positivo e negativo; a *culpa in contrahendo***

I. No domínio da indemnização que deva acompanhar a resolução, procede-se, na doutrina nacional, a uma contraposição entre os denomi-

[3404] Stoffel, *Zur Erläuterung der §§ 325, 326 B.G.B.* cit., 473 ss.; W. Schöller, *Der Schadensersatz wegen Nichterfüllung bei gegenseitigen Verträgen nach dem B.G.B.*, Gruchot 44 (1900), 603-646 (611 ss.).

[3405] Dieter Medicus/Jens Petersen, *Bürgerliches Recht*, 25.ª ed. (2015), Nr. 231 ss. (113 ss.).

[3406] João Antunes Varela, *Das obrigações em geral* cit., 2, 7.ª ed., 106 ss.; Luís Menezes Leitão, *Direito das obrigações* cit., 2, 9.ª ed., 250 ss..

nados interesses positivo e negativo. Essa dicotomia remonta à *culpa in contrahendo*. Vamos recordar o essencial.

Aquando da preparação dos contratos, na sequência de Jhering, desenvolveu-se a doutrina dita *culpa in contrahendo*. As partes ficariam adstritas a negociar com seriedade, respeitando deveres de informação, de lealdade e de segurança[3407]. Imaginando que alguém desrespeita tais regras, sendo responsável, haveria duas hipóteses para calcular a indemnização:

- ou o lesado seria colocado na situação em que estaria se nunca tivesse havido negociações preliminares; ele iria receber um valor correspondente às despesas suportadas por via das negociações, ao tempo perdido (danos emergentes) e, eventualmente, aos negócios que ficarem por celebrar, por via dessas negociações falhadas (lucros cessantes);
- ou o lesado seria colocado na situação em que estaria se as negociações culposamente falhadas tivessem chegado a bom porto, de tal modo que ele viesse a encabeçar o contrato projetado: danos emergentes e lucros cessantes, ambos calculados noutros termos.

Na primeira hipótese, seria contemplado o interesse negativo ou dano da confiança; na segunda, estaríamos a computar o interesse positivo ou dano do cumprimento[3408].

II. Na *culpa in contrahendo* tratar-se-ia, precisamente, de limitar a responsabilidade do faltoso ao interesse negativo ou de confiança. Essa ideia, que já aflorava no próprio Jhering, tinha na base duas preocupações teoréticas e uma preocupação prática. Assim e em termos teoréticos:

- a *culpa in contrahendo* emergiria da violação de um pré-contrato implicitamente concluído entre as partes em negociações, contrato esse que teria como objeto, precisamente, a adequada condução de negociações; sendo violado pela *culpa in contrahendo*, apenas os bens em jogo no aludido pré-contrato e que se prendem com a tutela da confiança nele em causa poderiam ser indemnizados;

[3407] *Tratado* II, 4.ª ed., 207 ss

[3408] Esta matéria foi profunda e alargadamente estudada por Paulo Mota Pinto, *Interesse contratual negativo e interesse contratual positivo*, 2 volumes (2007), em 1572 páginas maciças.

– a indemnização pelo interesse positivo exigiria que se tivesse concluído um contrato válido; justamente, na *culpa in contrahendo*, não se teria chegado ao contrato ou, quando, mau grado a violação pré-contratual, a ele se chegasse: a responsabilidade pré-contratual não teria a ver com ele mas, tão-só, com a fase pré-negocial.

III. Em termos práticos, há que atentar na natureza doutrinária e, no início, muito arriscada, da *culpa in contrahendo*. Mais de setenta anos após Jhering, ainda, entre nós, importantes autores entendiam tratar-se de uma conceção ilógica. Perante esse ambiente de fundo pouco favorável, havia que minimizar o instituto, dando-lhe uma feição discreta. A limitação ao interesse negativo tem esse papel. Repare-se: em situações de *culpa in contrahendo*, o interesse negativo é, em regra, reduzidíssimo. A negociação de um contrato envolve muito poucas despesas.

### 400. **Crítica e superação**

I. Pela nossa parte, sempre recusámos qualquer limitação conceitual, no domínio da *culpa in contrahendo*. Se, *in contrahendo*, alguém violar normas jurídicas e, com isso, causar danos, deve indemnizar. E, nos termos gerais do citado artigo 563.°, do Código Civil: deve indemnizar *todos os danos* que tenha causado. Não é possível, em abstrato, fazer qualquer limitação conceitual aos danos negativos, uma vez que tudo é, em concreto, possível. Assim e por exemplo:

– imaginando que, em negociações muito preliminares, nem se sabia qual seria o contrato a celebrar: a indemnização teria de computar os danos registados que, com probabilidade, irão corresponder ao denominado interesse negativo;
– todavia, em negociações já com o contrato à vista, mas que visassem evitar, maliciosamente, um contrato com terceiros, a rutura não poderia deixar de contemplar, além do interesse negativo, tudo quanto se perdeu por não ter havido contrato final.

II. É ainda importante sublinhar que a ideia de limitação da responsabilidade *in contrahendo* ao chamado interesse negativo tem vindo a ser abandonada pela jurisprudência alemã[3409] e pela jurisprudência portu-

[3409] BGH 24-jun.-1998, NJW 1998, 2900-2901: provou-se, aí, que sem o contrato

guesa[3410] mais recentes. E em boa hora: desde que se provem os danos, não se vislumbram razões conceptuais para premiar a ilicitude.

III. Esta matéria tem vindo a causar dificuldades doutrinárias, responsáveis por uma excessiva contenção indemnizatória da nossa jurisprudência e que só poderá ser dirimida, em última análise, em estudos sobre a responsabilidade civil. Por certo é possível traçar várias hipóteses, na *culpa in contrahendo*, hipóteses essas que, seja pela ilicitude, seja pela causalidade (normativa), poderão contundir com o cálculo da indemnização[3411]. Não vemos, todavia, qualquer vantagem em conceitualizar toda esta matéria, nem (em Portugal!) em engendrar esquemas que reduzam as já simbólicas indemnizações arbitradas pelos nossos tribunais.

Tomemos um exemplo: um contrato, por *culpa in contrahendo*, é nulo. Dizem os seguidores do dano negativo: considerar o interesse positivo seria, afinal, proceder como se houvesse contrato válido. Respondemos: se, a não haver violação, surgisse mesmo um contrato válido[3412], qual é o óbice? Legal não é com certeza, se atinarmos no artigo 562.º e nas regras da indemnização. Mantemos, pois, que a limitação ao interesse negativo advém de uma transposição conceitual que, entre nós, não serve

viciado, teria sido celebrado outro mais lucrativo; *vide* Stephan Lorenz, *Haftungsausfüllung bei der culpa in contrahendo: Ende des Minderung durch c.i.c.?*, NJW 1999, 1001-1002.

[3410] RLx 29-out.-1998 (Ana Paula Boularot), CJ XXIII (1998) 4, 132-135 (134/II); *vide*, ainda, REv 11-nov.-1999 (Fernando Bento), CJ XXIV (1999) 5, 262-264 (263/II) e RPt 27-fev.-2003 (Gonçalo Silvano), CJ XXVIII (2003) 1, 195-200 (199/II), ainda que com termos diferentes; *vide*, *infra*, outras indicações.

[3411] *Vide*, com especial interesse, Carlos Ferreira de Almeida, *Contratos* I, 5.ª ed. (2015), 214 ss..

[3412] O que deverá ser provado pelo interessado; é evidente que se a prova não for feita, a indemnização poderá ficar pelos danos de confiança. Em Itália, quer a doutrina quer a jurisprudência mantêm uma especial aderência ao dano negativo, ainda que entendido amplamente de modo a, via oportunidade do negócio perdido, abranger os lucros cessantes: Alberto Sagna, *Il rissarcimento del danno nella responsabilità precontrattuale* (2004), 18 ss., 138 ss. e *passim*. Todavia, o artigo 1338.º do Código italiano – que não tem correspondente no português – limita o ressarcimento, no caso do conhecimento não comunicado das causas de invalidade, ao dano da confiança. Além disso, é patente a preocupação em, com vários expedientes, alargar quanto possível o âmbito indemnizatório. Assim entendida, a experiência italiana permite duas lições: não pode ser transposta, *ad nutum*, para a nossa Terra, já que os dados são diversos; melhor será evitar os condicionamentos conceituais que tantas dificuldades levantam, depois, na sua superação.

valores ou interesses úteis[3413]. Além disso, não tem base legal: não vemos como apontá-la na presença das duas fases (a da negociação e a da conclusão), na letra do artigo 227.º/1.

## 401. A transposição para a resolução

I. Havendo anulação do contrato ou sendo o mesmo declarado nulo, pode haver *culpa in contrahendo*. Quando a indemnização que desta advenha seja limitada ao interesse negativo, teremos que, perante uma invalidade culposa, o lesado só teria direito a ser indemnizado ... de modo a ser colocado na posição em que estaria se nunca tivesse havido contrato. Ora, como à resolução se aplica o regime da nulidade ou da anulação, está feito o passo: perante a resolução do contrato, apenas se aplicaria o regime da indemnização pelo interesse negativo.

II. Esta transposição conceitual poderá ser reforçada por um raciocínio também concepto-formal. Ei-lo: se o contrato for resolvido por incumprimento, o agente desiste do contrato. E desistindo, só poderá aspirar à indemnização equivalente aos danos emergentes da sua celebração. Quedar-lhe-ia, apenas, o valor do dano negativo.

É óbvio – desde já o adiantamos – que esta solução é profundamente injusta, traduzindo apenas um modo conceitual de lidar com o Direito. Há incumprimentos das mais diversas naturezas. Não é imaginável que um Direito moderno desista de ponderar o que efetivamente se passou, tudo remetendo para a fase pré-contratual. E de facto, nenhuma lei impõe tal limitação. Deve ainda sublinhar-se que o Direito continental afasta a hipótese do incumprimento eficiente, isto é, do inadimplemento vantajoso para a parte faltosa[3414]. Esta, perante um contrato que não mais lhe conviesse, limitar-se-ia a deixar ir para resolução, pagando depois (gostosamente) uma indemnização pelo interesse negativo.

[3413] Acresce o ter sido superada na Alemanha, particularmente após a reforma de 2001/2002; *vide*, ainda, Christian Grüneberg no Palandt cit., 75.ª ed., § 311, Nr. 56 (500), com indicações.

[3414] *Vide* Ivo du Mont, *Die Kombinatiom von Rücktritt und Schadenersatz* cit., 137 ss. e Catherine Popineau-Dehaullon, *Les remèdes de justice privée à l'inexécution du contrat* cit., 222 ss..

III. No âmbito do Código Civil de Seabra (1867), Inocêncio Galvão Telles intentou limitar a indemnização, no caso de "rescisão" ao interesse negativo, justamente à imagem da *culpa in contrahendo*[3415]. Todavia, se bem atentarmos, o problema enfrentado (portanto: a alternativa para a "má" indemnização do interesse negativo) era prevenir que, perante a rescisão, não houvesse, de todo, qualquer indemnização. Além disso, a opção de Galvão Telles obteve imediata oposição doutrinária[3416]. Adriano Vaz Serra, em importante estudo preparatório do Código Civil, optou, claramente por um âmbito lato de indemnização devida por resolução assente no incumprimento: sem qualquer limitação apriorística ao interesse negativo[3417].

IV. Apesar de o Código Civil de 1966 não ter operado restrições, surgiu alguma doutrina favorável a que, havendo resolução, a eventual indemnização cumulativa se quedasse pelo interesse negativo. Desde logo, Antunes Varela[3418], que apoia a sua posição no artigo 908.º, do Código Civil. Mas – salvo o devido respeito – sem fundamento. O artigo 908.º, com efeito:

- aplica-se à compra e venda e não a todos os contratos;
- prevê uma anulação e não a resolução por incumprimento;
- reporta-se ao caso de erro-dolo (artigo 253.º) e não a qualquer ato ilícito.

Não vemos, assim, qualquer base legal para limitações à indemnização. De todo o modo, o peso de Antunes Varela, levou outra doutrina a segui-lo[3419]. Por vezes, esse alinhamento por Antunes Varela é apenas aparente,

[3415] Inocêncio Galvão Telles, *Não cumprimento de contratos bilaterais (Interpretação dos artigos 676.º e 709.º, do Código Civil)*, ROA 1945, 1-2, 83-103 (101-102).

[3416] José Gualberto de Sá Carneiro, *Competência territorial, obrigação sucedânea e rescisão do contrato*, RT 68 (1950), 98-103 (100/I): só assim seria no caso de nulidade.

[3417] Adriano Vaz Serra, *Impossibilidade superveniente e cumprimento imperfeito imputáveis ao devedor*, BMJ 47 (1955), 5-97 (30 ss., especialmente 39 ss.).

[3418] João Antunes Varela, *Das obrigações em geral*, 1.ª ed. (1970), 766; a competente afirmação surge, depois, nas edições subsequentes: 2.º vol., 2.ª ed. (1978), 104, 2.º vol., 3.ª ed. (1980), 105, 2.º vol., 4.ª ed. (1990), 104 e 2.º vol., 7.ª ed. (1997, reimp., 2004), 109, como exemplos. Anteriormente circulavam, já, folhas policopiadas, relativas à matéria. A posição de Antunes Varela foi publicada, pela primeira vez, na RLJ 100 (1968), 268.

[3419] Pereira Coelho, *Direito das obrigações/Sumários* (1967), 230, Carlos Mota Pinto, *Cessão da posição contratual* (1970), 412, nota 1, numa referência puramente incidental e sem especial justificação e Almeida Costa: este Autor, na 1.ª ed. do *Direito*

uma vez que os Autores que assim procedem acabam por, de uma forma ou de outra, alargar o horizonte indemnizatório[3420].

V. Encontramos, depois, Autores que manifestam dúvidas (Ribeiro de Faria, numa fase inicial[3421]) ou cuja posição, muito matizada, permite acolher soluções mais amplas do que a do mero interesse negativo (Carneiro da Frada[3422]).

Manuel Carneiro da Frada, abordando o tema pelo prisma da confiança, sublinha que esta repousa no contrato: este, além de um ato de autonomia privada, criador de normas, surge como um elemento de confiança e estabilização de expectativas[3423]. Esta orientação permitiria flexibilizar soluções, promovendo soluções justas de conflitos entre os sujeitos[3424].

Pela nossa parte: interpretamos a posição de Carneiro da Frada como não limitando a indemnização a um estrito "interesse negativo": uma vez que se confia no contrato, todo o valor por este representado poderá ser tido em conta, na indemnização.

VI. Finalmente, deparamos com Autores que entendem, direta e claramente, a resolução de um contrato por incumprimento como devendo

*das obrigações* (1968), refere o problema com bibliografia, mas sem tomar posição (p. 437). Subsequentemente, propenderia para o interesse negativo – 3.ª ed. (1979), 763-764 – referindo "a lei", mas sem explicar nem precisar. Esta posição manter-se-ia nas edições subsequentes: 4.ª ed. (1984), 737, 6.ª ed. (1994), 917-918, 7.ª ed. (1996), 937-939, 8.ª ed. (2000), 965-968, 9.ª ed. (2005), 976-978, 10.ª ed. (2006), 1045-1047 e 12.ª ed. (2009), 1045-1047. Todavia, deve esclarecer-se que este Autor, desde o início dá, da indemnização pelo interesse negativo, uma aceção ampla, que lhe permite abarcar os lucros cessantes; não se torna, assim, tão restritivo, perante o que deve ser uma justa indemnização.

3420 É o caso de Almeida Costa, como se diz na nota anterior. E é o caso, também, de Brandão Proença, *A resolução do contrato no Direito civil/Do enquadramento e do regime*, Coimbra (1982) = separata do BFD/Suplemento XXII, 199 ss., *maxime* 214, que acaba por remeter para o Tribunal de modo, a caso a caso, contemplar "os interesses em presença". E é finalmente o caso de Luís Menezes Leitão, *Direito das obrigações*, 2, 2.ª ed. (2003), 252 ss. (256), que também acolhe os lucros cessantes. Na 3.ª ed. (2005), dessa mesma obra, *vide* 257 ss. (259), na 7.ª ed. (2010), 270 ss. (273-274) e na 9.ª ed. (2014), 251 ss. (253-254), indicando outra doutrina nacional.

3421 Jorge Ribeiro de Faria, *Direito das obrigações* cit., 2, 434-435.

3422 Manuel Carneiro da Frada, *Teoria da confiança e responsabilidade civil* (2004), 662 ss..

3423 *Idem*, 666.

3424 *Idem*, 669.

ser acompanhada pela indemnização integral de todos os danos sofridos, incluindo, sendo o caso, o denominado interesse positivo.

Tal a posição de Vaz Serra, já à luz do Código Civil de 1966[3425], bem como a de Baptista Machado[3426], a de Ana Prata[3427], a de Ribeiro de Faria[3428], a de Moura Ramos[3429], a de Pedro Romano Martinez[3430] e a nossa[3431].

Cumpre ainda acrescentar que, atualmente, a cumulação da resolução com a indemnização pelo interesse positivo é a solução adotada a nível internacional: quer pela Convenção de Viena sobre a Compra e Venda Internacional de Mercadorias, de 1981[3432], quer pelos princípios Unidroit relativos aos Contratos Comerciais Internacionais[3433].

VII. A limitação das indemnizações ao interesse contratual negativo é uma (infeliz) singularidade nacional. Fruto de uma doutrina alemã há muito abandonada na terra de origem, ela conserva-se pelo hábito de manter referências clássicas fora do contexto. A jurisprudência, ainda que com dificuldades dispensavelmente causadas pela literatura, tem vindo a abrir à

[3425] Adriano Vaz Serra, Anotação a STJ 30-jun.-1970, RLJ 104 (1971), 204-208 (207/II), criticando Antunes Varela, a quem aponta uma lógica (meramente) formal.

[3426] João Baptista Machado, *Pressupostos da resolução por incumprimento* cit., 175 ss.; o Autor desenvolve ainda o tema em *A resolução por incumprimento e a indemnização*, em *Obra dispersa* (1991), 195-215.

[3427] Ana Prata, *Cláusulas de exclusão e limitação da responsabilidade contratual* (1985), 479 ss., sublinhando o silêncio da lei a qual, de facto, não limita a indemnização.

[3428] Jorge Ribeiro de Faria, *A natureza do direito de indemnização cumulável com o direito de resolução dos Arts. 801.º e 802.º do Código Civil*, em Direito e Justiça, VIII/1 (1994), 57-89 (88); como se vê, este professor, que começara por manifestar dúvidas, no seu *Direito das obrigações*, acabou por propender para a solução favorável ao interesse positivo. Ele reforçou esta sua opção em *A natureza da indemnização no caso de resolução do contrato/Novamente a questão*, em *Estudos comemorativos dos cinco anos (1995-2000) da Faculdade de Direito da Universidade do Porto* (2001), 11-62.

[3429] Maria Ângela Bento Soares/Rui Manuel de Moura Ramos, *Contratos internacionais* (1986), 202 ss. (204 ss.).

[3430] Pedro Romano Martinez, *Da cessação do contrato* cit., 3.ª ed., 197 ss., com uma rica argumentação e com referências atualizadas.

[3431] *Tratado* II, 4.ª ed., 289 ss..

[3432] Artigos 74.º e seguintes; *vide* Romano Martinez, *Da cessação do contrato* cit., 3.ª ed., 201 ss..

[3433] Artigo 7.º, 3.5, 3.6 e 4.2; *vide* Ribeiro de Faria, *A natureza da indemnização no caso de resolução do contrato* cit., 15.

indemnização alargada: admitindo, assim, o "interesse positivo"[3434]. Mau grado estes sinais favoráveis, temos recomendado, aos práticos do Direito, que evitem resolver contratos: perante o inadimplemento da outra parte, é mais seguro exigir o cumprimento do que proceder a resoluções formais, correndo o risco de lhe ser contraposta uma indemnização pelo interesse negativo, em regra irrisória.

## 402. A integralidade das indemnizações

I. Cabe agora explicitar como – no nosso entender – se deve ordenar, hoje em dia, a resolução por incumprimento e a indemnização a que haja lugar.

Em primeiro lugar, cabe afastar alguns equívocos e lugares-comuns que, de modo acrítico, vêm surgindo em obras gerais. Designadamente:

- não é exato que a doutrina maioritária se incline para a indemnização pelo (mero) interesse negativo, quando haja resolução pelo incumprimento; é óbvio que tais assuntos não se resolvem por "votação"; todavia, a maioria da doutrina, sobretudo a mais recente, opta pela hipótese de computar, também, o interesse positivo;
- não é verdade que o Direito estrangeiro se incline para a limitação da indemnização ao interesse negativo: o § 325 do BGB, aparentemente, punha a resolução em alternativa com (qualquer) indemnização; com a grande reforma de 2001/2002, e para afinar o Direito alemão pela Convenção de Viena sobre contratos internacionais, o § 325 foi alterado, passando a dizer, simplesmente, que a resolução não exclui a indemnização[3435];
- não tem fundamento a ideia de que o Direito positivo português imponha limitações à indemnização, quando ocorra uma resolução; o artigo 908.°, limitado ao erro-dolo e à anulação da compra e venda, não pode, de modo algum, ser extrapolado para a resolução em geral.

[3434] STJ 12-fev.-2009 (João Bernardo), Proc. 08B4052; STJ 11-jan.-2007 (Custódio Montes), Proc. 06B4223.

[3435] Por todos: Jürgen Schmidt-Räntsch, *Das neue Schuldrecht* (2002), 362-363; quanto à justificação oficial para o novo preceito, *vide* Claus-Wilhelm Canaris, *Schuldrechtsmodernisierung 2002* (2002), 766-767 e, no que toca ao seu entendimento pacífico, Wolfgang Ernst, no *Münchener Kommentar zum BGB*, 7.ª ed. (2016), § 325, Nr. 17-19 (2178).

II. Como vimos, a teoria clássica de resolução foi revista. Perante o moderno Direito das obrigações, não é possível vir afirmar que a resolução destrói retroativamente o contrato, suprimindo todas as obrigações dele derivadas. O vínculo obrigacional é uma realidade complexa. A resolução apenas visa suprimir o dever de prestar principal do contratante fiel, perante o incumprimento definitivo do dever de prestar principal a cargo do contratante faltoso. Seria, na verdade, sumamente injusto que, perante o incumprimento da outra parte, o contratante fiel ainda devesse efetuar a sua prestação.

Quer isto dizer que a resolução apenas põe termo aos deveres de prestar principais. Todos os demais deveres envolvidos, secundários e acessórios, se mantêm.

III. A ideia de que, havendo resolução, não faria sentido optar pelo interesse positivo ou do cumprimento ... por se ter desistido do contrato é puramente formal e conceitual. Não há uma desistência voluntária mas, antes, uma destruição do contrato (e dos valores que ele representa), através de um inadimplemento.

Com efeito, o incumprimento acarreta danos. Perante eles, há que prever uma indemnização integral. A pessoa que resolva o contrato apenas tenciona libertar-se da prestação principal que lhe incumba: não pretende, minimamente, desistir da indemnização a que tenha direito.

A regra é, pois, sempre a mesma, simples e justa: o incumprimento, que se presume culposo, obriga a indemnizar por *todos* os danos causados. Ficarão envolvidos danos negativos ou de confiança e danos positivos ou do cumprimento, cabendo, caso a caso, verificar até onde vão uns e outros, sem duplicações e descontando a contraprestação de que a parte fiel fique liberta.

IV. Nos contratos internacionais, seja na base da Convenção de Viena sobre a Compra e Venda, seja na dos princípios Unidroit, a regra é a da indemnização, também e sendo esse o caso, pelo interesse positivo. Trata-se da solução mais justa e cabal, uma vez que apenas caso a caso se poderá verificar a dimensão dos danos e a sua composição.

A presença de uma regra abstrata de limitação dos danos a atender, perante a "resolução", é uma sequela francamente ultrapassada de um pensamento conceitual com o qual, de modo assumido, ninguém, hoje, se iria identificar.

O princípio a aplicar é simples: *perante os danos ilícitos e culposamente causados por um incumprimento, a indemnização deve ser integral.*

SECÇÃO II

# DA REVOGAÇÃO

## § 92.º A REVOGAÇÃO; PROBLEMÁTICA HISTÓRICO-COMPARATÍSTICA

### 403. Ideia básica

I. Diz-se revogação a supressão de um ato por um novo ato, a tanto destinado[3436]. Ao contrário da resolução:

- a revogação é discricionária: não depende de um incumprimento ou de outra ocorrência que a justifique;
- a revogação opera *ex nunc*, isto é, sem eficácia retroativa;
- a revogação depende de quem tenha competência para praticar o ato a suprimir.

II. A revogação não tem permitido uma teoria geral. Mau grado manifestações nos vários Direitos, ela mantém-se dispersa por diversos institutos, unificados pela designação comum "revogação": *révocation*[3437] ou *retractation*[3438] em francês, *revoca*[3439] e *recesso*[3440] em italiano e

[3436] Pedro Romano Martinez, *Da cessação do contrato* cit., 3.ª ed., 53.

[3437] Philippe Malaurie/Laurent Aynès/Philippe Stoffel-Munck, *Droit des obligations* cit., 7.ª ed., n.º 470 (241), a propósito da proposta contratual.

[3438] *Idem*, n.º 523 (268-269), a propósito do direito de revogação do consumidor.

[3439] Salvatore Romano, *Revoca (diritto privato)*, NssDI XV (1968), 808-820 (809/I); Luigi Ferri, *Revoca (diritto privato)*, ED XL (1989), 197-204 (197/I): a doutrina italiana é a que vai mais longe, na referência a uma figura geral de revogação.

[3440] Enriço Ravera, *Il recesso* (2004), XX + 512 pp., 8; o autor faz uma diferenciação entre o *recesso*, ato unilateral dirigido ao contrato e a *revoca*, tendencialmente virada para atos unilaterais (*idem*, 181); sublinha, porém, as flutuações do legislador (*idem*, 9).

*Widerruf*[3441] (contraordem), em alemão. Com efeito, numa situação que remonta ao Direito romano, a revogação cristalizou em tipos contratuais dispersos, com regimes próprios, a considerar em cada caso[3442].

III. Como antecipado, a revogação afirma-se, desde logo, por razões linguísticas. De seguida, ela adianta uma ideia de retratação ou de arrependimento: o sujeito toma uma posição mas, depois, decide alterá-la. Sublinhamos que as características acima apontadas são tendenciais: temos situações de revogação dependentes de uma justificação e, designadamente, de justa causa; assim sucede, por exemplo, com o mandato conferido, também, no interesse do mandatário (1170.º/2).

IV. A revogação é particularmente relevante no Direito administrativo. Exprime a cessação de um ato administrativo, por decisão do seu autor. Uma vez que está em jogo a confiança dos administrados, tal cessação está sujeita a regras limitativas, previstas no artigo 167.º do CPA.

## 404. **Evolução histórica**

I. No Direito romano, não havia uma referência geral à *revocatio*, enquanto instituto jurídico: antes casos isolados que, na evolução subsequente, permitiriam construir a revogação[3443].

O primeiro instituto parcelar aqui relevante é o *contrarius consensus* ou acordo de cessação[3444]. No período clássico e em face de contratos

[3441] Ludwig Enneccerus/Heinrich Lehmann, *Recht der Schuldverhältnisse* cit., 15.ª ed., § 38, I (165), reportando-o (em regra), a declarações de vontade que ainda não conduziram a um negócio jurídico.

[3442] *Vide*, como exemplo, o escrito monumental de Hans Peter Mankowski, *Beseitigungsrechte/Anfechung, Widerruf und verwandte Institute* (2003), LXVI + 1338 pp..

[3443] Maria Teresa Morrone, *Revoca (diritto romano)*, NssDI XV (1968), 800-802.

[3444] Wilhelm Drove, *Zur Lehre vom vertragsmässigen Rücktrittsrecht und dem Aufhebungsvertrag (contrarius consensus) nach römischem, gemeinen und bürgerlichen Recht* (1913), XIV + 185 pp.; Rolf Knütel, *Contrarius consensus/Studien zur Vertragsaufhebung im römischen Recht* (1968), XII + 146 pp., 1 ss., 61 ss. e 120 ss., nos vários contratos, com rec. Erich-Hans Kaden, SZRom 86 (1969), 523-526; Antonio Guarino, *Per la storia del "contrarius consensus"*, Labeo 14 (1968), 271-280; Uwe Wesel, *Zur dinglichen Wirkung der Rucktrittsvorbehalte des römischen Kaufs*, SZRom 85 (1968), 94-172 (120 e *passim*); Pietro Cerami, *Risoluzione (diritto romano)* cit., 1279/II ss..

consensuais, admitiu-se que a relação obrigacional ainda não efetivada (*res integra*) pudesse ser desfeita informalmente pelas partes[3445].

II. Paralelamente, surgiram múltiplas situações nas quais determinados atos podiam ser suprimidos, com as consequências daí decorrentes. Assim:

- a revogação da liberação do escravo podia ocorrer em diversas circunstâncias[3446];
- a revogação do legado (*ademptio legati*), por vontade do autor da deixa[3447];
- a revogação do testamento, por decisão do testador[3448].

III. No período pós-clássico, surgiram novas situações de revogação. Assim:

- no século IV, o Imperador Constantino fixou a revogação da emancipação[3449] e das doações a filhos que, contra o *pater*, *superbe crudeliterque se tollere* [manifestassem soberba e crueldade][3450]: uma medida que está na origem da atual revogação das doações por ingratidão;
- o mandato, até então gratuito, passou a poder ser remunerado; a sua revogação veio a exigir justa causa[3451], numa deriva que se mantém no Direito atual;
- a revogação do testamento passou a exigir certos cuidados formais: um novo testamento ou uma declaração perante várias testemunhas[3452];

[3445] Max Kaser, *Das römische Privatrecht* cit., 1, 2.ª ed., § 150, II, 4 (642-643).

[3446] *Idem*, § 69, III, 2 (292).

[3447] *Idem*, § 187, II, 1 (755); Sandro Serangeli, *Studi sulla revoca del testamento in diritto romano* 1 (1982), 276 pp..

[3448] *Idem*, § 165, II (691); em Max Kaser, nos locais citados, podem ser confrontados os textos.

[3449] Max Kaser, *Das römische Privatrecht* cit., II, 2.ª ed., § 228, II, 3 (213), com as fontes.

[3450] *Idem*, § 265, III, 2 (399); Maria Teresa Morrone, *Revoca (diritto romano)* cit., 802/1. Quanto às leis de Constantino sobre as doações: Clémence Dupont, *Les donations dans les constitutions de Constantin*, RIDS 9 (1962), 291-324 (304 ss.).

[3451] Max Kaser, *Das römische Privatrecht* cit., II, 2.ª ed., § 268, I, 1 (416).

[3452] *Idem*, § 285, IV, 2 (494).

– a revogação das doações *mortis causa* passou a ser livre, aproximando-se da dos testamentos[3453].

IV. O período intermédio conservou estas manifestações de revogação, delimitando regimes. Deve sublinhar-se a utilização da ideia de revogação – supressão de um ato ou dos seus efeitos por decisão do seu autor – no Direito canónico (revogação de nomeações para bispados e para outros cargos) e no Direito público (por exemplo, a célebre revogação do Édito de Nantes, levada a cabo em 23 de outubro de 1685 por Luís XIV e que garantia a liberdade dos protestantes em França).

O *contrarius consensus* manteve um espaço próprio[3454], não integrando diretamente, uma teoria geral da revogação.

## 405. **Codificação e evolução lusófona**

I. As hipóteses romanas de revogação foram acolhidas nas codificações. Como exemplos, assinalamos, no Código Napoleão, o artigo 1035.º, que fixa regras formais para a revogação dos testamentos[3455] e o artigo 2004.º, sobre a revogação do mandato[3456]. O BGB consignou outras hipóteses, como a revogação da promessa ao público, antes de ter originado um ato (§ 658)[3457], mantendo outras, como a revogação do testamento ou de disposições nele contidas (§ 2253)[3458]. O *contrarius consensus* foi, também, considerado[3459]. Após a reforma de 2001/2002, o BGB passou a contemplar, com algum desenvolvimento, a revogação do contrato, permitida, dentro dos 14 dias subsequentes à sua conclusão, ao consumidor: um ponto abaixo considerado.

[3453] *Idem*, § 300, I, 2 (565-566).

[3454] Georges Boyer, *G-Wis. II, 9, 17 et la théorie du "Contrarius consensus"*, RHD X (1931), 132-137.

[3455] J. A. Rogron, *Code civil expliqué* cit., 290-291.

[3456] *Idem*, 491/I.

[3457] Heinrich Blumenthal, *Der Widerruf der Auslobung* (1927), X + 80 pp.; *vide* Hans Peter Mankowski, *Beseitigungsrechte* cit., 68 ss..

[3458] Christian Hösl, *Der Widerruf des Testaments* (1930), VI + 59 pp.; Herrmann Neumeinster, *Der Widerruf eines Testaments* (1933), VII + 62 pp..

[3459] Heinrich Stern, *Der contrarius consensus im Rechte des Bürgerlichen Gesetzbuches* (1906), 66 pp.; Wilhel Drove, *Zur Lehre vom vertragsmäßigen Rücktrittsrecht* cit., 155 ss.; referimos, naturalmente, literatura antiga.

II. No Direito italiano, ocorrem preceitos similares, quiçá alargados. Assim, temos a revogação da procuração (1396.º), da promessa ao público (1990.º), da proposta e da aceitação (1328.º e 1335.º) e do mandato (1722.º a 1726.º), como exemplos[3460]. Toda esta matéria teve influência na Codificação de 1966. A revogação é ainda usada no domínio do Direito das sociedades. Ocorrem esforços para a construção de uma figura de tipo geral[3461].

III. No Código de Seabra, na sequência dos antecedentes acima referidos[3462], a revogação ocorre em institutos marcados pela unilateralidade, de acordo com o modelo romano. Assim temos, como exemplos, a revogação do mandato (1363.º a 1365.º)[3463] e a do testamento (1754.º a 1758.º)[3464]. Os aprofundamentos verificados foram parcelares: ligados aos institutos em causa. Todavia, num movimento a que não será estranha a literatura italiana[3465], as obras gerais de obrigações passaram a incluir rubricas relativas à distinção entre a resolução e figuras afins. E aí surgiam referências gerais à revogação.

[3460] Em Guido Alpa/Giovanni Iudica, *Codice civile annotato* cit., 1513-1514, 2381-2382, 1335-1336, 1347-1348 e 1997-2012, respetivamente, com indicações sumárias das problemáticas subjacentes.

[3461] Assim, recordamos: Mario Talamanca, *Osservazioni sulla struttura del negozio di revoca*, RivDC X (1964) 1, 150-167 (150, 153-154 e *passim*); Salvatore Romano, *Revoca (diritto privato)* cit., 808-820; Luigi Ferri, *Revoca (diritto privato)* cit., 197-204.

[3462] *Supra*, 952.

[3463] José Dias Ferreira, *Código Civil annotado* cit., 3, 1.ª ed., 386-389 e 3, 2.ª ed., 35-38.

[3464] *Idem*, 4, 1.ª ed. (1875), 168-172 e 3, 2.ª ed., 298-302. *Vide* António Henriques Silva, *Da revogação no direito testamentario* (1884), 183 pp..

[3465] Em Guilherme Moreira, *Instituições do Direito civil* cit., 2, n.º 201 (659-662), a revogação surge referida em conjunto com outras formas de "dissolução dos contratos".

## § 93.º REGIME E NATUREZA DA REVOGAÇÃO

### 406. A revogação no Código Civil

I. A origem dispersa da revogação recomenda um levantamento, feito na base do Código Civil. Assim, ela surge referida nos seguintes artigos:

7.º: cessação de vigência da lei;
65.º: lei aplicável às disposições por morte e sua revogação;
137.º (revogado): revogação da emancipação;
170.º: revogação dos poderes dos titulares dos órgãos da associação;
185.º: instituição das fundações e sua revogação;
228.º/2: revogação da proposta contratual;
230.º: irrevogabilidade da proposta;
235.º: revogação da aceitação ou da rejeição;
265.º/2 e 3: revogação da procuração;
266.º/1: proteção de terceiros perante essa revogação;
448.º: revogação da promessa no contrato a favor de terceiro;
450.º/2: revogação da designação do terceiro, segundo o regime da ingratidão do donatário;
460.º e 461.º: revogação da promessa pública;
722.º: expurgação da hipoteca no caso de revogação da doação;
845.º: revogação da consignação em depósito, antes de aceite pelo credor;
969.º: revogação de doação, ainda não aceite;
970.º: revogação de doação por ingratidão do donatário;
972.º e 973.º (revogados): revogação da doação por superveniência de filhos;
974.º: revogação da doação por ingratidão do donatário;
975.º: casos de exclusão da revogação;
978.º: efeitos da revogação da doação;
979.º: efeitos da revogação em relação a terceiros;
986.º: revogação judicial da cláusula atributiva da administração da sociedade a um sócio;
1170.º: revogabilidade do mandato;
1171.º: revogação tácita do mandato;

1172.º: indemnização por revogação do mandato;
1173.º: revogação do mandato coletivo;
1179.º: revogação ou renúncia da procuração;
1621.º: revogação e caducidade da procuração para casamento;
1705.º/2: revogação de disposições por morte, a favor de terceiro, com carácter contratual;
1706.º/2: correspetividade da revogação das disposições em causa;
1712.º: revogação da convenção antenupcial antes do casamento;
1715.º/1, *a*): revogação, quando possível, como exceção ao princípio da imutabilidade das convenções antenupciais;
1718.º: remissão do regime de bens para uma lei revogada;
1758.º: irrevogabilidade das doações entre esposados;
1765.º: revogabilidade das doações entre casados;
1835.º (alterado):
1928.º/2 e 3: revogação, pelos pais, da designação de tutor;
1978.º (alterado):
1999.º (alterado):
2000.º (alterado):
2001.º (alterado):
2002.º (alterado):
2029.º (alterado):
2282.º (alterado):
2311.º a 2316.º: revogação do testamento.

II. Podemos agrupar estas referências à revogação em oito blocos:

- a revogação de lei (7.º e 1718.º);
- a revogação de designações associativas ou societárias (170.º e 986.º);
- a revogação de atos gratuitos, antes de produzirem efeitos (185.º, 448.º, 460.º, 461.º, 969.º, 1705.º/2, 1712.º e 2311.º a 2316.º);
- a revogação de atos atinentes à formação do contrato, antes de produzirem efeitos (228.º/2, 230.º e 235.º); podemos aproximar, daqui, a revogação da consignação em depósito (845.º);
- a revogação da procuração (265.º/2 e 3, 266.º/1, 1179.º e 1621.º);
- a revogação da doação por ingratidão do donatário (450.º/2, 722.º, 970.º, 974.º, 975.º, 970.º, 979.º);
- a revogação do mandato (1170.º a 1173.º);
- a revogação de determinados atos, no âmbito da família, mantendo-se, hoje, os artigos 1758.º a 1765.º (revogações no âmbito de doações entre esposados e casados) e 1928.º/2 e 3 (revogação da tutela).

III. Todas as referências à revogação têm, em comum, o facto de traduzirem a supressão de um ato, por decisão do seu autor. Nuns casos é totalmente livre; noutros, ela depende de certos requisitos.

Embora a lei não o qualifique como revogação, cumpre referir o distrate ou revogação do contrato, por mútuo consentimento. O velho *contrarius consensus* vem referido no artigo 406.º/1, estando ainda subjacente ao (atual) artigo 1079.º, relativo ao arrendamento urbano. Adiante veremos o seu perfil.

Finalmente, temos a "resolução" enquanto manifestação do Direito ao arrependimento, presente nas leis sobre o consumo.

### 407. **Modalidades; confronto com a resolução e afins**

I. Na base das consagrações civis acima referidas, torna-se possível distinguir diversas modalidades de revogação. Assim:

- em função da sua estrutura básica, ela pode ser contratual (o dissenso ou o mútuo acordo) ou unilateral;
- segundo o grau de liberdade, a revogação pode ser discricionária (proposta, aceitação ou rejeição, antes de produzirem efeitos, atos gratuitos, antes de produzirem efeitos e procuração) ou fundamentada (revogação do mandato conferido, também, no interesse do mandatário ou de terceiro, o que exige justa causa, segundo o artigo 1170.º/2);
- a revogação fundamentada pode ter natureza puramente objetiva (a justa causa de revogação do mandato) ou ter um sentido sancionatório (revogação da doação por ingratidão do donatário, artigo 974.º);
- a revogação pode, ainda, corresponder a uma previsão legal ou ter sido clausulada pelas partes, ao abrigo da autonomia privada (405.º/1); nessa eventualidade, as partes fixam as condições em que o mesmo ocorra; quando o façam corresponder a inadimplementos, torna-se difícil distingui-la da resolução.

II. A revogação apresenta-se multifacetada. Todavia, podemos afirmar que, como tronco comum, ela implica uma manifestação de vontade de fazer cessar os efeitos de determinado ato. Nessa base e aproveitando uma ideia de Düll, a revogação perfeita ou autêntica é a totalmente livre, enquanto a imperfeita ou não-autêntica implica uma justificação ou justa causa[3466].

Nenhuma disposição legal lhe atribui efeitos retroativos. De resto e em regra, ela opera em face de atos que ainda não produziram os seus efeitos, pelo que a mera eficácia *ex nunc* é suficiente.

III. A distinção da revogação das demais modalidades de extinção das obrigações por supressão da fonte torna-se num tema clássico, fundamentalmente descritivo. Com efeito, não há qualquer mapa racional de fixação das diversas figuras. Estas foram surgindo em termos insulares, ao sabor da história. As contraposições devem ser feitas perante a resolução, que constitui, na nossa doutrina, a figura básica de referência. Assim:

- a resolução equivale a um instituto geral, com um regime explícito (432.º a 436.º); a revogação surge em tipos específicos de negócios;
- a resolução deve ter um fundamento; a revogação pode dispensá-lo, ainda que nem sempre;
- a resolução é retroativa, pelo menos *in nomine*; de facto, ela dá lugar a uma relação de liquidação; a revogação, em regra, implica uma cessação pura e simples do vínculo, não sendo retroativa.

IV. Podemos ainda adiantar que a revogação se distancia da denúncia, da oposição à renovação e da caducidade:

- a denúncia é discricionária, o que pode não ocorrer com a revogação; além disso, respeita a relações duradouras;
- a oposição à renovação traduz, num contrato com renovações automáticas, um ato destinado a bloqueá-las;
- a caducidade equivale à cessação de uma relação por via de um facto com esse tipo de eficácia.

### 408. **O regime; o paradigma da procuração**

I. Na falta de um perfil geral de revogação, o estudo do seu regime terá de ser feito a propósito das diversas figuras que o consagram. Para além de manifestações suas na área societária, ela tem regimes próprios

[3466] Rudolf Düll, *Zur Lehre vom Widerruf* (1934), IV + 75 pp., 3-4; a contraposição deste Autor não é, precisamente, a que figura no texto.

no âmbito da proposta contratual[3467], da doação[3468], do mandato[3469] e do testamento[3470]. Remetemos para as competentes rubricas do presente *Tratado*.

Não obstante a dispersão existente – que é estrutural e incontornável – podemos determinar uma concretização básica da revogação, que torne viável a fixação de um tronco comum para as suas diversas manifestações, útil para integrar os regimes específicos.

II. A procuração é um ato pelo qual uma pessoa atribui, a outra, poderes de representação (262.º/1)[3471]. Tem natureza voluntária, podendo ser conformada pelo seu autor: implica liberdade de celebração e de estipulação, pelo que, tecnicamente, é um negócio jurídico. Assume, ainda, natureza unilateral.

A procuração, claramente *intuitu personae*, assenta numa estrita relação de confiança entre o representado e o procurador. Por isso, ela cessa:

– por renúncia do procurador (265.º/1);
– por revogação do representado (265.º/2).

A revogação é possível não obstante convenção em contrário ou renúncia ao direito de revogação (265.º/2). A "renúncia" equivale, aqui,

[3467] *Tratado* II, 4.ª ed., 324 e *passim*.

[3468] Nuno Pinto Oliveira, *Revogação das doações*, SI 290 (2001), 149-180; RGm 22-mar.-2011 (Teresa Pardal), CJ XXXVI (2011) 2, 286-289 (288), distinguindo as hipóteses de revogação de doação e de resolução, por não-cumprimento de cláusula modal.

[3469] A obra de referência mantém-se a de Januário Gomes, *Em tema de revogação do mandato civil* (1986), 327 pp., 73 ss. e *passim*; *vide*, ainda, Maria Raquel Rei, *Da justa causa para a renovação do mandato* (1994), 94 pp.; Paulo Alberto Videira Henriques, *A desvinculação unilateral* ad nutum *nos contratos civis de sociedade e de mandato* cit., 99 ss. e *passim*; Adelaide Menezes Leitão, *Revogação unilateral do mandato*, Est. Galvão Telles 1 (2002), 305-346; Irene de Seiça Girão, *Mandato de interesse comum*, em *35 anos do Código Civil* 3 (2007), 369-416 (371 ss.); Maria João Tomé, *Sobre o mandato sem representação e o* trust, ROA 2007, 1091-1216 (1115-1121).

[3470] João Sérgio Telles de Menezes Correia Leitão, *Da revogação do testamento e de disposições testamentárias* (1992), 304 pp..

[3471] Os nossos *A representação no Código Civil: sistema e perspetivas de reforma*, em *35 anos do Código Civil* 2 (2006), 393-422 e *Tratado* V, 2.ª ed., 134 ss.; a obra de referência é a de Pedro de Albuquerque, *A representação voluntária* (2004); *vide*, ainda, Raul Guichard Alves, *Acerca do instituto da representação voluntária no Código Civil de 1966*, DJ XVIII (2004), 1, 197-207 e João Nuno Calvão da Silva, *Procuração (art. 116.º do Cód. Not. e art. 38.º do DL n.º 76-A/2006, de 29-3)*, ROA 2007, 731-753.

a uma revogação efetivada pelo beneficiário do ato a suprimir. Temos um dado importante: o da revogação como um ato discricionário, a levar a cabo em situações assentes na confiança. Essa regra advém do mandato, constando expressamente, quanto a este, do artigo 1170.º/1.

A regra básica sofre distorções mercê da faculdade, demonstrada pela procuração como pelo mandato, de se interligarem com outros negócios. Assim, a procuração conferida também ao interesse do procurador ou de terceiro não pode ser revogada sem o acordo do interessado, salvo justa causa (265.º/3): uma regra presente no artigo 1170.º/2, quanto ao mandato.

A justa causa deve ser procurada no negócio subjacente à procuração ou ao mandato e que exprime o "interesse do procurador ou de terceiro".

III. A revogação não está sujeita a nenhuma forma: pode ser consensual (219.º) e tácita (1171.º). Todavia:

- ela é recipienda: deve ser comunicada extrajudicialmente à outra parte (*vide* o artigo 436.º/1) e produz efeitos após ser conhecida pelo destinatário (1171.º);
- ela deve, em regra, surgir em suporte duradouro, de modo a ser demonstrável e a poder ser levada ao conhecimento de terceiros (266.º).

## 409. Eficácia e natureza

I. A revogação faz cessar a fonte obrigacional por ela atingida. Ela opera quando conferida por lei – o que ocorre em certos tipos negociais, como a procuração e o mandato – ou quando clausulada pelas partes.

Tem efeitos *ex nunc*, isto é, a partir do momento em que se torne eficaz; salvo casos fixados na lei – como o da retratação do consumidor, abaixo referida – ela não implica restituições complexas nem reconstituições do *statu quo ante*, paralelas às aplicáveis à resolução.

II. A revogação não prejudica os direitos adquiridos por terceiros, na base do ato revogado, seguindo a regra da resolução (435.º). Não tem efeitos retroativos: interrompe, pura e simplesmente, o ato atingido. Pode dar lugar a algumas restituições instrumentais, sendo que subsistem, devidamente, os deveres acessórios envolvidos, de modo a prevenir dados pessoais (incluindo os morais) e danos patrimoniais.

Inferimos, daqui, que a revogação, à semelhança da resolução, não é rigorosamente extintiva: ela modifica a situação atingida, transformando-a, numa relação de liquidação. Esta, no entanto, não visa reconstituir uma situação sem o contrato, de tal modo que possa envolver restituições complexas; visa, tão-só, assegurar que a cessação do contrato não provoca maiores danos. A revogação não é retroativa.

III. Tecnicamente, a revogação é o produto de um direito potestativo, conferido a uma das partes (ou a ambas), de pôr, discricionariamente, termo ao negócio. Ela fragiliza em extremo as situações que a possibilitem, pelo que ocorre em tipos marcados pela confiança. Todavia, temos modalidades de revogação dependentes de motivos justificados, num círculo mais amplo do que o do incumprimento/impossibilidade, próprio da resolução. Pela sua origem, ligada a situações disponíveis de confiança, pelas particularidades de regime já sublinhadas e pela potencialidade, abaixo referida, de satisfazer novos objetivos ligados à defesa do consumidor, a revogação afirma-se como um instituto autónomo, apto a fazer cessar situações obrigacionais.

## § 94.º A REVOGAÇÃO/ARREPENDIMENTO DO CONSUMIDOR

### 410. Origem e evolução

I. Embora com antecedentes romanos[3472], retomados no pandectismo[3473], a ideia de um arrependimento contratual, à margem da figura do sinal, impôs-se como esquema de proteção do consumidor. Com efeito, no âmbito do Direito do consumo[3474], surge a necessidade de tutelar este último, perante a conclusão irrefletida de contratos ou em face de contratos que, de todo o modo, se revelem inúteis. Com efeito, mercê das técnicas publicitárias e da própria propensão dos seres humanos para a posse de bens e para o consumo individual, verifica-se que, com facilidade, os destinatários finais do circuito económico:

- adquirirem bens ou serviços inúteis;
- contratam em termos que, depois, não estejam em condições de honrar.

Esta problemática levou a que, nos países anglo-saxónicos, fosse preconizada a introdução de um direito, a favor dos consumidores, de revogar o contrato de consumo celebrado[3475], passado um período de *cooling off* ou de reflexão. A ideia foi acolhida em vários países da *Commonwealth* e em meados dos anos sessenta do século XX, pela *Federal Trade Commission* e pelas leis de diversos Estados federados norte-americanos.

[3472] Axel Riechelmann, *Poenitentia: Reue und Bindung nach römischen Rechtsquellen/Voraussetzungen und Wirkungen einseitiger Willensänderung* (2005), XXX + 156 pp., 108 ss. e 151 ss. (hoje).

[3473] Otto Wendt, *Reurecht und Gebundenheit bei Rechtsgeschäften*/1: *Die condictio ex poenitentia: Beitrag zur Lehre vom dare ob causam* (1878), VI + 168 pp..

[3474] *Tratado* I, 4.ª ed., 317-333, para onde se remete quanto ao Direito do consumo, à sua evolução e às suas traves mestras.

[3475] Assim o britânico *Molony Report*; *vide* Mathias Schmoeckel, HKK/BGB cit., II/2, vor §§ 312 ff., Nr. 74 (1620-1621).

II. Na Alemanha, a introdução de um direito de arrependimento foi defendida, em 1891, por Heck[3476]. A hipótese de revogação de negócios concluídos por consumidores constou, primeiramente, do § 11/1 da Lei sobre a Distribuição de Participações em Investimentos Estrangeiros de 28-jul.-1969[3477]: o adquirente dispunha, durante duas semanas, da possibilidade de se desvincular. Em 1970, esse direito foi alargado à aquisição de participações internas. Seguiu-se, em 1974 e após 20 anos de debate, a introdução do Direito ao arrependimento nas vendas a prestações[3478] e, posteriormente, outras consagrações parcelares[3479]. A matéria transitou, com a reforma de 2001/2002, para o BGB – §§ 312 e 312d[3480] – conhecendo muita elaboração doutrinária e jurisprudencial[3481]. As regras sobre a revogação pelo consumidor constam dos §§ 355 a 361: um desenvolvimento considerável, que fará deslocar o centro de gravidade da revogação para o Direito do consumo[3482].

Em França, o mesmo objetivo foi inicialmente alcançado através do estabelecimento de um período obrigatório de reflexão prévia, em pontos sectoriais (leis de 12-jul.-1971 e 13-jul.-1979). Por influência europeia, passou-se a um direito de "retratação" após a conclusão do contrato (Lei de 17-mar.-2014)[3483].

[3476] Philipp Heck, *Wie ist den Mißbräuchen, welche sich bei den Abzahlungsgeschäften herausgestellt haben, entgegen zu wirken?*, DJT 1 (1890), 131-195 (180-181), propugnando um *gesetzliches Reurecht* (direito legal ao arrependimento) e propondo um articulado (§ 15, p. 192).

[3477] Caroline Meller-Hannich, *Vertragslösungsrechte des Verbrauchers aus dem BGB/Geschichte und Gegenwart*, Jura 2003, 369-375 (371 ss.), com antecedentes; em Mathias Schmoeckel, HKK/BGB cit., II/2, vor §§ 312 ff., nota 254 (1621), pode ser confrontado o texto legal relevante.

[3478] Patrick Certa, *Widerruf und schwebende Unwirksamkeit nach den Verbraucherschutzgesetzen* (2000), XXIII + 207 pp., 17 ss..

[3479] Mathias Schmoeckel, HKK/BGB cit., II/2, Nr. 75 (1621), com indicações.

[3480] Astrid Stadler, no Jauernig cit., 15.ª ed., 419 ss. e 428 ss..

[3481] Christiane Wendehorst, no *Münchener Kommentar zum BGB* 2, 7.ª ed. (2016), § 312 (1723-1746) e § 312d (1784 a 1790).

[3482] Jörn Frische, no *Münchener Kommentar* cit., 2, 7.ª ed., §§ 355-361 (2431-2565); Marina Tamm/Klaus Tonner (org.), *Verbraucherrecht rechtliches Umfeld, Rechtsdurchsetzung: Beratungshandbuch*, 2.ª ed. (2016), 1336 pp., 461 ss..

[3483] Philippe Malaurie/Laurent Aynès/Philippe Stoffel-Munck, *Droit des obligations* cit., 7.ª ed., n.º 523 (268-269), com indicações. *Vide* Raymond Baillod, *Le droit de repentir*, RTDC 1984, 227-254 (231 ss.).

## 411. Leis portuguesas e natureza

I. Nas leis portuguesas, o direito de "resolução" a favor do consumidor, nas vendas a domicílio, foi consagrado no Decreto-Lei n.º 272/89, de 3 de julho: no prazo de 7 dias, nas vendas a domicílio (4.º/1) e nas vendas por correspondência (11.º/1). A matéria passou aos artigos 6.º e 18.º do Decreto-Lei n.º 143/2001, de 26 de abril, várias vezes alterado e hoje substituído pelo Decreto-Lei n.º 24/2014, de 14 de fevereiro. Este versa a venda à distância, com um direito de "livre resolução" do contrato (10.º a 13.º) nos 14 dias subsequentes à entrega da mercadoria, prorrogáveis em certas circunstâncias, também aplicável na venda ao domicílio (10.º/1) e na venda esporádica (25.º/2).

No que toca ao direito real de habitação periódica, o direito de "resolução" surgia a propósito do correspondente contrato-promessa, no prazo de 7 dias segundo o artigo 30.º/4 do Decreto-Lei n.º 130/89, de 18 de abril[3484]; esse prazo passou a 14 dias, pelo artigo 16.º do novo regime aprovado pelo Decreto-Lei n.º 275/93, de 5 de agosto, alterado pelo Decreto-Lei n.º 37/2011, de 10 de março e pelo Decreto-Lei n.º 245/2015, de 20 de outubro.

No campo dos serviços financeiros à distância, regulados pelo Decreto-Lei n.º 95/2006, de 29 de maio, o "direito de livre resolução" consta dos artigos 19.º a 25.º: 14 dias para os diversos contratos e 30 para os de seguros; o referido artigo 19.º foi alterado pela Lei n.º 14/2012, de 26 de março.

Quanto ao crédito ao consumo: após diversas consagrações em diplomas sucessivos, temos, hoje, no artigo 17.º do Decreto-Lei n.º 133/2009, de 2 de junho, alterado e publicado pelo Decreto-Lei n.º 42-A/2013, de 28 de março, um "direito de livre resolução", a cargo do consumidor.

Estas diversas consagrações do direito ao arrependimento do consumidor tiveram, na origem, transposições de diretrizes[3485].

II. As leis portuguesas falam no "direito de resolução" ou de "livre resolução" do consumidor. O BGB usa revogação (*Widerruf*) e a doutrina

[3484] O anterior e original regime, resultante do revogado Decreto-Lei n.º 355/81, de 31 de dezembro, não referia essa possibilidade.

[3485] *Vide* algumas indicações em Pedro Romano Martinez, *Da cessação do contrato* cit., 3.ª ed., 265 ss..

francesa, retratação[3486]. Torna-se possível encontrar raízes no *ius poenitendi* do período romano tardio e nos esquemas das arras, desde que clausulados[3487]. *Quid iuris*?

Já foi defendido que o direito do consumidor aqui em causa era, no fundo, um último passo para a compleição do contrato: este ficaria incompleto até que desaparecesse essa possibilidade. Hoje admite-se pacificamente que se trata de um direito potestativo, concedido ao consumidor, de fazer cessar livremente o contrato, dentro do período de *cooling off*[3488].

III. Esse direito de exercício é unilateral: distingue-se, assim, do distrate. Surge discricionário, o que o aparta da resolução. Tanto basta para que se apresente como uma forma de revogação: veja-se o paralelo com o mandato. É certo que a retratação do consumidor obriga – ou pode obrigar, se for o caso – à devolução do bem adquirido, no que se aproxima de uma relação de liquidação. Esta, todavia, dispõe de um perfil claramente fixado na lei, sendo o menos densa possível, para além da restituição.

Afigura-se que a total liberdade de retratação alija as regras importantes do incumprimento ou da impossibilidade, inerentes à resolução. Tanto permite reforçar a "resolução pelo consumidor" como uma modalidade de revogação.

IV. Já se discutiu se, dada a possibilidade de revogação pelo consumidor, o contrato fica logo concluído aquando da celebração ou se há que aguardar pela passagem do prazo para que fique consolidado. Entende-se, hoje, que o contrato fica perfeito, na sua celebração[3489]. A revogação pelo consumidor é uma superveniência permitida pela lei: de resto, de muito rara verificação percentual. Antes de se ter esgotado a possibilidade de a utilizar, as partes (já) dispõem de pretensões de cumprimento.

[3486] Bertrand Fages, *Droit des obligations* cit., 5.ª ed., n.º 97 (98-99); Philippe Malaurie/Laurent Aynès/Philippe Stoffel-Munck, *Droit des obligations* cit., 7.ª ed., n.º 523 (268-269).

[3487] Jean Carbonnier, *Droit civil/Obligations* cit., n.º 1030 (2121); *vide supra*, nota 3475.

[3488] *Vide* Mathias Schmoeckel, HKK/BGB cit., II/2, Nr. 74 (1620), com indicações.

[3489] Stephan Lorenz, *Im BGB viel Neues: Die Umsetzung der Fernabsatzrichtlinie*, JuS 2000, 833-843 (835/II); Sudabeh Kamanabrou, *Die Umsetzung der Fernabsatzrichtlinie*, WM 2000, 1417-1426 (1418/I); Peter Mankowski, *Schwenbe Wirksamkeit unter § 361a BGB*, WM 2001, 793-802 (794/I).

SECÇÃO III

# DA DENÚNCIA, DA OPOSIÇÃO À RENOVAÇÃO, DA RENÚNCIA E DA CADUCIDADE

## § 95.º DA DENÚNCIA

### 412. Etimologia e polissemia

I. Etimologicamente, denúncia provém do latim *denuntiare* (proclamar ou ordenar): *de* (movimento) e *nuntius* (núncio ou mensageiro). Confrontando com locuções próximas, temos anunciar (proclamar ao público) e enunciar (exteriorizar). Denunciar será uma comunicação com um específico destinatário. No Direito romano encontramos a *denuntiatio* dirigida ao devedor e destinada a dar-lhe a conhecer a venda do penhor[3490] ou visando comunicar-lhe a ocorrência de uma cessão de crédito[3491]. Em português corrente, "denúncia" aproxima-se de uma ideia de queixa ou de delação, tendo um sentido menos aprazível.

Assinale-se que, em alemão, a *Kündigung* (denúncia) tem, na linguagem corrente, o sentido de despedida ou de aviso de mudança, correspondendo, nas relações duradouras, à denúncia. *Kündigen* pode ser vertido para despedir, mandar embora, sair ou mudar. Em termos técnicos[3492], equivale à denúncia.

[3490] C. 8.27.4 = ed. Paul Krüger cit., II, 346/I.
*Vide* Max Kaser, *Das römisches Privatrecht* cit., I, 2.ª ed., § 111, II, 2 (471).

[3491] *Idem*, § 153, I, 3 (654).

[3492] Cabe referir a monografia de Erich Molitor, *Die Kündigung* (1935), IX + 241 pp., com a definição logo na 1.ª página.

II. Em Direito, denúncia pode assumir sentidos distintos. O Código de Seabra evitava essa locução, que não surge nos clássicos. Já no Código de 1966, ela ocorre com distintos sentidos. Assim:

*916.º* (denúncia do defeito): o comprador de uma coisa com vício ou falta de qualidade deve denunciar, ao vendedor, essas ocorrências, em certos termos;

*917.º* (caducidade da ação): a anulação por erro caduca se a denúncia não for oportunamente feita;

*921.º/4* (garantia de bom funcionamento): a ação derivada da garantia do bom funcionamento da coisa caduca se a denúncia não tiver sido oportunamente feita;

*1099.º* (princípio geral): o arrendamento de duração indeterminada cessa por denúncia de uma das partes;

*1100.º* (denúncia pelo arrendatário): fixa pré-avisos e outros pressupostos da denúncia pelo arrendatário;

*1101.º* (denúncia pelo senhorio): aponta os casos em que o senhorio pode pôr cobro a arrendamentos de duração indeterminada;

*1102.º* (denúncia para habitação): fixa os termos desse tipo de denúncia;

*1103.º* (denúncia justificada): precisa novos termos para a denúncia pelo senhorio;

*1148.º/2* (falta de fixação do prazo): no mútuo sem prazo, qualquer das partes pode pôr termo ao contrato, desde que o denuncie com uma antecipação mínima de trinta dias;

*1220.º* (denúncia dos defeitos): o dono da obra, sob pena de caducidade dos seus direitos, deve denunciar ao empreiteiro os defeitos da obra dentro dos trinta dias seguintes ao seu descobrimento;

*1224.º* (caducidade): sendo os defeitos da obra desconhecidos do dono e este a tiver aceite, o prazo de caducidade conta-se a partir da denúncia;

*1225.º/2* (imóveis destinados a longa duração): o prazo para a denúncia é de um ano;

*1226.º* (responsabilidade dos subempreiteiros): o direito de regresso do empreiteiro contra os subempreiteiros caduca se não lhes for comunicada a denúncia dentro dos trinta dias seguintes à sua receção;

*2034.º* (incapacidade por indignidade): carece de capacidade sucessória o condenado por denúncia caluniosa ou falso testemunho contra o autor da sucessão, contra o seu cônjuge, descendente, ascendente, adotante ou adotado;

*2166.º* (deserdação): pode ocorrer por testamento, quando o sucessível legitimário seja condenado por denúncia caluniosa ou falso testemunho, nos mesmos termos.

Na versão original do Código Civil, a denúncia surgia ainda nos artigos 1055.º, 1073.º, 1076.º, 1095.º, 1097.º, 1098.º, 1099.º, 1100.º e 1114.º, no domínio da locação, para significar a oposição à renovação. Tratava-se de um erro lapidar, que foi corrigido na versão atual[3493].

Como se vê, temos hoje, no Código Civil três sentidos básicos para o termo denúncia:

(1) a denúncia como comunicação de certos defeitos, da coisa vendida ou da obra na empreitada, feita pelo lesado ao vendedor ou ao empreiteiro; estamos próximos da *denuntiatio* romana;
(2) a denúncia como ato destinado a fazer cessar uma relação duradoura: assim sucede no arrendamento e no mútuo sem prazo;
(3) a denúncia como delação ou queixa, para fins penais ou similares.

Um quarto sentido, hoje removido do Código Civil, era o da denúncia como oposição à renovação, na locação.

III. No campo da cessação das obrigações, interessa reter o segundo sentido: a denúncia destinada a pôr termo a uma relação duradoura de duração indeterminada. Nalguns casos a lei sujeita-a a um (mero) pré-aviso; noutros, ela depende, ainda, de certos requisitos. A denúncia reportada a relações duradouras ocorre, ainda, no contrato de agência, cujo regime resulta do Decreto-Lei n.º 178/86, de 3 de julho, com as alterações introduzidas pelo Decreto-Lei n.º 118/93, de 13 de Abril. A agência de duração indeterminada pode cessar por denúncia de qualquer das partes (artigo 28.º do Decreto-Lei n.º 178/86), com pré-avisos crescentes em função do tempo por que haja vigorado: um mês se tiver durado menos de um ano; dois meses se tiver iniciado o segundo ano de vigência; três meses nos casos restantes[3494]. Essas regras podem, com cuidado, ser aplicadas a outros contratos de distribuição, como a cessação comercial e a franquia ou *franchising*.

[3493] *Infra*, 980.

[3494] *Vide* António Pinto Monteiro, *Contrato de agência/Anotação ao Decreto-Lei n.º 178/86, de 3 de Julho* cit., 7.ª ed., 127 ss. e o nosso *Direito comercial*, 4.ª ed. (2016), 788; com mais elementos: Fernando Ferreira Pinto, *Contratos de distribuição/Da tutela do distribuidor integrado em face da cessação do vínculo* (2013), 338 ss..

## 413. **As relações duradouras**

I. A denúncia ora em estudo inscreve-se na dogmática das relações duradouras. Esse tipo de relações, já abordadas no presente *Tratado*[3495], têm uma dogmatização relativamente recente[3496].

Na verdade, elas eram reconhecidas na pandectística. Savigny contrapunha prestações passageiras às duradouras[3497], admitindo que estas pudessem cessar por denúncia[3498]. Foi retomado por Puchta[3499] e por Dernburg[3500]. Todavia, uma exposição alargada apenas surgiu no princípio do séc. XX, através de autores como Müller-Erzbach ("negócios de fornecimento sucessivos e similares")[3501], como Josef Kohler ("relações recíprocas duradouras")[3502] e como Oertmann, o criador de "base do negócio" e que oficializou o termo "relação duradoura"[3503], presente nos seus antecessores.

Coube a von Gierke, em 1914, uma primeira exposição alargada sobre as relações duradouras[3504] as quais, todavia, só obtiveram expressa consagração jurisprudencial vinte anos mais tarde[3505]. Otto von Gierke foi, logo na altura, apoiado por Krückmann[3506] e, depois, por Gschnitzer, particularmente interessado na denúncia[3507].

[3495] *Tratado* VI, 2.ª ed., 559 ss..

[3496] Rudolf Meyer-Pritzl, HKK/BGB cit., II/2, §§ 313-314, Nr. 75 (1754); Angie Schneider, *Vertragsanpassung im bipolaren Dauerschuldverhältnis* (2016), XVIII + 479 pp., 5 ss..

[3497] Friedrich Carl von Savigny, *Das Obligationenrecht* 1 (1851), § 28, 2 (302).

[3498] *Idem*, 303.

[3499] Georg Friedrich Puchta, *Pandekten*, 18.ª ed. (1856), § 223 (338-339).

[3500] Heinrich Dernburg/Johannes Biermann, *Pandekten* II, 7.ª ed. (1903), § 34, 2 (97).

[3501] Rudolf Müller-Erzbach, *Ueber den Rücktritt bei "sukzessiven Lieferungsgeschäften" und ähnlichen Verträgen*, DJZ 1904, 1158-1163 (1159).

[3502] Josef Kohler, *Lehrbuch des Bürgerlichen Rechts*, II/1 (1906), 259 ss..

[3503] Paul Oertmann, *Kommentar zum BGB*, II, 3.ª-4.ª ed. (1910), § 325, Nr. 6 c.

[3504] Otto von Gierke, *Dauernde Schuldverhältnisse*, JhJb 64 (1914), 355-411.

[3505] RG 26-abr.-1933, RGZ 140 (1933), 264-275 (275); outras indicações constam de Hartmut Oetker, *Das Dauerschuldverhältnis und seine Beendigung* (1994), 52 ss..

[3506] Paul Krückmann, *Einige Bemerkungen zu der "dauern den Schuldverhältnissen"*, JhJb 66 (1916), 1-17.

[3507] Franz Gschnitzer, *Die Kündigung nach deutschem und österreichischen Recht*, JhJb 76 (1926), 317-415 e JhJb 78 (1927/28), 1-86.

A doutrina acabou por acolher as relações duradouras, designadamente para, com base na boa-fé[3508], permitir a sua cessação por denúncia[3509]: um aspeto com reflexos na doutrina nacional, mas que não chegou ao Código Civil.

II. A noção de relação duradoura não é firme. À partida, consideramos duradouro o vínculo que implique prestações prolongadas, sejam elas contínuas, sejam elas sucessivas[3510]. Ficam especialmente envolvidas: (1) situações de fornecimento, que impliquem sucessivas entregas de bens ou serviços; (2) situações de prestação de serviço prolongado; (3) relações-quadro, ao abrigo das quais se pratiquem subsequentes atos jurídicos.

Na sempre bem documentada experiência alemã, os tribunais têm considerado duradouras as relações de fornecimento de cerveja, de locação, de arbitragem, de prestação de serviço, de fornecimento de eletricidade, de gás e de água, de licença, de fornecimentos a longo prazo, de locação produtiva, de sociedade, de seguro e de distribuição[3511].

Importantes relações duradouras derivam do contrato de abertura de conta[3512] e do contrato de sociedade[3513].

III. Salvo o que abaixo se dirá sobre o BGB, após a reforma de 2001/ /2002, não há tratamentos unitários das relações duradouras. Estas desenvolveram-se em torno de contratos específicos, com relevo histórico para os seguros[3514], o trabalho[3515], a parceria de serviços[3516] e a locação habitacio-

[3508] Ludwig Enneccerus/Heinrich Lehmann, *Recht der Schuldverhältnisse* cit., 15.ª ed., § 4, II, 4 (22).

[3509] *Idem*, § 24, II (108-109) e *passim*; Karl Larenz, *Lehrbuch des Schuldrechts* cit., 1, 14.ª ed., § 2, VI (29-33); outra doutrina do pós-guerra pode ser confrontada no *Tratado* VI, 2.ª ed., 562-563.

[3510] *Tratado* VI, 2.ª ed., 560.

[3511] Hartmut Oetker, *Das Dauerschuldverhältnis* cit., 55; Rudolf Meyer-Pritzl, HKK/BGB cit., II/2, §§ 313-314, Nr. 76 (1755); uma enumeração extensa, com muitas indicações jurisprudenciais: Reinhard Gaier, no *Münchener Kommentar* cit., II, 7.ª ed., § 314, Nr. 6 (1976/1978).

[3512] *Direito bancário*, 6.ª ed. (2016), 539 ss..

[3513] *Direito das sociedades* 1, 3.ª ed. (2011), 630 ss..

[3514] Karl Correll, *Das Rückversicherungsverhältnis als Dauerschuldverhältnis* (1936), X + 61 pp..

[3515] Karl Heinz Goepfert, *Kündigung eines Arbeitsverhältnisses sowie sonstiger Dauerschuldverhältnisse vor dem späteter vereinfarten Vollzug* (1978), XVII + 130 pp..

[3516] Bernhard Wankerl, *Die Kündigung von Partnerschaftsserviceverträgen* (1986), XI + 271 pp..

nal[3517]. Além disso, operam através de pontos significativos do seu regime, tais como os da subsistência das relações duradouras por morte do seu titular[3518], a sua adaptabilidade às circunstâncias, particularmente à luz da reforma de 2001/2002[3519], a relevância de comportamentos repetidos, mormente no campo empresarial[3520] ou a hipótese de uma denúncia parcial[3521].

IV. Um dos pontos fulcrais das relações duradouras prende-se com a sua cessação. Tendo sido acordada uma relação desse tipo sem prazo, deverá entender-se que ela é perpétua? Para evitar essa eventualidade, entendeu-se que seria possível, com base na boa-fé, pôr-lhe cobro: sejam por se mostrarem quebradas as relações de confiança em que uma situação duradoura necessariamente assenta[3522], seja por outras virtualidades[3523]. O tema aproxima-se do da alteração das circunstâncias[3524], desenvolvido pela jurisprudência, com base na boa-fé.

Assim, após muita reflexão, a reforma do BGB de 2001/2002 codificou, no novo § 313, a alteração das circunstâncias. E no novo § 314, epigrafado "denúncia de relações duradouras com um fundamento importante", exarou[3525]:

[3517] Marian Paschke, *Das Dauerschuldverhältnis der Wohnraummiete: Grundfragen der privatautonomen Gestaltung des Wohnraumietverhältnisses* (1991), 599 ss..

[3518] Attila Fenyves, *Erbenhaftung und Dauerschuldverhältnis zur Auflösbarkeit von Dauerschuldverhältnissen anlässlich des Todes einer Vertragspartei* (1982), XL + 376 pp.; Susanne Oettinghaus, *Das rechtliche Schicksal von Dauerschuldverhältnissen beim Tod des Verpflichteten* (1990), 205 pp..

[3519] Eckhard Flohr, *Dauerschuldverhältnissen nach der Schuldrechtsreform: Vertrafsanpassung und Vertragsgestaltung* (2003), XX + 215 pp.; Angie Schneider, *Vertragsanpassung im bipolaren Dauerschuldverhältnis* (2016), já citado.

[3520] Andrea Kürten, *Tatbestand und Rechtsfolgen Tatbestand und Rechtsfolgen von wiederholten Verhaltensweisen in vertraglichen Dauerschuldverhältnissen* (2014), XLV + 244 pp..

[3521] Klaus Schrooten, *Die Teilkündigung als Gestaltungsrecht im Bereich der Dauerschuldverhältnisse* (1965), XIX + 1112 pp..

[3522] Karl Larenz, *Lehrbuch des Schuldrechts* cit., 1, 14.ª ed., 32.

[3523] Ludwig Enneccerus/Heinrich Lehmann, *Recht der Schuldverhältnisse* cit., 15.ª ed., 22-23.

[3524] Christian Hirsch, *Kündigung aus Wichtigen Grund und Geschäftsgrundlage/ /Eine Untersuchung am Schnittpunkt von Miet- und Schuldrechtsreform* (2005), 206 pp..

[3525] Entre os comentários (neste momento) mais recentes: Reinhard Gaier, no *Münchener Kommentar zum BGB* cit., II, 7.ª ed., § 314 (1973 ss.), com muita bibliografia e Christian Grüneberg no Palandt, 76.ª ed. (2017), 539 ss..

> Cada parte num contrato pode, independentemente do prazo, denunciar uma relação obrigacional duradoura, com base num fundamento importante. Existe um fundamento importante quando, à parte denunciante, não possa ser exigida a manutenção da relação contratual até ao seu termo ou até ao decurso de um prazo de denúncia, de acordo com as circunstâncias do caso concreto e sob a ponderação dos interesses de ambas.

## 414. A experiência lusófona

I. A regulação de relações duradouras remonta às Ordenações. Aí encontramos regras sobre a cessação da companhia (da sociedade)[3526] e sobre a do comodato e a do aluguer[3527]. No Código de Seabra, em obediência ao pensamento do seu tempo, o legislador tentou evitar relações indeterminadas ou de duração muito alongada. Assim, a prestação de serviço doméstico contratada para toda a vida dos contraentes ou de algum deles, é nula e pode a todo o tempo ser rescindida por qualquer dos intervenientes (1371.º)[3528]. Na falta de convenção expressa, o contrato ter-se-ia por anual, no serviço agrícola e por mensal, em qualquer outro serviço (1373.º). As relações duradouras iriam conhecendo aperfeiçoamentos sectoriais. Assim sucedeu com o contrato de trabalho[3529] e com o arrendamento[3530]. Não estava em causa, todavia, qualquer ideia de fixar aspetos gerais de relações duradouras.

II. A temática da denúncia, ao sabor alemão, foi considerada por Vaz Serra, no âmbito da preparação do Código Civil. Ela veio inserida a propósito do conteúdo das obrigações, dando azo a um anteprojeto com o teor seguinte[3531]:

> Tratando-se de relação obrigacional duradoura, pela qual o devedor se obriga a um comportamento duradouro ou a prestações singulares perio-

[3526] Ord. Fil., Liv. III, Tít. XLIV (= ed. Gulbenkian, 4-5, 827).

[3527] Ord. Fil., Liv. III, Tít. LIV (= ed. Gulbenkian, 4-5, 848).

[3528] Dias Ferreira, *Codigo Annotado* cit., III, 1.ª ed., 392 e III, 2.ª ed., 41 ss..

[3529] O primeiro regime do contrato de trabalho foi aprovado pela Lei n.º 1.952, de 10 de março de 1937; *vide* o nosso *Isenção de horário* cit., 33 ss.., com indicações.

[3530] A evolução geral do regime do arrendamento pode ser confrontada no preâmbulo do Decreto Lei n.º 321-B/90, de 15 de outubro, que aprovou o RAU, preâmbulo esse que, salvo quanto ao n.º 11, foi materialmente da nossa autoria.

[3531] Adriano Vaz Serra, *Direito das obrigações* cit., 7-8 (artigo 5.º).

dicamente devidas, de sorte que o conteúdo total da prestação dependa da duração temporal da relação, pode o devedor, se a lei ou o negócio jurídico não estabelecerem especialmente uma limitação temporal da relação ou a faculdade de a denunciar, denunciá-la sempre que a manutenção ilimitada do contrato importasse para ele uma limitação excessiva da sua liberdade pessoal ou económica, contrária à boa-fé.

O preceito surgia, ainda, no anteprojeto geral (artigo 5.º). Tinha uma redação complicada, cheia de conceitos indeterminados. Faltava-lhe, sobretudo, um apoio dogmático: não passou, por isso, às fases ulteriores da reforma.

III. Com os apontados antecedentes, a denúncia passou a ser versada pelos obrigacionistas[3532]. No Código Civil temos diversos preceitos dispersos, a ela relativos e que, acima, foram enumerados e ordenados[3533]. Esses preceitos, em conjunto com o também já referido regime da agência, permitem uma primeira ideia da denúncia. Antes, porém, de a aprofundar, cumpre sublinhar a natureza fiduciária complexa da generalidade das relações duradouras. Justamente pela sua vigência prolongada, a qual é assumida desde o início, a relação duradoura assenta, muitas vezes, em contratos concluídos *intuitu personae*. Logo, *ab initio*, pressupõem uma relação de confiança, confiança essa que, pela natureza das coisas, se irá intensificando, ao longo da sua vigência. Dela decorrem significativos deveres acessórios. Dependendo de uma ponderação a fazer em cada caso concreto, temos:

- deveres de informação: no decurso da relação, ambas as partes devem-se manter mutuamente informadas sobre todos os aspetos que possam ser relevantes, seja em ordem a um ótimo aproveitamento económico da situação, seja tendo em vista o evitar e o pre-

[3532] *Direito das obrigações* 1, 357 ss.. *Vide* Manuel de Andrade, *Teoria geral das obrigações* cit., 3.ª ed., 159 ss.; Inocêncio Galvão Telles, *Manual de Direito das obrigações* cit., 1, 36 ss.; Fernando Pessoa Jorge, *Direito das obrigações* cit., 1, 69; Carlos Mota Pinto, *Direito das obrigações* cit., 98-104; João Antunes Varela, *Das obrigações em geral* cit., 1, 10.ª ed., 94 ss.; Almeida Costa, *Direito das obrigações* cit., 12.ª ed., 699-702; Luís Menezes Leitão, *Direito das obrigações* cit., 2, 9.ª ed., 99; António Pinto Monteiro, *Denúncia de um contrato de concessão comercial* (1998); Pedro Romano Martínez, *Da cessação do contrato* cit., 3.ª ed., 113-122.

[3533] *Supra*, 967-968.

venir danos; o artigo 1038.º, *h*), relativo à locação é uma especificação legal desse dever;
- deveres de lealdade: ocorrem hipóteses como o dever de sigilo (as partes, pela sua proximidade, podem ter acesso aos segredos uma da outra, devendo retê-los) ou o dever de não-concorrência (pela mesma ordem de fatores, as partes ficam numa situação privilegiada para captar a clientela uma da outra, não o devendo fazer).

De sublinhar que os deveres acessórios, além de se intensificarem, vão sofrendo processos adaptativos com o decurso do tempo, podendo surgir de novo ou com conteúdos diversos[3534]. Tais deveres podem ser densificados pela lei, como sucede com o contrato de trabalho[3535] ou com a sociedade, no que tange aos deveres de lealdade entre os sócios. Teremos de verificar, em cada caso, se as regras específicas existentes podem ser extrapoladas.

IV. As relações duradouras são, pela sua própria estrutura temporalmente alongada, sensíveis às alterações de circunstâncias. Perante uma obrigação instantânea, o risco é precisamente distribuído entre as partes. Em regra, há cumprimento dentro de um horizonte de proximidade temporal, pelo que não temos margem para desequilíbrios supervenientes. Nas obrigações duradouras, torna-se possível e, mesmo, previsível que, no decurso da sua vigência, possam ocorrer superveniências que se reflitam no seu conteúdo. O Direito disponibiliza, para enfrentar o problema:
- a possibilidade de as próprias partes inserirem cláusulas de revisão ou de atualização;
- a interferência de regras legais que, periodicamente, assegurem as requeridas adaptações; pense-se na negociação laboral coletiva, com a produção de novos instrumentos laborais de regulação coletiva, aplicáveis aos contratos preexistentes ou nos coeficientes de atualização das rendas, no arrendamento urbano;
- a cominação, *ex bona fide*, de um dever de negociar, com vista ao acompanhamento das realidades;
- a aplicação do instituto da alteração das circunstâncias (437.º/1): embora a lei não o diga e a regra não seja absoluta, parece claro que esse preceito tem aplicação especial às relações duradouras.

3534 Dirk Olzen, no *Staudingers* cit., II, § 241, Nr. 352 e 355 (229-230).

3535 *Vide* os artigos 126.º e seguintes do Código do Trabalho de 2009.

A evidência de que não pode haver relações duradouras rígidas, de duração prolongada, leva a que, por vezes, seja possível, perante a lógica do contrato, a boa-fé e a vontade hipotética das partes, construir, pela integração do negócio (239.º), cláusulas de adaptação à evolução futura. Trata-se de uma ocorrência facilitada quando se apure que as partes não pretenderam uma especial distribuição de risco e quando se verifique que a evolução ditou desequilíbrios favoráveis a uma das partes e prejudiciais para outra. A justiça comutativa, sobretudo quando procurada pelas partes, deve prevalecer.

### 415. **A denunciabilidade; efetivação**

I. Podemos construir um princípio de denunciabilidade das relações duradouras à luz do Direito vigente. Se, da própria fonte, normalmente um contrato, constar o período da sua vigência, este será observado, salvo alteração das circunstâncias (437.º/1). Nada se dizendo: será de esperar que a relação vigore até à destruição da Terra pela *Nova Solis*?

Muitas vezes, ocorre a afirmação de que não poderia haver obrigações perpétuas, por contrariarem a ordem pública e, para o caso, por contradizerem um vetor que, visando prevenir a escravatura, impediria tal tipo de situações. A afirmação remonta ao Código Napoleão, segundo cujo artigo 1780.º, relativo à "locação de domésticos e de operários":

> Só se pode adstringir os seus serviços por duração limitada ou para um empreendimento determinado.

Pretendeu-se, com tal preceito, prevenir o regresso a situações de servidão ou de vassalagem, abolidas pela Revolução Francesa. Reflexos desse pensamento surgem no artigo 1371.º do Código de Seabra, acima citado. Mas, algo paradoxalmente: foi precisamente no sector do trabalho que a evolução posterior acabaria por (re)introduzir situações tendencialmente perpétuas.

II. A proibição de relações perpétuas deve ser compatibilizada com outros valores que, caso a caso, se possam manifestar. Em geral, ela tem sido derivada da regra constitucional da liberdade de atuação, à qual não se poderia renunciar[3536].

[3536] Oetker, *Das Dauerschuldverhältnis und seine Beendigung* cit., 258 ss..

Tal pensamento, levado ao extremo, conduziria, contudo, ou à invalidade das relações duradouras nas quais não tivesse sido aposto um prazo, ou à sua livre denunciabilidade, pondo em causa expectativas de continuidade e de segurança, por parte dos beneficiários. A solução passa por uma ponderação concreta dos valores em presença, balanceada pela boa-fé[3537].

III. Também o Direito português, salvo exceções legais, prevê a limitação temporal das relações duradouras. Desde logo, o artigo 18.°, *j*), da LCCG[3538], aprovada pelo Decreto Lei n.° 446/85, de 25 de outubro, veio proibir obrigações perpétuas, quando derivadas de cláusulas contratuais gerais. Daí não inferimos um *argumentum a contrario*: o de que, quando advenientes de contratos singularmente associados, a perpetuidade seria possível. Temos um indício.

O regime de agência admite a denúncia: uma forma específica de, justamente, pôr cobro a relações duradouras. A denúncia corresponde a um direito potestativo de, unilateral e discricionariamente, colocar termo a um contrato de duração indeterminada. O artigo 28.°/1 do Decreto-Lei n.° 178/86 obriga a pré-avisos crescentes, consoante a duração do contrato[3539]. Assim:

- um mês, se o contrato durar menos de um ano;
- dois meses, se o contrato já tiver iniciado o segundo ano de vigência;
- três meses, nos casos restantes.

Além disso, quando, no termo do contrato, se verificar que uma das partes mantém determinadas vantagens, à custa da outra, pode ainda haver uma indemnização (33.° e 34.°)[3540]. Estas regras podem ser alargadas, por analogia, às diversas obrigações duradouras de duração indeterminada, com as adaptações seguintes:

- as obrigações duradouras de duração ilimitada são sensíveis à denúncia, desde que a isso não se oponha a lei (v.g., contrato de tra-

[3537] *Idem*, 279-289.

[3538] Igualmente no Direito alemão surgiu a regra, na Lei das Cláusulas Contratuais de 1976 (§ 11.°, 12), hoje absorvida pelo Código Civil; *vide* Frank Gollub, *Verzug und Zurück – Behaltungsrecht beim Sukzessivlieferungsvertrag/Ein Beitrag zur Lösung von Problemen atypischer Schuldverhältnisse im Wirtschaftsleben* (1989), 19 ss..

[3539] *Direito comercial*, 4.ª ed., 788-789.

[3540] *Idem*, 760 ss..

balho) ou a natureza da situação (v.g., fornecimentos vitais, como a eletricidade, o gás, a informática, o telefone e a água, não havendo alternativa viável);

- esta, quando não prevista, deverá ocorrer de acordo com um pré-aviso razoável, que atenda às circunstâncias do caso e, designadamente: à duração efetiva do contrato; às expectativas legítimas das partes; à facilidade de reconversão ou de encontrar alternativas; ao grau de vantagens mútuas;
- deslocações patrimoniais injustificadas, que se venham a apurar no termo da relação, podem sempre ser corrigidas através do instituto do enriquecimento sem causa (473.º).

Uma regra geral de denunciabilidade pode ser construída na base dos preceitos específicos citados, designadamente os da agência e, ainda, na ordem pública, na medida em que veicula uma proibição de excessivas restrições à liberdade pessoal.

A admissibilidade geral da possibilidade de denunciar, com pré-aviso adequado, as relações duradouras de duração indeterminada ou de duração perpétua consta, de resto, dos projetos europeus de codificação das obrigações[3541].

IV. À efetivação da denúncia há que aplicar as regras legais ou contratuais que a prevejam. No que sejam omissas, podemos recorrer às regras sobre a resolução, por analogia. Assim, ela efetiva-se por declaração extrajudicial, dirigida à outra parte (436.º/1).

Ela não tem, todavia, "eficácia retroativa", isto é: dá azo a uma relação de liquidação que respeita integralmente as prestações efetivadas antes de ela se tornar eficaz.

[3541] Citamos o DCFR de 2009, III – 1:109 (2) (232):

> Where, in a case involving continuous or periodic performance of a contractual obligation, the terms of the contract do not say when the contractual relationship is to end or say that it will never end, it may be terminated by either party by giving a reasonable period of notice (...)

*Vide* o DCFR (Full Edition) 1, 705 e 708, com indicações.

A influência alemã é manifesta; recordamos que a reforma de 2001/2002 introduziu, no BGB, um § 314 que permite a denúncia, a todo o tempo, de relações duradouras, havendo um fundamento importante. *Vide* Christian Grüneberg, no Palandt, 76.ª ed. (2017), § 314 (539 ss.) e Dieter Medicus/Michael Stürner, no PWW/BGB, 7.ª ed. (2012), 574 ss..

## § 96.º DA OPOSIÇÃO À RENOVAÇÃO

### 416. Problemática geral

I. Um contrato de duração duradoura pode ser celebrado com um determinado prazo. Quando isso suceda, as partes estipularão que o contrato se irá renovar automaticamente, no seu termo, se não tiver sido "denunciado" com determinada antecedência sobre o termo acordado. Na realidade, não há qualquer denúncia: apenas uma oposição à renovação. Caso essa oposição opere, o contrato extingue-se por caducidade, nos termos gerais. Em contratos sensíveis, a própria lei pode prever a renovação automática fixando, depois, um esquema para a oposição à renovação, quando o permita. Assim sucede com o contrato de arrendamento e com o contrato de trabalho.

II. No domínio do contrato de arrendamento, o artigo 1054.º, versão atual, prevê que, findo o prazo, o mesmo se renove por períodos sucessivos, se nenhuma das partes se tiver oposto à renovação, no tempo e pela forma convencionados ou designados na lei (n.º 1). O artigo 1055.º fixa os prazos para a oposição à renovação: variáveis, em função da duração inicial do contrato. Estando em causa um arrendamento para habitação, os artigos 1097.º e 1098.º preveem novas regras para a oposição à renovação deduzida pelo senhorio e pelo arrendatário, respetivamente[3542]. A hoje designada – e bem – oposição à renovação do arrendamento era, na versão original do Código Civil, denominada "denúncia": uma fonte de confusões.

III. Na origem recente, temos o Código de Seabra que dispunha, no seu artigo 1618.º:

[3542] *Vide* o nosso *Leis do arrendamento urbano anotadas* (2014), 113 ss..

> Se, depois de findar o arrendamento, o arrendatário continuar sem opposição na fruição do predio, presumir-se-há renovado o contrato nos predios rústicos, por um anno, e nos predios urbanos, por um anno ou por seis mezes, ou por menos tempo, conforme o costume da terra.

O Decreto n.º 5:411, de 17-abr.-1919, desenvolveu estes preceitos, nos seus artigos 29.º e 30.º, assim redigidos[3543]:

> Art. 29.º Presume-se renovado o contrato de arrendamento, se o arrendatário se não tiver despedido, ou o senhorio o não despedir, no tempo e pela forma designada na lei.
>
> (...)
>
> Art. 30.º A renovação será nos prédios rústicos por um ano e nos prédios urbanos por igual prazo quando o contrato tiver sido celebrado por um ano ou mais, ou por tanto tempo quanto seja aquele por que tenha sido celebrado o contrato.

Havia uma tradição sólida, assente no costume, de considerar o arrendamento como uma fonte de relações duradouras. Deste modo, ainda que celebrado formalmente por prazos relativamente curtos, a intenção comum das partes seria a de o fazer perdurar no tempo. Donde o esquema das renovações automáticas. O anteprojeto Galvão Telles veio preconizar, neste domínio, duas figuras distintas: a prorrogação (56.º) e a renovação (57.º). A prorrogação dizia respeito ao contrato que chegasse ao seu termo e que, não obstante, as partes pretendessem manter em vida, não o denunciando; a renovação visava os contratos que houvessem cessado (por revogação, rescisão ou caducidade) mas cujos locatários se mantivessem no gozo da coisa, pelo lapso de um ano. A primeira está na origem do atual 1054.º; o segundo, no do, também atual, artigo 1056.º. Vamos reter o artigo 56.º do anteprojeto Galvão Telles, epigrafado "prorrogação do contrato"[3544]:

> § 1.º – O contrato de locação prorroga-se sucessivamente se nenhuma das partes o denunciar.
>
> (...)

[3543] DG I, n.º 80, de 17-abr.-1919, 654-662.
[3544] Inocêncio Galvão Telles, *Contratos civis*, BMJ 83 (1959), 114-282 (231).

§ 3.º – A prorrogação é igual ao prazo por que tenha sido celebrado o contrato; mas será apenas de um ano se o dito prazo for mais longo.

Como se vê, a terminologia era a correta. O contrato prorroga-se sucessivamente: era o mesmo contrato. A forma tecnicamente correta de pôr termo às prorrogações era a denúncia: declaração unilateral, de uma parte à outra, não retroativa e discricionária, tendente a pôr termo à relação duradoura.

IV. Nas revisões ministeriais, o preceito básico de Galvão Telles começou por ser respeitado. Na 1.ª revisão, tínhamos a considerar o artigo 1047.º (Prorrogação do contrato), que dispunha[3545]:

1. O contrato de locação prorroga-se por períodos sucessivos se nenhuma das partes o denunciar no tempo e pela forma designados no contrato ou na lei.

(...)

3. O prazo da prorrogação é igual ao prazo do contrato; mas é apenas de um ano se o dito prazo for mais longo.

Na 2.ª revisão ministerial, foi instalada uma grave confusão: deixou de se falar em "prorrogação", a favor da "renovação"; mas manteve-se a "denúncia" que, a partir desse momento passou a significar não a cessação unilateral, não-retroativa e discricionária de uma relação duradoura, mas a oposição à renovação. Veio, então, a dizer o artigo 1055.º[3546]:

1. Findo o prazo do arrendamento, o contrato renova-se por períodos sucessivos, se nenhuma das partes o tiver denunciado no tempo e pela forma convencionados ou designados na lei.

(...)

3. O prazo de renovação é igual ao prazo do contrato; mas é apenas de um ano, se este for mais longo.

Desconhecemos que razões terão levado os revisores ministeriais a perpetrar tal confusão de conceitos, que muito prejudicaria a dogmática das relações duradouras e o próprio ensino da matéria.

[3545] BMJ 120 (1962), 97.

[3546] Jacinto Rodrigues Bastos, *Dos contratos em especial* 2 (1974), 91.

A versão original do CC, resultante, no fundo, da referida revisão ministerial, ficou assim concebida[3547]:

> 1. Findo o prazo do arrendamento, o contrato renova-se por períodos sucessivos, se nenhuma das partes o tiver denunciado no tempo e pela forma convencionados ou designados na lei.
> 2. O prazo de renovação é igual ao do contrato; mas é apenas de um ano, se o prazo do contrato for mais longo.

A reforma de 2006 visou corrigir o erro dogmático que consiste em chamar "denúncia" ao que, na realidade, é uma oposição à renovação. Essa correção tornou-se, de resto, conveniente porque essa mesma reforma veio acolher a figura dos contratos de duração indeterminada. E aí, sim, haveria que prever a denúncia *proprio sensu*. Deu, assim, azo ao texto em vigor[3548].

V. Também o contrato de trabalho prevê um regime especial de oposição à renovação. Em certas condições, ele pode ser celebrado a termo. Findo este, ele renova-se automaticamente, podendo converter-se em contrato de duração indeterminada (147.º do CT)[3549]. Se o empregador pretender que a renovação não opere, deve fazer uma declaração escrita de não-renovação, com uma antecedência mínima de 15 dias (344.º/1 do CT)[3550]. A matéria laboral coloca diversos problemas, devendo ser confiada a especialistas.

## 417. **Regime e natureza**

I. A oposição à renovação (*disdetta*, em italiano)[3551] surge como um meio normal de concretizar a natureza temporária de certas relações duradouras[3552]. Ela deve operar pela forma prevista: seja no contrato que a consigne, seja na lei que a imponha. O regime da resolução pode funcionar a título subsidiário. Designadamente, a oposição opera, na falta de regras

[3547] DG I, n.º 274, de 25-nov.-1966, 1975/II.

[3548] DR I-A, n.º 41, de 27-fev.-2006, 1558/II.

[3549] Luís Miguel Monteiro/Pedro Madeira de Brito, em Pedro Romano Martinez, *Código do Trabalho anotado*, 10.ª ed. (2016), 392 ss..

[3550] Pedro Romano Martinez, *Código do Trabalho anotado* cit., 10.ª ed., 782 ss..

[3551] Luigi Ferri, *Revoca (diritto privato)* cit., 199/II.

[3552] Emilio Rimagnoli, *Disdetta*, ED XIII (1964), 91-95 (91/II e 92/II).

contratuais ou legais, por declaração feita à contraparte (436.°/1). Ela não tem natureza retroativa: a relação de liquidação que dela derive respeita as prestações anteriores. Dependendo de cada caso concreto, a oposição à renovação não atinge os deveres acessórios cuja vigência se deva prolongar após a cessação do contrato. Podem estar em jogo deveres de sigilo, de não-concorrência, de guarda e de restituição de objetos, de informação diversa e de cautela, para prevenir danos excessivos.

II. Em contratos que prevejam prazos curtos de vigência, com renovações automáticas que se prolonguem no tempo, a oposição à renovação pode, *ex bona fide*, exigir pré-avisos mais dilatados do que os previstos. No limite, certas oposições à renovação podem mesmo ser bloqueadas por abuso do direito: uma eventualidade a conferir em cada caso e que não pode pôr em crise a liberdade básica que subjaz ao Direito das obrigações.

III. A oposição à renovação integra um direito potestativo[3553]. Tal direito, de base contratual ou legal, integra a posição obrigacional complexa das partes que beneficiem dessa faculdade.

[3553] Emilio Rimagnoli, *Disdetta* cit., 92/II.

## § 97.º DA RENÚNCIA

### 418. Aspetos gerais

I. Diz-se renúncia a extinção de uma posição jurídica ativa, por decisão do seu titular. Caso essa posição integre um dos pólos de uma relação obrigacional, o exercício de uma renúncia vai suprimir a fonte, provocando a cessação do conjunto. Uma supressão assim entendida não é duplamente possível:

- ela iria beneficiar a contraparte, o que apenas é viável através de uma remissão, de natureza contratual (863.º/1);
- o Direito veda renúncias antecipadas aos direitos (809.º).

II. A renúncia só se torna possível quando a lei ou o contrato o permitam. Normalmente, ela pode ser reconduzida a uma revogação, seguindo o seu regime[3554]: será uma revogação, pelo prisma da posição ativa do revogante.

O Código Civil refere a renúncia, designadamente, nos preceitos seguintes:

*69.º*: irrenunciabilidade à capacidade civil;
*265.º/1*: renúncia, pelo procurador, à procuração;
*302.º*: renúncia à prescrição, só possível após o decurso do prazo;
*305.º/2*: havendo renúncia à prescrição, os credores podem invocá-a se se verificarem os requisitos da ação pauliana;
*527.º*: renúncia à solidariedade a favor de algum ou de alguns devedores;
*663.º/3*: renúncia à consignação de rendimentos;
*731.º*: renúncia à hipoteca;
*809.º*: irrenunciabilidade antecipada aos direitos do credor;
*867.º*: a renúncia às garantias não faz presumir a remissão;

[3554] *Supra*, 955 ss..

*977.º*: irrenunciabilidade antecipada ao direito de revogar a doação por ingratidão do donatário;
*2311.º*: *idem*, quanto ao direito de revogar o testamento.

Como se vê, jogam-se, no essencial, direitos potestativos do revogante. A lei sujeita a revogação a uma série de restrições, sendo claro o princípio da irrenunciabilidade antecipada aos direitos.

III. Não havendo regimes específicos, legais ou contratuais, a renúncia deve ser reconduzida às regras da revogação as quais, por seu turno, desaguam nas da resolução. A renúncia efetiva-se por declaração extrajudicial, dirigida à contraparte. Quanto à forma: operam os artigos 221.º a 223.º, com as devidas adaptações.

## § 98.º DA CADUCIDADE

### 419. Remissão

I. Caducidade deriva de caduco, latim *caducus* (de *cado*, cair): o que cai, o fraco, o transitório e o caduco. A expressão foi introduzida na linguagem jurídica portuguesa apenas no início do século XX, para designar a supressão de determinadas situações. Assumiu, todavia, nas leis e na prática dos autores, dois sentidos diferentes: lato e restrito.

Em sentido lato, a caducidade corresponde a um esquema geral de cessação de situações jurídicas, mercê da superveniência de um facto a que a lei ou outras fontes atribuam esse efeito. Ou, se se quiser: ela traduz a extinção de uma posição jurídica pela verificação de um facto *stricto sensu* dotado de eficácia extintiva.

Em sentido estrito, a caducidade é uma forma de repercussão do tempo nas situações jurídicas que, por lei ou por contrato, devam ser exercidas dentro de certo termo. Expirado o respetivo prazo sem que se verifique o exercício, há extinção.

II. A caducidade, quando sobrevenha, faz cessar a fonte obrigacional atingida, pondo cobro às relações que dela promanem. Segue-se uma relação de liquidação, de intensidade dependente do caso concreto e que se molda, com as necessárias adaptações, sobre o regime da resolução. Nessa mesma linha, podem manter-se deveres acessórios, destinados a proteger os efeitos do extinto contrato, bem como as pessoas e os patrimónios das partes.

III. O instituto da caducidade, pelos sortilégios da denominada classificação germânica, pertence à Parte geral. Remete-se para a competente rubrica[3555].

[3555] *Tratado* V, 2.ª ed., 240 ss..

CAPÍTULO II

# OS SUCEDÂNEOS DO CUMPRIMENTO

SECÇÃO I

## A DAÇÃO EM CUMPRIMENTO

### § 99.º EVOLUÇAO HISTÓRICO-COMPARATÍSTICA DA DAÇÃO EM CUMPRIMENTO

#### 420. **Generalidades; Direito romano**

I. Há dação em pagamento quando o devedor se exonere efetuando uma prestação diferente da devida (*aliud pro alio*). Logicamente: tal só é possível com o assentimento do credor: artigo 837.º (*nemo aliud pro alio invito creditori solvere potest* ou, seguindo Paulo, *aliud pro alio invito creditori solvi potest*[3556]).

A possibilidade de o devedor se exonerar entregando, ao credor, uma coisa diversa da devida é de imediata apreensão, se ambos concordarem. Isso sucede quer em negócios do dia-a-dia, quer em grandes contratos. A História confirma-o: encontramos manifestações de *aliud pro alio* no Direito babilónico[3557] e no Direito grego antigo[3558]. Também em Roma ocorreram concretizações antigas dessa eventualidade[3559]. Numa

[3556] Paulo, D. 12.1.2.1 = Okko Behrends e outros cit., III, 50.

[3557] Alessandro Hirata, *Die Leistung an Erfüllungs statt und ihre Beurteilung als Kaufvertrag* (2007), II + 155 pp., 31 ss., com fontes; Alessandro Hirata é um professor de São Paulo, doutorado em Munique.

[3558] Ugo Enrico Paoli, *Datio in solutum (diritto attico)*, NssDI V (1960), 172-173.

[3559] Antonio Saccoccio, *Aliud pro alio consentiente creditore in solutum dare* (2008), XI + 315 pp., 13. O próprio Senado romano decidiu reembolsar empréstimos con-

curiosa constante histórica, as ideias simples suscitam dificuldades de conceitualização.

II. O Direito romano não sistematizou a dação em cumprimento ou *datio in solutum*: referia-a em vários pontos sem, dela, dar uma construção unitária. Além disso, terá havido, em Roma, duas orientações doutrinárias distintas[3560], claramente expressas num fragmento de Gaio[3561]. Em síntese:

- para a escola dos sabinianos, na qual o próprio Gaio se integrava, a *datio in solutum*, com o consentimento do credor, extinguia *ipso iure* a obrigação;
- para a escola dos proculeianos, a *datio* não extinguia a obrigação; simplesmente, se o credor viesse invocar a obrigação inicial, o devedor poderia detê-lo através de uma *exceptio doli*.

A contraposição entre sabinianos e proculeianos[3562] a propósito da *datio*, muito debatida em face do troço de Gaio[3563], não surge referida

cluídos com particulares, para financiar a II Guerra Púnica, através da entrega de terrenos - *idem*, 20-21.

[3560] Max Kaser, *Das römische Privatrecht* cit., 1, 2.ª ed., § 149, III, 4 (638); Werner Teichmann, *Die Leistungs an Erfüllungsstatt im römischen und heutigen Recht* (1930), 43 pp., 15 ss..

[3561] Gaio, *Institutiones* 3, 168 = ed. Ulrich Manthe cit., 290-291. Cabe preservar o texto:

> Tollitur autem obligatio praecique solutione eius, quod debeatur. Unde quaeritur, si quis consentiente creditore aliud pro alio solverit, utrum ipso iure liberetur, quod nostris praeceptoribus placet, an ipso iure maneat obligatus, sed adversus petentem per exceptionem doli defendi debeat, quod diversae scholae auctoribus visum est. [A obrigação também cessa pelo cumprimento do que é devido. Pergunta-se se alguém, com o consentimento do credor, solver *aliud pro alio*, fica *ipso iure* liberado, o que a nossa escola defende ou se permanece obrigado, mas devendo defender-se pela *exceptio doli* perante a contraparte, o que é defendido pela autoridade da outra escola.]

Não traduzimos *aliud pro alio* [uma coisa em vez de outra], *ipso iure* [imediatamente, por isso mesmo, por força da lei ou do Direito] e *exceptio doli* [exceção de dolo], por ser latim ainda em uso. Entre nós, o troço de Gaio pode ser confrontado em Hugo Ramos Alves, *Dação em cumprimento* (2014, polic.), 995 pp., 46-47 e 56. Ainda sobre o troço em causa, entre vários: Generoso Melillo, *In solutum dare/Contenuto e dottrine negoziali nell'adempimento inesatto* (1970), XV + 169 pp., 40 ss..

[3562] No tocante a estas escolas: Sebastião Cruz, *Direito romano – I – Introdução. Fontes*, 3.ª ed. (1980), 387 ss..

[3563] Assim: G. de Berley, *Étude sur la dation en paiement en droit français et en*

noutras fontes. Em compensação, a querela teria consequências práticas, que se prolongaram até aos nossos dias[3564]. Assim:

- para os sabinianos, se o *aliud* (a coisa dada em dação) fosse evicto (reclamado por um terceiro), o credor teria de usar uma *actio utilis ex empto* (uma ação de compra) para se ressarcir, uma vez que a obrigação inicial se extinguira; tal a posição de Ulpiano[3565], adotada depois por Caracala[3566];
- para os proculeianos, a evicção levaria ao "renascimento" da obrigação original que, de resto, nem se teria extinto; ao credor bastaria lançar mão de uma ação de cumprimento; assim opinavam Marcelo[3567] e Paulo[3568].

III. As articulações possíveis entre as doutrinas de Ulpiano e de Marcelo foram muito debatidas ao longo da História[3569], especialmente pelos pandectistas e romanistas do século XIX[3570].

*droit romain* (1884), 167 pp., 51; Siro Solazzi, *L'estinzione della obbligazione nel diritto romano* 1, 2.ª ed. (1935), 332 pp., 167; Giovanni Elio Longo, *"Datio in solutum" (diritto romano)*, NssDI V (1960), 173; Enzo Nardi, *Radiografia dell'aliud pro alio consentiente creditore in solutum dare*, BIDR LXXIII (1970), 59-124 = St. Memoria Guido Donatuti II (1973), 773-829; cita-se pelo primeiro local e, aí, *vide* 78; Antonio Saccoccio, *Aliud pro alio consentiente in solutum dare* cit., 163.

[3564] Jürgen Roth, *Störungsfolgen bei Verträgen auf der Erfüllungseben dargestellt am Beispiel der Leistung an Erfüllungs statt* (1989), VIII + 190 pp., 5 ss..

[3565] Ulpiano, D. 13.7.24.pr., 2.ª parte = ed. Okko Behrends e outros cit., III, 187; *vide* Rudolf Ernst, *Die Folgen mengelhafter Beschaffenheit der Leistung an Zahlungsstatt nach römischem Recht* (1890), 73 pp., 15 ss..

[3566] C. 8.44.4 = ed. Paul Krüger, *Corpus iuris civilis* II (1900), 356/I.

[3567] Marciano, D. 46.3.46.pr. = ed. Theodor Mommsen, *Corpus iuris civilis* I (1902), 750/II; *vide* Rudolf Ernst, *Die Folgen* cit., 35 ss.; Francesco Musumeci, *Marciano e gli effetti della "datio in solutum"*, Iura 20 (1969), 524-538.

[3568] Paulo, D. 46.3.98.pr. = ed. Theodor Mommsen cit., I, 755/I.

[3569] Rudolf Ernst, *Die Folgen* cit., 15 ss. e 35 ss.; Werner Teichmann, *Die Leistungs an Erfüllungsstatt* cit., 24 ss. (glosa); Joseph Tegeler, *Wann ist eine Verbindlichkeit an Erfüllungsstatt übernommen?* cit., 4-5 (Direito comum e ALR).

[3570] Alguns elementos podem ser confrontados em: Otto Wendt, *Lehrbuch der Pandekten* (1888), § 239 (573); Heinrich Dernburg/Johannes Biermann, *Pandekten* cit., II, 7.ª ed., § 58 (163-164); Bernhard Windscheid/Theodor Kipp, *Lehrbuch des Pandektenrechts* cit., § 342 (II, 417 ss.).

Aparentemente, Justiniano veio acolher a orientação sabiniana da extinção *ipso iure* [3571]. Todavia, os *digesta* deixaram, para a posteridade, textos contraditórios[3572]. Com a glosa optou-se por acolher a ideia (proculeiana) de que, perante o vício do *aliud*, renasce a obrigação anterior[3573]; o humanismo francês e o *mos gallicus* optaram pela solução da compra e venda; o *usus modernus* regressou à orientação da glosa[3574]. Nos clássicos da pré-codificação francesa, Domat não menciona a dação em cumprimento[3575]. Pelo contrário, Pothier refere-a, no seu *Tratado do contrato de venda*, incluindo-a numa rubrica sobre os atos e contratos semelhantes à venda[3576], em linha de conta com os jurisprudentes franceses anteriores.

## 421. As codificações

I. A evolução histórica processada deixa antever flutuações comparatísticas. O ALR prussiano dedicou, à dação, um articulado extenso, onde procurou racionalizar o *acquis* anterior[3577]. O ABGB austríaco ficou-se por um preceito simples – o § 1414[3578] – enquanto o Código Napoleão só muito indiretamente comporta a dação.

> O artigo 1243.º do Código Napoleão dispõe:
>
> > O credor não pode ser constrangido a receber uma coisa diversa da que lhe é devida, ainda que o valor da coisa oferecida seja igual ou mesmo superior.

[3571] I. 3.29.pr = ed. Okko Behrends e outros cit., 197:

> Tollitur autem omnis obligatio solutione eius quod debetur, vel si quis consentiente creditore aliud pro alio solverit. [Toda a obrigação se extingue pelo cumprimento do que é devido ou, também, pelo cumprimento, se o credor consentir, do *aliud pro alio*.]

[3572] Manfred Harder, *Die Leistung an Erfüllungs statt: datio in solutum* (1976), 200 pp., 67 ss.; *vide* a rec. de Hans-Martin Müller-Laube, AcP 177 (1977), 452-460.

[3573] Hans Steiner, *Datio in solutum* (1914), VI + 163 pp., 50; Siro Solazzi, *L'estinzione* cit., 1, 2.ª ed., 172; António Saccoccio, *Aliud pro alio consentiente in solutum dare* cit., 214 ss., com aspetos conciliadores.

[3574] Manfred Harder, *Die Leistung an Erfüllungs statt* cit., 70 ss. e 73 ss., com indicações.

[3575] Hugo Ramos Alves, *Dação em cumprimento* cit., 76-78.

[3576] Robert-Joseph Pothier, *Traité du contrat de vente* n.º 600-606 = Jean-Joseph Bugnet, *Oeuvres de Pothier* 3 (1847), 238-241.

[3577] ALR I, tit. 16, §§ 235-250 = ed. A. J. Mannkopff II (1837), 207-208.

[3578] Andreas Kletěcka/Martin Schauer, *Kommentar zum ABGB* (2010), 3763-3767.

A "dação em pagamento" só podia, pois, ser convencional[3579], assim se afastando velhas soluções românicas que permitiam ao juiz determinar a entrega de determinados bens, em vez do pagamento prefixado[3580]. Todavia, há uma certa tradição de debate, em França, sobre a natureza da dação[3581], tradicionalmente próxima da compra e venda[3582].

A reforma de 2016 veio oficializar a doutrina e a jurisprudência há muito sedimentadas. Segundo o novo artigo 1342.º-4[3583]:

> O credor pode recusar um pagamento parcial, mesmo quando a prestação seja divisível.
>
> Ele pode aceitar receber em pagamento outra coisa diferente do que o que lhe seja devido.

II. Na preparação do BGB alemão, o tema foi discutido. A posição terminal da pandectística era a de que, havendo dação em cumprimento, necessariamente com o consentimento do credor e verificando-se falha no direito ou na coisa substitutiva, o beneficiário poderia escolher: entre o "renascimento" da obrigação anterior e o exercício dos remédios que assistem ao comprador, perante o vício na coisa vendida[3584]. Na proposta inicial de von Kübel[3585], a dação provocava a extinção imediata da obrigação: tal seria a saída recomendada pelas necessidades do tráfego, pela clareza jurí-

[3579] Jean Carbonnier, *Droit civil/Les obligations* cit., n.º 1244 (2474); Philippe Malinvaud/Dominique Fenouillet/Mustapha Mekki, *Droit des obligations* cit., 13.ª ed., n.º 822 (692).

[3580] Philippe Maulaurie/Laurent Aynès/Philippe Stoffel-Munck, *Droit des obligations* cit., 7.ª ed., n.º 1179 (657); Bertrand Fages, *Droit des obligations* cit., 5.ª ed., n.º 500 (399).

[3581] David Hiez, *La nature juridique de la dation en paiement/Une modification de l'obbligation aux fins de paiement*, RTDC 2004, 199-224; François Terré, *Droit des obligations* cit., 11.ª ed., n.º 1324 (1376-1378).

[3582] Raymond-Théodore Troplong, *De la vente ou commentaire du titre VI du livre III du Code Civil*, 2.ª ed. (1835) I, n.º 7 (15-18); outros autores podem ser confrontados em Hugo Ramos Alves, *Dação em cumprimento* cit., 83-92.

[3583] Gaël Chantepie/Mathias Latina, *La réforme du droit des obligations/Commentaire théorique et pratique dans l'ordre du Code civil* (2016), 1093 pp., n.º 948 (808-809).

[3584] Bernhard Windscheid/Theodor Kipp, *Lehrbuch des Pandektenrechts* cit., § 342 (420), com desenvolvimento na nota 14. *Vide* Tilman Repgen, no HKK/BGB cit., II/2, §§ 362-371, Nr. 35-36 (2144-2145).

[3585] Franz Philipp von Kübel, *Recht der Schuldverhältnisse* 1 – *Allgemeiner Teil* (1882, reimp., 1980), 1018.

dica e pela vontade presumível das partes[3586]. A ideia foi acolhida. O § 364 do BGB dispõe que a aceitação, pelo credor, de uma prestação diversa da prevista extingue a obrigação[3587]. E o § 365 completa que, havendo vício na coisa ou do direito dados em cumprimento, funciona a garantia própria do vendedor[3588].

III. A preparação, a publicação e a entrada em vigor do BGB suscitaram uma vaga de estudos sobre a dação em cumprimento. Ainda hoje, eles preenchem o essencial das indicações bibliográficas sobre o tema[3589]. Assim, antes da entrada em vigor do BGB, confrontámos as monografias de Hennig[3590], de Bickel[3591], de Arendt[3592] e de Simon[3593]. Após essa entrada em vigor, temos as de Fehr[3594], de van Koolwyk[3595], de Melcher[3596], de

[3586] *Idem*, 1023.

[3587] Wolfgang Fikentscher/Andreas Heinemann, *Schuldrecht* cit., 10.ª ed., § 39, Nr. 322 (167); Rhona Fetzer, no *Münchener Kommentar zum BGB* cit., 2, 7.ª ed., §§ 364 e 365 (2587-2594); Dirk Olzen, no *Staudingers Kommentar zum BGB*, II, *§§ 362-396 (Erfüllung, Hinterlegung, Aufrechnung)* (2016), § 364 (88 ss.).

[3588] Ludwig Enneccerus/Heinrich Lehmann, *Recht der Schuldverhältnisse* cit., 15.ª ed., § 65 (263); Karl Larenz, *Lehrbuch des Schuldrechts* cit., 1, 14.ª ed., § 18, IV (247--251); Joachim Gernhuber, *Die Erfüllung und ihre Surrogate* cit., 2.ª ed., § 10 (183-198); a matéria pode ainda ser seguida nos diversos comentários.

[3589] *Vide* a bibliografia inserida por Dirk Olzen, no *Staudingers Kommentar* cit., II, § 364 (88-89).

[3590] Alfred Hennig, *Die Anfechbarkeit der datio in solutum nach gemeinem und deutschem Reichstrecht* (1897), XIV + 78 pp..

[3591] Fritz Bickel, *Welche rechtlichen Folgen ergeben sich aus der mangelhaften Beschaffenheit der an Erfüllungsstatt gegebenen Leistung gemäss den Vorschriften des römischen Rechtes?* (1897), 49 pp..

[3592] Karl Arendt, *Die Rechte des Glaübigers welchem die an Erfüllungsstatt gegebene Sache evinciert worden ist* (1898), 53 pp..

[3593] Paul Simon, *Die Gewährleistung wegen eines Mangels im Rechte und wegen eines Mangels der Sache im Falle der Leistung an Erfüllungsstatt nach gemeinem Rechte und dem Rechte des Bürgerlichen Gesetzbuches für das Deutsche Reich* (1899), 59 pp..

[3594] Anton W. Fehr, *Über Hingabe an Erfüllungsstatt* (1902), VIII + 45 pp..

[3595] Paul van Koolwyk, *Hingabe an Erfüllungsstatt nach dem Bürgerlichen Gesetzbuch* (1902), VIII + 46 pp..

[3596] Kurt Melcher, *Gegensatz des Rechtscharakters der Leistung an Erfüllungsstatt und der Leistung Erfüllungshalber nach gemeinem Recht und Bürgerlichem Gesetzbuche* (1903), 62 pp..

Quander[3597], de Friedländer[3598], de Berndorff[3599], de Hartmann[3600], de Mickel[3601], de Belitz[3602], de Krüsmann[3603] e de Epstein[3604]. No primeiro pós-guerra, relevamos as de Greifeld[3605], de Fürstenau[3606], de Teichmann[3607], de Rampe[3608], de Tegler[3609] e de Melzenbach[3610].

IV. O Código Civil italiano de 1865 não fazia referência expressa à dação em cumprimento. O seu artigo 1245.º limitava-se a seguir o dispositivo do então artigo 1243.º do Código francês: o credor não podia ser constrangido a receber coisa diversa da devida, mesmo quando oferecida coisa de valor superior[3611]. A doutrina colmatava a lacuna, mantendo viva a figura da dação[3612].

[3597] Wilhelm Quander, *Leistung an Erfüllungsstatt* (1903), 69 pp..

[3598] Carl Friedländer, *Wer haftet dem Glaübiger für Mangel einer Sache, die er für die Leistung seines Schuldners von einem Dritten an Erfüllungsstatt angenommen hat?* (1904), 39 pp..

[3599] Wilhelm Berndorff, *Die Annahme an Erfüllungsstatt* (1904), X + 104 pp..

[3600] Rudolf Hartmann, *Annahme an Erfüllungsstatt: nach d. Rechte d. BGB* (1905), VI + 50 pp..

[3601] Ernst-Ludwig Mickel, *Hingabe an Erfüllungsstatt nach dem Bürgerlichen Gesetz-Buch* (1905), 73 pp..

[3602] Hans Belitz, *Die Hingabe an Erfüllungsstatt nach dem Bürgerlichen Gesetzbuche* (1906), 56 pp..

[3603] Marcus Krüsmann, *Die juristische Natur der Hingabe an Erfüllungsstatt nach dem Bürgerlichen Gesetzbuch (§ 364)* (1906), V + 31 pp..

[3604] Ilia Epstein, *Die Leistung an Erfüllungsstatt nach dem Recht des Bürgerlichen Gesetzbuches* (1913), X + 75 pp..

[3605] Konrad Greifeld, *Die Leistung an Erfüllungsstatt durch einen Dritten* (1923), VII + 74 pp..

[3606] Karl Fürstenau, *Die Leistung an Erfüllungsstatt nach bürgerlichem Recht* (1923), IV + 54 pp..

[3607] Werner Teichmann, *Die Leistung an Erfüllungsstatt im römischen und heutigen Recht* (1930), 43 pp..

[3608] Johannes Rampe, *Haftung für Rechts- und Sachmangel bei der Leistung an Erfüllungsstatt* (1933), 33 pp..

[3609] Joseph Tegler, *Wann ist eine Verbindlichkeit an Erfüllungsstatt übernommen?: § 364 Absatz II BGB* (1936), IX + 50 pp..

[3610] Anton Melzenbach, *Die rechtliche Natur der Hingabe an Erfüllungs Statt, insbesondere Kritik der Lehre von Franz Leonhard Seite 593 ff.* (1936), 41 pp..

[3611] Ferrarotti Teonesto, *Commentario Teorico Pratico al Codice Civile Italiano* VIII (1874), 401-406.

[3612] Giorgio Giorgi, *Teoria delle obbligazioni nel diritto moderno italiano esposta con la scorta della dottrina e della giurisprudenza*, VII – *Estinzione delle obbligazioni*,

O Código italiano de 1942 retomou a velha dação. Na secção relativa ao cumprimento em geral, inseriu dois preceitos sobre a prestação *in luogo dell'adempimento*: o artigo 1197.º, que só admite a dação com o consentimento do credor, permitindo a este, em caso de evicção ou de vício da coisa entregue, optar entre as defesas da compra e venda e o renascimento da obrigação original[3613]. O artigo 1198.º adapta esse regime à cessão de crédito em lugar do cumprimento[3614]. A doutrina maioritária vê, na dação, um contrato solutório-liberatório, entre o credor e o devedor[3615].

## 422. A experiência lusófona

I. A *datio in solutum* era, por certo, conhecida pelos privatistas portugueses, através do Direito comum. Todavia e mau grado algumas alusões, não encontramos, até ao Código de Seabra, um autónomo tratamento dessa figura[3616]. O Código de Seabra, seguindo a opção napoleónica, não a regula, embora lhe faça algumas alusões[3617].

II. Coube a Guilherme Moreira uma introdução condigna da dação em cumprimento na doutrina portuguesa. A propósito da extinção das obrigações e em paralelo com o cumprimento, a consignação em depósito, a compensação, a novação, a confusão e o perdão e renúncia, Guilherme Moreira consagrou uma rubrica autónoma à "dação em pagamento"[3618]. Esse Autor define-a, explica-a como uma forma de extinção da obriga-

3.ª ed. (1892), n.º 298-305 bis (353-373); Cesare Grassetti, *"Datio in solutum"*, NDI IV (1938), 550.

[3613] Francesco Caringella/Giuseppe de Marzo, *Manuale di diritto civile* II – *Le obbligazioni* (2007), 289-298; Enrico Moscati, *La disciplina generale delle obbligazioni/ Corso di diritto civile* (2012), 223.

[3614] Guido Alpa/Giovanni Iudica, *Codice civile annotato* cit., 1117-1118.

[3615] Francesco Caringella/Giuseppe de Marzo, *Le obbligazioni* cit., 292.

[3616] *Vide* Hugo Ramos Alves, *Dação em cumprimento* cit., 129-135.

[3617] Mais precisamente: os artigos 850.º (Se o credor acceitar voluntariamente qualquer cousa em pagamento da divida, ficará exonerado o fiador, ainda que o credor venha depois a perder por evicção a cousa prestada), 1564.º, § único (não será, comtudo, havida como venda prohibida entre casados a cessão ou doação em pagamento, feita pelo conjuge devedor ao seu consorte, por causa de alguma divida legitima) e 1678.º (se o foreiro quizer vender ou dar em pagamento o predio aforado, deverá avisar o senhorio directo ...).

[3618] Guilherme Moreira, *Instituições do Direito civil* cit., 2, § 18 (277-281).

ção, sustenta que, sendo ela anulada por vício da coisa, renasce a obrigação inicial e apresenta os seus requisitos. Com isso, ultrapassa os códigos existentes. Qual a origem desta (súbita) opção? Por certo que há margem para uma intuição genial. Mas além disso, Guilherme Moreira apoiou-se na literatura da época e, muito provavelmente, na doutrina brasileira[3619]. Com efeito, o Código Civil de 1916, cujo projeto já era conhecido, tratou autonomamente a dação em pagamento, dedicando-lhe quatro artigos[3620]. Mais precisamente:

995.º O credor pode consentir em receber coisa que não seja dinheiro, em substituição da prestação que lhe era devida.

996.º Determinado o preço da coisa dada em pagamento, as relações entre as partes regular-se-ão pelas normas do contracto de compra e venda.

997.º Se for título de credito a coisa dada em pagamento, a transferência importará em cessão.

998.º Se o credor for evicto da coisa recebida em pagamento, restabelecer-se-á a obrigação primitiva, ficando sem efeito a quitação dada.

III. A "dação em pagamento" foi retomada por Cunha Gonçalves, fundamentalmente à luz da doutrina francesa. Acaba por defini-la como uma modalidade de pagamento, designadamente por oposição à teoria da novação, com substituição do objeto[3621]. Paulo Cunha refere-se-lhe, sublinhando "que depende essencialmente do consentimento do credor[3622], numa linha também seguida por Inocêncio Galvão Telles[3623] e por Manuel de Andrade[3624]. Para além do escrito monográfico de António Ribeiro

[3619] Guilherme Moreira cita, a propósito da dação, Giorgi, Baudry-Lacantinerie, Dernburg, Windscheid (ambos em tradução italiana), Polacco e Beviláqua. Feitas as verificações e para além da monografia de Vittorio Polacco, *Della dazione in pagamento/Studio* 1 (1888), 203 pp., é o clássico Autor brasileiro – a quem se deve o projeto do Código de 1916 – que mais e melhor autonomiza a dação em pagamento: Clóvis Beviláqua, *Direito das obrigações*, 2.ª ed. (1910), 531 pp., § 40 (146-148).

[3620] Paulo Merêa, *Codigo Civil brasileiro anotado* cit., 332-333.

[3621] Luiz da Cunha Gonçalves, *Tratado* cit., 4, 586-591 (590).

[3622] Paulo Cunha, *Direito das obrigações* cit..

[3623] Inocêncio Galvão Telles, *Manual de Direito das obrigações* cit., 2.ª ed., n.º 131 (133).

[3624] Manuel de Andrade, *Teoria geral das obrigações* cit., 3.ª ed., n.º 64 (278).

Simões[3625], os preparatórios de Vaz Serra recaíram numa panorâmica dominada pelo Direito brasileiro e pela sombra de Guilherme Moreira.

## 423. Os preparatórios e o Código Civil; o Código brasileiro de 2002

I. Vaz Serra, no âmbito da preparação do Código Civil de 1966, elaborou um estudo sobre a dação em função do cumprimento e a dação em cumprimento[3626].

Trata-se de um dos primeiros estudos publicados por Vaz Serra, com vista ao então futuro Código Civil. O Autor começa pela dação em função do cumprimento, precisamente a figura com mais alcance prático[3627]. Apoia-se, em especial, no *Schuldrecht* de Heck, de que traduz vários troços[3628] e na versão castelhana de von Tuhr[3629]. Vaz Serra dá conta de diversas orientações, sublinhando a conveniência em encontrar as soluções mais adequadas. Em particular, seria de aplicar, à dação, as regras da venda ou da cessão de créditos, mas só quando a razão delas lhe seja extensiva[3630]. Conclui com um anteprojeto de articulado em 4 artigos, dos quais três de assinalável extensão[3631].

II. No anteprojeto geral do Direito das obrigações, a dação em cumprimento e a dação em função do cumprimento foram colocadas num capítulo próprio – o II – do título relativo à extinção das obrigações, depois do cumprimento e antes da consignação em depósito e demais sucedâneos do cumprimento (artigos 449.° e 450.°)[3632]. A matéria foi reduzida a dois preceitos: um para cada uma das figuras em causa.

3625 António Ribeiro Simões, *Algumas notas sobre a dação em cumprimento*, Supl. BFD XV (1939), 252-314.

3626 Adriano Vaz Serra, *Dação em função do cumprimento e dação em cumprimento*, BMJ 39 (1953), 25-57.

3627 *Idem*, 25-34.

3628 Mais precisamente: Phlipp Heck, *Grundriss des Schuldrechts* (1929), § 59 (175-180).

3629 Feita a conferência: Andreas von Tuhr, *Tratado de las obligaciones*, trad. W. Roces, II (1934), § 55, II (13-14)

3630 Adriano Vaz Serra, *Dação* cit., 51.

3631 *Idem*, 53-57.

3632 Adriano Vaz Serra, *Direito das obrigações* cit., 378-381.

Na 1.ª revisão ministerial, manteve-se a mesma sistematização (artigos 814.º a 816.º)[3633]. Os preceitos sofreram uma grande simplificação. A dação em função do cumprimento passou para o final, surgindo quando a dação tivesse por objeto a cessão de um crédito ou a assunção de uma dívida, sob a designação "casos especiais de dação" (816.º). A 2.ª revisão desdobrou o artigo 814.º (agora, 837.º), retocou as redações e autonomizou a dação em função do cumprimento[3634]. O projeto final fez pequenas alterações, com relevo para a epígrafe do artigo 840.º, que passou a dação "pro solvendo"[3635].

III. O Código Civil de 1966 ficou dotado de uma secção específica sobre a dação em cumprimento (837.º a 840.º), posicionada num capítulo intitulado "causas de extinção das obrigações além do cumprimento". Desdobrado em quatro artigos – 837.º (quando é admitida); 838.º (vícios da coisa ou do direito); 839.º (nulidade ou anulabilidade da dação); 840.º (dação "pro solvendo") – ele concede à cessão, um relevo que ultrapassa o patente nos códigos europeus mais próximos.

IV. O Código Civil brasileiro de 2002 manteve – e bem – os preceitos do Código de Beviláqua, de 1916[3636]: artigos 356.º a 359.º. O Direito lusófono dá, à dação, um tratamento condigno.

[3633] BMJ 119 (1962), 209-210.

[3634] Jacinto Rodrigues Bastos, *Das obrigações em geral* cit., VI, 175-187, onde podem ser seguidos os vários textos.

[3635] *Projecto de Código Civil* cit., 244-245.

[3636] José Miguel Garcia Medina/Fábio Caldas de Araújo, *Código civil comentado* cit., 352-354.

## § 100.º O REGIME E A NATUREZA DA DAÇÃO EM CUMPRIMENTO

### 424. Noção, afins e modalidades

I. O artigo 837.º permite extrapolar uma noção de dação em cumprimento: exoneração do devedor mediante a prestação de coisa diversa da devida, com o assentimento do credor. Podemos isolar os seus elementos:

(1) uma prestação, isto é, uma atuação do devedor, em prol do credor; apesar do termo clássico "dação", não tem de estar em causa a entrega material de uma coisa;
(2) de coisa: "coisa" deve tomar-se no sentido amplo do artigo 202.º/1, de modo a abranger prestações, bens intelectuais, abstenções ou suportações;
(3) diversa da devida: por contraposição, o objeto da dação não pode coincidir com a prestação inicialmente devida, ou haverá simples cumprimento; infere-se da letra e do regime que a diversidade requerida deve ser suficientemente pronunciada para, em termos sociais e de regime, se concluir por uma realidade diferente da inicial; meras modificações na prestação aceite são insuficientes para determinar uma extinção por dação;
(4) a exoneração: tem de se verificar uma extinção da obrigação; a haver uma dilação, um condicionamento, a realização do valor ou uma nova obrigação, teremos outras situações e, designadamente nas duas últimas hipóteses, uma dação *pro solvendo* ou uma novação;
(5) o consentimento do credor: quer quanto à aceitação de uma coisa diferente da devida, quer quanto à exoneração do devedor.

II. A noção de dação em cumprimento fica melhor explicitada com recurso à sua distinção de figuras afins[3637]. Assim, ela distingue-se:

[3637] Hugo Ramos Alves, *Dação em cumprimento* cit., 148-222; Wilhelm Weimar, *Rechtsfragen Erfüllung und zu den Erfüllungssurrogationen*, MDR 1976, 197-199 (197/I).

- da obrigação alternativa: esta pressupõe, *ab initio*, duas ou mais prestações, exonerando-se o devedor através da realização daquela que vier a ser definida por escolha (543.º/1); na dação, a prestação liberatória surge *ex novo*, devendo ser consentida pelo credor[3638];
- da obrigação com faculdade alternativa: uma obrigação simples, mas na qual, aquando do cumprimento, o devedor possa exonerar-se prestando algo de diferente, permitido por lei (558.º/1, como exemplo)[3639]; de novo a dação ocorre como algo de novo, não previsto desde o início; além disso, exige o assentimento do credor, dispensado na "faculdade alternativa"[3640];
- da cessão de bens aos credores: o devedor incumbe todos ou alguns dos credores de liquidar o seu património, no todo ou em parte e de repartir, entre si, o produto obtido, para satisfação dos seus créditos (831.º); ora, na dação, o credor apenas recebe o *aliud*, nada mais tendo a fazer; além disso, na cessão de bens, o devedor só fica exonerado a partir do recebimento, pelos credores, do que lhes compita (835.º)[3641];
- da novação objetiva: nesta, o devedor contrai, perante o credor, uma nova obrigação, em substituição da antiga (857.º); na dação, cessa, simplesmente, a obrigação existente;
- da troca (escambo ou permuta): prevista na lei comercial, ela pressupõe prestações recíprocas diversas do dinheiro, devidamente acordadas, logo aquando do surgimento da obrigação (artigo 480.º do Código Comercial)[3642];
- do acordo modificativo da obrigação, seguido do cumprimento deste: há, aqui, um contrato autónomo, sendo os efeitos modificativos jurídica e temporalmente separados da obrigação inicial[3643].

[3638] *Tratado* VI, 2.ª ed., 659 ss..

[3639] *Tratado* VI, 2.ª ed., 671 ss..

[3640] Ertik Hahn, *Die zivilrechtliche Ersetzungsbefugnis* (2011), 286 pp., 46 ss.. *Vide* Bernard Pfister, *Kauf eines Neuwagens mit Inzahlungnahme eines Gebrauchtwagens/ /insbesondere zum Probleme des gemischenten Vertrages und der Ersetzungsbefugnis*, MDR 1968, 361-366.

[3641] *Supra*, 534 ss..

[3642] *Direito comercial*, 4.ª ed., 862-863. A venda de um automóvel contra dinheiro e a entrega do automóvel usado é considerada um misto de compra e venda e troca e não uma dação: RCb 10-jul.-2007 (Silva Freitas), Proc. 3355/03.

[3643] RGm 24-mar.-2004 (Vieira e Cunha), Proc. 404/04.

III. A dação em cumprimento é suscetível de se ordenar em diversas modalidades, de acordo com critérios distintos. Assim, ela pode ser:

- total ou parcial, consoante atinja a totalidade do crédito ou parte dele; neste último caso, há que requerer (mais este) assentimento do credor, dado o princípio da integralidade do cumprimento (763.º/1);
- real ou creditícia, em função do objeto: pode traduzir-se na entrega de uma coisa ou na cessão de um crédito; novas distinções são possíveis em função da realidade "dada" em dação;
- pelo devedor ou pelo terceiro: na medida em que a prestação possa ser feita por um terceiro (767.º/1); outro tanto ocorre com a dação, sempre com assentimento do credor;
- ao credor ou a terceiro: temos em vista, neste último caso, as hipóteses em que a prestação possa ser feita a um terceiro (770.º);
- simples ou complexa: neste último caso, a dação insere-se num negócio mais vasto; a interpretação deve ser feita à luz deste;
- própria ou imprópria: a dação imprópria é a dação *pro solvendo*, que não extingue (logo) a dívida (840.º)[3644].

## 425. A prestação substitutiva (o *aliud*); a forma da dação

I. Como referido, a dação em cumprimento assenta numa prestação de coisa diversa da devida. Isolámos, acima, as ideias da "prestação", de "coisa" e de "diversa". Vamos ver o conteúdo prático da realidade envolvida.

A prestação substitutiva radicava, historicamente, na entrega de uma coisa corpórea, em vez do dinheiro inicialmente devido: o *aliud*. Essa entrega fazia-se com a tradição material. Donde o afirmar-se a dação como um contrato *real quoad constitutionem*. Estruturalmente, não há base legal para exigir uma *traditio rei*. A dação implica, todavia, a prestação do *aliud* e, portanto: a sua entrega. A não se realizar, teremos uma promessa de dação ou *pactum de in solutum dando*[3645]. Este poderá extinguir a obrigação inicial se puder ser interpretado como uma "dação" de crédito.

[3644] Quanto às diferenças entre a dação em cumprimento e a dação *pro solvendo*, desde já: RPt 11-nov.-2014 (Anabela Dias da Silva), Proc. 9734/11.

[3645] RGm 20-nov.-2012 (António Santos), Proc. 6335/09. À promessa de dação pode ser atribuída eficácia real: STA 12-jan.-2012 (Francisco Rother), Proc. 0835/11.

II. A dação de uma coisa envolve a transmissão da propriedade sobre ela. Esta pode, nos termos gerais, ser provada por testemunhas[3646], mas deve seguir a forma requerida para a transmissão em si, moldada sobre a compra e venda[3647]. Aplicam-se as competentes regras fiscais[3648].

No caso da dação de imóveis, deve recorrer-se à escritura pública ou a documento particular autenticado, nos termos do artigo 22.º do Decreto-Lei n.º 116/2008, de 4 de julho, por último alterado pelo Decreto-Lei n.º 125/2013, de 30 de agosto. Se as partes optarem pelo procedimento especial de transmissão, oneração e registo de imóveis, fixado no Decreto-Lei n.º 263-A/2007, de 23 de julho e pela Portaria n.º 794-B/2007, de 23 de julho, alterada pelas Portarias n.º 286/2012, de 20 de setembro e n.º 358/2015, de 14 de outubro e alargado à dação pela Portaria n.º 1126/2009, de 1 de outubro, a exigência é dispensada.

III. A prestação substitutiva pode consistir na cessão de créditos, na cessão da posição contratual, na assunção de uma dívida ou em qualquer outro tipo de transferência de vantagens. Hipótese documentada é a de uma sociedade fazer a entrega de todos os seus ativos, devolutos e livres de encargos, para extinção de uma dívida[3649].

Normalmente, estão em causa situações patrimoniais. A dação apresenta-se como um ato oneroso, podendo sujeitar-se à ação pauliana[3650]. Deste modo, designadamente para efeitos de preferência legal, a dação é equiparada à venda: artigos 1091.º/1, *a*), 1112.º/4, 1380.º/1, 1409.º/1, 1410.º/1, 1535.º/1, 1555.º/1 e 2130.º/1, só no Código Civil. Mas teoricamente, a dação em pagamento pode visar prestações não patrimoniais, genericamente admitidas pelo artigo 398.º/2, do Código Civil.

IV. A dação em cumprimento pode encobrir um pacto comissório. Sendo esse o caso, ela é nula, por contrariedade à lei (694.º e 678.º). Não sendo o caso e num acórdão da Relação de Coimbra, o juízo de censura sobre um credor hipotecário que aceite em pagamento o imóvel hipotecado por um valor inferior ao da avaliação por si efetuada, aquando da conces-

[3646] RPt 30-abr.-2015 (José Amaral), Proc. 452/13.

[3647] RPt 14-dez.-2006 (Deolinda Varão), Proc. 0635505.

[3648] STA 28-abr.-2010 (Miranda Pacheco), Proc. 0119/10 e STA 21-mar.-2012 (Pedro Delgado), Proc. 0599/10.

[3649] STJ 23-jan.-2003 (Ferreira Girão), Proc. 02B3683.

[3650] STJ 24-fev.-2015 (Gabriel Catarino), Proc. 1235/10.

são do crédito, implica que se demonstre uma desproporção significativa entre o valor atual de mercado do imóvel e o valor por que foi dado em pagamento[3651]. Temos dúvidas: ao proceder a certa avaliação, o banqueiro pode precipitar a decisão do seu cliente de contrair o crédito; ao desampará-lo, no momento da dação, há uma quebra de confiança suscetível de envolver um *venire contra factum proprium*. Deve, todavia, ter-se presente que, num ambiente de crise com quebra do imobiliário, pode ser mais vantajoso, para o particular, dar o imóvel hipotecado em pagamento, ainda que por um valor abaixo do da avaliação, do que sujeitar-se ao mercado, particularmente ao mercado das execuções.

V. A dação em cumprimento não permite conseguir resultados vedados pela lei. Designadamente, não é possível, pela dação, concretizar alienações proibidas. Assim, há que aplicar à dação:

- a proibição de cessão de créditos ou de outros direitos litigiosos, nos termos do artigo 579.º/1;
- o regime da preferência, num ponto expressamente recordado pelos diversos preceitos que a estabelecem, já enumerados[3652];
- as regras sobre a alienação dos bens dos cônjuges: 1682.º e outros.

No tocante a vendas a filhos ou netos, sujeita ao regime restritivo do artigo 877.º/1, há uma permissão especial: segundo o n.º 3 desse preceito, a proibição não abrange a dação em cumprimento feita pelo ascendente. Entende o legislador que a preexistência da dívida minora o risco de alienação prejudicial aos demais filhos e netos.

## 426. **O assentimento do credor**

I. O artigo 837.º, na linha de outros códigos, enfatiza a necessidade do assentimento do credor, para a exoneração do devedor.

[3651] RCb 3-mar.-2015 (Maria João Areias), Proc. 1067/12. Também se um banco exara, em documento aceite, que certa dação é parcial, não abusa do direito quando venha exigir a importância ainda em falta, para colmatar uma dívida: REv 5-fev.-2014 (Acácio Neves), Proc. 722/12.

[3652] *Supra*, 1001.

Desde logo, temos uma explicação de ordem histórica. O Direito comum admitia o *beneficium dationis in solutum*, isto é, a possibilidade de o credor ser, pelo juiz, obrigado a aceitar a substituição da prestação pela entrega de determinados bens[3653]. Essa solução remonta às *novellae* de Justiniano[3654], tendo-se mantido, ao longo da evolução subsequente, com flutuações[3655]. Os códigos do liberalismo não admitiam saídas desse tipo[3656]: fora das regras da insolvência.

Com efeito, o cumprimento pressupõe, desde logo, a realização da prestação a que o devedor esteja vinculado (762.º/1). Ela deve equivaler ao previsto, segundo o princípio da correspondência[3657]. Além disso, o credor não tem de aceitar prestações parciais (763.º/1): *a fortiori*, não fica ligado a prestações diferentes. Finalmente, o credor deve manifestar a vontade de exonerar o devedor.

II. Na prática, as dúvidas suscitam-se em torno de saber se há dação em pagamento ou se há novação: um ponto a ultrapassar pela interpretação, à luz dos artigos 236.º e 237.º[3658]. Também há zonas cinzentas entre a dação em cumprimento e a dação *pro solvendo*: a prova da eficácia extintiva cabe a quem dela se queira prevalecer[3659].

O assentimento do credor pode ser tácito, nos termos gerais. Recomenda-se, contudo, a emissão de uma quitação.

III. A concordância do credor sujeita-se a regras especiais, no âmbito da insolvência[3660]. A aprovação de um plano de insolvência pode conduzir, a essa luz, a dações em cumprimento[3661].

[3653] Ludwig Enneccerus/Heinrich Lehmann, *Recht des Schuldverhältnisse* cit., 15.ª ed., § 65 (263).

[3654] Nov. IV, 3 = ed. Rudolf Schoell/Wilhelm Kroll, *Corpus iuris civilis* III (1899), 26-27 (27/II).

[3655] Robert Römer, *Die Leistungs an Zahlungsstatt* cit., 162-177; Bernhard Windscheid/Theodor Kipp, *Lehrbuch des Pandektenrechts* cit., 9.ª ed., § 342, nota 12 (II, 419), com indicações.

[3656] Dirk Olzen, no *Staudingers Kommentar* cit., II, § 364, Nr. 3 (91).

[3657] *Supra*, 75 ss..

[3658] RCb 14-set.-2010 (Manuel Capelo), Proc. 5191/08; Dirk Olzen, no *Staudingers Kommentar* cit., II, § 364, Nr. 11 (93), perante os §§ 133 e 157 do BGB.

[3659] REv 7-mai.-2009 (Bernardo Domingos), Proc. 1282/03.

[3660] RPt 11-mar.-2013 (José Eusébio Almeida), Proc. 63/08.

[3661] RGm 5-fev.-2015 (Filipe Caroço), Proc. 6193/13.

## 427. Vícios do *aliud* e invalidade da dação

I. O artigo 838.° estabelece, havendo vícios da coisa ou do direito dados em cumprimento, que o credor possa optar:

- entre o funcionamento da garantia pelos vícios da coisa ou do direito, nos termos prescritos para a compra e venda;
- e o renascer da prestação primitiva, com a reparação dos danos sofridos.

Como se vê, na sequência da proposta de Vaz Serra e em linha com os Direitos alemão e italiano, o legislador fez como que a síntese entre as bimilenárias doutrinas sabiniana (*actio utilis ex empto* ou ação de compra) e proculeiana (manutenção da obrigação primitiva, com possibilidade, se tudo correr bem, da *exceptio doli*).

II. A remissão para a garantia pelos vícios da coisa ou do direito implicam, designadamente:

- a nulidade da venda de bens alheios (892.°), com obrigação de convalidação se houver boa-fé do comprador - aqui: do credor - (897.°), com indemnização (898.° a 900.°);
- a anulabilidade por erro ou dolo, ne venda de bens onerados (905.°), com obrigação de convalescência (907.°) e indemnização (908.° a 910.°) a somar, eventualmente, à redução do preço (911.°);
- a aplicação, com adaptações, desse esquema, à venda de coisas defeituosas (913.°);
- regimes específicos para a venda de animais defeituosos (920.°).

O sistema do Código Civil no tocante à violação da compra e venda, que visou, entre outros aspetos, substituir a velha garantia por evicção é, *de iure condendo*, demasiado complexo e limitativo, surgindo em contracorrente com os regimes atuais[3662]. Nessas condições, o credor surpreendido com a dação de coisas ou de direitos viciados terá todo o interesse em optar pela via proculeiana: subsistência da prestação primitiva e reparação dos danos sofridos.

[3662] *Vide* o *Tratado* XI, em preparação.

III. O Código Civil refere "garantia" pelos vícios da coisa ou do direito transmitido. Trata-se de um resquício da velha garantia pela evicção, versada nos artigos 1046.º a 1055.º e 1581.º, do Código de Seabra e ainda presente nos artigos 1626.º a 1640.º do Código Napoleão e 1483.º a 1488.º do Código italiano de 1942.

No Direito romano antigo, a compra e venda tinha mera eficácia obrigacional. O vendedor ficava obrigado a entregar a coisa ao comprador, o qual só adquiria a sua propriedade com o decurso da usucapião: dois anos, para as *res mancipi*. O vendedor garantia, ao comprador, uma posse pacífica, durante esse período delicado. Se, nesse período, a coisa vendida fosse arrebatada por um terceiro, que se apresentasse como dono, tínhamos a evicção: o adquirente ficava privado (evicto) da coisa. Pelas XII Tábuas, o problema era enfrentado com uma *actio auctoritatis*: uma garantia que permitia ao comprador chamar o vendedor à ação, para que lhe desse o necessário apoio. Se ele recusasse o apoio ou se a ação se perdesse, consumando-se a evicção, o vendedor era obrigado a indemnizar o evicto no dobro do preço[3663].

Ao longo da História, a garantia pela evicção foi-se modelando: veio a equivaler à responsabilidade do vendedor quando, por razões que lhe fossem imputáveis, o comprador ficasse privado da posse da coisa.

IV. O segundo termo da alternativa do artigo 838.º, perante vícios do *aliud* dado em dação, geralmente preferível, é o da opção pela prestação primitiva, com a reparação de danos. Tal solução não implica a invalidação da dação: esta mantém-se, transformando a situação inicial numa obrigação alternativa, com escolha pelo credor. Em termos práticos, passam a ter aplicação os artigos 544.º a 547.º, o que não é de somenos.

V. A hipótese de a dação ser declarada nula ou anulada por causa imputável ao credor merece, a este, um tratamento menos favorável. Assim, as garantias prestadas por terceiro não renascem, exceto se este conhecia o vício na data em que teve notícia da dação (839.º): uma solução paralela para a compensação (856.º), a novação (860.º/2), a remissão (866.º/3) e a confusão (873.º/2). "Conhecer o vício" equivale à má-fé, logo ética: equipara-se-lhe, pois, o "dever conhecer o vício" ou "conhecer, sem culpa, o vício". O sistema está sempre presente.

*A contrario sensu*: se a dação for invalidada por causa imputável ao devedor, as garantias prestadas por terceiro "renascem": não há que pena-

[3663] Com indicações: Max Kaser, *Das römische Privatrecht* cit., 1, 2.ª ed., § 130, V, 1 (551) e § 131 (553-562); Reinhard Zimmermann, *The Law of Obligations* cit., 293-304.

lizar o credor, sendo ainda certo que a declaração de nulidade e a anulação têm eficácia retroativa (289.º/1).

## 428. A natureza jurídica

I. O debate sobre a natureza jurídica da dação em cumprimento dura há dois mil anos: como vimos, Gaio já apresentava duas teorias básicas, tomando posição. Curiosamente, as diversas teorias apresentadas ao longo dos séculos renascem de modo repetido: mesmo quando caídas em desgraça, reflexões ulteriores parecem dar-lhes vida nova[3664]. A complexidade resulta de a dação em cumprimento surgir no ponto de encontro de três coordenadas distintas:

- o cumprimento: a dação é uma forma sucedânea de executar uma obrigação;
- a modificação: a obrigação é levada ao seu termo, mas através de uma prestação diferente da inicialmente prevista;
- a compra e venda: na dação, há uma troca da prestação inicial – em regra, pecuniária – por uma outra: o *aliud*; estamos, sempre em regra, no âmbito dos negócios onerosos, pelo que a compra e venda se impõe; no limite, haveria uma troca, que segue, no essencial, o regime da compra e venda.

No terreno, a complexidade intensifica-se. O credor pode aceitar uma dação: porque pretende ver a obrigação executada, seja como for; porque lhe interessa o *aliud*, tal como se apresente; porque tem em vista a mais-valia que ele represente. Quanto ao devedor, ele visará a dação: porque se quer livrar da obrigação a todo o custo; porque pretende alijar o *aliud*; porque o *aliud pro alio* representa uma oportunidade interessante. Os objetivos de ambas as partes podem não ser claros ou não coincidir: apenas convergem na dação em cumprimento.

[3664] Com elencos de teorias, recordamos: Robert Römer, *Die Leistung an Zahlungsstatt* cit., 1 ss.; Ernst-Ludwig Mickel, *Hingabe an Erfüllungsstatt* cit., 37 ss.; Marcus Krüsmann, *Die juristische Natur der Hingabe an Erfüllungsstatt* cit., 4 ss. e 21 ss.; Hans Steiner, *Datio in solutum* cit., 50 ss., com um alinhamento de posições; Siro Solazzi, *L'estinzione* cit., 1, 2.ª ed., 175 ss., com referência ao Direito romano; Manfred Harder, *Die Leistung an Erfüllungs statt* cit., 63 ss.; Antonio Saccoccio, *Aliud pro alio* cit., 163 ss.. Entre nós: Luís Menezes Leitão, *Direito das obrigações* cit., 2, 9.ª ed., 179-180 e Hugo Ramos Alves, *Cessão de créditos* cit., 850-882.

II. As diversas teorias resultam de se acentuar ora uma ora outra das três coordenadas em presença[3665]. Assim, quando se parte:

- do adimplemento, a dação é havida como um contrato de cumprimento; o credor não pretende modificar a prestação ou renunciar a ela: tão-só quer ser satisfeito; tal a opção de Harder[3666], de Larenz[3667], de Fetzer[3668] e de Olzen[3669];
- da modificação da prestação inicial, a dação é aproximada da novação objetiva[3670] ou de um contrato modificativo da obrigação inicial: voto de Esser/Schmidt[3671] e de Gernhuber[3672];
- da compra e venda e da troca: na realidade económica como no regime, a dação tem o sentido de uma alienação onerosa, como explicam Enneccerus/Lehmann[3673] ou de uma compra, segundo Hirata[3674].

[3665] Na sequência indicaremos, apenas, autores que se podem considerar contemporâneos; nas obras citadas são confrontáveis outras referências bibliográficas.

[3666] Manfred Harder, *Die Leistung an Erfüllungs statt* cit., *maxime* 171: (...) um puro negócio solutório, que só serve para satisfazer o credor (...).

[3667] Karl Larenz, *Lehrbuch des Schuldrecht* cit., 1, 14.ª ed., § 18, IV: (...) um contrato que, pelo seu conteúdo, visa fazer valer determinada prestação como cumprimento da obrigação.

[3668] Rhona Fetzer, no *Münchener Kommentar zum BGB* cit., 2, 7.ª ed., § 364, Nr. 1 (2588): (...) um contrato sobre o efeito solutório de uma sub-rogação real (*eines Surrogats*).

[3669] Dirk Olzen, no *Staudingers Kommentar* cit., 2, § 364, Nr. 8 (92): (...) uma convenção sobre o cumprimento da obrigação inicial e, assim, um puro negócio auxiliar.

[3670] Opção de alguma doutrina francesa, com exemplo em Louis Josserand, *Cours de Droit Civil* cit., 2, n.º 928 (443); também em Itália, Ludovico Barassi, *La teoria generale delle obbligazioni* 3 (1954), n.º 269 (146).

[3671] Josef Esser/Eike Schmidt, *Schuldrecht/Allgemeiner Teil*, 8.ª ed. (1995), § 18, I, 2 (293-294).

[3672] Joachim Gernhuber, *Die Erfüllung und ihre Surrogate* cit., 2.ª ed., § 10, 3 (187-190), que embora reconhecendo não ser a teoria dominante, lhe aponta as diversas vantagens explicativas e dogmáticas. Esta orientação fora particularmente defendida por Franz Leonhard, *Allgemeines Schuldrecht des BGB* 1 (1929), XII + 772 pp., §§ 307-309, em especial § 309 (599-600): a dação seria um contrato modificativo, seguido do seu cumprimento; esta orientação foi contraditada por uma dissertação expressa: Anton Melzenbach, *Die rechtliche Natur der Lehre von Franz Leonhard Seite 593 ff.* cit., 22 ss..

[3673] Ludwig Enneccerus/Heinrich Lehmann, *Recht der Schuldverhältnisse* cit., 15.ª ed., § 65, I (263).

[3674] Alessandro Hirata, *Die Leistung an Erfüllungs statt und ihre Beurteilung als Kaufvertrag* cit., *maxime* 146.

Entre nós, a teoria do contrato de cumprimento é assinada por Antunes Varela[3675] e por Ramos Alves[3676]; a do negócio modificativo por Pessoa Jorge[3677] e por Cunha de Sá[3678]; a da troca ou compra ou venda, por Guilherme Moreira[3679] e por Vaz Serra[3680]. Todos os autores que intervêm sobre o tema, no estrangeiro como na lusofonia, enriquecem as opções respetivas, com considerações diferenciadoras.

III. Nós próprios já procurámos explicar a dação em cumprimento como uma forma convencional de extinção das obrigações através da realização de uma prestação diversa da devida[3681]. O Prof. Menezes Leitão acolhe esta fórmula, explicando, todavia, que está em causa um contrato oneroso que extingue a obrigação através da realização, perante o credor, de uma prestação diferente da devida, como contrapartida da sua renúncia de receber a prestação primitiva[3682]. Mantemos a nossa fórmula, ainda que complementada pelas considerações que seguem.

IV. No Direito civil, nem sempre é possível decompor institutos, de modo a reconduzi-los a outras fórmulas preexistentes e mais simples. A natureza histórico-cultural da matéria explica que, muitas vezes, existam desalinhos e flutuações. Explicações simplistas conduzem a perdas dogmáticas, uma vez que os institutos, burilados por uma experiência bimilenária, satisfazem necessidades e equilíbrios em moldes irredutíveis. A natureza jurídica de um instituto deve, antes de mais, respeitá-lo: não é uma postura meramente descritiva. À luz desta reflexão, a dação em cumprimento, enquanto cumprimento acordado com recurso a um *aliud pro alio*, tem um espaço próprio e autónomo, que não parece realista vir discutir.

V. Sob pena de abstracionismo, devemos ainda sublinhar que a dação em cumprimento não tem unidade estrutural. Quem entregue um quilo de

[3675] João Antunes Varela, *Das obrigações em geral* cit., 2, 7.ª ed., 184.

[3676] Hugo Ramos Alves, *Dação em cumprimento* cit., 876-882.

[3677] Fernando Pessoa Jorge, *Lições de Direito das obrigações* cit., 1, n.º 219 (443).

[3678] Fernando Cunha de Sá, *Modos de extinção das obrigações*, em Est. Inocêncio Galvão Telles 1 (2002), 171-262, n.º 10 (197).

[3679] Guilherme Moreira, *Instituições do Direito civil* cit., 2, 278.

[3680] Adriano Vaz Serra, *Dação em função do cumprimento e dação em cumprimento* cit., 44.

[3681] *Direito das obrigações* 2, 213 e *Tratado* IX, 1.ª ed., 349.

[3682] Luís Menezes Leitão, *Direito das obrigações* cit., 2, 9.ª ed., 182.

maçãs em substituição de um quilo de pêras não está na mesma situação de quem assuma uma dívida para extinguir outra ou de quem aliene um imóvel para se liberar de um débito pecuniário. Estamos perante realidades diversas, com regras próprias: processuais, instrumentais e de fundo. A essência da dação em cumprimento é funcional: a extinção de uma obrigação, através do *aliud pro alio* consentido pelo credor. Isto dito, verifica-se que:

- a dação implica um contrato; embora o cumprimento não seja, em regra, contratual[3683], a dação deve sê-lo: postula um acordo entre credor e devedor; podemos ir mais longe: é um negócio, uma vez que estão presentes as liberdades de celebração e de estipulação;
- esse contrato é estruturalmente uma troca (*aliud pro alio*), tendencialmente onerosa: de conteúdo patrimonial, permitindo o Direito o seu comércio;
- e tem, como função, a extinção de uma obrigação, como sucedâneo do cumprimento.

A aplicabilidade, em certos casos, dos remédios da compra e venda explica-se pelo fator «troca onerosa»: artigo 939.º.

Em suma: a dação em cumprimento é uma forma convencional de extinção das obrigações, através de uma prestação diversa da devida.

VI. De acordo com a construção do vínculo obrigacional como uma relação complexa, importa sublinhar que esta mantém a sua identidade. Apenas se verifica que, no cumprimento, a prestação principal é substituída por uma prestação diferente. A fonte conserva-se bem como os deveres acessórios que dela decorram. A interpretação dos atos de execução tem como referência a relação obrigacional de origem, com as devidas adaptações. Este estado de coisas permite reforçar a construção proposta.

### 429. **A dação *pro solvendo***

I. Na dação *pro solvendo*, o devedor efetua uma prestação diferente da devida, naturalmente com o consentimento do credor. Simplesmente, o *aliud* é entregue para que o credor realize o seu valor e assim, "mais facilmente", obtenha a satisfação do seu crédito. Este só se extingue quando

[3683] *Supra*, 159 ss..

o mesmo for satisfeito e na medida em que o seja (840.º/1). O interesse do credor vai ser satisfeito através de um caminho diverso do previsto inicialmente[3684].

A dação *pro solvendo* insere-se, tradicionalmente, nas leis como nas obras científicas, ao lado da dação propriamente dita. Há um paralelo linguístico e funcional que o explica. Todavia, ambas as figuras têm diferenças profundas[3685]. Assim:

- a dação em cumprimento extingue a obrigação; a *pro solvendo* poderá fazê-lo quando o credor obtenha satisfação, caso isso suceda e na medida em que ocorra;
- a dação em cumprimento não pressupõe, do lado do credor, nada mais do que a receção do *aliud*; a *pro solvendo* investe o credor num dever (ou num encargo) de *facere*, com vista à realização do valor da realidade entregue;
- a dação em cumprimento pode retroverter; a *pro solvendo*, no máximo, deixa incólume a prestação inicial.

II. A dação *pro solvendo* ou em função do cumprimento é muito frequente. Manifesta-se nas obrigações pecuniárias, quando haja adimplemento através de cheque ou de outro título de crédito[3686]. A sua natureza e subsequente aceitação, em vez da importância líquida devida, pode não envolver a imediata extinção do débito. Quando aceite "salvo boa cobrança", isso significa que a extinção só sobrevém com o efetivo recebimento do valor em jogo e caso ele ocorra[3687]. Em rigor, o pagamento por cheque pode equivaler a uma dação em cumprimento, sempre que haja imediata extinção ou a uma dação em função do cumprimento[3688], se hou-

[3684] Helmut Köller, *Die Leistung erfüllungshalber*, WM 1977, 242-254 (242/II).

[3685] Andreas von Tuhr/Alfred Siegwart, *Allgemeiner Teil des schweizerischen Obligationenrechts* cit., 2, § 56, II (449-450); Karl Larenz, *Lehrbuch des Schuldrecht* cit., 1, 14.ª ed., § 18, IV (250); Klaus Schreiber, *Leistungen an Erfüllungs Statt und erfüllungshalber*, Jura 1996, 328-331 (329/II e 330/I); Luís Menezes Leitão, *Direito das obrigações* cit., 2, 9.ª ed., 183; STJ 12-out.-2006 (Mota Miranda), Proc. 06B2390; RLx 29-set.-2009 (Isabel Salgado), Proc. 1536-09.

[3686] Recorde-se o clássico Hellmut Isele, *Geldschuld und bargeldloser Zahlungsverkehr*, AcP 129 (1929), 129-185 (141 ss.); quanto a cartões: Walther Hadding, *Zahlung mittels Universalkreditkarte*, FS Klemens Pleyer (1986), 17-40 (24).

[3687] STJ 13-nov.-2003 (Salvador da Costa), Proc. 03B3628; STJ 9-mar.-2004 (Araújo Barros), Proc. 03B4109.

[3688] Phlipp Heck, *Grundriss des Schuldrechts* cit., 175.

ver reserva "salvo boa cobrança". O artigo 840.º/2 facilita: havendo uma dação que tenha por objeto a cessão de um crédito ou a assunção de uma dívida, presume-se feita *pro solvendo*[3689].

III. A dação *pro solvendo* tem efeitos múltiplos. Assim:

- ela suspende a exigibilidade da dívida inicial: aceitando uma posição *pro solvendo*, o credor não pode, de imediato, exigir o seu cumprimento[3690]; fala-se, a esse propósito, de um *pactum de non petendo*[3691];
- ela garante o cumprimento, uma vez que o *aliud* dado *pro solvendo* vai ficar afeto àquele concreto débito, em detrimento dos demais, salvo uma pauliana vitoriosa;
- ela adstringe o credor a agir regular e razoavelmente no sentido de realizar o valor em jogo[3692]; aplica-se uma bitola de diligência própria do *bonus pater familias*, colocado na posição do credor real[3693];
- ela extingue a obrigação apenas quando se realize o seu valor[3694]; em si, visa falicitar o cumprimento da obrigação e não extingui-la[3695]; nesse sentido, há uma extinção condicional[3696].

[3689] Trata-se de um dispositivo similar ao do § 364/II do BGB: funciona como uma regra de interpretação negativa contra a dação em cumprimento; a nova situação é havida como em função do cumprimento; Dirk Olzen, no *Staudingers Kommentar* cit., II, § 364, Nr. 38-40 (100); BGH 19-dez.-2003, MDR 2014, 371 (371/I).

[3690] RPt 18-jan.-1994 (Matos Fernandes), Proc. 9340606.

[3691] Rhona Fetzer, no *Münchener Kommentar zum BGB* cit., 2, 7.ª ed., § 364, Nr. 13 (2592).

[3692] RLx 13-mai.-1993 (Carvalho Pinheiro), CJ XVIII (1993) 3, 102-106 (105-106); RPt 1-jun.-2006 (Pinto de Almeida), Proc. 0632136.

[3693] Assim: Helmut Köller, *Die Leistung erfüllungshalber* cit., 250/II, que apela ao § 242 e à boa-fé; Joachim Gernhuber, *Die Erfüllung und ihre Surrogate* cit., 2.ª ed., § 9, I, 11 (168-169), sublinhando a natureza fiduciária da situação; Rhona Fetzer, no *Münchener Kommentar zum BGB* cit., 2, 7.ª ed., § 364, Nr. 12 (2591-2592), referindo o cuidado requerido no tráfego; Dirk Olzen, no *Staudingers Kommentar* cit., II, § 364, Nr. 24 (98), mencionando uma atuação cuidadosa, de modo a obter uma rápida e efetiva valorização.

[3694] RLx 8-jul.-2004 (Arnaldo Silva), Proc. 4084/2004-7.

[3695] RPt 25-jun.-2012 (Ana Paula Amorim), Proc. 3322/09.

[3696] Sendo a "condição" suspensiva (270.º).

IV. A dação *pro solvendo* tem uma natureza claramente distinta da da dação em cumprimento. Ela reconduz-se a um contrato de prestação de serviço, entre o devedor e o credor, pelo qual este assume a obrigação de realizar, com base no *aliud*, um determinado valor para, com ele, se pagar de certa dívida. A esse contrato haverá que aplicar o regime do mandato e, mais precisamente, do mandato no interesse, também, do mandatário[3697] (artigos 1156.º e 1170.º/2)[3698]. Significa isso que o devedor, depois de uma entrega *pro solvendo*, não pode, salvo justa causa, sem o acordo do credor, cumprir *a latere* a prestação inicial. De outro modo, para além da confusão nos pagamentos que isso iria originar, poderiam pôr-se em causa expectativas legítimas do credor.

Ocorrendo a eventualidade de ser mais favorável, para o devedor, o cumprimento da prestação inicial, cabe consignar essa possibilidade, em acordo, aquando da entrega *pro solvendo*.

V. Em termos analíticos, a obrigação primitiva mantém-se. Simplesmente, a sua prestação principal vai articular-se com uma relação fiduciária, concluída entre o devedor e o credor que adstringe, este último, a uma atuação tendente a obter a satisfação do próprio crédito. Os deveres acessórios iniciais conservam-se, adaptando-se e reforçando-se, perante a nova situação.

[3697] Andreas von Tuhr/Alfred Siegwart, *Allgemeiner Teil* cit., II, 2.ª ed., § 56, II (450); Hugo Ramos Alves, *Dação em cumprimento* cit., 407 ss..

[3698] A doutrina alemã fala numa "relação semelhante ao mandato": Rhona Fetzer, no *Münchener Kommentar zum BGB* cit., 2, 7.ª ed., § 364, Nr. 25 (96).

SECÇÃO II

# A CONSIGNAÇÃO EM DEPÓSITO

## § 101.º EVOLUÇÃO HISTÓRICO-COMPARATÍSTICA DA CONSIGNAÇÃO EM DEPÓSITO

### 430. **Generalidades; Direito romano**

I. O cumprimento de uma obrigação requer a determinação da pessoa do credor e pressupõe, de um modo geral, a cooperação dele. Na hipótese de não ocorrer alguma dessas eventualidades, o devedor não pode ficar, *ad aeternum*, adstrito a uma obrigação fora do seu controlo. Por isso, o Direito prevê a possibilidade de extinção da obrigação pela consignação em depósito: o devedor presta perante uma terceira entidade, devidamente habilitada, com isso se extinguindo a obrigação[3699]. Esse é o papel da consignação em depósito. Como se compreende, a lei envolve a consignação em variados requisitos, prevendo, em regra, a intervenção do tribunal.

II. O Direito romano reconheceu o problema. Na hipótese de mora do credor[3700] e em casos de inabilidade ou incapacidade do mesmo credor, por menoridade[3701] ou por ausência[3702], admitia-se que o devedor pudesse

[3699] *Vide* a noção em RPt 14-fev.-2012 (Carlos Portela), Proc. 0725170.

[3700] Papiniano, D. 22.1.7 = ed. Rolf Knütel e outros, cit., IV, 89:

> Debitor usurarius creditori pecuniam optulit et eam, cum accipere noluisset, obsignavit ac deposuit: ex eo die ratio non habebitur usurarum [o devedor de um mútuo oneroso que ofereça ao credor o dinheiro emprestado, caso este não queira aceitar, sela e deposita: a partir desse dia não há mais juros]

[3701] Ulpiano, D. 4.4.7.2 = ed. Okko Behrends e outros cit., II, 379-380.

[3702] Paulo, D. 40.7.4.pr = ed. Theodor Mommsen cit., I, 630/II.

depositar o objeto da prestação[3703]. Tratava-se da *obsignatio* ou da *depositio*, relativa a dinheiro, a efetivar em templos ou noutros locais públicos[3704]. A prestação depositada ficava em quiescência: não vencia juros e não podia ser penhorada pelo credor[3705].

III. Ao longo da História, a liberação do devedor pelo depósito de somas de titularidade indefinida ou que não fosse possível receber foi admitida. Variavam as regras processuais atinentes à sua efetivação, bem como as cautelas dirigidas seja ao procedimento, seja à entidade depositária[3706]. Sob a pandectística, a consignação era reconhecida, como forma de liberar o devedor, em face da recusa do credor[3707]. Discutido era o seu âmbito, em especial perante a incerteza do credor[3708]. Também mereceu especial debate o tema da mora do credor: a doutrina acabaria por responder positivamente[3709].

[3703] Siro Solazzi, *L'estinzione* cit., 1, 2.ª ed., 140-160; Manfred Nitsche, *Die Hinterlegung der geschuldeten Leistung im römischen Recht*, SDHI 24 (1958), 112-123; Max Kaser, *Das römische Privatrecht* cit., 1, 2.ª ed., § 149, V (639); quanto ao depósito: Giuseppe Gandolfi, *Il deposito nella problematica della giurisprudenza romana* (1971), 170 pp., especialmente 69 ss., quanto à sua natureza *bonae fidei*; Francesca Scotti, *Il deposito nel diritto romano: testi con traduzione italiana* (2008), XXVIII + 244 pp.; Tom Walter, *Die Funktionen der actio depositi* (2012), 497 pp., 203 ss., quanto à função.

[3704] Lucio Bove, *"Subreptio" di "res privata" depositata "in aede sacra"*, Labeo 3 (1957), 354-359; H. Vidal, *Le depôt in* aede, RH 43 (1965), 545-587; Tilman Repgen, no HKK/BGB cit., II/2, §§ 372-386, Nr. 3 (2170).

[3705] Lucio Bove, *Gli effetti del deposito della cosa dovuta*, Labeo 1 (1955), 173--189; veja-se, ainda, a bibliografia referida nas duas notas anteriores.

[3706] Tilman Repgen, no HKK/BGB cit., II/2, §§ 372-386, Nr. 4 (2170-2171), referindo as tradições alemãs, nesse domínio, bem como leis antigas.

[3707] Heinrich Dernburg/Johannes Biermann, *Pandekten*, II – *Obligationenrecht*, 7.ª ed. (1903), § 61 (170-172), usando o termo *öffentliche Deposition.*

[3708] Kühne, *Ungewissheit des Gläubigers als Grund zur Deposition behufs Befreiung des Schuldners*, JhJb 17 (1879), 1-66; *idem*, *Zur Frage der Deposition wegen Ungewißheit des Gläubigers: Entscheidung des Reichs-Oberhandelsgerichts*, JhJb 17 (1879), 174-182; Karl Jess, *Ist der Schuldner berechtigt, wegen Ungewißheit des Gläubigers zu deponiren?*, JhJb 17 (1879), 158-173; Paul Müller, *Die Hinterlegung zur Schuldbefreiung nach dem BGB*, JhJb 41 (1900), 411-520.

[3709] *Vide* as indicações dadas *supra*, 246 ss..

## 431. As codificações

I. As codificações acolheram a consignação em depósito. O Código Napoleão dedicou-lhe os artigos 1257.º a 1264.º[3710]. O processo iniciava-se pelas ofertas de pagamento, feitas por inteiro, no tempo e no local do cumprimento, a uma pessoa capaz e através de um *officier ministériel*. Recusando o credor, o devedor pode consignar a soma ou a coisa oferecidas[3711]. A reforma de 2016 simplificou o procedimento a seguir (1345.º-1 a 1345.º-3). A consignação surge dependente da mora do credor: uma novidade da reforma[3712], que permitiu simplificar grandemente o esquema anterior[3713].

II. Um desenvolvimento significativo foi dado à consignação (*Hinterlegung*) pelo BGB alemão, §§ 372 a 386: num esquema que influenciaria Vaz Serra e o Código de 1966.

Em torno da preparação, da publicação e da entrada em vigor do BGB surgiram numerosos estudos monográficos relativos à consignação em depósito que, ainda hoje, são referência. Assim, damos nota dos de Liebert[3714], de Levy[3715], de Mühsam[3716], de Rieken[3717], de Müller[3718], de Beer[3719], de

[3710] J. A. Rogron, *Code civil expliqué* cit., 343-345.

[3711] Quanto ao esquema vigente anterior à reforma de 2016: François Terré e outros, *Droit des obligations* cit., 11.ª ed., n.º 1349 (1398-1399); Philippe Malinvaud/Dominique Fenouillet/Mustapha Mekki, *Droit des obligations* cit., 13.ª ed., n.º 848 (681-682); Philippe Maulaurie/Laurent Aynès/Philippe Stoffel-Munck, *Droit des obligations* cit., 7.ª ed., n.º 1089 (606); Bertrand Fages, *Droit des obligations* cit., 5.ª ed., n.º 497 (397).

[3712] Gaël Chantepie/Mathis Latina, *La réforme du droit des obligations* cit., 834 ss..

[3713] Assim: Bertrand Fages, *Droit des obligations*, 6.ª ed. (2016), n.º 496 (423).

[3714] Walter Liebert, *Das Rechtsverhältnis des Schuldners zur Hinterlegungsstelle bei der Hinterlegung nach gemeinem Recht und dem Bürgerlichen Gesetzbuche für das Deutsche Reich* (1899), 61 pp..

[3715] Ernst Levy, *Vorraussetzungen und Wirkungen der Hinterlegung nach gemeinem Recht und dem Bürgerlichen Gesetzbuche für das Deutschen Reich* (1899), 43 pp..

[3716] Paul Mühsam, *Die gerichtliche Hinterlegung: insbesondere zum Zweck der Schuldbefreiung, nach Gemeinem Recht und B.G.B.* (1900), 133 pp..

[3717] Gustav Rieken, *Das Rechtsverhältnis zwischen dem Gläubiger und der Hinterlegungsstelle bei der Hinterlegung* (1900), 38 pp..

[3718] Paul Müller, *Die Hinterlegung zur Schuldbefreiung nach dem Bürgerlichen Gesetzbuche* (1900), VI + 91 pp..

[3719] Ludwig Beer, *Die Hinterlegung zum Zwecke der Befreiung von Schuldverbindlichkeiten/ein Beitrag zur Lehre vom Erloschen der Schuldverhältnisse nach dem Rechte des Bürgerlichen Gesetzbuches* (1900), IV + 136 pp..

Schwartz[3720], de Ransohoff[3721], de Bertram[3722], de Dreβler[3723], de Goldstein[3724] e de Schimmelpfeng[3725]. A matéria ocupa algum espaço nos múltiplos manuais e comentários[3726].

O sistema alemão da consignação em depósito foi complementado pela *Hinterlegungsordnung* de 10-mar.-1937, alterada por último em 1990[3727]. Este diploma ocupa-se da consignação formal, definindo quais os órgãos estaduais competentes e regendo as relações entre os órgãos em causa e as pessoas envolvidas[3728]. Tais relações, de natureza antes discutida, eram (e são) consideradas como de Direito público[3729]. A *Hinterlegungsordnung* deixou de vigorar em 1-dez.-2010, sendo substituída por regras ao nível dos *Länder*.

III. O Código Civil italiano (artigos 1206.° a 1217.°) insere a consignação (*deposito*) a propósito da mora do credor. Mantém um esquema próximo do francês: uma oferta solene de pagamento a qual, não sendo aceite, permite um depósito. Este, sendo aceite ou declarado válido por sentença transitada, exonera o devedor (1210.°/2)[3730].

3720 Emil Schwartz, *Die Wirkungen der Hinterlegung zur Schuldbefreiung für den Konkurs* (1901), 56 pp..

3721 Paul Ransohoff, *Die Hinterlegung zum Zwecke der Schuldbefreiung nach gemeinem Rechte und dem Rechte des B.G.B.* (1901), IV + 154 pp..

3722 Friedrich Bertram, *Die rechtliche Wirkungen der Hinterlegung der geschuldeten Sachen durch den Schuldner nach gemeinem Civilrecht und nach dem Rechte des bürgerlichen Gesetzbuchs* (1901), 52 pp..

3723 Heinrich J. Dreβler, *Der Selbsthilfeverkauf zwecks Hinterlegung des Erlöses nach dem Rechte des Deutschen Bürgerlichen Gesetzbuchs* (1907), VII + 56 pp..

3724 Rudolf Goldstein, *Die materielle Rechtswirkung der Hinterlegung im Zivilprozess und in der Zwangsversteigerung* (1914), m182 pp..

3725 Herbert Schimmelpfeng, *Die Hinterlegung zur Schuldbefreiung nach dem Bürgerlichen Gesetzbuch mit Berücksitigung des Konkurses* (1923, dact.), V + 79 pp..

3726 Referimos os (neste momento) mais recentes: Dirk Olzen, no *Staudingers Kommentar* cit., II, §§ 372-386 (163-230) e Rhona Fetzer, no *Münchener Kommentar* cit., 2, 7.ª ed., §§ 372-386 (2615-2640): ambos de 2016.

3727 Arthur Bülow/Jürgen Schmidt, *Hinterlegungsordnung und Nebengesetze*, 4.ª ed. (2005), XVI + 223 pp..

3728 Arthur Bülow/Jürgen Schmidt, *Hinterlegungsordnung* cit., 4.ª ed., Vorbem. Nr. 2 (14).

3729 Dirk Olzen, no *Staudingers Kommentar* cit., II, Vorbem zu §§ 372 ff., Nr. 11 (168).

3730 Guido Alpa/Giovanni Iudica, *Codice civile annotato* cit., 1130-1139.

## 432. A experiência lusófona

I. Nas Ordenações surgem diversas regras relativas a depósitos, particularmente no caso de execução[3731].

A sistematização da matéria aguardaria o Código de Seabra. Este, numa secção VII, *Da proposta de pagamento e da consignação em deposito* (artigos 759.º a 764.º)[3732], inserida no capítulo *dos effeitos e cumprimento dos contractos*, dispunha:

Art. 759.º O devedor póde livrar-se, fazendo depositar judicialmente, com citação do credor, a cousa devida nos casos seguintes:

1.º Se o credor recusar recebel-a;

2.º Se o credor não vier, ou não mandar recebel-a na época do pagamento, ou no logar para isso designado;

3.º Se o credor não quizer dar quitação;

4.º Se o credor fôr incapaz de receber;

5.º Se o credor fôr incerto.

§ único. No caso do n.º 5 d'este artigo é dispensada a citação do credor.

Art. 760.º Se os credores forem conhecidos, mas duvidoso o seu respectivo direito, poderá o devedor fazer depositar a cousa devida, fazendo-os citar, para que façam certo o seu direito pelos meios competentes.

Art. 761.º Se o deposito não fôr contestado, a cousa ficará a risco do credor, e a obrigação extincta desde a data do mesmo deposito; mas sendo este contestado, aquelles effeitos só principiarão na data da sentença, passada em julgado, que o confirmar.

Art. 762.º Emquanto o credor não aceita a cousa depositada, ou não é julgado o deposito, póde o devedor retiral-a.

Art. 763.º Depois do julgamento, só póde ser retirada a cousa pelo depositante com permissão do credor; mas n'este caso, perde o mesmo credor qualquer direito de preferencia, que sobre ella tenha, e ficam os com-devedores e fiadores desobrigados.

[3731] *Ord. Fil.*, Liv. III, tit. XXV e tit. LXXXVI, §§ 1 e 15.

[3732] José Dias Ferreira, *Codigo Civil annotado* cit., II, 1.ª ed., 261-264 e 2.ª ed., 83-88.

Art. 764.º As despezas feitas com o deposito serão por conta do credor, salvo se, em caso de opposição, fôr o devedor convencido a final.

O esquema de Seabra foi complementado por regras inseridas no Código de Processo Civil de Alberto dos Reis (1939).

II. A doutrina modernizou o instituto com Guilherme Moreira[3733] e Cunha Gonçalves[3734]. Deve dizer-se que não havia, propriamente, uma discussão dogmática subjacente à consignação em depósito[3735].

A primeira – e, ainda hoje, única – monografia aprofundada sobre o tema coube a Vaz Serra, no âmbito da preparação do Código Civil[3736]. O Autor procedeu a um esquema envolvente. Após uma análise de Direito comparado[3737], Vaz Serra passa a ponderar as soluções mais razoáveis, para o então futuro Código. Designadamente, opta por não relacionar estreitamente a consignação com a mora do credor, uma vez que ela poderia operar noutras situações, como a da incerteza: isso permite evitar o (pesado) esquema das ofertas[3738], por permitir a consignação a terceiros que possam cumprir[3739] e por requerer que estivesse em jogo a totalidade da dívida[3740]. Os efeitos da consignação, com relevo para os deveres do depositário e para a sua eficácia liberatória são ponderados[3741]. Estudados ainda outros pontos, Vaz Serra apresenta um anteprojeto de articulado extenso (1.º a 31.º); faz, ainda, sugestões de alteração a ponderar perante o Código de Processo Civil envolvendo, designadamente, a necessidade de venda da coisa depositada[3742]. O articulado sobre a consignação passou ao anteprojeto geral (451.º a 469.º)[3743].

3733 Guilherme Moreira, *Instituições do Direito civil* cit., 2, § 16 (248-254).

3734 Luiz da Cunha Gonçalves, *Tratado* cit., 4, 758-773.

3735 Refira-se, contudo, José Gualberto de Sá Carneiro, *Da consignação em depósito/Relatório apresentado à Comissão Revisora sobre os artigos 843.º a 851.º do Projecto*, ROA 1947, n.º 1 e 2, 331-338.

3736 Adriano Vaz Serra, *Consignação em depósito, venda de coisa devida e exoneração do devedor por impossibilidade da prestação resultante de circunstância atinente ao credor*, BMJ 40 (1954), 5-192.

3737 *Idem*, 9-25.

3738 *Idem*, 25-63.

3739 *Idem*, 63-65.

3740 *Idem*, 65-69.

3741 *Idem*, 75-100.

3742 *Idem*, 153-192.

3743 Adriano Vaz Serra, *Direito das obrigações* cit., 381-395.

A matéria da consignação em depósito foi muito simplificada na 1.ª Revisão Ministerial (817.º a 825.º)[3744]. Na 2.ª Revisão (841.º a 846.º), procederam-se a novas simplificações[3745], rematadas, no Projeto final, por alterações de forma[3746].

III. Na sequência dos preparatórios apontados, o Código Civil ficou dotado de seis artigos sobre a consignação em depósito: 841.º (quando tem lugar), 842.º (consignação por terceiro), 843.º (dependência de outra prestação), 844.º (entrega da coisa consignada), 845.º (revogação da consignação) e 846.º (extinção da obrigação). O texto é muito sintético e elegante.

Encontramos regras sobre a consignação no Código de Processo Civil (916.º a 924.º) e em normas especiais, como o artigo 1042.º, versão original, relativo à locação[3747] e o Código das Sociedades Comerciais[3748].

[3744] BMJ 119 (1962), 210-212.

[3745] Jacinto Rodrigues Bastos, *Das obrigações em geral* cit., VI, 187-206, onde podem ser confrontados os textos.

[3746] *Projecto de Código Civil* cit., 245-246.

[3747] O nosso *Leis do arrendamento urbano anotadas* (2014), 76-77.

[3748] *Vide* o nosso *Aquisições tendentes ao domínio total: constitucionalidade e efetivação da consignação em depósito (artigo 490.º/3 e 4 do Código das Sociedades Comerciais)*, O Direito 137 (2005), 449-463.

## § 102.º O REGIME E A NATUREZA DA CONSIGNAÇÃO EM DEPÓSITO

### 433. Os requisitos

I. Os requisitos da consignação podem considerar-se estabilizados, em face do sistema romano-germânico[3749]. O Código Civil formula-os no artigo 841.º, em moldes que requerem atenção. Como pano de fundo, podemos considerar a consignação possível quando a prestação não possa ser efetuada pura e simplesmente ou caso ela não o possa ser com segurança: em ambos os casos por motivos que respeitem ao credor ou à sua esfera de risco[3750]. A lei exprime essa ideia através da locução "por qualquer motivo relativo à pessoa do credor" – 841.º/1, *a*), *in fine*. Não se exige a culpa do credor, isto é, a inobservância, por este, dos deveres acessórios que lhe compitam para que a prestação possa ser corretamente realizada.

II. A prestação não pode ser realizada – ou não o pode ser com segurança – nas seguintes situações típicas[3751]:

- desconhecimento da identidade do credor;
- situações litigiosas ou paralitigiosas, em que duas ou mais pessoas se apresentam como credoras[3752] ou como representantes do credor[3753];

[3749] William Krelle, *Die Vorraussetzungen der Hinterlegung zur Befreiung des Schuldners* (1911), VII + 52 pp.; Jakob R. Biedermann, *Die Hinterlegung als Erfüllungssurrogat* (1944), XII + 233 pp., 10 ss.. Na literatura atual: Wolfgang Fikentscher/Andreas Heinemann, *Schuldrecht* cit., 10.ª ed., § 39, II, Nr. 325-328 (168-170); Dirk Olzen, no *Staudingers Kommentar* cit., 2, § 372, Nr. 9-22 (176-181); Rhona Fetzer, no *Münchener Kommentar* cit., 2, 7.ª ed., § 372, Nr. 6-13 (2617-2620).

[3750] Rhona Fetzer, no *Münchener Kommentar* cit., 2, 7.ª ed., § 372, Nr. 1 (2616).

[3751] *Vide* Pires de Lima/Antunes Varela, *Código Civil Anotado* cit., II, 4.ª ed., 125.

[3752] STJ 3-out.-2013 (Abrantes Geraldes), Proc. 1747/10: a consignação em depósito pode ser requerida quando o devedor pretenda afastar o risco de efetuar o pagamento

- desconhecimento de quem seja o representate legal de um incapaz (*vide* 764.º/2);
- indefinição do domicílio (ou, sendo o caso, da residência ou do paradeiro) do credor, quando a prestação aí deva ser efetuada;
- ausência do credor, sem que lhe tenha sido fixada a curadoria;
- morte do credor, sem que estejam determinados os seus sucessores ou o cabeça-de-casal;
- cessão do crédito, quando impugnada;
- circunstâncias que tornem perigosa a realização da prestação.

Na dúvida, a consignação em depósito funciona em *favor debitoris*. Basta que a situação de impossibilidade ou de incerteza seja plausível, em termos objetivos ou sempre que, dadas as circunstâncias, ela não possa deixar de se impor ao espírito do devedor, para que a consignação seja possível. Na competente ação de impugnação, o credor será chamado a pronunciar-se, podendo impugnar o depósito (919.º do Código de Processo Civil).

III. A consignação em depósito é ainda possível quando o credor esteja em mora[3754]: artigo 841.º/1, *b*). Esta é definida como referência a duas situações (813.º):

- o credor, sem motivo justificado, não aceita a prestação que lhe seja oferecida, nos termos legais;
- o credor não pratica os atos necessários ao cumprimento da obrigação.

A mora do credor envolve, relativamente a este, uma censura: tanto que implica um dever de indemnizar (816.º). As situações a incluir na alínea *b*) do artigo 841.º/1 distinguem-se das da alínea *a*) justamente porque, ao contrário destas, postulam a inobservância de deveres acessórios, pelo

em duplicado, como sucede num caso em que o crédito decorrente de um contrato de empreitada foi cedido pelo credor primitivo a uma sociedade de *factoring*. O procedimento previsto no artigo 922.º do CPC (ex-1030.º) enxerta-se numa ação de consignação em depósito.

[3753] Mesmo quando apenas uma detenha título de representação; salvo situações manifestas, não cabe ao devedor arvorar-se em juiz.

[3754] *Supra*, § 23.º; RPt 12-abr.-2007 (Deolinda Varão), Proc. 0730371.

credor. A lei não exige uma prévia oferta formal ao credor: nem ela seria possível, em múltiplas situações.

IV. A consignação em depósito envolve, depois, todos os requisitos próprios do cumprimento, de que é um sucedâneo. Assim, o devedor só pode consignar se a prestação estiver determinada e se não houver prazo a favor do credor. Não é possível, pela consignação, conseguir um efeito inalcançável por um cumprimento regular.

V. O remédio do artigo 841.º implica uma decisão do devedor: a consignação é facultativa (841.º/2)[3755]. Ela pode ser igualmente operada pelo terceiro a quem seja lícito efetuar a prestação (842.º): possível, nos termos do artigo 767.º[3756].

VI. Alguns ordenamentos, como o alemão, colocam requisitos relativos ao objeto da prestação consignável[3757]: por via do § 372 do BGB, a consignação só é possível relativamente a dinheiro, títulos de crédito e documentos similares e pedras ou metais preciosos (*Kostbarkeiten*)[3758]. O tema foi ponderado por Vaz Serra, que optou por uma consignabilidade alargada[3759]. Podem ser depositadas quaisquer coisas, incluindo imóveis. Se, como depositário, não puder funcionar a Caixa Geral de Depósitos, o tribunal nomeará uma pessoa ou entidade adequada (916.º/2, do Código de Processo Civil). O depósito só é possível, *ex rerum natura* e tal como resulta do artigo 1185.º, relativamente a coisas corpóreas. Os serviços ou, mais genericamente, as prestações de *facere* não são consignáveis[3760]. Quanto a estas, se o credor não as quiser receber ou se, por razões a ele atinentes, não forem executáveis: segue-se o regime da impossibilidade

3755 Adriano Vaz Serra, *Consignação em depósito* cit., 53.

3756 *Supra*, n.º 47.

3757 Reinhold Berner, *Hinterlegung*, 2.ª ed. (1942), 72 pp., 13 ss..

3758 Rhona Fetzer, no *Münchener Kommentar* cit., 2, 7.ª ed., § 372, Nr. 3 (2616-2617); acrescentavam-se, ainda, obras de arte e selos ou livros de valor. A jurisprudência alemã recusa a inclusão nas *Kostbarkeiten* de casacos de pele, cassetes de vídeo ou de computador ou animais vivos, mesmo quando muito valiosos. O critério é a posição dominante no tráfego e não o interesse ou a ponderação subjetiva dos envolvidos. A regra do § 372, quanto às coisas suscetíveis de consignação, vinha retomada no § 5 da *Hinterlegungsordnung*; *vide* Arthur Bülow/Jürgen Schmidt, *Hinterlegungsordnung* cit., 4.ª ed., § 5 (41-46).

3759 Adriano Vaz Serra, *Consignação em depósito* cit., 58-63.

3760 João Calvão da Silva, *Cumprimento e sanção pecuniária compulsória* cit., 125.

superveniente não imputável ao devedor (790.º) ou as regras da mora do credor (813.º), consoante os casos.

## 434. **Processamento e revogação**

I. A consignação em depósito implica a intervenção do tribunal ou de uma entidade oficial. Distingue-se, assim, entre um Direito material da consignação, atinente aos seus requisitos e aos seus efeitos e um Direito formal ou processual da mesma consignação, relativo ao processamento[3761]. A separação, perante o Direito lusófono, não é, todavia, tão rígida.

II. A consignação em depósito vem regulada nos artigos 916.º a 924.º do Código de Processo Civil. O processo inicia-se com um requerimento, dirigido ao tribunal do lugar do cumprimento, no qual se pede o depósito judicial da quantia ou da coisa devida, explicando o motivo (916.º/1). O depósito é feito na Caixa Geral de Depósitos, salvo se a coisa aí não puder ser depositada, altura em que é nomeado um depositário, a quem se faz a entrega (916.º/2). Feito o depósito, o credor é citado para contestar em trinta dias (917.º/1); se o não fizer, a obrigação é logo declarada extinta, sendo o credor condenado nas custas (918.º/1)[3762]. Mas ele pode impugnar, alegando: (a) a inexatidão do motivo invocado; (b) ser maior ou diversa a quantia ou coisa devida; (c) outro fundamento legítimo. Caso isso suceda, o processo prossegue para apuramento dos factos e aplicação do Direito (920.º a 922.º).

Como referido, tínhamos regras especiais no tocante ao depósito de rendas[3763] e no domínio das aquisições potestativas de ações, segundo o artigo 490.º/4 do CSC[3764].

[3761] Reinhold Berner, *Hinterlegung* cit., 2.ª ed., 7; Jakob R. Biedermann, *Die Hinterlegung* cit., 119 ss. e 137 ss.; Arthur Bülow/Jürgen Schmidt, *Hinterlegungsordnung* cit., 4.ª ed., Vorbem., Nr. 2-3 (14). No âmbito deste revogado diploma, havia uma especial competência dos notários, para receber em consignação; *vide* Stefan Zimmermann, *Weisungen der Beteiligten bei Verwahrgeschäften nach § 23 BNoto*, DNotZ 1980, 451-475; Nicola Preuβ, *Die notarielle Hinterlegung* (1995), 252 pp. (65 ss., quanto ao processo); Christoph Reithmann, *Erfüllungswirkung bei Kaufpreiszahkung auf Notaranderkonto*, NJW 1996, 3327-3328.

[3762] A consignação em depósito é requerida contra o credor e não contra o credor do credor: RLx 10-dez.-2009 (Pereira Rodrigues), Proc. 29306/03.

[3763] Hoje revogadas; *vide* o nosso *Leis do Arrendamento* cit., 76.

[3764] RLx 29-mar.-2007 (Granja da Fonseca), Proc. 1862/2007.

III. O Código Civil ocupa-se da hipótese de a coisa a consignar só dever ser entregue em troca de uma contraprestação, a cargo do credor (843.º). Pode o devedor consignante exigir que a coisa depositada só lhe seja entregue quando ele efetue a prestação[3765]. Reflexo dessa regra, tomada agora pelo prisma inverso, é o artigo 830.º/5: na execução específica do contrato-promessa, a ação improcede se o promitente adquirente não consignar em depósito a sua prestação no prazo fixado pelo tribunal[3766].

Verificado esse ponto, o consignatário fica obrigado a entregar a coisa ao credor o qual tem o direito de exigir a sua entrega (844.º).

IV. Feita a consignação – repare-se que, quando requerido é, de imediato, feito o depósito – ela pode ser revogada, mediante declaração no processo, pedindo-se a restituição da coisa. A revogação não é viável quando aceite pelo credor ou depois de ser julgada válida por sentença transitada (845.º).

## 435. **Efeitos e natureza**

I. A consignação em depósito tem efeitos complexos, que se desenvolvem com o processamento. Desde logo, ela implica uma relação processual, de tipo público, que envolve o devedor consignante, o credor requerido e o tribunal. Mas para além disso e no plano privado, temos:

(a) uma relação de depósito, entre o consignante e o depositário; tal relação pode, inclusive, ser revogada, nas condições, acima vistas, do artigo 845.º;
(b) uma proposta de cessão da posição de depositante, feita ao credor e que este pode aceitar, fechando logo o círculo (*vide* os artigos 845.º e 846.º);
(c) a extinção da obrigação, caso a consignação seja aceite pelo credor ou validada pelo tribunal; a prestação tem-se por efetuada na data do depósito (846.º);
(d) uma relação de depósito, entre o credor e o depositário, caso aquele aceite a "proposta" ou o tribunal valide a consignação; por

[3765] Dirk Olzen, no *Staudingers Kommentar* cit., II, § 373 (182-184), precisamente na hipótese de prestação *Zug-um-Zug*.

[3766] RPt 30-mar.-2006 (Ataíde das Neves), Proc. 0630576; RCb 17-dez.-2008 (Artur Dias), Proc. 731/07.

isso, o consignatário fica obrigado a entregar a coisa ao credor, o qual tem o direito de exigir a sua entrega (844.º).

II. Podemos construir uma relação triangular credor/devedor/consignatário, só possível pela intervenção do tribunal. O depositário fica obrigado a receber a coisa; donde a referência expressa à Caixa Geral de Depósitos que, perante o dispositivo vigente, não tem margem para recusar o seu papel. Além disso e mercê da consignação, o depositário encabeça os deveres previstos no artigo 1187.º: (a) guardar a coisa; (b) avisar o depositante (o consignante, até à aceitação do credor ou até à decisão do tribunal e o credor, depois disso); (c) restituir a coisa com os frutos. Tratando-se, como sucede com a maior frequência, de dinheiro, o consignatário deve restituir o capital e os juros. Estes, tendo sido inicialmente fixados ou combinados, não podem ser alterados – leia-se: baixados – unilateralmente *ad nutum*: se necessário, *ex bona fide*.

III. A consignação em depósito tem parecenças imediatas com a figura do contrato a favor de terceiro[3767]: o depositário obrigar-se-ia perante o consignatário a entregar a coisa a um terceiro (o credor), o qual adquire imediatamente o direito à prestação (444.º/1). O depositário seria o promitente, o devedor o promissário e o credor o terceiro (443.º/1). E enquanto o "terceiro" credor não aceitar, a "promessa" é revogável (448.º/1) pelo "promissário" devedor, ainda que com dispensa do consentimento do "promitente", mesmo que este tenha interesse na situação. Apontadas as semelhanças, há uma clara clivagem, como resulta da explicação dada. Com efeito:

– não há um verdadeiro contrato entre o devedor e o consignatário: este ou é (obrigatoriamente) a Caixa Geral de Depósitos ou surge designado pelo tribunal;

[3767] Luís Menezes Leitão, *Direito das obrigações* cit., 2, 9.ª ed., 188-189; na literatura de língua alemã: Andreas von Tuhr/Alfred Siegwart, *Obligationenrecht* cit., II, 2.ª ed., § 66, I (518); Enneccerus/Lehmann, *Recht der Schuldverhältnisse* cit., 15.ª ed., § 67, I (268); Karl Larenz, *Lehrbuch des Schuldrechts* cit., 1, 14.ª ed., § 18, V, b) (252-253). Estes autores referem "semelhanças", que de facto existem: não defendem a consignação como um contrato a favor de terceiro; nós próprios já havíamos apontado os contactos em causa: *Tratado* IX, 2.ª ed., 671-672.

- o objetivo da consignação não é o interesse do terceiro, mas sim o do devedor; de resto, o "terceiro" pode nem querer, de todo, a "prestação", mas sem a poder "rejeitar" (contra o 447.º/1 e 2);
- o "terceiro" (o credor) pode ficar envolvido em contrapartidas e paga as custas: não se limita a "adquirir" uma prestação;
- a solidez da situação depende de sentença do tribunal e não do livre jogo das autonomias.

A consignação em depósito não é um contrato a favor de terceiro. Funcionalmente, ela visa a extinção de uma obrigação, operando como um sucedâneo do cumprimento. Estruturalmente, ela envolve uma intervenção de um terceiro, que opera como depositário, mediante um procedimento jurisdicional.

SECÇÃO III

# A COMPENSAÇÃO

## § 103.º INTRODUÇÃO E EVOLUÇÃO HISTÓRICA DA COMPENSAÇÃO

### 436. **Noção, vantagens e papel**

I. O Código Civil prevê, no seu artigo 847.º/1, a compensação: quando duas pessoas sejam reciprocamente credor e devedor, qualquer delas pode livrar-se da sua obrigação, através da compensação com a obrigação do seu credor, desde que se verifiquem determinados requisitos, depois referenciados. Ao crédito da pessoa que invoca a compensação poderemos chamar compensatório ou ativo; ao da pessoa contra a qual ele é invocado chamaremos compensado ou passivo[3768]. O próprio termo compensação[3769] pode traduzir: (a) o instituto da compensação, no seu todo; (b) o ato que desencadeia a aplicação desse instituto; (c) o efeito extintivo ocasionado pela compensação.

[3768] Adaptamos à língua portuguesa a terminologia hoje corrente na dogmática continental; *vide* Martin Schlüter, no *Münchener Kommentar* cit., 2, 7.ª ed., § 387, Nr. 1 (2641) e Karl-Heinz Gursky, no Staudingers Kommentar cit., 2, Vorbem zu §§ 387 ff. (246).

[3769] Nas línguas latinas, a terminologia está estabilizada em torno da velha *compensatio*: compensação, *compensazione*, *compensation* ou *compensación*, em português, italiano, francês e castelhano, respetivamente. Em alemão usa-se, na doutrina moderna germânica, *Aufrechnung*, na literatura antiga, *Kompensation* e nos textos suíços, *Verrechnung*; nas fontes austríacas prevalece a *Aufrechnung*, embora também ocorra *Kompensation*. Na Escócia, o termo tradicional é *compensation*; já no Direito inglês, a função da compensação é assegurada pelo *set off*, figura processual abaixo referida; *vide* a nota terminológica de Reinhard Zimmermann, *Die Aufrechnung/Eine rechtsvergleichende Skizze zum Europäischen Vertragsrecht*, FS Medicus (1999), 707-739 (709-710).

II. A compensação apresenta diversas vantagens que têm sido enumeradas ao longo da História[3770]. Vamos recordar algumas[3771]:

- permite prescindir de um juízo ou, mais latamente, de um conjunto de operações relativas a um contrapagamento: baixa os custos da transação[3772];
- põe o interessado ao abrigo da insolvência do seu devedor: pela compensação, ele "cobra-se" ainda que o devedor fique incapaz de satisfazer as suas obrigações[3773];
- evita fluxos de meios de pagamento: a compensação consuma-se em abstrato, nas esferas respetivas.

Pode, porém, ter inconvenientes. Eles serão, de algum modo, a contraface das vantagens[3774]. Assim, nas mãos de um demandado de má-fé, que invente créditos dilatórios, a compensação enfraquece o mais sólido e justificado pedido[3775]. Num cenário de insolvência, a compensação pode subtrair, injustamente, créditos à massa. Finalmente, a compensação pode,

[3770] Assim e como exemplos: Casimiro Caravelli, *Teoria della compensazione e diritto di retenzione* (1940), 3-4; Piero Schlesinger, *Compensazione (diritto civile)*, NssDI III (1959), 722-731 (722/II); Roger Mendegris, *La nature juridique de la compensation* (1969), 11; Börries von Feldmann, *Die Aufrechnung – ein Überblick*, JuS 1983, 357-363 (357); Valeria de Lorenzi, *Compensazione*, DDP/SezCiv III (1990), 66-77 (66/II); Karl-Heinz Gursky, no *Staudingers Kommentar* cit., 2, Vorbem zu §§ 387 ff. (247-248); Martin Schlüter, no *Münchener Kommentar* cit., 2, 7.ª ed., § 387, Nr. 1 (2641-2642).

[3771] Entre nós: Isabel Mousinho de Figueiredo, *A compensação como garantia de cumprimento das obrigações*, O Direito 139 (2007), 381-437; Hugo Ramos Alves, *Sobre a função de garantia da compensação*, O Direito 142 (2010), 1019-1056; André Figueiredo, *A compensação de créditos: Estudo comparativo (Direitos português e inglês, princípios Unidroit e princípios de Direito europeu dos contratos)*, Est. Ferreira de Almeida 2 (2011), 353-385 (354).

[3772] Roger Mendegris, *La nature juridique* cit., 11: "Simplifica as relações entre devedores recíprocos, evitando dupla transferência de fundos ...".

[3773] Trata-se do aspeto contemplado, no Direito romano, através da figura da *compensatio* do *bonorum emptor*.

[3774] Appleton, *Histoire de la compensation en Droit Romain* (1895), 10. Como desvantagem, este Autor refere ainda o sacrifício do foro competente para estatuir sobre o crédito compensatório: a compensação é, naturalmente, feita valer no foro da obrigação compensada: a apresentada, em primeiro lugar.

[3775] Quanto à problemática penal que pode estar envolvida, Hans Reichel, *Aufrechnung und Betrug*, AcP 125 (1925), 178-192 (179 ss.).

pela supressão do movimento de mercadorias, empolar artificial e irresponsavelmente transações que, em última instância, alguém terá de suportar.

II. O papel da compensação, que data desde os primórdios[3776], foi ampliado, ao longo da História, em termos exponenciais[3777]. Ela terá surgido como instituto pronto a operar em relações bilaterais. Todavia, as suas potencialidades cedo foram reveladas em contextos mais complexos. Inserida no cerne do Direito privado, a compensação pode ser manuseada e ampliada por contrato: teremos, assim, o contrato de compensação ou compensação convencional[3778]. A partir daí, as potencialidades da compensação tornam-se praticamente ilimitadas.

A compensação tem um papel nuclear em institutos como a velha *Skontration*, próxima de uma compensação-transferência, a conta-corrente, o desconto bancário em geral, o *clearing*, as câmaras de compensação e o *netting*.

Nos primórdios temos a ação do banqueiro (*argentarius*), necessariamente acompanhada da hipótese de compensação (*cum compensationem*), mesmo nos juízos de direito estrito[3779], num antecipação da conta-corrente, em que só o saldo é exigível.

Na origem das câmaras de compensação temos a *Skontration*, documentada em França[3780], na região de Champagne e na Borgonha[3781]. Tra-

[3776] Ernst Stampe, *Das Compensationsverfahren im Vorjustinianischen stricti juris judicium* (1886), 12 ss..

[3777] Heinrich Sinn, *Die Aufrechnung/eine rechtsvergleichende Darstellung unter Berücksichtigung des deutschen, österreichischen und schweizerischen Rechts* (1933), 1 e Nicole-Claire Ndoko, *Les mystères de la compensation*, RTDCiv 90 (1991), 661-694 (661): a compensação desenvolve-se com o progresso económico.

[3778] Referimos a importante e maciça monografia de Peter Klaus Berger, *Der Aufrechnungsvertrag/Aufrechnung durch Vertrag/Vertrag über Aufrechnung* (1996), XXX + 516 pp..

[3779] Gaio, *Institutiones* [150 d.C.; utilizamos, aqui, a edição de M. David, *Gai institutiones secundum codicis veronensis apographum studemundianum et reliquias in Aegypto repertas*, Leiden (1964)], 4, 64, abaixo examinado.

[3780] Emil Teschemacher, *Ein Beitrag zur rechtlichen Betrachtung des Anrechnungsverkehrs bei den Abrechnungsstellen der Reichbank*, ZHR 67 (1910), 401-432 (408 ss.).

[3781] Anschütz, *Das Institut der Zahlwoche auf den französischen Messen im Anfange des XIII Jahrhunderts*, ZHR 17 (1872), 108-109 e Levin Goldschmidt, *Die Geschäftsoperationen auf den Messen der Champagne (Les devisions des foires de Champagne)*, ZHR 40 (1892), 1-32.

tava-se de feiras periódicas em que os créditos e débitos de produtores, intermediários e adquirentes eram postos em conjunto e compensados, de tal modo que houvesse um mínimo de efetiva deslocação material de fundos.

Apesar de aparentemente vetusta, a compensação mantém um poder explicativo e regulativo imprescindível, no tocante aos mais nucleares institutos da banca e do comércio em geral. Constitui um interessantíssimo elo de ligação, entre as raízes profundas do nosso ordenamento jurídico e as áreas sócio-económicas de ponta, que animam os mercados neste início de milénio.

III. No Direito lusófono, o interesse prático e jurídico-científico é, se possível fosse, acrescido. Como veremos, a compensação continental desdobra-se em dois grandes sistemas: o francês e o alemão. O Direito português aceitou o primeiro, no Código Civil de Seabra (1867), optando pelo segundo, no Código Civil vigente (1966). Temos um interessante caso de migração sistemática: os estudiosos portugueses estão numa posição de charneira para bem apreciar os esquemas que repartem a velha Europa continental.

## 437. A evolução no Direito romano

I. A compensação foi uma criação romana, exigida pela prática. Na definição de Modestino[3782]:

> Compensatio est debiti et crediti inter se contributio[3783].

Na pureza do Direito romano, tal operação seria impossível. A cada situação juridicamente relevante corresponderia uma ação. O credor demandado pelo seu devedor teria de tomar a iniciativa de, contra este,

[3782] Modestino D. 16.2.1 = ed. Okko Behrends e outros, *Corpus iuris civilis* cit., III, 341. Temos em conta o Direito romano "comum"; no Egipto romanizado (séc. I a IV a. C.), o esquema era mais restritivo; *vide* Stephan Brassloff, *Zur Geschichte des römischen Compensationsrechtes*, SZRom 21 (1900), 362-384.

[3783] Appleton, *Histoire de la compensation* cit., 56, traduz por "compensação é a neutralização recíproca de um crédito e de um débito".

lançar uma ação autónoma[3784]. Esta regra não conheceria desvios, nem mesmo nos *bonae fidae iudicia*. Surgiram, todavia, exceções, que estão na base do instituto.

II. As exceções eram três[3785]: (a) nos *bonae fidei iudicia*, perante obrigações derivadas do mesmo contrato; (b) no caso de créditos do banqueiro (*argentarius*), por dívidas do seu cliente; (c) em situações de aquisição de bens do falido (*bonorum emptor*).

Além disso, no Direito clássico, a compensação não operava *ipso iure*, mas *ope exceptionis*: manifestava-se no plano processual e por iniciativa do interessado em, dela, beneficiar[3786]. A precisão de análise e o sentido de equilíbrio das soluções romanas é impressionante. Constitui um património que a civilística nacional não pode continuar a dissipar: dogmática e história estão ontologicamente interligadas[3787]. Vamos ver.

Quanto aos *bonae fidei iudicia*, o texto básico em matéria de compensação é o das *Institutiones*, de Gaio[3788] [3789]. A matéria começa por ser apresentada com alguma generalidade[3790]:

> continetur, ut habita ratione eius, quod inuicem actorem ex eadem causa praestare oporteret, in reliquum eum, cum quo actum est, condemnare.

Posto isso, Gaio recorda quais são os juízos de boa-fé[3791]: enumera[3792] a compra e venda, a locação, a gestão de negócios, o mandato, o depósito,

[3784] Trata-se do "princípio da análise", na nomenclatura de Appleton, *Histoire* cit., 11.

[3785] Com indicações, Guido Astuti, *Compensazione* (*storia*), ED VIII (1961), 1-17 (1 ss.).

[3786] Guido Astuti, *Compensazione* cit., 1/II.

[3787] *Vide* o importante escrito de Eduard Picker, *Rechtsdogmatik und Rechtsgeschichte*, AcP 201 (2001), 763-859.

[3788] Na edição de M. David cit., 136 ss..

[3789] Quanto a Gaio, Sebastião Cruz, *Direito romano*, 1, 4.ª ed. (1984), 393 ss. e Santos Justo, *Direito romano* cit., 1, 88, nota 352.

[3790] Gaio, *Institutiones*, 4, 61 = ed. Ulrich Manthe cit., 356-357.

[3791] O elenco dos *bonae fidei iudicia* veio a alargar-se, ao longo da História do Direito romano, desde Quintus Mucius Scaevola – Cícero, *De officiis*, 3.17.70 = *M. Tulli Ciceronis*, *De officiis Libri tres*, publ. H. A. Holden (1899, reimpr., 1966), 120 – até Gaio e, depois, até Justiniano.

[3792] *Da boa fé*, 73 ss., com indicações; *vide* Gaio, *Institutiones* cit., 4, 62.

a fidúcia, a sociedade, a tutela e a *res uxoria*[3793]. Pois bem: nos *bonae fidei iudicia*[3794],

> liberum est tamen iudici nullam omnimo inuicem compensationis rationem habere; nec enim aperte formulae uerbis praecipitur; sed quia id bonae fidei iudicio conueniens uidetur, ideo officio eius contineri creditur.

Os *bonae fidei iudicia* desenvolveram, em conjunto com a ideia de elasticidade, a eles inerente, a da praticabilidade da compensação[3795]. Esta, primeiro vocabularmente e, depois, em moldes substantivos, ficou associada à boa-fé e aos valores por ela comportados[3796].

III. No que tange à compensação do banqueiro, cumpre sublinhar que Roma foi um grande centro militar, político e administrativo. Mas foi ainda um grande centro económico e financeiro. Operações de tipo diverso eram conduzidas pelos *argentarii*[3797]. Numerosos e bem organizados, os *argentarii* asseguravam financiamentos complexos e transferências de vulto, com ramificações em todo o Império: uma teia financeira que só seria realcançada no século XIX. No Direito romano teria faltado um Direito comercial, similar ao que viria a florescer no Continente europeu. A afirmação, que não é inquestionada[3798], poderá ter a seguinte explicação: todo o Direito romano do processo formulário, particularmente o dos *bonae fidei iudicia*, desenvolveu-se em torno das necessidades do comércio. Roma não teria, assim, um específico Direito comercial pela mais simples e definitiva das razões: todo o Direito civil era comercial! Isto posto, passamos a considerar a compensação do banqueiro.

Segundo o texto de Gaio[3799]:

[3793] A *actio rei uxoriae* destinava-se a recuperar o dote da mulher, em caso de dissolução do casamento.

[3794] Gaio, *Institutiones* cit., 4, 63 = ed. Ulrich Manthe cit., 356-357.

[3795] Biondo Biondi, *La compensazione nel diritto romano* (1927), 19; Giuseppe Provera, *Iudicium contrarium*, NssDI 9 (1963), 341-343; Astuti, *Compensazione (storia)* cit., 1/II ss.; Siro Solazzi, *La compensazione nel diritto romano*, 2.ª ed. (1950), 5 ss..

[3796] *Da boa fé*, 81 ss. (88 ss.).

[3797] Carlos Fadda, *Istituti commerciali del diritto romano/Introduzione* (1903, reimpr., 1987, com notas de Lucio Bove), 104; Alfons Bürge, *Fiktion und Wirklichkeit: Soziale und rechtliche Strukturen des römischen Bankwesens*, SZRom 104 (1987), 465-558.

[3798] *Direito comercial*, 4.ª ed., 48 ss..

[3799] Gaio, *Institutiones* cit., 4.64 = ed. Ulrich Manthe cit., 356-357.

> Alia causa est illius actionis, qua argentarius experitur: nam is cogitur cum compensatione agere, et ea compensatio uerbis formulae exprimitur, adeo quidem, ut [itaque] ab initio compensatione facta minus intendat sibi dari oportere, ecce enim si sestercium x milia debeat Titio, atque ei xx debeantur, sic intendit: si paret titium sibi x milia dare oportere amplius quam ipse titio debet[3800].

De facto, na Antiga Roma como hoje, o banqueiro lidava com numerosos clientes e tinha uma especial facilidade em mover-se no campo forense[3801]. Poderia, assim, intentar ações por qualquer um dos créditos de que fosse titular e isso independentemente dos direitos que pudessem assistir ao seu cliente. Na sequência de uma inovação pretoriana, o banqueiro era obrigado a agir, contra o seu cliente, *cum compensatione*. Esta não era um *plus* inerente à ação, como sucedia nos *bonae fidei iudicia*: antes se tratava de uma delimitação negativa da própria fórmula[3802], operando *ipso iure*[3803]. Em termos atualistas, poderíamos explicar a compensação do *argentarius* dizendo que, por criação pretoriana e dados os valores em presença, o banqueiro, perante um fluxo de negócios com determinado cliente, apenas poderia demandar este pelo saldo[3804]: uma solução a reter.

IV. Finalmente, temos a situação do adquirente da massa falida (*bonorum emptor*) sem seguir a enumeração de Gaio. Ultrapassada a fase da execução puramente pessoal, seja pela *missio in possessionem*, seja pela *cessio bonorum*, a execução do devedor inadimplente assumia uma feição patri-

[3800] O troço transcrito poderá ser traduzido nos termos seguintes:

> Diferente [da dos juízos de boa-fé] é a ação de que se serve o banqueiro, uma vez que ele deve agir *cum compensatione* e esta compensação é expressamente indicada pela fórmula, de tal modo que, desde o início do processo, ele pede menos do que aquilo que lhe é devido, tendo operado ele próprio a compensação. Se, por exemplo, ele deve dez mil sestércios a Titius e se Titius lhe deve vinte mil, a *intentio* do *argentarius* seria assim concebida: se se mostrar que Titius me deve dez mil a mais do que eu próprio lhe devo.

[3801] *Vide* o grande clássico de Heinrich Dernburg, *Geschichte und Theorie der Compensation nach römischem und neuerem Rechte mit besonderer Rücksicht auf die preussische und französische Gesetzgebung*, 2.ª ed. (1868), XXVIII + 612 pp.. *Vide*, aí, 22 ss..

[3802] Appleton, *Histoire de la compensation* cit., 93 ss.; Siro Solazzi, *La compensazione nel diritto romano* cit., 31 ss..

[3803] Guido Astuti, *Compensazione* cit., 4/II.

[3804] Biondo Biondi, *Compensazione (Diritto romano)*, NssDI III (1959), 719-722 (720/II). Anteriormente: J. Kohler, *Kompensation und Prozess*, ZZP 20 (1894), 1-74 (3).

monial, com determinados formalismos[3805]. No termo, operava a venda do património do insolvente: a *bonorum venditio*. O adquirente – o *bonorum emptor* – comprava em bloco o património falimentar e ficava obrigado a pagar todos os débitos do falido, na proporção do preço por ele oferecido na hasta pública[3806]. Pela compra, o *bonorum emptor* ficava sub-rogado nos direitos e obrigações que o falido tivesse contra terceiros. Dispunha de duas vias para atuar esses direitos, ou para ser convencido nas obrigações correspondentes, na base de duas *actiones utiles*: a *serviana*, pela qual o *bonorum emptor* era equiparado a um herdeiro, e a *rutiliana*, que operava uma transposição de nomes, na fórmula respetiva[3807]. Justamente neste ponto havia que intercalar a compensação[3808]. Quando o *bonorum emptor* fosse, ele próprio, credor da massa, poderia fazer-se pagar por inteiro. Mas caso o terceiro credor da massa pretendesse ser pago, apenas receberia a depauperada parcela que o *emptor* tivesse acordado, aquando da compra. Perante isso, pareceu ao pretor que seria injusto que, por via serviana ou rutiliana, o *emptor* pudesse cobrar, por inteiro, o que o terceiro devesse à massa, pagando-lhe, apenas em parte, o que o mesmo terceiro dela tivesse a haver. A tal propósito, diz Gaio[3809]

> Item [de] bonorum emptor cum deductione agere iubetur, id est ut in hoc solum adversarius eius condemmetur, quod superest deducto eo, quod inuicem ei bonorum emptor defraudatoris nomine debet[3810].

Gaio explicitou o seu pensamento deixando clara a diferença entre a compensação do *emptor* e a do *argentarius*. Diz ele[3811]:

[3805] Em especial, Giovanni Elio Longo, *Esecuzione forzata* (*diritto romano*), NssDI VI (1960), 713-722 (717 ss.), com indicações.

[3806] De acordo com os exemplos das fontes, o preço costumava ficar abaixo do valor real do património, o qual já era insuficiente, em regra, para pagar as dívidas; daí que os credores do falido recebessem, apenas, uma pequena percentagem dos seus créditos.

[3807] Longo, *Esecuzione forzata* (*diritto romano*) cit., 719/II.

[3808] Solazzi, *La compensazione nel diritto romano* cit., 65 ss..

[3809] Gaio, *Institutiones* cit., 4, 65 = ed. Ulrich Manthe cit., 356-357.

[3810] Cuja tradução aproximada, confrontada com Appleton, *Histoire de la compensation* cit., 158, é a seguinte:

> Da mesma forma, o *bonorum emptor* é obrigado a agir *cum dedutione*, isto é, de modo que o seu adversário só seja condenado após a dedução do que o *bonorum emptor* lhe deve em nome do falido.

[3811] Gaio, *Institutiones* cit., 4, 66 = ed. Ulrich Manthe cit., 356-357 e 357-358.

> Inter compensationem autem, quae argentario opponitur, et deductionem, quae obicitur bonorum emptori, illa differentia est, quod in compensationem hoc solum vocatur, quod eiusdem generis et naturae est: ueluti pecunia cum pecunia compensatur, triticum cum tritico, uinum cum uino, adeo ut quibusdam placeat non omni modo uinum cum uino aut triticum cum tritico conpensandum, sed ita si eiusdem naturae qualitatisque sit. in deductionem autem uocatur et quod non est eiusdem generis; itaque si [uero] pecuniam petat bonorum emptor et inuicem frumentum aut uinum is debeat, deducto quanti id erit, in reliquum experitur[3812].

A precisão do texto de Gaio é tão elevada, que poderíamos, em termos atualistas, perguntar se a *deductio* do *bonorum emptor* seria uma verdadeira compensação, ou se não estaríamos perante uma mera operação matemática, de tipo "encontro de contas", que não exigisse operações jurídicas autónomas. Como veremos e no Direito atual, pode fazer-se uma distinção entre a compensação (*Aufrechnung*) e o levar à conta (*Anrechnung*): a primeira é potestativa, enquanto a segunda corresponde a um encontro automático de valores[3813].

Todavia, os próprios jurisconsultos romanos, a propósito do *argentarius* e do *bonorum emptor*, falavam em *compensatio*. E incluíam essas figuras num naipe com outras, tudo em conjunto. Trata-se, assim, histórica e culturalmente e à luz do Direito da sua época, de compensação.

## 438. O rescrito de Marco Aurélio e o *ipso iure compensari* (533 d.C.)

I. A compensação clássica, limitada às três descritas hipóteses, foi alterada pela subsequente evolução do Direito romano. Os traços dessa

[3812] *Idem*, tradução aproximada:

> Entre a compensação que é oposta ao *argentarius* e a *deductio* que detém o *bonorum emptor*, a diferença está em que na compensação apenas pode ser invocado o que tenha o mesmo género e natureza: o dinheiro é compensado com dinheiro, o trigo com o trigo, o vinho com o vinho; e não um trigo com um trigo, o vinho com um vinho quaisquer, mas apenas se tiverem a mesma qualidade. Na *deductio* opera-se, porém, com o que não seja do mesmo género; portanto, se o *bonorum emptor* reclama dinheiro, sendo credor de cereais ou de vinho, é feita a dedução do valor deste crédito: ele obterá a condenação quanto ao resto (*in reliquum*).

[3813] Sobre o tema: Christian Vierrath, *Anrechnung und Aufrechnung* (2000), 3 ss. e *passim*.

evolução ficaram consignados nas *Institutiones* de Justiniano, em termos que levantam especiais dúvidas.

Diz-nos o texto em causa[3814]:

> In bonae fidei autem iudiciis libera potestas permitti videtur iudici ex bono et aequo aestimandi, quantum actori restitui debeat, in quo et illud continetur, ut, si quid invicem actorem praestare oporteat, eo compensato in reliquum is cum quo actum est condemnari debeat. sed et in strictis iudiciis ex rescripto divi Marci opposita doli mali exceptione compensatio inducebatur[3815].

A interpretação deste troço suscitou as maiores dificuldades, ao longo da História[3816]. A sua efetivação exigiria, desde logo, um aprofundamento da natureza e do papel dos rescritos, fora do âmbito do presente Tratado. Procuraremos, todavia, reunir algumas reflexões úteis para os propósitos da exposição. Os especialistas hesitam em, ao rescrito de Marco Aurélio, dar uma interpretação que alargue a compensação a todos os juízos, a coberto da *exceptio doli*. Vamos ver, no essencial, porquê. O Direito romano, na base de Gaio[3817] e com desenvolvimento no Direito comum, reconhecia um papel duplo à *exceptio doli*[3818]. Nuns casos, o réu invocava a prática, pelo autor, de dolo no momento em que a situação levada a juízo se formara: era

[3814] I. 4.6.30 = Okko Behrends e outros, *Corpus iuris civilis* cit., I, 228-229.

[3815] A tradução aproximada, em língua portuguesa, será:

> Nas ações de boa-fé faculta-se ao juiz o poder de determinar, *ex bono et aequo*, quanto deve ser restituído ao autor. Por isso fica também incluído que o réu, quando o autor, pelo seu lado, também esteja obrigado a prestar algo, seja condenado, após a competente compensação, a pagar apenas o resto. Mas também nas ações de direito estrito, através de um rescrito do Imperador Marco Aurélio, sendo oposta a exceção de *dolus malus*, a compensação era atuada.

[3816] Appleton, *Histoire de la Compensation* cit., 265 ss. e 318 ss., referindo diversos "sistemas" destinados a explicar o rescrito em causa; Heinrich Siber, *Compensation und Aufrechnung* (1899), 6, J. Kohler, *Kompensation und Prozess* cit., 7; Paul Kretschmar, *Über die Entwicklung der Kompensation im römischen Rechte* (1907), 3 ss. (7); Stampe, *Das Compensationsverfahren im Vorjustinianischen stricti juris judicium* cit., 46 ss.; Upmeyer, *Ipso iure compensari/Ein Beitrag zur Lehre von der erfüllungssichernden Rechtsverhältnissen* (1914), 32 ss., Biondi, *Compensazione (diritto romano)* cit., 720/II; Siro Solazzi, *La compensazione nel diritto romano* cit., 97 ss..

[3817] Gaio, *Institutiones* cit., 4, 116 e 117; *vide* Filippo Milone, *La exceptio doli (generalis)/Studio di diritto romano* (1882, reimpr., 1970), 59.

[3818] Cumpre recordar a monografia maciça e clássica de Otto Wendt, *Die exceptio doli generalis im heutigen Recht oder Treu und Glauben im Recht der Schuldverhältnisse*,

a *exceptio doli praeteriti* ou *specialis*[3819], cujos rastos nos aparecem, hoje, na figura do dolo na conclusão do negócio – artigos 253.º e 254.º do Código Civil português vigente. Noutros casos, o réu defendia-se invocando estar o autor incurso em dolo, no momento da discussão da causa: era a *exceptio doli praesentis* ou *generalis*[3820]. A *exceptio doli (generalis)* teve, depois, uma larga evolução, tendo contribuído para figuras como a retenção e a compensação. Ela estará em causa no desenvolvimento subsequente.

Uma das manifestações de bom equilíbrio jurídico, depois reconduzidas a uma ideia envolvente de *exceptio doli* corresponde à fórmula de Paulo[3821]:

> dolo facit qui petit quod statim redditurus est[3822].

Justamente aqui poderia estar uma específica demonstração da *exceptio doli*, consubstanciada na compensação: mesmo nos juízos do Direito estrito, não seria possível, na interpretação proclamada vinculativa pelo rescrito de Marco Aurélio, exigir o que, de seguida, tivesse de ser restituído, sob pena de *dolus praesens*. Haveria que atuar a compensação.

II. O passo definitivo no sentido da generalização da compensação foi dado por Justiniano, ficando consignado no *corpus iuris civilis*. A reforma era parcialmente necessária pelas facilidades concedidas por Marco Aurélio e que, articuladas com o anterior esquema formulário, deviam ocasionar um sistema de difícil apreensão e controlo. A evolução é-nos relatada pelas *institutiones*, originando infindáveis dúvidas de interpretação e de reconstrução histórica. Após referenciar o rescrito de Marco Aurélio, dizem as *institutiones*[3823-3824]:

AcP 100 (1906), 1-417 (8 ss.) e, precisamente no Direito comercial, Römer, *Die exceptio doli insbesondere im Wechselrecht*, ZHR 20 (1874), 48-83 (48).

[3819] Wilhelm Gadow, *Die Einrede der Arglist*, JhJb 84 (1934), 174-203 (175).

[3820] Gadow, *Die Einrede der Arglist* cit., 176.

[3821] Wendt, *Die exceptio doli generalis* cit., 63 ss..

[3822] Ou seja: *comete dolo aquele que pede o que deva restituir logo de seguida.*

[3823] I 4.6.30, 2.ª parte = ed. Okko Behrends e outros cit., 228-229.

[3824] A *constitutio* referida no texto consta de C. 4.31.14, abaixo transcrito.

> Sed nostra constitutio eas compensationes, quae iure aperto nituntur, latius introduxit, ut actiones ipso iure minuant sive in rem sive personales sive alias quascumque, excepta sola depositi actione, (...) [3825]

Fica-nos, assim, uma imagem de progressivo alargamento, ao qual Justiniano intentou dar uma feição normativa. Simplesmente, as facilidades concedidas, no Baixo Império, à compensação, levantaram múltiplas dúvidas. Pretendendo solucioná-las, Justiniano promulgou uma constituição cujo exato sentido foi discutido durante os quinze séculos subsequentes[3826]:

> Compensationes ex omnibus actionibus ipso iure fieri sancimus nulla differentia in rem vel personalibus actionibus inter se observanda. Ita tamem compensationes obici iubemos, si causa ex qua compensatur liquida sit et non multis ambagibus innodata, sed possit iudici facilem exitum sui praestare. (...) [3827]

No essencial, a reforma cifrou-se nas proposições seguintes: (a) a compensação era alargada, assumindo uma feição estrutural; recordamos que a contraposição entre as ações *in personam* e *in rem* era tradicional: não correspondia à estrutura dos vínculos em presença; (b) a compensação só operava com recurso a uma *causa liquida*, isto é: perante obrigações nítidas e incontestáveis[3828]; (c) a compensação passou a operar *ipso iure*, numa das mais discutidas proposições jurídicas de todos os tempos[3829-3830].

[3825] Cuja tradução aproximada diz:

> Mas a nossa constituição introduziu a compensação em termos mais amplos, de tal modo que as ações se limitam a si próprias só por força do Direito [*ipso iure*] sejam elas reais ou pessoais ou quaisquer outras; apenas se excetuam as do depósito (...)

[3826] C. 4.31.14 = ed. Krüger, 171/II.

[3827] Cuja tradução aproximada será:

> Pretendemos que as compensações sejam feitas de pleno direito (*ipso iure*) em todas as ações, sem qualquer distinção entre as ações reais e as pessoais. Contudo, determinamos que as compensações não operem a não ser que a causa dela seja líquida e não inundada de muitas dificuldades, mas antes possa o juiz facilmente sair delas. (...)

*Vide* Appleton, *Histoire de la compensation* cit., 412-413.

[3828] *Liquida* tem sido traduzida por clara; trata-se de uma noção mais ampla do que a nossa liquidez; *vide* Appleton, *Histoire de la compensation* cit., 422 ss..

[3829] Appleton, *Histoire de la compensation* cit., 428 ss.. *Vide* Dernburg, *Geschichte und Theorie der Compensation* cit., 281 ss. e Biondi, *La compensazione nel diritto romano*

Vamos reter, pela sua simplicidade, a explicação dada por Biondi: compensação *ipso iure* é, simplesmente, a compensação legal; contrapunha-se ao esquema anterior pelo qual ela advinha do juiz, sendo "judicial"[3831]: a compensação ocorreria no processo; operando *ipso iure*, o juiz teria uma mera função declarativa[3832].

III. Decisivo para a evolução subsequente, com reflexos diretos no Direito alemão, no Direito italiano e no atual Direito português, é a explicação dada por Dernburg, ao *ipso iure*[3833]. Afirma este Autor que tal locução: (a) não pode querer dizer que ela derivaria de uma fórmula ordinária, sem introdução de uma exceção; (b) não pode significar que ela operaria sem invocação das partes (*sine facto hominis*).

Considerando a evolução histórica, Dernburg explica que funcionar *ipso iure* significa aqui operar de acordo com as regras de Direito, por oposição a uma anterior discricionariedade que podia enformar a conduta do magistrado[3834]. Não se trataria de nenhuma reforma processual levada a cabo por Justiniano: antes teria um claro cerne material[3835]. A explicação de Dernburg, à luz do Direito romano atual[3836], não fica muito distante da solução histórica de Biondi, acima referida.

cit., 127 ss. (*Il concetto di compensatio secondo il diritto giustinianeu è tuttora avvolto nel più fitto mistero*).

3830 Entre muitos, Paul Kretschmar, *Über die Entwicklung der Kompensation* cit., 65 ss.; Hermann Schwanert, *Die Compensation nach Römischen Recht* (1870), 6, *passim*; Siro Solazzi, *La compensazione nel diritto romano* cit., 147 ss., Upmeyer, *Ipso iure compensari* cit., 41 ss.; Guido Astuti, *Compensazione* cit., 9 ss..

3831 Biondo Biondi, *La compensazione* cit., 130-131.

3832 Appleton, *Histoire de la compensation* cit., 483 ss., retomando uma ideia de autores que o antecederam, sustenta que *ipso iure* deriva de uma instrução dada pelo Imperador Justiniano aos compiladores, para remover todas as antigas consagrações parcelares da compensação, unificando-a; todavia, foi mal entendido, pelo que o *ipso iure* se veio a somar às tais consagrações parcelares.

3833 Heinrich Dernburg, *Geschichte und Theorie der Compensation* cit., 2.ª ed., 309.

3834 *Idem*, 311-312.

3835 *Idem*, 313.

3836 E portanto: guiada por preocupações de harmonia e de sistematização dogmáticas, mais do que por uma ideia de estrita reconstituição histórica.

## 439. Período intermédio e pré-codificação

I. A compensação adveio-nos, do Direito romano, com toda uma evolução complexa e em textos de interpretação não unívoca. A essa luz, compreende-se que tenha suscitado diversas correntes e modos de concretização. Como consequência das divergências interpretativas surgidas ao longo da História, acabaram por ocorrer dois distintos sistemas que compartilham, hoje, o espaço continental: o francês e o alemão. As géneses de um e de outro são curiosas, sendo certo que o posicionamento do Direito português, nesse campo, se mostra fundamental para o seu entendimento.

II. O problema da compensação prendeu a atenção dos glosadores, praticamente desde Irnério[3837]. O grande tema em discussão era o *ipso iure* de Justiniano.

Martinus, discípulo de Irnério[3838], entendia que:

> ipso iure fit compensatio, etsi opponatur ab homine[3839].

Contra, dizia-se:

> eam fieri tunc demum, cum ab homine opposita fuerit[3840].

Esta última opção, que apenas em casos excecionais admitia a compensação sem uma intervenção do interessado, colheu sufrágios importantes, entre os quais o de Acúrsio (1185-1263)[3841]. Contudo, autores houve que, embora minoritários, ao longo de todo o período intermédio, sustenta-

[3837] As datas exatas do nascimento e da morte do primeiro grande glosador de Bolonha não são conhecidas: sabe-se que nasceu antes de 1100 e que faleceu depois de 1125; *vide*, com indicações, Gerd Klewheyer/Jan Schröder (publ.), *Deutsche und Europäische Juristen aus neun Jahrhunderten/Eine biographische Einführung in die Geschichte der Rechtswissenschaft*, 4.ª ed. (1996), 211-215.

[3838] Martinus Gosia, nascido à roda de 1100 e notabilizado pelas suas glosas; Friedrich Carl von Savigny, *Geschichte des römischen Rechts im Mittelalter*, IV, *Das 12. Jahrhundert*, 2.ª ed. (1850, reimpr. 1986), 124-140 e 481-493; Herman Lange, *Römisches Recht im Mittelalter*, Band I – *Die Glossatoren* (1997), 170 ss..

[3839] *Apud* Astuti, *Compensazione* (*storia*) cit., 14-15 (portanto: *a compensação ocorre ipso iure, mesmo que não seja oposta por uma pessoa*).

[3840] G. Bassiano, *apud* Astuti, ob. cit., 15/I (portanto: *ela* [a compensação] *será feita então apenas quando seja oposta por uma pessoa*).

[3841] Astuti, ob. e loc. cit..

ram a natureza automática da compensação[3842]. Curiosamente, é frequente ler-se, em livros de doutrina, a afirmação inversa: a de que prevaleceria, no Direito comum, a ideia do automatismo da compensação: seria esse o sentido de *ipso iure*[3843].

III. A glosa de Acúrsio optou, pois, pela natureza não-automática da compensação. No entanto, na base da fórmula de Justiniano, ela continuou a operar *ipso iure* e não *officio iudiciis*, com uma consequência prática da maior importância: uma vez atuada, ela jogaria em termos retroativos[3844]. O Direito – particularmente o Direito civil – e um tanto à semelhança do que sucede com a própria História, vive, muito de acasos culturais.

Cujácio[3845] retomou as posições de Martinus, ainda que sem realizar propriamente um estudo histórico. Diz ele nos seus *Commentaria*, depois de breve alusão à evolução do instituto[3846]:

> *Jure nostro, id est, Romanorum, compensatio in omnibus judiciis fit ipso iure.*

Passa, depois, a retirar diversas consequências dogmáticas dessa asserção, as quais apontam para um verdadeiro automatismo do *ipso iure*.

IV. A convicção de Cujácio refletiu-se, de modo direto e no período decisivo da pré-codificação francesa, em dois nomes-chave – Jean Domat (1625-1696) e Robert-Joseph Pothier (1699-1772). Ambos esses autores defenderam, com efeito, a natureza automática da compensação[3847-3848].

3842 Trata-se da opinião de Astuti, ob. e loc. cit..

3843 Por exemplo, Gerd Brüggemeier, *AK-BGB*, §§ 387-389 (1981), 489; Helmut Coing, *Europäisches Privatrecht 1500 bis 1800* – Band I – *Alteres Gemeines Recht* (1985), 432 e *idem*, *1800 bis 1914*, Band II – *19. Jahrhundert* (1989), 459-460.

3844 Astuti, *Compensazione* (*storia*) cit., 10/I.

3845 Jacobus Cuiacius (Jacob Cujas, 1522-1590); Cuiacius cita, em abono, Alciatus (1492-1550). Quanto à evolução francesa e com algumas indicações: Jean Carbonnier, *Droit civil/4 – Les obligations*, 22.ª ed. (2000), 598.

3846 *Iacobi Cviacii Opera*, tomus IV (ed. de 1777), col. 69.

3847 Assim, Jean Domat, *Les loix civiles dans leur ordre naturel: le droit public et legum delectus* (1767), 243 ss. e R.-J. Pothier, *Traité des Obligations*, *Oeuvres*, II (1848; o original é de meados do séc. XVIII), 345 ss..

3848 Sobre toda a evolução subjacente, Torquato Cuturi, *Trattato delle compensazioni nel diritto privato italiano* (1909), 171 ss..

Cumpre transcrever o texto de Pothier, na saborosa tradução portuguesa de Corrêa Telles (1780-1849)[3849]:

> Quando se diz que a compensação se faz *ipso jure* isto quer dizer que ella se faz por virtude da Lei sómente, sem que seja julgado pelo Juiz, ou sem que seja opposta por alguma das partes.
>
> Logo que aquelle que era credor de huma pessoa, vem a ser seu devedor de huma somma ou quantidade susceptivel de compensação com aquella de que elle he credor; e *vice versa*, logo que aquelle que era devedor de huma pessoa, vem a ser seu credor de somma susceptivel de compensação com aquella de que elle era devedor, a compensação se faz, e as dividas respectivas se extinguem em concorrente quantia, por virtude da Lei da compensação por si só.
>
> (...)
>
> O nosso principio que a compensação extingue as dividas respectivas *ipso juris potestate*, sem que tenha sido opposta nem julgada, he establecido não só pelas palavras *ipso jure*, de que se servem as Leis, mas também pelos effeitos que os textos de direito dão á compensação.
>
> (...)

[3849] José Homem Corrêa Telles, *Tratado das obrigações pessoaes e reciprocas nos pactos, contractos, convenções, & c. que se fazem a respeito de fazendas ou dinheiro, segundo as regras do foro da consciencia, e do foro externo, por Mr. Pothier*, tomo II, Lisboa (1835), 122 ss..

## § 104.° OS GRANDES SISTEMAS DA COMPENSAÇÃO

### 440. O sistema napoleónico: compensação automática

I. Na sequência da feição assumida pela pré-codificação francesa, o Código Napoleão veio dispor[3850]:

> 1289.° Lorsque deux personnes se trouvent débitrices l'une envers l'autre, il s'opère entre elles une compensation qui éteint les deux dettes, de la manière et dans les cas ci-après exprimés.
>
> 1290.° La compensation s'opère de plein droit par la seule force de la loi, même a l'insu des débiteurs; les deux dettes s'éteignent réciproquement, à l'instant où elles se trouvent exister à-la-fois, jusqu'à concurrence de leurs quotités respectives.

A doutrina francesa subsequente não teve quaisquer dúvidas na interpretação e na aplicação do dispositivo napoleónico[3851]: a compensação funciona automaticamente, embora haja que levar, ao conhecimento do juiz, a existência da dívida ativa ou compensatória.

II. No subsequente Direito francês, a compensação é considerada um mecanismo legal. Subsidiariamente, surgem as compensações convencional e judiciária[3852]. A compensação legal depende da presença, nos débitos

[3850] J. A. Rogron, *Code civil expliqué* cit., 350.

[3851] Assim, Marcel Planiol, *Traité Elémentaire de Droit civil*, 2, 3.ª ed. (1903), n.° 586 (193).

[3852] Jean Carbonnier, *Droit civil/4 – Les obligations*, 22.ª ed. (2000), 594 ss. e de François Terré/Philippe Simler/Yves Lequette, *Droit civil/Les obligations* cit., 11.ª ed., n.° 1389 ss. (1432 ss.), estes últimos com mais pormenores. Num prisma comparatístico cabe referir o clássico de Gerhard Kegel, *Probleme der Aufrechnung: Gegenseitigkeit und Liquidität/rechtsvergleichend dargestellt* (1938), 8 ss..

implicados, de determinadas características ou qualidades; além disso, não poderá haver impedimentos legais à sua verificação. Quanto às qualidades das obrigações compensáveis, temos: (a) a reciprocidade: as obrigações devem ser inversas, de tal modo que os dois intervenientes sejam, em simultâneo, credor e devedor um do outro; (b) a fungibilidade: as duas obrigações devem recair sobre coisas fungíveis; na prática: dinheiro; (c) a liquidez: *an*, quanto à sua existência e *quantum*, quanto ao seu montante; (d) a exigibilidade: excluem-se as obrigações não vencidas, condicionais ou a termo.

A lei coloca obstáculos à compensação, em certas situações. Assim: (a) no interesse de alguma das partes: tal sucede com créditos de alimentos e com créditos impenhoráveis, com relevo para os laborais; (b) no interesse de terceiros: o caso de haver um crédito já penhorado, como exemplo.

Na falta de algum ou alguns destes requisitos, são possíveis compensações convencionais ou judiciais. Na primeira hipótese, as partes podem acordar, por exemplo, numa compensação que implique débitos ilíquidos ou não exigíveis. A compensação convencional só produz efeitos após o acordo: não no momento da mera coexistência das dívidas. Na segunda, verifica-se também uma falta de qualidades necessárias para a compensação legal. Todavia, o demandado pode, por via reconvencional, invocar um contracrédito, altura em que o tribunal, dentro de certas margens, decidirá a compensação[3853].

III. De acordo com o artigo 1290.º do Código Napoleão, a compensação produzia efeitos assim que se mostrassem reunidos os seus requisitos. E portanto: automaticamente, mesmo sem o conhecimento dos devedores. Trata-se de uma regra que remonta, como vimos, aos equívocos históricos tecidos em torno do *ipso iure compensare* e à leitura inexata dele feita por Martinus[3854]. Fala-se, por isso, em "pagamento forçado"[3855]. Seria dispensado qualquer ato de vontade dos envolvidos: a compensação operaria sempre, mesmo contra a sua vontade, podendo contemplar incapazes não representados.

[3853] Tal o caso de o demandado deter, contra o demandante, um crédito não líquido; o tribunal, quando não entenda que a situação acarrete um excessivo atraso no processo, pode optar pela compensação.

[3854] Henri e Léon Mazeaud/Jean Mazeaud/François Chabas, *Leçons de Droit civil/ /tomo II, vol. 1.º – Obligations/théorie générale*, 9.ª ed. (1998), 1192.

[3855] *Idem*, 1193.

Esta orientação suscitou dúvidas quanto à sua bondade[3856]. De facto, no coração do Direito privado, não se entenderia por que impôr às pessoas uma solução que, não sendo de ordem pública, lhes não conviesse. E assim, a jurisprudência veio isolar determinados corretivos à natureza forçada da compensação. A saber: (a) o devedor deve invocar a compensação, não podendo o tribunal aplicá-la *ex officio*[3857]; (b) a compensação só interrompe a prescrição se for invocada[3858]; (c) as partes podem renunciar à compensação, seja antecipadamente, seja depois de ela se verificar[3859].

Finalmente, o artigo 1294.º/3 do Código Napoleão, segundo o qual o codevedor solidário não podia prevalecer-se da compensação produzida nas relações entre o credor e outro codevedor, contende, de certa forma, com uma compensação puramente automática[3860]. Os preceitos citados são os relevantes, no tocante à influência no Direito lusófono. A reforma de 2016 alterou-os e renumerou-os como artigos 1347.º a 1347.º-7. Manteve, todavia, o esquema tradicional da compensação automática, ainda que devendo ser invocada, para ser eficaz[3861]

IV. O sistema napoleónico da compensação automática tem merecido críticas diversas[3862]. Particularmente no confronto com o alemão, que exige muito claramente uma declaração da vontade de compensar, o sistema francês surgia menos nítido. Além disso, censura-se-lhe o pecado de origem: o erro histórico que estaria na origem da própria ideia do automatismo. As críticas têm sido superadas, com duas considerações: (a) por um lado, a evolução jurisprudencial consigna, na prática, um sistema que

[3856] *Vide* as prevenções de Marcel Planiol/Georges Ripert, colab. Paul Esmein/ /Jean Radouant/Gabriel Gabolde, *Traité pratique de Droit civil français*, tomo VII – *Les obligations*, II parte (1931), 622-624.

[3857] CssFr 15-jan.-1973, D. 1973.473-474, anot. J. Guestin, 475-477 (476); Terré/ /Simler/Lequette, *Les obligations* cit., 11.ª ed., n.º 1408 (1450-1451).

[3858] CssFr 21-mar.-1934, S 1934.1.361-366, anot. François Gény.

[3859] Com 21-mar.-1995, RTDCiv 95 (1996), 163 (o sumário); Philippe Drakidis, *Des effets à l'égard des tiers de la renonciation à la compensation acquise*, RTDCiv 53 (1955), 238-253. Outros desenvolvimentos ligados a este ponto: a renúncia poria termo, retroativamente, à compensação: CssFr 11-mai.-1880, S 1881, 1, 107-108; além disso, ela pode ser tácita: CssFr 6-jul.-1926, S 1926, 1, 358-359.

[3860] H. e L. Mazeaud/J. Mazeaud/Chabas, *Obligations*, 9.ª ed. cit., 1193-1194.

[3861] Gaël Chantepie/Mathias Latina, *La réforme du droit des obligations* cit., 858 ss..

[3862] Raymond Saleilles, *Étude sur la théorie générale de l'obligation/d'après le premier projet de Code Civil pour l'Empire Allemand* (1914), 43 ss..

acaba por não dispensar a manifestação de vontade do interessado: o juiz não pode compensar de ofício; (b) por outro lado, o sistema alemão[3863], vindo reconhecer uma eficácia retroativa à declaração compensatória, acaba, afinal, por se aproximar do sistema francês.

Em suma: podemos concluir que os sortilégios histórico-culturais do Direito privado nunca ignoram as realidades subjacentes a que se aplicam. Há, desta forma, como que uma convergência dos sistemas[3864].

V. O Direito civil italiano do século XIX, um tanto ao arrepio das suas raízes romanas, aproximou-se do modelo napoleónico. No tocante à compensação, essa orientação foi seguida – e mesmo agravada – pelos códigos pré-unitários[3865].

Dispõe, como exemplo, o Código Civil Sardo[3866], de 1837, no seu artigo 1381.º:

> La compensazione si fa di pien diritto in virtù della legge, ed anche senza saputa dei debitori; nel momento stesso in cui i due debiti esistono contemporaneamente, questi reciprocamente si estinguono, sino alla concorrenza delle loro rispettive quantità.

Um preceito muito similar foi acolhido no Código Civil italiano de 1865[3867]: artigo 1286.º. Perante isso, a doutrina explicava que, verificados os requisitos legais, a compensação operava sem necessidade de qualquer manifestação de vontade das partes[3868]. Os requisitos legais, por seu turno, eram fixados: a certeza dos créditos recíprocos, a reciprocidade, a liquidez e a exigibilidade[3869]. O sistema do Código Civil italiano de 1865 levantou dúvidas e suscitou algumas críticas. Em especial, verificava-se que[3870]: (a)

[3863] *Infra*, 1047 ss..

[3864] Jean Carbonnier, *Les obligations* cit., 599. Elementos comparatísticos podem ser confrontados em Zimmermann, *Die Aufrechnung* cit., 718 ss..

[3865] Torquato Cuturi, *Trattato delle compensazioni* cit., 185-186.

[3866] Angelo Boron, *Codice civile per gli stati di S. M. il Re di Sardegna* (1842), 216; julgamos dispensáveis traduções de trechos escritos em língua italiana.

[3867] T. Bruno, *Codice civile del Regno d'Italia*, 6.ª ed. (1901), 353.

[3868] Torquato Cuturi, *Trattato delle compensazioni* cit., 290.

[3869] Torquato Cuturi, *Trattato delle compensazioni* cit., 204 ss., 212 ss., 254 ss. e 273 ss.. *Vide* Lodovico Barassi, *La teoria generale delle obbligazioni*, vol. III, *L'attuazione*, 2.ª ed., reimp. (1964), 156 ss..

[3870] Mariano D'Amelio/Enrico Finzi, *Codice Civile/Libro delle obbligazioni/ /Commentario*, vol. I (1948), 144.

não se dispunha quanto ao modo por que a compensação funcionava no processo; (b) não se previa uma solução para a falta de alguns dos pressupostos e, em especial, o da liquidez; (c) não se articulava sobre os poderes negociais das partes.

VI. O Código Civil italiano de 1942 procurou responder a estes problemas. Na forma, ele manteve a ideia de uma compensação automática. Mas ela passou a depender sempre da iniciativa das partes. Assim, segundo o seu artigo 1242.º:

> La compensazione estingue i due debiti dal giorno della loro coesistenza. Il giudice non può rilevarla d'ufficio.
>
> La prescrizione non impedisca la compensazione, se non era conjunta quando si è verificata la coesistenza dei due debiti.

Já no âmbito do Código antigo se concluíra pela necessidade de uma qualquer iniciativa das partes[3871]. Desta feita consegue-se, de modo manifesto, uma aproximação ao esquema alemão.

O Código italiano de 1942 dispensa, depois, um tratamento mais completo à compensação. Trata-se de um sistema que apresenta diversos desvios em relação ao esquema português – e isso mau grado a grande influência que o Código em questão teve na nossa codificação de 1966[3872].

## 441. O sistema germânico: compensação potestativa

I. A solução napoleónica da compensação automática correspondia, de certa forma, à do Direito comum: ela operava automaticamente (*ipso iure*), sem necessidade de iniciativas especiais por parte dos intervenientes[3873]. O estudo aprofundado a que o Direito romano foi submetido, durante o século XIX e no espaço alemão, conduziu a uma revisão do pro-

[3871] D'Amelio/Finzi, *Commentario* cit., 147; Ludovico Barassi, *La teoria generale delle obbligazioni* cit., 166.

[3872] *Vide* o nosso *Da compensação no Direito civil e no Direito bancário* (2003), 43-45.

[3873] Liselotte Bunge, *Die Aufrechnung im englischen Recht unter besonderer Berücksichtigung der Aufrechnung im Konkurse* (1933), 3.

blema[3874]. Deve-se a Dernburg a divulgação de uma leitura mais adequada do *ipso iure* justinianeu[3875]. No fundamental, vem entender-se que a compensação, embora eficaz pela sua própria juridicidade (*ipso iure*), produz os seus efeitos através de uma declaração, feita pelo beneficiário, de querer compensar[3876]. A construção "potestativa"[3877] da compensação obteve um reconhecimento genérico na pandectística tardia, com relevo, para além do próprio Dernburg[3878], de nomes importantes como os de Arndts[3879], de Goldschmidt[3880] e de Windscheid[3881].

II. Parece importante sublinhar que a vitalidade deste sistema teve, na origem, não – ou não apenas – meras preocupações de aperfeiçoamento universitário e científico: antes correspondeu a necessidades de ordem prática. Em todo o período da pré-codificação alemã, multiplicaram-se os casos atinentes à compensação, permitindo revelar as diversas facetas do instituto, particularmente no Direito comercial.

Como exemplos, confrontámos, na antiga jurisprudência comercial: ROHG 11-jun.-1873, perante a massa falida[3882]; ROHG 28-fev.-1874, quanto à invocação da compensação na réplica[3883]; ROHG 10-abr.-1875,

[3874] Não se tratava, como é sabido, de uma preocupação de reconstrução histórica rigorosa do Direito romano (de resto: impossível, enquanto tal, uma vez que o Direito romano evoluiu durante mais de dez séculos!) mas, antes, da fixação de um "Direito romano atual" que desse corpo a um sistema harmónico. O próprio Direito antigo, pelas suas preocupações de equilíbrio e de equidade, tinha, em si, os motores de uma evolução; *vide* Theo Mayer-Maly, *Juristische Reflexionen über ius*, SZRom 117 (2000), 1-29.

[3875] Heinrich Dernburg, *Geschichte und Theorie der Compensation* cit., 2.ª ed., 309 ss..

[3876] Valeria de Lorenzi, *Compensazione* cit., 67/I e Kegel, *Probleme der Aufrechnung* cit., 3 ss..

[3877] As aspas traduzem a natureza meramente descritiva do adjetivo "potestativo"; adiante veremos como enquadrar, perante diretrizes científicas, a natureza da compensação.

[3878] Dernburg/Sokolowski, *System des Römischen Rechts/Der Pandekten*, II, 8.ª ed. (1912), 680 ss..

[3879] Arndts R. v. Arnesberg, *Lehrbuch der Pandekten*, 13.ª ed. (1886), 531 ss. (535).

[3880] Levin Goldschmidt, *Die Rückwirkung des Kompensationsaktes/Ein Gutachten über den § 283 des Entwurfs eines Bürgerlichen Gesetzbuchs für das Deutsche Reich, dem Deutschen Juristentage* (1890), 7 ss..

[3881] Bernhard Windscheid/Theodor Kipp, *Lehrbuch des Pandektenrechts*, 9.ª ed. (1906, reimpr., 1984), § 349 (II, 463).

[3882] ROHG 11-jun.-1873, ROHGE 10 (1874), 165-169.

[3883] ROHG 28-fev.-1874, ROHGE 12 (1874), 287-289.

no tocante à massa falida, em sociedade anónima[3884]; ROHG 27-nov.-1875, onde são focados problemas quanto à compensação no processo[3885].

Já sob o *Reichsgericht*, cumpre recordar: RG 28-mar.-1881, reportando-se ao ALR[3886]; RG 11-out.-1881, valorando uma compensação contratual[3887]; RG 19-mai.-1882, sobre compensação parcial[3888]; RG 11-out.-1883, referente à compensação a operar por uma sociedade em nome coletivo com o débito de um sócio[3889].

O projeto do que seria o Código Civil alemão, na sequência da elaboração doutrinária acima apontada, acabou por optar[3890]: a compensação deveria ser atuada através de uma declaração. Esta orientação passou ao texto definitivo[3891], em termos que abaixo melhor explicitaremos.

III. Do BGB, importa reter os seguintes parágrafos[3892]:

§ 387 (Pressupostos)[3893]

Quando duas pessoas se devam mutuamente prestações que, segundo o seu objeto, sejam do mesmo tipo, pode cada uma das partes compensar o seu crédito contra o crédito da outra, desde que ela lhe possa exigir a prestação em débito e lhe possa efetivar a prestação devida.

§ 388 (Declaração de compensação)

A compensação efetiva-se através de declaração perante a outra parte. A declaração é ineficaz quando seja emitida sob condição ou a termo.

3884 ROHG 10-abr.-1875, ROHGE 16 (1875), 353-358.

3885 ROHG 27-nov.-1875, ROHGE 19 (1876), 76-77.

3886 RG 28-mar.-1881, RGZ 4 (1881), 330-334 (331-332).

3887 RG 11-out.-1881, RGZ 6 (1882), 253-255.

3888 RG 19-mai.-1882, RGZ 7 (1882), 243-249.

3889 RG 11-out.-1883, RGZ 11 (1884), 114-123.

3890 Lippmann, *Zur Lehre von der Compensation nach dem Entwurfe des bürgerlichen Gesetzbuchs*, Gruchot XXXII (1893), 157-261 e o já cit. Goldschmidt, *Die Rückwirkung des Kompensationsaktes*.

3891 Entre outros, *vide* J. Kohler, *Die Aufrechnung nach dem Bürgerliche Gesetzbuche*, ZZP 24 (1898), 1-49 (1 ss.), Jakob Weismann, *Die Aufrechnung nach dem Bürgerlichen Gesetzbuche*, ZZP 26 (1899), 1-42 (17 ss.) e Heinrich Siber, *Compensation und Aufrechnung* (1899), 82 ss..

3892 Os restantes §§ atinentes à compensação, em tradução portuguesa, podem ser confrontados no nosso *Da compensação*, 49-51.

3893 As epígrafes foram introduzidas pela *Lei de Modernização do Direito das Obrigações*, de 26-nov.-2001; no BGB original, os §§ não eram epigrafados.

§ 389 (Eficácia da compensação)
A compensação leva a que os créditos, na medida em que mutuamente se cubram, se tenham como extintos desde o momento em que se tenham contraposto de modo adequado para a compensação.

Os requisitos da compensação foram determinados, em termos confluentes, pela doutrina mais antiga[3894], pela intermédia[3895] e pela atual[3896]. Assim: (a) a reciprocidade: o devedor de uma prestação deve ser credor do seu credor[3897]; (b) a homogeneidade: os créditos devem ser do mesmo tipo[3898]; (c) a exigibilidade do crédito ativo: o crédito com o qual se pretende compensar deve ser líquido e exigível[3899]; não pode haver exceções, salvo a da prescrição; (d) a exequibilidade do crédito passivo: o devedor que invoca a compensação deve ter legitimidade para o cumprimento.

Podemos considerar, perante este quadro, que existe confluência com o sistema francês.

IV. A explicação do momento de eficácia da compensação deu lugar, na pandectística tardia e na primeira civilística do BGB, a controvérsias hoje clássicas[3900]. Assim, temos a considerar: (a) a teoria da retração ou da retroatividade: a compensabilidade, só por si, não produz efeitos; atuada validamente, a compensação retroage, operando a partir do momento em que surgiram os seus requisitos: tal a opção de Puchta[3901], de Arndts[3902],

[3894] Assim, Ernst Weigelin, *Das Recht zur Aufrechnung als Pfandrecht an der Eigenen Schuld/Ein Beitrag zur Lehre von der Aufrechnung nach deutschem Reichsrechte* (1904), 50 ss. e Helmut Delbrück, *Anfechtung und Aufrechnung als Prozessandlungen mit Zivilrechtswirkung* (1915), 86 ss..

[3895] P. ex., Gerd Brüggemeier, *AK-BGB* §§ 387-389 (1980), 490 ss. e Karl Larenz, *Lehrbuch des Schuldrechts* cit., 1, 14.ª ed., 256 ss..

[3896] P. ex., Joachim Gernhuber, *Die Erfüllung und ihre Surrogate* cit., 2.ª ed., 225 ss.. Wolfgang Fikentscher, *Schuldrecht*, 9.ª ed. (1997), 201 ss. e Dieter Medicus, *Schuldrecht I/Allgemeiner Teil*, 13.ª ed. (2002), 131 ss..

[3897] BGH 26-mar.-1981, BGHZ 80 (1981), 222-228 (225), apesar de não ter total aplicação no caso, onde estava presente uma sociedade civil sob forma civil; *vide* Joachim Gernhuber, *Die Erfüllung* cit., 2.ª ed., 233 ss..

[3898] BGH 1-jun.-1978, BGHZ 71 (1978), 380-386 (382-383).

[3899] *Vide*, quanto à liquidez, Kegel, *Probleme der Aufrechnung* cit., 158 ss..

[3900] Ernst Weigelin, *Das Recht zur Aufrechnung* cit., 6-7.

[3901] Puchta/Rudorf, *Cursus der Institutionen*, 3 (1847), 134.

[3902] L. Arndts R. v. Arnesberg, *Lehrbuch der Pandekten* cit., § 265 (536).

de Vangerow[3903] e de Enneccerus/Lehmann[3904]; (b) a teoria de afetação: com a compensabilidade, ambos os créditos são atingidos por exceções; todavia, tais exceções operam a partir do momento em que surgiram as condições objetivas para ser atuada: é a escolha de Dernburg[3905], de Brinz[3906] e de Windscheid[3907]; (c) a teoria da pendência ou da suspensão: a compensabilidade desencadeia a compensação na condição de, mais tarde, a compensação ser atuada: este o voto, entre outros, de Oertmann[3908]; (d) a teoria negativista: a compensabilidade, só por si, não produziria quaisquer efeitos; estes surgiriam com a sua atuação, extinguindo créditos até então intocados.

## 442. O sistema anglo-saxónico: a compensação processual (*set off*)

I. No Direito inglês, a compensação é desconhecida enquanto instituto substantivo próprio das obrigações. Opera, antes, um esquema processual, que assegura, na prática, a sua função: trata-se do *set off* ou *set-off*[3909]. O esquema foi introduzido pela *equity*, um tanto à semelhança do rescrito de Marco Aurélio[3910]. Retemos a definição clássica de Thomas W. Watermann:

> Set-off signifies the subtraction or taking away of one demand from another opposite or cross demand, so as to distinguish the smaller demand and reduce the greater by the amount of the less; or, if the opposite demands are equal, to extinguish both. It was also, formerly, sometimes called stop-

[3903] Karl Adolph von Vangerow, *Leitfaden für Pandekten-Vorlesungen*, 3 (1847) 353.

[3904] Enneccerus/Lehmann, *Recht der Schuldverhältnisse* cit., 15.ª ed., 287.

[3905] Heinrich Dernburg, *Geschichte und Theorie der Kompensation* cit., 2.ª ed., § 70, 594 ss. e Dernburg/Sokolowski, *System des Römischen Rechts/Der Pandekten* cit., II, 8.ª ed., 686.

[3906] Alois von Brinz, *Lehrbuch der Pandekten*, 2.ª ed. (1876), 1, 643.

[3907] Bernhard Windscheid/Theodor Kipp, *Lehrbuch des Pandekten* cit., 2, 9.ª ed., 427 ss.; na 3.ª ed. (1870), 289 ss..

[3908] Paul Oertmann, *Die Aufrechnung im Deutschen Zivilprozessrecht* (1916), 3.

[3909] Surgem ambas as grafias; também ocorre *setoff*. Comparatisticamente: Kegel, *Probleme der Aufrechnung* cit., 11 ss..

[3910] Liselotte Bunge, *Die Aufrechnung im englischen Recht* cit., 5.

page, because the amount sought to be sett-off was *stopped* or deducted from the cross demand[3911].

II. A compensação no Direito inglês desenvolveu-se lentamente[3912] [3913]. Apenas na primeira metade do século XVIII, duas leis vieram introduzir o equivalente a essa figura: o *Insolvent Debtors Relief Act*, de 1729 e o *Debtor Relief Amendment Act*, de 1735. Segundo o *Insolvent Debtors Relief Act* de 1729, confirmado e completado pelo *Amendment Act*[3914],

> one debt may be set against the other.

Tratava-se, segundo a jurisprudência aplicativa, de prevenir as *circuity of action and multiplicity of suits*[3915]: uma solução équa e razoável, que veio a ser aplicada, através de um conjunto de regras, pela *Court of Chancery*, fora do estrito campo estatutário primeiro previsto[3916]. Chega-se, assim, à *equitable set-off*[3917], mais lata do que a *statutory set-off*[3918]. Com a fusão, em 1873, dos tribunais de *common law* e de *equity*, a contra-

3911 Thomas W. Watermann, *A Treatise on the Law of Set-Off, Recoupment, and Counter Claim* (1869, reimpr., 1998), § 1, 1; julgamos dispensáveis traduções da língua inglesa. O texto transcrito consta, também, do *Black's Law Dictionary*, 7.ª ed. (1999), 1376/II.

3912 Roy Goode, *Legal Problems of Credit and Security*, 2.ª ed. (1988), 133 ss., Rory Derham, *Set-Off*, 2.ª ed. (1996), 7 ss. e Sheelag McCracken, *The Banker's Remedy of Set-Off*, 2.ª ed. (1998), 43 ss..

3913 No tocante ao Direito norte-americano, *vide* Thomas W. Waterman, *A Treatise on the Law of Set-Off* cit., 10 ss., com várias indicações.

3914 As dívidas podiam conduzir à prisão do devedor, donde o interesse especial da figura.

3915 As transcrições completas podem ser vistas em McCracken, *The Banker's Remedy of Set-Off* cit., 2.ª ed., 50 ss..

3916 Derham, *Set-Off* cit., 2.ª ed., 38 ss..

3917 O *set-off* começou por ser admitido, em juízos de *equity*, quando fosse aparente que as partes, em negociações, tinham a intenção mútua de compensar; cf. Thomas W. Waterman, *A Treatise on the Law of Set-Off* cit., 18.

3918 McCracken, *The Banker's Remedy of Set-Off* cit., 2.ª ed., 53 ss. e Waterman, *A Treatise on the Law of Set-Off* cit., 19.

Segundo a proposição muito citada de Lord Mansfield,

> *Natural equity says, that cross-demands should compensate each other, by deducting the less sum from the greater; and that the difference is the only sum which can be justly due.*

posição tornou-se irrelevante, em termos de judicatura. Conserva-se, todavia, no plano conceitual.

O *set-off* clássico pressupunha uns quantos requisitos mais estritos do que os da congénere compensação continental. Assim[3919]: (a) os pedidos devem ser lícitos; (b) os pedidos não devem originar um novo pleito, no sentido de não serem líquidos; (c) os pedidos devem conter-se dentro da jurisdição do tribunal considerado.

Surgem, depois, diversas delimitações negativas.

III. O Direito inglês dá um relevo especial à compensação contratual ou *set-off agreement*. A inerente cláusula é frequente, no comércio bancário, permitindo o funcionamento da compensação para lá do que permitiriam os *law and equity*[3920].

No tocante à compensação legal, a doutrina distingue[3921]: (a) o *set-off at law* opera quando haja débitos mútuos entre as partes, ambos dando azo a ações de *common law*; (b) o *set-off in equity* é possibilitado quando ambas as ações se reportem a dinheiro, sejam recíprocas e homogéneas e estejam tão conectadas que a contra-ação do demandado detenha a queixa do demandante.

IV. Põe-se, depois, o tema da sua natureza meramente processual. Esta, historicamente comprovada, a dar-se, teria o seguinte efeito prático: a compensação apenas produziria efeitos a partir do momento em que fosse invocada e decretada pelo tribunal. A pessoa que, alegando uma compensação, não cumprisse um contrato, estaria a quebrá-lo, com todas as legais consequências[3922]. Todavia, os autores mais recentes vêm admitindo a substancialização do *set-off*[3923], numa confluência interessante com o Direito continental[3924]. O levantamento dos requisitos do *set-off*, apesar da especificidade das fontes e da linguagem, revela uma figura próxima da da compensação continental.

[3919] Na sequência de Thomas W. Waterman, *A Treatise on the Law of Sett-Off* cit., 26 ss..

[3920] Roy Goode/Ewan McKendrick, *Commercial Law*, 5.ª ed. (2016), n. 22.38 (679).

[3921] *idem*, n.º 22.71 (691).

[3922] Roy Goode, *Commercial Law* 2.ª ed., (1995), 671, nota 152.

[3923] Especialmente McCracken, *The Banker's Remedy of Set-Off* cit., 2.ª ed., 138 ss., Derham, *Set-Off* cit., 2.ª ed., 56 ss. e Roy Goode/Ewan McKendrick, *Commercial Law* cit., 5.ª ed., n.º 22.71 (692).

[3924] Reinhard Zimmermann, *Die Aufrechnung* cit., 715 ss..

## § 105.º A EXPERIÊNCIA LUSÓFONA DA COMPENSAÇÃO

### 443. O Código de Seabra e a transposição de Guilherme Moreira

I. O Código de Seabra acolheu os diversos elementos que o antecederam e, designadamente: a tradição comum ínsita nas Ordenações e as influências napoleónicas, vertidas nas obras dos pré-codificadores[3925]. A crescente dificuldade em localizar códigos de Seabra leva-nos a consignar o texto de 1867, equivalente, de resto, ao do projeto do próprio Visconde:

SECÇÃO VIII
*Da compensação*

Art. 765.º O devedor póde desobrigar-se da sua divida por meio de compensação com outra que o credor lhe deva, nos termos seguintes:

1.º Se uma e outra divida forem liquidas;

2.º Se uma e outra forem egualmente exigiveis;

3.º Se as dividas consistirem em sommas de dinheiro, ou em cousas fungiveis, da mesma especie e qualidade, ou se umas forem sommas de dinheiro e outras forem cousas cujo valor posso liquidar-se, conforme o disposto na ultima parte do § 1.º do presente artigo.

§ 1.º Divida líquida diz-se aquella cuja importancia se acha determinada, ou póde determinar-se dentro do praso de nove dias.

§ 2.º Diz-se divida exigivel aquella cujo pagamento póde ser pedido em juizo.

Art. 766.º Se as dividas não forem de egual somma, poderá dar-se a compensação na parte correspondente.

Art. 767.º A compensação não póde dar-se:

[3925] Quanto à compensação nas Ordenações e na pré-codificação *vide* o nosso *Da compensação*, 59-69.

1.º Quando alguma das partes houver renunciado de antemão ao direito de compensação;

2.º Quando a divida consistir em cousa de que o proprietario tenha sido esbulhado;

3.º Quando a divida for de alimentos, ou de outra cousa, que não possa ser penhorada, ou seja por disposição da lei, ou seja pelo titulo de que procede, salvo se ambas as dividas forem da mesma natureza;

4.º Quando a divida proceder de deposito;

5.º Quando as dividas forem do estado ou municipaes, salvo nos casos e que a lei o permitir.

Art. 768.º A compensação opéra de direito os seus efeitos, e extingue ambas as dividas com todas as obrigações correlativas, desde o momento em que se realisar.

Art. 769.º O que paga uma divida susceptivel de compensação não póde, quando exigir o credito que podia ser compensado, valer-se, com prejuízo de terceiro, do privilegios e hypothecas que asseguravam esse credito, salvo provando ignorancia da existencia do credito que a extinguia.

Art. 770.º Se forem várias as dividas compensaveis, seguir-se-ha, na falta de declaração, a ordem indicada no artigo 729.º.

Art. 771.º O direito de compensação póde ser renunciado, não só expressamente, mas também por factos de que se deduza necessariamente a renuncia.

Art. 772.º O fiador não póde fazer compensação do seu credito com a divida do principal devedor, nem o devedor solidario póde pedir compensação com a divida do credor ao seu comdevedor.

Art. 773.º O devedor que consentiu na cessão feita pelo credor em favor de terceiro não póde oppor ao cessionario a compensação que poderia oppor ao cedente.

Art. 774.º Se, porém, o credor lhe der conhecimento da cessão, e o devedor não consentir nella, poderá este oppor ao cessionario a compensação dos creditos que tiver contra o cedente e que foram anteriores á cessão.

Art. 775.º A compensação não póde admittir-se com prejuízo de direito de terceiro.

Art. 776.º Não obsta á compensação o serem as dividas pagaveis em diversos logares, comtanto que se paguem as despesas de mais que se hajam de fazer para ella se realisar.

Art. 777.º Se a cessão se fizer, sem que disso se haja dado noticia ao devedor, poderá este oppor ao cessionario a compensação dos creditos que tiver contra o cedente, quer anteriores, quer posteriores á cessão.

II. Os anotadores subsequentes explicavam os diversos preceitos, com remissões para o Direito anterior[3926]. O delicado artigo 768.º, pelo qual a "... a compensação opéra de direito os seus efeitos ..." não suscitava particular interesse. O Código não chegava a acrescentar "... mesmo que dela não haja conhecimento ...". O sistema da compensação pareceria, assim, ligado ao esquema napoleónico. Desde cedo, todavia, surgiram dificuldades com a ideia de que a compensação pudesse operar em moldes verdadeiramente automáticos e, portanto: dispensando a iniciativa do beneficiário[3927].

III. Ainda no domínio do Código de Seabra, o sistema português da compensação evoluiu rapidamente no sentido da solução alemã: tal o papel de Guilherme Moreira, grande responsável pela transposição do sistema jurídico português, da órbita napoleónica para a pandectística ou germânica[3928].

Na parte fundamental da eficácia da compensação, Guilherme Moreira alude à evolução histórica e menciona a regra romana da compensação *ipso iure*. E afirma:

> Das opiniões que foram admitidas acerca da significação destas palavras, notaremos a que considerava a compensação como produzindo legalmente a extinção das dívidas, desde que estas reunissem as condições que a lei exigia para esse effeito, independentemente da vontade do devedor ou do credor. Foi esta a interpretação que o codigo civil francês sancionou, embora

[3926] José Dias Ferreira, *Codigo Civil Portuguez Annotado* cit., II, 2.ª ed., 88 ss.. *Vide* Alexandre de Seabra, *O codigo civil na pratica do foro*. *A compensação*, O Direito 1 (1869), 338-340.

[3927] Assim, Alexandre de Seabra, *A compensação* cit., 339/II.

[3928] *Vide* o nosso *Teoria geral do Direito civil/Relatório* (1988), 131 ss., com indicações, bem como o *Tratado* I, 4.ª ed., 235 ss..

> com alguma incoherencia, e a que foi seguida pelo nosso codigo, com as mesmas incoherencias[3929].
>
> (...)

E continua mais adiante:

> Esta doutrina, que é consequencia logica da theoria da compensação legal, não representa todavia a verdade no systema sanccionado no nosso codigo (...) Se um devedor que tem um credito pelo qual a sua divida se extinguiu, paga esta não oppondo a compensação, renuncia ao direito que por esta havia adquirido (...) [3930]
>
> (...)

Rematando:

> Outro e mais harmónico com as normas relativas ao pagamento é o systema que, representando a doutrina germanica acerca do direito romano, foi admittido pelo codigo civil allemão (artt. 387.º e 388.º) e que já estava sanccionado no codigo federal suiço das obrigações (art. 138.º). Por este sistema não se dá *ipso iure* a extincção dos creditos reciprocos, não se effectuando o pagamento, sem que o devedor exprima a sua vontade. (...) a declaração de vontade tem efeito retroactivo[3931].

Quanto às condições da compensação, Guilherme Moreira apontava[3932]: (a) a reciprocidade; (b) a liquidez; (c) a fungibilidade; (d) a exigibilidade dos créditos.

IV. A partir de Guilherme Moreira, podemos considerar que o sistema lusófono da compensação se aproximou, pela simples interpretação, do alemão. Conhecendo e contrapondo os dois sistemas em presença, Moreira foi levado a optar pelo segundo, tecnicamente mais avançado. Não o fez, todavia, pelo gosto da novidade ou do esoterismo: antes esteve preocupado com o regime aplicável e com a verdadeira apreensão legislativa, entendida como um todo coerente, harmónico e operacional. Tudo isto explica como a receção do esquema alemão – numa constatação válida para outros

[3929] Guilherme Moreira, *Instituições* cit., 2, 256.

[3930] *Idem*, 257.

[3931] *Idem*, 258; mais pormenores sobre as opções de Guilherme Moreira, particularmente na pré-edição de 1903 constam do nosso *Da compensação* cit., 73 ss..

[3932] Guilherme Moreira, *Instituições* cit., 2, 259 ss..

institutos – acaba por ocorrer como um processo de evolução e não como um enxerto de matéria estranha.

V. Nos seus quase cem anos de vigência, o Código de Seabra deu boa conta de si, na compensação como em diversos outros campos. Iremos referenciar, apenas, alguns aspetos mais marcantes. No tocante à prática do instituto, a compensação foi louvada pela sua equidade intrínseca e pelas perspetivas económico-financeiras que encerra. Trata-se, na verdade, de um elemento nuclear da conta-corrente comercial, como se infere do artigo 346.º, n.º 3, do Código Comercial de 1888[3933]. Passa, daí, à conta-corrente bancária e ao contrato de abertura de conta, pedra angular de todo o Direito bancário. A compensação está ainda no núcleo das câmaras de compensação ou *clearing*, base dos pagamentos bancários. Criadas pelo Decreto-Lei n.º 12:852, de 20 de dezembro de 1926, as Câmaras de Compensação de Lisboa e do Porto vieram possibilitar o alargamento do comércio bancário.

VI. No domínio da construção dogmática, a referência aos sistemas francês e alemão passaram a ser um lugar-comum na doutrina subsequente a Guilherme Moreira[3934]. No entanto, os nossos autores não deixaram de chamar a atenção para a confluência dos sistemas: enquanto o alemão, embora assente na necessidade de uma declaração, atua retroativamente, o francês, mau grado o automatismo, não funciona *ex officio*: exige uma comunicação das partes.

Importante ainda, quer num prisma teórico, quer no prático, foi a definitiva consignação, ao lado da compensação legal e apesar do silêncio do Código, da compensação judicial e da compensação voluntária[3935]. Esta última, inteiramente ao dispor das partes, permite um tratamento alargado das mais diversas situações.

Finalmente, procedeu-se ao cinzelamento dos diversos aspetos envolvidos na compensação. Requisitos como a reciprocidade, a liquidez, a mútua exigibilidade, a fungibilidade e os casos de exclusão foram

[3933] Luiz da Cunha Gonçalves, *Comentário ao Código Comercial Português*, 2 (1916), 349-350; como veremos, a compensação própria da conta-corrente apresenta diversos desvios em relação ao sistema comum.

[3934] Adriano Vaz Serra, *Compensação (Estudo de política legislativa)*, separata do BMJ n.º 31 (1952), 7, refere-a, praticamente logo a abrir o seu escrito, base do Código Civil vigente.

[3935] Já referidas em Guilherme Moreira.

sofrendo um aprofundamento doutrinário e jurisprudencial[3936]. A renúncia à compensação, a compensação entre débitos com diferentes lugares de pagamento e outros temas vieram completar a dimensão do velho instituto romano.

## 444. Os preparatórios

I. No âmbito da preparação do Código Civil vigente, Vaz Serra publicou, em 1952, o estudo *Compensação*: até há pouco o mais extenso estudo nacional sobre o tema[3937].

II. No seu estilo peculiar[3938], Vaz Serra procede a uma análise dos diversos problemas suscitados pela compensação, à luz do Direito comparado. O confronto opera, sobretudo, perante os Direitos alemão, francês, italiano e suíço, embora surjam, por vezes, menções a outros ordenamentos. À medida que preenche as várias rubricas, Vaz Serra propõe articulados, que reúne no final[3939]. Chega a um conjunto de 20 artigos, alguns de assinalável extensão.

De entre as opções a assinalar, conta-se a escolha do sistema germânico[3940]. Diz Vaz Serra:

> Inclinar-nos-íamos, portanto, para abandonar a doutrina de uma compensação legal, verificando-se *ipso iure*, logo que os créditos se tornem compensáveis. Exigir-se-ia uma declaração de compensação à outra parte; mas esta declaração teria efeito retroactivo.

No fundo, trata-se de concluir a evolução já encetada por Guilherme Moreira.

[3936] Luiz da Cunha Gonçalves, *Tratado de Direito civil* 5 (1932), 12 ss..

[3937] Adriano Paes da Silva Vaz Serra, *Compensação*, BMJ 31 (1952), 13-210; há separata, já citada, sob o título *Compensação (Estudo de política legislativa)* (1952), 201 pp..

[3938] Sendo curioso notar que o escrito *Compensação* foi, justamente, dos primeiros publicados por Vaz Serra, com vista à preparação do Código Civil.

[3939] Vaz Serra, *Compensação* cit., 184-201.

[3940] Vaz Serra, *Compensação* cit., 9 ss. e 194-195.

III. A compensação foi bastante alterada nas denominadas revisões ministeriais: sobretudo em aspetos formais, mas com relevância substantiva[3941]. Dada a crescente dificuldade em aceder aos competentes textos, passamos a dar nota dos preceitos mais significativos[3942], na primeira revisão ministerial:

Artigo 826.º
(Requisitos)

1. O devedor pode desobrigar-se da sua dívida, por meio de compensação com outra que o credor lhe deva, nos termos seguintes:
*a)* Se o seu crédito for exigível e contra ele não proceder excepção, peremptória ou dilatória, de direito material;
*b)* Se um e outro crédito forem líquidos;
*c)* Se os dois créditos tiverem por objecto coisas fungíveis da mesma espécie e qualidade.
2. Se as dívidas não forem de igual montante, pode dar-se a compensação na parte correspondente.
3. Não há lugar a compensação quando o devedor tiver renunciado a esse direito.

(...)

Artigo 830.º
(Exclusão da compensação)

1. Não se extinguem por compensação:
*a)* Os créditos provenientes de factos ilícitos dolosos;
*b)* Os créditos impenhoráveis, excepto se ambos forem da mesma natureza;
*c)* Os créditos fiscais do Estado ou das demais corporações de direito público, excepto nos casos em que a lei fiscal o autorize.
2. Não é igualmente admitida a compensação quando dela possam resultar prejuízos para terceiros.

[3941] O confronto dos diversos textos com as redações finais do Código Civil pode ser seguido em Jacinto Rodrigues Bastos, *Das obrigações em geral* 6 (1973), 206-234.

[3942] Mais elementos podem ser confrontados no nosso *Da compensação* cit., 80-102.

Artigo 832.º [3943]
(Retroactividade)

Feita a declaração de compensação, os créditos consideram-se extintos desde o momento em que se tornaram compensáveis.

IV. Na segunda revisão ministerial, o panorama era o seguinte:

Artigo 847.º
(Requisitos)

1. O devedor pode livrar-se da obrigação por meio de compensação com outra que o credor lhe deva, verificados os seguintes requisitos:

*a*) Ser o seu crédito exigível judicialmente e não proceder contra ele excepção, peremptória ou dilatória, de direito material;

*b*) Terem as duas obrigações por objecto coisas fungíveis da mesma espécie e qualidade.

2. Se as duas dívidas não forem de igual montante, pode dar-se a compensação na parte correspondente.

3. Não impede a compensação a iliquidez da dívida.

Artigo 848.º [3944]
(Como se torna efectiva)

1. A compensação torna-se efectiva mediante declaração de uma das partes à outra.

2. A declaração é ineficaz, se for feita sob condição ou a termo.

(...)

Artigo 852.º
(Exclusão da compensação)

1. Não podem extinguir-se por compensação:

*a*) Os créditos provenientes de factos ilícitos dolosos;

*b*) Os créditos impenhoráveis, excepto se ambos forem da mesma natureza;

*c*) Os créditos fiscais do Estado ou outras entidades públicas, excepto quando a lei o autorize.

[3943] Versão final.

[3944] Versão final.

2. Não é igualmente admitida a compensação, se houver prejuízo de direitos de terceiro, constituídos antes de os créditos se tornarem compensáveis, ou se o devedor a tiver renunciado.

(...)

## 445. Balanço; os Códigos brasileiros

I. A preparação do Código Civil, na parte atinente à compensação, foi bastante conturbada. Dela resultaram dez artigos, com uma sistematização pouco clara: 847.° (Requisitos); 848.° (Como se torna efectiva); 849.° (Prazo gratuito); 850.° (Créditos prescritos); 851.° (Reciprocidade de créditos); 852.° (Diversidade de lugares no cumprimento); 853.° (Exclusão da compensação); 854.° (Retroactividade); 855.° (Pluralidade de créditos); 856.° (Nulidade e anulabilidade da compensação).

O artigo 847.° (requisitos) pode ser aproximado do 851.° (reciprocidade); os 848.° e 854.° (efetivação e retroatividade) jogam em conjunto, deles se abeirando o 852.° (diversidade de lugares); os 849.°, 850.° e 855.° (prazo gratuito, créditos prescritos e pluralidade) prendem-se com problemas que podem intervir na compensação; o 853.° (exclusão da compensação) tem o seu lugar próprio, sendo o 856.° (nulidade e anulabilidade) atinente a uma vicissitude final. Verifica-se, ainda, que os artigos 849.°, 850.°, 852.°, 953.° e 855.° correspondem, respetivamente, aos artigos 1244, 1242/II, 1245, 1246, 1250 e 1249 do Código Civil italiano, com supressões nem sempre ideais. Não era esta a orientação inicial de Vaz Serra; além disso, havia tradições nacionais sobejas que bem teriam dispensado tal seguidismo. Chegou-se a uma arrumação fraca, que deixou de fora alguns temas importantes, como a compensação convencional e a compensação em débitos solidários.

II. Quanto à substância dos preceitos: embora solidamente amparados em estudos de Direito comparado, verifica-se que o Código acabou apoiado no Código italiano. A falta de consideração histórica – pecado dos preparatórios! – levou a que fossem alijadas, um tanto apressadamente, as tradições das Ordenações e do próprio Código de Seabra. Na verdade, o Código Civil italiano funcionou como um guião das revisões ministeriais.

III. Nas diversas versões preparatórias que se sucederam e de que acima demos conta, acabaram por predominar mais critérios de redação e de oportunidade linguística do que propriamente dogmática. Isto dito: o texto definitivo manteve as virtualidades próprias de um sistema que soube evoluir de acordo com as coordenadas jurídico-científicas. Veremos as suas potencialidades doutrinárias e jurisprudenciais.

IV. Impõe-se uma referência aos Códigos Civis brasileiros: de 1916 e de 2002. Ambos têm, no tocante à compensação, preceitos praticamente idênticos.

No Código de 1916, a compensação preenche os artigos 1009.º a 1024.º[3945]. Segundo o referido artigo 1009.º:

> Se duas pessoas forem ao mesmo tempo credor e devedor uma da outra, as duas obrigações extinguem-se, até onde se compensarem.

Aparentemente, estamos em face de uma compensação de tipo automático, ao estilo napoleónico. A demais regulação era clara e elegante. O Código de 2002, com alterações ligeiras, preservou, nos seus artigos 368.º a 380.º[3946], as regras do Código anterior.

[3945] Paulo Merêa, *Codigo civil brasileiro anotado* cit., 335-338.

[3946] José Miguel Garcia Medina/Fábio Caldas de Araújo, *Código civil comentado* cit., 358-362.

## § 106° OS REQUISITOS DA COMPENSAÇÃO

### 446. Generalidades; enunciado legal

I. No Código Civil, a compensação surge no livro II - Direito das obrigações, título I - Das obrigações em geral, capítulo VIII - Causas de extinção das obrigações além do cumprimento: ocupa, aí, a secção III - Compensação, artigos 847.° a 856.°.

Além disso, a compensação ocorre em catorze outros preceitos da lei civil. Assim:

- *artigo 395.°*: a propósito da prova testemunhal, diversas regras são aplicáveis ao cumprimento, remissão, novação, compensação e, de um modo geral, aos contratos extintivos da relação obrigacional, mas não aos factos extintivos da obrigação, quando invocados por terceiro;
- *artigo 523.°*: no campo da solidariedade entre devedores, a satisfação do direito do credor, por cumprimento, dação em cumprimento, novação, consignação em depósito ou compensação, produz a extinção, relativamente a ele, das obrigações de todos os devedores;
- *artigo 532.°*: no da solidariedade entre credores, a satisfação do direito de um deles, por cumprimento, dação em cumprimento, novação, consignação em depósito ou compensação, produz a extinção, relativamente a todos os credores, da obrigação do devedor;
- *artigo 592.°/2*: a propósito da sub-rogação legal, ao cumprimento é equiparada a dação em cumprimento, a consignação em depósito, a compensação ou outra causa da satisfação do crédito compatível com a sub-rogação;
- *artigo 642.°/1*: ao fiador é lícito recusar o cumprimento enquanto o direito do credor puder ser satisfeito por compensação com um crédito do devedor ou este tiver a possibilidade de se valer da compensação com uma dívida do credor;
- *artigo 698.°/2*: no que tange à defesa do dono da coisa ou do titular do direito hipotecado: sempre que seja pessoa diferente do devedor, ele tem a faculdade de se opor à execução enquanto o devedor puder impugnar o negócio de onde provém a sua obrigação, ou o credor puder ser satisfeito

por compensação com um crédito do devedor, ou este tiver a possibilidade de se valer da compensação com uma dívida do credor;
- *artigo 889.º*: na venda de uma pluralidade de coisas determinadas e homogéneas, quando se declare quantidade inferior quanto a alguma ou algumas delas e superior quanto a outra ou outras, far-se-á compensação entre as faltas e os excessos até ao limite da sua concorrência;
- *artigo 1000.º*: não é admitida compensação entre aquilo que um terceiro deve à sociedade e o crédito dele sobre algum dos sócios, nem entre o que a sociedade deve a terceiro e o crédito que sobre este tenha algum dos sócios;
- *artigo 1274.º*: no domínio da posse, a obrigação de indemnização por benfeitorias é suscetível de compensação com a responsabilidade do possuidor por deteriorações;
- *artigo 1697.º*: regula compensações devidas pelo pagamento de dívidas do casal;
- *artigo 1722.º/2*: define bens adquiridos por virtude de direito próprio anterior, sem prejuízo da compensação eventualmente devida ao património comum;
- *artigo 1727.º*: a parte adquirida em bens indivisos pelo cônjuge que deles for comproprietário fora da comunhão reverte igualmente para o seu património próprio, sem prejuízo da compensação devida ao património comum pelas somas prestadas para a respetiva aquisição;
- *artigo 1728.º/1*: consideram-se próprios os bens adquiridos por virtude da titularidade de bens próprios, que não possam considerar-se frutos destes, sem prejuízo da compensação eventualmente devida ao património comum;
- *artigo 2008.º/2*: o crédito de alimentos não é penhorável, e o obrigado não pode livrar-se por meio de compensação, ainda que se trate de prestações já vencidas.

Podemos apontar, ainda, a sua presença noutros diplomas de Direito privado. Como exemplos:

- *artigo 279.º/1, do Código do Trabalho*: a entidade patronal não pode compensar a retribuição em dívida com créditos que tenha sobre o trabalhador[3947];

[3947] Joana Vasconcelos, em Pedro Romano Martinez, *Código do trabalho anotado*, 10.ª ed. (2016), 661-662.

- *artigo 346.º do Código Comercial*: são efeitos do contrato de conta-corrente a compensação recíproca entre os contraentes até à concorrência dos respetivos crédito e débito.

A ideia básica da compensação é ainda uma presença constante noutros lugares normativos. Estes podem, por seu turno, auxiliar na determinação do núcleo central.

II. O Código Civil não dá uma noção de compensação: indica-lhe, de imediato, os requisitos – artigo 847.º. Se compararmos com outras "causas de extinção das obrigações além do cumprimento", verificamos que:

- quanto à dação em cumprimento, diz-se "quando é admitida" – 837.º;
- quanto à consignação em depósito, "quando tem lugar" – 841.º;
- quanto à novação, o que é a "novação objetiva" – 857.º;
- quanto à remissão, qual a sua natureza – 863.º;
- quanto à confusão, dá-se a sua "noção" – 868.º.

Domina mais uma preocupação literária do que dogmática. De todo o modo, parece claro que a compensação, firme nas suas raízes histórico-culturais, não carece de qualquer definição formal: os contornos do instituto são, há muito, conhecidos.

III. A compensação versada nos artigos 847.º a 856.º do Código Civil corresponde à chamada "compensação legal". O Código não menciona a compensação judicial nem a compensação convencional. A primeira poderia ocorrer no tocante à compensação com débitos não exigíveis. A segunda será genericamente possível ao abrigo da liberdade contratual, consignada no artigo 405.º/1, do Código Civil. Em qualquer dos casos, a grande matriz histórica, cultural e científica da compensação é dada pela versão "legal". O corpo central que, no Código Civil, trata da compensação, surge, assim, como matriz de todas as demais compensações.

IV. A matéria dos requisitos da compensação consta do artigo 847.º do Código Civil[3948]. Mas nem toda: a reciprocidade é explicitada no artigo 851.º, enquanto a compensabilidade deriva do artigo 853.º. Dentro da eco-

[3948] Quanto aos requisitos, em geral: STJ 22-nov.-1995 (Martins da Costa), BMJ 451 (1995), 413-417 (414).

nomia do artigo 848.º, são apontados como requisitos a exigibilidade e a fungibilidade – alíneas *a*) e *b*), do n.º 1. Procuraremos, todavia, respeitar a sistemática legal. E assim, começaremos por considerar os requisitos expressamente incluídos no artigo 848.º. Outros fatores condicionantes, como a compensabilidade, serão autonomizados em momento ulterior.

V. O corpo do artigo 847.º/1 obriga ainda a uma referência estilística. O legislador referiu o instituto e a própria obrigação ativa, dizendo "... qualquer delas pode livrar-se da sua obrigação ...". Com isso terá pretendido, desde logo, enjeitar a doutrina *ipso iure*[3949]. Todavia, "livrar-se" de uma obrigação não é vernáculo jurídico correto. Porventura mais gravoso, pela dimensão dogmática que assume, é a referência à "obrigação". Na tradição romana, compensam-se créditos: assim a noção que se depreende do § 387 do BGB e que a doutrina acolhe[3950]. Podemos converter o instituto falando numa compensação de débitos – artigo 1241.º, do Código Civil italiano. Quanto a "obrigações": sabe-se que elas têm um conteúdo complexo, analisando-se em múltiplos elementos[3951]. Ora a compensação extingue os créditos (ou débitos), com tónica nas prestações principais: não, necessariamente, todos os elementos da obrigação.

## 447. **A reciprocidade e os desvios**

I. A reciprocidade surge como o primeiro requisito da compensação, logo inserido no corpo do artigo 847.º/1. Ela implica que alguém tenha um crédito contra o seu credor, de tal modo que, frente a frente, fiquem créditos de sentido contrário[3952]. Podemos analisar este requisito em quatro proposições: (a) o devedor compensante é titular do crédito ativo; (b) o credor compensado está adstrito ao débito correspondente a esse crédito; (c) o credor compensado é titular do crédito passivo; (d) o devedor compensante está adstrito ao débito correspondente a esse crédito.

[3949] Pires de Lima/Antunes Varela, *Código Civil Anotado* cit, II, 4.ª ed., 130.

[3950] Christian Grüneberg, no Palandt, 76.ª ed. (2017), 612.

[3951] *Da boa fé*, 586 ss..

[3952] Recordamos, em termos comparatísticos, Kegel, *Probleme der Aufrechnung* cit., 51 ss..

A reciprocidade tem sido uniformemente apontada pela jurisprudência[3953]. Evidentemente: a titularidade aqui exigida requer a disponibilidade das posições envolvidas; tratando-se de um crédito (passivo) penhorado, a compensação pressuporia que essa ocorrência fosse posterior à verificação dos pressupostos da própria compensação[3954] [3955].

II. Algumas dúvidas poderiam advir do artigo 767.º/1: a prestação pode ser feita tanto pelo devedor como por terceiro, interessado ou não no cumprimento da obrigação. Poderá esse "terceiro" invocar créditos próprios para compensar com créditos que o seu devedor detenha sobre terceiros? O artigo 851.º/1, 1.ª parte, responde pela negativa[3956]:

> A compensação apenas pode abranger a dívida do declarante, e não a de terceiro, ainda que aquele possa efetuar a prestação deste (...)

A razão de ser desta norma deve ser procurada na natureza contratual da remissão (artigo 863.º): se o compensante pudesse sacrificar um crédito próprio para liberar um terceiro através da compensação, esse terceiro seria beneficiado *ad nutum*, sem ter dado o seu acordo[3957]. Naturalmente: havendo acordo do terceiro, a compensação já é possível, como resulta do próprio artigo 851.º/2, *a contrario*.

[3953] Quanto ao Direito antigo: STJ 25-mar.-1955 (Lencastre da Veiga; dois votos de vencido), BMJ 48 (1955), 657-660, menos claro; pelo Código vigente: STJ 17-mai.-1974 (João Moura), BMJ 237 (1974), 212-214; STJ 1-jun.-1976 (Rodrigues Bastos), BMJ 258 (1976), 230-232; STJ 26-jun.-1980 (Alberto Alves Pinto), BMJ 298 (1980), 293-298 (296); RPt 1-jul.-1996 (Guimarães Dias), BMJ 459 (1996), 601; STJ 27-nov.-1997 (Miranda Gusmão), CJ/Supremo V (1997) 3, 146-149 (148/I); RCb 30-jan.-2001 (Nunes Ribeiro), CJ XXVI (2001) 1, 22-24 (23/I).

[3954] *Vide* o § 392 do BGB; Christian Grüneberg, no Palandt cit., 76.ª ed., 617-618.

[3955] *In concreto*, a tutela da confiança poderá diversificar as soluções: Johannes Denck, *Die Aufrechnung gegen gepfändete Vertragsansprüche mit Forderungen aus demselben Vertrag*, AcP 176 (1976), 518-534.

[3956] Esta regra adveio de Vaz Serra, *Compensação* cit., 34-35, embora com uma justificação menos clara.

[3957] João Antunes Varela, *Das obrigações em geral* cit., 2, 7.ª ed., 201, vem apresentar uma justificação diversa: isso facultaria "... aos credores uma injustificada e abusiva possibilidade de intromissão na gestão do património do devedor, com grave prejuízo da livre iniciativa deste". Tal adjetivação teria, todavia, de ser indagada caso a caso.

III. Esta regra era demasiado absoluta, desviando-se da lição do Direito comparado. É o que sucede sempre que o credor compensante possa solver as dívidas de terceiro por, nisso, ter um interesse relevante: tal o caso do titular (não devedor) de coisa hipotecada ou dada de penhor. Assim, na segunda revisão ministerial, foi acrescentado o final:

> (...) salvo se o declarante estiver em risco de perder o que é seu em consequência de execução por dívida de terceiro.

"Perder o que é seu" surge como fórmula menos técnica de designar a tal coisa hipotecada ou penhorada por dívida de terceiro[3958]. Retratada a razão de ser de não compensabilidade de dívidas por terceiro, podemos alargar a exceção da 2.ª parte do artigo 851.º/1: o compensante poderá usar o seu crédito próprio para liberar terceiros sempre que tenha nisso interesse direto e não se trate de remissão.

IV. O compensante só pode usar créditos próprios: não de terceiros[3959]. Desde logo porque não poderia sacrificar, em proveito próprio, o que não é dele: os tais créditos de terceiro. E se o terceiro der o seu acordo? Recordamos o artigo 851.º/2:

> O declarante só pode utilizar para a compensação créditos que sejam seus, e não créditos alheios, ainda que o titular respetivo dê o seu assentimento; (...)

Desta feita, a razão reside numa ideia de reciprocidade formal[3960]: como o credor não pode usar o débito que detém contra o compensante para se liberar dos terceiros, a lei exclui a compensação. Nada impedirá, todavia, o interessado de adquirir créditos contra o seu credor[3961], de modo a operar, depois, a compensação. Poder-se-ia contra-argumentar com o princípio da retroatividade da compensação: ela só operaria depois da

[3958] Foi essa, todavia, a ideia subjetiva do legislador: Pires de Lima/Antunes Varela, *Código Anotado* cit., 2, 4.ª ed., 138. O § 268/II, do BGB, embora corresponda a soluções semelhantes, não pode ser citado em abono direto: trata-se de um preceito que protege, em geral, qualquer titular de uma coisa em risco por dívidas de terceiro, permitindo o seu pagamento.

[3959] Assim, STJ 26-jun.-1980 cit., BMJ 298, 297.

[3960] Vaz Serra, *Compensação* cit., 37.

[3961] Por cessão ou por sub-rogação, nos termos gerais.

transmissão. Mas admitir a compensação por acordo não alteraria: apenas *após* o acordo haveria compensabilidade e, logo, efeitos. Com este limite, essencial para o comércio jurídico, a compensação com créditos de terceiros, opera havendo um contrato de compensação, em que todos deem o seu acordo[3962].

V. A doutrina aproxima, do artigo 851.°, o artigo 1000.°, relativo à compensação de e com créditos de sociedades civis puras ou sociedades civis sob forma civil[3963]. De facto, o artigo 1000.° reconhece que as sociedades civis puras constituem uma individualidade jurídica diversa da dos seus sócios. A ser dispensável tal afirmação, o problema nem se poria. A não-compensabilidade de dívidas de sócios com créditos da sociedade e vice-versa parece antes traduzir a total ausência de nexo entre os vínculos presentes. Seria a hipótese de alguém compensar um crédito que lhe fosse exigido com um crédito que detivesse sobre um terceiro estranho ao seu devedor. Mesmo havendo acordo de todos, o caso já não seria de compensação: antes de novação subjetiva[3964].

O problema da compensação em situações subjetivamente complexas constitui, hoje como ontem, uma problemática autónoma própria. Será, assim, objeto de rubrica específica.

## 448. **A exigibilidade; exceções materiais**

I. O artigo 847.°/1, do Código Civil, insere de seguida e entre os requisitos da compensação,

> *a)* Ser o seu crédito exigível judicialmente e não proceder contra ele exceção perentória ou dilatória, de direito material.

A "exigibilidade judicial" afasta a compensação quando o crédito ativo integre uma obrigação natural. Já o crédito a deter ou crédito passivo não cai sob essa exigência: uma obrigação natural pode extinguir-se por

[3962] Assim, segundo Bodo Börner, *Die Aufrechnung mit der Forderung eines Dritten*, NJW 1961, 1505-1509 (1509), a compensação com débitos de terceiros exigiria: a concordância do terceiro; um contrato de compensação; a declaração de compensar.

[3963] *Direito das sociedades*, 2, 2.ª ed., 31 ss..

[3964] STJ 17-mai.-1974 cit., BMJ 237, 214.

compensação com uma civil. Não nos repugnaria admitir uma compensação de um crédito natural com um crédito também natural: nessa altura, impor-se-ia uma interpretação restritiva do artigo 847.º/1, *a*), do Código Civil. A exigibilidade judicial implica ainda que o crédito ativo esteja vencido. Haverá que lidar, agora, com os diversos fatores que ditam o vencimento das obrigações e, designadamente, com os atinentes ao benefício do prazo e à sua perda. Quanto ao crédito passivo: a compensação é possível quando o mesmo possa ser cumprido. Caso exista prazo, ele deverá ter sido estabelecido a favor do compensante. Tudo isso pressupõe, naturalmente, que as obrigações em presença sejam válidas e eficazes.

II. A 2.ª parte do preceito exige que não proceda, contra o crédito ativo "... exceção perentória ou dilatória, de direito material". Este preceito tem, sobretudo, o aliciante de manter, na lei civil portuguesa, a figura da exceção material. Em sentido material, a exceção é a situação jurídica pela qual a pessoa adstrita a um dever pode, licitamente, recusar a efetivação da pretensão correspondente[3965]. Por exemplo, o vendedor pode recusar a entrega da coisa enquanto o comprador não lhe pagar o preço: é a exceção do contrato não cumprido – artigo 428.º/1 do Código Civil. Descritivamente, as exceções são suscetíveis de várias classificações[3966]. As exceções são *fortes* ou *fracas*, consoante permitam ao seu beneficiário deter um direito alheio ou, apenas, enfraquecê-lo, respetivamente. As *exceções fortes* são, por seu turno, *perentórias* quando detenham a pretensão por tempo indeterminado e *dilatórias* se apenas o fizerem por certo lapso de tempo. Temos, como exemplos:

- *exceção forte perentória*: a prescrição – artigo 300.º e ss.;
- *exceção forte dilatória*: o benefício da excussão – artigo 638.º/1;
- *exceção fraca*: a exceção do contrato não cumprido – artigo 428.º/1 – ou o direito de retenção – artigo 754.º.

[3965] Andreas von Tuhr, *Der Allgemeine Teil des Deutschen Bürgerlichen Rechts*, I (1910), 218 e Peter Gröscher, *Zur Wirkungsweise und zur Frage der Geltendmachung von Einrede und Einwendung im materiellen Zivilrecht*, AcP 201 (2001), 49-90 (48 ss.). Outros elementos constam do *Tratado* I, 4.ª ed., 918 ss..

[3966] Günther Jahr, *Die Einrede des bürgerlichen Rechts*, JuS 1964, 125-132, 218-224 e 293-305 (220 ss.) e Schlosser, *Selbständige peremptorische Einrede und Gestaltungsrecht im deutschen Zivilrecht*, JuS 1966, 257-268 (261 ss.).

III. Muito utilizada na pandectística, a técnica da exceção cairia em progressivo esquecimento; veio, no entanto, a ser reanimada por autores como Dieter Medicus[3967]. Não obstante, uma análise aturada põe em dúvida a sua autonomia[3968]. Na verdade, a exceção forte perentória apenas levaria à extinção do direito definitivamente paralisado, devendo, em consequência, ser tratada como modo de extinção; as exceções dilatórias e as exceções fracas, por seu turno, apenas expressariam limitações no conteúdo dos direitos que, supostamente, viriam bloquear. Deveriam, assim, ser tratadas a propósito do conteúdo em questão.

Uma particularidade impede, no entanto, de levar até às últimas consequências esse movimento: ainda quando se inscreva negativamente no conteúdo dos direitos, que vai restringir, a exceção opera pela vontade do seu beneficiário. Tem, pelo menos, essa autonomia[3969], surgindo como posições potestativas autónomas[3970].

IV. Quando proceda uma exceção perentória ou dilatória, de direito material, a obrigação atingida não é exigível judicialmente. O artigo 847.º/1, *a*), 2.ª parte, pareceria redundante. A chave do preceito reside no "proceda": havendo exceções, apenas o credor compensado as poderá atuar, se quiser. A compensação atuará se ele não a detiver, exercendo o poder equivalente à exceção. Corresponde ainda ao espírito da lei – que não à letra, apenas por falta de desenvolvimento dogmático – admitir que as exceções fracas impedem, enquanto subsistam, o funcionamento da compensação. Finalmente, a compensação poderá ser sempre detida pela "exceção" do abuso do direito. A hipótese mais simples é a de o compensante ter criado, no espírito do compensado, a convicção de que não iria compensar e, depois, *ex abrupto*, agir em compensação: o *venire contra factum proprium* seria manifesto.

[3967] Dieter Medicus, *Anspruch und Einrede als Rückgrat einer zivilistischen Lehrmethode*, AcP 174 (1974), 313-331 (326, defendendo as suas vantagens pedagógicas) e Dieter Medicus/Jens Petersen, *Allgemeiner Teil des BGB*, 11.ª ed. (2016), Nr. 96-98 (52-54).

[3968] *Da boa fé*, 736 ss., com indicações.

[3969] Como aplicação atual da figura, temos o dispositivo do artigo 442.º/3, 2.ª parte, na redação dada pelo Decreto-Lei n.º 379/86, de 11 de novembro; *vide*, Menezes Cordeiro, *A excepção do cumprimento do contrato-promessa*, TJ n.º 27 (1987), 1-5.

[3970] Podemos, ainda, falar na presença de "contra-normas": Gröscher, *Zur Wirkungsweise* cit., 48.

V. Podemos, agora, reescalonar a exigibilidade como requisito da compensação. No fundo, ela traduz a necessidade de que os créditos em presença possam ser cumpridos. Quanto ao crédito ativo, isso implica: (a) que seja válido e eficaz; (b) que não seja produto de obrigação natural; (c) que não esteja pendente de prazo ou de condição; (d) que não seja detido por nenhuma exceção; (e) que possa ser judicialmente atuado; (f) que se possa extinguir por vontade do próprio.

As duas últimas proposições afastam a compensação em créditos de personalidade ou de natureza familiar, que não admitam execução judicial ou que sejam indisponíveis. No tocante ao crédito passivo, podemos dispensar, dos apontados requisitos, o não ser obrigação natural, a pendência do prazo, quando estabelecido a favor do compensante, numa asserção extensiva à compensação, por analogia e o problema das exceções: estando tudo isso na disponibilidade do compensante, ele prescindirá, necessária e automaticamente, das inerentes posições, quando pretenda compensar.

## 449. A homogeneidade

I. Prosseguindo, o artigo 847.º/1, insere, como requisito da compensação,

> *b*) Terem as duas obrigações por objeto coisas fungíveis da mesma espécie e quantidade.

O preceito, por parecer admitir, *a contrario*, coisas fungíveis de espécie e quantidade diferentes, requer um excurso.

O Direito português define "coisas fungíveis" no artigo 207.º do Código Civil:

> São fungíveis as coisas que se determinam pelo seu género, qualidade e quantidade, quando constituam objeto de relações jurídicas.

Trata-se de uma noção que, quando expurgada de anomalias linguísticas e situada na evolução histórica e comparatística, surge como subjetiva[3971]: apenas na situação jurídica considerada ("... quando constituam

[3971] *Tratado* III, 3.ª ed., 151 ss.. Sobre o tema da fungibilidade, tem o maior interesse o escrito excelente de Miguel Galvão Teles, *Fungibilidade de valores mobiliários e*

objeto de relações jurídicas ...") se verificará o modo de determinação das coisas. Poderá haver uma fungibilidade puramente convencional.

II. Voltemos ao artigo 847.°/1, *b*): precisamente por a fungibilidade, subjetivamente, depender da situação considerada, a lei não se contentou com ela: acrescentou "... da mesma espécie e qualidade". Na verdade, o que seja fungível em certa situação poderá não o ser noutra. Um objeto é fungível para um comerciante mas não o será para o particular que lhe tenha apreço estimativo. Para haver compensação, há que ir mais longe: as prestações pressupostas pelos crédito e contracrédito devem ser totalmente permutáveis. Daí o "reforço" legal: "... fungíveis da mesma espécie e qualidade".

Vamos, a tal propósito, introduzir a ideia de homogeneidade[3972].

III. A casuística permite aperfeiçoar a própria ideia aqui em jogo. A homogeneidade afere-se pelas qualidades do objeto da prestação mas, ainda, pelas regras atinentes à prestação. Assim, quando o crédito ativo só possa ser determinado em ação de prestação de contas e mediante inquérito judicial, não há "fungibilidade": trata-se de algo qualitativamente diferente[3973].

Os créditos pecuniários são, por definição, homogéneos. Não podemos acompanhar o Supremo quando, em 5-dez.-1985, entendeu não serem compensáveis créditos de livranças com créditos de transação de ações[3974]. Merece inteiro aplauso a jurisprudência que julgou compensáveis obrigações em moeda estrangeira com obrigações em moeda nacional – RLx 7-mar.-1991[3975] e STJ 26-fev.-1992[3976]: dada a faculdade alternativa do artigo 558.°, a homogeneidade reconstitui-se aquando do cumprimento.

*situações jurídicas meramente categoriais*, em *Estudos em Homenagem ao Prof. Doutor Inocêncio Galvão Telles*, I volume, *Direito privado e vária* (2002), 579-628 (588 ss.).

[3972] No Direito alemão *vide* Joachim Gernhuber, *Die Erfüllung* cit., 2.ª ed., 236 ss..

[3973] STJ 25-jan.-1979 (João Moura), BMJ 283 (1979), 226-229 (228).

[3974] STJ 5-dez.-1985 (Luís Fanqueiro), BMJ 352 (1985), 306-315.

[3975] RLx 7-mar.-1991 (Pires Salpico), CJ XVI (1991) 2, 141-142 (142/I).

[3976] STJ 26-fev.-1992 (Tavares Lobo), BMJ 414 (1992), 515-519 (518); neste último caso, exclui-se ainda que a compensação visada pudesse atentar contra a boa-fé: apenas o exame do caso concreto poderia comprová-lo, o que não está aqui em causa.

Na presença de créditos pecuniários, é irrelevante a sua fonte. Assim, é compensável o crédito derivado da restituição do pagamento indevido: RPt 1-jul.-1996[3977]. E igualmente compensável é o crédito resultante de lucros cessantes de uma editora com as receitas provenientes da venda de livros[3978].

IV. A homogeneidade é um traço qualitativo. Ela não é prejudicada pelo facto de as dívidas terem montantes desiguais. Segundo o artigo 847.º/2, quando as dívidas não tenham igual montante, pode dar-se a compensação na parte correspondente.

### 450. (I)liquidez

I. Segundo o artigo 765.º/1 do Código de Seabra, a compensação exige obrigações líquidas: só assim operaria a compensação automática. Diz-se líquida a prestação cujo montante esteja devidamente quantificado.

Na falta de liquidez, estava aberta a porta à compensação judiciária: através do Tribunal e mediante adequada reconvenção, chegar-se-ia à liquidação e, daí, à compensação[3979]. Dizia o Supremo[3980]:

> (...) compensação judiciária da qual o réu pode socorrer-se quando na altura em que deduza a reconvenção a importância do seu crédito sobre o autor não se achar determinada por decisão, acordo ou a sua exigibilidade não estiver definida.

[3977] RPt 1-jul.-1996 (Guimarães Dias), BMJ 459 (1996), 601.

[3978] STJ 28-fev.-2002 (Óscar Catrola), CJ/Supremo X (2002) 1, 119-126 (126/I).

[3979] STJ 17-jan.-1950 (Campelo de Andrade), BMJ 17 (1950), 209-212 (211); *vide* José Alberto dos Reis *Comentário do Código de Processo Civil*, 3 (1945), 107-108.

[3980] STJ 27-fev.-1962 (Bravo Serra), BMJ 114 (1962), 447-456 (454); trata-se de um caso curioso em que os USA demandaram uma empresa nacional para reaverem 15.000 c. entregues para a exploração de uma mina, que não se efetivou; a empresa responde com uma reconvenção na qual pretende fazer valer determinada compensação; entre outros aspetos, o tribunal entendeu que não podia reconhecer do pedido reconvencional, dada a isenção consuetudinária de que beneficiam os Estados estrangeiros: só podem ser demandados perante os próprios tribunais nacionais.

A liquidez era entendida com alguma amplidão[3981]. O sistema era, de todo o modo, facilitado pela compensação judiciária[3982]: mas a exigência de liquidez, para a compensação "legal" mantinha-se[3983].

II. O Código Civil de 1966 alterou o sistema: segundo o artigo 847.º/3, a iliquidez da dívida não impede a compensação. Na origem temos a preferência de Vaz Serra que, com base numa transcrição de Saleilles[3984], vem concluir a favor da desnecessidade de liquidez. Diz[3985]:

> É esta a orientação que se afigura preferível. Embora a liquidação de crédito seja demorada, a verdade é que o credor não deve ser prejudicado com esse facto, quando, se o montante do crédito estivesse determinado, poderia socorrer-se das vantagens que a compensação lhe assegurava. Mal se compreende que um credor, porque o seu crédito é líquido, possa prevalecer-se dessas vantagens, dispensando-se, por exemplo, de pagar ao seu credor insolvente o que lhe deve, e que outro credor, só porque teve a infelicidade de o seu crédito não estar liquidado, não possa aproveitar-se de idênticas vantagens.

A nova solução foi reconhecida pela jurisprudência[3986].

III. De acordo com a tradição obrigacionista, a liquidez era aproximada da certeza e da demonstrabilidade dos créditos. Tudo isso se deve ter por dispensado[3987], mau grado aparentes hesitações de alguma doutrina[3988]. Com efeito – e tal como sucede com a liquidez – qualquer crédito pode ser questionado: na sua existência, na sua validade e no seu montante.

[3981] Não sendo, por exemplo, necessário aguardar pelas partilhas, quando os débitos estejam determinados: STJ 19-jul.-1955 (Roberto Martins; vencido: Eduardo Coimbra), BMJ 50 (1955), 349-352 (351).

[3982] STJ 26-jun.-1962 (Alberto Toscano), BMJ 118 (1962), 559-561 (560), relativo à compensação (judiciária) por despesas que eram da responsabilidade do Autor.

[3983] STJ 1-jul.-1969 (Rui Guimarães), BMJ 189 (1969), 262-264 (263).

[3984] Saleilles, em troço que Vaz Serra também cita, estava especialmente preocupado com as hipóteses de chicana: o montante de qualquer dívida pode ser posto facilmente em causa, o que bloquearia a compensação.

[3985] Vaz Serra, *Compensação* cit., 73; este troço vem transcrito, também, em Pires de Lima/Antunes Varela, *Código Civil Anotado* cit., 2, 4.ª ed. cit., 132.

[3986] RLx 13-fev.-1974 (s/indicação do relator), BMJ 234 (1974), 334.

[3987] Wolfgang Fikentscher, *Schuldrecht* cit., 9.ª ed., 203.

[3988] Pires de Lima/Antunes Varela, *Código Civil Anotado* cit., 2, 4.ª ed., 132-133.

Quando isso suceda, há que discutir em juízo[3989]. No fundo, a compensação judicial era isso mesmo.

A referência à dispensa de liquidez tem o grande papel de permitir antecipar os efeitos da compensação. A jurisprudência refere, correntemente, a dispensa da liquidez[3990]. A compensação opera podendo o exato montante compensado ser relegado para execução de sentença[3991]. A invocação de créditos ilíquidos, para efeitos de compensação, pode recomendar o uso do esquema da reconvenção. Trata-se de um aspeto a considerar ulteriormente.

[3989] Em RPt 12-abr.-1983 (Marques Cordeiro), BMJ 327 (1983), 702, admite-se compensação com o crédito ilíquido mas não com um crédito hipotético que está a ser discutido. A decisão está correta; mas não pode, daí, extrair-se uma nova categoria jurídica: a dos *créditos hipotéticos* (?!). O que se passa é antes o seguinte: se no momento em que se pretende atuar um crédito, o interessado na compensação não consegue fazer prova da existência do crédito ativo não há, obviamente, compensação. O ónus da prova era seu.

[3990] RCb 9-abr.-1976 (Oliveira Lopes), BMJ 259 (1976), 271-272.

[3991] STJ 24-jan.-1991 (Cabral de Andrade), BMJ 403 (1991), 364-370 (369), RCb 5-jan.-1993 (Costa Marques), BMJ 423 (1993), 606 (o sumário) = CJ XVIII (1993) 1, 9-11 (10/II), RPt 26-abr.-1993 (Manuel Fernandes), CJ XVIII (1993) 2, 256-257 (257/I) e REv 26-mar.-1996 (Pita de Vasconcelos), BMJ 455 (1996), 590.

## § 107.º O ÂMBITO DA COMPENSAÇÃO

### 451. Generalidades; o prazo "gratuito"

I. Na presente rubrica relativa ao âmbito da compensação, iremos encontrar diversos aspetos que vêm bulir com os requisitos desse instituto. A referência a "âmbito da compensação" permite precisar melhor alguns dos aspetos envolvidos, designadamente quando constituam problemas dogmaticamente autónomos, com tradição jurídico-cultural ou comparativa. Começamos pelo artigo 849.º, segundo o qual

> O credor que concedeu gratuitamente um prazo ao devedor está impedido de compensar a sua dívida antes do vencimento do prazo.

Trata-se de um preceito manifestamente decalcado do artigo 1244.º do Código italiano, mas com um sentido precisamente contrário. E trata-se, ainda, de uma solução contrária à proposta por Vaz Serra[3992] e que, um tanto inesperadamente, surgiu na segunda revisão ministerial, como vimos[3993]. Contraria, ainda, a generalidade dos códigos civis[3994].

II. Em rigor, teríamos duas situações diferentes. O crédito ativo pode ter um prazo, acordado pelas partes e que funcione, ou funcione também, em benefício do credor, i. é, daquele cujo crédito (passivo) poderia extinguir-se pela compensação. Pois bem: nessa eventualidade, a compensação não operaria, por via do artigo 847.º/1, *a*).

A situação típica que suscita o problema é outra: uma pessoa, por gentileza, por obsequidade ou por compaixão, concede gratuitamente um

[3992] Vaz Serra, *Compensação* cit., 66-67.

[3993] Para o elogio da solução: Pires de Lima/Antunes Varela, *Código Civil Anotado* cit., 2, 4.ª ed., 136-137.

[3994] A começar pelo Código italiano; *vide* outras indicações em Vaz Serra, ob. e loc.cit..

prazo a outra, para o pagamento do que esta lhe deva. Pode, depois, suceder uma de duas coisas: (a) o próprio beneficiário, ingratamente, vem exigir ao seu benfeitor o imediato pagamento de uma dívida; ou (b) o beneficiário, que é credor do seu benfeitor, entra em insolvência: o benfeitor tem de pagar à massa falida; mas, porque foi gentil, irá concorrer, com o seu crédito, à mesma massa.

Como se vê, em qualquer destes casos, a mais elementar equidade exige que, mau grado o concedido prazo gratuito, o devedor (credor ativo) possa compensar.

III. O legislador de 1966 deveria ter sido mais prudente, antes de alterar, sem um estudo prévio, a solução proposta por Vaz Serra e adotada pelas legislações de maior experiência. Nem sempre aquilo que primeiro parece justo resiste a uma reflexão atenta. O artigo 849.º poderá ser temperado, na sua aplicação, pela boa-fé: com tudo o que isso implica, em matéria de riscos e de incerteza. Na prática, nenhum devedor atento concederá prazos gratuitos ao seu credor.

## 452. **Créditos prescritos**

I. Segundo o artigo 850.º, o crédito prescrito não impede a compensação, se a prescrição não podia ser invocada na data em que os dois créditos se tornaram compensáveis. É a solução tradicional: quer ditada pela doutrina *ipso iure*, que se limitaria a verificar ter havido logo compensação, antes da prescrição, quer pela doutrina potestativa, que admite a eficácia retroativa da prescrição. No cômputo dos valores em presença, pareceu ao legislador que não era justo alguém ser demandado, reagir com a compensação e ver ser-lhe oposta uma prescrição, consumada apenas depois da compensabilidade[3995].

II. O instituto da prescrição está sujeito a uma grande pressão: o prazo geral de 20 anos não corresponde minimamente às exigências atuais, pelo que se multiplicam as consagrações extravagantes de prazos mais curtos. A profunda reforma do BGB, de 2001/2002, modificou largamente o regime da prescrição: por exemplo: a prescrição ordinária passa a ser de três anos.

[3995] A prescrição releva se o seu prazo já decorrera quando os créditos se tornaram compensáveis: RPt 26-abr.-1993 cit., CJ XVIII, 2, 257/I.

Trata-se de um movimento a acompanhar[3996]. De momento, haverá que prestar a maior atenção aos prazos especiais.

## 453. Complexidade subjetiva; em especial: solidariedade

I. Temos, depois, o problema da compensação perante obrigações subjetivamente complexas, isto é, perante obrigações que tenham mais de um sujeito, pelo lado ativo, pelo passivo ou por ambos[3997]. Na hipótese de parciariedade, cada credor tem direito, apenas, a uma parcela do crédito (parciariedade ativa) enquanto cada devedor está adstrito, apenas, ao pagamento da sua parcela do débito. Não há dificuldades para a compensação: o devedor interessado poderá, pela compensação, extinguir apenas a sua parcela; no tocante às restantes, opera a exigência da reciprocidade.

II. Na hipótese de solidariedade, mau grado as propostas de Vaz Serra[3998], o Código Civil acabou por não tomar posição, bastando-se, aparentemente, com o disposto sobre a reciprocidade. Temos, é certo, os artigos 523.° e 532.°, que importa ter presentes. Segundo o 523.°, a propósito da solidariedade entre devedores,

> A satisfação do direito do credor, por cumprimento, dação em cumprimento, novação, consignação em depósito ou compensação, produz a extinção relativamente a ele, das obrigações de todos os devedores.

Por seu turno, o artigo 532.°, no domínio da solidariedade entre credores, manda:

> A satisfação do direito de um dos credores, por cumprimento, dação em pagamento, novação, consignação em depósito ou compensação, produz a extinção, relativamente a todos os credores, da obrigação do devedor.

Se bem atentarmos, pelo menos diretamente, estes preceitos pouco ou nada adiantam. Eles não dizem quando se pode compensar mas, apenas,

[3996] *Vide* o nosso *A modernização do Direito das obrigações* I – *Aspectos gerais e reforma da prescrição*, ROA, 2002, 91-110.

[3997] Também ditas "obrigações plurais": *Tratado* VI, 2.ª ed., 745 ss..

[3998] Adriano Vaz Serra, *Compensação* cit., 48 ss..

o que sucede se certo direito for satisfeito ... por compensação, entre outros esquemas. Pressupõe-se pois que, em momento prévio, normas adequadas tenham precisado como funciona o instituto da compensação, perante a solidariedade.

III. Na obrigação solidária passiva, cada um dos devedores (solidários) responde pela prestação integral e esta a todos libera – artigo 512.º/1, 1.ª parte. O devedor solidário pode ser demandado pela totalidade da dívida: em defesa, pode usar os meios que pessoalmente lhe competiam e os que são comuns a todos os devedores – artigo 514.º/1. Pois bem:

- o devedor solidário que seja, a título pessoal, credor do seu credor pode invocar a compensação; liberar-se-á a si e a todos os outros devedores, salvo o regresso – artigo 524.º;
- o devedor solidário que seja, em conjunto com os demais devedores, credor do seu credor, em regime de solidariedade ativa, pode invocar a compensação usando a totalidade do crédito ativo;
- o devedor solidário que seja, também em conjunto com os demais devedores, credor do seu credor, mas em (mero) regime de parciariedade ativa, pode invocar a compensação mas apenas pela parcela do crédito ativo que lhe compita;
- o devedor solidário não pode defender-se invocando créditos de outros devedores solidários sobre o seu credor; o crédito (pseudo-ativo) é alheio.

Trata-se do conjunto de soluções que se ajusta à regra da reciprocidade e ao regime do artigo 514.º.

IV. Passemos à hipótese inversa: o devedor solidário demanda, por uma dívida própria, o seu credor. Pois bem:

- o credor pode invocar, para efeitos de compensação, o crédito (ativo) global de que o devedor demandante seja codevedor solidário: se pode pedir a este o pagamento por inteiro, também lhe pode opor a compensação por inteiro; o devedor ressarcir-se-á, depois, via regresso;
- o mesmo credor apenas pode compensar com a parcela a que o demandante esteja adtrito, no caso de parciariedade;
- finalmente, o mesmo credor pode ainda invocar, mas desta feita por inteiro, o crédito pessoal que ele tenha contra o demandante; ficará satisfeito, cabendo, ao demandante em causa, o regresso.

V. Quanto à solidariedade ativa: recordamos que, segundo o artigo 512.º/1, 2.ª parte, esta ocorre quando haja vários credores e cada um deles tenha a faculdade de exigir, por si só, a prestação integral e esta libere o devedor para com todos eles. Os cenários serão, então, os seguintes:

- o credor solidário demandado, a título pessoal, pelo seu devedor, pode liberar-se invocando a compensação por inteiro: se pode exigir a prestação integral, também pode invocá-la para a compensação;
- o mesmo credor, demandado em conjunto com os demais, pelo seu devedor pode, igualmente, invocar a compensação.

VI. O inverso: o credor solidário demanda um seu credor (devedor do primeiro). Temos:

- o devedor pode invocar a compensação, usando o seu crédito para extinguir o crédito do credor solidário: pois pode cumprir perante ele, assim cessando o crédito.

Parecem hipóteses mais simples.

VII. Se, de facto, a solidariedade – passiva ou ativa – em causa for a do artigo 512.º/1, não há que perguntar em benefício de quem ela foi estabelecida. A solidariedade não é um benefício: é um *status* que joga, conforme as circunstâncias, em benefício ora de uns, ora de outros.

## 454. **Dívidas acessórias; fiador e outros garantes**

I. As dívidas acessórias, mormente as que ocorram nas garantias, colocam problemas nem sempre coincidentes. Vamos considerar a fiança, garantia paradigmática.

À partida, o fiador pode opor, ao credor garantido, a compensação:

- usando créditos próprios sobre o credor;
- usando créditos do devedor sobre o credor.

É o que inferimos do artigo 637.º/1[3999].

[3999] Quanto a este preceito: *Tratado* X, 484 ss..

II. Todavia, o artigo 642.º/1 dispõe que o fiador pode recusar o cumprimento enquanto o direito do credor puder ser satisfeito por compensação com um crédito do devedor ou este tiver a possibilidade de se valer da compensação com uma dívida do credor. Baseada neste preceito, alguma doutrina apresenta esta invocação de compensação como uma "exceção dilatória"[4000]: o fiador não atuaria a compensação: apenas a invocaria para sustar a exigência de cumprimento feita contra ele. Como conciliar os dois preceitos?

III. Se o devedor principal tem um crédito contra o credor e se o fiador pode opor ao mesmo credor os meios de defesa que competem ao devedor – e o artigo 637.º/1 diz que sim! – a conclusão é inevitável: o fiador pode compensar, invocando o crédito do devedor principal. Bastará comparar os artigos 514.º/1 e 637.º/1 para ver que as soluções são diferentes: enquanto o devedor solidário só pode defender-se com meios próprios ou comuns, o fiador pode fazê-lo com meios do devedor principal. Nenhum interesse teria a solução pela qual o fiador pudesse invocar a compensação com créditos do devedor não para extinguir a dívida, mas para não a cumprir: ficaria, assim, paralisado, provavelmente à espera que a dívida fosse aumentando e superasse o *quantum* compensável para, então sem defesa, ser compelido ao pagamento. Não podemos supor soluções tão desarmónicas, no seio da lei civil.

IV. Fica-nos a seguinte margem: pode suceder que, por incompatibilidade com a obrigação do fiador – 637.º/1, *in fine* – este não possa opor a compensação. Não obstante, poderá recusar o cumprimento, enquanto ela for possível – 642.º/1.

V. O desencontro entre os artigos 637.º/1 e 642.º/1 e as dúvidas que suscitam em relação à compensação têm uma história que importa conhecer.

Segundo o artigo 854.º do Código de Seabra,

> O fiador pode opor ao credor todas as exceções extintivas da obrigação, que compitam ao devedor principal, e lhe não sejam meramente pessoais.

Entre as exceções extintivas em causa contava-se a compensação; nas palavras de Cunha Gonçalves: "o fiador não é obrigado a pagar uma dívida

[4000] Pires de Lima/Antunes Varela, *Código Civil Anotado* cit., 2, 4.ª ed., 138.

que se deve reputar extinta de direito"[4001]. Esta solução era a dominante nos países latinos e acolhia-se à doutrina *ipso iure*[4002]: se a compensação atuava automaticamente e de pleno direito, o fiador aproveitava da sua ocorrência. Todavia, é evidente que não se tratava de um mero jogo conceitual: entendia-se, a nível de valorização legislativa, que o fiador merecia esse suplemento de proteção.

Diferentemente se passavam as coisas no BGB. Aí, como se sabe, a compensação era potestativa e não automática. Consequentemente, não podia o fiador operar a compensação: o § 770/II apenas permitia que ele recusasse o pagamento enquanto o credor (não o devedor!) pudesse invocar a compensação. Subjacente estava a ideia de uma menor proteção do fiador[4003].

Ao adotar o esquema da compensação potestativa ou por declaração, o legislador de 1966 ficou "permeável" (Januário Gomes) à solução do § 770/II do BGB. Mas foi mais longe: inspirando-se, agora, no Código Suíço[4004], o legislador nacional, no artigo 642.º/1, alargou a hipótese de sustação à de uma compensação a empreender pelo devedor principal. Até aí, tudo bem ou melhor: tudo se ficaria por uma crítica de política legislativa por, mercê de puras razões conceituais, se ter vindo a desproteger o fiador.

Só que o legislador manteve, no artigo 637.º/1, a solução de Seabra: o fiador pode usar de todos os meios de defesa do devedor principal[4005]!

De facto, a lógica da compensação potestativa levaria a que só o próprio devedor, titular do crédito ativo, pudesse compensar. Mas essa preocupação cessa perante o artigo 637.º/1 que dá, ao fiador, legitimidade para usar meios que, à partida, não seriam dele. Para quê então insistir em retirar uma defesa que Seabra concedeu ao fiador de Direito português? Chegados a este ponto, temos de recordar que a Ciência do Direito não é puramente conceitual: lida com princípios, com valores e com interesses. A facilidade com que as pessoas são levadas a conceder fiança é desnorteante: muitas vezes, está-se perante uma autêntica doação de bens futuros que, sabiamente, os legisladores civis latinos vêm cerceando. Em termos de opção valorativa,

[4001] Luiz Cunha Gonçalves, *Tratado de Direito civil* cit., 5, 215.

[4002] Januário Gomes, *Assunção fidejussória de dívida* (2000), 990.

[4003] O que não deixou de ser criticado; *vide*, com largas referências à doutrina alemã, Januário Gomes, *Assunção fidejussória* cit., 990-991, nota 226.

[4004] Artigo 121.º do Código das Obrigações, o qual teve, aliás, de ser corrigido pela doutrina helvética. *Vide* Wolfgang Peter, no *Baseler Kommentar*, *Obligationenrecht* cit., I, art. 121.º (755-756).

[4005] A (pouca) doutrina nacional que estuda o problema refugia-se na solução cómoda de não enumerar a compensação entre os meios de defesa abrangidos pelo artigo 637.º/1. Não pode ser tão simples.

a balança pende para a tutela do fiador e para a solução de Seabra, corrente nos países do Sul. Na Alemanha, o espírito é diferente.

Propendemos, por tudo isto, para a solução do artigo 637.º/1: o fiador pode invocar a compensação que compita ao devedor principal: mesmo que este renuncie – n.º 2.

VI. Estes raciocínios são aplicáveis ao terceiro dador de hipoteca, nos termos do artigo 698.º/; o n.º 2 desse preceito segue a via interpretativa acima apontada, para o artigo 642.º/1. Estas regras são aplicáveis no domínio de outras garantias, com relevo para o penhor – artigo 678.º.

## § 108.º A EFETIVAÇÃO DA COMPENSAÇÃO

### 455. A declaração de compensar; o problema da reconvenção

I. Segundo o artigo 848.º/1, a compensação torna-se efetiva mediante declaração de uma das partes à outra. Estamos perante a grande inovação da reforma de 1966, que abandonou, como vimos, o antigo esquema *ipso iure*[4006]. A declaração pode ser feita, nos termos comuns, extrajudicialmente, sem dependência de forma – artigos 217.º e 219.º. Nada impede que se recorra ao meio mais solene da notificação judicial avulsa – artigo 261.º do Código de Processo Civil. Quanto à sua natureza: a declaração de compensação é um ato jurídico *stricto sensu*: envolve liberdade de celebração mas não de estipulação. O artigo 848.º/2 veda a simples aposição de condição ou de termo.

II. O problema põe-se quando a compensação seja invocada em defesa e, em especial, quando se trate de defesa a deduzir em juízo. Qual o meio processual adequado?

A questão é controversa desde o início das codificações processuais[4007]. O Código de Processo Civil de 1876 previa, para a reconvenção, um esquema pesado: era uma autêntica ação autónoma de sinal contrário, devendo o juiz, no final, proferir duas sentenças – artigo 333.º e artigo 333.º, § 2.º[4008].

O § 3.º desse artigo 333.º dispunha:

> Em virtude d'estas sentenças, poderá operar-se qualquer compensação permittida por direito.

[4006] STJ 20-jul.-1976 (Rodrigues Bastos), BMJ 259 (1976), 223-226 (224-225).

[4007] E mesmo anteriormente, remontando as dúvidas ao Direito romano; *vide* Arthur Nikisch, *Die Aufrechnung im Prozess*, FS H. Lehmann II (1956), 765-788 (766 ss.).

[4008] José Dias Ferreira, *Codigo de Processo Civil Anotado* 1 (1887), 426.

Com base neste preceito, logo se entendeu que a compensação devia ser feita valer por via de reconvenção: mesmo a legal. Contra, cedo se manifestou a doutrina: afinal, se a compensação operava *ipso iure*, a reconvenção era desnecessária: esta apenas seria requerida para a compensação judicial[4009].

O Decreto n.º 12:353, de 22 de setembro de 1923, que simplificou o esquema das contestações, permitiu à doutrina considerar que a compensação deveria ser simplesmente aí inserida[4010].

O Código de Processo Civil de 1939, pretendendo pôr cobro às dúvidas, permitiu, no seu artigo 279.º, n.º 2, que o réu deduzisse reconvenção, quando se propusesse obter a compensação judicial[4011]. Tínhamos, assim, um sistema harmónico: reunidos os requisitos da compensação legal (*ipso iure*), a compensação seria feita valer por exceção; na falta deles, recorrer-se-ia à compensação judiciária, a operar por reconvenção[4012].

A reforma do Código de Processo Civil de 1967 veio, no seu artigo 274.º/2, dizer que a reconvenção é admissível:

> *b*) Quando o réu se propõe obter a compensação (...)

Dados, para mais, os antecedentes, esta disposição, assim desgarrada, deu lugar a várias linhas de interpretação, linhas essas que mais se enfatizaram quando o Código Civil veio, em 1966, estabelecer o esquema da compensação por declaração.

Para uma primeira orientação, a compensação deveria constar sempre dc um pedido reconvencional[4013]. Trata-se de uma interpretação ao pé da letra da lei, mas que pode invocar razões de fundo: a súbita invocação de um contracrédito obriga a apreciar uma nova causa de pedir, sujeitando-se a exceções; apenas uma nova ação de sinal contrário – a reconvenção – permitiria as necessárias defesas, pela outra parte e a ponderação, pelo tri-

4009 Guilherme Moreira, *Instituições* cit., 2, 259 e 276 e Cunha Gonçalves, *Tratado* cit., 5, 37, com indicações.

4010 Cunha Gonçalves, *Tratado* cit., 5, 29.

4011 Alberto dos Reis, *Comentário* cit., 3, 104 ss..

4012 STJ 17-jan.-1950 cit., BMJ 17, 211. Na doutrina: João de Castro Mendes, *Manual de Processo Civil* (1963), 304.

4013 João de Castro Mendes, *Limites objectivos do caso julgado em processo civil* (1968), 189 ss. (193) e *Direito processual civil*, 3 (1974, polic.), 15-23 e Eurico Lopes Cardoso, *Manual da Acção Executiva*, 3.ª ed. (1964), 289.

bunal. Alguma jurisprudência acolheu esta orientação[4014]. Almeida Costa, que primeiro propendera para a terceira teoria, abaixo enunciada[4015], inclina-se, agora, para esta orientação[4016].

IV. Para uma segunda orientação, a compensação só implicaria reconvenção quando não tivesse operado extrajudicialmente, tendo sido atuada antes da contestação[4017]. Trata-se, provavelmente, da solução racionalmente mais pura, com o sufrágio de autores processualistas: Miguel Teixeira de Sousa[4018] e Lebre de Freitas[4019], numa fase inicial.

V. Numa terceira posição, a compensação, enquanto fator extintivo das obrigações, deve ser aduzida como exceção; todavia, se o compensante detiver um crédito de montante superior ao do autor e se pretender que este seja condenado na diferença, haverá que lançar mão da reconvenção. Trata-se da posição hoje dominante na doutrina[4020] e, sobretudo, na jurisprudência[4021], estando presente no atual artigo 266.º/1, *c*) do Código de Processo Civil:

[4014] STJ 16-abr.-1971 (Ludovico da Costa), BMJ 206 (1971), 56-58 (57-58); STJ 30-mar.-1973 (Manuel José Fernandes Costa; vencido: João Moura), BMJ 225 (1973), 193-195 (194); RCb 9-abr.-1976 (Oliveira Lopes), BMJ 259 (1976), 271-272; RCb 28-nov.-1976 (Oliveira Lopes), CJ I (1976) 3, 590-591 (591).

[4015] Nas 3.ª e 4.ª edições do *Direito das obrigações*, como refere na 12.ª ed. (2009), 1109, nota 1.

[4016] Almeida Costa, *Direito das obrigações* cit., 12.ª ed., 1109.

[4017] De facto, quando a compensação tivesse sido invocada antes da ação, não haveria problemas: o Tribunal limitar-se-ia a indagar da validade dos seus pressupostos; *vide* Nikisch, *Die Aufrechnung im Prozess* cit., 765.

[4018] Miguel Teixeira de Sousa, *As partes, o objecto e a prova na acção declarativa* (1995), 173.

[4019] José Lebre de Freitas, *Direito processual civil*, 2 (1979, polic.), 169.

[4020] Vaz Serra, *Algumas questões* cit., 292-293 e 307-308 e Lebre de Freitas, *A acção executiva*, 1.ª ed. (1993), 151, nota 23, 2.ª ed. (1997), 149, nota 23 e (segundo parece) *Código de Processo Civil Anotado*, 1 (1999), 489.

[4021] STJ 2-jul.-1974 (José António Fernandes), BMJ 239 (1974), 120-122 (121), tirado com as secções reunidas e traduzindo uma viragem jurisprudencial em relação à jurisprudência então consagrada, designadamente STJ 16-abr.-1971 e STJ 30-mar.-1973, citados *supra*, nota 4014; subsequentemente: STJ 8-fev.-1977 (Oliveira Carvalho), BMJ 264 (1977), 134-137 (135); STJ 4-abr.-1978 (Ferreira da Costa), BMJ 276 (1978), 236-240 (238); STJ 7-jun.-1979 (João Moura), BMJ 288 (1979), 302-305 (304-305); RLx 9-out.-1979 (Farinha Ribeiras), BMJ 294 (1980), 392; RCb 5-fev.-1980 (Marques Cordeiro), BMJ 296 (1980), 337-338; RCb 27-mai.-1980 (Marques Cordeiro), BMJ 300 (1980), 453;

Quando o réu pretende o reconhecimento de um crédito, seja para obter a compensação seja para obter o pagamento do valor em que o crédito invocado excede o do autor;

Tem-se, também, referido que a reconvenção seria o processo idóneo para tratar compensações em que o crédito ativo fosse ilíquido e houvesse que proceder a operações de determinação[4022] ou sempre que o compensante pretendesse um título executivo[4023].

Como variante, surge esta mesma orientação mista, mas com a seguinte especificação: nas hipóteses de o crédito ativo invocado ser de montante igual ou inferior ao do crédito do autor, o meio processual a usar não seria, em rigor, uma exceção mas um meio processual *sui generis*, misto, híbrido ou heterogéneo[4024].

VI. A fórmula processual destinada a veicular a compensação constitui, curiosamente, o tema mais debatido quanto a esse complexo instituto. Como ponto de partida, devemos recordar que os princípios reitores são civis: no Direito continental – ao contrário do que vimos suceder na *Common Law* – a compensação é um instituto substantivo. O processo civil só pode visar o aperfeiçoamento do Direito civil[4025]: nunca a sua dificultação ou o seu retrocesso.

O Código Civil, embora abandonando a doutrina *ipso iure*, trata a compensação como um modo de extinguir obrigações, eficaz por declaração do compensante ao seu credor. Logo, a sentença que o reconheça é meramente declarativa. A compensação faz se valer por (simples) exceção: artigo 571.º/2, 2.ª parte, *ex* artigo 487.º. Trata-se de uma orientação que não

STJ 14-jan.-1982 (Roseira de Figueiredo), BMJ 313 (1982), 288-291 (289); STJ 2-jul.-1985 (Corte-Real), BMJ 349 (1985), 440-442 (441-442); STJ 24-jan.-1991 cit., BMJ 403, 370; RCb 19-mar.-1992 (Victor Deveza), BMJ 415 (1992), 732; RPt 1-mar.-1993 (Pires Rosa), BMJ 425 (1993), 618-619; RLx 29-abr.-1993 (Santos Bernardino), BMJ 426 (1993), 507; RPt 18-nov.-1997 (Mário Cruz), BMJ 471 (1997), 461.

4022 Pires de Lima/Antunes Varela, *Código Civil Anotado* cit., 2, 4.ª ed., 135. Em STJ 19-abr.-2001 (Neves Ribeiro), CJ/Supremo IX (2001) 2, 33-36 (36/II), a reconvenção de uma compensação deu azo a uma condenação em montante a averiguar em liquidação de sentença.

4023 REv 26-mar.-1996 cit., BMJ 455, 590.

4024 Pires de Lima/Antunes Varela, *Código Civil Anotado* cit., 2, 4.ª ed., 135.

4025 Wolfgang Brehm, *Rechtsfortbildungszweck des Zivilprozess*, FS Ekkehard Schumann (2002), 57-69.

é prejudicada pelo facto de o crédito ativo ser impugnável: a decisão final dependerá, naturalmente, do que se apure nesse campo[4026]. Todavia, se o compensante não pretender apenas deter a ação com um facto extintivo do direito invocado, mas antes alcançar uma condenação do autor ou um título executivo que possa atuar contra ele, há que usar da reconvenção. Acompanhamos, assim, a evolução jurisprudencial acima expendida.

VII. Como problemas concretos referimos ainda os seguintes:

- pode o demandado numa ação não admitir, a qualquer outro título, uma dívida que lhe seja imputada e, todavia, invocar a compensação a título subsidiário[4027];
- sendo invocada uma compensação com um crédito dependente de ação já instaurada, há prejudicialidade; há que suspender a ação onde se invoca a compensação, até ao delucidar do contracrédito[4028], salvo, naturalmente, manifesta improcedência.

VIII. Finalmente, a compensação pode surgir processualmente inadmissível[4029]. Tratar-se-á, *in concreto*, de um problema de boa-fé: assim sucederá, reunidos os demais requisitos, quando se invoque um crédito em moldes contrários aos que, processualmente, foram inculcados, com danos.

O sistema pode, sempre, deter quaisquer pretensões assentes no Direito estrito. Mas apenas em casos-limite e depois de criteriosa verificação dos pressupostos requeridos.

## 456. **A retroatividade**

I. Desencadeada a compensação, os créditos consideram-se extintos desde o momento em que se tornaram compensáveis. O artigo 854.º fala em "feita a declaração de compensação"; todavia, deve ler-se "recebida

[4026] A própria compensação pode ser apresentada como eventual; *vide* Stöltzel, *Die reichsgerichtliche Rechtsprechung über Eventualaufrechnung*, AcP 95 (1904), 1-47 e 96 (1905), 234-274.

[4027] Tal o sentido do voto de vencido de Mário de Brito, em STJ 10-fev.-1983 (Santos Silveira), BMJ 324 (1983), 513-516, voto esse que nos parece adequado.

[4028] STJ 30-jul.-1988 (Eliseu Figueira), BMJ 378 (1988), 703-705 (705).

[4029] Wolfgang Grunsky, *Die unzulässige Prozessaufrechnung*, JZ 1965, 391-399.

a declaração de compensação" já que, manifestamente, se trata de uma declaração recipienda – artigo 224.º/1.

Estamos perante um aspeto fundamental, sedimentado no § 389 do BGB, no termo da evolução de que acima se deu conta e que permite a aproximação entre este sistema e o *ipso iure*.

II. Em moldes práticos, a retroatividade da compensação garante o seu beneficiário contra as áleas patrimoniais do seu devedor. Assim, a cedência de um crédito (passivo) não obsta à compensação, desde que os requisitos desta já operassem antes da cessão[4030]. Outras situações podem ser consideradas[4031]. Mesmo na hipótese de concurso falimentar, o compensante será ressarcido, através da supressão (ou redução) do seu próprio débito. Essa mesma retroatividade – como faz notar Vaz Serra – vai ainda ao encontro das expectativas das partes envolvidas e da sua confiança: o devedor que se saiba credor do seu credor sente-se, de imediato, liberado; e o credor que se sinta devedor do seu devedor age, desde logo, como não-credor.

III. A retroatividade da compensação explica ainda os termos da sua eficácia perante os créditos prescritos: ela opera se a prescrição não podia ser invocada na data em que os créditos se tornaram compensáveis – artigo 850.º.

## 457. **Pluralidade de créditos**

I. Pode suceder que, numa situação de compensação, ocorram, de uma ou de outra parte, vários créditos compensáveis. Nessa altura, e desde que a declaração de compensação não possa extingui-los a todos, a escolha dos que ficam extintos pertence ao declarante – artigo 855.º/1[4032].

O artigo 783.º já dispunha que quando o devedor, por diversas dívidas da mesma espécie ao mesmo credor, efetuasse uma prestação insuficiente para as extinguir a todas, ficaria à sua escolha designar as dívidas a que o cumprimento se reporte. Pois bem: na parte em que ao compensante caiba

[4030] Johannes Denck, *Vorausabtretung und Aufrechnung*, DB 1977, 1493-1498 (1498).

[4031] Schuler, *Anfechtung, Aufrechnung und Vollstreckungsgegenklage*, NJW 1956, 1497-1500.

[4032] Seguiu-se o modelo do artigo 1249.º do Código Civil italiano, mais sintético.

escolher qual a própria dívida a extinguir, temos apenas um afloramento dessa regra. Já no que toca à escolha da dívida do seu credor, domina a autonomia que dá corpo ao próprio ato de compensar. Se a lei permite a compensação, permitirá igualmente escolher o que se compensa.

II. Pode ainda acontecer que o compensante, perante vários créditos compensáveis, declare compensar, mas não faça qualquer escolha. O artigo 855.º/2 remete, então, para os critérios supletivos da imputação de cumprimento, contidos nos artigos 784.º e 785.º. Esses critérios permitiriam, desde logo, escolher os créditos compensados. E quanto aos compensantes? Pela letra como pelo espírito da lei, teremos de admitir o alargamento das normas de imputação do cumprimento, também a esse caso.

## 458. **Diversidade de lugares de cumprimento**

I. O artigo 852.º admite a compensação de obrigações que tenham lugares diferentes de cumprimento. O compensante é, todavia, obrigado a indemnizar a outra parte, por esta não receber a sua prestação ou não efetuar a que lhe compete no lugar determinado.

O problema da compensabilidade de débitos com diferentes lugares de pagamento era já tratado pelos romanos; designadamente Javoleno[4033], em texto de difícil interpretação. Ao longo da História, sucederam-se as subtilezas em torno do problema e, designadamente: admitindo que tal compensação fosse possível, o que computar: a vantagem do compensante ou os prejuízos do compensado[4034]?

Depois de múltiplas flutuações históricas, o sistema francês acabaria por fixar-se na primeira e o alemão nos segundos.

Na sua simplicidade, as regras do artigo 852.º dão lugar a várias dúvidas.

II. A primeira consiste em delimitar a compensabilidade: *quid iuris* quando o local do cumprimento seja essencial para a parte compensada?

[4033] Javoleno, D. 16.2.15 = ed. Okko Behrends e outros cit., III, 328.

[4034] A matéria pode ser seguida, com muitas indicações, em João de Castro Mendes, *Artigo 852.º/Compensação de obrigações com lugares diferentes de pagamento* (com a colaboração de Nuno Espinosa Gomes da Silva e de Luís Novais Lingnau da Silveira) (1973).

Vaz Serra pensara no problema: o Código, todavia, nada disse. No entanto, com recurso aos princípios gerais, teremos de entender que, quando o local de pagamento seja essencial, falta a homogeneidade que permite a compensação[4035].

A compensação é ainda afastada por convenção em contrário: expressa ou tácita, nos termos gerais. Torna-se questão de interpretação o verificar se o acordo relativo a um local de cumprimento afasta a hipótese de compensação que frustre tal local.

III. O artigo 852.º contém, depois, um dever de ressarcir danos. Acolheu-se o esquema alemão da reparação de prejuízos e não o francês, do cálculo de custos[4036]. Quanto à reparação dos danos: trata-se de uma manifestação de responsabilidade por ato lícito; poderá, ele próprio, ser objeto de compensação, quando concorram os demais requisitos.

## 459. **A invalidade da compensação**

I. A invalidade da compensação – nulidade ou anulação – está prevista no artigo 856.º. Segundo esse preceito, declarada nula ou anulada a compensação, subsistem as obrigações respetivas[4037]. No entanto, quando a nulidade ou a anulação sejam imputáveis a alguma das partes, não renascem as garantias prestadas, em seu benefício, por terceiro de boa-fé, isto é: por terceiro que desconhecesse, sem culpa, o vício, aquando da declaração de compensação. A lei não refere "boa-fé" mas, apenas, o (não)conhecimento: todavia, a harmonia do sistema exige que seja protegida apenas a pessoa que se contenha dentro dos limites ético-jurídicos[4038].

II. Resta acrescentar que a solução do artigo 856.º é semelhante às dos artigos 766.º, 860.º/2, 866.º/3 e 873.º/2, relativos, respetivamente, ao cumprimento, à dação em cumprimento, à novação, à remissão e à confusão.

[4035] Por exemplo: se devo receber uma casa em Lisboa e entregar outra no Porto, não pode haver compensação quando se trate, para mim, de residir naquela cidade. *Vide* a solução paralela de Castro Mendes, *Artigo 852.º* cit., 84-85.

[4036] Castro Mendes, *Artigo 852.º* cit., 87 ss.. A matéria constava do artigo 1296.º do Código Napoleão, versão original, que não tem correspondência na reforma de 2016.

[4037] STJ 6-jul.-2000 (Torres Paulo), CJ/Supremo VIII (2000) 2, 155-158 (158/I).

[4038] *Tratado* I, 4.ª ed., 965-966.

## § 109.° A EXCLUSÃO DA COMPENSAÇÃO

### 460. Factos ilícitos dolosos

I. O artigo 853.° enumera diversas situações típicas nas quais a compensação é excluída. Poderíamos, com base nele, apontar um requisito de "compensabilidade".

Em primeiro lugar, não podem extinguir-se por compensação os créditos provenientes de factos jurídicos dolosos – 853.°/1, *a*). Trata-se de um alargamento proposto por Vaz Serra[4039] e na base do § 393 do BGB e do Direito anterior. Com efeito, o artigo 767.° do Código de Seabra, na linha da generalidade dos códigos de inspiração napoleónica, excluía a compensação quando a dívida consistisse em coisa de que o proprietário tivesse sido esbulhado. Podia-se, então, discutir se o problema não residiria na falta de homogeneidade das prestações em presença: afinal, o dever de restituir o esbulho tem traços qualitativos inconfundíveis.

II. Uma ponderação mais valorativa dos institutos civis permitiu, todavia, uma diferente leitura. A compensação surge como uma vantagem conferida a determinado credor, de se fazer pagar preferencialmente, sem despesas e pelas suas próprias mãos. Tal vantagem não se justifica quando vise remover consequências do ilícito por ele próprio cometido.

III. A lei foi, mesmo então, generosa. Não exclui a compensação para extinguir quaisquer factos ilícitos mas, apenas, os dolosos. Torna-se indiferente, para efeitos de exclusão legal, que tais factos impliquem responsabilidade contratual ou aquiliana. Com um problema: de acordo com a orientação que temos vindo a defender, a responsabilidade obrigacional portuguesa trabalha com um conceito de "culpa" próximo do da *faute* fran-

[4039] Vaz Serra, *Da compensação* cit., 84 ss..

cesa[4040]. A distinção aí possível entre o dolo e a negligência não é analítica, como sucede no domínio aquiliano. Teremos, assim, de lidar com diversas graduações da culpa-*faute*. Mas a ideia do legislador é clara: apenas os créditos provenientes de atos mais graves – não, necessariamente, criminosos – serão vedados à compensação.

IV. A lei proíbe a extinção, por compensação, dos créditos provenientes de factos ilícitos dolosos. Não impede que esses créditos sejam usados para extinguir outros créditos, assim beneficiando a vítima de tais factos dolosos[4041]. A redação (pouco conseguida) do preceito poderia dar lugar a dúvidas, logo removidas pela história[4042] e pela *ratio* do preceito. Resta acrescentar que a constitucionalidade do artigo 853.º/1, *a*), tem sido afirmada e mantida pelo Tribunal Constitucional[4043]. E bem: na verdade, o crédito proveniente de um ilícito doloso é suficientemente diferenciado, em termos materiais, para justificar um tratamento jurídico próprio.

## 461. **Créditos impenhoráveis**

I. A tradição do Direito comum implicava que não pudessem extinguir-se por compensação as dívidas de alimentos. Trata-se de uma regra que aflorava no artigo 767.º/3, *d*), do Código de Seabra e que bem se entendia: o crédito de alimentos tem um sentido vital; suprimi-lo pode pôr em causa a sobrevivência do seu credor. A tal propósito falava Guilherme Moreira em "... considerações de carácter humanitário"[4044]. Ainda na base do BGB (§ 394) Vaz Serra propôs que o dispositivo fosse simplesmente reportado a todos os créditos impenhoráveis.

A justificação parece clara: se não podem ser extintos pelo próprio Estado, através dos tribunais, tão-pouco o poderão pela decisão unilateral do compensante.

[4040] *Tratado* VIII, 317 ss..

[4041] Pires de Lima/Antunes Varela, *Código Civil Anotado* cit., 2, 4.ª ed., 140-141.

[4042] Recordemos que o § 393 do BGB dispõe, de modo lapidar: "A compensação não é admissível contra um crédito proveniente de um facto ilícito dolosamente perpetrado".

[4043] TC n.º 98/2002, de 27-fev.-2002 (Helena Brito), proc. n.º 224/01, 1.ª Secção, no DR II Série n.º 79, de 4-abr.-2002, 6210 6211 e TC n.º 535/2001, de 5-Dez.-2001 (Guilherme da Fonseca), DR II Série n.º 47, de 25-fev.-2002, 3639-3640.

[4044] Guilherme Moreira, *Instituições* cit., 2, 266. Entre nós, esta orientação remonta, como vimos, às Ordenações.

II. O elenco dos bens impenhoráveis consta dos artigos 736.º a 739.º, do Código de Processo Civil. A lei processual distingue:

- bens absoluta ou totalmente impenhoráveis (736.º): não podem ser penhorados, por qualidades intrínsecas, em nenhuma circunstância;
- bens relativamente impenhoráveis (737.º): não podem ser penhorados enquanto se mantiverem em certa situação e, designadamente: enquanto pertencerem ao Estado ou às pessoas públicas mencionadas;
- bens parcialmente impenhoráveis (739.º): apenas podem ser penhorados em parte: trata-se de vencimentos, salários ou pensões.

As impenhorabilidades correspondem a dois vetores: à necessidade de tutela da pessoa humana[4045] e à lógica das *res extra commercium*[4046].

III. A própria lei processual, mais precisamente o artigo 736.º do respetivo Código, ressalva impenhorabilidades ditadas por disposições especiais. Tal o caso do artigo 2008.º, quanto aos créditos de alimentos.

IV. Quando o crédito seja pecuniário, põe-se um problema prático: dada a fungibilidade do dinheiro, o crédito não perderá essa sua característica quando mude de compleixão jurídica? Por exemplo: *quid iuris* quanto ao crédito de salários que, uma vez percebido, seja depositado em conta bancária, convertendo-se em crédito contra o banqueiro?

Responde o artigo 739.º, do Código de Processo Civil, ex-artigo 824.º-A, aditado pelo Decreto-Lei n.º 180/96, de 25 de setembro:

> São impenhoráveis a quantia em dinheiro ou o depósito bancário resultantes da satisfação de crédito impenhorável, nas mesmas condições em que o era o crédito originalmente existente.

Nos termos gerais, caberá ao interessado fazer a prova da conexão entre "a quantia em dinheiro" ou "o depósito bancário" e o crédito impenhorável originalmente existente. Feita a conexão: há sub-rogação real.

[4045] *Tratado* I, 4.ª ed., 930 ss..
[4046] *Tratado*, III, 3.ª ed., 59 ss..

## 462. Créditos do Estado ou de outras pessoas coletivas públicas

I. A proibição de extinguir, por compensação, créditos do Estado ou de outras pessoas coletivas públicas consta do artigo 853.º/1, *c*). Ela corresponde a uma tradição de pragmatismo e de facilitação da gestão pública, mais do que a quaisquer considerações de justiça.

O Direito romano pós-clássico, quando acompanhou a montagem do gigantesco aparelho estadual da decadência, começou a estabelecer limites à compensabilidade de créditos do *fiscus*[4047]. Designadamente e por evidentes razões de ordem prática, a compensação só poderia operar quando crédito e débito ocorressem pela mesma repartição (*statio*).

As Ordenações Filipinas mantiveram e alargaram esta limitação[4048]: os créditos "públicos" não-compensáveis eram os da coroa, os da cidade ou os da vila, o que é dizer: do Estado ou de alguma pessoa coletiva de base territorial.

Todavia, estavam em causa créditos de impostos.

II. No Código de Seabra, a tradição foi elegantemente acolhida no artigo 767.º, 5.º: a compensação não pode dar-se quando as dívidas forem do Estado ou municipais, salvo nos casos em que a lei o permitir. Cunha Gonçalves, na base de uma argumentação histórica e comparativa, limitava o alcance da norma às dívidas fiscais[4049]: no tocante a débitos comuns – por exemplo: os provenientes de um contrato de compra e venda – seguir-se-ia o regime civil geral. Deve dizer-se que a civilística nacional sempre viu com maus olhos a manutenção, em pleno Código Civil, de privilégios para o Estado. Dizia Dias Ferreira, a tal propósito:

> O codigo, desde que acabou com os favores, que ao estado e ás municipalidades dispensava em materia civel a legislação velha, não devia conservar esta excepção, tanto mais odiosa quanto que está sujeito ás maiores difficuldades o embolso do credito particular sobre as municipalidades e principalmente sobre o thesouro.

[4047] Sobre toda esta matéria, é fundamental Ruy de Albuquerque, *Da compensabilidade dos créditos e débitos civis e comerciais dos bancos nacionalizados*, em *Estudos em Memória do Professor Doutor Paulo Cunha* (1989), 151-280 (187 ss.); quanto aos textos romanos a ter em conta cf., aí, 213-215.

[4048] *Ord. Fil.*, Liv. IV, Tít. LXXVIII, § 5.º = ed. Gulbenkian, 893-896.

[4049] Luiz da Cunha Gonçalves, *Tratado de Direito civil* cit., 5, 27-28.

Felizmente que este favor se não estende ás dividas de quaesquer outras pessoas moraes (...) [4050]

Guilherme Moreira, embora não tão radical, também intentava uma certa restrição do preceito[4051].

III. Vaz Serra tentou formalizar um esquema coerente e românico: aos créditos de Direito privado do Estado ou das outras "corporações de Direito público" não haveria que aplicar exceções. A não-compensabilidade ocorreria apenas com os créditos de impostos e, ainda aí, com certas exceções[4052]: por exemplo, quando crédito e débito devessem ser pagos na mesma caixa. A proposta de Vaz Serra limitava o regime especial aos créditos *fiscais* do Estado, numa solução que se manteve nas 1.ª e 2.ª revisões ministeriais[4053]. Todavia, o adjetivo *fiscais* foi pura e simplesmente retirado do projeto, por puras preocupações estadualizantes.

IV. Antes de ponderar o regime vigente, cumpre esclarecer que as razões históricas, ligadas à contabilidade pública ou às dificuldades de comunicações, que levaram a proibir a extinção, por compensação, de créditos fiscais não têm, hoje, qualquer razão de ser. Graças à informática, é frequente, nas repartições de finanças e no preciso momento em que se entregam declarações fiscais, obter a exata informação de quanto deve o Estado ao contribuinte e a que título. Seria facílimo organizar um processo de compensação, em que os interesses do Estado fossem acautelados. Aos juristas cabe remar contra este injustificado estado de coisas. As valorações subjacentes à lei, e que jogam na interpretação e na aplicação são, seguramente, restritivas.

V. Perante o atual artigo 853.º/1, *c*), pergunta-se, em primeiro lugar, o que entender por "Estado" e por "outras pessoas coletivas públicas". A simples contraposição revela que "Estado" é, aqui, o aparelho central, que tem o Governo como órgão de direção. As "outras pessoas coleti-

4050 José Dias Ferreira, *Codigo Civil Portuguez Anotado* cit., 2, 2.ª ed., 92-93.

4051 Guilherme Moreira, *Instituições* cit., 2, 268-269; parece-nos claro que este autor ficou, de certa forma, confortado com o § 395 do BGB, que retira da compensação os créditos do *Reich* (hoje da Federação), dos Estados e das comunas.

4052 Adriano Vaz Serra, *Da compensação* cit., 107-108.

4053 Mais precisamente: artigo 473.º/4, do anteprojeto Vaz Serra; artigo 830.º/1, *c*), da 1.ª revisão ministerial; artigo 852.º/1, *c*), da 2.ª revisão ministerial.

vas públicas" serão os organismos dotados de personalidade na base de normas de Direito público que lhes atribuam poderes de autoridade[4054]. Ficam abrangidas as pessoas coletivas de base territorial – regiões, distritos, municípios e freguesias – e outras, taxativamente resultantes da lei.

Não são abrangidas as empresas públicas e outras entidades que atuem na base do Direito privado[4055], sem poderes de autoridade. Nesse ponto, qualquer privilégio redundaria em inconstitucionalidade, além de contundir com as leis comunitárias da concorrência.

O problema pôs-se por via do acórdão do Supremo, de 5-Dez.-1985, que considerou não sujeitos à compensação os créditos de um banco nacionalizado; segundo esse acórdão, o artigo 2.º do Decreto-Lei n.º 729-F/75, de 22 de Dezembro, considera as instituições de crédito nacionalizadas como "... pessoas coletivas de direito público, dotadas de autonomia administrativa e financeira, com a natureza de empresas públicas". Como tal, cairia na alçada do artigo 853.º/1, *c*), do Código Civil[4056].

Uma "instituição de crédito nacionalizada" é, evidentemente, uma empresa que se dedica ao comércio bancário de acordo com as regras jurídico-privadas do sector. Ao chamar-lhe "pessoa coletiva de direito público", o legislador não teve, seguramente, em vista a atribuição de quaisquer poderes de autoridade que, de resto, deveriam ter sido efetivados por lei – não o tendo sido. Logo não há aproximação conceitual no Código Civil.

As empresas públicas – depois em decadência – surgiram precisamente para permitir ao Estado uma atuação ao abrigo do Direito privado: quando não, bastaria recorrer a direções-gerais ou a departamentos administrativos.

A ideia de aplicar a proibição do artigo 853/1, *c*), a empresas públicas, corresponde a um clamoroso erro exegético: apenas veio prolongar, por via jurisdicional, o esquema das expropriações e das nacionalizações. O concreto caso referido teve apenas um mérito: o de ter constituído causa próxima para a publicação do estudo do Prof. Ruy de Albuquerque, *Da compensabilidade dos créditos e débitos civis e comerciais dos bancos nacionalizados*, que temos vindo a citar.

4054 *Tratado*, IV, 4.ª ed., 625.

4055 Salvo, evidentemente, quando dotadas, por lei adequada, de *ius imperii* e na precisa medida em que atuem ao abrigo das competentes normas.

4056 STJ 5-dez.-1985 (Luís Fanqueiro), BMJ 352 (1985), 306-315 (313).

A não aplicação do artigo 853.º/1, *c*), aos bancos nacionalizados foi, depois, acolhida pacificamente, sendo unânimes as críticas a STJ 5-dez.-1985[4057].

## 463. Prejuízo de direitos de terceiro

I. O artigo 853.º/2 prevê ainda duas outras causas de exclusão da compensação: o prejuízo de direitos de terceiro e a renúncia do devedor. O prejuízo de direitos de terceiro implica que o terceiro em causa tenha um direito sobre a própria prestação de cuja extinção se trate. Um prejuízo indireto ocorreria sempre que o terceiro fosse credor do titular do crédito a extinguir, mormente nas situações de insolvência: a ser relevante, o instituto da compensação ficaria paralisado, precisamente quando mais importante se iria tornar.

As hipóteses de direitos de terceiros sobre uma prestação conduzem-nos à complexidade subjetiva imperfeita: tais os casos do usufruto de crédito, do penhor de crédito ou da penhora de crédito. Todos esses direitos reportam-se, na realidade, às prestações em jogo, ficando prejudicados quando elas cessassem, como condutas devidas, mercê da compensação.

II. A lei exige que os direitos de terceiro se tenham constituído antes de os créditos se tornarem compensáveis – 853.º/2. Trata-se de nova e lógica consequência do princípio da retroatividade da compensação – 854.º.

## 464. A renúncia à compensação

I. A renúncia à compensação é possível, devendo ser respeitada – 853.º/2, *in fine*. Com efeito, a compensação é uma prerrogativa unilateral, articulando-se em áreas de posições disponíveis. Ela pode cessar unilateralmente, por simples decisão da pessoa a quem ela compita. Nos termos

[4057] Assim, Filinto Elísio, *Da compensabilidade dos créditos da banca nacionalizada*, ROA 1986, 771-803 (771 ss.); anteriormente, já o Parecer da PGR n.º 53/75, de 12-fev.-1976 (José Narciso Cunha Rodrigues), BMJ 259 (1976), 123-127 (127), propunha uma interpretação restritiva para o artigo 853.º/1, *c*), por o legislador de 1966 não ter podido prever a hipótese de operações comerciais a realizar pelo Estado. Remata: "Seria inexcogitável afeiçoar as operações de banco ao apertado regime das regras orçamentais e das contas públicas".

gerais, a renúncia pode ser expressa ou tácita. A regra deve ser conjugada com o princípio da irrenunciabilidade antecipada aos direitos obrigacionais[4058]: a renúncia só é possível depois de se verificarem os requisitos da concreta compensação em jogo.

II. A renúncia à compensação constava do artigo 767.º, 1.º, do Código de Seabra. O n.º 4 desse preceito referia ainda a hipótese de a dívida proceder de depósito: regra tradicional que não passaria ao Código de 1966. Pensamos que as duas regras devem ser aproximadas, procedendo-se a uma generalização. Nos seguintes termos: há renúncia à compensação sempre que, pelas partes envolvidas, seja concluído algum contrato com ela incompatível, em termos juridicamente relevantes[4059]. No limite: não faria sentido celebrar um contrato e extingui-lo de seguida, compensando a prestação e a contraprestação.

## 465. **Créditos não-compensáveis, por disposição especial**

I. Além do disposto no artigo 853.º, cumpre relevar outras normas que bloqueiam a compensabilidade de determinados créditos.

No próprio Código Civil, o artigo 2008.º/2 dispõe:

> O crédito de alimentos não é penhorável, e o obrigado não pode livrar-se por meio de compensação, ainda que se trate de prestações já vencidas.

Trata-se de uma regra que vem completar o que já resultaria do artigo 853.º/1, *b*): privando-o, agora, da ressalva aí feita, no final.

II. Outra disposição muito significativa é a contida no CT. Segundo o seu artigo 279.º, epigrafado "compensações e descontos",

> 1. Na pendência de contrato de trabalho, o empregador não pode compensar a retribuição em dívida com crédito que tenha sobre o trabalhador, nem fazer desconto ou dedução no montante daquela.

[4058] *Tratado* VI, 2.ª ed., 69.

[4059] Hilmar Fenge, *Zulässigkeit und Grenzen des Ausschlusses der Aufrechnung durch Rechtsgeschäft*, JZ 1971, 118-123.

O n.º 2 contém, depois, diversas exceções, a generalidade das quais é limitada, no seu conjunto, a um sexto da retribuição, pelo n.º 3 do mesmo preceito.

III. A proibição de compensação laboral – portanto: a não-compensabilidade dos créditos laborais do trabalhador – tem sido interpretada de duas formas: ou como uma medida destinada a prevenir que a entidade patronal, usando os seus poderes de autoridade, possa deixar o trabalhador numa particular vulnerabilidade, tolerando compensações indevidas, ou como esquema que vise assegurar o mínimo de sobrevivência, ao trabalhador e sua família. A primeira orientação admite que a compensação opere depois de extinta a relação de trabalho: RLx 16-nov.-1988[4060], RPt 21-out.-1991[4061] e RLx 10-mar.-1999[4062]. A segunda mantém a proibição de compensação, mesmo depois da cessação da situação laboral: RCb 11-abr.-1991[4063].

IV. Os aspetos humanitários são garantidos pela lei comum e, mais precisamente: pela conjunção do artigo 853.º/1, *b*), com os artigos 736.º e 738.º do Código de Processo Civil, aplicável em processo de trabalho por via do artigo 1.º/2, *a*), do respetivo Código. O mínimo de sobrevivência do trabalhador e de sua família será assegurado pelo facto de não poderem ser penhorados – e, logo, compensados – dois terços do seu vencimento. O Direito do trabalho ocupar-se-á, assim, dos aspetos estritamente laborais: da proteção devida ao trabalhador, por via da subordinação jurídica em que se encontra. Esse é o papel do CT. A primeira orientação é a mais correta. Na vigência do contrato, a compensação não é possível[4064]; findo o contrato, aplica-se o Direito civil. A compensação já é possível quando estejam em causa "adiantamentos" da entidade empregadora que devam ser qualificados como empréstimos[4065].

[4060] RLx 16-nov.-1988 (Queiroga Chaves), CJ XIII (1988) 5, 158-160 (160/II).
[4061] RPt 21-out.-1991 (José Correia), CJ XVI (1991) 4, 288-292 (291/II).
[4062] RLx 10-mar.-1999 (Gomes da Silva), CJ XXIV (1999) 2, 158-161 (160/II).
[4063] RCb 11-abr.-1991 (Sousa Lamas), CJ XVI (1991) 2, 131-133 (133/I e 133/II).
[4064] STJ 26-jun.-1996 (Almeida Deveza), CJ/Supremo IV (1996) 2, 282-285 (285/I).
[4065] STJ 1-fev.-2001 (Almeida Deveza), CJ/Supremo IX (2001) 1, 288-290.

## § 110.º NATUREZA DA COMPENSAÇÃO; COMPENSAÇÕES CONTRATUAIS E ANÓMALAS

### 466. A natureza da compensação

I. A natureza da compensação já constituiu um tema clássico de discussão: no princípio do século XX[4066]. Todavia, surge mencionada em literatura mais recente[4067]. Frente a frente surgiram duas construções:

– a teoria da liberação;
– a teoria da satisfação.

Segundo a teoria da liberação (*Befreiungstheorie*), a compensação seria uma forma de cumprimento da obrigação[4068]. Pela da satisfação (*Befriedigungstheorie*), ela permitiria ao devedor pôr termo à obrigação, satisfazendo, por outra via, o interesse do credor[4069]. Na atualidade, a doutrina vem a admitir uma conjunção de ambas as teorias: seria a *Kombinationstheorie* ou teoria da combinação[4070]. O tema tem um interesse puramente construtivo. Poderá ter algum papel no afinamento conceitual. Deve, no entanto, ser retomado em moldes analíticos[4071] e à luz do Direito positivo considerado. Aqui: o nosso.

II. A compensação pode ser um ato, um efeito e um regime. Perguntar pela natureza da compensação é indagar sobre o "ato": efeito e regime

[4066] Paul Oertmann, *Die rechtliche Natur der Aufrechnung*, AcP 113 (1915), 376-428 (377 ss.).

[4067] Gerhard Lüke/Ulf Huppert, *Durchblick: Die Aufrechnung*, JuS 1971, 165-171 (165/II).

[4068] Paul Oertmann, *Die rechtliche Natur der Aufrechnung* cit., 377.

[4069] Weigelin, ob. cit., 44 ss..

[4070] Lüke/Hupert, *Die Aufrechnung* cit., 165/II.

[4071] *Vide* as considerações de Irmgard Reiterer, *Die Aufrechnung* (1976), 55 ss..

têm a ver com a teoria das normas. Afastada a doutrina *ipso iure*, a compensação (-ato) surge como um ato jurídico em sentido estrito[4072]: liberdade de celebração, mas falta de liberdade de estipulação. Noutros termos: verificados os requisitos, ou se compensa ou não se compensa. Posto isto, ao ato de compensação há que aplicar as diversas regras quanto aos negócios jurídicos, na medida em que seja possível e por via do artigo 295.º. A compensação não é um cumprimento. O cumprimento é um *ato devido*. O devedor não está livre de cumprir: deve fazê-lo. Já a compensação está na disponibilidade de quem, dela, queira lançar mão. As regras relativas à compensação são diferentes.

Resta concluir que a compensação é um ato jurídico em sentido estrito que visa a extinção de créditos. Tem autonomia histórica, cultural e dogmática, além de preencher valores e interesses próprios. Não se reconduz a nenhuma outra figura.

III. Quanto à eficácia, fala o artigo 847.º/1 em "livrar-se da obrigação". Já tivemos a oportunidade de referir que o problema não é tão simples[4073]. Uma obrigação é hoje tomada como um universo complexo com deveres principais, deveres secundários e deveres acessórios. Tratando-se de uma situação relativa, a cada um desses deveres, corresponderão direitos.

Pois bem: a compensação é um instituto analítico. Ela extingue, seletivamente, os créditos correspondentes aos créditos ativos. Evidentemente: quando os créditos ativos tenham uma feição complexa correspondente aos passivos, tudo se extingue. Fora isso, teremos de ponderar, caso a caso, a extensão da extinção.

Em regra, teremos de entender que a compensação exige a equivalência dos deveres principais e dos secundários, caso os haja: de outro modo, pela interligação entre todos, faltaria a homogeneidade. Já os acessórios – os deveres impostos pela boa-fé – tenderam a subsistir para além da compensação[4074]. Teremos, nessa altura, uma manifestação de *culpa post pactum finitum* ou eficácia pós-contratual[4075].

[4072] Trata-se das categorias de Paulo Cunha, que temos vindo a adotar; *vide* o nosso *Tratado* II, 4.ª ed., 85 ss..

[4073] *Supra*, 152 ss..

[4074] Tal como podem subsistir para além do cumprimento.

[4075] *Supra*, 198 ss..

## 467. A compensação convencional

I. A compensação convencional ou voluntária tem natureza diferente. Ela é livremente acordada pelas partes, ao abrigo da sua autonomia privada: artigo 405.º do Código Civil. Trata-se de uma figura pouco referida classicamente[4076] mas cujo interesse doutrinário tem vindo a crescer[4077]. Ela apresenta o maior interesse, designadamente no sector bancário. Mau grado as propostas de Vaz Serra[4078], o Código Civil não contém regras sobre a compensação convencional ou voluntária. Há que deduzi-la, simplesmente, do referido artigo 405.º.

O Código Civil italiano conhece um artigo relativo à compensação voluntária: o 1252.º. Eis o seu teor:

> Por vontade das partes pode haver logo compensação ainda que não ocorram as condições previstas nos artigos precedentes.
>
> As partes podem ainda estabelecer preventivamente as condições de tal compensação.

II. Na compensação convencional, as partes ficam livres para dispensar os requisitos da compensação legal ou para acrescentar novos requisitos que a lei não preveja: se pode haver renúncia à compensação – 853.º/2 – também poderá, *a fortiori*, haver dificultação. Entre os requisitos que

[4076] *Vide*, todavia, o desenvolvimento de Philipp Heck, *Grundriss des Schuldrechts* (1929, reimpr., 1974), § 62 (188-190) e, entre nós, o de Vaz Serra, *Compensação* cit., 164-174, muito apoiado nele, como resulta do seu próprio texto.

[4077] Berger, *Der Aufrechnungsvertrag* cit., especialmente 23 ss.; Joachim Gernhuber, *Die Erfüllung*, 2.ª ed. cit., 326 ss..

[4078] Do seguinte teor – *Compensação* cit., 172:

> 1 – A compensação pode dar-se, por vontade das partes, mesmo que não se verifiquem os requisitos dos artigos anteriores.
>
> 2 – Se um dos créditos não existe ou não pode extinguir-se, o outro não se extingue.
>
> 3 – Na dúvida, é de admitir que as partes querem que os créditos se considerem extintos a partir do momento em que podiam compensar-se mediante declaração unilateral.
>
> 4 – Pelo contrato de compensação, podem as partes fixar as condições de que depende a compensação futura, dando-se esta, então, logo que tais condições se verifiquem. Havendo contrato de liquidação pelo qual as partes pretendam saldar entre si os seus ativos recíprocos, a extinção por compensação, se coisa diversa não for de concluir da interpretação do contrato, só se dá quando a liquidação acaba pela compensação do total de uma das somas com o total da outra, na medida em que correspondam um ao outro, ficando depois um crédito do saldo de uma das partes contra a outra.

podem ser dispensados, encontramos: (a) a reciprocidade: desde que, naturalmente, todas as entidades envolvidas deem o seu assentimento; temos aqui um esquema que fortalece certos créditos, dotando-os de especiais garantias; (b) a exigibilidade: as partes, tratando-se de matéria disponível, podem prescindir de benefícios de prazos ou de outras prerrogativas, dispensando igualmente exceções de Direito material, de modo a permitir a imediata compensação; (c) a homogeneidade: as partes podem admitir a extinção recíproca de débitos não-homogéneos: haveria, para efeitos daquela concreta compensação, uma "homogeneidade convencional".

Por seu turno, a compensação convencional pode agravar os requisitos, bloqueando, designadamente, a retroatividade ou vedando certas compensações concretas. Na compensação convencional ou voluntária, quando as partes nada digam, deixando certos aspetos omissos, cai-se no regime legal, supletivamente aplicável.

III. As partes podem, além de alterar os requisitos, reformular aspetos de atuação da compensação. Assim: (a) pode ser precisada a compensação, na hipótese de diversidade de lugares de cumprimento, regulando-se os seus custos; (b) pode ser regulada ou mesmo dispensada a declaração de compensação, de tal modo que esta opere automaticamente ou em funções de quaisquer fatores a que se apele; (c) pode condicionar-se a compensação, subordinando-a, por exemplo, a certos indícios ou a determinadas normas.

Finalmente são viáveis, por contrato, esquemas complexos de compensação, com recurso a centros ou casas de compensação. A compensação (voluntária) é, ainda, uma peça fundamental em contratos mais vastos, com relevo para a conta-corrente.

IV. A doutrina já tem colocado o problema da natureza da compensação voluntária e, designadamente: o de saber se ainda será compensação ou se não assistiríamos, antes, a remissões recíprocas e concertadas. Há compensação. Desde o momento em que se extingam créditos recíprocos, de tal modo que a extinção de um seja a contrapartida da do outro, aflora a velha *compensatio*. O que é importante: para além da autonomia privada, fica disponível, a título subsidiário, o regime civil da compensação. A compensação voluntária pode ser usada para prejudicar terceiros. Com efeito, o compensante faz-se pagar de imediato, com prejuízo dos credores seus concorrentes.

O antigo CPEF tomava medidas. No seu artigo 157.°, proclamava impugnáveis em benefício da massa falida todos os atos suscetíveis de impugnação pauliana, nos termos da lei civil. Posto isso, o artigo 158.º enumerava os atos que se presumiam celebrados de má-fé, para efeitos de impugnação pauliana. Incluía:

> *b*) O pagamento ou compensação convencional de dívida não vencida, e também de dívida vencida, quando ocorrer dentro do ano anterior à data da abertura do processo conducente à falência e com valores que usualmente a isso não são destinados;

Dispúnhamos, aqui, de uma referência legal explícita à compensação convencional. A matéria não consta, expressamente, dos artigos 120.º e seguintes do CIRE. Mas aí pode ser conduzida.

## 468. **Cláusulas contratuais gerais e compensação bancária**

I. A compensação voluntária pode ser acordada através de cláusulas contratuais gerais. De resto, o modelo mais simples consiste em aditar (ou em suprimir), ao regime legal, algum ou alguns aspetos. Quando isso suceda, há que atentar na Lei das Cláusulas Contratuais Gerais.

II. O artigo 18.º, *h*), da LCCG considera em absoluto proibidas as cláusulas que excluam a faculdade de compensação, quando admitida na lei. Trata-se de uma proibição aplicável nas relações entre empresários e entre estes e consumidores. A renúncia à compensação não será possível por essa via: apenas em contratos especialmente concluídos. Quanto à dificultação da compensação, cumpre ponderar: se esta for de tal ordem que se apresente como "exclusão", a cláusula será nula. Para além disso, a compensação não merece desconfianças. Desde que, naturalmente, não albergue algum negócio diverso, que a lei não permita, a compensação voluntária surge como uma fórmula que o legislador pretende mesmo facilitar.

III. A compensação tem um papel nuclear no Direito bancário. No que as cláusulas contratuais gerais não afastem e no que as partes, especificamente, não acordem, aplicam-se as regras civis. Todavia, as particularidades das contas bancárias e dos regimes que, para elas, sejam estipuladas, obrigam a uma atenção especial[4079].

[4079] Remete-se toda esta matéria para os nossos *Da compensação*, 213 ss. e *Direito bancário*, 6.ª ed. (2016), 594 ss..

## 469. Compensações anómalas e impróprias

I. Conhecido o regime da compensação, podemos considerar outras figuras dela próximas. Por vezes, a proximidade é tanta que chegam a ser consideradas "compensação", ainda que com regras distintas. Temos duas possibilidades: ou a figura próxima, mau grado a especificidade do regime, ainda apresenta características básicas da compensação ou, de todo, isso não sucede. No primeiro caso temos as compensações anómalas; no segundo, as compensações impróprias. Apesar de, *summo rigore*, estarmos fora do campo da compensação, esta opera como o grande atractor das figuras próximas. Resulta, daí, uma vizinhança sistemática, linguística e cultural que tem consequências, no plano do regime. Justifica-se, deste modo, que as competentes rubricas comunguem, ainda, do termo "compensação", procedendo-se ao seu estudo precisamente a propósito deste instituto.

II. A conta-corrente constitui uma rubrica própria, no Direito comercial e no Direito bancário. Para os presentes propósitos, recordamos que, segundo o artigo 346.º do Código Comercial, o contrato de conta-corrente tem como efeito e entre outros:

> A compensação recíproca entre os contraentes até à concorrência dos respetivos crédito e débito ao termo do encerramento da conta-corrente.

Será uma verdadeira e própria compensação? O Código Comercial data de 1888. Nessa ocasião, o próprio Guilherme Moreira não tivera ainda a oportunidade de divulgar, entre nós, o sistema alemão, sistema esse que, de resto, apenas com o BGB seria oficializado, em 1896. O legislador, pela pena de Veiga Beirão, só poderia, pois, ter tido em mente a compensação *ipso iure* napoleónica. E de facto, parece seguro que a "compensação" da conta-corrente não exige a declaração potestativa de querer compensar, hoje prevista no artigo 848.º/1, do Código Civil. Evidentemente: o Direito privado português, na sua passagem para a área jurídico-científica germânica, bem poderia ter conservado institutos próprios do estádio anterior. Teríamos, assim, uma "compensação napoleónica", mais arcaica, no Direito comercial e uma "compensação germânica", mais evoluída, no Direito civil[4080]. A ser esse o caso, nenhuma razão haveria para considerar "anómala" a compensação da conta-corrente.

[4080] Encontramos outros paralelos deste tipo; assim o mandato civil, germânico,

III. Todavia, a compensação do artigo 346.º do Código Veiga Beirão não é conciliável com a própria compensação napoleónica: ele não se limita a prever uma *compensatio ipso iure*: antes uma figura com regime específico noutros pontos. Adiantamos dois: (a) a compensabilidade é definida pelo contrato de conta-corrente, nestes termos: é compensado(ável) quando, *ex tunc*, possa ser levado à conta; (b) a compensação não é, aqui, retroativa, no sentido comum de produzir efeitos desde o momento em que se verifiquem os requisitos legais: ela opera no momento do saldo.

Estamos perante uma figura própria. De todo o modo, ela opera com créditos de sinal contrário os quais, em certas condições, se extinguem, até ao limite da concorrência. Fica-nos, assim, uma margem clara para falar, ainda, de compensação, conquanto que anómala. Dogmaticamente ela é facilmente explicável fazendo-se a aproximação à compensação convencional: integrada no tipo mais vasto da conta-corrente, a compensação aqui em causa assume uma feição especial mercê da autonomia privada.

IV. Vamos recordar o artigo 795.º/2, a propósito da impossibilidade superveniente da prestação, nos contratos bilaterais:

> Se a prestação se tornar impossível por causa imputável ao credor, não fica este desobrigado da contraprestação; mas, se o devedor tiver algum benefício com a exoneração, será o valor do benefício descontado na contraprestação.

Desta feita, não chega a haver créditos de sinal contrário. Apenas se verifica que, em certas circunstâncias, o cálculo de determinada prestação pressupõe uma operação de desconto ou dedução de valores.

A lei civil dá-nos outros exemplos[4081]:

- 815.º/2: o credor em mora cujo crédito se impossibilite continua obrigado à contraprestação; desta, todavia, será descontado qualquer benefício que o devedor tenha com a extinção da sua obrigação;
- 894.º/2: havendo restituição do preço por nulidade da venda de bens alheios, será abatido, no montante do preço e da indemnização que

independente da procuração e o mandato comercial, napoleónico, que envolve representação; a culpa-*faute* da responsabilidade contratual e a culpa germânica, aquiliana. Um terceiro exemplo seria constituído pela compensação.

4081 João Antunes Varela, *Das obrigações em geral* cit., 2, 7.ª ed., 199.

o vendedor tenha de pagar ao comprador, qualquer proveito que o comprador tiver tirado da perda ou diminuição de valor dos bens;

- 1040.º/1: a renda ou aluguer são reduzidos se, por motivo não atinente à sua pessoa ou à dos seus familiares, o locatário sofrer privação ou diminuição do gozo da coisa locada;
- 1216.º/3: na empreitada, quando haja alterações exigidas pelo dono da obra e destas resulte uma diminuição do custo ou de trabalho, tem o empreiteiro direito ao preço estipulado, com dedução do que, em consequência das alterações, poupar em despesas ou adquirir por outras aplicações da sua atividade.

Além disso, poderíamos chamar à colação institutos como os do cálculo da indemnização e do cálculo da obrigação de restituir o enriquecimento, onde caberá fazer deduções.

V. A figura aqui em causa tem sido identificada pelos obrigacionistas como claramente diversa da compensação[4082] [4083]. Em língua alemã, ela denomina-se *Anrechnung* (cálculo ou contabilização). Passando ao vernáculo: desconto daria lugar a confusão com o desconto bancário; propomos "dedução" ou "dedução de valores". Nuns casos ela resulta expressamente da lei; noutros, há que proceder por construção científica. As diferenciações entre a compensação e a dedução de valores são claras. Assim[4084]: (a) a compensação postula créditos autónomos de sinal contrário: a dedução visa apenas delimitar um único crédito; dispensam-se, nesta, factos constitutivos próprios, atinentes a direitos diferentes; (b) a compensação é potestativa; a dedução surge automática; (c) a compensação é retroativa; a dedução produz efeitos quando o crédito por ela delimitado se torne eficaz; (d) a compensação conhece causas legais de exclusão, o que não sucede com a dedução.

Nestas condições, só caso a caso e com cautelas se poderão aplicar, à dedução de valores, regras próprias da compensação. Trata-se, verdadeiramente, de uma "compensação imprópria".

[4082] Assim, Karl Larenz, *Lehrbuch des Schuldrechts* cit., 1, 14.ª ed., 255-256 e Joachim Gernhuber, *Die Erfüllung* cit., 2.ª ed., 226. Sobre toda esta matéria é fundamental a referida monografia de Christian Vierrath, *Anrechnung und Aufrechnung* (2000).

[4083] S. Braga, *Der Schadensersatzanspruch nach § 326 BGB und die Aufrechnung und Abtretung (§ 404 und 406 BGB)*, MDR 1959, 437-441.

[4084] Vierrath, *Anrechnung und Aufrechnung* cit., 3 ss..

SECÇÃO IV

# A NOVAÇÃO

## § 111.º ASPETOS HISTÓRICO-COMPARATÍSTICOS DA NOVAÇÃO

### 470. **Direito romano e evolução subsequente**

I. Há novação quando o credor e o devedor acordem na constituição de uma nova obrigação em substituição da antiga, que se extingue. Na novação objetiva, as partes mantêm-se mas o vínculo existente dá lugar a um outro; na subjetiva, o novo vínculo tem seja um credor, seja um devedor diferente (857.º e 858.º).

II. A novação tem antecedentes muito antigos. No Direito romano, a novação operava através de uma *stipulatio*[4085]: troca de declarações formais, aptas para constituir um vínculo de Direito estrito. Na conhecida definição de Ulpiano[4086]:

[4085] Botho von Salpius, *Novation und Delegation nach römischem Recht/Eine civilistische Versuch* (1864), XII + 518 pp., 131 ss.; Carl Salkowski, *Zur Lehre von der Novation nach Römischem Recht* (1866), XIV + 496 pp., 1 ss. e 154 ss.; Gerhard Beseler, *Eröterungen zur Geschichte der Novation und zur Geschichte des Litteralkontraktes* (1904), 62 pp.; Bernhard Staehelin, *Die Novation/Ihre Geschichtliche Entwicklung und ihre Bedeutung im geltenden Recht* (1948), 154 pp., 7 ss.; Franco Bonifacio, *La novazione nel diritto romano*, 2.ª ed. (1959), VIII + 199 pp., 1 ss., com recenções de Max Kaser, SZRom 68 (1951), 586-592 e de Hans Julius Wolff, Iura 2 (1951), 238-243; Agostino Elefante, *Novazione (diritto romano)*, NssDI XI (1965), 425-431; Max Kaser, *Das römische Privatrecht* cit., 1, 2.ª ed., § 152, I, 1 (647); Paola Lambrini, *La novazione/Pensiero classico e disciplina giustinianea* (2006), X + 207 pp., 41 ss.; esta Autora considera ter-se tratado de uma criação genial dos romanos (*idem*, 47 ss.). *Vide* a rec. de Fritz Sturm, em SZRom 127 (2010), 455-471.

[4086] Ulpiano, D. 46.2.1.pr. = Ed. Paul Krüger cit., I, 744/II; *vide* Paul Przikling, *Die Erfordnisse der Novation* (1893), 32 pp., 9. Um estudo crítico das fontes romanas pode ser

Novatio est prioris debiti in aliam obligationem vel civilem vel naturalem transfusio atque translatio, hoc est cume ex praecedenti causa iat nuova constituatur, ut prior perematur [a novação é a transformação ou a transmissão de um débito anterior noutra obrigação, civil ou natural, a qual é, de uma causa anterior, constituída por uma nova, com supressão da anterior]

III. Inicialmente, a obrigação resultante de novação era precisamente igual à anterior; o relevo da operação residia no radicar numa *stipulatio*, com a solidez que ela implicava. Além disso, na base de uma obrigação contraída por *stipulatio*, era possível constituir garantias pessoais eficazes. Subsequentemente, foram sendo permitidas diferenciações: a nova obrigação podia assumir uma condição[4087]. No momento seguinte, admitiu-se a novação subjetiva: a nova obrigação distinguir-se-ia da anterior por ter um sujeito diferente, fosse o credor, fosse o devedor. Por essa via, conseguia--se o efeito prático de uma transmissão. Em qualquer dos casos, a novação provocava a extinção da anterior obrigação *ipso iure*[4088]. As garantias antes existentes desapareciam: teriam, sendo o caso, de ser constituídas de novo, para a obrigação resultante da operação[4089]. Além disso, perfilou-se outra via criativa: a *stipulatio* novatória devia ser interpretada, o que permitia sedimentar obrigações não coincidentes com as iniciais.

IV. No período pós-clássico, desapareceram as formalidades próprias da *stipulatio*. A novação passou a ser possível em termos consensuais, o que permitia desembocar em obrigações distintas. No Direito justinianeu, a brecha assim aberta foi colmatada pela introdução de um novo requisito: o *animus novandi* ou intenção de novar[4090]. A operacionalização deste requisito,

confrontado em Paola Lambrini, *La novazione/Lineamenti romanistici e dottrine attuali* (2006), 205 pp., 3 ss..

4087 Um tema clássico de debate: Karl Friedrich Ferdinand Kniep, *Einfluß der bedingten Novation auf die ursprüngliche Obligatio/Eine privatrechtliche Abhandlung* (1860), VIII + 191 pp., 3 ss.; R. Römer, *Die bedingte Novation/nach dem römischen und heutigen gemeinen Recht* (1863), X + 350 pp., 72 ss., suspensiva e 333 ss., resolutiva; André Thorens, *La novation conditionnelle/Étude de jurisprudence romaine classique* (1927), 95 pp., 89 ss., as conclusões.

4088 Ludwig Redlich, *Zur Lehre von der Schuldaufhebung durch Novation* (1893), 58 + II pp., 38 ss..

4089 Max Kaser, *Das römische Privatrecht* cit., 1, 2.ª ed., § 152, I, 3 (648).

4090 Botho von Salpius, *Novation und Delegation nach römischem Recht* cit., 186 ss.; Paul Przikling, *Die Erfordnisse der Novation* cit., 18; Franco Bonifacio, *La novazione nel diritto romano* cit., 2.ª ed., 173 ss.; Peter Apathy, *Animus novandi/Das Willensmoment*

perante as dificuldades de prova que se adivinham, levou a uma reformalização: a prática apurou formulários pelos quais as partes podiam declarar não querer novar, de tal modo que subsistisse a obrigação original[4091].

## 471. **Direito intermédio e codificações**

I. Ao longo da Idade Média e sob as sucessivas receções, a novação conheceu uma larga utilização[4092], repercutindo-se nos diplomas do jusracionalismo e no Código Napoleão[4093]. Ela foi particularmente útil no tocante à sua potencialidade de permitir, no plano económico, a transmissão das obrigações. Além disso, foi admitida uma novação que conduzisse a uma obrigação totalmente diferente da anterior[4094]: uma operação desconhecida no Direito romano.

II. A novação foi acolhida no Código Napoleão: artigos 1271.º a 1281.º [4095]. Vamos referir os preceitos mais significativos:

> 1271.º A novação opera de três formas:
> 1.º Quando o devedor contrate com o seu credor um novo débito que se substitua ao antigo, o qual é extinto;
> 2.º Quando um novo devedor se substitui ao antigo, que é liberado pelo seu credor;
> 3.º Quando, por efeito de um novo compromisso, um novo credor se substitua ao antigo, perante o qual o devedor é liberado.
>
> (...)

*beim römischen Schulderneuerungsvertrag* (1975), 286 pp., 15 ss., 47 ss. e 253 ss.; este Autor sustenta que o *animus novandi* já era, em grande parte, clássico; Reinhard Zimmermann, *The Law of Obligations* cit., 634-635; Paola Lambrini, *La novazione* cit., 7 ss..

[4091] Max Kaser, *Das römische Privatrecht* cit., II, 2.ª ed., § 275, I, II (450).

[4092] Emmanuelle Chevreau/Yves Mausen/Claire Bouglé, *Introduction historique au droit des obligations* (2007), n.º 109 (164); as posições dos canonistas e dos glosadores podem ser conferidas em Bernhard Staehelin, *Die Novation* cit., 30 ss. e 35 ss..

[4093] Rudolf Meyer-Pritzl, no HKK/BGB cit., II/2, §§ 414-418, Nr. 5-6 (2372-2373).

[4094] François Terré e outros, *Les obligations* cit., 11.ª ed., n.º 1418 (1459).

[4095] A matéria da novação passou para os artigos 1329.º a 1335.º, mercê da reforma de 2016: não houve alterações de fundo; *vide* Gaël Chantepie/Mathias Latina, *La reforme du droit des obligations* cit., 762 ss..

1272.º A novação não se presume; é necessário que a vontade de a operar resulte claramente do ato.

(...)

1278.º Os privilégios e hipotecas do antigo crédito não passam para o que o substitua, salvo se o credor os tiver expressamente reservado.

A novação tinha o especial interesse de facultar a transmissão de obrigações, designadamente de dívidas. O inconveniente residia na natureza inovatória, que fazia perder as garantias iniciais, salvo novo acordo[4096].

III. O Direito alemão acabaria por seguir uma linha diversa. Ao longo do século XIX, a novação romana e a sua evolução foram intensamente estudadas. Além de múltiplas monografias histórico-dogmáticas[4097], a novação mereceu referências e desenvolvimentos na literatura pandectística geral[4098]. Todavia, aquando da preparação do BGB, von Kübel, autor do anteprojeto na parte relativa às obrigações, defendeu a desnecessidade desse velho instituto: o seu papel seria assegurado pela liberdade contratual, que permitiria às partes concluir novos contratos em substituição dos anteriores e pela consagração da assunção de dívidas[4099]. A doutrina subsequente à publicação e à entrada em vigor conservou as referências à novação, explicando a sua "substituição" pelo novo diploma[4100]. Apesar

[4096] Quanto à novação no Direito francês, com indicações: Christiane Pactet, *De la réalisation de la novation*, RTDC 19785, 435-458 e 643-659; Didier Cholet, *La novation de contrat*, RTDC 2006, 467-492, ponderando a aplicação da novação não apenas a obrigações, mas ao próprio contrato; François Terré e outros, *Les obligations* cit., 11.ª ed., n.º 1420-1438 (1460-1477); Philippe Malinvaud e outros, *Droit des obligations* cit., 13.ª ed., n.º 837-841 (668-672); Bertrand Fages, *Droit des obligations* cit., 5.ª ed., n.º 556-558 (453-454); Philippe Maulaurie e outros, *Droit des obligations* cit., 7.ª ed., n.º 1455-1458 (783-785).

[4097] *Vide* os títulos referidos *supra*, 1111.

[4098] P. ex.: Ludwig Arndts, *Lehrbuch der Pandekten* cit., 9.ª ed., § 268 (469-474); Heinrich Dernburg/Johannes Biermann, *Pandekten* cit., 7.ª ed., §§ 59-60 (164-170); Bernhard Windscheid/Theodor Kipp, *Lehrbuch der Pandekten* cit., 9.ª ed., § 353 (2, 503-510).

[4099] Franz Philipp von Kübel, *Recht der Schuldverhältnisse*, 1 – *Allgemeiner Teil* (1882, reimp., 1980), 1219 pp., 1001-1002.

[4100] Assim: Félix Lorent, *Die Novation unter der Herrschaft des B.G.B.* (1905), IX + 41 pp., 21 ss.; Max Osberghaus, *Die Novation des römischen Rechts und ihre Bedeutung*

do silêncio do BGB, a doutrina mantém referências à novação, sempre possível ao abrigo da autonomia privada, traçando o seu perfil[4101].

IV. O Código italiano de 1942 fez uma opção inversa. A novação recebeu, nele, um tratamento condigno: logo à cabeça do capítulo relativo aos modos de extinção das obrigações diferentes do cumprimento (1230.º a 1235.º)[4102]. Trata, mais precisamente: novação objetiva (1230.º); modalidades que não implicam novação (1231.º); privilégios, penhor e hipoteca (1232.º); reserva das garantias nas obrigações solidárias (1232.º); ineficácia da novação (1234.º); novação subjetiva (1235.º). A novação conserva especial interesse doutrinário[4103] ainda que, de facto, tenha vindo a perder a sua importância[4104].

## 472. A experiência lusófona

I. A doutrina lusófona da pré-codificação reportava a novação e apresentava-lhe os contornos, na base do Direito comum. Contrapunha a novação à delegação, sendo esta última equivalente à novação subjetiva. Segundo Correia Telles[4105]:

> 1205.º Quando o crédor e devedor convencionam de dissolver a obrigação contrahida, substituindo outra diversa, fazem uma novação propriamente dita.

*nach dem Rechte des Bürgerlichen Gesetzbuchs* (1907), XII + 54 pp., 21 ss., 45; Manfred Panthe, *Die Novation nach dem Rechte des BGB* (1930), 76 pp., 23 ss. e 42 ss.; Bernhard Staehelin, *Die Novation* cit., 66 ss..

[4101] Ludwig Enneccerus/Heinrich Lehmann, *Recht der Schuldverhältnisse* cit., 15.ª ed., § 75 (298-303); Joachim Gernhuber, *Die Erfüllung* cit., 2.ª ed., § 18 (402-415); Volker Rieble, no *Staudingers Kommentar* cit., 2, § 414, Nr. 106-107 (323); Volker Emmerich, no *Münchener Kommentar* cit., 2, 7.ª ed., § 311, Nr. 15-17 (1584-1585).

[4102] Andrea Magazzù, *Novazione (diritto civile)*, ED XXVIII (1978), 779-836; Paola Lambrini, *La novazione/Lineamenti* cit., 117 ss., com indicações; Guido Alpa/ /Giovanni Iudica, *Codice civile annotato* cit., 1176-1180.

[4103] Em especial através das monografias de Paola Lambrini, já citadas.

[4104] Pietro Rescigno, *Novazione (diritto civile)*, NssDI XI (1965), 431-438.

[4105] J. H. Correia Telles, *Digesto Portuguez* cit., 3.ª ed., 1, 156-157.

1206.º Se ajustam dar o devedor outro devedor em seu lugar, e este consente em tomar sobre si a obrigação ficando o primeiro desobrigado, verificando-se uma delegação.

(...)

1210.º Tanto a novação como a delegação extingue a obrigação do devedor e livra a hypothecas e fiadores d'ella.

O ânimo de novar era autonomizado como requisito[4106].

II. O Código de Seabra dispensou um tratamento circunstanciado à novação (802.º a 814.º), seguindo, de perto, o esquema napoleónico. Vamos reter os preceitos em questão[4107]:

Art. 802.º A novação effeitua-se:
1.º Quando o devedor contrahe para com o credor uma nova divida em logar da antiga, que fica extincta;
2.º Quando um novo devedor é substituido ao antigo, que fica exonerado;
3.º Quando um novo credor é subtituido ao antigo, obrigando-se para com elle o antigo devedor.

Art 803.º A novação não se presume; é necessario que seja expressamente estipulada, ou que se deduza claramente dos termos do novo contracto.

Art. 804.º A novação, por substituição de devedor, não póde fazer-se sem consentimento do credor; mas pode fazer-se sem intervenção do devedor antigo, nos termos em que, sem consentimento devedor, póde ser feito o pagamento.

Art. 805.º O credor, que exonerar pela novação o antigo devedor, aceitando outro em seu logar, não terá regresso contra aquele, se o novo devedor se achar insolvente ou fôr incapaz, salvo se outra cousa for estipulada.

[4106] M. A. Coelho da Rocha, *Instituições* cit., § 160 (1, 94).

[4107] José Dias Ferreira, *Codigo civil annotado* cit., II, 1.ª ed., 283-286 e II, 2.ª ed., 108-111.

Art. 806.º A simples indicação, feita pelo devedor, de pessoa que deva pagar em seu logar, ou feita pelo credor, de pessoa que deva receber em seu logar, não produz novação.

Art. 807.º Extincta a divida antiga pela novação, ficam igualmente extinctos todo os direitos e obrigações accessorios, não havendo reserva expressa.

§ unico. Se a reserva disser respeito a terceiro, é também necessario o consentimento d'este.

Art. 808.º Quando, porém, a novação se effeitua entre o credor e algum devedor solidário, os privilegios e hypothecas do antigo credito só podem ser reservados em relação aos bens do devedor, que contrahe a nova divida.

Art. 809.º Pela novação, feita entre o credor e algum dos devedores solidarios, ficam exonerados todos os mais com-devedores.

Art. 810.º Se a primeira obrigação se achar extincta ao tempo em que a segunda fôr contrahida, ficará a novação sem effeito.

Art. 811.º Ainda que a obrigação anterior seja subordinada a uma condição suspensiva, só fica a novação dependente do seu cumprimento, no caso em que assim seja estipulado.

Art. 812.º Se a obrigação primitiva for absolutamente reprovada pela lei, ou tal que não possa ser sanada ou confirmada, será nulla a obrigação que a substituir.

Art. 813.º Se a novação for nulla, subsistirá a antiga obrigação.

Art. 814.º O devedor substituido não póde oppôr ao credor as excepções, que poderia oppôr o primeiro devedor; mas póde oppôr-lhe as que pessoalmente tenha contra o mesmo credor.

Guilherme Moreira, a quem se deve uma exposição clara sobre o regime da novação[4108] apontava a sua supressão no Código Civil alemão, considerando-a uma simplificação em parte possível[4109]. Cunha Gonçal-

[4108] Guilherme Moreira, *Instituições do Direito civil* cit., 2, § 19 (282-297).
[4109] *Idem*, 285.

ves via, na novação, "de todos os factos jurídicos extintivos da obrigação (...) decerto, o mais interessante, o que suscita mais delicados problemas e tem dado lugar a frequentes erros (...)"[4110]. Sublinha que, ao contrário da romana, a novação atual pode implicar, na nova obrigação, um conteúdo diverso do da primeira.

IV. No âmbito da preparação do Código Civil de 1966, Vaz Serra elabora um estudo circunstanciado sobre a novação[4111]. A primeira e quiçá mais importante questão a decidir tinha a ver com a própria manutenção da novação. Seguiu o debate no Direito italiano[4112]. Quanto à supressão no Direito alemão: a novação seria sempre possível por via da autonomia privada[4113]. Tudo visto, Vaz Serra propôs que a novação viesse a constar do novo Código Civil[4114]. Os diversos pontos foram analisados, com relevo para a vontade de novar[4115]. O articulado proposto compreendia nove preceitos circunstanciados[4116].

No anteprojeto geral, a matéria passou aos artigos 480.° a 485.°[4117]. A 1.ª Revisão Ministerial simplificou os preceitos[4118], ainda algo distantes da redação final. Coube à 2.ª Revisão proceder a novas simplificações[4119] e ao projeto final a alguns retoques[4120]. Torna-se curioso sublinhar que, no tocante à novação, só aos poucos se estabilizaram os textos.

V. A novação foi consagrada nos artigos 999.° a 1008.° do Código Civil brasileiro de 1916[4121]: um articulado mais claro e elegante do que o de Seabra. Sublinhe-se o artigo 1000.°, segundo o qual:

4110 Luiz da Cunha Gonçalves, *Tratado* cit., 5, 94-127 (96-97).
4111 Adriano Vaz Serra, *Novação*, BMJ 72 (1958), 5-75.
4112 *Idem*, 6-9.
4113 *Idem*, 10-12.
4114 *Idem*, 16.
4115 *Idem*, 47 ss..
4116 *Idem*, 71-74.
4117 Adriano Vaz Serra, *Direito das obrigações* cit., 403-407.
4118 BMJ 119 (1962), 215-216.
4119 Os textos podem ser conferidos em Jacinto Rodrigues Bastos, *Das obrigações em geral* cit., 6, 235-250.
4120 *Projecto de Código Civil* cit., 249-251.
4121 Paulo Merêa, *Código civil brasileiro anotado* cit., 333-335.

Não havendo ânimo de novar, a segunda obrigação confirma simplesmente a primeira.

O Código Civil de 2002 manteve, praticamente, nos seus artigos 360.º a 367.º, os preceitos do seu antecessor[4122].

[4122] José Miguel Garcia Medina/Fábio Caldas de Araújo, *Código Civil comentado* cit., 354-358.

## § 112.º O REGIME DA NOVAÇÃO

### 473. **Generalidades; novação objetiva e subjetiva**

I. O Código Civil consagra seis artigos à novação: 857.º (novação objetiva), 858.º (novação subjetiva), 859.º (declaração negocial), 860.º (ineficácia da novação), 861.º (garantias) e 862.º (meios de defesa)[4123]. Na novação objetiva, o devedor contrai perante o credor uma nova obrigação em substituição da antiga. O preceito deve ser alargadamente entendido: ambas as partes contraem uma nova obrigação, extinguindo a anterior. Temos várias possibilidades:

- mantém-se uma mesma prestação, mas com uma fonte diversa: em substituição de um dever de indemnização por facto ilícito, as partes acordam numa obrigação pecuniária a favor do lesado;
- altera-se a prestação: um contrato de compra de uma máquina usada, por determinado preço, é substituído por outro que dá, aos compradores a opção de adquirir uma máquina nova, por um preço superior[4124];
- modifica-se o contexto geral: adota-se um plano financeiro para uma empresa consistente na concessão, pela instituição de crédito credora, de um novo empréstimo, para regularizar todas as obrigações antes existentes, para com ela[4125].

Os tribunais vêm a ser algo restritivos quanto às novações objetivas, pela exigência estrita do *animus novandi*, abaixo analisado. Desde que este

[4123] João Antunes Varela, *Das obrigações em geral* cit., 2, 7.ª ed., 229-242; Pires de Lima/Antunes Varela, *Código Civil Anotado* cit., 2, 4.ª ed., 144-155.

[4124] RPt 31-jan.-1995 (Norman de Mascarenhas), CJ XX (1995) 1, 212-215 (214-215).

[4125] STJ 4-jun.-1996 (Herculano Lima), CJ/Supremo IV (1996) 2, 105-108 (107/II).

se prove, quaisquer ocorrências que toquem numa obrigação preexistente, mantendo as pessoas, podem dar azo a uma novação.

II. A distinção entre a novação objetiva e o acordo modificativo de uma obrigação é melindrosa: ambas essas realidades comportam uma clara área de sobreposição. A diferenciação acaba por se fazer pelo regime: se houver novação, ficam extintas, salvo expressa convenção em contrário, as garantias relativas à obrigação novada, mesmo quando legais (861.º); além disso, salvo estipulação adversa, o novo crédito não está sujeito aos meios de defesa oponíveis à obrigação antiga (862.º). Pelo contrário, a mera modificação não afeta as garantias preexistentes nem bloqueia os meios de defesa.

III. A novação subjetiva diz-se por substituição do credor, quando surja um novo, em vez do anterior. E será por substituição do devedor caso este mude[4126]. Também aqui ocorrem áreas de sobreposição: desta feita com a cessão de crédito e com a assunção de dívida. Há que determinar a vontade das partes, sendo que a pedra de toque se mantém nas garantias e nos meios de defesa. Havendo cessão de crédito, transmitem-se, salvo convenção contrária, as garantias e acessórios (582.º), o mesmo sucedendo em face da assunção de dívidas (599.º). A novação subjetiva, dada a consagração ampla da transmissibilidade das obrigações, tem um relevo reduzido: mas não nulo.

## 474. O *animus novandi*

I. A pedra angular da novação é constituída pelo *animus novandi*. O artigo 859.º exprime essa regra:

> A vontade de contrair a nova obrigação em substituição da antiga deve ser expressamente manifestada.

O artigo 361.º do Código Civil brasileiro fá-lo nestes termos:

> Não havendo ânimo de novar, expresso ou tácito mas inequívoco, a segunda obrigação confirma simplesmente a primeira.

[4126] STJ 7-mar.-2006 (Afonso Correia), CJ/Supremo XIV (2006) 1, 118-121 (119).

Historicamente, a exigência de *animus novandi* surgiu com a desformalização da novação[4127]. Antes de ponderar o alcance da locução "expressamente manifestada", há que fixar o objetivo da norma.

III. A novação é perigosa: para o credor e para o devedor. Em relação ao credor, ela vai privá-lo, sempre salvo cláusula em contrário, das garantias que lhe assistiam (861.º). Quanto ao devedor: ela retira-lhe os meios de defesa próprios da obrigação inicial (862.º). Com a novação, tudo recomeça, sem passado. A exigência do *animus* expresso protege ambas as partes[4128].

Este ponto levou a uma querela entre Vaz Serra e Antunes Varela. O primeiro[4129] entende que, no artigo 859.º, "expressamente" não está empregue no sentido do artigo 217.º mas, tão-só, no de "claramente" ou "inequivocamente": a vontade de novar não se presumiria. Contrapõe Antunes Varela[4130] que a vontade deve mesmo ser expressa, abrangendo não apenas uma das declarações, mas ambas ou seja; o próprio acordo deve ser expresso. O Supremo decidiu no sentido favorável à posição de Antunes Varela[4131].

Não devemos reconstituir as *stipulationes* do Direito romano clássico. Todavia, afirma-se-nos que a potencial gravidade da novação requer, mesmo, uma vontade expressa, por oposição a tácita. A doação permite, tudo visto, uma renúncia antecipada a direitos, contrariando o (sólido) princípio de sinal contrário[4132], que anima o Direito lusófono das obriga-

[4127] *Supra*, 1112.

[4128] *Vide*, quanto à exigência de "vontade expressa" ou equivalente, o *Tratado* II, 4.ª ed., 135-136.

[4129] Adriano Vaz Serra, anot. STJ 25-jan.-1974 (Manuel José Fernandes Costa), RLJ 108 (1975), 19-22, *idem*, 22-29 (26) e anot. STJ 13-jan.-1977 (Daniel Ferreira), RLJ 110 (1978), 373-376, *idem*, 376-381 (378).

Nesse sentido, também Paulo Mota Pinto, *Declaração tácita e comportamento concludente no negócio jurídico* (1995), 496-499.

[4130] João Antunes Varela, anot. STJ 3-dez.-1981 (Pedro Lima Cluny), RLJ 118 (1985), 23-28, *idem*, 28-32 e 52-57 (30/II).

[4131] STJ 13-jan.-1977 (Daniel Ferreira), BMJ 263 (1977), 265-269 (268) = RLJ 110 (1978), 373-376 (374/I); *vide*, ainda, a enérgica postura de Antunes Varela, em Pires de Lima/Antunes Varela, *Código Civil anotado* cit., II, 4.ª ed., 146.

[4132] *Tratado* VI, 2.ª ed., 69.

ções[4133]. Integra-se num subsistema em que vale a tutela das partes, contra as suas próprias irreflexões.

III. Na exigência de *animus novandi*, a jurisprudência tem sido muito afirmativa. Assim:

- a novação distingue-se da *datio pro solvendo* por implicar a vontade de novar[4134];
- a reforma de uma letra de câmbio não importa novação da relação cambiária, a não ser que essa vontade seja manifestada de modo inequívoco[4135];
- *idem*, quanto à remissão de uma letra, que conduz tão-só a uma *datio pro solvendo*[4136];
- *idem*, quanto à substituição de uma letra por outra[4137];
- a vontade de novar deve ser expressamente manifestada[4138], não sendo possíveis declarações tácitas[4139];

[4133] Nesse sentido, Fernando Pessoa Jorge, *Lições de Direito das obrigações* cit., 1, 683 (n.º 374 e 375); Mário Júlio de Almeida Costa, *Direito das obrigações* cit., 12.ª ed., 1113 e Luís Menezes Leitão, *Direito das obrigações* cit., 2, 9.ª ed., 203.

[4134] STJ 10-out.-1990 (António de Matos), BMJ 400 (1990), 678-681 (680); STJ 26-mai.-1993 (Cardona Ferreira), BMJ 427 (1993), 502-507 (506-507).

[4135] STJ 22-nov.-1990 (Cura Mariano), BMJ 401 (1990), 599-604 (603); RGm 29-mar.-2011 (Maria da Conceição Saavedra), Proc. 3715/09; RLx 1-fev.-2011 (Anabela Calafate), Proc. 819/07; RPt 20-dez.-2011 (Ramos Lopes), Proc. 3181/01; RCb 27-mar.-2012 (António Beça Pereira), Proc. 1507/09.

[4136] REv 28-abr.-1994 (Armindo Ribeiro Luís), CJ XIX (1994) 2, 267-269 (268/II).

[4137] RCb 13-jan.-2015 (Maria João Areias), Proc. 26/12.

[4138] STJ 5-dez.-1991 (Mário Noronha), BMJ 412 (1991), 452-458 (458); RCb 27-out.-1992 (Eduardo Antunes), CJ XVII (1992) 4, 95-98 (97/II); STJ 26-mar.-1998 (Garcia Marques), BMJ 475 (1998), 725-730 (728); RLx 29-abr.-1999 (Arlindo Rocha), CJ XXIV (1999) 2, 126-128 (128/I), ainda que admitindo (bem) que a declaração expressa possa resultar de uma atividade interpretativa do texto declarativo; STJ 17-mar.-2005 (Neves Ribeiro), Proc. 05B201; RPt 9-jun.-2009 (João Proença), Proc. 0824827; RLx 30-nov.-2010 (João Aveiro Pereira), Proc. 1459/10; RCb 23-out.-2012 (Luís Cravo), Proc. 67/09; RLx 19-dez.-2012 (Maria Adelaide Domingues), Proc. 2656/07; RGm 12-mar.-2015 (António Sobrinho), Proc. 2180/12.

[4139] RPt 17-mai.-2011 (João Proença), Proc. 871-C/2001; RLx 10-nov.-2011 (Ezagüy Martins), Proc. 7493/10: não bastam simples *facta concludentia*; RPt 1-abr.-2014 (Maria Graça Mira), Proc. 2225/12.

– o *animus novandi* deve ser provado[4140], não se presumindo[4141].

Admite-se que, no domínio das letras de câmbio, possa haver novação, desde que se verifiquem os requisitos legais[4142]. E já se decidiu que a homologação de um plano de insolvência não implica novação[4143], tal como não a implica uma transação, que apenas reformula a relação preexistente[4144].

IV. Toda a orientação dos nossos tribunais, que temos por justificada, deve ser reforçada pelas valorações básicas. Não estão em causa requisitos de forma – que podem ser respeitados nas declarações tácitas, como dispõe o artigo 217.º/2 – nem de prova, que deve ser sempre feita por quem se queira prevalecer da figura. O Direito pretende – sim – que as partes reflitam criteriosamente no que vão fazer, com pleno conhecimento de causa, dada a potencial gravidade das consequências envolvidas. E essa reflexão é assegurada pela exigência do *animus* expresso.

## 475. A validade das situações envolvidas

I. O artigo 860.º prescreve, pelo menos aparentemente, a ineficácia da novação nas seguintes duas hipóteses:

- a de a primeira obrigação estar extinta ao tempo em que a segunda foi contraída ou vier a ser declarada nula ou anulada (n.º 1);
- a de a nova obrigação ser, ela própria, declarada nula ou anulada, altura em que subsiste a obrigação primitiva (n.º 2).

Neste último caso, sendo a invalidade imputável ao credor, não renascem as garantias prestadas por terceiro, salvo se este, na data em que teve notícia da novação, conhecia o vício da nova obrigação. Estes preceitos surgem claros: todavia, a matéria subjacente é bastante mais complexa.

4140 RGm 6-mar.-2014 (Maria Luísa Ramos), Proc. 1296/12.

4141 RLx 29-out.-2015 (António Valente), Proc. 2875-12.

4142 STJ 26-nov.-2014 (Tavares de Paiva), Proc. 1281/10.

4143 RPt 16-set.-2014 (M. Pinto dos Santos), Proc. 1527/13.

4144 REv 14-mai.-2014 (Acácio Neves), Proc. 1393/06; admitindo que uma transação possa recair sobre uma novação: RLx 15-out.-2013 (Orlando Nascimento), Proc. 3462/11; tudo depende do caso considerado em concreto.

Chamamos a atenção para o facto de o artigo 860.º não poder ser interpretado isoladamente: antes deve ser compaginado com outros e, designadamente, com o artigo 859.º (*animus novandi* expresso) e com o artigo 862.º (meios de defesa).

II. Quando se refere a novação há, efetivamente, duas obrigações: a antiga ou novada e a nova ou novadora. Em regra, tais "duas" obrigações exprimem-se em dois negócios: o primeiro e o segundo. Daí o falar-se em nulidades e anulações. Temos, porém, de introduzir um terceiro ato jurídico: a própria novação em si, que vai extinguir o primeiro negócio, substituindo-o por um segundo. Se um comodato for novado numa compra e venda, temos de aplicar: (a) as regras do comodato ao primeiro negócio; (b) as da compra e venda ao segundo; (c) as da novação ao ato (de resto: ao negócio) novatório.

A esta luz, compreende-se que, se não subsistir o primeiro negócio, a novação recaia sobre coisa nenhuma. E não havendo novação, não temos base para a ocorrência do segundo negócio, que visou substituir o primeiro.

III. Todavia, o escopo da novação não é só o de extinguir um negócio: ela visa o novo negócio, que passará a nortear os interesses das partes e no qual ambas puseram a sua confiança: ao ponto de prescindirem do negócio velho. O instituto da novação fica enfraquecido se, havendo desentendimento entre as partes, entrarmos num processo de vale tudo: além de se defrontarem a propósito da validade do segundo negócio, viria para a mesa a disputa do primeiro, que as partes pretenderam sepultar. Aliás, uma das motivações para uma novação reside, precisamente, em pôr de lado dúvidas quanto à validade do negócio antigo.

Por isso – e sempre supletivamente – o artigo 862.º prescreve que o novo crédito não fique sujeito aos meios de defesa oponíveis à obrigação antiga. Já houve quem dissesse que isso bloquearia a exceção de contrato não-cumprido, suscitada no âmbito da antiga, e a propósito da segunda. Mas não: se a antiga se extinguiu, não há cabimento para tal *exceptio*. A lei não distingue: são todos os meios de defesa que ficam paralisados. E designadamente, não é possível, a propósito da execução da obrigação nova:

– excecionar a invalidade da antiga, seja qual foi o vício;
– afirmar qualquer causa extintiva, quanto à antiga;
– atuar a alteração das circunstâncias, sempre quanto à antiga.

De outro modo: (a) a novação perde interesse prático, sendo mais uma fonte de complicações; (b) o artigo 862.°, ao paralisar os meios de defesa "antigos", ficaria letra-morta; (c) a exigência de um *animus novandi* expresso (859.°) seria uma formalidade inexcogitável.

Se o regime não convier: basta apor a cláusula em contrário: só nessa eventualidade funcionará o artigo 860.°/1, em nome de elementar integração sistemática.

IV. Passando ao negócio-novação propriamente dito. Em regra, ele está ínsito no segundo negócio: neste ficará exarado, de modo expresso, o *animus novandi* e as diversas e possíveis cláusulas que afastem o regime supletivo legal: quanto às garantias (861.°) e quanto aos meios de defesa (862.°). O negócio-novação pode, ele próprio, ser declarado nulo ou anulado, nos termos em que tal é possível, relativamente ao cumprimento (*vide* o 766.°). E designadamente, isso ocorrerá caso a primeira obrigação já estivesse extinta, ao tempo da novação. Veremos o relevo deste ponto.

V. Quanto à nova obrigação: se ela for declarada nula ou for anulada, não se vê porque não seguir o competente regime. As partes devem restituir o que tivessem recebido, podendo ainda haver compensações indemnizatórias. O mesmo se diga na hipótese de impossibilidades supervenientes, de incumprimentos ou de alterações que atinjam o novo negócio: tudo deve ser ultrapassado no quadro deste, segundo as regras aplicáveis. O artigo 860.°/2 deve ser interpretado de modo restritivo: é necessário que o óbice atinja o negócio-novação. Por exemplo: este foi celebrado sob coação ou com erro, no tocante à existência do primeiro negócio. Sucedendo isso, a novação é suprimida, "renascendo" o primeiro negócio.

VI. Especiais cuidados envolve a hipótese de uma novação de obrigações naturais. A posição tradicional, na nossa doutrina, é a de que tais obrigações não são nováveis. Com efeito, admitir uma novação em tais circunstâncias equivaleria a abrir uma porta para a "civilização" das dívidas de jogo, muito perigosas para os próprios e suas famílias. Vaz Serra admitia a novação de obrigações naturais em obrigações civis, desde que ela não pusesse em causa as razões pelas quais era negada, às primeiras, o acesso à ação de cumprimento[4145]. A doutrina maioritária propende, porém, para a

[4145] Adriano Vaz Serra, *Novação* cit., 58-59; excluía, pois, as dívidas de jogo.

negativa: as obrigações naturais não seriam nováveis[4146]. Não acompanhamos. As obrigações naturais não dão azo à ação judicial de cumprimento. Mas se forem espontaneamente cumpridas, há *soluti retentio*: o cumprimento não pode ser repetido (403.º/1). Pois bem: se é assim com o (próprio) cumprimento, não se vê porque afastar o seu sucedâneo "novação". Este será sempre um *minus* em relação ao cumprimento. Mas com um limite: se a nova obrigação for mais gravosa do que a natural extinta, pode haver contrariedade à lei ou ofensa aos bons costumes. Seguir-se-ia a nulidade da novação e, daí, da do segundo negócio.

## 476. **Garantias; efeitos; natureza**

I. As garantias próprias da primeira obrigação, mesmo quando resultantes da lei, extinguem-se com esta (861.º/1). Admite-se a cláusula em contrário, desde que expressa[4147] (*idem*). A extinção das garantias, com tradição romana, é clara e justificada: desaparece a própria obrigação que visava assegurar. E porque a medida é grave: exige-se o *animus novandi* expresso (859.º); e verificando-se este, a manutenção das garantias deve ser igualmente expressa. Repare-se, ainda, que a invocação de certas garantias pode operar como um meio de defesa: cai, em face do artigo 862.º.

II. As garantias podem advir de terceiro. Nessa altura, a sua manutenção, à luz do artigo 861.º, exige uma declaração expressa do terceiro em causa (n.º 2). Com efeito, pode não ser indiferente, para o terceiro, garantir uma obrigação distinta da inicial. Ainda quanto a garantias prestadas por terceiro, na primeira obrigação: caso esta se mantenha, pela supressão da novação, elas não renascem, exceto se o terceiro garante estiver de má-fé. Ou seja: se ele conhecia o vício, quando teve conhecimento da novação (860.º/2, 2.ª parte). Com efeito, tendo esse conhecimento, cabia-lhe avisar as partes; além disso, não se consubstancializa uma situação de confiança que justifique a extinção das garantias.

[4146] Manuel de Andrade, *Teoria geral das obrigações* cit., 3.ª ed., 84-85, nota 1 e 94, nota 1; João Antunes Varela, *Das obrigações em geral* cit., 2, 7.ª ed., 238, nota 4; Mário Júlio de Almeida Costa, *Direito das obrigações* cit., 12.ª ed., 184, nota 5; Luís Menezes Leitão, *Direito das obrigações* cit., 2, 9.ª ed., 204, nota 463, abrindo as portas, contudo, à novação de obrigações prescritas.

[4147] E não apenas clara: Pires de Lima/Antunes Varela, *Código Civil Anotado* cit., 2, 4.ª ed., 149.

III. A novação extingue a obrigação velha, substituindo-a por uma nova. O efeito extintivo é primordial[4148], devendo ser aproximado do cumprimento. Salvo cláusula em contrário, cessam quer as garantias, quer os meios de defesa anteriores. Apenas os deveres acessórios, que asseguram uma permanente ligação entre as diversas situações jurídicas e o sistema, se mantêm, com todas as adaptações necessárias – e podem ser muitas. Pergunta-se se a novação é um negócio abstrato. Antunes Varela responde pela negativa: dado o artigo 860.°/1, ela depende da validade da obrigação anterior[4149]. Resulta, todavia e como foi visto, do artigo 862.°, que aquele preceito só se aplica quando as partes acordem a "estipulação em contrário" nele prevista. A matéria deve ser retomada sem ideias preconcebidas.

IV. Pense-se na novação subjetiva: surge um novo credor (por hipótese), numa relação novada que vai substituir uma antiga, na qual ele não foi parte. Pode ser confrontado com meios de defesa próprios da relação devedor/antigo devedor? Ou, em qualquer caso, com meios de defesa puramente pessoais do antigo devedor? Se se tratasse de uma assunção de dívida, a resposta era negativa, por via do artigo 598.°.

O Código Civil, de acordo com a tradição das codificações continentais, regula situações típicas. Cabe ao intérprete-aplicador, em cada problema concreto, construir modelos de decisão envolventes. Na prática, não há "obrigações" isoladas: antes relações obrigacionais complexas, em que as partes são, em simultâneo, credoras e devedoras uma da outra. Ainda na prática, uma novação subjetiva tem sempre, na base, uma relação entre a antiga e a nova parte. Pois bem: os meios de defesa resultantes dessa relação não podem ser opostos à "parte nova".

O artigo 862.° vai, todavia, mais longe do que o 598.°: não são afastadas as defesas parte velha/parte nova mas todas as defesas oponíveis à obrigação antiga. Compreende-se a medida: sem ela, a novação subjetiva ficaria em risco, uma vez que a "parte nova" poderia ser confrontada com questões inexcogitáveis, tecidas na obrigação antiga que, para ela, é *res inter alios acta*. Neste ponto, há abstração.

[4148] Recordamos a literatura clássica: Botho von Salpius, *Novation und Delegation* cit., 274 ss.; Carl Salkowski, *Zur Lehre von der Novation* cit., 268 ss.; Ludwig Redlich, *Zur Lehre von der Schuldaufhebung durch Novation* cit., 38 ss.; Félix Lorent, *Die Novation* cit., 11 ss..

[4149] João Antunes Varela, *Das obrigações em geral* cit., 2, 7.ª ed., 238-239.

V. Quanto à novação objetiva: uma das razões que podem levar a concluí-la reside, precisamente, na vontade de eliminar as invalidades da anterior. O artigo 862.º, não sendo afastado pela vontade das partes, previne a aplicação do artigo 860.º/1, na parte em que refere a declaração de nulidade ou a anulação da primeira obrigação: sem prejuízo do negócio-novação poder ser impugnado por erro na formação da vontade. A nova obrigação – como referido – ficaria enfraquecida se, além dos seus próprios defeitos, ainda carregasse a carga genética da anterior. Há, nessa medida, uma certa abstração.

VI. A novação é um instituto próprio e autónomo, dotado de um espaço histórico, cultural e científico só seu. Traduz-se na extinção de uma obrigação, por constituição de nova obrigação. Esta dispõe, ainda que supletivamente, de abstração em relação à anterior.

SECÇÃO V

# A REMISSÃO

## § 113.º A REMISSÃO

### 477. Nota histórico-comparatística

I. A remissão equivale à supressão de uma dívida, por acordo entre o credor e o devedor[4150]. Tomando o crédito como uma figura isolada, fica claro que o credor pode não o exercer. Todavia, o devedor ficará sempre na expectativa de que ele fora reclamado, inclusive pelos herdeiros do credor e isso até que sobrevenha uma prescrição. Se, de facto, o credor pretender liberar o devedor, sem ver o seu interesse satisfeito, há que proceder a uma renúncia eficaz[4151]. Dela se ocupam os artigos 863.º a 867.º, do Código Civil.

II. No Direito romano clássico, a *solutio* ou cumprimento implicava um negócio formal, *per aes et libram*[4152]: operava como um ato imaginário de liberação, ainda que, subjacente, estivesse, em regra, a satisfação do interesse do credor. Como ato contrário à *stipulatio* surgia a *acceptilatio*[4153]. Mais tarde, desenvolveu-se uma renúncia informal a partir de um acordo

[4150] Remissão, verbo remitir, não se confunde com a remição, verbo remir; a primeira corresponde, *grosso modo*, a um perdão de dívida; a segunda, à amortização de uma situação geradora de prestações sucessivas (*vide*, p. ex., o artigo 1236.º).

[4151] Jens Kleinschmidt, no HKK/BGB cit., II/2, § 397, Nr. 1 (2251); desse mesmo Autor: *Der Verzicht im Schuldrecht: Vertragsprinzip und einseitiges Rechtsgeschäft im deutschen und US-amerikanischen Recht* (2004), XXIV + 410 pp.: uma obra de referência sobre o tema.

[4152] *Supra*, 39 ss..

[4153] Stanislao Cuglia, *"Acceptilatio solutioni Comparatur"/La sistemazione dei modi di estinzione dell'obbligazione a traverso le rubriche classiche e bizantine* (1924), 67 pp.; Mariagrazia Bianchini, *Remissione del debito (storia)*, ED XXXIX (1988), 757-767;

entre o agente e o lesado por um facto delitual. O Direito honorário admitiu, numa outra figura, o *pactum de non petendo*. À inobservância deste poder-se-ia reagir com uma *exceptio pacti*, próxima da *exceptio doli*[4154]. O *contrarius consensus*, base da nossa revogação bilateral (distrate)[4155], também deixou a sua marca.

III. No período pós-clássico, perderam-se a *solutio per aes et libram* e a *acceptilatio*, a favor de meios não-solenes de renúncia. O Direito comum desenvolveu-se, neste ponto, a partir do *pactum de non petendo* e do *contrarius consensus*[4156]. A complexidade da origem não se perdeu totalmente[4157]. Assim, o Código Napoleão, numa secção dedicada à *remise de la dette* (1282.º a 1288.º) versou, em conjunto, a entrega ao devedor, do título original da dívida, o qual fez prova do pagamento (1282.º) e a *remise ou décharge conventionnelle*, referida nos artigos 1285.º e 1287.º, que traduz uma remissão convencional da dívida[4158]. Hoje – pós-reforma de 2016 – valem os artigos 1350.º a 1350.º-2.

IV. A pandectística ocupa-se do tema, logrando uma clarificação[4159], subjacente ao BGB. Este ocupou-se da remissão (*Erlass*) no seu § 397[4160]:

Reinhard Zimmermann, *The Law of Obligations* cit., 754-758; Max Kaser, *Das römische Privatrecht* cit., 1, 2.ª ed., § 150, II, 1 (641), com indicações.

4154 *Idem*, § 150, II, 3 (641-642).

4155 *Supra*, 426.

4156 Max Kaser, *Das römische Privatrecht* cit., 1, 2.ª ed., § 274, III (443-444).

4157 Referimos, todavia, Johann Heinrich Waldschmidt, *Dissertatio inauguralis iuridica de pacto renunciativo : vulgo Verzicht-Geding* (1674), 24 pp.

4158 François Terré e outros, *Les obligations* cit., 11.ª ed., n.º 1459 (1497 ss.); Philippe Malinvaud e outros, *Droit des obligations* cit., 13.ª ed., n.º 906-908 (729-731); Bertrand Fages, *Droit des obligations* cit., 5.ª ed., n.º 571-575 (450-461); Philippe Maulaurie e outros, *Droit des obligations* cit., 7.ª ed., n.º 1170-1173 (653-655).

4159 Otto von Völderndorff-Waradein, *Zur Lehre vom Erlass* (1850), 64 pp.; Leopold Bacher, *Revision des Verzichtsbegriffs*, JhJb 5 (1861), 222-262; E. Leo Meissels, *Zur Lehre vom Verzichte*, GrünhZ 18 (1891), 665-719 e 19 (1892), 1-98; Gustav Hartmann, *Die liberatorischen Verträge und ihr Rechtsgrund insbesondere*, AcP 85 (1896), 1-57; Paul Bermann, *Der Erlaß bei Correal- und Solidarobligationen* (1896), 54 pp.; outras indicações: Bernhard Windscheid/Theodor Kipp, *Lehrbuch der Pandekten* cit., 9.ª ed., § 284 (2, 163-165).

4160 Rolf Stümer, no *Jauernig Kommentar* cit., 15.ª ed., § 397 (546-547); Volker Rieble, no *Staudingers Kommentar* cit., 2, § 397 (1-66); Martin Schlüter, no *Münchener Kommentar* cit., II, 7.ª ed., § 397 (2700-2712).

> 1. A relação obrigacional extingue-se, quando o credor libere o devedor através de um contrato.
> 2. Isso mesmo opera quando o credor, através de um contrato com o devedor, reconheça que a relação obrigacional não subsiste.

A preparação e a publicação do BGB originaram diversos estudos[4161], sendo de sublinhar análises sectoriais sobre a renúncia ao poder de compensar[4162], a renúncia ao usufruto[4163], a renúncia às exceções[4164] e a renúncia no Direito internacional privado e no Direito comparado[4165]: um âmbito que transcende o da remissão, mas que se torna útil para lhe definir os contornos.

No que toca ao *Erlass* em si: assume natureza contratual, sendo próprio do Direito das obrigações[4166]. Foi uma opção do BGB, que suscitou dúvidas[4167].

V. O Código italiano de 1942 seguiu um esquema diverso: de tipo unilateral[4168]. Segundo o seu artigo 1236.º:

> A declaração do credor de remitir o débito extingue a obrigação quando for comunicado ao devedor, salvo se este declarar num termo adequado que não pretende beneficiar.

[4161] Wilhelm Caspers, *Erlaß und Verzicht nach dem Bürgerlichen Gesetzbuch* (1904), 51 pp.; Du Chesne, *Begriff und Arten des Verzichtes*, AbürgR 42 (1916), 296-318; Hans Reichel, *Der Einforderungsverzicht (pactum de non petendo)*, JhJb 85 (1935), 1-76; a obra de referência é a já citada, de Hans Walsmann, *Der Verzicht: allgemeine Grundlagen einer Verzichtslehre und Verzicht im Privatrecht* (1912), VII + 325 pp..

[4162] Franz Fiegen, *Der Versicht auf die Kompensationsbefugnis* (1896), 30 pp..

[4163] W. Zais, *Über den Verzicht beim Niessbrauch* (1895), 46 pp..

[4164] Karl Sievert, *Der Versicht auf Einreden* (1926), 69 pp.; Bodo Koltze, *Der Versicht auf Einreden* (1928), VIII + 53 pp.; Hans Projahn, *Der Versicht auf Einreden* (1933), 62 pp..

[4165] Karl Anton Kreutzwald, *Der Erlaß im internationalen Privatrecht: rechtsvergleichende Darstellung* (1919), 87 pp..

[4166] Joachim Gernhuber, *Die Erfüllung* cit., 2.ª ed., § 16 (367 ss.).

[4167] Jens Kleinschmidt, no HKK/BGB cit., II/2, § 397, Nr. 15-18 (2265-2268).

[4168] Pietro Perlingieri, *Il fenomeno dell'estinzione nelle obbligazioni* (1995), 184 pp., 91-92; Ernesto Tiloca, *Remissione del debito*, NssDI XV (1968), 389-421; Giovanni Giacobbe/Maria Letizia Guida, *Remissione del debito (diritto vigente)*, ED XXXIX (1988), 767-789; Guido Alpa/Giovanni Iudica, *Codice civile annotato* cit., 1180-1183.

O artigo 1237.º dispõe ainda que a restituição voluntária do título original de crédito, feito pelo credor ao devedor, constitui prova de liberação, também a respeito dos devedores solidários.

## 478. **A experiência lusófona**

I. O Código de Seabra consagrou o "perdão" e a "renúncia". Vamos reter os competentes preceitos[4169]:

> Art. 815.º É licito a qualquer renunciar o seu direito, ou remittir e perdoar as prestações que lhe são devidas, excepto nos casos em que a lei o prohibir.
>
> Art. 816.º O perdão concedido ao devedor principal aproveita ao fiador; mas o concedido a este não aproveita áquele.
>
> Art. 817.º Havendo mais de um fiador, e sendo todos solidários, não aproveita aos outros o perdão, que fôr concedido só a algum d'elles na parte respectiva á sua responsabilidade.

No projeto inicial, previa-se um preceito segundo o qual a presença, em poder do devedor, do documento particular que representa a obrigação estabelece, a favor dele, uma presunção de perdão ou pagamento. Foi eliminado na comissão revisora.

II. Guilherme Moreira sujeitou o articulado de Seabra, no tocante ao "perdão e renúncia", a uma série de críticas[4170]. Desde logo, observa a presença de uma confusão entre o "perdão" e a "renúncia", ligada à não-distinção clara entre os direitos de crédito e os direitos reais. O perdão seria a remissão de uma prestação, equivalendo a uma liberalidade do credor. A renúncia consistiria na perda voluntária de um direito. Quanto ao perdão: o Código apresenta-o como um negócio unilateral. Mas o facto de ter natureza de uma doação obrigaria a dar-lhe uma natureza contratual, à semelhança da opção alemã. Cunha Gonçalves segue em parte as críti-

[4169] José Dias Ferreira, *Codigo civil annotado* cit., II, 1.ª ed., 286-287 e II, 2.ª ed., 111-112.

[4170] Guilherme Moreira, *Instituições do Direito civil* cit., 2, § 21 (304-314).

cas, no tocante à distinção entre perdão e denúncia[4171]. Todavia, mantém a remissão (o perdão) como um ato unilateral[4172].

III. A preparação do novo Código Civil constituía o momento indicado para esclarecer esta matéria. Vaz Serra elaborou um interessante estudo sobre a remissão[4173]. Aí, em síntese, propendeu-se para a distinção clara entre a remissão e a renúncia. Também não se viu razão para submeter a remissão a um contrato[4174], designadamente quando gratuita. Acabou por propor o preceito seguinte[4175]:

> 1. O credor pode remitir a dívida, não só por contrato com o devedor, mas também, se a remissão for gratuita, mediante declaração comunicada a este. Feita esta comunicação, a obrigação extingue-se, a não ser que o devedor, declare ao credor, no prazo razoável, que não deseja a remissão.

Este preceito foi desdobrado, no anteprojeto geral de Vaz Serra (486.°/ /1 e 2), sendo regulados os demais pontos do instituto (486.° a 490.°)[4176].

IV. A 1.ª Revisão Ministerial manteve esta orientação, com maior elegância formal. Assim, segundo o artigo 838.°, dela resultante[4177],

> O credor pode remitir a dívida, por contrato com o devedor; se for gratuita, a remissão pode ser efetuada mediante simples notificação ao devedor, que goza todavia da faculdade de recusar.

Na 2.ª Revisão, adotou-se uma solução diversa (863.°)[4178]: a remissão passou a ter sempre natureza contratual, um preceito muito semelhante ao que passaria ao Projeto, que firmou a versão final[4179].

[4171] Luiz da Cunha Gonçalves, *Tratado* cit., 5, 128 ss..

[4172] *Idem*, 131-132.

[4173] Adriano Vaz Serra, *Remissão, reconhecimento negativo de dívida e contrato extintivo da relação obrigacional bilateral*, BMJ 43 (1954), 5-98.

[4174] *Idem, maxime* 27; Vaz Serra apoia-se, designadamente, em Philipp Heck, *Grundriss* cit., § 58, 2 (173), que critica a solução do BGB.

[4175] Vaz Serra, *idem*, 92.

[4176] Adriano Vaz Serra, *Direito das obrigações* cit., 407-411.

[4177] BMJ 119 (1962), 217.

[4178] Jacinto Rodrigues Bastos, *Das obrigações em geral* cit., 6, 251; a evolução dos preparatórios pode ser seguida em João Antunes Varela, *Das obrigações em geral* cit., 2, 7.ª ed., 244-246 e em Luís Menezes Leitão, *Direito das obrigações* cit., 2, 9.ª ed., 208.

[4179] *Projecto de Código Civil* cit., 251-252.

V. Quanto aos Códigos Civis brasileiros: no de 1916, surgiam três preceitos relevantes (1053.º a 1055.º)[4180] os quais, todavia, um tanto ao estilo francês, não num clamor no que toca à remissão; no de 2002, a remissão parece ter natureza contratual, ainda que a lei não o qualifique. Dispõe o artigo 385.º[4181]:

> A remissão da dívida, aceita pelo devedor, extingue a obrigação, mas sem prejuízo de terceiro.

Apesar de, em rigor, o "perdão" ser unilateral, a tradição contratual ter-se-á imposto.

## 479. **O regime vigente**

I. O artigo 863.º/1 anuncia o princípio introduzido no Código Civil: o credor pode remitir a dívida por contrato com o devedor[4182]. A solução, drenada nos preparatórios, dá corpo ao princípio *invito non datur beneficium*: ninguém pode ser beneficiado contra a própria vontade. Esse princípio apoia-se em duas ordens de valores: (a) cada pessoa tem a sua honra; por isso, pode desejar cumprir as suas obrigações, em vez de aproveitar a boa vontade do credor; (b) o "perdão" de uma dívida é, por vezes, inconveniente para o devedor, mesmo no prisma patrimonial: o saber-se, na praça, que certa dívida não foi paga, tendo sido remitida, manifesta-se contrário ao bom nome nos negócios. Todavia: *de iure condendo*, a regra do artigo 863.º/1 – que, normalmente, nem é observada, na vida corrente – complica o tráfego: o devedor beneficiado agradece, mas não faz uma declaração formal que integre um contrato. Mesmo admitindo facilidades probatórias, o problema é real. A solução do Código italiano teria sido adequada, respeitando os valores: o devedor beneficiário recusa a remissão, se não lhe convier.

II. A remissão não se confunde com o reconhecimento negativo de dívida, isto é, com o ato consistente numa declaração, por parte de uma

[4180] Paulo Merêa, *Código civil brasileiro anotado* cit., 342-343.

[4181] José Miguel Garcia Medina/Fábio Caldas de Araújo, *Código Civil comentado* cit., 363, expondo sinteticamente o tema.

[4182] Quanto à natureza contratual da remissão: RCb 3-mar.-2015 (Fonte Ramos), Proc. 123/11; REv 5-nov.-2015 (José Luís Nunes), Proc. 63/14.

pessoa, de que uma outra nada lhe deve ou não lhe deve uma concreta dívida. Este "reconhecimento negativo" não surge, em si, extintivo. Também não é remissão a declaração pela qual tudo tenha sido pago: desta feita temos uma quitação[4183].

III. A remissão tem, em regra, o sentido de uma liberalidade, isto é, de um ato feito com *animus donandi*, para beneficiar o devedor. Fora do estrito âmbito, existe mais solidariedade, entre as pessoas, do que resulta da estrita consideração das obras jurídicas. As remissões de pequenas quantias, a favor de pessoas com dificuldades, é corrente: equivalem a doações conformes com os usos, não se lhe aplicando o regime estrito da lei: supletivo[4184]. Nos restantes casos, cumpre distinguir:

- a remissão que constitua liberalidade segue o regime da doação (663.º/2); designadamente: deve ser aceite em vida do remitente (945.º); está sujeita à colação (2104.º) e vale para cálculo da legítima (2162.º), verificados os pressupostos;
- a remissão que integre um ato abdicatório, sem *animus donandi*, segue o regime do negócio em que se insira; pense-se, por exemplo, na que se inclua num plano de insolvência.

IV. Os artigos 864.º e 865.º ocupam-se, respetivamente, da remissão em obrigações solidárias e em obrigações indivisíveis. Quanto às primeiras: a remissão a um devedor solidário libera os outros apenas na parte correspondente; se o credor reservar o seu direito, por inteiro, contra os demais devedores, estes têm, por inteiro, o regresso contra o beneficiário[4185]; se houver remissão concedida por um dos credores solidários, o devedor fica exonerado perante os demais credores, mas apenas na parte do credor remitente. Estando em causa obrigações indivisíveis, o artigo 865.º/1 remete para o 536.º: o credor não fica inibido de exigir a prestação, por inteiro, aos demais, desde que lhes entregue o valor da parcela que cabia ao devedor liberto; se houver pluralidade ativa, sendo a remissão concedida por um dos credores: o devedor não fica exonerado perante os

[4183] RLx 17.dez.-2014 (Maria João Pombo), Proc. 277/12.

[4184] Vale a valoração subjacente ao artigo 6.º/2 do Código das Sociedades Comerciais, valoração essa que deve ser alargada às liberalidades levadas a cabo pelas pessoas singulares e pelas demais pessoas coletivas, para além das sociedades comerciais.

[4185] Não há, aqui, verdadeira remissão mas, tão-só, renúncia ao direito de invocar a solidariedade contra o beneficiário.

restantes; mas estes só lhe podem exigir a prestação se lhe entregarem o valor da parte do exonerado (865.º/2). Todas estas regras surgem à sombra do Código Civil italiano.

V. O artigo 866.º ocupa-se da remissão perante terceiros. À partida, ela aproveita-lhes: há extinção (n.º 1). A remissão, concedida a um cofiador aproveita aos restantes, na parte do exonerado; mas se estes consentirem na remissão, respondem pela totalidade salvo declaração em contrário (n.º 2). Sendo a remissão anulada ou declarada nula por facto imputável ao credor, não renascem as garantias prestadas por terceiros, exceto se conheciam (ou deviam conhecer) o vício, na data em que tiveram notícia da remissão. Também nestas regras há influência italiana.

Finalmente, o Código dispensa uma regra prática: a renúncia às garantias de uma obrigação não faz presumir a remissão da dívida (867.º). Esta assenta num acordo que deve ser provado por quem o invoque.

VI. A remissão tem regras especiais no Direito do trabalho[4186] no que, de resto, é uma aplicação do artigo 809.º. Terminado o contrato ou no próprio acordo de cessação, pode fixar-se uma recomposição dos créditos, com alguma dimensão remissiva, o que pode ser interessante para os trabalhadores visados.

[4186] *Vide*: RPt 13-abr.-2015 (Eduardo Petersen Silva), Proc. 214/14; STJ 8-jul.-2015 (Fernandes da Silva), Proc. 53/12; RLx 16-dez.-2015 (Eduardo Azevedo), Proc. 4692/13.

SECÇÃO V

# A CONFUSÃO

## § 114.º A CONFUSÃO

### 480. Nota histórico-comparativa

I. Dá-se confusão quando, na mesma pessoa, se reúnam as qualidades de credor e de devedor. Nessa eventualidade – e salvo determinadas exceções – extinguem-se quer o crédito, quer a dívida.

No Direito romano, o fenómeno teria sido introduzido por contágio com o sucedido em Direitos Reais[4187]: aí, a confusão sobrevinha quando, na mesma titularidade, se reunissem a nua propriedade e o usufruto ou o prédio dominante e o serviente, levando à extinção dos direitos reais menores[4188]. A matéria mantém-se sujeita a discussão[4189].

II. A confusão foi estudada, ao longo dos séculos. O Código Napoleão dedicou-lhe dois preceitos: os artigos 1300.º e 1301.º. O primeiro fixa a eficácia extintiva da confusão; o segundo determina os seus efeitos perante os fiadores e os codevedores[4190]. Opção diferente ocorreu no BGB.

[4187] Max Kaser, *Das römische Privatrecht* cit., 1, 2.ª ed., § 150, III (643).

[4188] Peter Kieβ, *Die confusio im klassischen römischen Recht* (1995), 207 pp., 13 ss. (usufruto), 36 ss. (servidões) e 60 ss. (obrigações) e, quanto à derivação dos direitos reais, em especial, 199 ss..

[4189] Siro Solazzi, *L'estinzione* cit., 277-314; Edmund Bohne, *Die Konfusion der Obligationen nach römisch-gemeinem Recht* (1908), VIII + 44 pp..

[4190] Na literatura francesa atual, François Terré e outros, *Les obligations* cit., 11.ª ed., n.º 1411-1416 (1454-1458); Philippe Malinvaud e outros, *Droit des obligations* cit., 13.ª ed., n.º 905 (728-729); Bertrand Fages, *Droit des obligations* cit., 5.ª ed., n.º 570 (457); Philippe Maulaurie e outros, *Droit des obligations* cit., 7.ª ed., n.º 1196 (671-672).

Mau grado a disponibilidade de múltiplos estudos[4191] e de uma consagração na proposta inicial (§ 291), a confusão acabou por ver suprimida uma referência geral: seria inútil, uma vez que resultaria da própria natureza das obrigações[4192]. A doutrina mantém, todavia, a confusão, enquanto figura geral, nos seus roteiros[4193].

III. O Código italiano de 1942 fez uma opção inversa: compreende uma secção especialmente dedicada à confusão (artigos 1253.º a 1255.º)[4194]: fixa a eficácia extintiva (1253.º), firma a regra de que ela não pode prejudicar terceiros (1254.º) e determina a possibilidade de subsistência da fiança, no interesse do credor, quando, na mesma pessoa, se reúnam as qualidades de devedor e de fiador.

## 481. **A experiência lusófona**

I. O Código de Seabra, em linha com a pré-codificação[4195], dedicou uma secção à confusão (796.º a 801.º). Vamos reter o competente dispositivo[4196]:

> Art. 796.º Confundindo-se na mesma pessoa a qualidade de credor e a de devedor, pela mesma causa, extingue-se o credito e a divida.

4191 Já após a publicação do BGB: Eduard Mosler, *Zur Lehre von der Konfusion nach gemeinem römischen Recht und dem Recht des Bürgerlichen Gesetzbuchs vom 18. August 1896* (1897), IX + 117 pp., referindo (45 ss.) as suas manifestações especiais; Paul Kretschmar, *Die Theorie der Confusion/Ein Beitrag zur Lehre von der Aufhebung der Rechte* (1899), XII + 263 pp. (221 ss., quanto ao BGB).

4192 *Vide* Bernhard Windscheid/Theodor Kipp, *Lehrbuch der Pandekten* cit., 9.ª ed., § 352, 3 (2, 502).

4193 Ludwig Enneccerus/Heinrich Lehmann, *Recht der Schuldverhältnis* cit., 15.ª ed., § 76 (303-305); Karl Larenz, *Lehrbuch des Schuldrechts* cit., 1, 14.ª ed., 4 19, I, b) (270); Joachim Gernhuber, *Die Erfüllung* cit., 2.ª ed., § 19 (416-428).

4194 Diego Amore, *Confusione nelle obbligazioni (diritto civile)*, NssDI IV (1959), 78-87; Gianantonio Favero, *Confusione (diritto vigente)*, ED VIII (1961), 1049-1057; Guido Alpa/Giovanni Iudica, *Codice civile annotato* cit., 1199-1200.

4195 Assim, Coelho da Rocha, *Instituições* cit., § 168 (1, 99).

4196 José Dias Ferreira, *Codigo civil annotado* cit., II, 1.ª ed., 281-283 e II, 2.ª ed., 106-107.

Art. 797.º A confusão, que se verifica na pessoa do principal devedor, aproveita ao seu fiador.

Art. 798.º A confusão, que se dá nas qualidades de fiador e de credor, não extingue a obrigação.

Art. 799.º A confusão, que se opéra na pessoa do credor ou devedor solidario, só produz os seus effeitos na parte proporcional ao seu credito ou divida.

Art. 800.º Não há confusão concorrendo na mesma pessoa as qualidades de credor e de devedor, por titulo de herança aceita a beneficio de inventario.

Art. 801.º Se a confusão se desfizer, renascerá a obrigação com todos os seus accessorios, ainda em relação a terceiro, se o facto tem effeito retroactivo.

Explicados pelos doutrinadores[4197] e pelos comentadores[4198], estes preceitos não levantavam especiais dificuldades.

II. A preparação do Código Civil de 1966 originou um estudo cuidado de Vaz Serra[4199]. No anteprojeto geral, Vaz Serra reduziu a matéria aos artigos 491.º e 492.º. A 1.ª Revisão Ministerial[4200] desdobrou os preceitos (842.º a 845.º). Na 2.ª Revisão[4201] e no Projeto final[4202] verificaram-se alterações de forma. Não ocorreram opções doutrinárias contrapostas: apenas a busca da redação mais adequada.

III. Quanto aos códigos brasileiros: o de 1916 regulou a confusão, com elegância, nos seus artigos 1049.º a 1052.º[4203], tendo a sua redação sido adotada nos artigos 381.º a 384.º do Código de 2002[4204].

[4197] Guilherme Moreira, *Instituições do Direito civil* cit., 2, § 20 (298-304).

[4198] Além do já citado Dias Ferreira, *vide* Luiz da Cunha Gonçalves, *Tratado* cit., 5, 85-94.

[4199] Adriano Vaz Serra, *Confusão*, BMJ 41 (1954), 17-55; vide, aí, 50-55, o articulado.

[4200] BMJ 119 (1962), 218-219.

[4201] Jacinto Rodrigues Bastos, *Das obrigações em geral* cit., 6, 262-276.

[4202] *Projecto de Código Civil* cit., 252-254.

[4203] Paulo Merêa, *Código civil brasileiro anotado* cit., 341.

[4204] José Miguel Garcia Medina/Fábio Caldas de Araújo, *Código Civil comentado* cit., 362-363.

## 482. O regime vigente

I. A confusão parece impor-se por necessidade lógica, como uma forma de extinção das obrigações. A reunião, numa pessoa, dos dois pólos (crédito e débito) de uma mesma relação obrigacional implica que o sujeito pudesse exigir de si próprio a prestação, a qual lhe incumbiria. Seja por imperativo de raciocínio, seja por se encontrar satisfeito o interesse do credor, a extinção é inevitável: ou surge tida como tal. Assim o entende o artigo 868.º[4205]. A confusão em causa, confusão obrigacional[4206] ou confusão autêntica não equivale à confusão real ou não-autêntica, que ocorre quando, na mesma esfera jurídica, se juntem o direito de propriedade sobre uma coisa e outro direito real referente à mesma coisa. Este fenómeno conduz à extinção do direito real menor: 1476.º/1, *b*) (usufruto), 1536.º/1, *d*) (superfície) e 1569.º, *a*) (servidão) bem como, em certos moldes, 871.º/3 e 4 (penhor e hipoteca).

II. A confusão requer três requisitos claramente colocados pelo Código Civil: (a) a reunião, na mesma pessoa, das qualidades de credor e de devedor (868.º)[4207]; (b) a não pertença do crédito e da dívida a patrimónios separados (872.º); a não-existência de prejuízos para terceiros. Quanto ao primeiro requisito, é da própria essência da confusão. Quanto aos segundo e terceiro:

– a pertença a patrimónios diferentes, do crédito e do débito[4208], originam diferentes regimes de responsabilidade por dívidas; por

[4205] João Antunes Varela, *Das obrigações em geral* cit., 2, 7.ª ed., 259-260; Mário Júlio de Almeida Costa, *Direito das obrigações* cit., 12.ª ed., 1116; Luís Menezes Leitão, *Direito das obrigações* cit., 2, 9.ª ed., 213. Não há confusão se a sociedade de que a trabalhadora é sócia, assumir a qualidade de entidade patronal no contrato que a mesma executava: STJ 18-jan.-2005 (Vítor Mesquita), Proc. 0451510.

[4206] Assim, o direito de preferência do arrendatário, que é um direito real de aquisição, não se extingue por confusão: STJ 9-out.-1997 (Joaquim de Matos), CJ/Supremo V (1997) 3, 55-59 (58).

[4207] A cessão de um crédito a favor do devedor, sendo válida, conduz à sua extinção por confusão: STJ 11-mar.-2004 (Lucas Coelho), CJ/Supremo XII (2004) 1, 124-127 (126/I).

[4208] STJ 20-out.-2005 (Oliveira Barros), Proc. 05B2671, dá como exemplos de patrimónios autónomos: a herança, património autónomo em relação ao próprio ou pessoal de cada um dos herdeiros e o património comum do casal, em relação aos bens próprios de cada um dos cônjuges.

exemplo, perante um património hereditário já aceite, os bens da herança respondem exclusiva (aceitação a benefício de inventário) ou preferencialmente (aceitação simples, salvo novando o sucessor os bens próprios) pelas suas dívidas; estas não se extinguem por confusão, quando o herdeiro fosse o credor;

- os direitos do terceiro não podem ser prejudicados (871.°/1); assim, se o débito tiver associados deveres acessórios para proteção de terceiros, ele subsiste, nesse plano.

III. Os artigos 869.° e 870.° ocupam-se da remissão em situações de pluralidade; com adaptações, consagram um regime semelhante ao dos artigos 864.° e 865.°, atinentes à remissão. Assim, reunindo-se na mesma esfera as qualidades de credor e de devedor solidário, ficam os demais obrigados exonerados, mas só na parte relativa àquele devedor (869.°/1). Havendo pluralidade ativa, a reunião do débito e do crédito solidário exonera o devedor na parte deste (869.°/2). Nas obrigações indivisíveis, a confusão entre um dos débitos e o crédito, pode o credor exigir a prestação por inteiro aos demais obrigados, desde que lhes entregue o valor da parte que lhe cabia como exonerado (870.°/1, que remete para o 536.°). Ainda nas indivisíveis com pluralidade de credores, havendo confusão entre um deles e o devedor, mantém-se este obrigado; mas os outros credores só lhe podem exigir a prestação entregando-lhe o valor correspondente à parcela exonerada (870.°/2).

IV. Como referido, a confusão não pode prejudicar terceiros (871.°/1). Isto posto, o artigo 871.°/2 a 4, passa a especificar vários pontos:

- havendo, a favor de terceiro, um usufruto ou um penhor do crédito, este subsiste na medida do interesse do usufrutuário ou do credor pignoratício (871.°/2);
- reunindo-se as qualidades de devedor e de fiador, fica extinta a fiança, salvo interesse legítimo do credor na sua subsistência (871.°/3);
- *idem* quanto às qualidades de credor e de proprietário da coisa empenhada ou hipotecada (871.°/4).

V. A confusão opera *ipso iure*. Em termos práticos, isso significa que qualquer interessado se pode prevalecer dela, independentemente das conveniências do devedor. Todavia, pode a confusão cessar, por se verificar que um facto anterior a ela a tornou eficaz. Nessa eventualidade, a obrigação renasce, com os seus acessórios, mesmo em relação a terceiro (873.º/1). Logicamente, sendo a cessação da confusão imputável ao credor, não renascem as garantias prestadas por terceiro de boa-fé, isto é, que desconhecesse (sem dever conhecer) o vício na data em que teve notícia da confusão (873.º/2).

# ÍNDICE DE JURISPRUDÊNCIA

## JURISPRUDÊNCIA PORTUGUESA

### *Tribunal Constitucional*



### *Supremo Tribunal de Justiça (Pleno)*



### *Supremo Tribunal de Justiça*

***Supremo Tribunal Administrativo (Pleno)***



***Supremo Tribunal Administrativo***

***Tribunal Central Administrativo Norte***



***Relação de Coimbra***

***Relação de Évora***

***Relação de Guimarães***



***Relação de Lisboa***

***Relação do Porto***

***Tribunais arbitrais***



***Pareceres da Procuradoria-Geral da República***



***Supremo Conselho da Administração Pública***

## JURISPRUDÊNCIA ESTRANGEIRA

### Alemanha

#### *Bundesverfassungsgericht*



#### *Reichsoberhandelsgericht*



#### *Reichsgericht*

***Bundesgerichthof***

***Reichsarbeitsgericht***



***Bundesverwaltungsgericht***



***Bundesarbeitsgericht***



***Tribunais de apelação***



***Primeira instância***

**França**

***Conseil d'État***



***Cour de cassation***



***Tribunais de apelação***

**Estados Unidos da América**



**Inglaterra**

# ÍNDICE ONOMÁSTICO

# ÍNDICE BIBLIOGRÁFICO


ABAS, PIET – *Rebus sic stantibus/Eine Untersuchung zur Anwendung der clausula rebus sic stantibus in der Rechtsprechung einiger europäischer Länder*, 1993.

ABRANTES, JOSÉ JOÃO – *A excepção do não cumprimento do contrato no direito civil português/conceito e fundamento*, 1986;
  – *Contrato de empreitada e excepção de não cumprimento do contrato*, anotação a RPt 19-set.-2006 (Henrique Araújo), CDP 18 (2007), 53-58

ADLER, KARL – *Passivenübergang bei Uebernahme eines Handelsgeschäfts*, AbürgR 3 (1889), 1-31;
  – *Der Annahmeverzug des Käufers beim Handelskauf*, ZHR 71(1912), 449-551;
  – *Die Leistungsverweigerung nach § 320 BGB*, FS Ernst Zitelmann 1913, 1-12.

AEDTNER, KATJA – *Die Vertragsstrafe im Industrieanlagenvertrag*, 2011.

AHCIN, CHRISTIAN/ARMBRÜSTER, CHRISTIAN – *Grundfälle zum Zessionsrecht*, JuS 2000, 450-456, 549-552, 658-662, 768-772, 865-869 e 965-971.

AHLERS, RICHARD – *Die rechtliche Natur der Quittung nach geltendem Recht*, 1913.

AHLSWEDE, RUDOLF – *Abgrenzung zwischen Schuldübernahme und Vertrag zugunsten Dritter*, 1928.

ALARCÃO, RUI – *vide* Correia, António Ferrer.

ALBRECHT, J. A. M. – *Die exceptionen des gemeinen teutschen Civilprozesses geschichtlich entwickelt*, 1835.

ALBUQUERQUE, PEDRO DE – *A representação voluntária em Direito civil (Ensaio de reconstrução dogmática)*, 2004;
  – *O direito ao cumprimento da prestação de facto, o dever de a cumprir e o princípio* nemo ad factum cogi potest/*Providência cautelar, sanção pecuniária compulsória e caução*, ROA 2005, 435-485 = Est. Ruy de Albuquerque 2 (2006), 499-540.

ALBUQUERQUE, RUY DE – *Da compensabilidade dos créditos e débitos civis e comerciais dos bancos nacionalizados*, em *Estudos em Memória do Professor Doutor Paulo Cunha* (1989), 151-280

ALCIATUS, ANDREA – *Lucubrationes in ius civile*, III, ed. Basileia, 1558.

ALDAS, CARLOS MARTÍNEZ DE AGUIRRE (coord.) – *Curso de Derecho Civil*, II – *Derecho de obligaciones*, 2014.

ALEXANDER, ERICH – *Die rechtliche Natur der Erfüllung*, 1902.

ALEXANDER, FRITZ – *Die rechtliche Natur der Erfüllung*, 1902.

ALKEMA e outros, E. A. – *Verzameling Nederlandse Wetgeving* 3, 1992.

ALMEIDA, CARLOS FERREIRA DE – *Recusa de cumprimento declarada antes do vencimento (Estudo de Direito comparado e de Direito português)*, em *Estudos em Memória do Professor Doutor João de Castro Mendes* (s/d, mas 1994), 289-317.

ALPA, GUIDO/IUDICA, GIOVANNI – *Codice civile annotato* (2014), 1173-1176.

ALVES, HUGO RAMOS – *Sobre a função de garantia da compensação*, O Direito 142 (2010), 1019-1056;
– *Dação em cumprimento*, 2014, polic..

ALVES, RAUL GUICHARD – *Acerca do instituto da representação voluntária no Código Civil de 1966*, DJ XVIII (2004), 1, 197-207.

AMARAL, DIOGO FREITAS DO – *Curso de Direito administrativo* 3, 1985.

AMARELLI, FRANCESCO – *Locus solutionis/Contributo alla teoria del luogo dell' adempimento in diritto romano*, 1984.

AMELIO, MARIANO D'/FINZI, ENRICO – *Codice Civile/Libro delle obbligazioni/Commentario*, vol. I, 1948.

AMES, JAMES BARR – *The disseisin of chattels*, HLR 3 (1889), 23-40, 313-328 e 3 (1890), 337-348.

AMIRA, KARL VON – *Grundriss des germanischen Rechts*, 2.ª ed., 1897.

AMORE, DIEGO – *Confusione nelle obbligazioni (diritto civile)*, NssDI IV (1959), 78-87.

ANDRADE, MANUEL DE – *Teoria das obrigações*, col. por Rui de Alarcão, 3.ª ed., 1966.

ANDRÉ, FR. – *Die Einrede der nicht erfüllten Vertrages im heutigen gemeinen Recht/Eine Abhandlung*, 1890.

ANDREOLI, MARIO – *Delegazione privativa e delegazione di pagamento*, RivDC XXVI (1934), 529-594;
– *La cessione del contratto*, 1951.

ANGHELONE, GABRIELLA – em Guido Alpa/Giovanni Iudica, *Codice civile annotato*, 2014.

ANSCHÜTZ – *Das Institut der Zahlwoche auf den französischen Messen im Anfange des XIII Jahrhunderts*, ZHR 17 (1872), 108-109.

APATHY, PETER – *Animus novandi/Das Willensmoment beim römischen Schulderneuerungsvertrag*, 1975.

APPLETON – *Histoire de la compensation en Droit Romain*, 1895.

ARANTES, TITO – *Os direitos de quem falta ao contratado. Inadimplemento parcial nos contratos sinalagmáticos*, RT 64 (1946), 66-71, 81-86 e 98-102.

ARAÚJO, FÁBIO CALDAS DE – *Código de processo civil*, I – *Parte geral/atualizado com a Lei 13.256/2016*, 2016;
– *vide* Medina, José Miguel Garcia.

ARAÚJO, FERNANDO – *Teoria económica do contrato*, 2007.

ARCHI, GIAN GUALBERTO – *Il trasferimento della proprietà nella compravendita romana*, 1934.

ARENDT, KARL – *Die Rechte des Glaübigers welchem die an Erfüllungsstatt gegebene Sache evinciert worden ist*, 1898.

ARISTÓTELES – *The Nicomachean Ethics*, ed. bilingue greco-inglesa, trad. H. Rackham, 2.ª ed., 1934, reimp. 1994.

ARMBRUSTER, CHRISTIAN – *Abtretung künftiger gesellschaftsrechtlicher Vermögensansprüche bei anschließendem Verlust der Gesellschaftserstellung*, NJW 1991, 606-608.

ARNDTS, KARL LUDWIG (RITTER VON ARNESBERG) – *Lehrbuch der Pandekten*, 9.ª ed., 1877 e 13.ª ed., 1886.

ARNOLD, ARND – *Freizeichnungsklauseln für leichte Fahrlässigkeite im AGB*, ZGS 2004, 16-21.

ASTUTI, GUIDO – *Cessione (storia)*, ED VI (1960), 805-821;
– *Compensazione* (*storia*), ED VIII (1961), 1-17;
– *Contratto (diritto intermedio)*, ED IX (1961), 759-781.

ATHAYDE, AUGUSTO DE – *Para uma teoria do contrato administrativo: limites e efeitos do exercício do poder de modificação unilateral pela Administração*, em *Estudos de Direito público em Honra do Professor Marcello Caetano* (1973), 71-106.

ATHAYDE, CATARINA DE CASTRO – *Cessão de créditos e sub-rogação do credor do devedor*, 2009.

AUBRY, CHARLES/RAU, CHARLES-FREDÉRIC – *Cours de droit civil français d'après la méthode de Zacharie* 4, 4.ª ed., 1871.

AUERNHEIMER, FRITZ – *Zur Lehre von der Quittung*, 1912.

AURELIANO, NUNO – *O risco nos contratos de alienação*, 2009.

AVANZO, WALTER D' – em Mariano d'Amelio/Enrico Finzi, *Codice Civile/Libro delle Obbligazioni/Commentario* 1, 1948
– *Caparra*, NssDI 2 (1958), 893-896.

AVERANIUS, MARTIN – *Die Anrechnung von Teilleistungen auf mehrere Forderungen bei Fehlen einer Tilgungsbestimmung – § 366 Abs. 2 BGB im Spannungsfeld zwischen Schuldnerinteressen und Rechtssicherheit*, AcP 203 (2003), 511-538.

AYNÈS, LAURENT – *vide* Malaurie, Philippe.

AZO (PORCIUS) – *Summa aurea recens suae fidei restituta, ac archetypo collate*, 1557, ed. Lyon.

AZZALINI, MARCO – *Impossibilità ed inesigibilità nel debito di genere*, 2011.

BACHER, LEOPOLD – *Revision des Verzichtsbegriffs*, JhJb 5 (1861), 222-262.

BÄHR, OTTO – *Zur Cessionslehre*, JhJb 1 (1857), 351-501.

BAILLOD, RAYMOND – *Le droit de repentir*, RTDC 1984, 227-254.

BALLAUF, GUSTAV – *Der Rechtscharakter der Erfüllung*, 1915.

BALLERSTEDT, KURT – *Zur Haftung für culpa in contrahendo bei Geschaftsabschluss durch Stellvertreter*, AcP 151 (1950-51), 501 ss..

BAR, CHRISTIAN VON – *"Nachwirkende" Vertragspflichten*, AcP 179 (1979), 452-474.

BAR, CHRISTIAN VON/CLIVE, ERIC/SCHULTE-NÖLKE HANS (ed.) – *Draft Common of Reference (DCFR)*, 2009;
– *Principles, Definitions and Model Rules of European Private Law*, 2009.

BARASSI, LODOVICO – *La teoria generale delle obbligazioni*, III, *L'attuazione*, 2.ª ed., reimp., 1964.

BARBERIS, P. – *La guerra nei rapporti di diritto privato contrattuale*, DirCom 34 (1915), 356-367.

BARBOSA, AGOSTINHO – *Casus* em *Repertorium iuris civilis et canonici*, ed. Lião, 1668.

BARDE, LOUIS – *vide* Baudry-Lacantinerie, Gabriel.

BARENGHI, ANDREA – em Pietro Rescigno, *Codice civile* I, 7.ª ed. (2008), 2138 ss..

BARON, JULIUS – *Pandekten*, 9.ª ed., 1896.

BARSANTI – anotação a Cass Torino 16-ago.-1900, FI 26 (1901), 737-740.

BARTH, A. – *Verfügungen über zukünftigen Rechte*, Gruchot 58 (1914), 577-613.

BÁRTOLO – *Commentaria in Digestum veteris*, ed. *Bartoli interpretum iuris civilis coryphaei*, ed. Basileia, 1562;

– *Bartolus a Saxo Ferrato, In Secundum Digesti veteris Partem*, ed. Veneza, 1570;
– *Commentaria ad Digestum vetus*, ed. Lião, 1530, Veneza, 1570;
– *In secundum ff. novi Partem*, ed. Veneza 1570;
– *Consigli Quaestiones*, questio IIII, 7, ed. Turim, 1589;
– *Commentaria in secundam Digesti novi partem zu D. 45.1.71 n. 35-40*, ed. Veneza (1602), 27-28.

BASTOS, JACINTO RODRIGUES – *Das obrigações em geral* 1, 1971; 3, 1972; 5, 1973 e 6, 1973;
– *Dos contratos em especial* 2, 1974.

BAUDER, WILHELM – *Das Beneficium Competentiae, seine Geschichte und heutige Geltung*, 1905.

BAUDOUIN, JEAN-LOUIS/RENAUD, YVON (org.) – *Code Civil Québec*, 1995-1996.

BAUDRY-LACANTINERIE, GABRIEL/BARDE, LOUIS – *Traité théorique et pratique de droit civil*, XII – *Des obligations* 1, 3.ª ed., 1906 e 2, 3.ª ed., 1907.

BAUER, HERMANN – *Die rechtliche Natur der Erfüllung*, 1903.

BAUMBACH, ADOLF/LAUTERBACH, WOLFGANG – *Zivilprozessordnung*, 73.ª ed., 2015.

BAUMGÄRTEL, GOTTFRIED – *Die Unzumutbarkeit der Forderungsabtretung*, AcP 156 (1957), 265-290.

BEALE, HUGH – *vide* Bar, Christian von;
– *vide* Lando, Ole.

BECK, SASCHA – *Die Zuordnungsbestimmung im Rahmen der Leistung*, 2008.

BECKAUS, GESA KIM – *Die Rechtsnatur der Erfüllung/Eine kritische Betrachtung der Erfüllungstheorien unter besonderer Berücksichtigung der Schuldrechtsmodernisierung (Studien zum Privatrecht)*, 2013.

BECKER, JOACHIM CHRISTIAN – *Die Unmöglichkeitslehre im US-Amerikanischen Vertragsrecht*, 1972.

BECKMANN, HEINER – *Rechtswirkungen eines umberechtigten Rücktritts von einem Liefervertrag und Auswirkungen auf den Leasingvertrag*, WM 2006, 952-958.

BECK-MANNAGETTA, MARGARETHE – *Die clausula rebus sic stantibus und die Geschäftsgrundlage in der Dogmengeschichte*, em AAVV, *La formazione storica del diritto moderno in Europa* (1977) 3, 1263-1276.

BEER, LUDWIG – *Die Hinterlegung zum Zwecke der Befreiung von Schuldverbindlichkeiten//ein Beitrag zur Lehre vom Erloschen der Schuldverhältnisse nach dem Rechte des Bürgerlichen Gesetzbuches*, 1900.

*Begründung der Bundesregierung*, em Claus-Wilhelm Canaris, *Schuldrechtsmodernisierung 2002* (2002), 569-934.

BEHREND, RICHARD – *Zur Geschichte der Quittung*, 1896.

BEHRENDS, OKKO/KNÜTEL, ROLF/KUPISCH, BETHOLD/SEILER, HANS HERMANN – *Corpus iuris civilis/Text und Übersetzung*, I – *Die Institutionen*, 1993; II, *Digesten 1-10*, 1995; III – *Digesten 11-20*, 1999.

BEISENKÖTTER, BERNHARD – *Arbeitsvertragsbruch durch den Arbeitnehmer: Schadensersatz und Vertragsstrafe*, 1997.

BEITLER, WILHELM – vide Hoffmann, Gottfried Daniel.

BEKKER, ERNST I. – *Zur Controverse über die exception non adimpleti contractus*, JhgDR 5 (1862), 116-128.

BELFIORE, ANGELO – *Risoluzione per inadempimento*, ED XL (1989), 1307-1336.
BELITZ, HANS – *Die Hingabe an Erfüllungsstatt nach dem Bürgerlichen Gesetzbuche*, 1906.
BELLELI, ALESSANDRA – *L' imputazione volontaria del pagamento*, 1989.
BÉNABENT, ALAIN – *Droit des obligations*, 15.ª ed., 2016.
BENATTI, FRANCESCO – *La costituzione in mora del debitore*, 1968.
BENÖHR, HANS-PETER – *Das sogenannte Synallagma in den Konsensualkontrakten des klassischen römischen Rechts*, 1965.
BENSBERG, KONRAD – *Die Mahnung nach gemeinem Recht und bürgerlichem Gesetzbuch*, 1905.
BERGER, CHRISTIAN – *Rechtsgeschäftliche Verfügungsbeschränkungen*, 1998.
BERGER, PETER KLAUS – *Der Aufrechnungsvertrag/Aufrechnung durch Vertrag/Vertrag über Aufrechnung*, 1996.
BERGOLD, FRIEDRICH – *Geschichte und Wesen des arrabons und der arrha im griechischen und römischen Recht bis zum procheiros nomos*, 1923.
BERLEY, G. DE – *Étude sur la dation en paiement en droit français et en droit romain*, 1884.
BERLING, OTTO – *Die Vertragsstrafe nach dem BGB unter Berücksichtigung § 348 HGB*, 1915.
BERMANN, PAUL – *Der Erlaß bei Correal- und Solidarobligationen*, 1896.
BERNASCONI, SILVIO – *Die Verträgsübernahme nach italienischem Recht/Konzequenzen für das schweizerische Recht*, 1978.
BERNDORFF, WILHELM – *Die Annahme an Erfüllungsstatt*, 1904.
BERNER, REINHOLD – *Hinterlegung*, 2.ª ed., 1942.
BERNET, MARTIN – em Heinrich Honsell/Nediem Peter Vogt/Wolfgang Wiegand, *Basler Kommentar, Obligationenrecht*, Art. 1-529 OR, 5.ª ed., 2011.
BERRYER, JACQUES – *Des astreintes*, 1903.
BERTHÉLEMY, H. – *Traité élémentaire de Droit administratif*, 12.ª ed., 1930.
BERTRAM, FRIEDRICH – *Die rechtliche Wirkungen der Hinterlegung der geschuldeten Sachen durch den Schuldner nach gemeinem Civilrecht und nach dem Rechte des bürgerlichen Gesetzbuchs*, 1901.
BERZ, WOLFGANG – *Der gemeinschaftlichen Motivirrtum und die Geschäftsgrundlage*, 1953, dact.;
– *Motivirrtum und Geschaftsgrundlage*, 1953.
BESELER, GEORG – *System des gemeinen deutschen Privatrechts* II, 1853.
BESELER, GERHARD VON – *Eröterungen zur Geschichte der Novation und zur Geschichte des Litteralkontraktes*, 1904;
– *Beiträge zur Kritik der römischen Rechtsquellen* IV, 1920;
– *Edictum de eo quod certo loco* (1907), TS 8 (1928), 326-335;
– *Romanistische Studien*, SZRom 54 (1934), 4-34.
BESSONE, MARIO – anotação a Napoli 16-out.-1969, FP 20 (1971), 804-816;
– *Adempimento e rischio contrattuale*, 1975, reimp..
BESSONE/D'ANGELO – *"Presupposizione", sopravvenienza di eventi e problemi di teoria generale dei contratto*, RNot 1981, 1005-1016.
BETTERMANN, K. A. – *Über Inhalt, Grund und Grenzen des Nominalismus*, RdA 1975, 2-9.
BETTI, EMILIO – *Natura giuridica della cessione dei beni ai creditore*, RDComm XXXIII (1935) II, 304-327;

– *Teoria Generale delle obbligazioni* 1, 1953 e 3, 2 – *Vicende dell'obbligazione*, 1955;
– *Cours de droit civil comparé des obligations*, 1958;
– recensão a Sebastião Cruz, *Da "solutio"/Terminologia, conceito e características, e análise de vários institutos afins* I – *Épocas arcaica e clássica* (1962), SDHI 29 (1963), 391-393.

BETTMANN, H. – *Die Mahnung*, 1896.

BEUTHIEN, VOLKER – *Zuwendender und Leistender*, JZ 1968, 323-327;
– Zweckerreichung und Zweckstörung im Schuldverhältnis, 1969;
– Pauschlierter Schadensersatz und Vertragsstrafe, FS Karl Larenz 70. (1973), 495-516

BEVILÁQUA, CLÓVIS – *Direito das obrigações*, 2.ª ed., 1910.

BEZZENBERGER, TILMAN – *Ersatzherausgabe und Versicherung beim Grundstückskaufvertrag in der Schwebe*, FS Klaus Moch 70. (2009), 39-54.

BIANCHI, GIORGIO – *Rescisione e risoluzione dei contratti/con referimento al diritto del XXI secolo*, 2003.

BIANCHINI, MARIAGRAZIA – *Quietanza (storia)*, ED XXXVIII (1987), 155-161;
– *Remissione del debito (storia)*, ED XXXIX (1988), 757-767.

BICKEL, FRITZ – *Welche rechtlichen Folgen ergeben sich aus der mangelhaften Beschaffenheit der an Erfüllungsstatt gegebenen Leistung gemäss den Vorschriften des römischen Rechtes?*, 1897.

BIEDERMANN, JAKOB R. – *Die Hinterlegung als Erfüllungssurrogat*, 1944.

BIERMANN, JOHANNES – vide Dernburg, Heinrich.

BIERMANN, WILHELM – *Zur Lehre von der Unmöglichkeit der Leistung im bürgerlichen Recht*, AcP 101 (1901), 73-102.

BILLMAN, WILHELM – *Die Vertragsstrafe im deutschen bürgerlichen Gesetzbuche*, 1899.

BIONDI, BIONDO – *La compensazione nel diritto romano*, 1927;
– *Cessione di crediti e di altri diritti (diritto romano)*, NDI III (1938), 67-70 e NssDI III (1959), 152-155;
– *Compensazione (Diritto romano)*, NssDI III (1959), 719-722.

BIRKMEYER, KARL VON – *Die Exceptionen im bonae fidei judicium/Römischerechtliche Abhandlung als Beitrag zur Frage "Gibt es noch Exceptionen?"*, 1874.

BISCARDI, ARNALDO – *La lex commissoria nel sistema delle garanzie reali*, St. Betti II (1962), 573-589;
– *Actio pecuniae traiecticiae/Contributo alla dottrina delle clausole penali*, 1.ª ed., 1947 e 2.ª ed., 1974.

BISCONTINI, GUIDO – *Assunzione di debito e garanzia del credito*, 1993.

BITTER, CLAUDIA – no *Staudingers Kommentar zum BGB, §§ 255-304*, 2014.

*Black's Law Dictionary*, 7.ª ed., 1999.

BLOCH, WOLFGANG E. – vide Muscheler, Karlheinz.

BLOMEYER, ARWED – recensão a Karl Larenz, *Geschäftsgrundlage*, 3.ª ed., AcP 152 (1952/53), 276-281.

BLUME, WERNER VON – *Beiträge zur Auslegung der deutschen B.G.B.*/II – *Zur Lehre von der Schuldübernahme*, JhJb 39 (1898), 390-462;
– *Zur Schuldübernahmefrage*, JhJb 40 (1899), 109-126.

BLUMENTHAL, HEINRICH – *Der Widerruf der Auslobung*, 1927.

BODENSTEDT, KAI – vide Thüsing, Gregor.

BOEHMER, GUSTAV – *Der Erfüllungswille*, 1910.
BOER, FRIEDERICH – *Leistungsunmöglichkeit und Annahmeverzug (Zur Frage des Zusammenstreffens beider Tatbestande)*, Gruchot 54 (1910), 493-530.
BOHNE, EDMUND – *Die Konfusion der Obligationen nach römisch-gemeinem Recht*, 1908.
BOLLENBERGER, RAIMUND – *Das stellvertrendes Commodum*, 1994;
– vide Koziol, Helmut.
BOLOGNA – *Profilo sistematico della presupposizione*, an. CassIt 28-jul.-1948, GiurComplCassCiv 27 (1948), 3, 172-182.
BONIFACIO, FRANCO – *La novazione nel diritto romano*, 2.ª ed., 1959;
– *Delegazione (diritto romano)*, NssDI V (1960), 325-327.
BONK, HEINZ JOACHIM – em Paul Stelckens/Heinz Joachim Bonk/Michael Sachs, *Verwaltungsverfahrensgesetz/Kommentar*, 6.ª ed., 2001.
BONNECASE – *Supplément* III ao *Traité* de Baudry-Lacantinerie, 1926.
BORGS-MACIEJEWSKI, HERMANN – vide Meyer, Hans.
BÖRNER, BODO – *Zur Auslegung von Dig. 18.7.7/Ein Beitrag zu der Nebenabmachung bei Sklavenverkäufen*, SZRom 71 (1954), 359-373;
– *Die Aufrechnung mit der Forderung eines Dritten*, NJW 1961, 1505-1509.
BORON, ANGELO – *Codice civile per gli stati di S. M. il Re di Sardegna*, 1842.
BORRACCIA, GIAMPIERO – em Pietro Rescigno, *Codice civile* I, 7.ª ed., 2008.
BORSARI, LUIGI – *Commentario del codice civile italiano* III, 1877.
BOSCH, HENDRIK WILLEM JAN – *De exceptio non adimpleti contractus*, 1936.
BOSELLI, NICOLA – *Eccessiva onerosità*, NssDI 6 (1960), 331-338.
BÖTTICHER, EDUARD – *Gestaltungsrechte und Unterwerfung im Privatrecht*, 1963;
– *Wesen und Arten der Vertragsstrafe sowie deren Kontrolle*, ZfA 1970, 3-61.
BOUGLÉ, CLAIRE – vide Chevreau, Emmanuelle.
BOVE, LUCIO – *Gli effetti del deposito della cosa dovuta*, Labeo 1 (1955), 173-189;
– *"Subreptio" di "res privata" depositata "in aede sacra"*, Labeo 3 (1957), 354-359.
BOYER, GEORGES – *Recherches historiques sur la résolution des contrats (origines de l'article 1184.º c. civil)*, 1924;
– *G-Wis. II, 9, 17 et la théorie du "Contrarius consensus"*, RHD X (1931), 132-137.
BRAGA, S. – *Der Schadensersatzanspruch nach § 326 BGB und die Aufrechnung und Abtretung (§ 404 und 406 BGB)*, MDR 1959, 437-441.
BRANCA, GIUSEPPE – *Adempimento (diritto romano e intermedio)*, ED I (1958), 548-553.
BRANDÃO, PAIVA – *Considerações sobre o problema da imprevisão*, Supl. 17 BFD (1944), 173-262.
BRAUN, JOHANN – *Die Unmöglichkeit der Leistung*, JA 1983, 488-493 e 571-577.
BRECHER, FRITZ – *Vertragsübergang, Betriebsnachfolge und Arbeitsverhältnis*, FS Walter Schmidt-Rimpler 70. (1957), 181-235.
BRECHT, ARNOLD – *System der Vertragsshaftung (Unmöglichkeit der Leistung, positive Vertragsverletzung und Verzung)*, JhJb 53 (1908), 213-320.
BREHM, WOLFGANG – *Rechtsfortbildungszweck des Zivilprozess*, FS Ekkehard Schumann (2002), 57-69.
BRETONE, MARIA – *Note minime su Celsus filius*, Labeo 9 (1963), 331-345.
BRINZ, ALOIS VON – *Lehrbuch der Pandekten* 1, 2.ª ed., 1876 e 2, 2.ª ed., 1879.

BRISSONIUS, BARNABAS – *Der solutionibus et liberationibus libri tres*, em *Selectarum ex iure civile antiquitatem libri* IV, 1558.

BRITO, PEDRO MADEIRA DE – *vide* Monteiro, Luís Miguel.

BROCKMEYER, GERMAR – *Das Rechtsinstitut der Geschäftsgrundlage aus der Sicht der ökonomischen Analyse des Rechts*, 1993.

BRÜGGEMEIER, GERD – *AK-BGB* §§ 387-389, 1980.

BRUGI, BUGIO – *La presupposizione e i criteri d'interpretazione del contratto formolati negli art. 1124, 1131 cod. civ.*, RDComm 1907, 2, 46-52.

BRÜGMANN, WALTER – *Die Abtretung von Forderungen aus gegenseitigen Verträgen*, 1934.

BRUNNER, HEINRICH – *Zur Rechtsgeschichte der römischen und germanischen Urkunde* 1, 1880, reimp., 1961.

BRUNO, T. – *Codice civile del Regno d'Italia*, 6.ª ed., 1901.

BSCHORR, MICHAEL CHRISTIAN – *Die Vertragsstrafe im Bauwesen*, 2003.

BUCH, GEORG – *Die Übertragbarkeit von Forderungen im deutschem mittelalterlichem Recht*, 1912;

– *Zur Zession im deutschen mittelalterlichen Recht*, SZGerm 34 (1913), 429-433.

BÜDENBENDER, ULRICH – *Rückgewährausprüche im Bürgerlichen Recht*, JuS 1998, 227-233.

BULLINGER, MARTIN – *Leistungsstörungen beim öffentlich-rechtlichen Vertrag/Zur Rechtslage nach den Verwaltungsverfahrensgesetzen*, DÖV 1977, 812-822.

BÜLOW, ARTHUR/SCHMIDT, JÜRGEN – *Hinterlegungsordnung und Nebengesetze*, 4.ª ed., 2005.

BÜLOW, OSKAR – *Zur Lehre von der Rechtliche Natur der Quittung*, JhJb 59 (1911), 1-19.

BÜLOW, PETER – *Grundfragen der Erfüllung und ihrer Surrogate*, JuS 1991, 529-536;

– *Zu den Vorstellung des historischen Gesetzgebers über die absolute Wirkung rechtsgeschäftlicher Abtretungsverbote*, NJW 1993, 901-902;

– *Rechtsnachfolge bei Verbraucherkreditverträgen*, ZIP 1997, 400-406.

BUNGE, LISELOTTE – *Die Aufrechnung im englischen Recht unter besonderer Berücksichtigung der Aufrechnung im Konkurse*, 1933.

BURCHARDI, RUDOLF JOHANN – *Über die Verantwortlichkeit des Schuldners für seine Gehülfen bei der Erfüllung von Obligationen/Eine civilistische Abhandlung*, 1861.

BÜRGE, ALFONS – *Fiktion und Wirklichkeit: Soziale und rechtliche Strukturen des römischen Bankwesens*, SZRom 104 (1987), 465-558.

BURRILLO, JESÚS – recensão a Sebastião Cruz, *Da "solutio"/Terminologia, conceito e características, e análise de vários institutos afins* I – *Épocas arcaica e clássica* (1962), Iura 14 (1963), 245-249.

BUSCHE, JAN – no *Staudingers Kommentar zum BGB*, 2, *§§ 397-432 (Erlass, Abtretung, Schuldübernahme, Mehrheit von Schuldnern und Gläubigern)*, 2012.

BUSNELLI, FRANCESCO DONATO – *Clausola risolutiva*, ED VII (1960), 196-202.

BYDLINSKI, PETER – no *Münchener Kommentar zum BGB*, II, 7.ª ed., 2016;

– vide Koziol, Helmut.

CABRILLAC, RÉMY – *Droit des obligations*, 12.ª ed., 2016.

CAEMMERER, ERNST VON – *"Mortuus redhibetur"*, FS Karl Larenz 70. (1973), 621-642;

– *Zahlungsort*, FS F. A. Mann (1977), 3-19.

CAETANO, MARCELLO – anotação a STA 21-mar.-1958, Dir 91 (1959), 56-62;

– *Manual de Direito administrativo* 1, 2.ª ed., 1947; 4.ª ed., 1957, 6.ª ed., 1965 e 10.ª ed., 1973.

Calheiros, Maria Clara – *O contrato de swap*, 2000.

Caliendo, Leopoldo – *Clausola "rebus sic stantibus"*, NDI 3 (1938), 209-212.

Calogirou, Georges – *Die Arrha im Vermögensrecht in Berücksichtigung der Ostraka und Papyri*, 1911.

Canaris, Carl-Wilhelm – *Ansprüche wegen "positiver Vertragsverletzung" und "Schutzwirkung für Dritte" bei nichtigen Verträgen*, JZ 1965, 475-482;

– *Haftung Dritter aus positiver Forderungsverletzung*, VersR 1965, 114-118

– *Die Vertrauenshaftung im deutschen Privatrecht*, 1971;

– *Die Vertrauenshaftung im deutschen Privatrecht*, 2.ª ed., 1981;

– *Die Feststellung der Lücken im Gesetz*, 2.ª ed., 1983;

– *Systemdenken und Systembegriff in der Jurisprudenz*, 2.ª ed., 1983

– *Bewegliches System und Vertrauenschutz im rechtsgeschäftlichen Verkehr*, em *Das Bewegliche System*, publ. F. Bydlinski e outros (1986), 103-116;

– *Die Rechtsfolgen rechtsgeschäftlicher Abtretungsverbote*, FS Rolf Serick (1992), 9-35;

– *Reform des Rechts der Leistungsstörungen*, JZ 2001, 499-524;

– *Einführung* a *Schuldrechtsmodernisierung 2002*, 2002;

– *Schuldrechtsmodernisierung 2002*, 2002;

– *Die Einstandspflicht des Gattungsschuldners und die Übernahme eines Beschaffungsrisikos nach § 276 BGB*, FS Wolfgang Wiegand 65. (2005), 179-254;

– vide Larenz, Karl.

Cannata, Carlo Augusto – *Eccezione (diritto romano)*, NssDI VI (1960), 346-349;

– *Mora (storia)*, ED XXVI (1976), 921-933.

Canotilho, Gomes/Moreira, Vital – *Constituição da República Portuguesa Anotada* 1, 4.ª ed., 2007.

Cantarella, Eva – *Obbligazione (diritto greco)*, NssDI XI (1968), 564-554.

Capitant, Henri – *vide* Colin, Ambroise.

Capitant, Henri/Terré, François/Lequette, Yves/Chénedé, François – *Les grands arrêts de la jurisprudence civile* 2, 13.ª ed., 2015.

Caravelli, Casimiro – *Teoria della compensazione e diritto di retenzione*, 1940.

Carbonnier, Astrid – no Jauernig, *BGB/Kommentar*, 15.ª ed., 2014.

Carbonnier, Jean – *Droit civil*, 4 – *Les obligations*, 9.ª ed., 1976 e 22.ª ed., 2000 e ed. 2004.

Cardoso, Eurico Lopes – *Manual da Acção Executiva*, 3.ª ed., 1964.

Caringela, Francesco/Marzo, Giuseppe de – *Manuale di diritto civile* II – *Le obbligazioni*, 2007.

Carneiro, José Gualberto de Sá – *Da consignação em depósito/Relatório apresentado à Comissão Revisora sobre os artigos 843.º a 851.º do Projecto*, ROA 1947, n.º 1 e 2, 331-338;

– *Competência territorial, obrigação sucedânea e rescisão do contrato*, RT 68 (1950), 98-103.

Carpino, Brunetto – *Surrogazione (pagamento con)*, NssDI XVIII (1971), 964-969.

CARRESI, FRANCO – *Della cessione dei beni ai creditore*, em Mariano d'Amelio/Enrico Finzi, *Codice civile/Delle obbligazioni/Commentario* II/2 (1949), 480-507;
– *La cessione del contratto*, 1950;
– *Cessione del contratto*, NssDI III (1959), 147-152.

CASAVOLA, FRANCO – recensão a Sebastião Cruz, *Carácter creditício da "solutio" na época clássica do Direito romano* (1957), Labeo 5 (1959), 254-255.

CASPER, GEORG – no *Staudingers Kommentar zum BGB*, II, §§ 255-304, 2014.

CASPERS, WILHELM – *Erlaβ und Verzicht nach dem Bürgerlichen Gesetzbuch*, 1904.

CASSIN, RENÉ – *De l'exception tirée de l'inexécution dans les rapports synallagmatiques (exceptio on adimpleti contractus)/Et de ses relations avec le droit de rétention, la compensation et la résolution*, 1914.

CASTANA, ANTONINO – *La cessione dei beni ai creditore nelle diverse fattispecie*, 1957.

CASTRONOVO, CARLOS – *Principi di diritto europeo dei contrati*, 2001.

CATAUDELLA, ANTONINO – *Sul contenuto del contratto*, 1966.

CECCHETTI, RAFFAELLO – *Quietanza (diritto privato)*, ED XXXVIII (1987), 161-170.

CENTELEGHE, F. – *Appunti in materia di presuppozione*, anotação a CassIt 6-jul.-1971, RNot 27 (1973), 293-298, 293-298.

CERAMI, PIETRO – *Risoluzione (diritto romano)*, ED XL (1989), 1276-1292.

CERTA, PATRICK – *Widerruf und schwebende Unwirksamkeit nach den Verbraucherschutzgesetzen*, 2000.

CHABAS, FRANÇOIS – *vide* Mazeaud, Henri.

CHANTEPIE, GAËL/LATINA, MATHIAS – *La réforme du droit des obligations/Commentaire théorique et pratique dans l'ordre du Code civil*, 2016.

CHASAPIS, CHRISTOS – *Die Herabsetzung der unverhältnismäßig hohen Vertragsstrafe: Ein Beispiel richterlichen Schutzeingriffs in Privatrechtsverhältnisse*, 2014.

CHÉNEDÉ, FRANÇOIS – *vide* Capitant, Henri.

CHEN-WISHART, MINDY – *Contract Law*, 2.ª ed., 2008.

CHEVREAU, EMMANUELLE/MAUSEN, YVES/BOUGLÉ, CLAIRE – *Introduction historique au droit des obligations*, 2007.

CHINÈ, GIUSEPPE – *I confini oggettivi e soggettivi di applicazione della disciplina sui pagamenti nelle transazioni commerciali*, em Vincenzo Coffaro (org.), *La disciplina dei pagamenti commerciali* (2006), 55-114.

CHIOTELLIS, ARISTIDE – *Rechtsfolgenbestimmung bei Geschäftsgrundlagenstörungen in Schuldvertragen*, 1981.

CHIRONI, GIAN PIETRO – *La colpa nel diritto civile odierno/Colpa contrattuale*, 2.ª ed., 1897.

CHITO, MARIA BRUNA – em Pietro Rescigno, *Codice civile* I, 7.ª ed., 2008.

CHOLET, DIDIER – *La novation de contrat*, RTDC 2006, 467-492.

CHRISTENSEN, KARL-WILHELM – *Verschulden nach Vertragsende (Culpa post pactum finitum)*, 1958.

CIAN, GIORGIO/TRABUCCHI, ALBERTO – *Commentario breve al Codice Civile*, 1981.

CICALA, RAFFAELE – *Accollo*, ED I (1958), 282-292;
– *Cessione del contratto*, ED VI (1960), 878-901;
– *Il negozio di cessione del contratto*, 1962, reimp., 2015.

CÍCERO, MARCO TÚLIO – *De officiis libri tres* = ed. Hibert Ashton Holden 3, 1899, reimp., 1966.

CLARIZIA, PAOLO – *La cessione del contratto*, 1946.

CLIVE, ERIC – *vide* Bar, Christian von.

COCCEJI, HEINRICH VON (HENRICUS COCCEJUS) – *Disputatio juridica inauguralis de clausula rebus sic stantibus*, 1699;
– *De cessione eorum, quae al heredes non transeunt, et contra*, 1709.

*Code Civil des Français*, 1804, ed. *fac simile* de 2004, apr. Jean-Denis Bredin.

*Code Civil Hellénique*, trad. Pierre Mamopoulos, 1956.

*Código Civil*, Civitas, 38.ª ed., 2015.

*Código Civil/1.ª Revisão ministerial*, BMJ 119 (1962), 27-219.

*Código Civil/Livro II – Direito das obrigações*, BMJ 119 (1962), 33.

*Codigo Commercial Portuguez*, ed. Coimbra, 1856.

COELHO, FRANCISCO PEREIRA – *Obrigações/Aditamentos à Teoria Geral das Obrigações de Manuel de Andrade*, 3.ª ed., 1964.

COELHO, JOÃO NÉLIO CÂMARA – *vide* Gomes, Magno Frederici.

COELHO, JOSÉ GABRIEL PINTO – *Das cláusulas accessórias dos negócios jurídicos* 2, 1910.

COELHO, PEREIRA – *Direito das obrigações / Sumários*, 1967.

COESTER, MICHAEL – *Vertragsübernahme und Anfechtungsrecht*, MDR 1974, 803-807.

COIMBRA, ANA MARIA GONÇALVES – *O sinal: contributo para o estudo do seu conceito e regime*, O Direito 122 (1990), 621-671;
– *Sobre a redução da pena convencional/Regime geral*, 1991.

COING, HELMUT – *Zum Begriff der Teilerfüllung*, SJZ 1949, 532-536;
– *Europäisches Privatrecht 1500 bis 1800*, I – *Alteres Gemeines Recht*, 1985;
– *Europäisches Privatrecht 1800 bis 1914*, Band II – *19. Jahrhundert*, 1989.

COLESANTI, VITTORIO – *Eccezione (diritto processuale civile)*, ED XIV (1965), 172-205.

COLIN, AMBROISE/CAPITANT, HENRI – *Cours élémentaire de droit civil français* 2, 10.ª ed., 1948.

COLLAÇO, JOÃO MARIA TELLO DE MAGALHÃES – *Concessões de serviços públicos/Sua natureza jurídica*, 1914, reimp., 1928.

COLLATZ, WILHELM – *Zum Recht des B.G.B./*I – *Zur Lehre vom Schulversprechen, Schuldanerkenntmis und von der Quittung*, JhJb 40 (1899), 127-150.

COMPERNOLLE, JACQUES VAN/LAVAL, GEORGE DE – *L'astreinte*, 3.ª ed., 2013.

COOK, WALTER WHEELER – *The alienability of choses in action*, HLR 29 (1916), 816-837.

CORDEIRO, A. BARRETO MENEZES – *Do* trust *no Direito civil*, 2014.

CORDEIRO, ANTÓNIO MENEZES – *A constituição patrimonial privada*, em *Estudos sobre a Constituição*, publ. Jorge Miranda, 3, 1979;
– *Da natureza do direito do locatário*, 1980;
– *Violação positiva do contrato*, anotação a STJ 31-jan.-1980 (Costa Soares), ROA 1981, 128-152;
– *A violação positiva do contrato/Anotação a STJ 31-Jan.-1980*, ROA 1981, 123-152;
– *A situação jurídica laboral: perspectivas dogmáticas do Direito do trabalho*, sep. ROA, 1982;
– *Da situação jurídica laboral; perspectivas dogmáticas do Direito do Trabalho*, separata da ROA 1982;

– *Da boa-fé no Direito civil*, 1984;
– *Evolução juscientífica e direitos reais*, ROA 1985, 71-112;
– *Lei (aplicação da)*, Enc. Pólis 3 (1985), 1046-1062;
– *Tendências actuais da interpretação da lei: do juiz-autómato aos modelos de decisão jurídica*, TJ 12 (1985), 1 ss.;
– *Direito das obrigações* 1 e 2, 1986;
– *A excepção do cumprimento do contrato-promessa*, TJ n.° 27 (1987), 1-5;
– *Teoria geral do Direito civil/Relatório*, sep. RFDUL, 1987;
– *Violação positiva do contrato*, 1981, em *Estudos de Direito civil* I (1987), 115-142;
– *Da alteração das circunstâncias*, Est. Paulo Cunha (1989), 293-371;
– *A "impossibilidade moral": do tratamento igualitário no cumprimento das obrigações*, TJ 18 e 19 (1986) = *Estudos de Direito civil*, 1 (1991), 98-114;
– *Manual de Direito do trabalho*, 1991
– *A pós-eficácia das obrigações*, 1981, publ. 1984 = *Estudos de Direito civil* 1, 1994, 2.ª reimp., 143-197;
– *Convenções colectivas de trabalho e alterações de circunstâncias*, 1995;
– anotação a STJ 4-nov.-1998 (sem ind. relator), ROA 1998, 1217-1232;
– *A modernização do Direito das obrigações* I – *Aspectos gerais e reforma da prescrição*, ROA, 2002, 91-110;
– *Da compensação no Direito civil e no Direito bancário*, 2003;
– *Da modernização do Direito civil* 1, 2004;
– *Aquisições tendentes ao domínio total: constitucionalidade e efetivação da consignação em depósito (artigo 490.º/3 e 4 do Código das Sociedades Comerciais)*, O Direito 137 (2005), 449-463;
– *A representação no Código Civil: sistema e perspetivas de reforma*, em *35 anos do Código Civil* 2 (2006), 393-422;
– *A Lei dos direitos dos utentes das auto-estradas e a Constituição (Lei n.° 24/2007, de 18 de Julho)*, ROA 2007, 551-572;
– *Introdução ao Direito da prestação de contas*, 2008;
– *A crise planetária de 2007/2010 e o governo das sociedades*, RDS 2009, 263-286;
– *A tutela do consumidor de produtos financeiros e a crise mundial de 2007/2010*, ROA 2009, 603-632;
– *Direito das sociedades* 1, 3.ª ed., 2011;
– *Leis do arrendamento urbano anotadas*, 2014;
– *A crise e a alteração das circunstâncias*, RDC 1 (2016), 7-57;
– *Direito bancário*, 6.ª ed., 2016;
– *Direito comercial*, 4.ª ed., 2016;
– *Direito dos seguros*, 2.ª ed., 2016;
– *A reforma francesa do Direito das obrigações (2016)*, RDC 2017, 9-29.

CORNIL, GEORGES – *Die Arra im justinianischen Recht*, SZRom 48 (1928), 51-87.

CORNU, GÉRARD – *De l'énormité des peines stipulées en cas d'inéxécution parcielle du contrat de crédit-bail*, RTDC 1971, 167-170.

*Corpus iuris canonici*, *Liber Sextus*, ed. Justus Henning Bochmer, Magdeburg, 1746.

CORREIA, ANTÓNIO FERRER/ALARCÃO, RUI – *Acerca da taxa-limite do montante da cláusula penal fixado pelo Dec. 21.730*, RDES IX (1956), 167-205.

CORREIA, ANTÓNIO FERRER/MESQUITA, HENRIQUE – *A obra intelectual como objeto do contrato de empreitada. Direito do dono da obra desistir do contrato e efeitos da desistência*, ROA 1985, 129-158.

CORREIA, JOSÉ MANUEL SÉRVULO – *Legalidade e autonomia contratual nos contratos administrativos*, 1987.

CORRELL, KARL – *Das Rückversicherungsverhältnis als Dauerschuldverhältnis*, 1936.

CORTESE, ENNIO – *Eccezione (diritto intermedio)*, ED XIV (1965), 139-150.

COSACK, KONRAD/MITTEIS, HEINRICH – *Lehrbuch des Bürgerlichen Rechts*, 8.ª ed., 1927.

COSENTINO, PAULO – *Osservazioni in tema di* mandatum *e di* delegatio *(Contributo alla dogmatica della delegazione di credito in diritto romano*, BIDR LXIX (1966), 299-336.

COSTA, MÁRIO JÚLIO DE ALMEIDA – anotação a STJ 11-dez.-1984 (Joaquim Figueiredo), RLJ 119 (1986), 141-147;
– *Direito das obrigações*, 1.ª ed., 1968, 3.ª ed., 1979, 4.ª ed., 1984, 6.ª ed., 1994, 7.ª ed., 1996, 8.ª ed., 2000, 9.ª ed., 2005, 10.ª ed., 2006 e 12.ª ed., 2009.

COSTA, SERGIO – *Eccezione*, NDI V (1938), 259-263;
– *Eccezione (diritto vigente)*, NssDI VI (1960), 349-353.

COTTINO, GASTONE – *L'impossibilità sopravvenuta della prestazione e la responsabilità del debitore: problemi generali*, 1955.

COUTO, EDENILDO SOUZA – *Astreintes: teoria e prática/Uma abordagem em conformidade com o novo Código de Processo Civil (Lei N. 13.105/2015)*, 2016.

COVIELLO, NICOLA – *Della successione ne' debiti a titolo particulare*, AG LVI (1896), 287-343 e AG LVII (1896), 89-200 e 331-386.

CREZELIUS, GEORG – *Culpa in contrahendo des Vertreters ohne Vertretungsmacht*, JuS 1977, 797.

CRISTAS, MARIA DA ASSUNÇÃO OLIVEIRA – *Dupla venda de um direito de crédito*, O Direito 132 (2000), 197-254;
– *Transmissão contratual do direito de crédito/do carácter real do direito de crédito*, 2005;
– *É possível impedir judicialmente a resolução de um contrato?*, Est. 10 anos FDUNL II (2008), 53-79.

CROME, CARL – *System des deutschen Bürgerlichen Rechts*, 2 – *Recht der Schuldverhältnisse*, 1902;
– *Der Konzessionsvertrag und seine Ausführung im Kriege*, AcP 115 (1917) 1-57.

CRUZ, SEBASTIÃO – *Carácter creditício da "solutio" na época clássica do Direito romano*, sep. do BFD 32, 1957;
– *Da "solutio"/Terminologia, conceito e características, e análise de vários institutos afins* I – *Épocas arcaica e clássica*, 1962;
– *Da solutio* II/1 – *Época post-clássica ocidental/"solutio" e "Vulgarrecht"*, 1974;
– *Direito romano* – I – *Introdução. Fontes*, 3.ª ed., 1980 e 4.ª ed., 1984.

CUGLIA, STANISLAO – *"Acceptilatio solutioni Comparatur"/La sistemazione dei modi di estinzione dell'obbligazione a traverso le rubriche classiche e bizantine*, 1924.

CUJACIUS, IACOBUS – *Opera* IX, ed. Veneza, 1758.

CULLMANN, LUDWIG – *Kumulative Schuldübernahme und Bürgschaft*, 1913.

CUNHA, PAULO – *Direito das obrigações*, por Margarida Pimentel Saraiva e Orlando Garcia-Blanco Courrége 2, 1938-39;

– *Teoria geral de Direito civil*, II – *O objecto*, 1961-62.
CURA, ANTÓNIO VIEIRA – *O vencimento das obrigações puras no Direito romano clássico*, BFD LXXXI (2005), 73-144.
CUTURI, TORQUATO – *Trattato delle compensazioni nel diritto privato italiano*, 1909.

D'ANGELO – vide Bessone.
DAELE, WOLFGANG VAN DEN – *Probleme des gegenseitigen Vertrages/Untersuchung zue Äquivalenz gegenseitiger Leistungspflichten*, 1968.
DALLOZ, ARMAND – *vide* Dalloz, D..
DALLOZ, D./DALLOZ, ARMAND – *Jurisprudence générale/Répertoire methodique et alphabétique de legislation, de doctrine et de jurisprudence*, VIII, 1847.
DALLY, HANS-PETER – *Rechtsprobleme bei langfristigen Energieversorgungsverträgen im Zusammenhang mit Wirtschaftsklauseln*, BB 1977, 726-727.
DALMARTELLO, ARTURO – *Eccezione di inadempimento*, NssDI VI (1960), 354-360;
– *Risoluzione del contratto*, NssDI XVI (1969), 126-149.
DANN – *Ueber das Interusurium, oder den gegenwärtigen baaren Werth einer erst künftig zahbaren Summe*, 1823.
DANZ, ERICH – *Die delegatio nominis und delegatio debiti*, JhJb XIX (1884), 69-130;
– Die Forderung- und Schuldübernahme, AcP 74 (1888), 240-298;
– Die Auslegung der Rechtsgeschäfte, 3.ª ed., 1911.
DÄPPEN, ROBERT K. – em Heinrich Honsell/Nediem Peter Vogt/Wolfgang Wiegand, *Basler Kommentar, Obligationenrecht*, Art. 1-529 OR, 5.ª ed., 2011.
DAUNER-LIEB, BARBARA – *Das Leistungsstörungsrecht im Überblick*, em Dauner-Lieb/Heidel/Lepa/Ring, *Das neue Schuldrecht* (2002), 64-120.
DAVID, M. – *Gai institutiones secundum codicis veronensis apographum studemundianum et reliquias in Aegypto repertas*, Leiden, 1964.
DAVID-CONSTANT, SIMONE – *La fin d'une disgrace: l'avènement de l'astreinte en Droit Belge*, Et. Alex Weill (1983), 187-197.
DAVIDSOHN, LUDWIG – *Heilung von Formmängeln durch Erfüllung*, 1914.
DAVIDSON, KARL-AUGUST – *Schuldübernahme als Zahlung*, 1895.
DECKENBROCK, CHRISTIAN – *Ersatzfähigkeit außergerichtlicher Rechtsverteichigungskosten bei unbrechtigter Geltendendmachung vertraglicher Ansprüche*, NJW 2009, 1247-1249.
DECRUSY – vide Isambert.
DEDEKIND, JOHANN GOTTLIEB – *vide* Horn, Caspar Heinrich.
DEGENKOLB, HEINRICH – *Zur Lehre vom Vorvertrag*, AcP 71 (1887), 1-92.
DELBRÜCK, BERTHOLD – *Die Uebernahme fremder Schulden nach gemeinem und preussischem Rechte*, 1853;
– *Die Uebernahme fremder Schulden nach lübischem und hamburger Recht*, ZdeutRW 15 (1855), 125-150.
DELBRÜCK, HELMUT – *Anfechtung und Aufrechnung als Prozessandlungen mit Zivilrechtswirkung*, 1915.
DELVINCOURT, CLAUDE ETIENNE – *Cours de Code Civil* II, 1824.
DEMELIUS, HEINRICH – *Vertragsübernahme*, JhJb 72 (1922), 241-292.
DEMOGUE, RENÉ – *Traité des obligations en général* V, 1925 e VI, 1931.

DEMOLOMBE, CHARLES – *Cours de Code Napoléon* 24, 1868.

DENCK, JOHANNES – *Die Aufrechnung gegen gepfändete Vertragsansprüche mit Forderungen aus demselben Vertrag*, AcP 176 (1976), 518-534 ;
– *Vorausabtretung und Aufrechnung*, DB 1977, 1493-1498.

DEPLEWSKI, EDGAR – *Die Risikounteilung im nichtigen Synallagma*, 1976.

DEPPING, BERND/NIKOLAUS, FRANK – *Das rechtsgeschäftliche Abtretungsverbot auf dem Prüfstand ökonomischer Analyse des Rechts*, DB 1994, 1199-1203.

DERHAM, RORY – *Set-Off*, 2.ª ed., 1996.

DERLEDER, PETER – *Teilzession und Schudnerrechte*, AcP 169 (1969), 97-123;
– *Beschaffungsrisiko, Lieferungsengpass und Leistungsfrist/Vom Smartphone zum Solarmodul*, NJW 2011, 113-117.

DERLIN, THOMAS – *Vertragsstrafe und AGB-rechtliche Inhaltskntrolle*, MDR 2009, 597-602.

DERNBURG, HEINRICH – *Geschichte und Theorie der Compensation nach römischem und neuerem Rechte mit besonderer Rücksicht auf die preussische und französische Gesetzgebung*, 2.ª ed., 1868;
– *Pandekten*, 5.ª ed., 1897;
– *Die Schuldverhältnisse nach dem Rechte des Deutschen Reichs und Preussens* – I – *Allgemeine Lehren*, 3.ª ed., 1905.

DERNBURG, HEINRICH/BIERMANN, JOHANNES – *Pandekten* – II. *Obligationenrecht*, 7.ª ed., 1903.

DERNBURG/SOKOLOWSKI – *System des Römischen Rechts/Der Pandekten*, II, 8.ª ed., 1912.

DEUS, PAUL – *Die Vertragsstrafe nach dem Bürgerlichen Gesetzbuch*, 1896.

DIEFENBACH, FRITZ – *Die Schuldmitübernahme und der abstrakte Schuldvertrag*, 1914.

DIESSELHORST, MALTE – *Die Lehre des Hugo Grocius vom Vesprechen*, 1959;
– *Die Geschäftsgrundlage in der neueren Rechtsentwicklung*, em Ulrich Immenga, *Rechtswissenschaft und Rechtsentwicklung* (1980), 153-169.

DIETRICH, THOMAS/HANAN, PETER/SCHAUB, GÜNTER (org.) – *Erfurter Kommentar zum Arbeitsrecht*, 15.ª ed., 2015.

DIETZ, ROLF – *Die Pflicht der ehemaligen Beschäftigten zur Verschwiegenheit über Betriebsgeheimnisse*, FS Hedemann (1938), 330-350.

DILCHER, HERMANN – *Der Typenzwang im mittelalterlichen Vertragsrecht*, SZRom 77 (1960), 270-303;
– *Die Theorie der Leistungsstörungen bei Glossatoren, Kommentatoren und Kanonisten*, 1960;
– *Geldkondemnation und Sachkondemnation in der mittelalterlichen Rechtstheorie*, SZRom 78 (1961), 277-307.

DILLOO, WILHELM – *Die Quittung im Recht und im Verkeher: unter besonderer Berücksichtigung der deutschen und ausländischen Gesetzgebungen*, 1895.

*Diskussionsentwurf eines Schuldrechtsmodernisierungsgesetzes*, em Carl-Wilhelm Canaris, *Schuldrechtsmodernisierung 2002* (2002), 3-347.

DISTASO – *I contratti in generale*, 1966.

DIXON, S. F. – *Substituted liabilities: a treatise on the law of subrogation, with full references to the civil law*, 1862.

DÖBEREINER, WALTER/KEYSERLINGK, ALEXANDER GRAF VON – *Sachverständigenhaftung mit Haftungsbegrenzung sowie Versicherung des privaten und gerichtlichen Sachverständigen*, 1979.

DÖHMEL, DORIS – *Der Leistungsort bei Rückabwicklung vom Verträgen*, 1997.

DOLDE, KLAUS-PETER – *vide* Oppenländer, Frank.

DOMAT, JEAN – *Les loix civiles dans leur ordre naturel: le droit public et legum delectus*, ed. Paris de 1695, 1756 e 1767.

DOMINICIS, ANTONIO DE – *"Interusurium"*, NssDI VIII (1962), 938-940.

DONDRORY, HARRY – *vide* Hallenbeek, Jan.

DONELLUS, HUGO – *Opera omnia*, IV, ed. Macerata, 1830 e ed. Florença, 1842.

DÖRGE, CARL – *Die Einrede des nicht gehörig erfüllten Vertrages inter besonderer Berücksichtigung ihrer Anwendbarkeit beim Kaufvertrage*, 1928.

DÖRNER, HANS – *Verfall und Geltendmachung der Vertragsstrafe nach bürgerlichem Recht*, 1910;
– *Die Rechtnatur der Erfüllung*, 1949;
– *"Mängelhaftung" bei Sperre des transferierten Fussballspielers?*, JuS 1977, 225-228;
– *Dynamische Relativität*, 1985;
– *Anfechtung und Vertragsübernahme*, NJW 1986, 2916-2921.

DORSCHEL, PETER – *Rücktritt und fortwirkendes Synallagma*, 1976.

DOUVILLE (dir.), THIBAULT – *La réforme du Droit des contrats/Commentaire article par article*, 2016.

DRABE, VOLKER – *Die Naturalerfüllung im französischen Recht mit Hilfe der "astreinte"*, 1968.

DRAKIDIS, PHILIPPE – *Des effets à l'égard des tiers de la renonciation à la compensation acquise*, RTDCiv 53 (1955), 238-253.

DREIER, THOMAS – *Kompensation und Prävention*, 2002.

DRESSLER, HEINRICH J. – *Der Selbsthilfeverkauf zwecks Hinterlegung des Erlöses nach dem Rechte des Deutschen Bürgerlichen Gesetzbuchs*, 1907.

DROVE, WILHELM – *Zur Lehre vom vertragsmässigen Rücktrittsrecht und dem Aufhebungsvertrag (contrarius consensus) nach römischem, gemeinen und bürgerlichen Recht*, 1913.

DRYANDER, GOTTFRIED ERNST HERMANN VON – *Die rechtliche Bedeutung der Quittung*, 1899.

DU CHESNE – *Begriff und Arten des Verzichtes*, AbürgR 42 (1916), 296-318.

DUBIEL, MARTIN – *Der Erfüllungsortbegriff des Vertragsgerichtsstands im deutschen, europäischen und internationalen Zivilprozessrecht*, 2010.

DUBISCHAR, ROLAND – *Alternativkommentar zum BGB*, 2 – *Allgemeines Schuldrecht*, 1980.

DÜLL, RUDOLF – *Zur Lehre vom Widerruf*, 1934.

DUPONT, CLÉMENCE – *Les donations dans les constitutions de Constantin*, RIDS 9 (1962), 291-324.

DURAND, PAUL-J. – *Des conventions d'irresponsabilité*, 1931.

DURANTON, A. – *Des contrats et des obligations en général suivant le Code Civil* III, 1819;
– *Cours de Droit Civil, suivant le code français* VII, 4.ª ed., 1841.

EBERHARD, JOHANN HEINRICH – *Abhandlung von der clausula rebus sic stantibus besonders von deren Anwendung auf die deutschen Reichs-Gesetze und Geschäfte*, em *Drey Abhandlungen zur Erläuterung der Deutschen Rechte* I (1775), 1-161.

EBERT, INA – *Pönale Elemente im deutschen Privatrecht/Von der Renaissance der Privatstrafe im deutschen Recht*, 2004.

ECCIUS, MAX ERNST – *Wesen der Verfügung des Bürgerlichen Gesetzbuchs*, Gruchot 48 (1904), 465-470;
– *Zur Frage der Abtretung künftiger Forderungen*, DJZ 1904, 53-56;
– *Abtretung künftiger Forderungen*, Gruchot 53 (1909), 1-7;
– *vide* Förster, Franz.

EFSTRATIOU, PAUL-MICHAEL – *Die Bestandskraft des öffentlich-rechtlichen Vertrages*, 1988.

EGERT, HANS – *Die Rechtsbedingung im System des Bürgerlichen Rechts*, 1974.

EHLERDING, WILHELM – *Die Quittung*, 1932.

EHMANN, HORST – *Die Funktion der Zweckvereinbarung bei der Erfüllung/Ein Beitrag zur causa solvendi*, JZ 1968, 540-556;
– *Ist die Erfüllung Realvertrag?*, NJW 1969, 1833-1837.

EHMANN/SUTSCHET – *Modernisiertes Schuldrecht*, 2002.

EHRAT, FÉLIX R. – no *Basler Kommentar/Obligationenrecht* I, 5.ª ed., 2011.

EIDNMÜLLER, HORST – *Die Dogmatik der Zession vor dem Hintergrund der internationalen Entwicklung*, AcP 204 (2004), 457-501.

EISELE, FRIDOLIN – *Zur Geschichte der prozessualen Behandlung der Exceptionen*, 1875;
– *Cognitur und Procuratur/Untersuchungen zur Geschichte der prozessualen Stellvertretung*, 1881;
– *Die actio utilis des cessionars*, FS Julius Wilhelm von Planck, 1887, sep.;
– *Die actio utilis suo nomine des Zessionars*, SZRom 27 (1906), 46-70.

ELEFANTE, AGOSTINO – *Novazione (diritto romano)*, NssDI XI (1965), 425-431.

ELEONORA, NICOSIA – *In diem addictio e lex comissoria*, 2013.

ELGER, HERMAN – *Nachwirkungen nach Ende des Rechtsverhältnisses im BGB*, 1936.

ELÍSIO, FILINTO – *Da compensabilidade dos créditos da banca nacionalizada*, ROA 1986, 771-803.

EMGE, C. A. – *Sicherheit und Gerechtigkeit/Ihre gemeinsame metajuristische Wurzel*, 1940.

EMMERICH, VOLKER – no *Münchener Kommentar zum BGB* 2, 3.ª ed., 1994 e 4.ª ed., 2001;
– *Die Anfechtung der Vertragsübernahme – BGH, NJW 1998, 531*, JuS 1998, 495-497;
– *Das Recht der Leistungsstörungen*, 5.ª ed., 2003.

EMMERMANN, AXEL – *Die Nachwirkungen des Arbeitwerhältnisses*, 1973.

EMMERT, JOCHEN – *Auf der Suche nach den Grenzen vertraglicher Leistungspflichten/Die Rechtsprechung des Reichsgerichts 1914-1923*, 2001.

EMUNDS, CHRISTIAN – *Solvendo quisque pro alio liberat eum/Studien zur befreienden Drittleistung im klassischen römischen Recht*, 2007.

ENDEMANN, WOLFGANG – *Der Begriff der Delegatio im klassischen römischen Recht*, 1958.

ENGISCH, KARL – *Die Einheit der Rechtsordnung*, 1935;
– *Die Idee der Konkretisierung in Rechtswissenschaft unserer Zeit*, 1953;
– *Einführung in das juristische Denken*, 8.ª ed., 1983.

ENNECCERUS, LUDWIG/LEHMANN, HEINRICH – *Derecho de obligaciones*, trad. cast. de Blas Pérez González/José Alguer I, 1944;

– *Recht der Schuldverhältnisse/Ein Lehrbuch*, 15.ª ed., 1958.

ENNECCERUS, LUDWIG/NIPPERDEY, HANS CARL – *Allgemeiner Teil des Bürgerlichen Rechts* 1, 15.ª ed., 1959.

EPSTEIN, ILIA – *Die Leistung an Erfüllungsstatt nach dem Recht des Bürgerlichen Gesetzbuches*, 1913.

ERICHSEN, HANS-UWE – *Allgemeines Verwaltungsrecht*, 12.ª ed., 2002.

ERNST, BERND – *Der Schutz des Betriebsgeheimnisses nach Vetragsende*, 1961.

ERNST, RUDOLF – *Die Folgen mengelhafter Beschaffenheit der Leistung an Zahlungsstatt nach römischen Recht*, 1890.

ERNST, WOLFGANG – *Die Vorgeschichte der exceptio non adimpleti contractus*, FG Werner Flume 90. (1998), 1-57;

– *Die Einrede des nichterfüllten Vertrages/zur historische Entwicklung des synallagmatischen Vertragsvollzugs im Zivilprozess*, 2000;

– no *Münchener Kommentar zum BGB* II, 7.ª ed., 2016.

ESMEIN, ADHÉMAR – *L'origine et la logique de la jurisprudence en matière d'astreintes*, RTDC 1903, 5-53.

ESMEIN, PAUL – *Méditation sur les conventions d'irresponsabilité en cas de dommage causé à la personne*, Mel. René Savatier 1965, 271-276.

ESSER, JOSEF – *Fortschritte und Grenzen der Theorie von der Geschäftsgrundlage bei Larenz*, JZ 1958, 113-116;

– *Vorverständnis und Methodenwahl in der Rechtsfindung/Rationalitätsgrundlagen richterlichen Entscheidungspraxis*, 2.ª ed., 1972.

ESSER, JOSEF/SCHMIDT, EIKE – *Schuldrecht/Allgemeiner Teil*, 8.ª ed., 1995.

ESTACA, JOSÉ NUNO – *A cláusula penal e a responsabilidade civil*, 1995 e em Est. Galvão Telles IV (2003), 291-325.

ESTORNINHO, MARIA JOÃO – *Requiem pelo contrato administrativo*, 1990.

ETTINGSHAUSEN, HANS GEORG – *Die rechtliche Natur der Erfüllung*, 1935.

FABRE, REGIS – *Les clauses d'adaptation des contrats*, RTDC 82 (1983), 1-40.

FABRICIUS, FRITZ – *Verträgsübernahme und Vertragsbeitritt*, JZ 1967, 144-147.

FADDA, CARLOS – *Istituti commerciali del diritto romano/Introduzione*, 1903, reimpr., 1987;

– *Ancora sulla risoluzione del contratto per inadempimento*, RDComm XVIII (1920) 1, 519-525.

FAGELLA, SERGIO – anotação a App. Napoli 23-jun.-1969, RNot 25 (1971), 607-610.

FAGES, BERTRAND – *Droit des obligations*, 5.ª ed., 2015 e 6.ª ed., 2016.

FAHL, CHRISTIAN – *Zur Zulässigkeit der einseitigen kalendarmässigen Bestimmung der Verzugszeitpunktes*, JZ 1995, 341-345.

FARIA, JORGE RIBEIRO DE FLUME, WERNER – *Direito das obrigações* 2, 1988;

– *A natureza do direito de indemnização cumulável com o direito de resolução dos Arts. 801.º e 802.º do Código Civil*, em Direito e Justiça, VIII/1 (1994), 57-89;

– *A natureza da indemnização no caso de resolução do contrato / Novamente a questão*, em *Estudos comemorativos dos cinco anos (1995-2000) da Faculdade de Direito da Universidade do Porto* (2001), 11-62.

FARIA, RITA LYNCE DE – *A mora do credor*, 2000.

FARRAJOTA, JOANA – *A resolução do contrato sem fundamento*, 2015.

FAUST, FLORIAN – *Der Ausschluss der Leistungspflicht nach § 275*, em Huber/Faust, *Schuldrechtsmodernisierung* (2002), 21-62;
– *Garantie und Haftungsbeschränkung in § 444*, ZGS 2002, 271-274.
FAVERO, GIANANTONIO – *Confusione (diritto vigente)*, ED VIII (1961), 1049-1057.
FEENSTRA, ROBERT – recensão a Wolfgang Endemann, *Der Begriff der Delegatio im klassischen römischen Recht* (1958), TS 29 (1961), 507-511;
– *Impossibilitas and clausula rebus sic stantibus/Some aspects of frustration of contracts in continental legal history up to Grotius*, em Daube Noster (1974), 77-104.
FEHR, ANTON W. – *Über Hingabe an Erfüllungsstatt*, 1902.
FELBIER, JOSEF – *Der Leistungsort nach gemeinem Rechte und dem Rechte des Bürgerlichen Gesetzbuchs für das Deutsche Reich*, 1901.
FELDMANN, BÖRRIES VON – *Die Aufrechnung – ein Überblick*, JuS 1983, 357-363.
FELDMANN, CORNELIA – *vide* Löwisch, Manfred.
FELGENTRAEGER, WILHELM – SZRom 51 (1931), 523-527.
FENGE, HILMAR – *Zulässigkeit und Grenzen des Ausschlusses der Aufrechnung durch Rechtsgeschäft*, JZ 1971, 118-123.
FENOUILLET, DOMINIQUE – *vide* Malinvaud, Philippe.
FENYVES, ATTILA – *Erbenhaftung und Dauerschuldverhältnis zur Auflösbarkeit von Dauerschuldverhältnissen anlässlich des Todes einer Vertragspartei*, 1982.
FERID, MURAD – *Das Französische Zivilrecht* 1, 1971.
FERNANDES, LUÍS CARVALHO – *A teoria da imprevisão no direito civil português*, 1963;
– *Teoria geral do Direito civil*, 2, 1983.
FERRARA, FRANCESCO – *Responsabilità contrattuale per fatto altrui*, AG LXX (1903), 401-526.
FERRARA JR., FRANCESCO – *Per una disciplina legislativa della cessione del contratto*, RivDirPr XI (1941) 1, 108-115.
FERRARA, LUIGI – *Istituzioni di diritto privato*, I – *Parte generale*, 1939.
FERREIRA, CARMINDO – anotação a STA 7-nov.-1955, Dir 89 (1957), 51-56, 56-59.
FERREIRA, JOSÉ DIAS – *Codigo Civil Portuguez annotado* II, 1.ª ed., 1871 e II, 2.ª ed., 1895; IV, 1.ª ed., 1875;
– *Codigo de Processo Civil Anotado* 1, 1887.
FERRI, LUIGI – *Revoca (diritto privato)*, ED XL (1989), 197-204.
FERRIERE, CLAUDE-JOSEPH – *Sub-rogation*, em *Dictionnaire de droit et de pratique* 2, 1779.
FERRINI, CONTARDO – *"Exceptio"*, NDI V (1938), 735-738.
FETZER, RHONA – no *Münchener Kommentar zum BGB*, II, 6.ª ed., 2012.
FICKER, HANS CLAUDIUS – *Vertragsübernahme und droits rélatifs au bien/Ein Beitrag zur Lehre von der Relativität des Schuldverhältnisses*, AcP 165 (1965), 31-45.
FIEDLER, WILFRED – *Zum Wirkungsbereich der clausula rebus sic stantibus im Verwaltungsrecht*, VerwArch 67 (1976), 125-155.
FIEGEN, FRANZ – *Der Versicht auf die Kompensationsbefugnis*, 1896.
FIGUEIREDO, ANDRÉ – *A compensação de créditos: Estudo comparativo (Direitos português e inglês, princípios Unidroit e princípios de Direito europeu dos contratos)*, Est. Ferreira de Almeida 2 (2011), 353-385.
FIGUEIREDO, ISABEL MOUSINHO DE – *A compensação como garantia de cumprimento das obrigações*, O Direito 139 (2007), 381-437.

FIKENTSCHER, WOLFGANG – *Die Geschäftsgrundlage als Frage des Vertragsrisikos/dargestellt unter besonderer Berücksichtigung des Bauvertrages*, 1971;
– *Schuldrecht*, 9.ª ed., 1997.

FIKENTSCHER, WOLFGANG/HEINEMANN, ANDREAS – *Schuldrecht*, 10.ª ed., 2006.

FINGER, PETER – *Die Verpflichtung des Herstellers zur Lieferung von Ersatzteilen*, NJW 1970, 2049 ss..

FINKENAUER, THOMAS – no *Münchener Kommentar* 2, 7.ª ed., 2016.

FINZI (org.), RICARDO – *Novo Codigo Civil Comentado*, 2003.

FINZI, ENRICO – *La riassicurazione e la cessione del portafoglio*, RDComm XXX (1932) 1, 656-684;
– vide Amelio, Mariano D'.

FISCHER, DETLEV – *Vertragsstrafe und vertragliche Schadensersatzpauschalierung/Eine rechtsvergleichende Darstellung der neueren deutschen und französischen Rechtsentwicklung*, 1981.

FISCHINGER, PHILIPP S. – *Haftungsbeschränkung im Bürgerlichen Recht*, 2015.

FLACH, ANDREAS – *vide* Flach, Dieter.

FLACH, DIETER – *Das Zwölftafelgesetz/Leges XII Tabularum*, 2004.

FLACH, DIETER/FLACH, ANDREAS – *Das Zwölftafelgesetz/Leges XII tabularum*, 2004.

FLESSNER, AXEL – *Befreiung vom Vertrag wegen Nichterfüllung*, ZEuP 1997, 255-320.

FLOHR, ECKHARD – *Dauerschuldverhältnissen nach der Schuldrechtsreform: Vertrafsanpassung und Vertragsgestaltung*, 2003.

FLORSTEDT, TIM – *Recht als Symmetrie/Ein Beitrag zur Theorie des subjektiven Privatrechts*, 2015.

FLUME, WERNER – *Die Vereinsstrafe*, FS Bötticher (1969), 101-141;
– *Die Entreicherungsgefahr und die Gefahrtragung bei Rücktritt und Wandlung*, NJW 1970, 1161-1166;
– *Allgemeiner Teil des bürgerlichen Rechts*, II – *Das Rechtsgeschäft*, 4.ª ed., 1992.

FOÀ, ARISTIDE – *Cessione di beni ai creditore*, RDComm 32 (1934) I, 40-75.

FOLCO, GIACOMO – *La guerra ed i contratti privati*, DirCom 33 (1914), 593-611.

FÖRSTER, FRANZ/ECCIUS, MAX ERNST – *Preussisches Privatrecht*, 7.ª ed., 1896.

FOUNTOULAKIS, CHRISTIANE – em Schlechtriem/Schwenzer, *Kommentar zum Einheitlichen UN-Kaufrecht*, 6.ª ed., 2013.

FRADA, MANUEL CARNEIRO DA – *A responsabilidade objectiva por facto de outrem face à distinção entre responsabilidade obrigacional e aquiliana*, DJ XII (1998) 1, 297-311;
– *Teoria da confiança e responsabilidade civil*, 2004.

FRANCISCI, PIETRO DE – *Συνάλλαγμα/Synallagma: storia e dottrina dei cosiddetti contratti innominati* 1, 1913.

FRÄNKEL, RICHARD – *Zur Zessionslehre der Glossatoren und Postglossatoren*, ZHR 66 (1910), 305-348 e 67 (1910), 39-126.

FREIRE, PASCOAL JOSÉ DE MELO – *Institutiones juris civilis lusitanae, Liber III – De jure rerum*, 2.ª ed., 1794;
– *Institutiones Juris Civilis Lusitani cum publici tum privati*, IV – *De obligationibus et actionibus*, 1815, reimp. 1845.

FREITAS, JOSÉ LEBRE DE – *Direito processual civil*, 2, 1979, polic.;
– *A acção executiva*, 1.ª ed., 1993 e 2.ª ed., 1997;

– *Código de Processo Civil Anotado*, 1, 1999;
– *Contrato de swap meramente especulativo/Regimes de validade e de alteração das circunstâncias*, ROA 2012, 943-970.

FREITAS, JOSÉ LEBRE DE/MENDES, ARMINDO RIBEIRO – *Código de Processo Civil Anotado*, 2003.

FREUND, BERNHARD – *Erfüllungszwang im Kaufrecht/Geschichte – Vergleich – Vereinheitlichung*, 2015.

FRIEDLÄNDER, CARL – *Wer haftet dem Glaübiger für Mangel einer Sache, die er für die Leistung seines Schuldners von einem Dritten an Erfüllungsstatt angenommen hat?*, 1904.

FRIEDRICH, KLAUS – *Der Vertragsbruch*, AcP 178 (1978), 468-493.

FRITSCH, HEINZ – *Zur neueren Dogmengeschichte der privatrechtlichen Gehilfenhaftung*, 1956.

FRITZ, PAUL – *Die Erfüllungsweigerung des Schuldners*, AcP 134 (1931), 197-218.

FRITZE, OTTO – *Clausula rebus sic stantibus*, AbürgR 17 (1900), 20-49.

FROMM, ERICH – *Die Frage nach der Vertragsnatur der Erfüllung*, 1912.

FUCH, DOMINIK – em Michael Schwimann, *ABGB/Kommentar*, 2015.

FÜLSTER – *Schuldrecht*, 1, 3.ª ed., 1930.

FULTERER, WALTER – *Der Irrtum und die Geschäftsgrundlage bei vermögensrechtlichen Rechtsgeschäften*, 1931.

FUNAIOLI, G. B. – anotação a Florença, 30-jan.-1943, RDComm XLI (1943) 2, 159-165.

FÜRSTENAU, KARL – *Die Leistung an Erfüllungsstatt nach bürgerlichem Recht*, 1923.

FURTNER, GEORG – *Die rechtsgeschäftliche Verfügungsbeschränkungen und ihre Sicherung*, NJW 1966, 182-189.

FUTTER, WERNER – *Rechtsprobleme bei langfristigen Energieversorgungsverträgen*, BB 1976, 1295-1298.

GABRIEL-TANNER, DEBORA – *vide* Gonzenbach, Rainer.

GADOW, WILHELM – *Die Einrede der Arglist*, JhJb 84 (1934), 174-203.

GÁL, ALEXANDER – recensão a Georg Buch, *Die Übertragbarkeit von Forderungen im deutschem mittelalterlichem Recht* (1912), SZGerm (1912), 602-605.

GALIZIA, ALBERTO – *Lo stato di guerra e i rapporti di diritto commerciale*, DirCom 33 (1914), 108-123.

GAMBINO, AGOSTINO – *Eccessiva onerosità della prestazione e superamento dell'alea normale del contratto*, RDComm 58 (1960) 1, 416-449.

GANDOLFI, GIUSEPPE – *Il deposito nella problematica della giurisprudenza romana*, 1971;
– (coord.) *Code Européen des Contrats*, 2001.

GASTREICH, FERDINAND – *Die Draufgabe und ihre historische Entwicklung/Eine Darstellung arrhalischer Rechtsformen in ihrer essentiellen und funktionellen Bedeutung nach altem und neuem Rechte*, 1933.

GAUDEMET, EUGÈNE – *Étude sur le transport de dettes a titre particulier*, 1898;
– *Théorie générale des obligations*, 1937.

GAUL, DIETER – *Leistungs- und Erfüllungsort im Arbeitsverhältnis*, 1965.

GAUTHIER, ANTOINE AUGUSTE – *Traité de la subrogation de personnes/ou paiement avec subrogation (C. Nap. art. 1259, 1250, 1251 et 1252)*, 1853.

GEHRLICH, WULF-DIETER – *Kognitur und Prokuratur in rem suam als Zessionsform des klassischen römischen Rechts*, 1963.

GENICON, THOMAS – *La résolution du contrat par inexécution*, 2007.

GENZMER, ERICH – *Nomina ossibus inhaerent*, Mélanges Philippe Meylan 1 (1963), 159-165.

GÉRARD, LUCIEN – *Du pacte commisssoire dans la vente en Droit romain*, 1884.

GERHARDT, WALTER – *Der Haftungsmassstab im gesetzlichen Schutzverhältnis (Positive Vertragsverletung, culpa in contrahendo)*, JuS 1970, 597-603.

GERI, LINA BIBLIAZZI – *Della risoluzione per inadempimento*, três volumes, 1988-1990;
– *Eccezione di inadempimento*, DDPr/Sezciv VII (1991), 331-349.

GERKENS, JEAN-FRANÇOIS – *La* mora debitoris *est-elle une faute?*, Mélanges Fritz Sturm 1 (1999), 139-149.

GERNHUBER, JOACHIM – *Sinallagma und Zession*, FS Ludwig Raiser 70. (1974), 57-98;
– *Die Erfüllung und ihre Surrogate/sowie das Erlöschen der Schuldverhältnisse aus anderen Gründen*, 2.ª ed., 1994.

GESTERDING, FRANZ CHRISTIAN – *Kann der Schuldner eine Quittung fordern?*, AcP 4 (1821), 16-18.

GHIDINI, MARIO – *La cessione dei beni ai creditore*, 1956.

GIACOBBE, GIOVANNI – *Mora del creditore (diritto civile)*, ED XXVI (1976), 947-976.

GIACOBBE, GIOVANNI/GUIDA, MARIA LETIZIA – *Remissione del debito (diritto vigente)*, ED XXXIX (1988), 767-789.

GIARDINA, CAMILO – *Novazione (diritto intermedio)*, ED XXVIII (1918), 774-779;
– *Studi sulla novazione nella dottrina del diritto intermedio: concetto e requisiti della novazione dal glossatori agli umanisti*, 1952.

GIEG, GEORG – *Clausula rebus sic stantibus und Geschäftsgrundlage/Ein Beitrag zur Dogmengeschichte*, 1994.

GIERKE, OTTO VON – intervenção sobre os limites à cláusula penal, em DJT 20, IV (1889), 60-66;
– *Schuldnachfolge und Haftung, insbesondere kraft Vermögensübernahme*, FS Ferdinand von Martitz (1910), 33-80;
– *Dauernde Schuldverhältnisse*, JhJb 64 (1914), 355-411;
– *Die Wurzeln des Dienstvertrages*, FS Brunner (1914), 37-68 ;
– *Deutsches Privatrecht*, III – *Schuldrecht*, 1917.

GIORGI, GIORGIO – *Teoria delle obbligazioni nel diritto moderno italiano esposta con la scorta della dottrina e della giurisprudenza*, VII – *Estinzione delle obbligazioni*, 3.ª ed., 1892;
– *Teoria della obbligazioni nel diritto moderno italiano* II, 4.ª ed., 1895.

GIORGIANI, ERIKA – *La funzione del contratto di cessione dei beni ai creditore nell'ordinamento attuale*, Actualidad Juridica Iberoamericana 3 (2015), 213-230.

GIORGIANNI, MICHELE – *Pagamento*, NDI IX (1939), 412-425;
– *Pagamento (diritto civile)*, NssDI XII (1965), 321-332;
– *L'inadempimento*, 3.ª ed., 1975.

GIOVENE, ACHILLE – em Mariano d'Amelio/Enrico Finzi, *Codice Civile/Libro delle obbligazioni* 1, 1948.

GIRÃO, IRENE DE SEIÇA – *Mandato de interesse comum*, em *35 anos do Código Civil* 3 (2007), 369-416;
– *Dever de cooperação e mora do credor*, 2014, diss. doutoramento ainda não discutida.

GIRARD, G. – *De la stipulatio poenae en droit romain/De la clause pénale en droit français*, 1877.

GIUFFRÈ, VINCENZO – *La c. d. "lex julia" de bonis cedendis*, Labeo 18 (1972), 173-191;
– *Sulla "cessio bonorum ex decreto caesaris"*, Labeo 30 (1984), 90-92;
– *Sull' origine della "bonorum venditio" come execuzione patrimoniale*, Labeo 39 (1993), 317-364.

GLASS, EBERHARD – *Gefahrtragung und Haftung beim gesetzlichen Rücktritt*, 1959.

GLÜCK, CHRISTIAN FRIEDRICH – *Pandecten* 4, 1796 e 6/1, 1800;
– *Aurführliche Erläuterung der Pandekten nach Hellfeld/Ein Commentar* 4, 1797 e 17, 2.ª ed., 1844.

GLUSIANUS, ILIUS CESAR – *Tractatus de bonis insolutum dandis et de bonis ad hastam vendendis*, ed. de Milão, 1620.

GOEPFERT, KARL HEINZ – *Kündigung eines Arbeitsverhältnisses sowie sonstiger Dauerschuldverhältnisse vor dem späteter vereinfarten Vollzug*, 1978.

GOERGEN, UTE – *Das Pactum de non cedendo/eine Untersuchung zum vertraglichen Abtretungsverbot im englischen, französischen und deutschen Recht unter Einbeziehung internationaler Harmonisierungsinitiativen*, 2000.

GOGLIOLO, PIETRO – *La guerra ed i contratti commerciali con speciale riguardo alie vendite di carbone e di cotone*, DirCom 33 (1914), 575-590;
– *La guerra e il diritto privato*, DirCom 34 (1915), 428-438.

GÖHLER, ERICH – *Das Einführungsgesetz zum Strafgesetzbuch*, NJW 1974, 825-836.

GOLDSCHMIDT, LEVIN – *Das receptum nautarum, cauponum, stabulariorum/Eine geschichtlich-dogmatische Abhandlung*, ZHR 3 (1860), 58-118 e 331-385;
– *Über die Verantwortlichkeit des Schuldners für seine Gehülfen*, ZHR 16 (1871), 287-382;
– *Die Rückwirkung des Kompensationsaktes/Ein Gutachten über den § 283 des Entwurfs eines Bürgerlichen Gesetzbuchs für das Deutsche Reich, dem Deutschen Juristentage*, 1890;
– *Die Geschäftsoperationen auf den Messen der Champagne* (*Les devisions des foires de Champagne*), ZHR 40 (1892), 1-32.

GOLDSTEIN, RUDOLF – *Die materielle Rechtswirkung der Hinterlegung im Zivilprozess und in der Zwangsversteigerung*, 1914.

GOLLUB, FRANK – *Verzug und Zurück – Behaltungsrecht beim Sukzessivlieferungsvertrag/ Ein Beitrag zur Lösung von Problemen atypischer Schuldverhältnisse im Wirtschaftsleben*, 1989.

GOMES, JANUÁRIO – *Em tema de revogação do mandato civil*, 1986;
– *Assunção fidejussória de dívida*, 2000.

GOMES, JÚLIO – *Do pagamento com sub-rogação, mormente na modalidade da sub-rogação voluntária*, Est. Galvão Telles 1 (2002), 107-169;
– *Da excepção do não cumprimento parcial e da sua invocação de acordo com a boa fé*, anotação a RPt 10-mar.-2008 (Fernandes do Vale), CDP 25 (2009), 56-67;

– *Da sub-rogação legal do segurador à luz da nova lei do contrato de seguro*, Est. Saldanha Sanches (2011), 447-484.

GOMES, LUIZ ROLDÃO DE FREITAS – *Da assunção de dívida e sua estrutura negocial*, 1982.

GOMES, MAGNO FREDERICI/COELHO, JOÃO NÉLIO CÂMARA/REZENDE, ÉLCIO NACUR – *Astreintes e responsabilidade civil ambiental/Regulamentação, interpretação e efetividade do processo*, 2016.

GONÇALVES, LUIZ DA CUNHA – *Comentário ao Código Comercial Português* 2, 1916;
– *Tratado de Direito civil* 4, 1931 e 5, 1932.

GONZENBACH, RAINER/GABRIEL-TANNER, DEBORA – em Heinrich Honsell/Nediem Peter Vogt/Wolfgang Wiegand, *Basler Kommentar, Obligationenrecht*, Art. 1-529 OR, 5.ª ed., 2011.

GOODE, ROY – *Legal Problems of Credit and Security*, 2.ª ed., 1988;
– *Commercial Law*, 2.ª ed., 1995.

GOTTWALD, PETER – *Zum Recht der Vertragsstrafe – Ein kritischer Blick über den Zaun*, FS Alfred Söllner 70. (2000), 379-389;
– no *Münchener Kommentar zum BGB* II, 7.ª ed. (2016), 2317-2363;
– *vide* Rosenberg.

GOUVEIA, ALFREDO ROCHA DE – *Do instituto da superveniência ou teoria da imprevisão nos contratos civis*, 1956-57 dat. = *Da teoria da imprevisão nos contratos civis*, Supl. REDUL 5 (1958), 170 ss.

GOUVEIA, JAIME DE – *Da responsabilidade contratual*, 1933.

GRADENWITZ, OTTO – *Altere und neuere formula arbitraria*, SZ 24 (1903), 238-251.

GRASSETTI, CESARE – *"Datio in solutum"*, NDI IV (1938), 550.

GRASSI, UGO – *L'espromissione/Considerazioni sulla struttura e sulle eccezioni*, 2001.

GRECO, PAOLO – *Delegazione e obbligazione nel diritto civile italiano*, 1928;
– *Delegazione (diritto civile)*, NssDI V (1960), 327-351.

GREIFELD, KONRAD – *Die Leistung an Erfüllungsstatt durch einen Dritten*, 1923.

GREULICH, H. – *Freigabe der Eisenpreise und laufende Lieferverträge*, BB 1952, 708-709;
– *Nachwirkungen bei Lieferverträgen*, BB 1955, 208-211.

GRIGOLEIT, HANS CHRISTOPH – *Die Schuldübernahme*, Jura 2002, 393-401;
– *vide* Hondius, Ewoud.

GRIGOLEIT, HANS-CHRISTOPH/HERRESTHAL, CARSTEN – *Der Schuldbeitritt*, Jura 2002, 825-833;

GRIMMER, KLAUS – *Die Rechtsfiguren einer "Normativität des Faktischen"*, 1971.

GROCIO, HUGO – *De iure belli ac pacis*, ed. Amsterdão.

GRÖSCHER, PETER – *Zur Wirkungsweise und zur Frage der Geltendmachung von Einrede und Einwendung im materiellen Zivilrecht*, AcP 201 (2001), 49-90;
– no *Historisch-kritischer Kommentar zum BGB* II/1, 2007.

GROSSFELD, BERNHARD – *Die Privatstrafe/Ein Beitrage zum Schutz des allgemeinen Persönlichkeitsrechts*, 1961.

GRUBER, URS PETER – *Schuldrechtsmodernisierung 2001/2002 – Die beiderseits zu vertrende Unmöglichkeit*, JuS 2002, 1066-1071.

GRÜNBAUM – *Zur Frage betreffend Verfügung über zukünftige Forderungen*, DJZ 1905, 801-803.

GRÜNEBERG, CHRISTIAN – no Palandt, *Bürgerliches Gesetzbuch/Kommentar*, 75.ª ed., 2016 e 76.ª ed., 2017.

GRUNEWALD, BARBARA – *Die Ausschluss aus Gesellschaft und Verein*, 1987.

GRUNSKY, WOLFGANG – *Die unzulässige Prozessaufrechnung*, JZ 1965, 391-399.

GRÜTER, KARL – *Die Einrede des nicht erfüllten Vertrages im deutschen und französischen Recht/Ein dogmatischer und praktischer Vergleich*, 1963.

GSCHNITZER, FRANZ – *Die Kündigung nach deutschem und österreichischen Recht*, JhJb 76 (1926), 317-415 e JhJb 78 (1927/28), 1-86.

GSELL, BEATE – *Zeitweilige Unmöglichkeit und prozessuale Durchsetzung des Leistungsanspruchs*, FS Herbert Buchner (2009), 267-280.

GUARINO, ANTONIO – *Per la storia del "contrarius consensus"*, Labeo 14 (1968), 271-280.

GUENOUN, LUCIEN – *La cessio bonorum*, 1920.

GUESTIN, J. – anotação a CssFr 15-jan.-1973, D. 1973, 475-477;
– *Traité de Droit Civil/Les obligations/Le contrat*, 1980.

GUIDA, MARIA LETIZIA – *vide* Giacobbe, Giovanni.

GULDNER, RENÉ – *Die Verurteilung zur Leistung Zug um Zug nach deutschen Recht*, 1912.

GUNTAU, BURKHARD – *Fälle zum Vollstreckungsrecht nach §§ 887-890 ZPO*, JuS 1983, 782-784.

GÜNTHER, HERMANN – *Kann bei der Schuldübernahme nach § 416 BGB der Gläubiger die Genehmigung schon vor der Mitteilung verweigern?*, DJZ XVII (1912), 510-511.

GÜRGENS, HEINRICH – *Die Singularsukzession in die Schuld*, JhJb 8 (1866), 211-308.

GURLIT, ENKE – *Verwaltungsvertrag und Gesetz*, 2000.

HAARMANN, WILHELM – *Wegfall der Geschäftgrundlage bei Dauerrechtsverhältnissen*, 1979.

HACKENBERG, ULF – *Der Erfüllungsort von Leistungpflicht unter Berücksichtigung des Wirkungsortes von Erklärung in UN-Kaufrecht und der Gerichtsstand des Erfüllungsortes im deutschen und europäischen Zivilprozessrecht*, 2000.

HACKL, KARL – *vide* Kaser, Max.

HADDING, WALTHER – *Zahlung mittels Universalkreditkarte*, FS Klemens Pleyer (1986), 17-40.

HAEBERLIN, HANS ULRICH – *Die Kausalbeziehung bei der Delegatio*, SZRom 74 (1957), 100-154.

HAHN, ERTIK – *Die zivilrechtliche Ersetzungsbefugnis*, 2011.

HAHN, FRIEDRICH VON – *Commentar zum Allgemeinen Deutschen Handelsgesetzbuch* 2, 2.ª ed., 1883.

HAIMBERGER, ANTON – *Reines Römisches Privat-Recht* III, 1835.

HALLENBEEK, JAN/DONDRORY, HARRY (publ.) – *The Right to Specific Performance/The Historical Development*, 2010.

HANAN, PETER – *vide* Dietrich, Thomas.

HARDER, MANFRED – *Die Leistung an Erfüllungs statt: datio in solutum*, 1976.

HARKE, JAN DIRK – Mora debitoris *und* mora creditoris *im klassischen römischen Recht*, 2005.

HARRIS, GEORGE EMRIK – *A treatise on the law of subrogation: legal, equitable, and convencional*, 1889.

HARTMANN, FELIX – *Der Anspruch auf das stellvertrende commodum*, 2007.
HARTMANN, GUSTAV – *Die Obligation/Untersuchungen über ihren Zweck und Bau*, 1875;
– *Die liberatorischen Verträge und ihr Rechtsgrund insbesondere*, AcP 85 (1896), 1-57.
HARTMANN, RUDOLF – *Annahme an Erfüllungsstatt: nach d. Rechte d. BGB*, 1905.
HARTUNG, JOHANN CHRISTOPH – *De Apocha, vulgo Quittung*, 1688.
HASSE, JOHANN CHRISTIAN – *Die Culpa des Römischen Rechts/Eine civilistische Abhandlung*, 2.ª ed., 1838.
HATTENHAUER, CHRISTIAN – *Einseitige private Rechtsgestaltung: Geschichte und Dogmatik*, 2003;
– no *Historisch-kristischer Kommentar zum BGB*, II/2, 2007.
HAURIOU, MAURICE – anotação a ConsEt 30-mar.-1916, D 1916, 3, 25-33, S 1916, 3, 18-20.
HAUSMANINGER, HERBERT/SELB, WALTER – *Römisches Privatrecht*, 9.ª ed., 2001.
HAYMANN, FRANZ – *Zuwendung aus fremdem Vermögen*, JhJb 77 (1927), 188-296.
HECK, PHILIPP – *Wie ist den Mißbräuchen, welche sich bei den Abzahlungsgeschäften herausgestellt haben, entgegen zu wirken?*, DJT 1 (1890), 131-195;
– *Begriffsbildung und Interessenjurisprudenz*, 1932;
– *Gesetzesauslegung und Interessenjurisprudenz*, 1974;
– *Grundriß des Schuldrechts*, 1929, 2.ª reimp., 1974.
HECKELMANN, DIETER – *Die Anfechtbarkeit von Schuldübernahme*, 1966.
HEDEMANN – *Schuldrecht*, 3.ª ed., 1949.
HEERWART, F. W. – *Ueber die exceptio non adimpleti contractuas und non rite adimpleti contractus*, AcP 7 (1824), 335-363.
HEETFELD, HANS – *Zur Rechtsnatur der Erfüllung*, 1934.
HEIDEMANN, JUSTUS WILHELM – *Das Recht auf Rückgabe eines Schuldscheins*, JhJb 48 (1903), 63-100.
HEIL, WILLI – *Die Nachwirkungen der Treupflicht der Arbeitsverhältnis*, 1937.
HEINEMANN, ANDREAS – *vide* Fikentscher, Wolfgang.
HELMANN – *Zur Lehre von der nachträglichen Ungültigkeit der Rechtsgeschäfte*, AcP 90 (1900), 363-439.
HELMOLT, THEODOR LUDWIG VON – *Verhältniß der Exceptionen zur Beweislast/Ein civilistisch- processualische Abhandlung*, 1852.
HENDERSON, SCHUYLER K. – *An Analysis of Interest Rate and Currency Swaps*, NCJ Int'l & Com Reg 11 (1986), 499-502;
– *On Derivatives*, 2.ª ed., 2010.
HENKEL, HEINRICH – *Recht und Individualität*, 1958.
HENNEKE, HANS-GÜNTER – em Hans Joachim Knack e outros (org.), *Verwaltungsverfahrensgesetz (VwVfG)/Kommentar*, 8.ª ed., 2004.
HENNIG, ALFRED – *Die Anfechbarkeit der datio in solutum nach gemeinem und deutschem Reichstrecht*, 1897.
HENRICI, PAUL CHRISTIAN – *Ueber die Frage: auf welche von meheren Forderungen eine geleistete Zahlung abzurechnen ist?*, JhJb XIV (1875), 428-494.
HENRIQUES, PAULO ALBERTO VIDEIRA – *A desvinculação unilateral* ad nutum *nos contratos civis de sociedade e de mandato*, 2001.

HERBERGER – *Die deskriptiven und normativen Tatbestandsmerkmale im Strafrecht*, publ. em Hans-Joachim Koch, *Juristische Methodenlehre und analytische Philosophie* (1976), 124-154.

HERMANN, HANS GEORG – no HKK/BGB II/2 (2007), §§ 336-345.

HERRESTHAL, CARSTEN – *vide* Grigoleit, Hans-Christoph.

HERSCHEL, WILHELM – *Verschulden nach Vertragslösung/Zugleich ein Beitrag zur Frage des für die Kündigungsbeurteilung messgeblichen Zeitpunktes*, ArbeitsR und Volkstum 17 (1935), col. 1-9.

HERZ, CARL – *Beitrag zur Lehre von der Schuldübernahme*, 1901.

HESS, CLAUS – *Die Vertragsstrafe/Ein unerkanntes Mittel privater Genugtuung*, 1993.

HESSE, Ch. A. – *Über das Wesen und die Arten der Verträge des heutigen römischen Rechts*, 1868.

HESSELER, BENJAMIN – *vide* Röthel, Anne.

HEUER – *Ist die Abtretung zukünftiger Forderungen nach dem BGB mögliche?*, DJZ 1903, 28-29.

HEUSER, MARTIN – vide Heyers, Johannes.

HEYERS, JOHANNES/HEUSER, MARTIN – *Qualitative Unmöglichkeit/eine verkannte Rechtsfigur*, NJW 2010, 3057-3061.

HIEZ, DAVID – *La nature juridique de la dation en paiement/Une modification de l'obbligation aux fins de paiement*, RTDC 2004, 199-224.

HILGER, MARIE LUISE – *Vertragsauslegung und Wegfall der Geschäftsgrundlage im betrieblich-kollektiven Bereich*, FS Larenz/80. (1983), 241-255.

HIMMELBACH, HANS – *Der Leistungsort und Schulort bei Seeschiffbauverträgen*, 1937.

HIMMELMANN, WERNER – *Die Ersatzherausgabe nach § 281 Abs. 1 BGB*, 1965.

HIMMELSCHEIN, JURY – *Erfüllungszwang und Lehre von den positiven Vertragsverletzungen*, AcP 135 (1932), 255-317;
– *Zur Frage der Haftung für fehlerhafte Leistung*, AcP 158 (1959-60), 288.

HIRATA, ALESSANDRO – *Die Leistung na Erfüllungs statt und ihre Beurteilung als Kaufvertrag*, 2007.

HIRSCH, CHRISTIAN – *Kündigung aus Wichtigen Grund und Geschäftsgrundlage/Eine Untersuchung am Schnittpunkt von Miet- und Schuldrechtsreform*, 2005.

HOCHSTEIN, REINER – *Obligationes quasi ex delicto. Untersuchung zur dogmengeschichtlichen Entwicklung verschuldensabhängiger Deliktshaftung unter bes. Berücksichtigung des 16. bis 18. Jahrhunderts*, 1971.

HOFEMANN, FRITZ – *Der Versendungskauf*, 1933.

HOFFMANN, GOTTFRIED DANIEL/BEITLER, WILHELM – *Iurisconsultum mathematicum et in specie analistam circa antichresin et interusurium*, 1767.

HOFFMANN, JAN FELIX – *Zession und Rechtsweisung*, 2012.

HOFMANN, FRANZ – *Gewinngerausgabe bei Vertragswerletzungen/"Bereicherungsrechtli che" Überlegungen unter Berücksichtigung des englischen Rechts*, AcP 213 (2013), 470-506.

HÖHN – *Schuldrecht*, 1934.

HÖLDER, EDUARD – *Die Ablösung einer Vertragspartei durch einen Dritten*, Das Recht 1908, 469-472.

HOLMES, OLIVER WENDELL – *The Common Law*, 1.ª ed., 1881.

HOLTHÖFER – *Der Wohnungstausch*, DR 1941, 536-539.

HOLZAPFL, W. – *Neue Preisänderungsklauseln und Wirtschaftsklauseln in Stromlieferungsverträgen mit Sonderabnehmern*, BB 1974, 912-914.

HONDIUS, EWOUD/GRIGOLEIT, HANS CHRISTOPH – *Unexpected Circumstances in European Contract Law*, 2014.

HÖNN, GÜNTHER – *Zur Dogmatik der Risikotragung im Gläubigerverzug bei Gattungsschulden*, AcP 177 (1977), 385-417.

HONSELL, HEINRICH – *Die positive Vertragsverletzung und ihr Verhältnis zur Sachmangelhaftung bei Kauf, Miete und Werkvertrag*, Jura (1979), 184-199.

HORN, ADOLF – *Die Gehilfenhaftung für mangelhafte Aufsicht und Organisation nach § 823 und § 831 BGB*, 1968.

HORN, CASPAR HEINRICH/DEDEKIND, JOHANN GOTTLIEB – *Disp. de antapocha, von der Gegen-Quittung*, 2.ª ed., 1726.

HORN, RICHARD – *Schuldübernahme: eine Studie nach österreichischem und deutschem Civilrecht*, 1902.

HORSCHITZ, HARALD – *Atypische Vertragsstrafen*, NJW 1973, 1958-1962.

HÖSL, CHRISTIAN – *Der Widerruf des Testaments*, 1930.

HOSSFELD, ANNE – *Die Abtretung schieds- und Gerichtsstandsgebundener Forderungen*, 2013.

HU, HENRY T. C. – *Swaps, The Modern Process of Financial Innovation and the Vulnerability of a Regulatory Paradigm*, U Pen L Rev 138 (1988), 333-435.

HUBER, CHRISTIAN – *Fragen der Schadensberechnung*, 2.ª ed., 1995.

HUBER, PETER – em Peter Huber/Florian Faust, *Schuldrechtsmodernisierung/Einführung in das neue Recht* (2003), 7-8.

HUBER, ULRICH – *Verpflichtungszweck, Vertragsinhalt und Geschäftsgrundlage*, JuS 1972, 57-65.

HUC, THÉOPHILE – *Commentaire théorique et pratique du Code Civil* 7, 1894 e 8, 1895.

HUDSON, ALASTAIR – *The Law of Financial Derivatives*, 5.ª ed., 2012.

HUECK, ALFRED – *Der Treuegedanke im modernen Privatrecht*, 1947.

HÜFFER, UWE – *Leistungsstörungen durch Gläubigershandeln*, 1976.

HUPPERT, ULF – vide Lüke, Gerhard.

IGNATOVA, RUJA – *Art. 5 Nr. 1 EuGVO – Chancen und Perspektiven der Reform des Gerichtsstands am Erfüllungsort*, 2005.

IHRCKE, ERNST – *Ist die Erfüllung Rechtsgeschäft?/Nach gemeinem Recht und Bürgerlichem Gesetzbuch*, 1903.

IM, GEON-MYEON – *Die Vertragsstrafe und deren Vorbehalt im BGB unter besonderer Berücksichtigung des § 11 Nr. 6 AGBG*, 1991.

IMBRUCK, FRANZ – *Voraussetzung und Geschäftsgrundlage/Eine Untersuchung über Wesen, Unterscheidung und praktische Brauchbarkeit der Begriffe. Zugleich ein Beitrag zur Frage: Positivismus oder Freirecht?*, 1932.

INCE, NURTEN – *Der Wegfall der Geschäftsgrundlage nach deutschem und Türkischem Recht*, 2015.

ISAMBERT/TAILLANDIER/DECRUSY – *Recueil général des anciennes lois françaises depuis l'an 420 jusqu'a la Revolution de 1789*, XV (aout 1589-mai 1610), 1829.

ISELE, HELLMUT – *Geldschuld und bargeldloser Zahlungsverkehr*, AcP 129 (1929), 129-185.
IUDICA, GIOVANNI – *Cessione dei beni ai creditore*, Digesto delle discipline privatistiche/ Sezione civile II (1988), 279-285;
– vide Alpa, Guido.

JABORNEGG, PETER – *Zurückbehaltungsrecht und Einrede des nicht erfüllten Vertrages/ zugleich ein Beitrage zur Lehre vom Synallagma*, 1982.
JAGEMANN, EUGEN VON – *Die Daraufgabe (Arrha) Vergleichende Rechtsstudie*, 1873.
JAHR, GÜNTHER – *Die Einrede des bürgerlichen Rechts*, JuS 1964, 125-132, 218-224 e 293-305.
JAKOBS, HORST HEINRICH – *Unmöglichkeit und Nichterfüllung*, 1969.
JAKOBS, HORST HEINRICH/SCHUBERT, WERNER – *Die Beratung des Bürgerlichen Gesetzbuchs in systematischer Zusammenhang der unveröffentlichten Quellen/Recht der Schuldverhältnisse* I, §§ 241 bis 432, 1978.
JAKOBY, EMIL – *Ist der Schuldübernahme Rechtsnachfolgen iSd §§ 325, 727 ZPO?*, DJZ IX (1904), 211.
JELLINEK, GEORG – *Allgemeine Staatslehre*, 3.ª ed., 1914.
JERNS, LUDWIG – *Der Leistungsort bei Zug- um Zugleistung*, 1911.
JESKE, WALTER – *"Der" Leistungsort bei der Wandlung*, 1931.
JESS, KARL – *Ist der Schuldner berechtigt, wegen Ungewißheit des Gläubigers zu deponiren?*, JhJb 17 (1879), 158-173.
JHERING, RUDOLF VON – *Abhandlungen aus dem römischen Recht*, 1844;
– *Uebertragung der Reivindicatio auf Nichteingenthümer (Cession derselben, reiv. utilis, conossement)*, JhJb 1 (1857), 101-188;
– *Culpa in contrahendo oder Schadensersatz bei nichtigen oder nicht zur Perfection gelangten Verträgen*, JhJb (1861), 1-113;
– *Das Schuldmoment im römischen Privatrecht*, FS Johann Michael Franz Birnbaum (1867), 1-68 = *Vermischte Schriften juristischen Inhalts*, 1879, reimp., 1968.
JOACHIM, WILLI E. – *Mietrechtliche Haftungsausschluss- und begrenzungsvereinbarungen nach der Schuldrechtsreform*, WuM 2003, 183-189.
JOHANNSEN, JENS – *Die Einrede des nicht erfüllten Vertrages bei Teilleistungen*, 1936.
JOOST, DETLEV – *Vertragsstrafen im Arbeitsrecht/Zur Inhaltskontrolle von Formularverträgen im Arbeitsrecht*, ZIP 2004, 1981-1986;
– *vide* Säcker, Franz Jürgen.
JORGE, FERNANDO PESSOA – *Lições de Direito das obrigações* 1, 1966-1967;
– *Direito das obrigações* 1, 1972;
– *A limitação convencional da responsabilidade civil*, BMJ 281 (1978), 5-32.
JORS, PAUL/KUNKEL, WOLFGANG – *Römisches Privatrecht*, 3.ª ed., 1949.
JOSSERAND, LOUIS – *Cours de Droit civil positif français* II, 2.ª ed., 1933.
JUNKER, MICHAEL – *Der Umfang des einem einem Zessionar zu leistenden Schadensersatzes wegen Verzuges bei. Abtretung vertraglicher Ansprüche*, AcP 195 (1995), 1-12.

KADEN, ERICH-HANS – *Ein Beitrag zur Lehre der bedingten Novation*, SZRom 44 (1924), 164-210 ;

– recensão a Rolf Knütel, *Contrarius consensus/Studien zur Vertragsaufhebung im römischen Recht* (1968), SZRom 86 (1969), 523-526.

KÄHLER, LORENZ – *Mittelbare und unmittelbare Einschränkungen der Vorsatzhaftung*, JZ 2007, 18-28.

KAISER, BERND – *Die Vertragsstrafe im Wettbewerbsrecht*, 1999.

KAISER, DAGMAR – no *Staudinger Kommentar zum BGB* II, §§ 346-361, *Rücktritt und Widerruf*, 2012.

KALBERLAH, KURT – *Das Fortwirken der Fürsorgepflicht des Unternehmers über das Ende des Beschäftigungsverhältnisses hinaus*, DAR 1941, 59-61.

KALBERLAH, KURT – *Das Fortwirken der Treuepflicht des Gefolgsmannes über das Ende der Beschäftigungsverhältnis hinaus*, DAR 1942, 112-113.

KALOS, MALVIN H./WHITLOCK, PAULA A. – *Monte Carlo Methods*, 2.ª ed., 2008.

KAMANABRÓU, SUDABEH – *Die Umsetzung der Fernabsatzrichtlinie*, WM 2000, 1417-1426.

KAROLLUS, MARTIN – *Unbeschränkter Schuldnerschutz nach § 409 BGB*, JZ 1992, 557-564.

KASER, MAX – *Mora*, PWRE XXXI (1933), 251-277;

– recensão a Siro Solazzi, *L'estinzione dell'obbligazione nel diritto romano*, SZRom 56 (1936), 345-349;

– *Rechtswidrigkeit und Sittenwidrigkeit im klassischen römischen Recht*, SZRom 60 (1940), 95-150;

– recensão a Franco Bonifacio, *La novazione nel diritto romano*, 2.ª ed. (1959), SZRom 68 (1951), 586-592;

– recensão a Wolfgang Endemann, *Der Begriff der Delegatio im klassischen römischen Recht* (1958), SZRom 77 (1960), 464-471;

– recensão a Wulf-Dieter Gehrlich, *Kognitur und Prokuratur in rem suam als Zessionsform des klassischen römischen Rechts* (1963), SZ 81 (1964), 390-394;

– *Vulgarrecht*, PWRE 18/II (1967), 1283-1304;

– *Noxae dedere oder noxae dare*, SZRom 87 (1970), 445-446;

– *Das römische Privatrecht* 1 – *Das altrömische, das vorklassische und klassische Recht*, 2.ª ed., 1971;

– *Das römische Privatrecht*, 2 – *Die nachklassischen Entwicklungen*, 2.ª ed., 1975.

KASER, MAX/HACKL, KARL – *Das römische Zivilprozessrecht*, 1996.

KASER, MAX/KNÜTEL, ROLF – *Römisches Privatrecht*, 19.ª ed., 2008.

KATZENSTEIN, MATTHIAS – *Haftungsbeschränkungen zugunsten und zulasten Dritter/Zugleich ein Beitrag zur Systematik des Schadenshaftungsrechts*, 2004.

KÄUFFER, JOSEF – *Die Vor- und Nachwirkungen des Arbeitsverhältnisses*, 1959.

KAUFMANN, ERICH – *Das Wesen des Volkerrechts und die clausula rebus sic stantibus*, 1911;

– *Kritik der neukantischen Rechtsphilosophie/Eine Betrachtung über die Beziehungen zwischen Philosophie und Rechtswissenschaft*, 1921.

KAYSER, PIERRE – *L'astreinte judiciaire et la responsabilité civile*, RTDC 1953, 209-246.

KEGEL, GERHARD – *Probleme der Aufrechnung: Gegenseitigkeit und Liquidität/rechtsvergleichend dargestellt*, 1938;

– *Rohstoff- und Rüstungskredite*, JZ 1951, 383-416;

– *Empfiehlt es sich, den Einfluss grundlegender Veränderungen des Wirtschaftslebens auf Verträge gesetzlich zu regeln und in welchem Sinn?: (Geschäftsgrundlage,*

*Vertragshilfe, Leistungsverweigerungsrecht)*, Gutachten für den 40. DJT, Tübingen (1953) I, 137-236.

KEIL, P. K. – *Das Interusurium,* 1854, há reimp. de 2010.

KELLER, FRIEDRICH L. – *Noch etwas über die Exceptiones non adimpleti und non rite adimpleti contractus*, JhgDR 4 (1860), 337-371.

KEMMERIES, OLIVER – *Das Rückgewährschuldverhältnis nach Rücktritt vom Vertrag*, 2005.

KEMPF, GILBERT – *"Treuepflicht" und Kündigungsschutz*, DB 1979, 780 ss..

KERN, BERND-RÜDIGER – *Die Genugtuungsfunktion des Schmerzensgeldes – ein pönales Element im Schadensrecht?*, AcP 191 (1991), 247-272.

KERSSENBOOM, EDUARD – *Der Leistungsort nach dem deutschen bürgerlichen Gesetzbuch*, 1904.

KEYSERLINGK, ALEXANDER GRAF VON – *vide* Döbereiner, Walter.

KIESS, PETER – *Die confusio im klassischen römischen Recht*, 1995.

KIPP, THEODOR – *Zur Lehre von der Schuldübernahme*, JhJb 36 (1897), 336-365;
– *Worin besteht der Schadensersatz wegen Nichterfüllung eines gegenseitigen Vertrages?*, DJT 27 (1904), 1, 249-296;
– vide Windscheid, Bernhard.

KISCH, WILHELM – *Die Wirkungen der nachträglich eintretenden Unmöglichkeit der Erfüllung bei gegenseitigen Verträgen nach dem Bürgerlichen Gesetzbuche für das Deutsche Reich*, 1900.

KLAPPER, WILHELM – *Der Leistungsort beim Versendungskauf*, 1933.

KLEES, EDGAR – *La demeure/Eine rechtsvergleichende Studie zum Verzugsrecht*, 1968.

KLEIN, PETER – *Die Natur der Causa solvendi (Ein Beitrag zur Causa- und Kondiktionen-Lehre)*, 1903;
– *Untergang der Obligation durch Zweckerreichung*, 1905;
– *Ein Beitrag zur Lehre vom "Untergang der Obligation durch Zweckerreichung"*, AbürgR 31 (1908), 214-224;
– *Zurücknahme von "Vorstellungsmitteilungen"*, AbürgR 34 (1910), 323-349.

KLEINEIDAM, TEODOR – *Unmöglichkeit und Unvermögen nach dem Bürgerlichen Gesetzbuche für das Deutsche Reich*, 1900;
– *Einige Streitfragen aus der Unmöglichkeitslehre des BGB*, JhJb 43 (1901), 105-140.

KLEINHEMPEL, GERHARD – *Das Recht des Gläubigers auf Ersatzherausgabe bei Unmöglichwerden der geschuldeten Leistung*, 1927.

KLEINSCHMIDT, JENS – *Der Verzicht im Schuldrecht: Vertragsprinzip und einseitiges Rechtsgeschäft im deutschen und US-amerikanischen Recht*, 2004.

KLETECKA, ANDREAS/SCHAUER, MARTIN (ed.) – *Kommentar zum ABGB* (2010), 3763-3767.

KLEWHEYER, GERD/SCHRÖDER, JAN (publ.) – *Deutsche und Europäische Juristen aus neun Jahrhunderten/Eine biographische Einführung in die Geschichte der Rechtswissenschaft*, 4.ª ed., 1996.

KLIMKE, DOMINIK – *Die Vertragsübernahme*, 2010.

KLINK, JOACHIM – *Eine Sphärentheorie für Ausgleichsmodi im Synallagma (Wandlung und Bereicherungsrecht)*, 1982.

KLINKE, ULRICH – *Causa und genetische Synallagma: zur Struktur der Zuwendungsgeschäfte*, 1983.

KLINKER, CLAUDIA – *Die astreinte im französische Zivilrecht*, 2002.

KLUCKHOHN, WILHELM – *Die Bedeutung des Rechtes des Schuldners auf Aushändigung von Quittung, wechsel und ähnlichen Urkunden im zivilprozessualen Verfahren*, AbürgR 43 (1919), 380-405.

KLÜWER, ARNE/MEISTER, MATTHIAS – *Forderungsabtretung und Bankgeheimnis*, WM 2004, 1157-1163.

KNACKE, JÜRGEN – *Die Vertragsstrafe im Baurecht*, 1988.

KNAPPE, JULIUS – *Versuch einer Entwicklung des Begriffs der Exceptionen mit Rücksicht auf die Beweislast*, 1835.

KNIEP, KARL FRIEDRICH FERDINAND – *Einfluß der bedingten Novation auf die ursprüngliche Obligatio/Eine privatrechtliche Abhandlung*, 1860.

KNOKE – *Die Sondernachfolge in die Schuld bei der befreienden Schuldübernahme*, JhJb 60 (1912), 407-466.

KNOOP, HELMUT – *Das Problem der clausula rebus sic stantibus im BGB in Schrifttum und Rechtsprechung: unter Berücksichtigung der neuen Entwicklung*, 1937.

KNORR, JOHANNES – *Die Nachwirkungen der Fürsorgepflicht des Arbeitgebers*, 1953.

KNÜTEL, RALPH – *Verfallsbereinigung, nachträglicher Verfall und Unmöglichkeit bei der Vertragsstrafe*, AcP 175 (1975), 44-76.

KNÜTEL, ROLF – *Contrarius consensus/Studien zur Vertragsaufhebung im römischen Recht*, 1968;
– *Stipulatio Poenae/Studien zur römischen Vertragsstrafe*, 1976;
– *Die Haftung für Hilfspersonen im römischen Recht*, SZRom 100 (1983), 340-443;
– *vide* Behrends, Okko;
– *vide* Kaser, Max.

KNÜTEL, ROLF e outros – *Corpus Iuris Civilis* V, 2012.

KÖBLER, GERHARD – recensão a Wolfgang Ernst, *Die Einrede des nichterfüllten Vertrages/zur historische Entwicklung des synallagmatischen Vertragsvollzugs im Zivilprozess* (2000), SZGerm 126 (2009), 420-421.

KÖBLER, RALF – *Die "clausula rebus sic stantibus" als allgemeiner Rechtsgrundsatz*, 1991.

KOCH, CHRISTIAN FRIEDRICH – *Die Lehre von dem Übergange der Forderungsrechte durch Universal- und Singular-Sucession oder von der Vererbung der Forderungen, von der Cession, Assignation und Novation (Delegation und Expromission)*, 1837.

KOCH, HANS-JOACHIM – *Juristische Methodenlehre und analytische Philosophie*, 1976;
– *Unbestimmte Rechtsbegriffe und Ermessensermächtigungen im Verwaltungsrecht*, 1979.

KOFFKA – *Soll die conventionalstrafe im künftigen deutschen Gesetzbuch lediglich der freien Vereinbarung unterliegen, oder na gesetzliche oder richterliche Schranken gebunden werden?*, DJT 20, II (1889), 3-32.

KÖHLER, HELMUT – *Unmöglichkeit und Geschäftsgrundlage bei Zweckstörungen im Schuldverhältnis*, 1971;
– *Die Leistung erfüllungshalber*, WM 1977, 242-254;
– *Forderungsabtretung und Ausübung von Gestaltungsrechten*, JZ 1986, 516-518;
– *Vereinbarung und Verwirkung der Vertragsstrafe*, FS Joachim Gernhuber 70. (1993), 207-225.

KOHLER, JOSEF – *Annahme und Annahmeverzug/Eine civilistische Abhandluug*, JhJb 17 (1879), 261-424;

– *Kompensation und Prozess*, ZZP 20 (1894), 1-74;
– *Zwölf Studien zum Bürgerlichen Gesetzbuch* III, *Der Gläubigerverzug*, AbürgR 13 (1897), 149-225;
– *Die Aufrechnung nach dem Bürgerliche Gesetzbuche*, ZZP 24 (1898), 1-49;
– *Lehrbuch des Bürgerlichen Rechts*, II/1, 1906.

KOHLER, JÜRGEN – *Die gestörte Rückabwicklung gescheiterter Austauschverträge*, 1989.

KOHTE, WOLFHARD – *Die Stellung des Schuldbeitritts zwischen Bürgschaft und Schuldübernahme*, JZ 1990, 927-1005.

KOLLER, INGO – *Die Risikozurechnung bei Vertragsstörungen in Austauschverträgen*, 1979;
– *Bewegliches System und die Risikozurechnung bei der Abwicklung gegenseitiger Verträge*, em *Das Bewegliche System in geltenden und künftigen Recht*, publ. por Franz Bydlinski e outros (1986), 75-86.

KOLTZE, BODO – *Der Versicht auf Einreden*, 1928.

*Konsolidierte Fassung des Diskussionsentwurfs eines Schuldrechtsmodernisierungsgesetzes*, em Carl-Wilhelm Canaris, *Schuldrechtsmodernisierung 2002* (2002), 349-419.

KOOLWYK, PAUL VAN – *Hingabe an Erfüllungsstatt nach dem Bürgerlichen Gesetzbuch*, 1902.

KOPP, CARL PHILIPP – *Dissertatio inauguralis De clausula rebus sic stantibus secundum ius, cum naturalle, tum civile*, 1750.

KORNBLUM, UDO – *Schuldnerschutz bei der Forderungsabtretung*, BB 1981, 1296-1309.

KOSCHEMBAHR-LYSKOWSKI, IGNACY – *Die theorie der Exceptionen nach klassischem Recht: der Begriff der exceptio*, 1893.

KÖTZ, HEIN – *Ziele des Haftungsrechts*, FS Steindorff 1990, 643-666;
– vide Zweigert, Konrad.

KOZIOL, HELMUT/BYDLINSKI, PETER/BOLLENBERGER, RAIMUND (ed.) – *ABGB/Kurzkommentar*, 4.ª ed., 2014.

KRBEK, FRANZISKA-SOPHIE EVANS VON – *Nichterfüllungsregeln auch bei weiteren Verhaltens- oder Sorgfaltspflichtverletzungen?*, AcP 179 (1979), 85 ss..

KREITTMAYER, WIGULÄUS XAVIERIUS ALOYSIUS VON – *Anmerkungen über den Codicem Maximilianeum Bavaricum Civilem*, 1765.

KRELLE, WILLIAM – *Die Vorraussetzungen der Hinterlegung zur Befreiung des Schuldners*, 1911.

KRELLER, H. – recensão a Alberto Montel, *La mora del debitore/Requisiti nel diritto romano e nel diritto italiano* (1930), AcP 136 (1932), 242-245.

KRESS – *Schuldrecht*, 1929.

KRETSCHMAR, PAUL GUSTAV – *Die Theorie der Confusion/Ein Beitrag zur Lehre von der Aufhebung der Rechte*, 1899;
– *Die Erfüllung* I – *Historische und Dogmatische Grundlagen*, 1906;
– *Über die Entwicklung der Kompensation im römischen Rechte*, 1907;
– *Miszellen/Zu D. 46, 8, 91 (Labeo libro sexton pithanon a Paulo epitometorum)*, SZRom 38 (1917), 317-325;
– *Beiträge zur Erfüllungslehre*, JhJb 85 (1935), 184-261 e 86 (1936/1937), 145-209.

KREUTZWALD, KARL ANTON – *Der Erlaß im internationalen Privatrecht: rechtsvergleichende Darstellung*, 1919.

KREYENBERG, JOACHIM PETER – *Nachwirkungen von Verträgen*, 1958.

KRIENITZ, ERNST – *Zur Schuldübernahme nach § 415 BGB*, 1910.

KROESE, DIRK P. – *vide* Rubinstein, Reuven Y..

KROTH, HARALD – no Eberhard Braun, *Insolvenzordnung Kommentar*, 4.ª ed., 2010.

KRÜCKMANN, PAUL – *Der Fortfall des Interesses und der Untergang des Schuldverhältnisses*, AcP 90 (1900), 88-117;

– *Unmöglichkeit und unmöglichkeitsprozess, zugleich eine Kritik der Entwürfe Russlands, Ungarns und der Schweiz*, AcP 101 (1907), 1-306;

– *Einige Bemerkungen zu der "dauern den Schuldverhältnissen"*, JhJb 66 (1916), 1-17;

– *Etwas aus der Praxis und für die Praxis*, JW 1917, 576-577;

– *Clausula rebus sic stantibus, Kriegsklausel, Streikklausel*, AcP 116 (1918), 157-481;

– *Ein Beitrage zur Geldentwertung und Vertragsgrundlage*, JhJb 75 (1925), 1-52;

– *Kalkulationsirrtum und ursprüngliche Sinn-, Zweck- und Gegenstandslösingkeit*, AcP 128 (1928), 157-208;

– *Die Voraussetzung als vkirtueller Vorbehalt*, AcP 131 (1929), 1-104 e 257-292;

– *Irrtum, veränderte Umstände und Geschäftsgrundlage*, LZ 27 (1933), 481-491.

KRÜSMANN, MARCUS – *Die juristische Natur der Hingabe an Erfüllungsstatt nach dem Bürgerlichen Gesetzbuch (§ 364)*, 1906.

KÜBEL, FRANZ PHILIPP VON – *Entwurf eines bürgerlichen Gesetzbuches für das Deutsche Reich/Recht der Schuldverhältnisse*, I – *Allgemeiner Theil mit Begründung*, 1882; há reimp. de 1980;

– *Recht der Schuldverhältnisse* 1 – *Allgemeiner Teil*, 1882, reimp., 1980.

KÜBLER, BERNHARD – *Kristische Bemerkungen zum Nexum*, SZRom 25 (1904), 254-281.

KÜHNE – *Ungewissheit des Gläubigers als Grund zur Deposition belufs Bebreiung des Schuldners*, JhJb 17 (1879), 1-66;

– *Zur Frage der Deposition wegen Ungewißheit des Gläubigers: Entscheidung des Reichs-Oberhandelsgerichts*, JhJb 17 (1879), 174-182.

KULL, BRUNO – *Die Grundlagen, Grenzen und Nachwirkungen der arbeitsrechtlichen Treu- und Fürsorgepflicht*, s/d.

KULZER, EGON – *Die Geschäftsgrundlage in der Rechtsprechung des Reichsgerichts*, 1934.

KUNTZ, THILO – *Die Grenze zwischen Auslegung und Rechtsfortbildung aus sprachphilosophischer Perspektive*, AcP 215 (2015), 387-449.

KUNTZE, JOHANNES EMIL – *Die Obligation und die Singularsuccession des römischen und heutigen Rechtes/Eine civilistische Studie*, 1856.

KUNZE, WILHELM – *Das Wesen und die Bedeutung der arrhae des gemeinen Rechts im Verhältnis zu der Draufgabe des bürgerlichen Gesetzbuches, der Konventionalstrafe des gemeinen Rechts und der modernen Vertragsstrafe*, 1904.

KUPISCH, BETHOLD – *vide* Behrends, Okko.

KÜRTEN, ANDREA – *Tatbestand und Rechtsfolgen Tatbestand und Rechtsfolgen von wiederholten Verhaltensweisen in vertraglichen Dauerschuldverhältnissen*, 2014.

KURZ, STEFAN – *Schuldübernahme, Schuldbeitritt und das Verbraucherkreditgesetz*, DNotZ 1997, 552-567.

LACHMANN, W. – *Die rechtliche Bedeutung der Quittung*, AbürgR 31 (1908), 47-83.

LACKMANN, ROLF – em Hans-Joachim Musielak/Wolfgang Voit, *Zivilprozessordnung mit Gerichtsverfassungsgesetz*, 12.ª ed., 2015.

LAITHIER, YVES-MARIE/DESHAYES, OLIVIER/GENICON, THOMAS – *Réforme du droit des contrats, du régime général et de la preuve des obligations*, 2916.

LAMBRINI, PAOLA – *La novazione/Lineamenti romanistici e dottrine attuali*, 2006;
– *La novazione/Pensiero classico e disciplina giustinianea*, 2006.

LANDO, OLE/BEALE, HUGH (ed.) – *Principles of European Contract Law*, 2000.

LANG, ALEXANDER – *Über die Einrede des nicht erfüllten Contractus*, 1829.

LANGE, HERMANN – *Schadensersatz und Privatstrafe in der mittelalterlichen Rechtstheorie*, 1955;
– recensão a Malte Diesselhorst, *Die Lehre des Hugo Grocius vom Vesprechen* (1959), SZRom 78 (1961), 514-517;
– *Römisches Recht im Mittelalter*, Band I – *Die Glossatoren*, 1997.

LANGER, OLIVER – *Haftungsausschluss und Haftungsbegrenzung gegenüber Unternehmen in Allgemeinen Geschäftsbedingungen*, WM 2006, 1233-1237.

LARENZ, KARL – anotação a RG 5-out.-1939, DR 1940, 249;
– *Zum Wegfall der Geschäftsgrundlage*, NJW 1952, 361-363;
– *Culpa in contrahendo, Verkehrsicherungspflicht und "sozialer Kontakt"*, MDR 1954, 515 ss.;
– *Entwichlungstendenzen der heutigen Zivilrechtsdogmatik*, JZ 1962, 105-110;
– *Geschäftsgrundlage und Vertragserfüllung*, 3.ª ed., 1963;
– *Methodenlehre der Rechtswissenschafts*, 1983;
– *Lehrbuch des Schuldrechts*, 1, *Allgemeiner Teil*, 14.ª ed., 1987.

LARENZ, KARL/CANARIS, CLAUS-WILHELM – *Lehrbuch des Schuldrechts*, II, 2, *Besonderer Teil*, 13.ª ed., 1994.

LATINA, MATHIAS – *vide* Chantepie, Gaël.

LAUBINGER, HANS-WERNER – *vide* Ule, Carl Hermann.

LAURENT, FERNAND – *Principes de droit civil français* XVI, 1878.

LAURENT, FRANÇOIS – *Cours Élémentaire de Droit civil* 2, 1878.

LAUTERBACH, WOLFGANG – *vide* Baumbach, Adolf.

LAUTERBACH, WOLFGANG ADAM – *Tractatatio de Arrha*, 1657.

LAUVERGNAT, LUDOVIC/RASCHEL, LOÏS (com.) – *Code de procédures d'éxécution*, 2017.

LAVAL, GEORGE DE – *vide* Compernolle, Jacques van.

LEDERMANN, FRANZ – *Die Unterschiede des Reugeldes (sg. Wandelpön) und der Vertragsstrafe im gemeinem Recht und neuem Reichsrecht*, 1904.

LEETZ, HELMUT – *Die clausula rebus sic stantibus bei Lieferungsverträgen*, 1919.

LEHMANN, HEINRICH – *Die positiven Vertragsverletzungen*, AcP 96 (1905), 60-113;
– *Die Unterlassungspflicht im Bürgerlichen Recht*, 1906;
– vide Enneccerus, Ludwig.

LEHMANN, MATTHIAS/ZSCHACHE, SABINE – *Das stellvertrende commodum*, JuS 2006, 502-507

LEIBLE, STEFAN – *Richterliche Herabsetzung von Vertragsstrafen im spanischen Recht*, ZeuP 2000, 322-341.

LEIBNITZ, GOTTFRIED WILHELM – *Mediatio juridico-mathematica de interusurium*, 1683 = *Opera omnia* III, 1768;
– *Mathematische Schriften* VII, 1863, reimp. 1962;

– *Sämtliche Schriften und Briefe*, ed. Academias das Ciências Brandeburguesa de Berlim e de Göttingen, 2001.

LEIN, EVA – *Die Verzögerung der Leistung im europäischen Vertragsrecht*, 2015.

LEITÃO, ADELAIDE MENEZES – *Revogação unilateral do mandato*, Est. Galvão Telles 1 (2002), 305-346.

LEITÃO, JOÃO SÉRGIO TELLES DE MENEZES CORREIA – *Da revogação do testamento e de disposições testamentárias*, 1992.

LEITÃO, LUÍS MENEZES – *A cessão de bens aos credores*, 1987;
- – *Garantias das obrigações*, 4.ª ed., 2002;
- – *Cessão de créditos*, 2005;
- – *O enriquecimento sem causa no Direito civil*, 2005;
- – *Direito das obrigações* 2, 2.ª ed., 2003, 3.ª ed., 2005, 7.ª ed., 2010, 8.ª ed., 2011 e 9.ª ed., 2014;
- – *Código da Insolvência e da Recuperação de Empresas*, 4.ª ed., 2008 e 8.ª ed., 2015.

LEMPPENAU, JOACHIM – *Gattungsschuld und Beschaffungspflicht/Kritisches zu § 279 BGB*, 1972.

LEN, URS – em Heinrich Honsell/Nediem Peter Vogt/Wolfgang Wiegand, *Basler Kommentar, Obligationenrecht*, Art. 1-529 OR, 5.ª ed. (2011), Art. 68-90.

LENEL, OTTO – *Über Ursprung und Wirkung des Exceptionen*, 1876;
- – *Die Lehre von der Voraussetzung (im Hinblick auf den Entwurf eines bürgerlichen Gesetzbuches)*, AcP 74 (1889), 213-239;
- – *Nochmals die Lehre von der Voraussetzung*, AcP 79 (1892), 49-107;
- – *Das Edictum perpetuum: ein Versuch zu seiner Wiederherstellung*, 3.ª ed., 1927.

LENT, FRIEDRICH – *Die Anweisung als Vollmacht und im Konkurse*, 1907.

LEONHARD, FRANZ – *Erfüllungsort und Schuldort*, 1907;
- – *Verschulden beim Vertragsschlusse*, 1910;
- – *Allgemeines Schuldrecht des BGB* 1, 1929.

LEONHARD, RUDOLF – *Der Irrthum bei nichtiger Vertragen nach römischen Rechte/Ein Beitrag zur Vereinfachung der Vertragslehre*, 1882;
- – *Ein Beitrag zur Irrthumslehre*, AcP 72 (1888), 42-48.

LEQUETTE, YVES – *vide* Capitant, Henri;
- – *vide* Terré, François.

LESER, HANS G. – *Der Rücktritt vom Vertrag*, 1975;
- – *Lösung vom Vertrag/Eine vergleichende Betrachtung*, FS Ernst Wolf 70. (1985), 373-394.

LESSER, MARTIN – *Das Rücktrittsrecht bei positiven Vertragsverletzungen*, 1906.

LEVY, ERNST – *Vorraussetzungen und Wirkungen der Hinterlegung nach gemeinem Recht und dem Bürgerlichen Gesetzbuche für das Deutschen Reich*, 1899;
- – *Privatstrafe und Schadensersatz im klassischen römischen Recht*, 1915;
- – *Weströmisches Vulgarrecht. Das Obligationenrecht*, 1956;
- – *Westöstliches Vulgarrecht und Justinian*, SZRom 76 (1959), 1-36;
- – vide Seckel, Emil.

LEYSER, AUGUSTIN – *Meditationes ad Pandectas* VII, 3.ª ed., 1746.

LIEBEN, E. A. – *Gedanken über d. Frh Leibnitz und Hoffmanns verschiedes calculos interusuriis*, 1788.

LIEBERT, WALTER – *Das Rechtsverhältnis des Schuldners zur Hinterlegungsstelle bei der Hinterlegung nach gemeinem Recht und dem Bürgerlichen Gesetzbuche für das Deutsche Reich*, 1899.

LIEBS, DETLEF – *Die Klagenkonkurrenz im römischen Recht: zur Geschichte der Scheidung von Schadensersatz und Privatstrafe*, 1972.

LIEDER, JAN – *Die rechtsgeschäftliche Sukzession/Eine methodenpluralistische Grundlagenuntersuchung zum deutschen Zivilrecht und Zivilprozessrecht sowie zum Internationalen und Europäischen Privatrecht*, 2015.

LIMA, FERNANDO PIRES DE/VARELA, JOÃO ANTUNES – *Noções fundamentais de Direito civil*, 1973, reimp.;
– *Código Civil anotado*, 1, 4.ª ed., 1987; 2, 1.ª ed., 1968, 2.ª ed., 1986 e 4.ª ed., 1997.

LINDACHER, WALTER F. – *Phänomenologie der "Vertragsstrafe" (Vertragsstrafe, Schadensersatzpauschalierung und schichter Schadensbeweisvertrag)*, 1972;
– *Schadensersatzpauschalen: Kontrolle und Korrektur*, FS Rolf Birk 70. (2008), 515-520.

LINDE, J. T. B. – *Ueber den Gerichtsstand vertragsmäßig eingegangener Verbindlichkeiten*, AcP 7 (1824), 59-79.

LIPPMANN – *Zur Lehre von der Compensation nach dem Entwurfe des bürgerlichen Gesetzbuchs*, Gruchot XXXII (1893), 157-261;
– *Die Gründe für die Annahme einer Unübertragbarkeit zukünftiger Forderung*, DJZ 1904, 255-258;
– *Beiträge zur Theorie der Schuldübernahme des Bürgerlichen Gesetzbuchs*, AcP 107 (1911), 1-167.

LITTBARSKI, SIGURD – *Der Wegfall der Geschäftsgrundlage im öffentlichen Recht/Zugleich ein Beitrag zur Auslegung des § 60 I VwVfG*, 1982.

LITTEN, FRITZ JULIUS – *Die Wahlschuld im deutschen bürgerlichen Rechte*, 1903.

LIVI, M. ALESSANDRO – *La direttiva 2000/35/CE sui ritardi di pagamento nelle transazioni commerciali e la sua attuazione*, em Vincenzo Cuffaro (org.), *La disciplina dei pagamenti commerciali* (2006), 1-39.

LLOMPART, J. – *Gerechtigkeit und geschichtliches Rechsprinzip*, ARSP 67 (1981), 39-60.

LOBÃO – *Tractado prático, e crítico de todo o Direito Emphyteutico* 1, 1814.

LOCATELLI, PIERO – *Quietanza (atto di)*, NssDI XIV (1967), 705-706.

LOCHER, EUGEN – *Geschäftsgrundlage und Geschäftszweck*, 1923.

LÖFFLER, REINHARD – *Vertragsstrafe und pauschalierter Schadensersatz im anglo-kanadischen common-law und dem Recht der Provinz Quebec*, 1986.

LOMPE, KLAUS – recensão a Klaus Grimmer, *Die Rechtsfiguren einer "Normativität des Faktischen"* (1971), RTh 4 (1973), 108-111.

LONGO, CARLO – *Sulla "in diem addictio" e sulla "lex commissoria" nella vendita*, BIDR 31 (1921), 40-50.

LONGO, GIOVANNI ELIO – *"Datio in solutum" (diritto romano)*, NssDI V (1960), 173;
– *Esecuzione forzata (diritto romano)*, NssDI VI (1960), 713-722;
– *Pagamento (diritto romano)*, NssDI XII (1965), 316-321.

LOOSCHELDERS, DIRK/OLSEN, DIRK – no *Staudingers Kommentar, Einleitung zum Schuldrecht, §§ 241-243, Treu und Glauben*, 2015.

LOPES, GUIOMAR MARIA DE MORAIS – *Redução da cláusula penal*, 1995.

LOPES, RICARDO – *A imprevisão nas relações contratuais*, SI 1 (1951), 33-41.
LORENT, FÉLIX – *Die Novation unter der Herrschaft des B.G.B.*, 1905.
LORENZ, DIETER – *Der Wegfall der Geschäftsgrundlage beim verwaltungsrechtlichen Vertrag*, DVBl 97, 865-873.
LORENZ, STEPHAN – *Haftungsausfüllung bei der culpa in contrahendo: Ende des Minderung durch c.i.c.?*, NJW 1999, 1001-1002;
– *Im BGB viel Neues: Die Umsetzung der Fernabsatzrichtlinie*, JuS 2000, 833-843;
– anotação a BGH 3-dez.-1990, NJW 2007, 3491.
LORENZI, VALERIA DE – *Compensazione*, DDP/SezCiv III (1990), 66-77.
LOTMAR, PHILIPP – *Über causa im römischen Recht/Beitrag zur Lehre von den Rechtsgeschäften*, 1875.
LOURENÇO, PAULA MEIRA – *A função punitiva da responsabilidade civil*, 2006.
LÖWISCH, MANFRED – no *Staudingers Kommentar*, 13.ª ed., 1995;
– *Herausgabe von Ersatzverdienst/Zur Anwendbarkeit von § 285 BGB aud Dienst- und Arbeitsverträge*, NJW 2003, 2049-2053.
LÖWISCH, MANFRED/FELDMANN, CORNELIA – no *Staudinger Kommentar §§ 255-304*, 2014.
LÜBLE, HANS – *Die Vertragsstrafe: nach gemeinem Rechte und dem Rechte des Bürgerlichen Gesetzbuchs für das Deutsche Reich*, 1900.
LUHMANN, NIKLAS – *Legitimation durch Verfahren*, 2.ª ed., 1975.
LUIG, KLAUS – *Zur Geschichte der Zessionslehre*, 1966;
– *Leibniz als Dogmatiker des Privatrechts*, FS Franz Wieacker 75 (1985), 213-255.
LUKAS, MEINHARD – em Andreas Kletecka/Martin Schauer, *ABGB/Kommentar*, 2010.
LÜKE, GERHARD/HUPPERT, ULF – *Durchblick: Die Aufrechnung*, JuS 1971, 165-171.
LÜKE, WOLFAGANG – *Das Rechtsgeschäftliche Abtretungsverbot*, JuS 1992, 114-116;
– *Grundfragen des Zessionsrechts*, JuS 1995, 90-96.
LUZZATO, GIUSEPPE IGNAZIO – *Eccezione (diritto romano)*, ED XIV (1965), 135-139.
LYNKER, THOMAS – *Der besondere Gerichtsstand am Erfüllungsort in der Brüssel – I – Verordnung (Art. 5 Nr. 1 EuGVVO)*, 2006.

MACEDO, JOAQUIM SHEARMAN – *Sanção pecuniária compulsória e arbitragem: algumas considerações*, Est. Lebre de Freitas II (2013), 811-829.
MACHADO, JOÃO BAPTISTA – *Antropologia, Existencialismo e Direito*, sep. RDES 12, 1965;
– *Pressupostos da resolução por incumprimento* (1979) = *Obra dispersa* 1 (1991), 125-193;
– *Risco contratual e mora do credor (Risco da perda do valor-utilidade ou do rendimento da prestação e de desperdício da capacidade de prestar vinculada)* (1984-1985) = *Obra dispersa* I (1991), 257-343.
MACKELDEY, FERDINAND – *Manuel de Droit Romain*, trad. J. Beving, 3.ª ed., 1846.
MADAI, CARL OTTO VON – *Die Lehre von der Mora. Dargestellt nach Grundsätzen des Römischen Recht*, 1837.
MADALENO, CLÁUDIA – *Responsabilidade por facto de terceiro*, 2014.
MADAUS, STEPHAN – *Der Schuldbeitritt als Personalsicherheit/Zulässigkeit von Analogien zum Recht der Schuldübernahme und der Bürgschaft*, 2001.
MAFFEI, DOMENICO – *Delegazione (diritto intermedio)*, ED XI (1962), 925-928.

MAGALHÃES, BARBOSA DE – *A teoria da imprevisão e o conceito clássico de força maior*, GRLx 37 (1923), 129-131.

MAGAZZÙ, ANDREA – *Clausola penale*, ED VII (1960), 186-196;
– *Mora del debitore*, ED XXVI (1976), 934-947;
– *Novazione (diritto civile)*, ED XXVIII (1978), 779-836;
– *Delegazione*, Digesto/DiscPrivat/Sezcivile V (1989), 155-171;
– *Surrogazione per pagamento*, ED XLIII (1990), 1519-1536.

MAGNI, FRANCESCO ALESSANDRO – em Pietro Rescigno, *Codice Civile* 2, 7.ª ed., 2007

MAGNUS, ULRICH – no *Staudingers Kommentar/Wiener UN-Kaufrecht*, 2013.

MAIA, JOSÉ MARQUES BARBOSA DOS REIS – *Direito geral das obrigações/Das obrigações em geral e dos contratos*, 1926;
– *Teoria geral das obrigações*, 1926.

MAIER, GEORG H. – *Regress wegen Zahlung fremder Schulden, wenn nicht nomine debitoris gezahlt ist?*, SZRom 50 (1930), 486-500;
– recensão a Harald Sieg, *Quellenkritische Studien zur Bessergebotsklausel (in diem addictio) im römischen Kaufrecht* (1933), SZRom 54 (1934), 468-471;
– *Zur Geschichte der Zession*, FS Ernst Rabel II (1954), 205-233.

MAKOWER – intervenção em DJT 20, IV (1889), 69-80.

MAKSOVIC, SVETLANA – *La résolution des contrats en droit comparé/Les conséquences de la violation de l'engagement contractuel en droit français, anglais et allemand*, 2010.

MALAURIE, PHILIPPE/AYNÈS, LAURENT/STOFFEL-MUNCK, PHILIPPE – *Droit des obligations*, 7.ª ed., 2015 e 8.ª ed., 2016.

MALINVAUD, PHILIPPE/FENOUILLET, DOMINIQUE/MEKKI, MUSTAPHA – *Droit des obligations*, 13.ª ed., 2014.

MALZER, GEORG – *Fragen der praktischen Rechtsanwendung bei der Lieferung von Elektrizitat und Gas an Industriebetriebe*, BB 1974, 908-912.

MAMOPOULOS, PIERRE – *Code Civil Hellénique*, 1956.

MANIGK, ALFRED – *Das Anwendungsgebiet der Vorschriften über Rechtsgeschäfte/Ein Beitrag zur Lehre vom Rechtsgeschäft*, 1901.

MANKOWSKI, HANS PETER – *Schwenbe Wirksamkeit unter § 361a BGB*, WM 2001, 793-802;
– *Beseitigungsrechte/Anfechung, Widerruf und verwandte Institute*, 2003.

MANNKOPFF (org.), A. J. – *Allgemeines Landrecht für die Preussischen Staaten* 1, 1837.

MANTE, ULRICH – *Die Institutionen des Gaius*, ed. bilingue latim/alemão, 2004;
– *vide* Nelson, Hein L. W..

MARC, PIERRE SAINT – *De l'imprévision dans les contrats administratifs*, 1918.

MARCOS, RUI MANUEL DE FIGUEIREDO – *A legislação pombalina/Alguns aspetos fundamentais*, 1990.

MAROTZKE, WOLFGANG – *Die logische Sekunde/Ein Nullum mit Dauerwirkung*, AcP 191 (1991), 177-200;
– no Gerhart Kreft, *Insolvenzordnung Kommentar*, 6.ª ed., 2011.

MARQUES, JOSÉ DIAS – *Teoria geral do Direito civil* 2, 1958;
– *Índice dos vocábulos do Código Civil português*, BFD XXVII (1986), 327-390.

MARTINEZ, PEDRO ROMANO – *Cumprimento defeituoso em especial na compra e venda e na empreitada*, 1994, reimp., 2001;
– *Da cessação do contrato*, 3.ª ed., 2015;

– *Código do trabalho anotado*, 10.ª ed., 2016.

MARTINEZ, PEDRO ROMANO/PONTE, PEDRO FUZETA DA – *Garantias de cumprimento*, 5.ª ed., 2006.

MARTINI, ANGELO DE – *La cessione dei beni ai creditore*, RDComm XL (1942) I, 310-333;
– *Presupposizione, condizione, eccessiva onerosità ed errore sui motivi*, an. CassIt 17-out.-1947, GiurComplCassCiv 28 (1947), 356-364;
– *L'eccessiva onerosità nell'esecuzione dei contratti*, 1950.

MARTINS, LUÍS M. – *Processo de insolvência*, 3.ª ed., 2014.

MARTINY, DIETER – Art. 14 Rom I-VO, no *Münchener Kommentar zum BGB*, 10, 5.ª ed. (2010), 1061-1074.

MARZO, S. DI – *Appunti sulla dottrina della causa lucrativa*, BIDR 15 (1903), 91-126 e BIDR 17 (1905), 103-122.

MASSEI, MASSIMO – *L'arra nella compravendita*, BIRD 48 (1941), 215-402.

MATOS, ISABEL ANDRADE DE – *O pacto comissório/Contributo para o estudo do âmbito da sua proibição*, 2006.

MATTHEUS, DANIELA – *Die Neuordnung des allgemeinen Leistungsstörungsrechts*, em Martin Schwab/Carl-Heinz Witt, *Einführung in das neue Schuldrecht*, 5.ª ed. (2002), 67-122.

MAURER, TOBIAS – *Schuldübernahme/Französisches, englisches und deutsches Recht in europäischer Perspektiv*, 2010.

MAUSEN, YVES – vide Chevreau, Emmanuelle.

MAVRIDIS, VASSILI – *Vor- und Nachwirkungen der Fürsorgepflicht im Arbeitsrecht*, AuR 1957, 225-230..

MAXEN, JACOB – *Ueber Beweislast, Einreden und Exceptionen*, 1861.

MAYER-MALY, THEO – *Vertrag und Einigung*, FS Nipperdey I (1965), 509-522;
– *Juristische Reflexionen über ius*, SZRom 117 (2000), 1-29.

MAZEAUD, HENRI e LÉON/MAZEAUD, JEAN/CHABAS, FRANÇOIS – *Leçons de Droit civil* II/1, *Obligations/Théorie générale*, 9.ª ed., 1998.

MAZEAUD, JEAN – anotação a CssFr 4-fev.-1969, D 1969, 601-602;
– *vide* Mazeaud, Henri.

MAZEAUD, LÉON – *vide* Mazeaud, Henri.

MCCRACKEN, SHEELAG – *The Banker's Remedy of Set-Off*, 2.ª ed., 1998.

MEDEIROS, RUI – *vide* Miranda, Jorge.

MEDICUS, DIETER – *Zur Funktion der Leistungsunmöglichkeit im römischen Recht*, SZRom 86 (1969), 67-104;
– *Die Akzessorietät im Zivilrecht*, JuS 1971, 497-504;
– *Anspruch und Einrede als Rückgrat einer zivilistischen Lehrmethode*, AcP 174 (1974), 313-331;
– *Zur Reichweite gesetzlicher Haftungsmilderung*, FS Odersky 1996, 589-604;
– *Schuldrecht* I/*Allgemeiner Teil*, 13.ª ed., 2002;
– *Leistungsrecht*, em Haas e outros, *Das neue Schuldrecht* (2003), 79-132;
– no PWW/BGB, 4.ª ed., 2009.

MEDICUS, DIETER/PETERSEN, JENS – *Bürgerliches Recht*, 25.ª ed., 2015;
– *Allgemeiner Teil des BGB*, 11.ª ed., 2016.

MEDINA, JOSÉ MIGUEL GARCIA/ARAÚJO, FÁBIO CALDAS DE – *Código Civil Comentado*, 2014.

MEISSELS, E. LEO – *Zur Lehre vom Verzichte*, GrünhZ 18 (1891), 665-719 e 19 (1892), 1-98.

MEISTER, MATTHIAS – vide Klüwer, Arne.

MEKKI, MUSTAPHA – *vide* Malinvaud, Philippe.

MELCHER, KURT – *Gegensatz des Rechtscharakters der Leistung an Erfüllungsstatt und der Leistung Erfüllungshalber nach gemeinem Recht und Bürgerlichem Gesetzbuche*, 1903.

MELCHIOR, GEORG – *Ueber den Erfüllungsort bei Obligationsverhältnisse insbesondere bei Distanceverkäufen*, 1892.

MELILLO, GENEROSO – *In solutum dare/Contenuto e dottrine negoziali nell'adempimento inesatto*, 1970.

MELLER-HANNICH, CAROLINE – *Vertragslösungsrechte des Verbrauchers aus dem BGB/ Geschichte und Gegenwart*, Jura 2003, 369-375.

MELZENBACH, ANTON – *Die rechtliche Natur der Hingabe an Erfüllungs Statt, insbesondere Kritik der Lehre von Franz Leonhard Seite 593 ff.*, 1936.

MENDEGRIS, ROGER – *La nature juridique de la compensation*, 1969.

MENDES, ARMINDO RIBEIRO – vide Freitas, José Lebre de.

MENDES, JOÃO DE CASTRO – *Manual de Processo Civil*, 1963;
- *Efeitos do pagamento com sub-rogação em processo executivo*, CTF 58 (1963), 601-609;
- *Limites objectivos do caso julgado em processo civil*, 1968;
- *Teoria geral do Direito civil* 2, 1968;
- *Direito Civil (Teoria Geral)*, 3, 1969;
- *Artigo 852.º/Compensação de obrigações com lugares diferentes de pagamento* (com a colaboração de Nuno Espinosa Gomes da Silva e de Luís Novais Lingnau da Silveira), 1973;
- *Direito processual civil*, 3, 1974, polic.;
- *Natureza jurídica da interpelação*, DJ II (1981-1986), 5-22.

MENDES, PEDRO VAZ – *A excepção de não cumprimento nos contratos públicos*, O Direito 140 (2008), 119-207.

MENDIZÁBAL, ÍÑIGO A. NAVARRO – *Derecho de obligaciones y contratos*, 2.ª ed., 2013.

MENZEL, ADOLF – *Zur Lehre von der Schuldübernahme*, GrünhutZ XI (1884), 581-609 e 655-679.

MEO, ROSSANNA DE – *La cessione dei beni ai creditore*, 1999.

MERCADAL, BARTHÉLEMY – *Réforme du droit des contrats*, 2016.

MERÊA, MANUEL PAULO – *Codigo Civil Brasileiro anotado*, 1917;
- *Excurso*, em *Novos estudos de História do Direito* (1937), 169-177;
- *O sinal no Direito hispânico*, em *Novos estudos de História do Direito* (1937), 151-168;
- *Um problema filológico-jurídico: a palavra "arras"*, em *Novos estudos de História do Direito* (1937), 139-149;
- *A arra penitencial no Direito hispânico anterior à receção*, em *Estudos de Direito Hispânico Medieval* 1 (1952), 37-58.

MESQUITA, HENRIQUE – anotação a STJ 18-mai.-1999 (Torres Paulo), RLJ 133 (2001), 312-319;
– *vide* Correia, António Ferrer.
MESTRE, JACQUES – *La subrogation personnelle*, 1979.
MEYER, HANS – *Vertragsstrafe im Unterwerfungserklärung im öffentlichen Recht*, JZ 1996, 78-83.
MEYER, HANS/BORGS-MACIEJEWSKI, HERMANN – *Verwaltungsverfahrensgesetz*, 2.ª ed., 1982.
MEYER, HENNING – *Ersatz und Erlösherausgabe: die Verkäuferhaftung nach § 281 BGB rechtsvergleichend zum anglo-amerikanischen Recht*, 1999.
MEYER, JÜRGEN A. E. – vide Molitor, Erich.
MEYER-CORDING, ULRICH – *Die Vereinsstrafe*, 1957.
MICCIO, RENATO – *Cessione dei beni ai creditore*, ED VI (1960), 834-846.
MICKEL, ERNST-LUDWIG – *Hingabe an Erfüllungsstatt nach dem Bürgerlichen Gesetz-Buch*, 1905.
MIQUEL, JUAN – recensão a Sebastião Cruz, *Da "solutio"/Terminologia, conceito e características, e análise de vários institutos afins* I – *Épocas arcaica e clássica* (1962), SZRom 81 (1964), 451-453.
MIRANDA, JORGE/MEDEIROS, RUI – *Constituição Portuguesa Anotada* I, 2005.
MIRANDA, PONTES DE – *Tratado de Direito privado*, XXVI, 1959.
MITTEIS, HEINRICH – *vide* Cosack, Konrad.
MITTEIS, LUDWIG – *Zur Lehre von der sog. condictio generalis*, JhJb 39 (1898), 152-173.
MITZKAIT, ANIKA – *Leistungsstörung und Haftungsbefreiung/Ein Vergleich der Grundregeln des Europäischen Vertragsrechts mit dem reformierten deutschen Recht*, 2008.
MODICA, ISIDORO – *L'influenza della guerra sui rapporti di diritto privato*, DirCom 34 (1915), 102-112.
MÖDRICH, MATTHIAS – *Das allgemeine Lebensrisiko/Ein Beitrag zur Lehre von der Haftungsbegrenzung im Schadensersatzrecht*, 1980.
MOHNEN, HEINZ – *Nachwirkungen des Arbeitsverhältnisses*, RdA 1957, 361-368 e 405-411.
MOLITOR, ERICH – *Die Kündigung*, 1935;
– *Schuldrecht*, 8.ª ed., 1965.
MOLITOR, ERICH/SÖLLNER, ALFRED/MEYER, JÜRGEN A. E. – *Nachwirkung des Arbeitsvertrages*, ArbRB1, D. Arbeitsvertrag-Arbeitsverhältnis X (1969).
MÖLLER, REINHARD – *Das Präventionsprinzip des Schadensersatzes*, 2006.
MÖLLER-HOLTKAMP, WALTER – *Die Quittung nach Bürgerlichem Gesetzbuche*, 1904.
MOMMSEN, FRIEDRICH – *Beiträge zum Obligationenrecht* 1 – *Die Unmöglichkeit der Leistung in ihrem Einfluss auf obligatorische Verhältnisse*, 1853;
– *Erörterungen aus dem Obligationenrecht/1. Erörterung über die Regel: Commodum ejus esse debet, cujus periculum est*, 1859.
MONJAU, H. – *Nachwirkende Treuepflichten*, BB 1962, 1439-1442.
MONT, IVO DU – *Die Kombination vom Rücktritt und Schadensersatz im neuen Schuldrecht/ Eine ökonomische und rechtsvergleichende Analyse am Beispiel des Kaufvertrags*, 2007.
MONTEIRO, ANTÓNIO PINTO – *Cláusulas limitativas e de exclusão de responsabilidade civil*, 1985, reimp., 2003 e 2011;

– *Inflação e Direito civil* (1983), publ. em Est. Ferrer Correia 2 (1989), 871-907
– *Cláusula penal e indemnização*, 1990, 2.ª reimp., 2014;
– *Sobre o não pagamento na venda a prestações (algumas questões)*, O Direito 122 (1990), 555-569;
– *Sobre a cláusula penal*, SI 1993, 231-264;
– anotação a STJ 15-mar.-1999 (Garcia Marques), RLJ 132 (1999), 53-60;
– *Direito comercial/Contratos de distribuição comercial*, 2001;
– *Sobre o controlo da cláusula penal*, 35 anos do Código Civil III (2007), 189-208;
– *Cláusula penal e comportamento abusivo do credor*, Est. Castanheira Neves II (2010), 501-522;
– *As cláusulas limitativas e de exclusão de responsabilidade sob o olhar da jurisprudência portuguesa*, Est. Carvalho Fernandes I (2011), 273-309;
– *A pena e o dano*, Est. Miguel Galvão Teles II (2012), 659-679;
– anotação a STJ 27-set.-2011 (Nuno Cameira), *Cláusula penal exclusivamente compulsória*, RLJ 141 (2012), 188-199;
– *Artigo 811.º, n.º 3, do Código Civil: "requiem" pela cláusula penal indemnizatória?*, Est. Barbosa de Melo (2013), 153-170.

MONTEIRO, JOANA PINTO – *A assunção cumulativa de dívida*, 2006.

MONTEIRO, JOÃO ANTÓNIO PINTO – *Esforços e sacrifícios exigíveis no cumprimento contratual*, 2015, diss. doutoramento ainda não discutida.

MONTEIRO, LUÍS MIGUEL/BRITO, PEDRO MADEIRA DE – em Pedro Romano Martinez, *Código do Trabalho anotado*, 10.ª ed., 2016.

MONTEL, ALBERTO – *La mora del debitore/Requisiti nel diritto romano e nel diritto italiano*, 1930;
– *Mora (diritto romano)*, NssDI X (1964), 900-901.

MOOS, PETER – *Nachwirkende Vertragspflichten der Arbeitsverhältnissen*, RdA 1962, 301-307.

MORAIS, FERNANDO DE GRAVATO – *Novo regime do arrendamento comercial*, 2006.

MOREIRA, GUILHERME ALVES – *Instituições do Direito civil português*, II – *Das obrigações*, 1911.

MOREIRA, VITAL – *vide* Canotilho, Gomes

MORENO, MARÍA CRUZ – *La "exceptio non adimpleti contractus"*, 2004.

MORRONE, MARIA TERESA – *Revoca (diritto romano)*, NssDI XV (1968), 800-802.

MOSCATI, ENRICO – *La disciplina generale delle obbligazioni/Corso di diritto civile*, 2012.

MOSLER, EDUARD – *Zur Lehre von der Konfusion nach gemeinem römischen Recht und dem Recht des Bürgerlichen Gesetzbuchs vom 18. August 1896*, 1897.

MOSSA, LORENZO – *Vendita di contratto*, RDComm XXVI (1928) 2, 633-643;
– recensão a Enrico Finzi, *La riassicurazione e la cessione del portafoglio*, RDComm XXX (1932) 1, 656-684, *Riassicurazione e la cessione di portafoglio*, RDComm XXX (1932) 2, 208-232.

*Motive zu dem Entwurfe eines Bürgelichen Gesetzbuches für das Deutsche Reich*/Band II – *Recht der Schuldverhältnisse*, Amtliche Ausgabe, 2.ª ed. inalt., 1896.

MOURATO, HÉLDER M. – *Swap de taxa de juro: a primeira jurisprudência*, Cad MVM 44 (2013), 29-44;
– *O contrato de* swap *de taxa de juro*, 2014.

MOURLON, FRÉDÉRIC – *Traité théorique et pratique des subrogations personnelles/suivi d'un appendice sur les différents cas de subrogation à l'hypothèque légale de la femme*, 1848.

MÜHLENBRUCH, CHRISTIAN FRIEDRICH – *Die Lehre von der Cession der Forderungsrechte*, 1.ª ed., 1817 e 3.ª ed., 1836;
– *Ueber das forum contractus*, AcP 19 (1836), 337-384.

MÜHLENEISEN, EWALD – *Erfüllung durch Eingehen einer Verbindlichkeit*, 1930.

MÜHSAM, PAUL – *Die gerichtliche Hinterlegung: insbesondere zum Zweck der Schuldbefreiung, nach Gemeinem Recht und B.G.B.*, 1900.

MÜLBERT, PETER O. – *Das inexistente Anwartschaftsrecht und seine Alternative*, AcP 202 (2002), 912-950.

MÜLLER, GERD – *Vorausverfügung über gesellschaftsrechtliche Einzelsansprüche und Übertragung der Mitgliedschaft*, ZIP 1994, 342-356.

MÜLLER, PAUL – *Die Hinterlegung zur Schuldbefreiung nach dem BGB*, JhJb 41 (1900), 411-520.

MÜLLER, ULRICH – *Die Haftung des Stellvertreters bei culpa in contrahendo und positiver Forderungsverletzung*, NJW 1969, 2169.

MÜLLER-CHEN, MARKUS – em Schlechtriem/Schwenzer, *Kommentar zum Einheitlichen UN-Kaufrecht*, 6.ª ed., 2013.

MÜLLER-ERZBACH, RUDOLF – *Ueber den Rücktritt bei "sukzessiven Lieferungsgeschäften" und ähnlichen Verträgen*, DJZ 1904, 1158-1163.

MÜLLER-LAUBE, HANS-MARTIN – recensão a Manfred Harder, *Die Leistung an Erfüllungs statt: datio in solutum* (1976), AcP 177 (1977), 452-460;
– *Die Empfangszuständigkeit im Zivilrecht: Entfaltung eines Grundlagenbegriffs zur gewillkürten Annahmekompetenz bei der Durchführung privatrechtsbezogener Güterbewegungen*, 1978.

MÜNSTER, RUDOLF – *Über die Singular-Succession in Schulden*, 1893.

MÚRIAS, PEDRO – *A responsabilidade por actos dos auxiliares e o entendimento dualista da responsabilidade civil*, RFDUL XXXVII (1996), 171-217;
– vide Pereira, Maria de Lurdes.

MUSCHELER, KARLHEINZ/BLOCH, WOLFGANG E. – *Erfüllung und Erfüllungssurrogate*, JuS 2000, 729-740.

MUSIO, ANTONIO – *La cessione dei beni ai creditore*, 2002.

MUSSATTI, ALBERTO – *Note sul concetto di adempimento*, RDComm XIII (1915) 1, 677-680.

MUSUMECI, FRANCESCO – *Marciano e gli effetti della "datio in solutum"*, Iura 20 (1969), 524-538.

MUTHERS, CHRISTOPH – *Der Rücktritt vom Vertrag/Eine Untersuchung zur Konzeption der Vertragsaufhebung nach der Schuldrechtsreform*, 2008.

NANZ, KLAUS-PETER – *Die Entstehung des allgemeinen Vertragsbegriffs im 16. bis 18. Jahrhundert*, 1985.

NARDI, ENZO – *Radiografia dell'aliud pro alio consentiente creditore in solutum dare*, BIDR LXXIII (1970), 59-124 = St. Memoria Guido Donatuti II (1973), 773-829.

NASCIMENTO, PAULO SOARES DO – *A sub-rogação do credor ao devedor*, diss. mestrado polic., 2003.

NASSAUER, FRIEDMANN – *"Sohärentheorien" zur Regelung der Gefahrtragungshaftung in vertraglichen Schuldverhältnissen*, 1978.

NASTELSKI, KARL – *Die Zeit als Bestandteil der Leistung*, JuS 1962, 289-298.

NDOKO, NICOLE-CLAIRE – *Les mystères de la compensation*, RTDCiv 90 (1991), 661-694.

NELSON, HEIN L. W./MANTHE, ULRICH – *Gai Institutiones III 88-181/Die Kontraktsobligationen/Text und Kommentar*, 1999.

NESEMANN, TIM – *Vertragsstrafen im Sponsoringsverträgen im Zusammenhang mit Doping*, NJW 2007, 2083-2086.

NEUMANN, FRITZ – *Der Erfüllungsort im geltenden Recht: eine kritische Betrachtung*, 1928.

NEUMAYER, MATTHIAS – em Helmut Koziol/Peter Bydlinski/Raimund Bollenberger, *Kurzkommentar zum ABGB*, 4.ª ed., 2014.

NEUMEINSTER, HERRMANN – *Der Widerruf eines Testaments*, 1933.

NEUNER, JÖRG – vide Wolf, Manfred.

NICKLICH, FRITZ – *Ergänzende Vertragssauslegung und Geschäftsgrundlagenlehre – ein einheitliches Rechtsinstitut zur Lückenausfüllung?*, BB 1980, 949-953.

NICOLÒ, ROSARIO – *L'adempimento dell'obbligo altrui*, 1936.

NIEBUHR, FRANK – *Vertragsstrafe, Schadensersatz und Entschädigung bei Bauverzögerungen*, 2006.

NIEPER, F./WESTERDIJK, A. S. – *Niederländisches Bürgerliches Gesetzbuch*, Buch 6, *Allgemeiner Teil des Schuldrechts*, 1995.

NIERWETBERG, RÜDIGER – *Die Rechtsfolgen einer Verschlechterung des nach § 346 Setz 1 BGB zurückgewährenden Gegenstandes*, JuS 1984, 33-37.

NIETHAMMER, GÜNTHER – *Entwicklung der Haftung für Gehilfenhandeln unter besonderer Berücksichtigung der dogmengeschichtlichen Grundlagen der deliktischen Gehilfenhaftung in der neueren Privatrechtsgeschichte*, 1973.

NIGER, KARL – *Der Leistungsort des Bürgen*, 1907.

NIKISCH, ARTHUR – *Die Aufrechnung im Prozess*, FS H. Lehmann II (1956), 765-788.

NIKOLAUS, FRANK – vide Depping, Bernd.

NIPPERDEY, HANS CARL *Vertragstreue und Nichtzumutbarkeit*, 1921;
– vide Enneccerus, Ludwig.

NIRSCHL, HANS – *Die Herabsetzung der Vertragsstrafe*, 1912.

NITSCHE, MANFRED – *Die Hinterlegung der geschuldeten Leistung im römischen Recht*, SDHI 24 (1958), 112-123.

NODOUSHANI, MANUEL – *Vertragsstrafe und vereinbarter Schadensersatz: eine vergleichende Untersuchung des amerikanischen und deutschen Rechts*, 2004;
– *Die "verdeckte" Vertragsstrafe – Zur Abgrenzung von Schadensersatzpauschale und Vertragsstrafe*, ZGS 2005, 330-333.

NÖRR, KURT WOLFGANG – em Kurt Wolfgang Nörr/Robert Scheyng/Wolfgang Pöggeler, *Sukzession, Forderungszession, Vertragsübernahme, Schuldübernahme*, 2.ª ed., 1999.

NOVA, GIORGIO DE – *Recesso e risoluzione nei contratti*, 1994.

OBERHAUSER, IRIS – *Vertragsstrafe – Ihre Durchsetzung und Abwehr/Grundlagen für die rechtssichere Gestaltung und für die Zurückweisung unberechtigter Ansprüche*, 2003.

OBERSTADT, WALTER – *Die Draufgabe/Nach Römischem und Gemeinem Rechte, sowie dem Rechte des Bürgerlichen Gesetzbuchs für das Deutsche Reich*, 1903.

OERTMANN, PAUL – *Kommentar zum Bürgerlichem Gesetzbuch/Das Recht der Schuldverhältnisse*, 2.ª ed., 1906;
– *Bürgerliches Gesegtzbuch/Recht der Schuldverhältnisse*, 3.ª e 4.ª ed., 1910;
– *Kommentar zum BGB, 2 – Recht der Schuldverhältnisse*, 3.ª/4.ª ed., 1910;
– *Die rechtliche Natur der Aufrechnung*, AcP 113 (1915), 376-428;
– *Die Aufrechnung im Deutschen Zivilprozessrecht*, 1916;
– *Doppelseitiger Irrtum beim Vertragsschlusse*, AcP 117 (1919) 275-314;
– *Die Geschäftsgrundlage/Ein neuer Rechtsbegriff*, 1921;
– *Geschäftsgrundlage*, HWB/RW 2 (1927), 803-806.

OESTERLE, FREITZ – *Die Leistung Zug um Zug*, 1980.

OETKER, HARTMUT – *Das Dauerschuldverhältnis und seine Beendigung*, 1994.

OETTINGER, L. – *Ueber die nichtige Berechnungsweise des Interusuriums und über das im Groβherzogthum Baden nach § 938 der Prozessordnung bestehende Gesetz*, AcP 29 (1846), 33-110.

OETTINGHAUS, SUSANNE – *Das rechtliche Schicksal von Dauerschuldverhältnissen beim Tod des Verpflichteten*, 1990.

OGOREK, REGINA – *Untersuchungen zur Entwicklung der Gefährdungshaftung im 19. Jahrhundert*, 1975.

OLANDER, CHRISTOPHER DEAN/SPELL, CYNTHIA L. – *Interest Rate Swaps: Status under Federal Tax and Securities Law*, Md L Rev 45 (1986), 21-60.

OLIVEIRA, NUNO MANUEL PINTO DE – *Revogação das doações*, SI 290 (2001), 149-180;
– *Contributo para a interpretação do n.º 2 do artigo 811.º do Código Civil*, SI 53 (2004), 499-507;
– *Contributo para a "modernização" das disposições do Código Civil português sobre ab impossibilidade da prestação*, em *Estudos sobre o não cumprimento das obrigações*, 2007;
– *Cláusulas acessórias ao contrato/Cláusulas de exclusão ou de limitação do dever de indemnizar e cláusulas penais*, 3.ª ed., 2008;
– *Conceito e regime da cláusula penal*, em *Cláusulas acessórias ao contrato*, 3.ª ed. (2008), 73-120;
– *Conceito e regime(s) do sinal*, em *Cláusulas acessórias ao contrato/Cláusulas de exclusão ou de limitação do dever de indemnizar e cláusulas penais*, 3.ª ed. (2008), 189-222;
– *Em tema de redução oficiosa da pena convencional*, Estudos 10.º aniversário da Licenciatura em Direito da Universidade do Minho (2003), 729-763 = *Cláusulas acessórias ao contrato/Cláusulas de exclusão ou de limitação do dever de indemnizar e cláusulas penais*, 3.ª ed. (2008), 131-171;
– *Em tema de agravamento da pena convencional*, SI 52 (2003), 341-355 = *Cláusulas acessórias ao contrato/Cláusulas de exclusão ou de limitação do dever de indemnizar e cláusulas penais*, 3.ª ed. (2008), 121-129;
– *Ensaio sobre o sinal*, 2008;
– *Estudos sobre o não cumprimento das obrigações*, 2.ª ed., 2009;
– *Direito dos contratos*, 2011;
– *Princípios de Direito dos contratos*, 2011.

OLZEN, DIRK – no *Staudingers Kommentar zum BGB, §§ 362-396 (Erfüllung, Hinterlegung, Aufrechnung)*, 2011 e 2016;
– *Das Erlöschen der Schuldverhältnisse*, no *Staudingers Kommentar zum BGB/Eckpfeiler des Zivilrechts*, 2013;
– vide Looschelders, Dirk.

OOSTERHUIS, JANWILLEM – *Specific Performance in German, French and Dutch Law in the Nineteenth Century: Remedies in an Age of Fundamental Rights and Industrialisation*, 2011.

OPPENLÄNDER, FRANK/DOLDE, KLAUS-PETER – *Answirkung veränderter Verhältnisse auf den Zweckverband als Freiverband*, DVBl 1995, 637-644.

*Ordenações Afonsinas*, *Collecção de legislação antiga e moderna do reino de Portugal*, ed. Gulbenkian.

*Ordenações Filipinas*, ed. Gulbenkian.

ORIANI, RENATO – *Eccezione*, DDPr/Sezciv VII (1991), 263-313.

ORS, ÁLVARO D' – recensão a Wolfgang Endemann, *Der Begriff der Delegatio im klassischen römischen Recht* (1958), AHDE 29 (1959), 687-690;
– recensão a Sebastião Cruz, *Da "solutio"/Terminologia, conceito e características, e análise de vários institutos afins* I – *Épocas arcaica e clássica* (1962), *"Solvere" e "satisfacere"*, Labeo 10 (1964), 451-455.

OSBERGHAUS, MAX – *Die Novation des römischen Rechts und ihre Bedeutung nach dem Rechte des Bürgerlichen Gesetzbuchs*, 1907.

OSTI, GIUSEPPE – *La cosi detta clausula "rebus sic stantibus" nel suo sviluppo storico*, RDCiv 4 (1912), 1-58;
– *Appunti per una teoria della "sopravvenienza"*, RDC 1913, 471-498 e 647-697;
– *Revisione critica della teoria sulla impossibilità della prestazione*, RDCiv 1918, 209-259, 313-360 e 417-471;
– *Clausola "rebus sic stantibus"*, NssDI 3 (1959), 353-360;
– *Impossibilità sopravveniente*, NssDI VIII (1962), 287-300.

OTERO, PAULO – *Estabilidade contratual, modificação unilateral e equilíbrio financeiro em contrato de empreitada de obras públicas*, ROA 1989, 913-959.

OTTO, CARL/SCHILING, BRUNO/SINTENIS, CARL – *Das corpus iuris civilis in Deutsche übersetz*, 1832.

OTTO, HANSJÖRG – no *Staudingers Kommentar*, §§ 315-327, 2000;
– *Der Ausschluss der Leistungspflicht gemäß § 275 Abs. 2 und 3 BGB impossibilidade Schwebezustand*, FS Claus-Wilhelm Canaris 1 (2007), 945-962.

OTTO, HANSJÖRG/SCHWARZE, ROLAND – no *Staudingers Kommentar (Leistungstörungsrecht 2)* (2009), §§ 315-326.

OVERDICK, JOSEF – *Untergang des Schuldverhältnisses durch Zweckerreichung*, 1932.

PACCHIONI, GIOVANNI – *La successione singolare nei debiti e le teorie germanistische sul concetto dell'obbligazione*, RDComm IX (1911) 1, 1045-1050;
– *La successione singolare nei debiti*, RDComm XI (1913) 1, 81-85.

PACHECO, ANTÓNIO FARIA CARNEIRO – *Da sucessão singular nas dívidas*, 1912.

PACTET, CHRISTIANE – *De la réalisation de la novation*, RTDC 19785, 435-458 e 643-659.

PAGENKOPF, MARTIN – *Zur Abtretung künftiger Forderungen*, 1978.

PAHLOW, LOUIS – recensão a Christoph Roos, *Die Grundlagen und die dogmatische Entwicklung der Vorschriften zur Einrede des nichterfüllten Vertrages im Bürgerlichen Gesetzbuch und in der Zivilprozessordnung im 19. Jahrhundert* (2004), SZRom 123 (2006), 717-718.

PALADINI, MAURO – *L'atto unilaterale di resoluzione per inadempimento*, 2013.

PALERMO, ANTONIO – *Studi sulla "exceptio" nel diritto clássico*, 1956.

PALMIERI, DAVIDE – *La risoluzione per inadepmimento nella giurisprudenza*, 1994.

PANETTA, ROBERTO – em Guido Alpa/Giovanni Iudica, *Codice civile annotato* (2014), 1609-1643.

PANNUCCIO, VINCENZO – *Cessione di diritti*, ED VI (1960), 822-833.

PANTHE, MANFRED – *Die Novation nach dem Rechte des BGB*, 1930.

PAOLI, UGO ENRICO – *Datio in solutum (diritto attico)*, NssDI V (1960), 172-173.

PARENTE, ALBERTINO SOARES – *Cláusula penal*, 1991, dact..

PARTSCH, JOSEF – recensão a Pietro de Francisci, *Συνάλλαγμα/Synallagma: storia e dottrina dei cosiddetti contratti innominati* 1 (1913), SZRom 35 (1914), 335-342.

PASCHKE, MARIAN – *Das Dauerschuldverhältnis der Wohnraummiete: Grundfragen der privatautonomen Gestaltung des Wohnraumietverhältnisses*, 1991.

PATUSCHKA, ALBERT – *Die Einrede des nicht erfüllten Vertrages nach B.G.B.*, 1903.

PAULAT, ARNO – *Die sog. clausula rebus sic stantibus im Schuldrecht des BGB/ nach alter und neuer Rechtsauffassung*, 1935.

PAULSEN, JENS – *Die Rechtsnatur der Schuldübernahme*, 1934.

PAULY, HOLGER – *Aktuelle Entwicklungen zur Wirksamkeit einer Vertragsstrafe*, MDR 2005, 781-785.

PELLEGRINI, FRANCESCO – em Mariano d'Amelio/Enrico Finzi, *Codice civile, Libro delle obbligazioni* 1, 1948.

PENCO, ÁNGEL ACEDO – *Teoría general de las obligaciones*, 2.ª ed., 2011.

PERDIGÃO, JOSÉ DE AZEREDO – *O princípio da autonomia da vontade e as cláusulas limitativas da responsabilidade civil (Noções gerais)*, ROA 6 (1946), 3-4, 25-63.

PEREIRA, MARIA DE LURDES – *Conceito de prestação e destino da contraprestação*, 2001;
– *A indemnização de despesas inutilizadas na responsabilidade obrigacional*, 2012.

PEREIRA, MARIA DE LURDES/MÚRIAS, PEDRO – *Os direitos de retenção e o sentido da excepção de não cumprimento*, RDES 2008, 187-239.

PERLINGIERI, PIETRO – *Della cessione dei crediti*, Art. 1260-1267, em Antonio Scialoja/ Giuseppe Branca, *Commentario del codice civile*/IV – *Delle obbligazioni*, 1982;
– *Il fenomeno dell'estinzione nelle obbligazioni*, 1995.

PERSICO, GIOVANNI – *L'eccezione d'inadempimento*, 1955.

PESTALOZZA, FILIPO – *Onerosità eccessiva della prestazione sopravveniente per fortuito*, FI 1916, 1, 1127-1146.

PESTALOZZI, CHRISTOPH M. – em Heinrich Honsell/Nediem Peter Vogt/Wolfgang Wiegand, *Basler Kommentar, Obligationenrecht*, Art. 1-529 OR, 5.ª ed. (2011), Art. 111.

PETER, WOLFGANG – em Heinrich Honsell/Nediem Peter Vogt/Wolfgang Wiegand, *Basler Kommentar, Obligationenrecht*, Art. 1-529 OR, 5.ª ed. (2011), Art. 120-126.

PETERS, FRANK – *Zur dogmatischen Einordnung der anfänglichen, objektiven Unmöglichkweit beim Kauf*, FS Max Kaser 70. (1976), 285-307;
– *Zur Geltungsgrundlage der Anscheinsvollmacht*, AcP 179 (1979), 214-244;

– *Die Zession, § 402 BGB und das Recht des Schuldners auf informationalle Selbstbestimmung*, AcP 206 (2006), 843-866.

PETERSEN, JENS – *vide* Medicus, Dieter.

PETERSEN, HERMANN – *Die Einrede des nicht erfüllten Vertrages (Zurückbehaltungsrecht) nach dem Bürgerlichen Gesetzbuche des Deutschen Reiches*, 1900.

PETRONIO, UGO – *Risoluzione (diritto intermedio)*, ED XL (1989), 1293-1307.

PEZZANA, ALDO – *Caparra (diritto romano)*, ED VI (1960), 183-187.

PFAFF, LEOPOLDO – *Die Clausel: rebus sic stantibus*, FS Unger (1898), 223-354.

PFAMMATTER, PAUL – *Der Anspruch auf das stellvertrende Commodum*, 1983.

PFISTER, BERNARD – *Kauf eines Neuwagens mit Inzahlungnahme eines Gebrauchtwagens/ insbesondere zum Probleme des gemischenten Vertrages und der Ersetzungsbefugnis*, MDR 1968, 361-366.

PICARO, RAFFAELE – *L'impossibilità sopravvenuta della prestazione per fatto del creditore*, 2012.

PICCIRILLO, ALESSANDRO – *Rescissione (diritto romano)*, NssDI XV (1968), 573-579.

PICKER, EDUARD – *Fristlose Kündigung und Unmöglichkeit; Annahmerverzung und Vergütungsfahr impossibilidade Dienstvertrag*, JZ 1985, 641-652 e 693-706;

– *Rechtsdogmatik und Rechtsgeschichte*, AcP 201 (2001), 763-859.

PIEPER, HELMUT – *Verträgsübernahme und Vertragsbeitritt/zugleich ein Beitrag zur Lehre vom Vertragsverhältnis*, 1963.

PILLEBOUT, JEAN-FRANÇOIS – *Recherches sur l'exception d'inexécution*, 1971.

PINELI, ARII – *Opera Omnia/Commentarii ad Rub. e L. H C. de rescindenda venditione elaboratissimi*, 1618.

PINHEIRO, LUÍS DE LIMA – *A passagem do risco do preço na venda internacional de mercadorias*, O Direito 139 (2007), 757-767;

– *Direito internacional privado* II, 3.ª ed., 2009.

PINTO, CARLOS ALBERTO MOTA – *Cessão da posição contratual*, 1970;

– *Direito das obrigações* 1, 1972;

– *Teoria geral do Direito civil*, 2.ª ed., 1983; 3.ª ed., 1985 e 4.ª ed., 2005 (por António Pinto Monteiro/Paulo Mota Pinto).

PINTO, FERNANDO FERREIRA – *Contratos de distribuição/Da tutela do distribuidor integrado em face da cessação do vínculo*, 2013.

PINTO, PAULO MOTA – *Declaração tácita e comportamento concludente no negócio jurídico*, 1995;

– *Interesse contratual negativo e interesse contratual positivo*, 2 volumes, 2007.

PIOLA, GIUSEPPE – *Cessione dei beni – "bonorum cessio"*, Dig. Italiano VII/1 (1887-1888), 756-763.

PIRES, CATARINA MONTEIRO – *Entre um modelo corretivo e um modelo informacional no Direito bancário e financeiro*, CDP 44 (2013), 3-22;

– *Impossibilidade da prestação/Dissertação de doutoramento policopiada*, 2014.

PLANIOL, MARCEL – *Traité Elémentaire de Droit civil*, 2, 3.ª ed., 1903.

PLANIOL, MARCEL/RIPERT, GEORGES – *Traité pratique de Droit civil français*, tomo VI – *Les obligations*, I parte, colab. Paul Esmein/Jean Radouant/Gabriel Gabolde, 1952;

– *Traité pratique de Droit civil français*, tomo VII – *Obligations*, II parte, col. Paul Esmein/Jean Radrouant/Gabriel Gabolde, 1954;

– *Traité pratique de droit civil français* VIII, 1954.
POHLMANN, ANDRÉ – *Die Haftung wegen Verletzung von Aufklärungspflichten/Ein Beitrag zur culpa in contrahendo und zur positiven Forderungsverletzung unter Berücksichtigung der Schuldrechtsreform*, 2002.
POHLMANN, PETRA – *Die Heilung formmichtiger Verpflichtungsgeschäfte durch Erfüllung*, 1992.
POLACCO, VITTORIO – Della dazione in pagamento/Studio 1, 1888 e 2.ª ed., 1915.
PONTE, PEDRO FUZETA DA – vide Martinez, Pedro Romano.
PONTECORVO, ARMANDO – *L'impossibilità sopravvenuta della prestazione per fatto imputabile al creditore*, 2007.
POPINEAU-DEHAULLON, CATHERINE – *Les remèdes de justice privée à l'inexécution du contrat/Étude comparative*, 2008.
PORTA, UBALDO LA – *L'assunzione del debito altrui*, 2009.
POSER, FRIEDRICH – *Zur Lehre von der Erfüllung*, 1910.
POTHIER, ROBERT-JOSEPH – *Pandectae Justinianeae, in novum ordinem digesta* III, 1752;
– *Traité des obligations*, 1767 = Oeuvres de Pothier, par Jean-Joseph Bugnet II, 1848;
– *Traité du contrat de vente*, em *Oeuvres* III, 1847;
– *Coutume des Duché, Bailliage et Prévôté d'Orleans* = *Œuvres*, publ. Jean-Joseph Bugnet, 1848;
– *Traité des obligations* = *Oeuvres*, publ. Jean-Joseph Bugnet, 1848;
– *Traité des Obligations*, *Oeuvres*, II, 1848; o original é de meados do séc. XVIII.
PRANDI, F. – *Spunti in tema di presuppozione*, anotação a App. Napoli 23-jun.-1969, FP 26 (1971), 1026-1032, 1025-1028;
– *Eccessiva onerosità della prestazione e svalutazione monetaria: osservazione sulla previdibilità dell'evento*, RNot 25 (1972), 562-571.
PRATA, ANA – *Cláusulas de exclusão e limitação de responsabilidade contratual/Regime geral*, 1985.
PREUSS, NICOLA – *Die notarielle Hinterlegung*, 1995.
*Principes d'Unidroit relatifs aux contrats du commerce international*, 2010.
PRINGSHEIM, FRITZ – *Der Kauf mit fremdem Geld/Studien über die Bedeutung der Preiszahlung für den Eigentumserwerb nach griechischem und römischem Recht*, 1916.
PROENÇA, JOSÉ CARLOS BRANDÃO – *A resolução do contrato no Direito civil. Do enquadramento e do regime*, 1982, com reimp. em 1996 e em 2006;
– *Do incumprimento do contrato-promessa bilateral/A dualidade execução específica-resolução*. Est. Ferrer Correia (1987), 153-312;
– *Lições de cumprimento e de não cumprimento das obrigações*, 2011.
PROJAHN, HANS – *Der Versicht auf Einreden*, 1933.
*Projecto de Código Civil*/Ministério da Justiça, 1966.
PROVERA, GIUSEPPE – *Iudicium contrarium*, NssDI 9 (1963), 341-343.
PRZIKLING, PAUL – *Die Erfordnisse der Novation*, 1893.
PUCHTA, GEORG FRIEDRICH – Lehrbuch der Pandekten, 1836 e 18.ª ed., 1856;
– *Vorlesungen über das heutige römische Recht* 2, 5.ª ed., 1863
PUCHTA, GEORG FRIEDRICH/RUDORFF, ADOLF FRIEDRICH AUGUST – *Pandekten*, 8.ª ed., 1856 e 9.ª ed., 1863

PUFENDORF, SAMUEL – *De iure naturae et gentium libri octo* = *Gesammelte Werke*, ed. Wilhelm Schmidt-Briggemann, publ. Frank Böhling, 4.1 (1998), 287.
PUGLIATTI, SALVATORE – *Eccezione (teoria generale)*, ED XIV (1965), 151-172.

QUAGLIARIELLO, GAETANO – *Espromissione*, NssDI VI (1960), 881-886.
QUANDER, WILHELM – *Leistung an Erfüllungsstatt*, 1903.

RABEL, ERNST – *Die Unmöglichkeit der Leistung/Eine kristische Studie zum Bürgerlichen Gesetzbuch*, FS E. I. Bekker (1907), 171-237 = *Gesammelte Aufsätze*, I – *Arbeiten zum Privatrecht (1907-1930)* I (1965), 1-55;
– *Übersicht über die italienische Rechtsliteratur/1915-1922*, SZRom 46 (1926), 466-468;
– *Das Recht des Warenkaufs*, 1936, reimpr. 1964.
RADOUANT, JEAN – *Du cas fortuit et de la force majeure*, 1920.
RAMALHO, MARIA DO ROSÁRIO PALMA – *Tratado de Direito do trabalho* II, 5.ª ed., 2014.
RAMM, PETER – *Fortwirkung von Verträgen insbesondere von Lieferverträgen*, 1965.
RAMOS, RUI MANUEL MOURA – *vide* Soares, Maria Ângela Bento.
RAMPE, JOHANNES – *Haftung für Rechts- und Sachmangel bei der Leistung an Erfüllungsstatt*, 1933.
RANIERI, FILIPPO – *Europäisches Obligationenrecht/Ein Handbuch mit Texten und Materialen*, 3.ª ed., 2009.
RANSOHOFF, PAUL – *Die Hinterlegung zum Zwecke der Schuldbefreiung nach gemeinem Rechte und dem Rechte des B.G.B.*, 1901.
RASCHEL, LOÏS – vide Lauvergnat, Ludovic.
RAU, CHARLES-FREDÉRIC – *vide* Aubry, Charles.
RAUSCHER, THOMAS – *Verpflichtung und Erfüllungsort in Art. 5 Nr. 1 EUGVÜ: unter besonderer Berücksichtigung des Vertragshändkervertrages*, 1984.
RAVAZZONI, ALBERTO – *Mora del debitore*, NssDI X (1964), 904-911.
RAVERA, ENRICO – *Il recesso*, 2004.
RAYNAUD, PIERRE – *La distinction de l'astreinte et des dommages intérêts dans la jurisprudence française récente*, Mel. Roger Secrétan (1964), 249-263.
REALMONTE, FRANCESCO – *Eccezione di inadempimento*, ED XIV (1965), 222-239.
REATZ, CARL FERDINAND – *Die Lehre vom Erfüllungsort/eine civilistische Abhandlung*, 1862.
REBUFFUS, PETRUS – *Tractatus de cessionibus et transportibus in judiciis*, em *Commentarii in constitutiones seu ordinarias regis*, 1668, ed. Amsterdão.
REDLICH, LUDWIG – *Zur Lehre von der Schuldaufhebung durch Novation*, 1893.
REGELSBERGER, FERDINAND – *Ueber das Recht zum Rücktritt vom Kaufgeschäft wegen Verzugs in der Erfüllung*, AcP 50 (1867), 27-49;
– *Ueber die Haftung des Firmenerwerbers, für die unter der Firma von einem frühere Inhaber eingegangenen Verbindlichkeiten*, ZHR 14 (1870), 1-31;
– *Zwei Beiträge zur Lehre von der Cession*, AcP 63 (1880), 157-207;
– *Pandekten* 1, 1893;
– *Die Schuldübernahme und die §§ 414-416 B.G.B.*, JhJb 39 (1898), 463-483.

*Regras Uniformes Relativas às Cláusulas Contratuais Estipulando o Pagamento de uma Quantia Acordada em Caso de Incumprimento*, confrontáveis em DDC 15 (1983), 313-321

REI, MARIA RAQUEL – *Da justa causa para a renovação do mandato*, 1994.

REICHEL, HANS – *Die Schuldmitübernahme Kumulative Schuldübernahme*, 1909;
– *Aufrechnung und Betrug*, AcP 125 (1925), 178-192;
– *Der Einforderungsverzicht (pactum de non petendo)*, JhJb 85 (1935), 1-76.

REINHARD, THORSTEN – *Die beiderseits zu vertrende Unmöglichkeit im Synallagma*, 1998.

REIS JOSÉ ALBERTO DOS – *Comentário do Código de Processo Civil*, 3, 1945.

REITER, CHRISTIAN – *Vertrag und Geschäftsgrundlage im deutschen und italienischen Recht/Eine rechtsvergleichende Untersuchung zum Wandel des Vertragsbegriffs und seinen Auswirkungen auf die Regeln über den Wegfall der Geschäftsgrundlage in der neueren Rechtsgeschichte und im modernen Recht*, 2002.

REITERER, IRMGARD – *Die Aufrechnung*, 1976.

REITHMANN, CHRISTOPH – *Erfüllungswirkung bei Kaufpreiszahkung auf Notaranderkonto*, NJW 1996, 3327-3328.

RENAUD, YVON – *vide* Baudouin, Jean-Louis.

RENUSSON, PHILIPPE – *Traité de la subrogation de ceux qui succedent au lieu & place des creanciers*, 3.ª ed., 1723.

REPGEN, TILMAN – *Vertragstreue und Erfüllungszwang in der mittelalterlichen Rechtswissenschaft*, 1994;
– no *Historischer-kritischer Kommentar zum BGB*, II – *Schuldrecht: Allgemeiner Teil*, §§ 241-432, 2007.

RESCIGNO, PIETRO – *Incapacità naturale e adempimento*, 1950;
– *Accollo*, NssDI I/1 (1957), 140-144;
– *Studi sull'accollo*, 1958;
– *Delegazione (diritto civile)*, ED XI (1962), 929-983;
– (org.) *Codice civile* 1, 5.ª ed., 2003.

REU, FRITZ – *Die Unmöglichkeit der Leistung im anglo-amerikanischen Recht: eine rechtsvergleichende Studie*, 1935.

REUTER, JOHANN H. – *De arrha, pacto imperfecto data*, 1747.

REZENDE, ÉLCIO NACUR – *vide* Gomes, Magno Frederici.

RHEINSTEINM, MAX – *Die Struktur des vertraglichen Schuldverhältnisses im anglo-amerikanischen Recht*, 1932.

RHODE, HANS – *Beiträge zur Unmöglichkeitslehre/Unter besonderer Berücksichtigung des Prinzips, nach welchem die Haftung für Unmöglichkeit der Leistung abgestuft ist*, 1930.

RHODE, HEINZ – *Die beiderseitige Voraussetzung als Vertragsinhalt*, AcP 124 (1925), 257-322.

RICCOBONO JR., SALVATORE – *Profilo storico della dottrina della mora del diritto privato (sino all'età degli Antonini)*, 1964.

RIEBLE, VOLKER – no *Staudingers Kommentar*, II, §§ 397-432, 2012 e II, §§ 328-345, 2016.

RIECHELMANN, AXEL – *Poenitentia: Reue und Bindung nach römischen Rechtsquellen/Voraussetzungen und Wirkungen einseitiger Willensänderung*, 2005.

RIEK – *Zum Schutz des Schuldners nach § 409 I BGB*, NJW 1959, 1415-1417.

RIEKEN, GUSTAV – *Das Rechtsverhältnis zwischen dem Gläubiger und der Hinterlegungsstelle bei der Hinterlegung*, 1900.

RIMMELSPACHER, BRUNO – *Schuldübernahmetheorien und Anfechtbarkeit der befreienden Schuldübernahme*, JR 1969, 201-209.

RING, GERHARD – *Der Verbraucherschutz*, em Barbara Dauner-Lieb/Thomas Heidel/Manfred Lepa/Gerhard Ring, *Das neue Schuldrecht*, 2002.

RIPERT, GEORGES – *La règle morale dans les obligations civiles*, 4.ª ed., 1949.

RIVERO, JEAN – *Droit administratif*, 4.ª ed., 1969.

ROBINO, PIERRE – *Les conventions d'irresponsabilité dans la jurisprudence contemporaine*, RTDC 1951, 1-33.

ROCHA, ANA CATARINA – *A cláusula de reserva de propriedade na Directiva 2000/35/CE do Parlamento Europeu e do Conselho sobre as medidas de luta contra os atrasos de pagamento*, RFDUP 2005, 9-78.

ROCHA, MANUEL ANTÓNIO COELHO DA – *Instituições de Direito civil portuguez* 1, 3.ª ed., 1846.

ROCHA, MARIA VICTÓRIA R. F. DA – *A imputação objectiva na responsabilidade contratual/ Algumas considerações*, RDE 15 (1989), 31-103.

ROCKTÄSCHEL, PAUL – *Die Einrede des nichts erfüllten Vertrages*, 1901.

RODEMANN, TOBIAS – *Die Vertragsstrafe im Bauvertrag*, MDR 2002, 1357-1358.

RODIG, HANS-GEORG – *Verpflicktung des Herstellers zur Bereithaltung von Ersatzteilen für langlebige Wirtschaftsgüter und ausgelaufene Serien*, BB 1971, 854-855.

RÖDL, JULIA – *Die Spannung der Schuld/welches Mass an geistiger, körperliche und wirtschaftlicher Kraft hat der Schuldner zur Erfüllung der Schuld nach geltendem Recht einzusetzen?*, 2002.

RODOTÀ, STEFANO – *Espromissione*, ED XV (1966), 781-790.

RODRIGUES JÚNIOR, OTAVIO LUIZ – *Cláusula penal: natureza e função no Direito romano*, em AAVV, *O sistema contratual romano: de Roma ao Direito atual* (2010), 911-926.

ROGRON, J.-A. – *Code civil expliqué par ses motifs, par des exemples, et par la jurisprudence*, 1845.

ROHE, MATHIAS – no Bamberger/Roth, BGB 1, 2.ª ed., 2007.

ROHMANN, ERICH – *Die Doppelnatur der Einrede des nicht erfüllten Vertrages (exception non adimpleti contractus)*, 1935.

ROLLAND, LOUIS – *Précis de Droit administratif*, 4.ª ed., 1932.

ROMANO, SALVATORE – *Revoca (diritto privato)*, NssDI XV (1968), 808-820.

RÖMER, R. – *Die bedingte Novation/nach dem römischen und heutigen gemeinen Recht*, 1863;
– *Die exceptio doli insbesondere im Wechselrecht*, ZHR 20 (1874), 48-83.

RONDEY, CÉLINE – anotação a CssFr 6-jul.-2004, D 2004, 2499.

ROOS, CHRISTOPH – *Die Grundlagen und die dogmatische Entwicklung der Vorschriften zur Einrede des nichterfüllten Vertrages im Bürgerlichen Gesetzbuch und in der Zivilprozessordnung im 19. Jahrhundert*, 2004.

ROOS, GOTTFRIED – *Über die Subrogation nach schweizerischem Recht*, 1928.

ROPPO, ENZO – *Orientamenti tradizionali e tendenze recenti in tema di "presuppozione"*, anotação a CassIt 17-set.-1970, GI 124 (1972), 211-223, 211-222.

ROQUETTE, HERMANN – *Neue mietrechtliche Vorschriften*, DR 1940, 1704-1706.

ROSENBERG, LEO – *Der Verzug des Gläubigers. Voraussetzung und Wirkung nach dem BGB unter Berücksichtigung des gemeinen Rechts*, JhJb 43 (1901), 141-298.

ROSENBERG/SCHWAB/GOTTWALD – *Zivilprozessrecht*, 16.ª ed., 2004.

ROSENGARTEN, JOACHIM – *Der Präventionsgedanke im deutschen Zivilrecht*, NJW 1996, 1935-1938.

ROSSI, GAETANO – *Il "pactum ne dolus praestetur" e la clausola penale*, Studi Mariano d'Amelio 3 (1933), 265-271.

ROTH, GÜNTHER H. – no *Münchener Kommentar* 2, 5.ª ed., 2007.

ROTH, HERBERT – *Die Einrede des Bürgerlichen Rechts*, 1988.

ROTH, JÜRGEN – *Störungsfolgen bei Verträgen auf der Erfüllungseben dargestellt am Beispiel der Leistung an Erfüllungs statt*, 1989.

RÖTHEL, ANNE/HESSELER, BENJAMIN – *Vertragsübernahme und Verbraucherschutz/Bewärungsprobe für ein junges Rechtsinstitut*, WM 2008, 1001-1008.

ROTHER, WERNER – *Die Bedeutung der Rechnung für das Schuldverhältnis*, AcP 164 (1964), 97-121;
– *Haftungsbeschränkung im Schadensrecht*, 1965;
– *Die Erfüllung durch abstraktes Rechtsgeschäft*, AcP 169 (1969), 1-33.

ROTHOEFT, DIETRICH – *Risikoverteilung bei privatautonomen Handeln*, AcP 170 (1970), 230-244.

RUBINSTEIN, REUVEN Y./KROESE, DIRK P. – *Simulation and the Monte Carlo Method*, 2.ª ed., 2007.

RUDORFF, ADOLF FRIEDRICH AUGUST – vide Puchta, Georg Friedrich.

RUGGIERO, ROBERTO DE – *Instituições de Direito Civil*, trad. port. de Ary dos Santos, 3, 1935.

RUKES, JOHANNES – *Die Vertragsstrafe im internationalen Privatrecht: rechtsvergleichende Darstellung*, 1918.

RUPPRECHT, HANS-ALBERT – *Studien zur Quittung im Recht der Graeco-Ägytischen Papyri*, 1971.

RUSSO, GIACOMO – *Debito (cessione di)*, NDI IV (1938), 556-562.

RÜTHERS, BERND – *Die heimliche Revolution vom Rechtsstaat zum Richterstaat: Verfassung und Methoden. Ein Essay*, 2014.

RUTSAERT, PAUL – *Étude sur la délégation en droit romain privé*, 1929.

RÜTTEN, WILHELM – *Zur Entstehung des Erfüllungszwangs im Schuldverhältnis*, FS Joachim Gernhuber 70. (1993), 939-959.

RUTTIENS, ALAIN – *Futures, swaps, options*, 2012.

S. TOMÁS – *Summa Theologica = Opera omnia*, ed. Leão XIII, IX (1897), 5/II;
– *Commentarius posterior super libros Sententiarum Petri Lombardi*, dist. 34, q. 1, art. 2 = ed. Roberto Coggi, *Commento alle sentenze di Pietro Lombardi* 4 (2001), ed. latim/italiano.

SÁ, FERNANDO CUNHA DE – *Direito ao cumprimento e direito a cumprir*, separata da RDES, 1973, 150;
– *Modos de extinção das obrigações*, em Est. Inocêncio Galvão Telles 1 (2002), 171-262.

SACCOCCIO, ANTONIO – *Aliud pro alio consentiente creditore in solutum dare*, 2008.

SACCONI, GIUSEPPINA – *Ricerche sulla delegatione in diritto romano*, 1971.

SÄCKER, FRANZ JÜRGEN/JOOST, DETLEV – *Auswirkungen eines Betriebsübergangs auf Ruhestanverhältnisse*, DB 1978, 1030-1035 e 1078-1083.

SAGNA, ALBERTO – *Il rissarcimento del danno nella responsabilità precontrattuale*, 2004.

SALEILLES, RAYMOND – *De la cession de dettes*, ADComm IV (1890), II, 1-47;
– *Essai d'une théorie générale de l'obbligation d'après le projet de Code civil allemand*, 1890;
– *Étude sur la théorie générale de l'obligation d'après le premier projet de Code civil pour l'empire allemande*, 3.ª ed., 1914.

SALKOWSKI, CARL – *Zur Lehre von der Novation nach Römischem Recht*, 1866.

SALPIUS, BOTHO VON – *Novation und Delegation nach romischem Recht/Eine civilistische Versuch*, 1864.

SALVI, FERDINANDO – *La cessione dei beni ai creditore*, 1947.

SANTOS JÚNIOR, EDUARDO – *Da "impossibilidade pessoal" de cumprir. Breve confronto do novo Direito alemão com o Direito português*, O Direito 142 (2010), 423-434;
– *Da sub-rogação como forma de transmissão de créditos: algumas questões e respostas*, RDC 2015, 61-87.

SANTOS, FREIRE DOS – *A teoria da imprevisão no direito privado*, ROA 10 (1950), 244-276.

SANZ, SILVIANE – *La consécration du pouvoir judiciaire par la loi du 9 juillet 1975 et ses incidences sur la théorie générale de la clause pénale*, RTDC 1977, 268-288.

SARDINHA, CARLOS – *Compra com dinheiro alheio e princípio da sub-rogação na prática cuneiforme: análise de uma das vendas registadas no chamado "Grand document juridique"*, Est. Jorge Miranda 6 (2012), 443-450.

SARRAZIN, WILFRIED – *Die Zweckerreichung als Erlöschungsgrund des Schuldverhältnisses: Zugleich ein Beitrag von der Abgrenzung der Zweckerreichung von der Unmöglichkeit*, 1935.

SAVIGNY, FRIEDRICH CARL VON – *System des heutigen römischen Rechts* V, 1841;
– *System des heutigen römischen Rechts* 8, 1849;
– *Geschichte des römischen Rechts im Mittelalter*, IV, *Das 12. Jahrhundert*, 2.ª ed., 1850, reimpr. 1986;
– *Das Obligationenrecht* 1, 1851 e 2, 1853;
– *Das obligationenrecht als Theil des heutigen Römischen Rechts* 1, 1852.

SCHÄFER, CHRISTOPH – *Die Erfüllung deliktsrechtlicher Pflichten/Durch Übertragen der Versicherungssicherung auf Dritte*, 2006.

SCHAUB, GÜNTER – *vide* Dietrich, Thomas.

SCHAUER, MARTIN – vide Kletecka, Andreas.

SCHEELE, HEINRICH – *Das stellvertrende Commodum nach § 281 BGB*, 1931.

SCHELLHAAS, HARRIËT – *The judicial power to reduce a contractual penalty*, ZeuP 2004, 388-398.

SCHENCK – *Ueber die exceptio non adimpleti contractus*, AcP 20 (1837), 427-474.

SCHENKE, WOLF-RÜDIGER – *Der rechtwidrige Verwaltungsvertrag nach dem VwVfG*, JuS 1977, 281-292.

SCHENKER, ERNST – *Erfüllungsbereitschaft und Erfüllungsangebot/Zur Lehre vom Gläubigerverzug*, JhJb 79 (1928-29), 141-196.

SCHERMAIER, MARTIN JOSEF – recensão a Tilman Repgen, *Vertragstreue und Erfüllungszwang in der mittelalterlichen Rechtswissenschaft* (1994), SZRom 115 (1998), 646-647;

– no HKK/BGB II/1 (2007), §§ 276-278.

SCHERNER, KARL OTTO – *Rücktrittsrecht wegen Nichterfüllung/Untersuchungen zur deutschen Privatrechtslehre der Neuzeit*, 1965;

– *Qualifizierte Teilnichterfüllung als Vollunmöglichkeit oder Quasi-Vollunmöglichkeit der geschuldeten Leistung*, JZ 1971, 533-537.

SCHIEFERSTEIN, ERICH – *Gesetzesänderung und Geschäftsgrundlage*, 1970.

SCHIEMANN, GOTTFRIED – *Argumente und Prinzipien bei der Fortbildung des Schadensrecht/dargestellt an der Rechtsprechung des BGH*, 1981.

SCHILING, BRUNO – *vide* Otto, Carl.

SCHIMMELPFENG, HERBERT – *Die Hinterlegung zur Schuldbefreiung nach dem Bürgerlichen Gesetzbuch mit Berücksitigung des Konkurses*, 1923, dact..

SCHLEIPPEN, AUGUST – *Die Konventionalsstrafe nach gemeinem Recht verglichen mit der Vertragsstrafe des deutschen bürgerlichen Gesetzubuchs*, 1898.

SCHLESINGER, PIERO – *Compensazione (diritto civile)*, NssDI III (1959), 722-731.

SCHLICHT, CHRISTIAN RAINER – *Die kumulative Schuldübernahme in der Rechtsprechung des Reichsgerichts in der zeitgenössischen Literatur*, 2004.

SCHLOBACH, KLAUS – *Das Präventionsprinzip im Recht des Schadensersatzes*, 2004.

SCHLOSSER – *Selbständige peremptorische Einrede und Gestaltungsrecht im deutschen Zivilrecht*, JuS 1966, 257-268.

SCHMID, ALBERT – *Die Grundlehren der Cession nach römischem Recht dargestellt*, 1 – *Die Cessionsform*, 1866.

SCHMIDLIN, BRUNO – *Der Rücktritt vom Vertrag/Von der Nichtigkeit ex tunc zum vertraglichen Liquidationsverhältnis – ein dogmengeschichtlicher Wandel*, FS Theo Mayer-Maly 70. (2002), 677-691.

SCHMIDT – *Ueber die actio quod jussu*, AcP 29 (1846), 111-147;

– *Schuldrecht-Grundzüge*, 2.ª ed., 1953;

– vide Esser.

SCHMIDT, DANIEL – *Die Verurteilung zur Leistung Zug um Zug und deren Vollstreckung*, 1963.

SCHMIDT, EIKE – *Jhering, Culpa in contrahendo/Staub, Positive Vertragsverletzung*, posfácio, 1969;

– vide Esser, Josef.

SCHMIDT, JÜRGEN – *Schadensersatz und Strafe/Zur Rechtsfertigung des Inhaltes von Schadensersatz aus Verschuldenshaftung*, 1973;

– *vide* Bülow, Arthur.

SCHMIDT, KARL – *Erklärung der Rechtsregel über das Zusammentreffen zweier causae lucrative*, JhJb 20 (1882), 411-451.

SCHMIDT, KARSTEN – *Geld und Geldschuld im Privatrecht/Eine Einführung in ihre Grundlagen*, JuS 1984, 737-747;

– *Unselbständige und selbständige Vertragstrafeversprechen/Bemerkungen zur Akzessorietät der Vertragstrafe*, FS Helmut Heinrichs (1998), 529-542.

SCHMIDT-KESSEL, MARTIN – *Die Zahlungsverzugsrichtlinie und ihre Umsetzung*, NJW 2001, 97-103.

SCHMIDT-RÄNTSCH, JÜRGEN – *Das neue Schuldrecht*, 2002.

SCHMIDT-RIMPLER, WALTER – *Zum Problem der Geschäftsgrundlage*, FS Nipperdey (1955), 1-30.

SCHMIEDEL, BURKHARD – *Der allseitige Irrtum über die Rechtslage bei der Neuregelung eines Rechtsverhältnisses*, FS Caemmerer (1978), 231-240.

SCHMOECKEL, MATHIAS – HKK/BGB I (2007), §§ 164-181.

SCHNEIDER, ANGIE – *Vertragsanpassung im bipolaren Dauerschuldverhältnis*, 2016.

SCHNEIDER, KONRAD – *Treu und Glauben in der Rechtsanwendung*, LZ 1916, 1466-1467.

SCHÖLLER, W. – *Der Schadensersatz wegen Nichterfüllung bei gegenseitigen Verträgen nach dem B.G.B.*, Gruchot 44 (1900), 603-646.

SCHOLLMEYER, MARIO – *Selbstverantwortung und Geschäftsgrundlage/Zurechnung und Haftung bei Geschäftsgrundlagestörungen gemäß § 313 BGB*, 2014.

SCHOLZ, HELLMUT – *Die verbotswidrige Abtretung*, NJW 1960, 1837-1839.

SCHÖN, WOLFGANG – *Prinzipien des bargeldlosen Zahungsverkehrs*, AcP 198 (1998), 401-456.

SCHÖNTAG, KARL – *Über die Vertragsstrafe nach dem bürgerlichen Gesetzbuche*, 1898.

SCHRAEDER, EDUARD – *Das Interusurium ist nach Gottmannischen, nicht nach Leibnitzishen Grundsätzen zu berechnen*, 1816.

SCHREIBER, KLAUS – *Leistungen an Erfüllungs Statt und erfüllungshalber*, Jura 1996, 328-331.

SCHRÖDER, JAN – *vide* Klewheyer, Gerd.

SCHRÖDTER, HUGO – *Vergleichende Darstellung des Rechts der Arrha (Draufgabe) nach dem gemeinen Recht und dem Bürgerlichen Gesetzbuche*, 1899.

SCHROEDER, ULRICH – *Unmöglichkeit und Ungewissheit*, 1905.

SCHROOTEN, KLAUS – *Die Teilkündigung als Gestaltungsrecht im Bereich der Dauerschuldverhältnisse*, 1965.

SCHUBERT, WERNER – *vide* Jakobs, Horst Heinrich.

SCHULER – *Anfechtung, Aufrechnung und Vollstreckungsgegenklage*, NJW 1956, 1497-1500.

SCHULIN, FRIEDRICH VON (FRH. SCHULIN) – *Zur Lehre vom Erfüllungsort und vom Gerichtsstand der Obligationen nach römischen Recht*, 1879, reimp. 2012.

SCHULTE-NÖLKE HANS – *vide* Bar, Christian von.

SCHULTZ, FRITZ – *Klagen-Cession im Interesse des Cessionars oder des Cedenten im klassischen römischen Recht*, SZRom 27 (1906), 82-150;
 – *Die Lehre vom Concursus Causarum impossibilidade klassischen und justinianischen Recht*, SZRom 38 (1917), 114-209.

SCHULTZ, JULIUS – *Die verschiedenen Bedeutungen der Quittung*, 1894.

SCHULZ, ERICH – *Die Arrha im älteren deutschen Recht*, 1909.

SCHULZ, MICHAEL – *Leistungsstörungsrecht*, em Harm-Peter Westermann, *Das Schuldrecht 2002/Sistematische Darstellung der Schuldrechtsreform* (2002), 17-104.

SCHÜRNBRAND, JAN – *Gestaltungsrechte als Verfügungsgegenstand*, AcP 204 (2004), 177-207.

SCHWAB, MARTIN – *Das neue Schuldrecht im Überblick*, em Martin Schwab/Carl-Heinz Witt, *Einführung in das neue Schuldrecht*, 5.ª ed. (2002), 1-21;

– *Das neue Schuldrecht im Überblick*, JuS 2002, 1-8;
– *Geldschulden als Bringschulden?*, NJW 2011, 2833-2838.

SCHWARTZ, EMIL – *Die Wirkungen der Hinterlegung zur Schuldbefreiung für den Konkurs*, 1901.

SCHWARZ, EGON – *Die Abtretung von Forderungen aus gegenseitigen Verträgen*, 1935.

SCHWARZ, GÜNTER CHRISTIAN – *Zum Schuldnerschutz bei der Aufrechnung abgetretener Forderungen: Normstruktur und Reichweite des § 406 BGB*, AcP 203 (2003), 241-281.

SCHWARZE, KLAUS – *Inwieweit sind Nachwirkungen eines privaten Arbeitsverhältnisses anzuerkennen?*, 1966.

SCHWARZE, ROLAND – no *Staudingers Kommentar, §§ 255-304, Leistungsstörungsrecht* 1, 2014 e 2, 2015;
– vide Otto, Hansjörg.

SCHWENN, HERMANN – *Die Gefahrtragung beim Rücktritt*, AcP 152 (1952), 138-153.

SCHWENZER, INGEBORG – *Zession und sekundäre Gläubigerrechte*, AcP 182 (1982), 214-253.

SCHWERDTNER, EBERHARD – *Verwaltungsverträge im Spannungsfeld unbedingter Vertragsbindung und dem Interesse auf Vertragsanfassung bei unveränderter Sachlage/Anmerkungen zur "clausula rebus sic stantibus" im Verwaltungsrecht*, VBlBW 1998, 9-11.

SCHWERDTNER, PETER – *Positive Forderungsverletzung*, Jura (1980), 213-222.

SCOTTI, FRANCESCA – *Il deposito nel diritto romano: testi con traduzione italiana*, 2008.

SCUTO, CARMELO – *Sulla natura giuridica del pagamento*, RDComm XIII (1915) 1, 353-373.

SEABRA, ALEXANDRE DE – *O codigo civil na pratica do foro. A compensação*, O Direito 1 (1869), 338-340.

SEABRA, ANTÓNIO LUIZ DE – *A propriedade* 1, 1850.

SECKEL, EMIL PAUL GEORG – *Die Gestaltungsrechte des bürgerlichen Rechts*, FG Richard Koch (1903), 295-253.

SECKEL, EMIL/LEVY, ERNST – *Die Gefahrtragung beim Kauf im klassischen römischen Recht*, SZRom 47 (1927), 117-263.

SEETZEN, UWE – *Sekündare Gläubigerrechte nach Abtretung des Hauptanspruchs aus einem gegenseitigen Vertrag/Zugleich ein Beitrag zum Schuldnerschutz*, AcP 169 (1969), 352-371;
– *Positive Vertragsverletzung gegenüber Zedent oder Zessionar?*, MDR 1970, 809-812.

SEGRÈ, GINO – *Sulla impossibilità della prestazione*, RDComm XVII (1919), 1, 760-776, em recensão a Giuseppe Osti, *Revisione critica della teoria sulla impossibilità della prestazione*, RDCiv 1918, 209-259, 313-360 e 417-471.

SEIBERT, ULRICH – *Erfüllung durch finale Leistungsbewirkung*, 1982.

SEILER, HANS HERMANN – *Die deliktische Gehilfenhaftung in historischer Sicht*, JZ 1967, 525-529;
– *vide* Behrends, Okko.

SELB, WALTER – vide Hausmaninger, Herbert.

SELBACH, GODO – *Vertragsstrafe bei mehrfachen Verstößen gegen nachvertragliche Wettbewerbsverbote*, 1975.

SELL, WILHELM – *Über die römisch-rechtliche Aufhebungsart der Obligationen durch concursus duarum causarum lucrativarum*, 1839.

SÉNECA – *De beneficiis*, 4, 35, 3 = ed. François Préchac 1, 1961.

SENN, FÉLIX – *L'in diem addictio*, NRH 37 (1913), 275-310.

SEQUEIRA, ANA CAROLINA – *A extinção dos direitos por venda executiva*, em Jorge Sinde Monteiro, *Garantia das obrigações* (2007), 7-49.

SERANGELI, SANDRO – *Studi sulla revoca del testamento in diritto romano* 1, 1982.

SERBESCO, S. – *Effets de la guerre sur l'éxécution des contrats*, RTDC 16 (1917), 350-362.

SERICK, ROLF – *Eigentumsvorbehalt und Sicherungsübertratung* – IV, 1976.

SERRA, ADRIANO PAES DA SILVA VAZ – *Caso fortuito ou de força maior e teoria da imprevisão*, BFD 10 (1929), 197-215;

– *Compensação (Estudo de política legislativa)*, separata do BMJ n.º 31, 1952;

– *Compensação*, BMJ 31 (1952), 13-210; há separata, sob o título *Compensação (Estudo de política legislativa)*, 1952;

– *Dação em função do cumprimento e dação em cumprimento*, BMJ 39 (1953), 25-57;

– *Do cumprimento como modo de extinção das obrigações*, BMJ 34 (1953), 5-212;

– *Sub-rogação nos direitos do credor*, BMJ 37 (1953), 5-66;

– *Confusão*, BMJ 41 (1954), 17-55;

– *Consignação em depósito, venda de coisa devida e exoneração do devedor por impossibilidade da prestação resultante de circunstância atinente ao credor*, BMJ 40 (1954), 5-192;

– *Remissão, reconhecimento negativo de dívida e contrato extintivo da relação obrigacional bilateral*, BMJ 43 (1954), 5-98;

– *Tempo da prestação. Denúncia*, BMJ 50 (1955), 49-211.;

– *Impossibilidade superveniente e cumprimento imperfeito imputáveis ao devedor*, BMJ 47 (1955), 5-97;

– *Impossibilidade superveniente por causa não imputável ao devedor e desaparecimento do interesse do credor*, BMJ 46 (1955), 5-152;

– *Impossibilidade superveniente e cumprimento imperfeito imputáveis ao devedor*, BMJ 47 (1955), 5-97;

– *Impossibilidade superveniente por causa não imputável ao devedor e desaparecimento do interesse do credor*, BMJ 46 (1955), 5-152;

– *Lugar da prestação*, BMJ 50 (1955), 5-48;

– *Mora do devedor*, BMJ 48 (1955), 5-317;

– *Cessão de créditos ou de outros direitos*, BMJ, número especial (1955), 5-374;

– *Cessão da posição contratual*, BMJ 49 (1955), 5-30;

– *Encargo da prova em matéria de impossibilidade ou de cumprimento imperfeito e da sua imputabilidade a uma das partes*, BMJ 47 (1955), 98-126;

– *Resolução ou modificação dos contratos por alteração das circunstâncias*, sep. BMJ 68, 1957;

– *Culpa do devedor ou do agente*, BMJ 68 (1957), 13-151;

– *Excepção de contrato não cumprido (exceptio non adimpleti contractus)*, BMJ 67 (1957), 17-183;

– *Pena convencional*, BMJ 67 (1957), 185-243;

– *Resolução do contrato por alteração das circunstâncias*, BMJ 68 (1957), 293-385;

– *Resolução do contrato*, BMJ 68 (1957), 153-291;

– *Responsabilidade do devedor pelos factos dos auxiliares, dos representantes legais ou dos substitutos*, BMJ 72 (1958), 259-305;
– *Responsabilidade patrimonial*, BMJ 75 (1958), 5-410;
– *Novação*, BMJ 72 (1958), 5-75;
– *Objecto da obrigação/A prestação – suas espécies, conteúdo e requisitos*, BMJ 74 (1958), 15-283;
– *Expromissão*, BMJ 72 (1958), 77-81;
– *Assunção de dívida (Cessão de dívida – Sucessão singular na dívida)*, BMJ 71 (1958), 189-257;
– *Cláusulas modificadoras da responsabilidade. Obrigação de garantia contra responsailidade por danos a terceiros*, BMJ 79 (1958), 105-108;
– *Cessão de bens aos credores*, BMJ 72 (1958), 207-325;
– *Delegação*, BMJ 72 (1958), 97-187;
– *Promessa de liberação e contrato a favor do credor*, BMJ 72 (1958), 83-95;
– *Realização coactiva da prestação (Execução) (Regime civil)*, BMJ 73 (1958), 31-394;
– *Responsabilidade contratual e responsabilidade extracontratual*, BMJ 85 (1959), 115-241;
– *Direito das obrigações (com excepção dos contratos em especial)/Anteprojecto*, sep. do BMJ, 1960;
– *Prescrição extintiva e caducidade*, BMJ 105 (1961), 5-248, 106 (1961), 45-278 e 107 (1961), 159-306;
– anotação a STJ 3-set.-1967 (Teixeira de Andrade), RLJ 101 (1968), 219-221;
– anotação a STJ 14-nov.-1969 (Adriano de Campos Carvalho), RLJ 103 (1971), 571-573;
– anotação a STJ 30-jun.-1970, RLJ 104 (1971), 204-208;
– anotação a STJ 19-nov.-1971 (Adriano Campos de Carvalho), RLJ 105 (1973), 282-288;
– anotação a STJ 26-abr.-1974 (Oliveira Carvalho), RLJ 108 (1975), 154-160;
– anotação a STJ 2-mar.-1978 (Octávio Dias Garcia), RLJ III (1979), 295-297;
– anotação a STJ 6-abr.-1978 (Costa Soares), RLJ 111 (1979), 345-352 e 354-356;
– anotação a STJ 6-abr.-1979 (Costa Soares), RLJ 111 (1979), 345-352 e 354-356;
– anotação a STJ 1-mar.-1979 (Aníbal Aquilino Ribeiro), RLJ 112 (1980), 283-285.

SETHY, ANDREAS – *Ermessen und unbestimmte Gesetzesbegriffe/Einer theoretische Untersuchung der Abgrenzung im Verwaltungsrecht*, 1973.

SEUFFERT, JOHANN ADAM – *Lehrbuch des praktischen Pandektenrechts* II, 1825;
– *Praktisches Pandektenrecht* II, 4.ª ed., 1867.

SEUFFERT, LOTHAR – *Zur Geschichte der obligatorischen Verträge/Dogmengeschichte Untersuchung*, 1881.

SHACK, HAIMO – *Der Erfüllungsort im deutschen, ausländischen und internationalen Privat- und Zivilrecht*, 1985.

SHELDON, HENRY NEWTON – *The law of subrogation*, 1.ª ed., 1882 e 2.ª ed., 1893.

SIBER, HEINRICH – *Compensation und Aufrechnung*, 1899;
– *Interpellatio und Mora*, SZRom 29 (1908), 47-113;
– *Die schuldrechtliche Vertragsfreiheit*, JhJb 70 (1921), 223-299;

– *Zahlungs anrechnung*, SZRom 45 (1925), 174-187;
– *Schuldrecht*, 1931;
– recensão a Franz Wieacker, *Lex commissoria/Erfüllungszwang und Widerurf im römischen Kaufrecht* (1932), SZRom 53 (1933), 537-543.

SICARI, AMALIA – *Pena convenzionale e responsabilità*, 2001.

SICCHIERO, GIANLUCA – *La risoluzione per inadempimento/Artt. 1453-1459*, 2007;
– *La risoluzione per inadempimento*, em Gianluca Sicchiero/Massimo d'Auria/Francesca Galbusera, *Risoluzione dei contratti*, 2013.

SIEBERT, WOLFGANG – *Das Arbeitsverhältnis in der Ordnung der nationalen Arbeit*, 1935.

SIEG, HARALD – *Quellenkritische Studien zur Bessergebotsklausel (in diem addictio) im römischen Kaufrecht*, 1933.

SIEGWART, ALFRED – vide Tuhr, Andreas von.

SIEMS, MATHIAS – *Der Neoliberalismus als Modell für die Gesetzgebung?*, ZRP 2002, 170-174.

SIEMS, THOMAS – *Städtebauliche Verträge in Deutschland und den USA* (2004), 180-182.

SIEVEKING, OSKAR – *Trennung des Anspruchs auf eine Vertragsstrafe vom Hauptrecht: ein Beitrag zur Lehre von der Vertragsstrafe*, 1908.

SIEVERT, KARL – *Der Versicht auf Einreden*, 1926.

SILVA, ANTÓNIO HENRIQUES – *Da revogação no direito testamentario*, 1884.

SILVA, JOÃO CALVÃO DA – *Contrato-promessa/Análise para reformulação do Decreto-Lei n.º 236/80*, BMJ 349 (1985), 53-113;
– *Sanção pecuniária compulsória (artigo 829.º-A do Código Civil)*, BMJ 359 (1986), 39-126;
– *Direitos de autor, cláusula penal e sanção pecuniária compulsória*, ROA 1987, 129-156;
– *Processo executivo e sanção pecuniária compulsória/Parecer*, O Direito 127 (1995), 243-253;
– anotação a STJ 19 abr.-2001 (Dionísio Correia), RLJ 134 (2001), 43-64;
– *Cumprimento e sanção pecuniária compulsória*, 1987 e 4.ª ed., 2002;
– *Procuração (art. 116.º do Cód. Not. e art. 38.º do DL n.º 76-A/2006, de 29-3)*, ROA 2007, 731-753;
– *Titul[ariz]ação de créditos. Securization*, 3.ª ed., 2013;
– anotação a RLx 21-mar.-2013, RLJ 142 (2013), 253-269;
– Swap *de taxa de juro: inaplicabilidade do regime da alteração das circunstâncias*, RLJ 143 (2014), 364-373.

SILVA, JOÃO NUNO CALVÃO DA – *Procuração (art. 116.º do Cód. Not. e art. 38.º do DL n.º 76-A/2006, de 29-3)*, ROA 2007, 731-753.

SILVA, JORGE ANDRADE DA – *Regime jurídico das empreitadas de obras públicas*, 1987, 5.ª ed., 1997 e 7.ª ed., 2001.

SILVA, MANUEL GOMES DA – *O dever de prestar e o dever de indemnizar* 1, 1944.

SILVA, MANUEL GONÇALVES DA – *Commentaria ad ordinationis regni portugaliae*, 1740.

SILVEIRA, LUÍS LINGNAU – *A teoria da imprevisão nos direitos civis alemão e português/ tentativa de confronto*, 1961-62, polic.;
– *A teoria da imprevisão*, 1962.

SIMLER, PHILIPPE – *vide* Terré, François.

Simões, António Ribeiro – *Algumas notas sobre a dação em cumprimento*, Supl. BFD XV (1939), 252-314.

Simon, Herman Veit – *Über die Haftung Erwerbers eines Einzelgeschäfts für die vor Erwerb desselben entstandenen Handlungsschulden*, ZHR 24 (1879), 91-174.

Simon, Paul – *Die Gewährleistung wegen eines Mangels im Rechte und* wegen *eines Mangels der Sache im Falle der Leistung an Erfüllungsstatt nach gemeinem Rechte und dem Rechte des Bürgerlichen Gesetzbuches für das Deutsche Reich*, 1899.

Simons, Lothar – *Leistungsstörungen verwaltungsrechtlicher Schuldverhältnisse*, 1967.

Simshauser, Wilhelm – *Windscheids Voraussetzungslehre rediviva*, AcP 172 (1972), 19-38.

Sinn, Heinrich – *Die Aufrechnung/eine rechtsvergleichende Darstellung unter Berücksichtigung ds deutschen, österreichischen und schweizerischen Rechts*, 1933.

Sintenis, Carl F. – *Über die sogennante Exceptio non adimpleti contractus*, ZCivPr 16 (1842), 224-292 e 17 (1842), 253-299;
– *Das Praktische gemeine Civilrecht*, II – *Das Obligationenrecht*, 2.ª ed., 1861;
– *vide* Otto, Carl.

Smiroldo, Antonino – *Profili della risoluzione per inadempimento*, 1982.

Soares, Maria Ângela Bento/Ramos, Rui Manuel Moura – *Cláusulas penais em contratos internacionais/Análise das regras uniformes da CNUDCI de 1983*, DDC 15 (1983), 271-313;
– *Contratos internacionais*, 1986.

Sokolowski – *vide* Dernburg.

Solazzi, Siro – *L'estinzione dell'obbligazione nel diritto romano* 1, 1931 e 2.ª ed., 1935.

Söllner, Alfred – *Vertragsstrafen im Arbeitsrecht*, AuR 1981, 97-105;
– vide Molitor, Erich.

Somer, Stuart – *A Survey of Legal and Regulatory Issues Relevant to Interest Rate Swaps*, De Paul Bus LJ 4 (1992), 385-428.

Sossna, Ralf-Peter – *Die Geschichte der Begrenzung von Vertragsstrafen/Eine Untersuchung zur Vorgeschichte und Wirkungsgeschichte der Regel des § 343 BGB*, 1993.

Sotgia, Sergio – *Cessione dei beni*, NDI III (1938), 65-67;
– *Cessione di crediti e di altri diritti*, NDI III, 1938;
– *La cessione dei beni ai creditore*, 1949 e 2.ª ed., 1954;
– *Cessione dei beni ai creditore*, NssDI III (1959), 141-146;
– *Cessione di crediti e di altri diritti (diritto civile)*, NssDI III, 1959.

Sousa, Bruno de – *O problema da admissibilidade das cláusulas limitativas e exoneratórias da responsabilidade civil em face do artigo 809.º do Código Civil*, O Direito (2009), 377-410.

Sousa, Miguel Teixeira de – *As partes, o objecto e a prova na acção declarativa*, 1995.

Sousa, Sofia Silva e – *Obrigação de não concorrência com efeitos post contractum finitum*, 2012.

Souto, Azevedo – *A cláusula penal/Sua natureza e limites*, ROA 1950, 3-4, 69-142.

Späth, Günther – *Mahnung, Zahlungsbefehl, Vollstreckung*, 1970.

Speckbrock, Georg – *Einige Fragen aus der Unmöglichkeitslehre*, 1915.

Spell, Cynthia L. – *vide* Olander, Christopher Dean.

STADLER, ASTRID – *Gestaltungsfreiheit und Verkehrschutz durch Abstraktion/Eine rechtsvergleichende Studie zur abstrakten und kausalen Gestaltung rechtsgeschäftlicher Zuwendungen anhand des deutschen, schweizerischen, österreichischen, französischen und US-amerikanischen Rechts*, 1996;
– no Jauernig, *BGB/Kommentar*, 15.ª ed., 2014.

STAEHELIN, BERNHARD – *Die Novation/Ihre Geschichtliche Entwicklung und ihre Bedeutung im geltenden Recht*, 1948.

STAHL, LEO – *Die sog. clausula rebus sic stantibus im BGB*, 1909.

STAMMLER, RUDOLF – *Das Recht der Schuldverhältnisse in seinen allgemeinen Lehren/Studien zum Bürgerlichen Gesetzbuche für das Deutsche Reich*, 1897;
– *Die Lehre von dem richtigen Rechte*, 1902, reimp., 1964.

STAMPE, ERNST – *Das Compensationsverfahren im Vorjustinianischen stricti juris judicium*, 1886.

STAUB, HERMANN – *Die positiven Vertragsverletzungen*, 26. DJT (1902), 31-56, publicado de novo em 1904, com alterações e em segunda edição compl. por Eberhard Müller, 1913.

STEINBECK, ANJA VERENA – *Die Übertragbarkeit von Gestaltungsrechten*, 1994.

STEINBERG, WILHELM – *Die Haftung für culpa in contrahendo*, 1930.

STEINER, GERT H. – *Schadensverhütung als Alternative zum Schadenersatz*, 1983.

STEINER, HANS – *Datio in solutum*, 1914

STEININGER, JOSEF – *Leistung Zug um Zug*, 1905.

STELLA, GIOVANNI – *Impossibilita della prestazione per fatto imputabile al creditore*, 1995.

STELTMANN, ISABEL – *Die Vertragsstrafe in einem Europäischen Privatrecht/Möglichkeiten einer Rechtsvereinheitlichung auf der Basis eines Rechtsvergleichs der Rechtsordnungen Deutschlands, Frankreichs, Englands und Schwedens*, 2000.

STENGLEIN, EMIL – *Die Mahnung nach dem bürgerlichen Gesetzbuch*, 1911.

STERN, HEINRICH – *Der contrarius consensus im Rechte des Bürgerlichen Gesetzbuches*, 1906.

STOBBE, OTTO – *Über Klagbarkeit, Form, Verstärkung und Beweis der Verträge*, em *Zur Geschichte des deutschen Vertragsrechts/Drei Abhandlungen* (1855), 1-111;
– *Zur Geschichte der Uebertragung von Forderungsrechten und der Inhaberpapiere*, ZHR 11 (1868), 397-429.

STÖBER, KURT – em Richard Zöller, *Zivilprozessordnung Kommentar*, 30.ª ed., 2014.

STOFFEL – *Zur Erläuterung der §§ 325, 326 B.G.B.*, AcP 92 (1902), 467-475.

STOFFEL-MUNCK, PHILIPPE – *vide* Malaurie, Philippe.

STOLL, HANS – *Haftungsfolgen im bürgerlichen Recht/Eine Darstellung auf rechtsvergleichender Grundlage*, 1993.

STOLL, HEINRICH – Die Wirkungen des vertragsmäβigen Rücktritts, 1921;
– *Übersicht über die italienische Rechtsliteratur 1915-1922*, SZRom 47 (1927), 513-560;
– *Rücktritt und Schadenersatz*, AcP 131 (1929), 141-185;
– *Abschied von der Lehre von der positiven Vertragsverletzungen (Betrachtungen zum dreissigjährigen Bestand der Lehre)*, AcP 136 (1932), 257-320;
– *Die Lehre von den Leistungsstörungen*, 1936.

STÖLTZEL – *Die reichsgerichtliche Rechtsprechung über Eventualaufrechnung*, AcP 95 (1904), 1-47 e 96 (1905), 234-274.

STÖTTER, VIKTOR – *Zur rechtssystematischen Einordnung des § 779 BGB und des gemeinsamen Motivirrtums*, JZ 1963, 123-128;

– *Versuch zur Präzisierung des Begriffs der mangelhaften Geschäftsgrundlage*, AcP 166 (1966), 149-187;

– *Die Bedeutung der Quittung bei Einschränkung der Geschäftsfähigkeit des Quittierenden*, MDR 1978, 632-633.

STRÄTZ, HANS-WOLFGANG – *Über sog. Nachwirkungen des Schuldverhältnisses*, FS Friedrich Bosch (1976), 999-1013.

STRAUSS, E. – *Ist die Abtretung zukünftiger Forderungen nach dem BGB moglich?*, DJZ 1903, 342/I e II.

STROHAL, EMIL – *Schuldübernahme*, JhJb 57 (1910), 231-492.

STRUCKMANN, JOHANNES – *Beitrag zur Lehre von der Zahlung*, JhJb XV (1877), 251-267.

STRYK, KARIN NEHLSEN-VOM – *Grenzen des Rechtszwangs: Zur Geschichte der Naturalvollstreckung*, AcP 193 (1993), 529-555.

STRYK, SAMUEL – *Specimen Usus moderni Pandectarum*, 1717.

STÜHFF, GUDRUN – *Vulgarrecht im Kaiserrecht/unter besonderer Berücksichtigung der Gesetzgebung Konstantins der Großen*, 1966.

STURM, FRITZ – recensão a Paola Lambrini, *La novazione/Pensiero classico e disciplina giustinianea* (2006), SZRom 127 (2010), 455-471.

STÜRNER, MICHAEL – *Der Grundsatz der Verhältnismäßigkeit im Schuldvertragsrecht/Zur Dogmatik einer privatrechtsimmanenten Begrenzung von vertraglichen Rechten und Pflichten*, 2000;

– no PWW/BGB, 11.ª ed., 2016.

STÜRNER, ROLF – no Jauernig, *BGB/Kommentar*, 15.ª ed., 2014.

SUTSCHET – vide Ehmann.

TAILLANDIER – vide Isambert.

TALAMANCA, MARIO – *L'arra della compravendita in diritto greco e in diritto romano*, 1953;

– Arrha, NDI I/2 (1957), 1001-1003;

– *Delegazione (diritto romano)*, ED XI (1962), 918-924;

– *Osservazioni sulla struttura del negozio di revoca*, RivDC X (1964) 1, 150-167.

TALASSANO, FRANCESCO – *Sui concetti di caso fortuito e di forza maggiore*, DirCom 34 (1915), 295-324.

TAMM, MARINA/TONNER, KLAUS (org.) – *Verbraucherrecht rechtliches Umfeld, Rechtsdurchsetzung: Beratungshandbuch*, 2.ª ed., 2016.

TARTAGLIA, PAOLO – *Onerosità eccessiva*, ED (1980), 155-175.

TEGLER, JOSEPH – *Wann ist eine Verbindlichkeit an Erfüllungsstatt übernommen?: § 364 Absatz II BGB*, 1936.

TEICHMANN, ARNDT – no Jauernig, *BGB/Kommentar*, 15.ª ed., 2014.

TEICHMANN, WERNER – *Die Leistung an Erfüllungsstatt im römischen und heutigen Recht*, 1930.

TEIXEIRA, LIZ – *Curso de Direito civil português*, 2, 2 – *Do Direito das coisas*, 3.ª ed., 1856.

TELES, MIGUEL GALVÃO – *Fungibilidade de valores mobiliários e situações jurídicas meramente categoriais*, em *Estudos em Homenagem ao Prof. Doutor Inocêncio Galvão Telles*, I volume, *Direito privado e vária* (2002), 579-628.

TELLES, INOCÊNCIO GALVÃO – *Não cumprimento de contratos bilaterais (Interpretação dos artigos 676.º e 709.º, do Código Civil)*, ROA 1945, 1-2, 83-103;
– *Arrendamento*, 1946;
– *Dos contratos em geral*, 1.ª ed., 1947;
– *Cessão do contrato*, RFDUL VI (1949), 148-169;
– *Contratos civis*, BMJ 83 (1959), 114-282;
– *Manual de Direito das obrigações* 1, 1.ª ed., 1957, e 2.ª ed., 1965;
– *Manual dos contratos em geral*, 3.ª ed., 1966;
– *Direito das obrigações* 1, 2.ª ed., 1965 e 7.ª ed., 1997.

TELLES, JOSÉ HOMEM CORRÊA – *Tratado das obrigações pessoaes e reciprocas nos pactos, contractos, convenções, & c. que se fazem a respeito de fazendas ou dinheiro, segundo as regras do foro da consciencia, e do foro externo, por Mr. Pothier*, tomo II, Lisboa, 1835;
– *Doutrina das acções*, 3.ª ed., 1837;
– *Digesto Portuguez*, 3.ª ed., 1845.

TEONESTO, FERRAROTTI – *Commentario teorico pratico comparato al codice civile italiano* VIII, 1874.

TERRÉ (org.), FRANÇOIS – *La réforme du droit des obligations/L'ordonnance du 10 février 2016 commentée article par article*, 2016;
– *vide* Capitant, Henri.

TERRÉ, FRANÇOIS/SIMLER, PHILIPPE/LEQUETTE, YVES – *Droit civil/Les obligations*, 11.ª ed., 2013.

TESCHEMACHER, EMIL – *Ein Beitrag zur rechtlichen Betrachtung des Anrechnungsverkehrs bei den Abrechnungsstellen der Reichbank*, ZHR 67 (1910), 401-432.

TEUBNER, GUNTHER – *Folgenkontrolle und responsive Dogmatik*, RTh 6 (1975), 179-204.

TEVENAR, JOHANN WILHELM VON – *Versuch über die Rechtsgelahreit*, 1.ª ed., 1777 e 2.ª ed. inalterada póstuma, 1801.

THARWAT, KAMAL – *Le paiement avec subrogation en droit français et en droit suisse*, 1963.

THIBAUT, ANTON FRIEDRICH JUSTUS – *System des Pandekten- Rechts* 1, 1803;
– *System des Pandekten-Rechts* 2, 1805;
– *Ueber die actio quod jussu*, AcP 12 (1829), 174-191.

THIELE, WOLFGANG – *Leistungsstörung und Schützpflichwerletzung – Zur Einordnung der Schutzpflichtverletzungen*, JZ 1967, 649-657.

THIELMANN, GEORG – *Die römische Privatauktion: Zugleich ein Beitrag zum römischen Bankierecht*, 1961.

THIER, ANDREAS – *Rücktrittsrecht und Bereicherungshaftung*, FS Andreas Heldrich 70. (2005) 439-455.

THÖL, HEINRICH – *Das Handelsrecht*, 4.ª ed., 1862.

THOMAS, J. A. C. – *Provisions for calling off a sale*, TS 35 (1967), 557-572.

THOMASIUS, CHRISTIAN – *An promissor facti liberatur praestando id, quod interest?*, 1721.

THORENS, ANDRÉ – *La novation conditionnelle/Étude de jurisprudence romaine classique*, 1927.

THÜSING, GREGOR/BODENSTEDT, KAI – *Vertragsstrafen im Profifußball/Eine Skizze aus aktuellem Anlass*, AuR 2004, 369-374.

TILOCA, ERNESTO – *Remissione del debito*, NssDI XV (1968), 389-421.

TITZE, HEINRICH – *Die Unmöglichkeit der Leistung nach deutschem bürgerlichen Recht*, 1900;

– recensão a Wilhelm Kisch, *Die Wirkungen der nachträglich eintretenden Unmöglichkeit der Erfüllung bei gegenseitigen Verträgen nach dem Bürgerlichen Gesetzbuche für das Deutsche Reich* (1900), KrVJ 45 (1904), 338-385;

– *Die Lehre vom Missverständnis*, 1910;

– *Schuldrecht*, 4.ª ed., 1932.

TOMÉ, MARIA JOÃO – *Sobre o mandato sem representação e o* trust, ROA 2007, 1091-1216.

TONNER, KLAUS – *vide* Tamm, Marina.

TOSCH, NORBERT – *Entwicklung und Auflösung der Lehre vom Vertrag*, 1980.

TRABUCCHI, ALBERTO – *vide* Cian, Giorgio.

TRAUTMANN, PAUL – *Unmöglichkeit der Leistung und Annahmverzug beim Arbeitsvertrage*, Gruchot 59 (1915), 434-464.

TREBER, JÜRGEN – em Günter Schaub/Ulrich Koch e outros, *Arbeitsrecht-Handbuch*, 16.ª ed., 2015.

TREITEL, RICHARD – *Die Unmöglichkeit der Leistung und der Verzug bei Unterlassungsverbindlichkeiten*, 1902.

TREITSCHKE, GEORG C. – *Noch einige Bemerkungen über die sogenannte Einrede des nicht wefüllken Vertrags*, AcP 22 (1839), 278-295 e 422-442.

TRIMARCHI, VINCENZO MICHELE – *Clausola penale*, NssDI III (1959), 351-353.

TROPLONG, RAYMOND-THÉODORE – *De la vente ou commentaire du titre VI du livre III du Code Civil*, 2.ª ed., 1835.

TUHR, ANDREAS VON – *Verfügung über zukünftiger Forderungen*, DJZ 1904, 426-431;

– *Zur Lehre von der Anweisung*, JhJb 48 (1904), 1-62;

– *Der Allgemeine Teil des Deutschen Bürgerlichen Rechts*, I, 1910 e II/2, 1918;

– *Irrtum über die Grundlage des Vertrages*, LZ 15 (1921), 153-168;

– *Tratado de las obligaciones*, trad. W. Roces, II, 1934.

TUHR, ANDREAS VON/SIEGWART, ALFRED – *Allgemeiner Teil des Schweizerischen Obligationenrechts*, 2, 2.ª ed., 1944.

ULE, CARL HERMANN/LAUBINGER, HANS-WERNER – *Verwaltungsverfahrensrecht*, 4.ª ed., 1995.

ULMER, PETER – *Wirtschaftslenkung und Vertragserfüllung/Zur Bedeutung staatlicher Lenkungsmassnahmen für die vertragliche Geschäftsgrundlage*, AcP 174 (1974), 167-201.

ULRICH, HANS GÜNTHER – *Doppelverkauf und stellvertrendes commodum: von D. 18.4.21 zu § 281 BGB*, 1990.

UNBERAH, HANNES – no Bamberger/Roth, BGB 1, 2.ª ed., 2007.

UNGER, JOSEF – *Schuldübernahme/Fragment aus einem System des österreichischen Obligationenrechts*, 1889.

*Unidroit Principles of International Commercial Contracts 2010*, 2010.

UPMEYER – *Ipso iure compensari/Ein Beitrag zur Lehre von der erfüllungssichernden Rechtsverhältnissen*, 1914

ZACHARIAE, FERDINAND – *Ueber die richtige Berechnungsart des Interusurii nach Grundsätzen des Rechts*, 1831.

ZAIS, W. – *Über den Verzicht beim Niessbrauch*, 1895.

ZANDRINO, LUCIA – *La delegatio nel diritto romano. Profili semantici ed elementi di fattispecie*, 2010.

ZANGERUS, JOHANNES – Tractatus de exceptionibus, ed. Frankfurt, 1598;
– *De exceptionibus*, em *Tractatus duo: unus de exceptionibus alter de quaestionibus seu torturis reorum*, ed. post. Wittemberg, 1644.

ZANOFF, ASSEN A. – *Der Erfüllungsort nach dem deutschem Bürgerlichen Gesetzbuch*, 1911.

ZANZUCCHI, PIER PAOLO – *Sul c. d. beneficium competentiae*, BIDR 2a (1916), 61-103.

ZEISS, WALTER – *Leistung, Zuwendungszweck und Erfüllung*, JZ 1963, 7-10.

ZELLWEGER-GUTKNECHT, CORINNE – em Heinrich Honsell/Nediem Peter Vogt/Wolfgang Wiegand, *Basler Kommentar, Obligationenrecht*, Art. 1-529 OR, 5.ª ed. (2011), Art. 110;
– *vide* Gonzenbach, Rainer.

ZENG, YANFEI – *Sonderkontrolle der Vertragsstrafe/Eine Untersuchung zu Begründung der Kontrolle*, 2015.

ZIMMER, DANIEL – *Das neue Recht der Leistungsstörungen*, NJW 2002, 1-12.

ZIMMERMANN, REINHARD – *"Heard melodies are sweet, but those unheard are sweeter ..."/ Condicio tacita, implied condition und die Fortbildung des europäischen Vertragsrechts*, AcP 193 (1993), 121-173;
– *Effusum vel deiectum*, FS Hermann Lange 70. (1992), 301-330;
– *The Law of Obligations/Roman Foundations of the Civilian Tradition*, 1996;
– *Die Aufrechnung/Eine rechtsvergleichende Skizze zum Europäischen Vertragsrecht*, FS Medicus (1999), 707-739;
– *Vertrag und Versprechen/Deutsche Recht und Principles of European Contract Law im Vergleich*, FS Andreas Heldrich (2005), 467-484.

ZIMMERMANN, STEFAN – *Weisungen der Beteiligten bei Verwahrgeschäften nach § 23 BNoto*, DNotZ 1980, 451-475.

ZIPPELIUS, R. – *Legitimation durch Verfahren?*, FS Larenz 70. (1973), 293-304.

ZIPPERLING, ALBERT – *Das Wesen des beneficium competentiae in geschichtlicher Entwicklung*, 1907.

ZITELMANN, ERNST – *Nichterfüllung und Schlechterfüllung*, FS P. Krüger (1911), 265-281.

ZÖLLNER, WOLFGANG – *Die vorvertragliche und die nachwirkende Treue- und Fürsorgepflicht im Arbeitsverhältnis*, em Theodor Tomandl (pub.), *Treue- und Fürsorgepflicht im Arbeitsrecht* (1975), 91-106.

ZOPPINI, ANDREA – *La pena contrattuale*, 1991.

ZSCHACHE, SABINE – *vide* Lehmann, Matthias.

ZUMBACH, KARL SIGISMUND – *De arrha contractum*, 1828.

ZWAHLEN, HENRI – *Le contrat de Droit administratif*, Schweizerischer Juristenverein 1958, 465a-663a.

ZWEIGERT, KONRAD – *Die Statut der Verträgsübernahme*, RabelsZ 23 (1958), 643-658.

ZWEIGERT, KONRAD/KÖTZ, HEIN – *Einführung in die Rechtsvergleichung*, 3.ª ed., 1996.

# ÍNDICE IDEOGRÁFICO